2023

中国烟草年鉴

CHINA TOBACCO YEARBOOK

《中国烟草》杂志社有限公司　编

2022年8月4日，国家烟草专卖局党组书记、局长，中国烟草总公司总经理张建民（右二）在湖北十堰竹山县调研教育帮扶工作

《东方烟草报》社　岳伍东　摄

2022年8月1—2日，国家烟草专卖局党组书记、局长，中国烟草总公司总经理张建民（右三）在上海烟草集团技术中心调研

上海烟草集团　供稿

2022年11月11日，国家烟草专卖局党组书记、局长，中国烟草总公司总经理张建民（前排中）以普通党员身份参加国家局办公室（外事司）党支部主题党日活动

《中国烟草》杂志社　陈兴杰　摄

2022年7月12日，国家局党组成员、副局长段铁力（前排右二）走访辽宁沈阳市零售户

辽宁沈阳市局　杨　勇　摄

2022年7月13日，国家局党组成员、副局长张天峰（左二）在河北中烟张家口卷烟厂有限责任公司调研

河北中烟　供稿

2022年6月14—15日，国家局党组成员、副局长韩占武（中）在湖南烟草调研。其间，韩占武调研了长沙望城区局（分公司）“清廉望烟”党建品牌及党支部标准化建设情况

湖南省局　供稿

1 2022年3月25日，2022年全国烟草行业网络安全和信息化工作会议以电视电话会议形式在北京召开

《中国烟草》杂志社 陈兴杰 摄

2 2022年3月25日，2022年全国烟草专卖管理工作会议以电视电话会议形式在北京召开

《中国烟草》杂志社 郑旭南 摄

1 2022年6月13日，烟草行业党风廉政信息化管理系统推广部署工作电视电话会议在北京召开

《中国烟草》杂志社　陈兴杰　摄

2 2022年6月29日，“茶烟”等类烟产品专项治理行动动员部署电视电话会议在北京召开

《中国烟草》杂志社　陈兴杰　摄

3 2022年7月15日，共青团国家烟草专卖局直属机关团员大会在北京召开

《中国烟草》杂志社　陈兴杰　摄

4 2022年8月24日，全国烟草科技工作座谈会在黑龙江哈尔滨市举办

《中国烟草》杂志社　颉虎平　摄

5 2022年8月30日，深化行业纪检监察体制改革试点工作推进会以电视电话会议形式在北京召开

《中国烟草》杂志社　陈兴杰　摄

重要会议活动

1 2022年10月16日，国家局、总公司机关组织党员干部收看党的二十大开幕会现场直播
《中国烟草》杂志社 陈兴杰 摄

2 2022年9月21日，烟草行业巡察工作电视电话会议在北京召开
《中国烟草》杂志社 赵 男 摄

3 2022年9月23日，烟草行业改革发展40年标志性事件新闻发布会在北京召开
《中国烟草》杂志社 陈兴杰 摄

1 2022年4月29日，河北石家庄市局（公司）组织青年代表在西柏坡中共中央旧址开展主题青年座谈活动

河北石家庄市局　王贺飞　摄

2 2022年9月26日，山西吕梁市局（公司）以“喜迎二十大、永远跟党走”为主题组织开展弘扬中华传统文化红色剪纸活动

山西省局　供稿

1 2022年7月1日，黑龙江省局（公司）组织机关党员干部参观北大荒博物馆

黑龙江省局 杨金铭 摄

2 2022年8月12日，江苏中烟南京卷烟厂举办党的十九届六中全会精神知识竞赛

江苏中烟 刘 旸 摄

3 2022年，浙江嘉兴市局（公司）运用数字化工具探索开发“智慧嘉”党建平台

浙江嘉兴市局 陈士祥 摄

4 2022年10月8日，安徽省局（公司）纪检监察党支部和党校党支部到合肥包公祠联合开展廉洁文化教育

安徽省局 供稿

5 2022年9月26日，福建省局（公司）组织“爱党爱国歌曲大家唱”网络歌咏比赛

福建省局 林麦梓 摄

1 2022年4月25日，江西省局（公司）机关在“星火”党建文化室组织开展“强基础·提质效、强素质·作表率”主题活动

江西省局 何 坤 摄

2 2022年6月29日，山东临沂费县县局（分公司）组织党员重走抗大突围路，踏寻革命先烈足迹，接受革命传统教育，传承红色基因

山东省局 供稿

3 2022年9月1日，河南郑州市局（公司）组织干部职工在河南廉政文化教育中心开展警示教育活动

河南郑州市局　康　伟　摄

4 2022年7月27日，河南中烟开展“以案为鉴知敬畏　清正廉洁担使命”警示教育主题党日活动

河南中烟　魏尧村　摄

5 2022年5月5日，中共湖南省烟草专卖局党校和中共湖南中烟工业有限责任公司党校共建的党性教育基地在长沙宁乡喻家坳乡烟草工作站揭牌

湖南省局　陈　欣　摄

1 2022年11月22日，广西区局（公司）组织党员干部在于成龙廉政文化展示馆开展廉政教育

广西区局　王远富　摄

2 2022年11月26日，广西中烟南宁卷烟厂举办“一支部一特色”党建品牌建设成果发布会

广西中烟南宁卷烟厂　倖　莎　摄

3 2022年5月7日，海南海口市局（公司）举办“百年心向党　一起向未来”主题活动

海南海口市局　王升庆　摄

4　2022年5月25日，贵州中烟遵义卷烟厂举办"共话烟草故事　汲取奋进力量"纪念中国烟草总公司成立40 年主题党日活动

贵州中烟遵义卷烟厂　王维洪　摄

5　2022年7月1日，甘肃天水麦积区局（分公司）党支部开展"重温初心庆党节　献礼七一谱画卷"主题党日活动

甘肃天水麦积区局　闫雪峰　摄

1 青海省局（公司）“昆仑先锋”党建品牌标识，属省局（公司）组建以来首次注册职务作品、首次拥有自有品牌版权、首次搭建软实力提升平台（2022年）

青海省局　戴福海　摄

2 2022年12月13日，宁夏区局（公司）机关举办党的二十大精神答题竞赛

宁夏区局　郭　莉　摄

1　2022年4月21日，河北中烟张家口卷烟厂举办烟机设备修理工技能提升培训班

河北中烟　供稿

2　2022年7月28日，吉林辽源市局（公司）组织开展“创新思维与创新管理”专题培训

吉林辽源市局　梁　卓　摄

1 2022年12月19日，上海市局开展专卖队伍岗位练兵

上海烟草集团公司　供稿

2 2022年11月21日，江苏中烟淮阴卷烟厂“王中海技能大师工作室”领办人为年轻维修工授课

江苏中烟　刘毅伟　摄

3 2022年7月20日，浙江台州市局（公司）项目组开展基层所队部一体化对标研讨

浙江台州市局　蔡佳雄　摄

4 2022年5月23日，福建省局（公司）举办“救在身边　机关先行”第33期急救技能培训班

福建省局　林麦梓　摄

5 2022年11月22日，江西中烟举办2022年江西中烟安全生产标准化知识竞赛

江西中烟　供稿

队伍建设

1 2022年10月28日，河南南阳市局（公司）举办“砺兵2022”——专卖管理层技能大比武活动

河南省局　供稿

2 2022年6月27日，湖南省局（公司）举办湖南烟草商业系统“实干笃行好青年”表彰大会

湖南省局　供稿

3 2022年7月29日，第七届广东中烟职业技能竞赛暨“双喜杯”第一届烟草物流岗位技能竞赛开幕

广东中烟　戴　冕　摄

4 2022年7月26日，四川中烟创新工作室成员针对设备问题进行讨论

四川中烟　供稿

5 2022年2月28日至3月3日，云南省局（公司）举办首届烟草物流管理岗位技能竞赛。图为卷烟品规识别装箱技能竞赛

云南大理州局　段佳璐　摄

3

4

5

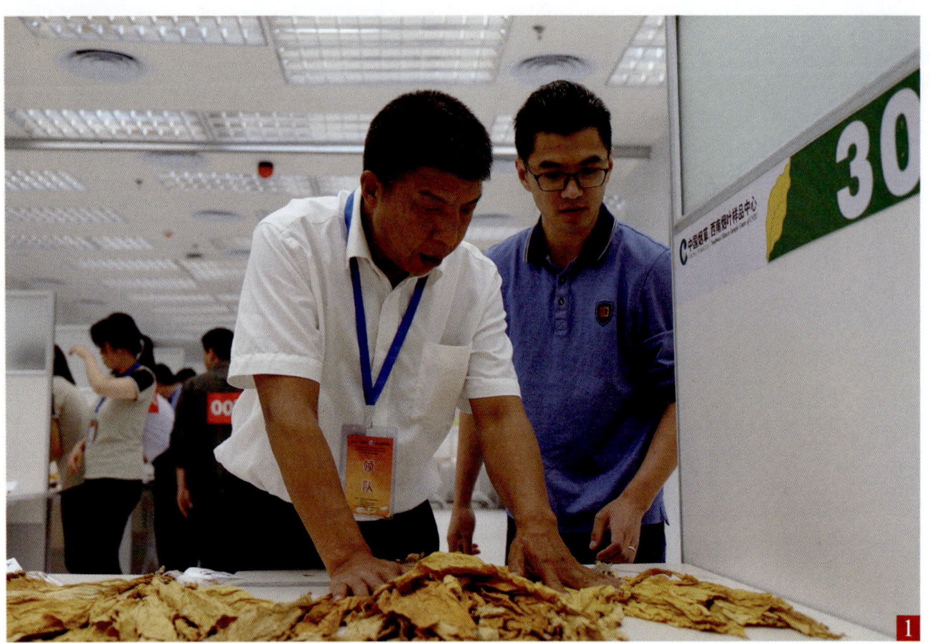

1 2022年7月11—15日，云南中烟举办云南省第十九届职工职业技能大赛烟草行业技能竞赛——云南中烟第二十一届职业技能竞赛暨第五届烟叶评级职业技能竞赛

云南中烟　供稿

2 2022年10月26日，陕西中烟澄城卷烟厂举办2022年消防器材实操技能比赛

陕西中烟澄城卷烟厂　王红喜　摄

3 2022年8月24日，宁夏固原市局开展专卖队伍准军事化管理执法形象培训暨体能会操比武活动

宁夏固原市局 薛 彬 摄

4 2022年4月29日，新疆喀什地区局（公司）举办喀什烟草2022年“强国达人”知识竞赛

新疆喀什地区局 陈居里 摄

1 2022年5月13日，大连市局（公司）举办第四届烟草专卖管理岗位技能竞赛

大连普兰店区局　孙家辉　摄

2 2022年8月14日，职工进修学院举行烟草行业第一批烟叶评级工匠人才培养第三次集中学习开班式

职工进修学院　宁远喜　摄

1 2022年6月24日，河北承德市局（公司）举办纪念中国烟草总公司成立40周年“奋进新征程 建功新时代”主题辩论赛

河北承德市局 赵 爽 摄

2 2022年9月9日，黑龙江鸡西市局（公司）举办“初心使命 伴金秋同行”徒步闯关答题活动

黑龙江鸡西市局 蔡婷婷 摄

1 2022年11月21—26日，江苏中烟举办第五届卓越杯足球赛

江苏中烟 陈轶然 摄

2 2022年11月10日，浙江金华东阳市局（分公司）组织开展“喜迎二十大 奋进新征程”拔河比赛

浙江省局 供稿

3 2022年11月19日，浙江中烟举办第二届企业文化日活动及职工运动会

浙江中烟 张 辉 摄

4 2022年10月18日，福建省局（公司）举办“幸福闽烟·文明家庭”表彰暨先进事迹宣讲会

福建省局 林麦梓 摄

3

4

1 2022年12月7日，江西中烟广丰卷烟厂举办职工篮球比赛

江西中烟广丰卷烟厂　俞　辉　摄

2 2022年9月3日，安徽中烟蚌埠卷烟厂第二团支部通过选用演绎天津战役的剧本《兵临城下2：你好，新天津》，带领青年团员进行沉浸式党史学习

安徽中烟　郁　晗　摄

3 2022年4月22日，河南周口市局（公司）举办“春风小书桌·共读一小时”主题读书活动

河南省局　供稿

4 2022年8月18日，河南中烟黄金叶生产制造中心举办第三届职工辩论赛

河南中烟　魏尧村　摄

1 2022年3月29日，湖北恩施州局（公司）与对口帮扶村联合举办乡风文明表彰暨文体联欢活动

湖北恩施利川市局 张小溪 摄

2 2022年5月7日，湖南张家界市局（公司）开展“耀青春 向未来”青年论坛活动

湖南张家界市局 张 宁 摄

3 2022年，湖南中烟举办纪念中国烟草总公司成立40周年湖南省局（公司）成立40周年科技成果展

湖南中烟　彭　曦　摄

4 2022年9月8日，重庆市局（公司）举办“继往开来创新局　奋力拼搏向未来”纪念中国烟草总公司成立40周年演讲比赛决赛

重庆市局　供稿

3

4

1 2022年10月8日，四川省局（公司）纪念中国烟草总公司成立40周年“烟标·烟史·烟魂”主题烟标展开展

四川省局 供稿

2 2022年6月9日，四川中烟成都卷烟厂举办“奋进70年 成烟再出发”2022年职工趣味运动会

四川中烟 李智敏 摄

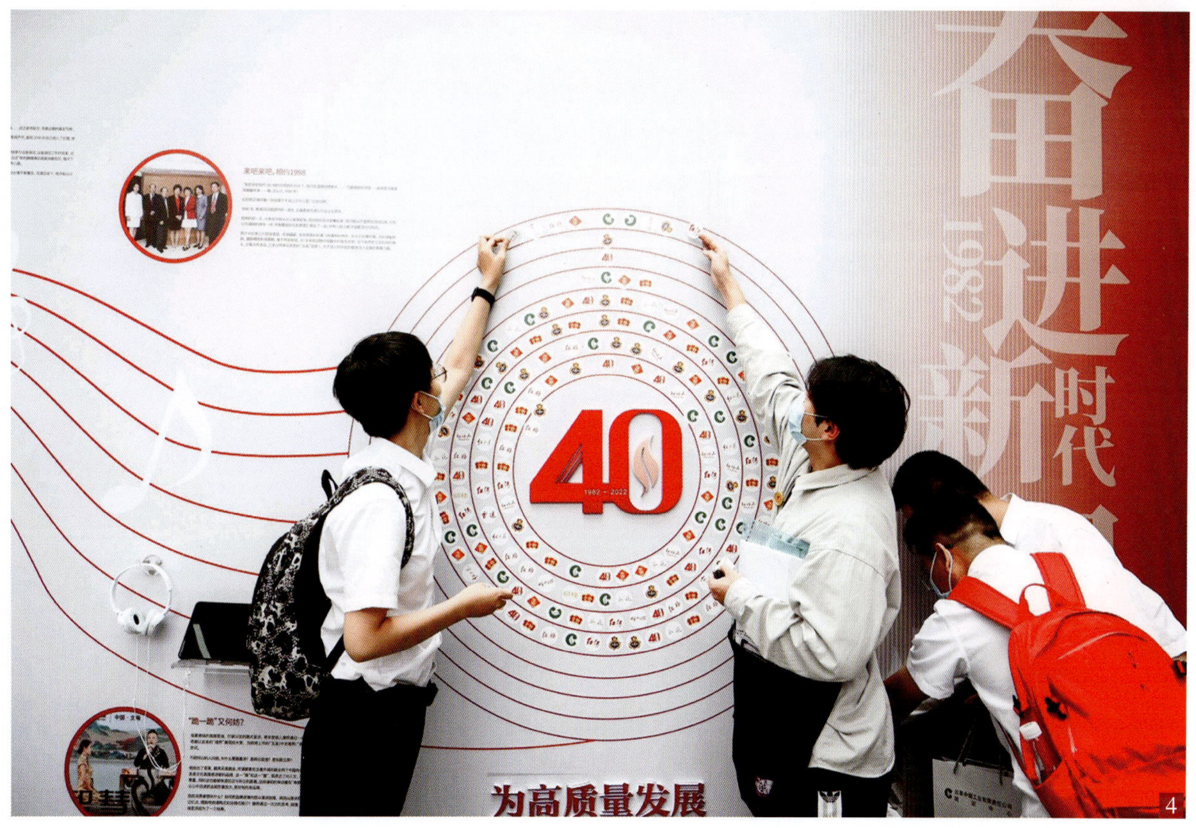

3 2022年4月22日，云南普洱市局（公司）举办“世界读书日”专题朗读活动

云南普洱市局　史春雨　摄

4 2022年7月28日，云南中烟“奋进新时代　同心向未来——云南卷烟工业改革发展40年回顾展”开展

云南中烟　供稿

1 2022年6月25日，云南中烟举办“喜迎二十大　青春心向党　建功新时代”青年文化展演暨表彰大会

云南中烟　供稿

2 2022年9月1日，陕西渭南蒲城县局（分公司）组织开展员工户外素质拓展训练

陕西省局　供稿

1

2

3 2022年9月26日，陕西中烟宝鸡卷烟厂举办职工排球比赛

陕西中烟宝鸡卷烟厂　徐宝军　摄

4 2022年5月27日，新疆阿克苏地区局（公司）开展“强国有我　不负韶华——喜迎二十大”文体活动

新疆阿克苏地区局　张圣凤　摄

1 2022年4月27日，大连市局（公司）排演多幕话剧《"五四"风雷》庆祝中国共青团成立100周年

大连普兰店区局　孙家辉　摄

2 2022年4月24日，职工进修学院举办2022年"喜迎二十大　奋进新征程"乒乓球比赛

进修学院　宁远喜　摄

电　话:010—63605740

编写说明

一、《中国烟草年鉴》是全面反映中国烟草行业改革和发展情况以及所属各企业发展概貌的专业性、权威性行业综合年鉴。自1996年创刊以来，已先后编纂出版了1991—1995年、1981—1990年、1996—1997年、1998—1999年、2000年、2001年、2002年、2003年、2004年、2005年、2006年、2007年、2008年、2009年、2010年、2011—2012年、2013年、2014年、2015年、2016年、2017年、2018年、2019年、2020年、2021年、2022年共26卷。从2004年卷起，由《中国烟草》杂志社有限公司《中国烟草年鉴》编辑部具体负责编辑工作。

二、《中国烟草年鉴(2023)》设有特载，大事记，行业概览，纪念中国烟草总公司成立40周年，国家烟草专卖局　中国烟草总公司组织机构，烟草专卖管理与经营，烟草工业，科研和教育培训，新闻舆论和文化建设，公益活动，社会责任报告选登，重要政策法规与文件选登，先进人物和先进集体，附录共计14个栏目。本卷年鉴“栏目”下设“分目”“条目”。

三、本卷年鉴主要收录了2022年全国烟草行业发展的工作情况。各栏目内容充实，信息量大，反映了行业改革发展的历程，具有很强的权威性、延续性。为更直接展示行业工作与成就，2023年卷年鉴在正文中配图，采用四色印刷，表现形式多样；并以彩图配合相关栏目，生动、直观、全面地反映行业各方面发展情况，彩图涉及面广，内容丰富。

四、在总体结构上，本卷年鉴积极适应烟草行业改革发展和行业类年鉴编纂新要求，突出综述性条目和特色条目，加强对行业总体情况的反映，力求全面呈现烟草产业各环节的发展情况。

五、本卷年鉴中，“国家烟草专卖局”简称国家局，“中国烟草总公司”简称总公司；“××烟草专卖局(公司)”简称××局(公司)，“××中烟工业有限责任公司”简称公司或××中烟。

六、计量单位标准：卷烟计量单位1万箱=5亿支，1万件=1亿支，1箱=5万支；非法流通卷烟以万件、件为计量单位；面积单位：烟叶种植面积使用万亩、亩，其余均使用公制单位；烟叶计量单位1万吨=20万担。

七、专用名词：“低焦油卷烟”在未特别说明的情况下，特指焦油量8毫克/支及以下卷烟。“重点品牌”，包括2022年卷烟重点品牌（规格）、中高端卷烟销量排名前15位品牌、卷烟销售额排名前15位品牌以及雪茄烟重点品牌。2022年卷烟重点品牌（规格）包括“云烟”“双喜·红双喜”“利群”“黄金叶”“南京”“黄鹤楼”“红塔山”“黄山”“芙蓉王”“泰山”“白沙”“七匹狼”“玉溪”“中华”“贵烟”“娇子”“钻石”“真龙”“好猫”“金圣”“长白山”“兰州”“红河”“苏烟”“红金龙”“龙凤呈祥”“天子”“牡丹”“延安”“中南海”“冬虫夏草”等31个品牌，以及“金桥”“都宝”“长城（醇雅薄荷）”等3个视同重点品牌（规格）；中高端卷烟（二类以上）销量排名前15位品牌为“利群”“黄鹤楼”“芙蓉王”“南京”“云烟”“双喜·红双喜”“玉溪”“中华”“贵烟”“黄山”“黄金叶”“七匹狼”“真龙”“苏烟”“泰山”；卷烟销售额排名前15位品牌为“中华”“利群”“云烟”“黄鹤楼”“芙蓉王”“南京”“双喜·红双喜”“黄金叶”“玉溪”“黄山”“贵烟”“白沙”“泰山”“七匹狼”“娇子”；雪茄烟重点品牌为“长城”“王冠”“黄鹤楼”“将军”。

八、根据《国家烟草专卖局办公室关于调整卷烟产销量统计数据口径的通知》（国烟办综〔2018〕310号），将卷烟型雪茄烟产销量计入2022年卷烟产、销总量统计。卷烟型雪茄烟，指符合雪茄烟系列国家标准（GB/T 15269—2010）规定的产品技术要求且茄芯由烟丝构成的雪茄烟产品。

九、本卷年鉴中的各种资料、数据，除任免文件、机构设立与调整、先进人物名单、先进人物简介和先进集体名单外，截止时间为2022年12月31日。

国家局、总公司机关及行业各直属单位主要撰稿人员名单

许嘉东　国家局科技司
蔡　文　国家局科技司
高　超　中国烟草机械集团有限责任公司
刘新鉴　中国烟草实业发展中心
王智誉　北京市烟草专卖局(公司)
张　强　天津市烟草专卖局(公司)
苏维民　河北省烟草专卖局(公司)
朱永胜　山西省烟草专卖局(公司)
巨　岩　内蒙古自治区烟草专卖局(公司)
董春亮　辽宁省烟草专卖局(公司)
王兴谦　吉林省烟草专卖局(公司)
柳　涛　黑龙江省烟草专卖局(公司)
周　强　上海烟草集团有限责任公司
仇　元　江苏省烟草专卖局(公司)
游平议　浙江省烟草专卖局(公司)
张璐璐　安徽省烟草专卖局(公司)
傅积恩　福建省烟草专卖局(公司)
胡思思　江西省烟草专卖局(公司)
蔡世龙　山东省烟草专卖局(公司)
范素娟　河南省烟草专卖局(公司)
吴　婕　湖北省烟草专卖局(公司)
刘雅琪　湖南省烟草专卖局(公司)
张　慧　广东省烟草专卖局(公司)
黄祥进　广西壮族自治区烟草专卖局(公司)
甘菊萍　海南省烟草专卖局(公司)
严　正　重庆市烟草专卖局(公司)
王恩锋　四川省烟草专卖局(公司)
周必昂　贵州省烟草专卖局(公司)
王津军　云南省烟草专卖局(公司)
郭得敏　西藏自治区烟草专卖局(公司)
杨　智　陕西省烟草专卖局(公司)
毕耜栋　甘肃省烟草专卖局(公司)

陈星竹　青海省烟草专卖局(公司)
杜振平　宁夏回族自治区烟草专卖局(公司)
韩　敏　新疆维吾尔自治区烟草专卖局(公司)
郝　广　大连市烟草专卖局(公司)
陈　兰　深圳市烟草专卖局(公司)
靳丹丹　河北中烟工业有限责任公司
徐　璐　江苏中烟工业有限责任公司
许亚军　浙江中烟工业有限责任公司
孙　群　安徽中烟工业有限责任公司
王瑞安　福建中烟工业有限责任公司
李　杨　江西中烟工业有限责任公司
王绍习　山东中烟工业有限责任公司
陈仕文　河南中烟工业有限责任公司
朱叶林　湖北中烟工业有限责任公司
杨　徽　湖南中烟工业有限责任公司
何小凡　湖南中烟工业有限责任公司
李　夏　广东中烟工业有限责任公司
李　宁　广西中烟工业有限责任公司
周健茂　广西中烟工业有限责任公司
蒋剑鸿　广西中烟工业有限责任公司
范　森　重庆中烟工业有限责任公司
曾庆苗　四川中烟工业有限责任公司
高　雕　贵州中烟工业有限责任公司
王宏先　云南中烟工业有限责任公司
彭　林　云南中烟工业有限责任公司
崔跃胜　云南中烟工业有限责任公司
许　杨　陕西中烟工业有限责任公司
刘帅东　陕西中烟工业有限责任公司
赵英豪　中国烟草总公司郑州烟草研究院
张　睿　中国烟草总公司合肥设计院
杨明伟　中国烟草总公司职工进修学院
严　怡　上海新型烟草制品研究院有限公司
刘静静　南通醋酸纤维有限公司
刘　玥　昆明醋酸纤维有限公司
王若愚　珠海醋酸纤维有限公司
林　晖　云南红塔银行股份有限公司

国家局、总公司机关各部门、各单位提供资料人员名单

汪为民　办公室(外事司)
郑素平　办公室(外事司)
刘雯璟　办公室(外事司)
徐悦理　办公室(外事司)
唐嘉晨　办公室(外事司)
骆　扬　发展计划司
宋启航　专卖监督管理司
张　震　经济运行司
曹恩诚　政策法规与体制改革司
孙艺菲　财务管理与监督司(审计司)
安　璐　人事司
刘国帅　人事司
顾义超　人事司
赵学敏　直属机关党委
卢嘉琦　国家局党组党风廉政建设领导小组办公室(巡视工作领导小组办公室)
崔　萌　规范管理办公室
冯晨旭　董事会工作办公室
赵璐璐　电子烟监督管理领导小组办公室
袁　艺　中共国家烟草专卖局党校(国家烟草专卖局职工培训中心)
耿春磊　烟草经济研究所(政策研究室)
陈海潮　离退休干部办公室
邓永红　机关服务中心(机关服务局)
黄　慧　烟草经济信息中心(网信办)
王文静　中国烟草学会办事机构
廉鹏举　中国烟叶公司(水源工程建设办公室)
张　溦　中国卷烟销售公司
姚佳希　中国烟草投资管理公司
王垣雯　中国烟草投资管理公司
常　成　中烟国际集团有限公司
夏　骏　中烟国际集团有限公司
孙　妍　中烟商务物流有限责任公司
徐　瑾　中国双维投资有限公司
张　帅　《中国烟草》杂志社有限公司
吴中奇　《中国烟草》杂志社有限公司

目录

特载

大事记

行业概览

纪念中国烟草总公司成立40周年

国家烟草专卖局 中国烟草总公司组织机构

烟草专卖管理与经营

烟草工业

卷烟生产

雪茄烟生产

烟草机械工业

卷烟辅助材料生产

烟叶加工

科研和教育培训

科研院所

教育培训

授权专利

新闻舆论和文化建设

公益活动

社会责任报告选登

重要政策法规与文件选登

2022 年烟草行业重要政策法规与文件选登

先进人物和先进集体

先进人物名单

先进人物简介

先进集体名单

附 录

国际烟草

品牌名录

索 引

Contents

Feature

Memorabilia

Industry Overview

Commemorate the 40th Anniversary of the Establishment of China National Tobacco Corporation

STMA and CNTC Organization

Monopoly Administration and Business Operation

Industry Manufacture

Scientific Research, Education, and Training

News, Reports, and Corporate Culture

Public Welfare Activities

Selection of Social Responsibility Reports

Selection of Significant Polices, Regulations, and Documents

Outstanding Individuals and Groups

Appendixes

Index

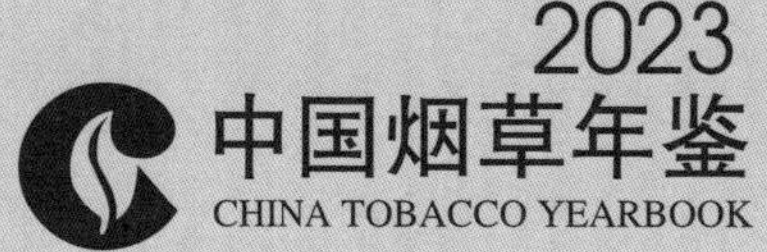

特　载

- □ 全面贯彻落实党的二十大精神　全力推动高质量发展
  奋力谱写行业现代化建设新篇章
  ——2023年全国烟草工作电视电话会议在北京召开

全面贯彻落实党的二十大精神
全力推动高质量发展　奋力谱写行业现代化建设新篇章
——2023 年全国烟草工作电视电话会议在北京召开

1 月 13 日，2023 年全国烟草工作电视电话会议在北京召开。会议的主要任务是，坚持以习近平新时代中国特色社会主义思想为指导，全面贯彻落实党的二十大精神及中央经济工作会议精神，传达学习贯彻国务院领导同志批示精神，总结 2022 年烟草工作，谋划以党的二十大精神为指引坚持高质量发展为主题加快行业现代化建设，部署 2023 年重点任务。工业和信息化部党组书记、部长金壮龙出席会议并讲话。工业和信息化部党组成员，国家烟草专卖局党组书记、局长，中国烟草总公司总经理张建民作工作报告。国家局党组成员、副局长段铁力、张天峰、韩占武出席会议。

金壮龙在讲话中指出，2022 年，烟草行业坚持以习近平新时代中国特色社会主义思想为指导，深入学习贯彻党的二十大精神，落实“疫情要防住、经济要稳住、发展要安全”的要求，统筹推进各项重点工作，经济总量取得新突破、财税贡献达到新水平、产业带动取得新进展、行业监管进入新阶段，圆满完成既定目标任务，在推动经济增长、保证财政增收、促进社会就业等方面作出重要贡献。

就做好 2023 年工作，金壮龙强调，要深入贯彻落实党的二十大决策部署，坚定不移推动高质量发展。坚持稳中求进工作总基调，统筹疫情防控、生产经营、安全发展，把握好宏观调控的时度效，加强预期管理，保持经济平稳运行。扎实推进改革创新，构建适度竞争新机制，不断提升烟草专卖治理效能，积极推动科技创新，让更多优秀成果服务于烟草行业高质量发展。推动高端化智能化绿色化发展，加快新兴数字技术规模化应用，加大绿色低碳等先进适用技术推广力度，提升烟草全产业链优势。全面提升法治化规范化监管水平，深入推进法治烟草建设，保持打假打私高压态势，严格规范生产经营秩序，落实落细电子烟监管。

金壮龙指出，要全面落实管党治党政治责任，以高质量党建引领高质量发展。加强政治机关建设，深刻领悟“两个确立”的决定性意义，增强“四个意识”、坚定“四个自信”、做到“两个维护”。强化党的创新理论武装，坚持把习近平新时代中国特色社会主义思想作为想问题、办事情、做决策、抓工作的根本遵循。加强干部人才队伍建设，树立正确选人用人导向，落实新时代好干部标准，打造忠诚干净担当的高素质专业化干部人才队伍。持之以恒正风肃纪，锲而不舍落实中央八项规定精神，不断加强新时代廉洁文化建设，着力做好廉政风险防控，一体推进不敢腐、不能腐、不想腐。

张建民在工作报告中指出，2022 年，全行业在以习近平同志为核心的党中央坚强领导下，坚决贯彻党中央、国务院决策部署，坚持稳字当头、稳中求进，坚持把迎接党的二十大和学习宣传贯彻党的二十大精神作为全年工作主线，高效统筹疫情防控和生产经营，行业经济运行向好态势持续巩固，发展质量效益稳步提升，高质量发展、高效能治理、高素质队伍建设各项工作取得显著进展和成效。主要表现在：增强捍卫“两个确立”的政治自觉，纵深推进全面从严治党取得新成效；应对超预期因素冲击保持生产经营稳中有进，经济发展迈上新台阶；以强烈的政治担当保障国家财政收入，全方位贡献达到新水平；加快创新驱动和数字化转型，产业优化升级激发新动能；烟草市场监管和规范管理得到新加强，电子烟管理的法律及政策全面落地实施。

张建民强调，要以党的二十大精神为指引谋划推动烟草工作，积极服务和融入中国式现代化大局，把加快行业现代化建设纳入行业总体战略，奋力谱写全面建设社会主义现代化国家的烟草篇章。要自觉在中国式现代化大局中找准行业定位，持之以恒推动高质量发展，完善现代化烟草经济体系；持之以恒推进高效能治理，提升行业现代化治理能力；持之以恒造就高素质队伍，强化行业现代化建设人才支撑。要准确把握行业现代化建设的内涵要求，努力实现质量效益持续提高、科技产业深度融合、软硬实力一体提升、行业内外共同发展、国内国际相互促进、发展安全有效统筹。要系统谋划加快行业现代化建设的实施路径，稳定行业贡献，为行业现代化建设营造良好环境；深化改革创新，为行业现代化建设注入不竭动力；突出品牌引领，为行业现代化建设提供强大引擎；坚持固本强基，为行业现代化建设筑牢坚实基础；注重协同联动，为行业现代化建设凝聚整体合力。

会议总结了行业高质量发展政策体系和“十四五”规划体系实施情况。2018 年以来，国家局党组深刻认识我国经济已转向高质量发展阶段的重大判断，坚决贯彻党中央一系列重大决策部署，强化全面从严治党引领保障作用，有力推动行业发展质量变革、效率变革、动力变革。坚持党的全面领导，压紧压实管党治党政治责任；提出并落实“总量控制、稍紧平衡，增速合理、贵在持续”方针，加强和改善宏观调控，主要经济指标保持协调稳定增长；持续加大重点领域和关键环节改革力度，行业治理效能显著提升；加快实施创新驱动发展战略，行业科技自立自强和自主可控水平全面提升；依法履行专卖监管职责，全链条打击各类涉烟违法行为，电子烟监管步入法治化规范化轨道；坚持以产业为依托助力国家经济社会发展，行业全方位贡献更加彰显；健全完善风险防控体系，行业发展环境持续改善；着力建设高素质干部人才队伍，树立鲜明选人用人导向，全行业干事创业的氛围日益浓厚。

会议明确了未来五年乃至更长时期，做好烟草工作的总体思路：坚持以习近平新时代中国特色社会主义思想为指导，坚持和加强党的全面领导，牢牢把握“三新一高”战略导向，持之以恒推动高质量发展、推进高效能治理、造就高素质队伍，加快行业现代化建设，为以中国式现代化全面推进中华民族伟大复兴贡献烟草力量。

会议指出，做好 2023 年烟草工作，要坚持稳中求进工作总基调，完整、准确、全面贯彻新发展理念，积极服务和融入新发展格局，更好统筹疫情防控和生产经营，更好统筹发展和安全，纵深推进全面从严治党，全面深化改革创新，大力提振发展信心，坚持“十六字”方针，全力推动高质量发展、推进高效能治理、造就高素质队伍，加快行业现代化建设，有效防范化解重大风险，确保行业经济运行在合理区间，实现发展质量的全面提升。

会议强调，全行业要更加紧密地团结在以习近平同志为核心的党中央周围，把思想和行动统一到党的二十大决策部署上来，扎实做好2023年各项重点工作，全力推动高质量发展，奋力谱写行业现代化建设新篇章。一要坚定不移全面从严治党。继续深入学习贯彻党的二十大精神，坚持不懈用党的创新理论凝心铸魂，健全完善自我革命制度规范体系，坚持以严的基调强化正风肃纪反腐，以自我革命精神纵深推进全面从严治党。二要努力实现经济合理增长。坚定不移贯彻“十六字”方针，始终把经济平稳运行和市场良好状态摆在优先位置，加大重点品牌培育力度，注重供需双侧协同发力，促进经济运行在合理区间。三要巩固现代烟草产业体系优势。全力稳固烟叶基础，促进工业制造持续升级，健全完善高标准市场体系，加强烟机和丝束、卷烟纸等配套保障，着力固根基、补短板、扬优势。四要系统推进行业改革创新。持续推进重点领域和关键环节改革，强化行业战略科技力量，加强原创性引领性科技攻关，全面推进数字化转型，加快推动行业新旧动能接续转换。五要全方位加强烟草市场监管。保持打假打私高压态势，严格规范生产经营秩序，有效破解新型涉烟监管难题。加强电子烟监管，全面提升法治化规范化监管水平。六要坚持不懈抓基层强基础。树立大抓基层鲜明导向，大力夯实基层党建根基，关心关爱基层员工，全面提升基础管理水平，全方位加强基层建设和基础管理。七要持续造就高素质干部人才队伍。坚持人才引领发展的战略地位，选优配强领导班子和领导干部，综合施策激发干部活力，切实加强人才培养引进使用，全面建设学习型行业。八要有效防范化解疫情和各类重大风险。科学做好疫情防控和应对，扎实做好审计整改和规范管理，持续加强重大风险隐患防范，着力营造和保持行业安全稳定的发展环境。

就如何贯彻落实会议提出三点要求：一要融入大局、坚定信心，在中国式现代化伟大进程中展现新气象新作为。深刻领悟融入党和国家发展大局的战略性部署，准确把握行业现代化建设的整体性要求，努力把行业现代化建设的目标蓝图转化为实实在在的工作成效。二要把握方向、找准重心，扎实有效完成全年目标任务。切实把思想和行动统一到国家局党组部署要求上来，锚定全年目标任务，谋深谋细落实举措，确保行业经济运行在合理区间，持续增强发展后劲和可持续性。三要凝聚合力、共筑同心，以钉钉子精神抓好贯彻落实。结合实际精心谋划本单位年度目标任务，坚持党建引领、加强统筹协调、强化履职担当，形成共促高质量发展、加快行业现代化建设的合力。同时，要抓紧抓好岁末年初各项重点工作，确保实现良好开局，保持行业安全稳定。

会上，辽宁省局（公司）、广东省局（公司）、湖南中烟、江苏中烟、山东省局（公司）等5家单位作交流发言。

工业和信息化部、财政部、审计署有关部门负责人，中央纪委国家监委驻工业和信息化部纪检监察组负责人，国家局、总公司机关各部门各单位副司级以上干部在主会场参加会议；行业各直属单位领导班子成员及各部门主要负责人在分会场参加会议。

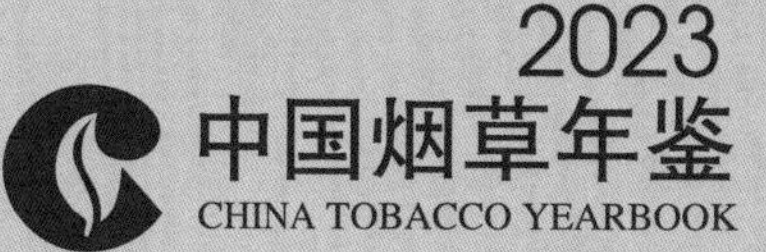

大事记

□ 2022年中国烟草大事记

- 1月
- 2月
- 3月

……

2022 年中国烟草大事记

1月

1 月 6 日，国家烟草专卖局、中国烟草总公司召开机关各部门各单位主要负责人述职大会。国家烟草专卖局党组书记、局长，中国烟草总公司总经理张建民出席会议并在讲话中强调，新的一年，全行业要坚持以习近平新时代中国特色社会主义思想为指导，全面贯彻落实党的十九大和十九届历次全会精神，深入总结行业改革发展成绩和经验，在守正中传承好、发扬好，坚持慎终如始、戒骄戒躁，坚持不畏艰险、开拓进取，在新征程上努力干出更大的成绩、作出更大的贡献。国家局、总公司机关要强化政治机关意识，努力建设让党中央放心、让人民群众满意的模范机关，在推动高质量发展、推进高效能治理、造就高素质队伍和全面从严治党等重点任务上，为全行业带好头、作表率。国家局党组成员、副局长段铁力、张天峰、韩占武出席会议。

1 月 11 日，全国烟草生产经营管理一体化平台项目办公室年度总结会召开。

1 月 11 日，段铁力出席国家烟草专卖局安全生产委员会会议并讲话。

1 月 14 日，烟草行业党史学习教育总结会议在北京召开。党史学习教育中央第二十一指导组组长王一鸣出席会议并讲话。张建民出席会议并在讲话中强调，行业各级党组织和广大党员干部要持续深入学习习近平新时代中国特色社会主义思想，把学党史作为必修课、常修课，更好把握和运用党的百年奋斗历史经验，总结好、巩固好、拓展好党史学习教育成果，以优异成绩迎接党的二十大胜利召开。段铁力、张天峰、韩占武出席会议。

1 月 14 日，国家局、总公司印发《关于印发烟草行业投资项目后评价管理办法》，加强烟草行业投资全过程管理，进一步提高投资决策水平和投资效益。

1 月 17 日，2022 年全国烟草工作电视电话会议在北京召开。张建民作工作报告。张建民强调，做好今年烟草工作，要坚持稳中求进工作总基调，完整、准确、全面贯彻新发展理念，服务和融入新发展格局，全面深化改革创新，坚持以供给侧结构性改革为主线，统筹疫情防控和生产经营，统筹发展和安全，继续落实“六稳”“六保”任务要求，坚持“总量控制、稍紧平衡，增速合理、贵在持续”方针，更加注重稳增长、调结构、推改革、育品牌、强素质、防风险，纵深推进全面从严治党，坚定不移推动高质量发展、推进高效能治理、造就高素质队伍，保持经济运行在合理区间，以扎实行动助力保持平稳健康的经济环境、国泰民安的社会环境、风清气正的政治环境，以优异成绩迎接党的二十大胜利召开。段铁力、张天峰、韩占武出席会议。

1 月 18 日，张建民主持召开国家烟草专卖局党组（扩大）会议，传达学习贯彻习近平总书记在省部级主要领导干部学习贯彻党的十九届六中全会精神专题研讨班开班式上的重要讲话精神。段铁力、张天峰、韩占武出席会议。

1 月 18 日，2022 年烟草行业安全生产电视电话会议在北京召开。段铁力出席会议并讲话。

1 月 21 日，2022 年中国烟草机械集团有限责任公司工作会议在北京召开。段铁力对会议作出批示。

1 月 22 日，国家局印发《关于深入贯彻落实党中央　国务院决策部署做好烟草行业碳达峰碳中和工作的实施意见》，加快推动烟草行业绿色低碳发展。

1 月 22—24 日，韩占武在吉林烟草调研。

1 月 24 日，段铁力在北京市局（公司）调研。

1 月 24 日，2022 年中国烟草实业发展中心工作电视电话会议在北京召开。

1 月 25 日，烟草行业警示教育大会在北京召开。中央纪委国家监委驻工业和信息化部纪检监察组组长、部党组成员郭开朗到会指导。张建民作警示教育讲话。张建民强调，行业各级党组织和党员领导干部要清醒认识当前形势和存在问题，务必牢固树立自我革命精神，以案为鉴、警钟长鸣，以永远在路上的政治自觉，坚决打好反腐败攻坚战、持久战，一体推进不敢腐、不能腐、不想腐，坚持不懈把全面从严治党向纵深推进，持续净化行业政治生态。韩占武通报潘家华案件情况，段铁力、张天峰出席会议。

1 月 25 日，韩占武出席国家烟草专卖局党校校务委员会会议并讲话。

1 月 29 日，张建民主持召开国家烟草专卖局、中国烟草总公司党的建设工作领导小组会议，传达学习中央和国家机关党的工作暨纪检工作会议精神，传达学习全国组织部长会议精神，研究行业贯彻落实措施。段铁力、张天峰、韩占武出席会议。

1 月 29 日，张建民主持召开国家烟草专卖局党组党风廉政建设领导小组会议，传达学习十九届中央纪委六次全会精神，传达学习关于加强新时代廉洁文化建设的意见，研究行业贯彻落实举措。段铁力、张天峰、韩占武出席会议。

2月

2 月 14 日，张建民主持召开国家烟草专卖局党组理论学习中心组（扩大）集体学习，围绕贯彻落实十九届中央纪委六次全会精神开展专题学习，交流推进行业全面从严治党的认识体会。段铁力、张天峰、韩占武参加学习。

2 月 14 日，张建民主持召开国家局党组（扩大）会议，传达学习贯彻《中国共产党纪律检查委员会工作条例》，研究相关工作安排。段铁力、张天峰、韩占武出席会议。

2 月 14 日，经国家局党组会议研究决定，明确云南红塔银行股份有限公司按照行业直属单位管理。

2 月 15 日，公安部、国家烟草专卖局、国家市场监督管理总局、教育部联合印发《清理整治向未成年人销售电子烟严厉打击涉电子烟违法犯罪专项工作方案》，开展专项清理整治工作，全面排查清理校园周边电子烟销售网点，严厉打击电子烟油中添加合成大麻素等新型毒品违法犯罪案件。

2 月 16 日，张建民与国务院副秘书长王志清汇报座谈，张天峰一同座谈。

2 月 17—18 日，张天峰在山西烟草调研。

2 月 17—19 日，韩占武在陕西烟草调研。

2 月 21 日，张建民主持召开国家局党组（扩大）会议，传达学习贯彻习近平总书记在中共中央政治局第三十六次集体学习时的重要讲话精神，研究行业贯彻落实举措。段铁力、张天峰、韩占武出席会议。

2 月 21 日，张建民在北京会见四川省副省长罗强，双方就推动四川烟草高质量发展、助力地方经济社会建设交换意见。

2 月 21 日，总公司印发《关于推进国产雪茄烟叶产业化发展的意见》，加快国产雪茄烟叶产业化进程，构建国产雪茄烟原料保障体系。

2 月 25 日，全国烟草行业落实全面从严治党主体责任工作会议在北京召开。郭开朗出席会议并讲话。张建民出席会议并在讲话中强调，行业各级党组织和全体党员干部要深入学习领会习近平总书记在十九届中央纪委六次全会上的重要讲话精神，进一步增强全面从严治党的政治、思想和行动自觉，坚持严的主基调不动摇，坚持不懈把全面从严治党向纵深推进。段铁力、张天峰、韩占武出席会议。

2月25日，张建民以普通党员身份参加所在国家局办公室（外事司）党支部第一党小组组织生活会。

2月28日，张建民主持召开国家局党组（扩大）会议，传达学习《关于2021年中央政治局贯彻执行中央八项规定情况的报告》《关于2021年整治形式主义为基层减负工作情况的报告》，听取2021年国家局党组贯彻执行中央八项规定精神情况的汇报，研究进一步贯彻落实举措。段铁力、张天峰、韩占武出席会议。

3月

3月2日，张建民在北京与云南省委副书记、省长王予波举行会谈，双方就推动云南烟草改革发展、促进地方经济社会建设交换意见。

3月3日，张建民会见广西壮族自治区副主席费志荣，双方就推动广西烟草改革发展、促进地方经济社会建设交换意见。

3月10日，2022年全国烟草行业财务审计工作会议在北京召开。

3月11日，《电子烟管理办法》发布，5月1日起正式实施。

3月15日，张建民主持召开国家局党组理论学习中心组（扩大）集体学习，传达学习贯彻习近平总书记重要讲话和十三届全国人大五次会议、全国政协十三届五次会议精神，结合工作实际开展交流研讨。段铁力、张天峰、韩占武参加学习。

3月15日，张建民主持召开国家烟草专卖局党组巡视工作领导小组会议，传达学习《关于加强巡视整改和成果运用的意见》，研究贯彻落实措施。段铁力、张天峰、韩占武出席会议。

3月16日，国家烟草专卖局与中国财贸轻纺烟草工会在北京举行第十七次联席会议。张建民出席会议并在讲话中强调，要坚持以习近平新时代中国特色社会主义思想为指引，深入学习贯彻党的十九大和十九届历次全会精神，弘扬伟大建党精神，坚持稳中求进工作总基调，推动行业工会工作迈上新台阶，以优异成绩迎接党的二十大胜利召开。张天峰出席会议。

3月16日，韩占武主持召开国家烟草专卖局保密委员会全体会议暨密码工作领导小组会议。

3月16日，国家局党组印发《关于进一步加强国家烟草专卖局领导班子建设的意见》。

3月17日，国家局办公室印发《关于烟草行业深入打好污染防治攻坚战的实施意见》，持续推动烟草行业绿色低碳循环发展。

3月21日，国家局党组印发《关于加强巡视整改和成果运用的措施》，就进一步规范加强国家局党组巡视整改和成果运用提出工作措施、梳理责任清单。

3月22日，张建民主持召开国家烟草专卖局党组应对新冠肺炎疫情工作领导小组会议，深入学习贯彻习近平总书记在中共中央政治局常务委员会会议上的重要讲话精神，传达学习全国疫情防控工作电视电话会议精神，研究部署行业疫情防控工作。段铁力、张天峰、韩占武出席会议。

3月25日，2022年全国烟草专卖管理工作会议在北京召开。张建民对会议作出批示。张天峰出席会议并讲话。

3月25日，2022年全国烟草行业网络安全和信息化工作会议在北京召开。段铁力出席会议并讲话。

3月25日，烟草行业云平台主中心（上海）节点正式运行，段铁力出席启动仪式。

3月25日，国家局办公室印发《统筹做好当前新冠肺炎疫情防控和生产经营工作的通知》，要求全行业深入学习领会、坚决贯彻落实习近平总书记重要讲话精神，认真落实党中央、国务院部署要求，进一步统筹做好当前疫情防控和生产经营各项工作。

3月28日，张建民主持召开国家局党组（扩大）会议，传达学习贯彻习近平总书记在2022年春季学期中央党校（国家行政学院）中青年干部培训班开班式上的重要讲话精神，研究行业贯彻落实举措。段铁力、张天峰、韩占武出席会议。

4月

4月6日，国家局、总公司印发《关于设立首批烟草行业技能大师工作室的决定》，设立湖南省烟草专卖局（公司）李玉辉技能大师工作室等5个工作室为首批烟草行业技能大师工作室，发挥技能大师工作室在技术创新和人才培养等方面的积极作用。

4月7日，张建民主持召开国家局、总公司党的建设工作领导小组会议，传达学习中共中央办公厅《关于推动党史学习教育常态化长效化的意见》和有关文件精神，研究行业贯彻落实措施。段铁力、张天峰、韩占武出席会议。

4月8日，《电子烟》强制性国家标准（GB 41700—2022）经国家市场监管总局批准发布，10月1日起正式实施。

4月13日，国家局党组印发《关于烟草行业推动党史学习教育常态化长效化具体措施的通知》，推动行业广大党员、干部职工把党史学习融入日常、抓在经常，将党史学习教育成效转化为推动行业高质量发展的动力、举措和实效。

4月13日，总公司印发《关于表彰烟草行业离退休干部工作先进集体和先进工作者的决定》，对59个烟草行业离退休干部工作先进集体、81名烟草行业先进离退休干部工作者进行通报表彰。

4月18日，张建民主持召开国家局党组（扩大）会议，传达学习贯彻习近平总书记在北京冬奥会冬残奥会总结表彰大会上的重要讲话精神，研究行业贯彻落实举措。段铁力、张天峰、韩占武出席会议。

4月18日，张建民主持召开国家局、总公司经济运行分析会，分析研究一季度行业经济运行情况，研究部署下一步工作。段铁力、张天峰、韩占武出席会议。

4月22日，2022年行业经济运行、卷烟销售暨物流工作电视电话会议在北京召开。段铁力出席会议并讲话。

4月27日，韩占武以视频方式出席中日烟草技术交流暨2022年度执行计划协议签字活动，视频会见日烟国际高级副总裁艾凯尔（Akhil）等，双方进行友好会谈。

4月28日，中华全国总工会印发关于表彰2022年全国五一劳动奖和全国工人先锋号的决定，烟草行业有3个单位获得全国五一劳动奖状、5名职工获得全国五一劳动奖章、7个集体被授予“全国工人先锋号”称号。

4月29日，张建民主持召开国家局党组理论学习中心组（扩大）集体学习，深入研读习近平同志《论把握新发展阶段、贯彻新发展理念、构建新发展格局》，围绕学习贯彻习近平经济思想和习近平总书记在中央经济工作会议上的重要讲话精神，结合行业高质量发展工作实际，进行交流研讨。段铁力、张天峰、韩占武参加学习。

5月

5月5日，张建民主持召开国家局党组（扩大）会议，传达学习贯彻中共中央政治局会议精神，传达学习贯彻国务院第五次廉政工作会议精神，研究行业贯彻落实举措。段铁力、张天峰、韩占武出席会议。

5月9日，张建民主持召开国家局党组（扩大）会议，传达学习贯彻中央政治局常委会会议精神，研究行业贯彻落实举措。段铁力、张天峰、韩占武出席会议。

5月13日，国家局印发《关于加快全国烟草生产经营管理一体化平台建设推进烟草行业数字化转型的意见》，加快推进行业数字化转型。

5月16日，全国烟草行业巡视巡察工作会议暨国家烟草专卖局党组第八轮巡视动员部署会在北京召开。韩占武出席会议并讲话。

5月23日，张建民主持召开国家局党组（扩大）会议，传达学习习近平总书记在庆祝中国共产主义青年团成立100周年大会上的重要讲话精神，研究行业贯彻落实举措。段铁力、张天峰、韩占武出席会议。

5月30日，国家局党组印发《关于印发烟草行业违规投资责任追究实施办法（试行）的通知》，加强和规范行业违规投资责任追究工作。

5月30日，国家局印发《关于规范干部职工离职后从业等行为的意见（试行）》，进一步完善从严管理监督干部制度体系，防范干部职工离职后可能出现的各类风险。

5月31日，张建民主持召开国家局党组（扩大）会议，传达学习全国稳住经济大盘电视电话会议精神，研究行业贯彻落实举措。段铁力、张天峰、韩占武出席会议。

6月

6月1日，国家局官方政务微信公众号“烟草微报”正式上线运营。

6月6日，国家局、总公司印发《审计整改工作管理办法（试行）》，推动行业建立健全审计整改长效机制，促进审计成果转化为治理效能。

6月7日，烟草行业司局级领导干部学习贯彻党的十九届六中全会精神专题培训班在北京举办。张建民出席开班式并在讲话中强调，行业领导干部要进一步深刻领悟“两个确立”的决定性意义，增强“四个意识”、坚定“四个自信”、做到“两个维护”，为行业推动高质量发展、推进高效能治理、造就高素质队伍提供坚强政治保障。段铁力、张天峰、韩占武出席开班式。

6月10日，烟草行业司局级领导干部学习贯彻党的十九届六中全会精神专题培训班在北京举办结业式。张天峰出席结业式并作总结讲话。

6月13日，张建民主持召开国家局党组（扩大）会议，认真学习贯彻习近平总书记在四川考察时的重要讲话精神，研究行业贯彻落实举措。段铁力、张天峰、韩占武出席会议。

6月13日，行业党风廉政信息化管理系统推广部署工作电视电话会议在北京召开。韩占武出席会议并讲话。

6月14—17日，韩占武在湖南烟草调研。

6月15日，全国统一电子烟交易管理平台如期建成并上线运行，为依法取得烟草专卖许可证的电子烟市场主体提供唯一合法交易和备案平台。

6月16日，烟草行业纪检监察体制改革试点工作调研座谈会暨纪检组组长述职述廉会在湖南长沙召开。韩占武出席会议并讲话。

6月17日，张建民会见中国中信集团有限公司党委书记、董事长朱鹤新，双方就继续深化合作、推动高质量发展交换意见。

6月20日，张建民主持召开国家局党组（扩大）会议，学习贯彻习近平总书记在中共中央政治局第四十次集体学习时的重要讲话精神，传达学习中共中央办公厅印发的《领导干部配偶、子女及其配偶经商办企业管理规定》，研究行业贯彻落实举措。段铁力、张天峰、韩占武出席会议。

6月22—24日，韩占武在青海烟草调研。

6月27—30日，段铁力在云南烟草调研。

6月29日，“茶烟”等类烟产品专项治理行动动员部署电视电话会议在北京召开。张天峰出席会议并讲话。

6月29日，韩占武陪同郭开朗在甘肃烟草调研。

6 月 30 日，烟草行业纪检监察体制改革试点工作调研座谈暨纪检组组长述职述廉会在甘肃兰州召开。郭开朗出席会议并讲话。韩占武出席会议并讲话。

7月

7 月 4 日，张建民主持召开国家局党组（扩大）会议，学习贯彻习近平总书记在庆祝香港回归祖国 25 周年大会暨香港特别行政区第六届政府就职典礼上的重要讲话精神和在湖北武汉考察时的重要讲话精神，研究行业贯彻落实举措。段铁力、张天峰、韩占武出席会议。

7 月 5 日，张建民在北京会见江西省委常委、副省长任珠峰，双方就推动江西烟草高质量发展、助力地方经济社会建设交换意见。

7 月 5—7 日，段铁力在西藏烟草调研。

7 月 5—8 日，张天峰在贵州烟草调研。

7 月 7—10 日，段铁力在四川烟草调研。

7 月 8 日，国家局印发《关于推进烟草行业信用体系建设高质量发展　促进形成新发展格局的意见》，持续推进行业信用体系建设。

7 月 11 日，张建民主持召开国家局党组（扩大）会议，传达学习习近平总书记关于机关事务工作的重要指示精神，传达学习中共中央办公厅印发的《纪检监察机关派驻机构工作规则》，研究行业贯彻落实举措。段铁力、张天峰、韩占武出席会议。

7 月 11 日，张建民以“坚决走好第一方阵，坚定不移推动高质量发展，以实际行动迎接党的二十大胜利召开”为主题，为国家局、总公司机关党员干部讲授专题党课。段铁力、张天峰、韩占武出席。

7 月 12 日，张建民在北京与北京市人大常委会主任李伟举行会谈，双方就推动国有企业改革发展、助力地方经济社会建设交换意见。韩占武一同会谈。

7 月 12 日，张建民会见中国光大集团股份公司党委书记、董事长王江，双方就继续深化合作、推动高质量发展交换意见。

7 月 12—14 日，段铁力在辽宁烟草调研。

7 月 13—14 日，张天峰在河北烟草调研。

7 月 14 日，2022 年全国烟叶高质量发展现场会在山东潍坊召开。

7 月 15 日，共青团国家烟草专卖局直属机关团员大会在北京召开。韩占武出席会议并讲话。

7 月 15 日，国家局、总公司印发《关于撤销上海新型烟草制品研究院的通知》，撤销上海新型烟草制品研究院。

7 月 15 日，国家局、总公司印发《关于印发上海新型烟草制品研究院有限公司主要职责内设机构和人员编制规定的通知》，明确上海新型烟草制品研究院有限公司“三定”方案。

7 月 15 日，国家局、总公司首次发布公开社会招聘公告，组织开展中国双维投资有限公司管理人员及专业人才团队公开招聘，聚焦能源、金融等领域引进高级管理人员及专业人才，努力拓展选人用人视野，创新选人用人机制，营造爱才识才用才的良好氛围。

7 月 18 日，张建民主持召开国家局党组（扩大）会议，传达学习习近平总书记在新疆考察时的重要讲话精神，研究行业贯彻落实举措。段铁力、张天峰、韩占武出席会议。

7 月 18 日，张建民主持召开国家局、总公司经济运行分析会，听取有关部门和单位情况汇报，分析研究上半年行业经济运行情况，安排部署下一步工作。段铁力、张天峰、韩占武出席会议。

7 月 19—21 日，张天峰在湖北烟草调研。

7 月 22 日，2022 年烟草行业半年工作电视电话会议在北京召开。张建民在讲话中强调，全行业要更加紧密地团结在以习近平同志为核心的党中央周围，凝心聚力、攻坚克难，持续推动高质量发展、推进高效能治理、造就高素质队伍，坚决扛起稳住经济大盘的行业责任，奋力完成全年目标任务，以优异成绩为党的二十大作贡献。段铁力、张天峰、韩占武出席会议。

7 月 25 日，张建民主持召开国家局党组理论学习中心组（扩大）集体学习，认真学习《习近平谈治国理政》第四卷，围绕“掌握历史主动，在新时代更好坚持和发展中国特色社会主义”“坚持党的全面领导”主题，紧密结合行业中心工作和自身实际，就推动行业高质量发展开展交流研讨。段铁力、张天峰、韩占武参加学习。

7 月 25—28 日，韩占武在黑龙江烟草调研。

7 月 26 日，烟草行业纪检监察体制改革试点工作调研座谈会暨纪检组组长述职述廉会在黑龙江哈尔滨召开。韩占武出席会议并讲话。

7 月 26 日，国家局党组印发《关于印发烟草行业创建示范活动管理实施细则（试行）的通知》，规范行业创建示范活动的设立、审批和开展。

7 月 28 日，张建民在北京会见宁夏回族自治区副主席吴秀章一行，双方就推动宁夏烟草高质量发展、助力地方经济社会建设交换意见。

7 月 29 日，张建民主持召开国家局党组（扩大）会议，传达学习习近平总书记在省部级主要领导干部“学习习近平总书记重要讲话精神，迎接党的二十大”专题研讨班上的重要讲话精神，研究行业贯彻落实举措。段铁力、张天峰、韩占武出席会议。

7 月 30 日，总公司印发《烟叶收购站建设控制指标》，提高烟叶生产保障水平，改善基层生产基础设施。

8 月

8 月 1 日，国家局印发《关于印发国家烟草专卖局 中国烟草总公司工作规则的通知》。

8 月 1 日，国家局办公室印发《关于印发中共国家烟草专卖局党组议事清单的通知》。

8 月 1—2 日，张建民在上海烟草调研。其间，张建民与中共中央政治局委员、上海市委书记李强举行会谈，双方就上海烟草改革发展交换意见。

8 月 2 日，国家局办公室印发《关于印发行业高质量发展政策体系和“十四五”规划体系实施情况动态评估工作方案的通知》，在全行业范围内首次大规模开展自下而上、由点到面的政策实施情况评估，全面系统反映党的十九大以来行业高质量发展取得的成效。

8 月 2—4 日，张建民在湖北调研国家烟草专卖局定点帮扶情况和湖北烟草工作。其间，张建民与湖北省委书记王蒙徽，省委副书记、省长王忠林举行会谈，双方就深入推进定点帮扶工作、湖北烟草改革发展交换意见。

8 月 9 日，工业和信息化部党组书记金壮龙在国家烟草专卖局、中国烟草总公司调研。张建民、段铁力、张天峰、韩占武陪同调研。

8 月 17 日，张建民在北京会见海关总署副署长王令浚，双方就继续深化合作、推进烟草打私工作交换意见。张天峰一同会见。

8 月 22 日，张建民主持召开国家局党组理论学习中心组（扩大）集体学习，邀请中共中央党校（国家行政学院）科学社会主义教研部教授倪德刚围绕习近平总书记在省部级主要领导干部专题研讨班上的重要讲话与《习近平谈治国理政》第四卷作专题讲座，围绕贯彻落实习近平总书记重要讲话精神开展交流研讨。段铁力、张天峰、韩占武参加学习。

8 月 22 日，张建民主持召开国家局党组（扩大）会议，认真传达学习习近平总书记在 7 月 28 日中共中央政治局会议上的重要讲话精神和在辽宁考察时的重要讲话精神，研究行业贯彻落实举措。段铁力、张天峰、韩占武出席会议。

8月23—26日，段铁力在黑龙江烟草调研。

8月24日，全国烟草科技工作座谈会在黑龙江哈尔滨召开。段铁力出席会议并讲话。

8月29日，烟草行业新型数字基础设施体系通过专家论证会论证，为烟草行业数字化转型奠定坚实基础。

8月30日，深化行业纪检监察体制改革试点工作推进会在北京召开。张建民出席会议并在讲话中强调，要深刻把握深化改革试点工作的内涵要求，认真总结经验做法，充分激发和释放改革效能，持续推进深化改革试点工作走深走实，促进行业全面从严治党取得新突破、打开新局面，以优异成绩迎接党的二十大胜利召开。韩占武主持会议。

8月30日，国家局印发《关于印发烟草行业“十四五”生态环境保护行动方案的通知》，明确“十四五”时期生态环境保护目标，促进行业全面绿色转型。

9月

9月8日，张建民在北京会见财政部副部长王东伟。

9月9日，张建民在北京会见中国农业银行党委书记、董事长谷澍，双方就继续深化合作、推动高质量发展交换意见。

9月14日，总公司印发《基本烟田可持续经营指南》，推动构建基本烟田可持续经营长效机制，在助力粮食增产、烟农增收过程中稳固烟叶基础。

9月15日，国务院领导在北京卷烟厂、北京烟草物流中心调研。张建民、段铁力、张天峰、韩占武陪同调研。

9月19日，张建民主持召开国家局、总公司党的建设工作领导小组会议，传达学习贯彻中央和国家机关基层党组织建设质量提升推进会精神，研究贯彻落实举措。段铁力、韩占武出席会议。

9月19日，国家局党校举行2022年秋季学期开学典礼。韩占武出席开学典礼并作动员讲话。

9月20日，国家局、总公司机关举行“青年看未来”主题演讲比赛决赛。张建民、段铁力、韩占武出席并为获奖选手颁奖。

9月21日，烟草行业巡察工作电视电话会议在北京召开。韩占武出席会议并讲话。

9月22日，国家局、总公司召开纪念中国烟草总公司成立40周年老领导老同志座谈会。张建民出席会议并在讲话中强调，全行业要以习近平总书记关于老干部工作重要论述为遵循，继续带着感情、带着责任，敬爱致恭、耐心精细地做好服务工作，让老领导、老同志时刻感受到组织的关怀和行业的温暖，不断增强获得感、幸福感、安全感和满意度。韩占武通报行业主要工作情况和纪念总公司成立40周年相关活动开展情况。国家局、总公司老领导姜成康、杨传德、张辉、高林、张玉霞和老同志代表出席会议。

9月23日，国家局、总公司就烟草行业改革发展40年标志性事件举行新闻发布会。

9月26日，中国烟草总公司成立40周年纪念大会在北京召开。工业和信息化部党组书记、部长金壮龙，财政部党组成员、副部长许宏才出席会议并讲话。张建民作主题报告，强调要坚持以习近平新时代中国特色社会主义思想为指导，认真贯彻党中央、国务院决策部署，心怀“国之大者”，立足新发展阶段，完整、准确、全面贯彻新发展理念，积极融入和服务新发展格局，牢牢把握高质量发展主题，进一步找准发展定位，明确战略取向，坚定不移推动高质量发展、推进高效能治理、造就高素质队伍，努力把党领导下的烟草事业全面推向前进。段铁力、张天峰、韩占武，国家局、总公司老领导倪益瑾、姜成康、郁源培、杨传德、张辉、杨培森、高林、张玉霞出席会议。会议特别邀请了行业不同时期、不同领域的先进人物代表参加会议并颁发参加中国烟草总公司成立40周年纪念大会证书。行业先进人物代表、离退休老同志代表、青年干部代表在会上发言。

9月27日，《中华人民共和国职业分类大典（2022版）》审定颁布会在北京召开，将行业“烟草专卖管理员”“烟草物流员”“烟机钳工”“烟机电工”“烟草物理检验员”等5个职业（工种）编入新版《大典》。

9月29日，韩占武主持召开国家局保密委员会2022年第二次全体会议。

9月30日，张建民主持召开国家局党组（扩大）会议，传达学习中共中央办公厅印发的《推进领导干部能上能下规定》，研究行业贯彻落实举措。段铁力、韩占武出席会议。

9月30日，国家局党组印发《关于印发烟草行业全面从严治党重要事项和情况请示报告实施办法（试行）的通知》，加强国家局党组对行业全面从严治党全方位、全过程领导。

9月30日，在行业云平台完成电子烟二维码追溯系统部署上线，初步具备电子烟二维码追溯应用能力。

10月

10月8日，张建民主持召开国家局党组理论学习中心组（扩大）集体学习，邀请中国社会科学院世界经济与政治研究所研究员、副所长冯维江围绕学习贯彻总体国家安全观作专题辅导报告。段铁力、韩占武参加学习。

10月13日，张建民主持召开国家局、总公司经济运行分析会，分析研究前三季度行业经济运行情况，安排部署下一步工作。段铁力、韩占武出席会议。

10月14日，国家局党组印发《关于印发烟草行业盒皮（烟标）和香精香料违规采购责任追究实施办法（试行）的通知》，防范行业重点采购领域廉洁风险，规范盒皮（烟标）和香精香料采购权力运行，加强违规采购责任追究。

10月16日，国家局、总公司机关认真组织收看党的二十大开幕会现场直播，国家局党组成员与机关党员干部集体学习聆听习近平总书记在大会上所作的报告。行业各直属单位纷纷组织收看。

10月24日，国家局、总公司机关召开传达学习贯彻党的二十大精神大会。张建民出席会议并在讲话中强调，深入学习宣传贯彻党的二十大精神，是当前和今后一个时期全行业的首要政治任务，全行业各级党组织和全体党员干部要迅速行动起来，在学深悟透、融会贯通、贯彻落实上下功夫、见实效，切实把思想和行动统一到党的二十大精神上来，把智慧和力量凝聚到党的二十大提出的重大战略部署和重大任务上来，认真谋划行业在推动和实践中国式现代化过程中的发展目标、前进路径、实现方法，真正把学习成果转化为攻坚克难的能力本领和思路举措，奋力开创行业各项事业发展新局面，为全面建设社会主义现代化国家、实现中华民族伟大复兴的中国梦作出全行业新的更大贡献。段铁力、韩占武出席会议。

10月24日，张建民主持召开国家局党组（扩大）会议，传达学习习近平总书记在党的十九届七中全会上的重要讲话精神，认真传达、深刻领会党的二十大精神、党的二十届一中全会精神，研究行业贯彻落实举措。段铁力、韩占武出席会议。

10月25日，财政部、海关总署、税务总局联合发布《关于对电子烟征收消费税的公告》，将电子烟纳入消费税征收范围，并于11月1日正式实施。

10月31日，张建民主持召开国家局党组（扩大）会议，传达学习10月25日中共中央政治局会议精神和习近平总书记在二十届中共中央政治局第一次集体学习时的重要讲话精神，研究行业贯彻落实举措。段铁力、韩占武出席会议。

11月

11月2日，全国统一卷烟营销管理平台省级营销子系统全面推广动员电视电话会议在北京召开。段铁力出席会议并讲话。

11 月 4 日，烟草行业学习宣传贯彻党的二十大精神动员会在北京召开。张建民出席会议并在讲话中强调，全行业要把深入学习宣传贯彻党的二十大精神作为当前和今后一个时期的首要政治任务，做到既整体把握、全面系统，又突出重点、抓住关键，迅速兴起学习宣传贯彻热潮，以党的二十大精神为指引，坚定信心、团结奋斗，踔厉奋发、勇毅前行，将党领导下的烟草事业全面推向前进，为全面建设社会主义现代化国家、全面推进中华民族伟大复兴作出全行业新的更大贡献。段铁力、韩占武出席会议。

11 月 7 日，张建民主持召开国家局党组理论学习中心组（扩大）集体学习，在认真研读党的二十大报告基础上，围绕“深刻理解‘五个牢牢把握’，认真学习贯彻党的二十大精神”开展交流研讨。段铁力、韩占武参加学习并交流心得体会，张天峰以书面形式交流学习心得体会。

11 月 7 日，张建民主持召开国家局党组（扩大）会议，认真传达学习习近平总书记在陕西延安和河南安阳考察时的重要讲话精神，研究行业贯彻落实举措。段铁力、韩占武出席会议。

11 月 9 日，段铁力以“深入学习领会党的二十大精神 以中式卷烟推动行业高质量发展”为题，为国家局党校 2022 年秋季学期学员讲专题党课。

11 月 10 日，国家局党组印发《关于烟草行业学习宣传贯彻党的二十大精神的通知》，引导行业广大党员、干部职工充分认识学习宣传贯彻党的二十大精神的重大意义，全面准确学习领会党的二十大精神，迅速兴起学习宣传贯彻党的二十大精神热潮。

11 月 11 日，张建民以普通党员身份参加所在办公室（外事司）党支部主题党日活动，参观中国国家博物馆“人格的力量——中国共产党人的家国情怀”展览。

11 月 14 日，张建民主持召开国家局党组理论学习中心组（扩大）集体学习，邀请中共中央党校（国家行政学院）唐爱军教授作党的二十大精神解读专题辅导报告。段铁力、韩占武参加学习。

11 月 14 日，张建民主持召开国家局党组应对新冠肺炎疫情工作领导小组会议，传达学习中共中央政治局常务委员会会议精神，听取行业及国家局、总公司机关疫情防控工作有关情况汇报，研究部署下一步工作。段铁力、韩占武出席会议。

11 月 15 日，国家局党校举行学习贯彻党的二十大精神宣讲报告会。张建民为党校秋季学期学员作党的二十大精神宣讲报告，强调全行业要更加紧密地团结在以习近平同志为核心的党中央周围，以习近平新时代中国特色社会主义思想为指导，弘扬伟大建党精神，把学习宣传贯彻党的二十大精神同推动高质量发展、推进高效能治理、造就高素质队伍的实践结合起来，同自己的职责使命结合起来，真正把学习成果转化为攻坚克难的能力本领和思路举措，奋力开创行业各项事业发展新局面，为全面建设社会主义现代化国家、实现中华民族伟大复兴的中国梦作出全行业新的更大贡献。韩占武出席报告会。

11 月 21 日，张建民主持召开国家局党组应对新冠肺炎疫情工作领导小组会议，认真传达学习习近平总书记关于疫情防控工作的重要指示批示精神，贯彻落实国务院联防联控机制工作部署，安排部署行业疫情防控工作。段铁力、韩占武出席会议。

11 月 21 日，总公司印发《关于深化配方打叶提升烟叶利用水平的指导意见》，持续巩固拓展烟叶供给侧结构性改革成果，更好化解烟叶供需结构性矛盾。

11 月 24 日，国家局党校举行 2022 年秋季学期进修班毕业典礼。韩占武出席毕业典礼并为学员颁发毕业证书。

11 月 28 日，张建民主持召开国家局党组巡视工作领导小组会议，传达学习中央巡视办印发的《关于巡视巡察机构认真学习宣传贯彻党的二十大精神的通知》，研究行业贯彻落实举措。段铁力、韩占武出席会议。

12月

12月2日，张建民主持召开行业高质量发展政策体系和“十四五”规划实施评估会，强调要聚焦党的二十大提出的重大战略思想、战略安排和目标任务，紧密结合行业高质量发展政策体系和“十四五”规划实施情况，在保持稳定性连续性基础上，与时俱进丰富拓展行业发展思路和政策措施，形成具体意见并深入贯彻实施，推动党的二十大精神在行业落地见效，为以中国式现代化推进中华民族伟大复兴贡献烟草力量。段铁力、韩占武出席会议并结合分管工作谈了工作打算。

12月5日，国家局召开卷烟二维码统一应用和行业调控项目推广实施动员会。

12月9日，张建民主持召开国家局、总公司工作务虚会，强调明年是全面贯彻落实党的二十大精神的开局之年，也是“十四五”规划承上启下的关键一年，做好烟草工作，任务艰巨、责任重大，全行业要在全面学习、全面把握、全面贯彻上下功夫，切实把思想和行动统一到党的二十大精神上来，切实抓好明年重点工作，推动行业各项工作实现新提升、再上新台阶。段铁力、张天峰、韩占武出席会议并结合分管领域工作提出意见要求、思路举措。

12月13日，国家局办公室印发《关于优化落实行业新冠肺炎疫情防控措施的通知》，进一步优化落实行业疫情防控措施。

12月14日，国家局印发《涉案电子烟管理细则》，规范和加强涉案电子烟管理工作。

12月23日，国家局党组印发《关于印发贯彻落实中央八项规定及其实施细则精神实施办法的通知》。

12月27日，张建民主持召开国家局党组（扩大）会议，传达学习贯彻中央经济工作会议精神和中央农村工作会议精神，研究行业贯彻落实举措。段铁力、张天峰、韩占武出席会议。

12月29日，张建民为基层联系点福建省龙岩市烟草专卖局（公司）、基层党支部联系点福建中烟龙岩烟草工业有限责任公司卷包车间第一党支部作党的二十大精神宣讲，强调要把学习宣传贯彻党的二十大精神抓细抓实抓到位，把党的二十大作出的重大决策部署细化为具体措施，落实到具体行动中、体现到工作成效上，努力将党领导下的烟草事业全面推向前进。

12月29日，段铁力为基层联系点上海烟草集团有限责任公司上海卷烟厂、基层党支部联系点上海市杨浦区烟草专卖局（公司）营销党支部作党的二十大精神宣讲。

12月29日，张天峰为基层联系点河北中烟工业有限责任公司保定卷烟厂、基层党支部联系点河北保定阜平县烟草专卖局党支部作党的二十大精神宣讲。

12月30日，全国烟叶工作会议在北京召开。张建民出席会议并在讲话中强调，要立足“三农”工作大局、找准产业发展方位，加快烟草农业现代化建设，积极助力乡村振兴，服务农业强国战略。韩占武主持会议。

12月30日，国家局召开会议安排部署今后一个时期行业疫情防控工作。张建民出席会议并在讲话中强调，要进一步提高政治站位，坚决落实好习近平总书记在中央经济工作会议上提出的“更好统筹疫情防控和经济社会发展”重要要求，切实把思想和行动统一到党中央、国务院决策部署上来，在科学、精准、高效抓好疫情防控的同时，坚定不移做好自己的事，确保今年任务收好官、明年工作开好局。韩占武出席会议。

◇供稿：国家局办公室；编辑：王　静

行业概览

- □ 全国烟草行业发展概况
- □ 发展计划与经济运行
- □ 烟叶生产经营
- □ 卷烟生产经营
- □ 雪茄烟生产经营
- □ 多元化经营
- □ 专卖监督管理
- □ 电子烟监管和新的涉烟监管
- □ 政策法规与体制改革
- □ 财务与审计
- □ 烟草科技
- □ 网络安全和信息化建设
- □ 党建工作
- □ 人事与劳资
- □ 规范管理

全国烟草行业发展概况

【增强捍卫“两个确立”的政治自觉，纵深推进全面从严治党取得新成效】 2022 年，烟草行业坚持全面从严治党永远在路上，以党的政治建设为统领，深刻领悟“两个确立”的决定性意义，制定国家局党组坚决维护党中央权威和集中统一领导实施办法，把党的全面领导落实到烟草工作各领域各环节。国家局党组带头学思践悟，引导行业在全面学习、全面把握、全面落实党的二十大精神上下功夫，迅速兴起学习热潮。持续用党的创新理论凝心铸魂，推进党史学习教育常态化长效化。从严加强对“一把手”和领导班子的监督，深化行业纪检监察体制改革试点，健全完善巡视巡察上下联动工作机制，加强领导干部亲属经商办企业管理，规范干部职工离职后从业等行为。深入落实党管干部原则，突出选人用人政治标准，优化干部资源配置，培养选拔优秀年轻干部，班子结构梯次更趋合理，整体功能显著增强。修订完善贯彻落实中央八项规定及其实施细则精神的实施办法，开展行业纪律和作风建设专项整治。深化重点领域廉洁风险防治，制定违规投资及盒皮（烟标）、香精香料违规采购责任追究制度，加大追责问责力度。配合驻工业和信息化部纪检监察组和地方纪委监委加大对腐败案件的查处力度，以“严”的基调正风肃纪反腐，一体推进不敢腐、不能腐、不想腐。

【应对超预期因素冲击保持生产经营稳中有增，行业经济发展迈上新台阶】 2022 年，行业落实“疫情要防住、经济要稳住、发展要安全”的要求，加强宏观调控和稳产保供，千方百计减少疫情影响，保障生产经营有序开展。坚持“总量控制、稍紧平衡，增速合理、贵在持续”方针，科学把握调控力度、节奏及针对性、有效性，行业经济运行继续实现平稳增长。卷烟产销基本平衡；“两烟”库存水平合理；卷烟结构稳步提升，单箱批发销售额同比增加 1921 元；创新产品销量同比增长 14.7%；重点品牌持续发展，销量占比达到 92.9%，“中华”“利群”“云烟”“黄鹤楼”“芙蓉王”“南京”等品牌销售额继续超千亿元并保持增长态势；国产传统雪茄烟销量增长；市场状态持续向好，整条卷烟零售价格指数提高 0.78 个百分点。全年实现工商税利总额 14413 亿元，同比增长 6.12%，再创历史新高，为稳住宏观经济大盘、促进国家和地方经济增长发挥重要作用。

【以强烈的政治担当保障国家财政收入，行业全方位贡献达到新水平】 推动生产经营稳中有进，加强资金归集调度，坚持过紧日子，全年实现财政总额 14416 亿元，比上年增长 15.86%，其中：税金 12938 亿元，增加 1528 亿元、增长 13.39%，国有资本收益 528 亿元，专项税后利润 950 亿元；圆满完成中央关于特定专营机构上缴近年结存利润的任务，为国家财政收支平衡、减税降费、助企纾困、加大对地方转移支付、保障民生等作出重要贡献，体现了行业的大局意识和责任担当。积极以产业带动助力保市场主体、保就业、保民生。牢牢把握“三个关系”，守住“两条底线”，投入 116 亿元资金用于烟叶产前投入和基础设施建设，上调烟叶收购价格，开展烟叶与粮经作物轮作，轮作面积近 1000 万亩，新建烟叶产业综合体 98 个，多措并举

烟草行业援建的重庆武隆区接龙水源工程发挥积极作用，助力乡村振兴（2022 年）

重庆市局　涂金周　摄

稳定烟农队伍、促进烟农增收，烟农户均收入达到10.9万元。持续改进客户服务质量，加强卷烟零售终端建设，全国共建成现代终端122.1万户，零售毛利率达到11.31%。聚焦重点帮扶地区，安排捐赠资金27.5亿元，在巩固脱贫攻坚成果和乡村振兴中发挥积极作用。

【加快创新驱动和数字化转型，烟草产业优化升级激发新动能】 着力推进改革攻坚，深入推动“放管服”改革，落实国企改革三年行动方案，深化“海外总部”建设，从治理结构、资源配置、激励约束等方面消除制约行业高质量发展的机制性、政策性障碍，提升行业治理法治化、制度化、规范化水平。强化烟草战略科技力量，实施战略综合类、科学研究类创新平台稳定支持计划，启动技术创新中心试点建设。烟草生物育种、卷烟配方技术升级、雪茄烟叶开发等重大科技专项取得重要成果，烟草与健康、烟叶多用途利用等重点领域研究持续加强。不断壮大创新型人才队伍，积极拓宽人才引进渠道，开展首批青年科技托举人才选拔，设立首批技能大师工作室。深入实施数字化转型战略，全国烟草生产经营管理一体化平台建设加快推进，云平台主中心（上海）节点上线运行稳健，数字中台在上海节点试运行，农工商政四大领域应用建设步伐加快。烟草农机农艺融合发展持续推进，机械化工作体系逐步建立，烟叶生产方式进一步转型升级。国产烟机装备技术攻关取得突破，切丝机主力产品等一批烟机设备通过鉴定，推出卷接包设备智能管理系统。智慧物流试点稳步推进，物流网络资源不断整合优化。加强国产丝束基地化供应保障，加快特殊规格丝束国产化替代，对外贸易保持稳定，行业产业链供应链安全水平有效提升。

【电子烟监管全面落地实施，市场监管和规范管理得到新加强】 认真贯彻落实《国务院关于修改〈中华人民共和国烟草专卖法实施条例〉的决定》，制定发布《电子烟管理办法》和《电子烟》国家标准，协调配合有关部委制定出台负面清单、消费税、企业上市、寄递携带限量等政策措施，细化完善48项相关配套政策，有序推进许可准入，开展质量检测和技术审评，建设全国统一电子烟交易管理平台并有效运行，推动电子烟市场主体依法依规开展生产经营，依法查处涉电子烟违法违规行为，有力维护消费者尤其是青少年身心健康，电子烟监管全面步入法治化、规范化轨道。保持烟草打假打私高压态势，会同公安部、海关总署挂牌督办93起重大案件，查处案值亿元以上案件31起。严打制假原辅料供应链，开展打击非法经营烟叶“百日攻坚”专项行动，全年查获烟丝烟叶数量1.94万吨，比上年增长38.5%。全年查处案值5万元以上假私烟案件5389起，查获假烟34.9万件、走私烟4.2万件，公安、司法机关依法追究刑事责任6715人。部署开展“茶烟”等类烟产品、互联网售烟等专项治理，关停类烟产品生产企业71家，主要电商平台类烟产品实现常态化清理。依法关停62家非法加热卷烟生产经营项目，加热卷烟监管取得重大进展。加强工商协同，精准靶向调节，深化真烟异常流动治理，织密规范经营监督网。

◎编辑整理：王　静

发展计划与经济运行

【行业高质量发展政策体系和“十四五”规划实施情况评估】 2022年，按照国家局党组工作部署，开展行业高质量发展政策体系和“十四五”规划体系实施情况评估工作，系行业首次大规模开展自下而上、由点到面的政策实施情况评估，起草形成《烟草行业高质量发展政策体系实施情况综合评估报告》《烟草行业“十四五”规划实施情况动态评估报告》，全面系统反映党的十九大以来行业贯彻落实党中央决策部署、推动高质量发展的显著成效。通过开展评估工作，切实做到坚持目标导向、问题导向、结果导向相结合，形成定政策、抓落实、促成效的完整闭环；坚持上下联动、由点及面、全面覆盖，全景呈现行业一级抓一级、层层抓落实、全国“一盘棋”的良好氛围；坚持全面评估和专项评估、定量分析和定性评价相结合，让行业高质量发展成效看得见、摸得着、说得清，让评估工作成果有支撑、成体系、可感知。

【“两烟”计划管理】 坚持“总量控制、稍紧平衡，增速合理、贵在持续”十六字方针，持续完善导向清晰、规则明确、执行有序的计划资源配置机制，合理安排“两烟”产供销计划，继续将税利完成情况、合作生产及低价位卷烟计划落实情况等量化为2022年卷烟生产进度调整参数，将人口普查数据、市场供需状态评价结果等量化为2022年卷烟销售计划差异化调整参数，强化预期引导和政策落实。

坚持以销定产、松紧适度的产量调控政策，2022 年继续实现产销基本平衡，卷烟库存保持合理水平。坚持以人民为中心的发展思想，合理兼顾人民群众多层次、多样化消费需求，促进各价位卷烟供需匹配和协调发展。印发切实保障低价位卷烟市场供应的通知，及时跟踪问效，全年销售低价位卷烟 722 万箱，高于年初下达计划 10 万箱以上，保障低价位卷烟有效供给。按照“处理好烟叶生产‘三个关系’，守住‘两条底线’”的总体要求，强化需求牵引，优化政策供给，继续将增加计划向优质烟区、核心烟区倾斜，稳固烟叶基础，确保原料供应安全稳定。落实行政许可事项清单管理要求，印发《烟草制品生产企业超过年度总产量计划生产卷烟、雪茄烟审批管理办法》，推动计划管理更加制度化、规范化。

【行业经济运行概况】 **经济运行稳中向好**。2022 年，行业坚持稳中求进工作总基调，落实“总量控制、稍紧平衡，增速合理、贵在持续”调控方针，始终把保持经济平稳运行和良好市场状态摆在优先位置，跨周期调节和逆周期调节协调联动，经济运行呈现稳中向好、稳中加固良好态势，主要指标达到历史最好水平。2022 年，卷烟产销基本平衡，“两烟”库存水平合理；卷烟单箱批发销售额比上年增长 5.37%；行业一、二类烟销量分别增长 10.89%、10.3%；雪茄烟实现快速发展。

重点品牌持续发展。重点品牌集中度进一步提高，行业 31 个重点品牌销量比上年增长 1.8%，占全国销量比重提高 1.22 个百分点。重点品牌实现商业销售额比上年增长 6.45%，占全国销售额比重提高 0.54 个百分点。平均单箱销售额比上年增长 4.58%。

创新产品分化发展。创新品类卷烟销量比上年增长 14.73%，占全国总销量的 19.77%，提高 2.46 个百分点。其中，细支烟销量增长 12.83%、中支烟销量增长 27.79%、短支烟销量下降 4.59%。

经济效益稳步增长。2022 年，行业累计实现税利 1.44 万亿元，比上年增长 6.12%，实现利润增长 4.88%，实现工商总增加值增长 6.55%。

贸易进口安全稳定。2022 年，中国烟草国际有限公司克服新冠疫情影响，保障烟草类国营贸易商品进口供应链安全稳定，有效满足行业单位进口需求。全年进口货值 18.83 亿美元。其中，进口烟叶 16.19 万吨、进口卷烟 46.82 万件。

【投资管理】 **推动投资管理数字化转型**。提高认识站位，配齐健全数字化转型团队，研究制定行业统一投资管理系统工作方案和建设方案。强化工作衔接，开展需求调研和方案论证，及时、规范完成项目立项，按程序开展采购招标、项目对接以及系统建设需求分析、概要设计、原型设计等。

加强标准建设及规范化管理。广泛征求行业意见，结合行业实际研究制定印发《烟叶收购站建设控制指标》。开展《卷烟智能工厂标准体系研究》《卷烟物流配送中心设计规范》《烟草行业工程建设项目全过程咨询工作规范》等 3 个标准预研和制（修）订项目的申报工作。开展行业投资项目全过程管理标准化建设，编制管理指南初稿。

规范做好投资领域审批与监管。发挥投资关键作用，批复一批重大投资项目，推动数字信息基础设施建设，促进行业数字化转型；巩固工业制造优势，科学规划实施卷烟工业技术改造，升级建设具有新一轮科技革命特征的现代化卷烟制造平台；加大对基层单位的投入力度，补齐设施短板，改善相关单位的生产经营设施条件。强化政策把关与追责问责，对于不符合政策要求的投资项目从严把关，对于存在违规情形的投资项目，指导督促相关单位加大问责力度。

加强投资领域事中事后监管。完成 2021 年度行业投资管理“双随机、一公开”检查，持续督促相关单位后续整改。针对新时期加强投资管理的新形势新要求，对“双随机、一公开”检查“一单、两库、一细则”等工作机制内容进行修订完善，对检查人员库进行系统更新，印发文件督促指导行业单位进一步重视“双随机、一公开”检查，落实有关工作要求。克服新冠疫情不利影响，组织开展 2022 年度检查。加强统计分析，编制完成 2021 年度行业投资报告，对工程项目建设周期等问题进行研究并提出工作建议。制定印发新版《烟草行业投资项目后评价管理办法》，研究制定后评价试点方案，按程序开展相关服务采购。参与制定《烟草行业违规投资责任追究实施办法（试行）》。

按期完成复烤产能压缩调整规划。推进行业复烤产能压缩调整规划方案落实，加强对相关单位的指导督促，加大对相关技术改造项目的审批和推动实施力度。通过 2019 年以来 3 年推进落实，截至 2022 年底，行业复烤产能调整压缩至2880万担/年，完成复烤产能压缩规划要求目标。

【卷烟市场监测】 2022年，行业贯彻国家局党组始终把保持经济平稳运行和良好市场状态摆在优先位置的部署，按照“创新、规范、及时、准确”的工作要求，科学调整完善监测样本分布，不断提高数据质量、丰富分析维度、完善分析指标，进一步优化卷烟市场监测体系，完成12期《全国卷烟市场监测信息月报》。采用“不打招呼、不发通知、不听汇报、直奔零售户”的形式，对部分重点市场开展专题调研，及时发现当前市场存在的问题、潜在的风险和挑战。为促进更高水平供需动态平衡，建立以货源供需、市场动销、价格水平、经营信心等为核心的市场供需状态综合评价体系，每季度开展评价工作，为行业宏观调控、运行分析提供数据支撑和参考依据。开展2022年卷烟消费行为调查，准确把握消费行为变化和市场真实需求，对消费者行为特征、卷烟消费趋势、市场供需状况和未来消费预期等开展全面深入分析，为准确研判卷烟市场状态及市场容量等提供科学决策依据。

【价格管理】 规范和加强卷烟价格管理工作，统筹高、中、低各价位卷烟协调发展，以高质量供给引领和创造新需求，支撑卷烟品牌做强做大做优，做好卷烟产品价格核准工作；清理国产卷烟调拨价格目录，推进建立市场化的“优胜劣汰”调控机制；印发完善卷烟价格管理工作的通知，进一步完善卷烟产品价格核准程序，优化卷烟新产品价格梯次，鼓励和支持品牌适度竞争，引导产品有序开发升级；推进完善现行卷烟限价政策，确保完善卷烟限价政策有关工作稳妥推进、择机实施。综合分析烟叶生产成本收益和烟区产业环境情况，科学合理制定2023年烟叶价格政策，提高烟农收益，缓解供需矛盾，稳定产业发展；印发《关于规范国产雪茄烟叶价格管理的通知》，加快补齐国产雪茄烟叶原料价格政策措施短板，完成部分烟叶产区雪茄烟叶收购和调拨价格备案工作。统筹考虑能源、原材料等大宗商品价格大幅上涨对丝束成本的影响，差异化制定2023年国产和进口烟用醋纤丝束价格政策。组织国产烟机价格视频评审会，完成烟草专用机械产品指导价格的评审和批复。

【乡村振兴政策保障】 贯彻落实党中央、国务院决策部署，建立健全全面推进乡村振兴工作体系。国家局党组高度重视乡村振兴工作，深入谋划建立烟草行业巩固拓展脱贫攻坚成果同乡村振兴有效衔接的组织体系、政策体系和体制机制，组织召开4次国家局乡村振兴工作领导小组会议，继续狠抓责任、政策和工作落实，统筹部署全面推进乡村振兴工作，多措并举支持帮扶地区特色产业、重点产业，加强对乡村振兴工作的督促指导，优化政策供给，落实乡村振兴新任务和新要求，坚持以普惠性、基础性、兜底性民生建设为重点，加强农村道路、供水、用电、网络、住房安全等重点领域基础性建设，推进帮扶工作取得新成效。

保持主要帮扶政策和资金投入稳中有进。2022年，继续落实“四个不摘”工作要求，巩固拓展脱贫攻坚成果同乡村振兴有效衔接。全年行业投入帮扶资金15.66亿元，开展帮扶项目3784个；派出驻村工作队1286个、帮扶干部3802人，对1930个脱贫村开展驻村帮扶，帮扶受益人口达到289万人。在中央农村工作领导小组组织开展的2021年度中央单位定点帮扶工作成效考核评价中，国家烟草专卖局被评定为“好”的等次。

推进乡村振兴示范点建设。持续推动乡村基础设施建设一体化，促进基本公共服务均等化，持续推进农村人居环境整治，加强农村道路、供水、用电、网络、住房安全等重点领域基础性建设。印发《关于协助帮扶地区参加乡村振兴示范点创建工作的通知》《关于协助帮扶地区参加美丽宜居村庄创建示范工作的通知》，推动协助帮扶地区参加乡村振兴示范点创建工作和美丽宜居村庄创建示范工作顺利进行，2022年已有8个乡村振兴示范县、9个乡村振兴示范乡（镇）、52个乡村振兴示范村获批创建。

【定点帮扶】 国家局自2002年、2013年、2016年定点帮扶湖北十堰竹溪县、竹山县和宁夏吴忠红寺堡区以来，截至2022年底，共投入无偿帮扶资金8.61亿元，派驻挂职帮扶干部26名，累计购买和帮助销售农产品4.73亿元。2022年，直接投入无偿帮扶资金1.31亿元、有偿帮扶资金3535.73万元，引进无偿帮扶资金1343万元。定点帮扶地区受益总人数12.45万人、受益“三类户”总人数3624人。

持续加强组织领导，督促指导帮扶工作进度。国家烟草专卖局党组书记、局长，中国烟草总公司总经理张建民8月初分别赴湖北竹山县、竹溪县督促指导定点帮扶工作，走访慰问一线挂职帮扶干部，实地查看定点帮扶项目建设进度及联农带农情况。相关部门负责同志58人次深入定点帮扶地区实地调研并协调解决问题。5名干部在定点帮扶地区挂职，协助推进帮扶地区乡村振兴工作。

加强帮扶项目管理，推动乡村产业发展。持续加强项目管理，做好帮扶项目资产的后续管理和效益发挥。加强和帮扶地区沟通协调，确定资金和项目计划，完成2022年定点帮扶项目评审、项目批复和资金拨付工作。

依托烟草产业优势，帮助农民增收致富。2022年支持竹溪县种植烟叶2.22万亩，投入烟田基础设施、水源工程等方面有偿帮扶资金1580万元和引进无偿帮扶资金40万元，收购烟叶5.7万担，上缴烟叶税1860万元，带动703户烟农致富。支持竹山县种植烟叶2.22万亩，投入烟叶基础设施、水源工程等方面有偿帮扶资金1955.73万元，收购烟叶5.17万担，上缴烟叶税1624.04万元，带动678户烟农致富。

帮助定点帮扶县开展新冠疫情防控工作。发挥挂职帮扶干部作用，建立基层防控网，做好农村重点人群医疗救治“关口前移”。利用好帮扶资金，对定点帮扶县农村开展防疫物资支持和医疗救治帮扶，组织捐赠和协调购买相应设备物资，支持定点帮扶县医疗硬软件建设。加大对县乡村三级医疗人才的培训力度，提高基层医疗队伍能力水平。密切跟踪定点帮扶县农村地区疫情动态，全力协助解决疫情防控中的急难愁盼问题，确保相关帮扶措施落地见效。

【行业援藏】 2022年，国家局组织在西藏拉萨市召开全国烟草行业第六次援藏工作座谈会，总结“十三五”时期的援藏工作成效，捐款5.95亿元用于“十四五”时期西藏自治区兴边富民工作。2021年捐款2亿元，2022年继续捐款2亿元（其中总公司2000万元）用于援藏工作，惠及西藏自治区下属所有地市。协调西藏自治区，拟定国家局、总公司对西藏自治区兴边富民工程定点捐赠资金协议和“十四五”时期国家局援藏资金投资项目规划工作方案，西藏自治区印发《烟草行业援助西藏自治区乡村振兴项目和捐赠资金管理的暂行办法》，确保全国烟草行业援藏资金安排使用到位、项目建设完成到位、项目惠民成效到位。

【支援革命老区建设】 国家局贯彻落实党中央、国务院支持赣南等原中央苏区振兴发展的工作要求，倾斜人力、物力、财力和产业对口支援江西赣州兴国县。制定《新时代国家烟草专卖局对口支援兴国县实施方案》，明确2021—2030年按照定点帮扶地区标准持续巩固资金帮扶，2022年拨付捐赠资金4500万元，同时在烟叶产业、扶志扶智、基础设施等方面给予大力支持，助力兴国县巩固拓展脱贫攻坚成果和全面推进乡村振兴工作。

【全国烟草生产经营管理一体化平台建设】 学习贯彻习近平总书记关于加快建设网络强国、数字中国系列重要讲话，落实全国烟草工作会议精神，坚持系统观念，持续推动行业数字化转型和数字烟草建设，全国烟草生产经营管理一体化平台从夯基垒台、立柱架梁、探索创新阶段全面进入实战实效、系统重塑、形成能力的新阶段。印发《关于加快全国烟草生产经营管理一体化平台建设 推进烟草行业数字化转型的意见》，保障平台建设平稳有序推进，22个项目进度与年度重点工作任务计划基本保持一致，完成年度工作任务。在新型基础设施建设方面，统筹组织行业单位开展一体化平台项目推广所需的省级云平台、服务器、工控机、读码器等软硬件设施建设，云平台主中心平稳支撑行业一体化平台各应用的开发测试。在中台和农工商政产业链贯通方面，组织推动数字中台、二维码、烟叶平台、行业调控、工业互联网、卷烟营销、电子烟、专卖管理、人力资源等9个平台系统完成开发测试和试点定版，启动行业推广实施。在推进决策和管理一体化方面，组织完成决策、投资、安全、企管、法规、财务、审计、科技、党建、商务物流、多元化投资、云平台主中心（北京）节点等12个项目工作方案、建设方案编制和立项准备，一体化平台项目“1242”架构建设全面展开。在人才保障方面，建立包含2600余人的一体化平台人才库，形成行业一体化平台建设人才选拔机制，为平台后续建设提供人才保障。

【培育品牌发展动能】 **精准把握品牌状态**。密切关注重点品牌、规格的市场表现，综合研判价格、库存、动销等主要指标，妥善处理好销量、结构、市场状态的关系，把握品牌发展规律，掌握品牌发展趋势，促进各类品牌协同发展。

持续提升品牌实力。坚持中式卷烟发展方向，增强品牌创新力、竞争力和影响力。以满足人民高品质生活为导向，持续提升品牌内在品质、风格特色和技术水平；更好适应消费升级和个性化、多样化需求，提升品牌供给体系对国内需求的适配性，推进创新产品发展。

严控品牌规格总量。为营造有利于发展状态好、市场基础优、成长空间足的品牌规格成长的市场环境，提高重点品牌集中度，严格执行品牌规格进退机制，把控品牌规格总量。2022 年准产国产内销卷烟品牌共计 73 个；内销卷烟准产规格数 847 个，比 2021 年度内销卷烟准产规格数减少 10 个。

加强商标知识产权管理。严格执行行业卷烟商标使用管理相关制度，规范卷烟商标使用管理，增强卷烟商标知识产权保护和风险防控意识，保障行业生产经营规范有序。

【管理创新提质增效】　**精益管理水平逐年提高**。2022 年，国家局下达 122 亿元的工商企业提质增效年度目标，调整优化统计口径，引导各单位优化生产经营各环节资源配置，提高投入产出效率，取得明显成效。组织对 17 个行业提升核心竞争力课题进行结题，汇编课题成果，重点解决行业生产制造、市场营销、综合管理等领域难点“瓶颈”问题，获得授权发明专利 4 件、实用新型专利 16 件，获得软件著作权 7 件。围绕产品研发、品牌培育、企业管理等 17 个领域，开展第二批提升企业核心竞争力典型案例征集和推广活动，共遴选优秀典型案例 69 个，加强经验总结推广，推动提升企业核心竞争力政策措施落实落地。全行业质量管理小组取得课题成果 8946 项，创造直接经济效益 12.8 亿元。物资采购工作公开招标比例达到 98.17%。

有序开展对标工作。连续第三年开展行业对标帮扶共建，确定四川省局（公司）与新疆区局（公司）等 14 组 28 家对标帮扶单位，启动广州市局（有限公司）与杭州市局（公司）等 13 组 27 家单位对标共建，加大对革命老区、民族地区、边疆地区企业的帮扶力度，促进行业交流共享，推动企业优势互补。2022 年，28 项提升企业核心竞争力对标指标中有 18 项实现同比提升，提升率 64.29%；28 项卷烟厂分层分类对标指标中有 25 项实现同比提升，提升率 89.29%；10 项重点城市公司对标指标中有 6 项实现同比提升，提升率 60%。

推进质量管理体系建设。行业所有省级工商企业均已完成质量管理体系转版工作，质量管理体系的兼容性、有效性和运行效率得到明显提升。强化流程管控，加强对关键业务流程的调整与整合，持续构建市场竞争型企业标准体系。加大体系审核与管理评审力度，形成重点聚焦、执行有力、改进到位的管理闭环。2022 年，行业企业标准制（修）订率 27.32%，流程优化改进率 19.96%。体系内审、管理评审针对发现的不合格项，提出改进建议，制定对策措施 1.33 万项。

稳步推进绿色低碳工作。贯彻落实习近平生态文明思想，强化组织领导，成立碳达峰碳中和领导小组，印发一系列实施意见和工作方案，统筹有序推进行业绿色低碳发展工作。在能源消耗方面，2022 年工业能源消耗总量比上年下降 0.21%；万元工业增加值能耗下降 6.7%。在主要污染物排放方面，排放二氧化硫比上年下降 4%；排放氮氧化物下降 4.9%；排放氨氮下降 30.6%；化学需氧量下降 6.3%。在二氧化碳排放方面，排放二氧化碳比上年下降 4.7%；万元工业增加值二氧化碳排放量下降 11.1%。

【安全生产筑牢防线】　**落实安全生产责任**。组织召开国家局安委会会议和行业安全生产电视电话会议，谋划行业安全生产的重点任务和方法举措。全方位梳理行业安全风险因素，结合上级政策和行业实际，强化目标管理、清单推进和监督检查，推动主体责任、监管责任、岗位责任有效落实。

持续夯实安全管理基础。加强教育培训，广泛开展贯彻习近平总书记关于安全生产重要论述、“安全生产月”、“消防安全月”等安全教育培训活动；建立生产安全事故案例库，以案为鉴加强警示教育。加强标准化建设，形成一批典型经验成果，行业 18 家企业通过应急管理部安全生产标准化一级企业评审。加强信息化建设，研究构建“1817”安全生产数字化框架体系；推动智慧安全在一批卷烟厂和商业物流中心落地。加强应急管理，制定印发《烟草行业生产安全事故应急预案》《烟草行业防汛应急预案》，推动建立生产安全应急管理体系和应对自然灾害长效机制。

排查治理风险隐患。推进安全生产专项整治三年行动，强化专项整治集中攻坚，共排查治理问题隐患 16.2 万项，整治违规易燃可燃夹芯板材建筑，治理违法违规道路交通安全问题，解决闲置出租场所安全问题，实施 D 级危房人员撤离、警戒隔离，落实 C 级危房除险加固任务，化解一批深层次、潜在性风险隐患。

持续加强安全监督管理。围绕“防风险、保安全、迎

2022 年 5 月 27 日，河南洛阳市局（公司）开展消防演练

河南省局　供稿

二十大”工作主线，结合新冠疫情防控状况，调整工作策略，制定行业全领域安全生产检查标准，指导各单位对标对表开展安全检查。推进火灾防控和自建房排查治理。加强防汛应急准备和防灾救灾。针对岁末年初、冬春防火等安全防控重点时段，物流配送、烟叶收购等重点领域，疫情期间企业封闭式生产安全保障等重点环节，保持安全监管高压态势，及时警示通知，实时监督监测，掌握动态状况，严密安全防范措施，有效防范较大及以上安全责任事故的发生，为行业高质量发展提供坚实安全保障。

【董事会工作】 **强化董事会制度建设。**国家局董事会工作办公室系统梳理近十年来董事会在工作机制、工作流程、工作标准等方面需要解决的问题，结合行业高质量发展新征程面临的新形势新任务，充分考虑行业工业公司董事会特点和立足部门实际，起草印发国家局、总公司《关于进一步推动省级中烟工业有限责任公司董事会完善工作机制提升治理效能的通知》，进一步做好对工业公司董事会的指导工作。

推动工业公司落实高质量发展政策体系和“十四五”规划年度目标。发挥行业高质量发展政策体系和“十四五”规划体系引领作用，各工业公司董事会推动公司抓好高质量发展政策体系落地落实，推进工业公司“十四五”规划年度目标落实。

推动工业公司落实好年度生产经营目标。各公司董事会积极推动公司坚定不移贯彻“十六字”方针，持续关注各公司运行情况，加强与公司经理层的沟通协调，推动董事会与经理层同向发力，稳步推进公司年度生产经营目标落实。

组织召开董事会会议。国家局董事会工作办公室起草印发关于筹备召开工业公司董事会 2022 年初会议和年中会议的通知，明确会议内容、主要议题、具体要求等；各工业公司董事会认真筹备董事会会议，克服疫情影响，以电视电话会议等形式确保会议如期召开。18 家工业公司全年共计召开董事会会议 191 次，审议议案 772 项，听取报告 163 项。

加强董事会管理监督。各工业公司董事会要求公司针对财务审计、巡视巡察等行业各类规范性检查中发现的公司不规范问题，在基本制度中完善关于风险防范和隐患应对等制度内容；要求公司落实《关于印发烟草行业经济责任风险提示清单的通知》要求，提高风险意识，排查公司经济责任风险，提升公司规范管理水平；推动公司落实行业投资项目后评价管理等有关要求，进一步完善公司基本制度；各工业公司董事会加强采购领域风险防范，对非公开招标方式进行严格把关，对单一来源采购项目逐项审议。

开展董事会决议执行情况检查。检查分为工业公司自查和国家局董事会工作办公室抽查两个阶段。在自查阶段，董事会工作办公室成立专班，制定涉及投资、采购、预算、资产处置等 9 类 40 项的自查要点和 27 项的抽查要点，组织各公司对 2021 年董事会决议执行情况开展自查。18 家工业公司董事会逐条逐项系统开展自查，合计完成 661 份决议自查，发现问题 56 项。在抽查阶段，董事会工作办公室采用电视电话会议形式，对随机抽取的 6 家公司董事会决议执行情况自查工作进行抽查。结合自查和抽查情况，董事会工作办公室总结情况、梳理问题、分析原因，对下一步工作提出改进建议，撰写检查报告上报国家局分管领导。

持续健全工作机制。国家局董事会工作办公室持续完善董事长联席会议机制，加强各公司董事会之间的沟通，做到重大部署同步推进，重要工作统一开展，重点要求协同落实，全年共召开会议 12 次。持续加强与国家局有关职能部门的沟通交流，及时掌握相关部门和专业公司对工业公司的工作要求，在董事会决策中推动落实，全年共开展交流 5 次。建立董事会决议执行情况检查工作的抽查机制，每年按比例对工业公司董事会决议执行情况检查工作进行抽查，进一步提高董事会管理监督水平。

夯实董事会工作基础。国家局董事会工作办公室编写《省级工业公司董事会工作指引》，进一步优化董事会职能定位、职责范围，健全完善董事会工作标准、工作流程等内容。组织编写《专职董事工作手册》，进一步明确专职董事工作重点和制度要求，促进专职董事提升履职效能。系统推进董事会工作信息化建设，落实加强省级工业公司董事会工作信息化建设的通知要求，推动各工业公司开展董事会信息化建设，为董事会决策提供依据和支撑。截至 2022 年底，18 家工业公司全部完成董事会信息系统上线试运行。

◎编辑整理：王　静

烟叶生产经营

【稳固产业发展基础】　**增强产业发展合力**。2022 年，烟叶工作坚决落实国家局工作部署，紧紧围绕“正确处理好‘三个关系’，牢牢守住‘两条底线’”的总体要求，突出抓好稳产保供、结构优化、转型升级、产业融合等各项重点工作落实，烟叶工作在世纪疫情、重大灾情的双重考验下，依然取得新成效、展现新作为，稳住基本盘。全年各产区立足“三农”工作大局，主动融入乡村振兴战略，争取地方党委政府支持，将烟叶产业纳入地方大农业发展规划，将基本烟田纳入地方土地利用总体规划、高标准农田建设规划，推动基本烟田保护措施全面落地，进一步凝聚“以烟稳粮、以烟促粮”思想共识，在重农抓粮的大格局中稳固烟叶基础。

年度稳产保供任务较好完成。行业上下深刻把握烟叶生产由“稳”转“增”新阶段新任务，统筹存量基础和增量潜力，强化供给与需求匹配，抓实抓好面积落实、田间管理、采烤收购等工作，克服疫情多发、极端天气频发、物资成本上涨等不利因素影响，全力保障烟叶工作正常开展，较好完成年度稳产保供任务。

烟农收入水平迈上新台阶。统筹抓好计划、价格、生产投入等“一揽子”政策落地见效，稳定烟农积极性。着眼职业化、年轻化方向，完善新型经营主体培育措施，一支有文化、懂技术、会管理的职业烟农队伍逐渐发展壮大。全国烟农共计 72.43 万户，比上年减少 2.9%，是近年来减幅最小的一年；培育职业烟农达到 42 万人，增加 3.6 万人。积极应对持续低温寡照和高温干旱等重大自然灾害，科学组织抗灾救灾，最大限度降低烟农灾害损失。全国实现烟农种烟收入 674.7 亿元，多元产业增收 106.3 亿元，烟农户均收入 10.78 万元，首次跨过 10 万元大关。

【加快生产方式转型】　**提升适度规模种植水平**。坚定不移走现代烟草农业道路，持续优化生产组织模式，加快转变产业发展方式，转型升级迈出更加坚实步伐。打造“重点县、万担乡、千亩村”，通过建立完善土地流转中心和劳务用工平台，集中连片流转土地，推动适度规模经营实现新提升。全国户均种烟面积比上年增加 1.6 亩；百亩以上集中连片种植突破 70%，云南、贵州、湖南、福建等产区超过 75%；全国重点县、万担乡、千亩村产能占比分别为 87%、72%、55%，比上年均提高 1 个百分点以上。

增强专业化服务能力。加强合作社规范化管理、一站式服务能力建设，探索社会化服务，专业化服务水平实现新提高。全国烟农入社率超过 97%，重点环节专业化服务覆盖率达到 74.4%。

践行绿色生产理念。坚持生态优先、绿色发展，认真落实“双碳”要求，大力推广绿色生产技术，促进烟叶种植成为绿色低碳、资源节约、环境友好的现代农业生产活动。全国种植绿肥 240 万亩，比上年提高 10%，水肥一体化达到 39%，有机肥施用占比 93.4%；绿色高效专业化植保达到 87.5%；清洁能源烘烤达到 36.4%，提高 14.8 个百分点；地膜回收占比 91.1%，提高 6.2 个百分点。

机械化作业取得重要进展。以农机农艺融合为抓手，在 4 大作业区、25 个示范县统筹推进机械化作业。形成 4 次轻简分层采收技术规程，推进农艺标准集成、重构、统一，黄淮北方平原区梳理 17 个一类宜机化参数关键指标，武陵秦巴山地区打造8个环节、21次机械化作业生产系统，东南武夷南岭丘陵区探索烟稻协同宜机化农业生产技术，西南云贵高原山地区分重点优化农艺参数。加快关键环节农机装备研发，通过农机“赛马”选型、“揭榜挂帅”等方式，推进移栽、采收环节机械化作业取得突破。全国重点环节机械化作业率突破55%，比上年提高3.4个百分点。

纵深推进数字化转型。完成烟叶生产经营管理平台系统开发，在12个省开展试点验证。加大移动互联网、遥感信息技术应用力度，在贵州、湖南、重庆等产区开展“数字烟田”建设，数字化转型迈出实质性步伐。

【烟叶供需动态平衡】 **全国烟区总体布局优化基本到位**。巩固深化供给侧结构性改革成果，坚持供需双侧发力，推动供给总量逐步实现购耗平衡、供给结构持续优化升级。始终坚持工业需求导向，深入推进计划资源市场化配置改革，从宏观上推动全国烟区布局优化。截至2022年底，西南、东南、黄淮、北方烟区产能分别占比68%、19%、10%、3%，核心重点烟区产能达到91%，从全国范围来看，烟叶区域布局优化基本到位。

工业库存总量更趋合理。统筹农业、复烤、工业三个环节和国内国际两个市场，多措并举提高原料利用水平，烟叶库存总量和水平继续回落。工业企业与进出口企业“等量置换”烟叶1.55万吨（31万担），工业企业单向出口3.05万吨（61万担），进一步促进原料共享、资源互补。工业库存上等烟比例63.9%，高出消耗3个百分点，库存结构更加合理。

优化品种布局。加大自育品种、优势品种推广力度，自育品种种植面积达到87%。加强烟草种子管理，积极争取农业农村部门支持，建立长效监管机制，强化源头管控和流通管理，网上销售烟草种子行为得到较好遏制。

推进高可用性上部烟叶开发。工商研多方发力，坚持高成熟度、高香气、高油分并重，聚焦高成熟上六片开发、高油分中棵上部烟开发、高甜感适熟上部烟开发，构建完善基于品牌导向的需求识别、生产技术、质量评价体系，探索出一条中式高可用性上部烟叶开发技术路线。全国上部烟叶核心原料开发8.3万吨（165.8万担），烟叶供给与需求更加协调。积极推广采烤一体化技术，全国推广“1+N”专业烘烤70.55万吨（1411万担）、采烤一体化35.8万吨（716万担）。

提升基地供应能力。围绕卷烟品牌需求，工商共同开展烟叶基地定制化生产，工商购销关系更加稳固。全国共有基地单元522个，调拨烟叶占工商共建烟叶基地规模的76%，占年度烟叶调拨总量的59%，基地供应支撑作用更加稳固。

2022年3月28日，山东潍坊高密市注沟现代农业发展区刘戈庄村烟农开展烟田起垄作业

山东潍坊高密市局　郭宝库　摄

【畅通烟叶全产业链】 **推进专分散收和原收原调**。着眼烟叶全产业链，打好烟叶收购、复烤加工“组合拳”，全流程推进烟叶流通体制改革，畅通产供销循环，持续提升流通质量和效率。全国烤烟散叶收购基本落实到位，“第三方组织、集中定点”的专业分级模式加快推广，“专业分级+收购线”的一体化运行效能明显提升，重点产区收购周期基本控制在60天左右。全面推行“片区管理、约时交售”制度，烟农轻松售烟基本实现。产区中心库烟叶整选工作基本取消，烟叶收购质量持续保持稳

定，全国收购等级质量检查平均等级合格率 82.4%、上等烟纯度 91.2%、中等烟纯度 94.8%，均达到并超过行业要求。

稳步实施配方打叶。工业企业国内原料配打占比 81.8%，比上年提高 2.6 个百分点。烟叶模块化组配向多产地、多等级利用发展，配打模块平均投料等级达到 7 个，跨部位配打模块占比 30.8%，比上年提高 5.7 个百分点。贵州中烟对湖南郴州烟叶实施跨部位、跨等级配方打叶，有效缓解中部上等烟供给不足。

推进均质化加工。工业企业国内采购原料均质化加工实现全覆盖，各项核心质量指标优秀率在 80% 以上，新建原烟仓库 20 万平方米，有力支撑叶组配方、模块配打、均质化加工的实施。

区域加工中心建设。在建标准化对标加工中心 15 家，比上年增加 5 家，覆盖重点品牌 16 个，原料集中加工水平进一步提升。福建中烟与龙岩金叶公司、云南麒麟复烤厂共同打造区域加工中心，实现 75% 以上的烟叶原料集中配打。云南楚雄复烤厂深度融入江苏中烟区域加工中心联合实验室建设，加工服务水平显著提升。

【产业融合发展】 **多元增收实现新跃升**。统筹推进烟叶种植与保障“米袋子”“菜篮子”等其他农产品种植有效衔接，为烟区发展、烟农增收注入持久动力。出台《基本烟田可持续经营指南》，分区域推动烟田可持续经营，初步形成烟叶与主粮、油料、杂粮及蔬菜的科学耕作制度，守牢“米袋子”，充盈“钱袋子”，稳固“金叶子”。烟稻轮作在湖南、福建、江西、安徽、广西等产区成为主要种植模式，“以烟稳粮、以烟促稻”得到政府和烟农的广泛认同。2022 年，全国烟农增收产业产值首次突破 100 亿元大关，达到 106 亿元，产值上亿元产业达到 9 个，“云香印象”“润色添香”“土鲜森”等烟农增收品牌影响力持续提升，烤烟产业与多元产业相互促进、互为保障、良性循环的新态势基本形成。

综合体建设取得积极进展。形成订单生产、基地供应、土地股份合作、产加销一体和田园综合体五类模式，初步具备常态化运行的内生动力，一批以烟为主、多业共生的特色产业带和产业集群在烟区落地生根。截至 2022 年底，全国建设综合体 216 个，综合体内烟叶与多元产业实现总产值 28.23 亿元，带动超过 1 万户农民就业，产业综合体成为烟区乡村振兴的新引擎。

【烟叶基层基础建设】 **完善烟叶生产基础设施**。持续加强烟田基础设施与基层烟站建设，进一步夯实基层基础。始终坚持“高标准基本烟田建设、全程机械化装备建设、支撑绿色发展新技术装备建设”三大建设方向，牢牢把握政策机遇，进一步加大烟基建设投入力度，2022 年度投入资金概算 42.83 亿元，比上年增加 6.35 亿元、增长 14%，涉及各类项目 19.2 万件。跟进行业烟基政策调整，修订完善烟基项目管理办法，加强分类指导、精准施策，分期分批有序开展建设，2021 年度项目进入验收扫尾阶段，2022 年度项目建设全面铺开，2021 年以来建设高标准基本烟田 150 余万亩，烟夹烘烤占比 30% 以上，烟基建设投入政策效能进一步提升。

援建水源工程惠民生促发展效果明显。2022 年，累计复函援建项目 294 件、核定援建资金 242.45 亿元，完工项目 253 件，比上年新增 14 件，项目完工率大幅度提升。水源工程援建项目的投入使用，在解决烟区群众生产生活用水、抗旱救灾保苗、打造旅游项目、改善生态环境等方面发挥重要作用。

持续加强基层建设。标准化烟站创建全面铺开，评价认定工作稳步推进，山东省年度标准化烟站创建优秀率达到 100%。基层队伍建设持续推进，各地完善组织架构，规范岗位设置，加大薪酬倾斜力度，基层队伍人员结构、业务素养、精神面貌呈现出积极向好的变化。

◎编辑整理：褚　幸

卷烟生产经营

【卷烟销售运行概况】 **卷烟销售运行态势良好**。坚持“总量控制、稍紧平衡，增速合理、贵在持续”方针，减少疫情影响，始终把经济运行在合理区间和保持良好市场状态放在首位，高效统筹疫情防控和卷烟经营。全年卷烟销售运行态势良好，卷烟结构稳步提升，单箱批发销售额比上年增长 5.4%，好于全年结构增长目标，所有单位单箱销售额均实现增长；重点品牌持续发展，销量占比 92.9%，销售低价位卷烟3609亿支（721.8万箱）。

市场状态持续向好。整条卷烟零售价格指数比上年提高0.78个百分点，全国卷烟零售户综合毛利率11.31%，全国卷烟市场始终保持“稍紧”的良好状态。

需求预测。落实卷烟营销市场化取向改革相关要求和“以需定销，以销定产”调控措施，坚持自下而上、消费驱动的市场需求导向，引导各单位坚决避免非市场因素，科学开展需求预测。全年共组织年度和半年度预测2次，月度预测12次，专项预测2次（上半年货源增补预测和下半年移库备货预测）。针对各地疫情防控面临的新情况新问题，探索建立10天滚动预测工作机制，精准掌握全国各地卷烟销售情况及发展趋势，全年共开展滚动预测26次，为工商企业积极应对疫情影响，有效开展货源投放，合理满足市场需求提供重要依据，年度预测平均吻合度99.8%，持续保持较高水平。

交易管理。组织集中交易，推动工商网配有序开展，努力营造公平竞争市场环境，促进市场机制作用有效发挥，确保卷烟工商交易健康有序进行。2022年卷烟协议执行率99.98%，商业企业调入计划完成率99.64%，持续保持较高水平；全年协议变更率3.73%，合同解除率0.52%，退货总量61箱，均保持较低水平，协议与合同的严肃性持续提高。

【品牌培育】 “136、345”品牌培育成效显著。全年一二类烟销量规模超过100万箱的品牌有12个。其中，300万箱以上的有“利群”，200万箱以上的有“黄鹤楼”“芙蓉王”，100万箱以上的有“南京”“云烟”“双喜·红双喜”“玉溪”“中华”“贵烟”“黄山”“黄金叶”“七匹狼”等9个品牌。销售额超过600亿元的品牌有11个。其中，1500亿元以上有“中华”，1000亿元以上的有“利群”“云烟”“黄鹤楼”“芙蓉王”“南京”等5个品牌，600亿元以上的有“双喜·红双喜”“黄金叶”“玉溪”“黄山”“贵烟”等5个品牌。创新品类保持较快发展，全年创新产品销量比上年增长14.73%。其中，细支烟销量比上年增长12.83%，中支烟增长27.79%。

【市场化取向改革】 落地三级品牌共育机制和品规市场化淘汰机制，逐步优化在销品规数量，持续加强卷烟规范经营监管，为大品牌成长营造良好市场环境。2022年，54个行业共育品规合计销量比上年增加91.3万箱，增长7.1%，增幅较全国销量总体增幅高6.6个百分点；行业共育品规市场覆盖率84.6%，提升7.3个百分点。全国卷烟交易规格数846个，比上年减少31个。有效巩固“清盘行动”成果，推动营销资源进一步向优势品牌聚集，全年商业企业共清理停产品规25个，清库完成率100%。

精准高效满足需求，加强零售户信息管理，调整优化业态、商圈、市场类型等分类标准，统一客户档位和信用等级划分。不断完善适度竞争的体制机制，营造公平竞争的市场环境，进一步完善全国统一大市场，提高整体竞争实力。完善市场准入、公平竞争、信用体系等基础制度，鼓励全省统一营销管理制度，降低制度性交易成本。加快推进工商网配，推广“档位+标签”投放，健全事件用烟响应机制，持续提速需求响应。工业企业网配城市平均覆盖率达到84.1%，比上年提高15.3个百分点，14家超过95%。

规范卷烟经营，组织开展工业企业在京营销点工作自查，常态化开展商业企业营销行为监管，行业三级营销监管机制更加成熟，“有规则可依、按规则办事”成为常态。

【全国烟草消费状况调查】 首次组织行业力量自主开展全国范围的烟草消费状况调查，自主设计调查方案、组织调查培训、加强质量控制、开展数据分析，动员所有商业企业共6万余名基层人员，高效完成调查执行工作，完成有效样本40.46万个，为行业决策提供可靠数据支撑。

【卷烟市场监测】 加强卷烟市场监测体系建设，加大市场、品牌、价档分析力度，优化样本布局，推进国产雪茄烟和电子烟市场监测，创新开展宏观经济与卷烟市场发展关联性研究，构建卷烟市场景气状态评价体系，进一步提升卷烟市场监测广度和分析精度。全国卷烟市场始终保持“稍紧”的良好状态，33个省级单位市场状态为“正常”和“稍紧”的市场占比73.5%，“稍松”和“松”的市场占比8.6%，“紧”的市场占比17.9%。从地市层面看，共监测年销量3万箱以上地市314家，全年“正常”和“稍紧”状态市场占比67.2%，“稍松”和“松”的市场占比8.6%，“紧”的市场占比24.2%。

【卷烟营销网络建设】 制定印发国家局办公室《关于加强和改进客户服务 切实保障客户权益的通知》，规范终端建设、货源投放、诚信互助小组等工作，更好保障客户自主经营权利。推动“我与客户共成长”主题营销活动圆满收官，增强零售户获得感、幸福感。2020—2022 年累计帮扶困难零售户 7.2 万户，解决零售户投诉咨询 18.9 万个，举办零售户“开口营销”大赛 4776 次，开展零售户培训 140.8 万次，零售户满意度 89.87 分，连续 12 年稳步提升。

完善零售终端体系，优化终端体系的布局、结构、功能，加大农网补短板力度，现代终端形成规模效应，筑牢品牌培育终端阵地。全国累计建成现代终端 122.1 万户；累计建成农网现代终端 35.1 万户，比上年增长 11.8%，增速高出城网 6.6 个百分点。稳步推进流通品牌建设，截至 2022 年底，累计建成烟草品牌门店 3.1 万个，21 个省级流通品牌具备一定市场规模，其中大连“金叶春天”、浙江“香溢零售”、江苏“金丝利零售”、广东“20 支”、湖南“湘汇 636”等多个品牌已具有较强影响力和竞争力。

【全国统一卷烟营销管理平台和电子烟交易管理平台建设】 以加快建设数字中国为战略导向，建好、用好全国统一营销管理平台，深化平台功能应用和营销数据治理，树立“以数据说话、靠数据运营、用数据决策”理念，健全营销领域全岗位、全流程、全体系的数字化运营模式。统一营销平台行业营销子系统建设取得阶段性成果，完成 8 个功能模块开发，其中 4 个功能模块正式上线运行；省级营销子系统率先在全国启动实施推广，7 家试点单位实现全省上线。

电子烟交易管理平台按期上线运行，基本建成了一个面向公众、覆盖全国、纵贯全产业链的实时交易系统，有力支撑电子烟交易结算平稳、规范、顺畅进行，加快推动电子烟交易管理平台从建设向运营转变，为电子烟产业法治化规范化提供更好支撑。

【持续深化物流管理】 **提升自主管控能力**。继续推动《烟草商业企业物流业务外包管理规范》落地落实，以“拉清单”“列时间表”等方式进行分类督导，行业各单位全面自评自查，确保规范执行到位。在关键终端送货员岗位，12 家省级商业企业外包送货人员下降明显，外包送货人员总数比上年下降 15.19%，物流自主管控能力有效提升。

优化物流网络资源布局。持续加强工业企业卷烟运输管理，优化工业企业内部仓储运输资源布局、组织调度、运输线路。指导省级工商企业因地制宜，根据本省、本企业实际规划物流关键节点设置，不断整合资源，优化布局。2022 年以来，支持安徽、河南等商业企业在省内部分区域开展物流资源和业务整合，支持四川中烟、吉林烟草工业等工业企业设立省外集散中心，市场响应和应急保障机制更富弹性。

深化提质增效。完善分类对标、导入管理诊断、突出课题研究，流程堵点逐个疏解，管理短板逐步弥补，物流主要运行指标明显改善。稳步推进《异型卷烟分拣系统配置指南与技术要求》等 5 项重点标准编制工作，进一步提高设备有效利用率，提升设备维保水平。2022 年，行业商业企业物流费用率降至 0.74%，比上年下降 0.04 个百分

福建省局（公司）向 AAA 诚信零售户授牌（2022 年）

福建省局 供稿

点；人均配送效率达到1105.52箱，提升3.98%；万箱终端送货配车降至2.61辆，减少6.12%；送货响应时间29.04小时，缩短2.77小时；分拣设备平均有效使用率达到97.53%，提高1.15个百分点。行业卷烟工业企业人均综合物流作业效率1663.43箱，比上年增长9.2%；卷烟工业企业物流费用占销售收入比率1.09%，与上年持平。

加大绿色物流工作力度。巩固卷烟包装箱循环利用工作成果，全年使用循环利用包装箱包装生产卷烟1786.52万箱，减少新箱使用约8932.6万只。全面推动工商企业间开展卷烟托盘联运，全年卷烟托盘联运完成量1494.87万箱，其中滑托盘联运量337.96万箱，占比22.61%。持续扩大塑料烟箱、高强度烟箱运用，推动统一烟箱尺寸和简化烟箱印刷工作，探索绿色包装、减量包装和裹膜回收，进一步减少裹膜使用量，超过120个卷烟物流配送中心采用可循环包装配送卷烟和开展塑料裹膜回收工作。进一步推动卷烟配送环节应用新能源汽车，184个卷烟物流配送中心使用新能源车辆配送卷烟。

推进物流信息化建设。全面启动全国统一烟草物流管控系统建设，加快构建物流数字化管控体系。强化行业现有各层级物流数据的上下联通、横向协同，持续提升物流多层级跨领域数字化管理能力。推动开展智慧物流课题研究和探索试点，浙江省局（公司）、广西区局（公司）、云南中烟等单位试点成果培育初见成效，智慧仓储、智慧配送、智慧园区等智慧物流应用场景不断丰富，数字赋能效应初步显现。

加强物流服务保障。面对国内疫情挑战，行业物流统筹做好疫情防控和生产经营保障，采用封闭作业、无接触送货、定点取货、接力配送、社会专用车辆委托代送等方式，确保工商干线运输、商零配送“能送尽送、凡送必达”，最大限度减少对生产经营的影响，确保市场有序供应。物流体系的整体协同能力、应急组织能力、柔性服务能力得到锻炼与提升。

◇编辑整理：褚　幸

雪茄烟生产经营

【雪茄烟生产】　2022年，国产传统雪茄烟销量比上年实现增长；雪茄烟生产企业为安徽中烟工业有限责任公司蚌埠卷烟厂、山东中烟工业有限责任公司、湖北中烟工业有限责任公司三峡卷烟厂和四川中烟工业有限责任公司长城雪茄烟厂。雪茄烟品牌为安徽中烟“王冠”、山东中烟“泰山”“将军”2个品牌、湖北中烟“黄鹤楼”、四川中烟“长城”“狮牌”“工字”等3个品牌。

【品牌培育】　2022年，烟草行业改善雪茄烟产品供给丰富度，各省普遍放宽准入条件，积极引入国产雪茄烟品规，各省级市场在销规格数量由40个提高到45个，其中中高端在销规格数量由29个提高到34个。增强市场预测监测能力，与卷烟同步开展需求预测，筹备建立市场价格监测体系，市场需求把握能力逐步提升。持续增强品牌影响力，定期公布国产雪茄烟重点品牌名单，努力提升国产雪茄烟品牌形象，“长城”“王冠”“黄鹤楼”“将军”等四大重点品牌合计销售额占比88.4%，单支均价比上年提高1.1元，国产雪茄烟品牌影响力进一步提升。不断完善配套硬件条件，在营销一体化管理平台开发雪茄烟营销功能模块，并与省级营销子系统同步推广运用，中高端雪茄烟年销量10万支以上的商业企业对现有仓储设施进行改造或配备专用设备，雪茄烟仓储条件得到有效改善。提升专业化能力，4家雪茄烟工业企业均设置雪茄烟营销专职部门，商业企业普遍配备专职或兼职营销人员。

【雪茄烟文化建设】　加大雪茄烟知识普及力度，组织开展初级侍茄师认证培训和中级侍茄师认证培训项目课程开发，初级侍茄师认证培训共计开展14期，培训认证人数1100余人。完成《雪茄烟营销基础》教材终审定稿，教材进入出版环节。

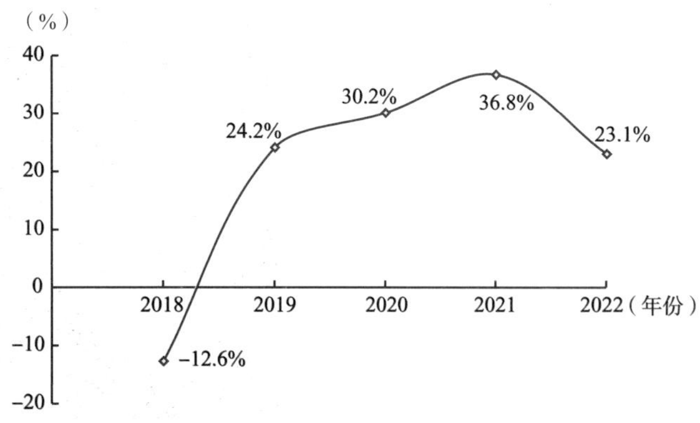

图1　国产雪茄烟销量增长率

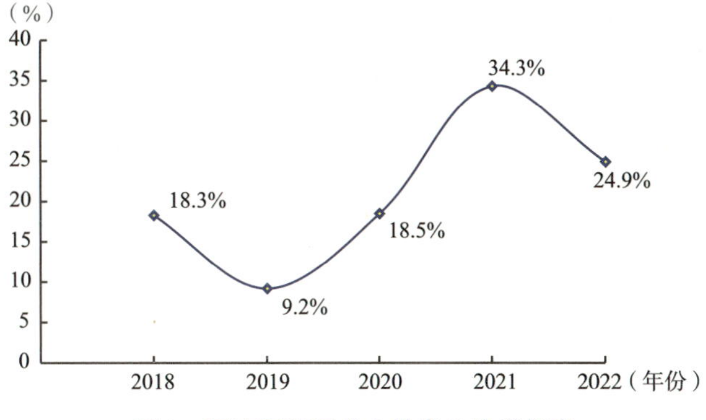

图2　国产雪茄烟单支批发均价增长率

图3　国产中高端雪茄烟销量增长率

【国产雪茄烟原料保障】　加快国产雪茄烟叶产业化发展进程，构建国产雪茄烟原料保障体系，促进国产雪茄烟高质量发展。坚持生态优先原则，结合工业需求、发展状态等情况，制定印发《推进国产雪茄烟叶产业化发展意见》。坚持国产雪茄烟以国产雪茄烟叶为主体的定位，以市场需求为导向，打造“3164”发展体系，按照试种区、潜力区、规模区循序渐进的发展模式，科学规划雪茄烟叶布局，打造“三区一园”发展体系，基本形成布局合理、分户种植、集中发酵、集约收购、定向调拨的生产体系，雪茄烟叶开发取得积极进展。2022年，国产雪茄烟叶生产按“4+3+5”的数量分布，即以湖北、四川、云南、海南为4个主产区，在湖南、福建、山东3个省开展规模化开发，在贵州、河南、安徽、广西、广东等5个产区进行试种。全年全国有7个省、17个地市、30个县开展雪茄烟叶规模化开发，种植面积2.7万亩，产量0.29万吨（5.8万担）。

在雪茄烟叶生产技术方面，各产区针对雪茄烟叶栽培、晾制、发酵等环节开展关键生产技术研究，基本摸清种植雪茄烟的基础性技术指标，制定开发技术标准，初步形成雪茄烟叶开发关键技术体系。产业化开发方面，工商协同开展雪茄烟原料开发战略合作，雪茄烟原料逐步实现稳定供给。推进中高端定制化国产雪茄烟叶产业园建设，为构建品牌定位准确、质量目标明确、工商协同管理、供应保障有效的原料供给体系打下基础。生产组织方面，探索推进以“计划管理、合同种植”为主线的生产管理制度，采用“统一规划、分户种植，科学采收、专业晾制，工业参与、定向发酵”的生产组织模式，提高烟叶均质化水平，提升生产组织效能。加强新型种植主体培育，组建稳定的种植队伍，提高雪茄烟叶生产水平。全年全国主要雪茄烟叶产区共培育雪茄烟叶种植主体1738个。基础保障方面，总公司将雪茄烟叶烟田基础设施以及遮阴设施、晾房等必要的设施建设纳入烟叶生产基础设施建设投入范畴，各产区及时出台雪茄烟生产管理办法、生产投入方案等文件，建立完整的生产管理体系，配套完备的生产基础设施，为推动雪茄烟叶标准化、现代化生产提供政策保障。

◎编辑整理：褚　幸

云南临沧耿马县孟定山地特色茄芯规模化种植区（2022年）
云南临沧市局　张永俊　摄

多元化经营

【概　况】　2022 年，烟草行业多元化条线认真贯彻国家局党组决策部署，督导落实烟草行业“十四五”时期多元化投资管理指导意见，按照“服务大局、规范运作、提质增效、建设队伍”的指导方针，坚持稳中求进，推动“优化一批、整合一批、清退一批”，助力烟草产业链建设，助力国有资产保值增值，助力维护行业和谐稳定发展环境，促进烟草行业高质量发展。

2022 年，行业多元化条线 45 家省级单位投资多元化企业共计 601 家①，投资总额 1250.16 亿元。其中，全资、控股企业 386 家，参股企业 215 家。386 家全资、控股企业实现营业收入 436.15 亿元，净利润 79.99 亿元，为社会提供就业岗位 4.2 万余个。

四川中烟多元化企业四川宽窄印务有限责任公司工作人员检查烟标印刷产品生产情况（2022 年）

中国烟草投资管理公司　供稿

【围绕中心，服务大局，助力烟草产业链供应链建设】

督导贯彻落实《烟草行业“十四五”时期多元化投资管理指导意见》。全部 29 家省级投资公司结合自身实际制定本系统的“十四五”时期多元化发展方案，通过制定“十四五”时期政策性文件，明确本单位“十四五”时期的工作定位、目标任务、路径措施，战略规划与计划措施相结合，政策指引效能更加显现。

提升配套材料企业自我保障能力。面对新冠疫情反复、自然灾害和拉闸限电等严峻挑战，湖北中烟、福建中烟、河南中烟、湖南中烟等单位下属配套材料企业，时刻盯紧稳产保供的生命线，有序组织封闭生产，保障产业链供应链安全。上海烟草集团实现对牡丹香精香料公司的全资控制，制定上海烟包印刷公司对金鼎印务公司的吸收合并方案。福建中烟、湖北中烟、湖南中烟、广西中烟等单位加强核心技术攻关，提升科技创新能力，强化产品质量管控，为主业生产提供坚强保障。

推进卷烟零售企业省内整合提升渠道掌控力。福建省公司将各地市公司持有的海晟连锁公司股权全部划转至海晟投资公司，理顺零售连锁企业的资产及运营结构。浙江省公司、甘肃省公司以卷烟销售为支撑，深化非烟产品市场化运营，营收创历史新高。大连市公司、江苏省公司、广东省公司，上海烟草集团等单位推进非烟产品数字化营销，带动实体门店消费。

提升行业金融企业服务主业发展能力。红塔证券拓宽融资渠道，首次成功公开发行债券 15 亿元，证券公司分类评级达到历史最高的 A 类 A 级。浙江省公司香溢融通抓好典当担保业务、优化融资租赁业务、拓展特殊资产业务，形成可持续发展优势。云南省公司联合红塔银行，全面推动“香叶智农”一站式筹资服务平台建设，累计授信烟农客户 283.8 万户。

着力提升中维系酒店品牌价值。中维系酒店积极开展品牌建设和统一营销，已有 42 家行业酒店加入“中维”品牌，“维享会”会员总数达到 46 万人，酒店标准化管理水平稳步提升。上海烟草集团王宝和大酒店完成对上海王宝和酒家的吸收合并工作，进一步优化王宝和品牌资产结构。江苏省公司、浙江省公司、安徽省公司，山东中烟等单位酒店企业变革经营模式，拓宽销售渠道，营收实现较快增长。陕西省公司酒店企业被省住宿业协会授予“创新经营奖”“优秀服务奖”。

① 不含总公司、双维公司、中烟实业、投资公司及此次无企业上报的省级单位：山西省局（公司）、海南省局（公司）、西藏区局（公司）、青海省局（公司）、新疆区局（公司）及江苏中烟。

【坚持推进“优化一批、整合一批、清退一批”，提质增效，持续提升资产质量】 **做精新增投资，优化产业布局。**上海烟草集团支持国家重大战略项目实施，对中航商用发动机公司增资；加大财务投资力度，对东方证券和太保寿险两家上市公司增资。福建省公司积极服务主业发展，对海晟连锁和通仙茶业增资，提升“海晟”和“通仙”品牌价值，形成“存量引增量、增量活存量”的良好运行机制。

推动资源整合，挖掘发展效能。云南中烟合和集团重组集团所持股权与上市龙头企业资产，探索资产证券化途径；推动全资、控股物流企业资源整合，加快福牌实业物流及红河实业业务融合。

【坚持规范运作，提升治理能力，夯实多元化投资管理基础】 **加强专业化，突出监管的针对性。**各单位积极探索、创新有别于主业管理的监管方式，对全资、控股、参股企业采用相适应的管控模式，切实提高“管资本”能力。天津市公司，福建中烟、河南中烟、广西中烟等单位树立市场化运营导向，推进精益管理与评价考核等工具融合，促进约束激励机制持续完善。

加强体系化，突出监管的全面性。山东中烟、四川中烟、陕西中烟等单位进一步理顺产权关系，加强归口管理，推进投资公司实体化运作。北京市公司、宁夏区公司，湖南中烟等单位修订投后管理办法，强化事前、事中、事后监管，提升投资项目全过程管控能力。

加强法治化，突出监管的规范性。按照“法治烟草”建设要求，持续强化多元化企业依法治企、合规经营、合法维权能力。云南中烟合和集团建立决策事项风险评估、法律审核与集体讨论流程机制，逐步形成重大决策未经合法性审查不得提交审议的共识。河南省公司、陕西省公司，广西中烟等单位依法依规履行出资人职责，持续巩固董事会决策、经理层执行、监事会监督的公司法人治理模式。大连市公司，湖南中烟、贵州中烟等单位提升规范意识，建立健全制度，持续推动“按制度管人、按流程办事”。

【强化党建引领，推动党建与生产经营同频共振】 **提升党建质量，打造党建特色品牌。**黑龙江省公司、湖北省公司、四川省公司持续深化“党建＋管理”“党建＋业务”“党建＋队伍”模式，把党组织政治核心作用贯穿工作全过程。重庆市公司、云南省公司推进数智党建系统使用，将党建组织生活搬上云端，实现基础党建工作线上线下双轨并行。上海烟草包装印刷公司、陕西中烟宁波大安公司以及山东中烟将军集团下属多个支部获评“五星基层党组织”“红旗党支部”等荣誉称号。

培养专业多元化人才，造就高素质人才队伍。福建中烟坚持党管干部与市场化选人相结合，首次通过公开遴选、竞争上岗的方式，完成投资企业高管选聘。大连市公司、上海烟草集团、广西中烟等单位“选育管用”全链条发力，严把人才选拔关卡，建立全方位人才培养模式，开辟人才流动渠道，锻造高质量人才队伍。

加强软实力建设，积极履行社会责任。广西中烟天成投资公司推进数字化转型与创新实践，作为多元化条线代表，入选行业软实力建设典型案例。山东中烟以实际行动做好“六稳”“六保”工作，两年合计减免小微企业及个体工商户房屋租金 3139.46 万元。湖北省公司、重庆市公司、宁夏区公司等单位通过线上平台、线下推介、直营终端专区等形式，推动脱贫地区特色农产品销售，积极助力乡村振兴。贵州省公司践行“黔彩 · 新生态”企业文化理念，在全省创建 10 家综合服务站，帮助户外劳动者解决喝水难、热饭难、歇脚难问题。各单位服务保障民生、履行社会责任，在防疫救灾、应急保供、重大任务等关键时刻挺身而出，充分彰显了多元化企业的责任担当。

【中国双维投资有限公司】 **调结构，存量项目运营管理向好。** 高风险低收益项目清理攻坚工作进展达到预期。中维创新清退工作圆满完成；中军项目、中维华信、华录新媒等项目完成阶段性目标，为落实公司权益以及后续工作奠定基础。上海庙能源基地投资企业投后管理富有成效，与山能集团在深化合作方面达成一系列原则意见，与地方政府建立良好沟通机制，推动历史遗留难题的磋商解决。通过经济运行分析监测和全面深入的管理审计，深度介入投后管理，推动企业提质增效。能源投资板块减亏步伐稳步加快。上海庙矿业新上海一号矿完成三证齐备实现依法合规生产；维华矿业鹰骏一号矿获得国家发展改革委核准批复，采矿证办理工作稳步推进；国电双维两台百万千瓦火电机组全部正式投产发电，为能源保供再添新动能；三新铁路实现运量及利润双增长。金融类和行业配套产业板块投资收益整体保持平稳，近 3 年投资收益贡献占比较高。

督促派出董监事履职尽责和提高公司决策质量与效率，采取“一企一策”，与被投企业一起克服各种不利因素，通过持续优化管理、探索创新，保持安全生产和经营业绩平稳良好，持续赋能行业高质量发展。

转观念，公司治理基础夯实。推进公司治理体系建设实践，统筹开展制度“废改立”建设，优化制度层级和分类，形成以公司章程为统领的三级八类制度体系；拟定党组会、董事会、总经理办公会等议事清单及报总公司决策事项清单，完善董事会配套制度，明晰各决策主体职责权限，搭建权责清晰、运行有效的治理结构。响应行业数字化管理转型。以业财信融合体系构建规划为抓手，通过制度流程再造持续强化对投资企业经营情况监测和财务数据分析，提高服务决策能力和对投资企业的经济运行调控能力。推进抓规范、创机制工作。配合审计署延伸审计，主动对上海庙矿业公司、紫荆基金等投资项目开展专项管理审计，推动国家局党组部署要求落实落地；有序完成内设机构调整、高管及能源团队选聘任用等工作，优化组织结构和人员配置，强化对上海庙能源基地的专业化管理，夯实人力资源保障。

◎编辑整理：刘海文

专卖监督管理

【打假打私】　**持续强化部门联合和地区协作**。2022 年，国家局和各级局通过联合印发工作要点、完善协作办法、督办重大案件、出台政策措施、举行工作会谈等，与公安、海关、海警、市场监管、邮政等部门密切工作联系。将烟草市场治理纳入地方综合治理体系，完善和巩固“政府领导、部门联合、多方参与、密切协作”的打假打私体系。在原有区域协作机制基础上，推动云南、河北等 12 省（自治区、直辖市）建立协作机制，完善全国“一盘棋”工作格局，形成打假打私强大合力。

全力突破大案要案。遏制重点地区制假反弹，打击海上走私活动，国家局联合公安部、海关总署挂牌督办重大案件 93 起，查处案值亿元以上重大案件 31 起。加强跨区域溯源打击，提升打击能力，破获白银“11・26”、荆州“3・27”、成都“3・28”、永州“5・10”、湛江“6・01”、贵港“12・09”等一批打到源头、抓获主犯、影响力大的重大案件。全年查处案值 5 万元以上假私烟案件 5389 起，查获假烟 34.93 万件、走私烟 4.19 万件，收缴制假烟机 139 台，公安、司法机关依法追究刑事责任 6715 人。

重拳打击制假原辅料供应链。组织开展打击非法经营烟叶烟丝“百日攻坚”专项行动，重点打击制假原辅料供应源头。全年查获非法烟丝烟叶 1.94 万吨，比上年增长 38.5%。侦破昭通“4・17”、江苏“4・18”、岳阳“5・08”、福建“2202”专案、宁波“11・11”等非法经营烟丝烟叶、非法印制卷烟商标标识、非法销售烟机重大案件，捣毁一批非法生产滤嘴棒窝点，斩断境内外制假窝点原辅料供应链。通过烟草打假打私，全年为国家挽回经济损失约 240 亿元。

【专卖内管】　**推进真烟异常流动治理**。印发《关于进一步加强真烟异常流动治理工作的通知》，压实各方责任。各级局（公司）和工业企业发挥多部门联席会议和经营监管一线多员联动机制作用，凝聚工作合力，强化源头治理，实施靶向调节。全国查获跨省流动非法卷烟 4.56 万件，比上年增长 9.9%。

强化规范经营责任落实。各烟草企业密切关注卷烟跨区域流动情况，调整货源投放品种、节奏，规范经营行为，适应消费需求。国家局全年交办“双 80”重大案件线索 8 起，对 4 家省级局（公司）开展专卖监督检查，加强工作部署督导。各级局查找违规经营问题并督促整改问责，依法取缔违法违规大户 4478 户，推动规范经营主体责任落实到位。

持续推进专卖内管全覆盖。印发《烟草工业企业内部专卖监督管理工作指引》，完善全品类全链条全生命周期监管制度体系，以巡视审计反馈问题整改为契机，落实全覆盖监管要求。开展“空壳户”“休眠户”“代订货、代结算、代收货”等经营异常现象常态化治理，补齐废弃烟草专卖品、烟叶收购等领域监管短板，加大对卷烟生产、研发试制、市场营销等的检查力度，消除风险隐患。

【规范监管执法】　**规范执法行为**。落实行政执法“三项制度”和行政处罚自由裁量权基准制度，促进公平公正执法。开展专卖执法监督检查“回头看”，推动相关单位抓好问题整改。落实专卖执法纪律要求，通报违反专卖执法“六个严禁”典型案例，以案促改、强化震慑。

推进信用监管。印发《烟草零售市场信用监管工作指引》，对信用监管规则标准进行系统设计，推进信用监管机制落地实施。建立完善针对市场违法苗头性问题的提醒告诫制度，探索引导市场主体自我规范的监管方式，促进市场主体提升诚信经营水平。

加强监管创新。按照内外一致、协同监管原则，组织开展“双随机、一公开”监管，对8家系统外持证企业开展实地检查。印发《烟草市场监管专项行动工作指引》，强化专项行动统筹管理，提高专项行动针对性和有效性。探索建立市场监管领域改革创新协同工作机制，鼓励基层创新，在阶梯式监管工具、移动执法工具开发上取得积极成效。应用APCD重点监管措施，开展卷烟零售市场检查，全年办理行政处罚案件27.9万起，立案查处卷烟零售户17万户。推进全国统一专卖监管平台建设，国家局子系统建设开发基本完成，浙江省局完成省级子系统标准推广版承建任务，试点推广部署工作全面启动，平台建设取得阶段性成果。

【政务服务】 **持续优化政务服务措施**。落实“放管服”改革要求，改进服务方式，通过引导网上办理等措施，做到疫情期间政务服务不停歇。为企业和群众办事提供错时延时服务和节假日办理通道，切实解决老年人在运用智能技术方面遇到的突出困难，提高人民群众满意度。

全面提高12313热线服务水平。加强12313烟草市场监管服务热线运营管理，完善热线服务标准，改进热线平台功能，优化受理、派单、办理等各环节工作流程，加强热线工作考核评价。全年12313热线总受理量79.7万件，接通率96%，总体办理满意率99.5%。

依法改进零售许可证管理。制定电子烟零售许可配套政策文件，依法有序将符合条件的市场主体纳入许可管理，按照市场需求引导电子烟与卷烟零售终端适当分开，保障电子烟市场主体合法权益。关注卷烟零售户数量变化，总结推广零售市场准入典型经验，畅通零售户退出机制，压减无效零售许可证。截至2022年底，全国共有卷烟零售户586.34万户，比上年下降0.29%。

【队伍建设】 各级局坚持党建和业务工作深度融合，开展多层次、多主题培训，推进岗位技能鉴定，开展纪律和作风专项整治，备战第四届烟草专卖管理岗位技能竞赛，提升专卖监管队伍素质能力。推动“烟草专卖管理员”正式列入国家职业大典“行政执法员”项目。

◎编辑整理：刘海文

电子烟监管和新的涉烟监管

【电子烟监管】 **形成监管制度体系**。统筹制定电子烟监管配套政策性文件，形成以《中华人民共和国烟草专卖法实施条例》为根本、以《电子烟管理办法》和《电子烟》国家标准为基础、以多份政策性文件为支撑的“1+2+N”电子烟监管制度体系。

2022年6月17日，辽宁抚顺市局普法工作人员走进零售终端开展普法宣传
辽宁抚顺市局 李 茜 摄

依法开展准入许可。依法核发烟草专卖生产企业许可证和烟草专卖零售许可证，依法变更烟草专卖批发企业许可证，营造公平竞争的法治环境。

统筹开展电子烟产品技术审评。统筹行政许可与技术审评“两同时”，协调产品技术审评“三同步”，切实保障人民健康安全。

全面加强平台监管。会同成员单位建成运行全国统一电子烟交易管理平台，确定电子烟仓储、分拣、配送模式和电子烟产品各环节价格形成机制；督导获证电子烟生产经营主体在平台交易。

部署实施电子烟产品追溯系统。组织完成电子烟产品追溯系统开发、内部测试、设备适配、用户培训和推广使用等事项。

主动靠前督导服务。先后7次主动公开发声，完成公众咨询答复9501人次；协调组织60多名专业人员配合实地核查工作；相关人员累计派驻基层工作479天。

开展电子烟专项治理和监管。联合公安、市场监管、教育部门开展清理整治向未成年人销售电子烟严厉打击涉电子烟违法犯罪专项工作，清理中小学校、幼儿园周边电子烟零售网点1603个、自动售烟机388台，查处向未成年人销售电子烟案件433起，侦破“上头电子烟”案件103起。开展“奶茶杯”“可乐罐”等调味电子烟专项治理，全国累计出动执法检查人员30.8万人次，实地检查售烟网点15.6万户次，查处案件775起，其中刑事案件103起，查获实物136.5万支，涉案金额6.74亿元。中央主流媒体广泛报道专项治理工作，产生良好社会影响。

【新的涉烟监管】 **开展“茶烟”等类烟产品专项治理。**关停类烟产品企业71家，清理类烟产品网点290个，清理下架电商平台类烟产品7.8万余件，处置违规店铺1.1万余个，查办案件141起，其中刑事案件9起。上海市局依法推动对拼多多作出行政处罚，河南省局多措并举关停42家“茶烟”“空烟管”生产企业。

开展关停非法加热卷烟项目专项工作。以关停安徽某大型加热卷烟项目为突破口，依法关停62家非法加热卷烟生产经营企业，处理生产机器设备260台、生产物料4.6万千克、加热卷烟烟弹2262万支。

开展互联网和物流寄递涉烟违法活动专项治理。清理网络涉烟推广销售信息，推动社交平台建立落实自主清理机制。清理整治直播售烟问题，安徽省局破获利用抖音非法经营烟草专卖品部督案件。联合邮政部门约谈快递企业，推动企业自主处理违规寄递分公司并向烟草部门移交涉烟违法快递。专项清理整治互联网销售烟草种子行为，清理网上店铺44家、下架商品282件。配合中央军委有关部门开展“军”字号烟专项治理，查处违法案件8起。

◇编辑整理：刘海文

政策法规与体制改革

【完善烟草专卖制度体系】 **《电子烟管理办法》公布实施。**推进电子烟监管立法是国家局党组落实党中央和中央领导关于加强电子烟监管指示批示精神的重要举措。为进一步加强电子烟等新型烟草制品监管，规范市场秩序，保障人民健康安全，促进产业治理法治化、规范化，根据《中华人民共和国烟草专卖法》《中华人民共和国未成年人保护法》《中华人民共和国烟草专卖法实施条例》，国家局制定《电子烟管理办法》。《电子烟管理办法》是依法加强电子烟等新型烟草制品监管的核心制度。2022年3月11日，《电子烟管理办法》正式公布，自5月1日起施行。

出台电子烟等新型烟草制品系列政策措施。研究制定电子烟监管相关配套政策文件，为电子烟监管平稳纳入法治化、规范化轨道，稳妥有序开展电子烟监管提供重要支撑，切实保障烟草专卖行政主管部门电子烟监管职能的依法履行。明确新型加热卷烟适用法律问题。

加强规范性文件备案审查与管理。扎实开展国家局层面规范性文件的合法性审核工作。开展行业规范性文件备案审查，对全国33家省级局制定的电子烟零售点布局规定进行备案审查。印发《国家烟草专卖局贯彻落实国务院办公厅关于进一步规范行政裁量权基准制定和管理工作意见的实施意见》，完成多份规范性文件的备案审查，发布《关于进一步规范行政裁量权基准制定工作的通知》，持续提升行政规范性文件管理水平。

【法治烟草建设】 **深入学习贯彻习近平法治思想。**将学习贯彻落实党的二十大精神和习近平法治思想作为当前及今后一段时期行业法规战线的首要任务，列入法治烟草建设和“八五”普法重点内容。要求深刻把握习近平法治思想的重大意义和深刻内涵，要求各单位吃透基本精神、把握核心要义、明确工作要求，以各种方式加强习近平法治思想的学习宣传培训，把习近平法治思想作为推动深化法治烟草建设和改革发展的强大动力。

宣传普法先进典型。印发《国家烟草专卖局关于烟草行业获得2016—2020年全国普法工作先进单位、先进个人和依法治理创建活动先进单位的通报》《国家烟草专卖局关于表扬 2016—2020 年烟草行业普法工作先进单位、先进个人和依法治理创建活动先进单位的通报》，总结行业各单位在“七五”普法工作中的优秀做法和成功经验。

推进法治建设第一责任人制度有效落实。抓好“关键少数”，全面加强领导干部学法用法，继续推进主要负责人履行法治建设第一责任人列入年终述职制度的有效落实。细化明确行业单位主要负责人述法重点内容及考核评议方式，对 33 家省级局（公司）法治建设情况进行考核评议，加大行业法治建设推进力度。

2022 年 3 月 15 日，海南海口市局举办“3・15”国际消费者权益日宣传活动

海南海口市局　王升庆　摄

开展主题普法活动。组织开展主题普法活动，将纪念烟草专卖法施行 30 周年工作列入年度普法重点内容，开展《中华人民共和国烟草专卖法》施行 30 周年纪念宣传活动，组织撰写一系列纪念文章。落实《中央宣传部　司法部　全国普法办关于印发〈2022 年全国“宪法宣传周”宣传活动工作方案〉的通知》（司明电〔2022〕49 号）要求，以“学习宣传党的二十大精神，推动全面贯彻实施宪法”为主题，通过组织宣誓、张贴挂画、开展线上专题学习等形式，组织开展 2022 年“宪法宣传周”活动。指导行业各单位开展“3・15”“4・15”“民法典宣传月”等主题普法活动。创新培训形式，开展精准培训。2022 年，在行业内开展电子烟政策、法规人员能力提升、执法证件换发等培训 9 次；为《中国烟草》杂志社、陕西省局等单位开展普法培训 7 次。

组织年度法治论文评选。加强法治文化建设，组织开展 2022 年度中国烟草学会法律法规专业委员会年度论文征集及评选工作，共征集《新修订〈中华人民共和国行政处罚法〉对烟草专卖执法的影响》《反垄断法视角下烟草企业的法律风险防控》等主题论文 72 篇，评选出获奖论文 29 篇。将获奖论文汇编成电子合集，进一步加强法治文化传播和研究成果宣传。

【内控合规管理】　**采购与合同法律审核**。加强对国家局、总公司采购文件及合同的法制审核，防控相关法律风险。法规部门深度参与国家局、总公司机关重大采购项目，参与拟定谈判方案，参与修订合同及附件，预防法律风险。

制度文件法律审核。加强对国家局、总公司相关部门、单位的管理制度进行审核，持续提升国家局、总公司依法管理水平。

知识产权管理与维权。对国家知识产权局商标局《商标一般违法判断标准》提出建议并被采纳，保障商标违法判断标准与行业商标管理相衔接，维护行业企业商标注册合法权益。建立完善分工明晰、部门协同的知识产权管理机制，强化行业品牌商标依法注册和规范使用。

【法治监督】　**优化依法行政制度供给**。研究制定《国家烟草专卖局贯彻落实国务院办公厅关于进一步规范行政裁量权基准制定和管理工作意见的实施意见》，明确工作目标、工作任务和工作要求，推进行业行政裁量权基准制度的建立健全。发布《关于规范行政裁量权基准制定工作的通知》，进一步提升行政裁量权基准制定质量，保障行政相对人的合法权益，持续推动行业依法行政工作上水平。

坚持开展案卷、合同“双评查”。总结 2021 年度行业专卖执法案卷和合同评查工作，印发《国家烟草专卖局办公室关于2021年烟草专卖执法案卷和合同评查工作的通报》，向8家单位书面反馈最终评查意见，督促行业各单位加大整改力度，寻根溯源，建立长效机制，切实防范专卖执法和合同管理过程中可能出现的法律风险。发布《关于开展2022年专卖执法案卷评查和合同评查的通知》，各直属单位在遵守疫情防控政策的前提下，在本辖区内开展案卷、合同“双评查”，并向国家局报送评查报告。

加强专卖行政执法资格管理。发布《国家烟草专卖局关于印发烟草专卖行政执法证件编码的通知》，完成全国2700余家县级以上执法单位的6万余名专卖执法人员行政执法证件换证工作。在全国范围内统一烟草专卖行政执法证件标准样式和编码规则，进一步加强行政执法人员资格和证件管理，推动行业严格规范公正文明执法。

【体制机制改革】 落实国企改革三年行动方案的任务安排。根据国务院及财政部关于国企改革的工作要求和时间安排，严格压实主体责任，建立工作定期报告机制，及时跟踪各项改革工作推进情况，严格对照既定的任务时间表完成改革任务。截至2022年底，中国烟草总公司国企改革三年行动任务全面完成。

进一步推进烟草行业“放管服”改革工作。贯彻落实《国务院办公厅关于全面实行行政许可事项清单管理的通知》（国办发〔2022〕2号）要求，在《法律、行政法规、国务院决定设定的行政许可事项清单（烟草局）》明确的13项行政许可事项基础上，分列子项、明确业务办理项，将电子烟监管纳入行政许可事项子项清单，完成各子项和业务办理项的实施要素填报工作。根据国家市场监督管理总局和司法部工作部署，总结行业“放管服”改革工作的经验做法，并向国务院及有关部门上报行业优秀典型案例。根据司法部要求，总结国家局近年来在“减证便民”方面的工作成效，形成报告，并编制《国家烟草专卖局实行告知承诺制的证明事项清单》以及《国家烟草专卖局保留的证明事项清单》，报司法部备案。

《国家烟草专卖局权责清单（送审稿）》以国家局党组名义向中央编委报批，并按照中央编办统一部署，做好相关工作。

◇编辑整理：褚　幸

财务与审计

【落实重大决策部署】 **完成财政上缴任务**。加强资金调度，及时足额入库。全年实现财政总额14416亿元，比上年增长15.86%，为保障国家财政收入作出贡献。

落实纾困帮扶政策。持续清理拖欠中小企业账款和保障农民工工资支付，全年无新增拖欠。督促指导行业所属企业落实房屋租金减免政策，抓好问题核查督办，帮助中小企业共渡难关。协调战略合作银行出台金融帮扶举措，向烟农和零售户发放贷款500余亿元，帮助烟农和零售户解决困难。

国企改革任务全面收官。聚焦重点领域，扎实完成行业厂办大集体企业资产确权和退休人员社会化管理资产划转工作。清理整顿虚假投资、挂靠经营等不规范行为，督促落实整改。

【积极配合国家审计】 **加强领导密切配合**。国家局党组高度重视、周密部署，相关部门和单位精心组织，压实责任，保障配合工作高效有序开展。加大沟通协调力度，争取审计理解与支持。保持信息交流畅通，营造良好审计氛围。审计报告客观公正、实事求是，促进行业持续健康发展。

从严抓实审计整改。严格履行整改主体责任，加强统筹协调，成立专门组织机构。研究制定整改方案，细化任务措施，加强跟踪督办，促进整改落地见效。全面梳理排查，深挖问题根源，推动标本兼治，整改工作扎实推进，取得阶段性成效。

【加强行业财务管理】 **强化预算引导约束**。贯彻“总量控制、稍紧平衡，增速合理、贵在持续”方针，做好税利监测分析，加强协同督导，促进主要经济指标保持在合理区间。全年实现工商税利总额14413亿元，比上年增长6.12%。优化预算资源配置，保障烟叶生产、品牌发展、打假打私、科技创新等重点领域投入。

向内挖潜降本增效。优化定额标准体系，加强重点环节成本费用管控，全年工业卷烟销售成本率比上年下降0.14个百分点，行业三项费用率下降0.19个百分点。落实

“过紧日子”要求，严控一般性支出，“三公经费”2020—2022 年平均降幅为 10.3%。推进银行存款竞争性存放，行业工商企业资金收益稳步提升。

加强财务经营分析。优化财务报表体系，完善财务评价指标，挖掘数据价值，加大业财数据整合分析，为行业生产经营决策提供有力支撑。

【完善财务政策体系】 **加大财务政策支持**。配合国家财税部门出台电子烟消费税政策，制定发布电子烟企业境内外上市前置审查制度，促进电子烟产业法治化、规范化发展。

夯实国资监管基础。健全国有资产监督管理体系，研究出台总公司关于进一步加强烟草行业国有资产管理监督防止国有资产流失的意见。坚持资产质量和效益并重，推动行业低效无效资产盘活利用，摸清家底，分类施策。

加快数字化建设。落实行业数字化转型战略部署，围绕“上云、用数、赋智”，深化数据驱动，稳步推进行业统一财务管理系统和审计信息系统建设，加快互联互通，推动业财融合，助力行业数字化监管水平提升。

【防控财务风险】 **提高会计工作质量**。规范电子烟交易、“两烟”货款结算等会计核算行为，推动新会计准则实施应用，加大会计信息质量检查力度，防范会计信息失真风险。

加强财务廉洁风险防控。坚持问题和风险导向，组织行业资金“飞行检查”和控股金融机构合规检查，牢牢守住不发生系统性风险底线。印发行业经济责任风险提示清单，督促各单位自查自纠，提升风险预见预判能力。

强化境外投资财务风险管控。落实境外财务绩效评价报告机制，开展违反财经纪律侵吞公款和境外项目佣金中介费谋取私利两项专项整治，全面查堵漏洞隐患，维护国有资产安全完整。

【履行内审监督职责】 **健全审计领导机制**。围绕中心，服务大局，坚持把党对审计工作的集中统一领导落实到审计工作的全过程，完善内审委员会工作运行机制，落实重大事项请示报告制度。

推动审计全覆盖。立足经济监督定位，强化项目计划统筹，优化审计组织方式，合理配置审计资源，审计监督广度、深度持续拓展。各单位结合自身实际，开展稳固烟叶基础、市场营销、科技创新等专项审计，不断提高审计监督效能。

提升审计工作质量。探索研究型审计，注重审计方法和审计规律研究，加强对被审计单位审前“画像”，增强审计针对性。行业两个案例入选中国内部审计协会优秀研究型审计案例。

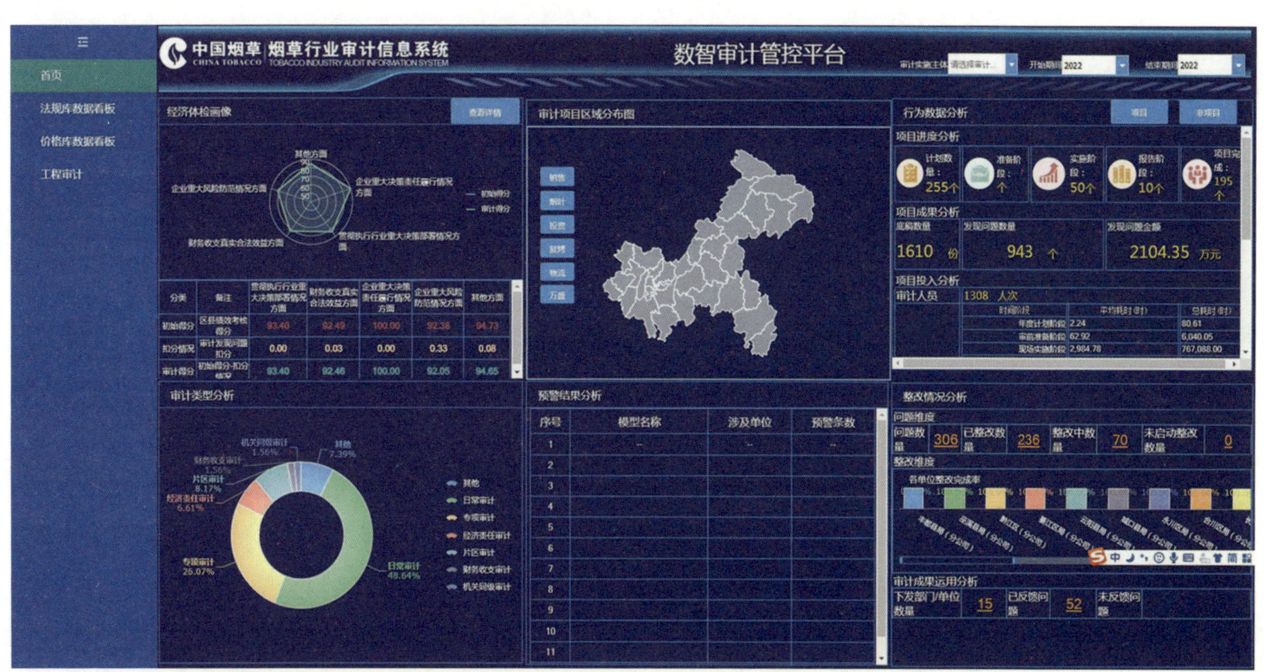

重庆市局（公司）数智审计管控平台（2022 年）

重庆市局 供稿

加大审计成果运用。建立健全审计整改长效机制，制定印发国家局、总公司审计整改工作管理办法，促进建章立制2000余项。持续推动审计结果、问题整改、审计问责"三公开"，强化审计监督与其他各类监督贯通协同，加大问题线索移送力度，提升监督治理效能。

◇编辑整理：褚 幸

烟草科技

【科技创新政策】 2022年，国家局组织召开行业科技创新政策宣传贯彻会议，对国家局党组《关于全面加强新时代行业科技创新工作的指导意见》和行业中长期、"十四五"两项科技创新规划等科技政策进行宣传贯彻。开展行业高质量发展政策体系和"十四五"规划体系科技创新有关政策措施动态评估。制定出台《关于加强烟草行业知识产权工作的意见》，提升知识产权创造、运用、保护、管理和服务能力，推动形成行业知识产权工作新格局。

【全国烟草科技工作座谈会】 2022年，国家局、总公司召开全国烟草科技工作座谈会，贯彻落实全国烟草科技创新大会、2022年全国烟草工作会议和半年工作会议精神，推进科技政策和各项重点工作部署落地落实。会议充分肯定行业科技创新工作成效，强调要系统把握新时代行业科技创新工作要求，推动国家局党组关于全面加强新时代行业科技创新工作的指导意见和行业"十四五"、中长期两项科技创新规划落实落地，让科技创新这一"关键变量"成为行业发展的"最大增量"。国家局、总公司首席科学家谢剑平院士作科技创新发展报告，黑龙江省局（公司）等8家单位作典型发言。

【科技创新体系】 **加强科技创新平台建设**。筹建国家级创新平台。优化行业创新平台布局，印发《烟草行业技术创新中心建设总体方案（试行）》《烟草行业雪茄烟技术创新中心建设方案》，试点建设行业雪茄烟技术创新中心。印发《烟草行业重点实验室体系优化重组方案》，启动行业重点实验室优化重组工作，优化基础研究和学科发展布局。继续实施创新平台稳定支持计划。认定江苏中烟技术中心为行业级工业企业技术中心。加快建设中国烟草科学数据中心，推动科研范式和研发模式向数据驱动型转变。

创新科研项目形成机制。发挥总公司科技项目站位高、引领性强的"指挥棒"特点，广泛发动工商研、上下游组建联合创新团队共同承担项目，编制印发总公司2022年度科技项目计划，共立项100项。总结"揭榜挂帅""赛马"项目实施经验，坚持问题导向和目标导向，突出工商研协同和技术落地，在"粮烟融合绿色防控"和"优质国产茄衣攻关"方向布局"揭榜挂帅"项目14项。坚持科学问题和产业问题一体推进，注重先进适用技术研发与应用，培育带动性强、应用前景好、有效解决"两烟"生产经营问题的先进技术和成果。

【关键技术攻关】 **推进中式卷烟创新发展**。以技术创新引领中式卷烟创新，推进配方技术升级、降焦减害等关键领域攻关，推动卷烟产品数字化设计应用，打造"技术创新可感知，产品价格有支撑"的产品开发新理念，提升中式卷烟核心竞争力。国产卷烟牢牢占据国内卷烟市场，"细短中"等创新产品销量占比跃升至20%以上；国产卷烟焦油量和卷烟危害性指数整体进入低位区间；产品设计开发效能不断提升，通过数字化技术与产品设计工作的融合，产品开发周期平均缩短2个月，设计成本降低约5%。

提升烟用香精香料核心技术研发和掌控能力。推进烟用香精香料核心技术自主研发和自我保障能力提升，完成3年期目标任务，共享1个行业数字化调香公共技术平台，突破单体香原料实物库和数据库升级、重要功能性香基模块可替代性研究、重要单体香原料应用研究等三大关键技术，新开发卷烟产品可知可控可替代香基模块比例均达到30%以上，行业已知成分香精香料使用量占比在80%以上，行业单体香原料使用量占香精香料总用量的近50%。

突破打叶复烤关键技术和装备。取得"三大提升、四类示范线、五项技术突破"等一系列成效，配方打叶模块占比提高至87%以上，有效出片率均值提高2.7%，吨烟能耗均值降低9.9%，助推打叶复烤与卷烟生产整个产业链的协调发展，为"大品牌、大市场、大企业"发展战略和中式卷烟产品创新提供稳定的原料保障。

推进种业科技自立自强、种源自主可控。2022年，自育烤烟品种种植面积占比88.16%，30个烟草新品系通过专家田间鉴评，推进优质特色品种原料工商研一体化先行示范区建设，“云烟121”、“湘烟7号”、“中川208”、硃砂烟等新品种种植面积逐步提升，种植面积超90万亩，比上年翻两番，云南中烟、上海烟草集团、湖南中烟、河南中烟、山东中烟、江苏中烟基本完成以新品种为核心原料的卷烟产品设计开发并启动市场验证。

绿色防控技术融入国家绿色发展大局。推进“三虫三病”绿色防控技术升级和工程化开发、推广，以粮烟融合综合治理为核心，建设44个示范区，稳定恢复核心烟区，蚜茧蜂保持植烟面积全覆盖，示范区、辐射区占比分别为29.85%、65.17%。

推进国产雪茄烟叶关键核心技术攻关。初步打通“品种筛选—原料生产—配方使用”的国产雪茄烟叶开发与应用创新链，国产茄衣进入中高端手工雪茄烟配方，国产原料进入43款中高端手工雪茄烟配方，配方使用比例超过50%，由2020年的不足6%提高到2022年的54%，逐步实现对进口原料的有效替代。

加大科研大数据重大科技项目布局及成果应用。丰富完善科研大数据应用平台，形成卷烟设计与维护、烟草近红外等8个应用系统平台，围绕烟草科技创新的重点领域和烟叶生产、卷烟制造的核心环节，形成高价值数据集40余个，烟草科学数据2TB，向行业70余家工商企业、科研院所等提供服务，提升科学数据资源共享服务能力。

【产品质量安全】 强化电子烟监管支撑。制定发布《电子烟》强制性国家标准，印发《电子烟警语标识规定》《电子烟产品质量监督抽查实施细则》《电子烟产品鉴别检测实施细则》，构建高效协同的技术审评和质量监督工作体系，完成过渡期电子烟技术审评任务。

加强产品质量监管。组织完成两次卷烟产品、主流烟气七种成分专项监测全国抽查和烟叶等级质量抽查，结合近年来的抽查结果，卷烟产品质量保持稳定，稳焦控焦能力和风格特征总体保持较好，烟叶等级质量逐步提高。组织完成滤棒、烟用胶粘剂等产品质量专项监测全国抽查，强化烟叶农残专项监测，烟用材料质量安全状况整体平稳。

【标准化支撑】 加强《卷烟》《雪茄烟》《卷烟产品条、箱包装规格技术指南》等重点标准的制修订，牵头制订发布国际标准1项、立项2项。截至2022年底，现行有效的烟草类国家标准70项、行业标准654项、总公司企业标准146项。优化行业标准化工作体系和工作机制，完成部分分标委的换届工作。

【中国烟草学会】 **组织建设**。2022年，烟草学会组织召开理事会议1次、常务理事会议2次、学会理事会党委会议2次。4月，召开第八届常务理事会第六次会议，遴选最美科技工作者。6月，以通信方式召开第八届理事会第三次会议，审议通过增补理事1人，调整理事15人、常务理事2人，调整专业委员会主任委员2人的决议。5月，各分支机构开展自查自纠专项整治工作，梳理分支机构管理和工作情况，保障分支机构规范高效运转。

云南烟区开展雪茄烟叶开发应用（2022年）

云南省局　供稿

参与中国科协会员库建设交流研讨，提升服务会员能力。发挥烟草学会“桥梁纽带”作用，搭建会员交流培训平台，做好会员重新登记整理工作和新会员发展工作，2022年新注册会员4715人，截至2022年底烟草学会会员总计1.71万人。

学术交流。国内学术交流。2022年，烟草学会依托学术论文管理系统，实现论文评审全流程痕迹化操作，提高论文评审工作效率和评审规范性，并持续优化该管理系统。7月，以网络直播教学形式举办学术论文管理系统暨论文写作规范培训班，进行学术论文管理系统应用、学术论文写作等方面的培训交流。中国烟草学会专业委员会秘书、省级烟草学会秘书长及学术论文系统管理员、部分入选论文作者等共计222人参加培训。组织开展学术微论坛活动，为行业广大科技工作者提供高质量学术交流平台和学术资源共享平台，推动对行业不同专业领域重要问题的深入研究及最新进展的观点交流。截至2022年底，征集论文1034篇，涉及12个专业方向、49个微论坛主题。

国际学术交流。根据年度工作计划及CORESTA在线会议相关要求，动员行业科技人员撰写论文，严格规范参会论文遴选及论文提交工作，组织工业和农业专业委员会开展CORESTA国内推荐论文遴选，共收到论文105篇，经行业内外专家评审，共有20篇论文代表中国烟草入选CORESTA会议。完成2022年CORESTA理事会议、科学委员会及行业科技工作者的线上参会组织工作。10月10—28日，以在线会议形式参加CORESTA 2022年大会，本次会议在全球范围内共征集到169篇论文，会上分板块进行论文宣读，组织在线实时交流，其中，中国烟草有20篇论文以多媒体形式在CORESTA 2022年大会上展示。

科普宣传。2022年烟草学会深入开展各类科普活动。组织各省级烟草学会开展“点对点、面对面”科普微课堂活动。以“一体两翼，振兴乡村，数字转型，共襄盛会”为主题，广泛开展“小规模”“网格化”的科普活动。前期推荐增补142名青年专家至科学传播专家团队，强化人才队伍、夯实专业基础。以小、鲜、活的“间隙式科普”为切入点，举办活动1400余次，线上线下参与群众41万余人次，制作直播课堂、科普短视频、图文专栏等一系列“指尖微课堂”，产出优秀科普作品107部。组织开展2022年“最美科技工作者”候选人推荐、遴选和宣传工作，选出2名行业“最美科技工作者”报送中国科协。

联合中国烟草总公司青州烟草研究所，以“解密农业科技、畅享绿色发展，体验农科场景、助力乡村振兴”为主题，在山东青岛和安徽宣城试验基地举办科普开放日活动，吸引120余名社会公众参与。通过田间展示、科普讲座、展馆参观、科学实验、科普视频等多种活动形式，带领群众深入体验农科场景，传播农业技术知识，为服务“三农”发展、助力乡村振兴贡献力量。

开展全国科普日活动。以“喜迎二十大，科普向未来”为主题，开展主题丰富、形式多样、线上线下高效传播的科普日活动315次。由烟草学会选拔推荐的两项科普活动被中国科学技术协会评为“2022年全国科普日优秀活动”。

起草行业科普实施意见。烟草学会与国家局科技司联合筹备起草《关于进一步加强新时代烟草行业科学技术普及工作的实施意见》，助力科学普及与科技创新协同发展。

◎编辑整理：刘海文

网络安全和信息化建设

【概　况】　2022年，各单位贯彻落实国家局党组工作要求，坚持“新动能、新手段、新支撑”工作定位和“四转三大”工作思路，以一体化平台建设为抓手，以建立新型网信技术、治理和安全体系为重点，扎实推进行业数字化转型。“十四五”网信规划总体进度达到55%。

一体化平台建设进展有序，行业“上云用数赋智”迈出坚实步伐。云平台上海主中心节点正式运行，省级云平台陆续建成投入应用，标志着行业网信发展正式迈入云计算时代。工业互联网平台完成建设，采用全国统一的国产操作系统，为一体化平台打造覆盖行业四级的自主可控基础运行环境。数字中台开始全面部署推广，一体化协同应用建设同步展开，数据治理和大数据中心加快推进，为烟草农工商政主要应用一体融合和数据贯通奠定工作基础。组织开展数字化转型指数评估并纳入省级单位经营业绩考核，统一方向路径、凝聚转型共识；举办数字化转型创新实践大赛等多种活动，营造全员关注数字化、积极参与数字化的浓厚氛围，为行业数字化转型打牢思想基础。

【网信管理效能】 组织开展数字化转型诊断评估，企业数字化转型指数比上年提高5%。18家省级单位网信规划向行业网信办备案，各单位规划编制和报备工作基本完成。首次组建行业网信专家评审委员会，在10家单位规划评审和12个重大项目论证等方面，有效发挥技术把关作用。举办首届数字化转型创新实践大赛，征集“数字赋能”案例86个，101支队伍参加网信知识竞赛和网络安全攻防赛，12个案例入围决赛，知识竞赛和攻防赛分别晋级10支队伍，掀起各单位比学赶超的热情，营造数字化转型良好氛围。上海烟草集团、福建省局（公司）、湖北中烟等单位组织数字化领域赛事活动，发挥以赛“促学、练兵、赋能”作用。开展网信专委会和统计论文评选工作，40篇论文获奖，5篇论文入选全国中青年统计科学研讨会。组织网信工作者风采短视频征集活动，展播30部代表性作品，展现网信队伍良好风貌。开展新型网信治理体系研究，四川省局（公司）、安徽中烟总结经验，积极参与。加强网信领域供应商管理，营造对外合作良好生态。

【新型网信技术体系】 以打造行业数字化转型技术底座为目标，统筹推进云平台、数字中台和工业互联网体系建设。“1+1+N”云平台体系基本形成。主中心（上海）节点正式运行，支撑8个应用上线、12个应用开发，以及2家不建云省局级单位的营销系统部署；主中心（北京）节点加快推进，浙江省局（公司）推动副中心节点扩容，计划建云的41家省局级单位云平台建设方案均向国家局备案，截至2022年底，省级云平台完成建设32家，启动建设9家。数字中台体系初见成效。打造8个业务共享中心，提供共享服务1000余个，调用超过1.29亿次，有效支撑行业应用开发运行和省级单位试点，印发行业数字中台体系指导意见，对各单位建设、管理和应用数字中台提出明确要求；浙江省局（公司）、福建省局（公司）和湖南中烟配合完成中台基线版适配改造，江苏省局（公司）、安徽省局（公司）实现基于行业数字中台的省局级营销子系统上线运行，中台能力得到全面验证。工业互联网体系加快推广。组织完成工业互联网平台和标识解析体系主体功能开发，为一体化平台应用提供统一的基础运行环境、多级数据传输、应用资产管理、烟机设备数据采集连接和标识注册解析等能力，相关知识产权归行业所有，实现欧拉国产化操作系统及数据库、中间件等基础软件在全行业的统一配置；北京市局（公司）等8家单位配合开展首批安装部署工作，四川中烟和云南中烟作为试点单位，推进基于工业互联网

安徽中烟合肥卷烟厂智能制造集控中心（2022年）

国家局烟草经济信息中心（网信办） 供稿

体系的智能工厂建设。

在此基础上，国家局整合项目建设成果，形成一整套支撑应用开发和数据建设的系统、环境、方法和规范，发布行业新型数字基础设施体系技术架构和技术规范，行业新型网信技术体系基本形成，为确保行业技术架构和数据架构一致性提供最为基础的技术保障。

【一体化协同应用建设】 聚焦行业全产业链协同转型，一体化协同应用19个项目进入全面建设关键期。二维码、烟叶平台、行业调控、人力资源系统等项目完成主体功能开发上线，开展试点验证或部署推广。电子烟交易、二维码追溯等系统稳定运行。专卖管理平台和营销平台加快国家局子系统功能开发和测试部署，开展省级子系统推广实施。组织推进行业投资等11个项目方案编制和立项准备工作。国家局引入项目监理、审计、等保测评和第三方测试等4类公共服务，强化一体化平台建设质量管理。对服务器、工控机、PDA设备、读码器和打码机等5类通用设备进行集中招标采购，保障项目规范性和建设进度，降低整体采购成本，节约行业硬件投资超过3亿元。

【“大安全”建设】 贯彻落实习近平总书记关于网络安全工作的重要指示精神，连续4年参加国家网络攻防演习取得优异成绩，被列为20家点名表扬的重点单位之一，获得中央领导批示肯定。积极落实“数据安全法”和“个人信息保护法”，落实党组（党委）网络安全工作责任制，构建行业新型网络安全体系，规范行业网信项目对外合作，加强网络和数据安全管理；组织开展网络安全检查、安全试点示范项目评选，参加国家网络安全宣传周活动，完成北京冬奥会、党的二十大等重保任务；湖北省局（公司）体系化推进“大安全”工作，搭建网络安全标准体系框架。开展网络意识形态专题督查，完善跨部门联合协商处置工作机制。落实中办、国办关于深化信创替代工作要求，国家局信创工程从开始建设到如期竣工验收，先后4次得到中央信创工作领导小组通报表扬；行业33家省级局全部通过任务验收，天津、黑龙江等25家省级局单位完成竣工验收；国家局研究制定行业深化信创应用工作实施方案，统筹推进未来5年信创工作，行业47家单位实施计划通过国家局审核备案，行业安全自主可控水平稳步提升。推进应对Win7和CentOS操作系统停服工作。

【数据建设与服务保障】 数据建设取得重要进展。组织开展一体化平台数据建设专项工作，确立以信息分类与编码为基础的行业业务架构参考模型，形成业务数据共享机制和主数据责任矩阵，为加强数据资产管理、促进数据规范统一奠定基础。重庆市局（公司）成立数据治理委员会，统筹开展数据治理。深圳市局（公司）开展数据中心全面可视化改造，提升对运维态势的整体掌控能力。数据服务更加优质高效。全力保障零售订单货源提前分拣，支撑元春市场开门红；开展行业工商统计调查制度备案，推进依法统计纵深发展；开展数据分析，加强经济运行分析和预测预警。网站与新媒体管理不断推陈出新。微信公众号“烟草微报”上线运行，总阅读量超过10万人次；网站推出“电子烟管理”“新品园地”“数字论坛”等专栏，点击量3000余万次。电视电话会议保障有力。2022年全行业共召开各级电视会议14000余次，支撑服务生产经营管理。

【企业融合创新实践】 各单位对数字化转型工作的认识不断深化，重视程度不断增强，探索数字新技术在烟草全产业链的融合应用，赋能产业优化升级、提质增效。广东省局（公司）把数字化转型作为重要工程，连续3年召开数字化转型推进会。云南省局（公司）制定核心业务数字化转型分项规划，明确转型评价指标。贵州省局（公司）探索数据安全治理路径，入选工信部数据安全管理全国试点单位。湖南省局（公司）对以自身为主建设运营的网信项目团队设立局长特别奖，加强自有队伍能力建设。四川中烟探索构建基于CPS的数字孪生平台创新应用服务，进入“第二届工业数字孪生大赛”全国总决赛。湖南中烟承担数字中台、二维码、行业调控等多项试点任务，取得成效。各单位推动移动办公、视频会议等数字化应用，有效应对新冠疫情冲击，为行业夺取疫情防控和生产经营双胜利发挥重要作用。

◎编辑整理：刘海文

党建工作

【学习宣传贯彻党的二十大精神】 **行业学习宣传贯彻情况。**党的二十大胜利闭幕后，国家局党组第一时间召开党组会、党组（扩大）会，传达学习党的二十大精神，研究贯彻落实具体举措。根据党中央的决定精神，及时印发《中共国家烟草专卖局党组关于烟草行业学习宣传贯彻党的二十大精神的通知》，及时召开烟草行业学习宣传贯彻党的二十大精神动员会，对行业学习宣传贯彻工作进行部署，提出明确要求，引导行业各级党组织和广大党员在学习宣传贯彻党的二十大精神上牢记“三个务必”，强化责任担当，以实际行动坚定捍卫“两个确立”，坚决做到“两个维护”。

按照《中共中央组织部关于做好县处级以上领导干部学习贯彻党的二十大精神集中轮训工作的通知》和《中共国家烟草专卖局党组关于烟草行业学习宣传贯彻党的二十大精神的通知》要求，国家局党组在中国烟草网络党校设置“深入学习贯彻党的二十大精神专题”，组织行业全体党员干部参加学习。研究制定《关于做好烟草行业处级以上领导干部学习贯彻党的二十大精神集中轮训工作的通知》，由国家局组织行业司局级领导干部和国家局、总公司机关处级领导干部集中轮训，并要求行业各直属单位党组（党委）组织本单位本系统处级领导干部集中轮训、面向全体党员开展多形式、分层次、全覆盖的全员培训。国家局印发通知，对全行业组织人事部门学习宣传贯彻党的二十大精神提出具体要求，推动学习宣传贯彻党的二十大精神走深走实。

行业各级党组（党委）把学习宣传贯彻党的二十大精神作为当前和今后一个时期的首要政治任务和头等大事，加强组织领导，周密安排部署，通过召开党组（党委）会、组织交流研讨、举办专家辅导、深入基层宣讲等方式，及时研究制定本单位本系统关于学习宣传贯彻党的二十大精神具体措施，深入学习习近平总书记重要讲话精神，学习党的二十大报告和新修改的党章，以上率下、示范带动。基层党组织结合实际，创新学习方式，依托“三会一课”、主题党日、青年理论学习小组等开展全覆盖学习交流，引导行业各级党组织和广大党员迅速把思想和行动统一到党的二十大精神上来，全力推动党的二十大精神在烟草行业落地生根、开花结果。

国家局、总公司机关学习宣传贯彻情况。突出迎接服务党的二十大和学习宣传贯彻党的二十大精神这条主线。贯彻落实习近平总书记关于做好党的二十大代表选举工作重要指示精神和党中央有关要求，坚持把政治标准放在首位，做好党的二十大代表、中央和国家机关党代表会议的推荐提名、组织考察、人选公示、确定人选等各环节工作，确保风清气正。统筹做好党的二十大会前、会中、会后各项工作，大会召开前，国家局党组就学习贯彻工作提前作出谋划安排，党组书记、党组成员围绕“走好第一方阵 我为二十大作贡献”带头讲授专题党课，结合纪念中国烟草总公司成立40周年组织开展“青年看未来”主题演讲和“喜迎二十大、奋进新征程”书画展等特色活动。组织动员党员干部收看党的二十大开幕会和新一届中央政治局常委

湖南永州市局（公司）员工及时学习宣传贯彻党的二十大精神（2022年）
湖南永州市局 温 柔 摄

同中外记者见面会直播。大会闭幕后，国家局先后多次举行党组会和中心组学习，传达学习、交流研讨党的二十大精神，国家烟草专卖局党组书记、局长，中国烟草总公司总经理张建民以普通党员身份参加国家局办公室（外事司）党支部的主题党日活动、带头在国家局党校宣讲党的二十大精神；召开国家局、总公司机关党员干部大会和行业电视电话会议，印发行业学习贯彻通知和机关具体安排，明确工作要求、压紧压实责任；国家局、总公司机关各级党组织依托“三会一课”、青年理论学习小组等载体，组织党员干部读原文、悟原理，做到交流全覆盖；发挥《中国烟草》杂志、《东方烟草报》、国家局网站等行业媒体的宣传阵地作用，设置宣传专栏，开展行业代表访谈、二十大时光等系列报道，对党的二十大精神进行全方位宣传、多角度报道、深层次解读，营造浓厚氛围。

【基层党组织建设】 **行业基层党组织建设**。发挥党建工作领导小组作用，传达学习习近平总书记重要讲话精神，学习贯彻落实党中央决策部署。召开行业基层党建工作重点任务推进会，以任务的明确推动工作的落实。树立大抓基层的鲜明导向，巩固提升党支部标准化规范化建设成果。开展行业党员教育电视片的评选、推荐，《和你在一起》《追光者》分别获得第十六届全国党员教育电视片观摩交流活动二等奖、三等奖；举办行业党务干部、卷烟工厂党委书记网络直播培训，进一步提高党员教育管理的时代性、实效性。规范党务工作，聚焦突出问题开展清查整治，不断增强党务工作的政治性、严肃性、规范性。完善党建工作考核办法，进一步发挥考核的指挥棒作用。全面系统总结党的十九大以来行业基层党建工作、意识形态工作并形成综述，编印《烟草行业基层党建工作情况简报》4 期，以总结促提升，以交流促创新。

国家局、总公司机关基层党组织建设。持续推进党的政治建设。开展“学查改”专项工作，发挥机关党建的政治引领和政治保障作用，加强组织领导、严把工作标准，提升“学”的高度、拓展“查”的深度、加大“改”的力度，确保取得实效。坚决贯彻习近平总书记关于厉行节约反对浪费的重要指示精神，通过随机抽查等方式，加强监督检查，推进节约型机关建设。落实干部职工思想动态分析报告制度，及时了解掌握干部职工思想动态和心理健康状况，汇聚团结干事正能量。

持续推进党的思想建设。把学习贯彻习近平新时代中国特色社会主义思想作为长期任务，突出领导干部和青年干部两个重点。国家局党组发挥示范带动作用，精心制定中心组学习计划，及时跟进学习习近平总书记最新重要讲话和重要指示批示精神，紧密结合实际开展研讨交流。持续加强青年理论武装，印发指导意见，明确组织设置、学习内容、学习形式、工作要求等具体建设内容，以制度化规范化提高机关青年理论学习小组建设质量。开展青年学习标兵评选，鼓励机关青年干部见贤思齐，在理论学习中提升政治素养、培养家国情怀、增强工作本领。营造理论学习氛围，及时配发《习近平谈治国理政》第四卷等学习资料，每周在机关党建工作群内发布阅读内容，督促机关各级党组织和全体党员干部深学细读精研，把学习成果运用到推进行业高质量发展各项工作中。

持续推进党的组织建设。学习贯彻习近平总书记重要指示精神，按照中央和国家机关工委基层党组织建设质量提升推进会精神，开展《中央和国家机关基层党组织建设质量提升三年行动计划（2019—2021 年）》实施情况总结评估工作，推进党支部标准化规范化建设，持续推动党建与业务深度融合。2022 年 8 月，中国烟草国际有限公司党支部被中央和国家机关工委命名为中央和国家机关“四强”党支部。严肃党内政治生活，督促指导机关各部门各单位党组织开好党史学习教育专题民主生活会和组织生活会，结合党建述职评议考核对“三会一课”落实情况进行检查督导，不断提高机关党内政治生活质量。按照工委要求开展“清查整治突出问题规范党务工作”专项工作，不断增强党务工作的政治性、严肃性、规范性。加强党建对口帮扶，组织机关党支部与基层党支部开展联学联建，拨付党费支持定点帮扶县乡村振兴。探索“互联网＋党建”工作模式，推进机关智慧党建系统建设，加快数字化转型。加强机关党建工作交流，编印《国家局　总公司机关党建工作经验交流手册》，对近年来机关党建工作中一些可总结、可运用、可推广的好经验好做法进行归纳提炼，供机关各级党组织学习借鉴。提升党建基础工作质量，做好党员发展、党费收缴使用、党内关怀帮扶、党内统计等各项工作。

持续推进党的纪律建设。学习贯彻习近平总书记关于年轻干部下基层接地气的重要指示精神，持续改进机关作风。紧抓重要节点，坚持教育提醒在先、预警防范在前，及时传达通报典型案例，营造严的氛围。加强问题线索研判处置，深化运用“四种形态”精准监督执纪问责。推行处分决定宣布与警示教育同步进行，通报典型案例，以身边事教育身边人。组织国家局机关党建应知应会知识测试，教育引导国家局机关党员干部筑牢拒腐防变的思想防线。加强机关纪委自身建设，健全议事规则、工作制度、申诉复查工作机制，组织纪检干部分专题、分层次开展业务培训，强化以案代训、实战实训。开展贯彻落实《纪检监察机关处理检举控告工作规则》情况自查自纠，深入查摆处理检举控告工作中存在的形式主义、官僚主义问题。

【全面从严治党纵深推进】 **坚定政治方向，引领保障烟草行业高质量发展再上新台阶。**国家局党组坚持以习近平新时代中国特色社会主义思想定向领航，深刻领悟“两个确立”的决定性意义，坚决做到“两个维护”，把党的全面领导贯穿烟草工作各方面全过程。在践行“两个维护”中筑牢对党忠诚。健全完善习近平总书记重要指示批示贯彻落实机制，制定国家局党组坚决维护党中央权威和集中统一领导实施办法，执行重大事项请示报告条例，确保烟草行业各项工作始终沿着正确方向前进。组织开展纪念中国烟草总公司成立40周年系列活动，深刻领悟党的领导的政治优势，教育引导行业全体党员干部坚定不移听党话、跟党走。在加强理论武装中坚定理想信念。执行党组会议“第一议题”制度，及时跟进学习习近平总书记最新重要讲话和重要指示批示精神，巩固拓展党史学习教育成果。国家局党组带头学思践悟，周密组织安排，在行业迅速兴起学习宣传贯彻党的二十大精神热潮，夯实思想根基、凝聚奋进力量。在胸怀“国之大者”中展现担当作为。统筹新冠疫情防控和生产经营，应对超预期因素冲击，保持经济运行平稳增长，行业全年工商税利总额、工业增加值、商业销售额等主要经济指标再创历史新高，为稳住宏观经济大盘、促进国家和地方经济增长发挥重要支撑作用。有力保障国家财政收入，坚决落实中央关于特定专营机构上缴近年结存利润的决策部署，统筹近来年利润，完成上缴任务，在经济下行压力增大的困难时期体现了大局意识和责任担当，行业全方位贡献达到新水平。

健全工作格局，以上率下压紧压实管党治党政治责任。聚焦责任落实，紧盯“关键少数”，健全完善一级抓一级的责任体系和压力传导机制，推动党的领导和监督一贯到底。层层压实责任。认真部署全面从严治党年度任务，跟进督导检查、定期听取汇报、组织述职述廉、开展联动考核，推动形成知责明责、履责尽责、督责问责的闭环链条。制定行业全面从严治党重要事项和情况请示报告实施办法，加强局党组对行业全面从严治党全过程、全方位领导。汇聚监督合力。完善“四责协同”工作机制，推动领导和监督一体落实、管党治党齐抓共管。坚持以党内监督为主导，推动纪检监察、巡视巡察、专卖内管、财务审计、组织人事、规范管理等内部监督力量贯通协调，提升整体监督效能。从严治吏管权。将“一把手”和领导班子监督作为重中之重，与驻工业和信息化部纪检监察组深入会商、联合开展专项监督检查，把相关要求列入内部巡视巡察重点，通报近年来行业各级“一把手”违纪违法典型案例。落实领导干部亲属经商办企业管理规定，规范干部职工离职后从业等行为，拓展抓好离退休干部和年轻干部监督管理，强化基层干部日常管理，不断健全常态化管理监督机制。

保持恒心韧劲，坚持以严的基调强化正风肃纪反腐。始终保持对严峻复杂考验的战略清醒，深化系统施治、标本兼治，深入开展党风廉政建设和反腐败斗争。一体推进“三不腐”。始终保持“惩”的力度，积极配合驻工业和信息化部纪检监察组、地方纪委监委立案审查。着力提升“治”的效能，制定违规投资及盒皮、香精香料违规采购责任追究实施办法，完善行贿供应商禁入措施“黑名单”制度，组织开展境外企业“违规投资经营”等4项专项整治。不断涵养“廉”的自觉，常态化开展警示教育，印发通知督促指导行业加强廉洁文化建设，筑牢拒腐防变思想防线。持续深化落实中央八项规定精神。指导行业查处违反中央八项规定精神典型问题，每逢关键时间节点印发通知、通报案例，持续立规明纪。坚决纠治形式主义、官僚主义，制定整治形式主义为基层减负的具体措施。组织开展行业纠“四风”树新风专题调研，修订完善国家局党组贯彻落实中央八项规定精神及其实施细则的实施办法，推动作风建设常态长效。深入开展专项整治。落实中央纪委要求，深刻吸取潘家华案件教训，组织开展行业纪律和作风建设专项整治，严明要求、严督实导、严格把关，推动专项整治取得扎实成效。

坚守政治定位，高质量完成巡视巡察全覆盖目标任务。全面贯彻中央巡视工作方针，提升质量效果。实现“有形”“有效”全覆盖。组织开展国家局党组第八轮对 8 家直属单位党组织常规巡视，延伸检查 38 家下级单位。党的十九大以来共巡视 65 家单位党组织，行业直属单位巡察下级党组织 713 个，完成内部巡视巡察全覆盖目标任务。持续健全上下联动格局。将巡察工作专项检查嵌入常规巡视之中，推动形成“巡视带动巡察、巡察助力巡视”工作态势。创新方式方法，组织部分行业直属单位探索开展“推磨式”交叉巡察，有效破解“熟人社会”监督难题。深化整改落实。研究制定贯彻落实党中央关于加强巡视整改和成果运用意见的具体措施，健全整改审核评估工作机制，及时反馈审核意见，强化巡视整改日常监督，抓好重点问题督办，推动整改见底见效。

深化改革试点，不断提升监督全覆盖有效性。落实中央纪委国家监委部署要求，组织实施深化行业纪检监察体制改革试点工作，推动构建系统集成、协同高效的监督体系。加强顶层设计。与驻工业和信息化部纪检监察组共同研究制定行业改革试点实施方案，印发工作清单细化实化改革任务具体措施，选取重点任务开展课题研究，指导行业各单位结合实际探索创新、破解难题。跟进调研督导。分三批召开改革试点工作调研座谈会，听取直属单位汇报工作进展，面对面听取直属单位纪检组组长述职述廉并作出点评，深入宣讲政策要求，督促抓好工作落实。持续巩固提升。组织召开行业改革试点工作推进会，传达贯彻中央纪委相关会议精神，交流做法经验，对改革工作进行再部署、再强调、再深化，指导行业查缺补漏、完善提高。经过一年的实践探索，深化改革试点工作取得阶段性成果。

◎编辑整理：王　静

人事与劳资

【高素质专业化干部队伍建设】　突出政治引领，从战略高度谋划选人用人工作。2022 年，行业认真贯彻落实新时代党的建设总要求和新时代党的组织路线，认真学习贯彻党的二十大精神，坚持党管干部原则，以党的政治建设为统领，聚焦“两个维护”强化政治忠诚，从战略高度谋划、全面审视行业选人用人工作，建立健全发现培养选拔优秀年轻干部常态化工作机制，把讲政治的要求贯穿干部育选管用全过程。组织开展国家局、总公司机关和行业直属单位干部集中调研，调整补充优秀年轻干部人选；立足后继有人根本大计，突出战略发现培养，既考虑当前岗位配备需要，更注重今后行业长远发展需要，逐步建立数量充足、质量优良、梯次合理、动态更新的优秀年轻干部队伍；充分运用干部调研成果，在及时发现、系统培养的基础上，大胆使用优秀年轻干部，选拔忠诚干净担当的高素质专业化干部，进一步强化选人用人工作的前瞻性、系统性、计划性。

严格流程把关，从严落实干部选任各项要求。坚持依靠组织的力量选人用人，在干部配备中，规范分析研判和动议、民主推荐、考察、讨论决定、任职等关键程序，把“好干部标准”作为动议人选的第一关，把推荐考察中的群众监督作为第二关，把个人事项报告查核、信访举报核查、审计监督作为第三关，把纪检监察部门出具党风廉政意见作为第四关，严格落实“凡提四必”等要求，认真落实干部双重管理工作规定，落实家访考察要求，通过严密的组织程序，不断提升选人用人工作质量和水平。

立足长远未来，大力培养使用优秀年轻干部。进一步完善干部集中调研和日常调研相结合的工作机制，优化优秀年轻干部发现机制。加强实践锻炼、专业训练，遴选行业优秀年轻干部参加行业第三期青年干部专业化能力提升培训班，对有潜力的干部，注重补短板、强弱项，有计划、针对性地培养锻炼，优化年轻干部培养路径。及时大胆使用优秀年轻干部，重视培养使用女干部和少数民族干部，将地市级局（公司）、卷烟厂年轻干部配备量化指标纳入年度考核内容，不断传导压力，在年轻干部培养选拔上取得新进展。

激发队伍活力，持续加大领导干部交流力度。坚持五湖四海，打破地域概念、部门界限，持续加大干部交流力度，特别是国家局、总公司机关和行业直属单位的上下交流、行业直属单位之间的横向交流，在行业直属单位“一把手”、纪检组组长交流产生的基础上，有序加大其他班子成员交流力度，注重选派行业年轻干部到基层一线、艰苦地区蹲苗培养，累计选派国家局、总公司机关3名干部到西部地区、老工业基地、革命老区和博士服务团挂职锻炼，持续盘活行业干部资源。

【干部监督管理】 出台规范行业干部职工离职后从业等行为的意见，持续扎紧织密制度笼子，完善监督制度体系。稳妥开展“违规获取境外身份”“近亲繁殖”问题专项整治，高质量完成化解涉组涉干信访积案、规范经商办企业等专项工作，持之以恒解决突出问题，匡正选人用人风气。落实落细领导干部个人有关事项报告制度新要求，依规依纪、精准细致开展查核结果认定处理，查核一致率逐年提高，领导干部自觉接受监督的意识显著增强。开展8家行业直属单位选人用人工作专项检查，督促指导做好问题整改“后半篇文章”，实现党的十九大以来55家直属单位检查全覆盖，不断提升选人用人监督效能。巩固行业人事档案审核工作成果，组织行业全面总结人事档案复核复审和审核全覆盖工作，结合国家局党组巡视，对包括被巡视单位在内的行业55家直属单位、50家下属单位开展人事档案工作验收检查。

【干部专业能力提升】 2022年，行业抓好党的十九届六中全会精神学习宣传，举办司局级领导干部学习贯彻党的十九届六中全会精神专题线上培训班，在中国烟草网络党校举办烟草行业学习贯彻党的十九届六中全会精神网上专题培训班，行业党员干部约26万人参加学习。

学习宣传贯彻党的二十大精神，印发工作通知，要求行业各级党组（党委）以处级以上领导干部为重点，抓紧组织开展学习贯彻党的二十大精神集中轮训。

认真落实《干部专业化能力提升计划》及《烟草行业教育培训体系建设纲要（2020—2022年）》，先后举办行业司局级领导干部专业化能力提升培训班、行业青年干部专业化能力提升培训班、地市局（公司）主要负责人能力提升培训班、国家局党校秋季学期进修班。结合行业工作实际，开展国家局贯彻实施《2018—2022年全国干部教育培训规划》评估总结工作并报送工作报告。根据中组部、中央国家机关工委组织的司局级以上干部调训及专题研修班参训通知要求，配合完成调训人选确定及专题研修春、秋季班相关工作。在中国烟草网络党校开展干部碳达峰碳中和专题培训，组织行业各级领导干部18.5万人参加学习。在中国烟草网络学院开展学习贯彻中央人才工作会议精神专题培训，组织行业各直属单位，国家局、总公司机关各部门、各单位负责人才工作的领导干部及有关人员约9.9万人参加学习。进一步丰富教育培训手段，完成国家局、总公司机关网络培训直播室建设并投入使用。

【人才队伍建设】 **贯彻落实中央人才工作会议精神。**全面落实中央人才工作会议精神，不断优化党管人才工作格局，持续破解人才工作体制机制障碍，着力营造“近者悦、远者来”的人才环境。统筹推进行业高质量发展政策体系和“十四五”规划体系干部人才工作任务落实，研究起草国家局《关于贯彻落实〈全国宣传思想文化领域“十四五”人才发展规划〉情况报告》，开展行业人才工作书面调研，梳理汇总行业各直属单位2021年度人才工作情况，推动形成自上而下的人才发展路线图。

平稳有序推进行业人才评价机制改革。开展行业“唯帽子”治理专项行动，向中组部、人力资源社会保障部分别报送《国家烟草专卖局关于开展人才工作中“唯帽子”问题治理情况的报告》《中国烟草总公司关于职称评价破“四唯”立“新标”工作情况报告》，防止和纠正人才评价简单与“帽子”挂钩、人才工作成效直接与“帽子”衔接，更好发挥人才评价“指挥棒”作用。坚持把人才工作嵌入行业高质量发展全局，始终做到行业重要安排部署到哪里，人才工作就跟进到哪里、服务到哪里。开展行业科技领军人才和学科带头人评委会专家库成员调整补充工作并启动推荐工作，研究制定第四批行业学科带头人评审选拔工作方案。组织开展行业首批青年科技托举人才评审选拔工作。根据《烟草行业青年科技人才托举计划管理办法》有关要求，按照专业领域，从行业32家直属单位推荐并符合资格条件的235名申报人中评审产生49名青年科技托举人才初步人选。以“智慧烟草农业”为主题，举办行业第七期高级专业技术人才研修班，共56人参训。

持续加强技能人才队伍建设。举办第二期行业优秀技能人才进修班，组织55名行业优秀技能人才库成员到行业先进工业企业进行实地交流。完成2021年度行业高级职称资格评审，组织召开总公司职改领导小组会议审议评审结果及职改小组年度工作情况，并将行业评审通过人员信息及时向人力资源社会保障部备案，完成行业评审通过的455人证书制作及资料移交、归档等工作。研究制定行业高级职称评审专家现场考核工作方案，组织开展2022年度行业各系列高级职称申报工作及国家局、总公司机关2022年度政工系列中级职称申报评审工作。完成湖南省局（公司）李玉辉技能大师工作室、贵州省局（公司）韦斌技能大师工作室、浙江中烟徐敏技能大师工作室、山东中烟王彬技能大师工作室、河南中烟高卫军技能大师工作室等首批5家烟草行业技能大师工作室评审设立工作，发挥技能大师工作室在技术创新和人才培养方面的作用。研究制定首批“行业高技能带头人”选拔推荐认定工作方案并启动推荐工作。开展第十六届高技能人才评选表彰活动烟草行业推荐申报工作，研究确定行业推荐人选和推荐单位，组织报送推荐材料。

历经1999年和2015年两次申报，新颁布的《中华人民共和国职业分类大典》（2022年版）中，新增烟草行业“烟草专卖管理员”“烟草物流员”“烟机钳工”“烟机电工”“烟草物理检验员”等5个职业（工种）。其中，“烟草专卖管理员”被纳入《中华人民共和国职业分类大典》“行政执法员”职业子目录，成为独具行业体制特色的工种，标志着国家从职业分类的维度，明确了“烟草专卖管理员”是“在市场监管、税务、海关、食品药品、劳动保障、生态环境保护等特定国家机关，依法从事行政执法工作的人员”，确立其应有的地位和资格。

【用工分配管理】 坚持控员与引员相结合，加强控员增

2022年12月1日，红塔集团在第十七届“振兴杯”全国青年职业技能大赛（职工组）——“中核杯”创新创效竞赛决赛中获得金奖

云南中烟 供稿

效，严控用工总量，进一步提升劳动用工管理水平。持续落实中央稳就业任务，做好行业应届高校毕业生招聘和退役军人接收安置工作。加强机构编制管理，国家局成立电子烟监督管理领导小组，下设办公室；推动各省级局成立电子烟监督管理领导小组，撤销上海新型烟草制品研究院，调整上海新型烟草制品研究院有限公司管理体制并印发“三定”方案。贯彻落实工资总额决定机制改革部署，推动总公司所属企业工资总额管理办法落地落实，聚焦行业工资重点难点问题，建立健全行业工资总额预算管理机制，推动决定机制改革进一步深化、进一步突破。坚持工资向基层一线和技术技能重点人才倾斜，进一步优化倾斜方案，加大倾斜力度，让行业广大干部职工群众实实在在共享行业改革发展成果，激发工作激情和动力。

【人力资源管理信息化建设】 2022年11月底，行业人力资源管理系统基本完成上线。系统以“184”架构为支撑，系统性整合、分析、应用组织人事数据，塑造数字化、智能化的人力资源管理体系，贯通组织“架构、岗位、人员、薪酬”信息，适配人力“机构、编制、用工、分配”等管控场景，融合干部人才“育、选、管、用”周期。在推进系统建设过程中，加强行业人力资源数据治理，修订数据信息标准、完善数据传输手段，构建决策分析、国家局本级八大业务模块、统建平台和协同工作平台等应用，利用行业云平台、信创环境体系以及多种安全工具、管理方法提升系统安全，加强行业直属单位人力资源信息化队伍建设，为推进行业人力资源数字化转型提供技术和智力支撑。

【群团组织建设】 **行业群团工作。**召开国家烟草专卖局与中国财贸轻纺烟草工会第十七次联席会议，深化合作机制。开展产业工人队伍建设、工会组织建设、劳模和工匠人才创新工作室联盟建设情况调研，形成专题调研报告。发挥先进典型的示范带动作用，组织行业先进人物代表参加中国烟草总公司成立40周年纪念大会。

国家局、总公司机关群团工作。做好公益捐赠，持续开展“送温暖、献爱心”活动，做好工会春节、五一、中秋等节日慰问和日常慰问工作。评选国家局、总公司机关优秀工会干部、积极分子、健康之星。开展庆祝建团100周年系列活动，召开国家局、总公司机关团员大会，选举产生新一届团委，参加“红色基因代代传”青年微视频大赛，组织机关单身青年参加线上联谊活动，拓宽交友渠道。组织机关女同志参加“三八”国际劳动妇女节“喜迎二十大”主题实践活动，对女同志开展慰问，凝聚“巾帼”智慧，激发“巾帼”力量。

【离退休干部管理】 **坚持政治引领，离退休干部党建工作稳步提升。**坚定拥护“两个确立”，坚决做到“两个维护”，严格落实全面从严治党主体责任，持续强化政治机关意识，实现以党建强管理、以党建促服务。强化理论武装，加强组织建设，落实“三会一课”组织生活制度；强化教育管理监督，制定《国家局党组贯彻落实中办关于加强新时代离退休干部党的建设工作意见具体措施》，完善离退休干部教育管理监督制度，及时通报违纪违法案例，强化老同志遵规守纪意识；落实“学查改”工作要求，抓好整改提高；做好网络意识形态工作，强化风险意识和底线思维。

注重指导协调，组织引导老同志发挥余热。开展行业离退休干部工作先进集体和先进工作者评选表彰。开展“建言二十大”和“我看中国特色社会主义新时代”调研。国家局离退办连续第19年被中组部评为年报统计全优报表单位。按照纪念中国烟草总公司成立40周年活动安排，开展主题征文活动并编印《记忆·金色的足迹》文集，录制“老同志讲历史”宣讲视频在国家局网站展播。组织老领导、老同志座谈会，服务保障老领导、老同志代表参加纪念大会。

强化精准理念，服务管理工作深入细致。认真落实两项待遇，做好离休干部“一对一”服务和老领导、生活困难、高龄重病老同志的日常服务，落实好三个节日的普遍慰问和生日、住院的个别慰问。组织老同志体检，协助新退休人员办理退休手续，协助办理老同志后事等。严格落实疫情防控要求，积极推进老同志疫苗接种，接种率位于中央和国家机关前列。年底疫情高发阶段，为消除老同志的恐慌，及时把防疫药品、物资送到老同志手中。

◎编辑整理：王　静

规范管理

【加强制度建设，发挥制度治本功效】 2022年，国家局印发《烟草行业盒皮（烟标）和香精香料违规采购责任追究实施办法（试行）》，围绕重点领域关键环节突出问题，精准运用监督执纪“四种形态”，细化责任追究，防范采购廉洁风险。全面启动《烟草企业采购管理规定》修订工作，打破内部处室界限，集中骨干人员成立工作专班，全力推进修订工作。

【实施行贿供应商惩戒，释放“黑名单”制度威力】 坚持凡贿必禁、凡禁必严，持续加大行贿供应商惩戒力度。建立行贿供应商“黑名单”动态管理机制。2022年，24家存在行贿行为的供应商被列入行业“黑名单”，29家存在行贿行为的供应商被列入直属单位“黑名单”。督导行业各单位严格执行供应商“黑名单”制度，加强供应商管理。坚持采购合同与廉洁合同一起签订，加强对供应商履约过程监管、日常考核评价。全年行业警示约谈66家供应商，降低19家供应商考核评价分数。降低23家供应商56个标段供货份额，涉及金额3.9亿元。缩短12家供应商服务期限，终止或解除59份供应商合同，“黑名单”制度震慑效果凸显。印发行业工作通知，打击不法供应商拒不配合监委调查的行为，强化供应商敬畏法律、依规经营意识。

【推进贯通协同，凝聚监督工作合力】 国家局规范管理办公室加强与纪检监察、巡视巡察、财务审计等部门协同配合，健全务实有效工作机制。点对点督导国家局巡视、审计、规范管理监督检查发现采购领域问题整改，助力提升采购规范化水平。落实贯通协同工作机制，配合巡视办开展巡视政治监督。巡前注重工作协调和信息共享，向巡视组提供采购相关信息；巡中深入协作会商研判，对巡视发现的采购问题进行分析定性；巡后积极督导整改，强化监督成果运用。加大采购领域问题线索核查处理力度，及时进行情况核实和定性研判，督促相关单位加强整改。

【创新方法手段，持续拓宽监督渠道】 使用规范管理信息系统开展线上监督，对2家单位158个100万元以上的采购项目开展网上督查，对4家单位346个采购项目开展“点穴式”检查，督促各单位认真整改，提升精准监督水平。完善国家局规范管理信息系统，实现与直属单位纵向对接，提升精准化智能化管理水平。深化办事公开民主管理，畅通采购流程关键环节监督渠道，全年公开信息109.2万条，持续巩固“三个保障机制”成果。

2022年6月2日，江西省萍乡市局（公司）开展采购管理知识培训
国家局规范管理办公室 供稿

【抓牢基础工作，夯实规范管理根基】 调整完善规范管理工作业绩考核指标，发挥考评问责导向作用，倒逼主体责任落实。开展全行业规范管理教育培训，行业外采购专家和规范管理业务骨干授课，行业参加培训人数1405人，持续提升规范管理队伍能力水平。加强业务指导，发布工作简报、工作动态16期，促进直属单位之间相互学习借鉴，共同进步提升。发挥典型案例引领作用，发布采购典型案例15篇，指导基层更好地理解和落实规范管理制度。

◎ 编辑整理：刘海文

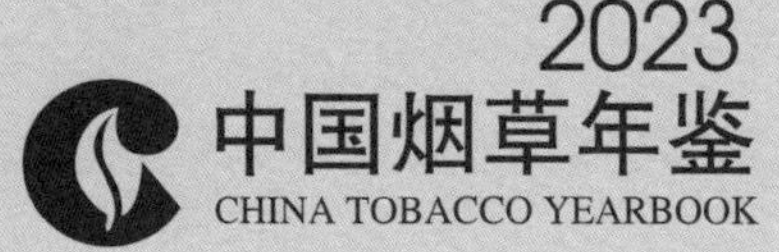

纪念中国烟草总公司成立40周年

□ 中国烟草总公司成立40年标志性事件

□ 国家烟草专卖局　中国烟草总公司机构设立及隶属部委管理历史沿革

中国烟草总公司成立40年标志性事件

标志性事件1　成立中国烟草总公司

1982年1月1日，中国烟草总公司成立，标志着烟草行业国家专营和集中统一管理体制正式确立，烟草行业进入全新的发展时期。

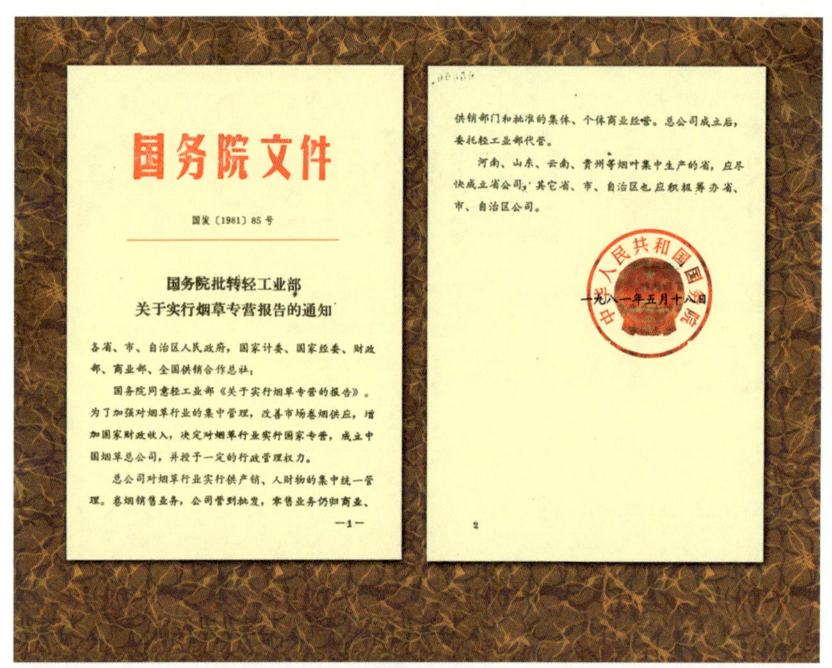

国务院文件

国发〔1981〕85号

国务院批转轻工业部
关于实行烟草专营报告的通知

各省、市、自治区人民政府，国家计委、国家经委、财政部、商业部、全国供销合作总社：

国务院同意轻工业部《关于实行烟草专营的报告》。为了加强对烟草行业的集中管理，改善市场卷烟供应，增加国家财政收入，决定对烟草行业实行国家专营，成立中国烟草总公司，并授予一定的行政管理权力。

总公司对烟草行业实行供产销、人财物的集中统一管理。卷烟销售业务，公司管到批发，零售业务仍归商业、

—1—

供销部门和批准的集体、个体商业经营。总公司成立后，委托轻工业部代管。

河南、山东、云南、贵州等烟叶集中生产的省，应尽快成立省公司，其它省、市、自治区也应积极筹办省、市、自治区公司。

一九八一年五月十八日

2

1981年5月18日，国务院印发《国务院批转轻工业部关于实行烟草专营报告的通知》

000052

轻工业部文件

〔急件〕

关于中国烟草总公司正式成立的通知

各省、市、自治区轻工（一轻）厅（局）：

根据国务院国发（1981）85号文件，决定对烟草行业实行国家专营，批准成立中国烟草总公司。经过半年的筹备工作，决定从一九八二年元月一日起，正式成立中国烟草总公司，启用国务院颁发的新印章，原中国烟草总公司筹备处印章同时作废。

中国烟草总公司办公地址，从一九八二年元月五日起迁至北京工人体育场东路八号（北京军区空军招待所三楼），电话59.4277，电报挂号7632。今后有关烟草行业的具体事宜，请直接与中国烟草总公司联系。特此通知。

启用印模

一九八一年十二月二十八日

1981年12月28日，轻工业部印发《关于中国烟草总公司正式成立的通知》

创业艰难百战多。总公司成立初期，“吃饭无锅、办公无桌、出门无车、睡觉无窝”。各地烟草公司成立之初，也多是“招待所办公”。

1982年1月至1982年12月总公司成立初期，在北京工人体育场东路8号北京军区空军第二招待所三楼暂时租用的办公楼办公。图为办公楼原址（2004年5月拍摄）

1982年12月，总公司机关搬至从轻工业部租用的办公楼办公，位于北京市右安门大街67号

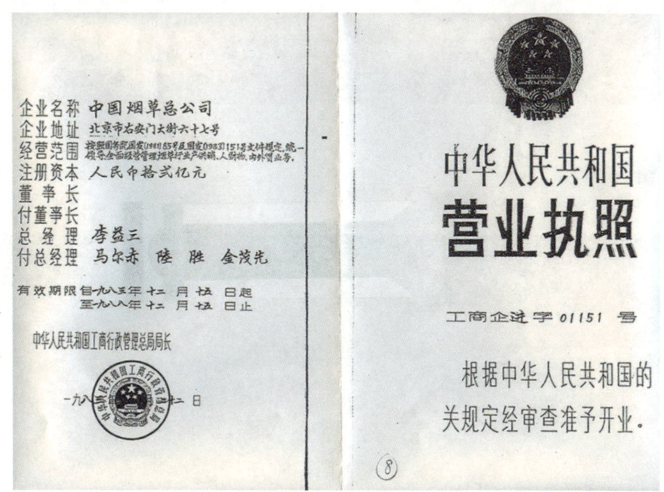

企业名称 中国烟草总公司
企业地址 北京市右安门大街六十七号
经营范围 按照国务院国发[1981]85号及国发[1983]151号文件规定，统一领导全面经营管理烟草行业产供销、人财物、内外贸业务。
注册资本 人民币拾式亿元
董事长
付董事长
总经理 李益三
付总经理 马尔赤 陸胜 金茂先

有效期限自一九八三年十二月十五日起
至一九八八年十二月十五日止

中华人民共和国工商行政管理总局局长

一九八[illegible]十二 日

中华人民共和国
营业执照

工商企进字01151号

根据中华人民共和国的[illegible]关规定经审查准予开业。

中国烟草总公司营业执照

经过几年的艰苦奋斗，1987年，烟草行业税利首次跃居各行业之首，国家局、总公司机关搬至从北京京剧院购买的位于虎坊路的办公楼，但由于空间有限，部分司局还只能在地下室办公；1997年搬至西便门，部分单位搬至广安门；2007年搬至三里河办公，继续书写行业的荣光。

1987年12月至1997年10月，国家局、总公司机关在北京市虎坊路11号办公

1997 年 10 月至 2007 年 3 月，国家局、总公司机关在北京市宣武门西大街 26 号办公，部分单位在北京市广安门外大街 9 号办公

北京市广安门外大街 9 号办公楼

2007 年 3 月，国家局、总公司机关搬至北京市西城区月坛南街 55 号办公

标志性事件2 《烟草专卖条例》颁布

1983年9月23日，国务院颁布《烟草专卖条例》，用行政法规的形式确立了国家烟草专卖制度。

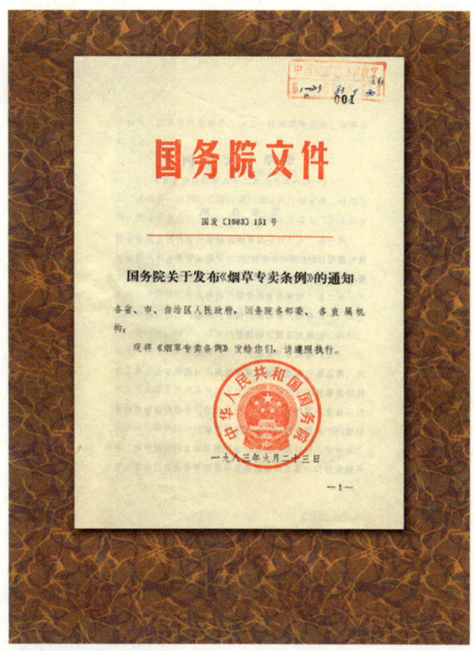

国务院文件

国发〔1983〕151号

国务院关于发布《烟草专卖条例》的通知

各省、市、自治区人民政府，国务院各部委、各直属机构：

现将《烟草专卖条例》发给你们，请遵照执行。

中华人民共和国国务院

一九八三年九月二十三日

—1—

1983年9月23日，国务院发布《烟草专卖条例》，自11月1日起施行

标志性事件3 成立国家烟草专卖局

1984年1月6日，国务院批复同意将轻工业部烟草专卖局改为国家烟草专卖局，与中国烟草总公司“一套机构、两块牌子”，开启对烟草专卖的全面行政管理。

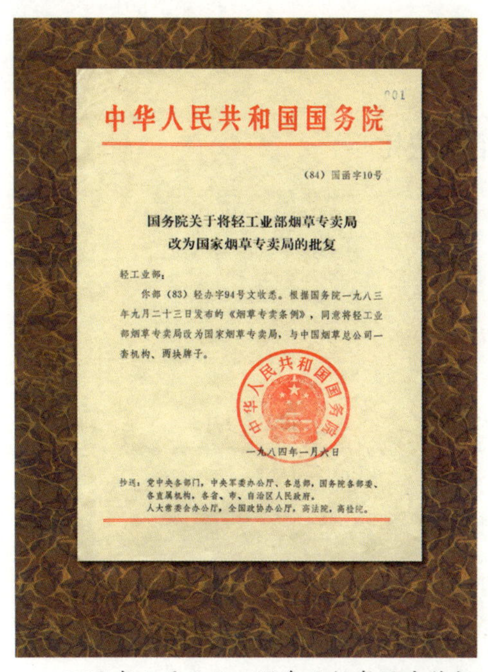

中华人民共和国国务院

（84）国函字10号

国务院关于将轻工业部烟草专卖局改为国家烟草专卖局的批复

轻工业部：

你部（83）轻办字94号文收悉。根据国务院一九八三年九月二十三日发布的《烟草专卖条例》，同意将轻工业部烟草专卖局改为国家烟草专卖局，与中国烟草总公司一套机构、两块牌子。

中华人民共和国国务院

一九八四年一月六日

抄送：党中央各部门，中央军委办公厅、各总部，国务院各部委、各直属机构，各省、市、自治区人民政府。人大常委会办公厅，全国政协办公厅，高法院，高检院。

1984年1月6日，国务院批复同意将轻工业部烟草专卖局改为国家烟草专卖局

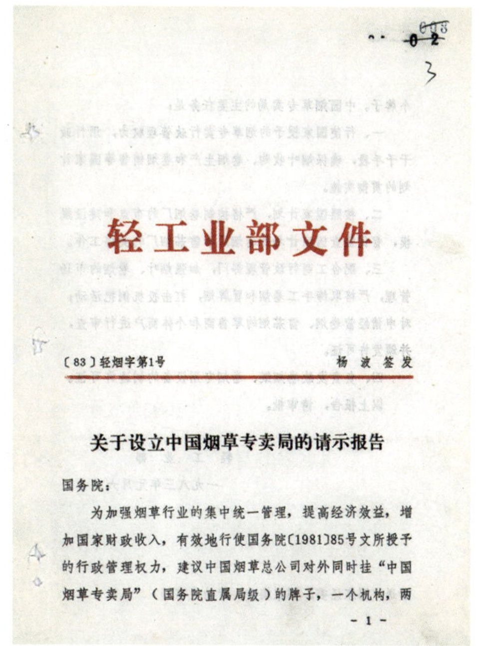

轻工业部文件

〔83〕轻烟字第1号　　杨波签发

关于设立中国烟草专卖局的请示报告

国务院：

为加强烟草行业的集中统一管理，提高经济效益，增加国家财政收入，有效地行使国务院〔1981〕85号文所授予的行政管理权力，建议中国烟草总公司对外同时挂“中国烟草专卖局”（国务院直属局级）的牌子，一个机构，两

- 1 -

1983年1月6日，轻工业部向国务院提交《关于设立中国烟草专卖局的请示报告》。1983年1月28日，国务院批复同意设立轻工业部烟草专卖局

标志性事件4　组建专卖机构、上划烟草企业

截至1986年底，除西藏自治区以外的各省级烟草机构全部完成组建上划，标志着烟草行业形成了集中统一管理的经济实体。

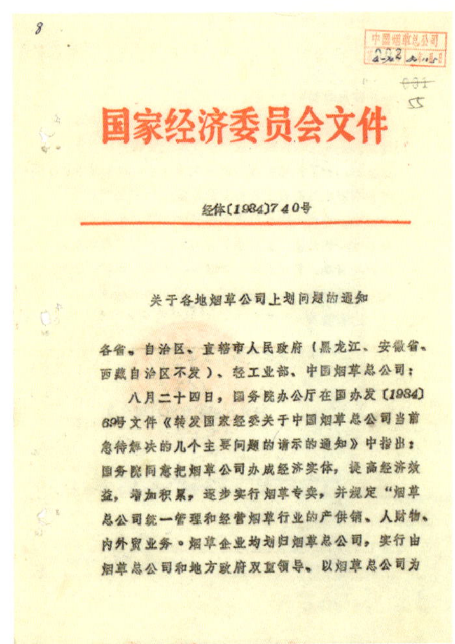

国家经济委员会文件

经体〔1984〕740号

关于各地烟草公司上划问题的通知

各省、自治区、直辖市人民政府（黑龙江、安徽省、西藏自治区不发）、轻工业部、中国烟草总公司：

八月二十四日，国务院办公厅在国办发〔1984〕69号文件《转发国家经委关于中国烟草总公司当前急待解决的几个主要问题的请示的通知》中指出：国务院同意把烟草公司办成经济实体，提高经济效益，增加积累，逐步实行烟草专卖，并规定"烟草总公司统一管理和经营烟草行业的产供销、人财物、内外贸业务。烟草企业均划归烟草总公司，实行由烟草总公司和地方政府双重领导、以烟草总公司为

1984年9月28日，国家经济委员会印发《关于各地烟草公司上划问题的通知》，对各地烟草公司上划工作提出指导意见

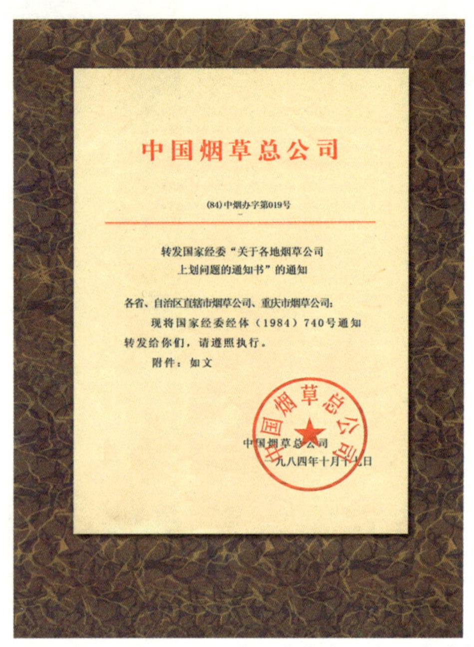

中国烟草总公司

(84)中烟办字第019号

转发国家经委"关于各地烟草公司上划问题的通知书"的通知

各省、自治区直辖市烟草公司、重庆市烟草公司：

现将国家经委经体（1984）740号通知转发给你们，请遵照执行。

附件：如文

中国烟草总公司

一九八四年十月十七日

1984年10月17日，总公司转发国家经济委员会《关于各地烟草公司上划问题的通知》

标志性事件5　关停计划外烟厂

总公司成立后，关停计划外烟厂步伐进一步加快，截至1983年底共关停303家，通过关停并转，将烟草生产经营纳入国家专卖轨道，巩固和维护了专卖制度。

关停计划外烟厂的相关决定

1977年11月

国务院印发《关于批转轻工业部、财政部、商业部、供销合作总社整顿计划外卷烟厂的报告的通知》（国发〔1977〕155号），要求对卷烟工业进行调整与整顿，所有卷烟厂由国家定点生产，未纳入国家定点的企业，一律停止生产。

1982年5月

国务院印发《国务院批转国家计委等部门关于对计划外烟厂调整意见的报告》（国发〔1982〕74号），明确指出对在国家计划之外办的小烟厂，要认真进行整顿，大部分要关、停、并、转，并做好善后处理工作。

1983年5月

国务院印发《国务院批转轻工业部关于计划外烟厂调整意见报告的通知》（国发〔1983〕84号），指出对部分计划外烟厂拟批准纳入国家计划，统一管理。对未被批准纳入国家计划的烟厂坚决予以关停。

1983年10月

国家经济委员会、财政部、水利电力部、中国人民银行、国家工商行政管理局、轻工业部等国务院6部门联合印发《关于进一步贯彻国务院指示坚决关停计划外烟厂的通知》（国家经委〔1983〕第83号），再次强调必须关停计划外烟厂，对未关停的要采取严厉措施。

1988年11月

国务院办公厅印发《关于立即关停计划外烟厂的通知》（国办发〔1988〕77号），要求各省、自治区、直辖市人民政府要立即组织有关部门对国家计划外办的烟厂（包括未经国家批准的种种形式分厂、车间和新建烟厂）进行清理。

1991年8月

国务院印发《国务院关于对现存计划外烟厂处理意见的批复》（国函〔1991〕51号），明确表示在全国现存50家计划外烟厂中，同意保留19家、合并保留11家、转产3家、关停17家。

1993年1月

国务院印发《关于进一步加强烟草专卖管理的通知》（国发〔1993〕7号）再次重申，禁止以各种名义兴办新烟厂包括合资烟厂（车间）和所谓"外向型"烟厂，未经批准的烟厂一律取缔；凡新建烟厂或计划外烟厂未关停的，停止其省内合法烟厂的技术改造，扣减年度生产计划。

标志性事件6　放开13种名烟价格

1988年7月16日，国务院印发通知决定放开13种名烟价格，从国家定价转向市场调节，为全面放开卷烟价格奠定了基础。

1988年7月28日，放开价格后开放卷烟供应的第一天，上海消费者排队抢购“中华”卷烟

标志性事件7　第一包中国自产醋纤丝束下线

1989年9月6日，第一包中国自产醋纤丝束在南通醋酸纤维有限公司下线，结束了我国醋纤丝束完全依赖进口的历史。

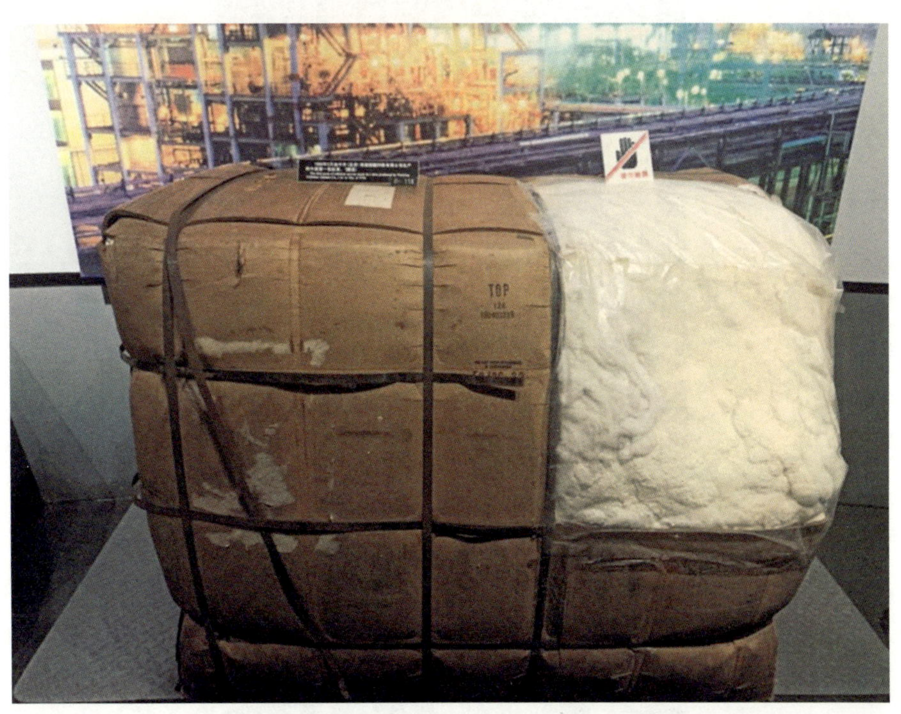

1989年9月6日，南纤公司第一包合格丝束下线

标志性事件 8　烟草行业税利跃居各行业之首

1987 年，烟草行业实现税利从 1981 年的 75 亿元增加到 170 亿元，首次跃居全国各行业之首。这充分表明实行烟草专卖是我国一项成功的改革举措。

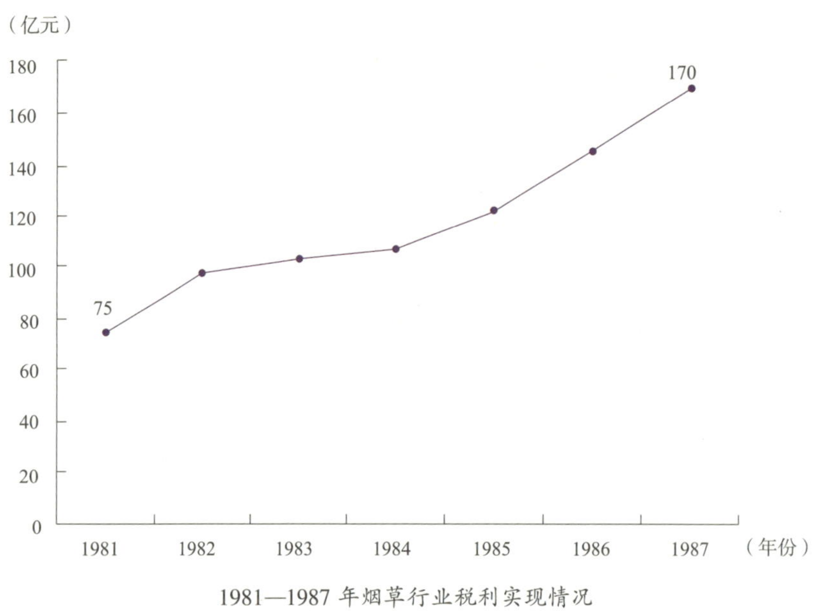

1981—1987 年烟草行业税利实现情况

标志性事件 9　《中华人民共和国烟草专卖法》颁布

1991 年 6 月 29 日，烟草专卖法颁布，1992 年 1 月 1 日正式施行，首次以国家法律形式对烟草专卖制度加以确立和巩固，标志着我国烟草行业步入依法治理的新轨道。

1991 年 6 月 29 日，全国人大常委会通过《中华人民共和国烟草专卖法》

标志性事件10　《中华人民共和国烟草专卖法实施条例》颁布

1997年7月3日，烟草专卖法实施条例颁布施行，为烟草专卖管理提供了便于操作的执法依据，进一步维护了烟草专卖法的权威。

1997年7月18日，国家局在北京人民大会堂召开《中华人民共和国烟草专卖法实施条例》新闻发布会。时任全国人大常委会副委员长王光英、铁木尔·达瓦买提，时任全国政协副主席孙孚凌和有关部委负责人出席

标志性事件11　国务院明确烟草行业"统一领导、垂直管理、专卖专营"管理体制

1998年6月，国务院办公厅以"三定"方案形式，明确烟草行业"统一领导、垂直管理、专卖专营"管理体制，进一步明确和提高了烟草专卖的地位和作用。

国务院办公厅关于印发
国家烟草专卖局职能配置内设机构和
人员编制规定的通知

国办发〔1998〕94号

各省、自治区、直辖市人民政府，国务院各部委、各直属机构：

《国家烟草专卖局职能配置、内设机构和人员编制规定》经国务院批准，现予印发。

国务院办公厅

一九九八年六月二十四日

国家烟草专卖局职能配置、内设机构和人员编制规定

根据第九届全国人民代表大会第一次会议通过的国务院机构改革方案和《国务院关于部委管理的国家局设置的通知》（国发〔1998〕6号），设置国家烟草专卖局。国家烟草专卖局为国家经济贸易委员会管理的主管全国烟草行业、实施烟草专卖制度的行政执法机构。

一、职能调整

国家烟草专卖局应按照社会主义市场经济的要求，加快烟草体制改革，转变政府职能，逐步实现政企分开。其职能作如下调整：

（一）省级烟草公司和所属企业，按经济区划组建若干个跨地区烟草企业集团，逐步实现政企分开。

（二）依照《中华人民共和国公司法》，对中国烟草总公司所属各专业公司进行改造，组建若干个专业性集团公司。专业性集团公司承担的行业管理职能，交给国家烟草专卖局。

（三）行业科技成果鉴定、行业经济运行中的信息统计以及信息化管理等工作，交给直属事业单位。

1998年6月24日，国务院办公厅印发通知，明确国家烟草专卖局对全国烟草行业实行"统一领导、垂直管理、专卖专营"

标志性事件 12　限产压库

1991 年 8 月 10 日，时任国务院副总理朱镕基到国家局、总公司机关现场办公，明确提出“限产压库”方针，经过一年多时间，卷烟盲目生产的势头得到初步遏制，“总量控制、稍紧平衡”调控方针从此确定并坚持下来。

1991 年，时任国务院副总理朱镕基（前排右一）在国家局、总公司机关现场办公

标志性事件 13　取缔卷烟自由批发市场、推进卷烟销售网络建设

20 世纪 90 年代，通过取缔卷烟自由批发市场，建立卷烟销售网络，逐步将市场掌握在手中，卷烟销售网络建设成为“中国烟草最具价值的战略性工程”。

1994 年，中国卷烟批发市场管理委员会成立

标志性事件 14　分税制改革并开征消费税

1994 年实行分税制改革后，对烟草制品征收的增值税 75% 归中央财政，消费税全部归中央财政。有效维护了国家专卖，优化提升了产品结构和竞争力。

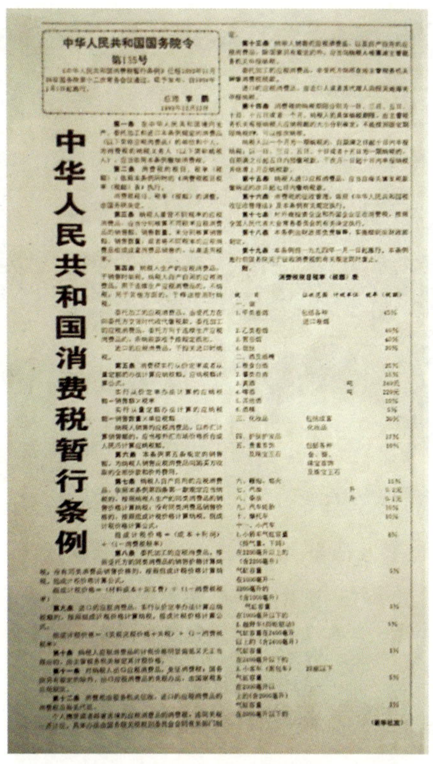

中华人民共和国国务院令

第135号

中华人民共和国消费税暂行条例

1993 年 12 月 13 日，中华人民共和国国务院令第 135 号发布实施《中华人民共和国消费税暂行条例》；12 月 14 日，《人民日报》对其进行刊载

标志性事件 15　"八五""九五"技术改造

"八五""九五"技术改造，进一步创新升级，极大改善了行业的卷烟生产制造水平，为中国烟草新世纪快速发展奠定了坚实基础。

"八五"期间，上海卷烟厂整个技改工程是在场地小、涉及面广、技术跨度大、时间紧、任务重的情况下进行的。图为上海卷烟厂"螺蛳壳里做道场"技改现场（1994 年）

标志性事件 16　烟叶生产经营秩序整顿

1997 年，烟叶超种超收创历史最高纪录，国务院办公厅印发紧急通知，开始烟叶生产经营秩序大整顿。此后，“计划种植、合同收购”成为烟叶生产必须恪守的铁律。

1999 年，在全国烟叶工作座谈会上，国家局党组明确提出“利用三年时间确保实现压库 2000 万担烟叶目标”

标志性事件 17　“中式卷烟”发展方向确立

2003 年，行业首次明确提出“坚持发展中式卷烟的方向”。这是卷烟发展理论的重大创新，推动我国卷烟向品牌塑造、品类塑造跨越，极大增强了民族卷烟的核心竞争力。

2004 年 6 月 18 日，中式卷烟降焦减害发展论坛在福建厦门举行

标志性事件18　工商分开

2003年，以工商管理体制分开为突破口，拉开了行业深化改革的序幕。工商分开，有力打破地区封锁，引入市场竞争机制，为全国统一大市场形成，大企业、大品牌成长奠定了基础。

2003年3月31日，国家局批复同意成立安徽中烟工业公司；4月3日，安徽中烟工业公司挂牌成立，安徽率先实现省级烟草管理体制工商分开

标志性事件19　实施“大市场、大企业、大品牌”战略

2002年，国家局党组明确提出“着力培育大市场、大企业、大品牌”，“三大战略”的实施，彻底改变了行业“散、乱、低”格局，大大提升了中国烟草总体竞争实力。

“大市场、大企业、大品牌”战略

1 **大市场**　加快全国统一大市场建设，在更大范围内促进烟草生产要素合理流动，是提高烟草资源配置效率的根本途径。

2 **大企业**　卷烟工业企业战略性调整能否取得实质性进展，真正形成一批核心竞争力强的大企业、大集团，决定着中国烟草的成败。

3 **大品牌**　大品牌是抵御外烟竞争的中流砥柱，是烟草行业的希望所在。截至2001年，我国卷烟牌号由总公司成立前的3100多个减至1183个，品牌集中度仍然较低。为此国家局加大品牌整合和合作生产力度，推动名优品牌扩张。截至“十一五”末，我国卷烟牌号减至133个。

标志性事件20 理顺行业资产管理体制

理顺资产关系后，总公司、省公司由行政管理为主转向行政管理、资产管理并重。2006年10月，《中国烟草总公司国有资产管理规定（试行）》出台，对烟草行业管好用好国有资产，维护国有权益，实现国有资本保值增值发挥了重要作用。

国家烟草专卖局文件

国烟财〔2006〕736号

国家烟草专卖局关于
印发《中国烟草总公司国有资产
管理规定（试行）》的通知

行业各直属单位，国家局、总公司机关各部门、各单位：

为贯彻落实国办发〔2005〕57号文件精神，根据国家有关法律法规及《财政部关于烟草行业国有资产管理若干问题的意见》（财建[2006]310号），国家烟草专卖局制订了《中国烟草总公司国有资产管理规定（试行）》，现印发给你们，请遵照执行。

标志性事件21 确立“532”“461”品牌发展目标

2010年，国家局党组明确提出“532”“461”卷烟品牌发展目标，为“中式卷烟”品牌发展提供了新指南，推动了卷烟上水平，显著增强了中国烟草抵御风险能力和竞争实力。

“532”“461”品牌发展目标

“532”即争取用五年或更长一段时间着力培育2个年产量在500万箱、3个300万箱、5个200万箱以上，定位清晰、风格特色突出的知名品牌，并且在国际市场要有所突破；

“461”即争取到2015年，培育12个年销售收入超过400亿元的品牌，其中6个超过600亿元、1个超过1000亿元。

标志性事件22 推动“三个转变”

2008 年，国家局党组全面系统提出“推进传统企业向现代公司转变、传统商业向现代流通转变、传统烟叶生产向现代烟草农业转变”。通过推动“三个转变”，烟草行业现代化水平显著提升。

云南烟区在滇东三州（市）四县建立现代烟草农业综合示范区，发挥了示范带动作用（2010 年）

标志性事件23 卷烟生产经营决策管理系统建设

2003 年，国家局党组决定建设卷烟生产经营决策管理系统，该系统是烟草行业信息化建设的战略工程、基础工程，被国务院领导肯定，认为是“两化”融合的典范。

2004 年 1 月，正式启动一期实施工作；4 月底，基本完成国家局、重点卷烟工业企业和重点城市商业企业的系统实施；5 月 26 日，开始系统联调。2005 年 7 月 1 日，系统正式运行。2006 年，一期项目通过验收，实现“一打两扫”

标志性事件 24　“两个至上”行业共同价值观形成

2004 年，国家局党组明确提出“努力形成国家利益至上、消费者利益至上”的共同价值观，全行业矢志践行，使“两个至上”成为烟草行业的精神信仰和推动发展的不竭动力。

标志性事件 25　实践“三大课题”提升“五个形象”

2014 年，国家局党组深入阐述谋划实践“三大课题”和全面提升烟草行业“五个形象”，为行业工作指明了努力的方向，中国烟草呈现出崭新的格局。

2005 年 10 月 13 日，中国履行《烟草控制框架公约》启动仪式在北京人民大会堂隆重举行

标志性事件26　实现“两个超万亿”

2014 年、2015 年，烟草行业实现工商税利、上缴财政总额先后跨过“万亿元”历史台阶，实现“两个超万亿”对提升行业形象、扩大行业影响力具有标志性意义。

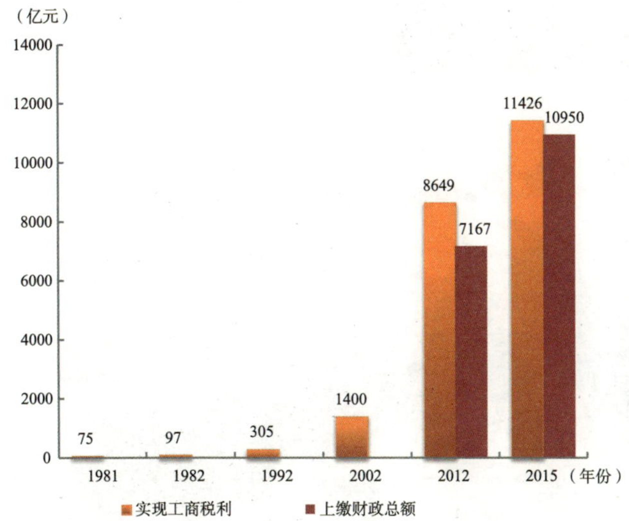

2015年5月9日，中央电视台新闻频道对卷烟消费税调整进行报道

标志性事件27　构建“1+6+2”高质量发展政策体系

2019 年 2 月，高质量发展实施意见及随后出台的 6 份配套政策措施和 2 个专项规划，构成行业高质量发展政策体系，使高质量发展从理念转化为行动，并不断结出累累硕果。

烟草行业“1+6+2”高质量发展政策体系

《中共国家烟草专卖局党组关于建设现代化烟草经济体系推动烟草行业高质量发展的实施意见》

- 建设全产业链一体化组织运行体系
- 完善行业治理结构建设运行调控体系
- 推进中国烟草“走出去”发展
- 建设供需动态平衡体系
- 建设科技创新体系
- 提升国有企业核心竞争力
- 中长期科技发展规划（2021—2035年）
- 中长期干部人才队伍建设规划

标志性事件28　全面从严治党向纵深发展、营造行业良好政治生态

党的十八大以来，国家局党组以前所未有的决心和力度，推动全面从严治党向纵深发展，涵养了行业政治生态的“绿水青山”。

2020年7月，国家烟草专卖局党组书记、局长，中国烟草总公司总经理张建民（右三）在广西烟草督导检查整改工作

标志性事件29　把党建工作要求写入公司章程

2017年，烟草行业推动并完成把党建工作要求写入公司章程工作，党建工作深度融入企业中心工作。高质量党建点燃了推动行业发展的“红色引擎”。

中共国家烟草专卖局党组文件

国烟党〔2017〕126号

中共国家烟草专卖局党组关于扎实推动
把党建工作要求写入公司章程的通知

行业各直属单位党组（党委）：

全国国有企业党的建设工作会议明确提出，把党建工作要求写入国有企业公司章程。这是落实党组织在公司法人治理结构中的法定地位的重要制度安排，是把加强党的领导和完善公司治理统一起来、建设中国特色现代国有企业制度的重要举措。根据《中共中央组织部　国务院国资委党委关于扎实推动国有企业党建工作要求写入公司章程的通知》（组通字〔2017〕11号），结合

—1—

标志性事件30 提出十六字方针：总量控制、稍紧平衡，增速合理、贵在持续

2019年“十六字”方针的提出，是国家局党组把握经济发展大势，坚持稳中求进工作总基调，对行业运行调控方针的重要创新，具有重要时代意义和实践意义。

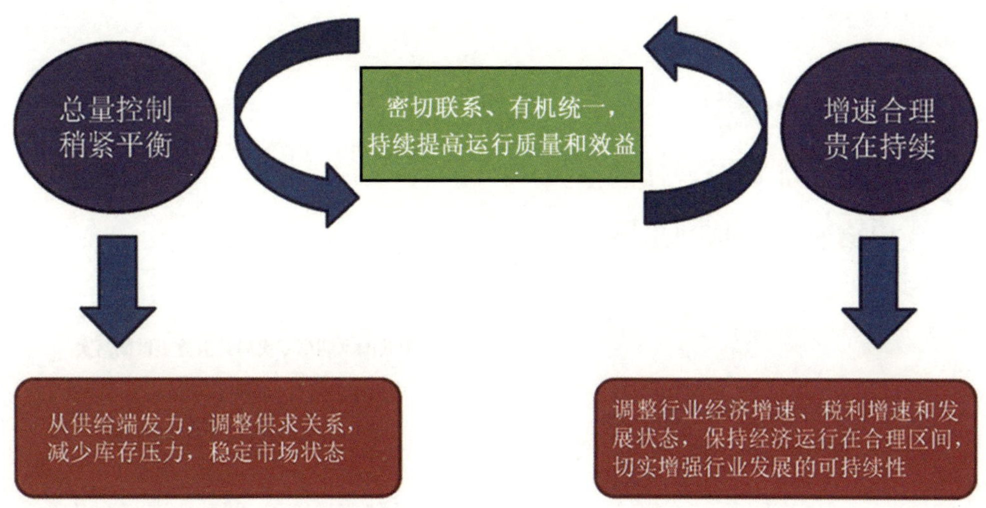

标志性事件31 电子烟监管

近年来，为整顿电子烟发展乱象，国家局出台若干政策措施，加大电子烟市场监管力度。2021年国务院《关于修改〈中华人民共和国烟草专卖法实施条例〉的决定》公布，进一步促进电子烟监管法治化，推动电子烟市场和产业发展走上法治化、规范化轨道。

中华人民共和国国务院令

第 750 号

现公布《国务院关于修改〈中华人民共和国烟草专卖法实施条例〉的决定》，自公布之日起施行。

总　理 

2021年11月10日

国务院关于修改《中华人民共和国烟草专卖法实施条例》的决定

为加强电子烟等新型烟草制品监管，国务院决定对《中华人民共和国烟草专卖法实施条例》作如下修改：

增加一条，作为第六十五条：“电子烟等新型烟草制品参照本条例卷烟的有关规定执行。”

此外，对条文顺序作相应调整。

本决定自公布之日起施行。

《中华人民共和国烟草专卖法实施条例》根据本决定作相应修改，重新公布。

— 1 —

标志性事件 32　国家明确“完善烟草专卖专营体制，构建适度竞争新机制”

2020 年 5 月，中共中央、国务院《关于新时代加快完善社会主义市场经济体制的意见》，再次对烟草专卖制度加以肯定，为行业完善烟草专卖治理体系提供了根本遵循。

中共中央国务院
关于新时代加快完善社会主义
市场经济体制的意见

人民出版社

中共国家烟草专卖局党组文件

国烟党〔2020〕180 号

中共国家烟草专卖局党组关于贯彻落实
中共中央国务院关于新时代加快完善社会主义
市场经济体制的意见的具体意见

行业各直属单位党组（党委），国家局、总公司机关各部门、各单位：

近日，中共中央、国务院印发《关于新时代加快完善社会主义市场经济体制的意见》（以下简称《意见》）。《意见》紧紧围绕当前我国经济社会发展在体制机制方面的突出问题，围绕建设高

—1—

标志性事件 33　实施数字化转型战略

烟草行业扎实推进数字技术与烟草经济深度融合，实施数字化转型战略，掌握数字经济时代发展主动权，助推行业高质量发展。

2020 年 9 月 17 日，全国烟草生产经营管理一体化平台营销先行建设试点工作座谈会在浙江杭州举办。建设生产经营管理一体化平台是适应新一轮信息技术革命、推进产业数字化转型的重大战略工程

标志性事件34　全面推进行业科技高水平自立自强

2021年9月，全国烟草科技创新大会吹响了坚定走好科技高水平自立自强的号角，依靠科技创新全面塑造行业发展新优势，科技支撑保障能力全面增强。

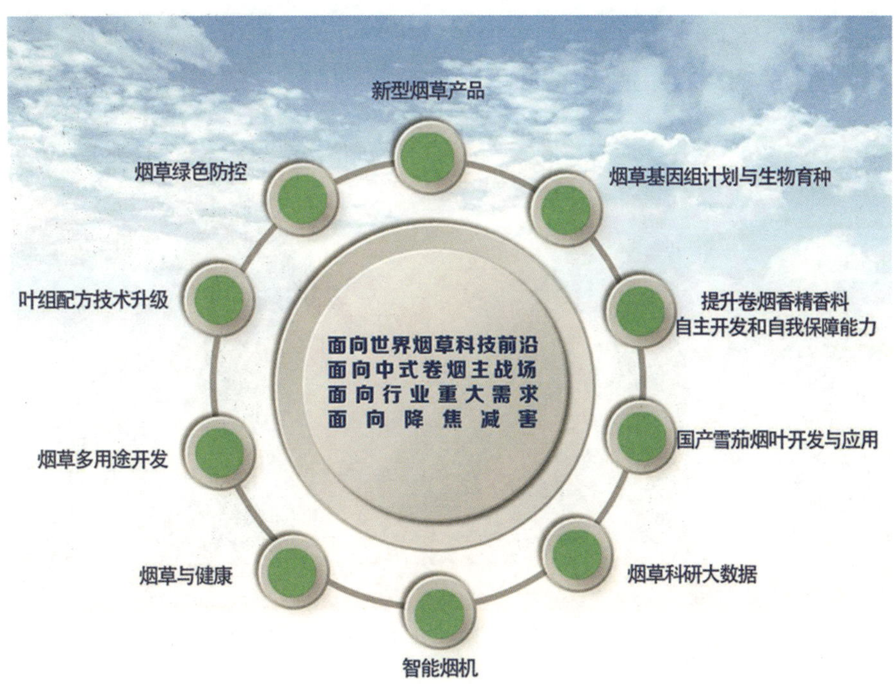

聚焦“四个面向”战略方向，烟草行业加强科研任务布局，突破关键核心技术，加快科技成果推广，全面塑造创新发展新优势

标志性事件35　促进烟草产业绿色转型

行业坚持生态优先、绿色发展，推进生态文明和烟草产业发展深度融合。2021年、2022年，先后印发实施意见，把碳达峰碳中和纳入行业高质量发展全局，让“绿色”成为高质量发展的鲜明底色。

国家烟草专卖局办公室文件

国烟办运〔2021〕154号

国家烟草专卖局办公室关于印发烟草行业“十四五”绿色低碳循环发展工作方案的通知

行业各直属单位，中国烟草实业发展中心，中国烟草机械集团有限责任公司，中烟商务物流有限责任公司，中国烟叶公司：

现将《烟草行业“十四五”绿色低碳循环发展工作方案》印发给你们，请结合实际认真贯彻实施。

国家烟草专卖局办公室

2021年10月18日

（不公开）

—1—

国家烟草专卖局办公室文件

国烟办运〔2022〕12号

国家烟草专卖局办公室关于深入贯彻落实党中央国务院决策部署做好烟草行业碳达峰碳中和工作的实施意见

行业各直属单位，中国烟叶公司，中国卷烟销售公司，中国烟草机械集团有限责任公司，中烟商务物流有限责任公司，中国烟草实业发展中心：

为深入贯彻落实《中共中央国务院关于完整准确全面贯彻新发展理念做好碳达峰碳中和工作的意见》和《国务院关于印发

—1—

国家烟草专卖局办公室文件

国烟办运〔2022〕40号

国家烟草专卖局办公室关于烟草行业深入打好污染防治攻坚战的实施意见

行业各直属单位，中国烟叶公司，中国卷烟销售公司，中烟商务物流有限责任公司，中国烟草实业发展中心，中国烟草机械集团有限责任公司：

为全面贯彻落实《中共中央 国务院关于深入打好污染防治攻坚战的意见》和《国务院关于印发“十四五”节能减排综合工作方案的通知》（国发〔2021〕33号）要求，巩固“十三五”时期污染防治攻坚战的成果，进一步加强生态环境保护，深入打

—1—

标志性事件36 实施“走出去”战略

中国烟草始终心怀“国际梦”，立足构建新发展格局，国家局党组把“走出去”战略纳入“1+6+2”高质量发展政策体系，打好“主动仗”，实现国内国际双循环良性互动。

2019年6月，中烟国际（香港）有限公司在香港交易所挂牌上市，标志着中国烟草向海外发展迈出坚实一步

标志性事件37 夺取疫情防控与生产经营“双胜利”

面对突发的新冠疫情，国家局党组科学部署，抓好疫情防控与生产经营“双线作战”。奋力夺取疫情防控和生产经营“双胜利”，在特殊时期为国家作出了积极贡献。

国家烟草专卖局文件

国烟办〔2020〕32号

国家烟草专卖局关于积极做好新型冠状病毒感染的肺炎疫情防控工作的通知

行业各直属单位，国家局、总公司机关各部门、各单位：

近期，湖北省武汉市等多个地区发生新型冠状病毒感染的肺炎疫情，对此党中央、国务院高度重视，习近平总书记作出重要指示，要求把人民群众生命安全和身体健康放在第一位，必须引起高度重视，全力做好防控工作。李克强总理也对此作出批示，国务院联防联控机制进行专门部署。针对目前整体形势，现就做

—1—

2020年1月24日，国家局印发《关于积极做好新型冠状病毒感染的肺炎疫情防控工作的通知》，为烟草行业贯彻落实党中央重大决策部署、打赢疫情防控阻击战提供了指引

标志性事件38　软实力建设

2020 年，国家局党组《关于提升烟草行业软实力的指导意见》出台，将提升行业软实力摆在战略位置，推动硬实力软实力协同建设，不断为行业高质量发展注入精神动力。

中共国家烟草专卖局党组文件

国烟党〔2020〕191 号

国家烟草专卖局党组关于
提升烟草行业软实力的指导意见

行业各直属单位，国家局、总公司机关各部门、各单位：

烟草行业软实力是基于文化、战略、制度、政策、品牌、传播等无形资源组合运用而形成的凝聚力、吸引力和综合治理能力，是行业整体实力的重要组成部分。为全面提升行业软实力，加快推动行业高质量发展，国家局党组研究决定提出如下意见：

一、充分认识提升行业软实力的重要性和紧迫性

— 1 —

2020年7月21日，国家局党组就提升烟草行业软实力印发指导意见，进一步明确提升烟草行业软实力的指导思想、基本原则、主要目标、重点举措

国家局党组推进行业软实力建设时间轴

- 2019年6月21日　国家局党组理论学习中心组组织集体学习，国家烟草专卖局党组书记、局长，中国烟草总公司总经理张建民在发言中强调，要全方位看待烟草行业对国家作出的贡献，注重提升行业软实力。
- 2019年7月18日　烟草行业各直属单位主要负责同志半年工作座谈会提出“要把提升行业软实力放到全局工作中去谋划、去思考、去实践。”
- 2019年11月15日　行业首次“提升行业软实力”主题研讨座谈会召开。
- 2020年1月10日　全国烟草工作会议将“更加注重提升软实力”作为年度重点工作任务之一。
- 2020年7月20日　国家局党组制定印发指导意见，明确提升行业软实力的指导思想、基本原则、主要目标、重点举措。
- 2020年7月24日　烟草行业半年工作电视电话会议提出“补齐行业发展短板，全面提升软实力。”
- 2020年8月24日　国家局党组制定提升行业软实力主要任务分工方案。
- 2021年1月18日　全国烟草工作电视电话会议提出“加快补齐软实力短板，推动软实力与硬实力一体建设、同步提升。”
- 2021年4月26日　印发国家局2021年软实力建设工作要点。
- 2022年1月17日　全国烟草工作电视电话会议提出“在融入文化强国建设全局中提升行业软实力。”
- 2022年2月22日　印发国家局2022年软实力建设工作要点。

标志性事件39　推动高质量发展、推进高效能治理、造就高素质队伍

2021 年，国家局党组统揽全局，以“三新”“五更”的新要求，标注烟草行业发展的新方位。以高质量发展为主题，以高效能治理为动力，以高素质队伍为保障，在新征程上继续书写荣光。

标志性事件40　作出全方位贡献

40年来，烟草行业始终心怀“国之大者”，践行“两个至上”行业共同价值观，履行国有企业肩负的政治责任、经济责任和社会责任，在保证国家财政增收、促进经济发展、稳定社会就业、助力脱贫攻坚、支持乡村振兴、发展民族工业、保障消费者利益等方面作出了全方位贡献。

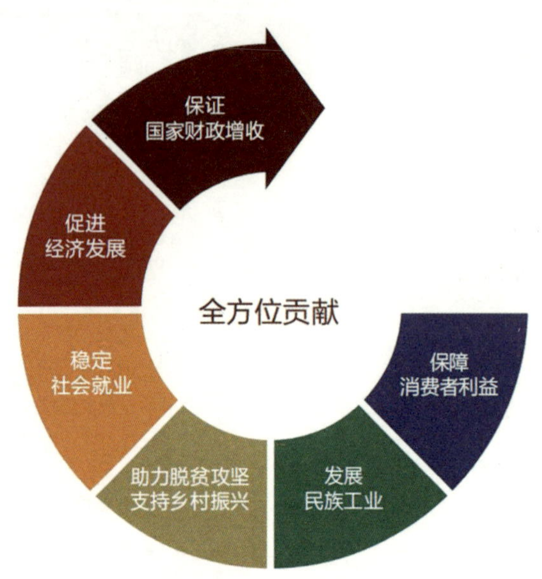

国家烟草专卖局　中国烟草总公司机构设立及隶属部委管理历史沿革

1981年5月18日：国务院决定对烟草行业实行国家专营，成立中国烟草总公司，委托轻工业部代管。

1982年1月1日：中国烟草总公司正式成立。

1983年1月28日：国务院批复同意设立轻工业部烟草专卖局，与中国烟草总公司「一套机构、两块牌子」。

1984年1月6日：国务院批复同意将轻工业部烟草专卖局改为国家烟草专卖局，与中国烟草总公司「一套机构、两块牌子」。

1993年：国家烟草专卖局调整为国家经济贸易委员会管理。

2003年：国家烟草专卖局划归国家发展和改革委员会管理。

2008年：国家烟草专卖局划归工业和信息化部管理。

◎ 资料来源：《“守正笃行　开拓奋进”——中国烟草总公司成立40年改革发展记忆》画册

国家烟草专卖局
中国烟草总公司
组织机构

- □ 国家烟草专卖局　中国烟草总公司领导成员
- □ 国家局、总公司机关各部门、各单位
- □ 省级烟草专卖局（公司）
- □ 省级中烟工业公司
- □ 其他直属单位
- □ 烟草行业组织机构图

国家烟草专卖局
中国烟草总公司领导成员

张建民

工业和信息化部党组成员

国家烟草专卖局党组书记、局长

中国烟草总公司总经理

段铁力

国家烟草专卖局党组成员、副局长

张天峰

国家烟草专卖局党组成员、副局长

韩占武

国家烟草专卖局党组成员、副局长

国家局、总公司机关各部门、各单位

办公室（外事司）

【主要职责】

1. 拟订并组织实施机关政务管理的制度和工作规范，协调机关政务工作；负责国家局召开会议的计划管理和组织筹备工作；负责督办工作；负责全国人大代表建议和全国政协委员提案办理工作；负责国家局、总公司机关总值班工作。

2. 负责起草国家局、总公司的重要文件、会议报告及领导讲话；组织、协调行业重大问题调研工作；组织、协调行业电子政务建设；负责编发行业重要信息；负责国家局、总公司新闻、信息发布工作；组织、协调行业履行《烟草控制框架公约》有关工作。

3. 负责国家局、总公司机关公文核稿、收发传递和文件印制工作；指导行业公文处理工作；管理国家局党组、国家局、总公司印章；负责国家局、总公司机关各部门、各单位和行业各直属单位印章管理工作；指导、协调行业档案管理工作；承担国家局保密委员会的日常工作。

4. 承担国家局政府信息和政务公开相关工作；承担国家局政务服务大厅总体协调工作；负责国家局行政审批事项和内部管理事项的咨询、受理、督办和答复等工作。

5. 负责烟草系统外事管理工作。

6. 负责行业信访、稳定和应急管理工作；负责国家局、总公司机关安全、保卫工作；指导行业社会治安综合治理工作。

7. 承办国家局、总公司交办的其他事项。

【负责人】

主　任（司长）：刘培峰

副主任（副司长）：张　政、吴惠春、王现军（2022年10月—）①

巡视员：王　红（—2022年1月）

【内设机构】 设综合调研处、秘书处（值班室）、党组秘书处（督查室）、文档保密处、新闻宣传处、履约工作处（政府服务协调处）、信访保卫处、外事处等8个内设处室。

发展计划司

【主要职责】

1. 拟订并组织实施行业发展战略、发展规划；拟订行业生产布局规划；编制行业投资规划，拟订并组织实施投资年度计划；拟订行业技术装备政策。

2. 拟订并组织实施烟草专卖品产供销、进出口的年度计划。

3. 拟订烟草专卖品管理名录；核定全国烟草专卖品生产、经营企业的生产规模。

4. 审核烟草系统投资项目和外资投资项目；负责行业投资项目管理和招投标工作；编制烟草专用机械设备分配计划。

5. 拟订烟草专卖品价格政策，管理烟草专卖品价格；收集、整理、分析、发布烟草专卖品价格信息。

6. 负责巩固拓展脱贫攻坚成果同乡村振兴有效衔接，研究行业涉及“三农”工作的政策措施，统筹协调并组织

① 2022年10月，国家局党组印发《关于王现军同志职务任免的通知》（国烟党〔2022〕170号），王现军同志任办公室（外事司）副主任（副司长）。

实施行业乡村振兴工作。

7. 承办国家局、总公司交办的其他事项。

【负责人】

司　长：张全在

副司长：张永焕、魏　隽

【内设机构】　设综合处、计划处、投资处、价格处、乡村振兴工作处等5个内设处室。

专卖监督管理司

【主要职责】

1. 监督检查《中华人民共和国烟草专卖法》及《中华人民共和国烟草专卖法实施条例》的执行情况。

2. 拟订烟草专卖管理监督制度，监督检查烟草专卖品的生产经营活动。

3. 组织、指导并承办违反烟草专卖法律法规案件的查处，查禁、关停计划外烟厂，保护合法经营；会同国家有关部门取缔非法烟厂和烟草专卖品自由交易市场，打击假冒和走私烟草专卖品等违法活动。

4. 拟订烟草专卖许可证、烟草专卖品准运证管理制度，监督检查各类专卖许可证件的核发、使用工作；参与拟订名晾晒烟名录和烟草专卖机械名录。

5. 指导专卖行政执法和专卖队伍建设工作。

6. 承办国家局、总公司交办的其他事项。

【负责人】

司　长：李保江（2022年1月—）①

副司长：舒军龙、何　民

副巡视员：周　瑛（—2022年11月，退休）、樊　荣

【内设机构】　设综合处、内部监督管理处、市场监督管理处、打假打私处、证件管理处、互联网涉烟监管处等6个内设处室。

经济运行司

【主要职责】

1. 承担行业生产、经营的统一调度工作，协调产供销的衔接；负责行业生产、经营的综合分析和预测监控；拟订并组织实施行业经济运行调控政策和方案。

2. 参与拟订烟草专卖品产供销年度计划，拟订并组织实施卷烟季度、月度生产进度计划；负责行业经济运行考核工作。

3. 负责行业产品结构调整工作；拟订并组织实施卷烟品牌发展规划，指导行业品牌维护与培育工作，组织开展品牌定向整合；依法实施烟草制品商标管理工作；组织开展中外烟草企业间生产技术合作工作。

4. 承担烟草专卖品卷烟材料供应管理工作；承担省级公司之间烟草专用机械设备的有偿转让、无偿划转、租借等管理事项。

5. 指导行业企业管理工作；承担行业质量管理工作，负责推行ISO 9000系列标准；组织开展行业节能减排工作；指导行业安全生产工作，依法处理重大安全事故；协调行业抗灾救灾工作。

6. 承办国家局、总公司交办的其他事项。

【负责人】②

副司长：张一峰（—2022年3月）、聂　晶、辜菊水（2022年9月—）

巡视员：刘　艳

【内设机构】　设综合处、生产经营管理处、企业管理处、安全处等4个内设处室。

政策法规与体制改革司

【主要职责】

1. 组织起草行业相关法律法规、规章草案和重大政策；审查行业生产经营管理的重要制度、重大经济合同和国家局、总公司机关各部门、各单位拟订的规范性文件；建立和完善专卖管理法规体系和行业管理法规体系。

2. 拟订并组织实施行业体制改革和企业组织结构调整规划和工作方案；指导企业和专业性公司改革工作；承办

---

① 2022年1月，国家局党组印发通知，李保江同志任专卖监督管理司司长。

② 2022年3月，国家局党组印发《关于张一峰和李佳男同志免职的通知》（国烟党〔2022〕67号），免去张一峰同志的经济运行司副司长职务，另有任用。

2022年10月，国家局党组印发《关于辜菊水同志任职的通知》（国烟党〔2022〕173号），辜菊水同志任经济运行司副司长，试用期一年，任职时间自2022年9月27日党组决定之日起计算。

行业企业设立、分立、合并与撤销工作；指导建立现代企业制度。

3. 调查研究《中华人民共和国烟草专卖法》及《中华人民共和国烟草专卖法实施条例》、国家有关法律法规在行业的执行情况和改革中存在的问题；监督检查行业依法行政，组织实施行政执法责任制工作；承担烟草专卖执法徽章、检查证的申领和批准工作；负责行业普法依法治理工作。

4. 承担行业法律咨询工作，指导行业行政机关和企业法律顾问工作；组织推动行业法治建设工作；参与研究和审议行业对外经济技术合作的有关政策和制度；组织开展烟草专卖法规、政策方面的国际交流。

5. 指导、协调行业行政复议工作，承办相关行政复议、行政应诉工作。

6. 承办国家局、总公司交办的其他事项。

【负责人】①

司　长：王玉麟

副司长：卢勇华（—2022 年 3 月）、张樑庆、朱永财（2022 年 9 月—）

【内设机构】　设综合处、政策法规处（行政复议处）、体制改革处等 3 个内设处室。

财务管理与监督司（审计司）

【主要职责】

1. 研究提出行业有关经济政策建议；拟订并组织实施行业财务管理、资产经营管理、会计核算、审计监督的制度、办法。

2. 拟订并组织实施行业国有资产管理规定和国有资产保值增值考核办法、标准。

3. 管理监督行业财务资金；拟订行业税后利润分配政策及方案；编制并组织实施行业年度预算；组织行业所属企业上缴国有资本收益，编报行业国有资本经营预算。

4. 负责行业各类财务会计报告的汇总、审核和编报工作；监督检查行业会计信息质量；参与拟订行业财务会计、审计信息化建设发展规划。

5. 负责行业内部审计工作；拟订并组织实施行业内部审计工作规定、办法，拟订行业内部审计发展规划和年度审计项目计划。

6. 承办国家局、总公司交办的其他事项。

【负责人】

司　长：张孝堂（—2022 年 11 月）②

副司长：李　晖（2022 年 11 月—，主持全面工作）③、陈俊奎、严剑秋

副巡视员：张　甦（—2022 年 2 月，退休）

【内设机构】　设综合处、财务处、预算处、会计处、国有资产管理处、审计一处、审计二处、审计三处、机关财务处等 9 个内设处室。

科技司

【主要职责】

1. 承担烟草制品降焦减害工作；拟订行业科技发展政策及战略规划、年度计划；参与拟订行业技术装备政策，参与技术引进和技术改造论证工作；组织国内外科技交流与合作。

2. 承担国家局、总公司科技创新工作领导小组、科学技术委员会、全国烟草标准化技术委员会的日常工作；负责行业创新体系建设及创新能力考核工作；负责行业科技成果评价、推广、奖励；负责科技信息、科技统计及有关知识产权管理工作；研究提出科技经费预算建议。

3. 拟订并组织实施行业科技项目年度计划；组织管理行业重大科技项目；审核烟草新品种和烟草基因工程事项。

4. 负责行业产品质量评价和监督工作；负责行业质量技术监督检验机构建设、审查和认定工作；负责烟草专卖品、烟用材料和相关产品的质量技术监督及质量市场准入工作。

5. 负责行业标准化管理工作；编制并组织实施行业标准制订项目年度计划，管理行业用标准物质和标准样品的

---

① 2022 年 3 月，国家局党组印发《关于卢勇华和谢安利同志免职的通知》（国烟党〔2022〕66 号），免去卢勇华同志的政策法规与体制改革司副司长职务，另有任用。

2022 年 10 月，国家局党组印发《关于朱永财同志职务任免的通知》（国烟党〔2022〕171 号），朱永财同志任政策法规与体制改革司副司长，试用期一年，免去其政策法规与体制改革司体制改革处处长职务，任职时间自 2022 年 9 月 27 日党组决定之日起计算。

② 2022 年 11 月，国家局党组印发《关于张孝堂同志职务任免的通知》（国烟党〔2022〕230 号），免去张孝堂同志的财务管理与监督司（审计司）司长职务，另有任用。

③ 国家局党组会 2022 年 11 月议定意见，决定李晖同志负责财务管理与监督司（审计司）全面工作。

制作与发布；组织开展烟草专用仪器计量检定工作。

6. 承办国家局、总公司交办的其他事项。

【负责人】

司　长：钱　航

副司长：倪迎春

巡视员：赵　琦（2022 年 10 月—）①

【内设机构】　设综合处、科技开发处、技术监督处、标准化处等 4 个内设处室。

人事司

【主要职责】

1. 拟订烟草系统人事、劳动工资、思想政治、教育培训工作相关政策和制度；指导烟草系统人事、用工、分配制度改革工作。

2. 负责国家局党组管理干部、机关各部门、各单位干部的管理工作；组织、指导、监督检查烟草系统各级领导班子建设工作；指导烟草系统人事档案管理工作。

3. 负责烟草系统机构编制、人才队伍建设工作；审核各级烟草专卖局的设立、分立、合并与撤销。

4. 负责烟草系统劳动、工资、保障工作；编制烟草系统教育培训规划，指导烟草系统教育培训工作。

5. 指导烟草系统党的建设、思想政治、企业文化建设工作；负责中国烟草职工思想政治工作研究会的日常工作。

6. 承办国家局、总公司交办的其他事项。

【负责人】

司　长：张靖江

副司长：刘　宇、刘艾生

副巡视员：刘　宁（—2022 年 3 月，退休）、王海巾

【内设机构】　设综合处（研究室）、系统党建处（烟草行业工会办公室）、系统干部处、机关干部处、干部监督处、编制工资处、教育培训处（人才工作处）、干部档案处等 8 个内设处室。

直属机关党委

【主要职责】

1. 负责组织国家局、总公司机关政治理论、科学知识学习，宣传和贯彻党的路线、方针、政策。

2. 负责国家局、总公司机关党风廉政建设和纪律检查的相关工作；负责国家局、总公司机关思想政治工作，组织协调精神文明建设工作。

3. 领导国家局、总公司机关各部门、各单位党组织开展各项组织活动。

4. 负责国家局、总公司机关各部门、各单位党组织和党员的管理，开展党员表彰奖励工作；负责国家局、总公司机关各部门、各单位党组织换届选举的指导工作，任免国家局、总公司机关各部门、各单位党组织的负责人。

5. 领导国家局、总公司机关工会、共青团、妇女工作委员会工作。

6. 承办国家局、总公司交办的其他事项。

【负责人】

直属机关党委书记：韩占武

直属机关党委常务副书记：李　安

直属机关党委副书记、直属机关纪委书记：王文胜

【内设机构】　设办公室、纪律检查室 2 个内设处室。

国家局党组党风廉政建设领导小组办公室（巡视工作领导小组办公室）

【主要职责】

根据《中共国家烟草专卖局党组关于成立党风廉政建设领导小组的通知》（国烟党〔2016〕88 号），国家局党组设立党风廉政建设领导小组办公室，党风廉政建设领导小组办公室与巡视工作领导小组办公室合署办公，部门简称廉政办（巡视办）。

1. 协助国家局党组落实全面从严治党主体责任，组织协调行业党风廉政建设和反腐败工作。

2. 依据《中国共产党问责条例》，对行业直属单位党组织和党的领导干部落实全面从严治党责任情况进行督促检查，按照规定的权限和程序进行问责。

3. 依据《中国共产党党内监督条例》，对行业直属单位党组织领导班子及其成员进行日常监督，对本级处理范围内的有关问题线索及时了解核实，提出处理建议。

4. 推进建立健全行业惩治和预防腐败体系，承担教育、

① 2022 年 10 月，国家局党组印发《关于赵琦同志任职的通知》（国烟党〔2022〕198 号），赵琦同志任科技司巡视员。

制度、监督等党风廉政建设日常工作。

5. 依据《中国共产党巡视工作条例》以及国家局党组实施办法，组织开展对行业直属单位的巡视工作，指导行业巡察工作。

6. 按照有关规定，配合协助中央纪委驻工业和信息化部纪检组开展相关工作，对其交办的违纪问题线索及时处理，并反馈办理情况。

7. 承办国家局党组和领导小组交办的其他事项。

【负责人】

廉政办主任：刘　忠

巡视员：郁　毅

副司级巡视专员：屈巍超、张俊健、彭智瀚

副巡视员：张小伍

【内设机构】　设综合调研处、监督检查一处、监督检查二处、巡视工作处、巡察工作指导处等5个内设机构。

规范管理办公室

【主要职责】

1. 按照国家局党组有关行业规范管理的战略任务和工作部署，针对各个阶段的重点工作事项，制定计划，研究措施，推动落实；组织规范管理制度贯彻落实情况的督办督查。

2. 负责谋划、研究健全完善行业规范管理制度，深入调查研究，组织科学论证，及时提出工作建议，构建规范管理保障机制。

3. 组织烟草行业规范管理工作会议，负责指导协调烟草行业规范管理工作信息化建设。

4. 承办国家局、总公司交办的其他事项。

【负责人】①

主　任：李捍红［2022年12月—，之前任副主任（副厅级），主持全面工作］

副主任：胡炳辉、张翠平

副巡视员：张立新（2022年3月—）

【内设机构】　设综合处、业务一处、业务二处等3个内设处室。

董事会工作办公室

【主要职责】

1. 协调省级工业有限责任公司董事会的工作。

2. 负责国家局、总公司派任省级工业有限责任公司，南通醋酸纤维有限公司、昆明醋酸纤维有限公司和珠海醋酸纤维有限公司董事长、副董事长、董事的日常联络服务工作。

3. 承办国家局、总公司交办的其他事项。

【负责人】②

董事会工作办公室主任：李德义（正厅级）

省级工业公司董事长（部门正职）：李德义（正厅级）、舒　明、马伶燕、高一军（南通、昆明、珠海醋酸纤维有限公司董事长，—2022年3月）、马保军、张一峰（南通、昆明、珠海醋酸纤维有限公司董事长，2022年3月—）

省级工业公司董事（机关部门正职）：王献生

董事会工作办公室巡视员：黄翠萍

董事会工作办公室巡视员、省级工业公司董事：陈昌鸿

省级工业公司董事（机关部门副职）：沈云龙、张弘毅（—2022年9月退休）、蔡　奕、刘　军（2022年9月—）

董事会工作办公室副主任：刘晓杰

【内设机构】　设综合处、秘书处2个内设处室。

电子烟监督管理领导小组办公室

【负责人】③

主　任：袁　超（2022年3月—）

---

① 2022年12月，国家局党组印发《关于李捍红同志任职的通知》（国烟党〔2022〕262号），李捍红同志任规范管理办公室主任，任职时间自2022年12月13日党组决定之日起计算。

2022年3月，国家局党组印发《关于张立新同志职务任免的通知》（国烟党〔2022〕72号），张立新同志任规范管理办公室副巡视员，任职时间自2022年3月22日党组决定之日起计算。

② 2022年3月，国家局、总公司印发《关于张一峰和高一军同志职务调整的通知》（国烟人〔2022〕38号），委派张一峰同志为南通、昆明、珠海醋酸纤维有限公司董事、董事长，试用期一年，担任南通、昆明、珠海醋酸纤维有限公司法定代表人，任职时间自2022年3月22日党组决定之日起计算。高一军同志不再担任南通、昆明、珠海醋酸纤维有限公司董事、董事长、法定代表人。

2022年9月，国家局、总公司印发《关于张弘毅同志免职的通知》（国烟人〔2022〕117号），张弘毅同志不再担任上海烟草集团有限责任公司和江苏、安徽、福建中烟工业有限责任公司董事会董事。

2022年10月，国家局、总公司印发《关于委派刘军同志任职的通知》（国烟人〔2022〕124号），委派刘军同志为上海烟草集团有限责任公司和江苏、安徽、福建中烟工业有限责任公司董事会董事（机关部门副职），试用期一年，任职时间自2022年9月27日党组决定之日起计算。

③ 2022年3月，国家局党组印发《关于袁超等九名同志任职的通知》（国烟党〔2022〕71号），袁超同志任电子烟监督管理领导小组办公室主任，试用期一年；卢勇华同志任电子烟监督管理领导小组办公室副主任；李佳男同志任电子烟监督管理领导小组办公室副主任，试用期一年。袁超和李佳男同志的任职时间自2022年3月22日党组决定之日起计算。

副主任：卢勇华（2022 年 3 月—）

副主任：李佳男（2022 年 3 月—）

【内设机构】 设一处、二处、三处、四处等 4 个内设处室。

中共国家烟草专卖局党校（国家烟草专卖局职工培训中心）

【主要职责】

中共国家烟草专卖局党校（国家烟草专卖局职工培训中心）是国家局内设机构性质的直属事业单位。

1. 落实局党组办党校、管党校、建党校工作要求，高质量推进新时代党校工作。

2. 承担党校校务委员会日常工作，加强沟通协调，定期组织召开校委会会议。

3. 负责行业局、处、科级党员领导干部党校教育，指导督促教学点开展教学工作。

4. 建好用好中国烟草网络党校，服务行业党员干部教育培训、理论学习。

5. 拓展优质教学资源合作渠道，承担党员领导干部有关素质能力培训工作。

6. 开展重大理论和现实问题研究，推动教学培训、课题研究与决策咨询相互促进、协同发展。

7. 承办国家局、总公司组织的会议及业务培训，做好服务保障工作。

8. 承办国家局、总公司交办的其他事项。

【负责人】

党校校长：韩占武（兼）

党校副校长、培训中心主任：程春节

党校副校长、培训中心副主任：王丹丹

党校巡视员：曾晓三

党校副巡视员：付祖荣（—2022 年 12 月，退休）、王路军（2022 年 3 月—）①

【内设机构】 设办公室、教务处、总务处（总务处加挂安全管理处牌子，合署办公）等 3 个内设处室。

烟草经济研究所（政策研究室）

【主要职责】

1. 参与起草国家局、总公司主要领导的报告、讲话，参与起草综合性文件，承担有关文稿的修改、核对工作。

2. 参与行业重大问题的调研，为制定行业中长期发展战略和重大政策提出建议。

3. 组织和承担行业战略性、全局性、综合性、长期性以及热点、难点问题研究，对建设现代化烟草经济体系、推动行业高质量发展、深化行业改革创新等重大问题提出建议。

4. 跟踪世界烟草市场、科技、政策发展趋势和主要跨国烟草公司发展战略、动态，收集、分析、整理和报送世界烟草重要情报信息。

5. 跟踪新型烟草制品发展动态，分析新型烟草制品的影响，研究提出新型烟草制品监管思路和发展战略。

6. 开展《烟草控制框架公约》及我国控烟履约法律、法规、政策发展趋势和影响研究，提出推进控烟履约工作的意见和建议。

7. 组织和承担行业重大软科学课题研究，提出提升行业软实力的策略和建议。

8. 承办国家局、总公司交办的其他事项。

【负责人】②

所　长（主任）：李保江（—2022 年 1 月）、赵百东（2022 年 1 月—）

副所长（副主任）：段红斌、张小乐

副巡视员：万里明

【内设机构】 设综合处、政策调研处、战略研究处、国际烟草处等 4 个内设处室。

离退休干部办公室

【主要职责】

1. 拟订烟草系统离退休干部工作有关制度、规定，指导系统离退休干部工作。

2. 组织开展离退休干部工作人员业务培训；负责离退

① 2022 年 3 月，国家局党组印发《关于王路军同志职务任免的通知》（国烟党〔2022〕73 号），王路军同志任国家烟草专卖局职工培训中心（中共国家烟草专卖局党校）副巡视员，任职时间自 2022 年 3 月 22 日党组决定之日起计算。

② 2022 年 1 月，国家局党组印发《关于赵百东和李保江同志职务任免的通知》（国烟党〔2022〕9 号），赵百东同志任烟草经济研究所（政策研究室）所长（主任）；免去李保江同志的烟草经济研究所（政策研究室）所长（主任）职务，另有任用。

休干部统计工作。

3. 研究提出国家局、总公司机关离退休干部工作经费预算建议；负责机关离退休干部的服务管理工作；组织机关离退休干部的政治学习、文件传阅以及参加重大政治活动。

4. 承办国家局、总公司交办的其他事项。

【负责人】

主　任：朱湘海

党委副书记兼纪委书记：国文彤（机关部门副职）

巡视员：王建法

【内设机构】　设综合处、机关离退休干部处 2 个内设处室。

机关服务中心（机关服务局）

【主要职责】

机关服务中心（机关服务局）是国家局直属的事业单位。

1. 负责机关及广安门办公楼行政后勤管理工作，拟订并组织实施内部管理制度；负责内部聘用人员的人事、劳动工资管理工作；管理北京金叶园会议中心。

2. 负责机关及广安门办公楼固定资产的管理；负责机关办公用品的采购、保管和供应工作；负责机关及广安门职工食堂的管理及食品的采购供应工作。

3. 负责机关及广安门办公楼交通运输、机动车辆管理、使用及安全工作；负责机关及广安门职工的医疗、保健、计划生育工作；负责机关及广安门办公楼门前三包、绿化、美化工作。

4. 负责机关及广安门办公楼的基本建设、房地产、房改及相关物业管理工作。

5. 负责广安门办公楼的消防、安全保卫工作。

6. 承办国家局、总公司交办的其他事项。

【负责人】

主　任（局长）：綦振平

副主任（副局长）：詹　举、王　伟、姚成杰（2022 年 10 月—）①

巡视员：李卫东

副巡视员：王效德

【内设机构】　设办公室、综合服务处、财务处、生活福利处、基建房产处、广安门管理处等 6 个内设机构。

烟草经济信息中心（网信办）

【主要职责】

烟草经济信息中心（网信办）是国家局直属的事业单位，承担一定的行业管理职能，履行烟草行业网络安全和信息化领导小组办公室职能，加挂烟草行业网络安全和信息化领导小组办公室牌子。

1. 承担烟草行业网络安全和信息化领导小组日常工作，指导协调和监督管理行业网络安全和信息化工作。

2. 拟订并组织实施行业网络安全和信息化规划、管理制度、办法；负责网络安全和信息化技术应用和技术规范的顶层设计。

3. 拟订并组织实施行业网络安全和信息化规范、标准；审核行业直属单位网络安全和信息化规划、实施方案；负责网络安全和信息化行业推广项目的综合协调、技术审核、安全监管等工作。承担行业网络安全和信息化基础设施、基础应用平台、数据中心等技术支撑体系和服务体系的建设与运行管理工作。

4. 负责行业统计工作；负责行业信息资源共享和管理工作。

5. 负责行业网络通信系统、网络安全保障体系的建设管理和监督检查工作。

6. 负责行业信息系统运行维护管理工作；负责总公司上海容灾中心业务管理工作。

7. 负责国家局内、外网站的建设和管理；指导和协调行业直属单位网站的建设和管理。

8. 承担国家局机关网络安全和信息化项目建设、管理与运行维护工作，承办国家局机关网络安全和信息化软硬件设备购置与管理等工作。

9. 承办国家局、总公司交办的其他事项。

【负责人】

主　任：阮泽锋

---

① 2022 年 12 月，国家局党组印发《关于姚成杰同志任职的通知》（国烟党〔2022〕252 号），姚成杰同志任机关服务中心（局）副主任（副局长），试用期一年，任职时间自 2022 年 10 月 27 日党组决定之日起计算。

总工程师：江　涛

副主任：潘　红（—2022 年 10 月，退休）、岳　嵚（2022 年 9 月—）①

【内设机构】 设综合处、信息统计分析处、系统运行处、网络通信安全处、运行维护管理处、网站管理处等 6 个内设处室。

中国烟草学会及其办事机构

【主要职责】

中国烟草学会是依法登记的全国性非营利性具有法人地位的学术性社会团体。

中国烟草学会办事机构在国家局、总公司领导下开展工作，接受民政部、中国科协的监督管理和业务指导，执行中国烟草学会理事会决议，处理日常事务。

1. 根据行业发展需要，组织行业科技工作者开展学术交流、科学普及和科技咨询活动，编印学术刊物。

2. 承担中国烟草学会的日常工作；负责协调上海中国烟草博物馆的业务工作。

3. 承办国家局、总公司交办的其他事项。

【负责人】

中国烟草学会理事长：韩占武

副理事长：刘　融、谢剑平、陈江华、唐　煦、张思荣、王德平、缪明明

中国烟草学会办事机构：

秘书长：刘　融（机关部门正职）

【中国烟草学会办事机构内设机构】 设办公室、学术部、编辑部等 3 个专业部门。

中国烟叶公司（水源工程建设办公室）②

【主要职责】

中国烟叶公司是国家局、总公司直属的专业性公司，承担一定的行业宏观管理职能。

1. 组织、指导、协调、管理全国烟叶工作。

2. 研究提出并组织实施现代烟草农业的政策和发展规划；参与拟订烟叶种植、收购、储备、调拨和进口计划；参与拟订烟叶收购、调拨价格及打叶复烤加工费用标准。

3. 指导全国烟叶生产、收购和复烤加工工作；参与拟订烟叶国家标准、生产技术标准和打叶复烤技术标准；核准烟叶收购基准样品，组织烟草新品种审定工作；组织全国烟叶购销交易。

4. 研究提出行业水源工程、基础设施建设总体规划、年度计划；监督和指导补贴资金和援建资金的使用与管理；指导烟叶基层建设和打叶复烤企业管理；参与拟订打叶复烤企业技术改造规划；参与组织烟叶信息化工作。

5. 参与进口烟叶工作，负责进口烟叶国内流通管理，负责烟叶中外技术交流与合作工作。

6. 承办国家局、总公司交办的其他事项。

【负责人】

总经理、水源工程建设办公室主任：陈江华

副总经理：刘建利、王现军（—2022 年 10 月）③、白光敏

总会计师：赵永红

水源工程建设办公室副主任：周义和（部门副职）

副巡视员：卞　卡、刘　昉

【内设机构】 设办公室、综合计划部、生产管理部（技术推广部）、收购管理部、复烤企业管理部、财务部、经营部、水源工程建设办公室综合组、水源工程建设办公室基础组、水源工程建设办公室水源组等 10 个内设部门。

中国卷烟销售公司

【主要职责】

中国卷烟销售公司是国家局、总公司直属的专业性公司，承担一定的行业宏观管理职能。

1. 组织、指导、协调、管理全国卷烟销售工作，研究提出全国卷烟销售工作的政策和相关制度。

2. 指导全国卷烟销售网络建设和商业企业卷烟现代流

---

① 2022 年 12 月，国家局党组印发《关于岳嵚同志职务任免的通知》（国烟党〔2022〕174 号），岳嵚同志任烟草经济信息中心副主任，试用期一年，任职时间自 2022 年 9 月 27 日党组决定之日起计算。

② 根据《国家烟草专卖局关于成立水源工程建设办公室的通知》（国烟人〔2012〕418 号），成立水源工程建设办公室，按照非常设机构实行管理。根据《国家烟草专卖局关于中国烟叶公司增设水源工程建设办公室的通知》（国烟人〔2012〕316 号），在中国烟叶公司内部增设水源工程建设办公室。

③ 2022 年 10 月，国家局党组印发《关于王现军同志免职的通知》（国烟党〔2022〕169 号），免去王现军同志的中国烟叶公司副总经理职务，另有任用。

通建设工作；拟订卷烟销售网络运行规范，参与拟订卷烟销售网络管理标准。

3. 组织实施全国卷烟市场需求预测工作，参与拟订卷烟销售计划；参与组织卷烟产销衔接和品牌定向整合工作，参与拟订卷烟品牌发展规划。

4. 组织、指导全国卷烟市场调查工作，采集、分析、发布卷烟市场信息；参与组织卷烟销售信息化工作，负责卷烟销售信息网络的管理与维护。

5. 组织、指导全国卷烟交易工作，拟订卷烟营销规则，监督、检查卷烟促销工作；参与拟订进口卷烟销售计划，拟订进口卷烟的国内销售管理办法；组织、协调中外合作国内生产卷烟品牌的市场销售工作；依法对公司的全资企业、参股企业行使出资人权利，经营和管理国有资产，承担保值增值的责任。

6. 承办国家局、总公司交办的其他事项。

【负责人】①

总经理：高一军（2022 年 3 月—）

副总经理：袁　超（—2022 年 3 月，主持全面工作）

副总经理：连　飞（—2022 年 3 月）、崔　萍

巡视员：连　飞（2022 年 3 月—）

副巡视员：李　健（—2022 年 3 月，退休）、李念庆

【内设机构】　设办公室、财务部、网建部、信息部、市场管理部、交易管理部等 6 个内设部门。

中国烟草投资管理公司

【主要职责】

1. 负责行业多元化投资经营工作的归口管理；参与编制行业多元化投资规划，参与审核多元化投资项目；参与审核多元化经营企业国有产权转让、国有资产无偿划转等事项。

2. 拟订行业多元化经营管理规定和企业退出机制，指导建立现代企业制度，完善公司治理结构；建立和完善行业多元化经营企业国有资产保值增值指标体系和目标考核制度。

3. 根据总公司的授权，对总公司直接投资及本公司投资的多元化企业行使出资人权利，履行出资人职责。

4. 负责行业战略性投资项目的规划、论证及组织实施工作。

5. 负责国产醋纤丝束经营，依法经营其他烟用材料；参与拟订醋纤丝束分配计划与价格。

6. 承办国家局、总公司交办的其他事项。

【负责人】

总经理：关宏梅

副总经理：秦红梅（2022 年 9 月—）②

总会计师：刘秋明

巡视员：孙志强

副巡视员：刘中华

【内设机构】　设办公室、企业管理部、行业指导管理部、事业发展部、财务管理部、经营部等 6 个内设部门。

中国烟草机械集团有限责任公司

【主要职责】

中国烟草机械集团有限责任公司是国家局、总公司直属的专业性公司，承担一定的行业宏观管理职能。

1. 参与拟订并组织实施烟草机械工业的发展规划、年度计划；参与拟订行业技术装备政策及烟草机械生产企业的生产布局、企业定点方案；拟订并组织实施行业设备管理制度，组织、协调行业生产设备的日常管理工作；负责推广新设备、新技术，发布淘汰设备目录。

2. 参与拟订国产烟草机械设备分配计划和价格政策；组织、协调全国烟草机械的购销管理工作；拟订并组织实施烟草机械产品生产经营业务的管理制度。

3. 负责行业设备大修理（翻修）的定点及布局工作，指导定点企业的生产经营和技术管理，拟订并组织实施设备大修理的年度计划；负责行业烟草机械零配件管理工作。

4. 负责烟草机械产品的技术管理工作；负责国内外烟草机械的技术交流、技术合作、对外技术谈判、技术培训

---

① 2022 年 3 月 28 日，国家局党组印发《关于高一军和袁超同志职务任免的通知》（国烟党〔2022〕64 号），高一军同志任中国卷烟销售公司总经理，免去袁超同志的中国卷烟销售公司副总经理职务，另有任用。

2022 年 3 月 30 日，国家局党组印发《关于连飞和屈湘辉同志职务任免的通知》（国烟党〔2022〕70 号），连飞同志任中国卷烟销售公司巡视员，免去其中国卷烟销售公司副总经理职务，任职时间自 2022 年 3 月 22 日党组决定之日起计算。

② 2022 年 10 月，国家局党组印发《关于秦红梅和卢鸿同志职务任免的通知》（国烟党〔2022〕176 号），秦红梅同志任中国烟草投资管理公司副总经理，试用期一年，任职时间自 2022 年 9 月 27 日党组决定之日起计算。

和技术咨询服务工作；负责烟草机械引进技术的消化吸收和国产化工作；参与组织烟草机械新产品技术鉴定工作；拟订烟草机械产品的质量标准；参与拟订烟草机械设备进出口年度计划；参与组织烟草机械出口工作，负责组织货源和售后服务，参与组织国际市场开发工作。

5. 依法对控股企业行使出资人权利，经营和管理国有资产，承担保值增值的责任；按照国家局的授权，管理本公司及控股企业的人事、劳动工资及纪检监察工作。

6. 承办国家局、总公司交办的其他事项。

【负责人】①

党组书记、总经理：姚宗东

党组成员、副总经理：曲　伟、龙　旭、张维群

党组成员、纪检组组长：吴　伟

副巡视员：吴熙亮

【内设机构】 设办公室、综合计划部、党建和人力资源部、生产管理部、市场部（营销中心）、财务资产部、技术合作部、设备管理部、审计部、监察室、智能化工作办公室等11个内设部门。

【所属企业】② 控股上海烟草机械有限责任公司、常德烟草机械有限责任公司、许昌烟草机械有限责任公司、秦皇岛烟草机械有限责任公司、北京达特集成技术有限责任公司、中烟烟机零配件采购服务中心有限责任公司、中烟物流技术有限责任公司等7家企业，参股云南烟草机械有限责任公司。

中烟国际集团有限公司

【负责人】

董事会

董事长：邵　岩

董　事：熊　斌、谭小燕、张宏实、凌　毅、宁　伟、袁　健

经理层

党组书记、总经理：邵　岩

党组成员、副总经理：熊　斌、宁　伟

党组成员、纪检组组长：袁　健

巡视员：张宏实（—2022年4月，退休）、谭小燕（—2022年8月，退休）

国家局机关部门副职：易武军

【所属企业】 控股中烟国际（香港）有限公司、天泽烟草有限责任公司、中烟国际（北美）股份有限公司、中烟国际中东公司，天利国际经贸有限公司、TULLEY国际有限公司；参股中烟国际阿根廷有限责任公司、中烟菲莫国际有限公司、中烟英美烟草国际有限公司、地平线国际合资有限公司、上海金鼎印务有限公司、天昌国际烟草有限公司、哈尔滨天阳国际烟草有限公司。

中国烟草国际有限公司

【负责人】

董事会

执行董事：邵　岩

监　事：袁　健

经理层

总经理：邵　岩

副总经理：熊　斌（主持公司日常工作）

副巡视员：张　浩、贺燕芳、丁　宏（—2022年9月，退休）

【所属企业】 参股深圳烟草进出口有限公司。

中烟商务物流有限责任公司

【主要职责】

中烟商务物流有限责任公司是国家局、总公司直属的专业性公司，承担一定的行业宏观管理职能。

1. 拟订行业电子商务发展规划，负责烟草电子商务平台建设工作。

2. 组织、指导、协调、管理行业物流建设工作，拟订行业物流标准；承担行业现代物流工作领导小组的日常工作。

3. 负责烟草电子商务平台、行业卷烟生产经营决策管理系统和物流信息系统的运行维护、安全管理和技术支持工作；负责有关数据汇总、分析，提供信息服务。

---

① 此处仅列中国烟草机械集团有限责任公司本部的领导成员。

② 中烟机械技术中心有限责任公司于2022年8月完成非法人实体化运营（中烟机集财〔2022〕75号）。

4. 承办国家局、总公司交办的其他事项。

【负责人】

总经理：张　文

副总经理：陈道富、卢　鸿（2022 年 9 月—）①

巡视员：董传国（—2022 年 9 月，退休）

副巡视员：李卫国、宋继炯（—2022 年 9 月，退休）

【内设机构】　设办公室、综合管理部、交易部、物流规划建设部、物流管理运行部、技术部（物流信息化部）、财务部等 7 个内设部门。

【所属企业】　控股北京中烟信息技术有限公司、共同持股中烟新商盟商务物流控股有限公司、参股中烟物流技术有限责任公司。

中国烟草实业发展中心②

【主要职责】

中国烟草实业发展中心是国家局、总公司直属的专业性公司。

1. 指导、协调、管理所属企业的生产经营活动；指导所属企业安全生产工作。

2. 组织实施所属企业组织结构调整，指导企业改革。

3. 依法对所属企业的国有资产行使出资人权利，承担国有资产保值增值责任，管理监督所属企业财务资金，组织实施内部审计工作。

4. 管理所属企业人事、劳动工资工作，指导所属企业精神文明建设，负责所属企业纪检监察工作。

5. 承办国家局、总公司交办的其他事项。

【负责人】

党组书记、总经理：赵　琦（—2022 年 10 月）、曲志刚（2022 年 11 月—）③

党组成员、副总经理：刘　龙、孔庆峰、由　明

党组成员、纪检组组长：陈　媛

总会计师：严奉炎

副巡视员：陈玉秋

【内设机构】　设办公室（外事办公室）、党建和人力资源部、生产部、安全监督管理部、企业管理部、财务部、审计部（监事室）、法律与改革部、市场营销部、物资供应部、纪检监察部（巡察工作办公室）等 11 个内设部门。

【所属企业】　设黑龙江烟草工业有限责任公司、红塔辽宁烟草有限责任公司、吉林烟草工业有限责任公司、甘肃烟草工业有限责任公司、内蒙古昆明卷烟有限责任公司、深圳烟草工业有限责任公司、山西昆明烟草有限责任公司、海南红塔卷烟有限责任公司等 8 家卷烟工业企业，以及吉林烟草进出口有限责任公司。

中国双维投资有限公司

【主要职责】

中国双维投资有限公司是中国烟草总公司直属的全资子公司，负责组织实施中国烟草总公司确定的重大战略性投资项目，承担投资项目的经营管理职能。

1. 组织实施总公司非主业重大战略投资项目。

2. 参与总公司在金融领域战略投资。

3. 负责国家局、总公司交办的非主业战略投资项目研究论证及投后管理工作。

4. 参与总公司确定的行业多元化投资项目优质资产整合工作。

5. 承担控股企业和投资项目经营管理工作，落实安全生产及风险管控责任，确保国有资产保值增值。

6. 承办国家局、总公司交办的其他事项。

【负责人】④

董事会

董　事：魏　隽、卢勇华、刘艾生、翟　旭、徐晓新（—2022 年 8 月）

---

① 2022 年 10 月，国家局党组印发《关于卢鸿和秦红梅同志职务任免的通知》（国烟党〔2022〕175 号），卢鸿同志任中烟商务物流有限责任公司副总经理，试用期一年，任职时间自 2022 年 9 月 27 日党组决定之日起计算。

② 中国烟草实业发展中心（简称中烟实业）成立于 1998 年 10 月。2004 年 11 月，根据国烟法〔2004〕734 号文件，国家局将原由省级局（公司）管理的兰州卷烟厂等 4 家卷烟生产企业调整为中烟实业管理，将原由省级公司持有的红塔辽宁烟草有限责任公司等 4 家卷烟工业企业的股权调整为中烟实业持有，调整后，中烟实业下设 8 家卷烟生产企业。

③ 2022 年 11 月，国家局党组印发《关于曲志刚同志任职的通知》（国烟党〔2022〕233 号），曲志刚同志任中共中国烟草实业发展中心党组书记、中国烟草实业发展中心总经理（正厅级）。

④ 2022 年 8 月，国家局、总公司印发《关于中国双维投资有限公司董事调整的通知》（国烟人〔2022〕111 号），徐晓新同志不再担任中国双维投资有限公司董事。

2022 年 8 月，国家局党组印发《关于徐晓新同志免职的通知》（国烟党〔2022〕138 号），免去徐晓新同志的中共中国双维投资有限公司党组成员、中国双维投资有限公司副总经理职务，另有任用。

监　事：陈俊奎

经理层

党组成员、纪检组组长：成协科

党组成员、副总经理：翟　旭、徐晓新（—2022 年 8 月）

【内设机构】①　设办公室、党建和人力资源部、法务合规部、投资一部、投资二部、财务管理部、监察审计部等 7 个内设部门。

【分支机构】　设中国双维投资有限公司银川分公司 1 个分支机构。

《中国烟草》杂志社有限公司

【主要职责】

《中国烟草》杂志社有限公司是中国烟草总公司的全资子公司，具有独立的企业法人资格。

1. 编辑、出版、发行国家局的机关刊物《中国烟草》杂志（半月刊）。

2. 建设、维护、管理中国烟草资讯网。

3. 在国家局办公室指导下负责《中国烟草年鉴》编纂、发行工作。

4. 编辑出版发行《新烟草》杂志（旬刊）。

5. 承办《烟草企业文化》杂志（月刊）编辑工作。

6. 管理和经营中烟广告公司。

7. 开展图书音像出版等相关业务。

8. 负责国有资产保值增值。

【负责人】②

董事会

董事长：支树华

董　事：支树华、赵百东（—2022 年 2 月）、王　红（2022 年 2 月—）、张　政、刘　宇

监　事：陈俊奎

经理层

总经理：支树华

总编辑：赵百东（—2022 年 1 月）、王　红（2022 年 1 月—）

副巡视员：刘　军（—2022 年 10 月）

【内设机构】　设总编室、编辑一部、编辑二部、美术摄影编辑部、网络部、《中国烟草年鉴》编辑部、《新烟草》编辑部（黑龙江新烟草杂志社）、《烟草企业文化》编辑部、综合办公室、广告部（中烟广告公司）、财务部、市场发行部、考评部等 13 个内设部门。

◇编辑：刘海文

省级烟草专卖局（公司）

北京市烟草专卖局（公司）

【概　况】　北京市烟草专卖局、北京市烟草公司成立于 1986 年 1 月。1985 年 12 月 31 日，北京市经济委员会与中国烟草总公司共同签署《关于北京市烟草公司上划交接协议书》；同日，北京市人民政府办公厅下发京政办发〔1985〕148 号文件，决定北京市烟草专卖局、北京市烟草公司从 1986 年 1 月 1 日起正式成立，北京市烟草公司上划中国烟草总公司，更名为中国烟草总公司北京市公司。2022 年，北京市局（公司）下辖东城、西城、朝阳、海淀、丰台、石景山、大兴、通州、顺义、昌平、房山、门头沟、密云、怀柔、平谷、延庆等 16 个区烟草专卖局（公司），北京烟草营销中心、北京烟草物流中心，以及北京京烟卷烟零售连锁有限公司、北京金健恒通商贸有限公司和北京通大家园物业管理有限公司等 3 个多元化企业，北京黎马敦太平洋包装有限公司 1 个合资企业。市局（公司）机关设

---

① 2022 年 12 月，国家局、总公司印发《关于调整中国双维投资有限公司内设机构工作职责和人员编制的通知》（国烟人〔2022〕169 号），将中国双维投资有限公司投资管理部和企业管理部整合，成立投资一部、投资二部，将法律部更名为法务合规部。

② 2022 年 2 月，国家局、总公司印发《关于〈中国烟草〉杂志社有限公司董事人选调整的通知》（国烟人〔2022〕28 号），委派王红同志为《中国烟草》杂志社有限公司董事；赵百东同志不再担任《中国烟草》杂志社有限公司董事。

2022 年 1 月，国家局党组印发《关于赵百东同志免职的通知》（国烟党〔2022〕8 号），免去赵百东同志的《中国烟草》杂志社有限公司总编辑职务，另有任用。

2022 年 2 月，国家局党组印发《关于王红同志任职的通知》（国烟党〔2022〕33 号），王红同志任《中国烟草》杂志社有限公司总编辑（机关部门正职），试用期一年，任职时间自 2022 年 1 月 29 日党组决定之日起计算。

2022 年 10 月，国家局党组印发《关于刘军同志免职的通知》（国烟党〔2022〕177 号），免去刘军同志的《中国烟草》杂志社有限公司副巡视员职务，另有任用。

11 个职能处室、10 个专业部门。截至 2022 年底，总资产 162.6 亿元，其中固定资产 10.52 亿元、流动资产 148.82 亿元，资产负债率 14.01%。从业人员 2943 人。

【领导成员】

党组书记、局长、总经理：王劲栋

党组成员、副总经理：殷　刚

党组成员、副总经理：江　涛（—2022 年 12 月，退休）

党组成员、纪检组组长：俞关勇

党组成员、副局长：洪伟峻

总工程师：刘永波

天津市烟草专卖局（公司）

【概　况】 天津市烟草专卖局、天津市烟草公司组建于 1985 年 10 月。1985 年 10 月 29 日，天津市人民政府与中国烟草总公司共同签署《关于天津市烟草行业上划交接协议书》，决定自协议书签订之日起上划中国烟草总公司，更名为中国烟草总公司天津市公司。2022 年，天津市局（公司）下辖市区第一、第二、第三、东丽、津南、西青、北辰、滨海新区等 8 个区级烟草专卖局（分公司），武清、宝坻、宁河、静海、蓟州等 5 个区烟草专卖局（有限公司），以及天津烟草营销中心、天津烟草物流中心、天津市烟草专卖局公路分局、天津市恒大实业公司、天津市津烟卷烟自营总店。市局（公司）机关设 11 个职能处室、6 个专业部门。截至 2022 年底，总资产 97.52 亿元，其中固定资产 3.74 亿元、流动资产 91.15 亿元，资产负债率 18.74%。从业人员 1945 人。

【领导成员】

党组书记、局长、总经理：孙晓莹

党组成员、纪检组组长：宁书成

党组成员、副局长：徐小波

党组成员、副总经理：刘　群

党组成员、副总经理：王　智

副巡视员：赵洪义

河北省烟草专卖局（公司）

【概　况】 河北省烟草专卖局成立于 1984 年 3 月，河北省烟草公司成立于 1982 年 11 月。1985 年 1 月，河北省人民政府与中国烟草总公司签署协议，决定河北省烟草公司自签字之日起上划中国烟草总公司，更名为中国烟草总公司河北省公司。2003 年 6 月，河北烟草实行工商分设。2022 年，河北省局（公司）下辖石家庄、邯郸、保定、张家口、承德、唐山、廊坊、沧州、衡水、邢台、秦皇岛、河北雄安等 12 个地市级烟草专卖局（公司），158 个县级烟草专卖局，158 个县级卷烟营销机构（119 个县级卷烟营销部、39 个分公司），以及中维地产河北有限公司、河北平山温泉烟草培训中心 2 个多元化经营企业，23 个派驻机构（分别为省公司派驻 11 个市公司的审计办公室和省局派驻 12 个市局的内部专卖管理监督办公室）。省局（公司）机关设 14 个职能处室、8 个专业部门（含 1 个议事协调机构）。截至 2022 年底，总资产 279.77 亿元，其中固定资产 10.92 亿元、流动资产 259.94 亿元，资产负债率 14.08%。从业人员 8953 人，其中劳务派遣人员 681 人。

【领导成员】①

党组书记、局长、总经理：邱永春

党组成员、副局长：戴　勇

党组成员、副总经理：王　辉

党组成员、纪检组组长：罗明录

党组成员、副局长：阎　芳（2022 年 9 月—）

总经济师：刘剑峰

巡视员：王志涛（2022 年 8 月—，之前任党组成员、副总经理）

山西省烟草专卖局（公司）

【概　况】 山西省烟草专卖局成立于 1983 年 7 月，山西省烟草公司成立于 1982 年 4 月。1984 年 6 月，山西省烟草公司上划中国烟草总公司，改制更名为中国烟草总公司山西省公司。2022 年，山西省局（公司）下辖太原、大同、

---

① 2022 年 10 月，国家局党组印发《关于阎芳同志任职的通知》（国烟党〔2022〕182 号），阎芳同志任中共河北省烟草专卖局（公司）党组成员、河北省烟草专卖局副局长，试用期一年，任职时间自 2022 年 9 月 27 日党组决定之日起计算。

2022 年 9 月，国家局党组印发《关于王志涛同志职务任免的通知》（国烟党〔2022〕145 号），王志涛同志任河北省烟草专卖局（公司）巡视员，免去其中共河北省烟草专卖局（公司）党组成员、中国烟草总公司河北省公司副总经理职务，任职时间自 2022 年 8 月 29 日党组决定之日起计算。

阳泉、长治、晋城、朔州、忻州、吕梁、晋中、临汾、运城等11个地市级烟草专卖局（公司），116个县级烟草专卖局（营销部）。省局（公司）机关设14个职能处室、8个专业部门。截至2022年底，总资产229.82亿元，其中固定资产14.85亿元、流动资产203.88亿元，资产负债率22.94%。从业人员6591人。

【领导成员】①

党组书记、局长、总经理：王文忠（—2022年1月）

党组书记、局长、总经理：马超纯（2022年1月—）

党组成员、副总经理：周武庆

党组成员、副局长：杨新民（—2022年6月）

党组成员、纪检组组长：岳　坤（2022年1月—）

党组成员、副总经理：王宏超

内蒙古自治区烟草专卖局（公司）

【概　况】　内蒙古自治区烟草专卖局、内蒙古自治区烟草公司成立于1984年1月1日。1984年9月，内蒙古自治区烟草公司上划中国烟草总公司，更名为中国烟草总公司内蒙古自治区公司。2022年，内蒙古区局（公司）下辖呼和浩特、满洲里、呼伦贝尔、兴安、通辽、赤峰、锡林郭勒、二连浩特、乌兰察布、包头、鄂尔多斯、巴彦淖尔、乌海、阿拉善等14个地市级烟草专卖局（公司）和内蒙古金叶投资有限责任公司，98个县级烟草专卖局（营销部），5个直属分局，5个县级烟草专卖局（分公司），1个烟叶分公司。自治区局（公司）机关设14个职能处室、9个专业部门，以及内蒙古自治区烟草专卖局铁路分局。截至2022年底，总资产131.84亿元，其中固定资产9.08亿元、流动资产116.92亿元，资产负债率12.7%。从业人员6011人。

【领导成员】

党组书记、局长、总经理：杨　树

党组成员、纪检组组长：董建华

党组成员、副总经理：刘　永

党组成员、副总经理：牛其广

党组成员、副局长：董德富

副巡视员：刘凤君

副巡视员：王　强

辽宁省烟草专卖局（公司）

【概　况】　辽宁省烟草专卖局成立于1983年7月，辽宁省烟草公司成立于1983年5月。1984年9月2日，辽宁省人民政府与中国烟草总公司签署协议，决定辽宁省公司自签字之日起上划中国烟草总公司，更名为中国烟草总公司辽宁省公司。2006年，完成母子公司体制改革。2022年，辽宁省局（公司）下辖沈阳、鞍山、抚顺、本溪、丹东、锦州、营口、阜新、辽阳、铁岭、朝阳、盘锦、葫芦岛等13个地市级烟草专卖局（公司），51个县级烟草专卖局（分公司、营销部），15个审计派驻办公室，13个内部专卖管理监督派驻办公室，以及中国烟草辽宁进出口公司、丹东辽东烟草发展有限责任公司。省局（公司）机关设14个职能处室、8个专业部门。截至2022年底，总资产192.69亿元，其中固定资产10.02亿元、流动资产169.97亿元，资产负债率19.85%。从业人员5576人。

【领导成员】

党组书记、局长、总经理：孙　勇

党组成员、副总经理：蒋全波（—2022年7月，退休）

党组成员、副局长：刘　涛

党组成员、副总经理：王韶波

党组成员、副总经理：吴云勇

巡视员：张宝月（2022年8月—，之前任党组成员、纪检组组长）②

吉林省烟草专卖局（公司）

【概　况】　吉林省烟草专卖局、吉林省烟草公司成立于

---

① 2022年2月，国家局党组印发《关于马超纯和王文忠同志职务任免的通知》（国烟党〔2022〕30号），马超纯同志任中共山西省烟草专卖局（公司）党组书记、山西省烟草专卖局局长、中国烟草总公司山西省公司总经理，试用期一年，任职时间自2022年1月29日党组决定之日起计算；免去王文忠同志的中共山西省烟草专卖局（公司）党组书记、山西省烟草专卖局局长、中国烟草总公司山西省公司总经理职务。

2022年1月，国家局党组印发《关于岳坤同志任职的通知》（国烟党〔2022〕4号），岳坤同志任中共山西省烟草专卖局（公司）党组成员、党组纪检组组长。

② 2022年9月，国家局党组印发《关于张宝月同志职务任免的通知》（国烟党〔2022〕143号），张宝月同志任辽宁省烟草专卖局（公司）巡视员，免去其中共辽宁省烟草专卖局（公司）党组成员、党组纪检组组长职务，任职时间自2022年8月29日党组决定之日起计算。

1983年7月。1984年9月，吉林省人民政府与中国烟草总公司签署协议，决定吉林省烟草公司自签字之日起上划中国烟草总公司，更名为中国烟草总公司吉林省公司。2022年，吉林省局（公司）下辖长春、吉林、延边、四平、通化、白城、辽源、松原、白山等9个地市级烟草专卖局（公司），40个县级烟草专卖局（分公司），10个区局（营销部），4个区局，9个物流配送中心，1个柳河烟叶生产管理部。省局（公司）机关设14个职能处室、8个专业部门，以及吉林省金叶烟草有限责任公司、吉林省金叶嘉园物业服务有限责任公司2个直属公司①。截至2022年底，总资产105.5亿元，其中固定资产13.94亿元、流动资产88.64亿元，资产负债率20.99%。从业人员5551人。

【领导成员】

党组书记、局长、总经理：杨　俊（—2022年1月）

党组成员、副总经理：聂树忠

党组成员、副总经理：牛　千

党组成员、纪检组组长：王晓宇（机关部门副职）

党组成员、副局长：黄继坤

副巡视员：何　成

副巡视员：庞晓龙

黑龙江省烟草专卖局（公司）

【概　况】　黑龙江省烟草专卖局成立于1983年4月，黑龙江省烟草公司成立于1982年7月。1984年4月，黑龙江省人民政府与中国烟草总公司签署协议，决定自1984年1月1日起，黑龙江省烟草公司上划中国烟草总公司，更名为中国烟草总公司黑龙江省公司。2022年，黑龙江省局（公司）下辖哈尔滨、齐齐哈尔、大庆、牡丹江、佳木斯、绥化、鸡西、双鸭山、伊春、七台河、鹤岗、黑河、大兴安岭、绥芬河等14个地市级烟草专卖局（公司），65个县级烟草专卖局（分公司），黑龙江省烟草公司哈尔滨烟叶公司、黑龙江省烟草公司牡丹江烟叶公司、中国烟草黑龙江进出口有限责任公司、黑龙江烟草投资管理有限公司和牡丹江烟草科学研究所。省局（公司）机关设15个职能处室、8个专业部门和黑龙江省烟草专卖局铁路分局。截至2022年底，总资产174.35亿元，其中固定资产10.7亿元、流动资产148.44亿元，资产负债率27.73%。从业人员7549人。

【领导成员】②

党组书记、局长、总经理：罗明德（2022年10月—，之前任党组副书记、副局长、副总经理，主持全面工作）

党组成员、副总经理：耿金波

党组成员、副总经理：孙旭东

党组成员、纪检组组长：苏方鹏

党组成员：刘所锋［省局（公司）副职］

党组成员、副总经理：王　强（2022年10月—）

总农艺师：武常青

上海市烟草专卖局、上海烟草集团有限责任公司

【概　况】　上海市烟草专卖局成立于1984年2月。上海烟草集团有限责任公司（简称集团公司）的前身是上海烟草（集团）公司，于1993年11月由原上海市烟草公司及所属企业改制而成；2011年1月，根据《国家烟草专卖局　中国烟草总公司关于上海烟草（集团）公司更名改制和完善公司法人治理结构的批复》，正式更名为上海烟草集团有限责任公司。2022年，上海市烟草专卖局、上海烟草集团有限责任公司下辖浦东新区、黄浦、徐汇、长宁、静安、普陀、闵行、虹口、杨浦、宝山、嘉定、金山、松江、青浦、奉贤、崇明等16个区烟草专卖局（有限公司），驻上海铁路专卖局（有限公司），上海烟草贸易中心有限公司、中国烟草上海进出口有限责任公司、上海海烟投资管理有限公司、上海海烟烟草糖酒有限公司、上海卷烟厂、北京卷烟厂有限公司、天津卷烟厂、上海烟草储运公司、上海高扬国际烟草有限公司、上海海烟物流发展有限公司、上海烟草集团太仓海烟烟草薄片有限公司、上海王宝和大酒店有限公司、上海烟草集团苏州中华园大饭店有限公司，并控股上海烟草包装印刷有限公司、上海白玉兰烟草材料有限公司、

---

① 2022年8月，吉林省局（公司）所属长春顺达房地产开发有限公司依法注销。

② 2022年11月，国家局党组印发《关于罗明德和王强同志任职的通知》（国烟党〔2022〕203号），罗明德同志任中共黑龙江省烟草专卖局（公司）党组书记、黑龙江省烟草专卖局局长、中国烟草总公司黑龙江省公司总经理，试用期一年；王强同志任中共黑龙江省烟草专卖局（公司）党组成员、中国烟草总公司黑龙江省公司副总经理，试用期一年。罗明德和王强同志的任职时间自2022年10月13日党组决定之日起计算。

上海牡丹香精香料有限公司等企业。市局、集团公司机关设24个处室（部门）。截至2022年底，总资产2202.75亿元，其中固定资产108.68亿元、流动资产1321.23亿元，资产负债率10.89%。从业人员1.12万人。

【领导机构】①

董事会

董事长：陆　捷

副董事长：马伶燕

董　事：张弘毅（—2022年9月，退休）、刘　军（2022年9月—）、姜立功、唐　煦、陆　勇（职工董事）

监　事：杨　军

班子成员

党组书记、局长、总经理：陆　捷

党组成员、副局长：姜立功

党组成员、副总经理、中国烟草博物馆常务副馆长：唐　煦

党组成员、副总经理：朱洪武（—2022年10月）

党组成员、副总经理：赵　斌

党组成员、副总经理：陈宣民

党组成员、纪检组组长：杨　军

总工程师：杨征宇

副巡视员：唐　涛（2022年8月—）

江苏省烟草专卖局（公司）

【概　况】　江苏省烟草专卖局成立于1983年7月，江苏省烟草公司组建于1982年11月。1984年11月26日，江苏省人民政府与中国烟草总公司签订协议，决定自协议签署之日起，江苏省烟草公司上划中国烟草总公司，更名为中国烟草总公司江苏省公司。2003年7月，江苏烟草实行工商分设。2022年，江苏省局（公司）下辖南京、苏州、无锡、常州、镇江、南通、扬州、泰州、盐城、淮安、宿迁、徐州、连云港等13个地市级烟草专卖局（公司），1个多元化经营企业和69个县级烟草专卖局（分公司）。省局（公司）机关设13个职能处室、6个专业部门。截至2022年底，总资产910.16亿元，其中固定资产23.13亿元、流动资产741.47亿元，资产负债率9.75%。从业人员1.01万人。

【领导成员】

党组书记、局长、总经理：刘根甫

党组成员、副总经理：朱亚涛

党组成员、副总经理：董桂林

党组成员、纪检组组长：郭　宇

党组成员、副局长：张加成

总经济师：杨思藻

副巡视员：潘立慧

副巡视员：余慧强

浙江省烟草专卖局（公司）

【概　况】　浙江省烟草专卖局、浙江省烟草公司成立于1984年3月。1984年12月30日，浙江省计划经济委员会与中国烟草总公司签署协议，决定浙江省烟草公司自1985年1月1日起上划中国烟草总公司，更名为中国烟草总公司浙江省公司。2003年7月，浙江烟草实行工商分设。2008年底，完成母子公司体制改革。2022年，浙江省局（公司）下辖杭州、宁波、温州、嘉兴、湖州、绍兴、金华、衢州、丽水、台州、舟山等11个地市级烟草专卖局（公司），65个县级烟草专卖局（分公司），以及浙江烟草投资管理有限责任公司（浙江香溢控股有限公司）、浙江烟草进出口有限公司（烟叶生产经营管理办公室）。省局（公司）机关设13个职能处室、6个专业部门。截至2022年底，总资产931.28亿元，其中固定资产30.48亿元、流动资产789.42亿元，资产负债率15.46%。从业人员9820人。

【领导成员】

党组书记、局长、总经理：崔建华

党组成员、纪检组组长：关　军（—2022年1月，退休）

党组成员、副局长：陈修年

党组成员、副总经理：朱建辉

总经济师：陈　燕

---

① 2022年10月，国家局、总公司印发《关于委派刘军同志任职的通知》（国烟人〔2022〕124号），委派刘军同志为上海烟草集团有限责任公司和江苏、安徽、福建中烟工业有限责任公司董事会董事（机关部门副职），试用期一年，任职时间自2022年9月27日党组决定之日起计算。

2022年9月，国家局党组印发《关于唐涛同志任职的通知》（国烟党〔2022〕141号），唐涛同志任上海市烟草专卖局（集团公司）副巡视员，任职时间自2022年8月29日党组决定之日起计算。

安徽省烟草专卖局（公司）

【概　况】　安徽省烟草专卖局成立于1984年5月，安徽省烟草公司组建于1980年10月。1983年10月，安徽省人民政府与中国烟草总公司签署协议，安徽省烟草公司上划中国烟草总公司，更名为中国烟草总公司安徽省公司。2003年4月，安徽烟草率先实行工商分设。2006年，完成母子公司体制改革。2022年，安徽省局（公司）下辖合肥、淮北、亳州、宿州、蚌埠、阜阳、淮南、滁州、六安、马鞍山、芜湖、宣城、铜陵、池州、安庆、黄山等16个地市级烟草专卖局（公司），88个县级烟草专卖局，86个县级卷烟营销部，华环国际烟草有限公司及安徽皖南烟叶有限责任公司。省局（公司）机关设15个职能部门、8个专业部门。截至2022年底，总资产430.05亿元，其中固定资产27.9亿元、流动资产378.1亿元，资产负债率24.71%。从业人员1.26万人。

【领导成员】

党组书记、局长、总经理：张亚宾

党组成员、副总经理：董建江

党组成员、纪检组组长：李柏林

党组成员、副总经理：王道支

党组成员、副总经理：张丙利

总农艺师：邵伏文

副巡视员：范家福（2022年9月—）①

福建省烟草专卖局（公司）

【概　况】　福建省烟草专卖局、福建省烟草公司组建于1984年1月1日。1984年12月31日，福建省人民政府与中国烟草总公司签订协议，决定自协议签署之日起，福建省烟草公司上划中国烟草总公司，更名为中国烟草总公司福建省公司。2003年11月，福建烟草实行工商分设。2006年，完成母子公司体制改革。2022年，福建省局（公司）下辖福州、厦门、宁德、莆田、泉州、漳州、龙岩、三明、南平等9个地市级烟草专卖局（公司），76个县级烟草专卖局（分公司），福建省三明金叶复烤有限公司、福建武夷烟叶有限公司，以及福建烟草海晟投资管理有限公司和中国烟草福建进出口有限责任公司。省局（公司）机关设15个职能处室、9个专业部门。截至2022年底，总资产572.95亿元，其中固定资产32.01亿元、流动资产402.71亿元，资产负债率13.23%。从业人员1.4万人，实行全员聘用制。

【领导成员】

党组书记、局长、总经理：李民灯

党组成员、纪检组组长：纪任德

党组成员、副总经理：林师训

党组成员、副总经理：周志攀

总农艺师：陈顺辉

副巡视员：陈小红

江西省烟草专卖局（公司）

【概　况】　江西省烟草专卖局、江西省烟草公司组建于1984年1月。1984年12月，江西省人民政府与中国烟草总公司签署协议，决定江西省烟草公司自签字之日起上划中国烟草总公司。2004年，江西烟草实行工商分设。2006年，完成母子公司体制改革。2022年，江西省局（公司）下辖南昌、九江、上饶、抚州、宜春、吉安、赣州、景德镇、萍乡、新余、鹰潭等11个地市级烟草专卖局（公司），98个县级烟草专卖局（分公司），以及江西省烟草专卖局铁路分局、中国烟草井冈山传统教育基地、江西省锦峰投资管理有限责任公司、江西赣南烟叶复烤有限责任公司、江西省烟草培训中心、江西省烟草科学研究所等6个二级单位。省局（公司）机关设15个职能处室、6个专业部门。截至2022年底，总资产259.05亿元，其中固定资产20.68亿元、流动资产228.3亿元，资产负债率13.01%。从业人员7726人。

【领导成员】

党组书记、局长、总经理：姜　凯

党组成员、副总经理：徐素珍

党组成员、副总经理：李　民

党组成员、纪检组组长：卓东军

---

① 2022年10月，国家局党组印发《关于范家福同志任职的通知》（国烟党〔2022〕185号），范家福同志任安徽省烟草专卖局（公司）副巡视员，任职时间自2022年9月27日党组决定之日起计算。

山东省烟草专卖局（公司）

【概　况】　山东省烟草专卖局成立于1983年10月，山东省烟草公司组建于1982年4月。1985年12月，山东省烟草公司正式上划中国烟草总公司，更名为中国烟草总公司山东省公司。2004年2月，山东烟草实行工商分设。2022年，山东省局（公司）下辖济南、青岛、淄博、枣庄、东营、烟台、潍坊、济宁、泰安、威海、日照、莱芜、临沂、德州、聊城、滨州、菏泽等17个地市级烟草专卖局（有限公司），136个县级烟草专卖局（分公司、营销部），以及《东方烟草报》社有限公司、中国烟草山东进出口有限责任公司、中国烟草总公司青州中等专业学校、山东烟草投资管理有限公司、山东烟叶复烤有限公司、山东烟草研究院，17个专卖内管派驻机构，17个审计派驻办。省局（公司）机关设22个内设机构、1个铁路分局。截至2022年底，总资产433.45亿元，其中固定资产48.06亿元、流动资产314.47亿元，资产负债率20%。从业人员2.3万人。

【领导成员】

党组书记、局长、总经理：吴洪田

党组成员、副局长：宋新忠

党组成员、纪检组组长：许　萍

党组成员、副总经理：徐立国

党组成员、副总经理：曹红祥

党组成员：宋洪润

巡视员：王卫平（—2022年6月，退休）

河南省烟草专卖局（公司）

【概　况】　河南省烟草专卖局成立于1983年7月，河南省烟草公司组建于1982年11月。1984年8月，河南省人民政府和中国烟草总公司签订协议，决定河南省烟草公司及所辖工商企业全部上划中国烟草总公司，更名为中国烟草总公司河南省公司。2004年1月，河南烟草实行工商分设。2006年，取消县级烟草公司法人资格，完成母子公司体制改革。2022年，河南省局（公司）下辖郑州、开封、洛阳、平顶山、安阳、鹤壁、新乡、焦作、濮阳、许昌、漯河、三门峡、南阳、商丘、信阳、周口、驻马店、济源等18个地市级烟草专卖局（公司），133个县级烟草专卖局，134个县级烟草分公司，以及天昌国际烟草有限公司、中国烟草河南进出口有限责任公司、河南烟草投资管理有限公司和河南省烟草职工培训中心。省局（公司）机关设24个内设机构。截至2022年底，总资产404.09亿元，其中固定资产35.03亿元、流动资产354.28亿元，资产负债率18.96%。从业人员1.94万人。

【领导成员】①

党组书记、局长、总经理：卓俭华

党组成员、副局长：卢俊良（—2022年8月）

党组成员、副总经理：王泽宗

党组成员、副总经理：殷建立

党组成员、纪检组组长：纪　扬（2022年4月—）

总农艺师：宋守晔

副巡视员：蒋中民（2022年1月—）

副巡视员：蒋贺清（2022年1月—）

湖北省烟草专卖局（公司）

【概　况】②　湖北省烟草专卖局成立于1984年3月，湖北省烟草公司成立于1983年8月。1984年11月12日，湖北省人民政府与中国烟草总公司签署协议，决定湖北省烟草公司自协议书签订之日起上划中国烟草总公司，更名为中国烟草总公司湖北省公司。2003年8月，湖北烟草实行工商分设。2006年，完成母子公司体制改革。2022年，湖北省局（公司）下辖武汉、黄冈、襄阳、荆州、十堰、孝感、恩施、宜昌、咸宁、随州、黄石、荆门、鄂州等13个地市级烟草专卖局（公司），仙桃、天门、潜江等3个直管市烟草专卖局（公司）和神农架林区烟草专卖局（公司），89个县级烟草专卖局（营销部），以及湖北烟草金叶复烤有

---

①　2022年5月，国家局党组印发《关于纪扬同志任职的通知》（国烟党〔2022〕90号），纪扬同志任中共河南省烟草专卖局（公司）党组成员、党组纪检组组长，试用期一年，任职时间自2022年4月24日党组决定之日起计算。

2022年2月，国家局党组印发《关于蒋中民和蒋贺清同志任职的通知》（国烟党〔2022〕29号），蒋中民和蒋贺清同志任河南省烟草专卖局（公司）副巡视员，任职时间自2022年1月7日党组决定之日起计算。

②　2021年12月至2022年2月，根据恩州烟人〔2021〕38号、鄂烟法〔2022〕7号、鄂烟法〔2022〕8号等文件相关规定，湖北省恩施州公司所辖全部8家县（市）烟叶分公司，襄阳市公司保康县烟叶分公司、南漳县烟叶分公司，十堰市公司郧西县、房县、竹山县、竹溪县烟叶分公司等14家公司注销。

限责任公司、湖北省烟草专卖局教育培训中心、湖北烟草投资管理有限责任公司、中国烟草湖北进出口有限责任公司、湖北省烟草科学研究院（中国烟草白肋烟试验站）。省局（公司）机关设15个职能处室、7个专业部门。截至2022年底，总资产405.19亿元，其中固定资产82.64亿元、流动资产313.14亿元，资产负债率23.17%。从业人员1.29万人，其中聘用员工1438人。

【领导成员】①

党组书记、局长、总经理：顾厚武

党组成员、副总经理：夏汉林

党组成员、副局长：赵建成

党组成员、纪检组组长：刘义华（2022年5月确定为副厅级）

党组成员、副总经理：唐剑放（—2022年9月，退休）

党组成员、副总经理：龚春竹（2022年9月—）

湖南省烟草专卖局（公司）

【概　况】　湖南省烟草专卖局成立于1983年10月，湖南省烟草公司成立于1983年7月。1985年1月，湖南省烟草公司正式上划中国烟草总公司，更名为中国烟草总公司湖南省公司。2003年5月，湖南烟草实行工商分设。2022年，湖南省局（公司）下辖长沙、株洲、湘潭、衡阳、邵阳、岳阳、常德、张家界、益阳、郴州、永州、怀化、娄底、湘西等14个地市级烟草专卖局（公司），95个县级烟草专卖局（分公司），中共湖南省烟草专卖局党校（湖南省烟草职工培训中心）、湖南烟叶复烤有限公司、中国烟草湖南进出口有限责任公司。省局（公司）机关设16个职能处室、7个专业部门、1个临时机构（电子烟监督管理办公室）。截至2022年底，总资产510.34亿元，其中固定资产61.6亿元、流动资产382.55亿元，资产负债率12.53%。从业人员1.31万人。

【领导成员】

党组书记、局长、总经理：孔祥统

党组成员、副局长：徐文军

党组成员、副总经理：谢建宏（—2022年8月）

党组成员、副总经理：黄国联

党组成员、副总经理：何爱军

总农艺师：陆中山

副巡视员：唐珊珊（—2022年11月，退休）

广东省烟草专卖局（公司）

【概　况】　广东省烟草专卖局、广东省烟草公司成立于1983年。1985年11月20日，广东省人民政府和中国烟草总公司签署协议，决定广东省烟草公司自协议签订之日起上划中国烟草总公司，更名为中国烟草总公司广东省公司。2003年5月，广东烟草实行工商分设。2022年，广东省局（公司）下辖广州、珠海、汕头、佛山、韶关、河源、梅州、惠州、汕尾、东莞、中山、江门、阳江、湛江、茂名、肇庆、清远、潮州、揭阳、云浮等20个地市级烟草专卖局（公司），广东韶关烟叶复烤有限公司，89个县级烟草专卖局（分公司）。省局（公司）机关设16个职能处室、8个专业部门，中国烟草广东进出口有限公司、广东粤烟投资管理有限公司、广州珠江城置业有限公司等3个专业公司。截至2022年底，总资产608.79亿元，其中固定资产24.34亿元、流动资产463.27亿元，资产负债率15.39%。从业人员1.41万人。

【领导成员】

党组书记、局长、总经理：王德源

党组成员、副总经理：周　亮（—2022年9月，退休）

党组成员、副局长：陈秉恒

党组成员、纪检组组长：高　翔

党组成员、副总经理：高　丽

巡视员：刘依平

副巡视员：傅　斌（—2022年3月，退休）

广西壮族自治区烟草专卖局（公司）

【概　况】　广西壮族自治区烟草专卖局成立于1984年1月，广西壮族自治区烟草公司成立于1983年5月。1984年12月1日，广西壮族自治区人民政府与中国烟草总公司签

---

①　2022年5月，国家局党组印发《关于确定刘义华同志职级的通知》（国烟党〔2022〕99号），刘义华同志的职级确定为副厅级，试用期一年，职级时间自2022年5月23日党组决定之日起计算。

2022年9月，国家局党组印发《关于龚春竹同志任职的通知》（国烟党〔2022〕156号），龚春竹同志任中共湖北省烟草专卖局（公司）党组成员、中国烟草总公司湖北省公司副总经理，试用期一年。

署协议，决定自1985年1月1日起，广西壮族自治区烟草公司上划中国烟草总公司，更名为中国烟草总公司广西壮族自治区公司。2003年12月，广西烟草实行工商分设。2022年，广西区局（公司）下辖南宁、柳州、桂林、梧州、北海、防城港、钦州、贵港、玉林、百色、贺州、河池、来宾、崇左等14个地市级烟草专卖局（公司），94个县级烟草专卖局（营销部），伊灵烟叶复烤有限责任公司和广西双维投资管理有限责任公司。自治区局（公司）机关设16个职能处室、7个专业部门和1个临时机构。截至2022年底，总资产193.22亿元，其中固定资产16.42亿元、流动资产154.36亿元，资产负债率20.18%。从业人员7611人。

【领导成员】①

党组书记、局长、总经理：王　全（—2022年8月，退休）

党组书记、局长、总经理：谢建宏（2022年8月—）

党组成员、副总经理：席亮文

党组成员、副总经理：陈可忠（—2022年12月，退休）

党组成员、纪检组组长：肖　春

党组成员、副局长：凌为民

总农艺师：李　波

副巡视员：许　宁（—2022年1月，退休）

副巡视员：王　勇（—2022年9月，退休）

海南省烟草专卖局（公司）

【概　况】　海南省烟草专卖局、中国烟草总公司海南省公司成立于1988年6月。2022年，海南省局（公司）下辖海口、三亚、儋州、琼海等4个地市级烟草专卖局（公司），14个县级烟草专卖局（营销部），持有海南金沙岛卷烟销售有限责任公司30%的股份。省局（公司）机关设12个职能处室、6个专业部门、1个其他部门、1个分支机构。截至2022年底，总资产82.7亿元，其中固定资产4.23亿元、流动资产74.94亿元，资产负债率16.98%。从业人员1204人，实行全员聘用制。

【领导成员】

党组副书记、副局长、副总经理：徐　丹（主持全面工作）

党组成员、纪检组组长：梁开朝

党组成员、副总经理：王　军

党组成员、副总经理：王斌斌

党组成员、副局长：李　云

总会计师：徐丽芬

副巡视员：许丁科（—2022年3月，退休）

重庆市烟草专卖局（公司）

【概　况】　重庆市烟草专卖局、重庆市烟草公司成立于1983年。1984年7月14日，重庆市人民政府与中国烟草总公司签署协议，决定自1985年1月1日起，重庆市烟草公司上划中国烟草总公司，更名为中国烟草总公司重庆市公司。2003年8月，重庆烟草实行工商分设，四川卷烟工业与重庆卷烟工业跨省组建川渝中烟工业公司。2022年，重庆市局（公司）下辖万州、涪陵、黔江、渝中、大渡口、江北、沙坪坝、九龙坡、南岸、北碚、万盛经济技术开发区、渝北、巴南、长寿、江津、合川、永川、南川、綦江、大足、璧山、铜梁、潼南、荣昌、梁平、城口、丰都、垫江、武隆、忠县、开州、云阳、奉节、巫山、巫溪、石柱、秀山、酉阳、彭水等39个区（县）烟草专卖局（分公司），重庆市烟草投资管理有限公司1个多元化经营企业，中国烟草总公司重庆市公司销售分公司、烟叶分公司、物流分公司等3个专业分公司，重庆烟叶复烤有限公司及重庆烟草科学研究所。市局（公司）机关设20个部门。截至2022年底，总资产231.6亿元，其中固定资产12.86亿元、流动资产204.23亿元，资产负债率22.65%。从业人员6593人。

【领导成员】②

党组书记、局长、总经理：李定晓

党组成员、副总经理：刘庆岩

---

① 2022年8月，国家局党组印发《关于谢建宏和王全同志职务任免的通知》（国烟党〔2022〕133号），谢建宏同志任中共广西壮族自治区烟草专卖局（公司）党组书记、广西壮族自治区烟草专卖局局长、中国烟草总公司广西壮族自治区公司总经理，试用期一年；免去王全同志的中共广西壮族自治区烟草专卖局（公司）党组书记、广西壮族自治区烟草专卖局局长、中国烟草总公司广西壮族自治区公司总经理职务，退休。谢建宏同志的任职时间自2022年8月22日党组决定之日起计算。

② 2022年10月，国家局党组印发《关于刘伟同志职务任免的通知》（国烟党〔2022〕186号），刘伟同志任中国烟草总公司重庆市公司副总经理，免去其重庆市烟草专卖局副局长职务。

2022年9月，国家局党组印发《关于李朝彬同志任职的通知》（国烟党〔2022〕140号），李朝彬同志任中共重庆市烟草专卖局（公司）党组成员、重庆市烟草专卖局副局长，试用期一年，任职时间自2022年8月29日党组决定之日起计算。

党组成员、副总经理：刘　伟（2022年10月—，之前任党组成员、副局长）

党组成员、纪检组组长：何　川

党组成员、副局长：李朝彬（2022年8月—）

巡视员：冉幕寿

四川省烟草专卖局（公司）

【概　况】　四川省烟草专卖局成立于1983年3月，四川省烟草公司成立于1982年10月。1984年7月9日，中国烟草总公司与四川省人民政府签署《关于四川省烟草公司上划交接协议书》，规定自协议签订之日起，全省烟草工商企业上划中国烟草总公司。1996年，中央决定设立重庆直辖市后，其辖区烟草工商企业同步划转。2003年8月，四川烟草实行工商分设，四川卷烟工业与重庆卷烟工业跨省组建川渝中烟工业公司。2022年，四川省局（公司）下辖成都、自贡、攀枝花、泸州、德阳、绵阳、广元、遂宁、内江、乐山、南充、资阳、广安、达州、巴中、雅安、眉山、宜宾、凉山、阿坝、甘孜等21个市（州）烟草专卖局（公司），185个县级烟草专卖局，180个县级烟草分公司，以及中国烟草四川进出口有限责任公司、四川烟叶复烤有限责任公司、四川诚至诚烟草投资有限责任公司。省局（公司）机关设机构25个。截至2022年底，总资产622.76亿元，其中固定资产38.99亿元、流动资产514.37亿元，资产负债率18.19%。从业人员1.37万人。

【领导成员】

党组书记、局长、总经理：董秀明

党组成员、副总经理：耿宏斌

党组成员、副局长：白向群

党组成员、副总经理：周德文

党组成员、纪检组组长：赵新刚

总经济师：李作民

巡视员：肖　瑞（2022年8月—，之前任党组成员、副总经理）①

贵州省烟草专卖局（公司）

【概　况】　贵州省烟草专卖局成立于1983年9月，贵州省烟草公司成立于1981年11月。1985年11月13日，贵州省人民政府与中国烟草总公司签署协议，决定自1986年6月1日起，贵州省烟草公司上划中国烟草总公司，更名为中国烟草总公司贵州省公司。2004年1月，贵州烟草实行工商分设。2006年，取消县级公司法人资格，确立地市级公司市场经营主体地位，建立母子公司体制。2022年，贵州省局（公司）下辖贵阳、遵义、六盘水、安顺、毕节、铜仁、黔东南、黔南、黔西南等9个地市级烟草专卖局（公司）和贵安新区烟草专卖局（公司），88个县级烟草专卖局（分公司），贵州省烟草科学研究院、中国烟草贵州进出口有限责任公司、贵州烟草投资管理有限公司、贵州烟叶复烤有限责任公司。省局（公司）机关设16个职能处室、9个专业部门。截至2022年底，总资产410.87亿元，其中固定资产47.58亿元、流动资产329.35亿元，资产负债率19.39%。从业人员1.58万人。

【领导成员】②

党组书记、局长、总经理：高体仁（—2022年12月）

党组书记、局长、总经理：郑雄志（2022年12月—）

党组成员、副总经理：沈　宏

党组成员、副总经理：陈　熹

党组成员、纪检组组长：张光伟

党组成员、副总经理：周　华

巡视员：任　林

副巡视员：刘登乾（—2022年10月，退休）

云南省烟草专卖局（公司）

【概　况】　云南省烟草专卖局成立于1983年11月，云南省烟草公司成立于1982年4月。1985年1月，云南省人民政府与中国烟草总公司签署《关于云南省烟草公司上划交接协议书》，决定自1985年1月1日起，云南省烟草公司

---

① 2022年9月，国家局党组印发《关于肖瑞和杨宇同志职务任免的通知》（国烟党〔2022〕155号），肖瑞同志任四川省烟草专卖局（公司）巡视员，免去其中共四川省烟草专卖局（公司）党组成员、中国烟草总公司四川省公司副总经理职务，任职时间自2022年8月29日党组决定之日起计算。

② 2022年12月21日，国家局党组印发《关于郑雄志和高体仁同志职务任免的通知》（国烟党〔2022〕260号），郑雄志同志任中共贵州省烟草专卖局（公司）党组书记、贵州省烟草专卖局局长、中国烟草总公司贵州省公司总经理，试用期一年，任职时间自2022年12月13日党组决定之日起计算；免去高体仁同志的中共贵州省烟草专卖局（公司）党组书记、贵州省烟草专卖局局长、中国烟草总公司贵州省公司总经理职务。

上划中国烟草总公司，更名为中国烟草总公司云南省公司。2022年，云南省局（公司）下辖昆明、玉溪、曲靖、红河、楚雄、大理、昭通、保山、文山、普洱、丽江、临沧、德宏、西双版纳、怒江、迪庆等16个地市级烟草专卖局（公司），129个县级烟草专卖局（分公司），云南省烟草烟叶公司、中国烟草云南进出口有限公司、云南烟叶复烤有限责任公司、云南华叶投资有限责任公司、云南香料烟有限责任公司等5个直属企业和云南省烟草农业科学研究院、云南省烟草质量监督检测站2个直属事业单位。省局（公司）机关设15个职能处室、7个专业部门。截至2022年底，总资产1283.6亿元，其中固定资产57.7亿元、流动资产1085亿元，资产负债率15.59%。从业人员2.07万人。

【领导成员】①

党组成员、副局长：邓小刚

党组成员、纪检组组长：蔡振华

党组成员、副总经理：吴践志

党组成员、副总经理：尤　辉（2022年3月—）

党组成员、副总经理：周　锋（2022年4月—）

总农艺师：杨　跃

副巡视员：段应泽

副巡视员：杨世田

西藏自治区烟草专卖局（公司）

【概　况】　西藏自治区烟草专卖局、西藏自治区烟草公司成立于1998年1月。2000年12月，西藏自治区人民政府与国家烟草专卖局（中国烟草总公司）签署《关于西藏自治区烟草体制上划协议书》，决定自2001年1月1日起，西藏自治区烟草公司上划国家烟草专卖局和中国烟草总公司，更名为中国烟草总公司西藏自治区公司。2022年，西藏区局（公司）下辖拉萨、日喀则、林芝、山南、昌都、阿里等6个地市级烟草专卖局（公司）。区局（公司）机关设14个职能处室、8个专业部门、1个临时机构。截至2022年底，总资产42.19亿元，其中固定资产3.1亿元、流动资产36.27亿元，资产负债率19.57%。从业人员740人。

【领导成员】②

党委书记、局长、总经理：李文辉（2022年10月—，之前任党委副书记、副局长、副总经理，主持全面工作）

党委委员、副局长：旺　啦

党委委员、副总经理：洛　桑

党委委员、副总经理：曾　涛

党委委员、副总经理：程　伟

党委委员、纪委书记：拉　果

党委委员、副局长：顿　珠（2022年10月—）

副巡视员：王永长（—2022年2月，退休）

副巡视员：巴　桑（—2022年3月，退休）

陕西省烟草专卖局（公司）

【概　况】　陕西省烟草专卖局成立于1984年9月，陕西省烟草公司成立于1984年7月，实行合署办公。1985年4月3日，陕西省人民政府与中国烟草总公司签署协议，决定自1985年1月1日起，陕西省烟草公司上划中国烟草总公司，更名为中国烟草总公司陕西省公司。2003年12月，陕西烟草实行工商分设。2006年实施母子公司体制改革。2022年，陕西省局（公司）下辖西安、咸阳、宝鸡、渭南、商洛、汉中、安康、延安、榆林、铜川、杨凌等11个地市级烟草专卖局（公司），106个县级烟草专卖局（分公司），10家物流分公司，以及陕西烟草投资管理有限公司、陕西烟草进出口有限责任公司、咸阳烟叶复烤有限责任公司、西安铁路烟草专卖分局。省局（公司）机关设15个职能处室、8个专业部门。截至2022年底，总资产219.81亿元，其中固定资产16.27亿元、流动资产172.6亿元，资产负债率22.57%。从业人员8810人。

【领导成员】

党组书记、局长、总经理：高兴智

党组成员、副局长：吉应城

---

①　2022年4月，国家局党组印发《关于尤辉同志任职的通知》（国烟党〔2022〕85号），尤辉同志任中共云南省烟草专卖局（公司）党组成员、中国烟草总公司云南省公司副总经理，试用期一年，任职时间自2022年3月28日党组决定之日起计算。

2022年5月，国家局党组印发《关于周锋同志任职的通知》（国烟党〔2022〕85号），周锋同志任中共云南省烟草专卖局（公司）党组成员、中国烟草总公司云南省公司副总经理，试用期一年，任职时间自2022年4月24日党组决定之日起计算。

②　2022年11月，国家局党组印发《关于李文辉和顿珠同志任职的通知》（国烟党〔2022〕204号），李文辉同志任中共西藏自治区烟草专卖局（公司）委员会书记、西藏自治区烟草专卖局局长、中国烟草总公司西藏自治区公司总经理，试用期一年；顿珠同志任中共西藏自治区烟草专卖局（公司）委员会委员、西藏自治区烟草专卖局副局长，试用期一年。李文辉和顿珠同志的任职时间自2022年10月13日党组决定之日起计算。

党组成员、副总经理：梁培荣

党组成员、纪检组组长：赵启斌

党组成员、副总经理：董旭红

甘肃省烟草专卖局（公司）

【概　况】　甘肃省烟草专卖局、甘肃省烟草公司成立于1984年9月，实行合署办公。1985年5月15日，甘肃省经济委员会与中国烟草总公司签署协议，决定从协议签订之日起甘肃省烟草公司上划中国烟草总公司，更名为中国烟草总公司甘肃省公司。2006年，完成母子公司体制改革。2022年，甘肃省局（公司）下辖兰州、天水、定西、酒泉、武威、张掖、庆阳、平凉、陇南、白银、金昌、嘉峪关、临夏、甘南等14个地市级烟草专卖局（公司），82个县级烟草专卖局（营销部）和1个县级烟草专卖局（公司），甘肃省烟草专卖局铁路分局。省局（公司）机关设14个职能处室、7个专业部门（职业技能鉴定站并入人事处）。截至2022年底，总资产138.76亿元，其中固定资产7.71亿元、流动资产118.07亿元，资产负债率35.48%。从业人员4079人，实行全员聘用制。

【领导成员】①

党组书记、局长、总经理：师增建（—2022年10月）

党组书记、局长、总经理：薛　飞（2022年10月—）

党组成员、副总经理：张　威

党组成员、副总经理：和　平

党组成员、纪检组组长：晏忠泰

党组成员、副局长：刘文雅（2022年9月—）

巡视员：杨　洪（—2022年6月，退休）

巡视员：蔺志宏（2022年9月—，之前任党组成员、副局长）

副巡视员：向　阳（—2022年7月，退休）

副巡视员：米虎祥（2022年9月—）

青海省烟草专卖局（公司）

【概　况】　青海省烟草专卖局、中国烟草总公司青海省公司组建于1984年，1986年划归国家烟草专卖局、中国烟草总公司管理。2004年理顺全省烟草专卖管理体制，2007年完成母子公司体制改革。2022年，青海省局（公司）下辖西宁、海东、海西、格尔木、海南、海北、黄南、玉树、果洛等9个地市级烟草专卖局（公司），34个县级烟草专卖局和33个非独立法人的营销部。省局（公司）机关设12个职能处室、5个专业部门，以及青海烟草物流中心。截至2022年底，总资产44亿元，其中固定资产1亿元、流动资产41亿元，资产负债率25.37%。从业人员1024人。

【领导成员】

党组副书记、副局长、副总经理：薛　飞（—2022年10月，主持全面工作）

党组成员、副总经理：刘海宁

党组成员、纪检组组长：李祥红

党组成员、副局长：钟建平（2022年6月—）②

巡视员：秦　刚（—2022年2月，退休）

副巡视员：李安益

宁夏回族自治区烟草专卖局（公司）

【概　况】　宁夏回族自治区烟草专卖局、宁夏回族自治区烟草公司经宁夏回族自治区人民政府批准于1983年10月成立。1986年1月，宁夏回族自治区烟草公司上划中国烟草总公司，更名为中国烟草总公司宁夏回族自治区公司。2022年，宁夏区局（公司）下辖银川、石嘴山、吴忠、固原、中卫等5个地市级烟草专卖局（公司），22个县级烟草专卖局（分公司）。自治区局（公司）机关设12个职能处室、5个专业部门及1个非法人分支机构（中国烟草总公司

---

① 2022年11月，国家局党组印发《关于薛飞和师增建同志职务任免的通知》（国烟党〔2022〕205号），薛飞同志任中共甘肃省烟草专卖局（公司）党组书记、甘肃省烟草专卖局局长、中国烟草总公司甘肃省公司总经理，试用期一年；免去师增建同志的中共甘肃省烟草专卖局（公司）党组书记、甘肃省烟草专卖局局长、中国烟草总公司甘肃省公司总经理职务。薛飞同志的任职时间自2022年10月13日党组决定之日起计算。

2022年11月，国家局党组印发《关于刘文雅同志任职的通知》（国烟党〔2022〕232号），刘文雅同志任中共甘肃省烟草专卖局（公司）党组成员、甘肃省烟草专卖局副局长，试用期一年，任职时间自2022年9月27日党组决定之日起计算。

2022年10月，国家局党组印发《关于蔺志宏和米虎祥同志职务任免的通知》（国烟党〔2022〕184号），蔺志宏同志任甘肃省烟草专卖局（公司）巡视员，免去其中共甘肃省烟草专卖局（公司）党组成员、甘肃省烟草专卖局副局长职务；米虎祥同志任甘肃省烟草专卖局（公司）副巡视员。蔺志宏和米虎祥同志的任职时间自2022年9月27日党组决定之日起计算。

② 2022年6月，国家局党组印发《关于钟建平同志任职的通知》（国烟党〔2022〕116号），钟建平同志任中共青海省烟草专卖局（公司）党组成员、青海省烟草专卖局副局长，试用期一年，任职时间自2022年6月20日党组决定之日起计算。

宁夏回族自治区公司物流中心）。截至2022年底，总资产37.8亿元，其中固定资产3.47亿元、流动资产32.12亿元，资产负债率15.47%。从业人员1176人，实行全员聘用制。

【领导成员】

党组书记、局长、总经理：宋　俊

党组成员、副总经理：罗增平

党组成员、副总经理：虎治富

党组成员、纪检组组长：岳　坤（—2022年1月）

党组成员、副局长：庞宏仓（2022年9月—）①

副巡视员：杨万龙（—2022年10月，退休）

新疆维吾尔自治区烟草专卖局（公司）

【概　况】　新疆维吾尔自治区烟草专卖局、新疆维吾尔自治区烟草公司成立于1986年1月1日，同年，新疆维吾尔自治区烟草公司上划中国烟草总公司，更名为中国烟草总公司新疆维吾尔自治区公司，2017年12月，调整为新疆维吾尔自治区烟草公司。2011年，自治区局将各地、州、市烟草专卖局所属县级烟草专卖行政主管部门名称统一为“某某地、州、市某某县（市、区）烟草专卖局”，原县级卷烟经营机构主要任务是市场服务，不再具体从事卷烟的批发与零售及其他经营活动。2022年，新疆区局（公司）下辖乌鲁木齐、昌吉、博尔塔拉、伊犁、克拉玛依、塔城、阿勒泰、吐鲁番、哈密、巴音郭楞、阿克苏、喀什、和田等13个地市级烟草专卖局（公司），新疆维吾尔自治区烟草专卖局石河子市局、克孜勒苏柯尔克孜自治州烟草专卖局2个地（州、市）烟草专卖局②，94个县级烟草专卖局，新疆烟草进出口有限责任公司。自治区局（公司）机关设12个职能处室、4个专业部门、2个中心。截至2022年底，总资产105.6亿元，其中固定资产6.55亿元、流动资产94.96亿元，资产负债率21.4%。从业人员2454人。

【领导成员】

党组书记、局长、总经理：王　勇

党组成员、副局长：曲卫东

党组成员、副总经理：木哈拉木·西日甫

党组成员、副总经理：白玉龙

党组成员、纪检组组长：王录奎

副巡视员：秘秀峰（—2022年10月，退休）

大连市烟草专卖局（公司）

【概　况】　大连市烟草专卖局、大连市烟草公司成立于1984年，1994年上划中国烟草总公司，在烟草行业内计划单列，是国家局、总公司直接管理的省级烟草专卖局（公司）。2006年10月，根据《国家烟草专卖局关于大连市烟草公司建立母子公司体制改革的批复》（国烟法〔2006〕754号），大连市烟草公司的名称变更为中国烟草总公司大连市公司。2022年，大连市局（公司）下辖中山、西岗、沙河口、甘井子、旅顺口、金州、普兰店、瓦房店、庄河、长海等10个区（市、县）烟草专卖局（分公司），大连烟草营销中心、大连烟草物流中心，以及大连东方大厦有限公司、大连春天物业管理有限公司2个多元化经营企业。市局（公司）机关设11个职能处室、5个专业部门。截至2022年底，总资产73.13亿元，其中固定资产1.75亿元、流动资产69.52亿元，资产负债率13.6%。从业人员775人。

【领导成员】③

党组书记、局长、总经理：刘　宁

党组成员、副局长：顾　建

党组成员、副总经理：郭天龙

党组成员、纪检组组长：郇　鹏（机关部门副职）

党组成员、副总经理：蔺　雁

总经济师：李建波（2022年3月—）

副巡视员：孙克战

副巡视员：王发令（2022年3—10月，退休）

---

① 2022年10月，国家局党组印发《关于庞宏仓同志任职的通知》（国烟党〔2022〕183号），庞宏仓同志任中共宁夏回族自治区烟草专卖局（公司）党组成员、宁夏回族自治区烟草专卖局副局长，试用期一年，任职时间自2022年9月27日党组决定之日起计算。

② 喀什地区烟草专卖局与克孜勒苏柯尔克孜自治州烟草专卖局合署办公。新疆烟草兵团石河子有限公司是兵团国资公司下属企业，人、财、物属兵团国资公司，自治区公司仅对其经营管理工作进行指导。

③ 2022年4月，国家局党组印发《关于李建波和王发令同志任职的通知》（国烟党〔2022〕78号），李建波同志任大连市烟草专卖局（公司）总经济师，试用期一年；王发令同志任大连市烟草专卖局（公司）副巡视员。李建波和王发令同志的任职时间自2022年3月28日党组决定之日起计算。

深圳市烟草专卖局（公司）

【概　况】　深圳市烟草专卖局、深圳市烟草公司成立于1986年。1995年4月，深圳市烟草公司正式上划中国烟草总公司，更名为中国烟草总公司深圳市公司，享有省级烟草专卖管理权、经营权。2022年，深圳市局（公司）下辖福田、罗湖、盐田、南山、宝安、龙岗、龙华、坪山、光明、大鹏新区、深汕特别合作区①等11个区烟草专卖局（公司），深圳中深烟草贸易中心和深圳烟草进出口有限公司2个专业公司。市局（公司）机关设11个职能处室、6个专业部门、2个其他部门和1个分局。截至2022年底，总资产157.29亿元，其中固定资产7.87亿元、流动资产146.09亿元，资产负债率10.11%。从业人员1290人。

【领导成员】②

党组书记、局长、总经理：曾　政

党组成员、副总经理：李新忠（—2022年3月，退休）

党组成员、副总经理：赖远程

党组成员、纪检组组长：张红宇（机关部门副职）

党组成员、副总经理：李　昶（2022年5月—）

党组成员、副局长：刘志平（2022年5月—）

◇编辑：王　静

省级中烟工业公司

河北中烟工业有限责任公司

【概　况】　河北中烟工业有限责任公司前身为河北烟草工商分设后于2003年6月成立的河北中烟工业公司。2010年12月，国家局、总公司批复同意河北中烟工业公司更名改制为河北中烟工业有限责任公司，并于2011年7月正式挂牌成立。公司下辖张家口卷烟厂有限责任公司、河北白沙烟草有限责任公司2个具有独立法人资格的卷烟生产企业（其中河北白沙烟草有限责任公司下辖石家庄卷烟厂和保定卷烟厂）。2022年，公司本部设22个部门、1个临时机构和北方烟机配件有限公司1个专业公司。截至2022年底，公司总资产187.03亿元，其中固定资产34.11亿元、流动资产139.97亿元，资产负债率31.24%。从业人员4833人。

【领导机构】

董事会③

董事长：舒　明

董　事：曲志刚（—2022年11月）、张孝堂（2022年11月—）、杜为红、胡自强、张晓军（职工董事）

监　事：王海峰

班子成员④

党组书记、总经理：曲志刚（—2022年10月）

党组书记、总经理：张孝堂（2022年10月—）

党组成员、副总经理：杜为红

党组成员、副总经理：胡自强

党组成员、副总经理：王玉立

党组成员、副总经理：李　刚

总工程师：王玉林

一级高级经理：王海峰（2022年8月—，之前任党组成员、纪检组组长）

江苏中烟工业有限责任公司

【概　况】　江苏中烟工业有限责任公司前身为江苏烟草工商分设后于2003年9月成立的江苏中烟工业公司。2006

---

①　2022年11月，深圳市局（公司）印发《关于设立深圳市深汕特别合作区烟草专卖局（公司）的通知》（深烟人〔2022〕144号），设立深圳市深汕特别合作区烟草专卖局（副处级）、深圳市烟草深汕特别合作区公司。深圳市深汕特别合作区烟草专卖局与深圳市烟草深汕特别合作区公司合署办公，负责涉及区域范围内的烟草专卖管理和卷烟营销工作。

②　2022年5月，国家局党组印发《关于李昶和刘志平同志任职的通知》（国烟党〔2022〕92号），李昶同志任中共深圳市烟草专卖局（公司）党组成员、中国烟草总公司深圳市公司副总经理，试用期一年；刘志平同志任中共深圳市烟草专卖局（公司）党组成员、深圳市烟草专卖局副局长，试用期一年。李昶、刘志平同志的任职时间自2022年5月5日党组决定之日起计算。

③　2022年11月，国家局、总公司印发《关于河北中烟工业有限责任公司董事调整的通知》（国烟人〔2022〕150号），委派张孝堂同志为河北中烟工业有限责任公司董事，担任该公司法定代表人；曲志刚同志不再担任河北中烟工业有限责任公司董事、法定代表人。

④　2022年11月，国家局党组印发《关于张孝堂和曲志刚同志职务任免的通知》（国烟党〔2022〕231号），张孝堂同志任中共河北中烟工业有限责任公司党组书记、河北中烟工业有限责任公司总经理，试用期一年；免去曲志刚同志的中共河北中烟工业有限责任公司党组书记、河北中烟工业有限责任公司总经理职务，另有任用。张孝堂同志的任职时间自2022年10月27日党组决定之日起计算。

2022年9月，国家局党组印发《关于王海峰同志职务任免的通知》（国烟党〔2022〕146号），王海峰同志任河北中烟工业有限责任公司一级高级经理，免去其中共河北中烟工业有限责任公司党组成员、党组纪检组组长职务，任职时间自2022年8月29日党组决定之日起计算。

年12月，完成对省内卷烟工业企业的合并重组。2008年5月，经国家局、总公司批复同意，改制更名为江苏中烟工业有限责任公司，并于2009年9月成立董事会，12月举行挂牌仪式。公司下设南京卷烟厂、徐州卷烟厂、淮阴卷烟厂等3个不具有法人资格的卷烟生产厂，以及南通烟滤嘴有限责任公司、江苏鑫源烟草薄片有限公司2个全资子公司。2022年，公司本部设23个部门。截至2022年底，公司拥有总资产725亿元，其中固定资产72.69亿元、流动资产622.13亿元，资产负债率8.51%。从业人员5703人。

【领导机构】

董事会

董事长：马伶燕

董　事：曾献兵、王轩庭、张弘毅（—2022年9月，退休）、刘　军（2022年9月—）①、施　彬（职工董事）

监　事：黄宝生

班子成员

党组书记、总经理：曾献兵

党组成员、副总经理：王轩庭

党组成员、副总经理：王海龙

党组成员、纪检组组长：黄宝生

党组成员、副总经理：朱卫星

党组成员、副总经理：招启柏

浙江中烟工业有限责任公司

【概　况】 浙江中烟工业有限责任公司前身为浙江烟草工商分设后于2003年7月成立的浙江中烟工业公司。2007年11月，国家局、总公司批复浙江中烟工业公司更名改制为浙江中烟工业有限责任公司。公司下设杭州卷烟厂、宁波卷烟厂2个不具有法人资格的卷烟生产厂，浙江中烟投资管理有限公司1个全资子公司，参股甘肃烟草工业有限责任公司、环球烟草有限责任公司、科伦印象有限责任公司等。公司本部设18个部门。截至2022年底，公司总资产492.38亿元，其中固定资产58.58亿元、流动资产365.15亿元，资产负债率12.55%。从业人员3265人。

【领导机构】

董事会②

董事长：李德义

董　事：许明忠、张思荣、杨柳军（—2022年3月）、陶建英（2022年3月—）、王献生、沈云龙、王良君（—2022年3月）（职工董事）、陈昊阳（2022年3月—）（职工董事）

监　事：邓家云

班子成员③

党组书记、总经理：许明忠

党组成员、副总经理：张思荣

党组成员、副总经理：陶建英

党组成员、副总经理：张德春

党组成员、纪检组组长：邓家云

党组成员、副总经理：孙　波（2022年5月—）

总工程师：储国海

一级高级经理：杨柳军（2022年5月—，之前任党组成员、副总经理）

二级高级经理：杨小泰（2022年5—9月，退休）

安徽中烟工业有限责任公司

【概　况】 安徽中烟工业有限责任公司前身为安徽烟草工商分设后于2003年4月成立的安徽中烟工业公司。2010年，经国家局、总公司批复同意，更名改制为安徽中烟工业有限责任公司。2011年6月15日，安徽中烟工业有限责任公司成立董事会。同年6月27日，正式挂牌成立。公司下设蚌埠卷烟厂、芜湖卷烟厂、合肥卷烟厂、阜阳卷烟厂、滁州卷烟厂等5个不具有法人资格的卷烟生产厂，以及蚌埠黄山新材料科技有限责任公司、芜湖卷烟材料有限责任公

---

① 2022年10月，国家局、总公司印发《关于委派刘军同志任职的通知》（国烟人〔2022〕124号），委派刘军同志为上海烟草集团有限责任公司和江苏、安徽、福建中烟工业有限责任公司董事会董事（机关部门副职），试用期一年，任职时间自2022年9月27日党组决定之日起计算。

② 2022年3月，国家局、总公司印发《关于浙江中烟工业有限责任公司董事会换届的通知》（国烟人〔2022〕41号），委派李德义同志为浙江中烟工业有限责任公司董事、董事长；委派许明忠、张思荣、陶建英、王献生、沈云龙同志为浙江中烟工业有限责任公司董事；委派邓家云同志为浙江中烟工业有限责任公司监事；聘任陈昊阳同志为浙江中烟工业有限责任公司董事。

③ 2022年5月，国家局党组印发《关于杨柳军等三名同志职务任免的通知》（国烟党〔2022〕98号），杨柳军同志任浙江中烟工业有限责任公司一级高级经理，免去其中共浙江中烟工业有限责任公司党组成员、浙江中烟工业有限责任公司副总经理职务；孙波同志任中共浙江中烟工业有限责任公司党组成员、浙江中烟工业有限责任公司副总经理，试用期一年；杨小泰同志任浙江中烟工业有限责任公司二级高级经理。杨柳军、孙波、杨小泰同志的任职时间自2022年5月23日党组决定之日起计算。

司、合肥烟草材料有限责任公司、阜阳卷烟材料有限责任公司、滁州卷烟材料有限责任公司等5个卷烟辅助材料生产企业①、安徽中烟再造烟叶科技有限责任公司、滁州红三环大酒店有限责任公司、安徽焦甜香生物科技有限公司等8个全资子公司；安徽安泰物流有限责任公司、中烟国际欧洲有限公司2个控股公司，双维伊士曼纤维有限公司、华环国际烟草有限公司、福建武夷烟叶有限公司等11个参股公司。2022年，公司本部设19个部门（含合署办公部门）及1个市场营销中心、1个技术中心和1个物流中心。截至2022年底，公司总资产331.66亿元，其中固定资产55.22亿元、流动资产241.75亿元，资产负债率31.15%。从业人员5498人。

【领导机构】

董事会

董事长：马伶燕

董　事：张弘毅（—2022年9月，退休）、刘　军（2022年9月—）、宁　敏、许新忠（职工董事）

监　事：齐义良（—2022年10月，退休）

班子成员

党组成员、副总经理：宁　敏

党组成员、副总经理：王茂林（—2022年2月）

党组成员、副总经理：甘　宁

党组成员、纪检组组长：齐义良（—2022年10月，退休）

总工程师：刘　云

福建中烟工业有限责任公司

【概　况】　福建中烟工业有限责任公司前身为福建烟草工商分设后于2003年11月成立的福建中烟工业公司。2010年12月，经国家局、总公司批复同意更名改制为福建中烟工业有限责任公司，2011年7月8日正式挂牌成立。公司下设5个具有独立法人资格企业，分别是龙岩、厦门烟草工业有限责任公司2个卷烟生产企业，福建省龙岩金叶复烤有限责任公司1个打叶复烤企业，福建金闽再造烟叶发展有限公司1个烟草薄片生产企业，以及福建鑫叶投资管理集团有限公司1个多元化经营企业。2022年，公司本部设23个部门，分为12个职能部门和11个专业部门。截至2022年底，公司总资产255.25亿元，其中固定资产34.17亿元、流动资产184.47亿元，资产负债率16.18%，从业人员6967人。

【领导机构】

董事会

董事长：马伶燕

董　事：夏开元、邱全胜、林荣欣、张弘毅（—2022年9月，退休）、刘　军（2022年9月—）、李海民（职工董事）

监　事：林建红

班子成员

党组书记、总经理：夏开元

党组成员、副总经理：邱全胜

党组成员、副总经理：伍达明

党组成员、副总经理：林荣欣

党组成员、纪检组组长：林建红

党组成员、副总经理：廖材河

党组成员、副总经理：吴志文

总工程师：陈万年

二级高级经理：田冬宏

江西中烟工业有限责任公司

【概　况】　江西中烟工业有限责任公司前身为江西烟草工商分设后于2004年10月成立的江西中烟工业公司。2007年12月，国家局、总公司批复同意江西中烟工业公司与所属南昌卷烟总厂合并重组为一个法人实体，企业名称为江西中烟工业公司。2009年10月，江西中烟工业公司更名改制为江西中烟工业有限责任公司。公司下设南昌卷烟厂、赣州卷烟厂、广丰卷烟厂、井冈山卷烟厂等4个不具有法人资格的卷烟生产厂。2022年，公司本部设20个部门。截至2022年底，公司总资产155.34亿元，其中固定资产36.63亿元、流动资产109.36亿元，资产负债率12.36%。从业人员4104人。

---

①　根据《中国烟草总公司关于加快推进烟草企业厂办大集体改革工作的意见》（中烟办〔2019〕42号）、《安徽中烟工业有限责任公司关于加快推进厂办大集体改革工作的意见》（皖烟工〔2020〕87号）的要求，蚌埠卷烟材料厂、芜湖卷烟材料厂、合肥烟草工贸总公司、阜阳卷烟材料厂、滁州卷烟材料厂等5家卷烟材料生产企业于2022年12月底重组改制成为安徽中烟独资多元化经营企业。

【领导机构】

董事会①

董事长：舒　明

董　事：王迪汗、张胜健、刘沪明（—2022年3月）（职工董事）、黄剑文（2022年3月—）（职工董事）

监　事：秦日伦

班子成员

党组成员、副总经理：王迪汗

党组成员、副总经理：张胜健

党组成员、副总经理：赵明强

党组成员、纪检组组长：秦日伦

党组成员、副总经理：罗丽珍

二级高级经理：何善懋（—2022年9月，退休）

山东中烟工业有限责任公司

【概　况】　山东中烟工业有限责任公司前身为山东烟草工商分设后于2004年2月成立的山东中烟工业公司。2009年9月，国家局、总公司批复同意山东中烟更名改制和建立董事会。2010年4月20日，山东中烟工业有限责任公司挂牌成立，公司下设济南卷烟厂、青岛卷烟厂、青州卷烟厂、滕州卷烟厂等4个不具有法人资格的卷烟生产厂，以及将军烟草集团有限公司、颐中烟草（集团）有限公司、山东省烟草物资设备有限公司等3个全资子公司。2022年，公司本部设12个职能部门和12个专业部门。截至2022年底，公司总资产332.04亿元，其中固定资产50.68亿元、流动资产239.02亿元，资产负债率23.77%。从业人员5183人。

【领导机构】

董事会

董事长：舒　明

董　事：王建勇、王众声、鹿广瑞、向　东（职工董事）

监　事：卢卫铭

班子成员

党组书记、总经理：王建勇

党组成员、副总经理：王众声

党组成员、副总经理：鹿广瑞

党组成员、副总经理：丛亮滋（—2022年11月，退休）

党组成员、副总经理：蒋海岩

党组成员、纪检组组长：卢卫铭

党组成员、副总经理：王现君

河南中烟工业有限责任公司

【概　况】　河南中烟工业有限责任公司前身为河南烟草工商分设后于2004年1月成立的河南中烟工业公司。2009年8月，河南中烟工业公司更名改制为河南中烟工业有限责任公司。2011年8月，河南中烟工业有限责任公司挂牌成立。公司下设黄金叶生产制造中心、许昌卷烟厂、安阳卷烟厂、南阳卷烟厂、驻马店卷烟厂、漯河卷烟厂、洛阳卷烟厂等7个不具有法人资格的卷烟生产厂，河南黄金叶投资管理有限公司1个投资管理子公司，1个行业级技术中心，1个博士后科研工作站。2022年，公司本部设23个部门。截至2022年底，公司总资产425.96亿元，其中固定资产54.26亿元、流动资产323.29亿元，资产负债率31.22%。从业人员7970人。

【领导机构】

董事会

董事长：李德义

董　事：李　斌、杨志忠、吴明山（—2022年12月，退休）、沈云龙、王献生、刘亚利（职工董事）

监　事：刘学鲁

班子成员

党组书记、总经理：李　斌

党组成员、副总经理：杨志忠

党组成员、纪检组组长：刘学鲁

党组成员、副总经理：许廷选（—2022年8月，退休）

党组成员、副总经理：李彦伟

二级高级经理：吴明山（—2022年12月，退休）

---

① 2022年3月，国家局、总公司印发《关于江西中烟工业有限责任公司董事会换届的通知》（国烟人〔2022〕32号），委派舒明同志为江西中烟工业有限责任公司董事、董事长；委派王迪汗、张胜健同志为江西中烟工业有限责任公司董事；委派秦日伦同志为江西中烟工业有限责任公司监事；聘任黄剑文同志为江西中烟工业有限责任公司董事。

湖北中烟工业有限责任公司

【概　况】 湖北中烟工业有限责任公司前身为湖北烟草工商分设后于2004年1月18日成立的湖北中烟工业公司。2006年，湖北中烟工业公司与武汉烟草（集团）有限公司、武汉卷烟厂实行双向合署办公，重组整合为一个法人实体。2007年11月28日，湖北中烟工业公司更名改制为湖北中烟工业有限责任公司。公司下设武汉卷烟厂、襄阳卷烟厂、恩施卷烟厂、三峡卷烟厂、红安卷烟厂、广水卷烟厂等6个不具有法人资格的卷烟生产厂，以及卷烟材料厂、湖北新业烟草薄片开发有限公司、红金龙（集团）有限公司、统一联邦国际有限公司、湖北宜昌金丝烟草有限公司、宜昌金叶工贸有限责任公司、襄阳市鸿琰实业有限责任公司等7个全资子公司，并控股湖北龙乡印刷包装股份有限公司。2022年，公司本部设职能部门12个、专业部门9个。截至2022年底，公司总资产579.61亿元，其中固定资产65.55亿元、流动资产392.00亿元，资产负债率30.14%。从业人员6894人。

【领导机构】

董事会①

董事长：马保军

董　事：陈昌鸿、蔡　奕、姚　萌、聂广军、戚新平（2022年3月—）（职工董事）

监　事：马超纯（—2022年2月）

班子成员

党组成员、副总经理：姚　萌

党组成员、副总经理：聂广军

党组成员、纪检组组长：马超纯（—2022年2月）

党组成员、副总经理：李　晖（—2022年11月）

党组成员、副总经理：谭文峰

党组成员、副总经理：万里鹏（机关部门副职）

总工程师：陈慧斌

二级高级经理：侯　波（—2022年5月，退休）

二级高级经理：杨志明

湖南中烟工业有限责任公司

【概　况】 湖南中烟工业有限责任公司前身为湖南烟草工商分设后于2003年成立的湖南中烟工业公司。2006年10月，湖南中烟工业公司与所属长沙卷烟厂、常德卷烟厂合并重组为一个企业法人；2007年11月，湖南中烟工业公司改制更名为湖南中烟工业有限责任公司。公司下设长沙卷烟厂、常德卷烟厂、郴州卷烟厂、零陵卷烟厂、四平卷烟厂、吴忠卷烟厂等6个不具有法人资格的卷烟生产厂和湖南中烟投资管理有限公司、湖南中烟物流有限责任公司、湖南金叶烟草薄片有限责任公司等3个全资子公司，持有河北白沙烟草有限责任公司50%的股权，控股浏阳天福打叶复烤有限责任公司、常德芙蓉烟叶复烤有限责任公司、湘西鹤盛原烟发展有限责任公司等3个复烤企业。2022年，公司本部设19个部门，以及市场营销、技术、原料采购等3个中心。截至2022年底，公司总资产827.05亿元，其中流动资产640.74亿元、固定资产90.26亿元，资产负债率11.70%。从业人员9657人。

【领导机构】

董事会②

董事长：马保军

董　事：籍　涛、刘　兴（—2022年5月）、栾永亮、李　立（2022年5月—）、陈昌鸿、蔡　奕、黄富春（职工董事）

监　事：高青松

班子成员

党组书记、总经理：籍　涛

党组成员、副总经理：栾永亮

党组成员、纪检组组长：高青松

党组成员、副总经理：李　立

党组成员、副总经理：刘　军

---

① 2022年3月，国家局、总公司印发《关于湖北中烟工业有限责任公司董事会换届的通知》（国烟人〔2022〕35号），委派马保军同志为湖北中烟工业有限责任公司董事、董事长；委派姚萌、聂广军、陈昌鸿、蔡奕同志为湖北中烟工业有限责任公司董事；聘任戚新平同志为湖北中烟工业有限责任公司董事。

2021年5月，国家局党组印发《关于陈昌鸿同志任职的通知》（国烟党〔2021〕96号），陈昌鸿同志任董事会工作办公室巡视员，任职时间自2021年4月30日党组决定之日起计算。

② 2022年5月，国家局、总公司印发《关于湖南中烟工业有限责任公司董事调整的通知》（国烟人〔2022〕75号），委派李立同志为湖南中烟工业有限责任公司董事；刘兴同志不再担任湖南中烟工业有限责任公司董事。

2021年5月，国家局党组印发《关于陈昌鸿同志任职的通知》（国烟党〔2021〕96号），陈昌鸿同志任董事会工作办公室巡视员，任职时间自2021年4月30日党组决定之日起计算。

党组成员、副总经理：龚道国

党组成员、副总经理：金铁龙

总工程师：钟科军

一级高级经理：刘　兴（2022 年 5 月—，之前任党组成员、副总经理）①

广东中烟工业有限责任公司

【概　况】 广东中烟工业有限责任公司前身为成立于 2003 年的广东中烟工业公司。2007 年，更名改制为广东中烟工业有限责任公司，是全国烟草行业首家建立董事会的省级工业公司。公司下设广州卷烟厂、韶关卷烟厂、梅州卷烟厂、湛江卷烟厂等 4 个不具有法人资格的卷烟生产厂。2022 年，公司本部设机构 24 个。截至 2022 年底，公司总资产 409.40 亿元，其中固定资产 41.86 亿元、流动资产 301.33 亿元，资产负债率 12.9%。从业人员 4694 人。

【领导机构】

董事会

董事长：舒　明

董　事：白云峰、袁汉辉、庄　红、陈　峰、郭志宏、饶智华（职工董事）

监　事：王国飞

班子成员②

党组书记、总经理：白云峰

党组成员、副总经理：袁汉辉

党组成员、纪检组组长：王国飞

党组成员、副总经理：张赤兵（—2022 年 5 月，退休）

党组成员：梁　强

党组成员、副总经理：庄　红

党组成员、副总经理：宋　伟（2022 年 10 月—）

党组成员、副总经理：位　坤（2022 年 10 月—）

总工程师：许　光

二级高级经理：李显万（—2022 年 12 月，退休）

二级高级经理：余其昌（2022 年 10 月—）

广西中烟工业有限责任公司

【概　况】 广西中烟工业有限责任公司前身为 2003 年广西烟草工商分设后成立的广西中烟工业公司。2008 年 9 月 26 日，广西中烟工业公司完成公司制改造，更名为广西中烟工业有限责任公司。公司下设南宁卷烟厂、柳州卷烟厂 2 个不具有法人资格的卷烟生产厂，广西中烟天成投资管理有限责任公司、广西真龙物流有限责任公司 2 个全资子公司。2022 年，公司本部设 11 个职能部门和 13 个专业部门。截至 2022 年底，公司总资产 207.38 亿元，其中固定资产 35.73 亿元、流动资产 136.79 亿元，资产负债率 32.51%。从业人员 2910 人。

【领导机构】

董事会③

董事长：舒　明

董　事：谢昆或、覃　荣（—2022 年 4 月）、陈　峰、郭志宏（2022 年 10 月—）、袁汉辉、许　光、唐格莲（职工董事）

监　事：赵江波

班子成员

党组书记、总经理：谢昆或

党组成员、副总经理：覃　荣（—2022 年 4 月）

党组成员、副总经理：陈　峰

党组成员、纪检组组长：赵江波

党组成员、副总经理：郭志宏

党组成员、副总经理：王　珏

二级高级经理：陆建南

重庆中烟工业有限责任公司

【概　况】 重庆中烟工业有限责任公司于 2015 年 11 月

---

① 2022 年 5 月，国家局党组印发《关于刘兴同志职务任免的通知》（国烟党〔2022〕100 号），刘兴同志任湖南中烟工业有限责任公司一级高级经理，免去其中共湖南中烟工业有限责任公司党组成员、湖南中烟工业有限责任公司副总经理职务，任职时间自 2022 年 5 月 31 日党组决定之日起计算。

② 2022 年 10 月，国家局党组印发《关于宋伟等三名同志任职的通知》（国烟党〔2022〕194 号），宋伟、位坤同志任中共广东中烟工业有限责任公司党组成员、广东中烟工业有限责任公司副总经理，试用期一年；余其昌同志任广东中烟工业有限责任公司二级高级经理。宋伟、位坤、余其昌等三名同志的任职时间自 2022 年 10 月 13 日党组决定之日起计算。

③ 2022 年 10 月，国家局、总公司印发《关于广西中烟工业有限责任公司董事会换届及监事任职的通知》（国烟人〔2022〕137 号），委派谢昆或、陈峰、郭志宏、袁汉辉、许光同志为广西中烟工业有限责任公司董事；委派赵江波同志为广西中烟工业有限责任公司监事；聘任唐格莲同志为广西中烟工业有限责任公司董事。

10 日挂牌成立。由原川渝中烟工业有限责任公司拆分组建，是中国烟草总公司全资子公司，直属国家烟草专卖局管理。公司下设重庆卷烟厂、涪陵卷烟厂、黔江卷烟厂等 3 个不具有法人资格的卷烟生产厂。2022 年，公司本部设 22 个部门。截至 2022 年底，公司总资产 163.2 亿元，其中固定资产 15.1 亿元、流动资产 137.7 亿元，资产负债率 27.67%。从业人员 3185 人。

【领导机构】

董事会

董事长：李德义

董　事：张　力、沈云龙、王献生、程晓苏、张建华、魏　虹（职工董事）

监　事：陈　玟

班子成员

党组书记、总经理：张　力

党组成员、副总经理：程晓苏

党组成员、副总经理：张建华

党组成员、纪检组组长：陈　玟

党组成员、副总经理：张　淞（2022 年 4 月—）①

四川中烟工业有限责任公司

【概　况】　四川中烟工业有限责任公司成立于 2015 年 11 月 8 日，由原川渝中烟工业有限责任公司拆分组建，是中国烟草总公司全资子公司。公司下设成都卷烟厂、什邡卷烟厂、绵阳卷烟厂、西昌卷烟厂等 4 个不具有法人资格的卷烟生产厂，以及长城雪茄烟厂、四川三联新材料有限公司、四川中烟投资有限责任公司。2022 年，公司本部设 13 个职能部门和 7 个专业部门。截至 2022 年底，公司总资产 261.29 亿元，其中固定资产 24.2 亿元、流动资产 208.1 亿元，资产负债率 45.9%。从业人员 6127 人。

【领导机构】

董事会

董事长：李德义

董　事：彭传新、王献生、沈云龙、邓　权、赵屹峰、晏　飞（职工董事）

监　事：樊宣刚

班子成员

党组书记、总经理：彭传新

党组成员、副总经理：邓　权

党组成员、副总经理：赵屹峰

党组成员、纪检组组长：樊宣刚

党组成员、副总经理：刘静瑶

党组成员、副总经理：郭爱萍

党组成员、副总经理：刘　柳（2022 年 8 月—）②

总经济师：姜　鸥

二级高级经理：汤柱国

贵州中烟工业有限责任公司

【概　况】　贵州中烟工业有限责任公司最初为贵州烟草工商分设后于 2003 年 7 月成立的贵州中烟工业公司。2008 年 7 月，国家局、总公司批复同意贵州中烟工业公司改制更名为贵州中烟工业有限责任公司。公司下设贵阳卷烟厂、遵义卷烟厂、毕节卷烟厂、贵定卷烟厂、铜仁卷烟厂等 5 个不具有法人资格的卷烟生产厂和兴义烟叶储运站等 6 个二级单位，贵州福贵投资管理公司属多元化子公司，控股贵州黄果树金叶科技有限公司。2022 年，公司本部设 10 个职能部门和 10 个专业部门。截至 2022 年底，公司总资产 311.91 亿元，其中固定资产 52.42 亿元、流动资产 235.61 亿元，资产负债率 36.46%。从业人员 6541 人。

【领导机构】

董事会

董事长：马保军

董　事：杨　东（—2022 年 4 月，退休）、方　静、陈昌鸿③、蔡　奕、秦　宁（职工董事）

监　事：钟　勇（—2022 年 2 月，退休）

---

① 2022 年 5 月，国家局党组印发《关于张淞同志任职的通知》（国烟党〔2022〕89 号），张淞同志任中共重庆中烟工业有限责任公司党组成员、重庆中烟工业有限责任公司副总经理，试用期一年，任职时间自 2022 年 4 月 24 日党组决定之日起计算。

② 2022 年 9 月，国家局党组印发《关于刘柳同志任职的通知》（国烟党〔2022〕142 号），刘柳同志任中共四川中烟工业有限责任公司党组成员、四川中烟工业有限责任公司副总经理，试用期一年，任职时间自 2022 年 8 月 29 日党组决定之日起计算。

③ 2021 年 5 月，国家局党组印发《关于陈昌鸿同志任职的通知》（国烟党〔2021〕96 号），陈昌鸿同志任董事会工作办公室巡视员，任职时间自 2021 年 4 月 30 日党组决定之日起计算。

班子成员

党组成员、副总经理：方　静

党组成员、纪检组组长：钟　勇（—2022 年 2 月，退休）

党组成员、副总经理：关　培

党组成员、副总经理：胡世龙

党组成员、副总经理：秦　宁

党组成员、副总经理：汪　静（2022 年 6 月—）①

总工程师：魏　鹰

一级高级经理：杨　东（—2022 年 4 月，退休）

二级高级经理：王光举

云南中烟工业有限责任公司

【概　况】　云南中烟工业有限责任公司前身为 2003 年 10 月云南烟草工商分设后成立的云南中烟工业公司。2004 年 1 月 1 日，云南中烟工业公司举行挂牌仪式。2010 年 12 月 28 日，国家局、总公司批复同意云南中烟工业公司更名改制为云南中烟工业有限责任公司。2011 年 1 月 27 日，云南中烟工业有限责任公司挂牌成立。公司集卷烟生产销售、烟草物资配套供应、科研以及多元化经营等为一体，是全国卷烟产销规模最大的省级中烟公司。公司拥有卷烟产量规模位居行业前两位的红塔烟草（集团）有限责任公司（下设玉溪卷烟厂、楚雄卷烟厂、大理卷烟厂、昭通卷烟厂等 4 个不具有法人资格的全资卷烟生产厂）和红云红河烟草（集团）有限责任公司（下设昆明卷烟厂、红河卷烟厂、曲靖卷烟厂、会泽卷烟厂、新疆卷烟厂、乌兰浩特卷烟厂等 6 个不具有法人资格的全资卷烟生产厂），以及营销中心、技术中心（云南烟草科学研究院）、原料中心②、云南合和（集团）股份有限公司、云南中烟物资（集团）有限责任公司、云南烟草国际有限公司、培训中心、云南中烟党校、云南中烟特有职业（工种）职业技能鉴定站、云南中烟新材料科技有限公司等多个直属单位，参控股云南烟草机械有限责任公司、云南中烟再造烟叶有限责任公司等多个境内企业。在瑞士、罗马尼亚、阿根廷、巴西、美国、缅甸、老挝、印度尼西亚、纳米比亚、伊朗、迪拜、中国香港、中国澳门等拥有多家全资、参控股境外企业和多个境外许可生产项目。2022 年，公司本部设 21 个内设机构。截至 2022 年底，公司总资产 4399. 72 亿元，其中固定资产 274. 45 亿元、流动资产 2379. 2 亿元，资产负债率 45%。从业人员 2. 03 万人。

【领导机构】

董事会③

董事长：王志江

副董事长：李德义

董　事：王志江、李德义、朱洪武（2022 年 10 月—）、覃　荣（2022 年 4 月—）、王　勇、王献生、沈云龙、景　峰、赵　勇（—2022 年 2 月）（职工董事）、赵　明（2022 年 2 月—）（职工董事）

监　事：郑雄志（—2022 年 12 月）

班子成员④

党组书记：王志江

党组副书记、总经理：朱洪武（2022 年 9 月—）

党组成员、副总经理：覃　荣（2022 年 4 月—）

党组成员、副总经理：王　勇

党组成员、副总经理：景　峰

党组成员、副总经理：李　恒（2022 年 3 月—）

党组成员、副总经理：杨煜文（2022 年 3 月—）

---

① 2022 年 6 月，国家局党组印发《关于汪静同志任职的通知》（国烟党〔2022〕112 号），汪静同志任中共贵州中烟工业有限责任公司党组成员、贵州中烟工业有限责任公司副总经理，试用期一年，任职时间自 2022 年 6 月 13 日党组决定之日起计算。

② 2022 年 7 月，国家局、总公司印发《关于设立云南中烟工业有限责任公司原料中心的批复》（国烟人〔2022〕101 号），同意云南中烟设立原料中心，为专业部门。

③ 2022 年 2 月，国家局、总公司印发《关于云南中烟工业有限责任公司董事会换届的通知》（国烟人〔2022〕31 号），委派王志江同志为云南中烟工业有限责任公司董事、董事长；委派李德义同志为云南中烟工业有限责任公司董事、副董事长；委派王勇、景峰、王献生、沈云龙同志为云南中烟工业有限责任公司董事；委派郑雄志同志为云南中烟工业有限责任公司监事；聘任赵明同志为云南中烟工业有限责任公司董事。

2022 年 4 月，国家局、总公司印发《关于云南中烟工业有限责任公司董事调整的通知》（国烟人〔2022〕50 号），委派覃荣同志为云南中烟工业有限责任公司董事。

2022 年 10 月，国家局、总公司印发《关于云南中烟工业有限责任公司董事调整的通知》（国烟人〔2022〕126 号），委派朱洪武同志为云南中烟工业有限责任公司董事。

④ 2022 年 10 月，国家局党组印发《关于朱洪武同志任职的通知》（国烟党〔2022〕180 号），朱洪武同志任中共云南中烟工业有限责任公司党组副书记、云南中烟工业有限责任公司总经理，试用期一年，任职时间自 2022 年 9 月 27 日党组决定之日起计算。

2022 年 4 月，国家局党组印发《关于覃荣等三名同志职务任免的通知》（国烟党〔2022〕76 号），覃荣同志任中共云南中烟工业有限责任公司党组成员、云南中烟工业有限责任公司副总经理；李恒同志任中共云南中烟工业有限责任公司党组成员、云南中烟工业有限责任公司副总经理，免去其红塔烟草（集团）有限责任公司总经理职务；杨煜文同志任中共云南中烟工业有限责任公司党组成员、云南中烟工业有限责任公司副总经理，免去其红云红河烟草（集团）有限责任公司总经理职务。李恒、杨煜文同志的任职时间自 2022 年 3 月 28 日党组决定之日起计算。

党组成员、纪检组组长：郑雄志（—2022 年 12 月）

二级高级经理：代　伟

陕西中烟工业有限责任公司

【概　况】 陕西中烟工业有限责任公司最初为陕西烟草工商分设后于 2003 年 12 月成立的陕西中烟工业公司。2009 年 9 月，经国家局、总公司批复同意，更名改制为陕西中烟工业有限责任公司。公司下设宝鸡卷烟厂、延安卷烟厂、汉中卷烟厂、澄城卷烟厂和旬阳卷烟厂等 5 家不具有法人资格的卷烟生产厂，以及具有独立法人资格的陕西中烟投资管理有限公司。2022 年，公司本部设 21 个部门。截至 2022 年底，总资产 189.26 亿元，其中固定资产 40.03 亿元、流动资产 130.16 亿元，资产负债率 17.38%。从业人员 5028 人。

【领导机构】

董事会①

董事长：马保军

董　事：王茂林（2022 年 2 月—）、曹兴浪（—2022 年 3 月，退休）、赵德学、李　强（2022 年 4 月—）、陈昌鸿、蔡　奕、秦东生（职工董事）

监　事：奚柏龙

班子成员②

党组书记、总经理：王茂林（2022 年 1 月—）

党组成员、副总经理：曹兴浪（—2022 年 3 月，退休）

党组成员、副总经理：赵德学

党组成员、副总经理：李　强

党组成员、纪检组组长：奚柏龙

二级高级经理：马文卷

二级高级经理：李宝新

其他直属单位

中国烟草总公司郑州烟草研究院

【主要职责】 主要从事烟草栽培调制及贮保、烟草基因、卷烟加工工艺和卷烟配方、烟草化学、烟用香精香料、卷烟减害降焦、再造烟叶等方面的应用基础和共性技术研究，卷烟厂和烟叶复烤厂的工程设计、行业相关检测仪器的研制、开发等。学科范围覆盖从烟草基因到卷烟生产的全过程。郑州院是国际标准化组织烟草及烟草制品技术委员会（ISO/TC 126）国内技术归口单位，是国际烟草科学研究合作中心（CORESTA）的分会员单位。2022 年，在职员工 326 人，其中各类专业技术人员 278 人，包括中国工程院院士 1 人、总公司科技杰出贡献奖获得者 1 人、行业科技领军人才 2 人、享受“国务院政府特殊津贴”专家 5 人、行业学科带头人 9 人、高级以上职称人员 214 人。硕士研究生和博士研究生 232 人。

【负责人】

党组书记、副院长：宋民宝

党组成员、副院长：王德平

党组成员、副院长：张建勋（—2022 年 4 月，退休）

党组成员、副院长：罗登山

党组成员：胡清源

党组成员、纪检组组长：裴　丽

党组成员、副院长：窦　滨

【内设机构】 设办公室（外事办公室、安全管理处）、科研开发处（烟草学会秘书处）、财务管理处（审计处）、人事处（研究生处）、党建工作处（机关党委合署办公）、纪检监察处（与党组纪检组合署办公）、后勤管理处等 7 个职能部门，烟草农业研究室（烟草行业生态环境与烟叶质量重点实验室）、烟草工艺研究室（烟草行业烟草工艺重点

---

① 2022 年 2 月，国家局、总公司印发通知（国烟人〔2022〕27 号），委派王茂林同志任陕西中烟工业有限责任公司董事，担任该公司法定代表人。

2022 年 4 月，国家局、总公司印发《关于陕西中烟工业有限责任公司董事会换届的通知》（国烟人〔2022〕48 号），委派马保军同志为陕西中烟工业有限责任公司董事、董事长；委派王茂林、赵德学、李强、陈昌鸿、蔡奕同志为陕西中烟工业有限责任公司董事；委派奚柏龙同志为陕西中烟工业有限责任公司监事；聘任秦东生同志为陕西中烟工业有限责任公司董事。

2021 年 5 月，国家局党组印发《关于陈昌鸿同志任职的通知》（国烟党〔2021〕96 号），陈昌鸿同志任董事会工作办公室巡视员，任职时间自 2021 年 4 月 30 日党组决定之日起计算。

② 2022 年 2 月，国家局党组印发通知（国烟党〔2022〕31 号），王茂林同志任中共陕西中烟工业有限责任公司党组书记、陕西中烟工业有限责任公司总经理，试用期一年，任职时间自 2022 年 1 月 29 日党组决定之日起计算。

实验室）、烟草化学研究室（烟草行业烟草化学重点实验室）、烟草香料研究室（烟草行业烟草香料基础研究重点实验室）等4个科研部门，中国烟草科技信息中心、中国烟草标准化研究中心、国家烟草基因研究中心等3个行业中心，河南新桥烟草科技服务有限公司、郑州嘉德机电科技有限公司、郑州益盛烟草工程设计咨询有限公司等3个多元化经营企业。

中国烟草总公司合肥设计院

【主要职责】 负责组织烟草行业固定资产重大投资工程项目的技术审查（咨询）以及行业直属单位审批权限内的重大工程项目的技术咨询。参与行业打叶复烤厂和烟用仓库投资项目的前期总体规划及设计工作，参与烟草行业工程建设项目施工图第三方审查和项目的相关咨询工作，以及行业工程建设项目设计规范、技术标准的编制、修订和实施、监督工作等。

【负责人】①

党委书记、院长：卢安宁（—2022年8月，退休）（正厅级）

党委书记、院长：徐晓新（2022年8月—）

党委委员、纪委书记、副院长：葛　波

巡视员：陆　敏

【内设机构】 设办公室、人事处、经营处、财务管理处（审计处）、技术审查处、设计处等6个内设处室。

中国烟草总公司职工进修学院

【主要职责】 中国烟草总公司职工进修学院：承担行业高层次专业技术和职业技能人员培训、项目研发设计与组织实施工作，行业网络教育培训工作，行业教育培训教材、师资等资源开发、管理工作，黄淮产区的烟叶样品研究与管理工作，行业内外、国（境）内外教育培训合作与交流工作；承办国家局、总公司机关各部门、各单位组织的培训项目，协助国家局、总公司职能部门开展年度培训计划制订、培训项目招投标等工作；承担中国烟草学会教育专业委员会和安全生产专业委员会工作。

国家烟草专卖局职业技能鉴定指导中心：实施烟草行业特有工种的职业标准管理、题库管理、命题管理、鉴定考核、考务管理、证书管理、竞赛管理及质量管理体系认证，负责省级烟草专卖局（公司）和工业公司特有职业（工种）职业技能鉴定站、考点的综合管理与指导服务。

【负责人】②

党组书记、院长：王　宏（—2022年8月，退休）

党组书记、院长：卢俊良（2022年8月—）

党组成员、副院长，国家烟草专卖局职业技能鉴定指导中心专职副主任：杨保吉（部门副职）

党组成员、副院长：刘学义

党组成员、副院长：李广才

党组成员、纪检组组长：陈卫华

党组成员、副院长：栗卫军

【内设机构（处室）】 进修学院设办公室（外事办公室）、人事处（离退办）、党建工作处（机关党委、工会办公室）、财务管理处、纪检监察处（审计处、规范办）、安全管理处、烟草农业培训部（黄淮烟叶样品中心）、烟草工业培训部、综合培训部、网络培训部、教学保障中心、信息中心、后勤保障中心等13个处室，并设有博士后研发基地。职业技能鉴定指导中心设综合管理处（质量督导处）、鉴定考核处、标准命题处等3个处室。

上海新型烟草制品研究院有限公司

【主要职责】 上海新型烟草制品研究院有限公司③于

---

① 2022年8月，国家局党组印发《关于徐晓新和卢安宁同志职务任免的通知》（国烟党〔2022〕134号），徐晓新同志任中共中国烟草总公司合肥设计院委员会书记、中国烟草总公司合肥设计院院长，试用期一年；免去卢安宁同志的中共中国烟草总公司合肥设计院委员会书记、中国烟草总公司合肥设计院院长职务，退休。徐晓新同志的任职时间自2022年8月22日党组决定之日起计算。

② 2022年8月，国家局党组印发《关于卢俊良和王宏同志职务任免的通知》（国烟党〔2022〕135号），卢俊良同志任中共中国烟草总公司职工进修学院党组书记、中国烟草总公司职工进修学院院长，试用期一年；免去王宏同志的中共中国烟草总公司职工进修学院党组书记、中国烟草总公司职工进修学院院长职务，退休。卢俊良同志的任职时间自2022年8月22日党组决定之日起计算。

③ 2022年7月，国家局、总公司印发《关于调整上海新型烟草制品研究院有限公司管理体制的批复》（国烟法〔2022〕89号）及《上海新型烟草制品研究院有限公司主要职责内设机构和人员编制规定的通知》（国烟人〔2022〕97号），调整上海新型烟草制品研究院有限公司管理体制，调整上海新型烟草制品研究院有限公司主要职责内设机构和人员编制等。

2022年7月经国家局、总公司批复同意，调整为中国烟草总公司的全资子公司。作为行业级研究机构，着力突破专利制约和技术瓶颈，发挥技术成果应用转化的“孵化器”作用。

【负责人】

院　长：陆　捷（兼）

副院长：陈超英

副院长：丁逸敏

南通醋酸纤维有限公司

【概　况】　南通醋酸纤维有限公司（简称南纤公司）成立于1987年3月，由中国烟草总公司与美国塞拉尼斯公司合资经营，是集化工、化纤、热电为一体的大型工业企业。南纤公司占地面积84.94万平方米，总投资9.03亿美元，其中中方投资占69.32%、美方占30.68%。南纤公司主要产品为烟用二醋酸纤维丝束（简称醋纤丝束）及其配套原料二醋酸纤维素片（简称醋片），其中，醋纤丝束销售到全国约70个卷烟生产企业；醋片作为醋纤丝束的生产原料，除公司自用外，同时供应昆明醋酸纤维有限公司、珠海醋酸纤维有限公司。截至2022年底，公司总资产50.56亿元，其中固定资产17.24亿元、流动资产29.06亿元，资产负债率12.01%。从业人员807人。

【领导成员】①　南纤公司实行董事会领导下的总经理负责制，主要领导成员有：

董事长：高一军（—2022年3月）

董事长：张一峰（2022年3月—）

副董事长：李察森（Scott Anthony Richardson）

党委书记、总经理：孙桂泉

党委委员、副总经理：杨占平

党委委员、副总经理：茅　俊

党委委员、副总经理：张　杰（—2022年9月，退休）

党委委员、副总经理：黄　骅（2022年10月—）

党委委员、副总经理：江建军

副总经理：王文庭（Wen Wang）（—2022年3月）

副总经理：许建德（2022年4月—）

副总经理：彭为骏（Weijun Peng）

党委委员、工会主席：韩振武

昆明醋酸纤维有限公司

【概　况】　昆明醋酸纤维有限公司（简称昆纤公司）成立于1993年5月，由中国烟草总公司和美国塞拉尼斯公司共同投资兴建，占地面积19万平方米，总投资9171.3万美元，其中中方投资占70%、美方占30%。公司主要产品为烟用二醋酸纤维丝束，年生产能力3.5万吨。截至2022年底，公司总资产8.29亿元，其中固定资产1.10亿元、流动资产6.69亿元，资产负债率9.3%。从业人员338人。

【领导成员】　昆纤公司实行董事会领导下的总经理负责制，主要领导成员有：

董事长：高一军（—2022年3月）

董事长：张一峰（2022年3月—）

副董事长：李察森（Scott Anthony Richardson）

总经理：汪若泉（Bill Wang）

党委书记、副总经理：温　明

党委委员、副总经理：夏　吕

党委委员、总会计师：陆晓红

副总经理：何伟业（Javier Martinez）（—2022年1月）

副总经理：陈秋文（First Chen）

党委委员、工会主席：严　峰

党委委员、总经理助理：赵从涛（2022年10月—）

珠海醋酸纤维有限公司

【概　况】　珠海醋酸纤维有限公司（简称珠纤公司）成立于1993年5月20日，由中国烟草总公司和美国塞拉尼斯

---

①　2022年3月，国家局、总公司印发《关于张一峰和高一军同志职务调整的通知》（国烟人〔2022〕38号），委派张一峰同志为南通、昆明、珠海醋酸纤维有限公司董事、董事长，试用期一年，任职时间自2022年3月22日党组决定之日起计算。高一军同志不再担任南通、昆明、珠海醋酸纤维有限公司董事、董事长、法定代表人。

2022年10月，国家局党组印发《关于黄骅同志任职的通知》（国烟党〔2022〕195号），黄骅同志任中共南通醋酸纤维有限公司委员会委员，试用期一年，任职时间自2022年10月13日党组决定之日起计算。

2022年10月，国家局、总公司印发《关于黄骅同志任职的通知》（国烟人〔2022〕133号），提名黄骅同志担任南通醋酸纤维有限公司副总经理。

公司合资兴建，占地面积28万平方米，总投资2.23亿美元，其中中方投资占70%、美方占30%。公司专业生产“华维”品牌烟用二醋酸纤维素丝束，年生产能力7.8万吨。截至2022年底，公司总资产18.67亿元，其中固定资产9.03亿元、流动资产7.35亿元，资产负债率28.44%。从业人员367人。

【领导成员】① 珠纤公司实行董事会领导下的总经理负责制，主要领导成员有：

董事长：高一军（—2022年3月）

董事长：张一峰（2022年3月—）

副董事长：李察森（Scott Anthony Richardson）

党委书记、总经理：王　军

党委委员、工会主席：刘　强（2022年10月—，之前任党委委员、副总经理）

党委委员、副总经理：赵树春

党委委员、总会计师：武晓虹

副总经理：何伟业（Javier Martinez）（2022年1月—）

副总经理：叶志全（Marcus Yip）

党委委员、副总经理：吴超平

云南红塔银行股份有限公司

【概　况】 云南红塔银行股份有限公司（简称云南红塔银行）在引入云南合和（集团）股份有限公司、中国烟草总公司云南省公司等企业增资扩股后，2015年12月经中国银监会云南监管局批复同意，于2016年7月正式更名运营。2022年4月，国家烟草专卖局明确将云南红塔银行按照行业直属单位管理。截至2022年底，云南红塔银行注册资本62.97亿元，资产总额1519.23亿元，负债总额1392.27亿元，下设41个对外营业机构，同时发起设立玉溪红塔村镇银行股份有限公司、楚雄红塔村镇银行股份有限公司2家村镇银行。全行在册员工1261人，其中本科以上学历1019人。

【领导成员】②

党委副书记、行长：张振民

党委委员、监事长：肖　红〔2022年10月—，任党委委员（机关部门副职）；2022年12月—，任监事、监事长〕

党委委员、常务副行长：李　波

党委委员、纪委书记：曹　航（2022年6月—，省级工业公司副职；2022年6—12月，任监事、监事长）

党委委员、副行长：曾　勇

党委委员、副行长：田文芳

研发总监：严　然

副行长：邓运高

行长助理、工会主席：张　继

行长助理、董事会秘书：马　平

【内设部门】 设董事会办公室（办公室）、监事会办公室、人力资源部（党委组织部）、计划财务部、审计部、公司银行部、个人金融部、网络金融部、法律合规部（规范办）、授信审批部、资产管理部、风险管理部、安全保卫部、运营管理部、信息科技部、普惠金融业务部、群团工作部（工会办公室）、党建工作部、机构金融业务部、产业金融业务部、资产负债管理部、金融市场与投资银行部、事务管理部（采购办）、纪检监察部（巡察办）等24个职能部门及总行营业部、昆明分行、大理分行、曲靖分行、楚雄分行、昭通分行、红河分行、西双版纳分行、文山分行等9个分行级机构。

◇编辑：褚　幸

---

① 2022年10月，国家局、总公司印发《关于刘强和吴超平同志职务任免的通知》（国烟人〔2022〕134号），提名刘强同志担任珠海醋酸纤维有限公司工会主席，不再担任珠海醋酸纤维有限公司副总经理；吴超平同志担任珠海醋酸纤维有限公司副总经理，不再担任珠海醋酸纤维有限公司工会主席。

② 2022年6月，国家局、总公司印发通知（国烟人〔2022〕86号），张振民同志任云南红塔银行股份有限公司第三届董事会董事；曹航同志任云南红塔银行股份有限公司第三届监事会监事、监事长。

2022年6月，国家局党组印发《关于曹航同志任职的通知》（国烟党〔2022〕114号），曹航同志任中共云南红塔银行股份有限公司委员会委员、纪委书记（省级工业公司副职），试用期一年，任职时间自2022年6月13日党组决定之日起计算。

2022年12月，国家局、总公司印发《关于提名肖红和曹航同志职务任免的通知》（国烟人〔2022〕167号），肖红同志任云南红塔银行股份有限公司第三届监事会监事、监事长；曹航同志不再担任云南红塔银行股份有限公司第三届监事会监事、监事长职务。

2022年12月，国家局党组印发《关于肖红同志任职的通知》（国烟党〔2022〕258号），肖红同志任中共云南红塔银行股份有限公司委员会委员（机关部门副职），试用期一年，任职时间自2022年10月24日党组决定之日起计算。

烟草行业组织机构图

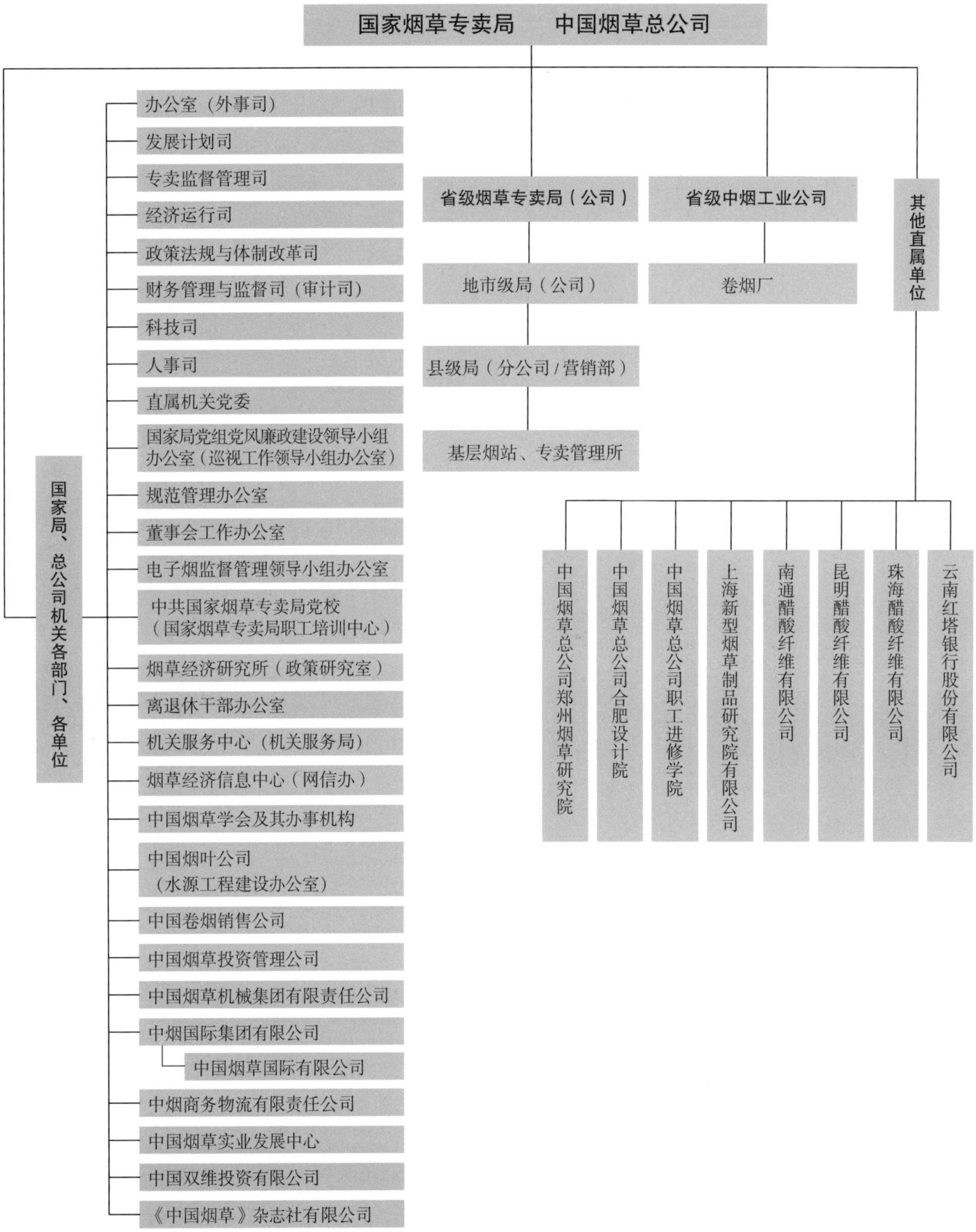

国家烟草专卖局　中国烟草总公司

- 国家局、总公司机关各部门、各单位
  - 办公室（外事司）
  - 发展计划司
  - 专卖监督管理司
  - 经济运行司
  - 政策法规与体制改革司
  - 财务管理与监督司（审计司）
  - 科技司
  - 人事司
  - 直属机关党委
  - 国家局党组党风廉政建设领导小组办公室（巡视工作领导小组办公室）
  - 规范管理办公室
  - 董事会工作办公室
  - 电子烟监督管理领导小组办公室
  - 中共国家烟草专卖局党校（国家烟草专卖局职工培训中心）
  - 烟草经济研究所（政策研究室）
  - 离退休干部办公室
  - 机关服务中心（机关服务局）
  - 烟草经济信息中心（网信办）
  - 中国烟草学会及其办事机构
  - 中国烟叶公司（水源工程建设办公室）
  - 中国卷烟销售公司
  - 中国烟草投资管理公司
  - 中国烟草机械集团有限责任公司
  - 中烟国际集团有限公司
    - 中国烟草国际有限公司
  - 中烟商务物流有限责任公司
  - 中国烟草实业发展中心
  - 中国双维投资有限公司
  - 《中国烟草》杂志社有限公司
- 省级烟草专卖局（公司）
  - 地市级局（公司）
    - 县级局（分公司/营销部）
      - 基层烟站、专卖管理所
- 省级中烟工业公司
  - 卷烟厂
- 其他直属单位
  - 中国烟草总公司郑州烟草研究院
  - 中国烟草总公司合肥设计院
  - 中国烟草总公司职工进修学院
  - 上海新型烟草制品研究院有限公司
  - 南通醋酸纤维有限公司
  - 昆明醋酸纤维有限公司
  - 珠海醋酸纤维有限公司
  - 云南红塔银行股份有限公司

烟草专卖管理与经营

北京市烟草专卖局（公司）

【专卖管理】 **打网办案。**2022 年，北京市烟草专卖局始终保持高压态势，深入推进卷烟打假打私工作。巩固深化“2 + X”联合执法协作机制，与北京市公安局签订《关于建立烟草领域执法协作机制的意见》，部署打击涉烟违法犯罪专项行动，持续提升联合打击能力水平。

加强与北京市公安局环境食品药品和旅游安全保卫总队在数据共享、线索研判、案件会商等方面的协作，召开联席会议 20 余次，联合督导开展跨地域打击。坚持全市“一盘棋”思想，力求“跨地域，打出去”，不断健全完善联合办案、大要案督办工作机制，改进工作模式，加强统筹协调，整合资源、上下联动、横向互动，打假打私工作进一步深入，取得积极进展。组织开展“蓝剑 2022 · 平安烟草”专项行动。加大真烟异常流动、违法违规大户等重点领域治理力度，深化物流寄递、集贸市场、互联网售烟等重点环节监管。

2022 年，全市查处各类涉烟违法案件 1154 起，查获非法卷烟 8082. 12 件，其中假私烟 1656. 63 件，公安、司法机关依法刑拘 37 人，判刑 28 人。

市场监管。学习贯彻《“十四五”市场监管现代化规划》等文件精神，创新方式方法，探索提升市场监管智慧化、现代化水平。结合疫情防控形势，统筹推进“双随机、一公开”市场检查，全年完成年度检查任务 100. 63%。推进落实 APCD 工作法，持续提升重点监管能力水平。专班研究推进信用监管，参与零售户信用体系建设，探索推进零售户信用风险分类结果的市场监管运用。健全完善市场秩序评价机制，运用日常检查、错时检查等方式开展全覆盖巡防 24 次，督促提升市场监管效果和市场净化水平。

联合市场监管等部门开展“控烟执法月”行动，入户宣传 4266 户，签订不向未成年人销售烟草制品承诺书 1365 份。持续巩固“守护成长”专项行动成果，依法打击查处向未成年人售烟行为。开展“中国烟草”标识集中整治，清理擅自使用“中国烟草”标识零售户 278 户。

行政许可。坚持和优化零售点合理布局，跟进评估实施情况和实施效果。密切关注、督导零售许可证数量变化情况。截至 2022 年底，全市零售许可证数量 4. 2 万个，保持总体稳定。

创新和加强事前事中事后监管。严格许可准入退出管理，加强许可申请材料审核把关，开展使用伪造变造残疾证件申办许可证等专项清查，切实优化存量、严控增量。依法严肃清理“休眠户”、“空壳户”、涉嫌代订风险户等，开展滥用许可权益专项整治，打击震慑涉许可证违法犯罪行为。坚持清理校园周边零售户管理，依法严肃清退校园周边持证卷烟零售户。

稳妥处理属地政务服务改革工作，积极争取政府部门的理解和支持。加大一网通办工作力度，创新工作方式，提供云端服务。加强审批规范化管理和许可工作监督，充分发挥“好差评”作用，督促提升许可管理服务水平。

基础管理。扎实推进国家局巡视反馈专卖管理领域问题整改落实，按时保质完成各项措施任务并督促形成长效机制。构建专卖执法风险防控体系，组织研究形成《北京烟草专卖执法规范和廉洁风险清单》。制定专项工作方案，开展全市专卖管理领域纪律和作风专项整治工作。

加强规范性文件废改立工作，与北京市公安局联合印发《关于建立烟草领域涉案物品存储协作机制的意见》，研究制定《北京市烟草专卖局涉案假烟、走私烟集中管理规定》，修订《涉案烟草专卖品管理办法》等文件，进一步规范涉案物品的移交、存储和销毁工作。

加强专卖队伍能力素质建设，系统开展相关法律法规和业务培训，组织安排行业专卖技能竞赛人员选拔和集中培训。常态化开展执法音视频记录抽查，督促提升执法规范化水平。加快专卖大数据管控平台项目建设，推进专卖管理数字化转型。

【电子烟监管和新的涉烟监管】 **开展“茶烟”等类烟产品专项治理。**平稳有序推进电子烟监管工作，加强与国家局多个部门的对口衔接，加强与政府相关部门的沟通协调，建立定期总结报告制度、重大问题会商机制和市区两级联络人制度，确保思路一致、认识一致、步调一致。及时清理电子烟违法广告和销售链接，督促网络平台严格执行自主清理机制，承诺守法经营。开展电子烟清理整治，清理电子烟销售点 35 个、自动售卖机 11 台，依法查处向未成年人销售电子烟案件 5 起。

2022 年 11 月 15 日，北京烟草举办“我与客户共成长”第三届营销大比武决赛

北京市局　供稿

【卷烟经营】　**卷烟销售。**2022 年，全市销售卷烟比上年增长 0.69%；实现税利增长 1.06%。

重点品牌培育。全年销售重点品牌卷烟比上年增长 1.76%，销量比重提升 0.98 个百分点。聚焦“136、345”品牌发展目标，完善品牌培育制度体系，制定《2022 年北京烟草共育品牌培育方案》《北京烟草 2023—2025 年三年品类发展实施方案》，以品牌培育带动结构提升。

新品培育。2022 年，按照“进一退一”原则，引入新品卷烟品规 19 个，退出 28 个。同时，完成全部退出卷烟的清库工作，卷烟结构与首都市场的匹配度逐年提高，有利于实现聚焦重点、公平有序的品牌培育体系，营造品牌发展适度竞争的良好市场环境。

【雪茄烟经营】　2022 年，北京市场在销雪茄烟共 31 个品牌、187 个规格。雪茄烟销量比上年增长 60.44%；销售金额 8969.17 万元，增长 48.61%。

【现代终端建设】　形成第二阶段零售终端提质升级制度体系，全年审批 3 批次 6099 户标准终端，自主投入 2.45 万节柜台，货源投放应用“档位 + 标签”，进一步激发零售户提升终端形象的主动性，推进雪茄烟形象店建设，全市零售终端面貌形象有较大改善和提升。

优质数采客户数量达到 7651 户（占比 18.64%），开通并使用聚合支付客户共计 8680 户，云 POS 数据的准确性和完整性持续提升。制定零售户信用评价办法，全年完成零售户信用评价 3 次。对失信零售户实行货源调控 1316 户次，停供 94 户次，减供 1222 户次。通过双向发力，全市信用评价平均分从 63.11 分提高到 66.39 分，信用 AAA 级客户占比从 9.31% 提高到 15.33%，信用等级评价逐步融入客户经营管理。

协调 8 家银行为零售户提供专属融资产品，推广办理贷款 8723 户，累计授信金额 41.11 亿元，其中为 263 户农网客户提供授信额度 5834 万元。组织开展农网终端调研，借助诚信互助小组建设、终端形象提升、品牌陈列推广等活动，助力乡村振兴。

【特事辑要】　2022 年 1 月，北京市委组织部、市委宣传部、市国资委党委联合开展北京国有企业党建优秀案例征集活动。北京市烟草专卖局（公司）党组选送的“狠抓‘三个载体’推进党支部标准化规范化建设”案例，入选《北京国有企业党建优秀案例汇编》。

1 月 12 日，北京市烟草专卖局与北京市公安局召开联席会议，签订建立烟草领域执法协作新机制协议。

1 月 24 日，国家局党组成员、副局长段铁力在北京市局（公司）调研。

6 月 30 日，北京市局（公司）举办庆祝中国共产党成立 101 周年暨“青春心向党　建功新时代”主题演讲大赛决赛。

9 月 14 日，北京市烟草专卖局与北京市公安局联合召开打击涉烟违法犯罪专项行动启动会。

9 月 29 日，“无羽伦比聚合力　羽你奋进新征程”北京烟草第二届职工羽毛球比赛举办。

10 月 11 日，北京市政协副主席林抚生率市政协经济委一行在北京烟草调研。

11 月 15 日，举办“我与客户共成长”北京烟草第三届营销大比武决赛。

2022 年北京市烟草专卖商业主要情况统计

区局（公司）名称		东城区烟草专卖局（公司）	西城区烟草专卖局（公司）	朝阳区烟草专卖局（公司）	海淀区烟草专卖局（公司）	丰台区烟草专卖局（公司）
主要负责人/法定代表人（含党政领导）		王献军	孟庆伟 （—2022 年 12 月） 姚 燚 （2022 年 12 月—）	史红军	张秀武 （—2022 年 12 月） 孟庆伟 （2022 年 12 月—）	夏建瓴
所属县级单位		—	—	—	—	—
总资产（万元）		34295	36469	188299	134445	105498
资产负债率（%）		21.66	23.43	14.39	12.55	15.80
从业人员（人）		85	89	160	134	120
所属业务机构	营销机构	1 个营销网建科	1 个营销网建科	1 个营销网建科	1 个营销网建科	1 个营销网建科
	物流配送机构	—	—	—	—	—
	专卖稽查机构	1 个专卖稽查支队	1 个专卖稽查支队	1 个专卖稽查支队	1 个专卖稽查支队	1 个专卖稽查支队
	烟叶机构	—	—	—	—	—
烟农户数（户）		—	—	—	—	—
实现烟农总收入（万元）		—	—	—	—	—
零售户数（户）		1287	1456	5820	3217	3205
零售户销售毛利率（%）		15.82	14.99	14.28	15.08	14.69

区局（公司）名称		石景山区烟草专卖局（公司）	通州区烟草专卖局（公司）	顺义区烟草专卖局（公司）	延庆区烟草专卖局（公司）	怀柔区烟草专卖局（公司）
主要负责人/法定代表人（含党政领导）		韦 琪	刘 帅	舒 俊	李 杨	刘玉双
所属县级单位		—	—	—	—	—
总资产（万元）		20241	69984	54593	11756	19542
资产负债率（%）		22.64	17.09	16.13	26.86	21.67
从业人员（人）		57	100	106	67	75
所属业务机构	营销机构	1 个营销网建科	1 个营销网建科	1 个营销网建科	1 个营销网建科	1 个营销网建科
	物流配送机构	—	—	1 个配送仓储科	1 个配送仓储科	1 个配送仓储科
	专卖稽查机构	1 个专卖稽查支队	1 个专卖稽查支队	1 个专卖稽查支队	1 个专卖稽查支队	1 个专卖稽查支队
	烟叶机构	—	—	—	—	—
烟农户数（户）		—	—	—	—	—
实现烟农总收入（万元）		—	—	—	—	—
零售户数（户）		790	3722	3759	1346	1703
零售户销售毛利率（%）		14.81	14.75	12.79	13.48	14.25

区局（公司）名称		大兴区烟草专卖局（公司）	昌平区烟草专卖局（公司）	密云区烟草专卖局（公司）	门头沟区烟草专卖局（公司）	房山区烟草专卖局（公司）	平谷区烟草专卖局（公司）
主要负责人/法定代表人（含党政领导）		陈江华	张国栋	高云发	许　鹏	张文茂	和剑锋
所属县级单位		—	—	—	—	—	—
总资产（万元）		57466	65809	20501	7103	46861	17882
资产负债率（%）		19.11	18.69	21.88	35.55	17.17	23.34
从业人员（人）		123	110	79	54	108	74
所属业务机构	营销机构	1个营销网建科	1个营销网建科	1个营销网建科	1个营销网建科	1个营销网建科	1个营销网建科
	物流配送机构	1个配送仓储科	1个配送仓储科	1个配送仓储科	1个配送仓储科	1个配送仓储科	1个配送仓储科
	专卖稽查机构	1个专卖稽查支队	1个专卖稽查支队	1个专卖稽查支队	1个专卖稽查支队	1个专卖稽查支队	1个专卖稽查支队
	烟叶机构	—	—	—	—	—	—
烟农户数（户）		—	—	—	—	—	—
实现烟农总收入（万元）		—	—	—	—	—	—
零售户数（户）		3462	3814	2111	883	2968	2450
零售户销售毛利率（%）		13.79	13.97	13.78	15.05	15.25	12.67

注：北京市烟草专卖局（公司）下设北京烟草物流中心，负责全市烟草商业系统卷烟物流仓储、分拣、配送工作，除城六区及通州区外，其他区需进行二次（接力）配送，设配送仓储科进行管理。

◇ 撰稿：王智誉；编辑：王　静

天津市烟草专卖局（公司）

【专卖管理】 **打假破网。**2022年，天津市烟草专卖局始终保持打假打私高压态势，建立环渤海地区联合打击烟草专卖品海上走私协作机制，加强与公检法等部门和其他省市烟草部门的执法协作配合，深挖涉烟违法犯罪线索，精心组织案件经营，净化卷烟市场经营环境，全年全市查获非法卷烟9881件，查处涉烟违法案件1327起。

破获重大案件。天津“7·26”海上伪装通关走私案件。2022年7月，天津市局与天津海关缉私局经过长期布控，在天津港某码头查获从越南走私入境假冒卷烟1300余件，涉案金额1700余万元。

天津“6·16”非法生产销售烟机案件。2022年6月，天津市局联合天津市公安局破获两起非法生产销售烟机案件，在北辰区某工业园区两处窝点查获非法生产的烟草专用机械13台，现场抓获犯罪嫌疑人8人，涉案金额140余万元。

专卖内管。坚持真烟案件追根溯源，加强跟踪查办，深化专销协同，2022年全市外流卷烟数量大幅下降，外流数量行业排名第29位，卷烟外流治理取得明显成效。

市场监管。统筹安排“双随机、一公开”监管与APCD重点监管，监管效能进一步提升，2022年全市平均市场净化率96.37%，比上年提升0.41个百分点。强化烟草制品零售点合理布局管理，优化零售许可准入退出机制，保持零售户数量平稳。推进行政许可“好差评”，持续提升12313烟草市场监管服务热线服务质量，全年共处理工单6470起，满意度达到99%。

【电子烟监管和新的涉烟监管】 组织开展“茶烟”等类烟产品专项治理行动。规范电子烟管理，依法制定实施全市电子烟零售点合理布局规划，规范电子烟市场主体准入，推动电子烟市场主体依法依规开展生产经营，联合政府相关部门组织开展清理整顿向未成年人销售电子烟专项行动并取得积极成效。

【卷烟经营】 **品牌培育。**制定卷烟品牌引退办法，健全末位淘汰机制，明确价类划分数量，打造良好的品牌竞争格局。落实三级共育机制，制定印发天津烟草年度共育目录，加大共育力度，2022年重点品牌集中度达到94.28%。提升优势品规培育成效，高端卷烟、创新产品销量比上年分别增长17.86%、17.97%，结构提升内生动力显著增强。

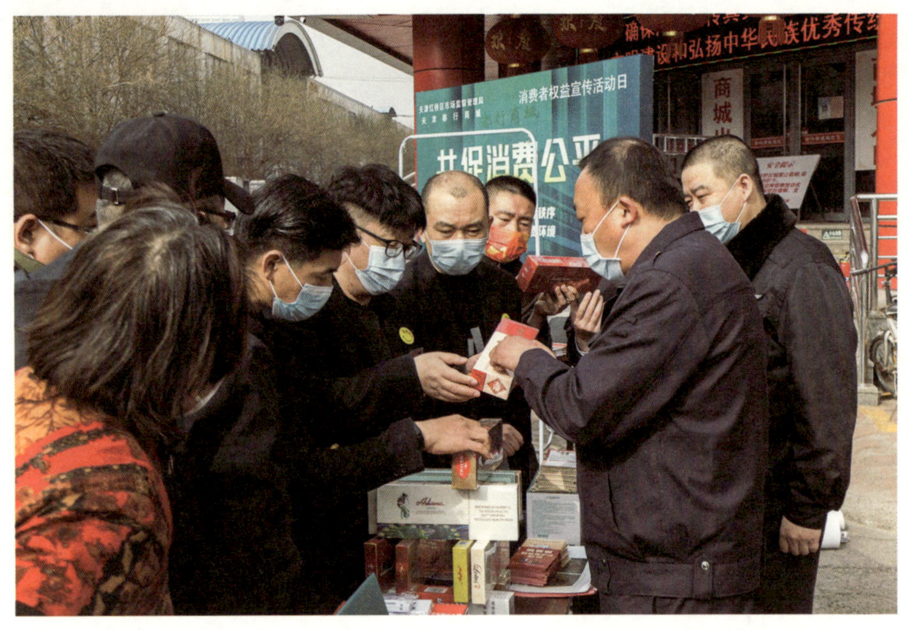

2022 年 3 月 15 日，天津市区三局（分公司）组织开展“3·15”国际消费者权益日系列活动

天津市区三局　闫　昊　摄

全国统一卷烟营销管理平台天津市营销子系统建设方案，有序推动项目建设。持续推动终端提质升级，年末全市现代终端客户占比 27.34%。优化终端物资采购模式，增加流通品牌配套物资，提前布局加盟终端、合作终端建设。以“优供给、增投入、提形象、重服务”为抓手，贯彻国家乡村振兴战略部署，加大农网终端建设投入，共有农网现代终端 2415 户，年末农网现代终端占比 28.79%。推进示范终端建设，以规范经营、形象靓丽、功能完善为标准，建成示范终端 334 户。

开展工商协同营销优秀案例评选，强化品牌培育“第一责任”落实。打造“数据共享、策略共商、渠道共用”的品牌培育平台，有效推动新品培育、终端引流，平台辐射效益持续加大。

市场发展。落实“疫情要防住、经济要稳住、发展要安全”工作要求，坚持政策发力适度靠前，克服多重超预期因素影响，2022 年卷烟销售结构稳步提升，实现单箱销售额 3.51 万元，比上年增长 6.28%。市场状态实现稳中向好，供需状态由“货源偏松、市场饱和”稳步提升至“货源稍紧、市场活跃”状态。加强卷烟外流风险防控，全年卷烟外流情况明显好转。

市场化取向改革。强化调控手段综合应用，应对疫情防控政策调整变化。推动货源组织动态化、靶向化、统筹化，保障市场卷烟供应。优化预测方法，预测准确率稳步提升。深化工商信息共享，与工业企业实现业务信息互通。完善信息采集管理办法，优化“四等级”认定标准，上线“六规则”扫码预警，推动自动信息采集样本布局梯次优化，深化“俏紧平松软”市场状态评价应用。制定“档位+标签”辅助供应、消费者红白喜事等事件用烟和批零网上配货试行办法，组织开展试点运行，不断推进货源精准投放。坚守规范底线，巩固大户治理效果，引导中小客户健康发展，客户生态保持相对稳定。

终端建设。制定《天津烟草 2022—2025 年现代终端建设规划实施方案》，明确全市卷烟零售终端建设方向。制定

客户服务。完成“我与客户共成长”主题实践活动的改进提升，举办全市“恒大”杯首届零售户开口营销大赛活动。实施差异化客户服务，建立零售户诉求响应机制，全力保障零售户经营权益。全年开展零售户培训 149 场，参与人数 6 万人次；全年新增烟商贷授信 7.61 亿元，累计授信额度 18.32 亿元。加强信用体系推广应用，打造信用管理平台，全面开展零售户信用等级评价。年末全市承诺诚信经营零售户占比达到 99.55%，“A”等级以上零售户占比达到 98.33%。健全完善诚信互助小组长效机制，全力培育天津烟草诚信经营新生态。

【雪茄烟经营】　**雪茄烟销售。**优化雪茄烟引入管理流程，加快市场需求响应速度，逐步扩充国产雪茄烟在销规格数量，在销规格总数由 29 个提升至 35 个，丰富雪茄烟产品供给。2022 年，实现国产雪茄烟销量较 2019 年“翻一番”的销售目标。

雪茄烟品牌培育。制定印发《天津烟草雪茄烟档位测评和货源供应管理办法》，在批零环节实现雪茄烟和卷烟区分管理，构建“单独评档、统购统销、严格规范”的雪茄烟营销新模式。制定《雪茄购系统操作说明书》，开展雪茄烟系统模块操作线上培训。加强雪茄烟销售政策宣传贯彻工作，采用集中讲授、线上答疑、“一对一”客服等方式，打通客户雪茄烟订货和销售中的“堵点难点”，确保雪茄烟营销模式转型平稳过渡。

【科技创新】 贯彻行业科技政策宣传贯彻会议要求，坚持创新驱动发展战略，科学构建创新战略布局、宏观政策部署、年度目标任务相结合的“1+1+1+N”科技创新政策体系，建立健全“提升成果质量、强化组织引导、激发创新活力、推动交流互惠”四项机制，推进市、区两级创新项目评审平台建设、基层青年创新团队建设，搭建天津烟草“4+2+1”特色科技创新体系，推动科技创新成果落实落地。2022 年累计取得授权专利及软件著作权 12 件，比上年提升 50%；取得市局级科技创新成果 34 项、QC 成果 30 项；引进应用和推广交流市外成果 52 项；市区二局、津南区局创新发展班组分别被评为全国和天津市质量信得过班组。

【特事辑要】 2022 年 1 月 26 日，天津市局（公司）召开 2022 年全市烟草工作电视电话会议。

12 月，天津市局（公司）分别与武清区、宝坻区、宁河区、蓟州区、静海区供销社签署减资协议，明确终止联营关系，完成远五区专卖管理体制改革。

2022 年天津市烟草专卖商业主要情况统计

区局（公司）名称		天津市区第一烟草专卖局（分公司）	天津市区第二烟草专卖局（分公司）	天津市区第三烟草专卖局（分公司）	东丽区烟草专卖局（分公司）	津南区烟草专卖局（分公司）
主要负责人/法定代表人（含党政领导）		孙晓莹	孙晓莹	孙晓莹	孙晓莹	孙晓莹
所属县级单位		—	—	—	—	—
总资产（万元）		1430	2091	1581	1369	831
资产负债率（%）		—	—	—	—	—
从业人员（人）		81	82	83	70	69
所属业务机构	营销机构	1 个营销网建科	1 个营销网建科	1 个营销网建科	1 个营销网建科	1 个营销网建科
	物流配送机构	—	—	—	—	—
	专卖稽查机构	2 个稽查大队	2 个稽查大队	2 个稽查大队	1 个稽查大队	1 个稽查大队
	烟叶机构	—	—	—	—	—
烟农户数（户）		—	—	—	—	—
实现烟农总收入（万元）		—	—	—	—	—
零售户数（户）		2592	2805	2787	1863	1930
零售户销售毛利率（%）		12.14	10.90	12.48	12.06	11.57

区局（公司）名称		西青区烟草专卖局（分公司）	北辰区烟草专卖局（分公司）	滨海新区烟草专卖局（分公司）	武清区烟草专卖局（有限公司）	宝坻区烟草专卖局（有限公司）
主要负责人/法定代表人（含党政领导）		孙晓莹	孙晓莹	孙晓莹	翟晓强	刘照明
所属县级单位		—	—	—	—	—
总资产（万元）		1630	958	5295	4368	3416
资产负债率（%）		—	—	—	38.30	44.03
从业人员（人）		71	68	248	113	104
所属业务机构	营销机构	1 个营销网建科	1 个营销网建科	1 个营销网建科	1 个营销网建科	1 个营销网建科
	物流配送机构	—	—	1 个送货中心	1 个送货中心	1 个送货中心
	专卖稽查机构	1 个稽查大队	1 个稽查大队	4 个稽查大队	1 个稽查大队	1 个稽查大队
	烟叶机构	—	—	—	—	—

续表

区局（公司）名称	西青区烟草专卖局（分公司）	北辰区烟草专卖局（分公司）	滨海新区烟草专卖局（分公司）	武清区烟草专卖局（有限公司）	宝坻区烟草专卖局（有限公司）
烟农户数（户）	—	—	—	—	—
实现烟农总收入（万元）	—	—	—	—	—
零售户数（户）	1836	1939	5415	2691	2331
零售户销售毛利率（%）	11.02	11.56	11.25	11.62	12.33

区局（公司）名称		宁河区烟草专卖局（有限公司）	静海区烟草专卖局（有限公司）	蓟州区烟草专卖局（有限公司）	天津市烟草专卖局公路分局
主要负责人/法定代表人（含党政领导）		王　颖	吴宝旺（—2022 年 12 月） 李　江（2022 年 12 月—）	耳文新	乔　林
所属县级单位		—	—	—	—
总资产（万元）		1506	2538	3765	—
资产负债率（%）		59.20	42.95	35.11	—
从业人员（人）		79	83	111	33
所属业务机构	营销机构	1 个营销网建科	1 个营销网建科	1 个营销网建科	—
	物流配送机构	1 个送货中心	1 个送货中心	1 个送货中心	—
	专卖稽查机构	1 个稽查大队	1 个稽查大队	1 个稽查大队	3 个稽查大队
	烟叶机构	—	—	—	—
烟农户数（户）		—	—	—	—
实现烟农总收入（万元）		—	—	—	—
零售户数（户）		1749	2211	2634	—
零售户销售毛利率（%）		11.04	12.45	11.48	—

注：天津市烟草专卖局（公司）下设天津烟草物流中心，负责全市烟草商业系统卷烟物流仓储、分拣、配送工作，除市内六区和东丽、津南、西青、北辰区外，其他区为二级配送，设送货中心进行管理。

◇ 撰稿：张　强；编辑：王　静

河北省烟草专卖局（公司）

【专卖管理】 **打假打私**。2022 年，河北省烟草专卖局发挥政府主导的联合打假机制作用，不断强化京津冀、晋冀蒙区域协作，推动环渤海打击海上走私协作机制，始终保持打假打私高压态势。全年查处各类涉烟违法违规案件 1.38 万起，其中案值 5 万元以上假私烟案件 115 起，查获各类非法卷烟 1.91 万件。查处烟叶烟丝类案件 1046 起，其中案值 5 万元以上案件 151 起，查获烟叶烟丝 1045 吨，捣毁非法加工窝点 18 个。侦办打假打私重大案件 33 起，其中特大案件 4 起，有 2 起重大案件由公安部、国家局督办。公安、司法机关依法刑拘 397 人，逮捕 173 人，判刑 148 人。侦破“6·5”海上运输烟草专卖品案，在唐山市曹妃甸海域截获走私船只 1 艘，查获烟丝 49.47 吨、滤嘴棒 7980 万支，依法抓获犯罪嫌疑人 10 人。

市场监管。开展物流寄递环节和烟叶烟丝专项治理，以及“十二省（区、市）百日攻坚”专项行动，维护市场秩序。推进 12313 烟草热线服务体系建设，实现 7×24 小时人工服务，全年受理群众热线电话 2.8 万起。

行政许可管理。持续深化“放管服”改革，加强行政许可标准化建设，优化零售许可网办流程，提高许可管理质量和服务水平。全省准运证审批时限压减至 2 个工作日，零售许可证审批时限压减至 8 个工作日。推进零售许可网上服务，网上申请率提升至 51.8%。加强电子烟零售许可布局管理，制定电子烟零售点布局规划，明确全省电子烟零售点2219个。推进电子烟许可审批，严把电子烟零售市场主体资格，全年核发电子烟零售许可证1037张。

专卖内管。制定卷烟外流案件调查工作规范，推进卷烟外流案件调查工作流程化、标准化、规范化管理。制定内部专卖管理监督定期检查工作规范，强化工业、商业、烟机、烟叶企业内部专卖管理监督。组织开展治理违法违规零售户评价工作，河北省局成立3个评价组，选取49个县（区）、356个卷烟零售户进行实地走访。开展报废烟机监督销毁工作，河北省局先后派员前往保定卷烟厂对已淘汰报废的31套烟机设备进行监销，对河北白沙烟草有限责任公司已淘汰报废的5台套烟机设备进行监销。

2022年3月15日，河北张家口市局开展2022年消费者权益日“共促消费公平”主题宣传活动

河北张家口市局　任　涛　摄

【电子烟监管】　联合河北省公安厅、省市场监督管理局、省教育厅在全省开展清理整治向未成年人销售电子烟、严厉打击涉电子烟违法犯罪专项行动，检查电子烟销售网点1912个，联动市场监管部门处置各类网络销售、广告等违法违规链接11条，清理校园周边电子烟销售网点25个，清理自动售卖机3台。全年查处向未成年人销售电子烟案件156起。

【卷烟经营】　**卷烟销售。**2022年，河北省烟草商业系统卷烟单箱销售额3.27万元，比上年增长12.64%。全省销量居前三位的卷烟品牌为“钻石”“云烟”“红塔山”。

品牌培育。落实国家局三级品牌共育机制，聚焦“136、345”品牌发展目标，加大重点品规尤其是行业共育品规培育力度，促进品牌集中度持续提高，2022年下半年各市局（公司）实现行业共育品规全覆盖。规范开展品牌引入退出工作，全年全省共引入新品规格31个，退出不适销品规38个，重点品牌卷烟销量比上年增长1.13%。

零售终端建设。落实国家局农网建设工作部署，多措并举提升农网建设质量。将农网现代终端建设列入考核，农网现代终端比例达到37%，每个乡镇建成1～2个农网标杆终端。各市局（公司）为4951个零售户办理普惠金融贷款，申请低息贷款总授信额度10.51亿元，缓解零售户资金压力。加强诚信互助小组建设，截至2022年底，全省诚信互助小组共计2.13万个，入组零售户27.19万户。

“我与客户共成长”主题实践。聚焦“我的业务我学习”“我的客户我辅导”“我的终端我维护”等3项活动，抓好困难零售户帮扶、经营辅导、农网盲点摸排、农网示范终端建设等工作。累计培训客户经理2.82万人次，培训零售户43.74万人次，帮扶困难零售户765户，开展经营辅导活动3145场次。

现代物流建设。制定《全省系统物流设备技改总体技术要求（试行）》，推进河北烟草商业系统物流技改工作，实现全品规异标合一分拣。截至2022年底，沧州、唐山市局（公司）完成物流技改，衡水、邢台、邯郸、承德、石家庄等市局（公司）完成设备安装，秦皇岛、保定市局（公司）取得积极进展。完善全省烟草商业系统现代物流发展规划，推进与邮政公司的战略合作，印发物流管理规范16项。开展新能源汽车推广、包装箱循环利用、托盘联运、塑膜回收、空车往返运输、无纸化签收等工作，全省共配置新能源汽车193辆，占终端配送车辆的21.4%；回收裹膜4260千克，绿色物流建设成效明显。选拔人员参加烟草行业首届烟草物流岗位技能竞赛，2名员工被评为行业最美物流人。

【雪茄烟经营】　2022年，河北省销售雪茄烟比上年增长35.88%；实现销售额5857万元，增长51.67%。持续加大雪茄烟品牌文化宣传和市场培育力度，发挥现代卷烟零售终端在雪茄烟培育方面的示范作用，推动国产雪茄烟高质量发展。全年引入“工字（红）”“王冠（假日阳光）”“王冠（原味3号铁盒）”“黄鹤楼（雪之韵5号）”“泰山（战神5号）”“泰山（3G原味）”“长城（骑士1号）”等7个雪茄烟新品。全省在销雪茄烟8个品牌、35个规格，形成价格梯度合理、品类丰富的产品架构。

【烟叶生产经营】 **烟叶种植收购。**2022年，河北省烟叶种植涉及3个市、5个县、23个乡镇、72个行政村、377户烟农（不含邯郸肥乡区、保定定州市的有关数据）。实现烟农总收入9940万元。

强化合同管理。印发通知加强烟叶种植收购合同管理，进一步规范烟叶生产购销行为。7月底，对5家烟叶公司2021年、2022年烟叶种植收购合同和烟叶种植面积进行检查，抽查合同141份，抽查18户烟农39个地块1652.2亩。针对发现问题，重申合同管理的严肃性，明确市公司作为烟叶生产经营主体的责任。

推动生产方式转型。提升规模化经营水平。以张家口蔚县为重点，打造万担乡3个、千亩村6个，推进产能集聚，提升连片种植规模化程度。在石家庄、保定以种植专业户为重点，加快培育新型烟叶经营主体，发展适度规模经营，烟农户均种植面积达到63.7亩。推广新型生产技术，降低生产成本。推广烟叶绿色高效植保面积0.6万亩，推广不带肥滴灌面积2万亩，全部实现0.01毫米移栽地膜，生产生物质颗粒燃料5000余吨。提升专业化分级水平。7月，在石家庄灵寿县举办烤烟仿制样品审定会议，通过5家烟叶公司12套239个等级烤烟基准样品。

助力烟农多元化增收。开展“我为烟农办实事”实践活动，加强政策引导，指导产区利用育苗设施、烘烤设施、烟用农机和轮作烟田拓展烟农增收途径，同时利用生物质燃料生产等烟叶产业延伸，引领带动烟叶与多元化产业协调发展、融合发展。全年实现总产值1111.88万元，实现净利润523.24万元。

【科技创新】 修订《河北烟草商业企业科技创新项目管理办法》，建立科技成果评价指标体系。2022年立项省级科技创新项目30个，评审结题项目27个。全年获得授权专利和软件著作权30件。获得河北省质量协会QC活动各类奖励60余项，参与员工1500余人。邢台市局（公司）“数字化精准拜访模式的构建”项目获得烟草行业第三十三届优秀质量管理小组成果二等奖。研究制定科技创新人才培养管理办法，组建全省烟草商业系统科技创新人才库，加强入库人员培养，提升科技自主创新能力和科技整体实力。

【企业管理】 **对标管理。**以推进新指标体系为契机，优化对标管理工作方法，完善内部管理制度，进一步完善市县两级对标框架，促进各单位各部门分层分类对标。

体系建设。以国家局体系转版五项工作任务为指引，以标准化文件为平台，以优化流程为目标，以内部审核和管理评审为手段，推进质量管理体系和标准化建设有机融合。通过内审和管审，全年共发现不合格项234项，提出改进建议295个，制定对策措施302项。完善标准化管理体系，全省按新版管理标准要求建立标准化体系文件2337个，其中：新增标准化文件253个、修订353个、废止99个；优化流程127个。廊坊市局（公司）研发采购标准管控信息化应用项目，入选国家局2022年提升企业核心竞争力典型案例。全年开展管理诊断活动16次，发现问题454个，提出对策措施或改进建议438个。

规范管理。修订《河北烟草商业企业供应商不良行为管理办法》《河北烟草商业企业工程、物资和服务采购工作考评办法》，制定印发采购监督管理办法及采购监督工作指引。成立重大采购项目专项监督工作组，对重大项目的招标文件和合同审核进行集体监督审定，防范采购领域廉洁风险。巩固“三个保障机制”建设成果，以公开招标作为企业采购的主要方式，委托招标代理机构实施，优化招标代理机构共享模式，创造性地解决直属单位招标代理机构库中本地企业占比较多、部分招标代理机构承接重大项目经验不足等问题。河北省烟草商业系统共有251个项目进入公共资源交易中心开展招标。

【助力乡村振兴】 在河北省局乡村振兴工作领导小组的指导下，选派新的优秀干部充实驻村工作队，持续巩固拓展脱贫攻坚成果，推进乡村振兴工作。河北省局（公司）驻石家庄行唐县南件村工作队立足实际，充分整合资源，聚焦特色产业发展，探索发展壮大村级集体经济的路径和方法。以村合作社名义从村民手中流转成块耕地200亩，实施“基础粮食种植+特色经济作物”发展模式，先后种植优质小麦、黑小麦、玉米、小米椒，逐步扩大特色种植规模。通过流转土地、做强产业支撑，全年创收40万元，彻底扭转村集体收入微薄的现状。小米椒种植从大棚育苗到管理、收获，为全村提供临时性就业岗位100余个。

【特事辑要】 2022年1月21日，2022年河北省烟草商业系统工作电视电话会议召开。

3月21日，河北省烟草商业系统落实全面从严治党主体责任暨巡视整改动员部署会议召开。

4月21日，河北省局（公司）机关庆祝中国烟草总公司成立四十周年暨“五四”青年节座谈会召开。

5月12日，河北省烟草商业系统警示教育大会召开。

7月13—14日，国家局党组成员、副局长张天峰在河北烟草调研。

7月26日，2022年河北省烟草商业系统半年工作电视电话会议召开。

8月23日，河北省局（公司）“全品规卷烟智能高效备货分拣系统”项目，获得2022年度中国物流与采购联合会科技进步奖一等奖。

2022年河北省烟草专卖商业主要情况统计

地市级局（公司）名称		石家庄市烟草专卖局（公司）	邯郸市烟草专卖局（公司）	保定市烟草专卖局（公司）	张家口市烟草专卖局（公司）
主要负责人/法定代表人（含党政领导）		支宗良	赵忠凯	李国锋	魏　磊
所属县级单位		藁城区、鹿泉区、栾城区、新华区、桥西区、裕华区、长安区等7个县级烟草专卖局（分公司），辛集市、晋州市、灵寿县、行唐县、平山县、正定县、高邑县、赵县、元氏县、赞皇县、新乐市、无极县、深泽县、井陉县等14个县级烟草专卖局（营销部）	邯山区、丛台区、复兴区、永年区等4个县级烟草专卖局（分公司），大名县、魏县、曲周县、邱县、鸡泽县、广平县、成安县、临漳县、磁县、涉县、馆陶县、峰峰矿区、武安市等13个县级烟草专卖局（营销部）	满城区、清苑区、徐水区、莲池区、竞秀区等5个县级烟草专卖局（分公司），涿州市、博野县、望都县、定兴县、阜平县、高碑店市、高阳县、涞水县、涞源县、蠡县、曲阳县、顺平县、安国市、易县、唐县等15个县级烟草专卖局（营销部）	万全区、崇礼区、宣化区、桥东区、桥西区等5个县级烟草专卖局（分公司），沽源县、尚义县、张北县、康保县、怀安县、怀来县、赤城县、涿鹿县、蔚县、阳原县等10个县级烟草专卖局（营销部）
总资产（万元）		297548	189931	233210	122180
资产负债率（%）		15.76	29.60	20.32	25.72
从业人员（人）		990	1008	1156	590
所属业务机构	营销机构	1个营销中心	1个营销中心	1个营销中心	1个营销中心
	物流配送机构	1个物流配送中心	1个物流配送中心	1个物流配送中心	1个物流配送中心
	专卖稽查机构	1个稽查支队、21个稽查大队	1个稽查支队、17个稽查大队	1个稽查支队、20个稽查大队	1个稽查支队、15个稽查大队
	烟叶机构	1个烟叶管理科	—	1个烟叶管理科	1个烟叶管理科
烟农户数（户）		73	—	22	282
实现烟农总收入（万元）		1946	—	770	7224
零售户数（户）		37993	36357	37031	18728
零售户销售毛利率（%）		14.31	13.50	16.45	12.00

地市级局（公司）名称		承德市烟草专卖局（公司）	唐山市烟草专卖局（公司）	廊坊市烟草专卖局（公司）	沧州市烟草专卖局（公司）
主要负责人/法定代表人（含党政领导）		徐立	程渊（—2022年4月） 张家春（2022年4月—）	桑军	李强
所属县级单位		平泉市局（分公司），丰宁满族自治县、滦平县、承德县、围场满族蒙古族自治县、隆化县、兴隆县、宽城满族自治县等7个县级烟草专卖局（营销部）	滦州市、路南区、路北区、开平区、古冶区等5个县级烟草专卖局（分公司），丰润区、丰南区、滦南县、乐亭县、迁安市、迁西县、遵化市、玉田县、曹妃甸区等9个县级烟草专卖局（营销部）	安次区、广阳区、三河市、大厂回族自治县、香河县、永清县、固安县、霸州市、文安县、大城县等10个县级烟草专卖局（营销部）	任丘市、泊头市、黄骅市、河间市、沧县、肃宁县、孟村回族自治县、东光县、海兴县、献县、青县、吴桥县、盐山县、南皮县等14个县级烟草专卖局（营销部）
总资产（万元）		72353	222293	160444	145050
资产负债率（%）		22.12	11.49	21.38	10.06
从业人员（人）		527	808	543	900
所属业务机构	营销机构	1个营销中心	1个营销中心	1个营销中心	1个营销中心
	物流配送机构	1个物流配送中心	1个物流配送中心	1个物流配送中心	1个物流配送中心
	专卖稽查机构	1个稽查支队、8个稽查大队	1个稽查支队、14个稽查大队	1个稽查支队、10个稽查大队	1个稽查支队、14个稽查大队
	烟叶机构	—	—	—	—
烟农户数（户）		—	—	—	—
实现烟农总收入（万元）		—	—	—	—
零售户数（户）		13701	29734	18215	27035
零售户销售毛利率（%）		11.70	12.65	13.00	13.00

地市级局（公司）名称	衡水市烟草专卖局（公司）	邢台市烟草专卖局（公司）	秦皇岛市烟草专卖局（公司）	河北雄安烟草专卖局（公司）
主要负责人/法定代表人（含党政领导）	李鲁平	石向东	张伟	阎芳（—2022年10月） 葛彦波（2022年10月—）
所属县级单位	冀州区局（分公司），桃城区、枣强县、武邑县、深州市、武强县、饶阳县、安平县、故城县、景县、阜城县等10个县级烟草专卖局（营销部）	襄都区、信都区、任泽区、南和区等4个县级烟草专卖局（分公司），沙河市、内丘县、临城县、隆尧县、柏乡县、宁晋县、巨鹿县、平乡县、广宗县、南宫市、新河县、威县、清河县、临西县等14个县级烟草专卖局（营销部）	抚宁区、海港区、山海关区、北戴河区等4个县级烟草专卖局（分公司），昌黎县、卢龙县、青龙满族自治县等3个县级烟草专卖局（营销部）	安新县、容城县、雄县等3个县级烟草专卖局（分公司）
总资产（万元）	83232	149812	113698	27072
资产负债率（%）	31.26	29.05	31.62	38.90
从业人员（人）	618	979	381	173

续表

地市级局（公司）名称		衡水市烟草专卖局（公司）	邢台市烟草专卖局（公司）	秦皇岛市烟草专卖局（公司）	河北雄安烟草专卖局（公司）
所属业务机构	营销机构	1个营销中心	1个营销中心	1个营销中心	1个计划营销科
	物流配送机构	1个物流配送中心	1个物流配送中心	1个物流配送中心	—
	专卖稽查机构	1个稽查支队、11个稽查大队	1个稽查支队、18个稽查大队	1个稽查支队、7个稽查大队	1个稽查支队、3个稽查大队
	烟叶机构	—	—	—	—
烟农户数（户）		—	—	—	—
实现烟农总收入（万元）		—	—	—	—
零售户数（户）		14063	23993	13135	4936
零售户销售毛利率（%）		12.90	13.50	13.27	13.29

注：统计表没有标注未上划的2个县级单位，分别为邯郸市局（公司）下辖的肥乡区烟草专卖局（公司）、保定市局（公司）下辖的定州卷烟经理部。

◇ 撰稿：苏维民；编辑：王　静

山西省烟草专卖局（公司）

【专卖管理】　**打假打私。**2022年，山西省烟草专卖局落实国家烟草专卖局、公安部严打涉烟违法犯罪有关工作部署，全面融入全国“一盘棋”工作格局，始终保持严打高压态势，加强部门合作和跨区域协作配合，深入开展“打团伙、破网络、抓主犯、断链条”工作，为保证全省经济增长、财税收入，维护良好市场秩序作出新的贡献。全年全省查处假烟案件1535起，走私烟案件78起，其中案值5万元以上假私烟案件13起；查获假烟1454.19件，标值1210.18万元；查获走私卷烟36.39件，标值25.96万元；向公安机关移送案件132起，公安、司法机关依法刑拘60人，逮捕41人，判刑43人；破获符合国家局标准网络案件21起。

重大案件。晋城市局“7·17”非法经营案件，属于典型的利用互联网自媒体销售假冒卷烟案件，查实涉案交易流水9.89万笔，交易金额1.4亿余元，下线涉案微信号220余个，涉及山西、福建、广东等11个省（自治区、直辖市），该案被列为部督案件。

朔州市局“11·14”销售伪劣产品案件，以犯罪嫌疑人王某某等5人为首的假冒伪劣卷烟制造、销售团伙，以福建云霄县为制假基地，从当地招揽22人为假烟销售中线，由这些中线通过互联网在全国范围内发展230余名假烟销售下线，涉及山西、江西、上海等25个省（自治区、直辖市），销售假冒伪劣卷烟涉及60余个品牌（规格），交易金额3.2亿余元，该案被列为部督案件。

市场监管。扎实开展“双随机、一公开”监管，狠抓APCD工作法应用，试点探索信用监管、智慧监管。山西省局多部门联合部署，突出靶向监管，遏制真烟异常流动。全省组织市场清理专项行动6次，查处案件5340起。高效运行12313热线分中心，共受理各类热线电话1万余起，呼入接通率达到98.62%，回访满意度100%，居全行业前列。

证件管理。落实“放管服”改革要求，推动全省县级局依法修订完善零售点合理布局规划，规范实施行政许可，依法加大对不符合持证条件持证户的后续监管，让不适合的市场主体及时退出，控增量、减存量。严格执行行政许可办理程序，履行办证时限承诺，积极提供便民服务，多路径拓展许可证网上办理通道，网办比例稳步提升至86%。

专卖内管。建立山西省局内管、专卖、销售、物流四部门联动协作机制，以及内管、专卖深度协作机制，对卷烟经营和工业企业加强全过程闭环监管，加大烟叶生产经营监管力度，定期开展专卖内管检查和网上异地监管，查处收购倒卖和真烟外流案件，规范两烟生产经营。

【电子烟监管】　严格落实过渡期监管政策，严控市场主体违规新增，严防新项目违规落地，制定发布电子烟零售点布局规划、电子烟市场监管工作方案，组织开展电子烟市场清理整顿专项行动，加强政策宣传贯彻，依法实施行政许可426户，查处各类涉电子烟违法行为，维护电子烟市场秩序。

【卷烟经营】　**运行调控。**着力保货源。紧密对接市场需求，保障供应链稳定，健全工商对接机制，靠前执行卷烟协议，加大适销对路货源储备；坚持一区一策、一县一策，调整货源投放策略，开通应急补货通道，及时满足客户需求；创新开展异地储配分拣、接力配送、定点取货，做到“能送尽送”，最大限度保障市场有序供给。着力保进度。坚持政策发力适度靠前，坚持全省一盘棋、统一调度、一体推进，加大经济运行区间调控、定向调控、精准调控、相机调控，全力保障销售进度靠前。着力保发展。全力保障经济运行在合理区间，2022 年实现卷烟销售收入比上年增长 4.91%，实现税利增长 1.5%，实现商业增加值增长 3.92%，完成财政上缴任务，在特殊时期为助力地方经济社会发展作出应有贡献。

品牌培育。修订印发省级共育品规标准和 2022 年度共育品规目录，开展品牌培育测评，结合实际引入符合市场需求、满足结构提升的品规，退出不适销品规。2022 年全省累计引入 22 个品规，其中包括 17 个中高端重点品规和 5 个国产雪茄烟；退出 23 个品规，其中包括 22 个卷烟品规和 1 个国产雪茄烟品规，行业 54 个共育品规在山西省销售达到 52 个。组织全省烟草商业系统开展工商零共同面向消费者品牌营销活动、“紫气东来”杯全省卷烟零售户“开口营销”大赛活动以及第二届工商协同营销优秀案例征集活动，提高培育品牌积极性，形成集群化培育品牌的强大合力。2022 年全省销售重点品牌比上年增长 1.16%，比重提高 1.1 个百分点。

卷烟销售网络建设。聚焦终端数字化转型，开展流通品牌建设，制定印发全省烟草商业系统加盟终端建设管理办法和配套标准，组织完成终端建设现场培训，推进零售终端管理系统应用，云 POS 系统上线用户达到 1.08 万户，“三全”门店数量达到 7154 户，终端转型升级取得初步成效。聚焦农网终端提质，研究制定强化农网建设工作实施方案，启动素质提升、整洁陈列、终端提质、组织升级、服务满意“五项工程”，累计完成 4474 户农网客户整洁化陈列改善，培训农网客户 17.61 万人次，培训覆盖率 95.78%，进一步打牢农网市场基础和终端基础。

【雪茄烟经营】 2022 年，开展雪茄烟客户分档规则及标准研究，准确评价雪茄烟客户经营能力，构建指标清晰、特色鲜明、结构合理的雪茄烟客户档位管理体系。建立健全雪茄烟零售终端建设标准体系，进一步将雪茄烟零售终端细分为专业零售终端、专柜式终端、普通零售终端，打造雪茄烟文化传播、形象展示、消费体验和品牌培育的新平台。全年全省经营 35 个国产雪茄烟品规，其中中高端雪茄烟 32 个。国产雪茄烟销量比上年增长 20.1%，较行业增幅高 8.51 个百分点；实现销售收入 6594 万元，增长 80.1%，较行业增幅高 27.46 个百分点。其中：中高端国产雪茄烟销量比上年增长 107.78%，占国产雪茄烟总销量比重 25%；中高端国产雪茄烟累计实现销售收入 5238.81 万元，增长 88.83%，占国产雪茄烟收入比重 79.45%。

【现代烟草农业建设】 2022 年，山西省共有种烟农户 598 户，实现烟农总收入 1.04 亿元，比上年增加 622 万元；户均收入 17.65 万元，增加 0.89 万元。贯彻落实国家局提出的以构建现代烟草农业生产经营体系为主攻方向，坚持“优质、特色、生态、安全、高效”的烟叶生产导向，推广滴灌、膜下微喷等高效节水灌溉面积 1.18 万亩，施用有机肥面积 1.22 万亩，植保无人飞机应用面积 1.58 万亩。采烤一体化 3.97 万担，“1 + N”专业烘烤 2.18 万担，废弃地膜治理 2.68 万亩。烟农实现多元化增收 2471 万元，比上年增加 174 万元。

2022 年 6 月 16 日，山西晋城市局（公司）组织开展安全生产月宣誓活动
山西省局　供稿

【精益管理】 **管理创新。**与浙江省局（公司）开展全面对标共建，制定专业条线对标共建方案，加强交流共享，开展诊断培训，同步推动太原市局（公司）与杭州市局（公司）、临汾市局（公司）与泉州市局（公司）结对共建。制定高质量核心竞争力指标体系及对标管理办法，完善县级局对标指标，定期开展对标评价分析，推动补短板强弱项。梳理现行有效管理制度文件 2401 件，废止 1780 件。

财务管理。落实中央“过紧日子”要求，单箱卷烟经营费用排名居行业第三位。开展资金竞争性存放，统一协定存款利率，实现货币资金收益再创历史新高；加强资产管理，处置盘活资产 301 项，取得租金收入 905.58 万元，减免小微企业房租 224.7 万元。

物流管理。开展物流业务外包检查，提升自主管控能力。上线运行电子签收系统，实现客户订单查询、送货进度跟踪等智能移动应用。强化对标改进机制，人均卷烟配送效率（1073.92 箱/人）、单箱物流费用（234.28 元/箱）等指标保持较优水平。突出低碳循环，扩大新能源车使用范围，包装箱循环回收完成全年任务 143.4 万只的 116.11%，工商整托盘联运完成全年任务 5.5 万箱的 111.44%，推动物流绿色低碳发展。

创新管理。立项 13 个省级科技项目，首次对大同、太原、运城、晋中等单位 5 个科技项目进行奖励。组建科技人才库，建立“揭榜挂帅”机制，对 12 个入围课题公开揭榜。全年取得 QC 成果 118 个，连续在烟草行业第三十二届、第三十三届优秀质量管理小组成果发布评审中取得优异成绩，其中晋城、运城市局（公司）均获得一等奖，晋中市局（公司）获得两个二等奖。

数字化转型。有序推进云平台、数字中台等新型基础设施建设，统筹推进行业一体化平台应用项目落地，按时完成信创工程建设。

厂办大集体改革。完成厂办大集体改革收官任务，有效破解历史遗留改革难题，化解经营风险。

【特事辑要】 2022 年 1 月 25 日，山西省局（公司）在太原市召开 2022 年全省烟草工作电视电话会议。

2022 年山西省烟草专卖商业主要情况统计

地市级局（公司）名称		太原市烟草专卖局（公司）	大同市烟草专卖局（公司）	阳泉市烟草专卖局（公司）	长治市烟草专卖局（公司）	晋城市烟草专卖局（公司）
主要负责人/法定代表人（含党政领导）		陈晓勇	常熙旺	李 军	张春荣	杨 军
所属县级单位		小店区、迎泽区、杏花岭区、尖草坪区、万柏林区、晋源区、清徐县、古交市、阳曲县、娄烦县等 10 个县级烟草专卖局（营销部）	平城区、云冈区、云州区、新荣区、阳高县、天镇县、浑源县、灵丘县、广灵县、左云县等 10 个县级烟草专卖局（营销部）	平定县、盂县 2 个县级烟草专卖局（营销部）	潞州区、上党区、潞城区、屯留区、长子县、壶关县、平顺县、黎城县、武乡县、襄垣县、沁县、沁源县等 12 个县级烟草专卖局（营销部）	城区、泽州县、高平市、阳城县、沁水县、陵川县等 6 个县级烟草专卖局（营销部）
总资产（万元）		251127	178893	58603	127690	85189
资产负债率（%）		23.40	33.64	32.98	27.56	25.13
从业人员（人）		689	606	227	619	365
所属业务机构	营销机构	1 个营销中心	1 个营销中心	1 个营销中心	1 个营销中心	1 个营销中心
	物流配送机构	1 个物流配送中心	1 个物流配送中心、1 个配送中转站	1 个物流配送中心	1 个物流配送中心、3 个配送中转站	1 个物流配送中心、2 个配送中转站
	专卖稽查机构	1 个稽查支队、12 个稽查大队	1 个稽查支队、10 个稽查大队	1 个稽查支队、3 个稽查大队	1 个稽查支队、12 个稽查大队	1 个稽查支队、6 个稽查大队
	烟叶机构	—	—	—	—	—
烟农户数（户）		—	—	—	186	—
实现烟农总收入（万元）		—	—	—	1338	—
零售户数（户）		17045	12231	6077	13624	9082
零售户销售毛利率（%）		14.11	14.07	14.45	14.94	13.59

地市级局（公司）名称		朔州市烟草专卖局（公司）	忻州市烟草专卖局（公司）	吕梁市烟草专卖局（公司）	晋中市烟草专卖局（公司）	临汾市烟草专卖局（公司）	运城市烟草专卖局（公司）
主要负责人/法定代表人（含党政领导）		钟志坚	曲　涛	王新亮	张跃斌	李　明	高栓平
所属县级单位		朔城区、平鲁区、山阴县、怀仁市、应县、右玉县等6个县级烟草专卖局（营销部）	忻府区、原平市、代县、繁峙县、定襄县、五台县、宁武县、神池县、岢岚县、五寨县、保德县、静乐县、偏关县、河曲县等14个县级烟草专卖局（营销部）	离石区、汾阳市、孝义市、交城县、文水县、交口县、石楼县、柳林县、中阳县、方山县、临县、兴县、岚县等13个县级烟草专卖局（营销部）	榆次区、太古区、祁县、平遥县、介休市、灵石县、榆社县、左权县、和顺县、昔阳县、寿阳县等11个县级烟草专卖局（营销部）	尧都区、侯马市、曲沃县、翼城县、襄汾县、洪洞县、霍州市、古县、吉县、安泽县、浮山县、乡宁县、蒲县、大宁县、永和县、隰县、汾西县等17个县级烟草专卖局（营销部）	盐湖区、临猗县、永济市、万荣县、河津市、新绛县、稷山县、铝厂厂区、绛县、闻喜县、夏县、垣曲县、平陆县、芮城县、风陵渡区等15个县级烟草专卖局（营销部）
总资产（万元）		75286	116760	152462	156477	172774	159680
资产负债率（%）		40.32	31.51	39.04	36.47	36.52	31.06
从业人员（人）		334	575	797	597	765	872
所属业务机构	营销机构	1个营销中心	1个营销中心	1个营销中心	1个营销中心	1个营销中心	1个营销中心
	物流配送机构	1个物流配送中心	1个物流配送中心、4个配送中转站	1个物流配送中心、7个配送中转站	1个物流配送中心、3个中转站	1个物流配送中心、1个配送中转站	1个物流配送中心、3个配送中转站
	专卖稽查机构	1个稽查支队、6个稽查大队	1个稽查支队、14个稽查大队	1个稽查支队、13个稽查大队	1个稽查支队、11个稽查大队	1个稽查支队、17个稽查大队	1个稽查支队、15个稽查大队
	烟叶机构	—	—	—	—	—	—
烟农户数（户）		—	—	—	—	172	240
实现烟农总收入（万元）		—	—	—	—	2273	6783
零售户数（户）		7550	12721	16529	15762	17408	17156
零售户销售毛利率（%）		13.83	13.42	13.44	13.35	14.48	14.30

◇ 撰稿：朱永胜；编辑：王　静

内蒙古自治区烟草专卖局（公司）

【专卖管理】　**案件查处。**2022年，内蒙古自治区烟草专卖局构建“打、防、管、控”一体化治理体系，以机制建设为根基，开展“数据导侦、联合研判、考核激励、分析通报推进”科学打击。巩固“政府主导、部门配合、联管联治、共建共享共赢”联合打击防线，打假打私“北疆防线”更加稳固。全年查处假私烟案件2984起，查获假烟821.27件、走私烟144.01件、烟叶烟丝204.04吨。破获假私烟网络案件15起，其中符合国家局标准网络案件10起、区标案件5起，有2起往年重大网络案件通过深挖线索脉络、推进源头打击，案件从二级案件扩大为一级案件。

部分重大案件。内蒙古区局联合呼和浩特海关侦办全区首起走私雪茄烟案件，查获非法雪茄烟8161支，实物案值383万元，涉案金额2300余万元，截至2022年底，案件战果仍在扩大。破获赤峰市“5·13”非法经营网络案件（部督）、巴彦淖尔“4·22”销售假烟网络案件等多起国标网络案件，兴安盟局侦办“7·06”非法销售假烟案，涉及全国25个省市，初步核实往来交易金额7.5亿元，该案被列为公安部集群案件。

服务热线分中心建设。设立全区12313烟草市场监管服务热线分中心，设置管理人员和专职座席，集中受理12313热线话务，标准化集中录入受理信息，实时派发任务，督导各类派单任务办理，考核各单位承办情况，提高热线办理质量和服务满意度。进一步挖掘话务信息和系统评价资源，加强对相关信息的分析研判，聚焦群众反映强烈的办事堵点难点和审批服务问题，突出转化运用，服务监管决策。2022年，分中心受理用户来电1.57万通，15秒接通率95.89%，接通率94.46%，总体满意率97.81%，受理工单总量1.09万件，工单办结率99.74%。

2022年2月，内蒙古包头市局（公司）开展无接触送货服务

内蒙古区局　供稿

【卷烟经营】 **卷烟销售。**2022年，内蒙古自治区卷烟单箱销售收入3.09万元，比上年增加0.12万元。本地区卷烟销量居前三位的品牌分别为“云烟”“红塔山”“南京”。

品牌培育。履行品牌培育第一职责，注重重点品牌、重点品规的引领作用，重点品牌份额占比93.47%，比上年提高1.82个百分点。统筹传统品类和创新品类协调发展，加强全局谋划、战略布局、整体推进，提高资源配置效率和能力。构建完善重点突出、集中度高、协调有序的品牌发展战略体系，坚持运行工、商、零和区局、地市、旗县区“双三级”品牌共育机制。

【雪茄烟经营】 2022年，全区销售雪茄烟比上年增长71.14%，单支均价2.2元。其中，销售中高端雪茄烟比上年增长161.94%、低端雪茄烟增长68.78%；销售机制雪茄烟增长69.18%、手工雪茄烟增长226.45%。

【烟叶生产经营】 2022年，全区烟叶收购均价24.1元/千克，烟叶收购等级质量平均等级合格率81.31%，上等烟等级纯度93.65%、中等烟纯度95.45%、下低等烟纯度98%。上等烟比例首次突破60%大关，达到60.48%；烟农户均收入首次突破13万元，达到13.85万元；上等烟比例、均价、等级纯度、户均收入、亩均收益等5项核心指标再创历史新高。提升适度规模种植水平，建设“万担乡”1个、“千亩村”3个，产能占比合计57.6%。

【管理创新】 **数字化转型。**首次建立包含全覆盖、大纵深、多维度等3个子库的客户数据库，精准划分客户价值归类，以快速响应、精准识别、数据运用的体系合力，稳定全区运行调控的群众基础。

规划体系建设。对照行业“1+6+2”高质量发展政策体系和“十四五”规划主要目标指标进展、重点任务落实、重大工程项目推进等内容，开展全区烟草商业系统高质量发展“1+5+1”配套措施体系和全区“十四五”规划动态监测评估。按照国家局要求，及时高效完成全区烟草商业系统高质量发展政策体系和“十四五”规划实施情况评估报告。

对标指标稳步提升。聚焦行业提升企业核心竞争力指标体系，修订全区烟草商业系统“双19+N”分层分类对标指标体系实施方案，持续推进本土化对标贯标。2022年，在行业14项核心竞争力对标指标中，内蒙古烟草商业有1项指标位居行业标杆前三名，5项指标优于行业平均水平，10项指标比上年优化。江苏省局（公司）和内蒙古区局（公司）的27家盟市局（公司）及30家旗县局（营销部）以对标共建为契机，构建“全覆盖式、赋能式、协作式、共享式”对标共建新模式。加强建章立制，重新制定《全区行业投资项目管理办法》《机关采购管理办法》《全区行业投资项目后评价管理办法》。坚持绿色发展，开展2022年全国节能宣传周暨全国低碳日主题宣传活动，全年实现提质增效 1.04 亿元。

精益创新。2022 年，全区烟草商业系统共 841 人参与创新活动，普及率 16.8%，成果率达到 90.4%，取得可计算经济效益 4928.2 万元。QC 成果获得烟草行业第三十二届优秀质量管理小组成果一等奖 1 项［呼和浩特市局（公司）“可移动式全品规自动码盘设备研发”］、二等奖 2 项、三等奖 2 项，自治区级一等奖 24 项、二等奖 24 项。全年取得各类授权专利、软件著作权 156 件，比上年增长 36.8%，其中发明专利 1 件，实用新型专利 55 件、增长 52.78%，外观设计专利 9 件、增长 50%，软件著作权 91 件、增长 26.4%。

【**特事辑要**】 2022 年 1 月 26 日，内蒙古区局（公司）在呼和浩特市召开 2022 年全区烟草电视电话会议。

2022 年内蒙古自治区烟草专卖商业主要情况统计

地市级局（公司）名称		呼和浩特市烟草专卖局（公司）	满洲里市烟草专卖局（公司）	呼伦贝尔市烟草专卖局（公司）	兴安盟烟草专卖局（公司）	通辽市烟草专卖局（公司）
主要负责人/法定代表人（含党政领导）		王福贵	高志勇	王鹏宇（—2022 年 1 月） 何志军（2022 年 1 月—）	孙宏宁	王明欣
所属县级单位		土默特左旗、托克托县、和林格尔县、清水河县、武川县、新城区、赛罕区、回民区、玉泉区等 9 个县级烟草专卖局（营销部）	扎赉诺尔区烟草专卖局（营销部）	海拉尔区、牙克石市、扎兰屯市、阿荣旗、莫力达瓦达斡尔族自治旗、鄂伦春自治旗、根河市、额尔古纳市、鄂温克族自治旗、陈巴尔虎旗、新巴尔虎左旗、新巴尔虎右旗、大杨树等 13 个县级烟草专卖局（营销部）	科尔沁右翼前旗、科尔沁右翼中旗、突泉县、阿尔山市、扎赉特旗、乌兰浩特市等 6 个县级烟草专卖局（营销部）	科尔沁区、科尔沁左翼后旗、科尔沁左翼中旗、开鲁县、库伦旗、奈曼旗、扎鲁特旗、霍林郭勒市等 8 个县级烟草专卖局（营销部）
总资产（万元）		173874	10906	51262	36529	74199
资产负债率（%）		9.33	14.53	25.51	15.82	20.57
从业人员（人）		677	86	538	257	491
所属业务机构	营销机构	1 个营销中心	1 个营销中心、2 个区域市场部	1 个营销中心	1 个营销中心	1 个营销中心
	物流配送机构	1 个物流配送中心、3 个物流中转站	1 个物流配送中心	2 个物流配送中心、5 个物流中转站	1 个物流配送中心、3 个物流中转站	1 个物流配送中心
	专卖稽查机构	1 个专卖监督管理科（专卖稽查支队）、3 个专卖稽查大队	1 个专卖监督管理科（专卖稽查支队）	1 个专卖监督管理科（专卖稽查支队）、2 个专卖稽查大队	1 个专卖监督管理科（专卖稽查支队）、6 个专卖监督管理股（专卖稽查大队）	1 个专卖监督管理科（专卖稽查支队）
	烟叶机构	—	—	—	—	—
烟农户数（户）		—	—	—	—	—
实现烟农总收入（万元）		—	—	—	—	—
零售户数（户）		13586	1038	8396	7864	13435
零售户销售毛利率（%）		14.60	13.38	14.90	14.89	15.20

地市级局（公司）名称		赤峰市烟草专卖局（公司）	锡林郭勒盟烟草专卖局（公司）	二连浩特市烟草专卖局（公司）	乌兰察布市烟草专卖局（公司）	包头市烟草专卖局（公司）
主要负责人/法定代表人（含党政领导）		李义春	邢福臣	张明昊	王雷宇	赵海涛
所属县级单位		红山区、松山区、阿鲁科尔沁旗、巴林左旗、巴林右旗、林西县、克什克腾旗等7个县级烟草专卖局（营销部），翁牛特旗、喀喇沁旗、宁城县、元宝山区、敖汉旗等5个县级烟草专卖局（分公司），松山区烟叶分公司	锡林浩特市、阿巴嘎旗、苏尼特左旗、苏尼特右旗、镶黄旗、多伦县、太仆寺旗、正蓝旗、西乌珠穆沁旗、东乌珠穆沁旗、乌拉盖管理区等11个县级烟草专卖局（营销部）	—	集宁区、丰镇市、察哈尔右翼前旗、察哈尔右翼中旗、察哈尔右翼后旗、四子王旗、卓资县、凉城县、兴和县、商都县、化德县等11个县级烟草专卖局（营销部）	土默特右旗、固阳县、达尔罕茂明安联合旗、石拐区、白云鄂博矿区、昆都仑区、青山区、东河区、九原区等9个县级烟草专卖局（营销部）
总资产（万元）		117747	17426	4948	72377	167032
资产负债率（%）		33.44	11.02	6.66	9.53	4.68
从业人员（人）		811	308	33	421	406
所属业务机构	营销机构	1个营销中心	1个营销中心	1个营销物流配送中心	1个营销中心	1个营销中心
	物流配送机构	1个物流配送中心	1个物流配送中心	—	1个物流配送中心、3个物流中转站	1个物流配送中心
	专卖稽查机构	1个专卖监督管理科（专卖稽查支队）、3个专卖监督管理股（专卖稽查大队）	1个专卖监督管理科（专卖稽查支队）、2个专卖监督管理股（专卖稽查大队）	1个专卖监督管理科	1个专卖监督管理科（专卖稽查支队）、3个专卖稽查大队	1个专卖监督管理科（专卖稽查支队）、2个专卖稽查大队
	烟叶机构	1个烟叶科、1个县级烟叶分公司、5个烟叶收购站、2个烟叶育苗中心、1个烟叶仓储中心	—	—	—	—
烟农户数（户）		336	—	—	—	—
实现烟农总收入（万元）		5118	—	—	—	—
零售户数（户）		14296	4522	565	8006	10841
零售户销售毛利率（%）		14.61	14.25	14.82	14.85	15.19

地市级局（公司）名称	鄂尔多斯市烟草专卖局（公司）	巴彦淖尔市烟草专卖局（公司）	乌海市烟草专卖局（公司）	阿拉善盟烟草专卖局（公司）
主要负责人/法定代表人（含党政领导）	张若宇	董英钊	杜秀亭（—2022年1月） 赵瑞敏（2022年1月—）	张健英（—2022年1月） 岳文明（2022年1月—）

续表

地市级局（公司）名称		鄂尔多斯市烟草专卖局（公司）	巴彦淖尔市烟草专卖局（公司）	乌海市烟草专卖局（公司）	阿拉善盟烟草专卖局（公司）
所属县级单位		东胜区、康巴什区、达拉特旗、准格尔旗、伊金霍洛旗、杭锦旗、乌审旗、鄂托克旗、鄂托克前旗等9个县烟草专卖局（营销部），乌兰木伦、棋盘井经济开发区、上海庙经济开发区等3个直属分局，准格尔经济开发区直属分局（营销部）	临河区、乌拉特前旗、乌拉特中旗、乌拉特后旗、五原县、杭锦后旗、磴口县等7个县级烟草专卖局（营销部）	海勃湾区、乌达区、海南区等3个县级烟草专卖局（营销部）	阿拉善左旗、阿拉善右旗、额济纳旗等3个县级烟草专卖局（营销部），乌斯太烟草专卖分局，东风场区烟草专卖分局（卷烟批发部）
总资产（万元）		158281	58074	35487	13084
资产负债率（%）		11.73	9.41	5.85	21.70
从业人员（人）		470	305	113	108
所属业务机构	营销机构	1个营销中心	1个营销中心	1个营销中心	1个营销中心
	物流配送机构	1个物流配送中心、2个物流中转站	1个物流配送中心	1个物流配送中心	1个物流配送中心
	专卖稽查机构	1个专卖监督管理科（专卖稽查支队）	1个专卖监督管理科（专卖稽查支队）、2个专卖稽查大队	1个专卖监督管理科（专卖稽查支队）	1个专卖监督管理科（专卖稽查支队）、1个机动大队、3个稽查大队
	烟叶机构	—	—	—	—
烟农户数（户）		—	—	—	—
实现烟农总收入（万元）		—	—	—	—
零售户数（户）		12054	7465	2371	1397
零售户销售毛利率（%）		15.73	16.00	15.64	15.50

◇撰稿：巨　岩；编辑：王　静

辽宁省烟草专卖局（公司）

【专卖管理】　**案件查处**。2022年，辽宁省烟草专卖局查处各类涉烟案件7928起，其中案值5万元以上的案件883起；查扣各类非法卷烟2.03万件；查扣非法烟丝烟叶580.92吨，涉案物品实物货值1.94亿元。全年侦办四级以上重大案件39起，省督案件6起，公安部、国家烟草专卖局督办案件8起，收缴制假烟机27台，公安、司法机关依法逮捕判刑212人。

打假打私。2022年，辽宁省局持续保持“严打”高压态势，开展“护航2022”专项行动，形成“打假打私提质行动”课题建设成果汇编，“打、防、管、控”一体化治理格局初步形成，重大案件侦办质量整体提升。巩固统一指挥、联合侦办、成果共享机制，构建“1+1+N”打假打私综合治理体系，部门联合、区域协作机制持续深化。巩固“政府主导式”反走私综合治理体系，加强联合执法协作、跨省区域合作、打击海上涉烟走私督导互查“三个机制”建设，联合侦破“玉环集”专案，打击海上走私烟草专卖品案件取得突破。开展打击烟丝烟叶非法经营行为专项行动，采取集中整治、分区施策、追根溯源等举措，切断制假原料向地下窝点的供应链，打源头、抓主犯取得成效。

市场监管。持续保持“严管”高压态势，开展“净网2022”专项行动，突出市场治理基础职能，形成“市场治理提质行动”课题建设成果汇编，“全过程治理、全覆盖监管、全数据驱动”的市场治理新格局初步形成，市场监管现代化水平进一步提升。打造专卖移动执法工具箱，统一执法方式、执法标准、执法评价，提高市场监管效能。明确 AAA 级零售户评定标准及评定流程，全年全省 13 个市局共评选出 AAA 级零售户 2387 户。围绕市场检查数量、检查命中率、行政处罚率、取消经营资格户数“1121”目标，持续抓好市场治理的中心任务，“百日行动”市场整治成效显著。

证件管理。坚持烟草制品零售点合理布局制度不动摇，月度监控全省零售户数量及变化趋势，确保零售户总量稳定、增量合理。2022 年，全省卷烟零售户数比上年减少 0.47%，新办数量减少 53.56%，“控增量、降存量”成效明显，实现零售户数量稳中有降、质量稳中有升的动态平衡。

信息化建设。健全完善涉烟情报研判体系。推进打假破网数字化转型，部署机场周围人员电子围栏系统，实现空港口岸出入境涉烟违法重点人员的排查、管控，解决涉烟违法重点人员的筛查与监控缺少系统支撑的问题；部署“Telegram 电报侦查系统”，实现暗网平台海量敏感内容获取、本地情报推送以及重点人员身份的虚实转换，解决不法分子利用新型暗网平台从事涉烟违法活动的监控盲区问题；部署“合析云数据分析平台”，通过数据清洗、常用数据分析、专项数据分析、用户自定义分析等核心算法，提升涉烟情报大数据分析能力，解决各类情报信息数据的分析、挖掘、交换等方面缺乏系统支撑问题。推进“三眼二云”系统升级，升级“船讯网 + 电子围栏”的新“海眼”系统，监控预警海域范围辐射至辽宁地区全部海域，扩大全省打击海上涉烟走私预警防御范围。

【电子烟监管】 统筹推进电子烟监管各项重点工作，组织召开 7 次领导小组会议和 2 次全省烟草商业系统电子烟监管工作推进会，与辽宁省市场监管局共同印发《关于进一步联合加强电子烟市场监管工作的通知》，切实履行好电子烟监管职责。

【卷烟经营】 **卷烟销售。**2022 年，辽宁省卷烟销量居前三位的品牌为“人民大会堂”“七匹狼”“红塔山”。

品牌培育。突出规划引领作用，聚焦行业“136、345”品牌发展目标和全省一类烟“226”“227”发展目标，与 26 家工业企业逐一对接规划，在一类烟中培育形成 5 个万箱级单品，重点品牌集中度达到 91%，比上年增长 5.54 个百分点，增幅排名居行业第一位。加强共育品规管理，实施分类管理、分级考核，行业共育品规销量比上年增长 5%。优化三级联动评价，设定八大品类宽度、建立联动评价机制、优化联动标准流程，全年共退出 29 个不适销品规，引入 24 个潜力新品，协议规格数精简至 180 个以内。强化地产卷烟培育，构建工商共育、终端共用、新品共研“三共”新机制，工商双方成立专班，共同研发“人民大会堂（红细支）”新品，全年销售“人民大会堂”品牌卷烟比上年增长 6.54%。

2022 年 3 月 14 日，辽宁沈阳市局专卖管理人员联合营销部门指导零售户进行规范经营

辽宁沈阳市局　高英慧　摄

现代零售终端建设。构筑以终端、农网、服务、队伍、平台“五大阵地”为支撑的高质量网络建设体系，推动网络建设提质增效。召开全省烟草商业系统网建现场会，梳理形成全省网络建设“四共”标准化体系，升级“辽叶 e 家”2.0 版本，建立加盟终端标准化成果，全年建成“辽叶 e 家”加盟终端 1568 个，建成现代终端 5.7 万个，占比 39.75%，排名居全国第二位。深化“农网转型提升工程”，将

"四进乡村"升级为"五力赋农"举措，全年建成农网现代终端6.3万个，建成农网示范店662个，覆盖351个乡镇，乡镇覆盖率达到44.21%。建立全省统一的"99235"客户服务体系，开展诚信互助小组"强服务、提素质、增活力、促规范"建设，提高零售户服务时效性和标准化水平；建立全省统一的"辽叶雷锋"服务品牌，以"辽叶e家"流通品牌为依托建设"辽叶·雷锋驿站"，全省共建成1775个"辽叶·雷锋驿站"。

市场化取向改革。坚持制度先行，完善营销管理制度，实现营销关键业务环节全面覆盖。强化营销规则刚性执行，指导各单位严格遵循物资采购相关程序规定，做好全过程、全节点痕迹管理，确保营销类费用支出规范、公开、透明。持续规范营销业务行为，充分发挥三级营销监管职能，全年印发12期全省行业营销监管情况通报，对重点工作、重点指标完成情况进行分析，对重点环节实行全流程过程监管。

卷烟物流建设。做好卷烟物流供应链保障工作，协助相关部门出台辽宁省烟草专卖局关于应对新冠疫情做好卷烟物流保障供应的意见，搭建全省疫情期间物流供应链保障体系。聚力抓实物流环节高质量发展，推进物流管理诊断工作，形成以"步骤+细节+标准"为主体的物流作业流程体系和物流流程管理新模式。开展区域物流规划论证工作，科学制定区域物流规划方案，形成"2+7"区域物流建设规划和"3+2"区域物流远景规划。加快推进智慧物流体系建设，总结试点单位上线运行经验，优化完善智慧物流一期功能模块，加速推进智慧物流一期项目实施；考虑全省行业物流管控需求，遵循行业物流发展方向，推进智慧物流二期项目建设。

【雪茄烟经营】 2022年，辽宁省烟草商业系统销售国产雪茄烟比上年增长76.14%；实现销售收入4199万元，增长146.97%。

【烟叶生产】 **烟叶种植与收购。**2022年，辽宁省收购上等烟比例72.99%。实现烟农种烟总收入1.99亿元。

烟叶生产经营。稳定种植规模，协调推动将烤烟种植纳入粮区产业发展规划，推进烟粮融合发展，稳定基本烟田。推进精简作业，通过开展植烟成本调查，找准成本制约因素，推进精简作业方式推广应用，使用育苗配送一体化、滴灌移栽一体化、统防统治一体化和采烤一体化等精简技术，推动烟叶生产减工降本。优化品种布局，根据"一主一副一试种"县域烤烟品种布局规划，结合工业客户原料需求，全省加大优良品种引进推广力度，共种植烤烟品种11个，其中推广优良新品种6个，种植面积2.86万亩。夯实绿色发展基础，加大植烟土壤保育、绿色防控关键技术集成等科技项目研究力度，烟叶原料及植烟环境安全保障能力进一步增强。畅通工商互动交流，根据工业客户烟叶调拨大等级结构需求情况，联合工业客户共同制定生产技术方案，持续优化原料供给，满足工业客户卷烟配方需求。

烟叶规范管理。开展标准化烟站创建工作，制定印发《标准化烟站创建工作实施方案》，对照标准化烟站创建基层党建、基础设施、队伍建设和运行管理四个方面，启动实施朝阳市台吉营烟站、丹东市青椅山烟站和铁岭市和隆烟站标准化创建工作，提升基层规范管理能力水平。强化制度建设，修订《辽宁省烟草行业烟叶生产投入管理办法》，以严格合同制管理为主线，推进落实烟叶种植收购合同、烟叶生产投入、烟需物资采购等生产过程管理。完善标准化表单建设，推进烟叶全过程管理，制定烟叶生产环节规范管理标准化表单，加强烟叶种植收购合同、烟叶产前投入、烟需物资采购和烟基设施建设等重点环节监管，推动烟叶生产向清单化、标准化、流程化转变，推进烟叶高效能治理。

烟叶生产基础设施建设。2022年，全省烟叶产前投入资金1788万元，比上年增加1019万元。批复烟基建设项目839项，行业投入资金概算621.88万元，烟基建设投入重点向"三大建设方向"和已建项目修复倾斜，改善烟区生产条件，巩固烟叶生产基础。

【管理创新】 辽宁省烟草商业系统坚持"命题、领题、破题、结题"的基本路径，坚持"专班+专项""台账+清单""评估+推广"基本方法，开展"七项提质行动"和"七大赋能工程"，扎实有序推进课题建设。落实"对追达创工程"，制定印发《关于推进"对追达创工程"的实施意见》，明确"四分八步"工作法，建立四项常态化工作机制。印发《辽宁烟草2022年度“四标一体”指标库》，组织全省烟草商业系统启用新对标体系，定期进行对标情况通报，2022年共19项核心竞争力指标优于同期，指标改善率70.37%。与山东省局（公司）开展对标共建。围绕“1+2+2+N”共建模式，采用省局（公司）对省局（公司）、市局（公司）对市局（公司）、业务对业务的模式，组织各市局（公司）同对标共建单位密切联系、分享信息、课题攻关，全年全省烟草商业系统共开展各类对标共建交流活动123次，累计引入课题26项，形成共建课题69项。

【特事辑要】 2022年1月20日，2022年辽宁省烟草工作电视电话会议在沈阳市召开。

7月12—14日，国家局党组成员、副局长段铁力在辽宁烟草调研。

8月3—5日，辽宁省局（公司）召开全省烟草商业系统2022年半年工作会议暨卷烟营销网络建设现场会。

2022年辽宁省烟草专卖商业主要情况统计

地市级局（公司）名称		沈阳市烟草专卖局（公司）	鞍山市烟草专卖局（公司）	抚顺市烟草专卖局（公司）	本溪市烟草专卖局（公司）
主要负责人/法定代表人（含党政领导）		胡志伟	兰艳丰	刘子木	孙向东
所属县级单位		和平区、沈河区、大东区、皇姑区、铁西区、沈北新区、于洪区、浑南区、苏家屯区、辽中区、新民市、康平县、法库县等13个县级烟草专卖局（营销部）	海城市、台安县、岫岩满族自治县等3个县级烟草专卖局（营销部）	清原满族自治县、新宾满族自治县、抚顺县等3个县级烟草专卖局（营销部）	本溪满族自治县、桓仁满族自治县、南芬区等3个县级烟草专卖局（营销部）
总资产（万元）		460117	144176	82775	56484
资产负债率（%）		20.07	33.00	34.54	32.54
从业人员（人）		1313	426	322	263
所属业务机构	营销机构	1个营销中心、10个区域市场部	1个营销中心、4个区域市场部	1个营销中心、5个区域市场部	1个营销中心、6个区域市场部
	物流配送机构	1个物流中心、6个物流中转站	1个物流中心、3个物流中转站	1个物流中心、2个物流中转站	1个物流中心、1个物流中转站
	专卖稽查机构	1个稽查支队、18个稽查大队	1个稽查支队、10个稽查大队	1个稽查支队、3个稽查大队、3个市管大队、1个网络大队、1个信息大队	1个稽查支队、6个稽查大队
	烟叶机构	—	—	—	—
烟农户数（户）		—	—	—	—
实现烟农总收入（万元）		—	—	—	—
零售户数（户）		29064	13476	7640	6096
零售户销售毛利率（%）		17.00	18.55	15.95	18.00

地市级局（公司）名称	丹东市烟草专卖局（公司）	锦州市烟草专卖局（公司）	营口市烟草专卖局（公司）	阜新市烟草专卖局（公司）
主要负责人/法定代表人（含党政领导）	苏广昌	赵静波（—2022年8月） 韩英楠（2022年8月—）	王 琳（—2022年2月） 汤海洋（2022年2月—）	张 明

续表

地市级局（公司）名称		丹东市烟草专卖局（公司）	锦州市烟草专卖局（公司）	营口市烟草专卖局（公司）	阜新市烟草专卖局（公司）
所属县级单位		东港市、凤城市、宽甸满族自治县等3个县级烟草专卖局（营销部）	凌海市、北镇市、黑山县、义县等4个县级烟草专卖局（营销部）	盖州市、大石桥市、鲅鱼圈区、老边区等4个县级烟草专卖局（营销部）	阜新蒙古族自治县、彰武县2个县级烟草专卖局（分公司）
总资产（万元）		129266	110266	98718	50924
资产负债率（%）		28.12	28.90	20.58	42.99
从业人员（人）		617	362	316	446
所属业务机构	营销机构	1个营销中心、4个区域市场部	1个营销中心、9个区域市场部	1个营销中心、4个区域市场部	1个营销中心、3个区域市场部
	物流配送机构	1个物流中心、2个物流中转站	1个物流配送中心、1个物流中转站	1个物流中心	1个物流中心
	专卖稽查机构	1个稽查支队、10个稽查大队	1个稽查支队、4个市管大队、4个稽查大队	1个稽查支队、5个稽查大队	1个稽查支队、3个稽查大队、3个市管大队
	烟叶机构	8个烟叶收购站	—	—	—
烟农户数（户）		605	—	—	—
实现烟农总收入（万元）		7184	—	—	—
零售户数（户）		10554	11695	10532	6887
零售户销售毛利率（%）		16.50	17.00	18.00	18.58

地市级局（公司）名称		辽阳市烟草专卖局（公司）	铁岭市烟草专卖局（公司）	朝阳市烟草专卖局（公司）	盘锦市烟草专卖局（公司）	葫芦岛市烟草专卖局（公司）
主要负责人/法定代表人（含党政领导）		汤海洋（—2022年2月） 崔金远（2022年2月—）	汪　清	王龙宪	白俊平	丛　智（—2022年9月） 赵静波（2022年8月—）
所属县级单位		辽阳县、灯塔市2个县级烟草专卖局（营销部）	开原市、昌图县、西丰县等3个县级烟草专卖局（分公司）和调兵山市烟草专卖局（营销部）	北票市、凌源市、朝阳县、建平县、喀喇沁左翼蒙古族自治县等5个县级烟草专卖局（营销部）	盘山县、大洼区2个县级烟草专卖局（营销部）	兴城市、绥中县、建昌县等3个县级烟草专卖局（营销部）
总资产（万元）		73426	76612	59747	58502	89102
资产负债率（%）		32.19	46.51	27.71	24.49	35.63
从业人员（人）		26	547	483	202	362
所属业务机构	营销机构	1个营销中心、3个区域市场部	1个营销中心4个区域市场部	1个营销中心、6个区域市场部	1个营销中心、4个区域市场部	1个营销中心、3个区域市场部
	物流配送机构	1个物流中心	1个物流中心、3个物流中转站	1个物流中心、4个物流中转站	1个物流中心	1个物流中心、3个物流中转站
	专卖稽查机构	1个稽查支队、3个稽查大队	1个稽查支队、8个稽查大队	1个稽查支队、9个稽查大队	1个稽查支队、7个稽查大队	1个稽查支队、9个稽查大队
	烟叶机构	—	9个烟叶收购站	4个烟叶收购站	—	—

续表

地市级局（公司）名称	辽阳市烟草专卖局（公司）	铁岭市烟草专卖局（公司）	朝阳市烟草专卖局（公司）	盘锦市烟草专卖局（公司）	葫芦岛市烟草专卖局（公司）
烟农户数（户）	—	358	354	—	—
实现烟农总收入（万元）	—	5580	7124	—	—
零售户数（户）	7164	11394	12584	5542	9220
零售户销售毛利率（%）	15.00	16.80	17.77	17.46	18.00

◇ 撰稿：董春亮；编辑：王　静

吉林省烟草专卖局（公司）

【专卖管理】　**案件查处。**2022 年，吉林省烟草专卖局对卷烟售假贩私违法犯罪活动实施全链条打击，不断深化跨部门跨地区联合打假打私合作机制，全省“一盘棋”格局逐步建立。联合吉林省公安厅对跨区、跨省网络案件全程跟踪、全面督导，提高网络案件办案规模和办案质量。各市（州）局发挥打假破网主体作用，完善与公安、海关、市场监督管理等部门的联防联控工作机制，关注涉烟违法犯罪活动新动向，聚焦重点地区重点环节持续发力，先后破获一批较为典型的网络案件。全年查处各类涉烟违法案件 2218 起，其中案值 5 万元以上案件 281 起，比上年增长 42.55%，案值百万元以上假私卷烟网络案件 13 起，涉案金额 6611.19 万元；查获非法卷烟 6720 件，案值 5577.28 万元，比上年增长 24.96%；查获非法烟叶烟丝 17.5 吨。公安、司法机关依法抓捕嫌疑人 61 人，刑拘 36 人，逮捕 31 人。

部分重大案件。吉林省烟草专卖局、通化市烟草专卖局与海关缉私部门联合查办“8·16”重大走私雪茄烟网络案件，涉案金额 4000 余万元，在陕西、浙江、内蒙古、湖北等省（自治区、直辖市）抓捕嫌疑人 20 余人，被国家烟草专卖局、海关总署缉私局列为督办案件。

行政许可改革。吉林省局落实“放管服”改革工作要求，提高工作效率，优化审批服务。与吉林省市场监督管理厅建立联合工作机制，落实“证照分离”改革工作要求，加强“互联网+政务服务”工作；以长春、吉林市作为试点单位，实施“证照一码通”改革，完善烟草、市场监督管理两部门许可证新办申请的衔接机制，推进“一网通办”和政务信息共享，提高审批效率。制定印发《吉林省烟草专卖行政许可政务服务“好差评”工作制度》，推行“好差评”机制，全面接受监督，提高政务服务水平。强化零售许可准入和退出管理，组织吉林、通化、白城、辽源等地研究合理布局总量控制模式，严把许可准入关。各级烟草专卖局按照吉林省局统一安排，组织开展许可证专项清理整治工作，依法依规加大对人证不符、长期不订货、不正常经营等商户的清理力度，一体推动证件管理和真烟异常流动治理取得实效。截至 2022 年底，全省共有持证卷烟零售户 11.56 万户。

市场监管。吉林省局落实市场监管职责，持续加大监管力度，以“双随机、一公开”为手段、以 APCD 重点监管为补充的新型监管机制运转良好。省局成立涉烟违法物品认定工作领导小组，明确违法物品认定范围和工作流程，为各市（州）局查办案件提供支持；通过组织开展专题培训和集中研讨，指导市、县级烟草专卖局针对辖区市场实际，改变市场监管分析模型、分析指标，提高市场检查命中率，全省市场检查命中率 22.47%，比上年提高 20 个百分点。针对物流寄递环节涉烟违法案件多发、频发的问题，加强与吉林省邮政管理局沟通协调，共同印发《关于建立烟草、邮政联合工作机制的通知》，成立省级联合领导小组，确定信息共享、联合执法等六方面联合机制；共同制定《全省联合打击寄递环节涉烟违法行为专项行动方案》，召开全省烟草商业专项整治动员部署会，打击物流寄递环节涉烟违法案件，切断非法卷烟运输渠道，巩固完善常态化监管机制。吉林省局与省邮政管理局对省内十几家主要物流寄递企业进行重点走访、突击检查、联合约谈，进一步增强寄递企业守法经营意识。

【电子烟监管】　吉林省局结合实际，制定《关于深入推进电子烟管理工作的实施方案》，出台《吉林省电子烟零售点布局规划》，为全省各级局开展电子烟零售许可提供制度保障；印发《关于切实加强电子烟行政许可和市场监管工作的通知》，督导各级局做好电子烟市场主体摸底排查和市场监管工作，引导电子烟经营主体诚实守信、依法依规开展经营活动。贯彻落实公安部、国家烟草专卖局等四部门联合工作方案，协调吉林省公安厅、市场监督管理厅、教育厅，制定《全省清理整治向未成年人销售电子烟 严厉打击涉电子烟违法犯罪专项行动的实施方案》，合力加强宣传引导、组织开展联合检查、分工负责开展监管、联合查办违法案件，电子烟市场监管长效机制初步形成。吉林省烟草质量监督检测站用21个工作日完成电子烟检测资质认定工作，成为行业首批、东北三省首家具备电子烟检测资质认证的省级质检站。干预劝阻桦甸市电子烟生产企业违法违规行为落地见效，得到国家局支持和肯定。通化、辽源、四平等地查办4起向未成年人销售电子烟违法案件；吉林、辽源、白城等地查办3起销售非法生产电子烟违法案件，起到较好震慑效果。

【卷烟经营】 **品牌培育**。2022年，吉林省销量前十位卷烟品牌集中度75.39%，销量居前三位的品牌为“长白山”“南京”“红塔山”。全年销售“细中短”等创新产品比上年增长11.24%，销售8毫克/支及以下低焦油卷烟增长7.26%。全省一二类烟销量比上年增长17.94%，含税单箱销售收入增长10.15%，增幅居全国第二位，单箱绝对值排名实现历史性进位。全年整合退市卷烟规格26个。

市场化取向改革。推广新版零售终端管理系统，完成3611户终端商户新版零售终端系统上线运行。持续优化货源供给管理，建立多维度零售户档位评价体系，“橄榄型”客户结构基本形成。探索全品类货源精准投放方式，实施区域月度供货总量浮动管理，提升货源投放均衡性和稳定性。加强营销队伍建设，全年开展线上线下客户经理岗位培训140余次，累计参与培训人员3333人次，实现客户经理培训全覆盖。

网络建设。通过持续夯实终端基础，引导终端转型，稳步扩大建设规模，基本形成涵盖直营终端、加盟终端、合作终端、一般现代终端和普通终端的五类终端共同发展的终端体系。截至2022年底，全省建成现代终端2.52万户，占比22.32%，全省终端分类A类以上占比保持在50%左右。以省为单位统一推进“握手加”加盟终端建设，打造152户流通品牌加盟店。全省诚信互助小组覆盖率98%，比上年提高4个百分点。按照加盟终端建设标准，打造一批农村网络终端示范店，建成农网“握手加”便民店47户；累计农网零售户培训次数60次，参与培训5.71万人次，农网培训比例达到63%，进一步推动农网终端建设转型升级，加快推进城网、农网一体化进程。

【雪茄烟经营】 2022年，全省销售国产传统雪茄烟比上年增长88.18%，实现比2019年销量“翻一番”的预期目标；中高端雪茄烟销量增长78.94%。单支均价3.47元/支，比上年提高12.3%。聚焦国产中高端雪茄烟发展，提升供给丰富度，国产传统雪茄烟规格数37个，比上年增加4个；中高端雪茄烟规格数29个，增加3个。全省国产雪茄烟终端建设工作取得积极进展，全年开展4场雪茄烟品鉴活动。

【烟叶生产】 **烟叶经营**。2022年，全省收购上等烟比例53.59%，比上年提升1.87个百分点；均价提升1.31个百分点，烤烟等级结构和收购均价达到近年来最高水平。实现烟叶销售收入4.22亿元，实现税利1.32亿元，比上年增加927万元。解决延边州烟草公司与吉林烟草工业的烟叶库存历史遗留问题。

烟叶种植。持续优化烟区布局。全省种烟乡（镇）40个，比上年增加1个；种烟村（屯）103个，减少12个；烟农901户，减少93户。全省“千亩村”5个、“万担乡”2个；20亩以上种植烟农735户，占比81.58%。全面落实重点技术，全省持续推进烟田土壤保育，通过推动烟田轮作、增施有机肥等技术措施，进一步改良烟田土壤性状，其中延边产区、长春产区有机肥施用覆盖率达到100%。持续推进烟叶绿色生产，烟田地膜全部清理，全面推广病虫害生物药剂防治技术、烟蚜茧蜂防治蚜虫技术全覆盖，无人机绿色高效专业化植保技术推广比例持续提升。持续推进水肥一体化，白城产区带肥滴灌、膜下微喷推广面积占比91.66%。持续推进科技创新，探索吉林烟叶高质量发展途径，聚焦重点领域，着力突破制约质量提升的技术“瓶颈”，以河南农大、延边大学、吉林省农科院为技术依托单位，联合吉林烟草工业、上海烟草集团在长春柳河、延边敦化产区开展3个科研项目。

基础保障。制定基本烟田保护制度，全省重点区域植烟地块基本稳定。连片种植规模进一步集中，全省100～

499亩集中连片面积地块60片，面积占比32.12%；500～1000亩集中连片面积地块5片，面积占比8.66%；规模化职业烟农队伍已经形成，全省户均种植规模37.1亩，40～60亩职业烟农212户，种植面积占比30.16%。增强专业化服务，全省专业化育苗、分级实现全覆盖，移栽、采收专业化服务超过80%，机耕、植保、烘烤专业化服务超过50%。

2022年3月15日，吉林辽源市局（公司）物流工作人员雪夜交接工业企业卷烟，保障疫情期间辽源市场卷烟供应

吉林辽源市局　张安臣　摄

烟叶规范收购。通过落实精准收购、加强磅组管理、推进原收原调、建立健全原烟产品质量追溯体系，烟叶供给质量持续提升。全省收购烟叶等级合格率平均81.65%，等级纯度平均91.8%，等级合格率和等级纯度在大灾之年保持稳定。各产区通过赋能基层，全面推进标准化烟站创建，以创建带动全省烟叶产区基层基础管理水平整体提升。长春柳河三源浦烟站和延边汪清新兴烟站顺利通过国家局检查验收，均被评定为国家级优秀标准化烟站。

烟农多元增收。以合作社为载体，坚持政府主导、行业扶持，依托服务平台，联合科研院校，逐步探索带动烟农增收路径。利用闲置育苗大棚开展水稻育苗、种植山野菜、盆栽水果等经济作物，创造总产值141.5万元，实现净收入102万元；利用轮作烟田发展新种植产业，创造总产值475.66万元，实现净收入256.21万元；通过地膜回收、推广烟蚜茧蜂、烟用物资集中采购等烟叶延伸产业，实现净收入42.94万元。

【物流建设】　2022年，全省烟草商业卷烟物流费用累计2.31亿元，单箱物流费用252.39元，物流人均配送效率974.86箱，送货响应时间26.77小时。“疫情防控”和“复工复产”是吉林烟草商业2022年物流工作面临的严峻挑战，通过不断优化区域物流节点布局，推进跨区域配送和省内分拣资源整合，确保疫情期间物流通畅。

【企业管理】　2022年8月，吉林省局（公司）以长春、吉林、延边、四平市（州）局（公司）为试点单位，开展为期一年的与湖南省局（公司）对标结对帮扶共建工作，促进企业管理水平不断提高。落实吉林烟草商业“一查三去一补一考”（查浪费，去库存、去闲置资产、去不增值流程，补短板，加强对降本增效的考核）工作模式，实现年度提质增效1.44亿元，完成国家局下达目标任务的179.86%。全年在投资和采购方面实现降本增效3080万元。精益管理课题攻关取得新成效，辽源市局（公司）“工会账务管理系统的研发”管理创新课题，获得烟草行业第三十三届优秀质量管理小组成果三等奖。

【数字化转型】　**开展数字化能力培训。**10月8—14日，吉林省局（公司）组织70名处级领导干部和青年干部，赴浙江大学参加企业数字化转型发展培训，培训从吉林烟草商业“126”发展战略需要出发，筛选9个专题课程，整合人工智能、数字化转型、全网营销、管理创新、区块链、大数据等方面前沿知识，邀请专家教授授课。组织学员走进阿里巴巴移动课堂开展体验教学，到浙江中烟杭州卷烟厂实地参观，提高干部数字化能力。

推进实施两项部署。为落实国家局关于全国统一烟草工业生产经营管理平台行业调控项目部署和全国统一卷烟营销管理平台省级营销子系统部署（简称两项部署）工作，确保两项部署与吉林烟草商业“126”高质量发展战略需求相衔接，11月30日，吉林省局（公司）召开专题会议，研究部署实施事宜。会议听取吉林省局（公司）综合计划处和卷烟销售管理处关于两项部署实施工作的措施建议，与会人员围绕平台项目和系统如何更好满足主业和多元发展的共同需求等问题进行交流研讨。

【特事辑要】 2022年1月24日，国家局党组成员、副局长韩占武在吉林烟草商业调研，出席吉林省局（公司）干部大会并讲话。

2月8日，吉林省烟草商业工作电视电话会议在长春市召开。

7月20日，吉林省烟草商业卷烟资金结算平台项目试点总结推广会在延吉市召开。

7月29日，吉林省烟草商业半年工作会议暨抗击新冠肺炎疫情先进集体和先进个人表彰大会在长春市召开。

10月13日，吉林省政府党组副书记、常务副省长吴靖平在吉林烟草调研。

2022年吉林省烟草专卖商业主要情况统计

地市级局（公司）名称		长春市烟草专卖局（公司）	吉林市烟草专卖局（公司）	四平市烟草专卖局（公司）	辽源市烟草专卖局（公司）	通化市烟草专卖局（公司）
主要负责人/法定代表人（含党政领导）		车大光	吴晓旭	李光甲（—2022年5月）王玉魁（2022年5月—）	郭文飞（—2022年9月）樊学栋（2022年11月—）	王 崙
所属县级单位		公主岭市、榆树市、农安县、德惠市、双阳区、九台区等6个县级烟草专卖局（分公司），二道区、南关区、朝阳区、宽城区、绿园区、净月区、高新区、经济技术开发区、汽车产业开发区等9个区烟草专卖局（营销部），1个柳河烟叶生产管理部，1个物流配送中心	永吉县、舒兰市、蛟河市、磐石市、桦甸市等5个县级烟草专卖局（分公司），船营区、昌邑区、丰满区、龙潭区等4个区烟草专卖局，1个物流配送中心	梨树县、伊通满族自治县、双辽市等3个县级烟草专卖局（分公司），1个物流配送中心	东丰县、东辽县2个县级烟草专卖局（分公司），1个物流配送中心	梅河口市、柳河县、集安市、辉南县、通化县等5个县级烟草专卖局（分公司），1个物流配送中心
总资产（万元）		285566	105677	56076	31999	57106
资产负债率（%）		25.79	23.31	19.71	20.30	18.07
从业人员（人）		1365	565	329	212	347
所属业务机构	营销机构	1个卷烟营销中心	1个卷烟营销中心	1个卷烟营销中心	1个卷烟营销中心、3个区域市场部	1个卷烟营销中心
	物流配送机构	1个物流配送中心、6个物流中转站	1个物流配送中心、4个对接点	1个物流配送中心、2个中转站	1个物流配送中心	1个物流配送中心、1个物流中转站
	专卖稽查机构	1个稽查支队、5个稽查大队	1个稽查支队、12个稽查大队	1个稽查支队、10个稽查大队	1个稽查支队、5个稽查大队	1个稽查支队、3个稽查大队
	烟叶机构	10个烟叶站	—	—	—	—
烟农户数（户）		373	—	—	—	—
实现烟农总收入（万元）		4426	—	—	—	—
零售户数（户）		33694	19915	9855	5965	10475
零售户销售毛利率（%）		11.70	12.83	14.00	11.65	13.51

地市级局（公司）名称		白城市烟草专卖局（公司）	白山市烟草专卖局（公司）	松原市烟草专卖局（公司）	延边朝鲜族自治州烟草专卖局（公司）
主要负责人/法定代表人（含党政领导）		张　伟	郭　辉（—2022年12月） 杨春雷（2022年12月—）	任大胜（—2022年7月） 曲景民（2022年7月—）	王宏宇
所属县级单位		镇赉县、通榆县、大安市、洮南市等4个县级烟草专卖局（分公司），1个物流配送中心	抚松县、靖宇县、长白朝鲜族自治县、临江市等4个县级烟草专卖局（分公司），1个江源区烟草专卖局（营销部），1个物流配送中心	前郭尔罗斯蒙古族自治县、扶余市、长岭县、乾安县等4个县级烟草专卖局（分公司），1个物流配送中心	敦化市、珲春市、和龙市、龙井市、图们市、汪清县、安图县等7个县级烟草专卖局（分公司），1个物流配送中心
总资产（万元）		52550	31327	60101	76105
资产负债率（%）		17.48	20.79	27.81	29.14
从业人员（人）		376	267	392	452
所属业务机构	营销机构	1个卷烟营销中心	1个卷烟营销中心	1个卷烟营销中心、4个区域市场部	1个卷烟营销中心
	物流配送机构	1个物流配送中心、2个物流中转站	1个物流配送中心、4个物流中转站	1个物流配送中心、3个物流中转站	1个物流配送中心、3个中转站
	专卖稽查机构	1个稽查支队、8个稽查大队	1个稽查支队、7个稽查大队	1个稽查支队、9个稽查大队	1个稽查支队、10个稽查大队
	烟叶机构	1个烟叶经营管理科、4个烟叶工作站	—	—	1个烟叶经营管理科、7个烟叶工作站
烟农户数（户）		100	—	—	428
实现烟农总收入（万元）		1828	—	—	5599
零售户数（户）		8861	5139	11843	8023
零售户销售毛利率（%）		12.00	13.00	14.00	13.00

◇ 撰稿：王兴谦；编辑：王　静

黑龙江省烟草专卖局（公司）

【专卖管理】　**案件查处。**2022年，黑龙江省烟草专卖局与公安部门建立联合督办机制，开展“龙剑2号”专项行动，全年查处涉烟违法案件4595起，查获非法卷烟超过1万件，案值突破1亿元，捣毁贩藏窝点654个，公安、司法机关依法拘留80人，判刑52人，其中牡丹江“12·02”特大案件抓捕37人，判刑21人，涉案金额超过1亿元。破获部督案件2起，符合国家局标准网络案件4起，1人被评为国家局打假先进个人。

部分重大案件。牡丹江市烟草专卖局“7·05”非法经营案件。2021年7月5日，牡丹江市局联合牡丹江市公安局破获一起跨省运输、销售假私烟（含雪茄烟）案件，抓获犯罪嫌疑人5人，查获非法卷烟69.11件、雪茄烟5192支，案值93万余元，经公安机关初步核实涉案金额5000余万元。2022年6月2日，在广西防城港市防城区将涉嫌生产、销售假冒伪劣产品的犯罪嫌疑人抓获。

大庆“5·11”跨国销售假冒伪劣卷烟网络案件。2021年5月11日，大庆市烟草专卖局与公安部门联合破获一起跨国销售假冒伪劣卷烟网络案件。10月4日，大庆市局、大庆市公安局龙南分局、大庆市食药环支队组成联合专案组，前往广东进行跨省抓捕。11月5日，22名稽查人员与24名公安人员兵分多路在三省七地同时实施抓捕，抓获犯罪嫌疑人10人，采取强制措施10人，查处窝点3处。查获假冒伪劣卷烟89.58件，涉案金额1000余万元。2022年7月1日，此案被公安部和国家烟草专卖局列为部级督办案件。2022 年 10 月 30 日，主犯、从犯被抓获。历时 1 年零 7 个月，足迹遍布广东、重庆、河南、广西、吉林、黑龙江、贵州、江苏等 8 省（自治区、直辖市）的“5·11”部督网络案件成功告破。

市场监管。黑龙江省局发挥多部门联合执法机制作用，持续将精细管理、规范管理、专业化管理等理念贯穿于市场监管各个工作环节，提升市场监管效能。零售市场双随机检查比例为 16.6%，执行进度为 109%，均高于国家局工作要求。APCD 模式分析命中率接近 5.0，高于全国平均水平。开展打击类烟专项行动，联合市场监管部门查处类烟案件 6 起。召开全省烟草商业系统优化营商环境电视电话会议，推广安达市局“行政许可 + N”综合服务经验，实现申请受理“不见面”、办理业务“零跑腿”、一次扫码、全程帮办，推动行政许可业务提速。网办率由 2021 年的 26.04% 提升至 86%。拓展 12313 热线业务范围，实现工作全覆盖。2022 年全省新发放零售许可 1.77 万户，变更 1732 户，延续 1.27 万户。

专卖内管。科学制订销量计划，加强大户治理与外流渠道监管，开展交叉互查，强化案件倒查与排名考核等举措，制作真烟典型案例警示教育片，在全省零售户互助小组播放。2022 年实现“双 80”案件（单个地市真烟非法流通案值 80 万元以上或涉案卷烟数量 80 万支以上重大案件）“零发生”和国家局重大案件“零督办”。

【电子烟监管和新的涉烟监管】 稳步推进电子烟监管，组织召开听证会，制定发布实施全省电子烟零售点布局规划。大庆市局及时叫停一家电子烟企业违规登记注册。查处向未成年人售卖卷烟、电子烟案件各 1 起；破获“上头电子烟”案件 1 起，抓获犯罪嫌疑人 5 人。

【卷烟经营】 2022 年，黑龙江烟草贯彻“总量控制、稍紧平衡，增速合理、贵在持续”方针，落实“创新发展年”工作要求，统筹推进品牌培育、结构提升、网建营销、服务升级等各项工作。卷烟单箱销售额首次突破 3 万元，比上年增长 9.6%，增幅居行业第三位。持续深化品牌培育，一类烟销售增长、重点品牌占比提升、卷烟结构提高。坚持在终端建设、数字化转型、品牌培育、队伍建设等方面持续发力，促进卷烟营销网建水平持续提升。推广应用“422”工作法，坚持“线上 + 线下”融合，加快客户经理转型，提高服务质效。发展“金叶”品牌，提升“金叶”流通品牌覆盖面和认知度，累计建成加盟终端 524 户，现代终端 2.6 万户。建设“金叶 e 家”新零售数字平台，构建 13.7 万零售户线上数字家园，打造共建共享数字化应用平台。建设“龙叶 e 家”微信公众号矩阵，零售户会员 13.5 万名。搭建“金叶贷”零售户信贷平台，解决零售户资金周转难题，全省帮助困难零售户解决周转资金 17.6 亿元。

【雪茄烟经营】 黑龙江烟草利用疫情防控下口岸熔断契机，开展雪茄烟市场培育。加强雪茄烟终端建设，开展“烟客驿站”雪茄烟直营店品鉴，打造文化传播、形象展示、品牌培育综合平台，扩大国产雪茄烟品牌影响力。提升营销队伍和零售户专业素质能力，加强国产中高端雪茄烟产品培育，引入适销新产品 40 余个，实现国产雪茄烟直营终端全覆盖，国产雪茄烟实现销售额、毛利额比上年增长。

【烟叶产销】 **烟叶企业概况。**黑龙江省局（公司）下设哈尔滨烟叶公司和牡丹江烟叶公司，承担全省烟叶收购、加工与销售工作。

黑龙江省烟草公司哈尔滨烟叶公司成立于 2001 年 12 月，2006 年 12 月改制为中国烟草总公司黑龙江省公司的全资子公司。下辖宾县、绥化、肇州、汤原、富锦、望奎、桦川、集贤、肇东等 9 个烟叶分公司。截至 2022 年底，公司总资产 13.08 亿元，其中固定资产 0.64 亿元、流动资产 12.01 亿元，资产负债率 61.27%。从业人员 665 人。

黑龙江省烟草公司牡丹江烟叶公司成立于 2001 年 12 月，2006 年 12 月改制为中国烟草总公司黑龙江省公司的全资子公司。下辖宁安、东宁、林口、勃利、宝清、密山、海林、穆棱等 8 个烟叶分公司。2021 年 7 月起负责管理黑龙江烟叶复烤有限公司独立法人单位，主要经营项目为烟叶委托加工。截至 2022 年底，公司总资产 15.17 亿元，其中固定资产 1.06 亿元、流动资产 13.78 亿元，资产负债率 48.58%。从业人员 535 人。

烟叶种植与收购。2022 年，黑龙江省烟农实现种烟收入 5.45 亿元，烟农户均年收入 18.76 万元。加快构建现代化烟草农业产业体系，持续加强 57 万亩烟田“建、管、用”一体化建设，强化数量、质量、生态“三位一体”保护，8 个产县出台基本烟田保护制度，11 个产县政府制定扶持政策 44 项、出台惠农文件 25 份，投入资金 4785 万元，全年新增烟农 221 户，发展家庭农场 125 个。石岩综合体千亩优质特色烟田，得到中国烟叶公司肯定。统一农艺操作标准，探索农机服务保障体系，研制 7 种机型、9 个型号机具和 1 个装卸房设备，在移栽、采收等环节机械化上实现新突破，石岩综合体亩用工下降至9.5个，农机农艺融合走在行业前列。加强田间管理，提高烘烤水平，烟叶质量受到工业公司好评，“中式卷烟不可或缺”的新定位得到更多工业公司认可，生产质量稳步提升。

黑龙江省牡丹江烟区石岩综合体千亩连片烟田（2022年）

黑龙江省局　供稿

【企业管理】　坚持以“创新发展年”为引领，聚焦重点领域、关键环节，深化理念创新、科技创新和管理创新，不断释放创新潜能。制定出台“十四五”创新规划、指导意见及信息化转型、创新人才培养激励、创新工作督导考核等配套政策文件32项，初步完善创新政策保障机制，“创新+”生态逐步构建。以创新平台、专业竞赛为载体，全省烟草商业系统建立创新工作室6个、创新小组110个；申报科技项目8项；申报QC成果项目139个，比上年增长98.6%，评选出优秀课题成果50项，推荐2个项目参加行业优秀成果评审发布。龙江特色烟叶可用性专项研究项目取得突破，龙江烟叶“中式卷烟不可或缺的优质特色原料”定位获得国家局肯定和工业企业认可；“植烟土壤碳库修复”“高地隙烟叶辅助采收机”项目分别获得中国烟草总公司2021年度科学技术进步奖三等奖、全国QC小组交流活动专业级成果奖；全年获得授权专利14件，其中国家发明专利5件；主栽品种“龙江911”抗病改良通过田间鉴定；加快农机研发与推广，多种型号机械进入田间验证，亩用工由19个减少至12个以下，自主创新保障能力持续增强。搭建管理创新平台，财务共享中心项目落地，实现数据全面共享，业财高效融合，取得突破性进展。卷烟营销率先探索应用大数据分析手段，深度挖掘数据资源，创新探索卷烟结构持续提升路径，为经济效益增长奠定基础。齐齐哈尔市局研发“罚没烟草制品管理系统”，被国家局列为推动涉案物品标准化管理协同单位。七台河市局与公安部驻七台河反洗钱联勤中心合作，创新假私非涉烟数据研判、打击犯罪合作机制，实现案件侦办全面可控、全面掌控。建立全省烟草商业系统QC课题库，举办QC成果评审2次，向国家局申报提升企业核心竞争力典型案例5项。

【特事辑要】　2022年1月20日，黑龙江省局（公司）在哈尔滨市召开2022年全省烟草工作会议。

2022年黑龙江省烟草专卖商业主要情况统计

地市级局（公司）名称	哈尔滨市烟草专卖局（公司）	齐齐哈尔市烟草专卖局（公司）	绥化市烟草专卖局（公司）	大庆市烟草专卖局（公司）	佳木斯市烟草专卖局（公司）
主要负责人/法定代表人（含党政领导）	贺志勤	孙承华 （2022年2月—）	纪　扬 （—2022年6月） 张剑飞 （2022年6月—）	张宝忠	顾宏伟
所属县级单位	呼兰区、阿城区、双城区、五常市、尚志市、巴彦县、宾县、依兰县、延寿县、木兰县、通河县、方正县等12个县级烟草专卖局（分公司）	龙江县、讷河市、甘南县、拜泉县、泰来县、依安县、富裕县、克山县、克东县等9个县级烟草专卖局（分公司）	肇东市、安达市、海伦市、庆安县、望奎县、兰西县、青冈县、明水县、绥棱县等9个县级烟草专卖局（分公司）	肇源县、肇州县、杜尔伯特蒙古族自治县、林甸县等4个县级烟草专卖局（分公司）	富锦市、同江市、抚远市、桦南县、桦川县、汤原县等6个县级烟草专卖局（分公司）

续表

地市级局（公司）名称		哈尔滨市烟草专卖局（公司）	齐齐哈尔市烟草专卖局（公司）	绥化市烟草专卖局（公司）	大庆市烟草专卖局（公司）	佳木斯市烟草专卖局（公司）
总资产（万元）		468473	122849	99934	121023	59664
资产负债率（%）		33.05	28.27	51.94	29.97	29.97
从业人员（人）		1617	505	690	342	437
所属业务机构	营销机构	1个营销中心	1个营销中心	1个营销中心	1个营销中心	1个营销中心
	物流配送机构	1个物流配送中心、12个物流中转站	1个物流配送中心	1个物流配送中心	1个物流配送中心	1个物流配送中心
	专卖稽查机构	1个稽查支队、21个稽查大队	1个稽查支队、15个稽查大队	1个稽查支队、5个稽查大队	1个稽查支队、2个稽查大队	1个稽查支队、3个稽查大队
	烟叶机构	—	—	—	—	—
烟农户数（户）		—	—	—	—	—
实现烟农总收入（万元）		—	—	—	—	—
零售户数（户）		39107	18103	19300	10687	10701
零售户销售毛利率（%）		11.87	13.70	14.96	11.60	14.10

地市级局（公司）名称		牡丹江市烟草专卖局（公司）	鸡西市烟草专卖局（公司）	双鸭山市烟草专卖局（公司）	黑河市烟草专卖局（公司）	鹤岗市烟草专卖局（公司）
主要负责人/法定代表人（含党政领导）		单文林	刘海义（—2022年11月） 张　亮（2022年11月—）	孙承华（—2022年2月） 杨同军（2022年11月—）	李芳远	任大力
所属县级单位		海林市、宁安市、穆棱市、东宁市、林口县等5个县级烟草专卖局（分公司）	鸡东县、密山市、虎林市等3个县级烟草专卖局（分公司）	集贤县、友谊县、宝清县、饶河县等4个县级烟草专卖局（分公司）	北安市、嫩江市、五大连池市、逊克县、孙吴县等5个县级烟草专卖局（分公司）	萝北县、绥滨县2个县级烟草专卖局（分公司）
总资产（万元）		61055	57340	42989	39401	30913
资产负债率（%）		37.06	38.06	37.08	40.67	31.36
从业人员（人）		469	270	259	287	172
所属业务机构	营销机构	1个营销中心	1个营销中心	1个营销中心	1个营销中心	1个营销中心
	物流配送机构	1个物流配送中心	1个物流配送中心	1个物流配送中心	1个物流配送中心、5个物流中转站	1个物流配送中心
	专卖稽查机构	1个稽查支队、4个稽查大队	1个稽查支队、6个稽查大队	1个稽查支队、5个稽查大队	1个稽查支队、3个稽查大队	1个稽查支队、2个稽查大队
	烟叶机构	—	—	—	—	—
烟农户数（户）		—	—	—	—	—
实现烟农总收入（万元）		—	—	—	—	—
零售户数（户）		8600	6405	5585	6812	4258
零售户销售毛利率（%）		13.00	12.55	13.00	14.00	15.00

地市级局（公司）名称		伊春市烟草专卖局（公司）	七台河市烟草专卖局（公司）	大兴安岭地区烟草专卖局（公司）	绥芬河市烟草专卖局（公司）
主要负责人/法定代表人（含党政领导）		魏彤勇	张　亮（—2022 年 11 月）	汪先华	杨同军（—2022 年 11 月） 王冬霞（2022 年 11 月—）
所属县级单位		铁力市、嘉荫县 2 个县级烟草专卖局（分公司）	勃利县烟草专卖局（分公司）	漠河市、塔河县、呼玛县等 3 个县级烟草专卖局（分公司）	—
总资产（万元）		28209	24342	9480	4360
资产负债率（%）		25.41	26.41	57.04	34.35
从业人员（人）		147	135	97	40
所属业务机构	营销机构	1 个营销中心	1 个营销中心	1 个营销中心	1 个营销中心
	物流配送机构	1 个物流配送中心	1 个物流配送中心	1 个物流配送中心 4 个物流中转站	1 个物流配送部
	专卖稽查机构	1 个稽查支队、7 个稽查大队	1 个稽查支队、1 个稽查大队	1 个稽查支队、2 个稽查大队	1 个稽查支队
	烟叶机构	—	—	—	—
烟农户数（户）		—	—	—	—
实现烟农总收入（万元）		—	—	—	—
零售户数（户）		3577	2999	1421	600
零售户销售毛利率（%）		11.11	17.39	15.00	16.18

◇ 撰稿：柳　涛；编辑：王　静

上海市烟草专卖局、上海烟草集团有限责任公司①

【专卖管理】　**案件查处。**2022 年，上海市烟草专卖局查获各类非法卷烟 1.23 万件，涉案金额 1.31 亿元。其中：查获各类假烟 5256.93 件，涉案金额 6200.81 万元；查获各类走私烟 2135.04 件，涉案金额 1953.7 万元。公安、司法机关依法抓获涉烟犯罪嫌疑人 432 人，刑事拘留 24 人，追究刑事责任 58 人，查获违法车辆 28 辆。破获符合国家局标准重大网络案件 17 起，破获公安部、海关总署、国家烟草专卖局督办案件 4 起。其中，上海浦东“8·15”非法经营案为符合国家局标准的一级重大案件。

市场监管。2022 年，上海市局坚持以信用监管为基础，以“双随机、一公开”监管为基本手段，以 APCD 重点监管为补充，以市场巡访为辅助，对烟草专卖品全品类、全链条、全过程实施综合监管。联合上海市公安局组织开展“春雷 2022”专项行动，严打制假贩假、严管物流寄递、强化案件攻坚；对农村、商务楼宇、售假售私、一人多证、关门接货、连片开店、大卖场外商户等七类涉嫌违法违规经营户开展专项综合治理，净化全市烟草市场环境。

证件管理。2022 年，上海市局进一步深化“放管服”改革，提高政务服务效能，充分满足烟草市场主体办事需求。优化烟草制品零售点合理布局模式，加强连锁企业管理规定，审慎推进“一业一证”“证照分离”等改革任务，依托“一网通办”等平台提升线上线下政务服务水平。在行政许可业务中正式应用电子签章技术，形成电子档案。对市内卷烟交易类跨区运输业务开具准运证，加强市内烟草专卖品准运证管理。截至 2022 年底，上海市共有烟草专卖零售许可持证户 5.13 万户，比上年减少 4.26%。12313 烟草市场监管服务热线上海热线分中心全年共处理各类话务 3.94 万件，比上年增长 105.3%。

① 上海烟草集团有限责任公司工业情况详见《烟草工业》栏目。

2022 年 10 月，上海市局专卖管理人员通过上海烟草专卖稽查指挥调度系统分析研判案情

上海烟草集团　供稿

【电子烟监管和新的涉烟监管】　按照国家局统一部署，指导服务全市各类电子烟市场主体逐步适应电子烟政策法规要求，有序推进电子烟行政许可、技术审评、市场监管、学习培训、政策宣传贯彻等工作，探索构建“线上清理、线下管控、全链覆盖、联合治理”的电子烟监管体系，将电子烟产业平稳纳入法治化规范化轨道。制定发布《上海市电子烟零售点布局规划》；促成上海市政府召开全市电子烟监管工作专题会议，形成监管合力；联合上海市市场监管局、邮政管理局开展电子烟联合执法检查，加大打击力度。2022 年，全市共有电子烟生产企业 1 家、电子烟批发企业 1 家、电子烟零售许可持证户 845 户。全年查处涉电子烟案件 14 起，其中上海浦东“8·13”走私“IQOS”等加热不燃烧卷烟网络案为国标一级重大案件；查获电子烟 1.25 万盒，案值 95.58 万元。联合上海市经信委对拼多多平台网销涉烟产品问题发起行政约谈，在全国率先实现“茶烟”等类烟产品全面清网下架；组织开展“茶烟”等类烟产品和电子烟产品专项治理行动等。

【卷烟经营】　**卷烟销售。**2022 年，受新冠疫情因素影响，上海市卷烟销量比上年下降 3.5%；单箱销售收入 4.8 万元，比上年增长 0.2 万元，排名保持全国前三位。本地区卷烟销量居前三位的品牌为“红双喜”“中华”“利群”。“中华”品牌销量与上年持平，“牡丹”品牌市场状态良好，主销规格全面顺价。

统一卷烟营销管理平台整体落地。上海市局、集团公司作为全国统一卷烟营销管理平台省级营销子系统试点单位，围绕卷烟营销核心业务，分步上线货源方案制作、移动拜访应用、客户主数据管理、消费者移动应用、品牌培育、终端建设、监管等模块，实现平台整体落地，推动数字技术赋能营销管理，推进商业营销数字化转型。

统筹推进终端体系建设。制定“海烟烟行”流通品牌和直营终端发展规划，以规划引领商业流通品牌健康发展，现代终端共建成 9298 户，占比 18.6%，加盟终端建成 383 户。

【雪茄烟经营】　上海烟草商业坚持“以中高端雪茄为龙头，低端雪茄为基础，统筹手工和机制雪茄发展”的发展方向，推出《上海市场国产雪茄烟品牌（规格）引入退出管理办法》，优化雪茄烟价格采集机制，动态掌握雪茄烟价格变化，持续推进国产雪茄烟工作。2022 年，上海市场国产雪茄烟销售额突破 1.06 亿元，比 2020 年实现翻番。

【特事辑要】　2022 年 7 月 7 日，上海烟草品牌培育体系框架和主体内容基本确立，以强化品牌意识、发挥品牌引领作用、打牢品牌发展基础为目标的品牌培育体系建设进入实质推进阶段，推动以品牌培育为导向的精准营销再升级。

8 月 1—2 日，国家烟草专卖局党组书记、局长，中国烟草总公司总经理张建民在上海烟草调研。

8 月 3 日，上海市首张电子烟零售许可证在上海普陀区烟草专卖局发出。

8 月 29 日，上海市局、集团公司举办《忠诚履职担使命——上海烟草专卖管理成果展》，纪念中国烟草总公司成立 40 周年和《中华人民共和国烟草专卖法》施行 30 周年。

2022 年上海市烟草专卖商业主要情况统计

区局（公司）名称		黄浦区烟草专卖局（有限公司）	虹口区烟草专卖局（有限公司）	静安区烟草专卖局（有限公司）	徐汇区烟草专卖局（有限公司）	杨浦区烟草专卖局（有限公司）
主要负责人/法定代表人（含党政领导）		刘彦博	单国荣（—2022 年 7 月）王玉丽（2022 年 7 月—）	胡伟坚（—2022 年 11 月）谢韶军（2022 年 11 月—）	高洪祥	仲玉顺
所属县级单位		—	—	—	—	—
总资产（万元）		211918	62061	53699	22584	34876
资产负债率（%）		15.70	36.72	28.53	25.12	37.65
从业人员（人）		334	242	182	111	116
所属业务机构	营销机构	1 个营销部	1 个营销部	1 个营销部	1 个营销部	1 个营销部
	物流配送机构	—	—	—	—	—
	专卖稽查机构	1 个稽查支队	1 个稽查支队	1 个稽查支队	1 个稽查支队	1 个稽查支队
	烟叶机构	—	—	—	—	—
烟农户数（户）		—	—	—	—	—
实现烟农总收入（万元）		—	—	—	—	—
零售户数（户）		1391	1091	1208	788	1136
零售户销售毛利率（%）		16.90	20.09	16.62	16.82	16.40

区局（公司）名称		普陀区烟草专卖局（有限公司）	长宁区烟草专卖局（有限公司）	闵行区烟草专卖局（有限公司）	宝山区烟草专卖局（有限公司）
主要负责人/法定代表人（含党政领导）		张　弥（—2022 年 12 月）金惠兴（2022 年 12 月—）	刘晓晴	包华杰（—2022 年 12 月）张　弥（2022 年 12 月—）	王　平
所属县级单位		—	—	—	—
总资产（万元）		32984	20414	63686	50328
资产负债率（%）		34.72	28.66	32.61	29.68
从业人员（人）		104	92	216	150
所属业务机构	营销机构	1 个营销部	1 个营销部	1 个营销部	1 个营销部
	物流配送机构	—	—	—	—
	专卖稽查机构	1 个稽查支队	1 个稽查支队	1 个稽查支队	1 个稽查支队
	烟叶机构	—	—	—	—
烟农户数（户）		—	—	—	—
实现烟农总收入（万元）		—	—	—	—
零售户数（户）		1200	725	3211	3146
零售户销售毛利率（%）		16.44	16.86	16.14	15.70

<table>
<tr><th colspan="2">区局（公司）名称</th><th>浦东新区烟草专卖局（有限公司）</th><th>松江区烟草专卖局（有限公司）</th><th>青浦区烟草专卖局（有限公司）</th><th>嘉定区烟草专卖局（有限公司）</th></tr>
<tr><td colspan="2">主要负责人/法定代表人（含党政领导）</td><td>高文博</td><td>徐豪渊
（—2022 年 8 月）
张林源
（2022 年 8 月—）</td><td>冯永铿</td><td>王卫东</td></tr>
<tr><td colspan="2">所属县级单位</td><td>—</td><td>—</td><td>—</td><td>—</td></tr>
<tr><td colspan="2">总资产（万元）</td><td>124213</td><td>60692</td><td>47929</td><td>59276</td></tr>
<tr><td colspan="2">资产负债率（%）</td><td>44. 45</td><td>36. 80</td><td>43. 91</td><td>40. 93</td></tr>
<tr><td colspan="2">从业人员（人）</td><td>341</td><td>199</td><td>190</td><td>234</td></tr>
<tr><td rowspan="4">所属业务机构</td><td>营销机构</td><td>1 个营销部、3 个分公司</td><td>1 个营销部</td><td>1 个营销部</td><td>1 个营销部</td></tr>
<tr><td>物流配送机构</td><td>—</td><td>—</td><td>—</td><td>—</td></tr>
<tr><td>专卖稽查机构</td><td>1 个稽查支队、
3 个专卖管理署</td><td>1 个稽查支队</td><td>1 个稽查支队</td><td>1 个稽查支队</td></tr>
<tr><td>烟叶机构</td><td>—</td><td>—</td><td>—</td><td>—</td></tr>
<tr><td colspan="2">烟农户数（户）</td><td>—</td><td>—</td><td>—</td><td>—</td></tr>
<tr><td colspan="2">实现烟农总收入（万元）</td><td>—</td><td>—</td><td>—</td><td>—</td></tr>
<tr><td colspan="2">零售户数（户）</td><td>10409</td><td>3182</td><td>3990</td><td>4117</td></tr>
<tr><td colspan="2">零售户销售毛利率（%）</td><td>15. 97</td><td>15. 64</td><td>15. 30</td><td>15. 47</td></tr>
</table>

<table>
<tr><th colspan="2">区局（公司）名称</th><th>奉贤区烟草专卖局（有限公司）</th><th>金山区烟草专卖局（有限公司）</th><th>崇明区烟草专卖局（有限公司）</th><th>上海市烟草专卖局驻上海铁路专卖局（有限公司）</th></tr>
<tr><td colspan="2">主要负责人/法定代表人（含党政领导）</td><td>张　锐</td><td>吴亚军</td><td>徐元清</td><td>徐庆毅</td></tr>
<tr><td colspan="2">所属县级单位</td><td>—</td><td>—</td><td>—</td><td>—</td></tr>
<tr><td colspan="2">总资产（万元）</td><td>58203</td><td>53031</td><td>33293</td><td>5023</td></tr>
<tr><td colspan="2">资产负债率（%）</td><td>32. 76</td><td>33. 32</td><td>34. 51</td><td>9. 70</td></tr>
<tr><td colspan="2">从业人员（人）</td><td>308</td><td>136</td><td>133</td><td>28</td></tr>
<tr><td rowspan="4">所属业务机构</td><td>营销机构</td><td>1 个营销部</td><td>1 个营销部</td><td>1 个营销部</td><td>1 个营销部</td></tr>
<tr><td>物流配送机构</td><td>—</td><td>—</td><td>—</td><td>—</td></tr>
<tr><td>专卖稽查机构</td><td>1 个稽查支队</td><td>1 个稽查支队</td><td>1 个稽查支队</td><td>1 个专卖办公室</td></tr>
<tr><td>烟叶机构</td><td>—</td><td>—</td><td>—</td><td>—</td></tr>
<tr><td colspan="2">烟农户数（户）</td><td>—</td><td>—</td><td>—</td><td>—</td></tr>
<tr><td colspan="2">实现烟农总收入（万元）</td><td>—</td><td>—</td><td>—</td><td>—</td></tr>
<tr><td colspan="2">零售户数（户）</td><td>3889</td><td>4771</td><td>3943</td><td>83</td></tr>
<tr><td colspan="2">零售户销售毛利率（%）</td><td>15. 19</td><td>15. 14</td><td>15. 08</td><td>16. 81</td></tr>
</table>

◎ 撰稿：周　强；编辑：王　静

江苏省烟草专卖局（公司）

【专卖管理】　*打假打私*。始终保持打假打私高压态势，聚焦重大案件侦办，强化重点渠道管控。2022 年，江苏省破获各类涉烟违法案件 2. 46 万起，查获非法卷烟 6. 55 万件，案值 7. 66 亿元，公安、司法机关依法拘留、抓捕、判刑违法烟贩分别为 500 人、198 人、574 人。全省申报部督案件 3 起，46 起重大案件和 1 个专项行动受到国家局通报表彰，其中苏州“10·12”假烟案、镇江“1·12”生产销售伪劣产品案、徐州睢宁“11·28”加热卷烟案被评为特大案件，实现特大案件零的突破。省局联合无锡市局破获的“4·18”非法印刷卷烟商标案、联合扬州市局破获的“5·11”特大非法经营卷烟案获公安部、国家局表扬。

市场监管。强化市场集中整治，开展“百日会战”“利剑9号”市场集中整治专项行动。加强违法违规大户治理，开展“攻坚100”专项行动，加强与内管、营销、物流等部门的协调联动，综合运用责停、收购、没收、取缔等手段，加大惩戒治理力度，清理违法违规大户176户。推动新型监管机制有效落地，制定《全面推进新型市场监管机制落地应用实施方案》并在无锡市试点实施，提升市场监管综合效能。

政务服务。开展零售许可证合理容量研究。截至2022年底，全省有持证卷烟零售户38.96万户，比2021年底下降1.31万户。加强许可证后续监管，推广应用宿迁市局异常许可证清理“333”工作法，稳妥推动中小学校、幼儿园周边零售户清理，共清理中小学校周边零售户1579户、幼儿园周边零售户1925户。制定实施《江苏省电子烟零售点布局规定》，确定全省电子烟许可证总量。截至2022年底，全省有电子烟持证零售户1876户。加强12313热线运营管理，加强话务运营管理、业务培训和工单承办管理，全年办理工单5.28万件，热线接通率95%，处置率99.14%，满意度99.75%。

专卖内管。重拳治理真烟异常流动、不公平交易等各类违规经营行为，持续落实联席会议保障机制、重要情况通报和重要信息共享机制、问题线索发现机制、联合监督检查机制、问题督导整改机制建设。创新应用“多员联动”系统，发挥基层一线人员的“前哨”“探头”作用，有效破解“空挂证”“口袋证”“僵尸证”等老大难问题，基本形成系统集成、衔接顺畅、协同高效的多员联动监管模式。

【卷烟经营】 **卷烟销售。**坚持“稳字当头、稳中求进”工作总基调，加快货源调拨，抢抓元春旺季销售，以确定性的销售进度来应对不确定性的疫情影响。深入落实“总量控制、稍紧平衡，增速合理、贵在持续”十六字方针，密切关注市场状态，主动调整销售进度，精准优化卷烟供应，全力满足市场需求。2022年，全省销售卷烟比上年增长6.73%；实现税利384亿元，增长7.08%。零售户综合毛利率12.07%，比上年增加0.76个百分点。主要经济指标均位于行业第一方阵前列，保持了经济平稳运行和市场良好状态。

品牌培育。2022年，全省共育品规增加到88个，销量占比接近75%，四大区域市场全覆盖品规销量占比均超过93%，重点品牌销量占比提升到95.55%，高于行业平均水平2.08个百分点，品牌发展导向更加鲜明、发展重点更加突出、发展布局更加优化。拓展运用“品牌会员卡”“工商协同营销活动中心”等协作机制，加强会员消费行为跟踪和趋势研判，优化运营策略，提升品牌培育效能。运用“现代终端管控平台”，提升“金丝利·通”数据质量，开展品牌、终端、消费者等多维度精准“画像”，为营销决策提供科学依据。建立健全“定向调控+相机调控+精准调控”的调控方式，完善“俏紧平松软+三面两率”运行体系，加强对“档位+标签”扩展投放模式的指导运用，满足客户差异化需求。

【雪茄烟经营】 2022年，全省销售国产传统雪茄烟比上年增长46.73%，其中：机制雪茄烟增长48.27%，手工雪茄烟增长34.43%，中高端国产传统雪茄烟增长44.91%。

【改革创新】 **“放管服”改革持续深化。**扎实开展零售许可证合理容量测算，加强许可证后续监管，清理违法违规零售许可证，保持零售户数量总体稳定。合理确定全省电子烟零售许可证总量，在全国率先实施电子烟许可证排队轮候制，群众办事更加顺畅便捷。

区域物流建设成效初显。南京市局（公司）、苏州市局（公司）围绕“四个紧盯”，狠抓项目技改落地实施，如期完成项目建设。全省各直属单位聚焦物流质效提升，落实责任、强化管理、对标对表，取得明显成效。2022年，在行业11项物流竞赛指标中，全省有7项排名前十、2项排名前三。

数字化转型取得突破。在全国烟草率先开发上线基于行业数字中台的省级营销子系统，完成行业调控和二维码统一应用项目试点任务，扩容“苏烟智云”专有云平台，建成江苏烟草一体化办公平台。在营销、专卖监管、物流

2022 年 9 月 3 日，全国统一卷烟营销管理平台省级营销子系统在苏州市上线运行

江苏省局　仇　元　摄

和综合管理四个领域持续发力，数字技术完成夯基垒台、立柱架梁，与核心业务深度融合，数字化转型先发优势正转化为发展效能。

持续推进管理创新。连续 8 年获得行业质量管理成果发布一等奖，保持行业第一方阵。参与行业重大科技专项，承担吸烟室技术规范建立和应用，实现江苏烟草在行业科技创新项目上“零的突破”。优化资金结构，增加优质投资。创新审计工作方式，做好常态化“经济体检”，及时揭示问题、预警风险，推动全省系统严格规范。厂办大集体改革顺利完成。完成 10 家厂办大集体改革任务，为基层单位减负。

【终端渠道建设】　落实“11351”现代零售终端体系建设规划，持续深化终端建设，已建成直营终端 13 家、合作终端 1545 家，加盟终端 1582 家，新现代终端共 1.49 万家，终端渠道掌控力提升显著。加强“金丝利零售”流通品牌建设，促进品牌赋能终端、加强客我链接、增强客户黏性，品牌效应不断显现。

【特事辑要】　2022 年 1 月 24 日，江苏省局（公司）召开 2022 年工作会议。

11 月 1 日，江苏省局（公司）召开纪念省公司成立 40 周年大会。

11 月，全国统一卷烟营销管理平台省级营销子系统在徐州、宿迁、盐城、淮安、连云港等苏北 5 市成功上线。

2022 年江苏省烟草专卖商业主要情况统计

地市级局（公司）名称	南京市烟草专卖局（公司）	苏州市烟草专卖局（公司）	无锡市烟草专卖局（公司）	常州市烟草专卖局（公司）
主要负责人/法定代表人（含党政领导）	李江苏	刘　旭	刘丽妮	王　亚
所属县级单位	浦口区、六合区、江宁区、溧水区、高淳区等 5 个县级烟草专卖局（分公司），以及第一、第二、第三、第四分局（分公司）	吴中区、相城区、吴江区、昆山市、太仓市、常熟市、张家港市等 7 个县级烟草专卖局（分公司）	江阴市、宜兴市、锡山区等 3 个县级烟草专卖局（分公司）	武进区、金坛区、溧阳市等 3 个县级烟草专卖局（分公司）
总资产（万元）	1032185	974159	714692	417888
资产负债率（%）	16.58	18.13	16.70	16.97
从业人员（人）	949	1121	666	577

续表

地市级局（公司）名称		南京市烟草专卖局（公司）	苏州市烟草专卖局（公司）	无锡市烟草专卖局（公司）	常州市烟草专卖局（公司）
所属业务机构	营销机构	1个营销中心	1个营销中心	1个营销中心	1个营销中心
	物流配送机构	1个物流配送中心	1个物流配送中心、1个物流中转站/对接点	1个物流配送中心、1个物流中转站/对接点	1个物流配送中心
	专卖稽查机构	1个稽查支队、9个稽查大队	1个稽查支队、8个稽查大队	1个稽查支队、4个稽查大队	1个稽查支队、4个稽查大队
	烟叶机构	—	—	—	—
烟农户数（户）		—	—	—	—
实现烟农总收入（万元）		—	—	—	—
零售户数（户）		25744	44982	27292	21468
零售户销售毛利率（%）		11.14	12.07	12.50	12.41

地市级局（公司）名称		镇江市烟草专卖局（公司）	南通市烟草专卖局（公司）	扬州市烟草专卖局（公司）	泰州市烟草专卖局（公司）
主要负责人/法定代表人（含党政领导）		李一匡	张礼伯	张伟屏	屠文彪
所属县级单位		句容市、丹阳市、丹徒区、扬中市等4个县级烟草专卖局（分公司）	如东县、海安市、如皋市、海门市、启东市、通州区等6个县级烟草专卖局（分公司）	宝应县、高邮市、江都区、邗江区、仪征市等5个县级烟草专卖局（分公司）	靖江市、泰兴市、姜堰区、兴化市等4个县级烟草专卖局（分公司）
总资产（万元）		305682	564957	382559	367573
资产负债率（%）		16.26	20.69	19.72	19.52
从业人员（人）		498	792	695	684
所属业务机构	营销机构	1个营销中心	1个营销中心	1个营销中心	1个营销中心
	物流配送机构	1个物流配送中心	1个物流配送中心、2个物流中转站/对接点	1个物流配送中心、2个物流中转站/对接点	1个物流配送中心、2个物流中转站/对接点
	专卖稽查机构	1个稽查支队、5个稽查大队	1个稽查支队、7个稽查大队	1个稽查支队、5个稽查大队	1个稽查支队、5个稽查大队
	烟叶机构	—	—	—	—
烟农户数（户）		—	—	—	—
实现烟农总收入（万元）		—	—	—	—
零售户数（户）		18653	36928	22184	26160
零售户销售毛利率（%）		11.71	11.75	12.31	11.84

地市级局（公司）名称	盐城市烟草专卖局（公司）	淮安市烟草专卖局（公司）	宿迁市烟草专卖局（公司）	徐州市烟草专卖局（公司）	连云港市烟草专卖局（公司）
主要负责人/法定代表人（含党政领导）	赵宏贵	吴洁宝	徐　春	庄卫民	马海锋

续表

地市级局（公司）名称		盐城市烟草专卖局（公司）	淮安市烟草专卖局（公司）	宿迁市烟草专卖局（公司）	徐州市烟草专卖局（公司）	连云港市烟草专卖局（公司）
所属县级单位		响水县、滨海县、阜宁县、射阳县、建湖县、大丰区、东台市等7个县级烟草专卖局（分公司）	淮安区、淮阴区、涟水县、洪泽区、金湖县、盱眙县等6个县级烟草专卖局（分公司）	沭阳县、泗阳县、泗洪县、宿豫区等4个县级烟草专卖局（分公司）	丰县、沛县、铜山区、睢宁县、邳州市、新沂市、贾汪区等7个县级烟草专卖局（分公司）	东海县、赣榆区、灌云县、灌南县等4个县级烟草专卖局（分公司）
总资产（万元）		389197	207130	165389	380972	175931
资产负债率（%）		18.41	19.22	26.47	26.21	22.90
从业人员（人）		890	568	509	1012	551
所属业务机构	营销机构	1个营销中心	1个营销中心	1个营销中心	1个营销中心	1个营销中心
	物流配送机构	1个物流配送中心、2个物流中转站/对接点	1个物流配送中心、1个物流中转站/对接点	1个物流配送中心、1个物流中转站/对接点	1个物流配送中心、3个物流中转站/对接点	1个物流配送中心
	专卖稽查机构	1个稽查支队、8个稽查大队	1个稽查支队、7个稽查大队	1个稽查支队、5个稽查大队	1个稽查支队、8个稽查大队	1个稽查支队、5个稽查大队
	烟叶机构	—	—	—	—	—
烟农户数（户）		—	—	—	—	—
实现烟农总收入（万元）		—	—	—	—	—
零售户数（户）		38737	23921	22239	48847	26209
零售户销售毛利率（%）		12.47	11.44	12.74	12.83	13.15

◎ 撰稿：仇　元；编辑：刘海文

浙江省烟草专卖局（公司）

【专卖管理】 **打假打私。**2022年，浙江省烟草专卖局查处各类涉烟违法案件2.71万起。查获非法卷烟10.68万件，其中假冒卷烟5.02万件、走私烟0.09万件、异常流通真烟5.58万件。破获符合公安部、国家局标准的网络案件64起，其中部级督办案件6起。聚焦重点领域开展打击，全年破获运假案件454起，比上年增长58.19%；查获假私烟3.95万件，查获非法烟丝80.53吨。

破获台州温岭“3·18”“5·19”海上走私假烟案、宁波“11·04”特大跨境涉烟案、绍兴诸暨“5·07”特大销售假烟案等典型案件。全省联动破获“9·08”重大专案。金华义乌“3·30”假冒电子烟案、宁波镇海“11·11”销售烟草专用机械案受到公安部贺电表扬。

与浙江省公安厅联合建立全省涉烟情报指挥中心并正式运行，联合浙江省海警局印发打击海上走私协作配合办法，与省公安厅食药环知总队开展党建联建，全省各级局探索建立党建联建常态化机制，巩固扩大执法协作“生态圈”。

市场监管。加强重点监管，破获违法嫌疑重点籍零售户案件5180起，清理违法重点籍经营户988户，破获本地市场假私烟案件6794起。实现12313分中心全省一体运营，完善集中受理、派单处置、限时办结、评价督办运行机制，受理群众热线6.12万起，承办满意率99.9%。通过12313热线举报破获各类违法案件2796起。

行政许可服务。深化“最多跑一次”改革，实现许可证申请端申请零距离、内容零填报和材料零提交“三个零”服务，网上办证率达到99.89%。加强合理布局修订指导，各地区完成布局规定调整。全省许可证新办量比上年减少38.9%。将许可证总量调控纳入分层分类对标，依法依规加大异常许可证清退力度，全省清退卷烟零售许可2.8万户。

2022年7月11日，浙江省涉烟情报指挥中心正式启动

浙江杭州市局　王　昊　摄

开展许可容量研究，构建许可证合理容量模型，测算全省各地区合理容量区间值，实现研究成果初步应用。

【电子烟监管和新的涉烟监管】　印发“茶烟”等类烟产品治理方案，对阿里巴巴集团开展行政指导，责令下架互联网涉烟产品7.8万个，屏蔽涉烟关键词，互联网涉烟监管纳入阿里巴巴集团“绿网”计划，平台涉烟信息实现动态清零。打击涉电子烟违法犯罪活动，联合浙江省公安厅、省市场监督管理局、省教育厅开展专项整治行动，全省查处向未成年人销售电子烟案件24起，破获违法电子烟案件70起，公安、司法机关依法采取刑事强制措施335人，治安处罚146人，涉案金额7032万元。清退学校周边电子烟销售网点169个，清理自动售卖机35台，处置各类网络销售和广告等链接1.04万条。劝阻生产项目落地4个，初步遏制电子烟市场乱象。破获嘉兴“7·07”特大电子烟网络案。

【卷烟经营】　**卷烟销售。**2022年，浙江烟草商业系统卷烟批发销量平稳增长。全省销量居前三位的品牌为“利群”“中华”“红双喜”。

品牌培育。全年重点品牌销量比上年增长3.39%，占比94.55%。培育行业共育品牌销量比上年增长15.7%，占比39.78%。定制品牌持续稳健发展，创新品类高端发力，细中短支卷烟销量和份额实现“双增长”。

终端建设。开展智慧终端工程建设，推进终端数字化转型，建成“香溢零售”加盟终端5617户、现代终端8.43万户、配备双屏机7.24万台。“香溢购”平台100%全覆盖，“香溢通”安装使用零售户占比31%，“香溢坊”覆盖面超过90%。

物流建设。全面启动供应链一体化，建立“一次性前置+集散式前置”供应链构架，分三批次推进全面前置实施计划。杭州市、宁波市烟草工商企业同城共库6月底正式运行，省产烟日均商业库存最高降幅92%，库存利用率提升10个百分点以上；金华区域集散中心9月正式上线，完成工业入库1417箱、集散调运894箱、共库销售198箱。推进行业智慧物流试点，完成仓储、分拣、送货等六大核心业务模块81个功能界面的开发，智慧物流平台3.0版在宁波市局（公司）、温州市局（公司）试点上线运行，梳理形成异地分拣、实时订单分拣、送货数字化监管等一系列场景案例。构建绿色物流评价体系，在行业首次对商业物流环节碳排放进行系统性评价，完成台州、湖州物流园区分布式光伏车棚建设，全省新增新能源车使用47辆，比上年增幅115%。以“建、调、改”相结合，形成系统化异型烟产能提升方案，温州市局（公司）、金华市局（公司）、衢州市局（公司）异型烟分拣综合产能提升87.47%。送货满意度测评行业排名第十位，比上年提升7位。推进“T+0”配送模式，送货响应时间比上年缩短0.9小时。单箱物流费用比上年下降1.9%，人均配送效率提升3.91%。

【雪茄烟经营】　创新雪茄烟培育机制，聚焦“国产、手工、中高端”发展方向，丰富中高端雪茄烟产品供给。通过雪茄烟特色体验终端建设，加强雪茄烟文化宣传，培育雪茄烟消费群体。2022年，全省国产手工雪茄烟销量比上年增长72.73%。

【技术创新】　聚焦主责主业，实施数字化改革战略。升级数字新基建，推进云平台副中心建设，实现云平台扩容，存储空间提升50%、数据算力提高36%。支撑“按客户订单驱动工商实时交易和供应链一体化”、全省涉烟情指中心等重大项目，“香溢通2.0”、智能客服、人事管理、电子招标等核心系统落地应用。实施行业“新数基”体系，专卖监管和营销平台标准版面向行业推广，完成行业调控、数字中台、工业互联网平台试点。强化数据资产管理，支撑卷烟市场容量调查课题和许可证合理容量研究课题研究，印发《数据质量管理规定》，研发数据产品 122 个，新增数据看板 186 个。

【企业管理】 围绕数字化高质量发展的总体目标，统筹运用系统观念、系统方法和数字化手段，全面启动智慧治理工程建设，建立健全决策、执行、服务、监督、防控、评价六大体系，从具体管理需求、业务场景出发，全省立项智慧治理类创新项目 34 个，组织开展智慧治理类 QC 课题 142 个、小微创新课题 362 个，通过项目化管理、专班化攻坚，打造智慧治理成果，实现治理理念、治理架构、治理方式、治理重点的转变。

【特事辑要】 2022 年 1 月 20—21 日，2022 年浙江省烟草专卖商业工作会议在杭州市召开。

5 月 19—20 日，浙江烟草商业系统“智慧终端　生态运营”现场会在湖州市召开。

7 月 6 日，浙江省局（公司）举办全省烟草商业系统“喜迎二十大　奋进新时代”主题活动。

7 月 11 日，浙江省涉烟情报指挥中心正式启动运行。

11 月 4 日，浙江省局（公司）召开浙江烟草商业系统学习宣传贯彻党的二十大精神动员会。

2022 年浙江省烟草专卖商业主要情况统计

地市级局（公司）名称		杭州市烟草专卖局（公司）	宁波市烟草专卖局（公司）	温州市烟草专卖局（公司）	嘉兴市烟草专卖局（公司）	湖州市烟草专卖局（公司）	绍兴市烟草专卖局（公司）
主要负责人/法定代表人（含党政领导）		陈兴煜	蒋仲泉	柯先月	陶文宇	龚一正（—2022 年 12 月）陈昌盛（2022 年 12 月—）	沈伏恒
所属县级单位		萧山区、余杭区、富阳区、临安区、桐庐县、建德市、淳安县等 7 个县级烟草专卖局（分公司）	鄞州区、北仑区、余姚市、慈溪市、奉化区、宁海县、象山县、镇海区等 8 个县级烟草专卖局（分公司）	乐清市、瑞安市、永嘉县、平阳县、苍南县、龙港市、泰顺县、文成县、洞头区等 9 个县级烟草专卖局（分公司）	嘉善县、平湖市、海宁市、海盐县、桐乡市等 5 个县级烟草专卖局（分公司）	长兴县、安吉县、德清县等 3 个县级烟草专卖局（分公司）	诸暨市、上虞区、嵊州市、新昌县等 4 个县级烟草专卖局（分公司）
总资产（万元）		869523	751984	681643	426099	274591	378349
资产负债率（%）		17.41	22.49	27.51	30.02	27.46	21.59
从业人员（人）		—	—	—	—	—	—
所属业务机构	营销机构	1 个营销中心、7 个区县营销部	1 个营销中心、8 个区县营销部	1 个营销中心、9 个区县营销部	1 个营销中心、5 个区县营销部	1 个营销中心、3 个区县营销部	1 个营销中心、4 个区县营销部
	物流配送机构	1 个配送中心、5 个中转站（对接点）	1 个配送中心、4 个中转站（对接点）	1 个配送中心、4 个中转站（对接点）	1 个配送中心	1 个配送中心、1 个中转站（对接点）	1 个配送中心、2 个中转站（对接点）
	专卖稽查机构	1 个稽查支队、10 个稽查大队	1 个稽查支队、11 个稽查大队	1 个稽查支队、12 个稽查大队	1 个稽查支队、7 个稽查大队	1 个稽查支队、6 个稽查大队	1 个稽查支队、7 个稽查大队
	烟叶机构	—	—	—	1 个烟叶收购站	—	2 个烟叶科、7 个烟叶收购站
烟农户数（户）		—	—	—	284	—	448
实现烟农总收入（万元）		—	—	—	135	—	444
零售户数（户）		43371	46722	49698	27180	22068	32043
零售户销售毛利率（%）		15.69	14.61	14.43	14.04	14.13	14.56

地市级局（公司）名称		金华市烟草专卖局（公司）	衢州市烟草专卖局（公司）	丽水市烟草专卖局（公司）	台州市烟草专卖局（公司）	舟山市烟草专卖局（公司）
主要负责人/法定代表人（含党政领导）		陈兴明	杨军峰（—2022年5月）王恒峰（2022年5月—）	徐永祥	林勇刚	冉治平
所属县级单位		义乌市、东阳市、永康市、兰溪市、浦江县、武义县、磐安县等7个县级烟草专卖局（分公司）	江山市、龙游县、常山县、开化县等4个县级烟草专卖局（分公司）	遂昌县、缙云县、松阳县、龙泉市、青田县、云和县、庆元县、景宁畲族自治县等8个县级烟草专卖局（分公司）	玉环市、温岭市、黄岩区、临海市、天台县、仙居县、三门县等7个县级烟草专卖局（分公司）	普陀区、岱山县、嵊泗县等3个县级烟草专卖局（分公司）
总资产（万元）		439126	170649	135470	515316	113728
资产负债率（%）		31.60	31.64	36.04	28.67	31.38
从业人员（人）		—	—	—	—	—
所属业务机构	营销机构	1个营销中心、7个区县营销部	1个营销中心、4个区县营销部	1个营销中心、8个区县营销部	1个营销中心、7个区县营销部	1个营销中心、3个区县营销部
	物流配送机构	1个配送中心、3个中转站（对接点）	1个配送中心	1个配送中心、6个中转站（对接点）	1个配送中心、5个中转站（对接点）	1个配送中心
	专卖稽查机构	1个稽查支队、10个稽查大队	1个稽查支队、6个稽查大队	1个稽查支队、10个稽查大队	1个稽查支队、10个稽查大队	1个稽查支队、5个稽查大队
	烟叶机构	—	—	—	—	—
烟农户数（户）		—	—	—	—	—
实现烟农总收入（万元）		—	—	—	—	—
零售户数（户）		35831	17270	16803	44853	7835
零售户销售毛利率（%）		14.53	13.89	14.38	14.61	15.48

◇ 撰稿：游平议；编辑：刘海文

安徽省烟草专卖局（公司）

【专卖管理】 **打假打私**。2022年，安徽省烟草专卖局打假打私工作取得“一个全国第二、两个历史超越”成绩。12起案件获得公安部、国家局挂牌督办，数量居全国第二位，为安徽省历史之最。25起重大案件获得国家局表彰奖励，2020—2022年累计破获62起，实现“华东上游、全国一流”，超越历史位次；破获符合国家局标准网络案件56起，创历史新高，三年间共计破获符合国家局标准网络案件158起，超过2006—2017年12年的总和。

综合监管。打造标准化专卖管理所（站），印发标准化所（站）运行管理指导意见、考核评价办法。落实《中华人民共和国未成年人保护法》要求，联合市场监管等部门常态化开展校园周边涉烟违法行为综合整治工作。加大重要节假日卷烟市场监管力度，针对性开展系列烟草市场专项行动。创新建立市场秩序评价模型，全面评估全省各地卷烟市场秩序监管力度。

政务服务。挖掘安徽烟草“7×24随时办零跑腿”政务服务品牌文化内涵，做到行政许可事项全流程网上办理。依托全省标准化专卖管理所（站）就近受理，切实解决老年人在运用智能技术方面遇到的突出困难，促进线上线下服务深度融合。全年全省网上办理零售许可事项近6.8万

2022 年 9 月，安徽合肥市局（公司）开展“守护成长”专项行动
安徽合肥市局 张海林 摄

件，网办率 98.35%，全省“5+5”模式（5 日办证、5 日可送货）达标率 99.23%，满意度 100%。截至 2022 年底，全省共有持证卷烟零售户 28.5 万户，全年清理不适宜零售主体 1.83 万户，零售户总体数量趋于稳定。

情报研判。新情报研判指挥体系运行以来，共研判派发物流寄递线索 6521 条，查处寄递环节案件 5883 起，占全省查处案件总数的 39.2%。查获各类非法卷烟 1492.9 件，案值 1744.9 万元。由寄递线索办成案值 5 万元以上案件 63 起，刑事立案 42 起，办结符合国家局标准网络案件 12 起，3 起案件被公安部、国家烟草专卖局挂牌督办。

【电子烟监管】 对全省既存电子烟经营主体的经营状态、登记信息等情况进行再调研，发布《安徽省电子烟零售点布局规划》公告，办理电子烟零售许可证 848 份。完成 3 家既存电子烟生产企业申办烟草专卖生产企业许可证实地核查工作。开展约谈企业、封存产品、鉴定设备、集中销毁产品和设备等工作，关停某企业加热卷烟业务。联合安徽省公安厅、省市场监管局、省教育厅开展打击涉电子烟违法犯罪专项行动，全年查处向未成年人销售电子烟案件 77 起；联合公安部门破获涉毒电子烟案件 38 起，公安、司法机关依法采取刑事强制措施 43 人，治安处罚 79 人。蚌埠市局侦破全省首例销售假冒“悦刻”电子烟网络案件，截至 2022 年底，该案涉及 10 个省（自治区、直辖市）、30 余人、案值 500 余万元。芜湖市局配合公安部门办结向未成年人销售添加合成大麻素电子烟网络案件，公安、司法机关依法判刑 12 人，最高刑期 17 年。

【卷烟经营】 **卷烟销售。**2022 年，全省卷烟单箱结构 4.08 万元，比上年增长 6.28%。本地区卷烟销量居前三位的品牌为“黄山”“利群”“中华”。

市场调控。加强工商战略协同，建立会商台账，夯实全年、半年和月度需求预测基础，按照“任务底线、尊重基层、综合平衡、一企一策”要求，开展 2 次半年预测、12 次月度预测，新增季度预测和旬滚动预测。建立年度销售变动报告制度，加强销售差异率考核，2022 年各市公司累计上报调整全年销售目标 22 家次，调整月度目标 28 家次。专题化开展市场调研，先后围绕卷烟销售疫情影响、货源投放满意度、传统雪茄烟经营市场调查等专题，通过线上线下相结合的方式开展调研，参与零售户超过 9 万人次，为调整卷烟和雪茄烟经营策略提供参考。

品牌管理。参与工业企业研发，新品包装设计、价格定位等广泛征求市公司和消费者意见，精准化满足消费需求。推动省产卷烟发展，出台《安徽烟草协同发展共育品牌的精神摘要》《工商共育省产烟的总体培育方案》，明确“稳规模、提结构，保状态、增收入”总体要求。开展年度品牌评价，共梳理退出品规 19 个，在销品规数缩减至 295 个。

客户服务。提供“烟捷贷”金融服务渠道，依托网上订货平台连接银行，为零售户提供低息便捷贷款服务，解决零售户卷烟经营资金短缺问题。促进零售户经营转型，统一与银行商讨云 POS 系统推广，银行免费发放使用双屏机并减免费率。推广“徽映”店铺管家 1.07 万户，为零售户节约设备价值 5000 余万元、费用 1400 余万元。提升零售户满意度，开展满意度对标分析，查找服务短板，全年开展满意度调查 4 次，满意度调查从电话访问到线上调查，参与零售户超过 12 万人次，2022 年全省零售户满意度 97.27 分。及时解答客户咨询，全年受理零售户咨询 639 起，处理投诉 18 起。

营销管理。安徽省烟草公司为行业营销一体化平台试点单位，聚焦营销业务功能，推进数字中台部署与调试，狠抓关键节点落实，以蚌埠市公司为试点，组织测试环境下模拟订货，开展生产环境下先行试用，8月26日在行业内率先实现“云+中台+应用”上线，截至2022年底已上线5家市公司，并在全国统一卷烟营销管理平台省级营销子系统全面推广动员电视电话会议上作书面交流。

【雪茄烟经营】 **雪茄烟销售。**2022年，安徽省烟草商业系统销售传统雪茄烟比上年增长5.44%；销售额8596.79万元，增长39.5%。

雪茄烟创新工作。坚持以“精选客户、精细分类、精树形象”为导向，统一全省雪茄烟特色终端logo，打造“三个统一、两种类型”雪茄烟特色终端，2022年建设雪茄烟特色终端128个，提升全省烟草商业系统雪茄烟特色终端社会认知度和品牌影响力，规范推进雪茄烟特色终端建设特色化、品牌化。

【烟叶生产经营】 **烟叶种植与收购。**2022年，全省烟农1318户，收购烟叶上等烟比例64.71%，实现烟叶销售收入10.64亿元、烟叶税利2.29亿元。

供给质量。聚焦烟叶营养、水分管理、成熟采收、烘烤工艺、分级储存等关键生产环节技术落实，推动烟叶生产水平提升，实现产销平衡，国家局检查烟叶收购等级合格率82.13%。复烤加工质量稳定优异，示范性区域加工中心建设保持行业领先，“中华”品牌示范性区域加工中心建设得到中国烟叶公司通报表扬，“黄山”原料示范性区域加工中心工序能力测试处于复烤领域先进水平。

转型升级。烟叶转型升级项目完成研究任务并通过验收，验收专家组认为项目构建的现代烟叶生产方式对于推动落实烟叶“三化”融合发展具有积极意义。雪茄烟叶试种取得初步成效，烟叶质量经相关专家评价处于全国试种区域的中上水平，并探索形成生产技术标准和操作规范。开展分部位收购试点，初步探索出一条烟农减工降本新途径；国家局烟叶一体化平台建设试点有序推进，完成试点功能验证和烟叶平台项目立项。

【技术创新】 实施重点项目布局，启动2轮科技项目立项工作，全年全省烟草商业系统共申报科技项目136项。依托项目，完成雪茄烟叶试种任务，烟叶生产转型升级成效显著，6项关键技术取得突破并转化推广，全环节平均机械化作业率54.45%。创新成果提质增效，安徽省公司评选出17项科技进步奖。平台建设规范高效。组织召开全省烟草商业系统创新平台建设会议，印发《创新平台建设规范》等3项制度文件，立标杆、推经验、建规范。1人被评为行业最美科技工作者，3人获得全省烟草商业系统创新争先奖，2人入选烟草行业首批青年科技托举人才，5个创新团队获得市级总工会授牌认定。“烟草行业打叶复烤标准体系构成与要求”项目获得中国烟草总公司标准创新贡献奖三等奖。全年全省烟草商业系统获得发明专利授权7件，实用新型专利授权72件，外观设计专利授权4件，计算机软件著作权74件。

【数字化转型】 以“数字化赋能引领企业变革”为主线，印发数字化转型专刊，探讨转型认识、展现转型成果、共享转型经验，促进全员数字化转型意识提升。组织数字化转型诊断评估，开展“十四五”期间转型指数测算及对标任务分解，成立数字化转型一体化平台工作领导小组及项目办公室，健全动态协调、联席会议、督办通报的工作机制，将数字化转型成绩纳入工作业绩考核。搭建信创技术体系资源平台，完成人力资源管理系统等5个项目终验，组织行业电子公文系统单点验收、信创工程竣工验收，三年信创工程圆满收官，自主可控能力持续增强。完成全省边侧服务器采购及二维码试点单位的边侧运行环境部署，构建安全可控的边端运行环境。上线运行省级专有云，在行业内率先上线数字中台省级基线版，并基于中台开展营销业务，支撑行业“云+中台+微服务”新技术新架构落地。在行业统一的新型网信技术体系下开展生产经营管理各领域创新探索，实现营销子系统在5家试点单位平稳上线，完成二维码项目的商务谈判和两个物流中心试点测试等工作，一体化协同应用项目进入全面实施阶段。

【特事辑要】 2022年6月14日，安徽省局（公司）完成电子烟交易平台全流程模拟演练，成为全国首批5家成功实现全流程模拟的单位。

11月10日，安徽省委副书记、省长王清宪在安徽皖南烟叶有限责任公司调研。

2022年安徽省烟草专卖商业主要情况统计

地市级局（公司）名称		合肥市烟草专卖局（公司）	淮北市烟草专卖局（公司）	亳州市烟草专卖局（公司）	宿州市烟草专卖局（公司）
主要负责人/法定代表人（含党政领导）		耿利永	张　浩	金大林	吴修军
所属县级单位		肥东县、肥西县、长丰县、庐江县、巢湖市、蜀山区、包河区、庐阳区、瑶海区等9个县级烟草专卖局（营销部）	濉溪县局（营销部），1个直属分局（营销部）	涡阳县、蒙城县、利辛县等3个县级烟草专卖局（营销部），1个直属分局（营销部）	灵璧县、泗县、砀山县、萧县等4个县级烟草专卖局（营销部），1个直属分局（营销部）
总资产（万元）		522960	79263	95717	153880
资产负债率（%）		14.55	10.90	40.50	23.59
从业人员（人）		1141	280	825	745
所属业务机构	营销机构	1个营销中心、9个区域市场部	1个营销中心	1个营销中心、4个县级营销部	1个营销中心、5个区域市场部
	物流配送机构	1个物流中心、2个物流中转站	1个物流中心	1个物流中心、3个物流中转站	1个物流中心、4个物流中转站
	专卖稽查机构	1个稽查支队、9个行动组	1个稽查支队、2个稽查大队、3个行动组、1个数据研判组	1个稽查支队、4个稽查大队	1个稽查支队、5个稽查大队
	烟叶机构	—	—	—	—
烟农户数（户）		—	—	—	—
实现烟农总收入（万元）		—	—	—	—
零售户数（户）		35624	8989	20945	26766
零售户销售毛利率（%）		12.33	14.86	14.70	14.31

地市级局（公司）名称	蚌埠市烟草专卖局（公司）	阜阳市烟草专卖局（公司）	淮南市烟草专卖局（公司）	滁州市烟草专卖局（公司）
主要负责人/法定代表人（含党政领导）	江　南	胡志刚（—2022年9月） 童学根（2022年12月—）	柯行流	孙志强
所属县级单位	怀远县、固镇县、五河县等3个县级烟草专卖局（营销部），1个直属分局（营销部）	临泉县、阜南县、太和县、颍上县、界首市等5个县级烟草专卖局（营销部），1个直属分局（营销部）	寿县、凤台县2个县级烟草专卖局（营销部），田家庵大通区（山南新区）、谢家集八公山区、潘集区等3个直属分局（营销部），毛集区1个直属分局	定远县、凤阳县、来安县、全椒县、明光市、天长市等6个县级烟草专卖局（营销部），1个直属分局（营销部）
总资产（万元）	119151	245200	166625	165398
资产负债率（%）	21.94	19.45	11.97	23.03
从业人员（人）	454	861	470	612

续表

地市级局（公司）名称		蚌埠市烟草专卖局（公司）	阜阳市烟草专卖局（公司）	淮南市烟草专卖局（公司）	滁州市烟草专卖局（公司）
所属业务机构	营销机构	1个营销中心、4个区域营销部	1个营销中心、6个区域市场部	1个营销中心、5个区域营销部	1个营销中心、7个区域营销部
	物流配送机构	1个物流中心	1个物流中心、3个物流中转站	1个物流中心、2个物流中转站	1个物流中心、4个物流中转站
	专卖稽查机构	1个稽查支队、4个稽查大队	1个稽查支队、6个稽查大队	1个稽查支队、5个稽查大队	1个稽查支队、7个稽查大队
	烟叶机构	—	—	—	—
烟农户数（户）		—	—	—	—
实现烟农总收入（万元）		—	—	—	—
零售户数（户）		15364	27715	13405	17699
零售户销售毛利率（%）		14.90	12.20	14.10	14.80

地市级局（公司）名称		六安市烟草专卖局（公司）	马鞍山市烟草专卖局（公司）	芜湖市烟草专卖局（公司）	宣城市烟草专卖局（公司）
主要负责人/法定代表人（含党政领导）		岳　文（—2022年12月） 吴必祥（2022年12月—）	施书林（—2022年12月） 张　宁（2022年12月—）	张　骥（—2022年1月） 杨二宝（2022年1月—）	王　健
所属县级单位		霍邱县、舒城县、金寨县、霍山县、叶集区等5个县级烟草专卖局（营销部），直属皋城分局（营销部）	含山县、和县、当涂县等3个县级烟草专卖局（营销部），直属钢城分局（营销部）	南陵县、无为市、繁昌区、湾沚区等4个县级烟草专卖局（营销部），1个直属分局，1个江北分局	宣州区、广德市、宁国市、泾县、绩溪县、旌德县、郎溪县等7个县级烟草专卖局（营销部）
总资产（万元）		200933	156212	214585	164959
资产负债率（%）		16.00	14.29	11.99	12.75
从业人员（人）		614	393	526	512
所属业务机构	营销机构	1个营销中心、6个区域营销部	1个营销中心、4个区域市场部	1个营销中心、6个区域市场部	1个营销中心、7个区域市场部
	物流配送机构	1个物流中心、4个物流中转站	1个物流中心	1个物流中心、1个物流中转站	1个物流中心
	专卖稽查机构	1个稽查支队、6个稽查大队	1个稽查支队、4个稽查大队	1个稽查支队、6个行动组	1个稽查支队、8个稽查大队
	烟叶机构	—	—	—	—
烟农户数（户）		—	—	—	—
实现烟农总收入（万元）		—	—	—	—
零售户数（户）		22500	11672	14320	14576
零售户销售毛利率（%）		14.10	14.60	13.23	12.89

地市级局（公司）名称		铜陵市烟草专卖局（公司）	池州市烟草专卖局（公司）	安庆市烟草专卖局（公司）	黄山市烟草专卖局（公司）
主要负责人/法定代表人（含党政领导）		潘银来	胡守华 （—2022 年 1 月） 李　刚 （2022 年 12 月—）	方贻斌	杨辉扬
所属县级单位		枞阳县烟草专卖局（营销部）、义安区烟草专卖局和铜官区烟草专卖局	东至县、石台县、青阳县、贵池区等 4 个县级烟草专卖局（营销部）	宜城、桐城市、怀宁县、潜山市、岳西县、太湖县、望江县、宿松县等 8 个县级烟草专卖局（营销部）	歙县、休宁县、祁门县、黟县、黄山区等 5 个县级烟草专卖局（营销部），屯溪区、徽州区 2 个直属分局（营销部）
总资产（万元）		100697	101041	187349	103009
资产负债率（%）		13.49	18.96	16.75	9.11
从业人员（人）		240	498	681	330
所属业务机构	营销机构	1 个营销中心（营销部）、1 个区域营销部	1 个营销中心、4 个区域市场部	1 个营销中心、8 个区域市场部	1 个营销中心
	物流配送机构	1 个物流中心	1 个物流中心、1 个中转站	1 个物流中心、3 个物流中转站	1 个物流中心
	专卖稽查机构	1 个稽查支队、3 个稽查大队	1 个稽查支队、4 个稽查大队	1 个稽查支队、8 个稽查大队	1 个稽查支队、7 个稽查队（管理所）、1 个驻点管理所
	烟叶机构	—	1 个烟叶收购站	—	—
烟农户数（户）		—	166	—	—
实现烟农总收入（万元）		—	4852	—	—
零售户数（户）		8389	9326	25248	9406
零售户销售毛利率（%）		14.30	13.40	14.00	14.86

◎ 撰稿：张璐璐；编辑：王　静

福建省烟草专卖局（公司）

【专卖管理】 **卷烟打假打私**。2022 年，福建省烟草专卖局积极推动省委政法委、省打私办将打击卷烟制假走私纳入年度工作重点，建立全省跨部门涉烟涉私案件“一案双通报”机制。落实属地打假责任，强化全省统筹协调，联合开展打击整治沿海区域走私联合专项行动、非法经营烟丝烟叶“百日攻坚”行动等专项治理行动，查处“2202”特大跨国制售假烟专案、“6·13”、“6·20”等系列大要案，实现打假打私从国内到国外、从省内到省外、从陆上到海上、从模糊到精确“四个转变”。全年全省查获非法卷烟 5.98 万件，比上年下降 48.9%，其中，查处海上涉烟违法案件 45 起，截获非法卷烟 3.3 万件，下降 40%。

智慧专卖建设。完成烟草公安涉烟信息研判指挥中心建设，构建“129 + N”一体化涉烟犯罪信息研判体系（1 个省级指挥中心、2 大涉烟信息平台、9 个地市级分中心为主体，借助公安、海关缉私、海警等职能部门和警察学院、科技公司等机构的信息化研判能力，形成涵盖政策研究、体系建设、技术迭代、市场管控、人才培养等多个方向的 N 个战略支撑点），全省挂牌并实体运作 97 个涉烟信息研判中心（工作室），全年推送涉烟违法预警线索 1.2 万条，下发落地线索预警 75 条，公安机关立案侦查 10 条。

市场监管。常态化落实真烟治异和烟叶精准化监管措施。全省共查获异常流动真烟 1.46 万件，比上年增长 9.6%；查处案值 5 万元以上异常流动真烟大要案件 776 起，增长 15.5%。查处案值 5 万元以上且非法卷烟 5 万支以上大户违法经营卷烟案件 607 起，比上年增长 20.9%；取缔违法违规经营大户 213 户。

政务服务。推进“放管服”改革，加快“互联网+政务服务”建设，实现零售许可布局合理、电子证照共享共用、12313热线规范运行，截至2022年底，全省持证卷烟零售户21.7万户，零售许可平均办证时长缩短到5个工作日内，网上办证率90%以上，12123热线满意率99.5%。

【卷烟经营】 **卷烟销售。**全年卷烟单箱销售额比上年增加1365元。月均市场状态综合指数、价格指数、毛利率分别为89.25%、101.46、13.74%。销售低价位卷烟141.3亿支（28.26万箱）。

品牌培育。全年重点品牌集中度95.11%，比上年提高0.3个百分点。行业共育品牌较快成长，全省在销行业共育品规51个。引入新品21个，其中创新产品17个。

网络建设。在全国率先实现所有设区市公司省级营销子系统核心功能模块的推广上线。强化流通品牌建设，全省建成“海丝新晟”核心终端243家，打造农网特色示范终端411家，现代终端占比20.36%。组织开展“客户服务规范自查”“服务改进提升月”等专项活动，客户满意度91.75分。

物流建设。按照“机构更加精简、管理更加精实、人员更加精干、指标更加精益”要求，全面启动取消物流公司法人资格改革，统一设置配送中心，明确职责职能、内设机构、岗位编制。加快物流资源整合步伐，推进福州区域物流破土动工，完成三明区域物流审批论证，推广标杆物流中转站建设经验，继续扩大配送中心本部直送范围，全省中转站点整合到34个。加快绿色物流发展，持续推进工商整托盘联运、烟箱循环利用、塑膜地膜回收等工作，全省累计完成托盘联运量108.24万箱、返还烟箱520.02万只；终端配送使用新能源汽车27辆，光伏发电11.72万千瓦·时，回收塑膜地膜4449吨。

【雪茄烟经营】 组织召开工商协同国产雪茄烟品牌培育座谈会，推动烟茄分离全省落地，实现国产雪茄烟独立运营，加快构建营销新模式，结合市场状态加强销售指导。全年销售国产雪茄烟比上年增长44.21%；销售额6035万元，增长34.71%。

【烟叶生产经营】 **烟叶生产。**2022年，全省收购烟叶比上年增加1.77万吨（35.41万担）。其中，收购“翠碧一号”增加1.64万吨（32.71万担）。烟叶收购均价比上年增加70元。烟农售烟总收入38.12亿元，烟叶税8.41亿元。烟农户均含补贴收入13.39万元，比上年增加2.61万元。

生产组织方式转型升级。在南平市召开全省“种采烤分”一体化现场会，推广“种采烤分”一体化组织模式面积65.62万亩；烟技员人均服务面积513亩。出台全省烟叶布局调整和烟站整合指导意见，印发全省烟站建设“十四五”规划和标准化烟站创建工作意见，推进全省撤并10个收购站点，全省10万担以上核心县由3个增加到8个，站均收购量提高到0.07万吨（1.35万担），生产集中度显著提升。

产业融合。全面推广烟稻轮作模式，与省农业农村厅联合下发《关于推进烟稻轮作促进增产提质的通知》，建成百亩以上烟稻双优基地示范片27个。烟后稻面积从2021年的65.93万亩提高到2022年的80.57万亩。“以烟促稻、以烟稳粮”基本烟田保护模式得到广泛认同。开展抛荒地复垦工作，开发新耕地、新烟田1.6万亩。

福建南平烟草“数字烟叶”大屏（2022年）

福建省局 供稿

烟叶生产绿色发展。持续推进绿色防控示范区和辐射区建设，开展绿色高效专业化植保，全省烟区建立示范区16.87万亩、辐射区50.63万亩，地膜回收100%。加强对烟稻病害的联防联控，指导科学用药。推进烤房集群光伏发电顶棚建设。

雪茄烟叶试种推广。在全省3个烟区8个县种植雪茄烟叶1300亩，户均种植17.57亩；收购雪茄烟叶94.74吨(1894.7担)，亩均产值7305元。在龙岩连城县召开福建雪茄烟叶田间鉴评暨规模开发专家论证会，福建雪茄烟叶品质得到行业专家和工业企业一致认可，具备规模开发条件和能力。

烟叶数字化持续推进。开发全省烟叶生产经营一体化平台，升级闽烟家园和金叶慧农平台，金叶慧农平台烟农注册率在96%以上，全面实现烟叶种植合同在线签订。

【改革创新】 **科技创新平台建设**。召开福建省烟草商业系统科技创新大会，组织省公司科技奖和“十三五”科技创新工作评选表彰。与中国农业科学院烟草研究所联合建立“福建雪茄烟叶技术创新中心”，与中国烟草总公司郑州烟草研究院联合建立“智慧烟叶联创中心”，创建劳模和工匠人才创新工作室21个，全年新搭建平台6个，累计建成重点创新平台25个。托举省公司青年科技人才30人，1人入选烟草行业青年科技托举人才名单。全省烟草商业系统从事科研专业技术人员1995人，其中全国烟草行业学科带头人1人、研究员3人、博士学历7人，高级专业技术职称84人，聘任中、高级专业技术人员40人。

烟草科技成果推广应用。完善“科技部门主抓、业务部门主导、基层单位主体”的科技成果推广工作机制，抓好“适时早栽技术”“控氮打顶技术”等10项科技成果转化推广和责任落实。制定印发全省烟草绿色防控重大科技项目实施方案和年度工作方案，明确“十四五”绿色防控目标任务和技术攻关方向，加强绿色防控技术团队建设，构建以“检—放—诱—调—熏—减”为特色的武夷丘陵生态区绿色防控技术体系，“武夷丘陵生态区烟草病虫害绿色防控技术体系研究与应用”项目通过省部级第三方评价。推进烟叶标准化生产示范区建设，全省系统烟叶标准化生产率100%，专业化服务作业率89%，烟叶绿色低碳烘烤比例81%。加强商业企业标准化工作，更新完善各单位标准体系，组织申报国家局标准项目1项，发布省公司企业标准2项。

数字化转型战略全面实施。出台福建烟草商业数字化转型实施意见及总体实施方案，联合省总工会举办首届“数字工匠”技能竞赛大赛暨福建烟草商业数字化应用融合创新竞赛。立足“孵化、验证、培训、展示、转化”的功能定位，建成海晟融创数字化应用创新中心，探索完善生态伙伴建设、平台运营、数据运营、项目孵化等工作机制。

【多元化经营】 福建烟草海晟投资管理有限公司前身是成立于1993年的厦门海晟实业公司，位于福建厦门市。2007年改制更名为福建烟草海晟投资管理有限公司，成为中国烟草总公司福建省公司的全资子公司，负责福建省烟草商业系统多元化投资管理工作。公司以资本经营、投资管理为主线，投资范围涵盖金融投资、房地产开发、信息技术开发、连锁经营、文化传媒、酒店经营、物业管理等领域。

公司对外投资控（参）股企业13个，其中控股企业10个，分别是厦门海晟房地产开发有限公司、福州海晟房地产开发有限公司、厦门翔安兴海晟房地产开发有限公司、福建海晟连锁营销发展有限公司、武夷山海晟国际大酒店管理有限公司、福建省海晟物业管理有限公司、福建海晟物业服务有限公司、福建省海晟文化传媒有限公司、福建海晟通仙茶业有限公司、厦门中阳汽车工业有限公司；参股企业3个，分别是：兴业银行股份有限公司、厦门海晟融创信息技术有限公司、福建华橡自控技术股份有限公司。

截至2022年底，公司总资产124亿元，其中固定资产0.84亿元、流动资产38.24亿元。本部员工44人（不含借用），所属投资企业员工684人。

【特事辑要】 2022年1月21日，福建烟草商业系统工作会议在福州市召开。

4月7日，由中国烟草总公司福建省公司、福建省总工会共同主办的福建省首届“数字工匠”技能竞赛暨福建烟草商业数字化应用融合创新竞赛启动仪式在福州市举行。

5月30—31日，福建省局（公司）在龙岩连城县召开雪茄烟叶田间鉴评暨规模开发专家论证会。

7月26日，福建省局（公司）举办全省系统“喜迎二十大　一起向未来”短视频创作技能竞赛启动仪式暨短视频创作培训开班式。

7月28日，福建烟草商业系统科技创新大会在福州市召开。

2022年福建省烟草专卖商业主要情况统计

地市级局（公司）名称		福州市烟草专卖局（公司）	厦门市烟草专卖局（公司）	宁德市烟草专卖局（公司）	莆田市烟草专卖局（公司）	泉州市烟草专卖局（公司）
主要负责人/法定代表人（含党政领导）		白万明	黄端启	林茂新（—2022年11月）徐家忠（2022年11月—）	江　晟	游文忠
所属县级单位		城北、城南、长乐区、福清市、闽侯县、连江县、平潭县、罗源县、闽清县、永泰县等10个县级烟草专卖局（分公司）	思明区、湖里区、集美区、第一分局等4个县级烟草专卖局（分公司）	蕉城区、福安市、福鼎市、霞浦县、古田县、屏南县、寿宁县、周宁县、柘荣县等9个县级烟草专卖局（分公司）	仙游县、城厢区、涵江区、秀屿区等4个县级烟草专卖局（分公司）	安溪县、永春县、惠安县、德化县、晋江市、石狮市、南安市、鲤城区、洛江区、丰泽区、泉港区等11个县级烟草专卖局（分公司）
总资产（万元）		508441	317914	198728	208728	636296
资产负债率（%）		26.35	14.23	27.54	21.08	17.41
从业人员（人）		1261	750	641	572	1235
所属业务机构	营销机构	1个营销中心、10个卷烟营销办公室	1个营销中心、4个客户服务中心	1个营销中心、9个卷烟营销办公室	1个卷烟营销中心、4个卷烟营销办公室	1个卷烟营销中心、11个卷烟营销办公室
	物流配送机构	1个物流中心、1个中转站、4个对接点	1个物流中心、1个对接点	1个配送中心、5个对接点	1个配送中心	1个物流中心、3个中转站、2个对接点
	专卖稽查机构	1个稽查支队、10个专卖办（稽查大队）	1个稽查支队、4个专卖办（稽查大队）	1个稽查支队、9个专卖办（稽查大队）	1个稽查支队、5个稽查大队	1个稽查支队、13个稽查大队
	烟叶机构	—	—	—	—	—
烟农户数（户）		—	—	—	—	—
实现烟农总收入（万元）		—	—	—	—	—
零售户数（户）		34220	24411	16957	15315	47354
零售户销售毛利率（%）		16.00	15.78	13.08	14.04	14.34

地市级局（公司）名称	漳州市烟草专卖局（公司）	龙岩市烟草专卖局（公司）	三明市烟草专卖局（公司）	南平市烟草专卖局（公司）
主要负责人/法定代表人（含党政领导）	罗万达	黄永辉	薛学钦	张清明（—2022年11月）李阳辉（2022年11月—）
所属县级单位	城区、龙海区、漳浦县、云霄县、东山县、诏安县、南靖县、平和县、华安县、长泰区等10个县级烟草专卖局（分公司）	新罗区、永定区、上杭县、武平县、长汀县、连城县、漳平市等7个县级烟草专卖局（分公司）	三元区、沙县区、永安市、大田县、尤溪县、将乐县、泰宁县、建宁县、宁化县、清流县、明溪县等11个县级烟草专卖局（分公司）	延平区、建阳区、武夷山市、邵武市、建瓯市、光泽县、顺昌县、浦城县、松溪县、政和县等10个县级烟草专卖局（分公司）
总资产（万元）	360407	310042	434537	282466
资产负债率（%）	20.09	19.01	16.02	20.91

续表

地市级局（公司）名称		漳州市烟草专卖局（公司）	龙岩市烟草专卖局（公司）	三明市烟草专卖局（公司）	南平市烟草专卖局（公司）
从业人员（人）		995	1831	1899	1967
所属业务机构	营销机构	1个卷烟营销中心、10个卷烟营销办公室	1个卷烟营销中心、7个卷烟营销办公室	1个营销中心、11个卷烟营销办公室	1个营销中心、10个卷烟营销办公室
	物流配送机构	1个物流中心、3个中转站、1个对接点	1个物流中心、2个中转站、2个对接点	1个物流中心、3个中转站、2个对接点	1个物流中心、5个中转站
	专卖稽查机构	1个稽查支队、11个稽查大队	1个稽查支队、7个专卖办（稽查大队）	1个稽查支队、11个专卖办（稽查大队）	1个稽查支队、10个专卖办（稽查大队）
	烟叶机构	—	1个烟叶生产部、1个烟叶购销部、5个烟叶收购站、37个烟叶收购点、4个烟叶中心仓库、1个烟科分所（烟叶生产技术中心）、3个试验站	1个烟叶生产部、1个烟叶购销部、1个田间试验场、64个烟草站（点）、1个烟科分所（烟叶生产技术中心）、3个试验站	1个烟叶生产部、1个烟叶购销部、53个烟叶站（点）、1个烟科分所（烟叶生产技术中心）、3个试验站
烟农户数（户）		—	10533	14566	7019
实现烟农总收入（万元）		—	107647（含补贴）	185403（含补贴）	119832（含补贴）
零售户数（户）		33829	15464	12780	14557
零售户销售毛利率（%）		13.33	14.37	16.32	13.00

◇ 撰稿：傅积恩；编辑：褚　幸

江西省烟草专卖局（公司）

【专卖管理】　**案件查处。**2022年，江西省烟草专卖局查处各类涉烟违法案件1.14万起，其中案值5万元以上大要案件2174起，比上年增长41.08%。破获部督案件2起，省督案件9起。查获各类非法卷烟3.53万件，其中假烟1.38万件、走私烟28.9件。查获违法烟叶、烟丝354.64吨，比上年增长22.07%。公安、司法机关依法拘留289人，逮捕84人，判刑190人。

拓展"六位一体"大专卖机制。开展部门交流合作，多部门同频共振打假打私。联合江西省公安厅开展"飓风3号"卷烟打假专项行动，开展重大案件联合督办，制定印发《联合打击涉烟违法犯罪活动工作机制》；首次联合发布元旦、春节卷烟市场整治专项行动通告。联合江西省市场监督管理局推动《江西省烟草专卖条例》细化落实，建立无证经营案件移送机制。

优化政务服务。与江西省政府"赣服通"政务服务平台对接，聚焦"一网通办"，利用"互联网+政务服务"系统平台，提供政务服务网上办证、"赣服通"办证及微信公众号办证等服务，全面优化办证程序、简化审批手续、提高办证效率。根据省政务服务办对高频电子证照互通互认工作要求，收集全省行政许可电子印章并同步备案至全省一体化电子证照系统，将已签发的电子证照与省电子证照共享服务系统对接，实现全省电子证照共享。

【电子烟监管】　稳步推进电子烟管理法治化规范化，制定《江西省电子烟零售点布局规划》，全面完成电子烟生产、零售许可证发放办理。协调相关部门，保障电子烟统一交易管理平台正常运行，引导零售市场主体依法依规经营。开展违法电子烟专项打击行动，破获抚州"4·02"特大生产、销售假冒注册商标电子烟案件，受到公安部贺电表扬。联合江西省邮管局转发电子烟产品、雾化物、电子烟用烟碱等限量寄递通告，实现全省邮政快递企业营业网点全覆盖。

【卷烟经营】　**卷烟销售。**2022年，销售卷烟比上年增长

0.5%，卷烟单箱销售收入4.12万元，增长3.41%，供需结构进一步优化。销售重点品牌卷烟比上年增长1.44%，销售比重92.27%，提升0.85个百分点。截至2022年底，全省卷烟零售户综合毛利率12.71%，比上年提升0.83个百分点。全省卷烟零售户满意度得分95.91分。销售创新产品比上年增长17.23%，销售低焦油卷烟增长19.38%。

市场化取向改革。构建以工商网上配货为主要形式的货源组织模式，全省开展工商网配的市级公司11个，对接省级工业公司23个。强化流通品牌赋能，将“星火+”品牌文化融入流通品牌建设全过程，助推加盟客户转变经营理念、改善经营形象、提升经营能力。推动农村网络建设提质升级，开展农网示范终端建设升级改造试点，以点带面推动农网终端建设水平整体提升。截至2022年底，全省共有现代终端5.25万户，占总零售户比重27.71%；建设流通品牌终端431家；建成农网现代终端1.46万户，比上年增长28.34%。

【雪茄烟经营】 落实国产雪茄烟发展规划，对雪茄烟品规进行单列管理，引入国产雪茄烟特别是中高端雪茄烟品规。2022年，全省在销雪茄烟品牌规格35个，其中中高端以上品规25个。销售国产雪茄烟比上年增长31.74%，其中手工雪茄烟增长3.64%，机制雪茄烟增长33.88%。

【烟叶生产经营】 **烟叶种植与收购。**2022年，江西省收购上等烟比例74.18%，中部烟比例65.58%；实现烟叶税1.85亿元。烟农售烟总收入8.43亿元，烟农户数5969户，户均售烟收入14.11万元。

推行“二维码溯源管理、烟叶分部位收购、221专分散收规范流程、纯度多级复检监督”四大收购管理措施，烟叶混部位、混青杂比例明显下降。推动收购站点视频监控互联互通，全省初步实现烟叶收购云调度和云监管。依托“生态浓香”小程序，推行烟叶质量二维码掌上追溯。在国家局烟叶收购检查中，江西省烟叶等级合格率81.5%，上等烟纯度90.1%、中等烟纯度96.5%。全面取消市局清选，实现原收原调全覆盖。厂站直调烟叶数量达到0.81万吨（16.1万担）。

多元产业增收。全省实施多元化增收项目155个，其中多元产业项目产值500万~1000万元的项目5个、1000万~5000万元的项目5个，主要为优质稻种植、商品化营养土、甜叶菊、瓜果蔬菜食用菌种植等多元项目。实现多元产业总产值1.71亿元、净收入9185.86万元，初步形成“以烟为主、多业融合”烟农增收新格局。赣州瑞金市局（分公司）、宜春上高县局（分公司）等成功示范水稻新品种试种工作，吉安峡江县局（分公司）推动合作社与粮食加工企业合作，促进粮食产销一体化。

绿色生产和技术推广。加大基本烟田土壤和环境整治力度，全面普及“烟—稻—（绿肥）—稻—稻”两年制轮作绿色生产模式，轮作比例达到88.32%，绿肥种植达到10.82%。烟叶移栽集中度稳步提升，单县移栽时间控制在5天左右，其中井窖式移栽面积占比94.58%。烟田深翻面积占比98.01%，有机肥使用面积占比98.55%，营养土配置面积占比93.6%。全面落实亩施40千克以上优质枯饼类有机肥、配置200千克以上营养土的技术措施。以绿色防控综合示范区建设为核心，加大病虫害预防测报力度，推广绿色生物、物理防治技术面积达到82.38%。推广黄板、性诱剂等绿色防控植保面积16.35万亩，烟蚜茧蜂防治技术面积20.06万亩，绿色高效专业化植保面积16.52万亩，推广无人机植保面积14.02万亩。

推行以专业烘烤师为管理主体的专业化烘烤模式，培育选拔职业农民烤师2524人。开展“1+N”专业烘烤1.42万吨（28.39万担），采烤一体化0.48万吨（9.56万担）。推广烟夹1360座，占比13.39%。赣州市局（公司）、吉安市局（公司）与江西中烟、河南中烟共同开发高可用性上部叶0.1万吨（2万担），抚州市局（公司）与湖北中烟开发“高油分中棵烟”250吨（5000担）。

烟叶生产基础设施建设。2022年，安排烟叶生产基础设施建设项目7450件，行业投入资金概算4992.86万元。新增推广生物质等新能源烤房2867座，维修老旧烤房7170座。加强标准化烟站创建，优化整合收购站点到61个，比上年减少7个。投入680.86万元援建新农村项目10个，受益人口1.7万人，有效改善当地村民生产生活环境条件。

烟区产业综合体建设。巩固建设现有的瑞金凤岗、黎川新庄、广昌丰收、乐安金农、信丰潭口等5个烟叶产业综合体，重点开展石城、广昌、峡江等3个综合体试点建设。综合体坚持“政府+龙头企业+合作社+烟农”发展模式，重点发展食用菌、优质稻、白莲等特色优势产业，逐步扩大产业规模，推广产业自主品牌，并进一步探索做实冷链储存、产品包装、智能烘干等产业。

2022 年 5 月 18 日，江西抚州广昌县局（分公司）头陂村烟站工作人员指导烟农打顶

江西抚州广昌县局　童　丹　摄

模式，宜春市局（公司）与湖南中烟协作完成的“数智为驱　共育新能”营销案例在行业商业企业参评案例中获评一档优秀案例，受到国家局通报表扬。

【科技创新】　2022 年，全省烟草商业系统取得科技成果 89 项、QC 成果 166 项、科技奖励 66 项、知识产权 61 项。江西省烟草科学研究所联合江西中烟等单位申报的“烤烟优质新品系 ZY157 的工商研一体化开发与应用”、江西省局（公司）与湖南省局（公司）等单位共同承担的“南岭烟区稻烟融合绿色防控综合治理技术研究与应用”两个总公司重大科技项目获得国家局立项。省局（公司）立项科技计划项目 22 个，其中 5 个列入技术攻关项目管理。

【企业管理】　全省烟草商业系统全年制（修）订标准 659 项，企业标准制（修）订率 31.26%，流程优化改进率 21.94%，提升基础管理水平。2022 年，江西省 14 项对标指标中有 8 项比上年改进，4 项指标排名前五位，其中商业平均存销比、单箱物流费用排名均居行业第一位。开展管理诊断，九江市局（公司）“完善新型市场监管机制，提升重点监管能力”、赣州市局（公司）“烟叶生产专用物资精益化管理研究与应用”课题入选行业典型案例。加强成本管控，实现降本增效 2 亿元。运用大数据，创新品牌培育新

【特事辑要】　2022 年 1 月 21 日，2022 年全省烟草专卖局（公司）工作电视电话会议在南昌市召开。

8 月 1 日，新修订的《江西省烟草专卖条例》颁布并正式实施。

2022 年江西省烟草专卖商业主要情况统计

地市级局（公司）名称	南昌市烟草专卖局（公司）	九江市烟草专卖局（公司）	上饶市烟草专卖局（公司）	抚州市烟草专卖局（公司）
主要负责人/法定代表人（含党政领导）	揭东轲	王　健	林建伟	肖红武
所属县级单位	南昌县、进贤县、安义县、新建区、东湖区、西湖区、青山湖区、青云谱区等 8 个县级烟草专卖局（分公司）	九江城区、柴桑区、瑞昌市、武宁县、修水县、湖口县、都昌县、彭泽县、庐山市、庐山、永修县、德安县、共青城市等 13 个县级烟草专卖局（分公司）	信州区、广信区、广丰区、玉山县、铅山县、横峰县、弋阳县、鄱阳县、余干县、万年县、德兴市、婺源县等 12 个县级烟草专卖局（分公司）	临川区、东乡区、崇仁县、乐安县、宜黄县、南丰县、南城县、黎川县、金溪县、广昌县、资溪县等 11 个县级烟草专卖局（分公司）
总资产（万元）	317474	176270	215944	137642
资产负债率（%）	31.47	14.31	18.58	14.19
从业人员（人）	783	663	822	752

续表

地市级局（公司）名称		南昌市烟草专卖局（公司）	九江市烟草专卖局（公司）	上饶市烟草专卖局（公司）	抚州市烟草专卖局（公司）
所属业务机构	营销机构	1个营销中心、8个区域营销部	1个营销中心、13个区域市场部	1个营销中心、12个营销部	1个营销中心、11个客户服务部
	物流配送机构	1个物流中心、1个物流接驳站	1个物流中心、6个物流中转站、1个物流接驳点	1个物流中心、8个物流中转站	1个物流中心、2个物流中转站
	专卖稽查机构	1个稽查支队、9个稽查大队	1个稽查支队、13个稽查大队	1个稽查支队、12个稽查大队	1个稽查支队、11个稽查大队
	烟叶机构	—	—	—	17个烟叶收购站
烟农户数（户）		—	—	—	1149
实现烟农总收入（万元）		—	—	—	21328（含补贴）
零售户数（户）		20678	20656	27020	14490
零售户销售毛利率（%）		14.60	15.00	13.20	15.53

地市级局（公司）名称		宜春市烟草专卖局（公司）	吉安市烟草专卖局（公司）	赣州市烟草专卖局（公司）	景德镇市烟草专卖局（公司）
主要负责人/法定代表人（含党政领导）		朱辉明	李细洪	刘　辉	肖福元
所属县级单位		袁州区、丰城市、樟树市、高安市、万载县、上高县、宜丰县、奉新县、靖安县、铜鼓县等10个县级烟草专卖局（分公司）	吉州区、青原区、吉安县、吉水县、峡江县、新干县、永丰县、泰和县、遂川县、万安县、安福县、永新县、井冈山市等13个县级烟草专卖局（分公司）	上犹县、崇义县、大余县、信丰县、全南县、定南县、安远县、寻乌县、于都县、兴国县、会昌县、石城县、宁都县、瑞金市、龙南市、章贡区、南康区、赣县区等18个县级烟草专卖局（分公司）	浮梁县、乐平市、城区等3个县级烟草专卖局（分公司）
总资产（万元）		170716	155882	269200	71026
资产负债率（%）		12.86	21.67	15.83	13.47
从业人员（人）		792	830	1413	261
所属业务机构	营销机构	1个营销中心、31个客户服务部	1个营销中心、13个区域市场部	1个营销中心、46个客户服务部	1个营销中心、3个区域市场部
	物流配送机构	1个物流中心、6个物流中转站、2个物流接驳点	1个物流中心、8个物流中转站	1个物流中心、8个物流中转站	1个物流中心、1个物流接驳点
	专卖稽查机构	1个稽查支队、12个稽查大队	1个稽查支队、13个稽查大队	1个稽查支队、18个稽查大队	1个稽查支队、3个稽查大队
	烟叶机构	2个烟叶工作站、1个试验站	11个烟叶收购站（点）	13个中心站、31个烟叶站、2个实验站	—
烟农户数（户）		151	1808	2861	—
实现烟农总收入（万元）		3359	20792	5158	—
零售户数（户）		24113	19266	43226	7533
零售户销售毛利率（%）		15.81	15.00	15.22	14.36

地市级局（公司）名称		萍乡市烟草专卖局（公司）	新余市烟草专卖局（公司）	鹰潭市烟草专卖局（公司）	江西省烟草专卖局铁路分局
主要负责人/法定代表人（含党政领导）		熊体科	余 坚	何福荣	刘在强
所属县级单位		安源区、湘东区、芦溪县、上栗县、莲花县等5个县级烟草专卖局（分公司）	分宜县、渝水区2个县级烟草专卖局（分公司）	贵溪市、月湖区、余江区等3个县级烟草专卖局（分公司）	—
总资产（万元）		76270	48417	46608	—
资产负债率（%）		21.97	17.19	9.27	—
从业人员（人）		322	212	193	13
所属业务机构	营销机构	1个营销中心、5个区域市场部	1个营销中心、9个客户服务部	1个营销中心、6个客户服务部	—
	物流配送机构	1个物流中心	1个物流中心	1个物流中心	—
	专卖稽查机构	1个稽查支队、6个稽查大队	1个稽查支队、3个稽查大队	1个稽查支队、4个稽查大队	1个稽查支队
	烟叶机构	—	—	—	—
烟农户数（户）		—	—	—	—
实现烟农总收入（万元）		—	—	—	—
零售户数（户）		8482	5233	4530	—
零售户销售毛利率（%）		14.19	14.43	14.46	—

◇ 撰稿：胡思思；编辑：褚 幸

山东省烟草专卖局（公司）

【专卖管理】 **案件查处。**2022年，山东省烟草专卖局查处各类涉烟违法案件3.11万起，查获非法卷烟3.59万件，总案值3.3亿元。其中：查处案值5万元以上大要案件1784起，比上年增长21.84%；公安、司法机关依法拘留1509人，逮捕320人，判刑772人；破获符合国家局、公安部标准的制售假烟走私烟网络案件119起，其中3起被国家局评定为特大案件，4起被列为部级督办案件。山东省局被评为平安山东建设表现突出集体。

大案要案。淄博市“4·26”销售假冒注册商标卷烟案件，是一起境外制假、走私入境、物流运输卷烟的网络案件，涉及山东、贵州、山西、河北、甘肃、广西、广东等7个省（自治区、直辖市），涉案金额1.2亿元，公安、司法机关依法刑拘20人，逮捕5人，判刑5人。

济宁市“7·15”非法经营卷烟案件，是一起利用真品卷烟制造假冒注册商标卷烟案件，涉案金额4500余万元，公安、司法机关依法拘留28人，逮捕16人，判刑15人。

济南市非法经营“百草灸”类烟案件，是一起利用发酵过的烟丝、中药等原料及空烟管制成卷烟外形的类烟案件，捣毁收购、加工、储存、销售等窝点7处，查获非法烟叶、烟丝、薄片及“百草灸”等类烟产品20余吨，涉案金额1.2亿元，公安、司法机关依法拘留48人。

联合执法协作。山东省局与省公安厅、青岛海关、济南海关、山东海警局联合召开打击涉烟违法犯罪工作座谈会，调整充实省“打网办”，将青岛海关缉私局、济南海关缉私局、山东海警局作为成员单位，在省级层面建立统一高效的烟草打假打私指挥体系；与山东海警局在青岛召开联合打击烟草专卖品海上走私违法犯罪工作座谈会，进一步健全海上打私工作机制；与省法院、省检察院分别召开座谈会，指导解决执法实践中的问题。

打假打私。山东省局与河北、天津、辽宁、大连共同建立环渤海地区联合打击烟草专卖品海上走私协作机制，指导胶东7个地市建立一体化执法格局，进一步增强区域打假打私工作合力。建立跨区办案定期调度制度，开展重大案件分级分档标准研究及应用，制定多案串并、联合侦办案件认定及奖励标准，引导鼓励向制假贩私源头延伸办案。

基础管理。细分零售市场单元，科学设定布局模型，卷烟零售户持证率稳定在3.7‰以内；组织开展零售户合理容量测算和合理布局模式课题研究，被列入国家局烟草制品零售点合理规划汇编并在行业培训班上作经验介绍。制定《零售许可证电子卷宗评审标准》及评审规程，组织开展全省零售许可证电子卷宗互评及复审。探索推进专卖管理岗位准入机制，联合第三方机构开展大数据分析技术培训，举办第四届全省专卖管理技能竞赛。

【电子烟监管和新的涉烟监管】 2022年，无新增电子烟生产投资项目在山东省内落地。合理规划电子烟零售点布局，全省发放生产许可证2个、零售许可证1576个。联合山东省公安厅、省市场监督管理局、省教育厅开展电子烟专项清理整治工作，查处向未成年人销售电子烟案件256起，罚款40余万元。侦办“上头电子烟”案件13起，公安、司法机关依法拘留57人。自主研发电子烟监管App，应用App开展检查2万户次。

联合山东省公安厅、省市场监督管理局开展“茶烟”等类烟市场专项治理。成立多部门联合专案组，关停济宁“茶烟”生产企业。发布“花烟、茶烟市场监管模式的探索与实践”课题研究成果，从保护知识产权角度加强类烟产品监管，查处仿冒“中华”“利群”等类烟产品案件13起。

【卷烟经营】 **卷烟销售。**2022年，销售卷烟比上年增长0.14%；单箱销售额3.08万元，增长5.18%；实现卷烟销售收入增加49.54亿元。销售低价位卷烟194.9亿支(38.98万箱)。

推进品牌三级共育机制，确定22个全省共育品规。优化市场状态，2022年月均存销比1.2，整条零售价格指数103。零售户综合毛利率14.8%。直测网络信息采集质量提升，全年全省上报率99.32%。

零售终端网建。推进终端软实力建设，加强过程管理，升级云POS店铺管理系统，全面提升终端现场管理能力、经营能力、盈利能力、抗风险能力。截至2022年底，全省共有加盟终端7668家（其中“泰山尊客”统一流通品牌店3087家），现代终端10.42万户，现代终端比例达到28.18%；云POS用户13.81万户。推进农网建设，提升终端软硬件水平。2022年，新建农村品牌店124家，打造乡村振兴示范店1165家，新增农村现代终端7278家，农网客户户均毛利增加1834元。全省累计建成农网现代终端4.34万户，占比23.86%。

物流建设。开展“绿色物流评价体系”“卷烟配送环节包装绿色化”2项行业课题研究，形成绿色物流评价指标体系、评价标准和实施程序，建立完善三类包装绿色化工作机制。推进新能源送货车全省统招分签，全省新能源送货车360辆，占终端配送车辆总量的45%；济南卷烟配送中心被中国仓储与配送协会评为烟草行业商业企业首家一级（三星）绿色仓库。推进卷烟包装塑膜回收，累计回收塑膜11.6吨。开展简化塑料软箱试点，推进全降解热缩膜新型包装材料应用。对5家试点单位开展物流管理诊断试点，发现问题97项，制定改进对策195条。牵头完成行业标准《异型卷烟分拣系统基本要求与配置指南》编制，参与《卷烟产品异型包装规格技术指南》和《条烟分拣系统安装工程验收规范》2项标准制（修）订。

【雪茄烟经营】 落实雪茄烟发展规划，将传统中高端雪茄烟作为雪茄烟发展培育的主要方向。2022年，销售国产传统雪茄烟比上年增长17.93%；国产雪茄烟批发销售额9031.39万元，增长71.19%。单支批发价格从2021年的3.29元提高到4.75元。加大中高端雪茄烟规格引入，全年新引进国产传统雪茄烟规格10个，均为中高端雪茄烟。

推进雪茄烟仓储设施建设。在青岛建成省局（公司）系统物流首个雪茄烟专用标准库房，配备温湿度传感器、精密空调、全自动恒温恒湿控制系统等基础设备，满足雪茄烟“空间充足、环境稳定、便于分拣”的基本需求。

【烟叶生产经营】 **烟叶种植。**2022年，山东省收购上等烟比例72.7%；新建8个烟区产业综合体，发展特色双优产业带，促进烟粮协同、烟经一体，形成烟粮、烟油、烟药等轮作产业基地，全省烟田轮作比例达到95.5%。烟叶收购均价30.23元/千克，实现烟叶税2.85亿元。烟农7370户，比上年增长7.2%；烟农种烟总收入14.87亿元，增加1.36亿元；户均收入20.17万元，增加0.52万元。

创新烟叶生产组织方式。创新村党支部领办合作社烟叶生产组织模式，在578个植烟村推进村党支部领办合作社，推动土地统一集中流转，稳定核心烟区和优质烟田。创新建立土地、劳动力、资金“三个平台”，流转储备烟田25.8万亩，统筹劳动力2.1万人，为烟农提供资金7098万元，帮助烟农解决种烟的土地、用工和资金问题。创新推行专业化托管服务，统筹社会服务资源，引入10家社会服务公司，组建114支分级队伍，聘用分级工5589人，开展集中定点、专业化托管分级，降低服务成本，提高服务质量和服务效率。

坚持“中棵烟”发展方向。落实全省烟草品种布局三年规划，“中烟特香301”“中川208”“云烟301”等基因定向改良和“揭榜挂帅”新品种推广比例达到58.5%，在全行业率先建立优质特色品种原料工商研一体化先行示范区。推动提前集中移栽、减氮增密、水肥一体等3项技术落实落地，全面推行水造井窖移栽、全测全配施肥和全生育期按需供水，3月1日前完成育苗、5月1日前完成移栽，有机肥亩均用量在35千克以上，推广烟田滴灌18.7万亩。全面推广低碳精准烘烤，清洁能源烘烤设备推广比例达到33.7%。加强烟农烘烤师队伍建设，示范采烤分一体服务，创新烘烤智能化管理，烘烤技术落实到位率和烤后烟叶质量持续提高。

构建原料供给新模式。建立工商研深度融合机制，建立高端原料示范区和“育繁推用”一体化优质原料先行区，推进基地单元提档升级。优化烟叶收购流程，建立标准化收购、流程节点管控和责任倒逼机制，烟叶收购等级纯度进一步提高，国家局烟叶收购等级质量监督检查、国家局检查山东收购烟叶纯度、等级合格率居全国前列；山东中烟在3个市、3个县、11个烟站实行站厂直调占省内调拨量的78.9%，做到全收、全调、全用，在一类卷烟配方中的使用比例大幅度提升。突破均质化复烤加工5项关键技术，成立3个重点品牌原料区域加工中心，15项质量指标达到行业先进水平。

强化基层规范管理。发布烟叶创新成果64期，“基于突变技术的烟草种质资源创制与特色香气品种培育”项目获得中国烟草总公司科学技术进步奖二等奖；加强标准化烟站建设，完成全部省级标准化烟站达标验收，国家局验收通过16个行业标准化烟站，均为优秀，基层烟站标准化建设工作在全国烟叶工作会上作典型发言；开展烟站专项巡察、资金审计，梳理权力清单46项、风险清单48项、防治清单306项、制度流程69项，全面规范烟叶工作行为。

【管理与创新】 发布科技成果226项，组织处级干部领题课题立项235项（其中新课题190项，落地应用课题45项）。连续7年完成国家局降本增效目标任务；在烟草行业第三十三届优秀质量管理小组成果发布中获得一等奖1项，二等奖3项；举办第11届优秀QC小组成果发布交流培训班，2个小组被评为全国优秀质量管理小组。2个案例入选行业软实力建设典型案例；省局（公司）“财务大数据价值挖掘与分析利用探索和实践”、烟台市局（公司）“基于静默采集技术的消费数据分析应用研究”和临沂市局（公司）“托管服务助力烟农轻松种烟”入选2022年度行业核心竞争力典型案例。8项工作在行业专业会议上作经验交流；2022年烟草行业省级商业企业新发展理念评价得分居行业第四位。

2022年3月，山东潍坊诸城市开展“烤烟+油菜”一年两收示范种植
山东潍坊诸城市局　郑海峰　摄

【数字化转型】 基本建成云

平台、数字中台、工业互联网平台等新型数字基础设施体系，稳步推进营销平台、二维码项目、烟叶管理等数字化融合创新应用体系，加快制定企业自建应用上云标准规范。2022年山东省局（公司）数字化转型指数增长19.47%。推动新兴数字技术与业务融合创新，在行业首届数字化转型创新实践大赛中获得综合二等奖、分赛道一等奖1个、三等奖2个。制定完善信息化投资项目业务审核要点74项、技术审核要点17项，网信项目审核更加严格规范，2022年审减信息化投资项目32个，审减投资金额3765.08万元。

【特事辑要】 2022年7月14—15日，2022年全国烟叶高质量发展现场会在山东潍坊市召开。

8月17—19日，山东省局（公司）在青岛市召开半年工作会议暨高质量发展（第三片区）现场会。

12月20—21日，山东省局（公司）在济南市召开高质量发展（第四片区）现场会。

2022年山东省烟草专卖商业主要情况统计

地市级局（公司）名称		济南市烟草专卖局（有限公司）	青岛市烟草专卖局（有限公司）	淄博市烟草专卖局（有限公司）	枣庄市烟草专卖局（有限公司）
主要负责人/法定代表人（含党政领导）		杨忠武	于纪刚	王永利	张建军（—2022年12月） 赵　军（2022年12月—）
所属县级单位		市中区、历下区、天桥区、槐荫区、历城区、章丘区、长清区、平阴县、济阳区、商河县等10个县级烟草专卖局（营销部）	市北区、黄岛区、胶州市、平度市等4个县级烟草专卖局（分公司），市南区、李沧区、崂山区、城阳区、即墨区、莱西市等6个县级烟草专卖局（营销部）	张店区、周村区、临淄区、桓台县、高青县等5个县级烟草专卖局（营销部），博山区、淄川区、沂源县等3个县级烟草专卖局（分公司）	滕州市、市中区、薛城区、山亭区、峄城区、台儿庄区等6个县级烟草专卖局（营销部）
总资产（万元）		307759	444476	128500	109843
资产负债率（%）		22.76	19.22	25.92	21.78
从业人员（人）		1066	984	899	851
所属业务机构	营销机构	1个卷烟营销处、1个网建市场处	1个卷烟销售处、1个网建市场处	1个卷烟营销科	1个卷烟营销科
	物流配送机构	1个卷烟物流配送中心、5个物流中转站	1个卷烟物流配送中心、5个物流中转站	1个卷烟物流配送中心	1个卷烟物流配送中心、1个物流中转站
	专卖稽查机构	1个稽查支队、10个稽查大队	1个稽查支队、10个稽查大队	1个稽查支队、8个稽查大队	1个稽查支队、6个稽查大队
	烟叶机构	—	5个烟叶收购站	3个烟叶收购站、1个烟叶收购点	—
烟农户数（户）		—	97	243	—
实现烟农总收入（万元）		—	3031	4135	—
零售户数（户）		27341	35669	15771	14877
零售户销售毛利率（%）		17.43	16.48	15.85	16.84

地市级局（公司）名称	东营市烟草专卖局（有限公司）	烟台市烟草专卖局（有限公司）	潍坊市烟草专卖局（有限公司）	济宁市烟草专卖局（有限公司）
主要负责人/法定代表人（含党政领导）	鲁建平	邓　伟（—2022年1月） 丛建军（2022年1月—）	巩红卫（—2022年8月） 王建军（2022年8月—）	邵　健

续表

地市级局（公司）名称		东营市烟草专卖局（有限公司）	烟台市烟草专卖局（有限公司）	潍坊市烟草专卖局（有限公司）	济宁市烟草专卖局（有限公司）
所属县级单位		东营区、河口区、垦利区、广饶县、利津县等5个县级烟草专卖局（营销部）	芝罘区、莱山区、福山区、牟平区、蓬莱区、龙口市、招远市、莱州市、莱阳市、栖霞市、海阳市等11个县级烟草专卖局（营销部），开发区、驻烟台港2个县级烟草专卖局	诸城市、安丘市、昌乐县、临朐县、高密市、青州市等6个县级烟草专卖局（分公司），奎文区、寒亭区、潍城区、昌邑市、寿光市、坊子区等6个县级烟草专卖局（营销部）	兖州区烟草专卖局（分公司），任城区、曲阜市、泗水县、邹城市、微山县、鱼台县、金乡县、嘉祥县、汶上县、梁山县等10个县级烟草专卖局（营销部）
总资产（万元）		82198	291749	256022	230886
资产负债率（%）		29.29	25.91	43.38	26.69
从业人员（人）		430	1199	2703	1220
所属业务机构	营销机构	1个卷烟营销科	1个卷烟营销科、1个网建市场科	1个卷烟营销科、1个网建市场科	1个卷烟营销科、1个网建市场科
	物流配送机构	1个卷烟物流配送中心	1个卷烟物流配送中心、7个物流中转站	1个卷烟物流配送中心、5个物流中转站	1个卷烟物流配送中心、7个物流中转站
	专卖稽查机构	1个稽查支队、5个稽查大队	1个稽查支队、12个稽查大队	1个稽查支队、12个稽查大队	1个稽查支队、11个稽查大队
	烟叶机构	—	—	31个烟叶收购站、4个烟叶收购点、2个实验站	—
烟农户数（户）		—	—	2281	—
实现烟农总收入（万元）		—	—	51684	—
零售户数（户）		8479	25240	31766	30601
零售户销售毛利率（%）		16.11	15.59	15.93	14.69

地市级局（公司）名称		泰安市烟草专卖局（有限公司）	威海市烟草专卖局（有限公司）	日照市烟草专卖局（有限公司）	莱芜市烟草专卖局（有限公司）
主要负责人/法定代表人（含党政领导）		靳　新	张敬全	王暖春	任　勇
所属县级单位		泰山区、岱岳区、新泰市、肥城市、宁阳县、东平县等6个县级烟草专卖局（营销部）	市区、荣成市、乳山市等3个县级烟草专卖局（营销部）和文登区烟草专卖局（分公司）	东港区、岚山区、莒县、五莲县、经济开发区等5个县级烟草专卖局（分公司）	莱城区、钢城区2个县级烟草专卖局（营销部）
总资产（万元）		112901	113420	90352	27819
资产负债率（%）		28.20	20.19	18.08	30.27
从业人员（人）		660	482	1051	365
所属业务机构	营销机构	1个卷烟营销科	1个卷烟营销科	1个卷烟营销科	1个卷烟营销科
	物流配送机构	1个卷烟物流配送中心、3个物流中转站	1个卷烟物流配送中心、2个物流中转站	1个卷烟物流配送中心、1个物流中转站	1个卷烟物流配送中心
	专卖稽查机构	1个稽查支队、6个稽查大队	1个稽查支队、4个稽查大队	1个稽查支队、4个稽查大队	1个稽查支队、2个稽查大队
	烟叶机构	—	—	18个烟叶收购站、1个实验站	2个烟叶收购站

续表

地市级局（公司）名称	泰安市烟草专卖局（有限公司）	威海市烟草专卖局（有限公司）	日照市烟草专卖局（有限公司）	莱芜市烟草专卖局（有限公司）
烟农户数（户）	—	—	1232	174
实现烟农总收入（万元）	—	—	21784	3542
零售户数（户）	19126	11379	12298	4503
零售户销售毛利率（%）	14.84	16.54	15.25	15.43

地市级局（公司）名称		临沂市烟草专卖局（有限公司）	德州市烟草专卖局（有限公司）	聊城市烟草专卖局（有限公司）	滨州市烟草专卖局（有限公司）	菏泽市烟草专卖局（有限公司）
主要负责人/法定代表人（含党政领导）		刘太良	从建军（—2022年1月） 张　剑（2022年2月—）	王建民	王林立	杜文东
所属县级单位		兰山区、罗庄区、河东区等3个县级烟草专卖局（营销部），郯城县、兰陵县、莒南县、沂水县、蒙阴县、平邑县、费县、沂南县、临沭县等9个县级烟草专卖局（分公司）	德城区、禹城市、乐陵市、宁津县、齐河县、临邑县、平原县、武城县、夏津县、庆云县等10个县级烟草专卖局（营销部）和陵城区烟草专卖局（分公司）	东昌府区、临清市、冠县、莘县、阳谷县、东阿县、茌平区、高唐县等8个县级烟草专卖局（营销部）	沾化区、邹平市2个县级烟草专卖局（分公司），滨城区、惠民县、阳信县、无棣县、博兴县等5个县级烟草专卖局（营销部）	牡丹区、定陶区、曹县、成武县、单县、巨野县、郓城县、鄄城县、东明县等9个县级烟草专卖局（营销部）
总资产（万元）		288689	117844	100899	88915	152964
资产负债率（%）		29.19	29.71	31.59	30.70	23.99
从业人员（人）		3345	707	626	717	1296
所属业务机构	营销机构	1个卷烟营销科、1个网建市场科	1个卷烟营销科	1个卷烟营销科	1个卷烟营销科	1个卷烟营销科、1个网建市场科
	物流配送机构	1个物流分公司、5个物流中转站	1个卷烟物流配送中心、2个物流中转站	1个卷烟物流配送中心、1个物流中转站	1个卷烟物流配送中心、2个物流中转站	1个卷烟物流配送中心、7个物流中转站
	专卖稽查机构	1个稽查支队、12个稽查大队	1个稽查支队、11个稽查大队	1个稽查支队、8个稽查大队	1个稽查支队、7个稽查大队	1个稽查支队、9个稽查大队
	烟叶机构	44个烟叶收购站、1个烟叶收购点、1个实验站	—	—	—	—
烟农户数（户）		3343	—	—	—	—
实现烟农总收入（万元）		64496	—	—	—	—
零售户数（户）		40106	20820	21575	15609	34957
零售户销售毛利率（%）		15.81	14.69	15.06	15.60	14.00

◎ 撰稿：蔡世龙；编辑：褚　幸

河南省烟草专卖局（公司）

【专卖管理】 **卷烟打假打私。**2022 年，河南省烟草专卖局深化“政府领导、部门联合、多方参与、密切协作”卷烟打假打私体系建设，完善“部门协作、区域联动、重点案件督办、重点单位督导”四项机制，开展元春“百日市场整治”“围歼四号”专项行动和烟叶烟丝“百日攻坚”行动，筑牢卷烟打假“中原防线”。

全年查处假私烟案件 7443 起，查获假私烟 7756.48 件、非法烟叶烟丝 888.1 吨。捣毁大型烟机窝点 19 个，其他制假窝点 121 个；收缴大型烟机 45 台，其他设备 50 台；公安、司法机关依法刑拘 1073 人，逮捕 391 人，判刑 698 人。评选表彰“全省十大涉烟犯罪典型案件”，侦办符合国家局标准网络案件 55 起，部级督办案件 16 起，厅级督办案件 29 起。周口市局“6・30”案件、郑州市局“8・01”特大制售假烟网络案件，受到公安部、国家烟草专卖局贺信表彰。

大案要案。开封市“4・12”制售假冒卷烟网络案件涉及生产、仓储、运输、销售等多个环节，收缴 YJ14－22 卷接机 2 台及大量制假设备，查获假烟 4 件及大量制假辅料；公安、司法机关依法抓获 18 人，刑拘 18 人，逮捕 8 人；涉及四川、河南、湖南、湖北等 15 省（自治区、直辖市），涉案总金额 1.2 亿元。

许昌“5・28”制售假烟网络案件涉及河南、河北、云南、湖北等 7 省，收缴 YJ14－22 卷接机 2 台、查扣涉案车辆 10 台，查获假烟 307.38 件、烟叶烟丝 17.9 吨、滤嘴棒 218.28 万支。该案涉及烟叶供应、烟丝生产、储存和假烟生产、运输、包装、销售等环节，涉案金额 6100 余万元；公安、司法机关依法抓获 24 人，刑拘 23 人，批捕 20 人。

周口“6・30”非法生产烟丝网络案件涉及河南、广东、福建、云南等 4 省，收缴制假设备 25 台，查获烟叶烟丝 124 吨，公安、司法机关依法刑拘 29 人，逮捕 22 人，判刑 8 人，涉案金额 2400 余万元。

郑州“8・01”制售假冒卷烟网络案件集生产、运输、储存、销售为一体，涉及河南、河北、辽宁等 3 省 11 市，查处窝点 4 处，涉案假烟 2098 件、YJ14 烟机 1 套，涉案金额 5084 万元。

市场监管。健全“双随机、一公开”、信用监管、重点监管相结合的新型监管机制，提高市场监管及时性、精准性、有效性。强化“豫见云曦”一体化平台应用，推广使用“智能执法工具箱”，有效支撑一线精准监管。深化真烟异常流动治理，开展“利剑 2022——清市净网断链”专项行动，查处案值万元以上真烟案件 6859 起，查获异常流动真烟 3.08 万件，案值 3.57 亿元，取缔违法大户 183 户。深化重点领域整治，打击非法生产类烟产品乱象，出动执法人员 4.8 万人次，查办类烟产品行政违法案件 15 起，查扣大型卷接设备 10 台、空烟筒 347 万支、滤嘴棒 361.1 万支、盘纸 2.5 吨；关停或取缔类烟产品生产企业 45 家。打击物流寄递领域涉烟违法行为，查获违法包裹 4.12 万个、违法卷烟 3162.5 件。发挥烟草邮政联合实验室情报研判作用，推送可疑面单 5928 单、处理 3918 单。

内部监管。推广卷烟“32 位条码＋地市定位符＋县区标识符”打码，推进“加密隐形＋智能识别”新型打码追踪系统，提升追根溯源能力。严格废弃品监销审批，审批监销废弃品 840 批次，监销各类废弃品 2.2 万余吨、烟机 5 台套。

依法行政。深化“放管服”改革，推进行政许可信息化、电子化、网络化管理及政务服务“一件事一次办”，通过互联网受理行政许可 4.84 万件。执行烟草制品零售点合理布局新规划，全年新办烟草专卖零售许可证 3.67 万个。加强政务服务监督，印发《河南省烟草专卖行政许可政务服务“好差评”工作制度》。强化 12313 热线话务管理，受理来电 5.72 万个，满意率 99.86%。

【电子烟监管和新的涉烟监管】 加强电子烟监管政策规定宣传贯彻，组织专题培训 316 次、零售户培训 171 次。发布实施《河南省电子烟零售点布局规划》，制定《电子烟零售许可办理工作指南》，规划电子烟零售点 3532 个，电子烟持证户 1376 户。强化电子烟市场监管，加大“奶茶杯”“可乐杯”等新型电子烟监管力度。处置各类网络销售、广告等违法违规链接 94 条，清理自动售卖机 54 台，查处向未成年人销售电子烟案件 311 起，侦办涉毒电子烟案件 3 起，查处假冒电子烟案件 16 起；处置销售推广类烟产品链接 39 条，排查互联网销售“茶烟”线索 71 条。

【卷烟经营】 **品牌培育。**制定 2022—2025 年品牌发展规划，构建以品牌为核心的资源配置模式，加大重点品牌、主销品规培育力度，推动规模效益型品牌提结构、结构效益型品牌上规模。重点品牌集中度持续提升，2022 年销量占比 88.9%，比上年增加 2.9 个百分点。细支烟、短支烟、中支烟等创新产品保持快速增长，销量比上年增长 18.9%，占总销量的 16.6%，增加 3.1 个百分点。

终端建设。开展“金叶”流通品牌暨终端建设提升年活动，建成现代卷烟零售终端 4.94 万户，加盟终端 3200 户。诚信互助小组开展活动 13.18 万次。提升零售户经营能力，全年零售户综合毛利率比上年增加 1.14 个百分点；整条零售价格指数 99.24，增加 1.5。

现代物流建设。完善物流运行管理模式，设定物流费用涨幅缓冲区间，从严收紧管控目标。配送人员比上年减少 143 人，配送车辆减少 93 台。优化柔性配送模式成果，物流中转站优化压缩 2 个，单车日均送货量提升 14.68%，单车日均送货户数提升 6.68%，单箱物流费用 252.45 元、比上年下降 0.04%，单箱配送费用 92.04 元、下降 7.53%，人均配送效率 1011.01 箱、提升 5.03%。落实行业电子烟法治化规范化管理要求，全面启动电子烟物流。

全面提速区域物流建设，洛阳、安阳区域物流建设完成方案设计，南阳、商丘区域物流项目启动区域化改革研究。推进在建项目进度，郑州工商一体化物流项目实现部分设备投产试运行。

【雪茄烟经营】 开展雪茄烟市场调研，进行雪茄烟市场价格监测，举办雪茄烟专业知识培训 3 期，提升雪茄烟品牌影响力。2022 年，销售传统雪茄烟比上年增长 17.27%。其中销售传统手工雪茄烟比上年增长 50.54%，机制雪茄烟增长 15.72%。

【烟叶生产经营】 **烟叶生产**。持续优化烟叶生产布局，全省万担乡、千亩村比上年分别增加 6 个、13 个，烟农户均种植规模增加 2.94 亩，核心县、重点县核心产能占比 90.6%。印发《关于加强基本烟田轮作制度建设推动基本烟田可持续经营的实施意见》，建立以烟稳粮、烟粮互促、协同共生、良性发展的轮作制度。

开展土壤养育，推进绿色生产，推广有机肥 72.7 万亩，绿肥掩青 30 万亩。推进农机农艺融合，制定《农机农艺融合发展专项工作推进方案》，初步形成豫中、豫西、豫南三大片区农机农艺融合技术规程，全省烟叶机械化移栽率比上年提高 2.7%。加大高端原料定制化生产，与上海、江苏、浙江、河南、贵州、黑龙江等工业企业联合开展技术攻关和集成创新，建立谱系化开发利用技术体系，推动工商研深度协同，产业链、供应链、创新链高度融合。

烟叶管理创新。河南省局（公司）、河南中烟、郑州烟草研究院联合成立“河南浓香烟叶联合创新中心”，围绕河南烟叶发展中的难点、堵点，探索问题解决方案，统筹推进技术创新、管理创新、模式创新，推动创新成果转化应用。建立“河南浓香”烟叶名牌建设“1 + 9”管理体系，实现烟叶管理全流程体系化运行。推广“采烤一体化 + 智慧烘烤”现代化烘烤模式，提高烘烤质量，解决干旱造成的烘烤难题。围绕解决河南烟叶发展瓶颈，成立 13 个专项课题组，抓细抓实重点工作、重点技术落地，基质伴菌、根茎类病害防治等成熟技术进一步集成应用，“上部叶”可用性提升、农机研发等“卡脖子”技术实现突破，品种引进、原收原调、烟农增收等科技成果转化取得进展。探索雪茄烟叶种植和晾晒设备工艺，在许昌禹州、南阳内乡试种雪茄烟叶。启动烟叶条线对标帮扶工作，推动产区间优势互补、协调平衡发展，提升烟叶生产经营管理水平。开展“全收全调，原收原调”烟叶制定化经营模式推广，打通烟叶经营新渠道。在洛阳市局（公司）推广炕站直收、站厂直调、框栏运输三种创新模式，实现烟叶经营方式由“传统模式”向“现代化管理”转型。

2022 年 4 月，河南平顶山叶县保安镇烟农进行机械化移栽烟苗

河南省局　供稿

现代烟草农业建设。构建河南“智慧烟叶”信息化平台“123”架构体系，即利用一朵云，丰富双中台共享服务，搭建烟叶工作、管理指挥和烟农服务三大应用平台，形成贯通上下、协同左右、联系内外的烟叶“一体化”信息平台。加快推进多元产业融合，打造“烟叶＋N”特色产业体系，在三门峡、许昌、洛阳、南阳、平顶山、漯河、信阳等7个地市建设行业烟叶产业综合体12个。推动烟叶与大农业融合发展，探索粮（经）烟轮作模式，形成适宜河南烟区的多元产业融合发展的运营模式、生产模式和服务模式。2022年基本烟田、三类设施多元化经营实现收入5.34亿元。高标准推动标准化烟站建设，12个烟站通过国家局评价验收。

烟叶生产基础设施建设。安排常规烟叶生产基础设施建设项目4962件，行业补贴资金2.25亿元。完成电能烤房建设项目1.31万座，其中新建电能烤房1900座、改造电能烤房1.12万座，行业补贴资金3.54亿元。三门峡灵宝市小秦岭（朱阳镇佛山）烟区水源工程项目开工建设。漯河舞阳县龙泉水源工程项目竣工并投入使用。

【特事辑要】 2022年1月20日，2022年全省烟草商业工作电视电话会议在郑州市召开。

2月21日，河南烟草工商2022年度战略协作座谈会在河南省局（公司）召开。

3月24日，河南省局（公司）与郑州烟草研究院战略合作协议签约仪式在郑州市举行。

4月15日，河南省烟草产业链转型攻坚“1340”优质烟叶工程启动会在郑州市召开。

6月21日，河南省局（公司）召开全省烟草商业系统“能力纪律作风建设年”活动动员部署暨警示教育会议。

7月25日，河南浓香烟叶联合创新中心成立大会召开。

11月21日，河南省烟草公司成立40周年纪念大会在郑州市召开。

2022年河南省烟草专卖商业主要情况统计

地市级局（公司）名称		郑州市烟草专卖局（公司）	开封市烟草专卖局（公司）	洛阳市烟草专卖局（公司）	平顶山市烟草专卖局（公司）	安阳市烟草专卖局（公司）
主要负责人/法定代表人（含党政领导）		蒋中民（—2022年3月） 焦文明（2022年3月—）	张　军	苏永士（—2022年4月） 张五庆（2022年4月—）	焦文明（—2022年3月） 付建邦（2022年3月—）	陈永军
所属县级单位		北城区、南城区、西城区、航空港区、登封市、新密市、巩义市、新郑市、荥阳市、中牟县、上街区等11个县级烟草专卖局（分公司）	兰考县、通许县、杞县、尉氏县、祥符区、城区等6个县级烟草专卖局（分公司）	城区、偃师区、孟津区、新安县、宜阳县、伊川县、汝阳县、嵩县、洛宁县、栾川县等10个县级烟草专卖局（分公司）	郏县、叶县、宝丰县、鲁山县、汝州市、舞钢市、石龙区、市区等8个县级烟草专卖局（分公司）	安阳县、汤阴县、内黄县、滑县、林州市、城区等6个县级烟草专卖局（分公司）
总资产（万元）		471933	125103	220229	107458	166950
资产负债率（%）		18.46	23.99	31.70	40.19	16.44
从业人员（人）		1225	668	1540	1882	570
所属业务机构	营销机构	1个卷烟销售管理科	1个卷烟销售管理科	1个卷烟销售管理科	1个卷烟销售管理科	1个卷烟销售管理科
	物流配送机构	1个物流配送中心、1个物流配送区域中转站	1个物流配送中心	1个物流配送中心、3个物流配送区域中转站	1个物流配送中心、3个物流配送区域中转站	1个物流配送中心
	专卖稽查机构	1个稽查支队、11个稽查大队	1个稽查支队、6个稽查大队	1个稽查支队、10个稽查大队	1个稽查支队、8个稽查大队	1个稽查支队、6个稽查大队
	烟叶机构	—	—	1个烟叶营销中心、48个烟叶收购站（点）	1个烟叶营销中心、33个烟叶收购站（点）	—

续表

地市级局（公司）名称	郑州市烟草专卖局（公司）	开封市烟草专卖局（公司）	洛阳市烟草专卖局（公司）	平顶山市烟草专卖局（公司）	安阳市烟草专卖局（公司）
烟农户数（户）	—	—	4314	2469	—
实现烟农总收入（万元）	—	—	46018	38662	—
零售户数（户）	34054	17952	25268	16200	19382
零售户销售毛利率（%）	12.80	11.10	11.65	11.49	11.45

地市级局（公司）名称		鹤壁市烟草专卖局（公司）	新乡市烟草专卖局（公司）	焦作市烟草专卖局（公司）	濮阳市烟草专卖局（公司）	许昌市烟草专卖局（公司）
主要负责人/法定代表人（含党政领导）		常树达	周孝忠	赵岩峰	魏　伟	郑　杰
所属县级单位		城区、浚县、淇县等3个县级烟草专卖局（分公司）	城区、新乡县、原阳县、延津县、封丘县、长垣市、卫辉市、辉县市、获嘉县等9个县级烟草专卖局（分公司）	武陟县、修武县、博爱县、温县、沁阳市、孟州市、城区等7个县级烟草专卖局（分公司）	濮阳县、清丰县、南乐县、范县、台前县、城区等6个县级烟草专卖局（分公司）	襄城县、禹州市、建安区、长葛市、鄢陵县、魏都区等6个县级烟草专卖局（分公司）
总资产（万元）		40292	155580	88761	88076	143628
资产负债率（%）		13.99	18.29	27.36	18.89	30.35
从业人员（人）		230	550	515	483	1365
所属业务机构	营销机构	1个卷烟销售管理科	1个卷烟销售管理科	1个卷烟销售管理科	1个卷烟销售管理科	1个卷烟销售管理科
	物流配送机构	1个物流配送中心	1个物流配送中心、2个物流配送区域中转站	1个物流配送中心	1个物流配送中心	1个物流配送中心
	专卖稽查机构	1个稽查支队、3个稽查大队	1个稽查支队、9个稽查大队	1个稽查支队、8个稽查大队	1个稽查支队、6个稽查大队	1个稽查支队、6个稽查大队
	烟叶机构	—	—	—	—	1个烟叶营销中心、33个烟叶收购站（点）
烟农户数（户）		—	—	—	—	2898
实现烟农总收入（万元）		—	—	—	—	61423
零售户数（户）		6055	20432	12403	12395	16731
零售户销售毛利率（%）		13.54	11.48	12.23	11.54	11.34

地市级局（公司）名称	漯河市烟草专卖局（公司）	三门峡市烟草专卖局（公司）	南阳市烟草专卖局（公司）	商丘市烟草专卖局（公司）
主要负责人/法定代表人（含党政领导）	王　振（—2022年7月） 王　辉（2022年7月—）	张敬榜	王院生	陈保军（—2022年3月） 魏　伟（2022年3月—）

续表

地市级局（公司）名称		漯河市烟草专卖局（公司）	三门峡市烟草专卖局（公司）	南阳市烟草专卖局（公司）	商丘市烟草专卖局（公司）
所属县级单位		临颍县、舞阳县、城区等3个县级烟草专卖局（分公司）和1个城区烟叶分公司	卢氏县、灵宝市、陕州区、城区、义马市、渑池县等6个县级烟草专卖局（分公司）	镇平县、内乡县、西峡县、淅川县、邓州市、唐河县、新野县、社旗县、方城县、桐柏县、南召县、油田、城区等13个县级烟草专卖局（分公司）	梁园区、睢阳区、永城市、夏邑县、虞城县、宁陵县、民权县、睢县、柘城县等9个县级烟草专卖局（分公司）
总资产（万元）		60191	145405	242741	206252
资产负债率（%）		51.28	17.01	29.88	31.57
从业人员（人）		905	1104	2349	1168
所属业务机构	营销机构	1个卷烟销售管理科	1个卷烟销售管理科	1个卷烟销售管理科	1个卷烟销售管理科
	物流配送机构	1个物流配送中心	1个物流配送中心、3个物流配送区域中转站	1个物流配送中心、3个物流配送区域中转站	1个物流配送中心、3个物流配送区域中转站
	专卖稽查机构	1个稽查支队、3个稽查大队	1个稽查支队、6个稽查大队	1个稽查支队、13个稽查大队	1个稽查支队、9个稽查大队
	烟叶机构	1个烟叶营销中心、16个烟叶收购站（点）	1个烟叶营销中心、46个烟叶收购站（点）	1个烟叶营销中心、40个烟叶收购站（点）	—
烟农户数（户）		762	9031	2487	—
实现烟农总收入（万元）		13810	61144	34032	—
零售户数（户）		8182	8545	37619	24014
零售户销售毛利率（%）		10.96	11.17	11.19	11.12

地市级局（公司）名称		信阳市烟草专卖局（公司）	周口市烟草专卖局（公司）	驻马店市烟草专卖局（公司）	济源市烟草专卖局（公司）
主要负责人/法定代表人（含党政领导）		张五庆（—2022年4月） 孟红新（2022年4月—）	林　睿	高保昌	尚贺伟
所属县级单位		浉河区、平桥区、罗山县、潢川县、固始县、息县、淮滨县、光山县、商城县、新县等10个县级烟草专卖局（分公司）	商水县、郸城县、太康县、西华县、扶沟县、沈丘县、鹿邑县、项城市、淮阳区、川汇区等10个县级烟草专卖局（分公司）	遂平县、西平县、上蔡县、汝南县、平舆县、新蔡县、正阳县、确山县、泌阳县、驿城区等10个县级烟草专卖局（分公司）	—
总资产（万元）		169729	123518	140871	21101
资产负债率（%）		25.50	42.84	27.33	22.09
从业人员（人）		926	1401	1431	201
所属业务机构	营销机构	1个卷烟销售管理科	1个卷烟销售管理科	1个卷烟销售管理科	1个卷烟销售管理科
	物流配送机构	1个物流配送中心、2个物流配送区域中转站	1个物流配送中心、4个物流配送区域中转站	1个物流配送中心、2个物流配送区域中转站	1个物流配送中心
	专卖稽查机构	1个稽查支队、10个稽查大队	1个稽查支队、10个稽查大队	1个稽查支队、10个稽查大队	1个稽查支队
	烟叶机构	3个烟叶收购站（点）	—	1个烟叶营销中心、11个烟叶收购站（点）	4个烟叶收购站（点）

续表

地市级局（公司）名称	信阳市烟草专卖局（公司）	周口市烟草专卖局（公司）	驻马店市烟草专卖局（公司）	济源市烟草专卖局（公司）
烟农户数（户）	268	—	1115	407
实现烟农总收入（万元）	3575	—	14497	2604
零售户数（户）	23585	28086	22460	2878
零售户销售毛利率（%）	13.70	12.50	11.06	12.03

◎ 撰稿：范素娟；编辑：褚　幸

湖北省烟草专卖局（公司）

【专卖管理】 **打假打私。**2022年，湖北省烟草专卖局查处各类涉烟违法案件1.7万起，其中，非法流通卷烟案件1.48万起、假冒卷烟案件2093起、走私烟案件69起。查获非法卷烟2.85万件，其中，非法流通卷烟2.54万件、假冒卷烟3086件、走私烟37件。涉烟违法案件案（标）值3.02亿元。全年查处案值5万元以上案件1159起，比上年增长50.91%；查处涉烟重大案件138起，比上年增长7.81%。湖北省烟草专卖局、湖北省公安厅督办案件24起，公安部、国家局督办案件3起，督办案件总数比上年增加2起。全省13起重大案件通过国家烟草专卖局评审，其中，特大案件2起、一级案件2起、二级案件3起、三级案件6起。全省累计打击涉烟违法犯罪分子422人，比上年增长25.22%，其中，公安、司法机关依法拘留270人，判刑152人。湖北省3个集体、5名个人分别被评为全国卷烟打假先进集体和个人。

打假协作机制建设。深化完善15家湖北省直部门和中央在鄂单位烟草打假打私协作机制，与省公安厅印发《关于联合开展烟草打假工作的指导意见》，全省15个地（市、州）70个县（市、区）挂牌成立警烟联合执法室，187名公安干警入驻烟草部门常态化办公。

国家局打假打私湖北省局情报研判平台汇聚各类涉烟数据2400余万条，向全国各地推送的涉烟专卖品辅料类情报查实率95%；完成省内外重大案件及线索研判68起，研判锁定嫌疑人460余人次，推动发起公安部云端跨省打击行动案件18起。依托12省（自治区、直辖市）烟草打假打私协作机制，湖北、广东两省公安、烟草相关部门跨省联动，成功收网湖北省荆州市“3·27”制售假烟案件，捣毁汕头市地下制假窝点2个，依法抓获犯罪嫌疑人13人，获得公安部、国家局贺信表彰。

烟草市场综合治理。成立湖北省烟草专卖局稽查总队直属支队，完善上下贯通、横向协同、覆盖全域、整体联动的“1+7+N”全省道路稽查组织网络，有效构建陆路运输第二道防线，全省查获无证运输涉烟案件300起，查获违法卷烟3436件，比上年增长32.2%。

行政许可管理。健全“一网通办”“一事联办”和“一业一证”工作机制，完成涉烟“一业一证”改革系统全面上线，打通“网上办、窗口办、掌上办”申请渠道，优化“准入”“准营”衔接机制，全省办理零售许可证各类申请10.3万份，其中通过线上办理6.68万份，网办率提高13个百分点。湖北烟草12313热线与12345热线实现工单全面对接，12345湖北政务服务便民热线烟草分中心正式挂牌，全年接听来电2.93万次，综合满意率98.53%。

【电子烟监管和新的涉烟监管】 推进电子烟监管，组织开展清理整治向未成年人销售电子烟、严厉打击涉电子烟违法犯罪专项工作，共查处向未成年人销售电子烟案件36起，侦破涉电子烟毒品案件4起；天门“6·06”重大电子烟制假案件查证涉案金额近3亿元，被公安部、国家局挂牌督办。深入开展“茶烟”等类烟产品专项治理行动，删除各类网络涉烟销售、广告等违法违规链接63条。稳妥推进电子烟经营许可，电子烟准入退出管理纳入法治化、规范化轨道，电子烟持证户844户。

【卷烟经营】 **卷烟销售。**2022年，卷烟销量比上年增长1.03%，卷烟单箱均价比上年增长5.75%。正常月份卷烟社会存销比保持在0.5~0.8，卷烟零售价格指数始终保持在101之上，零售户综合毛利率16.04%，市场状态整体良好。

品牌培育。制定《2022年全省卷烟品牌发展推进方

12313 烟草市场监管服务热线湖北分中心（2022 年）　湖北省局　龚　蕊　摄

案》，修订完善《湖北省烟草公司卷烟品牌（规格）引入退出管理办法（试行）》。持续健全三级品牌共育机制，2022 年，行业 54 个共育品牌规格中湖北省 17 个市级公司平均引入 48 个，销量比上年增长 7.88%；每月组织 2～3 家市级公司开展品牌培育经验交流，提升品牌培育整体质效。

终端建设。召开武汉“互联网＋营销”网建现场会、咸宁农网建设现场会，形成城网、农网一体推进、特色发展的终端网络建设新模式。2022 年，全省累计建成现代终端 4.7 万户，占总零售户比重超过 20%。其中，农网现代终端占现代终端的 41.72%，上线使用云 POS 店铺管理系统客户达到 2.82 万户。探索建成“知音便利”“知音便民”加盟终端 195 户，组织开展“知音同行”流通品牌运行情况调查诊断，为系统全面推进流通品牌建设奠定基础。

【雪茄烟经营】　创新国产雪茄烟营销模式，出台《中国烟草总公司湖北省公司雪茄烟品牌（规格）引入退出管理办法》，实现雪茄烟品牌单列管理；制定《营销条线 2022 年国产雪茄烟营销工作推进方案》，坚持“试点先行、分步实施、整体推进”，提高国产雪茄烟运行质量。2022 年，全省国产雪茄烟销量比上年增长 16.79%；国产雪茄烟在销品牌规格 48 个，其中中高端品牌规格 39 个；建成直营雪茄烟终端 5 个、专业雪茄烟终端 7 个、雪茄烟专区 27 个、雪茄烟专柜 128 个，逐渐形成以点带面的雪茄烟特色终端体系。

【烟叶生产】　**生产基础建设**。烟叶计划资源向 13 个 5 万担重点县、49 个万担乡和 212 个千亩村集中，万担乡、千亩村产能占比分别达到 72%、59%，比上年分别增加 1 个百分点、2 个百分点。烟农户数 2.74 万户，培育新型职业烟农 1.27 万户。烟农户均面积比上年增加 1.72 亩，20～50 亩烟农占比 50.5%、增加 0.6 个百分点。烟农户均售烟收入 11.46 万元，比上年增加 1.71 万元。推进 38 个标准化烟站创建，接受国家局验收组评价的 12 个烟站全部被评定为“创新优秀”。规范开展烟基项目建设，投入建设资金 1.35 亿元，安排项目 1.04 万个，重点解决烟叶调制设施及农机配套资金。督导推进水源工程援建，完工项目 2 个、竣工项目 3 个，拨付 1 个项目援建资金 2061.19 万元，2 个新申报项目分别通过国家局资料初审和现场审查。

质量提升。高标准落实“中棵烟＋高油分”“上部烟＋高可用性”“雪茄烟＋高品质”的“三烟三高”重点任务。收购高油分烟叶 1.39 万吨（27.83 万担），比上年增加 0.86 万吨（17.18 万担）；收购高可用性上部烟叶 0.71 万吨（14.25 万担），增加 0.17 万吨（3.43 万担）；收购高品质雪茄烟叶 0.07 万吨（1.47 万担），增加 0.03 万吨（0.6 万担），优质雪茄烟叶原料在四川中烟、湖北中烟手工雪茄产品中实现全类型应用。恩施州局（公司）“以带茎采烤核心技术提升上部烟叶可用性”项目入选 2022 年度行业提升企业核心竞争力典型案例。全省烤烟收购均价比上年增加 1.08 元/千克，收购等级合格率 82.5%、增加 0.43 个百分点，上等烟等级纯度 92.53%、增加 0.69 个百分点。

转型升级。全面推进 38 个农机农艺融合示范点建设，示范面积 20.1 万亩、作业农机 3.79 万台，示范区重点环节机械化作业率达到 61.8%，比上年增加 12 个百分点。全面开展烟叶生产环节专业化服务，投入专业化服务补贴资金 1.49 亿元，比上年增长 20%，补贴项目全面覆盖育苗、机耕、植保、采烤、分级等关键环节，推进绿色高效专业植保、无人机植保，“1＋N”专业化烘烤 2.42 万吨（48.38 万担）、专业分级 5.83 万吨（116.64 万担）。全面推行绿色生产，全面推广烟蚜茧蜂、杀虫灯、黄板诱蚜等绿色防控技术，实现0.01毫米地膜全面应用，地膜回收率100%，开展废弃地膜回收利用10万亩，绿色技术推广目标全面实现。加快推进烟叶数字化转型，优化烟叶生产收购管理系统，实现“烟叶管理”和“烟技通”全员应用，探索“一站式烟农服务平台”建设。

产业融合。以打造60个烟区产业综合体为重点，持续发力烟田后续利用、烟叶设施综合利用和烟叶延伸产业开发，构建“烟+N”多元产业体系。全省实现烟农增收总产值5.4亿元，净收入2.8亿元，比上年分别提高12%、18%；户均增收1.74万元、亩均增收554元，分别提高23%、16%。

【企业管理】 完成行业高质量发展政策体系和“十四五”规划体系评估。成功输出组织结构优化、职能职责体系优化、核心流程优化、绩效管理、薪酬优化、人力资源数字化转型等6项重大管理优化报告，3项成果首次入选行业核心竞争力典型案例汇编，牵头研究的行业提升核心竞争力课题圆满结题、烟草商业管理诊断指南框架顺利构建。出台所（部、站）达标创建工作规范和验收评价细则，印发新建所部内控指标。QC成果获得烟草行业第三十三届优秀质量管理小组成果一等奖1项、三等奖1项；3项管理改善成果被评为湖北省质量管理实践标杆，3个班组被评为湖北省质量信得过班组。

【技术创新】 2022年，新立项总公司科技项目7项、省公司科技项目59项、省公司标准项目26项；获得省部级成果2项、地厅级成果23项；获得省部级科技奖励3项（含个人奖1项）、地厅级科技奖励21项（含个人奖3项）；申请受理专利52件（其中发明专利30件），授权专利75件（其中发明专利26件）；研究制定行业标准1项，发布省公司企业标准36项；登记计算机软件著作权39项，出版科技著作6部，发表论文83篇（其中SCI和EI论文14篇）。

【数字化转型】 成立数字化转型工作领导小组，组建工作专班，统筹推进数字化转型系统设计与应用研究。融合创新方面，“财务共享中心”案例和“知音物流——智慧配送技术体系”案例进入行业数字化转型创新实践大赛决赛32强；2篇统计论文获得行业一等奖。网络安全方面，制定印发《网络安全标准体系框架》，完成20个分项标准编制，态势感知、物流工控网络防御2个项目入选行业“大安全”示范案例；在行业网络攻防活动中获得公安部、国家局网信领导小组通报表彰；组织首届“湖北工匠杯”网络与信息安全管理员职业技能大赛；获得行业首届数字化转型创新实践大赛网络安全和信息化知识竞赛、攻防赛一等奖；完成办公终端国产化、电子公文系统信创改造任务；省局（公司）入选国家行业信标委成员单位。省局（公司）信息中心被评为行业网信工作先进部门。

【“高质量发展深化年”工作】 将2022年作为全省烟草商业系统“高质量发展深化年”。打造“知音同行”流通品牌，构建“1361”网建新模式，践行“1314”农网建设经验；建立健全“三层四类七大领域”提升核心竞争力分层分类对标体系，在行业14项季度对标指标中，湖北位次在第一方阵（排名第1位至第11位）的有7项，指标总体处于行业中等偏上水平。开展烟叶条线制度废改立56项，核心业务流程优化32项，29个烟站达到行业标准，高可用上部烟叶开发比例大幅提升，烟叶全面管理提质成效显著。打造行业级雪茄烟叶核心技术示范区，“黄鹤楼”“利群”“宽窄”品牌复烤区域化加工中心顺利挂牌；鄂州烟草物流配送中心全面开工建设。

【特事辑要】 2022年2月23日，湖北省政府组织召开全省支持烟草行业发展暨卷烟市场整顿工作电视电话会议。

4月28日，湖北省烟草专卖局组织召开《湖北省电子烟零售点布局规划（草案）》听证会。

7月19—21日，国家局党组成员、副局长张天峰在湖北烟草调研。

8月2—4日，国家烟草专卖局党组书记、局长，中国烟草总公司总经理张建民在湖北烟草调研。

9月23日，湖北省政府召开湖北省卷烟市场整顿领导小组会议。

2022 年湖北省烟草专卖商业主要情况统计

地市级局（公司）名称		武汉市烟草专卖局（公司）	黄冈市烟草专卖局（公司）	襄阳市烟草专卖局（公司）[1]	荆州市烟草专卖局（公司）
主要负责人/法定代表人（含党政领导）		胡宜旺	张宏志	龚春竹（—2022 年 10 月） 朱　天（2022 年 10 月—）	胡宜旺（—2022 年 1 月） 曾春来（2022 年 1 月—）
所属县级单位		江岸区、江汉区、硚口区、汉阳区、武昌区、青山区、洪山区、蔡甸区、江夏区、黄陂区、新洲区等 11 个区烟草专卖局（营销部）和东西湖区、汉南区 2 个区烟草专卖局（公司）	黄州区、团风县、红安县、麻城市、罗田县、英山县、浠水县、蕲春县、武穴市、黄梅县等 10 个县级烟草专卖局（营销部）和龙感湖分局（公司）	南漳县、保康县、谷城县、枣阳市、老河口市、宜城市、襄州区、襄城区、樊城区等 9 个县级烟草专卖局（营销部）	荆州区、沙市区、江陵县、公安县、松滋市、石首市、洪湖市、监利市等 8 个县级烟草专卖局（营销部）
总资产（万元）		770495	195741	145401	174135
资产负债率（%）		16. 12	38. 66	34. 89	30. 46
从业人员（人）		1446	777	1051	950
所属业务机构	营销机构	1 个营销中心、46 个市场部	1 个营销中心	1 个营销中心、35 个市场部	1 个营销中心、36 个市场部
	物流配送机构	1 个物流中心、5 个物流中转站	1 个配送中心、8 个中转站	1 个物流中心、2 个物流中转站（对接点）	1 个物流中心、4 个物流中转站
	专卖稽查机构	1 个稽查支队、16 个稽查大队	1 个稽查支队、11 个稽查大队	1 个稽查支队、1 个鄂西北物流大队	1 个稽查支队、10 个稽查大队
	烟叶机构	—	—	10 个烟叶收购站	—
烟农户数（户）		—	—	2566	—
实现烟农总收入（万元）[3]		—	—	27251	—
零售户数（户）		40003	28557	19316	19400
零售户销售毛利率（%）		16. 68	16. 41	15. 64	12. 00

地市级局（公司）名称	十堰市烟草专卖局（公司）[2]	孝感市烟草专卖局（公司）	恩施土家族苗族自治州烟草专卖局（公司）	宜昌市烟草专卖局（公司）
主要负责人/法定代表人（含党政领导）	王洪斌（—2022 年 5 月） 李斌红（2022 年 5 月—）	史广礼（—2022 年 12 月） 张南方（2022 年 12 月—）	先开远	王大爱
所属县级单位	城区、丹江口市、郧阳区、郧西县、竹山县、竹溪县、房县等 7 个县级烟草专卖局（营销部）	孝南区、孝昌县、大悟县、云梦县、安陆市、应城市、汉川市等 7 个县级烟草专卖局（营销部）	恩施市、利川市、建始县、巴东县、宣恩县、咸丰县、来凤县、鹤峰县等 8 个县级烟草专卖局（营销部）	城区、夷陵区、枝江市、宜都市、当阳市、远安县、秭归县、兴山县、长阳土家族自治县、五峰土家族自治县等 10 个县级烟草专卖局（营销部）
总资产（万元）	117810	162524	299299	182150
资产负债率（%）	24. 48	29. 99	49. 08	40. 37
从业人员（人）	819	767	2118	926

续表

地市级局（公司）名称		十堰市烟草专卖局（公司）	孝感市烟草专卖局（公司）	恩施土家族苗族自治州烟草专卖局（公司）	宜昌市烟草专卖局（公司）
所属业务机构	营销机构	1个营销中心	1个营销中心、29个市场部	1个营销中心	1个卷烟营销中心、34个市场部
	物流配送机构	1个物流中心	1个物流中心、4个物流中转站	1个配送中心、1个直送部、7个中转站	1个物流中心、8个物流中转站
	专卖稽查机构	1个稽查支队、7个稽查大队	1个稽查支队、8个稽查大队	1个稽查支队、8个稽查大队	1个稽查支队、10个稽查大队
	烟叶机构	17个烟叶收购站、23个收购组	—	53个烟叶收购站	14个烟叶收购站、24个收购组
烟农户数（户）		2808	—	17860	4039
实现烟农总收入（万元）[3]		48566	—	144200	33283
零售户数（户）		15603	18316	16227	18327
零售户销售毛利率（%）		16.71	17.82	15.27	16.28

地市级局（公司）名称		咸宁市烟草专卖局（公司）	黄石市烟草专卖局（公司）	随州市烟草专卖局（公司）	荆门市烟草专卖局（公司）	鄂州市烟草专卖局（公司）
主要负责人/法定代表人（含党政领导）		陈　劲（—2022年12月）谭　健（2022年12月—）	李斌红（—2022年5月）龚　涛（2022年5月—）	曾春来（—2022年1月）王友武（2022年1月—）	罗建勋	刘　斌
所属县级单位		咸安区、嘉鱼县、赤壁市、通城县、崇阳县、通山县等6个县级烟草专卖局（营销部）	1个直属分局（营销部），大冶市、阳新县2个县级烟草专卖局（营销部）	随县、广水市、曾都区等3个县级烟草专卖局（营销部）	沙洋县、钟祥市、京山市、城区等4个县级烟草专卖局（营销部）	—
总资产（万元）		72190	100212	58857	88346	41644
资产负债率（%）		26.25	25.70	42.33	33.39	32.23
从业人员（人）		490	363	312	369	174
所属业务机构	营销机构	1个营销中心、17个市场部	1个卷烟营销中心、15个市场部	1个卷烟营销中心、12个市场部	1个营销中心、14个市场部	1个营销中心、5个市场部
	物流配送机构	1个物流中心、5个物流中转站	1个物流中心、3个中转站	1个物流中心、1个物流中转站	1个物流中心、1个物流中转站	1个物流中心
	专卖稽查机构	1个稽查支队、14个稽查大队、1个鄂南稽查大队	1个稽查支队、1个铁路执法室	1个稽查支队、5个稽查大队	1个稽查支队、4个稽查大队	1个稽查支队
	烟叶机构	—	—	—	—	—
烟农户数（户）		—	—	—	—	—
实现烟农总收入（万元）[3]		—	—	—	—	—
零售户数（户）		11344	10834	7888	9536	5733
零售户销售毛利率（%）		16.78	17.49	16.44	20.24	17.90

地市级局（公司）名称		仙桃市烟草专卖局（公司）	天门市烟草专卖局（公司）	潜江市烟草专卖局（公司）	神农架林区烟草专卖局（公司）
主要负责人/法定代表人（含党政领导）		李　亮 （—2022 年 3 月） 杨　志 （2022 年 3 月—）	余衍林 （—2022 年 3 月） 李　亮 （2022 年 3 月—）	龚　涛 （—2022 年 4 月） 王　军 （2022 年 4 月—）	张尚学
所属县级单位		—	—	—	—
总资产（万元）		50769	39584	35316	5968
资产负债率（%）		30.25	31.30	28.08	20.28
从业人员（人）		168	156	141	31
所属业务机构	营销机构	1 个营销中心、 7 个市场部	1 个营销中心、 6 个市场部	1 个营销中心、 6 个市场部	1 个营销中心
	物流配送机构	1 个物流中心	1 个物流中心	1 个物流中心	1 个配送中心 （与营销中心合署办公）
	专卖稽查机构	1 个稽查大队、 2 个稽查中队	1 个稽查大队	1 个稽查大队	1 个稽查大队
	烟叶机构	—	—	—	—
烟农户数（户）		—	—	—	—
实现烟农总收入（万元）[3]		—	—	—	—
零售户数（户）		4860	3984	3684	517
零售户销售毛利率（%）		18.00	16.89	17.14	18.46

注：1. 2022 年 2 月，湖北省局（公司）印发《关于同意撤销襄阳市烟草公司保康县烟叶分公司、南漳县烟叶分公司的批复》（鄂烟法〔2022〕7 号），同意撤销襄阳市烟草公司保康县烟叶分公司、南漳县烟叶分公司，将其承担的烟叶生产、收购调运、烟叶科研、烟叶生产基础设施建设等职能以及所属人员、资产全部整合到保康县烟草专卖局（营销部）、南漳县烟草专卖局（营销部）。

2. 2022 年 2 月，湖北省局（公司）印发《关于同意撤销湖北省烟草公司十堰市公司郧西县烟叶分公司等 4 家烟叶分公司的批复》（鄂烟法〔2022〕8 号），同意撤销湖北省烟草公司十堰市公司郧西县、房县、竹山县、竹溪县烟叶分公司，将其承担的烟叶生产、收购调运、烟叶科研、烟叶生产基础设施建设等职能以及所属人员、资产全部整合到郧西县、房县、竹山县、竹溪县烟草专卖局（营销部）。

3. 烟农总收入含多元增收收入。

◎ 撰稿：吴　婕；编辑：褚　幸

湖南省烟草专卖局（公司）

【专卖管理】　**卷烟打假打私。**2022 年，湖南省烟草专卖局查处假私烟案件 3484 起，其中案值 5 万元以上案件 356 起；查获假私烟 1.53 万件，非法烟叶烟丝 1034.48 吨；破获四级以上网络案件 48 起，省标网络案件 20 起，其中部督案件 4 起，公安部、国家烟草专卖局贺信表彰案件 2 起。公安、司法机关依法刑拘 581 人，逮捕 290 人，判刑 372 人。

重大案件。郴州宜章县“11・13”系列生产销售伪劣产品案。该案是一起集非法经营烟丝辅料、非法拼装烟机、非法生产加工假烟等环节于一体的全链条制假售假案件，涉及湖南、广东、福建、贵州等多个省市，捣毁大型制假窝点 2 个，收缴大型烟机 4 台，查获散装烟支 138.5 件，非法烟丝 14.6 吨及大量制假辅料，公安、司法机关依法抓获犯罪嫌疑人 11 人，涉案金额 3400 万余元。该案于 2022 年 11 月 23 日获得公安部、国家烟草专卖局打击制售假烟网络工作领导小组办公室贺信表彰。

协作机制。巩固多方协作机制，将卷烟打假打私、烟草市场综合治理工作纳入市州公安、市场监管部门的绩效考核，组织召开全省打击涉烟违法犯罪工作推进会、全省卷烟打假工作表彰会，健全“日常协调议事、年度考核督导、定期表彰奖励”全面协作机制，一体推进烟叶原料监管、遏制制假转移、封堵非法运输、净化辖区市场，凝聚全链条打击合力。

市场综合治理。推进违法大户精准治理，累计查获异常流动真烟案件 6728 起，其中案值 5 万元或 20 万支以上案件2429起，查获异常流动真烟6.44万件（包含查获省外码段真烟5879.33件），取缔违法大户908个。

政务服务。持续优化政务服务，编印《烟草专卖零售许可证办理答疑指南100问》，清理中小学校、幼儿园周边零售户834户，政务服务网办率提升到85%以上。推进专卖队伍纪律和作风建设专项整治，推动专卖审计专项调查及问题整改，举办第五届全省系统专卖管理岗位技能竞赛。

2022年6月9日，湖南株洲市局发出株洲市首张主营电子烟零售业务的烟草专卖零售许可证

湖南株洲市局　李　剑　摄

【电子烟监管和新的涉烟监管】 设立专职监管机构，将电子烟监管纳入烟草市场综合治理考核范围和信用监管范畴，出台电子烟零售点合理布局、电子烟监管方案等文件制度，发放电子烟零售许可证623个，查处电子烟案件53起，联合市场监管部门依法劝退关停类烟类生产企业2个，阻止16个违规项目落地，清理含烟草原料类烟产品网点10个，查办类烟产品行政违法案件3起，累计清理学校周边电子烟销售网点49个，清理自动售卖机9台，清理违规电子烟网络链接128条。省局质检站成为首批通过国家资质认定和行业审查评审的省级质检站。

郴州资兴市“11·16”假冒注册商标案。该案是涉电子烟假冒注册商标重大案件，涉及湖南、广西、广东、浙江等地，经湖南、广西两省（区）公安、烟草部门协作，捣毁生产仓储窝点3个，扣押假冒注册商标“VOOPOO”“SMOK”电子烟雾化器核芯18万个，查扣激光打码机3台，铝塑泡罩包装机3台，铝塑材料3吨，假冒注册商标标识材料18万张，公安、司法机关依法抓获犯罪嫌疑人12人，涉案金额9065.87万元。该案于2022年11月23日被公安部、国家烟草专卖局列为部级督办案件。

【卷烟经营】 **卷烟销售。**2022年，湖南省销售卷烟比上年增加3.27亿支（0.65万箱）。单箱均价比上年增长5.51%，整条零售价格指数101.61，零售户综合毛利率12.33%。

品牌培育。树立重视品牌、聚焦品牌的导向，中高端卷烟销量比上年增长7.69%。其中销售一类烟比上年增长8.02%，占比35.87%。

城农网一体化发展。与湖南省乡村振兴局联合印发《关于协同推进“湘村636”建设助力乡村振兴工作的通知》，推动流通品牌向农网延伸，逐步完善湖南烟草“一体两翼”流通品牌架构。在衡阳市召开全省“数字农网、共建共享”农网建设现场会，联合省市场监督管理局发布《服务乡村振兴指南》等8个农网地方标准，湖南农网建设经验在行业半年工作会上作交流发言。

【雪茄烟经营】 打破引入门槛限制、协议签订时间限制、投放数量限制，湖南省国产雪茄烟品规数增加至68个。全年销售国产传统雪茄烟比上年增长38.28%，销售收入增长91.62%。

持续完善具有湖南特色的“三类五档”雪茄烟评价培育模式，形成“专业雪茄吧终端、雪茄专柜终端、普通雪茄终端”三类终端构成的雪茄烟终端体系，实行雪茄烟单独分档、单独供货，保持雪茄烟上柜、销量平稳增长、市场状态良好，实现雪茄烟可持续发展。

【烟叶生产经营】 **生产购销与复烤加工。**湖南省在41

个县市、477 个乡镇、4192 个村种植烤烟。全省收购烟叶（含晾晒烟）数量比上年增长 16.3%。烤烟收购均价比上年增长 7.5%。烟叶复烤投料加工比上年增长 6.4%；共建成 8 个重点品牌原料区域加工中心。6 个市州试种雪茄烟叶 818 亩、开发 1500 担。全省烟叶税比上年增加 2.34 亿元，烟农亩均种烟收入提高 267 元。

提质增效。绿色生产方面，实现有机肥施用全覆盖，推广水肥一体化 65 万亩；绿色高效植保覆盖率 76%，烟蚜茧蜂防治蚜虫 100%；回收地膜 63.8 万亩，资源化利用 40.1 万亩；新（改）建新能源烤房 8057 栋。购销质量上，烤后黄烟率和中部上等烟比例比上年分别提高 1.3 个、6.1 个百分点。国家局检查收购等级合格率 83.1%，工商交接等级合格率 74.0%，比上年分别增加 0.1 个、1.8 个百分点。复烤加工方面，均质化加工 100%，站厂直调 1 万吨（20 万担），开展竖配方加工 0.51 万吨（10.13 万担），新建 2 个重点品牌原料区域加工中心。

生产方式转型升级。规模化生产方面，10 万担以上重点县 10 个、万担乡 101 个、千亩村 210 个，比上年分别增加 5 个、11 个、46 个；30～50 亩适度规模种植 8872 户，增加 941 户，培育家庭农场 1405 个，发展“80 后”“90 后”新生代烟农 2004 户。专业化服务方面，全省专业化机耕、育苗、分级覆盖率 100%，专业化植保 72.4%，专业化烘烤 86.1%；建立培训基地 89 个，培养各环节产业工人 3.5 万人。新增省级农民合作社示范社 1 个，累计 12 个。机械化作业方面，牵头开展东南武夷丘陵烟区六省农机农艺融合发展三年行动，推进农机研发攻关，移栽、采收、编烟机研制取得突破。

助力乡村振兴。倾斜安排 21 个原国家级贫困县烟叶计划；投入烟基项目行业补贴资金 5.33 亿元，新建项目 2.88 万个，新竣工水源工程项目 2 个，拨付行业援建资金 4091.78 万元。促进农民就业增收，烟叶产业吸纳带动 30 余万农村劳动力实现“家门口”就业；新建“烟稻菜”产业综合体 4 个，推进“烟叶子”与“米袋子”“菜篮子”协同发展，实现农民多元化收入 8 亿元左右。健全防雹增雨作业、烟叶种植保险、专项捐赠救助相结合的风险保障体系，全省投入保费 1.28 亿元，其中烟草投入 8216.21 万元，保险理赔 9997.85 万元。

【管理创新】 持续健全多层次奖励体系，优化“4 + X”业绩考核科技创新指标、科技创新工作专项奖励考评指标，建立一支以“1 名首席研究员、3 名学科带头人（技能大师）、3 名行业青年托举人才、17 名学科带头人（技能大师）培养对象、199 名青年专业人才”为代表的创新人才队伍。设立创新工作室、创客空间、能人工作室等大众创新平台共 77 个；2022 年取得省部级科技成果 22 项，获得省部级科技奖励 5 项、管理创新奖 21 项，授权专利 206 件。注册“湘雪”雪茄烟叶品牌商标，张家界、郴州、永州进入名晾晒烟名录。推进管理创新，6 个项目获得 2022 年度湖南省第三届质量创新成果大赛一、二等奖；37 个 QC 小组获评湖南省优秀质量管理小组。在烟草行业第三十三届优秀质量管理小组成果表彰中，永州江永县局（分公司）QC 小组成果获得一等奖，益阳市局（公司）、株洲市局（公司）QC 小组成果均获得二等奖，长沙市局（公司）QC 小组成果获得三等奖。

【数字化转型】 赋能烟草农业，加快智慧烟叶平台建设，形成全产业链数字烟叶总体框架，烟田电子地图系统、“云烤房”智能指挥中心上线试运行，一站式烟农服务平台、物联网应用系统、智慧烟叶收购研发取得新进展。

赋能卷烟营销，深化平台应用，先后召开数字农网、数字营销现场会，深化“四投四保”（以稍紧投放保状态、以预测投放保平衡、以档位投放保公平、以标签投放保规范）货源精准投放模式，“四投四保”案例获得 2022 年行业工商协同营销优秀案例评选商业组第三名。湖南省局（公司）被评为 2022 年度湖南省数字人民币试点优秀组织单位。

赋能物流配送，统筹推进行业调控和二维码项目试点，自主研发物流数智签收、运单中心等系统，并推广应用到西藏全区。与北斗航天集团、湖南邮政达成战略合作，促进共建共享。

赋能专卖管理，探索形成 12345 专卖数字化治理新模式，规范执法流程、优化政务服务、提升执法效能、强化决策指挥、精准情报导侦、严管经营行为，构建业务全覆盖、层级全贯通、数据全共享、功能全融合的专卖数字化治理体系，举办以“数据驱动，全域赋能”为主题的数字专卖现场会。

赋能企业管理，部署行业人力资源数据底座，探索省级党建、审计、安防等系统建设。建设资金管理中心，实现全省系统资金集中管理。新建决策指挥中心，打造集决策管理、业务调度、实时监控、可视展现于一体的数字阵地。

【特事辑要】 2022 年 1 月 17 日，湖南省局（公司）召开全省烟草商业系统党史学习教育总结会议。

6 月 10—11 日，湖南雪茄烟叶开发价值专家论证会在长沙市召开。

6 月 14—15 日，国家局党组成员、副局长韩占武在湖南烟草调研。

2022 年湖南省烟草专卖商业主要情况统计

地市级局（公司）名称		长沙市烟草专卖局（公司）	株洲市烟草专卖局（公司）	湘潭市烟草专卖局（公司）	衡阳市烟草专卖局（公司）	邵阳市烟草专卖局（公司）
主要负责人/法定代表人（含党政领导）		吴奇林	陈新田	马　谊	刘　智	王　昆
所属县级单位		长沙县、望城区、浏阳市、宁乡市、芙蓉区、雨花区、开福区、天心区、岳麓区等 9 个县级烟草专卖局（分公司）	炎陵县、茶陵县、攸县、醴陵市、渌口区等 5 个县级烟草专卖局（分公司）	湘潭县、湘乡市、韶山市等 3 个县级烟草专卖局（分公司）	衡南县、衡阳县、衡东县、衡山县、祁东县、耒阳市、常宁市、南岳区等 8 个县级烟草专卖局（分公司）	邵东市、新邵县、隆回县、邵阳县、武冈市、新宁县、绥宁县、城步苗族自治县、洞口县等 9 个县级烟草专卖局（分公司）
总资产（万元）		559520	235441	141687	279410	240678
资产负债率（%）		13.01	17.52	12.03	14.78	26.64
从业人员（人）		746	485	272	743	720
所属业务机构	营销机构	1 个营销中心、1 个服务中心，9 个客户服务分部	1 个营销中心、5 个客户服务分部	1 个营销中心、3 个区域市场部	1 个营销中心、8 个区域市场部	1 个营销中心、9 个客户服务分部
	物流配送机构	1 个湖南省长株潭烟草物流有限责任公司	1 个配送中心（湖南省长株潭烟草物流有限责任公司）、2 个物流中转站	1 个配送中心（湖南省长株潭烟草物流有限责任公司）	1 个配送中心、4 个物流中转站	1 个配送中心、3 个物流中转站
	专卖稽查机构	1 个稽查支队、9 个稽查大队	1 个稽查支队、10 个稽查大队	1 个稽查支队、4 个稽查大队	1 个稽查支队、13 个稽查大队	1 个稽查支队、13 个稽查大队
	烟叶机构	1 个烟叶生产经营部（烟基办）、1 个烟叶生产技术中心、2 个烟叶生产经营分部（烟叶生产基础设施建设办公室）、8 个烟叶生产收购站	1 个烟叶生产经营部、1 个烟叶生产经营分部、1 个烟叶收购站	—	1 个烟叶生产经营部、15 个烟叶收购站	1 个烟叶生产经营部、3 个烟叶生产经营分部、4 个烟叶收购站
烟农户数（户）		2826	527	—	1635	1344
实现烟农总收入（万元）		51000	11025	—	39063	24000
零售户数（户）		39565	19686	12679	31396	30880
零售户销售毛利率（%）		13.72	13.42	13.56	13.48	13.69

地市级局（公司）名称	岳阳市烟草专卖局（公司）	常德市烟草专卖局（公司）	张家界市烟草专卖局（公司）	益阳市烟草专卖局（公司）	郴州市烟草专卖局（公司）
主要负责人/法定代表人（含党政领导）	吴胜波	颜　玫	李雄伟	李晓洋	高志强

续表

地市级局（公司）名称		岳阳市烟草专卖局（公司）	常德市烟草专卖局（公司）	张家界市烟草专卖局（公司）	益阳市烟草专卖局（公司）	郴州市烟草专卖局（公司）
所属县级单位		岳阳县、临湘市、汨罗市、华容县、湘阴县、平江县等6个县级烟草专卖局（分公司）	安乡县、澧县、石门县、临澧县、桃源县、汉寿县、津市市等7个县级烟草专卖局（分公司）	慈利县、桑植县、武陵源区等3个县级烟草专卖局（分公司）	南县、沅江市、桃江县、安化县等4个县级烟草专卖局（分公司）	桂阳县、嘉禾县、安仁县、永兴县、宜章县、临武县、资兴市、汝城县、桂东县等9个县级烟草专卖局（分公司）
总资产（万元）		241974	270788	97707	172136	297226
资产负债率（%）		23.74	22.40	30.72	12.09	28.14
从业人员（人）		523	656	502	438	1415
所属业务机构	营销机构	1个营销中心、6个区域市场部	1个营销中心、7个区域市场部	1个营销中心、4个客户服务分部	1个营销中心、4个区域市场部	1个营销中心、10个区域市场部
	物流配送机构	1个配送中心、2个物流中转站	1个配送中心、3个物流中转站	1个配送中心、2个物流中转站	1个配送中心、2个物流中转站	1个配送中心、4个物流中转站、4个对接点
	专卖稽查机构	1个稽查支队、13个稽查大队	1个稽查支队、10个稽查大队	1个稽查支队、5个稽查大队	1个稽查支队、7个稽查大队	1个稽查支队、12个稽查大队
	烟叶机构	—	1个烟叶生产经营部、3个烟叶生产经营分部、9个烟叶收购站（点）	6个烟叶生产收购站、17个烟叶生产收购点	—	1个烟叶生产经营部、6个烟叶生产经营分部、33个烟叶收购站、23个烟叶收购点
烟农户数（户）		—	1578	1958	—	14322
实现烟农总收入（万元）		—	27244	25255	—	220559
零售户数（户）		28650	24312	6750	19175	17383
零售户销售毛利率（%）		13.54	13.37	13.52	13.55	13.57

地市级局（公司）名称	永州市烟草专卖局（公司）	怀化市烟草专卖局（公司）	娄底市烟草专卖局（公司）	湘西土家族苗族自治州烟草专卖局（公司）
主要负责人/法定代表人（含党政领导）	幸　勤	向宝铸（—2022年10月） 罗远正（2022年10月—）	肖　曦	瞿红兵
所属县级单位	零陵区、祁阳市、东安县、双牌县、宁远县、蓝山县、新田县、道县、江永县、江华县等10个县级烟草专卖局（分公司）	沅陵县、辰溪县、溆浦县、麻阳苗族自治县、新晃侗族自治县、芷江侗族自治县、洪江市、洪江区、会同县、靖州苗族侗族自治县、通道侗族自治县等11个县级烟草专卖局（分公司）	双峰县、涟源市、冷水江市、新化县等4个县级烟草专卖局（分公司）	龙山县、永顺县、花垣县、凤凰县、古丈县、保靖县、泸溪县等7个烟草专卖局（分公司）

续表

地市级局（公司）名称		永州市烟草专卖局（公司）	怀化市烟草专卖局（公司）	娄底市烟草专卖局（公司）	湘西土家族苗族自治州烟草专卖局（公司）
总资产（万元）		236406	133828	150488	149700
资产负债率（%）		19.86	19.33	16.51	32.46
从业人员（人）		1274	586	368	776
所属业务机构	营销机构	1个营销中心	1个营销中心	1个营销中心、4个区域市场部	1个营销中心、7个区域市场部
	物流配送机构	1个物流配送中心、3个物流区域分中心	1个配送中心、6个物流中转站	1个物流配送中心、3个物流中转站	1个配送中心、4个物流中转站
	专卖稽查机构	1个稽查支队、12个稽查大队	1个稽查支队、11个稽查大队	1个稽查支队、7个稽查大队	1个稽查支队、9个稽查大队
	烟叶机构	1个烟叶生产经营部、1个烟基办、1个烟叶生产技术中心、7个烟叶生产经营分部、20个烟叶生产收购站	1个烟叶生产经营部、3个烟叶生产经营分部、5个收购点	—	14个烟叶收购站
烟农户数（户）		7561	502	—	4152
实现烟农总收入（万元）		160265	8182	—	66053
零售户数（户）		25945	21307	16937	13180
零售户销售毛利率（%）		13.59	13.65	13.67	13.41

◎ 撰稿：刘雅琪；编辑：褚　幸

广东省烟草专卖局（公司）

【专卖管理】　**案件查处。**2022年，广东省各级烟草专卖局会同公安、海关缉私、海警等部门查处涉烟违法案件1.82万起，查获假冒卷烟11.87万件、真品走私烟2.33万件；查获大型制假烟机21台，非法烟丝烟叶1157吨，假冒卷烟商标标识8796万张。查处符合公安部、国家烟草专卖局标准重大案件145起。公安、司法机关依法刑拘1311人，逮捕684人，判刑821人。

“蓝剑”行动。广东省打击涉烟违法犯罪“蓝剑”行动（2020—2022）期间，全省共查处涉烟案件2.22万起，查获假烟31.22万件、走私烟5.45万件、大型制假烟机257台、非法烟丝烟叶2947.33吨、制假原辅材料290.33吨、印刷机72台、假冒卷烟商标标识2.32亿张；公安、司法机关依法拘留4706人，逮捕1263人，判刑1246人；总案值40.73亿元。其中：东莞市“5·10”特大跨境走私雪茄烟案查获走私雪茄烟4.2万支；云浮市“5·16”非法经营卷烟案覆盖海上走私、包车运输、打码分销全环节，涉案金额超过2亿元；汕头市“11·21”海上走私卷烟案查获假烟1863件，查扣渔船1艘、车辆14台，公安、司法机关依法抓获涉案人员30人。前往外省办案17次、协助省外办案5次。其中，汕头市局联合甘肃白银市局破获“10·26”案件，公安、司法机关依法抓获涉案人员22人，查获假烟3323.78件，非法烟丝、商标纸等原辅材料和土制烟机一批。

打假打私体系建设。深化与广东海警局、省邮政管理局协作机制，签订行业《十二省（区、市）烟草打假打私协作机制》。完成国家烟草专卖局、海关总署打击烟草走私情报中心项目终验并挂牌运行，推进广州打击涉烟违法犯罪情报研判中心、广东省寄递渠道涉烟案件情报研判指挥中心建设。

行政许可。2022年，全省持证卷烟零售户40.63万户，持证率3.74‰。其中农网卷烟零售户8.66万户，比上年增长19.5%，助力乡村振兴发展、支持农村网点建设工作初见成效。行政许可政务服务质量和群众满意度逐步提升，全省政务服务好评率98.4%。

市场监管。加强连锁便利店监管，查处违法违规卖烟大户3266户，查处无证户案件4030起、持证户违法案件1.16万起。成立12313烟草市场监督服务热线广东分中心，运用热线举报投诉线索查处涉烟违烟草市场监督服务热线法案件1362起。

【电子烟监管和新的涉烟监管】 全面实施《广东省电子烟零售点布局规划》，有序推进电子烟零售许可证的核发工作，全年核发电子烟零售许可证1796个。持续推进电子烟市场监管工作，线上线下共同发力，开展联合清理整治专项工作、"茶烟"等类烟产品专项治理行动等，全省共清理涉电子烟违法违规链接95条，清理校园周边电子烟销售网点198个，清理自动售烟设备19台，查处违法电子烟案件217起。

3—5月，完成电子烟运行模式探索、交易管理平台试点上线、批发环节合理毛利率和比较分析可行物流配送方式等国家局试点任务；8月，广东省作为首批上线交易单位，在全国率先实现电子烟国标产品的全省产批、批零交易，初步形成电子烟经营管理体系。

【卷烟经营】 **卷烟销售。**2022年，广东省烟草商业系统销售卷烟比上年增长0.74%，其中销售一类烟增长11.61%、二类烟增长14.57%。广东省销量居前三位的品牌依次为"双喜·红双喜""芙蓉王""利群"。销售细支烟比上年增长21.99%，中支烟增长51.59%。

品牌培育。围绕行业"136、345"品牌发展目标，持续推进三级品牌共育机制，提升行业共育品规地市平均数量和销量比重。修订完善品牌管理制度及配套细则，推进品牌测评信息化，营造公平公正、适度竞争的市场环境。持续优化国产卷烟准入品规总数，精减至279个。行业31个重点品牌中，广东省在销29个，24个品牌累计销量、26个品牌累计销售收入均比上年增长，22个品牌结构实现提升。

网络建设。纵深推进农网营销网络建设，举办全省系统农网建设现场会，扎实推进农网322工程，2022年，全省累计建设"三转"（转理念、转形象、转经营方式）终端5553户，建设农网特色终端557户、推广农特货架4475个，培育新农网创业带头人111人。持续推进零售终端体系建设。拟定现代卷烟零售终端网络建设实施意见，迭代升级终端建设标准；推进终端管理系统优化，推动"易灵通"1.0版向2.0版升级；推进"20支"流通品牌建设，健全完善管理机制。

数字化转型。健全营销领域数字化运营模式，推进统一营销管理平台在全省20个地市落地应用；建立省、市营销子系统、店铺管家、零售户移动应用、消费者应用的工商零消营销管控体系，全面提升卷烟营销和决策水平；完善新媒体线上运营矩阵，"20频道""20同话""20逸家"全年联动开展助农直播活动96次；依托粤桂烟草"互联网+"联合实验室，拓展营销创新项目孵化空间。

2022年11月24日，广东东莞市局开展专卖队伍"大练兵"卷烟真伪鉴别竞赛

广东省局　供稿

【烟叶生产经营】 **烟叶生产与收购。**2022年，广东省落实小苗深栽12.6万亩，冬翻深耕7.56万亩，覆膜12.79万亩，有机肥施用15.14万亩。专业化烘烤覆盖率69.13%，其中采烤一体化0.76万吨（15.15万担）。实施高可用性上部烟叶开发项目，开发规模2.7万亩、0.08万吨（1.6万担）。

全省收购上等烟比例72.48%、中部上等烟比例47.71%，比上年分别提升1.02个、2.4个百分点；收购均价增长7.51%。国家局收购检查等级合格率82.71%、上等烟、中等烟纯度分别为92.06%、94.78%，各项指标均高于国家局考核要求。

2022年，全省实现烟农总收入8.73亿元（含补贴），户均收入21.51万元，跨过20万元大关，较全国平均水平高10.64万元。生产季节因大暴雨、洪涝灾害，协调保险公司向烟农赔付资金1306万元。

烟叶生产方式转型升级。优化生产布局，发展万担乡18个、千亩村36个，分别比上年增加4个、7个，万担乡总收购量和千亩村种植面积比上年分别增加8.64个、4.83个百分点，烟叶生产布局更加集中。培育和稳固新型种植主体，培育职业烟农2240户、占总烟农户数的55.21%；种植专业户、家庭农场占比分别为61.92%、24.89%，比上年分别增加2.37个、1.69个百分点；全省户均种植面积比上年增长9.09%，烟叶生产的适度规模化、集约化程度进一步提高。增强专业化服务能力，巩固提升合作社建设管理水平；育苗、机耕、植保、烘烤、分级环节专业化服务比例分别达到96.96%、96.96%、75.04%、69.13%、100%，保持较高水平。加快推进智慧烟叶平台建设项目，以智慧烟叶平台建设项目为抓手，推动烟叶生产经营数字化转型升级；稳步推进项目调研、设计、开发、试运行及实施等工作。

烟叶绿色生产。2022年，广东省轮作14.68万亩，绿肥种植面积3.22万亩。地膜回收及资源化利用面积12.56万亩。推广简易水肥一体技术4.67万亩。绿色高效专业化植保11.36万亩。烟苗病毒检测、烟蚜茧蜂防治技术、烟青虫/斜纹夜蛾物理防治技术继续保持全覆盖，“三病三虫”防治技术体系持续优化。开展配套电网建设、电烤房改造等推进电能替代传统燃煤烘烤。

烟叶生产基础设施建设。围绕“高标准基本烟田、烟叶生产全程机械化装备、支撑绿色发展新技术装备”三大方向，完善烟田基础设施。2022年，全省建设烟基项目2788个，投入资金4029.74万元，推动烟基建设与稳固烟叶基础高效融合。

多元化促农增收。深入推进“烟叶+N”产业融合，围绕设施和烟田综合利用、延伸产业链服务、综合体建设等方面，推进产业深度融合。2022年，全省利用育苗大棚5.28万平方米种植蔬菜、香瓜等；利用烤房486座开展农产品收购加工及烘干生产，非烟季节租赁农机567台套服务大农业，综合利用基本烟田发展优质稻10.12万亩；合作社围绕服务主业开展生物质颗粒加工销售、生产和专业化服务劳务用工等多元增收项目。全年实现多元产业增收总产值6766.76万元。

产业综合体建设取得新进展。新增梅州梅岭行业级产业综合体，持续推进韶关马市产业综合体建设。依托“始飞”“梅岭绿特优”“烟农情”等自有品牌，在发展传统订单模式的基础上，建立“互联网+”销售平台，拓宽销售渠道，提高品牌知名度。韶关马市产业综合体作为传统订单模式的先进典型，在行业媒体进行宣传报道。全年产业综合体实现非烟产业净收入3152.5万元。推进“烟稻轮作”，持续加强扶持引导，因地制宜推动“烟稻双优”融合发展示范工作，构建“以烟稳粮，以烟促粮”的烟粮协同发展机制。全省共打造烟稻双优示范片29个，合计面积1.52万亩，实现烟叶与粮食生产质量、效益双提升，拓展烟农增收空间。

【特事辑要】 2022年1月5日，广东省局（公司）召开全省系统数字化转型工作推进电视电话会。

1月12日，广东省副省长王曦在广东烟草调研。

1月21日，全省烟草商业系统工作电视电话会议在广州市召开。

3月，广东省局（公司）参与完成的“绿色水基性和粒状农药制剂关键技术及应用”项目获得广东省科技进步奖二等奖。

2022 年广东省烟草专卖商业主要情况统计

地市级局（公司）名称		广州市烟草专卖局（有限公司）	中山市烟草专卖局（有限责任公司）	珠海市烟草专卖局（有限公司）	东莞市烟草专卖局（有限公司）
主要负责人/法定代表人（含党政领导）		张辉明	杨东升	罗春华	朱伟优
所属县级单位		越秀区、荔湾区、海珠区、白云区、天河区、黄埔区、番禺区、南沙区、花都区、从化区、增城区等 11 个区烟草专卖局（分公司）	—	横琴新区、斗门区 2 个县级烟草专卖局（分公司）	—
总资产（万元）		581758	118172	92377	293910
资产负债率（%）		25.04	23.61	26.02	27.40
从业人员（人）		1146	299（含离岗退养）	236	859
所属业务机构	营销机构	1 个营销管理中心、11 个营销部	1 个营销管理中心、4 个管理中心卷烟营销组	1 个营销中心、3 个区域营销部	1 个营销管理中心、7 个管理中心卷烟营销组
	物流配送机构	1 个物流配送中心	1 个物流配送中心	1 个物流中心	1 个物流配送中心
	专卖稽查机构	1 个稽查支队、13 个稽查大队	1 个稽查支队、4 个稽查大队	1 个稽查支队、6 个稽查大队	1 个稽查支队、8 个稽查大队
	烟叶机构	—	—	—	—
烟农户数（户）		—	—	—	—
实现烟农总收入（万元）		—	—	—	—
零售户数（户）		50418	13809	11014	46896
零售户销售毛利率（%）		17.42	16.28	15.16	14.69

地市级局（公司）名称		佛山市烟草专卖局（有限责任公司）	肇庆市烟草专卖局（有限责任公司）	江门市烟草专卖局（有限公司）	惠州市烟草专卖局（有限责任公司）
主要负责人/法定代表人（含党政领导）		杨熙广	陈敏生	李程坚	赖科东
所属县级单位		南海区、顺德区、三水区、高明区等 4 个县级烟草专卖局（分公司）	高要区、四会市、广宁县、怀集县、封开县、德庆县等 6 个县级烟草专卖局（分公司）	新会区、鹤山市、台山市、开平市、恩平市等 5 个县级烟草专卖局（分公司）	博罗县、惠东县、惠阳区、龙门县、大亚湾区等 5 个县级烟草专卖局（分公司）
总资产（万元）		222309	94988	133521	182654
资产负债率（%）		27.30	23.71	25.76	22.42
从业人员（人）		696	543	696	611
所属业务机构	营销机构	1 个营销中心、5 个营销部	1 个营销管理中心、7 个营销部	1 个营销管理中心、6 个区域营销部	1 个营销管理中心、6 个营销部
	物流配送机构	1 个物流中心	1 个物流中心、1 个物流中转站、3 个物流对接点	1 个物流配送中心、3 个物流对接点	1 个物流配送中心、2 个对接点
	专卖稽查机构	1 个稽查支队、6 个稽查大队	1 个稽查支队、7 个稽查大队	1 个稽查支队、6 个稽查大队	1 个稽查支队、6 个稽查大队
	烟叶机构	—	—	—	—

续表

地市级局（公司）名称		佛山市烟草专卖局（有限责任公司）	肇庆市烟草专卖局（有限责任公司）	江门市烟草专卖局（有限公司）	惠州市烟草专卖局（有限责任公司）
烟农户数（户）		—	—	—	—
实现烟农总收入（万元）		—	—	—	—
零售户数（户）		37669	17004	21579	23650
零售户销售毛利率（%）		13.10	13.98	13.10	14.78

地市级局（公司）名称		茂名市烟草专卖局（有限责任公司）	阳江市烟草专卖局（有限责任公司）	云浮市烟草专卖局（有限责任公司）	湛江市烟草专卖局（有限公司）
主要负责人/法定代表人（含党政领导）		陈以乔	杨　静	查志威	张栋梁
所属县级单位		信宜市、高州市、化州市、电白区等4个县级烟草专卖局（分公司）	阳春市、阳东区、阳西县等3个县级烟草专卖局（分公司）	云安区、罗定市、新兴县、郁南县等4个县级烟草专卖局（分公司）	徐闻县、遂溪县、吴川市、雷州市、廉江市等5个县级烟草专卖局（分公司）
总资产（万元）		136528	57927	56756	113491
资产负债率（%）		47.68	28.94	23.70	28.59
从业人员（人）		620	394	384	599
所属业务机构	营销机构	1个营销管理中心、5个营销部	1个营销管理中心、4个营销部	1个营销管理中心、5个营销部	1个营销管理中心、6个营销部
	物流配送机构	1个物流配送中心、2个物流对接点	1个物流配送中心、1个物流对接点	1个物流配送中心、3个物流对接点	1个物流配送中心、4个物流对接点
	专卖稽查机构	1个稽查支队、5个稽查大队、1个城区专卖管理中心	1个稽查支队、4个稽查大队	1个稽查支队、5个稽查大队	1个稽查支队、9个稽查大队
	烟叶机构	—	—	—	—
烟农户数（户）		—	—	—	—
实现烟农总收入（万元）		—	—	—	—
零售户数（户）		17001	10170	11000	20219
零售户销售毛利率（%）		29.72	14.62	19.11	11.21

地市级局（公司）名称	汕头市烟草专卖局（有限责任公司）	潮州市烟草专卖局（有限责任公司）	汕尾市烟草专卖局（有限公司）	揭阳市烟草专卖局（有限公司）
主要负责人/法定代表人（含党政领导）	许暖镇	刘长江	庄　智	肖大强
所属县级单位	澄海区、潮阳区、龙湖区、潮南区等4个县级烟草专卖局（分公司），南澳县[1]1个县级烟草专卖局（公司）	潮安区、饶平县2个县级烟草专卖局（分公司）	陆丰市、海丰县、陆河县等3个县级烟草专卖局（分公司）	普宁市、揭东区、揭西县、惠来县等4个县级烟草专卖局（分公司）
总资产（万元）	167096	78518	99808	196989
资产负债率（%）	24.76	20.83	28.15	35.70

续表

地市级局（公司）名称		汕头市烟草专卖局（有限责任公司）	潮州市烟草专卖局（有限责任公司）	汕尾市烟草专卖局（有限公司）	揭阳市烟草专卖局（有限公司）
从业人员（人）		705	426	541	749
所属业务机构	营销机构	1个营销中心、6个营销部	1个营销管理中心、3个营销部	1个营销中心、4个区域营销部	1个营销管理中心
	物流配送机构	1个物流中心	1个物流中心	1个物流中心、1个物流中转站	1个物流配送中心
	专卖稽查机构	1个稽查支队、7个稽查大队	1个稽查支队、3个稽查大队	1个稽查支队、4个稽查大队	1个稽查支队、5个稽查大队
	烟叶机构	—	—	—	—
烟农户数（户）		—	—	—	—
实现烟农总收入（万元）		—	—	—	—
零售户数（户）		21369	9428	13651	20532
零售户销售毛利率（%）		15.60	14.90	13.33	13.72

地市级局（公司）名称		韶关市烟草专卖局（有限公司）	梅州市烟草专卖局（有限公司）	河源市烟草专卖局（有限责任公司）	清远市烟草专卖局（有限公司）
主要负责人/法定代表人（含党政领导）		罗福命	刘晓明	黄　涛	方文青
所属县级单位		南雄市、始兴县、曲江区、乐昌市、乳源瑶族自治县、仁化县、翁源县、新丰县等8个县级烟草专卖局（分公司）	五华县、大埔县、丰顺县、蕉岭县、平远县、兴宁市、梅县区等7个县级烟草专卖局（分公司）	东源县、龙川县、紫金县、连平县、和平县等5个县级烟草专卖局（分公司）	清新区、英德市、佛冈县、阳山县、连南瑶族自治县、连山壮族瑶族自治县、连州市等7个县级烟草专卖局（分公司）
总资产（万元）		131309	116878	91292	107117
资产负债率（%）		25.85	29.54	26.06	12.43
从业人员（人）		1150	1096	479	688
所属业务机构	营销机构	1个营销管理中心、9个营销部	1个营销中心、8个区域市场部	1个营销中心、6个区域市场部	1个营销管理中心
	物流配送机构	1个物流中心、8个物流对接点、1个物流配送组	1个物流中心、3个物流中转站	1个物流中心、3个中转站、1个对接点	1个物流配送中心、4个对接点
	专卖稽查机构	1个稽查支队、9个稽查大队	1个稽查支队、8个稽查大队	1个稽查支队、8个稽查大队	1个稽查支队、8个稽查大队
	烟叶机构	9个烟叶工作站、16个烟叶工作点	1个烟叶中心仓、5个烟叶工作站、17个烟叶工作点	—	1个烟叶工作站
烟农户数（户）		2615	1294	—	148
实现烟农总收入（万元）		45344	23855	—	2600
零售户数（户）		11512	17298	14558	13823
零售户销售毛利率（%）		14.36	13.14	14.58	16.70

注：1. 2022年，汕头市南澳县局（公司）尚未体制上划，汕头市局（有限公司）总资产、资产负债率、从业人员数据不含南澳县局（公司）。

◇撰稿：张　慧；编辑：褚　幸

广西壮族自治区烟草专卖局（公司）

【专卖管理】 **案件查处。**2022年，广西壮族自治区烟草专卖局查处涉烟违法案件8133起，涉案金额百万元以上案件84起，其中重大案件48起，部督案件2起；查获各类非法卷烟3.51万件，涉案卷烟实物总价值3.54亿元；公安、司法机关依法刑拘730人，判刑268人。贵港市“12·09”、玉林市“3·25”案获得公安部、国家烟草专卖局贺信贺电表彰；钦州市“12·14”案，是广西区首起查获母船案件，被评为全国打假打私经典案例。

打假打私。与海警、海关、边境管理、公安等部门协作配合，将边境区域卷烟打私工作纳入地方政府常态化疫情防控体系，实现同部署、同推进、同落实。推进桂粤深及12省（自治区、直辖市）横向联动协作机制，钦州市、北海市、防城港市、百色市、崇左市等沿海沿边地区多部门协同做好“海上查、岸上封、路上堵”一体化管控，边境打私压倒性胜利态势得到巩固。全年查处走私烟案件388起，查获走私烟2.12万件，比上年下降73.14%。

开展打击制售散支烟（白皮烟）专项行动，加强摸排省际交界地区、边境地区、工业园区、城乡接合部以及制假活动多发地区，严厉打击手工包装、卷接、烟丝生产和原辅材料贩运等违法犯罪活动。南宁市局、来宾市局协调政府相关部门，组织开展铲除非法种植烟叶专项行动，铲除非法种植烟田面积4761亩。

市场监管服务热线建设。印发《12313烟草市场监管服务热线工作管理办法》，全面梳理受理、办结工作服务流程，明确自治区、市、县三级联动服务工作职责，完善烟草业务知识库，规范统一业务人员答复标准，提升处理咨询答复率。全年12313热线人工服务量3.68万次，接通率96.45%，优于全国92.04%的平均水平，居全国第三位。在国家局3次热线工作评查中，12313烟草市场监管服务热线广西分中心均被评为“优秀”。12313烟草市场监管服务热线广西分中心全年接收市民来电涉烟举报6804件，据此查处案件819起，查获非法卷烟244.6件、烟叶烟丝39.1吨、散支烟（白皮烟）6千克，涉案车辆4台，累计涉案金额2336.8万元。

政务服务。开展“互联网+”政务服务，推进许可证网上办理和邮寄送达业务，让群众“一次都不用跑”成为常态。河池、玉林、柳州、来宾等市局开设网办咨询服务热线，开展主动帮办、代办服务，帮助老年人“足不出户”办理。截至2022年底，零售许可证7类申请事项网办率67.61%。落实“好差评”制度，推动政务服务提速提质和文明窗口建设。

2022年2月17日，广西北海市局联合公安部门在北海合浦沙田镇榕根山村查获一批涉嫌走私卷烟

广西北海市局　莫剑虹　摄

【电子烟监管】 联合广西区市场监督管理局制定《清理整治电子烟市场暨严厉打击涉电子烟违法行为专项行动方案》，采取线上清理与线下管控相结合的方式。全自治区累计出动执法人员1.32万人次，检查电子烟销售网点5981户次，发现处置各类网络销售、广告等违法违规链接35条；清理中小学校、幼儿园周边电子烟零售网点93个、自动售卖机3台，查处向未成年人销售电子烟案件14起，罚款3.72万元。联合公安部门侦破“上头电子烟”案件3起；玉

林市、贺州市、贵港市等地查处生产假冒注册商标电子烟案件6起，涉案金额超过4.12亿元。

【卷烟经营】 **卷烟销售。**2022年，广西烟草商业系统卷烟销量比上年增长0.33%。本地区卷烟销量居前三位的品牌为“真龙”“红塔山”“双喜”。实现卷烟单箱销售额3.43万元，比上年增长4.82%。销售行业重点品牌卷烟占总销量比重98.36%；市场状态持续向好，卷烟社会存销比保持在0.5左右，市场价格指数101.25；卷烟零售户综合毛利率12.94%。

网络建设。加快推进区域之间、城乡之间营销网络协调发展。以数字网建为工作重点，在全区范围稳步扩大“全店铺管理、全商品扫码、全聚合支付”的“三全”数字化门店规模，进一步提升终端的现代化和信息化水平。主动融入和服务国家乡村振兴战略，坚持城乡网络一体化协调发展，加大农网建设投入，实施“一市一策”指导，抓好分类提升，改善农网发展不均衡、不协调现状。加快流通品牌建设向农网延伸，打造一批农村示范现代终端，以点带面，改善农网终端经营环境、提升农网终端盈利水平。全自治区共建成农网现代终端1.04万户，占现代终端数量比重21.86%。截至2022年底，农网零售户户均盈利2.6万元，比上年增长15.6%，增幅高于城网零售户9.45个百分点。

基础管理。按照“自组织、自运行、自管理”原则，组织辖区零售户以小组为单位，结合组内市场形势共同商定卷烟零售价格，形成“市场调节、区域有别，组内一致”的定价新模式。截至2022年底，全自治区有诚信互助小组1.47万个，零售户入组率99.93%；累计召开小组会议5.38万场次，小组成员提供违法违规线索2.44万条，处理违约零售户618户。

【雪茄烟经营】 制定《国产雪茄发展指导意见》，坚持供需两侧双向发力，挖掘雪茄烟发展潜力。做好市场细分，及时掌握消费市场变化，构建更好适应消费升级和个性化、多样化需求的供给体系。加强雪茄烟文化宣传，协调四川、安徽、湖北、山东等4个国产雪茄烟工业企业开展雪茄烟知识培训、消费品鉴等雪茄烟文化活动。

【烟叶生产】 **烟叶种植与收购。**2022年，广西区收购上等烟比例61.35%，比上年增加1.89个百分点。国家局抽检等级合格率81.06%，上等烟纯度90.2%。烟农烟叶和多元化增收5.43亿元，户均收入12.74万元，高出全国平均水平1.87万元。全自治区烟叶生产助力脱贫巩固村集体41个，种烟面积2882亩；脱贫巩固烟农1046户，户均收入8.61万元。

开展基本烟田上图入库工作，建立基本烟田数据库，制作全自治区基本烟田电子地图。扩大核心烟区，稳住重点烟区，推动产区持续向生态好、品质优、需求大的地区集中。做强“重点县、万担乡、千亩村”基础产能，提升规模化生产水平，全自治区百亩以上成片烟田数量由2021年的345片增加到642片，增长86.1%。

烟叶生产基础设施建设。投入资金2023万元，修复烤房和育苗设施1837件，有效盘活存量烟基设施；投入175万元，购置外置式生物质燃料烘烤换热设备281套，升级改造燃煤烤房；投入186万元，新建内置式生物质燃料烤房48座；投入548.42万元，购置烟草农机296台套、烟夹275套，提升关键环节机械化作业率及烟夹使用比例。

绿色烟草农业。采用石灰、白云石、牡蛎钙粉调节土壤酸碱度1万亩。推广水肥一体化、节水灌溉12.34万亩。推广蠋蝽防治斜纹夜蛾技术示范1.1万亩，红彩瑞猎蝽防治斜纹夜蛾1500亩，叉角厉蝽防治斜纹夜蛾1000亩，瓢虫防治蚜虫技术示范1000亩，食蚜瘿蚊防治蚜虫技术示范8000亩。微肥喷施、利用无人机喷洒防虫产品8万亩。加强烟田废弃物处理，推广0.01毫米及以上厚度地膜8.89万亩，严禁不达标地膜铺进烟田，实施社会化回收利用地膜10.49万亩，地膜回收利用率超过80%。资源化利用烟秆2万亩，制作成有机肥和生物质颗粒燃料循环使用。推行使用生物质燃烧机、生物质颗粒烘烤和烟夹，新建、改造新能源烤房996座，每年减少使用0.5万吨标准煤。

烟叶产业综合体建设。稳步扩大产业综合体试点，初步建成“政府+烟草+联合社+烟农”四级联动平台，形成政府主导，合作社联合社组织、村集体负责、职业烟农具体实施的多元经营新体系。全自治区烟农合作社或烟叶产业综合体利用基本烟田、苗棚、烤房、烟草农机等设施资源种植粮食32.23万亩，产值1.01亿元。通过引入新品种、注册品牌商标、开拓销售渠道等手段，协助提升传统产业20.47万亩，助农增收2312万元；带动脱贫巩固户劳动力就业，合作社组织脱贫巩固户劳动力1.44万人次。110

个脱贫村集体发展烟叶产业，平均收入 18.6 万元；898 户脱贫巩固户烟农种烟收入 6473 万元，户均 7.21 万元。

防雹救灾。推行相邻区域冰雹联防联控，实现气象信息共享、联动防雹作业，气象、烟草部门共设置防雹作业点 54 个，作业 144 次，发射火箭弹 476 发。财政、烟草全年共投入烟叶保险保费 0.11 亿元，为 4267 户烟农提供风险保障 1.53 亿元，因灾保险理赔 0.13 亿元，烟草捐赠救助 0.04 亿元。

【企业管理】 持续深化用工分配制度改革，全自治区烟草商业系统聘任专业技术职务 199 人，占专业技术人才队伍总人数的 14.92%；聘任职业技能资格 3536 人，占职业技能人才队伍总人数的 56.01%，中、初级职业技能岗位基本实现全部聘任。按照“业务部门出题、内训师领题”要求，组织内训师和业务骨干开发课程 28 个，推动队伍素质提升和工作提质。

【特事辑要】 2022 年 1 月 24 日，广西区局（公司）召开党史学习教育总结电视电话会议。

7 月 4 日，广西壮族自治区人大常委会党组副书记、副主任黄伟京到广西区局（公司）调研。

2022 年广西壮族自治区烟草专卖商业主要情况统计

地市级局（公司）名称		南宁市烟草专卖局（公司）	柳州市烟草专卖局（公司）	桂林市烟草专卖局（公司）	梧州市烟草专卖局（公司）	北海市烟草专卖局（公司）
主要负责人/法定代表人（含党政领导）		林华丽	刘　峰	夏孟秋	黄仲宇	马德军
所属县级单位		青秀区、兴宁区、江南区、西乡塘区、良庆区、邕宁区、武鸣区、宾阳县、横州市、隆安县、上林县、马山县等 12 个县级烟草专卖局（营销部）	城区、柳江区、柳城县、鹿寨县、融安县、融水苗族自治县、三江侗族自治县等 7 个县级烟草专卖局（营销部）	城区、临桂区、灵川县、永福县、兴安县、全州县、灌阳县、阳朔县、荔浦市、平乐县、资源县、恭城瑶族自治县、龙胜各族自治县等 13 个县级烟草专卖局（营销部）	城区、苍梧县、岑溪市、藤县、蒙山县等 5 个县级烟草专卖局（营销部）	城区、合浦县 2 个县级烟草专卖局（营销部）
总资产（万元）		254928	129573	179973	63197	65801
资产负债率（%）		26.67	21.48	21.91	24.76	30.02
从业人员（人）		872	507	689	388	242
所属业务机构	营销机构	1 个营销中心、12 个区域市场部	1 个营销中心、7 个区域市场部	1 个营销中心、13 个区域市场部	1 个营销中心、5 个区域市场部	1 个营销中心、2 个区域市场部
	物流配送机构	1 个物流中心、4 个中转站	1 个物流中心、5 个中转站	1 个物流中心、9 个中转站	1 个物流中心、3 个中转站	1 个物流中心
	专卖稽查机构	1 个稽查支队、16 个稽查大队	1 个稽查支队、4 个稽查大队	1 个稽查支队、15 个稽查大队	1 个稽查支队、5 个稽查大队	1 个分局、1 个稽查支队、4 个稽查大队
	烟叶机构	—	—	—	—	—
烟农户数（户）		—	—	—	—	—
实现烟农总收入（万元）		—	—	—	—	—
零售户数（户）		34553	19290	24255	14339	8226
零售户销售毛利率（%）		14.60	14.94	14.71	15.02	15.24

地市级局（公司）名称		防城港市烟草专卖局（公司）	钦州市烟草专卖局（公司）	贵港市烟草专卖局（公司）	玉林市烟草专卖局（公司）	百色市烟草专卖局（公司）
主要负责人/法定代表人（含党政领导）		陈宇华	雷加进	谭广滨	李祥清	许明忠（主持工作）
所属县级单位		城区、上思县、东兴市等3个县级烟草专卖局（营销部）	城区、灵山县、浦北县等3个县级烟草专卖局（营销部）	城区、桂平市、平南县等3个县级烟草专卖局（营销部）	城区、北流市、容县、陆川县、兴业县、博白县等6个县级烟草专卖局（营销部）	田阳区、田东县、右江区、平果市、德保县、靖西市、那坡县、西林县、凌云县、乐业县、田林县、隆林各族自治县等12个县级烟草专卖局（营销部）
总资产（万元）		31183	65803	77727	94626	134843
资产负债率（%）		18.80	31.21	28.18	32.45	28.97
从业人员（人）		173	357	449	534	1034
所属业务机构	营销机构	1个营销中心、3个区域市场部	1个营销中心、3个区域市场部	1个营销中心、3个区域市场部	1个营销中心、6个区域市场部	1个营销中心、12个区域市场部
	物流配送机构	1个物流中心、1个中转站	1个物流中心、2个中转站	1个物流中心、2个中转站	1个物流中心、2个中转站	1个物流中心、8个中转站
	专卖稽查机构	1个稽查支队、4个稽查大队	1个稽查支队、4个稽查大队	1个稽查支队、5个稽查大队	1个稽查支队、8个稽查大队	1个稽查支队、14个稽查大队
	烟叶机构	—	—	—	—	1个烟叶科、1个烟叶科研所、7个烟叶站
烟农户数（户）		—	—	—	—	3386
实现烟农总收入（万元）		—	—	—	—	32790
零售户数（户）		5594	13881	17997	19708	17985
零售户销售毛利率（%）		15.24	14.99	15.00	15.35	15.28

地市级局（公司）名称	贺州市烟草专卖局（公司）	河池市烟草专卖局（公司）	来宾市烟草专卖局（公司）	崇左市烟草专卖局（公司）
主要负责人/法定代表人（含党政领导）	王新钧	谢绍彬	袁秋亮	吴进福
所属县级单位	城区、钟山县、富川瑶族自治县、昭平县等4个县级烟草专卖局（营销部）	金城江区、宜州区、罗城仫佬族自治县、环江毛南族自治县、南丹县、天峨县、东兰县、巴马瑶族自治县、凤山县、都安瑶族自治县、大化瑶族自治县等11个县级烟草专卖局（营销部）	城区、忻城县、合山市、象州县、武宣县、金秀瑶族自治县等6个县级烟草专卖局（营销部）	江州区、扶绥县、宁明县、大新县、龙州县、天等县、凭祥市等7个县级烟草专卖局（营销部）
总资产（万元）	59618	94287	56418	47367
资产负债率（%）	29.09	24.87	38.33	30.54
从业人员（人）	428	604	338	352

续表

地市级局（公司）名称		贺州市烟草专卖局（公司）	河池市烟草专卖局（公司）	来宾市烟草专卖局（公司）	崇左市烟草专卖局（公司）
所属业务机构	营销机构	1 个营销中心、4 个区域市场部	1 个营销中心、11 个区域市场部	1 个营销中心、6 个区域市场部	1 个营销中心、7 个区域市场部
	物流配送机构	1 个物流中心、2 个中转部	1 个物流中心、8 个中转站	1 个物流中心、5 个中转站	1 个物流中心、2 个中转站
	专卖稽查机构	1 个稽查支队、5 个稽查大队	1 个稽查支队、2 个稽查大队	1 个稽查支队、7 个稽查大队	1 个稽查支队、8 个稽查大队
	烟叶机构	1 个烟叶科、3 个烟叶站	1 个烟叶科、5 个烟叶站	—	—
烟农户数（户）		679	207	—	—
实现烟农总收入（万元）		12020	2656	—	—
零售户数（户）		10745	20108	10278	9802
零售户销售毛利率（%）		14.00	14.63	15.08	15.29

◇ 撰稿：黄祥进；编辑：褚　幸

海南省烟草专卖局（公司）

【专卖管理】　**打假打私**。2022 年，海南省烟草专卖局持续加大打击力度，深化多部门协同和跨区域协作，全力推进“海南无假货”卷烟市场清理整顿、“利剑 4 号”等专项行动，开展“茶烟”等类烟产品专项治理，严厉打击涉烟违法违规行为。全年共查处各类涉烟违法案件 1817 起，其中部督案件 3 起、国标案件 8 起；查获非法卷烟 3497.25 件，公安、司法机关依法追究刑事责任 13 人。

市场监管。开展智慧监管、信用监管、阶梯式监管、重点监管、规范执法课题研究，推进真烟异常流动治理，进一步提升监管质效。

行政服务。围绕“稳中有降、趋于合理”目标，加强卷烟零售户综合治理，截至 2022 年底，全省共有卷烟持证户 6.98 万户，持证率 6.9‰。深化“互联网＋政务服务”，落实“一网通办”“掌上办”“零跑动”要求，做好 12313、12345 热线电话管理，提升政务服务质量。

【电子烟监管】　构建完善电子烟监管体系，开展电子烟政策宣传贯彻，依法推进电子烟市场主体许可准入，强化电子烟市场监管，全省共发放电子烟零售许可证 300 个，查处向未成年人销售电子烟案件 12 起。

【卷烟经营】　**卷烟销售**。2022 年，海南省销售卷烟比上年增长 1.64%，实现卷烟批发销售总额增长 4.46%。卷烟单箱批发销售收入 3.93 万元，比上年增加 0.11 万元，增长 2.78%。一类烟销量比上年增长 5.92%，比重 38.8%，提高 1.56 个百分点；二类烟销量增长 2.75%，比重 23.15%，提高 0.25 个百分点。实现税利 48.62 亿元，比上年增长 3.1%。

全省重点品牌卷烟（含“三沙”品牌）销量比上年增长 2.31%，占卷烟总销量比重 93.62%，提升 0.61 个百分点。其中，“中华”“芙蓉王”“红塔山”“云烟”“白沙”“利群”“双喜·红双喜”“黄鹤楼”“玉溪”“黄山”等 10 个重点品牌销量比上年增长 0.39%。销售创新品类卷烟比上年增长 14.05%，其中，细支烟销量增长 12.98%、中支烟增长 33.62%。

省内品牌卷烟省内外销量比上年增长 12.28%，省内销量增长 10.67%，占卷烟总销量比重 8.14%，提高 0.66 个百分点。其中“三沙”省内外销量比上年增长 20.34%，省内销量增长 18.83%。

零售终端建设。加快推动现代终端转型升级，截至 2022 年底，全省共有 9504 户零售终端达到初级现代终端以上标准，其中 2861 户试点使用现代终端店铺管理系统。结合“我与客户共成长”工作，全省共有诚信互助小组 4687

个，入组零售户占比 98.94%。

【雪茄烟经营】 **雪茄烟销售。**2022 年，全省累计批发销售雪茄烟比上年增长 41.2%；实现批发销售额 0.28 亿元，增长 51.08%。

加强雪茄烟客户分档试点工作，制定《关于雪茄烟零售户分档标准和货源投放规则的意见》（试行），琼海市局（公司）试点先行，以市场需求为导向，将全部手工雪茄烟定向投放至有雪茄烟经营能力的客户，及时跟踪雪茄烟市场状态，调整货源投放策略。截至 2022 年底，琼海市雪茄烟市场参与分档的雪茄烟零售户 1398 户，片区雪茄烟货源上柜率提高，投放精准水平提升。

品牌培育。截至 2022 年底，全省在销雪茄烟规格 93 个，其中国产雪茄烟 61 个（中高端雪茄烟 51 个），进口雪茄烟 32 个；年内引入 14 个国产雪茄烟规格（中高端雪茄烟 12 个、烟斗丝 1 个）和 2 个进口雪茄烟规格，退出 1 个国产雪茄烟规格和 2 个进口雪茄烟规格。

【雪茄烟叶生产】 **雪茄烟种植。**全省种植雪茄烟叶 1805 亩，收购、调拨雪茄烟叶 209.79 吨（4195.79 担），实现税利 2005.82 万元。

编制海南雪茄烟叶产业发展规划及行动方案（2023—2025 年），制定雪茄烟叶产业化发展实施意见，优化雪茄烟叶产能布局，推进海南雪茄烟叶产业发展。

制定烟叶生产投入、烟叶生产基础设施建设项目、种植申请等管理办法，明确投入主体、投入内容、建设要求和申请流程；制定生产过程管理、种植收购合同管理、收购调拨管理等体系文件，规范雪茄烟叶生产管理。

原料生产基地建设。与五指山市政府、山东中烟签订三方战略合作协议，共同探索建设雪茄原料供应基地、醇化仓储基地、科技成果转化示范基地合作，构建政、工、商三方共建雪茄烟叶原料基地新模式。

培育种植主体。明确海南产区雪茄烟叶种植主体申请种植相关规定，将种植户、专业合作社等种植主体作为重点培育对象。2022 年，有东方、儋州产区种植大户 2 个、农业合作社 1 个，申请雪茄烟叶种植 200 余亩。

技术创新。持续加强生物育种和良种推广，新收集雪茄烟种质资源 28 份，种质资源库雪茄烟品种资源 152 份；自主筛选“海研”系列优质茄衣、茄芯品系 10 余个，其中 6 个申报农业农村部植物新品种权保护，自主选育“海研 204”入选行业首批拟认定雪茄烟品种目录。

技术培训。在儋州市、五指山市等产区，开展现场培训和指导 10 余次，培训指导 200 余人，发放生产技术手册 60 余册，发布《海南雪茄烟叶病虫害信息》6 期，提高产区从业人员生产管理技术水平，全省烟叶病虫害绿色防控技术和水肥一体化技术覆盖率均达到 100%。

2022 年 12 月，海口雪茄研究所屯昌试验基地育苗棚

海南省局　供稿

【科技创新】 完善科技项目布局，积极申报并承担国家局、总公司重大科技项目，获批牵头承担“优质国产茄衣攻关”揭榜挂帅项目 1 项，参与“优质国产茄衣攻关”揭榜挂帅项目 1 项。开展省公司科技计划项目 3 项，其中重点类项目 2 项、一般类项目 1 项。

持续激发人才创新活力。推荐 2 名青年科技人才申报行业首批烟草行业青年科技托举人才，1名入选托举人才名单；推荐1名同志申报第四批行业学科带头人；1名科研人员被评为行业“十三五”科技创新先进个人和行业2022年最美科技工作者；2名同志入选烟草行业科技领军人才和学科带头人评审委员会专家库。

【数字化转型】 **深化信创工作实施，增强自主可控水平。**圆满完成3年信创工作方案实施，共改造信息系统4个、替换办公计算机294台，并在全省烟草商业系统推进云桌面部署实施，解决信创电脑不兼容部分现有业务系统的问题。截至2022年底，全省烟草商业系统办公计算机信创替换率达到83%，基础软硬件自主可控水平不断增强。

构建“数据链+数据桥”，夯实新型数字化基础体系。以完善全产业数据链为核心，打通不同业务域、不同系统之间的数据壁垒，构建一体化“数据桥”，实现数据的全产业链流动与共享。基于行业云平台加快推进数据中台与业务中台建设，推动“两地两数据中心”双活技术方案制定与落地，实现云数据与本地数据的同步融合共享，提高系统的安全性和冗余性。

探索业务融合创新，推进一体化应用实施。优化业务应用系统架构，统筹推进一体化应用体系建设，重点推进一体化营销子系统、专卖管理、人力、烟叶、行业调控、党风廉政等业务上云赋智，逐步完善全业务流程数据融合共享，完成电子烟交易管理平台的应用实施与推广，有力支撑构建数字海南烟草。不断提升企业管理水平，强化信息化技术支撑服务，以“数据赋能、协同共享、互联互通”为核心，加快推进专卖综合管理系统零售许可秒批、安全管理信息系统、智慧物流服务平台、省级财务管控平台实施，提升整体管理效能，推动海南烟草高质量发展。

【物流建设】 推进海口卷烟物流配送中心建设，完成物流工艺设备深化设计，不断增强物流业务自主管控能力。推进生产经营一体化管理平台建设和智慧物流平台建设，全省送货数字化签收率达到95%，搭建电子烟物流配送体系，启动电子烟物流管理平台建设。推动绿色物流发展，卷烟包装箱返还率居行业第一，跨品牌包装箱循环利用累计为工商节省1234万元，《跨品牌卷烟纸箱循环利用通用要求》行业标准等待发布，承担行业绿色物流评价体系标准编制，深入开展卷烟包装膜回收和低厚度热收缩膜使用，探索清洁能源化“甩箱式”物流配送车辆科技项目研发。

【特事辑要】 2022年3月11日，海南省局（公司）在中电国际新能源有限公司举行全省烟草商业系统“海南无假货”品牌建设行动“3·15”销毁假烟活动。

4月20日，海南省局（公司）烟草质量监督检测站通过国家级CMA资质认定和行业审查“二合一”技术评审，获得国家认监委颁发的资质认定证书。

6月1日，“基于热带海洋性气候下的雪茄烟叶定制化农业发酵技术研究”项目启动会在海口市召开。

11月17日，海南省局（公司）被海南省委直属机关工委评为“创建文明单位示范点”。

2022年海南省烟草专卖商业主要情况统计

地市级局（公司）名称	海口市烟草专卖局（公司）	三亚市烟草专卖局（公司）	儋州市烟草专卖局（公司）	琼海市烟草专卖局（公司）
主要负责人/法定代表人（含党政领导）	陈　敏	陈晋广	崔宇慧	李　敏
所属县级单位	文昌市、澄迈县、定安县、临高县等4个县级烟草专卖局（营销部）	乐东黎族自治县、陵水黎族自治县、保亭黎族苗族自治县、五指山市等4个县级烟草专卖局（营销部）	东方市、昌江黎族自治县、白沙黎族自治县等3个县级烟草专卖局（营销部）	万宁市、屯昌县、琼中黎族苗族自治县等3个县级烟草专卖局（营销部）
总资产（万元）	158105	63616	40218	60799
资产负债率（%）	32.11	43.74	42.91	34.33
从业人员（人）	375	239	188	220

续表

地市级局（公司）名称		海口市烟草专卖局（公司）	三亚市烟草专卖局（公司）	儋州市烟草专卖局（公司）	琼海市烟草专卖局（公司）
所属业务机构	营销机构	1个营销中心	1个营销中心	1个营销中心	1个营销中心
	物流配送机构	1个物流中心、2个卷烟物流对接点	1个物流中心、1个卷烟物流对接点	1个物流中心、1个卷烟物流中转站	1个物流中心、1个卷烟物流对接点
	专卖稽查机构	1个稽查支队、11个稽查大队	1个稽查支队、9个稽查大队	1个稽查支队、1个管理所、7个稽查大队	1个稽查支队、6个稽查大队
	烟叶机构	—	—	1个烟叶科	—
烟农户数（户）		—	—	200	—
实现烟农总收入（万元）		—	—	1050	—
零售户数（户）		27980	15235	13694	12916
零售户销售毛利率（%）		13.25	13.51	13.44	13.81

◈ 撰稿：甘菊萍；编辑：褚　幸

重庆市烟草专卖局（公司）

【专卖管理】 **打假破网。**2022年，重庆市烟草专卖局巩固完善烟草打假打私体系，与公安禁毒、交巡警签署协作协议，与铁路公安共建打击涉烟违法犯罪大数据中心，签署西南12省（自治区、直辖市）烟草打假协作协议和成渝地区双城经济圈专卖管理协作协议。利用大数据分析提高情报研判和案件侦办信息化科学化水平。

案件查处。全市查处各类涉烟违法案件5691起，其中案值5万元以上假烟案件20起，比上年下降53.5%；查获非法卷烟8998.1件，实物案值8096.19万元，比上年分别增长22.86%、24.43%。验收涉烟刑事案件28起，其中国家局级案件10起；涉案假冒伪劣卷烟312件，异常流动真烟216.9件，总金额3823万元；公安、司法机关依法刑拘40人，逮捕27人，直诉25人，判刑49人。

市场监管。开展卷烟市场整治"春雷"专项行动，受到国家局发文通报表扬。开展打击非法经营烟丝烟叶等涉烟违法犯罪"百日攻坚"专项行动，查获非法卷烟204.18件、非法烟叶烟丝13.25吨，查处刑事案件3起。市场净化率保持在98.6%以上。

行政许可。2022年，全市新办烟草专卖零售许可证1.14万个、退出8337个，延续4.28万个。6月采取"容量+间距调整"模式，全面修订烟草制品零售点合理布局规划；9月开展清理异常许可证"清秋"专项行动。截至2022年底，全市卷烟零售许可证总量14.01万个，持证率4.36‰，增速0.21%，合理容量比105%。

【电子烟监管】 出台《电子烟零售点布局规划》，办理电子烟零售许可证609个、清退闲置证78个，现存有效证531个，容量比34.93%。查处向未成年人销售电子烟案件5起、销售"奶茶杯"案件1起，侦办"上头电子烟"案件3起、查获电子烟自动售卖机4台，责令1家无证生产企业停业停产。

【卷烟经营】 **卷烟销售。**2022年，重庆市销售卷烟数量比上年下降1.03%，实现销售额增长2.97%，单箱结构3.83万元、增长4.04%。

在销卷烟品牌48个，规格248个。其中：国内卷烟品牌43个，规格227个；国外卷烟品牌5个，规格21个。细支烟品规67个，短支烟品规8个，中支烟品规57个。截至2022年底，在销国产卷烟品规数量优化至200个，基本达到合理区间。

重庆市卷烟销量居前三位的品牌为"龙凤呈祥""云烟""天子"。其中，销售"龙凤呈祥"比上年下降7.04%，"云烟"增长10.03%，"天子"增长16.69%。销量居前十位的品牌实现销量比上年增长0.15%，占全市销量的79.02%。销售全国重点品牌卷烟比上年减少0.68%，实现销售额增加12.96亿元。

全年销售细支烟比上年增加10.75亿支（2.15万箱），中支烟增加9.26亿支（1.85万箱），短支烟减少0.38亿支（0.08万箱）。

现代终端建设。印发《卷烟零售终端建设管理规范》《2022年卷烟零售终端建设提质升级实施方案》。全面推广使用终端店铺管理系统，提升零售商店系统使用水平，建设数字门店2.18万户，数字门店日均自主查询经营分析提升至1.54万次。

2022年4月15日，重庆丰都县局（分公司）客户经理对零售户进行现代终端数智经营培训指导

重庆丰都县局　倪剑锋　摄

合作终端建设。完成中国石油销售股份有限公司等6家连锁企业1018个门店数据对接，建成合作终端479户。所有单门店卷烟零售流水数据实时对接至营销平台，实现数据共享。实施动态管理，将单门店数据对接的及时率、准确率和完整率作为合作终端评定标准，数据对接质量不断提升。

零售户信用体系建设。试行零售户诚信评价，全市信用等级A级及以上零售户13.49万户，建成诚信互助小组8139个，参与零售户12.6万户。

基础管理。优化客户档位管理规则，制定《特殊群体零售商店管理办法（试行）》。细化状态调控标准，出台《关于按数采终端月可销天数标准（试行）开展货源层级调控的通知》，明确全市、区县货源投放层级管理调控标准。完善服务热线运行机制，印发《12313服务热线知识库及工单处理管理办法》，保障卷烟营销知识库适用性和工单流转顺畅性。推动客户拜访数字化转型，印发《深入推进客户拜访工作数字化转型实施方案》《卷烟零售客户拜访管理规范》，建立客户拜访工作标准、评价标准和考核标准。在国家局开展的零售户满意度调查中，重庆市排名第13位。

【雪茄烟经营】　2022年，在销雪茄烟品牌8个，规格31个。国产中高档雪茄烟实现销售额1955万元，比上年增加641万元。

【烟叶生产经营】　**烟叶种植与收购。**2022年，重庆市烤烟种植涉及175个种烟乡镇、713个种烟村、8470户烟农。实现烟农总收入13.25亿元，比上年增长16.95%；户均收入15.64万元，增长20.7%。

基地单元建设。推进市场化取向改革和“三全”烟叶基地打造，与11家工业共建14个烟叶基地，比上年增加6个。基地化烟叶生产3.6万吨（72万担），比上年增加0.33万吨（6.6万担），全收全调烟叶2.1万吨（41.9万担），提高20个百分点。

烟叶基础设施建设。2022年度项目全面完成验收，实际投入资金（除高标准烟田建设外）1.44亿元，包括购置烟草农用机械360台、育苗配套设备62台、生物质燃烧机3542套、电能供热设备9套、烟夹1291套、编烟操作台440件、烟夹烘烤烤房土建改造489座、新建新能源烤房500座，实施育苗设施修复140座、烤房设施修复6193座。

产业融合发展。将烟叶产业纳入重庆市农业农村现代化“十四五”规划。创新实施粮烟双优发展，优化“烟+N”产业组合，拓展“烟—菜”“烟—豆”“烟—薯”复合种植1.5万亩，非烟产业产值超过1000万元。

【科技创新】　印发《重庆市烟草专卖局（公司）“十四五”科技创新规划》《科技计划项目诚信管理办法》。组建市局（公司）第二届科学技术委员会。牵头或参与国家局重点研发项目7个，新立市局（公司）层级科技项目33个、直属单位层级科技项目24个。牵头完成的“基于生物屏障的烟草根茎病害防控技术体系与产品创新及应用”项目获得中国烟草总公司科学技术进步奖二等奖。

【企业管理】 出台投资控制标准18个，形成投资控制标准体系。完善工作业绩考核，设置22个专项考核项目，200余条考核指标和7套专项考核细则。运用数字化手段优化流程，形成流程事项数字化转型1200余个。获得烟草行业第三十三届优秀质量管理小组成果二等奖1个，备案精益改善课题184个，完成142个，结题验收140个。推动绿色双碳工作，更新清洁能源送货车17辆。推进对标结对共建工作，渝陕烟草商业对标结对共建首次联席会在重庆市召开。

【数字化转型】 **基础建设。**实施三期云平台扩容，共部署服务器240台、网络设备41台，具有CPU 15698核、内存72588GB、磁盘1558TB，运行业务系统29个。同步开展网络专线提速降费。

系统建设。2022年，全市烟草商业系统数字化转型重点投资项目49个（含跨年项目），投资计划金额与“十四五”规划金额基本相当。截至2022年底，重点信息化项目完成18个、正在实施26个、处于计划阶段23个。

数据资源管理。探索构建数据应用管理体系，销售、烟叶、物流等内部业务数据完成上云或部分上云，市政府“渝快办”、大数据局等外部数据逐步汇聚至云平台，部分业务线陆续按需调用。全年沉淀数据11.72TB、数据表2622张、数据记录133.6亿条。建设完成数据门户107个、仪表盘518个、电子表139个，Quick BI访问量累计达到92万余次。

数字化治理。建立和落实制度20项、标准规范11项。全面清理硬软件资源，建立目录清单，分类实施优化策略。出台运维管理办法，明确运维费用标准。强化网信工作办事公开，全年拟发《全市系统数字化转型情况通报》12期。

网络安全管理。阻挡外部攻击125.44万次，查杀内部感染恶意代码终端146台。参与行业攻防演习，获得国家局通报表扬。建设实施安全态势感知平台，全年未发生网络安全事件。

【多元化经营】 重庆市烟草投资管理公司成立于2000年2月，经营业务涉及卷烟连锁、有机肥产销、“两烟”物流、烟用配套物资产销及物业餐饮服务等。截至2022年底，公司总资产8.92亿元，其中固定资产5382.67万元、流动资产7.87亿元，资产负债率4.88%。全年实现营业收入4.31亿元，实现税利9064.45万元。

【特事辑要】 2022年6月1日，重庆市局（公司）、四川省局（公司）、重庆中烟、四川中烟联合印发《烟草系统推进成渝地区双城经济圈建设实施意见》。

6月1日，重庆市第一张电子烟零售许可证在渝北区办理成功。

2022年重庆市烟草专卖商业主要情况统计

地市级局（公司）名称		万州区烟草专卖局（分公司）	黔江区烟草专卖局（分公司）	涪陵区烟草专卖局（分公司）	渝中区烟草专卖局（分公司）	大渡口区烟草专卖局（分公司）
主要负责人/法定代表人（含党政领导）		邹 毅	王 平	吴树成	江 波	张文平
所属县级单位		—	—	—	—	—
总资产（万元）		30159	11174	9521	5769	3012
资产负债率（%）		—	—	—	—	—
从业人员（人）		364	304	218	73	48
所属业务机构	营销机构	1个客户服务部、6个区域客户服务部	1个客户服务部、3个区域客户服务部	1个客户服务部、5个区域客户服务部	1个客户服务部、2个区域客户服务部	1个客户服务部、1个区域客户服务部
	物流配送机构	1个物流配送中心	1个物流配送中心	1个物流配送中心	—	—
	专卖稽查机构	1个稽查支队、6个稽查大队	1个稽查支队、3个稽查大队	1个稽查支队、5个稽查大队	1个稽查支队、2个稽查大队	1个稽查支队、2个稽查大队
	烟叶机构	2个烟叶收购站	3个烟叶工作站	1个烟叶收购站	—	—

续表

地市级局（公司）名称	万州区烟草专卖局（分公司）	黔江区烟草专卖局（分公司）	涪陵区烟草专卖局（分公司）	渝中区烟草专卖局（分公司）	大渡口区烟草专卖局（分公司）
烟农户数（户）	211	579	59	—	—
实现烟农总收入（万元）	4236	10996	1407	—	—
零售户数（户）	6723	2370	4870	2054	1574
零售户销售毛利率（%）	14.96	16.44	14.48	15.00	14.63

地市级局（公司）名称		江北区烟草专卖局（分公司）	沙坪坝区烟草专卖局（分公司）	九龙坡区烟草专卖局（分公司）	南岸区烟草专卖局（分公司）	北碚区烟草专卖局（分公司）
主要负责人/法定代表人（含党政领导）		程念民	楚　鹰	范　毅	谢小波	郭　敏
所属县级单位		—	—	—	—	—
总资产（万元）		8969	8941	10995	8511	5826
资产负债率（%）		—	—	—	—	—
从业人员（人）		87	95	107	105	80
所属业务机构	营销机构	1个客户服务部、3个区域客户服务部	1个客户服务部、5个区域客户服务部	1个客户服务部、4个区域客户服务部	1个客户服务部、3个区域客户服务部	1个客户服务部、3个区域客户服务部
	物流配送机构	—	—	—	—	—
	专卖稽查机构	4个稽查支队	1个稽查支队、4个稽查大队、1个专卖许可大队	1个稽查支队、5个稽查大队	1个稽查支队、4个稽查大队	1个稽查支队、3个稽查大队
	烟叶机构	—	—	—	—	—
烟农户数（户）		—	—	—	—	—
实现烟农总收入（万元）		—	—	—	—	—
零售户数（户）		3217	4773	5984	3912	3544
零售户销售毛利率（%）		15.00	15.72	14.63	14.88	14.91

地市级局（公司）名称	万盛经济技术开发区烟草专卖局（分公司）	渝北区烟草专卖局（分公司）	巴南区烟草专卖局（分公司）	长寿区烟草专卖局（分公司）	江津区烟草专卖局（分公司）
主要负责人/法定代表人（含党政领导）	吴　静	戴　翔	王东生	杨万长（—2022年6月）秦　宝（2022年6月—）	王宏勇（—2022年6月）赵国平（2022年6月—）
所属县级单位	—	—	—	—	—
总资产（万元）	2149	16942	10774	5304	9123
资产负债率（%）	—	—	—	—	—
从业人员（人）	48	155	90	96	114

续表

地市级局（公司）名称		万盛经济技术开发区烟草专卖局（分公司）	渝北区烟草专卖局（分公司）	巴南区烟草专卖局（分公司）	长寿区烟草专卖局（分公司）	江津区烟草专卖局（分公司）
所属业务机构	营销机构	1个客户服务部	1个客户服务部、5个区域客户服务部	1个客户服务部、3个区域客户服务部	1个客户服务部、3个区域客户服务部	1个客户服务部、6个区域客户服务部
	物流配送机构	—	—	—	—	—
	专卖稽查机构	1个稽查支队、1个稽查大队	1个稽查支队、8个稽查大队	1个稽查支队、4个稽查大队	1个稽查支队、3个稽查大队	1个稽查支队、7个稽查大队
	烟叶机构	—	—	—	—	—
烟农户数（户）		—	—	—	—	—
实现烟农总收入（万元）		—	—	—	—	—
零售户数（户）		1318	9292	5275	3251	5477
零售户销售毛利率（%）		13.95	14.00	13.80	15.06	14.88

地市级局（公司）名称		合川区烟草专卖局（分公司）	永川区烟草专卖局（分公司）	南川区烟草专卖局（分公司）	綦江区烟草专卖局（分公司）	大足区烟草专卖局（公司）
主要负责人/法定代表人（含党政领导）		高　态	杨智中（—2022年6月） 王宏勇（2022年6—10月） 孙文东（2022年10月—）	田　卫	汤小奎	孙文东（—2022年11月） 张斗奎（2022年11月—）
所属县级单位		—	—	—	—	—
总资产（万元）		7529	7706	5173	6202	6489
资产负债率（%）		—	—	—	—	—
从业人员（人）		106	101	138	79	96
所属业务机构	营销机构	1个客户服务部、5个区域客户服务部	1个客户服务部、5个区域市场部	1个客户服务部、4个区域客户服务部	1个客户服务部、4个区域客户服务部	1个客户服务部、4个区域客户服务部
	物流配送机构	—	—	—	—	—
	专卖稽查机构	1个稽查支队、5个稽查大队	1个稽查支队、6个稽查大队	1个稽查支队、4个稽查大队	1个稽查支队、4个市场稽查队	1个稽查支队、4个稽查大队
	烟叶机构	—	—	—	—	—
烟农户数（户）		—	—	—	—	—
实现烟农总收入（万元）		—	—	—	—	—
零售户数（户）		4845	4938	3288	3720	3797
零售户销售毛利率（%）		14.51	14.80	15.00	14.00	15.05

地市级局（公司）名称		璧山区烟草专卖局（分公司）	铜梁区烟草专卖局（分公司）	潼南区烟草专卖局（分公司）	荣昌区烟草专卖局（分公司）	开州区烟草专卖局（分公司）
主要负责人/法定代表人（含党政领导）		何　欢	何　杨（—2022 年 10 月） 龚洪磊（2022 年 10 月—）	龚洪磊（—2022 年 10 月） 何　杨（2022 年 10 月—）	何亚欧	柏红燕
所属县级单位		—	—	—	—	—
总资产（万元）		5360	4450	4055	5559	7000
资产负债率（%）		—	—	—	—	—
从业人员（人）		78	69	66	76	96
所属业务机构	营销机构	1 个客户服务部、3 个区域客户服务部	1 个客户服务部、3 个区域客户服务部	1 个客户服务部、3 个区域客户服务部	1 个客户服务部、3 个区域客户服务部	1 个客户服务部、5 个区域客户服务部
	物流配送机构	—	—	—	—	—
	专卖稽查机构	1 个稽查支队、3 个稽查大队	1 个稽查支队、3 个稽查大队	1 个稽查支队、3 个稽查大队	1 个稽查支队、2 个稽查大队	1 个稽查支队、5 个稽查大队、1 个政务大队
	烟叶机构	—	—	—	—	—
烟农户数（户）		—	—	—	—	—
实现烟农总收入（万元）		—	—	—	—	—
零售户数（户）		2912	3380	3107	3408	4199
零售户销售毛利率（%）		15.37	14.70	14.63	14.75	14.05

地市级局（公司）名称		梁平区烟草专卖局（分公司）	武隆区烟草专卖局（分公司）	城口县烟草专卖局（分公司）	丰都县烟草专卖局（分公司）	垫江县烟草专卖局（分公司）
主要负责人/法定代表人（含党政领导）		骆大元	袁力平	邬　俊（—2022 年 8 月） 周　振（2022 年 8 月—）	张斗奎（—2022 年 10 月） 邹　毅（2022 年 10 月—）	杨　军
所属县级单位		—	—	—	—	—
总资产（万元）		4711	17861	1418	15568	4760
资产负债率（%）		—	—	—	—	—
从业人员（人）		83	263	37	185	76
所属业务机构	营销机构	1 个客户服务部（含 3 个市场片区）	1 个客户服务部、2 个区域客户服务部	1 个客户服务部、1 个区域客户服务部	1 个客户服务部、3 个区域客户服务部	1 个客户服务部、3 个区域客户服务部
	物流配送机构	—	—	—	—	—
	专卖稽查机构	1 个稽查支队、3 个稽查大队	1 个稽查支队、2 个稽查大队	1 个稽查支队、1 个稽查大队	1 个稽查支队、4 个稽查大队	1 个稽查支队、3 个稽查大队
	烟叶机构	—	3 个烟叶收购站	—	2 个烟叶收购站	—
烟农户数（户）		—	851	—	540	—
实现烟农总收入（万元）		—	11390	—	8005	—
零售户数（户）		3154	2046	1019	3397	2904
零售户销售毛利率（%）		14.54	15.61	17.03	14.11	15.48

地市级局（公司）名称		忠县烟草专卖局（分公司）	云阳县烟草专卖局（分公司）	奉节县烟草专卖局（分公司）	巫山县烟草专卖局（分公司）	巫溪县烟草专卖局（分公司）
主要负责人/法定代表人（含党政领导）		许安定	秦　宝（—2022年6月） 江　南（2022年6月—）	陈伦飞	向永光	谭　波（—2022年6月） 谢　滨（2022年6月—）
所属县级单位		—	—	—	—	—
总资产（万元）		7032	5419	28814	20517	23518
资产负债率（%）		—	—	—	—	—
从业人员（人）		74	82	192	259	175
所属业务机构	营销机构	1个客户服务部、3个区域客户服务部	1个客户服务部、4个区域客户服务部	1个客户服务部，3个区域市场部	1个客户服务部、2个区域客户服务部	1个客户服务部
	物流配送机构	—	—	—	—	—
	专卖稽查机构	1个稽查支队、3个稽查大队	1个稽查支队、4个稽查大队	1个稽查支队、4个稽查大队	1个稽查支队、3个稽查大队	1个稽查支队、3个稽查大队
	烟叶机构	—	—	3个烟叶收购站	4个烟叶收购站	2个烟叶收购站
烟农户数（户）		—	—	764	1787	693
实现烟农总收入（万元）		—	—	16254	23411	12474
零售户数（户）		2798	3583	3545	2293	2243
零售户销售毛利率（%）		15.36	15.64	14.50	15.02	15.40

地市级局（公司）名称		石柱土家族自治县烟草专卖局（分公司）	秀山土家族苗族自治县烟草专卖局（分公司）	酉阳土家族苗族自治县烟草专卖局（分公司）	彭水苗族土家族自治县烟草专卖局（分公司）
主要负责人/法定代表人（含党政领导）		徐　宸	赵依林	李常军	窦远奎（—2022年6月） 汪代斌（2022年6月—）
所属县级单位		—	—	—	—
总资产（万元）		14267	5287	35532	47100
资产负债率（%）		—	—	—	—
从业人员（人）		181	88	260	367
所属业务机构	营销机构	1个客户服务部、3个区域客户服务部	1个客户服务部、3个区域客户服务部	1个客户服务部、4个区域客户服务部	1个客户服务部、3个区域客户服务部
	物流配送机构	—	—	—	—
	专卖稽查机构	1个稽查支队、3个稽查大队	1个稽查支队、3个稽查大队	4个稽查大队	4个稽查中队
	烟叶机构	2个烟叶收购站	—	4个烟叶工作站	6个烟叶收购站
烟农户数（户）		523	—	955	1508
实现烟农总收入（万元）		8425	—	19702	26433
零售户数（户）		2258	2868	2910	2654
零售户销售毛利率（%）		14.72	15.32	16.00	15.95

注：重庆市烟草专卖局（公司）下设物流分公司，负责全市烟草商业系统卷烟物流工作管理，负责主城中心城区及渝西片区卷烟配送；另设万州、黔江、涪陵卷烟物流配送中心，归属所在地区局（分公司）管理，分别负责万州、黔江、涪陵片区卷烟配送。

◇撰稿：严　正；编辑：褚　幸

四川省烟草专卖局（公司）

【专卖管理】 **打假打私**。2022 年，四川省烟草专卖局强化内外打假协作，参与全国 12 省打假协作机制建设，迭代升级公安烟草涉烟情报研判中心，全年破获各类网络案件 62 起，涉案总金额 1.45 亿元，其中涉案金额百万元以上网络案件 51 起，千万元以上网络案件 3 起，2 起案件受到公安部、国家烟草专卖局打网办贺信表扬。构建“源头、人员、物流、边界”四道防线，开展非法烟叶、“百日攻坚”等专项行动，查处案件 1.64 万起，查获假私非“三烟”3.95 万件。召开全省专卖高质量发展推进会，探索全域画像、辅助布局等项目研究，推进“数字哨兵”“云上执法”等创新成果落地，专卖数字转型进一步提速，情报导侦的实战作用日益凸显。

经典案例。四川省成都市公安局、烟草专卖局联合侦办的“3·28 特大假冒注册商标案”，公安、司法机关依法逮捕犯罪嫌疑人 19 人，监视居住 14 人，捣毁假烟储存、中转、销售窝点 30 余处，查获涉案卷烟 160 余件、烟丝 4220 千克，初查涉案金额 1.1 亿余元，涉及广西、广东、湖南、湖北、江苏、浙江等全国 8 省（自治区、直辖市）23 市。

市场监管。承接国家局市场秩序评价试点，全面提升 APCD 监管质量，全省市场净化率 98.95%，为近年新高。持续深化“放管服”改革，落实“转企升规”部署，对品牌连锁便利店实施办证材料和时限“双减”，惠及商户 7639 户，不断提升服务质效。以数字转型为主攻方向，与四川省大数据中心协调推进“互联网＋监管”，构建内外数据融合监管新格局。成立专卖职工创新工作室，成立创新团队 15 个，引领和带动全省专卖创新攻关。

【电子烟监管】 履行电子烟监管新的主责，推进电子烟法治化、规范化监管，通过“四个劝导、四个严控、四个禁止”政策引导，确保电子烟市场向专卖专营平稳有序过渡，发放电子烟零售许可证 1665 户，开展涉电子烟违法专项整治，查处向未成年人销售电子烟案件 43 起，成都新津区“6·23”案件被国家局认定为全国首起电子烟持证户违法案件。

【卷烟经营】 **卷烟品牌培育**。四川省局（公司）按照国家局“大品牌”战略导向，围绕“136、345”品牌发展目标，坚持市场化取向改革，遵循市场基本规律，履行好品牌培育“第一职责”。2022 年，本地区销量居前三位的卷烟品牌为“娇子”“云烟”“玉溪”。规范品牌引退流程标准，全年全省在销规格 299 个，准销规格 263 个，销量排名前 20 位的规格品牌集中度 62.9%，全年退出不适销规格 44 个（含雪茄烟）。全年全省实现卷烟单箱销售收入 4 万元，销售共育品牌 896.8 亿支（179.37 万箱）。四川成为“娇子”“玉溪”“天子”等品牌全国最大销区，“云烟”“贵烟”等品牌省外第一大销区。

网络建设。聚焦“数字化”销售转型，开展数字门店建设，推动实现全烟品扫码、全方式支付、全店铺管理，并以数字门店为基础，开展加盟终端和农网示范终端建设。截至 2022 年底，全省推广卷烟零售终端管理系统 3.3 万户，建成数字门店 2.02 万户，发展农网示范终端 436 户，线上加盟终端 250 户，发展会员店铺 4.04 万家。零售户诚信体系建设取得阶段性成效，建立全省统一的信用评价指标库，编制完成卷烟零售户信用管理标准和运行规范。以“我与客户共成长”主题营销活动为契机，组织开展“开口营销”大赛，常态化开展日常走访和经营指导，提升零售户经营能力，全省零售户满意度 91.55 分，全国排名第十位。

【雪茄烟经营】 四川省局（公司）力求在雪茄烟销售机制、培育模式、市场发展上有所突破和创新。编制《中国烟草总公司四川省公司雪茄烟销售工作指导业务规范》。创新销售模式，以成都市局（公司）为试点单位，探索一套独立于卷烟、符合市场实际需求的雪茄烟销售模式。在客户分档上，将雪茄烟客户分为 7 个档位，构建雪茄烟客户多维评价体系，实现雪茄烟货源精准投放。建设专业销售队伍，加强雪茄烟销售知识培训，针对销售人员、零售户实施专项培训、集中宣讲等，覆盖所属 21 个市州局（公司）。

2022 年，四川省传统雪茄烟实现销售收入 0.87 亿元，中高端雪茄烟实现销售收入 0.54 亿元。

【烟叶生产经营】 **概况**。2022 年，四川省涉及种烟市（州）7 个。其中：烤烟产区 5 个，涵盖 21 个县（市），229 个乡镇，1202 个村，4.45 万户烟农；雪茄烟、晒烟产区 2 个，涵盖 4 个县（市），19 个乡镇，90 个村，0.29 万户烟农。

稳固基础，"稳烟田"呈现新气象。在攀枝花市召开全省"稳烟田、育主体"工作现场会，系统构建2个方面、8大举措、92条措施的工作策略库。烟叶产业被纳入《四川省"十四五"推进农业农村现代化规划》，享受农业"10+3"产业体系政策。全省核心烟区种植面积占比超过86%；打造安宁河流域11个县市优质烟叶产业带，特色优质烟叶供给产能超过77%。新增梯次建设国家局和省局（公司）烟区综合体各6个，累计达到22个，其中2个被列入四川省星级现代农业园区建设，5个被列入市（州）级星级现代农业园区建设。政工商三方签订雪茄烟叶产业发展战略协议，打造全国重要的中式雪茄烟原料基地。

稳定种烟效益，"育主体"迈出新步伐。全省烤烟农户4.45万户，为近10年来首次实现增长；20～50亩烤烟农户占比45.83%，持续推动20～50亩规模烟农数量占比保持在50%左右。培育新型职业烟农1.03万户，因地制宜发展家庭农场145家。搭建烟叶生产保障机制，整合政府专项扶持资金4.26亿元，为历年来最高。全省烟农实现售烟总收入43.08亿元，户均收入9.68万元，烟农收入基本稳定。探索实施诚信烟农评价，开展新型职业烟农星级评定，引导推动烟农诚信生产经营。

推进生产转型，"提质量"实现新突破。集成推广"6+6"成熟适用技术，落实应用应对异常气候技术措施。全省推广湿润育苗5.23万亩、工程化有机肥6.2万吨、小苗深栽41.93万亩、水肥一体化104.27万亩、上部叶带茎砍烤27.08万亩。全省推广地膜回收65.8万亩、七星瓢虫33万亩、绿色高效植保108.6万亩，推广各类新能源烤房2.04万座，新增生物质烤房7827座。深化站点扁平化改革，实施"轻资产"管理，示范创建18个标准化站点，收购线比上年缩减17条。因地制宜开展农机农艺融合示范，全省机耕作业率突破90%、机械化起垄突破65%，专业化育苗、分级实现全覆盖。

推动供需协调，"优供给"展现新作为。全省订单生产"红大"3.49万吨（69.84万担），开展高油分中棵烟开发3000亩，高可用性上部烟叶开发42.86万亩。收购上等烟比例64.34%，烟叶收购等级质量合格率超过80%，保障烟叶有效供给。烤烟实现国内19家省级卷烟工业企业全覆盖，连续13年产销平衡。湖北中烟"黄鹤楼"品牌原料区域加工中心落户复烤公司会理复烤厂，成为"黄鹤楼"品牌在全国建设的首个区域加工中心。雪茄烟叶与3家工业企业建立紧密的原料供应关系，收购雪茄烟叶0.06万吨（1.29万担），比上年增长37.23%。

【企业管理】 全面推动群众性创新活动，2022年，全省形成QC小组活动成果255个，创造直接经济效益1929万元，4项成果获得国家局表彰，引进应用成果147个，在行业省级单位中排名第一位，创近年来最好水平。制定《群众性创新活动管理办法》，明确全省烟草商业系统创新工作室管理机制，全省烟草商业系统创建劳模工匠创新工作室8个、职工创新工作室54个、职工创新小组97个。省局（公司）对2022年度职工"五小"创新成果开展评比，评选表彰优秀成果50项。

【特事辑要】 2022年1月25日，2022年四川烟草商业工作电视电话会议在成都市召开。

1月27日，四川省局（公司）与四川中烟、德阳市人民政府在德阳市签订长城雪茄优质雪茄烟叶基地建设暨烟草产业项目战略合作协议。

2月22日，四川省局（公司）

2022年1月27日，长城雪茄优质雪茄烟叶基地建设暨烟草产业项目战略合作协议签订

四川省局　供稿

牵头承担的中国烟草总公司“揭榜挂帅”项目“中川208品种示范推广及在中高档卷烟中的应用研究”在成都市启动。

3月15日，中央广播电视总台央视社会与法频道《天网》栏目以《奇异的旅行箱》为片名专题报道四川达州“9·30”假烟国标一级案件侦破纪实。这是四川烟草打假案件首次登上央视《天网》栏目。

6月30日，四川省局（公司）与中国农业科学院烟草研究所、凉山州人民政府在西昌市共同签订“中国凉山·安宁河现代农业硅谷”烟草产业技术创新中心战略合作框架协议。

7月7—8日，国家局党组成员、副局长段铁力在四川烟草调研。

8月23日，“四川烟草40年”专题网页在四川省局（公司）内网正式上线。

11月30日，四川省公安烟草情报研判中心举行揭牌仪式。

12月28日，四川烟草文化展示厅完成升级改造后开厅启用。

2022年四川省烟草专卖商业主要情况统计

地市级局（公司）名称		成都市烟草专卖局（公司）	自贡市烟草专卖局（公司）	攀枝花市烟草专卖局（公司）	泸州市烟草专卖局（公司）
主要负责人/法定代表人（含党政领导）		杨　宇（2022年8月—）	罗柱石	杨　宇	罗　旭（—2022年10月） 卿　静（2022年12月—）
所属县级单位		青羊区、金牛区、武侯区、高新区、成华区、锦江区、天府新区、双流区等8个县级烟草专卖局，一分公司、二分公司、三分公司、四分公司等4个分公司[1]，以及龙泉驿区、青白江区、新都区、温江区、郫都区、简阳市、都江堰市、彭州市、邛崃市、崇州市、金堂县、大邑县、蒲江县、新津区等14个县级烟草专卖局（分公司）	沿滩区、贡井区、大安区、自流井区、富顺县、荣县等6个县级烟草专卖局（分公司）	米易县、盐边县、东区、西区、仁和区等5个县级烟草专卖局（分公司）	古蔺县、叙永县、合江县、泸县、江阳区、龙马潭区、纳溪区等7个县级烟草专卖局（分公司）
总资产（万元）		1194662	112954	84909	172844
资产负债率（%）		19.43	32.69	15.62	26.44
从业人员（人）		1801	270	680	889
所属业务机构	营销机构	1个营销中心	1个营销中心	1个营销中心	1个营销中心
	物流配送机构	1个物流中心	1个物流中心	1个物流中心	1个物流中心
	专卖稽查机构	1个稽查支队、25个稽查大队	1个稽查支队、6个稽查大队	1个稽查支队、6个稽查大队	1个稽查支队、7个稽查大队
	烟叶机构	—	—	16个烟叶收购点	16个烟叶收购点
烟农户数（户）		—	—	2670	1869
实现烟农总收入（万元）		—	—	30334	21166
零售户数（户）		53630	8899	5440	14004
零售户销售毛利率（%）		17.03	15.00	18.30	15.61

地市级局（公司）名称		德阳市烟草专卖局（公司）	绵阳市烟草专卖局（公司）	广元市烟草专卖局（公司）	遂宁市烟草专卖局（公司）
主要负责人/法定代表人（含党政领导）		蒲　适	王　斌	何成伟	杜兴华
所属县级单位		中江县、罗江区、广汉市、什邡市、绵竹市、旌阳区等6个县级烟草专卖局（分公司）	涪城区、游仙区、安州区、江油市、三台县、梓潼县、盐亭县、北川羌族自治县、平武县等9个县级烟草专卖局（分公司）	利州区、昭化区、朝天区、剑阁县、旺苍县、苍溪县、青川县等7个县级烟草专卖局（分公司）	船山区、射洪市、蓬溪县、大英县、安居区等5个县级烟草专卖局（分公司）
总资产（万元）		170535	198111	92283	86997
资产负债率（%）		24.90	17.31	16.21	26.18
从业人员（人）		470	570	645	285
所属业务机构	营销机构	1个营销中心	1个营销中心	1个营销中心	1个营销中心
	物流配送机构	1个物流中心	1个物流中心	1个物流中心	1个物流中心
	专卖稽查机构	1个稽查支队、7个稽查大队	1个稽查支队、10个稽查大队	1个稽查支队、7个稽查大队	1个稽查支队、6个稽查大队
	烟叶机构	1个烟叶收购点	—	9个烟叶收购点	—
烟农户数（户）		393	—	938	—
实现烟农总收入（万元）		3255	—	11620	—
零售户数（户）		14225	15378	9633	8974
零售户销售毛利率（%）		15.62	14.42	14.30	17.19

地市级局（公司）名称		内江市烟草专卖局（公司）	乐山市烟草专卖局（公司）	南充市烟草专卖局（公司）	宜宾市烟草专卖局（公司）
主要负责人/法定代表人（含党政领导）		杨海智	宋纪江	孙泽芝（—2022年10月）	黄　磊
所属县级单位		市中区、东兴区、隆昌市、资中县、威远县等5个县级烟草专卖局（分公司）	市中区、峨眉山市、夹江县、井研县、沙湾区、五通桥区、沐川县、犍为县、马边彝族自治县、峨边彝族自治县、金口河区等11个县级烟草专卖局（分公司）	高坪区、嘉陵区、顺庆区、阆中市、南部县、西充县、营山县、仪陇县、蓬安县等9个县级烟草专卖局（分公司）	翠屏区、南溪区、叙州区、江安县、长宁县、高县、筠连县、珙县、兴文县、屏山县等10个县级烟草专卖局（分公司）
总资产（万元）		108191	137502	155234	154748
资产负债率（%）		28.22	19.03	24.74	24.14
从业人员（人）		315	375	571	602
所属业务机构	营销机构	1个营销中心	1个营销中心	1个营销中心	1个营销中心
	物流配送机构	1个物流中心	1个物流中心	1个物流中心	1个物流中心
	专卖稽查机构	1个稽查支队、5个稽查大队	1个稽查支队、12个稽查大队	1个稽查支队、9个稽查大队	1个稽查支队、10个稽查大队
	烟叶机构	—	—	—	8个烟叶收购点
烟农户数（户）		—	—	—	908
实现烟农总收入（万元）		—	—	—	11874
零售户数（户）		10629	11743	18785	14560
零售户销售毛利率（%）		16.44	15.04	15.57	15.32

地市级局（公司）名称		广安市烟草专卖局（公司）	达州市烟草专卖局（公司）	巴中市烟草专卖局（公司）	雅安市烟草专卖局（公司）
主要负责人/法定代表人（含党政领导）		常　革	谭永明	张长江	胡雁翼
所属县级单位		广安区、岳池县、武胜县、邻水县、华蓥市、前锋区等6个县级烟草专卖局（分公司）	通川区、达川区、宣汉县、开江县、万源市、大竹县、渠县等7个县级烟草专卖局（分公司）	巴州区、恩阳区、通江县、平昌县、南江县等5个县级烟草专卖局（分公司）	雨城区、名山区、荥经县、汉源县、石棉县、天全县、芦山县等7个县级烟草专卖局（分公司）和宝兴县烟草专卖局
总资产（万元）		77086	123457	69010	64901
资产负债率（%）		25.44	24.33	31.39	15.37
从业人员（人）		294	539	309	244
所属业务机构	营销机构	1个营销中心	1个营销中心	1个营销中心	1个营销中心
	物流配送机构	1个物流中心	1个物流中心	1个物流中心	1个物流中心
	专卖稽查机构	1个稽查支队、7个稽查大队	1个稽查支队、7个稽查大队	1个稽查支队、5个稽查大队	1个稽查支队、8个稽查大队
	烟叶机构	—	9个烟叶收购点	—	—
烟农户数（户）		—	2481	—	—
实现烟农总收入（万元）		—	1790	—	—
零售户数（户）		11029	16901	10451	4535
零售户销售毛利率（%）		16.40	16.80	16.35	15.51

地市级局（公司）名称	眉山市烟草专卖局（公司）	资阳市烟草专卖局（公司）	凉山彝族自治州烟草专卖局（公司）	阿坝藏族羌族自治州烟草专卖局（公司）	甘孜藏族自治州烟草专卖局（公司）
主要负责人/法定代表人（含党政领导）	何梦皓	段　钢	梁　辉	陈隽逸	局长、经理、法定代表人：陈志学 党组书记：青志勇
所属县级单位	东坡区、彭山区、仁寿县、洪雅县、青神县、丹棱县等6个县级烟草专卖局（分公司）	雁江区、安岳县、乐至县等3个县级烟草专卖局（分公司）	西昌市、会理市、会东县、德昌县、盐源县、冕宁县、普格县、宁南县、越西县、喜德县、甘洛县、昭觉县、布拖县、美姑县、金阳县、雷波县、木里藏族自治县等17个县级烟草专卖局（分公司）	汶川县、茂县、松潘县、九寨沟县、理县、小金县、马尔康市、黑水县、金川县、红原县、阿坝县、若尔盖县、壤塘县等13个县级烟草专卖局（分公司）	康定市、泸定县、丹巴县、九龙县、理塘县、雅江县、巴塘县、乡城县、稻城县、得荣县、炉霍县、道孚县、色达县、甘孜县、新龙县、石渠县、德格县、白玉县等18个县级烟草专卖局（分公司）
总资产（万元）	130458	74981	875162	49709	41844
资产负债率（%）	28.08	31.24	36.48	21.82	28.91
从业人员（人）	310	289	2380	199	222

续表

地市级局（公司）名称		眉山市烟草专卖局（公司）	资阳市烟草专卖局（公司）	凉山彝族自治州烟草专卖局（公司）	阿坝藏族羌族自治州烟草专卖局（公司）	甘孜藏族自治州烟草专卖局（公司）
所属业务机构	营销机构	1个营销中心	1个营销中心	1个营销中心	1个营销中心	1个营销中心
	物流配送机构	1个物流中心	1个物流中心	1个物流中心	1个物流中心	1个物流中心
	专卖稽查机构	1个稽查支队、6个稽查大队	1个稽查支队、3个稽查大队	1个稽查支队、18个稽查大队	1个稽查支队、13个稽查大队	1个稽查支队、21个稽查大队
	烟叶机构	—	—	52个烟叶收购站、71个烟叶收购点	—	—
烟农户数（户）		—	—	38130	—	—
实现烟农总收入（万元）		—	—	355654	—	—
零售户数（户）		9110	8716	15831	3750	2972
零售户销售毛利率（%）		15.72	17.07	15.63	17.36	16.57

注：1. 四川省成都市烟草专卖局（公司）一分公司管理服务范围为青羊区和金牛区，对应县级局为青羊区烟草专卖局和金牛区烟草专卖局；二分公司管理服务范围为武侯区和高新区，对应县级局为武侯区烟草专卖局和高新区烟草专卖局；三分公司管理服务范围为成华区和锦江区，对应县级局为成华区烟草专卖局和锦江区烟草专卖局；四分公司管理服务范围为双流区和天府新区，对应县级局为双流区烟草专卖局和天府新区烟草专卖局。

◇ 撰稿：王恩锋；编辑：王　静

贵州省烟草专卖局（公司）

【专卖管理】 **打假打私**。2022年，贵州省烟草专卖局强化纵向协调、横向联动、跨区协作、行刑衔接的打假新机制，严打输出、严防输入、严控反弹。全年查处各类涉烟违法案件5281起，其中，案值5万元以上案件1047起，国家局、公安部联合督办案件2起。查获假私卷烟1423件、非法烟叶烟丝3205.42吨。公安、司法机关依法采取刑事强制措施97人，逮捕170人，判刑81人。

黔南州、贵阳市“11·16”非法生产销售烟丝及假烟案件（部督案），打掉制假窝点4个，查获涉案假烟246.50件、非法烟叶烟丝等86.38吨、烟机8台，案值1713.12万元，公安、司法机关依法抓获涉案嫌疑人20人。

黔东南州“10·08”非法经营烟叶烟丝案件（部督案），打掉制假窝点3个，查获非法烟叶烟丝等42.16吨、烟机8台，案值767.99万元，公安、司法机关依法抓获涉案嫌疑人11人。

市场监管。全面落实“双随机、一公开”监管，优化APCD重点监管，创新探索精益监管、信用监管、阶梯式监管，严查市场违法经营行为，全年市场净化率保持98%以上。全年执行烟草市场监督检查任务40.57万户次，开展专项整顿行动5次，查办无证经营案件437起、异常流动真品卷烟案件3943起，查获异常流动真品卷烟1.05万件。开展校园周边售烟网点清理行动，取缔中小学校、幼儿园周边售烟网点1205个，查处向未成年人售烟（含电子烟）案件60起。开展非国标电子烟产品、侵权“茶烟”等专项治理，查处违法销售电子烟案件28起。

政务服务。加强12313热线分中心建设，建立健全热线运行制度体系，全年话务量4.4万个，热线服务满意度99%以上。深化“互联网+政务服务”建设，全年网上办理烟草专卖零售许可审批事项10.1万件，在线办理率91.5%。截至2022年底，全省有持证卷烟零售户23.81万户。

【烟叶生产】 **烟叶基础设施建设**。全省完成2021年度批复烟叶生产基础设施项目2.87万件，投入行业补贴资金4.14亿元。2022年，新增完工援建水源工程项目2件，累计35件；新增捐赠行业援建资金0.52亿元，累计31.55亿元。

烟叶收购。2022年，贵州省收购上等烟比例73.2%。全省烟叶收购均价32.1元/千克，比上年增加1.6元/千克。全省烟叶质量检查等级合格率70.83%、等级纯度92.93%。

烟叶种植。全省烟农5.65万户，落实5万担以上种烟重点县34个、万担乡153个、千亩村497个，比上年分别增加3个、13个、17个，烟区相对集中连片种烟比例87.5%，其中百亩以上连片比例74.2%，户均规模28.7亩，规模化集中种植水平进一步提升。全省形成以“云烟87”为主，“云烟85”“K326”“云烟105”“云烟116”为辅，自育“GZ36”等为补充的“1+4+N”品种布局，烟叶品种布局更加合理。

贵州省兴义市烟叶机械化植保现场（2022年）

贵州省局　供稿

技术推广。全省绿肥压青112万亩、占比69%，有机肥亩均施用125千克，推广性诱剂119万亩、蠋蝽生物防控57.2万亩，亩均化肥用量比上年分别减少15%，清洁能源烘烤比例52%。持续深化烟叶采烤提质行动，专业化采烤占比91.8%、采烤一体化占比30%以上，烟叶烘烤损失率降至6.4%，烤后烟叶质量逐年提升。

现代烟草农业建设。以烟区产业综合体建设为抓手，整合政府、烟草、社会资金3.84亿元，建设行业级综合体31个，面积11.8万亩，落实种烟主体1262个，引进农业公司21家，形成以粮食、蔬菜、食用菌类等为主的与烟配套产业，“烤烟+N”多元产业配套体系基本构建，一、二、三产业链条初步形成，综合体内亩均综合产出8235元。

培育新型经营主体0.5万个，累计3.1万个，种烟面积134万亩。全省烟叶生产重点环节专业化服务覆盖率提升至85%，亩均用工控制在17个以内，3个合作社被评为贵州省农民合作示范社。

牵头武陵秦巴山地作业区农机农艺融合工作，制定宜机化农业标准体系，初步形成“6+22”烟叶机械化生产系统。全省投入8836万元用于开展农机选型采购、烟田宜机化改造，重点环节机械化作业率70.3%，比上年提高4%。

持续推动400万亩基本烟田数据库建设。烟叶生产经营一体化平台完成5个行业标准立项实施，“生产要素一张图、数图融合一个库、经营决策一中心”建设经验在全国烟叶工作会上作书面交流。对2022年烤烟种植情况（面积、品种、株数等）、土壤肥力、种烟农户、烟叶站点布局、基础设施配置情况（育苗工场、烘烤工场、农机存放点等）进行监测，构建全省数字烟叶数据库，烟叶信息化建设水平持续提升。

工商企业合作。对口工业企业烟叶调拨比例88%、“双十五”工业企业调拨比例85%、烟叶原料基地化供应比例达到74.4%。继续加强与湖南、贵州、浙江等9家对口重点工业企业对接，在28个基地单元开展烟叶定制化生产，定向调拨烟叶87万担（含高可用性上部烟叶18.8万担），25个基地单元实现整单元调拨、全等级使用，烟叶供给质量稳步提升。构建烟叶数字化、智能化、可视化柔性加工精益生产模式，提升烟叶均质化加工水平，2022年烟叶产品水分、烟碱变异系数分别控制在1.62%、1.83%，新挂牌“贵烟”区域加工中心1个、累计挂牌5个。全面加强与工业企业衔接，全年开票结算448.03万担、162.36亿元，剩余烟叶资源246.67万担。

助农增收。2022年，全省烟农实现总收入92.15亿余元（含多元增收11亿元）、比上年增加12.15亿元，户均收入16.29万元、增加2.79万元，助力全省巩固脱贫攻坚成果和乡村振兴战略实施。

【卷烟经营】　**卷烟销售。**2022年，贵州省卷烟销量居前三位的品牌为“贵烟”“黄果树”“云烟”。

品牌培育。以品牌培育为主线，聚焦品牌体系构建、一体协同共育、数据驱动培育、创新策略方法、渠道培育拓展等方面开展探索实践，重点品牌、共育品规、创新产品和雪茄烟销量稳步增长。2022年，全省销售重点品牌比上年增长2.83%；销售“贵烟”品牌增长3.62%；销售创新产品增长13.66%。全年引入新品规格14个，清退规格

36 个，在销品规 272 个。

市场化取向改革。 推广应用“1466”卷烟营销新生态价值体系，细化完善运行评价规则，推动体系常态化规范化运行。推进“卷烟营销上云”平台建设，完成前期各项准备工作。推广应用“3232”卷烟营销运行管控机制，营销业务监管实现动作自动化、过程痕迹化、结果可视化。全省监管指标预警处理率 98% 以上；70 余个县级分公司启动营销队伍转型试点工作。

零售终端建设。 印发零售终端建设制度规范，推动现代终端向“三全”门店转型，提升终端运行质量。健全“俏紧平松软”评价方法，建立卷烟流通价格监测机制，提升市场状态评价系统性、客观性、全面性。开展“我与客户共成长”主题营销活动，帮扶千名困难零售户提升盈利水平，扩大“银企直连”试点合作范围，将卷烟营销投诉咨询归入全省 12313 分中心集中受理，零售户综合满意度 87.29 分。2022 年，全省累计建成“黔彩”合作终端 3201 个，比上年增加 621 个；建成“黔彩”便民终端 240 个；与中石化、中石油共建“黔彩·易捷”“黔彩·好客”跨界终端 46 个。全省高质量网上结算比例 69.72%，比上年提升 14.34 个百分点，零售户综合毛利率 12.37%。

【雪茄烟经营】 2022 年，销售国产传统雪茄烟比上年增长 14.49%。

【科技创新】 **科技项目布局。** 在生物育种领域选立项目 14 项，其中国家级项目 2 项、省部级项目 7 项、省公司自立项目 5 项；烟草绿色防控领域选立项目 16 项，其中获省部级项目 6 项、省公司自立项目 10 项、国际原子能机构项目 1 项，实现行业国际项目“零的突破”；土壤保育与营养领域选立项目 12 项，其中国家级项目 1 项、省部级项目 3 项、省公司自立项目 8 项；烟叶生产栽培领域选立项目 11 项，其中省部级项目 1 项、省公司自立项目 10 项；数字化及管理领域选立项目 9 项，其中省部级项目 1 项、省公司自立项目 8 项。直属单位聚焦本区域内生产经营中技术、管理问题，选立自立项目 78 项。

核心技术创新。 首次在栽培烟草全基因组范围开发 4793 个竞争性等位基因标记；获得碳氮代谢关键候选基因 94 个，并首次克隆验证 NtHB6 等 5 个基因功能；解决 PVY 编码的 CI 蛋白毒害原核宿主细胞问题；获得对烟草病毒病有明显防治效果的 dsRNA 片段。建立马尼拉侧沟茧蜂防控夜蛾科害虫扩繁技术体系；开展 RNA 干扰杀虫技术研究，筛选出 9 个高效干扰靶基因；发现烟草蛀茎害虫新种 1 个。创制新型生防菌剂 5 种。创新构建“一基六化”的以烟为主融合发展模式；研发烟田多光谱数据库和防灾减灾快速响应机制等无人机烟田智能化管理技术；气象大数据及物联网技术在毕节烟草病虫害预测预报有效应用。

科技成果转化。 成立贵州烟草商业科技成果孵化中心，在各产区建成 9 个烟叶科技成果转化园，在遵义市建成全球单体最大天敌昆虫（蠋蝽）生产基地，在毕节市建成生物炭及炭基肥生产基地，在黔南州福泉市筹建微生物菌剂生产中心，形成“烟叶科技成果转化园 + 孵化基地”的成果转化平台。2022 年，蠋蝽防治害虫全省示范推广 59.6 万亩，其中大农业 5.7 万亩。积极推进蠋蝽全国供应，向云南等 8 省商品化供应蠋蝽 95 万头；烤烟托盘育苗技术、烟草病毒病三价快速检测试纸条 2 项成果进入孵化转化阶段；多功能生物有机肥、防控中后期叶斑病的高效复配剂等 5 项技术在全省累计推广 34 万亩；烤房循环风机智能变频控制技术等 6 项成果进入 2023 年全省烟叶生产示范名录；低温促生育苗复合菌剂、烟用棒状一次肥等 9 项成果 2023 年入园验证；“黔彩”新零售终端标杆模式、弧形滑壁烤房改造等 12 项质量管理成果被各地引进应用。

【特事辑要】 2022 年 6 月 5 日，贵州省委副书记、省委政法委书记时光辉在黔南州福泉市调研“三夏”生产工作。

7 月 6—8 日，国家局党组成员、副局长张天峰在贵州烟草调研。

2022 年贵州省烟草专卖商业主要情况统计

地市级局（公司）名称	贵阳市烟草专卖局（公司）	遵义市烟草专卖局（公司）	六盘水市烟草专卖局（公司）	安顺市烟草专卖局（公司）	毕节市烟草专卖局（公司）
主要负责人/法定代表人（含党政领导）	杨双剑	陈 勇	张林峰	朱 峻	邓祖昌（—2022 年 4 月） 何 轶（2022 年 4 月—）

续表

地市级局（公司）名称		贵阳市烟草专卖局（公司）	遵义市烟草专卖局（公司）	六盘水市烟草专卖局（公司）	安顺市烟草专卖局（公司）	毕节市烟草专卖局（公司）
所属县级单位		清镇市、开阳县、息烽县、修文县、南明区、云岩区、观山湖区、白云区、乌当区、花溪区等10个县级烟草专卖局（分公司）	红花岗区、汇川区、播州区、仁怀市、赤水市、桐梓县、习水县、湄潭县、凤冈县、余庆县、绥阳县、正安县、道真仡佬族苗族自治县、务川仡佬族苗族自治县等14个县级烟草专卖局（分公司）	盘州市、水城区、六枝特区、钟山区等4个县级烟草专卖局（分公司）	西秀区、平坝区、普定县、镇宁布依族苗族自治县、关岭布依族苗族自治县、紫云苗族布依族自治县等6个县级烟草专卖局（分公司）	七星关区、大方县、黔西市、金沙县、织金县、纳雍县、威宁彝族回族苗族自治县、赫章县等8个县级烟草专卖局（分公司）
总资产（万元）		449407	656250	188153	162185	578800
资产负债率（%）		21.32	20.16	19.94	30.92	30.61
从业人员（人）		1166	3004	904	736	3131
所属业务机构	营销机构	1个卷烟营销中心、10个卷烟营销部	1个卷烟营销中心、14个卷烟营销部	1个卷烟营销中心、4个卷烟营销部	1个卷烟营销中心、6个卷烟营销部	1个卷烟营销中心、8个卷烟营销部
	物流配送机构	1个物流中心	1个物流中心、3个物流中转站	1个物流中心、1个物流中转站	1个物流中心	1个物流中心、3个直送部、3个物流中转站
	专卖稽查机构	1个稽查支队、10个稽查大队	1个稽查支队、14个稽查大队	1个稽查支队、4个稽查大队	1个稽查支队、6个稽查大队	1个稽查支队、8个稽查大队
	烟叶机构	6个烟叶收购站	41个烟叶工作站	6个烟叶工作站	4个烟叶工作站	34个烟叶工作站
烟农户数（户）		1400	11198	3474	790	21907
实现烟农总收入（万元）		21700	220894	47700	13032	224400
零售户数（户）		33584	35096	19046	17748	41599
零售户销售毛利率（%）		14.50	14.93	14.86	13.02	14.81

地市级局（公司）名称	铜仁市烟草专卖局（公司）	黔东南州烟草专卖局（公司）	黔南布依族苗族自治州烟草专卖局（公司）	黔西南布依族苗族自治州烟草专卖局（公司）	贵安新区烟草专卖局（公司）
主要负责人/法定代表人（含党政领导）	叶江平（—2022年4月） 文　赟（2022年4月—）	蒋　聪	莫天前（—2022年4月） 蒋光华（2022年4月—）	罗　斐（—2022年4月） 夏志林（2022年4月—）	文　赟（—2022年4月） 周　勇（2022年4月—）
所属县级单位	德江县、沿河土家族自治县、思南县、石阡县、松桃苗族自治县、印江土家族苗族自治县、江口县、玉屏侗族自治县、碧江区、万山区等10个县级烟草专卖局（分公司）	岑巩县、镇远县、施秉县、麻江县、丹寨县、黄平县、天柱县、锦屏县、黎平县、三穗县、榕江县、从江县、剑河县、雷山县、台江县、凯里市等16个县级烟草专卖局（分公司）	都匀市、福泉市、瓮安县、长顺县、独山县、惠水县、平塘县、贵定县、龙里县、荔波县、罗甸县、三都水族自治县等12个县级烟草专卖局（分公司）	兴义市、兴仁市、安龙县、普安县、贞丰县、晴隆县、册亨县、望谟县等8个县级烟草专卖局（分公司）	—

续表

地市级局（公司）名称		铜仁市烟草专卖局（公司）	黔东南州烟草专卖局（公司）	黔南布依族苗族自治州烟草专卖局（公司）	黔西南布依族苗族自治州烟草专卖局（公司）	贵安新区烟草专卖局（公司）
总资产（万元）		206927	196602	212125	319950	25856
资产负债率（%）		30.56	29.88	28.49	20.15	42.96
从业人员（人）		1577	1198	1391	1094	56
所属业务机构	营销机构	1个卷烟营销中心、10个卷烟营销部	1个卷烟营销中心、16个卷烟营销部	1个卷烟营销中心、12个卷烟营销部	1个卷烟营销中心、8个卷烟营销部	1个卷烟营销中心
	物流配送机构	1个物流中心、13个物流中转站	1个物流中心，1个直送站和3个中转站	1个物流中心、1个物流中心送货部、3个物流中转站	1个物流中心、2个物流中转站	—
	专卖稽查机构	1个稽查支队、10个稽查大队	16个稽查大队、23个稽查中队	1个稽查支队、12个稽查大队	1个稽查支队、8个稽查大队	1个稽查支队
	烟叶机构	15个烟叶工作站	12个烟叶工作站	6个烟叶工作站	22个烟叶收购站	—
烟农户数（户）		2762	2654	2497	8127	—
实现烟农总收入（万元）		62400	42400	38747	130000	—
零售户数（户）		18611	24699	24640	18998	1351
零售户销售毛利率（%）		14.25	15.35	14.18	12.30	15.49

◇撰稿：周必昂；编辑：刘海文

云南省烟草专卖局（公司）

【专卖管理】 **打假打私**。2022年，云南省烟草专卖局强化“大数据+烟草”治理理念，构筑“两烟”打假打私防线。与云南省公安厅等单位及地方党委政府协作，形成打击涉烟违法犯罪工作的合力。牵头建立云南、河北、福建、河南、湖北、湖南、广东、广西、重庆、四川、贵州、西藏等12省（自治区、直辖市）烟草打假打私协作机制，联合开展12省（自治区、直辖市）联合打击非法经营烟丝烟叶等涉烟违法犯罪“百日攻坚”专项行动。深化云南省打击涉烟违法犯罪大数据智能化情报研判平台实战运用，突出大数据分析，破获红河“12·19”、昭通“4·17”、德宏“7·13”等一批有较大影响力的涉烟违法网络案件。

全年全省查处各类涉烟违法案件1.41万起，其中大要案1962起、网络案件54起；查获涉案非法卷烟3.71万件，烟叶烟丝8272.48吨。公安、司法机关依法刑拘148人，批捕213人，判刑335人。

烟叶源头治理。依托地方党委政府开展非法经营烟叶社会综合治理，借助云南公安大数据平台，加强与相关省市烟丝烟叶类情报信息共享和数据协同，不定期开展沿线巡查和整治，加大对重点地区和重点人员管控整治力度，铲除滋生涉烟违法活动的土壤。曲靖陆良县、昭通鲁甸县等重点地区破获一批非法经营烟叶重点案件，震慑涉烟违法犯罪分子。

边境涉烟管控。将边境缉私打假融入强边固防和边境管控大局，构建“烟草专卖+”联防联控模式。开展“绿滇”等系列专项行动，筑牢“一线封堵、二线查缉、三线破网”立体防控网络。提升口岸缉私的科技支撑能力。与昆明市海关缉私局情报研判合作，推进各边境州（市）缉私信息化项目，提升口岸缉私平台支撑能力。2022年，全省查获假私烟数量比上年减少52.42%。

市场监管。发挥12313热线分中心作用，及时处置企业群众反映的问题诉求。2022年，开展“双随机”检查任务577次，随机抽取检查3230人次，检查人员覆盖率60.18%；随机抽取检查卷烟零售户4.04万户，零售户覆盖率15.94%。开展“茶烟”等类烟产品专项治理行动，整治类烟产品市场乱象。

行政许可服务。深化“放管服”改革，优化营商环境，全省平均新办证时间1.49天。截至2022年底，全省有持证卷烟零售户23.75万户。

专卖内管。推进“两烟”生产经营全过程管理监督，促进烟叶生产管理更为规范、卷烟经营秩序明显好转、废弃烟草专卖品处置风险有效降低。加强违法违规大户治理，2022年，全省取消卷烟零售户经营资格936户，取缔违法违规经营大户57户，停业整顿874户。全省销量排名前20%的零售户销量占比41.2%，比上年降低1.24个百分点；千条户销量占比0.05%，降低0.06个百分点。

【电子烟监管】 成立电子烟办公室，对获证电子烟生产企业开展政策宣传、业务督导、警示教育，引导企业依法合规组织生产经营，劝导700余户卷烟零售户下架电子烟，将电子烟纳入法治化规范化轨道。

【卷烟经营】 **终端建设。**打造“云香印象”流通品牌，举办大理州终端建设现场会。截至2022年底，全省扫码终端5.48万户，占零售终端客户数的22.94%，实现“云香印象”终端系统规模化应用，全年扫码突破10亿笔，扫码金额337.86亿元；移动支付笔数达到0.87亿笔，交易金额达到36.97亿元。2022年，云南卷烟零售户满意度分值为89.6，比上年提高1.94。

品牌培育。推进国产卷烟全省共育品规目录管理，推动落实三级品牌共育机制，对行业重点培育品规进行无条件市场准入，行业共育54个品规全部入网销售，形成全省共育品规34个。2022年，全省销售重点品牌卷烟占比96.45%，销售创新品类卷烟比上年增长4.58%，占销售总量的9.76%、增加0.4个百分点。

物流建设。昆明、普洱两个工商、区域一体化项目启动土建施工，红河工商一体化区域物流中心项目完成初步设计方案审批，楚雄项目于2022年9月正式投产运行，保山项目2022年12月投产试运行。云南烟草工商企业配合，回收卷烟包装箱661.85万只，完成110万箱卷烟包装箱循环利用目标任务。2022年，全省单箱物流费用240.54元，比上年减少0.76元/箱，订单当日和次日送达率83.18%。

【雪茄烟经营】 2022年，云南省销售传统雪茄烟比上年增长16.21%，其中：销售机制雪茄烟增长15.07%，销售手工雪茄烟增长64.35%，销售中高端雪茄烟增长60.65%。

【烟叶生产】 **烟叶收购。**2022年，云南省实现烟农售烟收入278.83亿元，比上年增加22.6亿元；户均收入6.5万元，增加0.83万元；烟叶税61.34亿元，增加4.98亿元，取得“收购总值、种烟收入、户均收入、政府税收四个历史新高，烟叶收购质量水平进一步提升”的优异成绩。

配套设施建设。2022年，云南省共安排烟叶生产基础设施建设项目3.46万件，行业投入资金概算13.32亿元，受益基本烟田16.07万亩。其中，高标准基本烟田11个项目区，行业投入资金概算0.41亿元，建设烟水配套、机耕路和土地整理项目190件，受益基本烟田面积1.37万亩。

稳定核心烟区。围绕稳烟区、稳烟田、稳烟农，烟区各级政府全面制定出台扶持政策，基本形成核心烟区稳定发展长效机制。省局（公司）将烟叶产前投入从每担130元提高到150元，商业扶持资金1.7亿元，印发《核心烟区“156”示范工程建设方案》，全年全省核心烟区种烟比例达到64.9%，比上年提高1.4个百分点。

产业转型升级。推进数字化转型，智慧烟区管理采集地块1078万块、1540万亩；“生产动态管理”平台获取各环节数据227.9万条；“香叶智农”平台注册农户55万户，

云南普洱景谷县小景谷镇的成片烟田（2022年）

云南普洱市局　董皓晗　摄

金融机构授信25万户、贷款金额60亿元，间接减少种烟成本1.9亿元；推广物联网烤房1.6万座、智能分定级收购45.7万担、智慧烟叶物流95.6万担。推进规模化种植、专业化服务、机械化作业，发展5万担以上种烟县83个、万担乡510个、千亩村2055个，100亩以上连片占比75.3%、比上年提高1.7个百分点。10～30亩种植农户23.8万户，比上年增加1.1万户。现有合作社254个，成立18个市、县合作联社，烟农入社率97.2%；编制《宜机化烟草农业标准技术规程》，研发膜下小苗多功能抛苗移栽机，重点环节平均机械化作业率达到52.6%，提高7.1个百分点。

绿色烟叶生产。推广水肥一体化56.9万亩、绿色高效植保613.7万亩、新能源烤房8.9万座、变频烤房1万座、废弃地膜回收533万亩、资源化利用437万亩。

优质原料保障。建设烟叶基地单元193个、对口调拨43.61万吨（872.1万担）；实施高可用性上部烟叶开发54.3万亩、1.39万吨（27.7万担）。高端特色烟叶开发规模达到4.35万吨（87万担），全力保障云产高端卷烟品牌原料需求。国家局抽检等级合格率82.5%。

多元融合发展。构建“烟叶＋N”的现代农业产业体系，建成59个烟区产业综合体，发展烟后鲜食玉米、豆类、特色瓜果等，实现多元增收33.8亿元。延伸配套产业，引导合作社生产生物质燃料42.2万吨，工程化生产有机肥17.2万吨，残膜回收加工3.3万吨，年产值4亿余元。

【科技创新】 **创新成果。**2022年，获得省部级科技奖励14项，其中一等奖2项、二等奖3项，获奖数量居行业首位，获得行业商业企业首个标准创新一等奖。编制云南雪茄烟叶标准体系，制定《西南云贵高原山地作业区宜机化烟草农业标准体系》，发布实施地方标准2项，11个地方标准被批准立项研究。

明确砞砂烟的特征香味物质及配伍特性，种植砞砂烟叶3.1万亩、收购砞砂烟叶0.115万吨（2.3万担）。研制出烟蚜茧蜂、捕食螨、夜蛾黑卵蜂、叉角厉蝽和烟草内源抗病毒制剂“四虫一剂”生防系列产品，推广各种生物制剂1439.7万亩次，释放烟蚜茧蜂、夜蛾黑卵蜂等天敌664.5万亩。2022年，示范推广抗黑胫病“红花大金元”及抗PVY“云烟87（云烟301）”、“砞砂烟”、“云烟”121等烤烟新品种62.17万亩；推广膜下小苗移栽460万亩；研发番茄环纹斑点病毒（TZSV）、烟草脉带花叶病毒（TVBMV）、野火/角斑病、细菌性黑斑病的快速检测试纸条。

雪茄烟叶开发。种植雪茄烟叶1.1万亩，收储雪茄原烟1100吨（2.2万担），经发酵加工后完成工商调拨896吨。自主选育出“云雪1号”“云雪2号”两个雪茄烟叶品种，实现烟草行业雪茄烟叶品种首批登记；探明云南生产优质茄衣烟叶的遮阴率关键参数，建立茄衣、加芯分类关键栽培技术；建成国内首条雪茄烟叶规模化收储发酵生产线，年产能1500吨（3万担）。

【企业管理】 **管理创新。**完成GB/TISO 9001：2015质量管理体系转版工作；组织开展第八届优秀改善创新成果评审发布，QC成果获得国家局一等奖；“云南烟草商业智能财务建设项目”“雪茄烟产业发展的临沧行动”两项“提升企业核心竞争力”典型案例入选国家局典型案例集。

数字化创新实践。在行业内率先完成烟叶种植和规划地块信息采集，依托“一站式烟农平台”向全省50余万户烟农提供烟叶种植合同网签、烟用物资及专业化服务在线交易等服务。智慧物流综管平台上线运行，成为行业首个全省集中部署技术架构的物流信息系统。

【特事辑要】 2022年2月22日，云南雪茄烟叶现场观摩及调研活动在玉溪元江县举行。

3月15日，中国烟草总公司公布第七届标准创新贡献奖获奖项目的决定，由云南省局（公司）牵头制（修）订的国家标准《烟草种子生产加工技术规程》和《烟草种子》获得一等奖。

4月11日，云南省委常委、副省长杨斌在云南省局（公司）调研。

6月27—30日，国家局党组成员、副局长段铁力在云南烟草调研。云南省副省长李玛琳一同调研。

7月28日，云南、河北、福建、河南、湖北、湖南、广东、广西、重庆、四川、贵州、西藏等12省（自治区、直辖市）烟草打假打私协作会议在红河州弥勒市召开。

10月14日，由云南烟草工商共同合作建设的云南省首条规模化雪茄烟叶发酵生产线投入试运行。

10月27日，云南省委副书记石玉钢在红河州开远市中和营镇调研粮烟协同发展。

2022 年云南省烟草专卖商业主要情况统计

地市级局（公司）名称		昆明市烟草专卖局（公司）	玉溪市烟草专卖局（公司）	曲靖市烟草专卖局（公司）	红河哈尼族彝族自治州烟草专卖局（公司）
主要负责人/法定代表人（含党政领导）		田泽华（—2022 年 6 月） 宁德凯（2022 年 6 月—）	蒲天燕	晏　飞	陈茂建
所属县级单位		呈贡区、安宁市、五华区、盘龙区、西山区、官渡区、东川区、晋宁区、富民县、宜良县、嵩明县、石林彝族自治县、禄劝彝族苗族自治县、寻甸回族彝族自治县等 14 个县级烟草专卖局（分公司）	红塔区、江川区、通海县、新平彝族傣族自治县、澄江市、峨山彝族自治县、华宁县、元江哈尼族彝族傣族自治县、易门县等 9 个县级烟草专卖局（分公司）	麒麟区、宣威市、沾益区、马龙区、陆良县、师宗县、罗平县、富源县、会泽县等 9 个县级烟草专卖局（分公司）	蒙自市、个旧市、开远市、弥勒市、建水县、石屏县、泸西县、元阳县、红河县、绿春县、金平苗族瑶族傣族自治县、屏边苗族自治县、河口瑶族自治县等 13 个县级烟草专卖局（分公司）
总资产（万元）		1183403	779235	1444483	771321
资产负债率（%）		14. 90	12. 07	19. 79	15. 35
从业人员（人）		1703	1032	2646	1397
所属业务机构	营销机构	1 个营销中心、14 个区域市场部	1 个营销中心、9 个区域市场部	1 个营销中心、9 个区域市场部	1 个卷烟营销中心、13 个区域市场部
	物流配送机构	1 个物流中心、4 个物流中转站	1 个物流中心、8 个县（区）物流中转站	1 个卷烟物流分公司、9 个卷烟物流中转站	1 个物流分公司、4 个物流中转站
	专卖稽查机构	1 个稽查支队、14 个稽查大队、53 个稽查中队	1 个稽查支队、9 个稽查大队	1 个稽查支队、9 个稽查大队、36 个稽查中队	1 个稽查支队、13 个稽查大队
	烟叶机构	49 个烟叶收购站	50 个烟叶收购站	87 个烟叶收购站、329 个烟点	38 个烟叶收购站
烟农户数（户）		39273	55629	105745	37332
实现烟农总收入（万元）		250242	296734	575200	253008
零售户数（户）		36583	14172	23996	18474
零售户销售毛利率（%）		13. 00	16. 25	10. 00	12. 97

地市级局（公司）名称	楚雄彝族自治州烟草专卖局（公司）	大理白族自治州烟草专卖局（公司）	昭通市烟草专卖局（公司）	保山市烟草专卖局（公司）
主要负责人/法定代表人（含党政领导）	曹敬东	杨龙祥	刘永军	杨　轩
所属县级单位	楚雄市、禄丰市、双柏县、牟定县、南华县、姚安县、大姚县、永仁县、元谋县、武定县等 10 个县级烟草专卖局（分公司）	大理市、宾川县、祥云县、弥渡县、南涧彝族自治县、巍山彝族回族自治县、漾濞彝族自治县、永平县、云龙县、洱源县、剑川县、鹤庆县等 12 个县级烟草专卖局（分公司）	昭阳区、鲁甸县、巧家县、镇雄县、彝良县、威信县、大关县、盐津县、永善县、绥江县、水富市等 11 个县级烟草专卖局（分公司）	隆阳区、施甸县、腾冲市、龙陵县、昌宁县等 5 个县级烟草专卖局（分公司）
总资产（万元）	678272	591127	394291	532485
资产负债率（%）	16. 09	18. 96	32. 29	33. 86
从业人员（人）	1231	1192	1726	905

续表

地市级局（公司）名称		楚雄彝族自治州烟草专卖局（公司）	大理白族自治州烟草专卖局（公司）	昭通市烟草专卖局（公司）	保山市烟草专卖局（公司）
所属业务机构	营销机构	1个卷烟营销中心	1个物流分公司、12个县级物流中转站（管理站）	1个营销中心、11个区域市场部	1个营销中心、22个卷烟营销服务站
	物流配送机构	1个物流分公司	1个物流分公司、12个县级物流中转站	1个物流分公司、11个物流中转站	1个物流分公司、5个物流中转站
	专卖稽查机构	1个稽查支队、10个稽查大队	1个专卖稽查支队、12个专卖稽查大队	1个稽查支队、11个稽查大队、28个稽查中队	1个稽查支队、5个稽查大队、22个专卖管理所
	烟叶机构	71个烟叶站	74个烟叶站	41个烟叶工作站	40个烟叶工作站
烟农户数（户）		50159	50411	10103	28510
实现烟农总收入（万元）		271970	239475	101955	194663
零售户数（户）		12769	15608	21941	12251
零售户销售毛利率（%）		13.10	13.84	13.20	12.80

地市级局（公司）名称		文山壮族苗族自治州烟草专卖局（公司）	普洱市烟草专卖局（公司）	丽江市烟草专卖局（公司）	临沧市烟草专卖局（公司）
主要负责人/法定代表人（含党政领导）		朱艳梅	廖文程	马文广	段 焰
所属县级单位		文山市、砚山县、西畴县、麻栗坡县、马关县、丘北县、广南县、富宁县等8个县级烟草专卖局（分公司）	景东彝族自治县、镇沅彝族哈尼族拉祜族自治县、墨江哈尼族自治县、景谷傣族彝族自治县、宁洱哈尼族彝族自治县、江城哈尼族彝族自治县、澜沧拉祜族自治县、孟连傣族拉祜族佤族自治县、西盟佤族自治县、思茅区等10个县级烟草专卖局（分公司）	玉龙纳西族自治县、永胜县、华坪县、宁蒗彝族自治县、古城区等5个县级烟草专卖局（分公司）	临翔区、凤庆县、永德县、云县、镇康县、耿马县傣族自治县、沧源佤族自治县、双江拉祜族佤族布朗族傣族自治县等8个县级烟草专卖局（分公司）
总资产（万元）		424954	365404	205600	229281
资产负债率（%）		17.87	24.95	20.41	29.45
从业人员（人）		985	810	454	724
所属业务机构	营销机构	1个营销中心、8个区域市场部	1个营销中心、10个区域市场部	1个营销中心、5个区域市场部	1个营销中心、8个区域市场部
	物流配送机构	1个配送中心、4个物流中转站	1个物流分公司、8个物流中转站	1个物流中心、3个物流中转站	1个物流分公司、8个卷烟物流配送服务中转站
	专卖稽查机构	1个稽查支队、8个稽查大队	1个稽查支队、10个稽查大队	1个稽查支队、5个稽查大队、15个稽查中队	1个稽查支队、8个稽查大队
	烟叶机构	40个烟叶工作站	50个烟叶收购站、5个烟叶收购点	24个烟叶收购站、2个烟叶收购点	31个烟叶收购站
烟农户数（户）		14081	25495	17552	21378
实现烟农总收入（万元）		161398	182189	94049	120100
零售户数（户）		20070	14954	10498	10465
零售户销售毛利率（%）		12.56	12.50	15.74	12.00

地市级局（公司）名称		德宏傣族景颇族自治州烟草专卖局（公司）	西双版纳傣族自治州烟草专卖局（公司）	怒江傈僳族自治州烟草专卖局（公司）	迪庆藏族自治州烟草专卖局（公司）
主要负责人/法定代表人（含党政领导）		王黎亚（—2022年9月）赵文山（2022年9月—）	张国鲲（—2022年9月）王总胜（2022年9月—）	曹本国	肖　玛
所属县级单位		芒市、瑞丽市、陇川县、盈江县、梁河县等5个县级烟草专卖局（分公司）	景洪市、勐海县、勐腊县等3个县级烟草专卖局（分公司）	泸水市、福贡县、贡山独龙族怒族自治县、兰坪白族普米族自治县等4个县级局（分公司）	德钦县、维西傈僳族自治县、香格里拉市等3个县级专卖局（分公司）
总资产（万元）		76901	73600	19781	23316
资产负债率（%）		40.59	17.70	26.66	25.46
从业人员（人）		209	172	108	102
所属业务机构	营销机构	1个营销中心、5个区域市场部	1个卷烟营销中心	1个营销中心	1个营销中心、3个区域市场部
	物流配送机构	1个物流分公司、5个区域终端送货部	1个物流分公司	1个物流分公司	1个物流分公司
	专卖稽查机构	1个稽查支队、5个稽查大队	1个稽查支队、3个稽查大队	1个稽查支队、4个稽查大队	1个稽查支队、3个稽查大队
	烟叶机构	—	—	—	—
烟农户数（户）		—	—	—	—
实现烟农总收入（万元）		—	—	—	—
零售户数（户）		8192	10318	2848	2732
零售户销售毛利率（%）		14.03	15.00	13.50	18.00

注：烟叶相关情况不含云南香料烟有限责任公司数据。

◇撰稿：王津军；编辑：刘海文

西藏自治区烟草专卖局（公司）

【专卖管理】　**打假打私**。2022年，西藏自治区烟草专卖局始终保持打假打私高压态势，加入12省（自治区、直辖市）烟草打假打私协作体系，发挥自治区打击涉烟违法犯罪厅际联席会议制度作用，推进12313热线服务平台建设，提升投诉举报处置效能，发挥多部门联合执法合力，全年组织开展市场专项整治行动4次，出动执法人员4588人次，查处各类涉烟案件151起，查获涉案卷烟572.59件，案值632.27万元；破获案值5万元以上案件42起，公安、司法机关依法采取刑事强制措施1人。全年自治区卷烟市场净化率94.77%。

典型案件。2022年6月，拉萨市局联合公安、邮政等部门查获一起无准运证运输烟草专卖品案件，涉案金额90.75万元，查获“天下秀”“白沙”“大前门”等51个品牌规格非法流通真烟162.64件。该案为近年查处的案值最大无证运输案件，有力地震慑涉了烟违法犯罪行为，维护了卷烟市场经营秩序。

【电子烟监管】　2022年，自治区局推动电子烟监管政策措施全面落地，电子烟市场监管体系初步建成，并制定实施电子烟零售点布局规划，电子烟批发企业准入监管更加规范，监管工作步入法治化、规范化轨道。组织全区各级烟草专卖管理部门开展保护未成年人免受电子烟侵害普法宣传进校园主题活动，联合多方执法力量实施电子烟市场专项整治，全年清理、劝退中小学校及幼儿园周边卷烟、电子烟销售网点30个，清理自动售卖机53台，依法查处向未成年人销售卷烟、电子烟案件8起，清理一批互联网非法销售电子烟行为及虚假违法广告。

【卷烟经营】 **卷烟销售。**2022年，自治区局（公司）卷烟销售量比上年增长0.43%，卷烟销售收入比上年增长2.84%，单箱销售4.83万元，比上年增长2.39%。重点品牌销售量比上年增长2.3%，占比92.98%；重点品牌销售收入增长3.47%，占比97.65%。实现税利14.77亿元，比上年增长4.34%；上缴税金10.71亿元，增长17.24%。

品牌培育。自治区局（公司）坚持以“136、345”品牌引领集群为目标导向，着力构建完善重点突出、集中度高、协调有序的品牌发展战略体系，做好重点品规市场培育和引导，供给韧性和需求适配性持续提高。有序推进“四网合一”，现代零售终端建设首次覆盖农网，完成现代零售终端选点266户，建成“雪域阳光”加盟店18个。2022年在销卷烟品规174个，重点品牌销量占比97.61%。全年完成低价位卷烟销售任务。

物流建设。自治区局（公司）坚持以物流“121”信息平台建设为抓手，深化与湖南省局（公司）的物流合作和对标帮扶，加快推进物流数字化转型，“数智签收”项目全面上线应用，覆盖零售户1.5万户，送货服务好评率98.8%，物流配送更加高效，零售户满意度持续提升。

【雪茄烟经营】 2022年，全自治区销售传统国产雪茄烟比上年增长29.71%。传统国产雪茄烟市场在销7个品牌、30个规格，初步形成以四川中烟“长城”品牌为主，四川中烟“狮牌”“工字”、安徽中烟“王冠”、湖北中烟“黄鹤楼”、山东中烟“泰山”“将军”为辅的培育体系，雪茄烟市场持续稳定发展。

【企业管理】 **数字化转型。**以一体化平台建设为抓手稳步推进全区系统数字化转型，把握数字化发展主动权，有序推动一体化平台、专卖监管平台、行业二维码统一应用等项目建设，协同推进信创工程落地见效，严格落实网络安全主体责任，持续强化关键信息基础设施安全防护，推动数据要素有序流动，运用数据赋能管理、辅助决策的能力持续提升。

基础管理。启用“提升企业核心竞争力指标体系”，巩固共建成果，长沙市局（公司）与拉萨市局（公司）对标共建成果入选烟草行业提升企业核心竞争力典型案例，其他地市局（公司）对标共建有序推进，基础管理水平持续提升。西藏烟草首批QC课题结题16个、创新项目结项6个，取得实用新型专利1件、计算机软件著作权1件，日喀则市局（公司）、拉萨市局（公司）QC课题成果分别获得烟草行业第三十二届优秀质量管理小组成果一等奖、第三十三届优秀质量管理小组成果三等奖，拉萨市局（公司）“雪域初心”QC小组被评为全国优秀质量管理小组。

【援藏工作】 自治区局（公司）积极推动兴边富民工程，着力推进烟草行业援藏项目，加强资金管理和监督检查，森布日极高海拔易地搬迁矮化苹果产业项目种植矮化苹果15万余株，绿化雅江河流域沙地939.5亩；现代牧业项目创新采用“种养加一体化、生态循环”生产模式，构建起一条“饲草种植、奶牛养殖、粪污处理、沼气发电、沼肥还田”的绿色循环产业链条；7个美丽村庄示范项目和

2022年9月8日，西藏区局（公司）第四批“雪域阳光”党员抗疫先锋队进驻海亮世纪新城开展新冠疫情防控工作

西藏区局（公司） 姜银宝 摄

4个边境村建设项目稳步推进，新时代文明实践中心样板项目有序实施，拨付援藏资金1.97亿元。

【特事辑要】 2022年7月5—7日，国家局党组成员、副局长段铁力在西藏烟草调研，并听取西藏烟草有关工作汇报。

8月6日，自治区局（公司）在“我在西藏有棵树”公益项目启动仪式定向捐款4795.05万元，支持拉萨南北山绿化工程哲蚌片区3660.5亩植树造林项目。

8—10月，西藏突发新冠疫情，自治区局（公司）动员全区烟草系统有生力量，先后组建24支“雪域阳光”党员抗疫先锋队、共计169名党员干部，下沉街道社区、方舱医院、农牧区和执勤点位，配合地方党委、政府阻击疫情，并向拉萨市政府捐款125.6万元助力疫情防控。

11月25日，自治区局（公司）召开全区烟草商业系统学习宣传贯彻党的二十大精神动员部署会。

2022年西藏自治区烟草专卖商业主要情况统计

地市级局（公司）名称		拉萨市烟草专卖局（公司）	山南市烟草专卖局（公司）	日喀则市烟草专卖局（公司）	林芝市烟草专卖局（公司）	昌都市烟草专卖局（公司）	阿里地区烟草专卖局（公司）
主要负责人/法定代表人（含党政领导）		程 伟	米玛次仁	格桑多吉	索朗次仁	王鸿韬	扎西才旺
所属县级单位		—	—	—	—	—	—
总资产（万元）		124767	15405	24567	16940	24054	5533
资产负债率（%）		13.90	44.35	26.53	22.00	17.07	112.56
从业人员（人）		141	91	110	92	89	50
所属业务机构	营销机构	1个卷烟营销中心、2个县级卷烟营销网点	1个卷烟营销中心、4个县级卷烟营销网点	1个卷烟营销中心、4个县级卷烟营销网点	1个卷烟营销中心、2个县级卷烟营销网点	1个卷烟营销中心、5个县级烟草专卖卷烟营销网点	1个卷烟营销中心、3个县级卷烟营销网点
	物流配送机构	1个卷烟物流中心	1个卷烟物流中心	1个物流配送中心	1个物流配送中心	1个物流配送中心	1个物流配送中心
	专卖稽查机构	1个专卖监督管理科、1个机动稽查大队、4个服务站	1个专卖监督管理科	1个专卖监督管理科、4个稽查大队	1个专卖监督管理科、2个专卖稽查大队	1个专卖监督管理科（专卖稽查支队）、6个专卖稽查大队	1个专卖监督管理科
	烟叶机构	—	—	—	—	—	—
烟农户数（户）		—	—	—	—	—	—
实现烟农总收入（万元）		—	—	—	—	—	—
零售户数（户）		5625	2144	3190	1644	1590	868
零售户销售毛利率（%）		15.00	16.00	16.00	14.00	15.44	18.00

◇ 撰稿：郭得敏；编辑：刘海文

陕西省烟草专卖局（公司）

【专卖管理】 打假打私。2022年，陕西省烟草专卖局落实毗邻省份和重点省份环陕涉陕卷烟打假打私协作机制，组织召开“陕豫鄂”3省4市16县（市、区）卷烟打假区域协作联席会议，与黑龙江省烟草专卖局签订《打击涉烟犯罪联合协作协议》，形成跨省之间数据互通、情报共享、人才培养新机制。深化跨部门联合协作，完善与陕西省公安厅环食药、经侦、技侦、禁毒等多警种协作机制，加大重大涉烟案件、“上头电子烟”联合督办工作力度。全年查处假私烟案件2660起，查获假冒、走私卷烟623.1件。破获符合国家局标准网络案件24起。西安“4·22”“4·06”、渭南

"2·09""7·19"、宝鸡"2·18"等5起案件被列为公安部、国家局督办案件，12起案件被国家局定为重大案件。

涉烟情报研判。以情报导侦提高全链条打击能力为目标，建成全国涉烟情报研判陕西分中心，在数据资源、线索覆盖、打击效果等方面走在全国烟草行业前列。加强与湖北、福建、四川等地情报中心协作，遏制"假私非"卷烟中转分流。全年向陕西省内推送寄递线索1876条，查处涉烟违法案件3099起，查获涉案卷烟168.69件；向全国推送寄递线索131条，查获假私卷烟242.2件，公安、司法机关依法抓获涉案违法人员37人，捣毁制假窝点18个。联合国家邮政局、陕西省邮政管理局、西安电子科技大学，启动"基于X光图像人工智能识别的涉烟快递分析研究与应用"项目研究，探索监管新模式。

市场监管。坚持以"双随机、一公开"监管和"互联网+监管"为基本手段，以重点监管为补充的新型监管机制，狠抓APCD工作法落地见效。加强数据分析预警，筛选识别高风险重点监管对象，分类实施监管，全省"双随机、一公开"年度检查执行率100%，重点监管命中率42.9%，比上年提升18.09%。

证件管理。深化"放管服"改革，持续优化卷烟零售点合理布局，开展卷烟零售户合理容量及排队轮候情况调研，探索建立证件管理全流程数字化评估系统，保持零售户规模适当、布局合理、效益稳定。截至2022年底，全省有持证卷烟零售户16.03万户，千人持证率低于全国平均水平。依法清理中小学校和幼儿园周边卷烟零售户、"空壳户"、"休眠户"526户，取缔无证户47户。

12313热线管理。完成陕西12313话务业务系统割接工作，实现与全国12313热线管理平台全面对接。出台《陕西省12313烟草市场监管服务热线运行管理办法（试行）》，进一步规范全省投诉举报处置流程，提高群众满意度。2022年，全省12313热线接通率98.51%。

【电子烟监管和新的涉烟监管】 落实电子烟"1+2+N"制度体系，成立全省系统电子烟监管领导小组及工作机构，编印制度汇编。制定《陕西省电子烟零售点布局规划》《电子烟用烟碱生产企业监管工作指引》，严控市场主体违规新增，依法办理电子烟零售许可893户、烟碱生产企业许可2家。会同公安、市场监管、教育部门开展专项清理整顿，查处向未成年人销售电子烟案件14起，破获电子烟非法经营案件3起，采取刑事强制措施26人。西安市局破获全国首例涉案案值超千万元的制售假冒电子烟案件，电子烟监管全面步入法治化、规范化轨道。加强普法宣传，拍摄《守护成长、向电子烟说不》专题片并在陕西电视台播放，《陕西日报》专栏报道陕西省保护未成年人免受电子烟侵害工作情况。开展"茶烟"等类烟产品及违规生产、销售烟草商品专项治理，宝鸡市局破获全省首例"茶烟"案件，现场查获非法"茶烟"10.35件。

【卷烟经营】 **保持经济稳健运行。**坚持"总量控制、稍紧平衡，增速合理、贵在持续"十六字方针不动摇，全年优化完善运行调控措施53项，印发运行管控通报和月度销售预安排22期，销售卷烟比上年增长0.31%；单箱销售收入3.52万元，比上年增长6.89%，增幅排全国烟草商业企业第七位。全省月均销售预测吻合度比上年提升0.64个百分点，周均销售波动控制在10%以内，零售户综合毛利率稳定在12%左右，社会库存可销天数维持在14天左右，保持经济运行在合理区间。

深化卷烟营销市场化取向改革。完善供应链管理、零售终端建设等现代营销管理制度11项，与24家工业企业实现网上配货。全年销售重点品牌卷烟比上年增长1.15%，占总销量比重较上年提升0.82个百分点。发挥市场配置资源作用，"中华""南京""芙蓉王"等重点品牌对全省卷烟销售额的贡献率提升至32%，对毛利额的贡献率提升至35%。贯彻落实行业共育品牌要求，召开全省烟草工商共育品牌现场会，推广"数据驱动、融合共生"的工商共育品牌新模式。

增强渠道掌控力。将零售终端建设融入乡村振兴大局和地方社会发展全局，举办全省"最美乡村终端"建设示范交流会，建成"三新九美"乡村终端300户，推动零售户从单纯卖烟向为村民提供多种便利服务转变。加大"iST丝路情"流通品牌建设力度，全省建成直营终端14户、加盟终端260户、合作终端11户、新现代终端1500户。为零售户办实事，帮助311户困难零售户改善经营设施、提升经营效益。推广"三全管理"模式，为1644户零售户赠送"双屏机"并免费安装"丝路通"店铺管理系统。

【雪茄烟经营】 **品牌培育。**2022年，全省在销国产雪茄烟规格50个，其中，中高端雪茄烟规格41个，手工雪茄烟规格35个，新增烟斗丝品规1个。全年销售国产雪茄烟比上年增长15.87%，单支均价1.89元，比上年增长8.15%。

2022 年 5 月 31 日，参加陕西省“最美乡村终端”建设示范交流会代表在安康市石泉县观摩池河镇“iST 丝路情”便民店明星桑海超市

陕西省局　供稿

终端建设。出台《雪茄烟零售终端建设工作规范（试行）》，明确省市县三级工作职责、内容和要求，规范雪茄烟零售专业店、精品店建设标准，为全省雪茄烟零售终端建设提供制度支撑。2022 年，全省建设雪茄烟零售终端 102 户，其中，专业店 10 户、精品店 92 户。

【烟叶生产经营】 **生产收购。**全年收购上等烟比例 51.4%、中部烟比例 53.6%；实现烟农售烟收入（不含补贴）7.8 亿元，缴纳地方烟叶税 1.7 亿元，烟农户均售烟收入（不含补贴）9.3 万元，比上年增加 0.8 万元。

烟叶生产方式转型升级。印发解决“怎么种烟”问题的指导意见，与上年制定的解决“在哪种烟”“谁来种烟”问题的指导意见和《烟叶高质量发展评价指标体系》，共同搭建起烟叶转型升级政策体系。举办全省烟叶高质量发展巡回交流观摩会，集中展示各产区典型经验和有益探索，烟叶转型升级理念全面确立。推进烟区产业综合体和“千亩村”建设，引导烟叶生产向核心烟区集中，全省形成烟叶生产重点县 10 个、万担镇 23 个、千亩村 56 个，产能占比分别为 87.9%、51.2% 和 31%，百亩以上集中连片种植比例超过 60%。引导基本烟田土地集中流转，全省累计集中流转烟田 6.7 万亩，流转周期普遍 6 年以上，最长 20 年。立足产区“三农”形势发展变化，引导不同类型种植主体协调发展。全省 8415 户烟农中，25～50 亩的核心户 2991 户，50 亩以上的家庭农场 1001 户，两类主体种植面积占比 67.2%，成为全省烟叶生产的主力军。加大农机农艺融合推广力度，启动农机农艺融合“揭榜挂帅”项目研究，建设国家级农机农艺融合示范县 1 个、省级示范区 3 个。分产区召开农机“赛马”选型现场会，全面推进农机农艺融合和机械选型配置工作。宝鸡市、延安市机械覆膜占比 90% 以上；咸阳市探索开展机械化移栽，移栽结束时间较往年提前 1 周左右，亩均移栽用工减少 0.7 个以上。

烟叶生产基础设施建设。全年投入资金 1.33 亿元，比上年增加 4207.88 万元，建设各类项目 5943 件，用于农机、新能源烤房和烟夹等减工降本设施设备建设，优先保障重点县、万担镇、千亩村建设需要，促进核心烟区、优质烟田设施综合配套。有序推进 3 个在建水源工程项目，其中，商洛镇安云镇水库主体完工，下闸蓄水试运行。

产业融合发展及收益。围绕核心烟区，持续强化烟区产业综合体建设，全省新增综合体试点 10 个，其中国家级试点 4 个。全省累计建设综合体 25 个，其中国家级试点 9 个。发挥基础设施和技术指导服务体系优势，推动多元产业向绿色化、品牌化、基地化发展，全年实现多元产业增收 1.9 亿元，产业综合体已成为助力烟区乡村振兴的新引擎。坚持“以烟稳粮、以烟促粮”，陕南烟区试验示范“烤烟—大豆”带状复合种植，渭北烟区落实“烤烟—玉米”轮作，探索烟叶与粮食、区域特色作物融合发展模式，提升基本烟田可持续经营能力。

【科技创新】 出台全面加强新时代科技创新工作的实施意见、全省烟草商业系统中长期科技发展规划，召开全省烟草商业系统科技创新大会及工作推进会议，举办“十三五”以来全省烟草商业系统科技创新成果展。组建全省烟草商业系统首批科技创新核心团队 3 个，聚焦重点领域，发布“揭榜挂帅”项目榜单，开展“赛马争先”机制试点，获得国家局重点科技项目立项 4 项、行业标准项目立项 3 项、国家局科技成果 1 项、陕西省科学技术奖 1 项、烟草行业职工优秀技术创新成果 2 项。

【现代物流】 召开全省烟草商业系统物流现代化建设工作现场会，推广物流装备现代化、物流运管数字化、绿色包装模式等经验。围绕区域物流运作资源集约化、布局合理化、运行规范化、运营企业化、全链智能化、运转绿色化、服务品牌化，完成宝鸡—杨凌烟草物流跨区域整合，优化送货线路30条，缩减送货车辆18台，精减人员31人，设备有效利用率提升57.14%，平均分拣作业时长缩短4小时。

【特事辑要】 2022年1月25日，陕西省局（公司）召开2022年工作电视电话会议。

2月16日，陕西省局（公司）召开全省烟草商业系统科技创新大会。

2月18—19日，国家烟草专卖局党组成员、副局长韩占武在陕西烟草调研。

5月31日，陕西省局（公司）在安康市石泉县召开全省“最美乡村终端”建设示范交流会。

8月7日，陕西省委副书记、省长赵一德对陕西烟草工作作出批示。

12月5日，全国涉烟情报研判陕西分中心建成运行。

2022年陕西省烟草专卖商业主要情况统计

地市级局（公司）名称		西安市烟草专卖局（公司）	咸阳市烟草专卖局（公司）	宝鸡市烟草专卖局（公司）	渭南市烟草专卖局（公司）	铜川市烟草专卖局（公司）
主要负责人/法定代表人（含党政领导）		张爱峰（—2022年8月） 王云彪（2022年9月—）	张永军	沈　宏	耿　欣	董海潮
所属县级单位		长安区、临潼区、高陵区、周至县、鄠邑区、蓝田县、阎良区、新城区、未央区、碑林区、雁塔区、莲湖区、灞桥区等13个县级烟草专卖局（分公司），1个直属高新分局（营销部）	秦都区、渭城区、兴平市、彬州市、长武县、淳化县、永县寿、旬邑县、礼泉县、乾县、武功县、三原县、泾阳县等13个县级烟草专卖局（分公司）	陈仓区、岐山县、眉县、扶风县、凤翔区、陇县、千阳县、麟游县、太白县、凤县、金台区、渭滨区等12个县级烟草专卖局（分公司）	华州区、韩城市、华阴市、合阳县、澄城县、大荔县、蒲城县、白水县、富平县、潼关县等10个县级烟草专卖局（分公司），1个直属分局（城区分公司）	耀州区、城区、宜君县等3个县级烟草专卖局（分公司）
总资产（万元）		563991	154265	133318	134743	34760
资产负债率（%）		20.81	32.01	22.89	42.37	37.26
从业人员（人）		1348	846	703	932	177
所属业务机构	营销机构	1个营销中心	1个营销中心	1个营销中心	1个营销中心	1个营销中心
	物流配送机构	1个物流分公司	1个物流分公司、1个物流中转站、1个对接点	1个物流分公司	1个物流分公司	1个物流分公司
	专卖稽查机构	1个专卖稽查支队、17个专卖稽查大队	1个专卖稽查支队、13个专卖稽查大队	1个专卖稽查支队、12个专卖稽查大队	1个专卖稽查支队、11个专卖稽查大队	1个专卖稽查支队、3个专卖稽查大队
	烟叶机构	—	1个烟叶分公司、1个烟叶中心库、4个收购站点	1个烟叶分公司、1个烟叶中心库、12个收购站点	—	—
烟农户数（户）		—	193	809	—	—
实现烟农总收入（万元）		—	2080	8659	—	—
零售户数（户）		43094	17400	11900	19348	3233
零售户销售毛利率（%）		14.30	14.00	11.85	13.29	14.90

地市级局（公司）名称		商洛市烟草专卖局（公司）	汉中市烟草专卖局（公司）	安康市烟草专卖局（公司）	延安市烟草专卖局（公司）	榆林市烟草专卖局（公司）	杨凌示范区烟草专卖局（公司）
主要负责人/法定代表人（含党政领导）		洪　炜	湛　平	刘海轮	王　林	张会军	陈焕强
所属县级单位		商州区、洛南县、丹凤县、商南县、山阳县、镇安县、柞水县等7个县级烟草专卖局（分公司）	汉台区、南郑区、城固县、洋县、西乡县、勉县、宁强县、略阳县、镇巴县、留坝县、佛坪县等11个县级烟草专卖局（分公司）	汉滨区、汉阴县、石泉县、宁陕县、紫阳县、岚皋县、平利县、镇坪县、旬阳市、白河县等10个县级烟草专卖局（分公司）	吴起县、志丹县、安塞区、宝塔区、子长市、延川县、延长县、甘泉县、富县、洛川县、宜川县、黄陵县、黄龙县等13个县级烟草专卖局（分公司）	神木市、绥德县、榆阳区、府谷县、定边县、靖边县、横山区、米脂县、子洲县、清涧县、佳县、吴堡县、神府煤田等13个县级烟草专卖局（分公司）	—
总资产（万元）		105177	114051	126558	88328	180707	10915
资产负债率（%）		22.15	24.19	17.66	37.48	32.84	34.06
从业人员（人）		720	674	885	811	658	44
所属业务机构	营销机构	1个营销中心	1个营销中心	1个营销中心	1个营销中心	1个营销中心	1个卷烟营销配送中心
	物流配送机构	1个物流分公司、1个物流中转站	1个物流分公司、2个物流中转站	1个物流分公司	1个物流分公司、1个直配站、1个物流中转站、3个对接点	1个物流分公司、1个直送站、1个对接点、5个物流中转站	—
	专卖稽查机构	1个专卖稽查支队、7个专卖稽查大队	1个专卖稽查支队、11个专卖稽查大队	1个专卖稽查支队、10个专卖稽查大队	1个专卖稽查支队、13个专卖稽查大队	1个专卖稽查支队、13个专卖稽查大队	1个专卖稽查支队
	烟叶机构	1个烟叶分公司、2个烟叶储运中心、17个收购站点	1个烟叶分公司、14个收购站点	1个烟叶分公司、1个烟叶生产技术中心、1个烟叶总库、35个收购站点	1个烟叶分公司、1个烟叶中心库、6个收购站点	—	—
烟农户数（户）		3079	1350	2305	674	—	—
实现烟农总收入（万元）		24595	13417	24840	5520	—	—
零售户数（户）		9018	16100	10181	11126	17110	840
零售户销售毛利率（%）		12.50	12.00	13.58	13.58	12.00	12.13

◇撰稿：杨　智；编辑：刘海文

甘肃省烟草专卖局（公司）

【专卖管理】 打假打私。2022年甘肃省烟草专卖局协同深化“政府领导、部门联合、多方参与、密切协作”一体化打假打私体系，建立健全“行政多部门、公安多警种、司法相衔接”立体执法网络，联合省公安厅、省交通运输厅、省邮政管理局、省市场监督管理局、兰州海关等部门出台《打击涉烟违法犯罪协作机制》《打击涉烟违法犯罪工作实施方案》《物流寄递环节打击涉烟违法犯罪协作机制》等，与省公安厅联合创建全省涉烟违法犯罪协同作战中心，构建形成“用数据分析、用数据决策、用数据打击”的智慧打假打私格局。全年移送公安机关刑事立案189起，侦办案值百万元以上国标网络案件25起，其中案值千万元以上案件10起，超亿元案件3起。公安、司法机关依法采取刑

2022 年 6 月 28 日，甘肃省局在张掖市举行全省烟草打假打私执法办案培训班开班仪式

甘肃张掖市局 杨 峰 摄

事强制措施 95 人，判刑 87 人；10 起案件获得国家局表彰奖励，2 起案件收到公安部、国家局打网办贺信。

市场监管。深化应用智慧专卖管控平台，实施信用风险分级分类，健全卷烟销售大户、违规卖烟大户等网格化管理机制。创新“双随机、一公开”监管模式，优化监管力量配置，深化分析模型应用，建立市管模型 4324 个，分析命中率达到 42.4%，比上年提高 8.7 个百分点。开展“春雷 2022”专项行动，强化物流寄递环节监管，以数字化手段为支持，加强“线上面单分析”和“线下扫场检查”，实现物流寄递环节联合监管常态化。全年查处涉烟违法案件 7450 起，查获非法卷烟 1.23 万件，案值 1.02 亿元，卷烟市场管控率保持在 95% 以上。不断强化真烟异常流动综合治理，查处案值 5 万元或 20 件以上大要案 262 起。

“放管服”改革。优化完善“网上申办”和“不见面审批”政务服务模式，“好差评”非常满意率 99.17%，不满意和非常不满意为 0。优化零售点布局，零售户持证占人口比例始终控制在合理范围。建立健全 12313 问题响应和快速处理机制，承办满意度 100%。深入学习宣传习近平法治思想、宪法和党内法规，实施“八五”普法规划，开展“法律六进”主题实践活动和纪念烟草专卖法颁布施行 30 周年系列宣传活动，完善行政处罚自由裁量基准，修订执法依据清单和权责清单等配套制度，健全制度规范法制审核机制，完善经济合同管理流程，依法行政、依法管理、依法经营水平持续提升。

【电子烟监管】 全面落实电子烟监管要求，制定关于全面加强电子烟监管工作的意见，发布《甘肃省电子烟零售点布局规划》，办理从事电子烟零售业务的烟草专卖许可证 224 户。开展清理整治向未成年人销售电子烟严厉打击涉电子烟违法犯罪专项工作，清理校园周边电子烟经营户 24 户，自动售卖机 5 台，督促零售户设置警示标志 7.98 万份，查处向未成年人销售电子烟案件 12 起，查处销售假冒伪劣电子烟案件 10 起，清理整治网络广告、信息 10 条，公安、司法机关依法抓获犯罪嫌疑人 3 人。

【卷烟经营】 **满足市场需求。**加大适销货源组织力度，优化供给体系、提高供给质量、把握投放节奏，统筹高中低各价位卷烟供需匹配和协调发展，加大结构提升引导力度，妥善解决供需区域性、结构性、季节性矛盾，有效适应和满足多层次、多样化消费需求。

2022 年，全省在销国产卷烟品牌规格稳定在 160 个以内。本地区销量居前三位的卷烟品牌为“兰州”“红塔山”“延安”。

深耕细作市场。扎实做好市场细分，科学定位目标群体，探索创新营销方式，着力提高精准营销水平。建立宏观调控、以经营目标为牵引的卷烟供应调控机制，微观调控、以市场状态为导向的市场驱动调控机制，动态平衡、以数据驱动为手段的全链条闭环式精益营销机制，实现更高水平供需动态平衡。综合运用跨周期和逆周期调节手段，科学布局不同价位卷烟销量，平衡落实不同时段供货策略，不断增强经济运行稳定性、协调性、可持续性。

重点品牌培育。落实三级品牌共育机制，建立东中西三个区域市场联动调控共育品牌机制，完善品规市场化淘汰机制，优化品牌发展布局，丰富中高端卷烟供给，做好高端卷烟精准营销。行业 54 个共育品规引进 52 个，销量比上年增长8.07%。全省共育品规31个，销量比上年增长9.26%。《三大区域市场联动调控共育品牌机制研究》获得行业2022年优秀营销案例一等奖。

现代终端建设。打造“陇之情便利”流通品牌，挖掘品牌内涵，加大硬件投入，优化运维服务，加强品牌门店形象塑造、标准陈列、生动布局等工作，不断提高流通品牌含金量。深入开展现代终端“百千万焕新升级工程”“普通终端强基达标工程”“老旧店面帮扶改造工程”，形成覆盖城乡网络、涵盖“五类终端”的建设标准、投入标准和运营管理标准。加快推动城乡网络一体化协调发展，完善终端生态，改善终端环境，推动城市终端向“三全”数字门店升级，引导全省终端从食杂店一个业态独大向便利店、小超市等多业态发展转变。

全省累计建成现代终端3.12万户，比重达到25%，其中：加盟终端2759户，比重达到2.17%；“新商通”使用客户4万户，“陇之情”活跃会员43.6万人。

服务零售户。主动对接零售户服务诉求，建立线上线下融合服务机制，创新需求采集、服务响应和效果评价机制，完善零售户卷烟经营盈利保障机制，不断增强零售户获得感。完善诚信互助小组长效机制，搭建工商零共育品牌平台，有效发挥小组凝聚客户、激发活力的作用。推广应用零售户诚信体系，建立以信用为基础、与诚信互助小组建设相融合、贯穿于客户卷烟经营全过程的新型服务机制，不断提高客户服务水平。2022年，全省卷烟零售户满意度93.66分。

【雪茄烟经营】 落实雪茄烟营销工作机制，将国产雪茄烟纳入需求预测范围，加强雪茄烟工商交易管理。对雪茄烟品牌规格进行单列管理，全年新引入5个国产中高端品规。加强雪茄烟零售终端建设，协同雪茄烟工业企业，新建雪茄烟吧等特色雪茄烟零售终端13个，不断扩大雪茄烟品牌影响力。开展多层次、多维度、形式多样的培训工作，提升雪茄烟营销队伍和零售户专业能力，积极传播雪茄烟文化，提升雪茄烟营销工作水平。全年销售国产雪茄烟比上年增长75.78%。

【烟叶生产】 **烟叶种植。**严格落实烟叶种植收购计划，全省种植烟叶均控制在计划以内。全省签订烟叶种植收购合同1400份，户均种烟面积比上年增加0.92亩。持续优化种烟布局，坚持市场导向、生态优先、产能集聚、协调发展的原则，以“万担乡、千亩村”为抓手，合理分配计划产能，稳步推进烟区生产力布局优化，种植计划分配重点烟区1.78万亩。

现代烟草农业建设。加大新品种试验与示范推广力度，全省开展新品种试验“云烟87”10亩、“云烟301”100亩，推广“秦烟99”2700亩、“云烟99”4200亩。全面总结“水肥一体化”技术应用成效，不断提升水肥资源精确利用水平。积极探索烟叶绿色生物防治体系建设，推广紫苏间作套种、黄板生物驱虫等绿色防控技术，着力提升烟叶生产质量和生态安全水平。全省开展“水肥一体化”试验研究20亩，“有机无机肥”试验1000亩。紧扣“提高效率、降低成本、保证质量、保障供应”的要求，细分育苗、施肥、植保、烘烤、分级五个环节，全省推广落实烟叶精益生产面积2.15万亩，实现亩均降本57元，比上年提升3个百分点。

促农增收。深入推动烟叶生产主业与多元化产业融合发展，全省烟叶生产多元化收入实现产值2196万元，烟农实现净收入1315万元，比上年分别增长9.8%和9.58%，实现烟农户均收入5.15万元。依托地方乡村产业发展，利用闲置育苗大棚种植蔬菜、发展养殖业，助力特色农业发展。以合作社为载体，组织代购化肥、燃煤及烤房零部件，为烟农节省开支13.8万元。农闲时节组织烟农就近务工，全年累计参与社会务工3.9万人次，烟农实现净收入423.06万元。

【管理创新】 坚持把创新作为第一动力，持续深化市县两级企业管理结对共建，制定实施共建清单，健全完善共建机制，广泛开展共建活动，构建形成市县两级上下联动、横向覆盖主要业务领域的结对共建体系。2022年，组织开展共建活动182次，联合开展各类创新课题35个，实施交叉管理诊断和交叉监督检查25次。推动对标与业务深度融合，核心竞争力指标15项比上年提升，提升率达到62.5%；县级局（营销部）对标指标10项比上年提升，提升率达到100%。深化运用标准化（质量）体系，持续推进管理诊断，诊断问题105项，制定改进对策229条。深入实施创新课题清单管理，着力加强创新项目质量管控，更加注重创新成果转化应用，8项QC、10项创新成果获得软件著作权或专利，5 项职工优秀技术创新成果获国家烟草专卖局、中国财贸轻纺烟草工会通报表扬，1 项成果获得烟草行业第三十三届优秀质量管理小组成果二等奖。

【特事辑要】 2022 年 1 月 21 日，甘肃省烟草商业系统工作电视电话会议在兰州市召开。

6 月 29 日，中央纪委国家监委驻工业和信息化部纪检监察组组长、工业和信息化部党组成员郭开朗在甘肃烟草调研。国家局党组成员、副局长韩占武一同调研。

6 月 30 日，烟草行业纪检监察体制改革试点工作调研座谈暨纪检组组长述职述廉会在兰州市召开。中央纪委国家监委驻工业和信息化部纪检监察组组长、工业和信息化部党组成员郭开朗，国家局党组成员、副局长韩占武出席会议并讲话。

2022 年甘肃省烟草专卖商业主要情况统计

地市级局（公司）名称		兰州市烟草专卖局（公司）	天水市烟草专卖局（公司）	定西市烟草专卖局（公司）	酒泉市烟草专卖局（公司）	武威市烟草专卖局（公司）
主要负责人/法定代表人（含党政领导）		向　阳（—2022 年 2 月） 许祥波（2022 年 2 月—）	许祥波（—2022 年 2 月） 张　毅（2022 年 2 月—）	张　毅（—2022 年 2 月） 刘敬斌（2022 年 2 月—）	王进立（—2022 年 2 月） 杜光尧（2022 年 2 月—）	苏斌成
所属县级单位		兰州新区、城关区、七里河区、安宁区、西固区、红古区、永登县、榆中县、皋兰县等 9 个县级烟草专卖局（营销部）	秦州区、麦积区、张家川回族自治县、清水县、甘谷县、秦安县、武山县等 7 个县级烟草专卖局（营销部）	安定区、临洮县、陇西县、岷县、通渭县、渭源县、漳县等 7 个县级烟草专卖局（营销部）	敦煌市烟草专卖局（公司），瓜州县、玉门市、肃州区、金塔县等 4 个县级烟草专卖局（营销部）	凉州区、民勤县、古浪县、天祝藏族自治县等 4 个县级烟草专卖局（营销部）
总资产（万元）		215901	74412	63257	47531	46619
资产负债率（%）		15.21	21.07	34.38	20.58	33.46
从业人员（人）		664	328	312	220	246
所属业务机构	营销机构	1 个营销中心	1 个营销中心	1 个营销中心	1 个营销中心	1 个营销中心
	物流配送机构	1 个物流配送中心	1 个物流配送中心	1 个物流配送中心	1 个物流配送中心	1 个物流配送中心
	专卖稽查机构	1 个稽查支队、2 个稽查大队	1 个稽查支队、7 个稽查大队	1 个专卖稽查支队、7 个专卖稽查大队	1 个专卖稽查支队、5 个专卖稽查大队	1 个专卖稽查支队、4 个专卖稽查大队
	烟叶机构	—	—	—	—	—
烟农户数（户）		—	—	—	—	—
实现烟农总收入（万元）		—	—	—	—	—
零售户数（户）		19522	14239	12763	6701	8088
零售户销售毛利率（%）		15.72	15.40	15.16	15.60	15.71

地市级局（公司）名称	张掖市烟草专卖局（公司）	庆阳市烟草专卖局（公司）	平凉市烟草专卖局（公司）	陇南市烟草专卖局（公司）	白银市烟草专卖局（公司）
主要负责人/法定代表人（含党政领导）	唐仲雄（主持全面工作）	李红地（—2022 年 2 月） 刘在云（2022 年 2 月—）	田富昌	刘文雅（—2022 年 11 月） 黄明迪（临时负责人）	刘　衡

续表

地市级局（公司）名称		张掖市烟草专卖局（公司）	庆阳市烟草专卖局（公司）	平凉市烟草专卖局（公司）	陇南市烟草专卖局（公司）	白银市烟草专卖局（公司）
所属县级单位		甘州区、高台县、临泽县、山丹县、民乐县等5个县级烟草专卖局（营销部）	西峰区、合水县、华池县、环县、宁县、庆城县、镇原县、正宁县等8个县级烟草专卖局（营销部）	崆峒区、泾川县、灵台县、崇信县、华亭市、庄浪县、静宁县等7个县级烟草专卖局（营销部）	成县、徽县、两当县、西和县、礼县、文县、宕昌县、康县、武都区等9个县级烟草专卖局（营销部）	白银区、平川区、靖远县、景泰县、会宁县等5个县级烟草专卖局（营销部）
总资产（万元）		32072	70808	49522	63676	46091
资产负债率（%）		17.59	22.27	30.75	21.78	19.04
从业人员（人）		225	407	314	401	277
所属业务机构	营销机构	1个营销中心	1个营销中心	1个营销中心	1个营销中心	1个营销中心
	物流配送机构	1个仓储配送中心	1个物流配送中心	1个物流配送中心	1个物流配送中心	1个物流配送中心
	专卖稽查机构	1个专卖稽查支队、5个专卖稽查大队	1个专卖稽查支队、8个专卖稽查大队	1个专卖稽查支队、7个专卖稽查大队	1个专卖稽查支队、9个专卖稽查大队	1个专卖稽查支队、5个专卖稽查大队
	烟叶机构	—	3个烟叶收购站	—	3个烟叶收购站	—
烟农户数（户）		—	1112	—	288	—
实现烟农总收入（万元）		—	3557	—	3659	—
零售户数（户）		6800	10468	10342	12935	9197
零售户销售毛利率（%）		15.40	13.50	12.80	15.54	15.20

地市级局（公司）名称		金昌市烟草专卖局（公司）	嘉峪关市烟草专卖局（公司）	临夏回族自治州烟草专卖局（公司）	甘南藏族自治州烟草专卖局（公司）
主要负责人/法定代表人（含党政领导）		王永军	王　锐	金　明（—2022年3月）李万红（2022年3月—，主持全面工作）	张小平
所属县级单位		永昌县烟草专卖局（营销部）	—	临夏市、永靖县、临夏县、和政县、康乐县、广河县、东乡族自治县、积石山保安族东乡族撒拉族自治县等8个县级烟草专卖局（营销部）	舟曲县、临潭县、卓尼县、夏河县、迭部县、碌曲县、玛曲县、合作市等8个县级烟草专卖局（营销部）
总资产（万元）		17822	18049	33367	13251
资产负债率（%）		13.88	22.62	24.02	33.07
从业人员（人）		86	66	219	173
所属业务机构	营销机构	1个营销中心	1个营销中心	1个营销中心	1个营销中心
	物流配送机构	1个物流配送中心	—	1个物流配送中心	1个物流配送中心
	专卖稽查机构	1个专卖稽查支队、1个专卖稽查大队	1个稽查支队	1个稽查支队、8个稽查大队	1个稽查支队、3个稽查大队
	烟叶机构	—	—	—	—

续表

地市级局（公司）名称	金昌市烟草专卖局（公司）	嘉峪关市烟草专卖局（公司）	临夏回族自治州烟草专卖局（公司）	甘南藏族自治州烟草专卖局（公司）
烟农户数（户）	—	—	—	—
实现烟农总收入（万元）	—	—	—	—
零售户数（户）	2364	1760	7926	3930
零售户销售毛利率（%）	15.10	15.24	15.00	15.42

◎ 撰稿：毕耜栋；编辑：刘海文

青海省烟草专卖局（公司）

【专卖管理】　**卷烟打假**。2022 年，青海省烟草专卖局履行专卖监管职责，提升市场监管效能，持续改善政务服务水平。全年查处各类涉烟违法案件 344 起，其中案值 5 万元以上案件 49 起，比上年增长 96%。查获各类涉案卷烟 1385.74 件，比上年增长 23.4%，其中假冒卷烟 725.01 件，比上年增长 142.96%，公安、司法机关依法采取刑事强制措施 16 人。

市场监管。与省公安厅、海关等部门建立涉烟违法犯罪联合打击协作机制。落实卷烟清理整治要求，开展“春雷 4 号”百日专项行动、“家族化、同乡化”监管对象专项治理。西宁市局联合海东市局查获一起走私雪茄烟案件。推广试行信用监管工作机制，海南、黄南、格尔木等市（州）局实现与政府信用平台信息数据共享。

制定《进一步加强真烟异常流动治理工作方案》，深化内管、专卖监管、销售、物流等多部门协同配合，召开协调联动会议 104 次，查获异常流动真烟数量与销量比值比上年大幅下滑。

政务服务。落实“放管服”改革，将 3 项涉企经营许可事项纳入清单管理，推进“互联网 + 政务”服务，全年办理许可证业务 9044 件，评价率、好评率均为 100%，西宁、海西、格尔木、果洛等市（州）局政务服务工作被相关单位评为“优秀”。海南州局发布的《烟草制品零售点合理布局规定》被国家局评为“优秀”。截至 2022 年底，全省持证卷烟零售户 2.39 万户，比峰值下降 4.36%。12313 热线共受理各类话务 3193 起，通过接听举报线索，查处涉烟案件 29 起，响应率、解决率和满意度均达到 100%。

2022 年 3 月 15 日，青海海北州局专卖执法人员向消费者讲述如何辨别真假卷烟

青海海北州局　张天庆　摄

【电子烟监管】　推进电子烟监管，制定《推进电子烟管理工作方案》，发布《电子烟零售许可管理实施方案》。开展电子烟市场大检查，各级专卖监管部门联合公安、市场监管等部门出动执法人员 248 人次，检查各类涉电子烟销售商铺 165 户，发放《告知书》、签订《承诺书》398 份。开展“茶烟”等类烟产品专项治理，联合公安部门破获青海省首例“上头电子烟”案件。

【卷烟经营】 2022年，全省累计销售卷烟比上年增长0.48%，销售金额比上年增长5.95%；商业库存比上年增长12.99%，平均单箱销售额比上年提升5.44%。全省一类卷烟销量比上年增长7.27%，其中一、二类卷烟销售比重分别上升1.70%、2.23%，三、四类卷烟分别下降2.36%、1.57%。全省在销行业重点卷烟品牌30个，实现销量比上年增长0.39%。新品类卷烟销量比上年增长6.05%，其中，细支烟增长0.45%、中支烟增长16.74%、短支烟增长4.45%。销量比上年增长10%以上的品牌有“黄鹤楼”“黄山”“玉溪”等。销量居前三位的卷烟品牌依次为“兰州”“延安”“云烟”。

【雪茄烟经营】 2022年，全省国产雪茄烟销量比上年增长20.63%，国产雪茄烟销售额比上年增长19.72%。

【基础管理】 推进管理创新改革，形成整改措施140项，完成整改84项。梳理业务流程、开展标准化文件编写，5家试点单位梳理一、二级业务2294项、管理文件1109项，编写标准化文件184项，并印发运行。深化安徽、青海两省合作共建，召开线上会议35次，远程课题培训12次，专业评审7次，交流研讨114次。首次应用跨单位联合模式开展10项科技项目攻关和专家评审。健全完善绩效目标管理体系，定期组织开展评估，有效发挥目标引领作用。省局（公司）连续3年被评为青海省质量管理小组活动优秀企业；2项成果分别获得行业第三十三届优秀质量管理小组成果三等奖和引进应用奖；物流中心获得全省烟草商业系统首张专利证书。推进法治烟草建设，持续提升“三个依法”水平，搭建制度数据库，形成制度目录清单，探索建立制度执行“负面清单”，为进一步厘清工作标准、提高执行效能划定“红线”。

【特事辑要】 2022年1月8日，青海海北州门源县发生6.9级地震。青海省局（公司）党组连夜办公，迅疾安排部署应急处置工作。国家烟草专卖局党组书记、局长，中国烟草总公司总经理张建民就青海省局（公司）《关于海北州门源县“1·8”6.9级地震应急处置情况的报告》作出专门批示。

1月17日，青海省局（公司）召开全省烟草商业系统党史学习教育总结会议。

1月26日，青海省局（公司）召开全省烟草工作电视电话会议。

3月11日，青海省副省长杨逢春在青海省局（公司）调研。

6月2日至7月12日，国家局党组第三巡视组对青海省局党组开展巡视。

6月23—24日，国家局党组成员、副局长韩占武在青海烟草调研。

2022年青海省烟草专卖商业主要情况统计

地市级局（公司）名称	西宁市烟草专卖局（公司）	海东市烟草专卖局（公司）	海西蒙古族藏族自治州烟草专卖局（公司）	格尔木市烟草专卖局（公司）	海北藏族自治州烟草专卖局（公司）
主要负责人/法定代表人（含党政领导）	刘　智	陈永忠	杨立群	李　伟	田　宇
所属县级单位	湟中区、大通回族土族自治县、湟源县等3个县级烟草专卖局（营销部）	平安区、互助土族自治县、乐都区、民和回族土族自治县、化隆回族自治县、循化撒拉族自治县等6个县级烟草专卖局（营销部）	都兰县、乌兰县、天峻县、茫崖市、大柴旦行委等5个县级烟草专卖局（营销部）	—	刚察县、祁连县、门源回族自治县等3个县级烟草专卖局（营销部），海晏县烟草专卖局
总资产（万元）	80176	28564	11659	10526	6465
资产负债率（%）	44.99	44.32	38.05	28.99	38.93
从业人员（人）	206	152	78	56	68

续表

地市级局（公司）名称		西宁市烟草专卖局（公司）	海东市烟草专卖局（公司）	海西蒙古族藏族自治州烟草专卖局（公司）	格尔木市烟草专卖局（公司）	海北藏族自治州烟草专卖局（公司）
所属业务机构	营销机构	1个营销中心	1个营销中心	1个营销中心	1个营销中心	1个营销中心
	物流配送机构	—	6个物流中转站	6个物流中转站	1个物流中转站	3个物流中转站
	专卖稽查机构	1个专卖稽查支队、9个专卖稽查大队	1个专卖稽查支队、8个专卖稽查大队	1个专卖稽查支队、5个专卖稽查大队	1个专卖稽查支队	1个专卖稽查支队、3个专卖稽查大队
	烟叶机构	—	—	—	—	—
烟农户数（户）		—	—	—	—	—
实现烟农总收入（万元）		—	—	—	—	—
零售户数（户）		9976	5847	1551	1036	1179
零售户销售毛利率（%）		12.40	13.46	12.11	11.91	12.40

地市级局（公司）名称		海南藏族自治州烟草专卖局（公司）	黄南藏族自治州烟草专卖局（公司）	玉树藏族自治州烟草专卖局（公司）	果洛藏族自治州烟草专卖局（公司）
主要负责人/法定代表人（含党政领导）		甘生军	窦海宁	贺　斌	祁永年
所属县级单位		共和县、贵德县、兴海县、贵南县、同德县等5个县级烟草专卖局（营销部）	泽库县、河南蒙古族自治县、同仁市、尖扎县等4个县级烟草专卖局（营销部）	称多县、杂多县、囊谦县、治多县、曲麻莱县等5个县级烟草专卖局（营销部）	达日县、久治县2个县级烟草专卖局（营销部）
总资产（万元）		7123	6955	11833	4149
资产负债率（%）		42.13	36.95	23.55	29.79
从业人员（人）		75	61	81	52
所属业务机构	营销机构	1个营销中心	1个营销中心	1个营销中心	1个营销中心
	物流配送机构	2个物流中转站	4个物流中转站	6个物流中转站	1个物流中转站
	专卖稽查机构	1个专卖稽查支队、5个专卖稽查大队	1个专卖稽查支队、4个专卖稽查大队	1个专卖稽查支队、5个专卖稽查大队	1个专卖稽查支队、2个专卖稽查大队
	烟叶机构	—	—	—	—
烟农户数（户）		—	—	—	—
实现烟农总收入（万元）		—	—	—	—
零售户数（户）		1719	905	920	450
零售户销售毛利率（%）		11.93	11.23	11.79	11.23

◎撰稿：陈星竹；编辑：刘海文

宁夏回族自治区烟草专卖局（公司）

【专卖管理】 *打假打私*。2022年，宁夏回族自治区烟草专卖局推动建立公安、烟草联合打假办公室和知识产权保护工作站等协作机构，稳定高效运行宁夏（银川）物流寄递涉烟案件信息研判中心，涉烟案件刑事打击力量得到持续增强。查处各类涉烟违法案件2399起，查获非法卷烟2084.23件，查处案值5万元以上案件143起，联合侦办5起重大涉烟网络案件，市场净化率始终保持在98%以上。

石嘴山市“6·01”、银川市“7·26”和“8·29”非法经营案，共查获非法雪茄烟5722支、真烟9.19件、假烟5.28件，公安、司法机关依法抓获涉案犯罪嫌疑人21人。

中卫市“4·30”非法经营案是宁夏地区首起通过12313热线举报获取线索并成功侦办的重大涉烟网络案件，公安、司法机关依法抓获涉案犯罪嫌疑人6人，涉案金额160余万元。

联合河北泊头公安、烟草部门查办“10·25”非法经营案，于本地查实假冒卷烟11.75件，为扩大战果作出积极贡献。

市场监管。坚持用好专卖市场监管系统，建模分析经营异常波动行为，全年搭建分析模型687个，检查命中率19.13%，“双随机、一公开”检查计划执行率16.30%，持续推进烟草市场监管向精准化、高效化转变。扎实部署专项行动，全面加强烟草流通市场秩序整顿，深度治理真烟非法流通，有效净化物流寄递渠道，全年查获违法真烟1944.13件，比上年增长16.71%。“护航凤城—2022”与“利剑—1号”专项行动获得国家局通报表彰。

行政许可。认真执行“谁许可、谁监管”要求，加强零售终端“套办证户”“空壳户”“休眠户”和生产、经营端生产、批发许可证使用监管，规范各类烟草市场主体经营行为。全年全区烟草专卖行政许可业务网上办件率77.75%，净增卷烟零售户467户，烟草专卖零售许可证保持合理增长。加强12313烟草服务热线建设，搭建完成操作规范、运行模式、能力提升制度框架，切实架好服务群众“连心桥”，受到自治区政府办公厅肯定，全区各级烟草专卖局根据12313热线举报信息查办案件18起。

【电子烟监管和新的涉烟监管】 制定印发《电子烟管理政策解读》《电子烟办证指南》等系列政策文件，有效对接国家局监管政策要求，做到监管政策标准统一。落实国家局“1+2+N”政策体系，编制《SOP标准化作业：电子烟监管入户检查作业指导书》，明确监管各环节标准，推动电子烟监管规范化水平提升，完成电子烟零售点合理布局规划落地和电子烟行政许可系统模块试点运行工作，依法开展电子烟专卖行政许可。紧盯关键部位，协调市场监管、公安等部门联合执法，规范警语标识、落实年龄核验、销售登记制度，严厉打击涉电子烟违法犯罪活动，加大“茶烟”等类烟产品专项打击力度，清退学校周边电子烟商户20户，清理自动售卖机3台，查处向未成年人销售电子烟案件9起，联合查办“上头电子烟”案件2起，履行保护未成年人免受电子烟侵害监管主体责任。

【卷烟经营】 **品牌培育。**抓对标对表，实现重点品牌增“量”。紧密对标对表行业品牌发展大局，围绕突出重点品牌、推动结构有效提升、保持发展趋势同步，修订“十四五”品牌发展规划，厘清品牌指标关系、统一分析依据逻辑、优化品牌供给结构。一类烟实现销量比上年增长18.85%，销量比重比上年提高3.65个百分点。

抓资源配置，实现品牌引退提“质”。严格执行落实三级共育品牌机制，建立运用区、市两级“统分结合”的品牌测评体系，提升品牌引入退出科学性、严谨性、公平性，全年共清退品牌（规格）12个。

抓四方协同，实现品牌培育增“效”。以“芙蓉王（荣耀细支）”专产卷烟和雪茄烟培育为抓手，挖掘诚信互助小组品牌培育功能，实现与消费者的充分互动。全年重点品牌销量比重99.16%，比上年提高0.22个百分点。

零售终端建设。构建涵盖“家、和、盟、惠、云”5个子品牌的流通品牌“母子”架构，编制涵盖形象标准、管理标准、建设标准、工作标准的流通品牌标准体系。制定农网终端综合体建设模式，即：坚持以党建引领为核心，集合卷烟销售、品类管理、助农帮扶、积分兑换、便民服务五大功能为一体，突出一店一特色，探索形成“对接乡村振兴战略强化组织赋能、终端四化转型升级实现经营赋能、客我理念素能提升增强队伍赋能”路径方法，试点建设1户“润夏+村集体经济”合作终端和1户农网加盟终端，农网现代终端达到农网客户比重13%。以行业统一标准版本为基础，结合宁夏烟草“统购分销”模式，按照“搬、改、增”的建设思路，实施省级营销子系统建设。围绕“打牢基础、巩固成效，持续改进、稳步提升”工作主线，形成“三化”零售户服务标准，定期开展满意度调查，实地回访不满意零售户，推动零售户满意度管理常态化、长效化。广泛开展开口营销竞赛，为推进营销队伍向数据管家、品牌行家、终端专家等转型营造良好氛围。2022年，全区零售户毛利率15.02%，户均毛利额4.36万元、比上年增长 7.57%，农网现代终端 1747 户，占农网零售户比重 13%。

市场化取向改革。制定《宁夏区烟草公司关于加强和改进货源供应的指导意见》，通过“两分两调”实现货源精准采购，“四投四保”实现货源精准投放，“三层三级”实现市场精准调控。制定《全区营销队伍教育培训计划》，实施内部培训挖潜，通过营销人员能力提升读书班、一师一优课等活动，形成《营销人员“三知六会”手册》以及精品课程 10 部。实施“走出去”战略，解放思想、拓展思路、取长补短。坚持 PDCA 闭环管理原则，围绕“流程标准化、服务差异化、手段信息化”思路，组织开展零售户线上服务流程再造，进一步完善“区分客户类型、及时触发响应、线下线上对接”的全区零售户服务标准。

【雪茄烟经营】 2022 年，宁夏市场经销雪茄烟均为国产雪茄烟，共经销规格 41 个，其中中高端雪茄烟规格 34 个。全年国产雪茄烟实现销量比上年增长 77.26%。其中，中高端雪茄烟实现销量比上年增长 112.35%。

【创新活动】 首次推行“揭榜挂帅”制，激发基层员工创新潜力和活力，组织召开全区系统第十届质量管理小组成果发布暨 2019—2021 年优秀管理案例交流会，现场评审表彰优秀 QC 成果 7 个，分享优秀管理案例 14 个。2022 年，取得创新成果 47 项、实用新型专利 2 件，创新成果数比上年增长 63.33%，创新经费投入增长 254.39%，1 个 QC 成果获得烟草行业第三十三届优秀质量管理小组成果三等奖，4 个班组获评全国质量信得过班组。

【数字化转型】 编制下发《宁夏区烟草专卖局（公司）关于落实行业数字化转型指数评估体系的实施方案》《宁夏区烟草专卖局（公司）关于贯彻落实〈国家烟草专卖局关于加快全国烟草生产经营管理一体化平台建设推进烟草行业数字化转型的意见〉的具体措施》，推动形成上下联动、多方协同、整体推进，以建促转、建用并举的数字化转型良好工作态势。

紧紧扭住“早建成”“早见效”目标要求，认真落实国家局关于建设一体化平台工作部署要求，有序推进行业调控、“条零”关联、专卖管理、烟叶平台、人力资源、工业互联网体系等项目推广实施。依托智能财务共享中心建设，实践数据驱动管理理念，通过不断加强数据源端治理，提升数据质量，维护数据资产，激活数据价值，进一步提高全系统财务数据应用水平。紧跟信息技术应用趋势，谋定互联互通应用需求，以提升各业务系统移动应用水平为目标，全面启动互联互通平台建设。

建立完善“边界防护、内网加固、第三方检测”技术防护体系，初步构建基线管理、实时监测、边界加固、平战结合、风险感知等网络和数据安全全方位管控体系。2022 年网络安全成效受到国家局、自治区公安厅的书面嘉奖和通报表扬，被评为自治区“护网 2022”网络安全实战攻防对抗演习优秀防守单位和 2022 年区直机关网络安全等级保护工作先进单位。积极推进行业数字化转型“大安全”试点示范项目建设，经国家局评审入选行业试点示范项目名单和典型示范项目案例集 2 个。

2022 年 5 月 31 日，宁夏区局（公司）召开全区系统第十届优秀质量管理小组成果发布暨 2019—2021 年优秀管理案例交流会

宁夏区局　郭　莉　摄

【特事辑要】 2022 年 1 月 18 日，宁夏回族自治区人民政府印发表彰决定，对落实自治区党委

和政府中心工作和重大决策部署表现突出的宁夏区烟草专卖局等单位予以通报表彰。

1月19日，宁夏区局（公司）召开全自治区烟草系统党史学习教育总结会议。

1月26日，宁夏区局（公司）召开2022年全区烟草工作电视电话会议。

5月11日，宁夏回族自治区副主席吴秀章在宁夏区局（公司）调研。

9月15日，由上海烟草集团有限责任公司、上海汽车集团股份有限公司发起，吴忠市人民政府、宁夏区烟草专卖局（公司）主办的爱心救护车捐赠仪式在吴忠市利通区人民医院举行。

2022年宁夏回族自治区烟草专卖商业主要情况统计

地市级局（公司）名称		银川市烟草专卖局（公司）	石嘴山市烟草专卖局（公司）	吴忠市烟草专卖局（公司）	固原市烟草专卖局（公司）[1]	中卫市烟草专卖局（公司）
主要负责人/法定代表人（含党政领导）		金　伟	马福明	张元锁	王　伟	张宝林
所属县级单位		金凤区、兴庆区、西夏区、永宁县、贺兰县、灵武市等6个县级烟草专卖局（分公司）	平罗县、惠农区、大武口区等3个县级烟草专卖局（分公司）	青铜峡市、盐池县、同心县、利通区、红寺堡区等5个县级烟草专卖局（分公司）	西吉县、彭阳县、隆德县、泾源县、原州区等5个县级烟草专卖局（分公司）	中宁县、海原县、沙坡头区等3个县级烟草专卖局（分公司）
总资产（万元）		119982	37884	46245	30005	30133
资产负债率（%）		16.69	17.14	20.38	30.09	26.00
从业人员（人）		372	148	226	211	154
所属业务机构	营销机构	1个卷烟营销中心	1个卷烟营销中心	1个营销中心	1个卷烟营销中心	1个卷烟营销中心
	物流配送机构	1个物流配送中心	1个物流配送中心	1个物流配送中心	1个物流配送中心	1个物流配送中心
	专卖稽查机构	1个稽查支队 6个稽查大队	1个稽查支队 3个稽查大队	1个稽查支队 5个稽查大队	1个稽查支队 5个稽查大队	1个稽查支队 3个稽查大队
	烟叶机构	—	—	—	—	—
烟农户数（户）		—	—	—	218	—
实现烟农总收入（万元）		—	—	—	1245	—
零售户数（户）		13178	4070	5874	5722	5119
零售户销售毛利率（%）		15.53	15.24	14.72	14.81	14.81

注：1. 固原市烟叶种植、收购、交易和调拨业务由彭阳县烟叶有限公司独立组织开展。彭阳县烟叶有限公司是国有独资企业，隶属彭阳县人民政府管理，2000年国家烟草专卖局特批其交易会员资格，持有烟叶生产经营执照和烟草专卖生产许可证。宁夏区烟草专卖局（公司）履行烟草专卖属地管理职责，依法依规对彭阳烟叶生产经营进行监管。

◇ 撰稿：杜振平；编辑：刘海文

新疆维吾尔自治区烟草专卖局（公司）

【专卖管理】 **打私打假**。2022年，新疆维吾尔自治区烟草专卖局争取地方党委政府支持，将卷烟打假打私工作融入社会治理新格局，拓展专卖执法协作的广度和深度。深化联合执法中心建设，用数据指导案件侦办，破获乌鲁木齐“4·20”非法经营烟草制品案、伊犁“4·26”销售非法生产烟草制品案等多起案件。全年全自治区查处各类涉烟违法案件2654起；查获非法卷烟2014件，涉案金额4139万元；案值5万元以上案件95起。

市场监管。落实电子烟监管各项安排部署，向当地党委、政府汇报电子烟产业法治化、规范化治理要求，将电子烟监管工作融入社会治理新格局。聚焦重要节点、重点区域、重点对象，开展“国门卫士”“天山利剑”等专项治理行动，维护自治区卷烟市场环境。“国门卫士”专项行动期间，立案查办走私卷烟案件39起，其中刑事案件2起，查获非法卷烟18万件，雪茄烟10.31万支，案值585.22万元。“天山利剑2022”专项行动，破获涉烟违法案件1365起，查获假烟1211.6件、走私烟23.99件、非法流通真烟949.68件，非法烟丝烟叶7.56吨，案值1539.3万元；移送公安、司法机关及其他相关部门案件128起。

证件管理。发布自治区电子烟零售点布局规划，确定自治区电子烟零售点总量，2022年5月20日在全区施行。推动“放管服”改革，发挥许可准入制度在烟草专卖治理体系中的基础作用，推进“数量+间距+限制性准入条件”布局模式的有效运用，加强许可证后续监管，畅通零售户退出机制，依法清退、劝退违法违规零售户，压减无效零售许可证。2022年，全自治区持证卷烟零售户9.69万户，人均持证率约3.76‰。

【卷烟经营】 **卷烟销售。**2022年，自治区卷烟销量比上年增长1.84%；卷烟单箱销售收入增长3.85%；各月经济运行波动率由2021年同期的31.06%回调至19.9%，跨周期、逆周期调控取得阶段性成效。

品牌培育。全年全自治区销售行业重点品牌比上年增长2.07%，占总销量比重86.27%；在销国产卷烟品规数优化至194个。

网络建设。推进农村网络建设，开展“美丽商铺”建设，改善经营环境，亮化卷烟商品陈列。发挥便民服务功能作用，以点带面，引导农网终端升级转型。推进全自治区零售户诚信体系建设，引导零售户诚信规范经营，优化零售户营商环境。全年全自治区共建成现代终端近1.4万户，占比14.45%；零售户综合毛利率15.86%，户均盈利增长10.81%。建成“丝路香韵”加盟终端45户；新零售系统使用客户近1.3万户，占比13.41%；成立诚信互助小组6002个，覆盖零售户99.2%。

市场化取向改革。注重各类营销资源配置的公平、公正、公开、透明，推动有限营销资源更好惠及中小零售户，提升零售户尤其是中小零售户的获得感、满意度。响应乡村振兴战略、扶贫惠民政策，针对建档立卡贫困户、残疾户、军烈家属等零售户群体，加大日常拜访、助困帮扶力度，解决零售户实际困难。全年中小零售户、农村零售户户均盈利额分别比上年提高9.92%和10.79%；帮扶困难零售户673户次，帮扶资金1.57万元，解决零售户投诉或咨询问题1万余次。

【雪茄烟经营】 构建“市场导向、公开透明、适度竞争”的雪茄烟供应体系。培育手工雪茄烟品规，工商协同确定手工雪茄烟重点培育品规，制定培育计划和培育措施，做到“目标一致、重点突出，节奏一致、同频共振”，扩大国产雪茄烟影响力。全年全自治区共经营国产雪茄烟7个品牌35个规格，其中手工雪茄烟21个规格、机制雪茄烟14个规格、中高端雪茄烟29个规格。全自治区销售国产雪茄烟比上年增长23.9%。其中，手工雪茄烟销量占雪茄烟销量的13.7%，机制雪茄烟销量占比86.3%。

【特事辑要】 2022年1月28日，新疆区局（公司）在

2022年7月24—28日，新疆区局（公司）组织开展新疆烟草首届烟草专卖管理岗位技能竞赛

新疆区局　供稿

乌鲁木齐市召开全区烟草商业系统党史学习教育总结会议。

2月20日，新疆区局（公司）在乌鲁木齐市召开新疆烟草工作会议。

3月28日，新疆维吾尔自治区党委常委、自治区常务副主席陈伟俊在新疆烟草调研。

4月28日，国家认可监督管理委员会向新疆维吾尔自治区烟草质量监督检测站颁发检验检测机构资质认定证书。

8月1—5日，新疆区局（公司）在乌鲁木齐市组织开展“爱祖国　爱家乡　喜迎二十大”民族团结联谊活动，邀请区局（公司）“访民情、惠民生、聚民心”驻村点布隆乡和喀拉苏乡的44名少数民族村民代表参加活动。

2022年新疆维吾尔自治区烟草专卖商业主要情况统计

地市级局（公司）名称		乌鲁木齐市烟草专卖局（公司）	昌吉回族自治州烟草专卖局（公司）	新疆维吾尔自治区石河子市烟草专卖局、新疆烟草兵团石河子有限公司	博尔塔拉蒙古自治州烟草专卖局（公司）	伊犁哈萨克自治州烟草专卖局（公司）
主要负责人/法定代表人（含党政领导）		曾广宇	商志刚	党委书记、董事长：王志勇 局长：邵　岩	李　方 （—2022年9月） 曹　海 （2022年9月—）	文宝成
所属县级单位		—	昌吉市、五家渠市、阜康市、呼图壁县、玛纳斯县、吉木萨尔县、奇台县、木垒哈萨克自治县等8个县级烟草专卖局	—	博乐市、阿拉山口市、精河县、温泉县、双河市等5个县级烟草专卖局	伊宁市、伊宁县、霍城县、察布查尔锡伯自治县、巩留县、新源县、特克斯县、昭苏县、尼勒克县、霍尔果斯市、可克达拉市等11个县级烟草专卖局
总资产（万元）		106755	28062	24249	10078	36867
资产负债率（%）		48.81	62.30	33.22	79.69	82.99
从业人员（人）		405	233	135	85	218
所属业务机构	营销机构	1个营销中心	1个营销中心	1个营销管理中心	1个营销中心	1个营销中心
	物流配送机构	1个物流配送中心	1个物流配送中心	1个物流配送中心	1个物流配送中心	1个物流配送中心、5个物流中转站
	专卖稽查机构	1个稽查支队、1个新疆烟草大数据乌鲁木齐情报中心	1个稽查支队、8个稽查大队	1个稽查支队	1个稽查支队	2个稽查支队、3个稽查大队
	烟叶机构	—	—	—	—	—
烟农户数（户）		—	—	—	—	—
实现烟农总收入（万元）		—	—	—	—	—
零售户数（户）		14818	9071	3018	2765	9247
零售户销售毛利率（%）		16.75	15.72	15.77	15.59	15.58

地市级局（公司）名称		克拉玛依市烟草专卖局（公司）	塔城地区烟草专卖局（公司）	阿勒泰地区烟草专卖局（公司）	吐鲁番市烟草专卖局（公司）	哈密市烟草专卖局（公司）
主要负责人/法定代表人（含党政领导）		曹　海 （—2022 年 9 月）	谭　军	张新兵 （—2022 年 9 月） 王　喜 （2022 年 9 月—）	姜朝斌	董正森
所属县级单位		克拉玛依区、白碱滩区、乌尔禾区、独山子区等 4 个县级烟草专卖局	塔城市、额敏县、沙湾市、乌苏市、奎屯市、托里县、裕民县、和布克赛尔蒙古自治县等 8 个县级烟草专卖局	阿勒泰市、北屯市、布尔津县、福海县、富蕴县、吉木乃县、哈巴河县、青河县等 8 个县级烟草专卖局	高昌区、托克逊县、鄯善县等 3 个县级烟草专卖局	伊州区、巴里坤哈萨克自治县、伊吾县等 3 个县级烟草专卖局
总资产（万元）		7955	18060	21927	9432	10120
资产负债率（%）		70.40	55.22	91.13	68.32	53.61
从业人员（人）		76	161	133	100	103
所属业务机构	营销机构	1 个营销中心	1 个营销中心	1 个营销中心	1 个营销中心	1 个营销中心
	物流配送机构	1 个物流配送中心	1 个配送中心、3 个物流中转站	1 个物流配送中心	1 个物流配送中心	1 个物流配送中心
	专卖稽查机构	1 个稽查支队	1 个稽查支队、8 个稽查大队	1 个稽查支队	1 个稽查支队、3 个稽查大队	1 个稽查支队、3 个稽查大队
	烟叶机构	—	—	—	—	—
烟农户数（户）		—	—	—	—	—
实现烟农总收入（万元）		—	—	—	—	—
零售户数（户）		2335	7059	4080	3524	4178
零售户销售毛利率（%）		15.61	15.62	15.94	16.23	15.56

地市级局（公司）名称	巴音郭楞蒙古自治州烟草专卖局（公司）	阿克苏地区烟草专卖局（公司）	喀什地区烟草专卖局（公司）	和田地区烟草专卖局（公司）
主要负责人/法定代表人（含党政领导）	王　霞	包　利 （—2022 年 6 月） 刘洪武 （2022 年 6 月—）	刘新华	王　春
所属县级单位	库尔勒市、铁门关市、焉耆回族自治县、博湖县、和静县、和硕县、轮台县、尉犁县、若羌县、且末县等 10 个县级烟草专卖局	库车市、沙雅县、新和县、拜城县、阿瓦提县、温宿县、乌什县、柯坪县、阿克苏市、阿拉尔市、阿合奇县等 11 个县级烟草专卖局	喀什市、英吉沙县、莎车县、泽普县、叶城县、岳普湖县、伽师县、麦盖提县、疏勒县、疏附县、巴楚县、图木舒克市、乌恰县、阿图什市、阿克陶县等 15 个县级烟草专卖局	皮山县、墨玉县、和田市、洛浦县、策勒县、于田县、民丰县、昆玉市等 8 个县级烟草专卖局
总资产（万元）	28555	33901	34435	21275
资产负债率（%）	43.14	51.41	44.33	70.31
从业人员（人）	193	229	215	127

续表

地市级局（公司）名称		巴音郭楞蒙古自治州烟草专卖局（公司）	阿克苏地区烟草专卖局（公司）	喀什地区烟草专卖局（公司）	和田地区烟草专卖局（公司）
所属业务机构	营销机构	1 个营销中心	1 个营销中心	1 个营销中心	1 个营销中心
	物流配送机构	1 个物流配送中心、3 个物流中转站	1 个物流配送中心	1 个物流配送中心	1 个物流配送中心
	专卖稽查机构	1 个稽查支队	1 个稽查支队	1 个稽查支队	1 个稽查支队
	烟叶机构	—	—	—	—
烟农户数（户）		—	—	—	—
实现烟农总收入（万元）		—	—	—	—
零售户数（户）		9195	9758	11116	5082
零售户销售毛利率（%）		15.58	15.16	15.29	16.41

◇ 撰稿：韩　敏；编辑：刘海文

大连市烟草专卖局（公司）

【专卖管理】 **打假打私**。2022 年，大连市烟草专卖局推动与公安、海警、邮管、市场监管等部门协作配合，持续强化卷烟打假打私。与河北、天津、辽宁、山东 4 省（市）局联合印发《环渤海地区联合打击烟草专卖品海上走私协作机制》，不断完善“政府领导、部门联合、多方参与、密切协作”打假打私工作体系。全年查处涉烟违法案件 275 起，查获非法卷烟 1534.26 件，案值 1752.43 万元，侦办追刑案件 9 起，公安、司法机关依法抓捕涉案嫌疑人 20 人。全年两起案件及“东风 2022”卷烟市场专项整治行动获国家局通报表彰。“东风 2022”卷烟市场专项整治行动共查处涉烟违法案件 142 起，查获非法卷烟 569.04 件，案值 838.15 万元，公安、司法机关依法采取刑事强制措施 24 人。

市场监管。完善“双随机、一公开”监管模式，利用专卖“三统一”监管系统检查卷烟零售户 9700 户，发现违规卷烟零售户 283 户。强化许可证后续监管，推进违法违规持证卷烟零售户清理清退，许可证数量较清理清退前下降 4.1%。查处物流寄递渠道涉烟违法行为，查获涉烟违法物流快递包裹 726 个，查处违法物流寄递案件 35 起，查获非法卷烟 222.72 件，案值 355.46 万元。

行政许可。2022 年全市持证卷烟零售户 2.9 万户。新核发烟草专卖零售许可证 3210 户，延续 7181 户，变更 145 户，补办 33 户，停业 31 户，恢复营业 11 户，歇业 840 户，许可证依法收回 550 户，审批注销 1660 户，责令停业整顿 52 户，责令整顿恢复营业 24 户。全市网上申办烟草专卖零售许可证 1.6 万户，网办率 99.47%。优化 12313 热线工作流程和服务标准，提供 7×24 小时人工服务，热线接通率与服务水平持续提升。全年累计受理各类诉求 4396 件，连续多月被国家局评为优秀。

专卖内管。坚持四员协同、防管并重，常态化推进内部专卖管理监督，全年查处真烟案件 215 起，查获非法卷烟 1306.76 件，案值 1479.06 万元。构建“大监管”格局，加强多部门联防联控，共享关联案件基础信息和有关数据，为货源投放、市场监管提供数据参考。强化内管纪检贯通协同，查处内部人员违规经营行为。发挥考核导向作用，倒逼真烟异常外流治理工作责任落实，遏制真烟异常流动。对涉案违规零售户货源停供 171 户。

法治烟草建设。学习宣传贯彻《习近平法治思想概论》常态化、全员化，开展知识测试，征集“法治思想大家谈”；制定行政裁量权基准和管理工作推进计划；完成全地区行政执法证件更换、号段申请确认和审核制作；推进行政执法平台建设和执法资格管理系统培训；制定《大连市电子烟零售点布局规划》修订稿，依照法定程序组织召开筹备会、听证会，履行合法性和公平竞争审查，完成布局规划提报审核、上报审批备案、抄报和发布等工作。

【电子烟监管】 制定《大连市电子烟零售点布局规划》，打击涉电子烟违法犯罪专项行动，联合公安、市场监管、教育等部门检查电子烟销售网点 648 个，清理校园周边电子烟销售网点 17 个，清理自动售卖机 13 台，拆除违法电子烟户外广告 7 处，守护未成年人健康成长。推进从事电子烟零售业务的烟草专卖许可证发放工作，新核发从事电子烟零售业务的烟草专卖许可证 215 户，发证占比规划数量 47.78%。开展电子烟市场主体咨询培训，稳步推进电子烟监管法治化、规范化。

2022年6月28日，大连市局联合公安、海关、市场监管等部门组织开展“东风2022”卷烟市场专项整治行动成果展示

大连市局　供稿

【卷烟经营】　**品牌培育。**制定年度品牌营销发展规划，设定年度品牌发展目标和共育品规目录，科学开展品类状态评价，在销国产卷烟数量压缩152个。发挥重点品牌结构提升作用，重点品牌销量占比94.23%。精耕细分市场，满足多样化产品需求，创新品类销量占比达到40.87%，其中细支烟销量占比30.53%、中支烟销量占比8.81%、短支烟销量占比1.53%。借助新媒体优势和终端优质资源，完善工商零共同面向消费者营销体系，全年开展品牌培育活动20余场，开展品牌宣讲800余次。

销售网络建设。严把加盟终端准入关口，坚持终端质量优先原则，累计建成加盟终端1041家，其中金叶春天便利店403家、金叶春天便民店421家、金叶春天MINI店217家，金叶春天正式迈入“千店”时代。推进终端分级分类管理，全年新建现代终端1356户，累计建成6252户。优化卷烟陈列，配备卷烟推进器，建设优质双规范终端2657户，累计建成9119户。强化合作终端总部对接管理，协同开展卷烟营销活动14次。

商业流通品牌建设。全力推进“擦亮招牌”行动，多措并举打造行业第一流通品牌。开展流通品牌课题研究，“大连烟草营销服务体系”“以流通品牌赋能农网终端建设”等课题通过2022年度行业网络培训开发评审，“以金叶春天便民店打造农村消费新体验”获得大连市企业管理进步成果一等奖、辽宁省企业管理创新成果二等奖。

基础管理与销售创新。推进每日视频打卡，按月开展终端检查，强化食品安全管理，试点云端巡店系统，设计品牌IP形象，发布春天商学院精品课程，筑牢销售网建工作基础。优化“春天指数”展示参数，加强培训应用指导，发挥“春天指数”指导盈利实践作用。成立专班课题组，构建单店运行质量评价模型，挖掘门店经营短板，提升零售户经营水平。构建非烟商品经营优化模型，帮助零售户优化非烟商品布局，推动流通品牌建设。

【雪茄烟经营】　2022年，全市销售雪茄烟比上年增长65.93%，其中，国产中高端手工雪茄烟［不含税调拨价15元（含）以上/支］增长25.66%。创建雪茄烟工作室，搭建雪茄烟业务研究与专业化队伍培训平台。开展加盟终端雪茄烟文化品鉴知识直播，依托新媒体技术打通雪茄烟营销“最后一公里”。

【管理创新】　召开大连烟草质量管理小组活动10周年表彰大会，推荐《流通品牌建设管理规范》申报2022年度行业标准项目，加强企业管理创新课题研究推进，企业管理创新成果连续4年在省内获奖。

【柔性一体化物流】　2022年，大连烟草物流中心运用逆向并线思维，改造异型烟分拣线，采取通道机智能补货与左右双拨分发技术，翻板与推拨相结合，单线分拣能力提升至每小时1.6万条以上，实现卷烟全品规分拣合包。一户一包解决以往拆包二次分拣的难点，终端配送时间节省一小时以上。物流中转站全面优化整合，资源配置更加科学合理。统一配送周期和动态优化终端配送线路，客户服务满意度进一步提升。绿色低碳推进新能源车辆应用。拓展工商托盘联运，联运量达到10.5万箱，超额完成年度目标任务。

【特事辑要】　2022年4月30日，商务部党组成员、副部长王炳南调研大连烟草零售终端建设工作。

5月11日，大连市人大常委会党组副书记、副主任徐少达在大连烟草调研。

6月14日，大连市委常委、市纪委书记、市监察委员会主任陈世海听取大连烟草工作汇报。

2022 年大连市烟草专卖商业主要情况统计

区/县局（公司）名称		中山区烟草专卖局（分公司）	西岗区烟草专卖局（分公司）	沙河口区烟草专卖局（分公司）	甘井子区烟草专卖局（分公司）	旅顺口区烟草专卖局（分公司）
主要负责人/法定代表人（含党政领导）		曲新德	杜　萍	赵文明	唐功杰	张　宏
所属县级单位		—	—	—	—	—
总资产（万元）		—	—	—	—	—
资产负债率（%）		—	—	—	—	—
从业人员（人）		27	24	28	52	42
所属业务机构	营销机构	1 个销售管理科	1 个销售管理科	1 个销售管理科	1 个销售管理科	1 个销售管理科
	物流配送机构	—	—	—	—	—
	专卖稽查机构	1 个专卖监督管理科（专卖稽查支队）	1 个专卖监督管理科（专卖稽查支队）	1 个专卖监督管理科（专卖稽查支队）	1 个专卖监督管理科（专卖稽查支队）	1 个专卖监督管理科（专卖稽查支队）
	烟叶机构	—	—	—	—	—
烟农户数（户）		—	—	—	—	—
实现烟农总收入（万元）		—	—	—	—	—
零售户数（户）		1249	1019	2064	5584	1662
零售户销售毛利率（%）		—	—	—	—	—

区/县局（公司）名称		金州区烟草专卖局（分公司）	普兰店区烟草专卖局（分公司）	瓦房店市烟草专卖局（分公司）	庄河市烟草专卖局（分公司）	长海县烟草专卖局（分公司）
主要负责人/法定代表人（含党政领导）		高　瑞	董广明	冉　仪（—2022 年 10 月） 李　睿（2022 年 10 月—）	陈乐环	刘明帅
所属县级单位		—	—	—	—	—
总资产（万元）		—	—	—	—	—
资产负债率（%）		—	—	—	—	—
从业人员（人）		79	68	72	64	13
所属业务机构	营销机构	1 个销售管理科	1 个销售管理科	1 个销售管理科	1 个销售管理科	1 个销售管理科
	物流配送机构	—	—	—	1 个配送部	—
	专卖稽查机构	1 个专卖监督管理科（专卖稽查支队）	1 个专卖监督管理科（专卖稽查支队）	1 个专卖监督管理科（专卖稽查支队）	1 个专卖监督管理科（专卖稽查支队）	1 个专卖监督管理科（专卖稽查支队）
	烟叶机构	—	—	—	—	—
烟农户数（户）		—	—	—	—	—
实现烟农总收入（万元）		—	—	—	—	—
零售户数（户）		5940	3445	3983	3511	509
零售户销售毛利率（%）		—	—	—	—	—

◇ 撰稿：郝　广；编辑：刘海文

深圳市烟草专卖局（公司）

【专卖管理】　**打假打私。**2022 年，深圳市烟草专卖局深化与公安、海关、海警、市场监管等部门的沟通联系，建立健全打击涉烟犯罪工作机制，夯实打假打私工作体系。与深圳市海警局签署《联合打击烟草专卖品海上走私违法犯罪活动协作配合办法》，完善打击海上走私协作机制，提升打击合力。落实粤桂深、深莞惠跨区协作机制，联合兄弟单位破获 32 起跨市假烟网络案件，查获涉案卷烟 3000 余件、涉案金额 2800 余万元，巩固打假打私统一战线。加大打假打私力度，联合市公安局开展严厉打击涉烟违法犯罪专项行动，配合市海防打私办开展打击治理烟草走私专项工作，集中力量打击涉烟违法活动。全年查处各类涉烟案件 1145 起，涉案金额 6300 万元，其中案值 100 万元以上案件 20 起。查获非法卷烟 6819 件，其中假烟 3995 件、走私烟 304 件。公安、司法机关依法拘留 70 人，逮捕 15 人。

典型案例。"12·06"电子烟非法经营案。2022 年 12 月 6 日，深圳市龙岗区局联合公安部门查获违法一次性"奶茶杯"电子烟 3370 个，案值 35 万余元，公安、司法部门依法抓获犯罪嫌疑人 3 人。

"4·23"跨市假烟网络案。2022 年 4 月 23 日，深圳市罗湖区局联合汕尾市局和公安部门在汕尾市破获一起重大假烟网络案。该案捣毁非法仓储窝点 2 个，查获涉案车辆 4 台、卷烟打码机 1 台、假冒卷烟 775.16 件，涉案金额 670 万元，公安、司法部门依法逮捕 2 人。

市场监管。推进烟草市场信用监管，开发深圳市烟草专卖市场监管数字化转型项目，丰富监管方式。开展"茶烟"等类烟产品专项治理行动，督促 19 家加热卷烟、烟具企业停止生产经营业务，封存生产设备，处理原料和生产物料，销毁加热卷烟 20.58 件。开展卷烟治理工作，开展宣传教育活动，提升烟草市场主体守法经营意识。优化 12313 烟草市场监管服务热线分中心建设，全年话务呼入量 4.48 万起，受理有效工单 3.48 万起。

证件管理。落实《深圳市烟草制品零售点合理布局规定》，组织开展全市零售许可管理工作专项检查，规范合理布局适用规则。推进办证窗口规范化、标准化建设，落实行政许可政务服务"好差评"机制，持续提升群众满意度。截至 2022 年底，全市有持证卷烟零售户 5.58 万户，电子烟持证零售户 508 户。

【电子烟监管】　联合多部门开展清理整治向未成年人销售电子烟严厉打击涉电子烟违法犯罪专项工作，清理校园周边电子烟销售网点 44 个，查处涉电子烟行政案件 2 起，联合公安机关破获涉刑电子烟案件 23 起，涉案金额 1.07 亿元，查获烟弹 9.54 万个、烟具 2258 个、一次性电子烟 79.80 万个，公安、司法部门依法采取刑事强制措施 40 人。出台《深圳市电子烟零售点布局规划》，制定发布《电子烟零售许可证办理指引》，指导各区局平稳有序推进电子烟零售许可管理工作。落实国家局电子烟市场监管工作部署，与政府相关部门沟通联系，与市市场监督管理局签订《电子烟市场联合监管工作机制》。研究制定深圳市局电子烟市场监管工作方案，举办培训研讨会议 40 余场，对电子烟企业举办政策宣贯会 25 场，参加企业 600 余家。

电子烟交易管理。编制深圳市局（公司）《电子烟产品审评备案工作手册》和《电子烟在销产品目录》，做到审评工作标准统一、有章可循。形成整套电子烟客户服务流程体系。开展电子烟客户服务探索研究，形成"1234"电子烟客户服务体系及配套的电子烟客户服务手册及管理办法等制度文件。

【卷烟经营】　**品牌培育。**制定《2022 年深圳烟草品规发展规划》，全面优化品规布局，全市在售卷烟品牌 80 个，其中国产卷烟品牌 51 个，雪茄烟品牌 17 个。在售总规格 480 个，其中国产卷烟规格 296 个。全年全市引进国产新品卷烟规格 59 个，退出 77 个。重点品牌平稳有序发展，33 个全国重点品牌（含视同重点品牌）深圳在售 32 个，销量比上年增长 0.57%；占比 97.74%，高于全国行业平均水平 4.85 个百分点。建立三级品牌共育机制，建立总公司、市级、区级三级品牌共育目录，其中总公司共育规格 54 个，全市共育规格 38 个。满足个性化需求，全市创新型卷烟销量比上年增长 11.37%，高于总销量增长率 10.69 个百分点。深入开展工商协同营销，组织开展工商协同营销优秀案例征集活动，其中《构建"1114"工商协同营销工作模式》参评行业工商协同营销优秀案例征集评选活动获得一等奖。

"我与客户共成长"主题营销活动。组织客户经理培训，全市开展交流学习培训 180 次，实现客户经理培训参与 100% 全覆盖，组织客户经理测评活动 48 场，开展零售户辅导，打造“普法讲堂”保障零售户合法利益，全市开展普法宣传 500 余场，围绕社会主义核心价值观、品牌培育技巧、终端经营技能等与零售户切身相关话题，开展线上直播培训活动 1251 场，零售户覆盖率 68.8%；开展“开口营销”视频评比活动，提升零售户开口营销能力。以党群服务为抓手，开展困难卷烟零售户帮扶活动，全年走访困难零售户 141 户，帮扶困难零售户 46 户，协助办理金融业务零售户 633 户。收集零售户意见建议 183 条，解决 182 条，问题解决率 99.5%；派送防疫口罩、消毒用品万余份，组织卷烟配送支援 800 余人次，保障零售户的正常经营。

现代零售终端建设。推进“一方盒”新零售品牌创新实践(“一方盒”为深圳烟草卷烟新零售品牌)，提升流通品牌质量，整合“深圳特专”流通品牌和“一方盒”直营终端新零售品牌建设模式，发挥品牌互补优势，拓展非烟商品供应链与连锁加盟建设体系。开展“深圳特专”现代终端全覆盖专项调研，采集线上问卷 7136 份、线下问卷 617 份，梳理相关数据信息 2 万余条，收集意见建议 300 余条，形成各区调研报告 10 份，全市调研报告 1 份。组织营销骨干围绕流通品牌建设、终端分类体系、运行机制开展专题研究，形成《关于推动烟草行业流通品牌建设的思考与建议》、VI 体系初稿，并持续优化完善。全年新授权“深圳特专”商户 704 户，退出 618 户，全市有“深圳特专”现代终端 7898 户，约占全市零售户数 15%。截至 2022 年底，全市有诚信互助小组 4250 个，覆盖全市 5.04 万户零售户，占全市零售户的 93.78%。

零售户信用体系建设。在总结试点工作成果的基础上，对守约类指标设置、信用分值管理、守信激励制度、社会信用衔接等方面进行研究，形成全市统一指导性指标。联合专卖监管、法规、内管等部门收集各类意见建议 80 余条，形成《深圳烟草商业系统卷烟零售户信用管理工作指引(试行)》，优化调试信用功能模块。组织召开全市卷烟零售户信用体系建设推广动员会，各区通过线上线下各类渠道开展零售户宣传，制定完善工作细则。各区认真梳理总结信用体系建设工作，形成总结报告 11 份。

统一平台建设。研究制定《深圳烟草商业系统统一卷烟营销管理平台省级营销子系统实施推广工作方案》，明确工作目标、建设内容、组织机构、时间安排及工作要求，组建系统实施推广工作领导小组及工作专班。对照国家局标准版，结合深圳实际，面向全市开展系统功能需求意见征集，梳理形成八大系统 150 余项功能需求。11 月 10 日完成项目立项招标，完成平台卷烟销售相关核心业务系统试点上线排期。

【雪茄烟经营】 2022 年，全市国产传统雪茄烟销量比上年增长 14.3%，销售额增长 28.22%。

【特事辑要】 2022 年 5 月 20 日，《深圳市电子烟零售点布局规划》施行。

6 月 10 日，深圳地区第一批电子烟生产企业获证。7 月 1 日，深圳烟草物流中心易地搬迁投入使用。

12 月 2 日，深圳市局联合深圳市市场监督管理局印发《电子烟市场联合监管工作机制》。

12 月 29 日，深圳市深汕特别合作区烟草专卖局、深圳市烟草深汕特别合作区公司成立。

“深圳特专”现代终端（2022 年）

深圳市局 翁文权 摄

2022 年深圳市烟草专卖商业主要情况统计

区局（公司）名称		福田区烟草专卖局（公司）	罗湖区烟草专卖局（公司）	盐田区烟草专卖局（公司）	南山区烟草专卖局（公司）	宝安区烟草专卖局（公司）	龙岗区烟草专卖局（公司）
主要负责人/法定代表人（含党政领导）		张 玲（—2022 年 9 月）朱小兵（2022 年 9 月—）	刘志平（—2022 年 5 月）黄喜扬（2022 年 5 月—）	朱小兵（—2022 年 9 月）童 彬（2022 年 9 月—）	童 彬（—2022 年 9 月）马 勇（2022 年 9 月—）	陈东文	李志威
所属县级单位		—	—	—	—	—	—
总资产（万元）		40684	41229	29231	32131	67057	58733
资产负债率（%）		21.03	22.55	21.95	22.71	24.59	23.43
从业人员（人）		87	91	71	85	156	130
所属业务机构	营销机构	1 个业务科	1 个业务科	1 个业务科	1 个营销科	1 个业务科	1 个业务科
	物流配送机构	—	—	—	—	—	—
	专卖稽查机构	1 个专卖科	1 个专卖科	1 个专卖科	1 个专卖科	1 个专卖科	1 个专卖科
	烟叶机构	—	—	—	—	—	—
烟农户数（户）		—	—	—	—	—	—
实现烟农总收入（万元）		—	—	—	—	—	—
零售户数（户）		4047	3494	4207	3065	11831	13294
零售户销售毛利率（%）		18.13	14.02	12.83	15.13	13.97	10.00

区局（公司）名称		龙华区烟草专卖局（公司）	坪山区烟草专卖局（公司）	光明区烟草专卖局（公司）	大鹏新区烟草专卖局（公司）	深汕区局（公司）	深圳中深烟草贸易中心
主要负责人/法定代表人（含党政领导）		杨 慧	周建辉	杨正中（—2022 年 2 月）肖衍辉（2022 年 2 月—）	李庆忠	杨 军（2022 年 12 月 9 日—）	刘思雄
所属县级单位		—	—	—	—		—
总资产（万元）		22123	8993	12263	5890	238	23614
资产负债率（%）		49.59	48.32	56.55	73.65	107.83	7.75
从业人员（人）		100	62	76	54	14	40
所属业务机构	营销机构	1 个业务科	1 个业务科	1 个业务科	1 个业务科	1 个营销科	1 个业务科
	物流配送机构	—	—	—	—	—	—
	专卖稽查机构	1 个专卖科	1 个专卖科	1 个专卖科	1 个专卖科	1 个专卖科	—
	烟叶机构	—	—	—	—	—	—
烟农户数（户）		—	—	—	—	—	—
实现烟农总收入（万元）		—	—	—	—	—	—
零售户数（户）		6828	3996	3686	2670	163	—
零售户销售毛利率（%）		17.91	12.59	17.83	11.62	—	—

注：深圳市烟草专卖局（公司）下设深圳烟草物流中心，负责全市烟草商业系统卷烟物流仓储、分拣、配送工作。

◇ 撰稿：陈 兰；编辑：刘海文

1 2022年7月，安徽中烟滁州卷烟厂整体搬迁技术改造项目联合工房主体结构施工期间，工作人员对进场钢筋原材复检验收

安徽中烟　李　伟　摄

2 2022年9月7日，江苏中烟南京卷烟厂进行异型烟自动填装设备调试

江苏中烟　刘　旸　摄

3 2022年3月13日，河南中烟职工调试包装机设备

河南中烟　熊伟东　摄

1 湖北中烟武汉卷烟厂物流车间完成辅料自动配盘改造项目（2022年）
湖北中烟　供稿

2 2022年抗疫保产期间，广东中烟韶关卷烟厂ZB47操作工进行设备自主维护
广东中烟　王伟强　摄

3 广西中烟柳州卷烟厂技术人员调试巡检机器人（2022年）

广西中烟　供稿

4 2022年11月9日，贵州中烟毕节卷烟厂卷包车间通过“四步法”开展新员工安全培训

贵州中烟毕节卷烟厂

汪海莲　摄

1 2022年8月1日，云南中烟红云红河集团联合云南省烟草质量监督检测站、云南中烟卷烟产品质量检测中心开展质检人员培训

云南中烟　张轶男　摄

2 2022年11月3日，南纤公司完成2022年全厂停车检修任务

南纤公司　王烨东　摄

1 2022年，江苏中烟鑫源公司依托“知新讲堂”平台开展科研工作交流培训

江苏中烟 陈庶伟 摄

2 福建中烟开展卷烟配方技术升级研究（2022年）

福建中烟 供稿

1 2022年，安徽中烟合肥卷烟厂推进智能化工厂建设。图为工作人员展示基于CPS系统开发成果

安徽中烟　冯海东　摄

2 湖南中烟将清洁生产和智能制造有机结合，向绿色制造转型。图为湖南中烟常德卷烟厂制丝车间（2022年）

湖南中烟　供稿

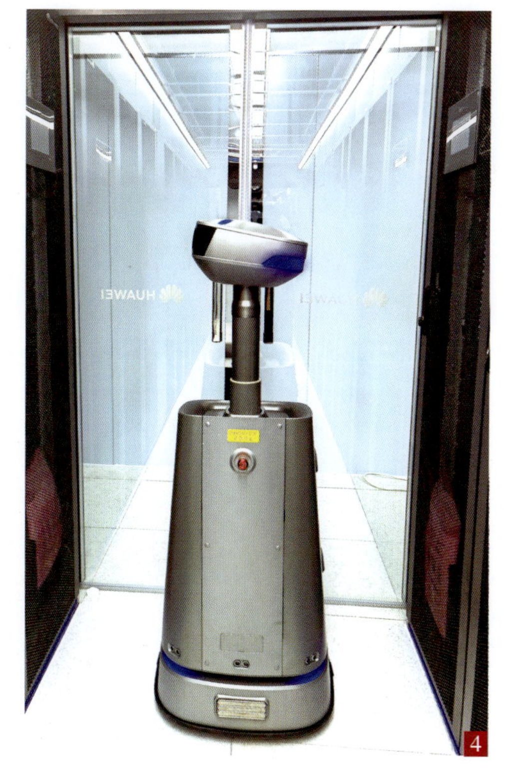

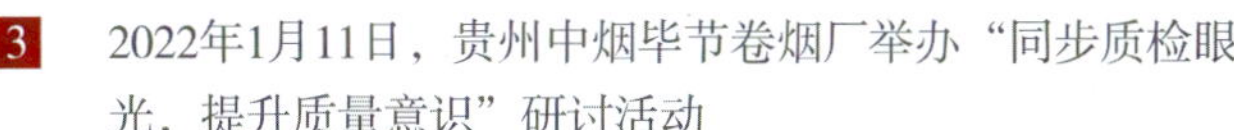

3 2022年1月11日，贵州中烟毕节卷烟厂举办“同步质检眼光，提升质量意识”研讨活动

贵州中烟毕节卷烟厂　蒲世伦　摄

4 2022年，广东中烟梅州卷烟厂积极推进数字化转型，新建成的计算机房投入使用。图为工作中的巡检机器人

广东中烟　许金龙　摄

5 2022年12月，云南中烟红塔集团大理卷烟厂“小重九”品牌专线研制成功

云南中烟　供稿

1 珠纤公司水吸收法丙酮回收装置（2022年）
珠纤公司 招嘉鑫 摄

2 2022年8月9日，工业和信息化部相关人员到国家烟草专卖局调研烟草行业数字化转型工作，云南中烟红云红河集团昆明卷烟厂、曲靖卷烟厂作为CPS试点单位进行远程连线展示
云南中烟 张轶男 摄

1

2

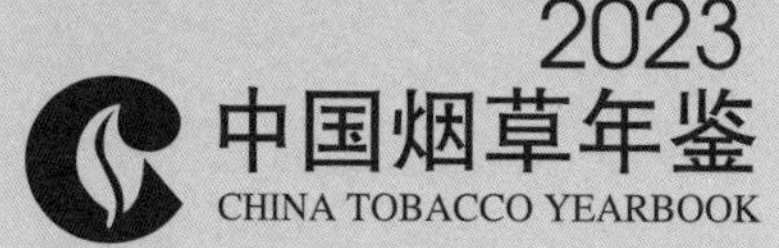

烟草工业

卷烟生产

河北中烟工业有限责任公司

【主要产品与品牌建设】 2022年，河北中烟工业有限责任公司主要生产“钻石”品牌卷烟，在产规格35个。全年推出“钻石（84mm冬韵）”“钻石（扁蓝时尚）”2款新品。合作生产卷烟品牌有“白沙”“利群”“雄狮”“红金龙”等4个，全部由各相关中烟公司回购。

河北中烟坚持以品牌培育为中心、做大做强中高端规格为目标，自有品牌结构实现大幅度增长。2022年，自有品牌销量比上年增长1.52%。自有品牌一二类烟销售规模接近250亿支（50万箱），中高端承接能力显著提升，开启品牌内部优化、高端转换的全新发展阶段。

2022年，“钻石”品牌“荷花”系列实现商业销量比上年增长24.87%，占全国高端卷烟市场份额的7.54%，比上年提升0.69个百分点。

【技术创新】 **提升技术创新能力**。加大产品研发力度，陆续推出“钻石（84mm冬韵）”“钻石（扁蓝时尚）”等新品，注重新工艺、新技术、新材料技术集成，持续加强功能性香基板块剖析、仿配和自主设计研发，并广泛应用于新产品中，不断增强产品核心竞争力。推进“荷花”原料综合应用研究，优化配方打叶方案，引入行业打叶复烤重大专项研究成果，修订《打叶复烤》技术标准并正式实施；开展高可用上部烟叶应用研究，优化现有高端卷烟所用原料配方模块结构，逐步提升上部烟叶在一、二类卷烟配方中的使用比例。强化河北中烟重大专项引领作用，广泛开展项目研究。2022年，开展科技项目116项，牵头承担国家局项目2项，参与行业科技项目6项（含标准项目），取得科技成果77项，其中，《烟草及烟草制品 水分的测定 低场核磁共振法》标准由中国烟草总公司发布实施，“‘荷花’关键技术研究与荷香品类构建”通过行业科技成果鉴定并获得中国烟草总公司科技进步三等奖，专利受理、授权数量大幅增长。

增强科技支撑能力。修订完善公司科技项目管理办法、科学技术奖励办法及其实施细则，开展科技项目立项评审、结题验收、奖励评审等工作，所属3家卷烟厂分别成立科技委，形成“公司计划项目+厂级自立项目”的科技创新分级授权管理模式。编制2023年度科技项目申报指南和“揭榜挂帅”榜单，明确重大专项、重点项目申报研究方向，组织召开河北中烟“揭榜挂帅”项目评审暨研讨会。实施“青年科技人才托举计划”，组织召开青年科技人才座谈会，宣传推介首批青年人才创新事迹，营造创新氛围，释放创新活力。加强创新平台建设，河北中烟技术中心通过河北省工业企业研发机构（A级）认定，科技创新支撑保障能力有效提升。

【原料保障】 **突出品牌引领，产区布局进一步优化**。坚持品牌导向，供需双侧发力，布局不断向优质烟区优化。2021年度调拨国内烟叶67.78万担，涉及13个省32个产区，优质烟区占比71%；调拨进口烟叶6.91万担（片烟）。

突出基地建设，主渠道供应能力稳步提升。坚持以国家局基地为主体、自建基地为补充，2022年新增贵州遵义、湖北十堰、河南许昌、湖南衡阳、贵州黔南等国家局基地5个，黑龙江牡丹江自建基地1个。截至2022年底，河北中烟国家局基地建设数量为13个，自建基地建设数量为3个，基地供应率达到63.2%。

突出节点管控，质量控制精度持续提升。坚持精细化管理理念，加强烟叶种、采、烤、收、调、选、打全环节标准化管理。制定《烟叶质量管理办法》，明确各环节质量管控要点；增加《选叶质量专项检查表》《原料质量风险防控检查方案》《打叶复烤巡查实施方案及管理办法》等工作方案，完善质量管控体系。2022年在广东韶关、四川德昌等复烤厂开展烟叶质量风险隐患排查，排查风险隐患48项，并对发现的问题提出合理化建议3项，有效防范质量风险。先后对福建南平、湖南郴州、贵州毕节等新建基地单元开展评估，开展16个基地的烟叶质量评价，强化云南、贵州、湖南、福建、四川等产区联合质量巡检，着力提升质量控制水平。对标打叶复烤工艺规范，严格把控加工工艺指标，在云南陆良、重庆万州、山东诸城等10家复烤厂开展专项质量巡查工作，2022年陆良复烤厂被国家局认定为行业标准化对标区域加工中心。

突出“荷花”原料供给，烟叶供需趋向动态平衡。坚持以集中调拨为主体、灵活调剂为补充，2022 年度集中供应规模较上年度增加 22.47 万担，工业调剂调入“荷花”品系急需原料 10.09 万担（片烟），补充优质烟叶供应量明显增加。

【管理创新】 **坚持目标管理引领。**印发河北中烟《目标管理控制程序》《绩效考核控制程序》，规范目标管理和绩效管理的职责、权限和工作流程。依据河北中烟战略目标、行业高质量发展的指标体系和国家局“4+X”业绩考核等关键指标，形成 7 个方面 78 项部门级关键目标，建立健全部门目标指标体系，强化目标引领。

坚持绩效考核实施。建立健全各具特色的考核体系，制定绩效考核实施细则，加强过程管控，开展月度、季度和年度考核，完成对卷烟厂重点工作督办、样品烟管理等 13 项行政业务工作的检查考核，将部门负责人纳入部门绩效考核范围，强化部门内部管理和绩效分配，提高公司整体绩效水平。

坚持职能制度优化。河北中烟 23 个部门系统梳理和优化“三级职能”，共分解形成 129 项重点职能，7 大类 23 项基础职能，2 大类 106 项协同职能，撤销 10 个委员会，成立 4 个专项工作办公室。

坚持精益管理高效。梳理公司各领域的成本、费用、收入等各项指标，从严费用预算控制，细化预算管理模式，加强成本定额动态管理。开展对口帮扶交流及共建活动，22 项成本指标中 19 项指标得到改善，其中三类烟盒皮单位成本和二类烟嘴棒单位成本始终处于行业先进水平。

坚持创新驱动赋能。全年河北中烟总部申报课题 24 项、QC 课题 10 项，3 家卷烟厂申报课题 87 项。组织公司优秀 QC 及六西格玛课题评审活动，推荐 4 项课题参加烟草行业 QC 交流，在烟草行业第三十二届优秀质量管理小组成果发布评审中，获得一等奖 1 项、三等奖 1 项、成果引进应用奖 1 项。

【数字化转型】 对接行业一体化平台，开展行业生产经营一体化平台中烟省级节点建设工作。

编制完成智能财务共享中心建设方案。明确业务架构、系统架构、技术架构和数据安全策略，提出供应链和财务共享中心同步建设，整体规划与招标、分步实施、业财一体、全面推进的建设思路，编制完成技术方案和立项报告。

完成全过程批次管控平台规划蓝图设计。完成业务现状调研，设计完成数字化全过程批次管理的建设蓝图、实施策略、管理制度、操作规范、计划安排和投资估算等内容。

编制品牌培育数字业务平台规划。围绕构建“5632”品牌发展新格局，完成对市场营销中心的访谈调研，明确品牌培育数字化业务平台建设的九大系统内容。加快推进工商协同项目，与河北省局（公司）进行工商协同洽谈交流，确定“营销先行—工商协同项目”协同对接方案，推进工商协同平台开发实施。

编制完成数据治理和平台建设方案。强化数据管控是公司推进数字化转型战略推进的重点工程，遵循行业要求、结合公司实际与业务需求，明确项目建设目标和实施内容，编制建设方案。

【特事辑要】 2022 年 1 月 24 日，河北中烟召开 2022 年工作电视电话会议。

2 月 23 日，国家局党组第一巡视组向河北中烟党组反馈巡视情况。

7 月 13—14 日，国家局党组成员、副局长张天峰在河北烟草调研，其间，考察河北中烟张家口卷烟厂。

11 月 28 日，河北中烟召开统筹疫情防控和“双保”工作电视电话会议。

所属卷烟生产企业

张家口卷烟厂有限责任公司

【主要产品】 2022 年，张家口卷烟厂有限责任公司（简称张烟公司）主要生产“钻石”品牌系列。合作生产卷烟品牌“利群（新版）”“雄狮（红老版）”“红金龙（软精品）”。

【质量管控】 以《软“荷花”工艺保障方案》为纲，从来料跟踪评价、设备优化、人岗匹配、过程监督、成品放行、成品检验、物流保障等多方面入手，全方位、全过程、全要素保证“荷花”产品的落地。推进质量管理模式重构工作。强化质量风险“十大专题”防控核心，融入矩阵管理方式，召开质量管理论坛，着力提升品牌建设和质量管理水平。

【技术创新】 **课题申报。**采取内外部专家共同评审方式，

2022年9月，河北中烟保定卷烟厂动力车间举办“师徒帮带”阶段学习成果考核评比活动

河北中烟　供稿

实施科技项目及课题立项评审，2022年科技项目立项30项、重点类课题39项、普通课题150项。2022年，新注册QC小组49个，开展六西格玛项目11项。

科技成果。2022年，张烟公司通过河北中烟验收科技项目9项，通过河北中烟成果登记24项。全年发表北大中文核心期刊论文2篇，SCI源刊收录论文4篇。全年申请被受理国家发明专利55件，授权发明专利13件。获得河北中烟科学技术进步奖一等奖1项、二等奖2项、三等奖2项、专利奖10项，论文三等奖2项。

【特事辑要】　2022年1月1日，张烟公司以“新起点、新征程、新责任、新担当”为主题，组织各基层总支（支部）党员志愿者，在厂区联合开展“张家口相约冬奥——扛红旗、当先锋”专项行动新年誓师宣誓活动。

8月5日，张烟公司举行以“家荷天下”为主题的第三届荷花文化艺术节。

9月22—23日，中国烟草总公司合肥设计院受国家局委托对张烟公司易地技术改造项目进行专家论证。

河北白沙烟草有限责任公司

【主要产品】　2022年，河北白沙烟草有限责任公司（简称河北白沙）主要生产“钻石”“白沙”品牌系列产品，其中，“白沙”为合作生产品牌。

【质量管控】　河北白沙聚焦品质提升，持续优化管控机制，固化质量专题会，保障产品质量稳态管控，提升批次质量稳定性。围绕油烟、杂物、烟虫、香精香料、错混牌、监视测量等方面重点环节开展质量攻关，组织开展八大质量风险专项管理，着力提升质量风险防控能力。编制质量三年规划，围绕短板弱项制定总体目标，强化督办落实，精细开展“荷花”专线建设质量管控，构建松散回潮、筛分加料、气流烘丝等工序水分精调模型，提升专线生产指标稳定性。推进高速机稳质提速，开展辅材上机适用性研究，实现5台高速机提速的总体质量稳定。

【技术创新】　河北白沙通过专题研究、现场指导、交流分享、经验推广等形式，推进技术技能创新。创新工作室共完成创新项目69项，创效1444.62万元，“片烟切前AI空地一体监控哨兵系统”被评为烟草行业职工优秀技术创新成果。推荐23个项目参加河北中烟群众性经济技术创新活动评选，其中5个项目获得一等奖、7个项目获得二等奖、11个项目获得三等奖。全年完成科技项目立项15项，评审取得QC成果17项，六西格玛成果10项，引进行业优秀成果3项，其中1项引进成果获得烟草行业成果引进应用奖。全年完成知识产权成果49件，其中实用新型专利授权28件、发明专利授权16件、软件著作权发表5件、核心期刊发表论文4篇，1人入选行业青年科技人才托举计划。

【特事辑要】　2022年6月22日，河北白沙获评河北企业质量管理40年功勋企业。

7月15日，“荷花”专线顺利通过河北中烟工艺质量综合评估，“荷花”系列开始专线转产。

8月13日，河北白沙举办第二届特有工种职业技能竞赛，邀请10名省外行业专家执裁，自主开发高速机竞赛题库，实现行业国产高速机技能竞赛零的突破。

9月20日，河北省工业和信息化厅、河北省水利厅经过层层评审，河北白沙获评河北省节水型企业。

2022年河北中烟工业有限责任公司所属卷烟生产企业/生产厂情况统计

		张家口卷烟厂有限责任公司	河北白沙烟草有限责任公司	所属生产厂 保定卷烟厂
法人资格		独立法人	独立法人	非独立法人
主要负责人/法定代表人（含党政领导）		董事长：曲志刚（—2022年11月） 张孝堂（2022年12月—） 党委书记、总经理：王海涛	董事长：曲志刚（—2022年11月） 张孝堂（2022年12月—） 党委书记：王玉立（—2022年2月） 李永乐（2022年2月—） 总经理：李永乐	党委书记、厂长： 张太明
成立时间		其前身为张家口卷烟厂，成立于1939年	其前身为石家庄卷烟厂，成立于1948年	1902年
从业人员（人）		2124	1168	903
卷烟生产能力（亿支）		400	250	150
卷烟品牌	自有品牌	钻石	钻石	钻石
	合作生产品牌	利群、雄狮、红金龙	白沙	白沙

◇ 撰稿：靳丹丹；编辑：刘海文

上海烟草集团有限责任公司

【主要产品与品牌建设】 **主要产品**。2022年，上海烟草集团有限责任公司（简称集团公司）所属卷烟生产企业有上海烟草集团有限责任公司上海卷烟厂、上海烟草集团北京卷烟厂有限公司、上海烟草集团有限责任公司天津卷烟厂、上海高扬国际烟草有限公司。生产的自有卷烟品牌有“熊猫”“中华”“中南海”“红双喜”“牡丹”“恒大”“大前门”等。

“中华”品牌全年生产767.75亿支（153.55万箱），实现工业销量732.14亿支（146.43万箱）。生产“中南海”127.52亿支（25.50万箱），实现工业销量127.07亿支（25.41万箱）。

品牌建设。“中华”品牌持续完善全国市场布局，在销量增长的同时实现全面顺价，全年实现内销商业销量比上年增长3.3%。其中：“中华（金中支）”在零售价800元/条以上中支烟中排名第一位；“中华（金细支）”在零售价800元/条以上细支烟中排名第六位；“中华（金短支）”在零售价800元/条以上短支烟中排名第一位；“中华（双中支）”在零售价400～600元/条中支烟中排名第一位；“中华（细支）”在零售价400～600元/条细支烟中排名第二位。“熊猫”品牌内销商业销量稳步提升，比上年增长7.1%。“牡丹”品牌实现销量、结构快速增长，“牡丹（蓝中支）”实现内销商业销量增长38.4%，“牡丹（红中支）”实现内销商业销量增长167.5%。“中南海（冰耀中支）”实现内销商业销量高速增长，成为品牌首款万箱级一类混合型卷烟。“红双喜”“恒大”“大前门”等品牌市场状态保持良好。

合作生产。与安徽中烟合作生产“红双喜”70亿支（14万箱）、“大前门”27.5亿支（5.5万箱）、“牡丹”16.5亿支（3.3万箱）；与山东中烟合作生产“红双喜”16亿支（3.2万箱）、“牡丹”10亿支（2万箱）；与河南中烟合作生产“红双喜”3亿支（0.6万箱）、“大前门”16亿支（3.2万箱）。

【原料保障】 2022年，集团公司加强烟叶资源调控，优化采购区域和加工点布局，持续提升原料库存均衡性和合理性。全年采购烟叶12.10万吨（242.09万担），其中，国内烤烟10.29万吨（205.8万担）、国内晾晒烟0.28万吨（5.69万担）、进口烟叶1.53万吨（30.60万担）。

【数字化转型】 **落实行业数字化转型战略**。有序推进行业一体化平台推广项目，实现商业营销统一平台整体落地，完成二维码、烟叶和人事子系统立项，推动行业调控、专卖监管及商业营销（推广标准版）项目预申报。2022年，集团公司数字化转型指标得分45.15分，比上年提高5.15%。

启动集团公司数字化转型战略。2022年，集团公司本级及基层单位在建信息化投资项目共计212项，新立项目19项，完成验收23项。基于集团公司数字化转型“研、产、销、职能、专业、信息”6大类14个条线领域调研成果，形成“技术研发、生产制造、卷烟营销”3个业务领域、“专业管理、职能管理”2个管理领域、“信息技术”1个信息领域的“3-2-1”集团公司数字化转型实施方案框架。企业新型数字基础设施同步建设，基于152台物理服务器硬件，完成省级互联网专有云建设。

【技术创新】 **技术中心概况**。上海烟草集团有限责任公司技术中心下设科技管理科、综合管理部、产品研究室、原料研究室、工艺材料研究室、调香研究室、烟草化学研究室、标准化研究室、工艺质量科、理化实验室等10个科室和北京、天津2个工作站，形成“十科两站”的组织架构。与上海烟草集团太仓海烟烟草薄片有限公司、上海白玉兰烟草材料有限公司、上海烟草包装印刷有限公司、上海烟草储运公司、上海牡丹香精香料有限公司分别共同组建烟草薄片研究室、滤棒技术研究室、包装设计印刷研究室、烟叶储存养护研究室、香精香料研究室等5个联合研究室。截至2022年底，共有员工210人，其中本科及以上学历204人，中级以上职称151人。

科研成果。2022年，技术中心承接历年结转科技项目66项，新立项目68项，年度在研科技项目134项，孵化科技成果31项，主持国家局项目2个。主持和参与的“基于卷烟叶组、调香、辅材的产品数字化设计与维护关键技术研究”项目获得中国烟草总公司2021年度科学技术进步奖二等奖，2人获得中国烟草总公司2021年度创新争先奖。2022年集团公司申请专利209件，其中发明专利111件；获得专利授权184件，其中发明专利46件。发表核心期刊论文19篇，SCI论文3篇，国际烟草科学研究合作中心（CORESTA）会议交流论文1篇。

创新成果。2022年，完成“中南海（1mg）”“恒大（蓝金中支）”2款新品研发上市及“中华（硬）”产品维护升级改造。推进“熊猫（中支）”“熊猫（细支）”“熊猫（硬经典）”自粘贴改造、“中华（千元+）”“牡丹（凤凰）”多口味产品等设计开发工作，开展高端“牡丹”“牡丹（红细支）”“牡丹（蓝细支）”等产品设计和优化。重点开拓创新技术应用，围绕环保、健康概念等个性化需求方向，推进技术创新转化应用和产品技术储备研究。

【特事辑要】 2022年5月5日，中国烟草总公司发布2022年行业共育品规目录，集团公司共有7款产品入选目录，入选品规数量居行业第一位。其中，“中华（金细支）”“中华（细支）”为首次入选。

8月1—2日，国家烟草专卖局党组书记、局长，中国烟草总公司总经理张建民在上海烟草调研。

11月9日，“中华（双中支）”实现年销量突破20万箱，成为行业首款二十万箱级中支烟。

所属卷烟生产企业/生产厂

上海烟草集团有限责任公司上海卷烟厂

【卷烟生产】 2022年，上海烟草集团有限责任公司上海卷烟厂生产的卷烟品牌有“熊猫”“中华”“红双喜”“牡丹”“大前门”。在新冠疫情的反复冲击下，工厂紧紧围绕集团公司“四个追赶”和“四个高效统筹”的要求，以最快速度实现复工复产、闭环生产；以最快速度落实“提产量、提质量”工程，全力以赴追赶生产进度、工作进度，奋力夺取疫情防控和生产经营“双胜利”。

【技术攻关】 健全项目运行管理制度，抓好全过程规范实施，提升员工自主管理和主动改善能力。2022年，新立集团级科技项目14项，厂级科技项目36项，申报质量管理小组课题162项。申报专利18件，其中发明专利14件，专利申报272人次，创同期历史新高。2个课题被评为2022年上海市质量管理小组活动优秀成果。

上海烟草集团有限责任公司上海卷烟厂在生产过程中严格进行产品检测（2022年）

上海烟草集团 供稿

【技术改造】 聚焦品牌发展规划，克服疫情等不利因素影响，按原计划完成“中华（硬）”卷包设备规格改制工作；持续提高设备调试效率，第五组“中华（金中支）”包装机调试时间较第一组缩短近9个月，有效满足产品扩容需求。聚焦生产力布局优化，加快推进“733”地块继续生产改造项目，围绕拆除清理、物资采购、中小型技改、房屋修缮“四类项目载体”，落实统筹推进、过程管控、网格协同、安全保障“四项管理机制”，确保项目高效、有序实施。

【智能制造】 持续提升“智能制造”水平，通过数字技术赋能生产管理，深入推动8项“智能+”场景应用，实现数据互联，强化数据治理，推广数字应用，提高以数据要素、数据驱动为重点的数字绩效管理水平，持续推动生产制造核心能力数字化转型和智能化升级。

【质量管理】 升级落实Q3A0质量管控一揽子抓手，聚焦关键质量目标，固化“性能验证+质量验收”工作模式，加强“生产+工艺”“生产+设备”对产品质量的保障力。聚焦生产过程控制，在固有生产、设备协同模式的基础上，推进数字化转型项目落地，拓展在线检测装置数据应用，确保生产过程可控，产品质量稳定。

上海烟草集团北京卷烟厂有限公司

【卷烟生产】 2022年，上海烟草集团北京卷烟厂有限公司生产的卷烟品牌有“中南海”“牡丹”“红双喜”。

【品牌建设】 坚持混合型特色和中高端发展方向，一二类“中南海”混合型卷烟实现商业销量比上年增长47.15%，一类“中南海”混合型卷烟商业销量增长152.87%。“中南海（冰耀中支）”上市第二年突破万箱大关。进一步深化以消费者为核心的品牌营销，策划实施新品陈列、品牌推介等多项活动，探索建立海外预付款机制，确保海外订单货款提前回笼。

【技术创新】 完成“中南海（双中支1mg）”等新品研发和“中南海”细支新品研发储备。完成香精香料自主掌控研究专项整改任务。《烟草总植物碱（烟碱计）的测定 连续流动KSCN/DCIC法》标准获得国家局第七届标准创新贡献一等奖，“中南海（双中支北京）”和“中南海（冰耀中支）”包装设计分别获得2022年度“中国十大烟标”传统卷烟类工艺创新奖、市场潜力奖。1人被评为2022年行业最美科技工作者。

【人才队伍】 持续优化中层干部管理配套制度及流程，完成两批次7名中层干部轮岗交流。开展8次中高层干部素质能力提升系列培训。推进领军人才、两高人才培养，年度鉴定申报技师26人、高级技师4人，高技能人才鉴定申报数量创近年之最。加强专家队伍培养，新增竞赛裁判员1人、鉴定考评员2人、高级考评员2人。举办公司首届青年钳工技能竞赛。营销中心3人被评为烟草行业技术能手。畅通职工成长发展通道，开展五等及以下专业技术职务聘任32人，综合经济系列新搭建两个阶梯层级，完善职工岗位晋升阶梯。扩大津贴评审享受范围，首次设立高级烟草物流师津贴。

上海烟草集团有限责任公司天津卷烟厂

【卷烟生产】 2022年，上海烟草集团有限责任公司天津卷烟厂生产的卷烟品牌有“恒大”“红双喜”“牡丹”“大前门”。

【品牌建设】 2022年，持续推进“恒大”品牌培育工作，聚焦区域特色，优化市场布局，提升市场集中度，初步构建“1+N”宣传推广体系，不断提升品牌知名度和尝试率。品牌全年实现工商销量比上年增长23%，其中“恒大（硬中支）”增长81%，带动“恒大”中支品类实现全年商业销量突破1万箱。

【技术创新】 2022年，遵循“中端转型求突破，聚焦特色提结构”品牌发展策略，以“三统一、一提高”为方向，完成“恒大（蓝金中支）”“恒大（6mg中支）”产品研发储备工作。工厂获得集团公司学术论文评审工程技术类一等奖2篇、三等奖2篇；公开发表论文2篇，其中核心期刊论文1篇。申请专利14件，其中发明专利7件；获得授权专利6件，其中发明专利4件。

【信息化建设】 完善数字化转型总体规划，明确“信息化流程上线，信息互联；数字化数据驱动，人机协同；智能化智慧研判，自适调控”的基本定位，制定“核心流程全面覆盖、关键信息自动感知、关联业务交互控制、执行结果自动诊断、样板工序自适调整”的建设目标，推进智能辅料库、通用设备状态监测、动环时时监控等方面的研究与应用，深化拓展数字化技术应用场景。

【精益管理】 按照创新体系升级的总体规划，梳理整合两年的研究成果，完善固化三层级创新架构，优化确定各层级载体的全流程管理要求，完成专业课题、关键项目等7

个载体的满足性审视，修订6个载体管理标准，并基于创新项目周期特点完成新老要求的并轨运行。8项厂级研究课题、269项条线级创新项目、4415项部门级创新成果，从不同维度、不同层面为工厂的高质量发展提供支撑。

上海高扬国际烟草有限公司

【银行账户和存款管理】 2022年，上海高扬国际烟草有限公司加强银行账户和存款管理，按照集团公司“精简、必须”的账户管理原则，撤销社保银行账户和美元外汇账户，进一步整合优化账户功能；做好存量资金存款计划安排，严格按照集团公司竞争性磋商结果和存放指导意见，在基本账户内实施，确保资金收益。

上海烟草集团有限责任公司上海烟草储运公司

【生产经营】 2022年，上海烟草集团有限责任公司上海烟草储运公司完成卷烟吞吐2034.09亿支（406.82万箱），烟叶吞吐24.65万吨（493万担），辅料吞吐5.75万吨。上海市内外卷烟配送订单执行率100%。

【物流运营】 疫情封控期间，打通“公铁两条路”，通过“一单一策”“一库一方案”等举措，保障市场配送和生产供应，有效支撑上海烟草复工复产。克服人员大范围感染的困难，圆满完成零点发运，为“中华”品牌赢得“开门红”提供有力支撑。建立仓储资源管理标准体系，推动“三烟”资源整体盘整，深化“两烟一体化”模式，持续增强整体峰值仓储发运能力。

【创新转型】 加大数字化转型思考，完成新物流信息系统整体设计，建立数据中心，搭建数据监控平台，为数字化转型提供基础保障。深化原料“数字化仓间”建设，发布技术要求和管理规定，样板仓间开始高端原料的仓储养护。研究原料高架库充氮低氧气调技术应用和内在质量与颜色变化关系及调控技术，充氮低氧气调技术应用覆盖率达到97%。

上海海烟物流发展有限公司

【生产经营】 2022年，上海海烟物流发展有限公司实现主营业务收入82.68亿元，比上年增长1.33%；实现税利18.37亿元，比上年增长3.09%。应对疫情防控的严峻挑战，全年完成卷烟配送392.88亿支（78.58万箱）。卷烟物流坚持“效能＋服务”双核驱动，持续探索精益、绿色、智慧物流建设，以信息化、智能化为导向探索数字化应用，提升物流核心竞争力，全年物流配送准时率达到95.77%。

【卷烟经营】 深化应用数据赋能，探索推动营销数字化转型，构建营销业务数字化支撑，加快信息在决策支持、品牌培育、规范管理、服务效能、队伍建设等方面发挥作用，提升“合作终端数据交互池”“内部管理数据模型”等方面的大数据应用水平。

【非烟经营】 持续推进“平台建设＋流程再造”，积极布局“线上＋线下、批发＋零售”非烟供应链生态圈。以经营拓展、规范管理为抓手，统筹非烟渠道资源和品牌优势，初步建成B2B模块“海熠”供应链，加速实现非烟经营模式的创新转型。

2022年上海烟草集团有限责任公司所属卷烟生产企业/生产厂情况统计

	上海烟草集团有限责任公司上海卷烟厂	上海烟草集团北京卷烟厂有限公司	上海烟草集团有限责任公司天津卷烟厂	上海高扬国际烟草有限公司	上海烟草集团有限责任公司上海烟草储运公司	上海海烟物流发展有限公司
法人资格	非独立法人	独立法人	非独立法人	独立法人	非独立法人	独立法人
主要负责人/法定代表人（含党政领导）	党委书记、厂长、高扬公司总经理：周　栋	党委书记、董事长：蔡继东	党委书记：唐　涛 厂长：贯忠利	总经理：周　栋	党委书记、总经理：陆　焱	党委委员、总经理：管振毅 党委书记、副总经理：王玉丽（—2022年6月） 党委书记、总经理：管振毅（2022年7月—）
成立时间	1925年	1970年	1919年	1992年	1986年	2002年

续表

	上海烟草集团有限责任公司上海卷烟厂	上海烟草集团北京卷烟厂有限公司	上海烟草集团有限责任公司天津卷烟厂	上海高扬国际烟草有限公司	上海烟草集团有限责任公司上海烟草储运公司	上海海烟物流发展有限公司
从业人员（人）	2055	807	758	—	320	482
卷烟生产能力(亿支)	900	400	350	—	—	—
卷烟品牌	熊猫、中华、红双喜、牡丹、大前门	中南海、牡丹、红双喜	恒大、红双喜、牡丹、大前门	—	—	—

◇撰稿：周　强；编辑：王　静

江苏中烟工业有限责任公司

【主要产品与品牌建设】　**品牌培育**。2022年，江苏中烟工业有限责任公司遵循“高价高端引领、细支特色彰显、中支产品突破”品牌培育路径，紧扣“低焦低害”特色优势，系统推进重点品规打桩护桩工程，提升品牌发展动能。“南京”千亿品牌价值彰显，细支引领优势，“南京（十二钗烤烟）”实施竞争性营销，年销量突破20万箱，“南京（大观园爆冰）”“南京（梦都）”年销量增幅均保持在60%以上。“苏烟”品牌恢复性发展初见成效，品牌发展新动能持续释放，“苏烟（软金砂）”实现自2015年以来销量首次正增长，“苏烟（晶彩中支）”保持价值引领，“苏烟（彩中、五星红中）”规模增长，“苏烟”中支系列增幅高于行业平均水平50.8个百分点。“南京（雨花石3mg）”“苏烟（多彩中支）”开发上市。

现代营销体系建设。围绕国家重大区域战略，持续推进长三角经济圈、京津冀经济圈、珠三角经济圈、长江经济带、黄河流域生态保护和高质量发展经济带、北部和西部边疆的“三圈两带两边”中长期市场布局优化，长三角、珠三角、京津冀、长江经济带年销量和结构稳定增长，黄河上游生态保护带宁夏、陕西、山西市场保持量的基本稳定、结构的有序提升，青海、甘肃市场保持结构优势下的销量增长；东北市场推进基座产品梯次升级，实现结构快速提升；边疆市场稳定发展。巩固拓展工商协同培育品牌、面向消费者营销、营销人员精细化管理“三个新机制”先行经验，实现与部分省市商业线上营销平台有效融合对接。

合作生产。2022年，合作生产卷烟473.55亿支（94.71万箱）。其中：与山东中烟、广西中烟、吉林烟草工业、江西中烟合作生产“南京”；与黑龙江烟草工业、陕西中烟合作生产“南京”“苏烟”。

【原辅材料保障】　**加强原料战略保障**。扎实推进工业调剂，2022年对外出售库存片烟1.51万吨（30.14万担），有效遏制原料库存上涨势头。烟叶基地建设水平巩固提升。烟叶基地单元布局上新增2个、核减1个、调整规模优化1个，2022年核心原料产区计划供应量占烟叶采购计划总量的94.27%，核心原料资源保障能力持续巩固；推进云南玉龙、福建宁化基地示范县建设，工商合作持续深化。烟叶调拨质量稳中有进。2022年，采购烟叶配方满足率95.83%，烟叶平均等级合格率57.01%；优化复烤加工资源布局，2022年集中加工比例达到73%，平均出片为65.8%。原料仓储养护水平持续提升。推进原料仓储绿色防虫工作，公司自有仓库储存原料实现全面充氮气调防虫，外租仓库储存原料熏蒸防虫尾气全部回收，清洁仓间推广比例达到37%。

提升物资采购本质规范水平。以各类整改整治为契机，堵漏洞、防风险，持续强化辅材供应链管理，物资保障能力稳步提升。落实公司《采购管理办法》和《供应商管理办法》，完成2023—2024年度集中采购烟用材料和烟机零配件公开招标采购工作。推进烟用材料采购管理信息系统数字化建设和生产管控平台MRP模块应用，提升信息化治理水平。完善供应商考核管理，强化质量改进协同机制，提升质量同质化水平。推进降本增效，开展进口烟机零配件国产化和国产烟机零配件寄售制，2022年烟用物资节约采购资金1.84亿元。

【技术创新】　**提升科技产出质效**。坚持“低焦低害”创新发展方向，深化降焦减害技术融通应用，研发上市低焦烤烟型细支烟“南京（雨花石3mg）”。2022年，卷烟焦油量加权平均值8.75毫克/支，自产卷烟烟碱累计加权平均值0.79毫克/支，一氧化碳累计加权平均值7.34毫克/支，卷烟抽检合格率及卷烟成品合格率均为100%。强化关键技术攻关，对核心产区原料依赖度持续下降，香精香料可知可

2022 年 2 月 14 日，江苏中烟南京卷烟厂卷包车间春节后开工加码生产
江苏中烟 刘 旸 摄

保障能力。深化物流管理体系建设，推进工商共库模式，成品仓储数字化项目上线试运行，卷烟到货及时率达到 99.96%。加强财务审计管理，深化业财融合，优化货币资金管理，盘活处置低效资产，厂办大集体改革取得决定性进展；开展经责风险自查自纠，推进经责审计、专项审计，强化审计监督服务作用。推进法治烟草建设，落地落实公司“关于全面推进法治烟草建设的实施方案”，加大普法力度，不断深化重点领域法律风险防控；以“双随机、一公开”检查整改为契机，完善专卖监管沟通协调机制，规范废弃专卖品管理处置。

控使用比例达到 92%。扎实推进技改项目建设，淮阴卷烟厂制丝线工艺提升项目竣工验收，徐州卷烟厂烟叶仓库项目投入试运行，南京卷烟厂成品仓库扩建项目具备使用条件。

强化科技创新驱动发展。健全高水平创新平台运行机制，统筹内外部创新资源，公司技术中心通过行业级认定，“产学研”合作持续深化拓展，与中国药科大学联合设立研究生工作站，与郑州烟草研究院建立全面战略合作关系，2 名青年科技人才入选首批“烟草行业青年科技托举人才”。截至 2022 年底，公司建有各类创新平台 15 个，其中省部级以上 6 个。2022 年，新增承担行业科技项目 10 项，其中牵头承担 3 项。主导的“提升中细支卷烟舒适性的接装纸赋甜关键技术研究与应用”项目获得中国烟草总公司科学技术进步奖三等奖，1 项参与项目获得中国烟草总公司科学技术进步奖二等奖。全年新增授权专利 194 件，其中发明专利 47 件。在 SCI 发表论文 15 篇，中文核心期刊发表论文 14 篇。

【企业管理】 **推动管理转型升级**。坚持规划引领，将推动“十四五”高质量发展各项规划方案落地落细作为全年主线任务，细化分解主要目标指标、重点工作任务，形成 749 项具体举措推进落实。推进高效能治理，制定实施“公司治理体系治理能力提升三年工作计划”。聚焦企业核心竞争力提升要求，围绕重点领域，开展课题攻关，17 个指令性课题全部取得研究成果。构建完善分层分级对标指标体系，按季度进行对标分析，排查短板，分析原因，制定整改措施，深化提效挖潜，全年实现降本增效 2 亿元以上。优化设备产能布局，推进再造梗丝集中替代应用，增强生产

推进绿色低碳转型。制定《公司“十四五”绿色低碳循环发展工作方案》，从能源管控、污染治理、工艺创新、设备改造、新技术应用等方面入手，坚持节流与开源并重，管理改进、硬件改造多方面综合施策，全面应用充氮绿色防虫、探索应用光伏发电等新技术，万支卷烟综合能耗保持行业领先水平。

【数字化转型】 制定专项规划和实施方案，分层分级深化理念导入，推动公司各单位和营销、原料等重点领域进一步明确数字化转型思路方向和任务举措。同步推进软硬件基础建设，开展管理流程优化，推进完成云平台等基础环境建设。推进卷烟二维码、统一调控、烟叶生产经营管理等行业试点项目建设及智能工厂试点建设。

【特事辑要】 2022 年 1 月 6 日，江苏中烟淮阴卷烟厂“李青劳模创新工作室”入选行业劳模和工匠人才创新工作室联盟。

4 月 19 日，行业发展规律调研组以视频会议形式与江苏中烟开展专题座谈研讨。

6 月 13 日，江苏中烟举办纪念中国烟草总公司成立 40 周年“青年看未来”主题演讲比赛。

9 月 9 日，江苏中烟与郑州烟草研究院战略合作签约仪式暨院士论坛在南京举行。

10 月 11—12 日，江苏中烟党组第三轮专项巡察完成反

馈工作。

10 月 18 日，江苏省副省长胡广杰调研江苏中烟。

11 月 9 日，江苏中烟被评为 2021 年度江苏省妇女儿童福利基金会“杰出贡献单位”。

11 月 15 日，江苏中烟与中国药科大学中药学院联合共建的研究生工作站（专业学位研究生实践基地）挂牌成立。

2022 年江苏中烟工业有限责任公司所属卷烟生产厂情况统计

	江苏中烟工业有限责任公司南京卷烟厂	江苏中烟工业有限责任公司徐州卷烟厂	江苏中烟工业有限责任公司淮阴卷烟厂
法人资格	非独立法人	非独立法人	非独立法人
主要负责人（含党政领导）	党委书记、厂长：魏　轲	党委书记、厂长：赵　亮	党委书记、厂长：施　彬
成立时间	1948 年	1939 年	1945 年
从业人员（人）	1298	1433	1502
卷烟生产能力(亿支)	321	459	284
卷烟品牌	南京	苏烟、南京、一品梅	南京

◇ 撰稿：徐　璐；编辑：刘海文

浙江中烟工业有限责任公司

【主要产品与品牌建设】 ***主要产品***。2022 年，浙江中烟工业有限责任公司生产“利群”“大红鹰”“雄狮”“摩登”等 4 个品牌卷烟，共 43 个规格，其中，“利群”系列 34 个规格、“大红鹰”系列 1 个规格、“雄狮”系列 3 个规格、“摩登”系列 5 个规格。

“利群”品牌发展。2022 年，“利群”品牌结构规模持续优化，两个“五五开”目标取得重要进展。一类“利群”品牌卷烟实现批发销量比上年增长 8.34%。“利群（休闲细支）”跻身行业共育品规目录。“利群”品牌卷烟全年批发销量和市值在行业“136、345”品牌中分别保持第一位和第二位。

合作生产。2022 年，浙江中烟与 11 家中烟公司合作生产“利群”“雄狮”品牌卷烟共 680.1 亿支（136.02 万箱）。其中，与陕西中烟、四川中烟、江西中烟、贵州中烟、重庆中烟、广西中烟、中烟实业、安徽中烟、河北中烟合作生产“利群”品牌卷烟共计 648 亿支（129.6 万箱），与河南中烟、河北中烟合作生产“雄狮”品牌卷烟共计 32.1 亿支（6.42 万箱）。

新品研发。2022 年，浙江中烟完成设计开发卷烟新产品“利群（阳光尊细支）”1 个规格，设计更改卷烟产品包装、烟支配套设计“利群（西湖恋）”1 个规格。

品牌文化。系统构建“利群”品牌文化 3.0。坚持以“系统联合、独立成篇”的管理思想为引领，在“利群”品牌“平和”这一核心价值下，以“一个灵魂三篇文章”的品牌文化内涵为基础，以消费体验为中心，传承创新系统构建“利群”品牌文化 3.0，推动从“卷烟的利群”向“生活的利群”文化延展。构建“生活的利群”品牌文化内涵，从“人与自然、人与社会、人与自己”三对关系提炼出“生活的利群”之“人生三态”，即：生态——纯真的本色，状态——向上的力量，心态——自由的心境。创新“利群”品牌三品系文化内涵，即原生系——经典原生，见证自然；阳光系——挥洒阳光，拥抱自然；休闲系——优雅休闲，创享自然。面向渠道、终端和消费者，完成策划创作“利群”品牌宣传片、“利群”品牌文化 3.0 手册、“利群”品牌文化 3.0 宣讲 PPT，开展品牌文化线上线下传播，引领生活理念，树立“利群”高结构、大品牌形象。

【技术创新】 ***科技成果***。2022 年，浙江中烟科技项目立项 96 项，其中，省部级科技项目立项 11 项，公司“揭榜挂帅”项目立项 6 项，通过省部级科技项目成果鉴定 8 项，通过浙江中烟科技项目成果鉴定 27 项。获得全国质量信得过班组 1 个、浙江省质量信得过班组 2 个、省部级优秀 QC 成果奖 6 项。

知识产权。全年申请被受理专利 271 件，其中发明专利 146 件，占比 53.87%。获得专利授权 213 件，其中发明专利 57 件，占比 26.76%。发表中文核心期刊及以上论文 32 篇，

其中SCI论文20篇。申请著作权63件，正式登记48件。

【数字化转型】 围绕网信高度一体化治理、数字中台建设、智能制造、网络安全等核心内容，编制《公司一体化数智化升级规划》，形成公司“11255”一体化数智化总体蓝图。初步建成公司新型数字基础设施体系，网信一体化治理保障体系和网络安全保障体系建设取得新进展，一体化协同应用体系建设全面推进，企业大脑决策指挥体系建设思路与方案明确，公司数字化转型加快。

【企业管理】 **推进管理创新**。推进“三系一合”四大管理实践（高效能治理体系、大监督体系、应急管理体系、党建和业务深度融合）。打造“三大攻坚战”升级版，结题重点课题73项，申报3项优秀课题入选行业2022年度提升核心竞争力典型案例。按进度完成烟草行业调控试点任务，推进二维码统一应用等行业一体化项目。推进卷烟生产力梯度结构性转移试点工作，实现6个合作生产点成品就地调拨。

推进体系建设。通过管理体系第三方认证审核，组织“三标一体”管理体系内部审核，并落实持续改进；参与行业标准修（制）订，2022年组织申报7项行业标准，其中3项进入立项答辩，1项列入项目计划；构建高效能治理制度体系，形成产品实现、基础保障、党建工作组成的公司制度体系，完成制度全面审核。

推进绩效管理和降本增效。依据浙江中烟年度主要目标、重点工作以及“三系一合”管理实践推进要点，对照各部门核心职能，结合各领域补短板强弱项的工作要求，完善“1+3+X”关键绩效指标体系。深化精益管理，强化预算和成本管控，全年降本增效2.39亿元。

推动绿色发展。制定浙江中烟《“十四五”绿色低碳循环发展实施方案》，推进绿色设施体系、绿色生产体系、绿色能源体系、绿色文化体系建设，助力碳达峰碳中和，加快资源节约型、环境友好型企业建设。

【原辅材料保障】 **原料保障**。以控促稳，提升“利群”烟叶适配率。坚持以“利群”品牌发展为导向，控总量、提结构，优化烟叶采购布局，强化采购过程管控，提升烟叶采购质量，保持烟叶库存增速合理、优质烟叶采购占比合理，实现烟叶保障与“利群”品牌发展相匹配。2021烟叶年度，整体“利群”烟叶适配率86.95%，比上年增加3.97个百分点。膨胀烟丝库存保障水平达到15.87个月，库存与耗用实现供需平衡。

辅料保障。提质增效，提升烟用材料质量满意率。强化采购流程管控，有序推进8类烟用材料招标，实现烟用材料公开招标采购全覆盖。强化执行过程管控，每季度对招标合同采购比例执行情况进行统计分析，截至2022年底，76个标段执行比例均在可控范围之内。强化常态化沟通，及时掌握生产需求变化、质量问题有关信息，提升烟用材料分类保障的针对性、有效性与质量满意率。2022年，烟用材料采购金额40.64亿元，总体合格率99.6%，总体质量满意率95.63%。备件采购金额1.98亿元，历史库存金额较2021年底下降5364万元。

健全采购管理机制。坚持规范与效率并进，加强制度建设，修订完善《备件和维修材料管理程序》《备件和维修材料仓储管理规定》。加强新供方质量管控，对12家烟用材料新供方做好标准和管理输出，跟踪进货及使用质量，推进供方内部管理提升，确保供货有序衔接。

【特事辑要】 2022年1月21日，浙江中烟召开党史学习教育总结会。

2022年7月15日，“利群杯”第十三届浙江中烟工业有限责任公司职业技能竞赛暨第一届烟草物流岗位技能竞赛开幕

浙江中烟 李 媛 摄

3月8日，浙江中烟电子合同签约平台上线运行。

3月23日，浙江中烟独自承担的中国烟草总公司“揭榜挂帅”项目——“提高原料使用价值的二类卷烟关键设计技术研究与应用”项目正式启动。

3月25日，浙江中烟杭州卷烟厂和郑州烟草研究院共同承担、上海烟草集团等7家工业公司协作完成的《卷烟生产在线质量监控装置管理要求》行业标准正式发布实施。

5月27日，浙江中烟“生活的利群——利群品牌文化3.0”正式发布。

5月30日、6月1日，浙江中烟与郑州烟草研究院在杭州、郑州分别签订“利群品牌烟草工艺创新联合实验室”共建（框架）协议、“烟草制品质量评价联合实验室”合作（框架）协议。

6月12日，浙江中烟技术中心实验室获中国合格评定国家认可委员会（CNAS）颁发的实验室认可证书。

7月14—18日，“利群杯”第十三届浙江中烟工业有限责任公司职业技能竞赛暨第一届浙江中烟烟草物流岗位技能竞赛在杭州中维大酒店举行。

10月28日，浙江中烟“阳光党建”馆正式启用。

11月19日，“喜庆二十大　奋进新征程”浙江中烟企业文化日暨职工运动会在杭州卷烟厂举行。

2022年浙江中烟工业有限责任公司所属卷烟生产厂情况统计

		浙江中烟工业有限责任公司杭州卷烟厂	浙江中烟工业有限责任公司宁波卷烟厂
法人资格		非独立法人	非独立法人
主要负责人（含党政领导）		党委书记、厂长：周小忠（—2022年3月） 章　军（2022年3月—）	党委书记、厂长：虞文进
成立时间		1949年	1925年
从业人员（人）		1133	989
卷烟生产能力(亿支)		600	500
卷烟品牌	自有品牌	利群、大红鹰、雄狮、摩登	利群、大红鹰、雄狮、摩登

◇ 撰稿：许亚军；编辑：刘海文

安徽中烟工业有限责任公司

【主要产品与品牌建设】　**主要产品**。2022年，安徽中烟工业有限责任公司生产的卷烟品牌“黄山”系列有32个规格，“都宝”系列有3个规格，“红三环”系列有1个规格。

“黄山（黄山徽商新概念）”产量比上年增长44.08%；“黄山（徽商新视界细支）”增长70.56%，“黄山（红方印细支）”增长10.73%；“黄山（硬天都）”增长39.71%，“黄山（徽商新概念双中支）”增长57.18%，“黄山（徽商新概念细支）”增长76.89%，“黄山（黑马细支）”增长156.56%。

品牌培育。实施高端突破。实施高端及大单品培育专项考核，加大激励力度，制定新品上市指导书，分阶段指导新品上市和培育。全年高端产品批发销量突破10万箱。推进产品布局和市场转型。注重省内市场产品培育工作，省外市场规模持续增长，结构提升明显。强化数据驱动。运用品牌培育管控平台，用数据指导投放，加强市场监测和产品状态评价，及时优化调整策略，保持重点产品健康发展。强化营销人员科学开展市场分析，推进工商网配，实现与317家烟草商业公司开展网上配货。

合作生产。2022年，安徽中烟输入合作生产卷烟174亿支（34.8万箱），比上年下降1.42%。其中：合作生产上海烟草集团“红双喜”70亿支（14万箱），“牡丹”16.5亿支（3.3万箱），“大前门”27.5亿支（5.5万箱）；生产浙江中烟“利群”50亿支（10万箱）；生产重庆中烟“天子”10亿支（2万箱）。全年输出合作生产“黄山（印象一品）”25亿支（5万箱），系与重庆中烟合作生产。

【原料保障】　**基地建设**。2022年，安徽中烟共建28个基地单元，其中26个分布在云、贵、川、湘、闽、皖南等6个重点产区，国家局基地单元达到25个。基地区域实施“四增一调整”，即新建贵州黔西南鲁布格、遵义洛龙、毕节草海、湖南郴州樟木基地单元，福建光泽寨里调整为邵武和平基地单元。根据国家局要求和“黄山”品牌原料需求，在8个产区11个基地单元推动0.35万吨（7.05万担）上部烟叶开发，比上年增加0.09万吨（1.85万担）。全年完成327套基地样品、7个新品种以及3个新区域的工业验证评价，跟踪掌握基地单元烟叶质量水平。坚持配方需求导向，落实选后原料对样检验全覆盖、复检全覆盖，全年清选原料5.1万吨（102万担）、复检原料6.5万吨（130万担）。调整基地单元建设规划，新增4个国家局基地单元，与云南保山潞江坝、四川德阳什邡合作共建行业首批两个雪茄烟叶核心技术农业示范区。

烟叶采购。全年采购烤烟较计划核定量增加1.24万吨（24.7万担），近几年首次高出耗用量，化解库存下降风险。采购进口烤烟片烟0.62万吨（12.43万担），有效补充进口优质原料库存。加快调拨加工进度，加强过程管控、规范流程、应结尽结，截至2022年底，完成结算46.67亿元，超出安徽中烟结算目标。

烟叶加工。坚持“大工艺”“大质量”理念，围绕工艺标准执行、工序过程能力、过程质量管控、关键设备性能、经济指标及加工服务能力水平等重点内容，协同技术中心对华环公司打叶复烤全过程开展系统工艺测试，客观分析20项成品质量指标、59项关键质量指标、117项设备工艺参数，提出改进优化意见。协同复烤厂因地制宜，设计合理的工艺模式，提升均质化加工水平。在福建三明、湖南郴州等复烤厂利用现有高架库模式，四川德昌复烤厂实施平库预混模式，华环公司创新自动投料模式，以平库模式取得高架库配比的效果，其他复烤厂坚持推广烟碱数据指导下的投料掺配模式，增加烟碱检测频次，提高检测精准度，稳定提升均质化加工指标。推进烟叶分类分切技术规模应用，全年分切烟叶0.69万吨（13.8万担）。

【技术创新】 **新品研发**。以“甜润徽烟”为指引，深挖“甜润”感知技术，开发设计“黄山（天高云淡细支）”“黄山（软徽商）”“黄山（皖烟中支）”等3款新产品。优化改造“黄山（天都中支）”等4款老产品，研发储备“黄山（红方印中支）”等5款产品。聚焦混合型卷烟风格创新，研发储备“都宝中支”。聚焦雪茄烟产品结构提升。实施国产原料替代，研发储备全叶卷雪茄烟、半叶卷雪茄烟、卷烟型雪茄烟等9款。

技术攻关。“甜润徽烟”关键支撑技术取得突破。在“石斛PLUS”非燃烧改善技术基础上，聚力甜润消费感知关键技术攻关，开发功能性多元醇滤棒添加剂、键类型控温释放香料、单口烟气化学成分实时测量、卷烟包灰等技术成果，调控卷烟甜润感。自主开发应用香精香料。制备特色天然香原料14种、合成香原料24种，8种水果香料实现规模化生产和应用。自主设计功能性香基模块80多个，实现产品应用38个。石斛颗粒三元复合空管滤棒、二元复合滤棒甜味矩阵调控技术、X型截面丝束滤棒实现新产品应用。红方印细支滤棒、中国画细支甜味接装纸实现三产自主生产，适配超高速滴制设备的烟用爆珠实现批量化生产。

科研成果。2022年，发表科技论文28篇，其中SCI、EI论文10篇，1篇论文入选CORESTA大会。全年获得授权专利167件，其中发明专利13件。申请发明专利46件。强化创新平台运行管理，博士后工作站通过省人社厅周期评估、检测实验室通过国家认可委复评审。3人通过国家局“创新争先奖”网络评审，人数并列行业第一。2人分别入选行业学科带头人评审专家库、行业首批青年科技托举人才计划。

2022年6月，安徽中烟原料部在云南德宏州启动烟叶调拨，图为质检员（中）查看烟叶质量

安徽中烟　唐维刚　摄

【烟用物资及备品备件采购】 2022年，安徽中烟集中采购烟用材料约47.5亿元、备件1.5亿元，实现降本超过1.1亿元。公开招标比例100%，网上交易100%。

2022年在国家局开展的产品质量专项监测抽查中，安徽中烟烟用材料抽检合格率100%，卷烟厂进货检验抽检合格率100%。对市场反馈、工厂生产过程中的相关质量问题，开出处置单3份，对供方进行顶格处置，加强质量问题追溯，督促供方即时整改。

推进物资采购批次管理系统由试点到5家卷烟厂全面实施工作；做好行业卷烟二维码统一应用项目试点及材料测试工作；做好物资采购网升级改造，构建面向供应商的业务协同运行平台，共享发货计划、到货实况及新材料、新工艺等情况信息，推动与供应商配套厂商间的业务协同。

【数字化转型】 2022年，安徽中烟实施数字化转型战略，统筹推进规划宣传贯彻、项目建设、融合创新、数据服务、网络安全、网信治理等工作，为安徽中烟高质量发展提供有力网信支撑。

行业一体化平台向纵深推进。率先完成行业卷烟二维码统一应用项目4种试点机型的验证工作，“盒条件”关联准确率达到100%；完成一体化平台人力资源系统省级数据底座的部署；制定行业调控项目在安徽中烟的实施计划，明确重点任务和进度安排。

安徽中烟重点项目建设提速增效。批次管理系统实现五厂全面试运行和项目整体初验，打通制造全过程数据链条，实现基于批次的质量追溯和关键工序防差错，提升产品质量控制和服务消费者的能力；蚌埠卷烟厂、阜阳卷烟厂分别完成项目初验、终验，支撑安徽中烟、工厂制造业务的数字化协同；完善业财一体平台业务功能，“商旅通”平台推广应用基本实现安徽中烟全覆盖；物资采购网升级改造项目完成验收，满足烟用材料批次质量全过程追踪与追溯的管理需求。

网络安全工作扎实有效。完成多项“重保”攻坚任务，安徽中烟全年未发生重大网络安全责任事件。2022年网络安全攻防演习提交演习溯源成果4个、技战法报告1篇，溯源成果数量和质量均居行业前三，4个成果均被行业演习指挥部研判后提交公安部演习平台，获国家局书面通报表扬。

【特事辑要】 2022年1月22日，安徽中烟以电视电话会议形式召开三届四次职代会暨2022年工作会议。

1月24日，安徽中烟召开党史学习教育总结会议。

1月28日，安徽中烟市场营销中心获评2021年度行业“省级工业公司营销中心先进单位”。

6月10日，安徽省委常委、副省长张红文在安徽中烟蚌埠卷烟厂雪茄烟生产部调研。

7月27日，安徽省委常委、合肥市委书记虞爱华率队在安徽中烟合肥卷烟厂调研。

11月29日，“天高云淡　甜润未来”甜润的徽烟高端新品发布会在安徽合肥市召开。

2022年安徽中烟工业有限责任公司所属卷烟生产厂情况统计

		安徽中烟工业有限责任公司蚌埠卷烟厂	安徽中烟工业有限责任公司芜湖卷烟厂	安徽中烟工业有限责任公司合肥卷烟厂	安徽中烟工业有限责任公司阜阳卷烟厂	安徽中烟工业有限责任公司滁州卷烟厂
法人资格		非独立法人	非独立法人	非独立法人	非独立法人	非独立法人
主要负责人（含党政领导）		党委书记、厂长：赵　立	党委书记、厂长：黄　剑	党委书记、厂长：王冬梅	党委书记、厂长：王子郁	党委书记、厂长：周　祥
成立时间		1942年	1949年	1949年	1948年	1949年
从业人员（人）		986	929	912	682	765
卷烟生产能力(亿支)		400	375	278	200	200
卷烟品牌	自有品牌	黄山	黄山、都宝	黄山	黄山	黄山、红三环、都宝
	合作生产品牌	—	利群、天子	—	牡丹、红双喜、大前门	—

◇ 撰稿：孙　群；编辑：刘海文

福建中烟工业有限责任公司

【主要产品与品牌建设】 **主要产品。**2022 年，福建中烟工业有限责任公司生产的卷烟品牌有“七匹狼”“金桥”“古田”“石狮”等，其中“七匹狼”为全国重点卷烟品牌。2022 年“七匹狼”品牌一二类烟销量首次达到百万箱规模，“七匹狼（古田金中支）”成为福建中烟首个销量突破万箱规模的高端产品。

品牌培育。坚持以“七匹狼”品牌为主体的品牌发展体系。明确“提结构、强品牌”的中心任务，实施品牌重塑战略，系统构建品牌 + 文化、产品、技术、市场、传播的“1 +5”体系。确定“山海”品牌文化建设方向，完善产品体系设计，推出“七匹狼（古田成功中支）”“七匹狼（银细支）”等新产品。聚焦各地卷烟市场属性，差异化推进中高端产品全国布局培育，构建品牌发展新格局。

【技术创新】 **新品研发。**全年研发报批“七匹狼（古田成功细支）”“七匹狼（星辰大海细支）”2 款新产品；完成“七匹狼（古田金中支）”“七匹狼（大通仙）”维护提升。

技术成果。推进香精香料自主调香技术、生物技术、中细支产品质量提升、产品数字化辅助设计平台构建与开发等重大专项，推进技术创新从“量”的积累向“质”的飞跃转变。全年参与国家自然科学基金项目 2 项、开展省部级科技项目（含行业标准项目）24 项、福建中烟科技项目研究 222 项；取得福建中烟验收科技成果数 53 项、省部级鉴定（验收）科技成果数 2 项；获得省部级科技奖励 7 项、福建中烟科技奖励 22 项，其中“天然茶香料规模化精准制备关键技术开发及应用”获得 2021 年中国烟草总公司技术发明奖二等奖；“基于计算流体力学的细支卷烟燃烧机理研究及应用”获得中国烟草总公司 2021 年度科学技术进步奖三等奖；参与制（修）订行业标准 11 项。全年申请专利 335 件，其中发明专利 166 件；获得专利授权 248 件，其中发明专利 93 件。截至 2022 年底，拥有授权专利 1446 件，其中发明专利 540 件。

信息技术创新应用。聚焦“云 + 中台 + 应用”建设模式，推进企业数字化转型。截至 2022 年底，业务中台上线运行，数据中台完成试点分析场景开发，双中台支撑作用基本形成；基于中台架构开发的卷烟销售与成品物流功能模块以及企业移动门户、营销洞察分析等先行应用已交付使用。参与行业卷烟二维码统一应用、行业烟叶平台等项目试点工作，在行业试点单位中率先完成相关试点验证任务。

【管理创新】 以“聚焦品牌，强化执行，打造由内而外的系统能力”为主题，开展企业管理提升活动。推进企业执行力体系建设，完善从战略到执行的管理机制，开展条线管理，推进职能 S – PDCA 管理机制建设；推进全面风险管理体系建设，建立风险管理四道防线、工作机制和分类架构，明确重大风险防范化解机制和流程；完善多维度创新管理机制，探索并建立软科学类对外技术合作路径，优化“揭榜挂帅”机制，全年实施公司级重点项目 28 项，公司级管理创新项目 78 项。

2022 年 1 月 19 日，福建中烟召开 2022 年全省卷烟工业系统工作电视电话会议

福建中烟 周 芬 摄

【原料保障】 **原料基地建设。**2022 年，完成国内烟叶采购 6.39 万吨（127.8 万担），其中基地单元采购占比达到 63.09%，在原有 18 个

国家局基地单元的基础上，新增湖南永州九嶷山和福建三明洋中镇2个国家局基地单元。

“七匹狼”原料区域加工中心建设。福建龙岩（七匹狼）品牌原料区域加工中心和云南麒麟（七匹狼）品牌原料区域加工中心2个区域加工中心产品均质化指标连续3年达到行业先进水平。截至2022年底，2个区域加工中心全部入选重点品牌原料区域加工中心标准化对标建设名单，提前3年完成行业“示范性”建设目标。对比“十三五”时期，配打模块率下降60%，平均单模块规模由0.6万担提升至1.5万担。

原料供应链数字化转型。作为试点单位之一，按照行业全国统一烟叶生产经营管理平台试点验证与实施推广要求，完成资金预算、采购计划调整、实施验证等前期准备工作，并配套完成公司原料综合管控平台建设的投资立项。

【特事辑要】 2022年1月19日，福建中烟召开2022年工作会议。

3月18日，福建中烟召开品牌重塑战略启动会。

4月13日，共青团中央授予福建中烟厦门烟草工业有限责任公司团委“全国五四红旗团委”称号。

7月12—15日，福建中烟举办第十一届职业技能竞赛暨“山海杯”首届烟草物流岗位技能竞赛。

所属卷烟生产企业

龙岩烟草工业有限责任公司

【生产经营】 **设备改造**。2022年，龙岩烟草工业有限责任公司构建设备运行状态分析模型，完善设备运维分析、反馈、保养三层级检查机制，卷包台时产量达标率增长22.7%，物流设备总故障停机次数下降22.7%。牵头起草的行业标准《卷烟工业企业设备综合效率测评导则》获国家烟草专卖局批准发布。

成本控制。搭建精准成本控制体系，实现质量、效率、成本三者均衡，将成本控制作为“全员经营”重要维度。2022年共节约物料成本约1583万元、零星维修费用约520万元。深化空压机组智能群控技术研究应用，深挖大耗能供能系统潜力，实施精准供能方案，综合能耗下降3.5%。

改进创新。推动5G、工业互联网平台、视觉AI平台的应用和成果转移转化，开发面向管理、安全、生产、质量场景的智能应用13个。全年共获授权专利70件、行业标准1项及福建中烟管理创新类奖项16项、科技创新奖4项。2022年8月，公司《数智引领　联创未来》短视频在国家局行业网信领域科技工作者风采短视频征集活动中获得一等奖。

【技能人才建设】 多维度、立体式衡量干部业绩、能力、作风，设计动态绩效考核体系，优化宽带薪酬等级40个，修建职业成长积分“赛道”31个。着力选拔培养优秀年轻干部，全年共有203人次参与15个岗位的公开遴选和竞争上岗，调整优化转岗21人。以赛促练，建成技能大师工作室，分类培养人才，承办烟草物理检验岗位技能竞赛，组织员工参加福建中烟“山海杯”首届烟草物流岗位技能竞赛。2022年，1人获聘福建中烟高级工程师，14人获评“福建省金牌工匠”“福建中烟技术能手”及龙岩市“五一劳动能手”“五一工匠”，15人在国家、行业技术技能竞赛中获奖。

厦门烟草工业有限责任公司

【企业管理】 **设备管理**。2022年，厦门烟草工业有限责任公司自主开展M5降耗关键技术研究、自主完成制丝燃烧炉油改气改造。在行业内率先完成ITM异型条盒装填设备的自主创新设计，实现“一机多能”。建设残烟集中处理中心，将烟丝回收率提升至90%，结构合格率提升至100%。完成制丝一区箱式储丝智能化改造，打破两区排产局限，有效提升柔性生产能力。

质量管理。系统推进全价值链质量管理，推进中细支专项工艺技术突破，提升原料、烟用材料、糖香料领域质量管控能力，以网格化模式实施烟虫综合防治。

【创新管理】 构建多维度创新管理新生态，深化项目化管理机制，搭建“大众创”平台，深入推广ARIS、小程序等新工具，实施“大众创”活动41项，共319人次参与。推动卓越绩效管理再出发，系统谋划、整合体系管理，持续推进管理要素网络构建，与石家庄卷烟厂、昭通卷烟厂开展对标共建。获得福建中烟科技进步奖、管理创新奖、QC奖项23项，其中，科技进步奖一等奖2个、管理创新奖一等奖2个。

2022 年福建中烟工业有限责任公司所属卷烟生产企业情况统计

		龙岩烟草工业有限责任公司	厦门烟草工业有限责任公司
法人资格		独立法人	独立法人
主要负责人/法定代表人（含党政领导）		党委书记、董事长：姜志强 总经理：钱继春	党委书记、董事长：邱晓卫 总经理：罗旺春
成立时间		1951 年	1948 年
从业人员（人）		1563	1369
卷烟生产能力（亿支）		499	544
卷烟品牌	自有品牌	七匹狼、石狮、古田	七匹狼、石狮、金桥
	许可生产品牌	万宝路	—
	委托加工品牌	妙香	—

◎ 撰稿：王瑞安；编辑：刘海文

江西中烟工业有限责任公司

【主要产品与品牌建设】 **自有品牌**。2022 年，江西中烟工业有限责任公司生产的自有卷烟品牌有“金圣”“庐山”。

合作生产。合作生产浙江中烟“利群”95 亿支（19 万箱），江苏中烟“南京”80 亿支（16 万箱）。

品牌建设。2022 年，江西中烟聚焦加快“金圣”品牌高质量发展，着力强化品牌培育、夯实消费基础、推进“三化”建设。做好“金圣（智圣出山金中支）”上市工作，学习借鉴行业新品上市经验，开展“金圣（吉品）”专项活动。优化省内营销业务流程，加大营销人员学习、培训和交流力度，强化大数据应用，建档核心零售户 2.7 万户。2022 年，“金圣”品牌实现销量比上年增长 8.53%，其中“金圣”一二类烟实现销量增长 13.91%。

【原料保障】 **优化产区布局**。建有国家局基地单元 10 个，其中云南 7 个、湖南 2 个、江西 1 个，烟叶基地化水平不断提高。注重基地建设，强化基地全过程管控，探索省外基地服务外包、省内基地人员驻点工作，从源头提升烟叶质量。开展精准采购，推广烟叶调拨厂站直调模式，加强公司烟叶采购外观质量控制工作，实际采购量 100% 满足产品研发计划需求，烟叶实物质量和可用性得到保障。建立江西赣州、湖南郴州 2 个“金圣”品牌区域加工中心，加强过程管控，推行标准化选叶、切断加工和均质化加工，提高片烟加工质量，在线水分抽检合格率 100%，烟叶适配率水平不断提升。优化原料库存，完成工业调剂 7.70 万担，出口等量置换云南不适用原烟置入 2.5 万担，置出 2.8 万担。

原料研究取得新提升。开展烟叶质检清选和配方打叶，通过调整片区管辖范围，改进复检模式，提升质检人员责任感和烟叶质检效率，完成烟叶质检 57.1 万担，完成清选 49.7 万担，完成配方打叶设计 41.4 万担。实施跨省配方打叶设计研究、配方应用技术研究，提升原料使用水平。江西烟叶在配方中的使用量达到 8.06 万担，比上年提升 3.6 个百分点；适配“金圣”一二类烟片烟库存占比 51.9%，提升 12.8 个百分点；烟叶库存周期 26.15 个月，比上年下降 4.31 个月。

【技术创新】 **新品研发**。在传承“阁、瓷、红”系列文化内涵的基础上，提升产品研发效率和快速响应市场能力，做好丰富和发展产品体系新文章。全年研发上市“金圣（智圣出山金中支）”“金圣（智圣出山双中支）”两款新产品，开展“金圣（智圣出山细支）”“金圣（吉品中支）”“金圣（普一类短支）”等 3 款储备新品的设计开发。

核心技术取得新突破。初步构建公司单体香原料数据库，完成 1069 种单体香原料的筛选、收集和检测分析。提升自主香精香料研究成果转化与应用能力，全年新增 5 种自主研发单体香原料应用于产品，生产供应自主香原料约 60 吨。完成 363 个在用香精香料的主要成分剖析和辨香研究，实现主要成分可知、开展辨香研究的比例达到 98.91%；江西中烟卷烟老产品中实现可知可控、具备可替代性来源的功能性香基模块74种，使用量占比达到71.38%，年均增长20.5%；单体香原料使用量与可知可控、具备可替代性来源的功能性香基模块使用量占比由2019年的48.86%提升至81.43%，降低香精香料使用成本预计600万元，提升香精香料自主掌控能力。

材料研究取得新进展。围绕增补卷烟香味、提升卷烟感官质量等方面，完成中支二元空管滤棒、植绒触感接装纸等在新产品上的研发应用，强化材料改进，针对改善接装纸开胶、翘边等问题，通过开展提升包装效率、烟包外观平整度、烟用材料可替代性等试验，完成手工包改机包、条膜优化、细支滤棒丝束国产化替代工作。推进材料降本增效工作，全年实现降低材料成本约300万元。

2022年5月30日，江西中烟井冈山卷烟厂举办“中国梦·劳动美——喜迎二十大　建功新时代”主题演讲比赛暨劳模工匠宣传宣讲

江西中烟　刘　斌　摄

工艺研究打造新优势。以专项诊断为抓手，优化完善职能部门和各卷烟厂的工艺管理职能，强化对异常质量情况的管控能力。优化完善工艺质量评价考核，加大各卷烟厂制丝关键工艺参数指标的评价考核权重，制定工艺技术水平测评方案，建立常态化测评机制，形成以季度为周期的工艺技术分级管理和适宜性评审，提升工艺质量精细化管理水平。狠抓工艺技术研究，推进个性化加工和特色化处理，发挥“金圣”品牌烟草工艺联合实验室的功效，开展原料加工、产品提质、特色工艺、质量检测、数字化应用等方面的科技创新，取得授权发明专利3件、实用新型专利2件、软件著作权2件，申报国际专利1件，孵化出冷态气流试验平台、梗丝三维形态检测实验装置各1套。

科技创新活力持续释放。开展创新体制机制诊断，制定10项科技管理制度，构建分层分类、梯次衔接的科技项目计划体系，理顺创新平台体系框架，明确创新类平台、合作创新平台职能与定位，打通创新平台衍生项目申报路径，启动“科技管理体系创新研究中心”合作平台建设。搭建创新工作领导和组织体系，形成以公司创新奖励为主体、厂级创新奖励为补充的两级创新奖励制度体系，调动科技人员创新积极性。2022年，江西中烟研发经费1.04亿元，比上年增长4300万元。申报科研项目37项，增长118%。创新平台数量达到9个，在研科研项目数量129项，获得中国烟草总公司技术发明奖三等奖1项、中国烟草总公司标准创新奖1项，获得专利授权130件，创新成效逐步凸显。

【管理创新】　**优化完善高质量发展评价指标体系**。在原有指标体系基础上，全面识别行业提升竞争力对标指标、江西中烟“十四五”规划核心指标和“四大工程”主要目标，剔除关注度不高、适用性不强的指标18项，新增指标21项，调整指标6项，形成7类78项指标的江西中烟高质量发展评价指标体系。

战略执行评价机制落实落地。结合江西中烟高质量发展规划体系和“十四五”发展规划体系实施情况，根据江西中烟战略管理制度规定，开展江西中烟高质量发展规划体系和“十四五”发展规划体系动态评估，就规划体系提出的经济效益指标、品牌发展目标以及重点工作任务举措落实情况进行客观评价，并形成评估报告，为下一步战略管理机制的持续完善以及规划体系目标指标调整优化打下良好基础。

数字化转型。按照“十四五”信息化发展蓝图，以“上云用数赋智”为路径，瞄准畅通产供销一体化运行、驱动智慧营销转型升级、支撑高素质队伍建设等目标，推动生产经营一体化系统（ERP）、智慧营销、人力资源、云平台等重点项目取得进展。

降本增效。以探索和完善烟用材料公开招标价格竞争机制、改进烟用材料工艺、加强采购质量过程管理、组织消化剩余库存材料等方式，实现公司烟用材料可比成本降低3812万元。初步建立香精香料定额管理，自有品牌香精香料单箱成本下降5.1元，三类烟香精香料成本下降3.98%。

精益管理。全年管理提升项目结题共计 80 项，废改立制度 86 项，超额完成国家局下达的 1.4 亿元提质增效目标。

【特事辑要】 2022 年 1 月 6 日，江西省委常委、副省长任珠峰在江西中烟调研。

1 月 24 日，江西中烟召开 2022 年工作电视电话会议。

7 月 18 日，江西省委副书记、省长叶建春在江西中烟调研。

9 月 22 日，江西中烟与中国烟草总公司郑州烟草研究院在河南郑州签署战略合作协议。

10 月 24 日，“金圣（青瓷中支）”获得“2021—2022 年度中国十大烟标”传统卷烟类“金奖”。

11 月 8 日，江西中烟召开学习宣传贯彻党的二十大精神动员会。

2022 年江西中烟工业有限责任公司所属卷烟生产厂情况统计

		江西中烟工业有限责任公司南昌卷烟厂	江西中烟工业有限责任公司赣州卷烟厂	江西中烟工业有限责任公司广丰卷烟厂	江西中烟工业有限责任公司井冈山卷烟厂
法人资格		非独立法人	非独立法人	非独立法人	非独立法人
主要负责人（含党政领导）		党委书记、厂长：罗　飚	党委书记、厂长：何善懋（—2022 年 1 月）梅丽伟（2022 年 1 月—）	党委书记：徐辉广（—2022 年 3 月）刘　曜（2022 年 3 月—）厂长：刘　曜	党委书记、厂长：华　刚
成立时间		1950 年	2013 年	1988 年	1982 年
从业人员（人）		1319	957	973	476
卷烟生产能力(亿支)		325	300	89	150
卷烟品牌	自有品牌	金圣	金圣、庐山	金圣、庐山	金圣
	合作生产品牌	—	南京	利群	利群

◎ 撰稿：李　杨；编辑：刘海文

山东中烟工业有限责任公司

【主要产品】 **自有品牌**。2022 年，山东中烟工业有限责任公司自有内销卷烟品牌主要有“泰山”“哈德门”。“泰山”卷烟产量比上年增长 5.54%，实现销量增长 4.22%。“哈德门”卷烟产量比上年下降 13.64%，实现销量下降 14.61%。

合作生产品牌。合作生产上海烟草集团“红双喜”16 亿支（3.2 万箱）、“牡丹”10 亿支（2 万箱），湖南中烟“白沙”16.5 亿支（3.3 万箱），湖北中烟“红金龙”5 亿支（1 万箱）、“黄鹤楼”9 亿支（1.8 万箱），江苏中烟“南京”10 亿支（2 万箱），云南中烟“玉溪”5 亿支（1 万箱）、“红塔山”9 亿支（1.8 万箱）。

【品牌建设】 **强化市场观念**。坚持“重在状态、重在提升、重在持续”，紧盯商业存销比和投放策略订足面、订足率等关键指标，加强工商协同，市场动销畅通，状态持续向好。

加强品牌培育。聚焦一二类烟市场份额和骨干规格，全年确定一二类烟重点规格 9 个。一二类烟 9 个重点规格实现商业批发销量比上年增长 34.76%，其中，“泰山（茉莉香韵）”2.95 亿支（0.59 万箱）、“泰山（儒风细支）”19.2 亿支（3.84 万箱）、“泰山（颜悦）”50.95 亿支（10.19 万箱），“泰山（颜悦）”是第一个年销量过 10 万箱的鲁产一类烟规格。“泰山”品牌商业批发销量连续 8 年实现增长；实现单箱批发销售额 2.68 万元，比上年增长 6.44%。

统筹市场拓展。山东省内紧盯“稳规模、提结构、树形象”，深化工商协同，分级精准对接，主要指标增幅均超过全省平均水平。2022 年，省内实现销量比上年增长 0.65%；单箱批发金额 2.44 万元，增长 7.07%；一二类烟销量份额 29.73%，居省内首位。省外紧盯“增销量、提份额、优布局”，加强重点市场建设，“泰山”品牌量价齐升，实现销量比上年增长 11.92%，其中一、二类烟分别增长 42.69%、26.38%。

【原辅材料保障】 **原料采购**。坚持总量动态平衡，优化原料结构。深化烟叶基地建设，建设国家局烟叶基地单元

29个，基地单元主导种植品种符合率98.6%。坚持工商研协同，定制化开发高可用性上部烟叶0.58万吨（11.6万担），“整市＋整县＋整站”全收全调、山东优质烟叶开发工作得到国家局肯定。深化均质化加工，推进“竖配方”配打，加强烟叶提质养护，烟碱、水分等核心质量指标连续保持行业优秀水平。

烟用物资管理。严格烟用材料、备品备件供应商资质认证、评价考核，深化集中采购，招标组建烟机配件供应商库，烟用物资供应格局持续优化。烟用材料、备品备件入库检验合格率100%，烟用材料质量监督检验合格率100%。严格采购计划审核，实时下达、跟踪调度采购订单，定期分析异常库存，采购需求与生产计划符合率保持100%。推行重点烟用物资“满仓”行动，妥善应对疫情冲击、快速应对市场变化，依法依规调整部分化工类材料采购价格，建立供应互保、替代供给机制，稳定产业链供应链。深化对标管理，11类烟用材料采购价格优于行业平均水平，备品备件资金占用率、资金周转率水平居行业前列。

【技术创新】 **技术中心概况**。山东中烟工业有限责任公司技术中心成立于2006年10月，2007年通过国家发展改革委、科技部、财政部、海关总署、国家税务总局等五部委联合组织的国家认定企业技术中心的认定。2015年8月，通过中国合格评定国家认可委员会的认可评审。2022年，有在岗员工119人，其中：博士研究生学历4人、硕士研究生学历12人；高级职称30人、中级职称76人。全年取得行业科技项目成果2项，公司级科技项目成果36项。

产品研发维护。坚持“把握主流、彰显特色”，实施高端产品创新突破工程，统筹推进19款储备产品研发设计，“泰山（拂光）”“泰山（儒风）”2款改造产品和“泰山（儒风双中支）”新产品获批准产，“泰山（拂光金中支）”报请国家局准产。聚焦“稳定风格、提升品质”，实施重点规格维护提升工程，“泰山（颜悦）”“泰山（白将军）”“泰山（红将军）”等产品感官质量稳中有升。

机制建设。印发全面加强科技创新工作指导意见，出台系列激励政策措施。对内强化“一体两翼四助推”全员创新体系建设，对外与郑州烟草研究院、青州烟草研究所签订长期战略合作协议，开展多部门、多单位联合攻关，加强创新平台建设。强化科技项目管理，全年开展科研项目177项，其中：牵头行业科研项目8项、参与12项，在研公司级科技项目157项；结题评审36项。全年立项开展公司级科技项目59项、各单位自立科技项目46项，比上年分别增加26项、32项。

技术攻关。聚焦核心技术自我掌控，深度对接行业重大项目，香精香料核心技术自主研发取得新突破。聚焦功能性香基模块技术破解，加强单体应用、模块可替代性研究，可知可控、具备可替代性来源的香基模块品种占比90.84%，使用量占比91.02%。功能滤棒研究取得新进展，在两款新产品中得到应用。工商研联合开展山东优质核心原料开发与应用研究，山东烟叶使用比例稳步提升。全年新增专利授权197件，其中发明专利38件。截至2022年底，拥有有效专利1173件。

质量监督与技术保障。开展技术标准专项整改，完成《泰山（心悦）牌卷烟》等15项技术标准制（修）订。注重产品维护，持续强化质量监督，行业卷烟产品质量抽检合格率100%。重点规格卷烟感官质量实测值连续两年保持在设计值以上，自有品牌焦油加权平均值较上年降低0.1毫克/支。

【管理创新】 **基础管理**。完善法人治理结构，加强基本制度建设。实施高质量发展及“十四五”规划执行情况评估。加强贯标工作，优化业务流程，公司首次通过“三体系”认证。加强财务审计管理，强化预算全过程管理，严控成本费用，加强国有资产管理，科学合理调度资金，实现资金收益比上年增长38.35%。严格多元化运营管控，排

2022年10月16日，山东中烟青岛卷烟厂组织干部职工收看党的二十大开幕会直播

山东中烟　供稿

查处置低效无效资产。实施产业链提升工程，“一企一策”制定方案，中高端卷烟配套保障能力稳步提高。行业多元化经营管理评价中，山东中烟综合得分居省级公司第11位、省级工业企业第5位。

精益管理。围绕高质量发展重点工作，开展精益课题研究216项，获得山东省企业管理现代化创新成果24项。深化对标管理，2022年公司核心竞争力对标指标比上年提升71.43%。全年实现降本增效3.48亿元。

技术装备。加强投资项目管理，重大项目有序推进，青州卷烟厂就地技术改造项目完成工艺设备选型论证，发布工程总承包招标文件；青岛卷烟厂制丝线提升改造项目完成初步设计招标；颐中烟草（集团）有限公司研发制造中心建设项目在优化初步设计中；济南卷烟厂新材料研发制造中心建设项目完成整体竣工验收。完成6组卷接包设备改造，新增4组高速、超高速卷包机组。编制实施数字化转型规划，统筹公司应用系统建设，推进行业生产经营管理一体化平台实施，移动办公平台、国有资产管理、财务智能核销等9个信息化系统上线运行。

2022年山东中烟工业有限责任公司所属卷烟生产厂情况统计

		山东中烟工业有限责任公司济南卷烟厂	山东中烟工业有限责任公司青岛卷烟厂	山东中烟工业有限责任公司青州卷烟厂	山东中烟工业有限责任公司滕州卷烟厂
法人资格		非独立法人	非独立法人	非独立法人	非独立法人
主要负责人（含党政领导）		党委书记、副厂长：傅　军 党委副书记、厂长：李东方	党委书记、副厂长：张　彤 党委副书记、厂长：秦承刚	党委书记、副厂长：孟庆华 党委副书记、厂长： 张志伟（2022年4月—）	党委书记、副厂长：徐　伟 党委副书记、厂长： 孙方照（2022年1月—）
成立时间		1928年	1919年	1948年	1951年
从业人员（人）		1439	1386	915	565
卷烟生产能力(亿支)		510	464	256	137
卷烟品牌	自有品牌	泰山、哈德门	泰山、哈德门	泰山、哈德门	泰山、哈德门
	合作生产品牌	黄鹤楼、红金龙	红双喜、牡丹	南京、白沙	玉溪、红塔山

◇ 撰稿：王绍习；编辑：褚　幸

河南中烟工业有限责任公司

【主要产品与品牌建设】 **主要产品**。2022年，河南中烟工业有限责任公司生产的内销卷烟品牌主要有“黄金叶”“红旗渠”“散花”。其中“黄金叶”实现销量比上年增长5.98%。

品牌培育。实施“商鼎十万箱工程”，优化“攻一、顺二、控三、放四”品牌运行策略，“黄金叶”品牌实现“双进入”行业“136、345”品牌发展目标。2022年，“黄金叶”一二类烟实现商业销量比上年增长18.19%，其中，“黄金叶（天叶）”增长13.74%、“黄金叶（天香细支）”增长13.94%、“黄金叶（天叶细支）”增长37.45%、“黄金叶（乐途）”增长10.12%、“黄金叶（爱尚）”增长8.64%。

品类构建。坚持中式卷烟发展方向，依托河南浓香型烟叶，发挥公司在浓香品类、醇香风格卷烟研发上积累的技术特色，持续推出中支、常规卷烟新产品，完善短、细、中等多品类构建和产品布局，突出一类烟攻坚，推进供给侧产品创新，支撑品牌结构和影响力提升。

产品研发维护。全年研发新产品6个，上市新产品3个。其中：“黄金叶”系列“软天叶”“国色双中支”2款新产品上市，“商鼎”完成改造上市；“天之叶”常规、中支、细支3款产品完成研发转为储备。完成39个产品叶组配方维护60余次，实现4个产品内在提质优化。

合作生产。合作生产浙江中烟“雄狮”，上海烟草集团“红双喜”“大前门”，湖南中烟“白沙”。与湖南中烟合作生产“黄金叶”。

【技术创新】 **技术中心概况**。河南中烟工业有限责任公司技术中心成立于2007年3月，为行业级技术中心。拥有行业烟草加工形态研究重点实验室、行业再造烟叶标准研究室、河南省烟叶工程技术研究中心、河南省烟用材料工程技术研究中心等多个省部级以上科技创新平台。中心质量监督检测实验室通过中国合格评定国家认可委员会（CNAS）颁发的实验室认证，拥有各类先进大型仪器设备70余台套，总价值9696.8万元。截至2022年底，员工206人，其中博士研究生13人、硕士研究生73人，研究生及以上学历人员占比42%；高级以上专业技术资格57人，其中正高级工程师3人、研究员3人；享受国务院政府特殊津贴专家2人、行业学科带头人1人、河南省优秀青年科技专家1人、全国评烟委员会委员4人、全国烟草标准化专业委员会委员5人、中国烟草品种审定委员会委员1人。

科研成果。2022年，评选出公司级技术发明奖2项、科技进步奖19项、创新争先奖10项、标准奖1项、专利奖924项、科技论文奖72项。发表科技论文174篇，获省部级科学技术奖励6项，获得授权专利989件，其中发明专利202件。取得科研成果39项。

科技合作交流。构建以院士创新中心为统领、以工程中心、重点实验室和博士后工作站为支撑的创新平台集群，依托各类创新平台大力开展科研合作交流与技术攻关。与郑州轻工业大学、郑州烟草研究院签订《共建河南省特色行业学院合作协议》，共同建设河南省特色行业学院——烟草科学与工程学院，围绕烟草行业共性技术、产业技术创新关键等开展协同创新，联合开展技术攻关、产品研发、成果转化、项目孵化等工作。

【企业管理】 开展“企业管理提升年”行动，成立管理提升专项行动领导小组和工作专班，制定印发总体实施方案，细化5个阶段18项重点任务，明确涵盖5个步骤17项动作的工作要点，采集公司内外部信息2756项，创造性形成产品价值实现、产品研发、原料供应、卷烟材料供应四大过程全景图，策划形成涵盖战略决策、核心业务、支撑保障等3大类35项一级流程的业务流程总体框架和涵盖通用基础标准、产品实现标准、基础保障标准、岗位工作标准四大子体系的功能模式标准体系总体框架，梳理优化125项核心业务流程，制定形成92项核心标准，为公司构建母分公司体制，推动信息化、数字化转型奠定基础。

【原料保障】 **基地化供应**。坚持产品需求目标导向，调整优化基地布局，以基地单元固化适宜香型产区的新增计划，逐步提升基地化供应比例。建设国家局层面烟叶基地单元31个，工商联办基地4个，基地供应比例达到70%，基地区域实现八大香型全覆盖。“上六片”年采购量0.15万吨（3万担）以上。

均质化加工。2021烟叶年度（2021年6月至2022年6月）完成烟叶加工（含二次混配）10.36万吨（207.19万担）。其中“一专线四中心”加工总量占比66.79%；选叶5.33万吨（106.59万担），选后烟叶符合度在90%左右，A类符合度加权平均值89.90%，比上年提升0.82个百分点；烤后烟碱变异系数均值2.52%、水分变异系数1.62%、叶中含梗率1.1%，3项指标均达到行业均质化优秀指标。

烟叶去库存。工业调剂购进云南、江苏等片烟0.375万吨（7.5万担），工业调剂销售片烟0.015万吨（0.3万担），二次混配加工片烟0.325万吨（6.5万担），进一步优化烟叶库存。截至2022年6月底，公司库存可用29.8个月。

【辅料保障】 **优化物资采购策略**。完善物资采购公开招

2022年6月21日，河南中烟黄金叶生产制造中心卷包车间党员、行业技术能手丁天涛进行ZB416超高速机组维保

河南中烟黄金叶生产制造中心　白志刚　摄

标实施意见，实施“多投限中”策略，压缩供应商数量，包装纸单规格供应商数量由7～10家减至2～4家；根据一二类卷烟纸“一品一规”的标准，实施卷烟纸单规格单一供方，稳定一二类卷烟感官质量；整合同类工艺参数材料，统一采购价格，提高采购效率。

物资保供机制。针对卷烟规格多、生产计划变动快、疫情不确定因素等，按照材料性质，将卷烟材料分为战略、瓶颈、利用和次要四类，明确不同时期各类材料采购策略和库存策略，形成反应灵敏、协同有力、调控精准的物资保供机制。

【数字化转型】 **网信发展规划**。贯彻行业“11625”网信发展规划要求，制定形成构建云边协同体系、双中台体系、一体化管控与决策体系、六大核心应用体系、数字化治理和网络安全保障体系的“12162”公司网信发展蓝图和整体架构。制定规划推进方案，完善管理机制，细化分解近期和中远期的实施计划及重点工作任务。

数字基础建设。推进公司云平台建设，为工业互联网、行业数字中台基线版本部署及生产经营管理一体化平台建设奠定基础。完成公司数据中台建设，整合数据资产，全面采集与处理“四金”平台等17个业务系统数据，提供统一的数据资产管理与使用能力。完成公司互联网移动应用统一平台建设，以私有版企业微信为基础，实现协同办公、重点工作、采购管理、工作室联盟、无线准入、视频会议等微服务上线运行，促进公文、审批、会议等业务移动化、在线化。

数字应用。推进以数字化协同办公、PDCA系统为代表的智慧管理应用体系建设，搭建门户、公文、档案等功能模块，实现采购、预算、项目、装备等相关系统集成，提升公司数字协同办公能力。完成大数据中心（一期）项目建设，构建基于微服务架构的主数据平台和数据治理系统，实现对业务数据的采集、存储、加工和清洗，为数据中台提供支撑。上线经济运行分析平台迭代升级项目，开发部署战略分析、运行监测、智能画像、基础保障四大核心业务架构和26项核心功能，为领导层决策、管理层分析提供数据支持和展示平台。启动智慧营销（二期）项目建设，完成卷烟厂MES迭代升级，为营销、制造领域数据应用奠定基础。

数据服务。重新构建公司数据标准体系，编制《数据资产管理办法》，明确数据资产管控流程。发布物料、设备、研发等15类《基础主数据编码规范》，形成公司数据技术标准体系。以大数据中心为载体，开发采购、产销、物流三大主题数据分析模块28个，数据分析功能34项，完成数据建模2300余张，累计提供数据服务5400余次。开展数据专员队伍建设，建立涵盖公司本部及各单位260余人的数据专员队伍，增强数据服务生产经营管理能力。

【特事辑要】 2022年4月12日，河南省人大常委会副主任、省总工会主席李公乐在河南中烟安阳卷烟厂调研。

3月25日，河南中烟与郑州烟草研究院召开院企合作专题研讨会，围绕高水平共建“河南中烟—谢剑平院士创新中心”进行交流。

12月，“黄金叶”品牌一二类卷烟商业销量超过100万箱，实现“双进入”行业“136、345”品牌发展目标。

2022年河南中烟工业有限责任公司所属卷烟生产厂情况统计

	河南中烟工业有限责任公司黄金叶生产制造中心	河南中烟工业有限责任公司许昌卷烟厂	河南中烟工业有限责任公司安阳卷烟厂	河南中烟工业有限责任公司南阳卷烟厂	河南中烟工业有限责任公司驻马店卷烟厂	河南中烟工业有限责任公司漯河卷烟厂	河南中烟工业有限责任公司洛阳卷烟厂
法人资格	非独立法人	非独立法人	非独立法人	非独立法人	非独立法人	非独立法人	非独立法人
主要负责人（含党政领导）	总经理：陈春喜 党委书记：郑国兴	厂长：刘金福 党委书记：曾显峰（—2022年11月） 侯海顺（2022年11月—）	厂长：范国民 党委书记：陈清棠（—2022年11月） 曾显峰（2022年11月—）	厂长：李松峰 党委书记：杨玉良	厂长：董建兴 党委书记：常明升	厂长：吕　飞 党委书记：赵群发	副厂长：孙　鹏（—2022年8月，主持工作） 党委书记：黄光富

续表

		河南中烟工业有限责任公司黄金叶生产制造中心	河南中烟工业有限责任公司许昌卷烟厂	河南中烟工业有限责任公司安阳卷烟厂	河南中烟工业有限责任公司南阳卷烟厂	河南中烟工业有限责任公司驻马店卷烟厂	河南中烟工业有限责任公司漯河卷烟厂	河南中烟工业有限责任公司洛阳卷烟厂
成立时间		2014 年	1949 年	1945 年	1950 年	1949 年	1946 年	1981 年
从业人员(人)		1872	1318	835	827	637	648	626
卷烟生产能力（亿支）		650	300	200	150	175	150	150
卷烟品牌	自有品牌	黄金叶	黄金叶、发时达	黄金叶、红旗渠、发时达	黄金叶、红旗渠	黄金叶、红旗渠	黄金叶、红旗渠	黄金叶、红旗渠
	合作生产品牌	—	—	—	红双喜、大前门	—	白沙、雄狮	—

◇ 撰稿：陈仕文；编辑：褚　幸

湖北中烟工业有限责任公司

【主要产品】 ***卷烟生产***。2022 年，湖北中烟工业有限责任公司生产的内销卷烟品牌主要有“黄鹤楼”“红金龙”。

合作生产。与四川中烟合作生产“黄鹤楼”56.5 亿支（11.3 万箱）、“红金龙”2.5 亿支（0.5 万箱）；与黑龙江烟草工业合作生产“黄鹤楼”15 亿支（3 万箱）、“红金龙”15 亿支（3 万箱）；与河北中烟合作生产“红金龙”5 亿支（1 万箱）；与山东中烟合作生产“黄鹤楼”9 亿支（1.8 万箱）、“红金龙”5 亿支（1 万箱）；与重庆中烟合作生产“黄鹤楼”12 亿支（2.4 万箱）、“红金龙”0.5 亿支（0.1 万箱）。合作生产四川中烟“娇子”25 亿支（5 万箱）。

品牌培育。加强重点品系建设，增强一类以上中、细支新品类发展动力。“黄鹤楼”实现销量比上年增长 3.11%，其中，“1916”系列实现销量近 49 亿支（9.82 万箱），“峡谷情”系列实现销量突破 87.6 亿支（17.5 万箱），“珍品”系列实现销量 57.6 亿支（11.5 万箱）。坚持全国“一盘棋”，以行业共育目录和公司重点规格为主体推进品规归核，形成 24 个主导规格、7 个护卫规格和若干个潜力规格的品规布局，培育 1 个 70 万箱、1 个 25 万箱和 5 个 10 万箱的“黄鹤楼”系列大单品，全年主导规格销量集中度比上年增加 3 个百分点，“黄鹤楼（峡谷情细支）”进入行业共育目录；全年一类以上中支烟实现销量 100 亿支（20 万箱），增长 20%，新产品“视窗”完成全国 6 大价区 11 个省（市）产品布局。2022 年，9 个新品品规实现销量 50 亿支（10 万箱），在年度工业调拨销售收入中，新产品贡献率 6.9%，比上年增加 0.5 个百分点；在年度“黄鹤楼”品牌实现商业总销量中，新产品规模贡献率 4.2%，增加 0.15 个百分点。

市场拓展。“黄鹤楼”品牌全年省际比重保持 62%。“黄鹤楼”销量过万箱省级市场增加至 28 个，建立湖北、广东、河南、四川、河北等 5 个“黄鹤楼”总量过 10 万箱的规模基地，打造湖北、河南、河北、广东和四川等 5 个“黄鹤楼”一类烟过 8 万箱，浙江和江苏 2 个一类烟过 5 万箱的规模基地。

【原辅材料保障】 2022 年，湖北中烟在建基地单元 29 个，“一基四重”（以湖北烟叶为基础，云南、四川、湖南和进口烟叶为重点）区域新增国家局基地单元 6 个。“中棵烟高油分”烟叶开发，湖北省内迈向推广应用阶段，省外进一步加强示范推广，共在 7 个省 11 个地市 14 个基地县建立示范区。持续优化提升调拨烟叶等级结构；围绕提升供应链现代化水平，实施“延链、补链、稳链、强链”工程，加快实施进口材料国产化替代，通过质量控制前移管理，实现材料入库抽检合格率 99.8%，重大质量事故和材料报损零发生；建立网采电子评审室，提升采购效率，实现新增零配件“月需月供”，网采实施响应率 100%。

【技术创新】 创新升级中式卷烟，全面导入 IPD 研发模式，完成“黄鹤楼（视界）”镂空盒型设计、“黄鹤楼（视窗）”滤棒升级等特色技术攻关。实施关键核心技术攻关，增强技术原创动力，加强产业链关键环节和共性技术攻关，在烟叶原料、应用基础研究、关键烟用材料研究、包装设计研究、降本增效及供应链风险防控等方面取得新进展。深化科研创新体制机制改革，制定印发《关于进一步深入推进创新优先战略的实施指导意见》，从5个方面提出25条创新改革新举措和41项具体工作任务。布局技术创新数字化转型强化创新数字赋能，强化系统谋划与顶层设计，制定技术研发数字化转型发展规划，提升产品集成开发与精益维护能力、技术标准供给与服务能力、知识生产共享应用能力，促进科研范式向数据密集型变革。

【信息化建设】 **“新数基”建设**。以云 MES 项目为试点，深入研究设计数字中台、工业互联网平台技术架构和实施方案，新数基体系建设迈出实质性步伐，为全面推进数字化转型和智能化创新奠定技术基础。

数据赋能管理。强化数据治理顶层设计，健全数据标准体系，持续推动数据资产盘点与注册入库，完成9大类279个数据对象盘点。深化数据分析应用，拓展公司数据应用创新平台、数据指标管理平台，标准化公司数据指标1650个，发布数据产品483项。打造统计和数据专业队伍，组建147人的数据金种子团队，开展7轮次数据管理与分析培训，公司初中级统计师109人；在行业统计论文评选中，湖北中烟获得一等奖4个、二等奖3个，并连续三年获得行业优秀组织奖。

网信安全建设。全面落实企业网络安全主体责任，围绕打造提升网络安全“实战化、体系化、常态化、动态防御、主动防御、纵深防御、精准防御、整体防护、联防联控”的“三化六防”综合防御能力，初步完成“三网隔离”和分级分域目标，建立应用系统全生命周期安全体系，完成烟草行业网安攻防演习等重保工作。提升网安队伍专业技能，组织参加“网鼎杯”全国网络安全大赛，黄鹤楼科技园，湖北中烟红安卷烟厂、广水卷烟厂战队进入决赛；举办2022年“湖北工匠杯”技能大赛——全省烟草系统网络与信息安全管理员技能竞赛，获得团体第一名；承办行业首届网络安全技能大赛，获得网络安全攻防竞赛一等奖。

【数字化转型】 制定《数字化转型工作方案（2022—2023）》，成立公司数字化转型工作组织，以跨部门矩阵方式推进数字化转型“十六项”重点工作一体联动、有机协同。全面对接行业一体化平台重点项目建设任务，启动行业调控项目和二维码统一应用项目。初步实践业务架构、数据架构、应用架构、技术架构的企业4A架构方法论，自上而下、自下而上开展各业务领域和公司数字化转型规划顶层设计。

2022年4月24日，湖北中烟武汉卷烟厂烟草制品检验员利用综合测试台进行卷烟物理指标质量测定

湖北中烟武汉卷烟厂　褚　玮　摄

【企业管理】 围绕2022年“15732”方针目标，持续打造“品牌力、创新力、管理力、文化力、国际化”5个核心竞争力，在“数字能力提升、降本提质增效、技术改造升级、绿色低碳发展、对标创优管理、素质队伍建设、法治企业建设”等7个方面取得进步，全年经济运行保持在合理区间，持续为行业和地方经济社会发展尽责任作贡献。湖北中烟武汉卷烟厂通过行业两化融合管理体系AA级评审，被

评为湖北省智能制造试点示范企业；三峡卷烟厂获得中国红十字奉献奖章；恩施卷烟厂制丝乙班被评为湖北省工人先锋号；红安卷烟厂被评为全省厂务公开民主管理示范单位。2021—2022 年，湖北中烟共有 7 个班组被评为全国质量信得过班组，18 个班组被评为湖北省质量信得过班组。

【特事辑要】 2022 年 4 月 7 日，湖北省副省长赵海山一行在湖北中烟武汉卷烟厂调研企业生产经营情况。

7 月 19—21 日，国家局党组成员、副局长张天峰在武汉卷烟厂、武汉黄鹤楼香精香料有限公司、武汉市局（公司）物流分拣中心等处调研，并走访武汉市卷烟零售户。

8 月 2—4 日，国家烟草专卖局党组书记、局长，中国烟草总公司总经理张建民在湖北烟草调研，并调研国家局定点帮扶的十堰竹山县、竹溪县。

2022 年，湖北中烟党组出台《关于进一步深入推进创新优先战略的实施指导意见》，全面落实学习宣传贯彻党的二十大精神，贯彻落实全国烟草科技创新大会、全国烟草科技工作座谈会以及国家烟草专卖局党组书记、局长，中国烟草总公司总经理张建民在湖北烟草调研时的讲话精神。

2022 年湖北中烟工业有限责任公司所属卷烟生产厂情况统计

		湖北中烟工业有限责任公司武汉卷烟厂	湖北中烟工业有限责任公司襄阳卷烟厂	湖北中烟工业有限责任公司恩施卷烟厂	湖北中烟工业有限责任公司三峡卷烟厂	湖北中烟工业有限责任公司红安卷烟厂	湖北中烟工业有限责任公司广水卷烟厂
法人资格		非独立法人	非独立法人	非独立法人	非独立法人	非独立法人	非独立法人
主要负责人（含党政领导）		党委书记：戚新平（2022 年 1 月—） 厂长：王　军（—2022 年 1 月） 王闰光（2022 年 1 月—）	党委书记：张志生 厂长：朱　巍	党委书记：刘华豫 厂长：朱　华	党委书记：孙德平（—2022 年 1 月） 毛　耀（2022 年 1 月—） 厂长：姚　俊	党委书记：陈　实 厂长：王闰光（—2022 年 1 月） 周章铁（2022 年 1 月—）	党委书记：张　放 厂长：彭　波
成立时间		1916 年	1944 年	2009 年	1998 年	1980 年	1970 年
从业人员（人）		1521	1217	783	778	648	508
卷烟生产能力（亿支）		750	288	250	150	110	109
卷烟品牌	自有品牌	黄鹤楼、红金龙	黄鹤楼、红金龙	黄鹤楼、红金龙	黄鹤楼、红金龙	黄鹤楼、红金龙	黄鹤楼、红金龙
	合作生产品牌	—	—	—	娇子	—	—

◎ 撰稿：朱叶林；编辑：褚　幸

湖南中烟工业有限责任公司

【主要产品】 **卷烟生产**。2022 年，湖南中烟内销卷烟品牌主要有“白沙”“芙蓉王”“芙蓉”“相思鸟”“万宝路”。年内生产内销卷烟比上年增长 0.45%。其中，生产一类烟比上年增长 7.59%，二类烟减少 13.83%，三类烟减少 8.5%，五类烟减少 32.97%。

卷烟销售。实现卷烟工业调拨（含合作生产回购、不含“万宝路”）比上年下降 0.07%。其中，一类烟比上年增长 4.74%，二类烟下降 12.54%，三类烟下降 3.92%，五类烟下降 36.5%。实现卷烟商业销量（含合作生产回购、不含“万宝路”）比上年下降 0.15%。其中，一类烟比上年增长 4.34%，二类烟下降 11.31%，三类烟下降 3.91%，五类烟下降 35.19%。

合作生产。与河北中烟合作生产“白沙”100亿支（20万箱）；与重庆中烟合作生产“白沙”25亿支（5万箱）；与山东中烟合作生产“白沙”16.50亿支（3.3万箱）；与河南中烟合作生产“白沙”24亿支（4.8万箱）。合作生产卷烟回购155.1亿支（31.02万箱），比上年下降8.7%。湖南中烟合作生产河南中烟“黄金叶”3亿支（0.6万箱）。

【品牌培育】 2022年，湖南中烟坚持“夯实基础、重点突破、高端引领”发展策略，以不同系列进行差异化推广，推动“芙蓉王（硬）”“芙蓉王（硬细支）”“芙蓉王（硬中支）”“芙蓉王（蓝）”“芙蓉王（硬蓝新版）”等重点规格发展，拓展“芙蓉王”“荣耀”系列市场，“芙蓉王（硬中支）”在全国33个省市347个城市销售，“芙蓉王（硬红宝石）”在全国24个省市124个城市销售，“芙蓉王”“荣耀”系列2款新品引入15个省市88个城市。“白沙”品牌重点突出“和天下”系列，坚持“价值领先、规模领先、品类领先”发展策略，着力提升现有规格组合的规模支撑力，“白沙（和天下）”在全国33个省市347个城市销售，“白沙（硬和天下双中支）”在全国98个城市销售。

完成57款卷烟产品研发。其中，“白沙（硬和天下尊品中支）”“白沙（硬和天下尊品细支）”“芙蓉王（荣耀中支）”“芙蓉王（荣耀细支）”实现上市销售。7月，“白沙（硬和天下尊品中支）”在长沙市上市，年内实现商业销售0.07亿支（0.014万箱）。12月，“白沙（硬和天下尊品细支）”在河北唐山市上市，实现商业销售5.7万支（1.14箱）。“芙蓉王（荣耀中支）”“芙蓉王（荣耀细支）”分别在吉林、宁夏首发上市，其中“芙蓉王（荣耀中支）”实现商业销售0.77亿支（0.15万箱），“芙蓉王（荣耀细支）”实现商业销售0.46亿支（0.09万箱）。

【原料保障】 持续优化基地布局，调整清退不适配烟叶基地单元6个。截至2022年6月底，库存水平27个月。2021烤季（2021年7月1日至2022年6月30日），调拨国内烤烟15.47万吨（309.32万担）；2022年7—12月，调拨国内烤烟9.66万吨（193.14万担）。全面提升重点品牌原料区域加工中心建设运行水平，湘西鹤盛原烟发展有限责任公司29项对标指标中，达到行业优秀水平22项。推动复烤企业转型发展，按期完成复烤企业去产能任务，行业首条专业片烟预混线在浏阳天福打叶复烤有限责任公司顺利投产运行。持续推进配方模块加工，均质化加工水平持续提升，片烟烟碱、水分变异系数均达到行业优秀水平。

【技术创新】 在产品设计数字化方面，发布行业数字化调香技术平台5.0版本，构建集成调香、叶组和材辅料设计数字化产品设计平台系统；在产品制造智能化方面，完成首台套GDX2卷烟包装机升级为AI视觉在线检测的改造验证，制定长沙卷烟厂、零陵卷烟厂、四平卷烟厂《卷包成型物流制造工艺规范》；在烟草农业现代化方面，鉴定到6个有价值的育种素材，获得3个耐低温、高氨基酸、高钾雪茄型“K326”聚合素材。自育和合作选育的4个烤烟新品系通过国家局组织的田间鉴评，新品种种植面积34万亩，“4+N”技术体系推广面积89万亩。“再造烟叶工艺规范”项目获得中国烟草总公司标准创新贡献奖三等奖。

2022年10月13日，湖南中烟郴州卷烟厂开展“万宝路（硬金3.0）”中试工作

湖南中烟郴州卷烟厂　李　纯　摄

【科技成果】 开展科技创新项目321项，其中科研项目231项、创新改进课题16项、成果推广类项目68项、创新小组项目6项。主持国家局科技项目17项，参与35项。通过鉴定、结题45项，

其中通过国家局鉴定10项、国家局验收5项、公司鉴定9项、公司验收21项。公司获得省部级科技奖励9项，其中牵头科技成果3项，参与科技成果4项，个人奖励2项。获得专利授权158件。CORESTA大会入选论文3篇。

【企业管理】 开展“建制度、学制度、用制度、守制度”活动，累计制（修）订制度608个，其中本级118个。强化对标管理，对标指标在行业的排名稳中有升。深化战略计划预算联动，预算管理工作质量评价居行业工业企业第二位。开展质量改进专项巡查，完善质量问题改进机制，加强工艺质量项目攻关，实施烟叶杂物专项综合治理，质量异常信息、市场投诉质量问题比上年分别下降41.7%、74%。加强成本管理，降本提质增效9.3亿元。推进数字化转型，行业一体化平台建设项目试点工作得到国家局肯定。滑托联运和塑料烟箱循环利用指标排名均居行业第一位。多元化经营管理评价综合排名居行业第三位。推进安全生产标准化建设，长沙卷烟厂安全生产标准化一级达标创建通过国家级评审验收。安全生产专项整治三年行动圆满收官，被评为湖南省安全生产和消防工作优秀单位。

【特事辑要】 2022年1月20日，湖南烟草工业工作会议暨湖南中烟工业有限责任公司第一届第四次职工代表会在长沙市召开。

5月7日，湖南中烟以“秉持新理念、营造新生态、开创新格局”为主题，举办首届科技创新大会。

6月14—15日，国家局党组成员、副局长韩占武在湖南烟草调研。

6月24日，中国工程院院士、华中科技大学教授、国家智能制造专家委员会主任委员李培根应邀在湖南中烟作题为“企业数字化转型需要的数据意识”专题培训。

7月19日，湖南中烟与湖南农业大学共建“烟叶原料保障创新研究中心”签约揭牌仪式在湖南农业大学举行。

7月21日，湖南中烟与常德烟机、上海烟机“基于边缘云产线级设备智能化研究合作协议”签约仪式在长沙市举行。

9月30日，国家局批复同意湖南中烟实施数字化调香工程中心建设项目。

2022年湖南中烟工业有限责任公司所属卷烟生产厂情况统计

		湖南中烟工业有限责任公司长沙卷烟厂	湖南中烟工业有限责任公司常德卷烟厂	湖南中烟工业有限责任公司郴州卷烟厂	湖南中烟工业有限责任公司零陵卷烟厂	湖南中烟工业有限责任公司四平卷烟厂	湖南中烟工业有限责任公司吴忠卷烟厂
法人资格		非独立法人	非独立法人	非独立法人	非独立法人	非独立法人	非独立法人
主要负责人（含党政领导）		党委书记、厂长：毛华初	党委书记、厂长：刘　斌	党委书记、厂长：黄　睿	党委书记、厂长：李会亮（2022年7月—）	党委书记、厂长：刘少军（—2022年7月）党委书记：彭中雷（2022年7月—）	党委书记：曹兴洪
成立时间		1938年	1951年	1939年	1976年	1948年	1970年
从业人员（人）		2178	2721	1219	849	561	372
卷烟生产能力(亿支)		685	800	179	165	86	86
卷烟品牌	自有品牌	芙蓉王、白沙	芙蓉王、白沙	芙蓉王、白沙、相思鸟、芙蓉	芙蓉王、白沙、芙蓉	芙蓉王、白沙	芙蓉王、白沙
	合作生产品牌	—	—	—	—	—	黄金叶
	委托加工品牌	万宝路	—	—	—	—	—

◇ 撰稿：杨　徽　何小凡；编辑：褚　幸

广东中烟工业有限责任公司

【主要产品与品牌建设】 **主要产品**。2022年，广东中烟工业有限责任公司生产的内销卷烟有“双喜”“红玫”“椰树”等3个品牌35个规格。

品牌发展。围绕“以产品为中心，以一类烟为重点突破”发展思路，立足国家局“136、345”品牌发展目标，巩固“双喜”品牌“双占位”地位。“双喜”全年实现一类烟商业销量比上年增长23%，一二类烟商业销量增长23.7%；“双喜（硬红五叶神）”实现销量增长28.9%，成为“双喜”一类烟单品首个超10万箱规模的主打品规。

品牌培育整合。推进“双喜”品牌全国市场发展，“双喜”一类烟省内新增3个商业销量过万箱地市、省外新增5个商业销量过千箱地市；推进传统产品全国化布局，其中“双喜（硬红五叶神）”省外在销地市比上年增加21个，“双喜（硬世纪经典）”省外在销地市增加15个，“双喜（硬经典1906）”在湖北、黑龙江等7个省32个地市引入上市，广东市场（含深圳）、省外市场实现销量比由2021年的2.45∶1缩小为1.65∶1。

特色品类构建。“双喜”品牌在销特色品类规格9个，其中细支烟4个、中支烟3个、短支烟2个。特色品类全年实现销量比上年增长7.6%，其中细支烟增长10%、中支烟增长3.4%、短支烟增长5.2%。

新品研发。深化科学配方设计、香精香料自主提取、特色工艺加工、新型材料拓展应用等卷烟综合技术集成应用和创新技术的转化应用研究，完成“双喜（勿忘我）”“双喜（春天魅影）”“双喜（春天斐然）”等3个新品研发。围绕“一类烟破题起势”工作重点，深入开展叶组配方、料香配方、真空回潮工艺、特色卷烟纸、三元复合空腔滤棒等核心技术研究与集成，研发储备细支烟、短支烟各1款。

老产品维护。以配方调配科学化、工艺加工精细化为思路，提升一二类产品质量水平和综合竞争力。以提升产品品质为目标，推进“双喜（百年经典）”升级改造。全面推动老产品内质迭代升级：有序推进降低一氧化碳相关工作，2022年度公司产品盒标烟气一氧化碳加权平均值降低至10.4毫克/支，比上年减少1.5毫克/支。以科学配方为指导，加强“双喜”系列产品原料筛选、叶组配方、料香试验、辅材配套研究。

【精益制造】 以产品为中心，纵深推进精益工程。一是坚持系统思维，制定涵盖生产运行各环节的保障方案和应急措施，全力推进抗疫保产。二是深化“1+4+N”工艺质量管控模式，强化工艺质量分析平台功能，形成全产业链质量改善闭环机制，通过优化工艺质量管控手段，完善“大工艺”质量管理模式，加强质量管理、监督管理、细节管理，全面提升生产制造过程质量精益管控水平。三是打造各卷烟厂“常规+特色”生产力布局，实施“填平补齐”工艺提升技改，提升柔性化生产水平。四是以数字化建设赋能，打造“天网”工程，推进批次管理系统建设，推动原辅材料质量管控前移、生产运行系统“填平补齐”、生产过程关键质量数据集

广东中烟原料供应中心加工技术指导员检查打叶复烤烟叶质量（2022年）
广东中烟 余 琳 摄

成，提升生产业务关联协同效率，实现生产全业务过程防差错、可追溯管理，构建精益制造数字化长效改善机制。五是践行绿色发展理念，开展节能减排活动，编制全面实施工业绿色低碳转型及构建清洁低碳安全高效能源体系工作方案，推动卷烟包装箱通用性、基础设施节能、重点用能设备技术等改造工作，提升能源资源利用效率。

【数字化转型】 强化数字化转型目标方向宣传贯彻，制定推进建设烟草行业一体化平台及网信宣传工作方案。持续推进应用系统协同升级，结合行业生产经营管理一体化平台建设落地，研究数据业务“双中台”实施方案，围绕数字化营销、制造、研发、采购、物流及移动应用平台建设持续发力，逐步构建“公司—工厂”一体化平台。推进数据中心机房建设，关注行业云平台整体规划对省级节点的部署要求，确定公司云平台实施方案和首期建设内容，逐步构建新一代数字基础设施体系。开展网络安全和数字化治理“双保障体系”建设，加强数据安全管理和应急演练，落实网络安全等级保护，开展网络安全检查、考核及宣传，做好重点保障和通报预警，持续推进行业数字化转型“大安全”建设项目及网络安全技术体系建设。稳步推进信创和国产化替代工作，制定国产替换五年方案，建立国产化适配环境，提升自主可控能力。

【技术创新】 **技术中心概况**。广东中烟工业有限责任公司技术中心成立于2005年，承担企业产品开发、工艺技术研究、基础研究、质量检测监督、科技管理等职能，2008年被认定为国家级企业技术中心。2022年，技术中心在研项目207项，其中广东中烟项目172项，主持或参与国家局项目35项，研究内容涉及卷烟材料、卷烟工艺、再造烟叶等多个领域。全年申报专利214件，其中发明专利46件。截至2022年底，共有员工145人，其中博士研究生学历12人、硕士研究生学历84人，高级职称55人、中级职称65人；拥有有效专利1306件，其中发明专利404件。

技术成果转化。开展原料、香精香料、材料等多维度技术创新支撑研究，为彰显产品风格与特征提供技术支撑。开辟工艺加工新方法，在加料赋香、丝状梗丝、多孔烟草颗粒、烟丝保香等方面开展创新试验，为“双喜”品牌工艺加工方法提供新思路。加强烟用材料创新研发及改造升级，采用烟草提取液、烟草本香微胶囊涂布，降低卷烟木质杂气。构建“规范化、有序化、便捷化”香料供应安全保障体系，支撑产品研发、自主模块调香及功能性香基模块可替代性研究需求；推进自主香料热反应系列化研究，形成5个成熟、应用范围广的热反应自主香料。通过“烤烟特征烟用精油”重大专项课题研究，建立超临界萃取——分子蒸馏技术分离精制技术实验室研究平台，攻破超临界提取稳定生产技术、提取液澄清技术、降烟碱技术、三段式分子蒸馏稳定生产技术等技术难关，并逐步推广应用，推动产品实现“特色化稳定”。

【企业管理】 导入“沙场点兵”“揭榜挂帅”“主动请缨”三种集成创新模式，丰富创新平台；围绕“特色品牌文化”建设，常态化征集“双喜”品牌文化及包装设计创意。聚焦重点领域，制定年度目标构建框架指引，加强纵向提升和横向赶超，解决重点难点问题，力促卷烟厂参与行业对标共建，开展运营情况调研、工艺质量相关业务体系内审及管理诊断、体系认证监督审核迎审，完善风险管理和定额管理，开展精益课题攻关，制定绿色低碳发展保障机制实施方案，做好提质降本增效及绿色转型。

【原辅材料保障】 **原料保障工作**。建立面向烟叶全生命周期的质量管控体系。以建设高水平烟叶基地为着力点和突破口，制定14个基地单位的个性化生产技术方案，并对关键环节烟叶生产提出指导性意见；深度介入大田生产及烟叶收购环节，下沉开展站点直调，提升烟叶调拨与品牌需求契合度。以高端烟叶需求为核心，以烟叶分选和加工工艺质量为主线，持续提升原料可用性和加工精细化管控水平。优化烟叶仓储规划，推进原料仓库控温改造，化解省内贮存核心原料“安全度夏”和较长时间保持高醇化品质的养护难题，为差异性养护方式落地提供条件。

辅料保障工作。烟用材料供给推进稳定、精细、科学的大工艺管理，构建精细科学、稳定可控的辅料管理体系。全面加强供应商绩效管控，推进供应链管控前移，保障烟用材料质量稳定。配合产品提升改造，落实盒皮材料降本提质增效。加强制度和机制完善，规范采购，构建长效机制。

【特事辑要】 2022年1月12日，广东省副省长王曦在广东中烟技术中心和广州卷烟厂调研。

3 月 30 日，广东中烟广州卷烟厂制丝车间、卷接包车间“大师工作室”揭牌。

5 月 31 日，广东省烟草行业高质量发展交流会在广州市召开。

6 月 1 日，广东中烟韶关原料科技园开园启用。

6 月 29 日，韶关市召开 2022 年“广东扶贫济困日”全社会助力乡村振兴活动仪式暨灾后复产重建爱心捐赠活动，广东中烟韶关卷烟厂被评为“十大爱心企业”。

7 月 29 日，第七届广东中烟职业技能竞赛暨“双喜杯”第一届烟草物流岗位技能竞赛开幕，为广东中烟首次按照物流国赛标准举办省级二类岗位技能竞赛。

2022 年广东中烟工业有限责任公司所属卷烟生产厂情况统计

	广东中烟工业有限责任公司广州卷烟厂	广东中烟工业有限责任公司韶关卷烟厂	广东中烟工业有限责任公司梅州卷烟厂	广东中烟工业有限责任公司湛江卷烟厂
法人资格	非独立法人	非独立法人	非独立法人	非独立法人
主要负责人（含党政领导）	党委书记、厂长：饶智华	党委书记、厂长：何锦章	党委书记、厂长：刘依军	党委书记、厂长：崔要强（—2022 年 11 月）王章锐（2022 年 11 月—）
成立时间	2012 年	1950 年	1939 年	1978 年
从业人员（人）	1822	714	678	548
卷烟生产能力(亿支)	733	254	229	143
卷烟品牌	双喜	双喜	双喜	双喜、红玫、椰树

◇ 撰稿：李　夏；编辑：褚　幸

广西中烟工业有限责任公司

【主要产品与品牌建设】 ***自有品牌***。2022 年，广西中烟工业有限责任公司生产的自有卷烟品牌为“真龙”。

品牌建设。2022 年，广西中烟融合推进品牌管理和培育，探索推进自治区外一类烟培育重点零售户共育品牌体系和“净香”品类文化体系。聚焦“甲天下”系列、“海韵”系列、“刘三姐”系列、“真龙（起源）”等重点规格开展培育，重点规格销售集中度和结构不断提升，一类重点品系支撑作用增强。

卷烟合作生产。2022 年，广西中烟合作生产江苏中烟“南京”68.4 亿支（13.68 万箱）、浙江中烟“利群”70.5 亿支（14.1 万箱）。

【技术创新】 2022 年，广西中烟在研科技项目 282 项，其中产学研项目 147 项、省部级项目 46 项。攻克香精香料关键技术难题，多维度健全香精香料实物样品库，在库单体香原料 568 种、功能性香基模块 321 种；围绕产品风格特征，从 32 种特色植物中筛选并研发出 16 种单体香原料，完成 9 种功能性香基的自主研发及产品应用；烟用材料创新能力不断增强，完成 100 毫米咖啡颗粒复合滤棒设计研发与应用，完成全麻卷烟纸的生产应用，实现进口滤棒国产化替代，开展原料上机适用性技术攻关；持续推进 5 个行业先进工艺技术应用示范区建设；发挥“劳模创新工作室”创新示范引领作用，完成苹果浓缩汁、可可果甜香精、复配复合凉味剂、山黄皮精粹液等烟用香精香料以及介孔凝胶颗粒等新材料自主开发与应用。

【原料保障】 健全原料保障体系，滚动编制原料保障计划，建设原料管理信息系统和“智慧烟叶”精准管理平台，推进烟叶产区优化和烟叶基地建设，加强优质烟叶采购调剂和进口烟叶定向等级采购，开展烟叶适度集中加工和配方模块化加工，“K326”种植规模突破 11 万亩，模块化均质化加工烟叶占比提升至 97.22%。成立数字化原料研发团队，搭建以项目为重点推进原料数字化总体方案，推动数字原料项目建设，推进“原料管理系统重构上云”项目和供应链平台优化，实现原料保障模块线上自动运行，增强原料供应预警及时性和预测、分析准确性，2022 年 6 月末，烟叶库存水平控制在 34 个月以内，库存结构持续优化。

【信息化建设】 统筹推进公司智能制造工作，实施数字化转型升级，不断提升基础技术支撑、数据共享服务、智能制造应用和网络安全保障能力。网信规划顶层设计顺利完成。“十四五”网信规划通过行业网信专家组评审；基于 CPS 的数据资源规划落地实施；积极参与行业网信重大项目评审论证。夯实新型数字基础设施基座。在行业内首家采用“鲲鹏芯片 + 麒麟操作系统”架构搭建分布式国产专有云平台，为行业一体化平台本地化部署和公司重要业务系统上云提供支撑；完成数据中台拓展赋能，构建面向服务的数据共享体系；打造符合行业当前推广技术架构的 ERP 替代新型解决方案，提升供应链原料管理和复合调度能力。数字化转型创新实践再创佳绩，“卷烟供应链智能化协同应用体系建设”数字赋能案例进入烟草行业首届数字化创新实践大赛总决赛。

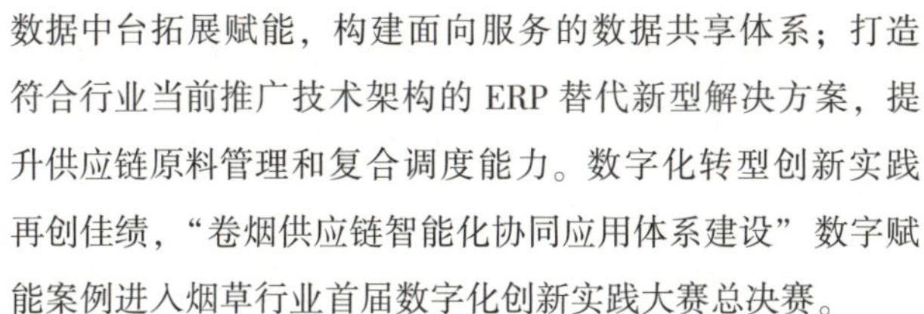

广西中烟柳州卷烟厂制丝车间工作人员在中控室进行生产监控（2022 年）
广西中烟　供稿

【数字化转型】 统筹推进数字化重大专项工作，数字化研发取得阶段进展。构建烟叶原料质量数据库，制定涵盖香韵、质量、舒适性等 40 余项指标的感官评价规程，完成全部库存烟叶重新梳理、档级划分和感官评价；完成基于化学成分和感官质量评价结果的烟叶风格指数、原料部位指数、醇化进度指数、相似性评价指数、烟气指标预测等烟叶原料质量可用性基础数据模型构建；建立烟草化学成分与烟叶质量可用性、烟气成分的关联性指标，提升产品设计开发与维护的选烟、用烟效率。数字化原料取得阶段性成果，并运用到基地烟叶生产、小产地选择、等级结构优化、配方模块加工等方面，引导烟叶形成“真龙”品牌需求的品质。

【企业管理】 推进高效能治理体系，编制《高效能治理体系管理手册》，系统总结提炼公司治理理念、治理架构、治理要求。发布高质量发展指标体系，制定“十四五”品牌发展规划，分解细化落实“十四五”规划重点工作任务，完成高质量发展实施方案及“十四五”规划实施情况评估。持续优化绩效实施方案，完成公司绩效考核指标和评价标准、部门绩效考核表和指标库、员工绩效考核评分细则和评分标准，查找影响绩效水平和高质量发展的难点痛点问题，形成整改措施 323 项。完成综合管理评审、“三标”管理体系外审和质量管理体系内审，推进全面风险防控体系建设，推动体系工作与专项工作有机结合，制（修）订标准 175 项、优化流程 132 项，完成行业标准申报 1 项，获得行业提升企业核心竞争力成果奖 1 项，取得 QC 课题成果 23 项，前三季度全面对标指标 11 个同比进步、6 个排名提升、2 个排名居行业前三位。

【特事辑要】 2022 年 7 月 12 日，广西壮族自治区工业和信息化厅公布 2022 年广西壮族自治区智能工厂名单，广西中烟南宁卷烟厂获得 2022 年广西智能工厂认定。

9 月 9 日，广西壮族自治区党委常委、自治区副主席许永锞在自治区政府听取广西烟草工作汇报，并对下一步工作作出指示。

9 月，广西企业与企业家联合会发布 2022 广西企业 100 强、广西制造业企业 100 强、广西服务业企业 50 强榜单和发展报告，广西卷烟工业第 20 次被评为广西企业 100 强。

10 月，广西真龙物流有限责任公司获评国家税务总局南宁市税务局 2019—2021 年度纳税信用“3 连 A 企业”。

2022 年广西中烟工业有限责任公司所属卷烟生产厂情况统计

		广西中烟工业有限责任公司南宁卷烟厂	广西中烟工业有限责任公司柳州卷烟厂
法人资格		非独立法人	非独立法人
主要负责人（含党政领导）		党委书记、厂长：卢　健	党委书记、厂长：訾东明
成立时间		1975 年筹建，1978 年正式生产	1946 年
从业人员（人）		894	901
卷烟生产能力（亿支）		359	334
卷烟品牌	自有品牌	真龙	真龙
	合作生产品牌	利群	南京

◎ 撰稿：李　宁　周健茂　蒋剑鸿；编辑：王　静

重庆中烟工业有限责任公司

【主要产品与品牌建设】　***主要产品***。2022 年，重庆中烟工业有限责任公司生产的自有卷烟品牌包括“天子”“龙凤呈祥”等。

品牌发展。2022 年，重庆中烟聚焦“天子”品牌、聚焦中支烟，制定“品牌朝上走”三年行动计划，立足“天子”品牌“双前十”定位、瞄准“双打造”方向、聚焦“再翻番”目标，力争在“十四五”期末实现中支烟“3031”发展目标。践行中支烟特色发展战略，聚焦中支大单品，推进“天子（黄中支）”新品上市，在筑牢普一类的基础上，实现价位、价值的更高占位，集中呈现“天子”新成果、展示品牌新形象，助力“天子”品牌特色品类构建，推进中支烟“形象高端化、风格特色化、产品系列化、形态多样化”。整合媒体资源，以新手段、新方式、新表达持续输出品牌文化。

卷烟合作生产。2022 年，合作生产湖南中烟“白沙”25 亿支（5 万箱），湖北中烟“黄鹤楼”12 亿支（2.4 万箱）、“红金龙”0.5 亿支（0.1 万箱），浙江中烟“利群”75 亿支（15 万箱），安徽中烟“黄山”25 亿支（5 万箱），云南中烟“红塔山”17.5 亿支（3.5 万箱）。作为品牌输出方，与安徽中烟合作生产“天子”10 亿支（2 万箱）。

【技术创新】　***创新举措有序推进***。与郑州烟草研究院、西南大学、太极集团等科研院所和企业签订“院企、校企、企企”战略合作框架协议，深入推进合作项目；完成 1 名博士后引进及项目立项，重点实验室主任和学术委员会换届，重庆市认定企业技术中心年度评价等工作；完成天子科创园建设规划方案初稿；“基于清甜蜜甜风格的翠碧一号特色优质烟叶关键生产技术研究与应用”项目获得中国烟草总公司 2022 年度科学技术进步奖二等奖；立项主持中国烟草总公司重点项目“基于制丝线平台的生物酶技术拓展烟叶品质研究及应用”；参与中国烟草总公司项目验收 1 项、公司级项目验收 5 项；发布 2022 年度科研项目计划 2 个批次，立项 5 个领域 67 个科技项目；3 个卷烟厂以科研项目、质效改进项目、QC 活动、小改小革、合理化建议等方式开展全员创新创效工作。

关键技术突破。初步建成中支烟技术标准体系，发布“天子”品牌中支烟高雅香品类构建蓝皮书专业版 1.0；“三丝”研究和应用取得新进展，定制化开发适用于高端产品的薄片丝及膨胀丝，并在新品“天子（黄中支）”等品规中使用，完成梗丝阶段性提质改造，配方中使用比例逐步提升；建立“天子（中支）”等重点品规指纹图谱在质量稳定性监测中的应用；围绕烟草多用途开发，获得 10 余个有深入研究价值的香原料样品；老产品核心功能性香基模块可知可控可替代性比例，按使用品种计 68.9%，按使用量计 71.1%，超过国家局 30%~50% 的要求。

创新成果。在 SCI 发表论文 2 篇，在中文核心期刊发表科技论文 12 篇，获得授权专利 169 件，QC 成果获得烟草行业第三十三届优秀质量管理小组成果三等奖 3 个。

创新队伍。推荐 1 名青年员工进入烟草行业青年科技托举人才库；聘任技术中心一级师岗位 14 人；重庆中烟重庆卷烟厂“刀锋”QC 小组、涪陵卷烟厂“智丝”QC 小组被评为国优 QC 小组。

重庆中烟技术中心工作人员开展基础研究（2022 年）

重庆中烟　供稿

【物资供应保障】　2022 年，重庆中烟着眼提升供应链协同联动水平，以需求为导向，以生产计划为抓手，不断强化烟用物资采购安全性、规范性管理，公司烟用物资采购逐步实现立体化管理。每两个月滚动营销需求计划和生产安排计划（N+2），以及在此基础上的材料提前备货计划，为物资供应更好地满足营销需求和生产需要提供更多时间和能力保障，提升供应链协同联动“长度”；坚持和推进进口烟用丝束、卷烟纸和香精香料等的可替代性研究，在降低烟用材料单箱成本的同时，逐步解决风险供应商可能导致的供应风险，提升供应链协调联动“宽度”；学规范、守规范、用规范，及时优化改进流程、制度、办法，提高烟用材料与供货服务质量、效率，提升供应链协调联动“高度”。

【原料保障】　2022 年，重庆中烟推动“品牌朝上走”行动计划，突出抓好烟叶降库存、优结构、提质量、拓基地、稳保障等各项重点工作落实，聚焦困难短板，有效应对挑战，取得新成效、展现新作为。降库存、优结构取得显著成效。通过工业调剂、工商置换等方式持续降低烟叶库存总量，公司库存烟叶预计使用周期低于全国平均库存水平，实现原料库存总量与消耗的动态平衡。稳步提升基地化供应能力。围绕卷烟品牌发展需求，工商共同开展烟叶基地定制化生产，原料供应更加稳固。加强基地项目研究，围绕“天子”品牌原料需求，从应用端创新卷烟配方及烟叶利用技术，拓宽原料使用范围，提高原料综合利用水平。持续推进高可用性上部烟叶开发。按照国家局关于开展高可用性上部烟叶开发的总体部署，以供给侧结构性改革为主线，以卷烟工业为主导、产区公司为实施主体、科研单位为技术依托、烟农为基础依靠的工作要求，分别与重庆酉阳、彭水，云南文山烟草联合实施高可用性上部烟叶开发，从供需对接、技术落地、考核管理、科研保障等方面，全链条、全流程、全要素贯穿高可用性上部叶开发理念，提升上部烟叶质量和工业可用性。全域实施配方模块打叶。借助云南省烟草烟叶公司配方模块成功经验，进一步做好模块加工和混配复烤加工，以点带面，深化其他产区配方模块向更优更精方向推进，全域推进分类配方模块加工。开展区域加工中心建设。按照“工业主导、复烤主体、品牌导向、共建共享”建设思路，持续推进云南、四川、重庆区域加工中心建设，提升均质化加工水平及复烤加工质量，提升复烤加工与卷烟制造融合发展水平。

【数字化转型】　规划建设行业首个卷烟工业全业务链中台服务共享中心；在“云平台+数字中台+应用”的信息化建设新模式下，探索采用微服务架构和低代码开发平台，推动重庆中烟个性化、场景化业务创新；符合行业标准的完整 ERP 应用实现解构上云；围绕会计事项建立业财一体化管理模型，开创行业首个事项会计管理实践。

【特事辑要】　2022 年 8 月 1 日，重庆中烟在重庆卷烟厂召开科技创新大会。

8 月 8 日，“天子（黄中支）”战略大单品暨“渝来渝好”服务品牌发布会在重庆卷烟厂举办。

11 月 2 日，重庆市委常委、副市长陈鸣波在重庆中烟调研生产经营工作。

2022 年重庆中烟工业有限责任公司所属卷烟生产厂情况统计

		重庆中烟工业有限责任公司 重庆卷烟厂	重庆中烟工业有限责任公司 涪陵卷烟厂	重庆中烟工业有限责任公司 黔江卷烟厂
法人资格		非独立法人	非独立法人	非独立法人
主要负责人（含党政领导）		党委副书记、厂长：马洗凡 党委书记：魏　虹（2022 年 11 月—）	党委副书记、厂长：卞川明 党委书记、副厂长：周　金	党委副书记、厂长：李生春 党委书记、副厂长：张文国
成立时间		1938 年	1964 年	1975 年
从业人员（人）		839	659	709
卷烟生产能力(亿支)		200	200	180
卷烟品牌	自有品牌	天子、龙凤呈祥	天子、龙凤呈祥	天子、龙凤呈祥
	合作生产品牌	黄鹤楼、红塔山、白沙、黄山、红金龙	利群	黄山

◈ 撰稿：范　森；编辑：王　静

四川中烟工业有限责任公司

【主要产品与品牌建设】 ***主要产品***。2022 年，四川中烟工业有限责任公司在产自有卷烟包括“娇子”“天下秀”“狮牌”等 3 个品牌 38 个规格，其中“娇子”规格 34 个。

品牌培育。四川中烟把握消费升级大趋势，持续聚焦重点价位，系统推进高端卷烟品牌培育工作。聚焦重点品规，明确年度品牌培育及布局引入目标规划，打造一批标杆规模市场。及时做好协议衔接和签订，抢抓关键时点逐级分解目标到地级市场并明确工作责任人。加强工商协同按周制定投放策略，同时锁定两个关键旺季，协同商业扩大“宽窄”系列高端品规投放范围及限量标准。推动精准上柜，对标对表提升上柜质效。借助精准营销监管平台“终端拜访”功能，提升高端产品重点终端陈列面积，并利用“互联网+”营销平台开展 AI 智能识别陈列打卡活动提升陈列质效。

品类构建和新品开发。2022 年，四川中烟持续聚焦高端、创新产品研发维护，深化拓展“润甜香”品类构建，特色烟叶技术、中支烟“三步法”叶组配方技术、生物产香技术、特色单体调香技术等关键技术融合提升应用，更加彰显“娇子（宽窄）”系列产品风格特色。新上市“娇子（宽窄 1024）”，并研发储备 2 款产品。

卷烟合作生产。2022 年，四川中烟合作生产浙江中烟“利群”100 亿支（20 万箱）、湖北中烟“黄鹤楼”56.5 亿支（11.3 万箱）、“红金龙”2.5 亿支（0.5 万箱）。首次作为输出方，与湖北中烟合作生产“娇子”29 亿支（5.8 万箱）。

【技术创新】 ***关键核心技术攻坚***。2022 年，四川中烟推进科技自立自强，将科技创新的“关键变量”转化为高质量发展的“最大增量”。15 元/包以下卷烟产品全部实现自主单体调香，可知可控、可实质性替代性来源的香精香料使用比例达到 81.6%。打造“娇子（宽窄国宝）”臻品原料基地，2021 农业年度主产区“宽窄”系列原料上等烟适配率达到 50.6%。国家局工商交接质量抽检平均合格率达到 81.3%。

创新平台建设。11 月 17 日，国家局印发《关于建设烟草行业雪茄烟技术创新中心的通知》，决定成立烟草行业雪茄烟技术创新中心。建成国内首家雪茄国际联合实验室，新建香精香料联合实验室。新建博士创新工作室 9 个、青年创新工作室 8 个。

创新成果。“宽窄‘润甜香’品类构建关键技术研究”项目获得中国烟草总公司 2021 年度科学技术进步奖二等奖。参与行业科研项目 33 项。全年获得授权专利 304 件；发表论文 18 篇，1 篇论文被国际知名期刊《能源》（*Energies*）收录发表；2 项科研成果分别入选 2022 年 CORESTA 和 TSRC 大会会议报告。四川中烟绵阳卷烟厂“超越”QC 小组、“智丝”QC 小组成果“研制堆垛机解警辅助系统”“提升 SIROX 出口温度 CPK 合格率”，成都卷烟厂“宽窄道

遥”QC小组成果“研制细支包装机一号轮保护装置”均获得第47届国际质量管理小组会议（ICQCC）金奖。

2022年8月31日，2022年四川省职工职业技能大赛——四川中烟第七届“宽窄杯”职业技能竞赛在四川中烟长城雪茄烟厂落幕

四川中烟　邹远洋　摄

【企业管理】 **“标准化”管理**。召开四川中烟企业管理现场会和设备管理现场会，印发《四川中烟高质量发展特征与成效》。提升企业核心竞争力对标指标中，2个指标进入行业前五位，4个指标提升幅度排名居行业前三位。作为行业首家试点单位开展董事会授权机制建设，公司董事会工作获得国家局肯定。

“数字化”赋能。发布四川中烟“十四五”网络安全和信息化规划，制定“12311”网信蓝图。完成“双中心”数据中心机房和专有云平台一期建设，开展行业工业互联网体系试点，推进11个业务领域的智能平台建设。“5G+创新联合实验室”等3个项目在第五届“绽放杯”5G应用征集大赛中分别获得全国总决赛三等奖等7个奖项。生产现场记录和办公无纸化取得积极成效，减少纸质单据打印47万份以上。

“绿色化”转型。发布四川中烟碳达峰碳中和行动方案，启动两批绿色低碳循环发展项目49个，取得能源管理体系认证。取得“娇子（宽窄好运细支）”碳足迹证书，完成“长城·GL1号”“零碳产品”认证，举办“零碳会议”2次。

强化资金链供应链保障。加强财务管理，总资产贡献率、总资产周转率、存货周转率排名均保持行业前三位。首次开展品牌输出合作生产，支撑低库存下的货源保障。

【特事辑要】 2022年4月27日，四川中烟与四川省社会科学院深化战略合作协议签约仪式在成都市举行。

5月6日，四川中烟举办“迎接二十大　永远跟党走　奋进新时代　纪念中国烟草总公司成立40周年”主题活动。

6月14日，四川省委常委、组织部部长、省委党校校长于立军一行在四川中烟长城雪茄烟厂调研。

6月15日，四川省政协副主席祝春秀在长城雪茄烟厂调研。

6月28日，四川中烟与中国联通四川省分公司战略合作协议签约仪式暨四川中烟“雁行宽窄”智慧党建发布会在什邡市中国雪茄博物馆举行。

7月1日，湖北省政协副主席彭军在长城雪茄烟厂调研。

7月8日，国家局党组成员、副局长段铁力在四川中烟调研。

8月21日，烟草包装行业最新发展趋势研讨会暨2021年度烟草包装系列评选活动颁奖礼在浙江杭州举行。由四川宽窄印务承印的“娇子（宽窄1024）”烟标获得“2021—2022年度中国十大烟标”传统卷烟类金奖，承印的“娇子（宽窄逍遥）”中支获得传统卷烟类“装潢设计奖”，四川宽窄印务获得“2021年度优秀烟标印刷企业”银奖。

11月2日，四川中烟纪念中国烟草总公司成立40周年会议在西昌卷烟厂召开。

11月17日，国家局印发《关于建设烟草行业雪茄烟技术创新中心的通知》，决定成立烟草行业雪茄烟技术创新中心。

2022 年四川中烟工业有限责任公司所属卷烟生产厂情况统计

		四川中烟工业有限责任公司成都卷烟厂	四川中烟工业有限责任公司什邡卷烟厂	四川中烟工业有限责任公司绵阳卷烟厂	四川中烟工业有限责任公司西昌卷烟厂
法人资格		非独立法人	非独立法人	非独立法人	非独立法人
主要负责人（含党政领导）		党委书记：丁连勇 党委副书记、厂长：刘　林	党委书记：刘　柳 党委副书记、厂长：唐　鹏	党委书记：冯广林 党委副书记、副厂长：江　磊	党委书记：徐　庆 厂长：董凌峰（—2022 年 6 月） 王海翔（2022 年 6 月—）
成立时间		1952 年	1918 年	1952 年	1985 年
从业人员（人）		1225	932	662	638
卷烟生产能力(亿支)		350	270	190	175
卷烟品牌	自有品牌	娇子、天下秀	娇子、天下秀	娇子、天下秀	娇子、天下秀
	合作生产品牌	—	—	利群	黄鹤楼、红金龙

◇ 撰稿：曾庆苗；编辑：王　静

贵州中烟工业有限责任公司

【主要产品与品牌建设】　**主要产品**。2022 年，贵州中烟工业有限责任公司生产的自有卷烟品牌有“贵烟”“黄果树”“遵义”，合作生产的卷烟品牌有“利群”。

品牌发展。2022 年，“贵烟”品牌在行业“136、345”品牌阵营中实现一二类烟销量超过 100 万箱、品牌批发收入超过 600 亿元“双占位”；取得一二类烟销量增量、增幅均居行业第一位，“贵烟（跨越）”实现销量居单规格一类细支烟销量第一位，“贵烟（萃）”实现销量居同价位细支烟销量第一位等“四个第一”；“贵烟”细支烟实现销量居重点品牌第二位，“贵烟（红中支）”实现销量居同价位中支烟销量第二位“两个第二”。

品牌培育。以“贵烟”品牌价值输出为导向，工商协同走向深入，市场发展张力和活力持续激活。夯实“贵烟”品牌“根据地”，在全国 33 个省实现商业销量、批发收入双增长，新增“贵烟”品牌 4 万箱市场 1 个、3 万箱市场 1 个、2 万箱市场 2 个。区县扩户扩面持续加强，滚动优化全国在网优质核心零售户 15 万户，优选 5 万户作为“贵烟”高端品牌形象展示和新品推广窗口。坚持市场信息渠道建设，全国 33 个省区 255 个地级市场稳定维护 1.1 万个信息采集点。

合作生产。2022 年，合作生产浙江中烟“利群”91.5 亿支（18.3 万箱）。

【技术创新】　**技术优势持续释放**。“细短中”卷烟等研发持续加强，“贵烟（100）”中支烟研发上市，多款不同价位、类型的卷烟完成研发储备。自主调香能力显著提升，“贵烟（100）”单体香原料使用个数占比 78.9%，实现可知、可控、可替代“三可”的来源比例达到 100%。香料配方“等效替代”升级覆盖 21 个产品，单箱香料成本平均降低 18%。

加快推进数字化转型。行业生产经营管理一体化平台建设有序对接，稳步推进贵州中烟“1＋1＋N”云平台等项目。企业经济运行与管理平台项目建设全面启动，管理数据资源实现整合应用。

提升供应链效能。优化产、销、运等多部门协同机制，全面实现网上配货，科学合理应对疫情和低库存运行风险，响应市场能力快速提升。烟叶成熟度实现量化评价，烟叶资源利用更为科学有效。新增 1 个国家局烟叶基地单元。重点产区、基地单元的核心原料调拨量比上年分别增长 31% 和 21%。2 项均质化加工指标继续保持行业先进水平，烟叶抽检合格率继续保持行业前列。

推进智能制造、绿色制造。贵州中烟贵阳卷烟厂、科研信息“双中心”整体升级改造项目进入设计阶段。MES 系统覆盖率持续提升。公司备品配件分级集中化管理系统上线。深入落实“双碳”战略，公司单箱卷烟消耗、能耗，二氧化碳、烟尘等排放量持续下降。

科技创新成果。2022 年，贵州中烟获得授权专利 312

件，比上年增加132件、增长73%，占有效专利的30%。其中价值较高的发明专利授权83件，比上年增加45件、增长118%，专利授权数量创历史新高。

【企业管理】 **提升企业管理水平**。深入推进贵州中烟高质量发展、“十四五”规划“动态评估”，月度经济运行会分析、调控、指导作用切实发挥。三级目标体系落实落地，绩效考核做细做实。发挥全面预算管理作用，会计信息质量进一步加强。“四体一标”体系建设持续推进。公司核心竞争力2项指标成为行业标杆，4项指标位列行业前三，7项指标优于行业平均水平，12项指标比上年提升。

筑牢质量防线。2022年，贵州中烟精造工程新立项课题101项，结题49项，助推企业质量、管理水平稳步提升。6月，贵州中烟毕节卷烟厂QC课题“智能烟包输送系统的研制”获得竞赛优胜奖，取得2022年第47届国际质量管理小组会议（ICQCC）参赛资格，并于11月首次登上国际舞台，获得金奖，实现贵州中烟在国际赛场上“零的突破”。优化完善公司质量管理体系，强化质量监督和管控力度，烟虫综合治理成效突出，万箱市场反馈缺陷数从2021年的0.82盒降至0.4盒，焦油偏差平均值3.09%，继续保持行业第二位，产品在国家市场抽检中继续保持100%合格率。

持续加强依法治企和规范管理。推进“八五”普法规划，全面完成厂办大集体改革任务，贵州中烟被评为贵州省法治文化建设示范企业。强化供应商准入管理，贵州中烟公开招标金额比达到98.7%，投资计划执行率91.92%。加强全过程审计监督，强化办事公开、民主管理，公开事项3784条。

加强软实力建设。“贵烟文化”有效赋能企业文化、品牌文化、廉政文化、法治文化，为企业转型升级启智润心、保驾护航。分级分类做强三支队伍中坚力量，引入各类专业人才，1名员工入选行业青年科技人才库。丰富技能人才培养及竞赛平台，持续推进“三个一百”全员学习机制建设，培训员工超过7万人次。

统筹抓好疫情防控。科学应对9月之后贵州省多地突发新冠疫情，积极融入地方防疫工作大局，抢抓生产、释放产能，有序开展复工复产工作。落实新阶段疫情防控各项举措，最大限度维护职工安全，最大限度减少疫情对生产经营的影响。

【多元化管理】 2013年3月，国家局、总公司批复设立贵州福贵投资管理有限公司（国烟法〔2013〕77号）。同年10月，完成工商登记注册，注册资本5793.87万元，2018年初经国家局批准，贵州中烟注资2.1亿元增持贵州银行股份，公司注册资本变更为2.68亿元。贵州福贵投资管理有限公司是贵州中烟工业有限责任公司全资子公司，主要经营范围为项目投资、贸易经营、包装印刷、纸箱生产、房屋租赁、矿泉水生产等。拥有贸易分公司和房屋租赁分公司2个分公司，贵阳黄果树纸业有限公司、贵州台江福贵矿泉水有限公司、贵州新贵物业管理有限公司和贵定华灿实业有限公司等4个全资企业。公司参股贵州西牛王印务有限公司、贵阳云鼎汇科技文化产业发展有限责任公司和贵州银行，投资企业涉及包装印刷、物业管理、金融、预包装食品等业务。截至2022年底，有行业员工67人，所属企业员工236人，总资产4.67亿元，其中净资产4.5亿元，资产负债率3.47%。全年实现营业收入3167万元，实现利润627万元。

2022年7月26日，“贵烟杯”首届贵州中烟烟机设备操作职业技能竞赛在遵义卷烟厂举办

贵州中烟遵义卷烟厂 王维洪 摄

【特事辑要】 2022 年 1 月 17 日，贵州中烟召开党史学习教育电视电话总结会。

1 月 18 日，贵州中烟召开 2022 年工作电视电话会议。

3 月 23 日，贵州省政协副主席张光奇在贵州中烟贵定卷烟厂调研。

4 月，贵定卷烟厂 9.5 万平方米烟叶醇化库项目通过中国烟草总公司整体竣工验收，正式交付生产使用。

4 月 19 日，国务院安全专项督导帮扶组在贵州中烟铜仁卷烟厂开展用气安全专项督导检查。

5 月，贵州中烟贵阳卷烟厂技术升级改造暨公司技术与信息中心建设项目立项申请获得国家局批复。

5 月 25 日，贵州省委常委、毕节市委书记吴胜华在贵州中烟毕节卷烟厂调研。

7 月 6—8 日，国家局党组成员、副局长张天峰在贵州烟草调研，其间，考察贵州中烟遵义卷烟厂、贵阳卷烟厂。

7 月 27 日，2022 年贵州中烟半年工作电视电话会议在贵阳市举行。

8 月，贵州中烟以“不忘来时路，奋进新时代”为主题开展纪念中国烟草总公司成立 40 周年图片展。

2022 年贵州中烟工业有限责任公司所属卷烟生产厂情况统计

		贵州中烟工业有限责任公司贵阳卷烟厂	贵州中烟工业有限责任公司遵义卷烟厂	贵州中烟工业有限责任公司毕节卷烟厂	贵州中烟工业有限责任公司贵定卷烟厂	贵州中烟工业有限责任公司铜仁卷烟厂
法人资格		非独立法人	非独立法人	非独立法人	非独立法人	非独立法人
主要负责人（含党政领导）		党委书记、厂长：王光举	党委书记、厂长：马　亚	党委书记、厂长：赵科文	党委书记、厂长：谭天兵（—2022 年 10 月）李云慷（2022 年 10 月—）	党委书记、厂长：李　柏（—2022 年 10 月）陈　勇（2022 年 10 月—）
成立时间		1940 年	1978 年	1974 年	1951 年	1977 年
从业人员（人）		1721	1138	1013	767	482
卷烟生产能力（亿支）		500	350	300	150	100
卷烟品牌	自有品牌	贵烟、黄果树	贵烟、黄果树、遵义	贵烟、黄果树、遵义	贵烟、黄果树、遵义	贵烟、黄果树、遵义
	合作生产品牌	—	—	利群	—	—

◈ 撰稿：高　雕；编辑：王　静

云南中烟工业有限责任公司

【主要产品与品牌建设】 ***主要产品***。云南中烟工业有限责任公司所属卷烟生产企业有红塔烟草（集团）有限责任公司（简称红塔集团）和红云红河烟草（集团）有限责任公司（简称红云红河集团），2022 年在产卷烟为“云烟”“玉溪”“红塔山”“红河”“红梅”“雪莲”“红山茶”“钓鱼台”“茶花”“呼伦贝尔”“威斯”等 11 个品牌 112 个规格。

品牌发展思路。以云南中烟高质量发展“1 + 11”体系及云南中烟“十四五”规划为方向牵引，聚力“高端突破”工作主线，围绕“总量控制、稍紧平衡，增速合理、贵在持续”工作方针，统筹结构和规模、统筹省内市场和省外市场、统筹新产品与老产品，坚持守正创新、重心下移，持续推动“大云产烟”品牌向纵深发展。

品牌培育。夯实市场布局，坚持分类施策，从品牌竞争力与市场吸引力两个维度出发，持续优化“深耕、巩固、潜力、跟进”四类市场分类标准，差异化制定“一省一策”“一地一策”，以各市场固有优势扩大整体布局比较优势；持续深化“重心下沉”工作导向，建立区域重点市场挂点责任机制，从上到下分层分级细化任务目标，压实人员责任。夯实新品培育，发挥云南中烟品牌管理委员会办公室统筹协调职能，落实年度产品研发和改造计划，完成“玉溪（细支翡翠）”“云烟（中支福）”等 26 个产品的研发、

改造和维护工作；建立“专品专人专项专管”跨单位合作机制，从产品调研、市场测试等环节入手，提升产品设计与市场需求贴合度，打造“云烟（流金印象）”“红塔山（峰中支）”2 款共研产品。

市场化取向改革试点工作。落实行业市场化取向改革工作要求，进一步拓展工商网配覆盖面，优化工商网配模式，持续提高市场响应能力。截至 2022 年底，云南中烟累计与 315 家协议单位实现系统联通，网配单位覆盖率达到 99.36%，网配订单发布 1.82 万份，网配量占云南中烟订单总量的 67.91%。

卷烟合作生产。2022 年，云南中烟完成卷烟合作生产 526.25 亿支（105.25 万箱），比上年减少 9.59%。其中：与中烟实业合作生产“云烟”282.61 亿支（56.52 万箱）、“玉溪”9.55 亿支（1.91 万箱）、“红塔山”156.72 亿支（31.34 万箱）、“红河”20.71 亿支（4.14 万箱）、“红梅”25.17 亿支（5.03 万箱）；与山东中烟合作生产“玉溪”5 亿支（1 万箱）、“红塔山”9 亿支（1.8 万箱）；与重庆中烟合作生产“红塔山”17.5 亿支（3.5 万箱）。

【技术创新】 **技术中心概况**。云南中烟工业有限责任公司技术中心（简称云南中烟技术中心）于2014 年3 月18 日成立。拥有行业卷烟调香技术重点实验室和卷烟工艺与装备研究重点实验室，行业烟用材料标准研究室和产品质量安全标准研究室，中国烟草总公司烟草添加剂安全性测试中心，云南省烟草化学重点实验室，归口统筹云南中烟博士后科研工作站。

科技项目。2022 年，云南中烟承担省部级、地厅级在研科技项目共 95 项，其中中国烟草总公司项目立项 7 项、云南中烟项目立项 32 项。

技术创新成果。香精香料研发与应用方面，立足产品需求，开发乌梅表香、朱砂烟香料、天冬提取物、杜松子提取物等 68 个天然特色香料，完成感官初筛，形成自主研发香料库。开展“红河（软甲）”“红梅（软黄）”2 个试点规格的单体化全配方自主调香和替代转产。在用香精香料“可知可控”采购金额比例提升至 63.5%。

烟用材料研究与应用方面，推进烟用材料物料描述、滤棒圆周、卷烟纸宽度、材料标准版式指标、滤棒长度“五统一”，提升互动生产组织、物流调配、质量控制及生产管理效率，降低生产成本。建设超市化的烟用材料主题数据库，开发能体验、可感知的黑色压纹卷烟纸、柯林斯滤棒、涡旋嘴棒等 10 个功能性新材料，并应用于“云烟”“玉溪”新产品和储备产品。丰富赋香增味烟用材料品类，开展全烟草卷烟、硅胶滤棒、变径滤棒、多糖蜂窝材料滤棒、等离子打孔接装纸等技术研发和试验验证。

工艺技术研究与应用方面，面向生产加强工艺创新，驱动人工作业向设备作业转变，中支保鲜设备落地应用，提高生产效率，降低生产成本。开展在线梗丝精细化加工及提质工艺技术、中细支卷烟滚筒气流工艺技术、中细支卷烟控长切丝工艺技术等研究与验证，提高产品品质。

再造烟叶研发方面，开展涂布液协同发酵专项技术研究，筛选出适宜的天然植物组合，优化添加比例，提升再造烟叶品质。开发雪茄型、中细支卷烟专用、辛香型、轻晾晒风格等 4 款再造烟叶，满足卷烟产品个性化、多元化需求。

【原料保障】 **深化原料管理改革**。2022 年 9 月 7 日挂牌成立云南中烟原料中心，负责落实行业原料规划和政策，承担云南中烟原料保障责任，履行云南中烟原料统筹管理、统一资源配置职能，履行行业赋予西南烟叶样品中心的职能，负责云南中烟原料的计划管理、采购调拨、基地建设、质量管理、复烤加工、技术开发及推广应用等。

烟叶库存优化。特色烟叶品种调拨量增加，“红花大金元”比上一烤烟年度增加 0.19 万吨（3.71 万担），上等烟占比提升 5 个百分点，中部烟占比提升 0.49 个百分点。进口烟叶计划 2.54 万吨（50.73 万担），比上年增长 12.35%。

烟叶基地建设。根据产区烟叶在卷烟品牌中的使用情况和在卷烟配方中的地位和作用，科学定位并动态调整优化核心、重点、普通原料产区。完成 2022 年度烟叶基地单元新增、清理、调整及调拨核定量衔接工作。

原料质量管控。发布《烤烟精细挑选标准（中部烟）》《烤烟工业分级》《云南中烟原料中心烟叶工商交接驻点工作方案》，抓实工商交接，开展质量巡检，复烤布局持续优化，委托加工点减少 2 个，均质化加工质量稳步提升，推进示范性区域加工中心建设，红塔集团玉溪卷烟厂复烤一车间、红河烟叶复烤公司挂牌“云南中烟原料打叶复烤示范性区域加工中心”，发挥示范引领作用。

高端特色烟叶开发。持续推进“2260”高端特色烟叶开发工作，2022 年度在 20 个开发区基础上，新增 9 个备选开发区，合计完成云南省 9 个州（市）中 29 个县（市）的 29 万亩特色烟叶品种布局、生产开发和烟叶风格质量系统评价，完成 4.35 万吨（87 万担）优质特色烟叶调拨。

原料研究。通过品种选育、品种田间对比试验、田间评鉴、质量评价、示范、工业验证及推广应用，系统研究“云烟116”的品种特性及工业可用性。与云南省烟草农业科学研究院合作的科技项目“云烟116品种选育及工业验证与应用”成果获得中国烟草总公司科学技术进步奖二等奖。

烟叶平台建设。成立推进全国统一烟叶生产经营管理平台建设工作领导小组，强化组织保障，统筹项目建设；承办中国烟叶公司组织的实施推广方案研讨会议，完成初步设计方案和试点验证准备等工作。

【辅料保障】 **云南中烟物资（集团）有限责任公司概况**。云南中烟物资（集团）有限责任公司（简称物资集团）成立于2006年，由云南中烟物资配套公司改制而成，是云南中烟的全资子公司。主要对云南中烟所属10家全资卷烟工厂生产所需的卷烟材料、烟机零配件实行统一经营管理，履行保障供应职能，对云南中烟专用生产烟机设备、非生产性物资实行集中管理，并承担云南中烟卷烟中心库仓储运输经营业务。代管云南烟草机械有限责任公司（云南烟草机械厂），参股云南中烟新材料科技有限公司、上海中臣烟草机械配件有限责任公司。截至2022年底，公司总资产31.86亿元，其中净资产18.44亿元，资产负债率42.14%。从业人员118人。

物资供应保障。构建物资保障OTT体系（One To Ten & Over The Top），持续完善管理制度、标准和业务流程。坚持“以计划为龙头”管控模式，深化“一品一策、链型管控”保供机制。利用ERP构建OTT计划执行（PD）子系统，启动批次生产计划与批次采购订单执行监控。以条与盒包装纸为试点，探索建立130余个针对各卷烟厂不同机型的上机适应性“最优参数”标准。加强烟用材料全过程质量跟踪管控，建立质量问题约谈机制。化解因新冠疫情带来的保供困难及其他风险，全年烟用材料保供及时率99.51%。成立供应链安全性稳定性专项行动工作组，加强对云南九九彩印有限公司的管理，逐步提升产能规模，保障重点品规供应。推进烟机零配件寄售管理，完成中心库基础建设，深化协同共享，全年共计寄售1.26万项次。

采购管理。持续加强采购计划管理，完善云南中烟采购目录，强化对100万元以上非公开招标采购项目和从全资三产公司采购项目的审核。制定云南中烟《物资采购管理考核评价规定》，组织完成2021年度实施采购计划和采购项目的自查工作。建立云南中烟评标委员库，推进内部评标委员的统一管理。推进采购管理信息系统与ERP系统对接，持续完善网上采购平台建设。按照2023—2024年度烟用物资公开招标采购指导意见，依法依规组织完成条与盒包装、其他12类辅料的公开招标，有序推进烟用香精香料公开招标项目。修订云南中烟烟用物资供应商管理通则、保障能力评价规则、烟用材料供应商动态评价规定、烟机零配件供应商动态评价规定，加强采购关键过程，规范中标供应商的“后管理”，严格落实“存在行贿行为供应商”禁入制度。制定《服务类采购项目集中管理实施方案》，统一服务类采购各级目录定义及项目类别。全年实施采购项目78项，金额27.68亿元。

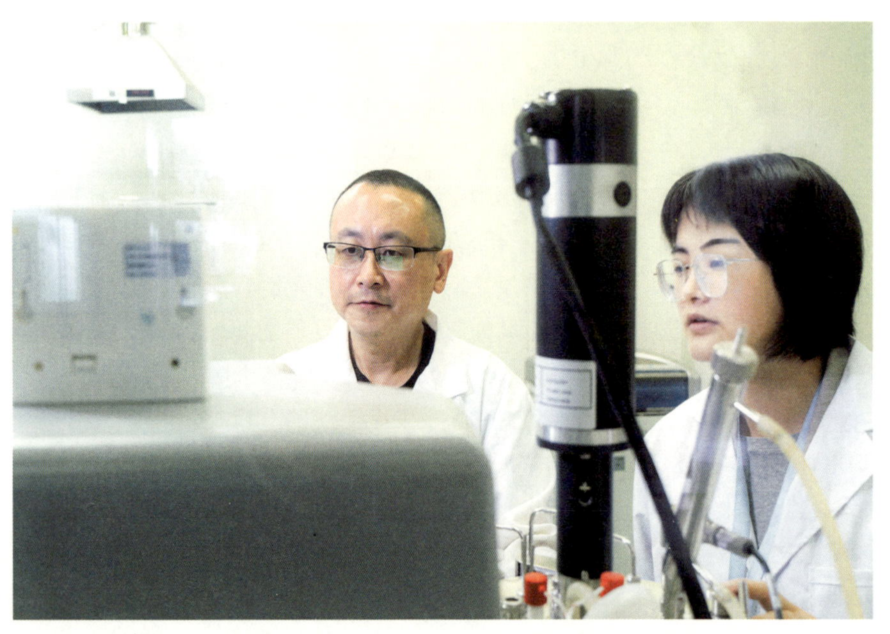

2022年，云南中烟开展提升香精香料“可知可控可替代”水平研究
云南中烟　供稿

卷烟中心库业务。及时维护更新卷烟中心库设施设备，优化库区功能布局。统筹物流安全与应急保障，健全多方联动机制，根据卷烟订单情况灵活调整作业排程，合理安排运输调度及人员配置，提升应急保障能力和服务质量。加强安全综合管理平台运用，提升库区安全技防水平。全年发运卷烟298万箱，准时发货率99.33%，出库差错率为零。

设备管理。组织开展设备台账管理、绩效评价、信息系统运行等方面自查工作，做好闲置设备统计等工作。加强设备净效率统计分析，督促卷烟工厂提升运行效率，全年云南中烟设备运行综合净效率88.94%。

【深化改革】　成立原料中心，推进原料专业化统一管理、统一资源配置迈出关键一步；制定供应链协同改革推进方案，开展前期调研工作，生产调度指挥平台上线运行；整合组建产品中心，打破品牌边界和技术壁垒；推动“钓鱼台”品牌整合至“玉溪”品牌；推进物资集中采购，实现本部及非法人单位服务类项目集中采购；厂办大集体改革方案获得批复，加快推进产权界定等工作；整合优化印务、物流等主业配套产业，增强自主供应能力，助推主业强链稳链；推进多元化企业发展思路和经营模式转型，制定形成17项“瘦身”、9项“强体”项目计划；实施多元化企业穿透式监管，协调推进多起经营风险处置，增强风险防范能力，逐步构建风险防控体系。

【企业管理】　**企业治理效能提升**。推进依法治企，修订公司工作规则、党组工作规则、总经理办公会议事规则，推进董事会工作信息化建设，优化完善跟踪督办机制，提高依法科学民主决策能力。推进降本增效，实现提质增效6.8亿元，资金竞争性存放实现收益增幅33%，香精香料单箱成本比行业平均规格下降2个百分点，单箱卷烟综合能耗及碳排放量均低于行业平均值。落实“黑名单”制度，严把禁入关口，建立废弃烟草专卖品线上监管和线下检查相结合的监管模式。统筹发展和安全，强化风险隐患排查整治，防范各类安全事故发生，实现安全生产五个为“0”、七个“100%”目标。

产品供给保障协同有力。持续优化生产力布局，企业固化资产投入产出率比上年提升38个百分点，卷包设备产能利用率达到85.6%，提升1.7个百分点，红塔集团35个在产品规32个实现单一工厂集中生产，红云红河集团“云烟（细支大重九）”在行业市场监督抽查中综合质量得分列第一名。全系统聚焦品牌核心，全力保障产业链供应链安全，云南烟草机械有限责任公司完成“云烟（中支小重九）”小盒装填条盒机器人生产线研发改造，物资采购保供及时率达到99.51%，物流运输App准时到货率达到99.99%，“上云、用数、赋智——智能财务应用实践”“基于资源优化配置的成品卷烟物流调度体系”入选行业提升企业核心竞争力典型案例。

管理提升和创新。深化对标管理，开展内部卷烟工厂对标拉练，召开首次现场会，推进对标共建和管理诊断基层行，提升工厂对标指标水平，指标达到自2018年分类对标以来的历史最好水平，15项指标成为行业标杆指标，指标提升率达到81.11%，85.08%的指标达到或超过行业平均水平。按照“战略—目标—绩效”管理循环，完善绩效管理体系，构建涵盖战略风险、廉洁风险和法律风险等内容的风险防控框架，形成包含738条中烟层级风险的《云南中烟业务流程风险识别和评价清单》。推进管理创新，全年开展管理创新课题攻关174项，取得QC成果471个，实现经济效益2.7亿元。完成以任务管理为核心的PDCA管理信息系统上线运行，进一步提升管理数字化水平。做好红塔集团玉溪卷烟厂精品线智能制造等一批试点项目，持续提升工厂智能制造水平。开展排污隐患排查整治，查找出27项问题，推进绿色低碳发展。持续推进清洁生产，单箱卷烟综合能耗及碳排放量均低于行业平均水平。

【数字化转型】　**创建党建业务双融双促新模式**。以融合为目标，云南中烟坚持党建引领业务、创新驱动发展、技术赋能党建的原则，打破自办媒体数量庞杂、各自发声等传播壁垒，构建新媒体平台，依托统一认证体系、用户中心、待办中心、消息中心，实现人与人、人与组织、人与产业链的“联结”，形成信息化融合新模式。建立“一个门户看中烟”内部传播矩阵，构建“一个平台办业务”技术框架，形成“一部手机促融合”生态体系，创建“党建引领三个一、双融双促四个力”新模式。

以统一信息化平台为支撑，创建平台新生态。以统一信息化平台为支撑，按照统一管理、统一流程、统一标准、统一资源调配使用等“四个统一”思路，拓展资产综合管控、人力资源管理、产品研发管理、原料管理、成品物流管理等业务应用，形成纵向到底、横向到边的核心业务和管理运行体系。红塔集团楚雄卷烟厂完成“雄心撰智”App自主开发，红云红河集团曲靖卷烟厂完成“曲烟MES”“清廉曲烟”App自主开发，形成任务共担、课题共研、成果共享的众创机制，实现应用创新。

探索“三不腐”一体路径。以“互联网+”思维为驱动，以系统观念一体推进“三不腐”，聚焦物资采购、“三重一大”等重点领域和关键环节，基于云南中烟统一信息化平台，与大数据平台紧密结合，采用互联网、大数据和人工智能等技术，按照廉洁风险防控PDCA闭环管理流程，构建“1149”监督体系，使监督融入日常、渗入业务、嵌入制度，推动监督由人工防控向智能防控转变、经验式监督向数字化监督转变、事后惩治向事中预防转变。

以行业一体化平台为抓手，推进行业项目落实落地。云南中烟推进行业一体化平台建设，建立项目群管理机制，建立问题清单，抓好行业二维码项目、行业调控项目、行业烟叶平台、行业工业互联网体系建设等项目在云南中烟落实落地。以打造数字化转型技术底座为目标，按照行业“1+1+N”云平台体系指导意见要求，统筹推进云平台中洲阳光机房信创设备区域、租用运营商机房X86国产设备区域建设，创新性构建“一云多芯”“软件可信”“软硬协同”云南中烟云平台，构建起统一的新型数字基础设施，支撑行业一体化平台项目在云南中烟落地建设。对行业统一烟叶生产经营管理平台项目建设方案进行优化，将原平台的“云网边端”部署架构优化调整为“云云端”部署，得到行业认可并统一推广。引入云边融合技术，使用云南中烟云平台能力，提供二维码盒条件关联系统、行业调控项目厂级系统资源，实现端侧到云平台数据的稳定传输，构建统一“5G云边融合”环境，提高二维码盒条件关联系统行业调控项目厂级运行环境可靠性。

创新人才培养模式。以赛促练，借实战竞赛的契机，创新人才培养模式。云南中烟两支队伍进入2022年第三届“网鼎杯”网络安全大赛半决赛，在行业2022年首届数字化转型创新实践大赛中获得数字赋能竞赛一等奖、网络安全攻防竞赛二等奖、综合二等奖。

【特事辑要】 2022年1月26日，云南中烟2022年工作会议在昆明市召开。

2月21日，云南中烟与郑州烟草研究院签署战略合作协议。

4月6日，云南省委常委、昆明市委书记刘洪建在云南中烟调研。

4月11日，云南省副省长杨斌在云南中烟调研。

4月12日，云南中烟“行业发展规律调研”座谈研讨会以视频会议形式召开。

4月20日，云南省委常委，省人大常委会党组副书记、副主任张太原在红云红河集团红河卷烟厂调研。

4月26日，红塔集团玉溪卷烟厂就地技术改造项目在玉溪卷烟厂红塔厂区举行开工仪式。

8月1日，云南中烟生产调度指挥平台上线运行。

11月16日，云南中烟举办“奋进新时代，同心向未来——2022年云产卷烟品牌发展专题会暨大重九品牌创牌百年宣介活动”。

12月16日，第二届中国（玉溪）品质生活论坛开幕。

所属卷烟生产企业

红塔烟草（集团）有限责任公司

【主要产品与品牌建设】 2022年，红塔集团省内全资生产厂生产内销卷烟（含与红云红河集团互动生产）“玉溪”“红塔山”“红梅”“云烟”等4个品牌37个规格。与品牌合作企业生产“玉溪”“红塔山”“红梅”等3个品牌13个规格。

坚持品牌核心，落实云南中烟“5+5+5+X”云产卷烟核心品规布局，调优状态、优化结构、突出主干、突破高端，重点品牌“玉溪”居全国一类烟销量第四位，其中“玉溪（软）”为全国在销品规增量第一规格，“红塔山”居全国卷烟品牌销量第七位，创新品类卷烟实现销量比上年增长3.76%。全年实现卷烟商业批发销售额、单箱商业批发销售额分别比上年增长2.57%、6.05%。

【生产管理】 **“最优制造”加力提效。**加快推进数字化转型，“玉溪”精品制丝线、楚雄业务堵点消除、大理智慧复烤、昭通智慧卷包等4个智能制造试点项目落地实施，红塔集团成为行业唯一的智慧仓储试点单位；持续优化品规生产布局，35个在产品规32个实现单一工厂集中生产，品规生产集中度提升至91%；稳步推进生产专线建设，最优制造评价指南体系和以“四专”为核心的生产标准体系不断健全完善；综合净效率管理进一步优化，卷包设备平均净效率91.71%、比上年提升2.2个百分点，制丝断料率降至0.03%，设备产能利用率首次超过85%；深化对标管理，省内四厂对标指标提升率保持在70%以上，12项指标居行业第一位。

“无忧质量”稳步提升。建立班组无忧质量管理评价激励体系，制定复烤制丝工艺维护规程，编制消费体验质量管控通则及15项检测方法标准，以工艺评价、工艺改进为主要抓手的全过程质量管控工作更细更实，年内完成产品品质系统性优化专项攻关106项，卷烟生产过程能力指数比上年提升5%，卷烟产品包装与卷制质量保持较好水平，行业及上级部门卷烟产品质量监督抽检合格率100%。

“最佳成本”转型见效。深化“667”成本管控法，首次运用信息化手段将成本管理责任延伸至机台，划小成本责任单元，增强全员经营意识；修订全面预算管理办法，做优资金存放竞争性管理，首次通过拍卖方式处置部分非专卖报废资产，全年资金存放利息收入比上年增长 19.86%，非专卖报废资产处置收益提升 5 倍以上。

2022 年 4 月 26 日，红塔集团玉溪卷烟厂举行就地技术改造项目开工仪式
云南中烟　供稿

【科技创新】　2022 年，红塔集团通过“国家知识产权示范企业”年度复核；专利技术获得国家知识产权局受理 445 件，其中发明专利 102 件；获得授权专利 426 件，其中发明专利 25 件、实用新型专利 392 件、外观设计专利 9 件；获得计算机软件著作权登记 62 件。科技项目“‘五打十八分’打叶复烤工艺关键技术研发及应用”获得 2022 年度云南省技术发明奖二等奖，3 个项目获得云南中烟 2022 年度科学技术进步奖，其中一、二、三等奖各 1 项。

4 月 26 日，红塔集团玉溪卷烟厂就地技术改造项目正式开工，该项目以打造行业标杆卷烟工厂为目标，紧跟卷烟制造先进技术、工艺、设备和智能化、智慧化、数字化发展方向，推动红塔集团生产制造工艺技术再上水平。

【原辅材料保障】　2022 年，红塔集团融入云南中烟原料管理改革，以品牌需求为导向，按照品种与区域特色相结合优化烟叶原料生产布局、强化过程质量管控、推进收购质检前移、创新工商交接模式、提升初烟组模及差异化复烤加工工艺水平，下功夫做细做实“第一车间”，烟叶原料采供质量稳定提高。2021 烤烟年度采购烟叶上等烟比例 73.27%、比上年提高 4.93 个百分点，云南中烟烟叶工商交接监督检查合格率 70.76%，烟叶等级纯度和品种纯度高位企稳。全年采购进口烤片 1.22 万吨（24.4 万担），工业调剂（调出）烤片 1.24 万吨（24.82 万担），采购薄片 1.18 万吨（23.6 万担）。推进“2260”优质烟叶工程，新增云南省内易门、通海、南华、永平、彝良等 5 个县备选项目区，“K326”“KRK26”“NC297”等特需特色品种种植生产布局更加优化；优选确定 46 个高端特色烟叶小产区，涉及收购量 1.15 万吨（22.95 万担），为卷烟品牌高质量发展夯实优质原料基础。

物资采购方面，红塔集团探索实施辅料与设备“双适应”提升工程，解决辅料上机适应性“无标准、变量多、难评价、无成功经验可借鉴”长期困扰烟草工业企业的难题；建立烟用材料技术标准准入评价机制，提升供应商供货质量水平；优化非烟物资采购管理，推进烟机零配件寄售业务，快速响应生产需求。全年物资采购金额 50.52 亿元，烟用材料公开招标率 99.3%，香精香料、复烤及仓储物资、烟机配件、非烟物资公开招标率均为 100%；烟用材料产品质量综合评价得分 94.88 分，一次性交验合格率 99.83%；非烟物资网上采购占比 76.85%，烟机零配件寄售采购占比 6.47%。

红云红河烟草（集团）有限责任公司

【主要产品与品牌建设】　2022 年，红云红河集团（含全资生产厂和控股企业）生产卷烟“云烟”“红河”“小熊猫”“钓鱼台”“呼伦贝尔”“雪莲”“茶花”“红山茶”“紫气东来”“大青山”“冬虫夏草”“MC”“玉溪”“红塔山”“红梅”“威斯”等 16 个品牌 121 个规格，其中，互动加工“玉溪”“红塔山”“红梅”等 3 个品牌 7 个规格。

坚持以品牌高质量发展为引领，围绕云南中烟“1 + 4 + X”品牌发展布局和“高端突破”战略，持续构建以品牌发展为核心的资源配置模式。全年“云烟（大重九）”实现商业销量 27.2 亿支（5.44 万箱），比上年增长 19.65%。“云烟”实现商业销量居行业第一位，一类“云烟”年度商业销量首次突破100万箱。产品结构稳步提升，单箱销售额比上年增长3.11%，一二类烟实现销量增长9.64%。创新品类实现商业销量比上年增长13.41%，其中细支烟增长13.53%、中支烟增长14.32%。

【生产保障】　开展“三优一精”专项工作，落地“1+9”工作方案，通过关键指标评比、走进工厂找亮点、知识共享平台搭建等多种手段，打造优质产品、优异工作、优秀人才，提升精益制造水平。打牢装备技术支撑，“云烟（软大重九）”“云烟（细支大重九）”“云烟（中支大重九）”“云烟（中支云端）”实现机械化生产，完成“玉溪（84mm细支钓鱼台）”“云烟（细支流金印象）”等特殊规格设备改造。全年集团产能利用率85.55%，设备净有效作业率88.86%。强化产品优质供给，构建基于全制造链的质量管理标准体系，强化过程管控能力，推进产品“零缺陷”工程，包装与卷制得分满分率从28.5%提升至33.7%，包装与卷制平均分从98.75提升至99.07，市场投诉9个缺陷单位、比上年下降67个，“云烟（细支大重九）”质量总得分居行业细支烟第一位。质量管控模式逐步从“制造思维”向“用户思维”转变，初步形成以消费者需求为导向的工艺质量提升改进闭环。强化物流保障，统筹安排元春备货、物流发货，保障生产和市场需求，卷烟准时到货率高于99%。协办云产卷烟品牌发展专题会暨大重九创牌百年文化宣介活动，如期开放运行“遇见重九”数字展厅。

【原辅材料保障】　支持原料改革，配合云南中烟原料中心挂牌成立，对接原料调拨，协同配合完成原料采购，开展烟叶质量符合性评价，强化高端核心原料基地建设，推动复烤加工工艺提升和产能优化布局，按时完成原料库存控制目标，33个核心乡镇原料基地建设初见成效，“云烟（大重九）”手撕精片选工作持续深入，提升高端品牌原料保障水平，红河复烤公司被评为原料示范性区域加工中心。

强化物资保障，关注新冠疫情发展动态，加强对物资实时库存、供货周期与生产计划、交货时点的动态跟踪，按月开展卷烟材料安全库存评估，按季通报卷烟材料质量情况，科学平衡烟机零配件购耗关系，建立13类1.26万个品种的网上商品库，推广运行“互联网+采购”模式。全年烟用物资、烟机零配件、非烟用物资公开招标采购率99.92%，烟机零配件库存资金占设备固定资产原值比重1.52%，达到并优于云南中烟考核值。

【科技和管理创新】　完善创新保障机制，进一步优化奖励办法，建立知识产权成果分类激励机制，推动科技成果的实施转化。增设创新争先奖，加大力度鼓励和肯定基层人才的创新业绩。优化集团管理创新工作机制，4项管理创新成果进入云南中烟最终评审阶段。广泛开展科技创新，17个QC成果获得云南中烟一等奖3项、二等奖6项、三等奖8项，其中2个成果获得烟草行业第三十二届优秀质量管理小组成果一、二等奖各1项，1个成果在第47届国际质量管理小组会议（ICQCC）上获得特别金奖。全年获得专利授权750件，其中发明专利44件。深化数字化转型，规范推进各项信息化投资项目，参加行业工业互联网体系各项目的试点和推广实施工作，加快构建智能制造体系，开发制丝全批次智能评价系统，开展网络攻防演习。注重绿色发展，在环保、节能减排工作上持续发力，开展集团碳排放、高耗能落后机电设备调研摸底，推进高能效机电设备应用及车间空调节能技术革新。

【企业管理】　夯实基础管理，开展高质量发展体系落实情况评估，做好“企业管理再提升年”各项工作，修订集团标准238项，制（修）订规章制度21项，申报提升企业核心竞争力典型案例5个。深化对标管理，制定集团深化对标管理工作实施方案，将对标工作与绩效考核、管理诊断等工作深度融合，参与结对共建和对标拉练活动，推进对标指标要素体系建设、工厂弱项短板指标专项改进等工作，形成“寻找标杆、找准原因、制定措施、持续改进”闭环管理，签订对标共建计划书23份，工厂对标指标达标率、提升率均从50%左右提升至80%以上。做实成本管理，推进全面预算管理和标准成本管理，制定《定额标准应用手册》，全年实际成本与标准成本偏差率3.67%，实现降本增效2.86亿元。加强规范管理，制定“八五”普法规划及法治建设实施方案，依法开展“大重九”品牌维权保护。配合完成审计署延伸审计及专卖内管监督检查，开展经济责任风险自查自纠。

2022年云南中烟工业有限责任公司所属卷烟生产企业/生产厂情况统计

<table>
<tr><th colspan="2" rowspan="2"></th><th rowspan="2">红塔烟草（集团）有限责任公司</th><th colspan="4">所属生产厂</th></tr>
<tr><th>玉溪卷烟厂</th><th>楚雄卷烟厂</th><th>大理卷烟厂</th><th>昭通卷烟厂</th></tr>
<tr><td colspan="2">法人资格</td><td>独立法人</td><td>非独立法人</td><td>非独立法人</td><td>非独立法人</td><td>非独立法人</td></tr>
<tr><td colspan="2">主要负责人/法定代表人（含党政领导）</td><td>党委书记、董事长：王　勇
党委副书记：李　恒（—2022年5月）
总经理：李　恒（—2022年3月）</td><td>党委书记：孙　涌（—2022年4月）
邹玉胜（2022年5月—）
厂长：杨明权（—2022年5月）
马　立（2022年5月—）</td><td>党委书记：宇　成（—2022年5月）
马晓伟（2022年5月—）
厂长：范　斌（—2022年2月）</td><td>党委书记、厂长：王桂铝（2022年5—11月，之前任党委副书记，全面负责厂党委工作）</td><td>党委书记：刘向虹（—2022年4月）
何　斌（2022年5月—）
厂长：马晓伟（—2022年5月）
张永斌（2022年5月—）</td></tr>
<tr><td colspan="2">成立时间</td><td>1995年</td><td>1956年</td><td>1974年</td><td>1950年</td><td>1970年</td></tr>
<tr><td colspan="2">从业人员（人）</td><td>8285</td><td>2828</td><td>1598</td><td>1195</td><td>1710</td></tr>
<tr><td colspan="2">卷烟生产能力(亿支)</td><td>1950</td><td>1100</td><td>300</td><td>250</td><td>300</td></tr>
<tr><td rowspan="2">卷烟品牌</td><td>自有品牌</td><td>玉溪、红塔山、红梅、阿诗玛、新兴</td><td>玉溪、红塔山、阿诗玛、新兴</td><td>玉溪、红塔山、红梅</td><td>玉溪、红塔山</td><td>玉溪、红塔山</td></tr>
<tr><td>委托加工品牌</td><td>—</td><td>—</td><td>—</td><td>云烟</td><td>云烟</td></tr>
</table>

<table>
<tr><th colspan="2" rowspan="2"></th><th rowspan="2">红云红河烟草(集团)有限责任公司</th><th colspan="6">所属生产厂</th></tr>
<tr><th>昆明卷烟厂</th><th>红河卷烟厂</th><th>曲靖卷烟厂</th><th>会泽卷烟厂</th><th>新疆卷烟厂</th><th>乌兰浩特卷烟厂</th></tr>
<tr><td colspan="2">法人资格</td><td>独立法人</td><td>非独立法人</td><td>非独立法人</td><td>非独立法人</td><td>非独立法人</td><td>非独立法人</td><td>非独立法人</td></tr>
<tr><td colspan="2">主要负责人/法定代表人（含党政领导）</td><td>总经理：杨煜文（—2022年4月）
党委委员、副总经理：马宗泽（2022年4月—，4月负责经理层全面工作，12月临时负责集团党委日常工作）</td><td>党委书记：夏家全
厂长：李泓燊（兼）（—2022年5月）
宇　成（2022年5月—）</td><td>党委书记：张　涛（—2022年5月）
顾树东（2022年5月—）
厂长：张　涛（—2022年5月）
明文虎（2022年5月—）</td><td>党委书记：邹玉胜（—2022年5月）
周应奎（2022年5月—）
厂长：邹玉胜（—2022年5月）
徐跃明（2022年5月—）</td><td>党委书记：周应奎（—2022年5月）
厂长：周应奎（—2022年5月）
林　丹（2022年5月—）</td><td>党委书记、厂长：朱福桢</td><td>党委书记、厂长：王力家</td></tr>
<tr><td colspan="2">成立时间</td><td>2008年</td><td>1922年</td><td>1985年</td><td>1966年</td><td>1973年</td><td>1960年</td><td>1981年</td></tr>
<tr><td colspan="2">从业人员（人）</td><td>9517</td><td>3074</td><td>1385</td><td>2219</td><td>639</td><td>714</td><td>820</td></tr>
<tr><td colspan="2">卷烟生产能力（亿支）</td><td>2464</td><td>845</td><td>551</td><td>512</td><td>165</td><td>231</td><td>160</td></tr>
<tr><td rowspan="2">卷烟品牌</td><td>自有品牌</td><td>云烟、红河、小熊猫、钓鱼台、茶花、雪莲、呼伦贝尔、MC</td><td>云烟、钓鱼台、茶花、MC</td><td>红河、云烟、雪莲</td><td>云烟、红河、钓鱼台</td><td>云烟、红河、小熊猫</td><td>云烟、红河、雪莲</td><td>云烟、呼伦贝尔、红河、红山茶</td></tr>
<tr><td>互动加工品牌</td><td>玉溪、红塔山、红梅</td><td>玉溪</td><td>红塔山</td><td>玉溪</td><td>—</td><td>红塔山、红梅</td><td>红塔山</td></tr>
</table>

◇ 撰稿：王宏先　彭　林　崔跃胜；编辑：王　静

陕西中烟工业有限责任公司

【主要产品与品牌建设】 **主要产品发展**。2022 年，陕西中烟生产自有卷烟“好猫”“延安”2 个重点品牌 25 个规格。聚焦推动品牌高质量发展，坚持品牌建设在企业全局工作中的核心地位，按照“一年打基础，两年蓄势能，三年强动能”的发展目标，坚持“一二类烟是重点，一类烟重点品规是核心”的品牌培育方向，通过做品规、建品系、强品牌，深挖品牌文化内涵，加快品牌建设。二类以上自有品牌实现商业销量比上年增长 21.11%；一二类烟实现销量占比提升 4.83 个百分点。实现商业单箱均价 2.35 万元，比上年增加 1858 元，增长 8.59%。

启动新品系建设完善品牌文化内核。以品牌建设为中心，明确打造新的“长安”品系，持续挖掘长安文化内涵，以地域特色文化赋能，从长安世代传承的经济、文化、精神中汲取力量，推进长安文化资源与自有品牌发展深度融合，开展“长安”品系文化挖掘演绎工作，进行品系规划及架构搭建工作。持续推进品系文化赋能，进一步梳理特色“延安”品系，整合“延安”品系红色革命文化精神内核，围绕“长乐”品系“乐”文化、“金丝猴”品系“潮”文化、“招财猫”品系“好运”文化开展文化宣传。

加强重点规格培育。印发《2022 年品牌营销指导意见》，提出“114”一类烟重点品规培育工作思路，提升一类烟重点品规市场竞争力。探索工商共育品牌新模式，以工商共育“好猫（长乐九美）”，共抓省产卷烟一类烟重点规格为契机，联合陕西省局（公司）和部分市局（公司）召开“长乐九美”品牌文化展示会。与陕西省局（公司）共同打造“最美乡村终端”示范店。省内“3 + 1 + X”重点品规实现商业销量比上年增长 38.39%；“好猫（细支长乐）”实现全国省级市场全覆盖，全年实现商业销量增长 25.48%；“好猫（细支天赋）”“延安（细支圣地河谷）”生物技术卷烟实现销量增长 23.36%。

合作生产。推动合作品牌烟用材料落地生产，实现“苏烟（五星红杉树）”烟箱在全资多元化企业的落地生产及“南京（红）”烟用滤棒丝束向参股多元化企业的供应切换；所属全资多元化企业通过江苏中烟资质审核，具备“南京（红）”接装纸试验条件。2022 年，陕西中烟合作生产浙江中烟“利群”100 亿支（20 万箱），江苏中烟“南京”77.5 亿支（15.5 万箱）、“苏烟”42.5 亿支（8.5 万箱）。

【技术创新】 **提升自主研发能力**。聚焦品牌建设核心地位，开展生物技术、卷烟调香和叶组配方等关键核心技术研究应用，提升品牌内在科技价值和综合竞争力。开展烟用微生物菌种筛选和提升省产烟叶生物处理技术研究，优化卷烟配方结构和工艺参数，省产烟叶在中高端新品使用比例中取得一定突破。按品种计算，香精香料可知可控比例比上年提高 22.55 个百分点。强化各类技术综合集成应用，紧盯产品质量稳定，统筹原料使用，精准实施产品维护提升，统筹陕西中烟宝鸡卷烟厂制丝线技改，实施异地制丝、工艺写实和产品调试，完成市场保供任务，自主研发能力不断提升。

科技创新。贯彻行业科技创新工作“贯彻落实年”各项政策举措，推进新时代烟草行业科技创新工作指导意见重点任务落地见效，修订《科技奖励管理办法》，收紧奖励评审标准，注重科技成果转化应用实效，科技创新成果不断涌现。2022 年，陕西中烟申请专利 111 件，获得专利授权 97 件，其中发明专利 3 件，参与行业重点科技项目 2 个。

注重行业内外交流。2022 年，陕西中烟持续深化院企、校企及行业重点实验室技术合作与交流。按照陕西烟草工商加强合作共同发展意向书，加强与陕西省局（公司）烟叶处、烟科所、质检站以及各产区公司沟通交流，围绕提升省产烟叶工业适配性，深化烟叶生产、收购调拨、复烤加工以及基地建设等技术合作，加强产品质量检测能力与数据共建共享，促进“两烟”良性互动。与河南农大达成战略合作关系，持续加大与郑州烟草研究院的合作力度，在产品研发、自主调香、原料保障、工艺管控等方面开展技术交流，解决制约企业和品牌发展的重大技术难题，以高水平科技合作带动技术创新发展。

【物流建设】 2022 年，陕西中烟持续推进精益物流建设，紧扣物流业务主线，坚持问题导向，发挥创新在破解企业难题、推动品牌发展中的战略保障作用，制定溢出型知识流培训手册，完成行业核心竞争力案例项目申报，向行业内其他单位推广“一杀二控三防”原料生态养护体系研究成果。实现公司内部仓储资源共享，全年累计移库约 3.7 万箱。部分卷烟规格由原小批量快运模式调整为拼车运输，节约运输费用 53.79 万元。参与行业物流网络建设，在山东临沂、浙江金华分别设置卷烟前置库，缩短响应时间，平抑库存压力，确保快速精准响应市场。

2022 年 7 月 1 日，陕西中烟旬阳卷烟厂开展“严真细实快”及“四比四争”主题宣讲活动

陕西中烟旬阳卷烟厂　程新中　摄

【数字化转型】　2022 年，陕西中烟贯彻落实数字化转型理念，成立行业生产经营管理一体化平台项目推广实施领导小组，制定行业调控、二维码统一应用、烟叶平台项目实施方案，完成人力资源管理系统省级数据底座部署。围绕质量全面提升、物流运输、技术研发等信息化支撑，借助信息化手段推动生产方式、管理模式创新，完成全省备份资源统一管理系统、中心机房资源池扩容等项目实施，按照宝鸡卷烟厂制丝线技改项目进度做好与 MES 集成工作。围绕网络信息安全，按照行业“五个有”和“三个立即一个及时”工作要求完成重保任务，落实每日“零报告”制度，调整互联网出口访问策略，实时监控互联网和业务流量，完成全国两会、党的二十大等重大会议期间网络安全重保工作。行业网络攻防演习期间，实行“挂图作战、缩紧入口、层层设岗、实时监测、情报共享”防守策略，化解网络攻击威胁。注重强化数据资产管理，开展数据资产摸底排查，制定《数据安全管理标准》《个人信息安全管理标准》，修订《网络安全等级保护管理程序》《网络安全事件分级和应急响应处置程序》等，完善网络安全及数据安全标准。

【特事辑要】　2022 年 1 月 28 日，2022 年陕西中烟工作电视电话会议在西安市召开。

1 月 28 日，陕西中烟召开党史学习教育总结会议。

2 月 18—19 日，国家局党组成员、副局长韩占武在陕西烟草调研。

4 月 17 日，陕西省委书记刘国中在陕西中烟延安卷烟厂调研，陕西省委常委、延安市委书记赵刚陪同调研。

4 月 30 日，陕西中烟宝鸡卷烟厂通过烟草行业首家标准化良好行为 5A 级达标企业评审。

11 月 15 日，陕西中烟宝鸡卷烟厂制丝线升级改造项目顺利投产试运行。

2022 年陕西中烟工业有限责任公司所属卷烟生产厂情况统计

		陕西中烟工业有限责任公司宝鸡卷烟厂	陕西中烟工业有限责任公司延安卷烟厂	陕西中烟工业有限责任公司汉中卷烟厂	陕西中烟工业有限责任公司澄城卷烟厂	陕西中烟工业有限责任公司旬阳卷烟厂
法人资格		非独立法人	非独立法人	非独立法人	非独立法人	非独立法人
主要负责人（含党政领导）		党委书记：徐屹秦 厂长：刘景明	党委书记：任亚东 厂长：雷建强	党委书记：李晓龙 厂长：李亚锋	党委书记：李　磊 厂长：刘振宇	党委书记：朱兆荣 厂长：栗丰斌
成立时间		1949 年	1943 年	1975 年	1976 年	1976 年
从业人员（人）		1713	951	969	476	661
卷烟生产能力(亿支)		300	150	200	100	150
卷烟品牌	自有品牌	好猫、延安	延安、好猫	好猫、延安	好猫、延安	好猫、延安
	合作生产品牌	—	南京、苏烟	利群	—	—

◎ 撰稿：许　杨　刘帅东；编辑：王　静

中国烟草实业发展中心

【主要产品与品牌建设】 ***主要产品***。2022 年，中国烟草实业发展中心（简称中烟实业）所属卷烟生产企业主要生产“兰州”“长白山”“人民大会堂”“冬虫夏草”“大青山”“哈尔滨”“林海灵芝”“龙烟”“紫气东来”“三沙”“宝岛”等自有品牌。其中，“兰州”“长白山”“冬虫夏草”为重点卷烟品牌，“人民大会堂”在东北和华北 9 个省级市场视同行业鼓励培育品牌进行考核，“三沙”品牌在海南省内视同重点品牌，“哈尔滨（老巴夺）”“龙烟（呈祥）”在黑龙江省内视同重点品牌规格。

2022 年，中烟实业所属企业主要合作生产云南中烟“云烟”“红塔山”“红梅”等品牌卷烟 409.95 亿支（81.99 万箱），江苏中烟“南京”“苏烟”195.15 亿支（39.03 万箱），浙江中烟“利群”55 亿支（11 万箱），湖北中烟“黄鹤楼”“红金龙”30 亿支（6 万箱）。

自有品牌。自有品牌实现商业销量比上年增长 1.96%；单箱销售额比上年增加 1855 元，增长 6.67%；实现税利增长 11.29%，占中烟实业整体实现税利的 76.76%。一类烟实现销量比上年增长 29.29%，占比提高 3.35 个百分点。“聚焦一类中支烟发力”取得成效，一类中支烟实现销量比上年增长 44.65%。

创新产品。细支烟、中支烟等创新产品实现销量比上年增长 14.34%。“长白山（777 细支）”实现销量 136.23 亿支（27.25 万箱）。“冬虫夏草（和润）”细支烟实现销量 15.75 亿支（3.15 万箱）。“人民大会堂（硬红细支）”实现销量 71.17 亿支（14.23 万箱），比上年增长 12.98%。“三沙（细支）”实现销量 6.85 亿支（1.37 万箱）。“兰州”细支烟实现销量 20.85 亿支（4.17 万箱）。

“哈尔滨（老巴夺）”实现销量 66.81 亿支（13.36 万箱）。“长白山（迎春中支）”实现销量 49.58 亿支（9.92 万箱）。“冬虫夏草（双中支）”实现销量 28.72 亿支（5.74 万箱），比上年增长 40.71%。“兰州（黑中支）”实现销量 14.74 亿支（2.95 万箱），比上年增长 29.02%。

【科技创新】 贯彻全国烟草科技创新大会精神，召开首届中烟实业科技创新大会。全面梳理科技创新体制机制中的问题，制（修）订科技创新相关政策制度 9 项，优化科技创新奖励机制、项目管理机制、人才培养机制、创新考核机制，推动行业科技创新政策落地见效。组织发布“揭榜挂帅”项目 2 项，甘肃、吉林烟草工业有限责任公司和内蒙古昆明卷烟有限责任公司分别揭榜。加强创新人才培养，制定中烟实业青年科技人才托举工作管理办法，首批选拔托举青年科技人才 8 人。各企业结合实际研究制定科技创新年工作方案，筹划开展各类创新活动。全年研发投入比上年增长 17.4%。自有品牌烟用香精香料核心技术自主研发和自我保障能力进一步提升，可知可控比例超过 60%。持续推进降焦减害，卷烟盒标焦油量加权平均值 8.43 毫克/支。参与行业标准制（修）订，深圳烟草工业有限责任公司项目获得总公司标准创新贡献奖一等奖。提升 QC 小组活动成效，红塔辽宁烟草有限责任公司成果获得烟草行业第三十三届优秀质量管理小组成果三等奖。

【优化烟叶库存】 巩固烟叶去库存工作成效，截至 2022 年 6 月底，中烟实业整体库存水平降至 30.06 个月，提前完成烟叶去库存任务。开展高可用性上部烟叶开发工作，全年开发高可用性上部烟叶 0.63 万吨（12.51 万担），比上年增长 80%。

【特事辑要】 2022 年 1 月 24 日，国家局党组成员、副局长韩占武在吉林烟草工业有限责任公司调研。

1 月 24 日，2022 年中国烟草实业发展中心工作电视电话会议在北京市召开。

2 月 18 日，国家局党组成员、副局长张天峰在山西昆明烟草有限责任公司调研。

5 月 19 日，内蒙古昆明卷烟有限责任公司首个国家局烟叶基地单元——蒙昆公司郴州银河基地单元在湖南郴州桂阳县挂牌。

6 月 29 日，中央纪委国家监委驻工业和信息化部纪检监察组组长、工业和信息化部党组成员郭开朗在甘肃烟草工业有限责任公司调研。国家局党组成员、副局长韩占武一同调研。

7 月 13 日，国家局党组成员、副局长段铁力在红塔辽宁烟草有限责任公司调研。

7 月 18—19 日，中国烟草实业发展中心首届科技创新大会在深圳市举办。

8月22日，黑龙江烟草工业有限责任公司与中国农业科学院烟草研究所签订战略合作协议。

8月23日，国家局党组成员、副局长段铁力在黑龙江烟草工业有限责任公司调研。

所属卷烟生产企业

黑龙江烟草工业有限责任公司

【主要产品与品牌建设】 **新产品开发**。2022年，黑龙江烟草工业有限责任公司申报“龙烟（老巴夺传呈）”中支、“龙烟（老巴夺传琦）”细支2款新产品；改造“龙烟（冰雪）”“龙烟（北国风光）”2款老产品；完成“哈尔滨（老巴夺红中支）”“龙烟（呈祥）”2款产品提质升级，储备6款中细支烟新产品。

自有品牌销售实现产品结构、重点品规销量“双提升”。“龙烟”系列实现商业销量比上年增长37.1%；“龙烟（呈祥）”实现商业销量24亿支（4.8万箱），增长37.66%。“哈尔滨（老巴夺红中支）”实现商业销量3.09万支（6177箱）；“哈尔滨（老巴夺）”实现商业销量66.8亿支（13.36万箱），比上年增长2.53%。

卷烟合作生产。合作生产江苏中烟“南京（炫赫门）”27.5亿支（5.5万箱）、“南京（红）”99.69亿支（19.94万箱）、“南京（十二钗）”11.4亿支（2.28万箱）、“南京（金砂）”7.56亿支（1.51万箱）、“苏烟（五星红杉树）”15亿支（3万箱）；合作生产湖北中烟“黄鹤楼（硬金砂）”15亿支（3万箱）、“红金龙（软精品）”15亿支（3万箱）；合作生产云南中烟“云烟（紫）”15亿支（3万箱）、“云烟（软珍品）”10亿支（2万箱）。

【技术创新】 2022年，黑龙江烟草工业有限责任公司以科技创新为自有品牌研发赋能，重新制（修）订《产品研发管理办法》等9个体系文件，实施“揭榜挂帅”“赛马亮马”研发机制，激发技术人员工作主动性和创新积极性，在8个方面实现新突破：一是产品配方模式和设计理念实现新突破；二是生物酶技术应用实现新突破；三是结合产品需求应用分组加工、特色工艺加工实现新突破；四是“香草”特色香韵在产品设计与应用上实现新突破；五是自主调香核心技术和自我保障能力实现新突破；六是黑龙江烟叶应用实现新突破；七是叶组配伍技术实现新突破；八是烟叶综合使用技术实现新突破。

【管理创新】 与郑州烟草研究院成立“龙烟品牌产品工艺协同创新联合实验室”，全方位开展技术攻关和项目合作；与中国农业科学院烟草研究所合力推进原料应用技术研究；与山东中烟颐中集团推动技术引进合作；与中国烟草总公司青州中等专业学校开展人才培养合作。与上海烟草集团上海卷烟厂正式启动对标共建工作，实地学习山东中烟青岛卷烟厂先进管理经验。通过合作机制与创新平台的搭建和“寻标、对标、追标”工作的开展，持续提升管理水平。

【原料保障】 全面落实“两项整改”政治任务，采取工业调剂等8项措施，做好原料去库存和优库存工作。截至2022年6月底，烟叶库存使用周期30.79个月。在去库存的基础上，加大优库存力度，提升片烟综合使用水平、精准匹配原料需求，解决部分烟叶库存短缺问题。

红塔辽宁烟草有限责任公司

【主要产品与品牌建设】 2022年，红塔辽宁烟草有限责任公司推出“人民大会堂（辉煌）”“人民大会堂（红细支）”2款新产品；推进“一烟一码”数字化营销平台建设，实现多平台融合互通，助力品牌信息高效传播。全年“人民大会堂”实现销量比上年增长8.95%；销售范围扩大至全国25个省（自治区、直辖市）、162个地市，万箱规模市场达到11个。

全年合作生产云南中烟“玉溪（软红人民大会堂）”3.43亿支（0.69万箱）、“玉溪（硬）”2.55亿支（0.51万箱）、“玉溪（细支阿诗玛）”2.92亿支（0.58万箱）、“红塔山（大经典1956）”1.08亿支（0.22万箱）、“红塔山（软经典）”64.39亿支（12.88万箱）、“红塔山（硬经典100）”25.6亿支（5.12万箱）、“云烟（紫）”12.5亿支（2.5万箱）、“红河（硬）”7.5亿支（1.5万箱）、“红梅（软黄）”17.53亿支（3.51万箱）。

【技术创新】 实现“人民大会堂（辉煌）”“人民大会堂（红细支）”研发、生产、上市。聚焦科技成果研发、转化，运用生物酶、复切梗丝技术，改善产品烟气状态；实现可知可控、可替代性来源香精香料品种数量40个，占总使用量的81%。获得专利技术授权9件，发布创新论文37篇。营口卷烟厂生产的“人民大会堂（硬红）”获得全国卷烟质量抽检综合质量第一名，沈阳卷烟厂生产的“红梅（软黄）”获得四类品规综合质量第一名。营口质检站通过国家CNAS实验室认可，质量检测保障能力有效提升。“中支烟卷烟材料系统化设计”“生物酶在线处理梗丝应用技术研究”分别获得中烟实业科技项目二等奖、三等奖。

【管理创新】 创刊发行《管理学报》，强化管理强企思想。开展分类对标，与吉林烟草工业有限责任公司建立对标共建机制，制定对标共建三年规划。全年实现提质增效2.34亿元，超额完成中烟实业9200万元的任务目标。注册公司级QC课题42项，精益课题15项。营口卷烟厂“加料（香）机管路自动清洗装置的研发”项目获得烟草行业第三十二届优秀质量管理小组成果二等奖、中烟实业第十七届优秀质量管理小组成果一等奖，“新型跑条烟处理设备的研发”项目获得烟草行业第三十三届优秀质量管理小组成果三等奖、中烟实业优秀质量管理小组成果一等奖；沈阳卷烟厂独立申报《ZB45A包装机组基础》网络培训课件通过国家局初审。完成沈阳卷烟厂梗丝线改造，两厂新型卷包等烟机设备购置调制，工艺流程简洁高效，加工能力提升，能源消耗降低，制造力水平提高。编制“十四五”智能工厂信息化平台建设线路图，完成营口卷烟厂制丝线改造项目设计论证，推进智能工厂建设。

吉林烟草工业有限责任公司

【主要产品与品牌建设】 2022年，“长白山”实现商业销量比上年增长3.5%；商业批发单箱收入2.59万元，增长7.4%。细支烟实现销量174.5亿支（34.9万箱），中支烟实现销量54亿支（10.8万箱）。一类重点规格“长白山（蓝尚细支）”实现销量32亿支（6.4万箱），二类重点规格“长白山（777细支）”实现销量136亿支（27.2万箱）。

省内市场，“长白山”实现销量比上年增长1.6%。商业批发单箱收入2.31万元，比上年增加2247元。省内市场占有率达到34.2%，其中长春市场占有率37.3%、延边市场占有率48.5%。省外市场，“长白山”实现销量比上年增长4.7%。31个省外市场一类烟实现销量比上年增长87.8%；川渝、长三角、珠三角市场基本实现向二类以上卷烟市场转换，27个省级市场单箱收入实现同比增长。

合作生产江苏中烟“南京”34亿支（6.8万箱），云南中烟“红塔山”5亿支（1万箱）。

【技术创新】 先后完成7款卷烟新产品的研发储备，其中：“长白山（老人参细支）”向国家局申请报价，“长白山（百草之王细支）”具备报价条件；“长白山（心驰）”“长白山（国风）”“长白山（人参盛世）”上市销售。

参与“烟草产业关键核心技术需求与技术预见研究”“烟叶烘烤大数据关键技术研究与应用”2项总公司重点研发项目；“丝状梗丝创新工艺研究与应用”项目获得中国烟草总公司2021年度科学技术进步奖三等奖。获得中烟实业首批揭榜挂帅“北方烟区烟叶提质应用技术研究”项目，其技术成果在卷烟生产中得到应用验证。联合郑州烟草研究院、延边大学等科研院所、重点高校开展13项对外合作科技项目，其中3项取得阶段性进展并完成中期验收。加强“三北烟叶”提质应用研究，烟叶库存结构进一步优化。提升香精香料自主掌控能力，可知可控比例在80%以上，香精成本比上年降低600万元以上。

全年申报专利93件，其中发明专利30件；授权专利67件，其中发明专利6件，实用新型专利58件，外观设计专利3件。全年引进3台套细支烟卷包机组，大修改造2台套细支卷包机组和1台“双十排”中支包装机组，新购2台套细支烟高速机组获得国家局批复，为中细支卷烟生产提供保障。

【管理创新】 开展课题攻关，长春卷烟厂“减少YB25型包装机封签输送故障频次”课题获得烟草行业第三十二届优秀质量管理小组成果三等奖，延吉卷烟厂“盒内单支卷烟定位装置的研制”获得中烟实业优秀质量管理小组成果一等奖。落实季度对标通报机制，与红辽公司开展对标共建交流活动，促进管理提升。抓好降本增效工作，超额完成中烟实业下达的8800万元目标任务。

【原料保障】 库存烟叶比上年减少0.82万吨（16.36万

担），库存周期 26.5 个月。库存结构持续优化，截至 2022 年底主产区烟叶及进口优质烟叶占库存烟叶比重达到 80.3%。

甘肃烟草工业有限责任公司

【主要产品与品牌建设】 2022 年，卷烟单箱批发销售额 2.69 万元，比上年增长 5.47%。一类烟“兰州（黑中支）”实现销量 14.75 亿支（2.95 万箱）；二类烟“兰州（硬珍品）”实现销量 137.75 亿支（27.55 万箱）；创新产品“兰州（小青支）”“兰州（中支飞天花径）”实现销量分别为 3.47 亿支（0.69 万箱）、9155 万支（1831 箱）。

合作生产浙江中烟“利群”55 亿支（11 万箱），其中，生产“利群（长嘴）”15 亿支（3 万箱），“利群（新版）”40 亿支（8 万箱）。

【技术创新】 落实中烟实业首届科技创新大会精神，开展“科技创新年”活动。完善科技创新制度，修订发布公司《科学技术委员会管理制度》《科技项目管理办法》等制度。持续推进承担的 2 个“揭榜挂帅”项目。功能香基模块可知可控可替代比例达到 76.7%，香精香料自主掌控水平提升。强化应用研究，拓宽原料使用范围，实现烟叶全区域均质化加工“零的突破”。加强与行业和地方科技创新体系深度融合，参与 2 个国家标准修订项目，新参与 4 个国家局重点科技项目。3 个项目被甘肃省科技厅列为省级科技重点研发计划项目，首次实现地方省级科技计划项目“零的突破”。主持 7 个中烟实业项目，确定 12 个公司级科技项目，获得中烟实业二等奖项目 1 项、三等奖项目 2 项，获得授权专利 27 件，其中发明专利 4 件。

【管理创新】 推进管理诊断和对标帮扶，建立形成提升企业核心竞争力对标指标体系。建设智慧物流，开展物流管理诊断，烟箱循环利用和卷烟成品托盘联运超额完成中烟实业下达的目标任务。制定实施工作方案，系统推进绿色低碳循环发展工作。持续加强货币资金管理，实现贷款清零。

【原料保障】 持续推进烟叶去库存、优库存工作，截至 2022 年 6 月底，公司整体库存水平降至 31.28 个月。坚持源头把控防新增和多措并举去库存，备件库存降低 2014 万元。

内蒙古昆明卷烟有限责任公司

【主要产品与品牌建设】 2022 年，内蒙古昆明卷烟有限责任公司持续加大市场开拓力度，“冬虫夏草”实现商业销量比上年增长 31.87%，品牌覆盖全国 32 个省级市场、291 个地级市场，其中“冬虫夏草（双中支）”实现商业销量 28.7 亿支（5.74 万箱）。

与海南红塔卷烟有限责任公司合作生产“冬虫夏草（和润）”0.5 亿支（0.1 万箱）。

【技术创新】 聚焦“冬虫夏草”品牌发展，开发应用“中国芯”构件的卷烟，上市“冬虫夏草（黄金盛世）”“冬虫夏草（黄金盛世中支）”卷烟；成功研发生物发酵卷烟纸、可降解包装材料等新材料并在卷烟产品中应用。香精香料可知可控可替代比例达到 77.5%，扩充升级单体香

内蒙古昆明卷烟有限责任公司卷包车间挡车工操作“冬虫夏草”生产线设备（2022 年）

内蒙古昆明卷烟有限责任公司　苟　冬　摄

原料实物库近1400余款。承担国家局科技项目“烟草专用蛋白酶和淀粉酶的高效创制及应用研究”。2022年，“梗丝生物发酵关键技术研究及规模化应用装备研制”“基于烟草提取物的多酶催化体系生物合成及产业化研究”“卷烟关键物理性能检测设备远程计量技术研究与应用”申报国家局项目，“基于感官组学的特色香料精制技术研究”获得中烟实业科技项目一等奖。获得授权专利31件，其中发明专利14件、实用新型专利17件。

【数字化转型】 推进产品研发全生命周期管理系统项目建设；开展MES系统平台升级项目，在动力车间采用射频技术和移动终端对设备实施远距离盘点和设备点巡检。

【企业管理】 加强管理创新，完善创新管理标准体系与创新平台建设，推进科技项目、质量管理小组活动、精益课题、精益自主改善平台建设。截至2022年底，建成创新工作室7个，其中国家级1个、自治区级3个、市级3个；开展涉及生产流程管控、营销终端建设等课题28项，解决管理难点痛点。

【原料保障】 完成烤烟调拨1.53万吨（30.5万担）。推进原料保障建设工作，2022年，“冬虫夏草”原料打叶复烤区域加工中心在湖南烟叶复烤有限公司郴州复烤厂揭牌成立，公司首个国家局基地单元——蒙昆公司郴州银河基地单元在湖南郴州桂阳县挂牌。截至2022年底，公司具有国家局烟叶基地单元1个、区域加工中心2个。

深圳烟草工业有限责任公司

【主要产品与品牌建设】 2022年，深圳烟草工业有限公司在产的卷烟品牌为“双喜（好日子）”。

全年“双喜（好日子）”一类烟实现商业销量比上年增长20.49%，占“双喜（好日子）”比重31.27%；一二类烟合计占比70.59%，增加5.2个百分点。“双喜（好日子）”单箱销售额3.62万元，比上年增长3.68%。“双喜（硬金樽好日子）”实现商业销量23.9亿支（4.78万箱），比上年增长12.77%；“双喜（硬晶彩好日子）”实现商业销量17.65亿支（3.53万箱），增长39.03%。新开辟省外市场9个，省外实现商业销量比上年增长11.01%。细支烟、中支烟销量比上年增长16.8%，其中“双喜（硬祥和好日子）”实现销量7.95亿支（1.59万箱），“双喜（硬祥云好日子）”5.5亿支（1.1万箱），“双喜（细支金樽好日子）”2.7万支（0.54万箱）。

【技术创新】 完成中烟实业首届科技创新大会承办工作，完成科技创新年“8632”系列活动。推进科技项目研究，在中烟实业科技项目评审会上，获得二等奖1项、三等奖1项，4个新项目获得立项。香精香料核心技术自主研发和自我保障能力进一步增强，超额完成自主掌控三年目标任务。启动青年科技人才托举计划，修订科研创新激励制度3件。获得授权专利30件，申请专利35件，其中授权发明专利4件，申请发明专利7件。

【企业管理】 推动数字化转型升级，营销CRM系统改造项目、辅料现场管理系统、营销活动管理系统上线试运行。落实降本增效工作任务，全年完成提质增效2394万元。围绕精益设备、精益质量管理，年初明确10项工作内容，分解27项工作措施，全年各项任务顺利推进。落实年度对标指标提升目标，全年工厂对标指标19项可比指标中，13项指标同比取得进步。1项QC小组活动成果获得烟草行业第三十二届优秀质量管理小组成果二等奖。

【原料保障】 落实年度烟叶采购计划，工商交接合格率在70%以上。2个区域加工中心建设成效显现，烟叶加工质量及水平进一步提升。完成湖南250吨（5000担）高成熟度上部烟叶开发、湖北0.17万吨（3.3万担）高端定向等级开发、云南100吨（2000担）“红花大金元”特色品种单收单调试点。

山西昆明烟草有限责任公司

【主要产品与品牌建设】 2022年，山西昆明烟草有限责任公司主要生产的卷烟品牌有4个，其中“云烟”“红河”“红塔山”为合作生产品牌，“紫气东来”为自有品牌。生产规格共12个，“云烟”系列：“云烟（软珍品）”“云烟（小熊猫家园）”“云烟（云龙）”“云烟（福）”“云烟（紫）”，“红河”“红塔山”系列：“红河（硬）”“红河（软甲）”“红塔山（硬经典）”为合作生产规格，“紫气东来”系列：“紫气东来（在天）”“紫气东来（汾清香）”“紫气东来（祥瑞）”“紫气东来（吉祥天下）”为自有规格。

加强与商业公司协同，截至2022年底，有省级市场18个、地市级市场100余个；建成山西卷烟陈列终端5040户。8月，召开山西烟草高质量发展交流会暨“紫气东来（在天）”上市发布会，共商品牌培育合作。全年卷烟实现销量比上年增长2.88%；生产合作品牌卷烟147.47亿支（29.5万箱）。

【技术创新】 建立技能大师工作室、香精香料联合实验室等四大创新平台。科技项目“靶向萃取烟叶多级组分定向增香应用研究”获得中烟实业科技项目三等奖。发布QC成果23项，其中获得山西省质协优秀质量管理小组成果一等奖3项，获得中烟实业优秀质量管理小组二等奖、三等奖各2项。申请国家专利9件，授权发明专利和实用新型专利各1件。

【管理创新】 强化零备件管理，加强信息支撑，规范秩序。协调原厂回收丝束，解决整包丝束销毁难题。制丝车间秒级实时采集和分析过程数据，整体质量控制水平和工艺保障能力达到行业先进。动力车间强化精准运行，综合能耗2.96千克标准煤/万支，比上年下降4.2%。公司涉及的19项卷烟工厂对标指标中13项得到改善，提升率68.42%。全年降本增效7300万元，超额完成年度目标任务。2022年，公司被评为2022年度山西省省级智能制造试点示范企业。

海南红塔卷烟有限责任公司

【主要产品与品牌建设】 2022年，海南红塔卷烟有限责任公司生产卷烟比上年增长2.59%，实现卷烟销量增长1.06%。自有品牌全年实现销量比上年增长11.45%，其中“三沙”系列增长10.93%。实现卷烟单箱销售收入1.65万元，比上年增长7.62%。

合作生产卷烟95.52亿支（19.1万箱），其中合作生产云南中烟“红塔山”55.32亿支（11.06万箱）、“红梅”7.64亿支（1.53万箱）、“玉溪”0.65亿支（0.13万箱）、“云烟”31.41亿支（6.28万箱），合作生产内蒙古昆明卷烟有限责任公司“冬虫夏草（和润）”0.5亿支（0.1万箱）。

【技术创新】 建立完善知识产权保护、科技创新投入、精益质量和劳动竞赛激励等创新激励机制；举办20周年创新成果展、创新专题培训、创新知识大讲堂、雪茄创新沙龙、科技创新竞赛、创新论文征集等系列活动。生物酶（菠萝蛋白酶）攻关项目通过中烟实业立项；科技项目“海南优质雪茄原料质量风格评价及配方开发研究”结题。完成一系列机制雪茄烟和手工雪茄烟产品定型；筛选优质雪茄烟茄衣品种2个、茄芯品种3个，开发出特色突出的束叶卷手工雪茄烟样品3个。优化自有品牌结构，“宝岛（三沙）”整合为“三沙（蓝）”品牌。丝二次加料项目按期完成，形成自有品牌特色核心工艺技术；可知可控香精香料应用占总品种数的64.7%，使用量占比78.4%，达到目标要求。

开展4项创标课题；申请专利8件，授权专利6件，发明专利1件，维护商标注册63个。4个QC成果获得2022年海南省质量管理工具应用大赛一等奖，同时获得中烟实业2021年度优秀质量管理小组成果二等奖1个、三等奖3个。

【管理创新】 编制公司第一套管理制度汇编。全年实现降本增效任务3139.66万元，完成中烟实业下达目标任务的130.82%。编制出台《“十四五”网信工作专项规划》，推进信息化业务应用创新与功能优化；制定公司《“十四五”绿色低碳循环发展工作方案》，建立健全公司绿色发展长效机制。参与行业标准项目《跨品牌卷烟纸箱循环利用通用要求》，提交标准送审材料。通过安全生产标准化一级达标现场评审。

【原料保障】 2022年，原料采购0.81万吨（16.29万担），其中合作生产0.67万吨（13.38万担），工业调剂0.15万吨（2.91万担）；截至2022年底，原料库存0.13万吨（2.55万担）。

吉林烟草进出口有限责任公司

【生产经营】 根据商务部《关于执行联合国安理会第2375号决议，做好关闭境外涉朝合资合作企业相关工作的通知》，2022年对朝出口业务暂停。

2022 年中国烟草实业发展中心所属卷烟生产企业/生产厂情况统计

		黑龙江烟草工业有限责任公司	所属生产厂		
			哈尔滨卷烟厂	牡丹江卷烟厂	绥化卷烟厂
法人资格		独立法人	非独立法人	非独立法人	非独立法人
主要负责人/法定代表人（含党政领导）		董事长：孔庆峰 党委书记、总经理：刘所锋	副厂长：孙永钢 （—2022 年 11 月， 主持工作） 易守标 （2022 年 11 月—， 主持工作）	党委副书记、副厂长： 王全宏（主持工作）	副厂长：唐文双 （主持工作）
成立时间		2007 年	1902 年	2021 年	1970 年
从业人员（人）		3546	1333	1014	662
卷烟生产能力（亿支）		568	3458	1808	42
卷烟品牌	自有品牌	哈尔滨、龙烟、林海灵芝	哈尔滨、龙烟	哈尔滨、林海灵芝	—
	合作生产品牌	南京、苏烟、云烟、 黄鹤楼、红金龙	南京、苏烟	黄鹤楼、红金龙、 云烟	—

		红塔辽宁烟草有限责任公司	所属生产厂		吉林烟草工业有限责任公司	所属生产厂	
			沈阳卷烟厂	营口卷烟厂		延吉卷烟厂	长春卷烟厂
法人资格		独立法人	非独立法人	非独立法人	独立法人	非独立法人	非独立法人
主要负责人/法定代表人（含党政领导）		董事长：陈玉秋 党组书记、 总经理：慈　东	厂长：穆　忠 党委书记： 裴禄军	厂长：宋岐国 党委书记： 李学峰 （2022 年 9 月—）	董事长：陈玉秋 总经理、 党组书记：吕子军	厂长：金光泽 （—2022 年 9 月） 党委书记： 王　钢	厂长：胥天祥 （2022 年 9 月—， 之前任副厂长， 主持工作） 党委书记：张利军
成立时间		2003 年	1908 年	1909 年	2006 年	1975 年	1933 年
从业人员（人）		2326	819	1046	2847	1226	1012
卷烟生产能力（亿支）		368	173	195	501	264	237
卷烟品牌	自有品牌	人民大会堂	人民大会堂	人民大会堂	长白山	长白山	长白山
	合作生产品牌	玉溪、红塔山、 云烟、红河、 红梅	玉溪、红塔山、 红梅	玉溪、红塔山、 云烟、红河	南京、红塔山	—	南京、红塔山

	甘肃烟草工业有限责任公司	所属生产厂		内蒙古昆明卷烟有限责任公司	深圳烟草工业有限责任公司
		兰州卷烟厂	天水卷烟厂		
法人资格	独立法人	非独立法人	非独立法人	独立法人	独立法人
主要负责人/法定代表人（含党政领导）	董事长：由　明 党组书记、 总经理：蔺翻红	厂长：张　辉 党委书记：牟怀斌	厂长：王乐平 党委书记：漆嵩柏	董事长：刘　龙	董事长：由　明 党委书记、总经理： 梁　强
成立时间	1936 年	1936 年	1970 年	2003 年	1988 年
从业人员（人）	2232	964	627	1129	595

续表

		甘肃烟草工业有限责任公司	所属生产厂		内蒙古昆明卷烟有限责任公司	深圳烟草工业有限责任公司
			兰州卷烟厂	天水卷烟厂		
卷烟生产能力（亿支）		875	515	360	250	234
卷烟品牌	自有品牌	兰州	兰州	兰州	冬虫夏草、云烟（苁蓉）、大青山	双喜（好日子）
	合作生产品牌	利群	利群	—	—	双喜

		山西昆明烟草有限责任公司	海南红塔卷烟有限责任公司	吉林烟草进出口有限责任公司
法人资格		独立法人	独立法人	独立法人
主要负责人/法定代表人（含党政领导）		董事长：刘　龙 总经理：陈景云 党委书记：刘根栓	董事长：孔庆峰 党委书记、总经理：梁生龙	总经理：鲍立泰 （—2022 年 10 月）
成立时间		2003 年	1978 年	1999 年
从业人员（人）		961	539	15
卷烟生产能力（亿支）		198	150	—
卷烟品牌	自有品牌	紫气东来	三沙、宝岛	—
	合作生产品牌	云烟、红河、红塔山	玉溪、红塔山、红梅、云烟、冬虫夏草	—

◎ 撰稿：刘新鉴；编辑：褚　幸

雪茄烟生产

安徽中烟工业有限责任公司

【蚌埠卷烟厂雪茄烟生产部概况】　安徽中烟工业有限责任公司雪茄烟生产主要由安徽中烟蚌埠卷烟厂雪茄烟生产部承担。安徽中烟蚌埠卷烟厂雪茄烟生产部前身为安徽蒙城雪茄烟厂，位于安徽蒙城县。2001 年 10 月，经国家烟草专卖局批准在安徽蒙城雪茄烟厂原厂址成立雪茄烟生产部，隶属于蚌埠卷烟厂，不具有法人资格，更名为蚌埠卷烟厂雪茄烟生产部。2005 年 4 月，更名为安徽黄山卷烟总厂蚌埠卷烟厂雪茄烟生产部。2006 年 5 月，更名为安徽中烟工业公司蚌埠卷烟厂雪茄烟生产部。2011 年 7 月，更名为安徽中烟工业有限责任公司蚌埠卷烟厂雪茄烟生产部。

2022 年，月平均从业人数 828 人，其中，在岗固定工 73 人（含蚌埠卷烟厂派驻 5 人），其余人员为业务外包用工。生产部设备年产能 2.4 亿支。

【雪茄烟产销】　2022 年，生产各类传统雪茄烟比上年增长 18.8%，其中全叶卷雪茄烟增长 53.7%；调拨销售各类传统雪茄烟增长 9%，其中全叶卷雪茄烟增长 73%。年产值 4.14 亿元，比上年增长 33.1%；年调拨销售收入 4.31 亿元，增长 54.2%。

安徽雪茄烟商业销量占行业市场份额比上年减少 3.78%。其中：手工中高端雪茄烟市场占比 20.5%，机制中高端雪茄烟市场占比 51.52%，其他机制雪茄烟市场占比 38.08%。

【主要产品与品牌建设】　**主要产品**。2022 年，安徽中烟在产雪茄烟有“王冠”“黄山松”“都宝”等 3 个品牌 44 个系列规格。其中：半叶卷机制雪茄烟 17 个规格，除“都宝（原味 9 号）”外，其余均为“王冠”品牌；全叶卷雪茄烟 18 个规格，除“王冠（塑 2 支）”为机制全叶卷雪茄烟外，其余均为“王冠”系列手工全叶卷雪茄烟；卷烟型雪茄烟9个规格，其中“王冠”品牌6个，“黄山松”品牌3个。“都宝（原味9号）”半叶卷机制雪茄烟为指定销往中国台湾地区专属产品。

新品研发。完成“王冠（假日遇见黄山）”“王冠（浪漫假日）”“王冠（假日船长）”“王冠（冰咖 MIX）”等4款新产品的商标设计和包装打样工作。

山东中烟工业有限责任公司

【济南卷烟厂概况】 山东中烟工业有限责任公司雪茄烟生产主要由山东中烟济南卷烟厂雪茄烟车间承担。山东中烟济南卷烟厂的前身是始建于1928年的东裕隆烟草公司。1959年，正式称济南卷烟厂。2006年，山东烟草工业实施管理体制改革后，济南卷烟厂上划为山东中烟工业公司直属非法人卷烟生产厂。济南卷烟厂具备生产烤烟型、混合型、雪茄型等多类型卷烟技术能力。截至2022年底，雪茄烟车间有原料处理、手工雪茄烟生产、机制雪茄烟生产等3个部分，车间生产区域1.54万平方米。拥有1台100千克/小时打叶机和1条500千克/小时打叶线，卷制工位666个，包装工位46个，卷制设备22台套、包装设备10台套。具备年产手工全叶卷雪茄烟1200万支、机制雪茄烟5000万支的生产能力。有雪茄烟生产、管理相关正式员工78人。

【雪茄烟产销】 2022年，生产雪茄烟比上年增长45.25%。其中，手工雪茄烟比上年增长87.99%，机制雪茄烟增长39.33%。实现工业调拨比上年增长32.71%，其中手工雪茄烟增长46.68%，机制雪茄烟增长30.89%。实现商业批发比上年增长34.23%，其中手工雪茄烟增长53.88%，机制雪茄烟增长31.85%。实现工业调拨销售收入2.33亿元，比上年增长65.07%；商业批发销售收入3.1亿元，增长72.53%。

【主要产品与品牌建设】 **主要产品**。确立“泰山”“将军”2个雪茄烟品牌，手工雪茄烟、机制雪茄烟2个品类，“巅峰”“战神”“3G”“巴哈马”等四大品系20个品规的鲁产雪茄烟品牌架构。

品牌建设。紧盯“中国最高端雪茄”目标，提升“泰山”雪茄烟品牌形象。完成“泰山（都市丛林）”“泰山（战神5号）”“泰山（超级战神）”等3款新产品上市。新开拓市场55个，在销市场达到268个。巩固提升重点规格位次，“将军（战神）”销量居国产手工雪茄烟单规格第二位。完成“泰山”品牌“巅峰”系列、“将军”系列14款雪茄烟产品提价。

【技术创新】 以市场需求为导向，以品质特色为核心，获批准产“泰山（3G咖啡二代）”“泰山（3G香草）”“泰山（3G水蜜桃二代）”等3款雪茄烟新产品。加强量本利测算，严控产品设计成本。持续优化工艺标准，全年制（修）订管理标准9项，已发布实施5项。持续开展竞品分析，学习借鉴国内外先进技术，开展工艺试验，优化茄衣原料处理流程，打造“泰山”雪茄烟核心工艺技术。深入生产车间开展质量抽检，做好产品检验及质量分析，全年完成月度产品质量抽检报告12份，季度质量分析报告4份。

【原辅材料】 结合国内外雪茄烟叶生产现状，针对雪茄烟原料日趋紧张的现实，科学研判，合理布局。进口雪茄烟叶0.11万吨（2.15万担），采购国产雪茄烟原料0.01万吨（0.26万担）。立足生态优势，打造地域特色，科学规划基地布局。开展云南、海南烟叶评价和产品试验，加快使用国产雪茄烟叶，“泰山（战神5号）”配方中使用比例达到35%。申报国家局科技项目“‘泰山’品牌优质国产茄衣生产技术体系构建与应用”等；参与“国产雪茄质量风格感官评价方法研究”等项目研究。

【综合管理】 编制月度产销计划、月份销售分析报告，合理控制调拨节奏和销售进度。制（修）订《雪茄营销活动管理规定》《雪茄终端形象展示管理规定》《雪茄运营中心员工考核管理规定》《雪茄运营中心劳动工资管理规定》等19个文件，进一步规范和优化业务流程。健全内设组织，设立综合处、技术处、原料处、市场处等4个处室和东南、西南、西北、中部、东北、省内等6个市场营销片区。

湖北中烟工业有限责任公司

【三峡卷烟厂概况】 湖北中烟工业有限责任公司雪茄烟

生产主要由湖北中烟三峡卷烟厂承担。湖北中烟三峡卷烟厂前身为成立于1899年的茂大卷叶烟制造所，位于湖北宜昌市。2004年，历经三峡、当阳两厂改革合并，三峡卷烟厂成为湖北中烟工业有限责任公司所属生产厂。

截至2022年底，三峡卷烟厂拥有卷接包生产设备8套、雪茄烟专业生产设备40余台套。主要生产“黄鹤楼”品牌“雪之梦”“雪之韵”“岁月茄香”“逍遥”等雪茄烟系列，具备年产叶束式雪茄烟500万支、叶片式雪茄烟1500万支、迷你雪茄烟1.5亿支的生产能力。在册员工782人。

【雪茄烟产销】 2022年，生产中高端雪茄烟比上年增长87.7%。传统雪茄烟实现销量比上年增长152%，中高端雪茄烟实现销量增长60.7%，市场份额25.2%，提升2.3个百分点，是所有工业企业中份额提升最高的企业。

【主要产品与品牌建设】 **新品研发**。2022年，“黄鹤楼（逍遥3号）”“黄鹤楼（逍遥7号）”“黄鹤楼（梦100）”“黄鹤楼（雪之梦7号）”等4款新产品获得国家局准产及价格批复。

品牌培育。“黄鹤楼（逍遥5号）”“黄鹤楼（逍遥6号）”在重点市场引入培育成功，上市后保持较好溢价水平。

【技术创新】 **课题研究**。“‘雪雅香’雪茄烟品类国产原料保障体系的构建与应用”项目通过湖北省科技成果鉴定，完成“雪茄烟原料仓储养护技术研究项目”“中高档黄鹤楼雪茄原料（湖北）开发及应用研究”两项课题结题，核心期刊收录论文8篇，获得授权专利17件。

原料应用。加强国产雪茄烟原料研究应用，优化木桶、堆垛等原料发酵工艺，提升发酵效率和品质。创新“虎纹”特色茄衣制作工艺研究，实现批量生产，应用于国内首款虎纹茄衣高端雪茄烟产品“黄鹤楼（雪之梦100）”。

【易地技改及原料库项目】 2016年12月13日，国家局批准三峡卷烟厂易地搬迁技术改造项目建设。项目建设用地面积约24.67万平方米，技改完成后，原料仓储能力3万吨（60万担），卷烟、雪茄烟总产能30万箱/年。按照湖北中烟高质量发展规划，三峡卷烟厂致力于打造成为“国内一流中式雪茄烟和卷烟制造企业”。

2022年，易地技改项目完成单体建筑主体结构验收，进入设备安装阶段。原料库项目基本完成，进入分项工程验收阶段。项目先后被评为湖北省优质工程结构、安全文明施工现场和宜昌市优质工程结构、安全文明施工现场，2022年度湖北省建筑施工现场党建、质量、安全、绿色、智慧、文明“六个工地”示范项目。

四川中烟工业有限责任公司

【长城雪茄烟厂概况】 四川中烟工业有限责任公司雪茄烟生产主要由四川中烟长城雪茄烟厂承担。四川中烟长城雪茄烟厂于2007年9月经国家局批准成立，其前身是诞生于1918年的益川工业社。2009年实施易地技术改造，占地面积30万平方米，2011年4月建成投产，2015年11月更名为四川中烟工业有限责任公司长城雪茄烟厂。具备机制标准雪茄烟设备产能4亿支、雪茄型卷烟设备（中高速）产能44亿支，产品涵盖手工、机制全系列的标准雪茄烟和雪茄型卷烟，拥有“长城”“狮牌”“工字”等3个品牌，是亚洲最大的单体雪茄烟生产基地、中国雪茄烟的领军企业。截至2022年底，有员工421人。

【雪茄烟产销】 2022年，四川中烟生产雪茄烟比上年下降2.7%；其中手工雪茄烟增长3.06%。实现销量比上年增长14.09%，其中手工雪茄烟增长18.79%。实现销售收入6.08亿元，比上年增长32.51%，其中手工雪茄烟3.9亿元，增长40.06%。实现税利3.21亿元，比上年增长32.7%，其中手工雪茄烟2.09亿元，增长42.03%。实现税金2.91亿元，比上年增长32.9%，其中手工雪茄烟1.88亿元，增长41.69%。

【主要产品与品牌建设】 **聚焦高端产品市场营销**。2022年，“长城”传统雪茄烟商业销量比上年增长22.93%，市场份额47.37%；手工雪茄烟商业销量增长31.82%，市场份额46.7%；高端手工雪茄烟市场份额65.27%。其中，“长城·揽胜3号经典”实现销量116万支。

完善重点市场高端布局。30个重点市场手工雪茄烟实现销量比上年增长6.42%，销量占比45.82%，其中高端手工雪茄烟实现销量占比67.31%。

持续推进三级终端建设。开展长城优品三级终端体系建设，2022年新建“长城”雪茄烟三级终端202家，其中长城优品俱乐部2家、长城优品生活馆9家、长城优品之家191家（含授牌店），新建“国礼1号”体验区68个，进一步完善三级终端布局链。“长城”高端手工雪茄烟实现省级市场全覆盖，地市级布局净增加65个。

【技术创新】 **国产烟叶原料研究应用实现新突破。**以“1386”国产雪茄烟叶产业发展体系为建设方向，原料基地规模扩建至9700亩，并通过对产区原料进行工业发酵技术研究和产品配伍性研究，基本形成一套适合各产区原料的工业发酵技术，国产原料在手工雪茄烟产品中配方应用比例突破50%。

雪茄烟基础应用研究取得成效。2022年，撰写发表相关科技论文15篇，获得授权发明专利1件、实用新型专利13件，牵头制定的行业标准项目《雪茄烟叶工商交接等级标准》正式发布。

科技创新能力不断提升。行业雪茄发酵工艺重点实验室建设步入正轨，厅市共建国产雪茄烟叶工业高效利用四川省重点实验室正式运行。QC小组成果“如何降低雪茄加香针消耗”获得国际质量管理小组会议特等金奖。

◇编辑：褚 幸

烟草机械工业

烟机工业概况

烟机工业整体运行稳健。2022年，是落实“十四五”规划的关键之年，是中国式现代化建设开启之年。面对艰巨繁重的改革发展任务以及严峻复杂的疫情形势，国产烟机工业坚决贯彻落实国家局党组各项工作部署，高效统筹疫情防控和生产经营，落实“疫情要防住、经济要稳住、发展要安全”的要求，经济运行持续向好，发展质量稳步提升，各项经济指标再创新高。

技术创新与成果。完成ZB418型双铝包包装机组、SQ12X系列和SQ22X系列切丝机等3个重点产品的鉴定，完成“中支侧开式包装机研制”“卷包设备智能管理系统”“多元线性复合滤棒成型设备研制”等17个项目的验收工作，推出ZB417C包装机、ZL45型滤棒成型机组等7个烟机新产品。编制印发烟机公司《中长期科技发展规划（2021—2035年）》。

技术合作和交流。与郑州烟草研究院、浙江大学等相关科研院校就烟草科研大数据和智能化装备等领域开展技术合作交流。克服疫情影响，协调推进上海、许昌、秦皇岛烟机与国外相关烟机企业的合作生产项目。与佛克公司就完成“FC800硬盒硬条包装机组技术合作协议”签署备忘录。与柯尔柏、GD等公司继续保持沟通交流，探索新的技术合作项目及合作模式。

拓展国际烟机市场。2022年，因新冠疫情上半年多地封控，以及中国烟机的主要出口地——东欧地区突发俄乌冲突，均在国际市场拓展、设备生产、发运、安装调试等方面给出口业务带来前所未有的难题。在各方的不懈坚持和努力下，克服重重困难，解决运输“瓶颈”问题，使东欧成为国产烟机出口重点地区，其出口合同额约占整体的80%。上海烟机与菲莫国际建立产品供应关系，实现出口，并且产品质量得到客户认可。出口制丝类设备到日烟国际哈萨克斯坦烟厂。

2022年，出口国产烟机26组/台，其中制丝类设备6组/台，卷接设备13组/台，包装设备1组/台，辅联等设备6组/台；出口国家/地区共12个，其中涉及“一带一路”沿线国家9个；签订的出口合同额整机1171万美元，零配件9万美元，总计1180万美元。

中国烟草机械集团有限责任公司

【概　况】 中国烟草机械集团有限责任公司（简称集团公司）组建于1999年，由中国烟草总公司、上海烟草集团和中国烟草总公司云南省公司、山东省公司、河南省公司共同出资组建，是烟草行业第一家按现代企业制度框架组建的专业化集团公司。后经股权变更，集团公司由中国烟草总公司控股，上海烟草集团及云南中烟、山东中烟、河南中烟等4家工业公司参股。2008年，经中国烟草总公司批准，集团公司新增湖南中烟、湖北中烟、江苏中烟、安徽中烟、广东中烟等5家股东。增资扩股后，中国烟草总公司股权比例占67%，上海烟草集团占5%，云南中烟、河南中烟、山东中烟、湖南中烟、湖北中烟、江苏中烟、安徽中烟、广东中烟分别占3.5%。集团公司是中国烟机工业核心企业，对全国烟草专用机械的生产经营担负一定的行业管理职能。2011年，中国烟草总公司对集团公司增加投资10亿元，总公司所占股权比例增至74.69%，上海烟草集团股权比例占3.87%，云南中烟、河南中烟、山东中烟、湖南中烟、湖北中烟、江苏中烟、安徽中烟、广东中烟分别占2.68%。

集团公司下辖7家控股企业，包括上海烟草机械有限责任公司、常德烟草机械有限责任公司、许昌烟草机械有限责任公司、秦皇岛烟草机械有限责任公司等4家烟机生产企业，北京达特集成技术有限责任公司、中烟烟机零配件采购服务中心有限责任公司2家专业公司，设在长沙专门从事烟草物流设备供应的中烟物流技术有限责任公司。同时，集团公司持有云南烟草机械有限责任公司30%的股份。集团公司本部下设11个部室。

截至2022年底，集团公司总资产188.19亿元，负债74.84亿元，所有者权益113.35亿元。

【领导机构】

董事会

董事长：姚宗东

副董事长：朱洪武

董　事：曲　伟、张维群、夏开元、王众声、杨志忠、陈慧斌、王海龙、刘　云、张赤兵、华　伟（职工董事）

监事会

主　席：陈俊奎

监　事：卢勇华、杨　帆（职工监事）

班子成员

党组书记、总经理：姚宗东

党组成员、副总经理：曲　伟、龙　旭、张维群

党组成员、纪检组组长：吴　伟

副巡视员：吴熙亮

【生产经营】　2022年，集团公司生产卷接包设备、滤棒成型及辅联设备749台套（含196套成套设备和239台单机），实现销售717台套（含188套成套设备和232台单机）；生产制丝、打叶复烤及二氧化碳膨胀烟丝生产线设备856台套（含9条成线和204台单机），实现销售807台套（含7条成线和204台单机）。

【精益管理】　集团公司持续推进控股企业精益管理创优评价和管理诊断工作，督促各企业依据《中国烟草机械集团有限责任公司精益管理工作创优评价办法》对企业精益管理工作进行自评；依据《中国烟草机械集团有限责任公司企业“管理诊断”工作方案》开展企业管理自诊断。

【质量管理】　督促各控股企业落实集团公司《关于提升产品质量的指导意见》，提升产品和服务质量。组织开展2021年度烟机工业QC成果预审，并将预审的优秀成果报国家局，参加行业QC成果发布。组织开展烟机工业QC成果发布和成果验证工作。启动集团公司质量管理制度汇编的编撰工作。

【安全生产】　集团公司履行安全生产工作职责，督促各企业制定年度安全工作计划，落实行业2022年度安全生产电视电话会议精神。落实疫情防控的有关工作部署，组织各企业严格执行防疫措施。2022年，组织各控股企业开展两次安全生产自查，收集各企业安全生产自查报告，通过汇总整理，针对发现的问题隐患，通报各企业并要求进一步强化安全风险动态管理，举一反三抓好整改，持续加强安全生产检查和风险隐患治理。

所属企业

上海烟草机械有限责任公司

【概　况】　上海烟草机械有限责任公司（简称上海烟机），前身为成立于1952年的上海烟草公司机械厂，1959年更名为上海轻工业机械制造厂；1970年更名为上海烟草工业机械厂，是中国第一家烟草机械专业生产企业；1999年成为中国烟草机械集团有限责任公司控股企业；2002年改制为上海烟草机械有限责任公司，现位于中国（上海）自由贸易试验区锦绣东路2555号。下辖上海烟草机械新场铸造有限责任公司、上海中臣烟草机械配件有限责任公司、上海中臣烟草数控技术有限公司、苏州锦晨智能科技有限公司、上海烟机综合生活服务部等5家企业。截至2022年底，上海烟机总资产46.88亿元，其中固定资产6.78亿元、

流动资产 35.85 亿元，资产负债率 39.94%。从业人员 1014 人。上海烟机党委书记、董事长：郭宏斌；总经理：韩芸。

【生产经营】　2022 年，上海烟机实现工业总产值 26.5 亿元，工业增加值 12.72 亿元；实现营业收入 25.8 亿元，出口实现销售收入 9 万元。全年实现税利 2.54 亿元，其中利润总额 1.55 亿元。公司三项费用率 20.60%。万元产值综合能耗 7.52 千克标准煤。

【主要产品】　2022 年，上海烟机主要产品：ZB25B（C）型软盒硬条包装机组、ZB45B 型硬盒硬条包装机组、ZB47 型硬盒硬条包装机组、ZB28 型软盒硬条包装机组、ZB48 型硬盒硬条包装机组、ZB48A 型硬盒硬条包装机组、ZB415 型硬盒硬条包装机组、ZB416 型硬盒硬条包装机组、ZB416A 型硬盒硬条包装机组、ZB418 型双铝包包装机组。

【技术创新】　加速产品结构升级。ZB415 平台样机顺利交验，完成鉴定准备工作，细支、中支产品完成设计并进入试制阶段，推进中速产品平台系列化布局；ZB416 高速平台中支规格样机完成交验，十包竖包排列机组完成公司内验收，高速平台日趋多样化发展。丰富异型包装产品系列，完成 ZB418 双铝包包装机组鉴定工作，ZB417C 中支侧开包装机、ZB48A 细支设备验收工作，填补了国内卷烟包装市场的空白。孵化新产品、孕育新平台，为下一代包装产品奠定技术基础。ZB415、ZB416、ZB48A 等三大主力平台实现统一电控系统的覆盖。

常德烟草机械有限责任公司

【概　况】　常德烟草机械有限责任公司（简称常德烟机）成立于 1969 年，1999 年完成公司制改造，是中国最早从事烟草机械产品研发和生产制造的企业之一。下辖常德烟机配件经销服务有限责任公司、常德金叶机械有限责任公司（2022 年 9 月登记注销，常德登字〔2022〕第 1324 号）、常德旺达物业服务有限责任公司。截至 2022 年底，常德烟机总资产 31.89 亿元，其中固定资产 3.81 亿元、流动资产 26.94 亿元，资产负债率 18.29%。从业人员 1100 人。常德烟机党委书记：秦继玉（—2022 年 5 月）、杨军（2022 年 5 月—）；董事长、总经理：杨军。

【生产经营】　2022 年，常德烟机生产烟草机械整机 138 台套，其中烟机整机 128 台套、烟机大修 10 台套；销售烟草机械整机 141 台套，其中烟机整机 134 台套、烟机大修 7 台套。实现工业总产值 24.19 亿元（现价，不含税，下同）、工业增加值 10.68 亿元、产品销售收入 22.98 亿元，出口实现销售收入 0.005 亿元。公司三项费用率 21.05%。万元产值综合能耗 6.49 千克标准煤。

【主要产品】　2022 年重点攻关项目：柔性分选智能喂丝机研制、实验室用卷接机组研制、高速轮式复合卷接机组研制、雪茄烟茄衣成型卷制一体机组研制、卷接设备智能管理系统研发（2.0 版）等。

主要产品：ZJ17、ZJ112、ZJ116、ZJ118、ZJ119 型卷接机组及其改进型；ZF12 型卷烟储存输送系统及其改进型；YF13 型卷烟储存输送装置；YF14 型卷烟储存输送系统及其改进型；YF171A 型滤棒储存输送装置；YF26 型滤棒接收装置及其改进型；YF27 型滤棒气力输送装置及其改进型；ZL26 型纤维滤棒成型机组及其改进型；TJ91 型茄衣成型机及其改进型；FY113 型废烟支处理机及其改进型；YJ218B 型接装机。

【技术创新】　修订完善科技项目管理程序，持续优化研发项目管理体系及考核激励机制。实验室用卷接机组样机通过公司验收；出口型中速卷接机组投入样机试制；高速轮式复合卷接机组进入样机装配阶段；雪茄烟茄衣成型卷制一体机组在客户处现场调试。持续加强知识产权管理，全年共申请专利 21 件，获得授权专利 26 件。

【市场销售】　2022 年，常德烟机通过完善调试服务承包制度、发挥整线联调机制优势等多措并举缓解调试服务压力，调试设备 122 组，交验 78 组，超计划完成任务，得到河南中烟、红塔烟草集团等客户认可。启动《ZJ119 设备维护使用手册》编制，联合石家庄卷烟厂推进 ZJ119 使用示范企业建设。创新培训方法，通过客户培训班、远程视频、现场带教等多种方式为行业 300 余人次实施产品技术培训。启动客户网络培训项目，为更全面地满足客户培训需求奠定良好基础。

【企业管理】　完成金叶公司非法人实体化改制；针对常

德烟机的全资子公司——常德金叶机械有限责任公司生产经营现状，以吸收合并方式实施完成非法人实体化改制，成立新领域产品研究所，探索研发符合国家产业导向的非烟领域高科技产品。

许昌烟草机械有限责任公司

【概　况】　许昌烟草机械有限责任公司（简称许昌烟机）位于河南许昌市，于1958年经国家经济委员会批准创建，1965年划归中国烟草工业公司管理，1969年划归国家轻工部管理，1987年划归中国烟草总公司管理，1999年划归中国烟草机械集团有限责任公司，2002年成功改制，更名为许昌烟草机械有限责任公司。下辖许昌富思特烟机配件有限公司1个全资子公司。截至2022年底，许昌烟机总资产16.59亿元，其中固定资产3.18亿元、流动资产11.93亿元，资产负债率30.12%。从业人员1082人。许昌烟机党委书记、总经理：吴永胜；董事长：曲伟。

【生产经营】　2022年，许昌烟机生产烟机产品335台套，销售烟机产品355台套。公司实现合并工业总产值12.01亿元、工业增加值4.08亿元，实现销售收入12.17亿元、出口销售收入0.42亿元，实现税利2.33亿元、利润1.55亿元；公司三项费用率19.55%，比上年减少0.91个百分点。万元产值综合能耗11.98千克标准煤。

【主要产品】　滤棒成型类产品：ZL29、ZL29A、ZL28、ZL26C、ZL26D、ZL26E、ZL22D型纤维滤棒成型机组，YL43A型复合滤棒成型机，ZL45型复合滤棒成型机组。

辅联物流类产品：ZF19型卷烟储存输送系统，YF17A型卷烟储存输送装置，ZF25A型滤棒自动发射与接收系统，YF25/A型滤棒自动发射机，YF28型滤棒气力输送装置，YF215/A/BG/C型滤棒自动接收机，YF75型盘纸自动更换机，YF712/713型包装机组物料站，YF611A型条盒储存输送系统，YF172、YF175型滤棒固化储存输送装置，YP113型装封箱机，YJ35D、YJ36、YJ36B、YJ39、YJ311型装盘机，YB17B、YB19、YB111、YB113型卸盘机。

卷接类产品：ZJ19B、ZJ114型卷接机组。

【技术创新】　“多元线性复合滤棒成型设备研制”“2500支/分滤棒发射机研制”“新型烟草制品基础棒（薄片发烟段和PLA冷却段）成型设备研制”等4个重点新产品项目通过集团公司组织的验收。其中，“多元线性复合滤棒成型设备研制”项目填补了国内多元复合滤棒成型设备的空白。

创新技术合作模式。ZL45多元线性复合滤棒成型设备的研制以“联合研发”“平台+模块”的模式与ITM公司成立联合研发团队，开创与国外先进烟机制造企业技术合作的新模式，实现国产高速多元复合滤棒成型设备“零的突破”。

“异型卷烟高速分拣包装关键技术研究”项目获得河南省烟草公司科技进步奖一等奖。

2022年，申请专利13件（其中实用新型专利9件、发明专利4件）、计算机软件著作权7件；获得授权专利22件（其中实用新型专利20件、发明专利2件）、计算机软件著作权授权登记7件。

【市场销售】　销售结构持续优化。新型ZL29（A）主力滤棒成型设备市场份额稳步提升，占同类成型设备的73%；条烟输送、装封箱机、滤棒固化库等竞争类产品市场占有率比上年增长18%；服务类项目销售收入增长12%；出口产品线进一步拓展，开发老挝、波兰、韩国等7个新客户，YL43A实现首次出口，进一步发挥国产烟机对境外中烟企业的技术支持和设备保障作用。

秦皇岛烟草机械有限责任公司

【概　况】　秦皇岛烟草机械有限责任公司（简称秦皇岛烟机）前身为中国轻工业机械总公司秦皇岛轻工业机械厂，1989年4月划归中国烟草总公司管理，更名为中国烟草总公司秦皇岛烟草工业机械厂，2002年3月改制为秦皇岛烟草机械有限责任公司。秦皇岛烟机下辖二级单位2个，分别为秦皇岛弘和机械有限责任公司、秦皇岛金叶物流有限责任公司。截至2022年底，秦皇岛烟机总资产21.22亿元，其中固定资产2.1亿元、流动资产17.66亿元，资产负债率50.76%。从业人员967人。秦皇岛烟机党委书记、总经理：王小飞；董事长：曲伟。

【生产经营】　2022年，秦皇岛烟机生产烟机整机1948

台套、销售烟机整机 886 台套；实现工业总产值 9.04 亿元，工业增加值 2.95 亿元，产品销售收入 8.52 亿元，税利 0.65 亿元，利润 0.27 亿元。三项费用率 27.11%。万元产值综合能耗 13.86 千克标准煤。

【主要产品】 切丝机类产品：SQ12X 系列直刃水平滚刀式切丝机、SQ22X 系列直刃倾斜滚刀式切丝机。

制丝类产品：FT6312、FT6313 型推板式垂直分切机，WQ3371、WQ3372 型滚筒式叶片回潮机；SJ1241、SJ1242 型加料机，WQ91 型转辊式加温加湿机，SH2X 型滚筒气流式烘丝机，SH911、SH912 型燃油（气）管道式烘丝机，SH661、SH671 型滚筒薄板式烘丝机，SH3X 型滚筒管板式烘丝机，SJ2141、SJ2142 型加香机，SY232、SY17 型压梗机，WF3215、WF3217 型滚筒式热风润叶机。

打叶复烤类产品：AW9467 型卧分卧式打叶机，KG231C、KG235C 型烟片复烤机，KG325A、KG345 型烟梗复烤机，KY127、KY251B 型液压式预压机；二氧化碳类产品：SP26、SP27 型浸渍装置，SP66、SP67 型升华装置，WQ396、WQ397 型回潮装置。

辅联类产品：GPT、GPD、GDT、GDD 型贮柜；WPL、WCL 型喂料机；DPH、DUH 型带式输送机；ZGC、ZGH 型振动式输送机；SGHD、SGCD 型振动式筛分机。

【技术创新】 “SQ12X 系列直刃水平滚刀式切丝机研制”和“SQ22X 系列直刃倾斜滚刀式切丝机研制”项目通过国家局鉴定，填补了国产高性能切丝设备的空白。“制丝线流量自动匹配系统研究”“烟丝箱外部清洁装置研制”“烟梗和碎片兼用电动缸式预压机的研制”等 12 个项目被列入研发课题并立项。完成“打叶复烤线设备降噪研究”等 3 个科技项目结题工作。原烟智能分级项目整线设备完成过料测试和技术验证，并持续优化完善。深化农机农艺融合，完成牵引式多功能移栽机、多功能培土机、覆膜机、自走式采收机和小型农机平台移栽模块等 5 类农机具联合研发与优化验证。

2022 年，秦皇岛烟机申请专利 21 件，其中发明专利 6 件，实用新型专利 15 件；获得授权专利 21 件，其中发明专利 2 件、实用新型专利 19 件。

北京达特集成技术有限责任公司

【概　况】 北京达特集成技术有限责任公司（简称北京达特公司）成立于 1998 年，原名为北京达特膨胀烟丝成套设备工程有限责任公司。2002 年，更名为北京达特烟草成套设备技术开发有限责任公司。2013 年，更名为北京达特集成技术有限责任公司。北京达特公司由中国烟草机械集团有限责任公司、五洲工程设计研究院、秦皇岛烟草机械有限责任公司共同投资组建，注册资本 5000 万元。北京达特公司集科、工、贸于一体，实施机、光、电、控一体化的成套设备工程，并承揽烟草物流设计（咨询）与集成业务、烟草农业机械集成业务。截至 2022 年底，北京达特公司总资产 4.44 亿元，其中固定资产 94 万元、流动资产 4.36 亿元，资产负债率 52.45%。从业人员 99 人。北京达特公司党支部书记、董事长：付嘉；总经理：李建梅。

【生产经营】 2022 年，北京达特公司通过预投产、视频谈判、远程指导安装培训等方式，克服新冠疫情带来的不利影响，完成烟夹等装烟器具的年度供应任务及服务工作。全年完成 2.84 万座烤房烟夹供应，签订烟夹供货合同 133 份，合同金额 5.39 亿元，涉及烤房 2.84 万座，烟夹数量 1333 万个。

【技术创新】 北京达特公司将 2022 年确定为“科技创新年”，编制“科技创新年”行动方案并启动相关系列活动。截至 2022 年底，组织开展高新技术企业相关政策宣讲与学习讨论活动，完善公司协同办公系统中研发模块内容，推进各个在研科技项目的开发工作，申报烟草农机领域的实用新型专利 1 件，举办“专业技术知识讲座活动”，制作技术类和管理类专业技术知识讲座视频 30 项。2022 年，北京达特公司在研科技项目 28 项，其中续研科技项目 17 项，新增立项科技项目 11 项。2022 年研发投入总预算合计为 0.26 亿元，获得授权专利 5 件，全部为实用新型专利。

中烟烟机零配件采购服务中心有限责任公司

【概　况】 中烟烟机零配件采购服务中心有限责任公司（简称零配件中心）于 2012 年 9 月 26 日在原北京特思达机电技术开发有限责任公司的基础上工商变更组建，位于北京市丰台区海鹰路 1 号园 6 号楼 3 层。主要从事销售机械设备、技术服务业务。截至 2022 年底，零配件中心总资产 5.65 亿元，其中固定资产 0.01 亿元、流动资产 5.58 亿元，资产负债率39.54%。从业员工24人。零配件中心董事长、总经理：赵文宏。

【生产经营】 2022年，零配件中心实现营业收入7.23亿元。实现税利1.36亿元，其中利润0.81亿元。三项费用率2.20%。

【企业管理】 抓牢党的政治建设，全面从严治党向纵深推进。以“双培工程”为着力点，探索开展优秀员工培养使用，促进党建工作与业务工作双融合。

抓深服务能力建设，推动高质量发展。动态调整寄售品种，发挥保税寄售优势。全力做好疫情防控，保障用户进口件供应。优化申报工作方法，提高报关工作质量。以点带面聚焦雪茄烟进口件基础信息梳理，逐步推进“十四五”规划重点工作落实落地。推进信息化系统优化升级，探索数字化转型。

抓细企业基础管理，推进企业高效能治理。加强公司法人治理能力现代化建设，明确和落实支部在公司法人治理结构中的法定地位，明确党支部与其他治理主体的关系与职责边界。科学合理开展预算管理工作，持续优化预算管理流程，提升归口管理的审核监督，加强预算的执行与监督，防范化解重大经营风险。

中烟物流技术有限责任公司

【概　况】 2017年9月，国家局、总公司批复同意中国烟草机械集团有限责任公司、中烟商务物流有限责任公司共同投资设立中烟物流技术有限责任公司（简称物流技术公司）。公司注册资本5000万元，其中中国烟草机械集团有限责任公司占70%、中烟商务物流有限责任公司占30%。物流技术公司于2017年11月30日正式成立。截至2022年底，物流技术公司总资产4.59亿元，资产负债率96.22%。从业人员153人。物流技术公司党支部书记、总经理：姜新荣；公司董事长：周诗伟。

【生产经营】 2022年，物流技术公司签订行业项目41个，其中商业项目15个，商业复烤项目2个，工业项目7个，农业项目12个，非烟项目5个，单一来源项目27个，完成订单金额3.11亿元，实现销售收入2.24亿元，实现税利148.76万元。

【主要产品】 自主设计研发条烟分拣设备5套：新立式分拣机（FJ15000）、循环分拣机（FJ25000）、高速分拣机（FJ30000）、超高速分拣机（FJ100000）、异型烟分拣系统及三标合一（标准烟、细支烟、异型烟）分拣合单包装系统（YX5000），具有设备占地面积小、投资少、运行成本低等优势。

自主设计研发的单机设备主要为：标准烟开箱机（ES0301000000）、细支烟开箱机（ES0302000000）、补货小车（ES04030000000）、发射机（ES1602000000）、S型缓存（ES0602000000－000）、五拨卧式机（ES1702000000）。

【技术创新】 **坚持自主研发，加速各类产品及核心软件升级迭代**。产品方面，自主研发分拣系统开箱机、补货小车、卧式机、立式机、发射机、S型缓存、包装机等7款设备，以上产品均实现科研成果转化，应用于10余个商业物流项目。开展基于AI视觉的识别技术研究，解决烟叶分选定级、件烟自动装卸货三维识别、件烟和条烟垛型识别等技术难题。其中，自主研发的烟叶智能分级系列产品，在云南曲靖、楚雄等地实际应用；环保包装机成功研制并通过验收。

软件方面，完成智能仓库管理系统WMS、仓库控制系统WCS、分拣管理系统的产品化建设工作，并大面积应用于各类行业及非烟项目；紧跟行业物流发展趋势，完成卷烟商业企业二维码应用整体解决方案及二维码相关信息系统自主研发工作，打通工商零消各环节数据链条，实现企业之间以及各业务环节之间资源共享。开展算法技术研究，解决智能仓储调度、分拣调度等技术问题，开发垛型算法管理系统、物流管控平台等；开展基于数字孪生的物流设备管理技术研究，实现设备三维可视化管理并可预知生产情况和设备故障，开发智慧物流设备管理系统。探索大数据、云计算、区块链、物联网、移动互联、新一代人工智能等现代信息技术在烟草物流方面的深化研究和应用，打造智慧物流新生态，为重庆烟草、陕西烟草、河北烟草提供全省智慧物流整体规划及解决方案。

探索智慧物流发展方向。贯彻落实行业打造“全面感知、数字驱动、智能管理、智慧决策”的智慧物流体系部署要求，结合行业农工商一体化全产业链发展方向，与重庆市烟草公司物流分公司签订集物流技改、智慧物流于一体的战略合作协议，推进长沙卷烟厂线边物流自动化合作项目，探索物流技术智能化工作实施方向，实现物流技术服务柔性化、高效化、定制化。跟湖南中烟密切合作，推进烟叶养护管理的数字化升级，自主研发工业物联网平台和烟叶智慧养护一体化平台软件，结合各类传感器，应用物联网技术、大数据技术实现烟叶的一体化养护管理。探索原料仓储自动化作业和一体化智慧物流园区管理新模式，着手研发湖南中烟原料智慧仓储管理平台。开展烟草工业智慧工厂数字化转型研究，设计搭建烟草工业三级智慧物流管控平台，从工厂级、中烟级、国家局级进行智能化管控，应用AI人工智能、大数据分析等手段，通过建立智能算法模型，降低烟草物流运行成本，提升物流效率。

依托重点项目落实研发成果。申报“一种烟叶抓取装置”“一种用于烟叶自动化仓库的压烟机”“烟叶智能分选系统”“中烟物流数字孪生系统”等实用新型专利及软件著作权，全年申报实用新型专利18件、软件著作权5件。截至2022年底，获得实用新型专利授权53件，外观设计专利授权4件，软件著作权授权38件；发表论文2篇。获得北京市高新技术企业证书和CMMI3企业认证。

云南烟草机械有限责任公司

【概　况】　云南烟草机械有限责任公司（简称云南烟机）成立于2008年6月，是由云南中烟工业有限责任公司与中国烟草机械集团有限责任公司共同出资组建的行业全资专业化烟草机械生产经营企业。云南烟机经营范围涵盖烟用包装、卷接、储存、输送机械生产销售及大修理，烟机技术改造、零配件设计生产销售，烟用农业机械设计生产销售。截至2022年底，云南烟机公司总资产12.08亿元，其中固定资产0.41亿元、流动资产11.37亿元，资产负债率62.08%。从业人员325人。云南烟机董事长：吴永茂；总经理：李宏彬；党委书记：李宏彬（2022年5月—，之前任党委副书记，全面主持党委工作）。

【生产经营】　2022年，云南烟机实现工业总产值6.38亿元，工业增加值2.98亿元。实现产品销售收入7.64亿元。其中烟机修理及改造收入3.48亿元，烟机零配件销售收入0.34亿元，制丝线（贮柜）改造收入0.02亿元，烟用农机销售收入3.8亿元。实现税利1.55亿元，其中利润1.12亿元。三项费用率8.2%。万元产值综合能耗1.58千克标准煤，万元增加值能耗3.38千克标准煤。

【技术创新】　围绕智能制造、新型烟草、特色装备、智慧物流及烟叶烘烤绿色化等方面，实现技术突破。开展了卷包设备单机智能化控制系统、烟叶分级智能化系统、卷烟制造工艺质量管控系统等智能化设备和系统的研究，完成FOCKE350S包装机适配新型烟草双铝包包装设备和预制条盒包装生产线的研发。推进初烟框栏工商一体化运作探索工作。围绕行业清洁能源烟叶烘烤发展趋势，持续推进新能源（石墨烯、空气能）烟叶烘烤烤房研发工作。围绕企业高质量发展目标，夯实技术基础管理。申报QC小组活动成果12个，其中：“成品烟支智能检测装置的研制”获得中国烟草机械集团有限责任公司2021年度优秀QC小组成果一等奖，同时获得云南烟草工业系统第十九次优秀QC小组成果二等奖；“降低FOCKE350S双铝包设备飞铝纸故障频次”获得中国烟草机械集团有限责任公司2021年度优秀QC小组成果和云南烟草工业系统第十九次优秀QC小组成果三等奖。2022年申报专利29件，获得授权实用新型专利26件，发明专利2件，外观设计专利1件。

烟草专用机械持证生产企业名单

序号	企业名称	企业住所
1	上海烟草机械有限责任公司	中国（上海）自由贸易试验区锦绣东路2555号
2	常德烟草机械有限责任公司	湖南省常德市长庚路999号
3	许昌烟草机械有限责任公司	河南省许昌市永昌路6号
4	秦皇岛烟草机械有限责任公司	河北省秦皇岛市经济技术开发区龙海道67号
5	天津华一有限责任公司	天津市红桥区丁字沽三号路8号
6	昆明船舶设备集团有限公司	云南省昆明市人民东路3号

续表

序号	企业名称	企业住所
7	颐中（青岛）烟草机械有限公司	山东省青岛市崂山区株洲路 88 号
8	贵州平水机械有限责任公司	贵州省安顺市平坝县 210 信箱
9	北京长征高科技有限公司	北京市经济技术开发区地盛北街 1 号 25 号楼
10	杭州萧山烟草机械设备有限公司	浙江省杭州市萧山区临浦镇通一村（后沈）
11	沈阳飞机工业（集团）有限公司	辽宁省沈阳市皇姑区陵北街 1 号
12	武汉船用机械有限责任公司	湖北省武汉市青山区武东街 9 号
13	昆明风动新技术集团发展有限公司	云南省昆明市高新区科泰路
14	中国船舶工业总公司七一五研究所宜昌分部	湖北省宜昌市绿萝路 43 号
15	巩义市建设机械制造有限公司	河南省巩义市城东石灰务工业区
16	云南烟草机械有限责任公司	云南省昆明市高新技术开发区科医路 43 号
17	昆明烟机集团二机有限公司	云南省昆明市东郊金马寺
18	昆明烟机集团三机有限公司	云南省昆明市经济技术开发区信息产业基地拓翔路 235/237 号
19	宝应仁恒实业有限公司	江苏省扬州市宝应县苏中北路 18 号
20	江苏恒森烟草机械有限公司	江苏省无锡市锡山区羊尖镇机械装备产业园胶阳路
21	宁波轻工机械制造有限公司	浙江省宁波市镇海区骆驼工业区南一西路 78 号
22	智思控股集团有限公司	江苏省武进市高新技术产业开发区凤鸣路 18 号
23	北京达特集成技术有限责任公司	北京市经济技术开发区地盛北街 1 号 25 号楼
24	东方机器制造（昆明）有限公司	云南省昆明市经济技术开发区昌宏路 88 号
25	南京大树智能科技股份有限公司	江苏省南京市江宁区经济技术开发区摁淮街 8 号
26	机科发展科技股份有限公司	北京市海淀区首体南路 2 号
27	扬州市天宝自动化工程有限公司	江苏省扬州市宝应县柳堡镇仁里工业园区
28	合肥安大电子检测技术有限公司	安徽省合肥市高新技术开发区天达路 2 号安大科技园电子楼
29	云南紫金科贸有限公司	云南省昆明市金星广场 A 幢 3 楼
30	上海兰宝坤大智能技术有限公司	上海市奉贤区金汇镇金碧路 228 号 6 幢 1 层
31	开封东方机械有限公司	河南省开封市通许县北工业园区丽星路中段
32	深圳市格雷柏智能装备股份有限公司	深圳市福田区天安数码城创新科技广场 B1710
33	郑州竹林智研机械设备制造有限公司	河南省巩义市竹林镇镇北街
34	湖南傲派自动化设备有限公司	湖南省湘潭市湘潭县易俗河镇梧桐路以西（湘潭天易示范区傲派工业园）
35	北京航天雷特机电工程有限公司	北京市丰台区科学城恒富中街 2 号 1 号楼 6498 室
36	常德瑞华制造有限公司	湖南省常德市武陵工业新区 2 号路 518 号
37	南京焦耳科技有限责任公司	江苏省南京市高新区南京软件园（西区）团结路 99 号孵鹰大厦 A 座 404—405 室
38	河南施普盈科技有限公司	河南省许昌市许由路与学院路交叉口许昌汉诺威自动化有限公司大门口东侧
39	张家口市东力机械制造有限责任公司	河北省张家口市张家口高新技术产业开发区富强路 24 号
40	上海坤大信息技术有限公司	上海市闵行区联航路 1588 号
41	南京文采科技有限责任公司	江苏省南京市建邺区嘉陵江东街 18 号 3 号楼 2 层
42	安徽飞翔烟机配套有限公司	安徽省安庆市桐城市范岗镇红旗路 41 号
43	天津斯巴克斯机电有限公司	天津市北辰区天津北辰经济技术开发区科技园华泰道 8 号
44	张家口百通烟草机械有限责任公司	河北省张家口市高新技术产业开发区丰华路 1 号

◎ 撰稿：高　超；编辑：刘海文

卷烟辅助材料生产

南通醋酸纤维有限公司

【生产经营】　2022年，南通醋酸纤维有限公司（简称南纤公司）围绕董事会“稳产量、提质量、控成本、保安全、促规范、强党建”的工作要求和“聚焦一个目标，着力六项突破”的工作思路，统筹生产经营和疫情防控，克服生产经营成本增加等困难，全面完成各项生产经营工作。全年生产丝束10.6万吨，销售丝束10.76万吨，比上年增长0.28%；生产醋片20.39万吨，增长0.44%，销售醋片10.97万吨，增长5.99%。实现利润26.62亿元。

【辅料生产供应】　南纤公司确保辅料生产供应，辅料主要为醋纤丝束油剂，用于醋纤丝束生产润滑、集束、防静电。醋纤丝束油剂以白油、乳化剂为主要原料，根据醋纤丝束的生产特点和要求配制。2022年，生产油剂1668吨，除自用外，向昆明、珠海两家醋酸纤维有限公司销售油剂417吨。

【协同发展】　**管理协同**。推进“十四五”规划分解落地。根据华维协同工作小组的要求，依据《三纤公司“十四五”规划任务分工方案》，分解落实由南纤公司负责的工作任务，制定22项重点工作的落实举措；融合规划重点任务目标和公司生产经营特点，制定包含25个三纤公司“十四五”规划指标在内的38个公司“十四五”发展指标，并将目标值分解至各个年度。落实三纤公司联合采购模式，牵头完成进口木浆、包装纸板、计量泵联合采购工作，配合完成丝束产品标签、二氧化钛、滤布、喷丝帽等联合采购工作，降低采购成本，形成共享资源、共创价值的良好协同效应。

技术协同。协同推进节能减排，梳理回顾“十三五”节能项目，参加三纤公司和塞拉尼斯公司节能减碳技术交流、冷冻机节能技术交流等，确定共研项目。与珠纤、昆纤公司开展常态化工艺技术、设备管理、质量提升等方面的交流，提升产品均质化水平。

【规范管理】　贯彻落实董事会《三纤公司管理诊断工作方案》，完成首轮诊断——自我诊断工作。成立由总经理担任组长的公司自我诊断工作小组，针对制约高质量发展的瓶颈问题、薄弱环节、潜在风险，在17个重点板块，通过对标先进、学习交流、趋势对比等科学诊断方法，完成自我诊断工作，发现的63项问题实现立行立改，143项问题落实台账管理，通过管理诊断推动经营管理迭代升级。

【品牌建设】　**持续改进产品质量**。结合用户满意度调查结果，以问题和用户为导向，确定43项丝束质量提升课题；关注产品安全，制定质量风险识别与管控专项工作方案；建立产品质量指标体系和质量指标数据管理流程，助推质量提升。全年丝束生产合格品（一等品）转化率99.08%，丝束吸阻稳定性CV2.04，丝束断头率0.13，丝束无接头包率99.12%，主要质量指标稳中有升。13项关键产品质量指标达到或超过历史最好水平。醋片生产合格率99.98%，丝束生产合格率99.08%。南纤用户满意度得分95.4分，达到历史最高水平。

持续提升服务价值。联合用户制定合作课题中支烟开发、丝束成型研究、产品质量改进、进口丝束替代等36项研究攻关。克服新冠疫情影响，启用在线视频等方式与用户衔接丝束生产和销售，全力协调配合上海烟草集团等战略用户完成复工复产工作；制作包括丝束生产等专题的系统化标准培训课件为用户提供培训需求；创新设计并定期推送用户营销服务简报，及时主动答复用户关注热点，反馈服务信息；全年走访用户100余厂次，覆盖公司绝大部分用户。

持续深化品牌合作。与浙江中烟、贵州中烟、四川中烟等用户就国产丝束替代进口丝束等开展交流；以“利群”专线挂牌设立十周年为契机，与浙江中烟共同筹划系列专题活动，深化双方战略合作，提升品牌影响力，巩固基地化建设成果。

【技术创新】　**持续推进喷丝帽国产化开发**。完成细支烟专用丝束国产110孔84微米国产喷丝帽开发，加工制造精度与日本喷丝帽已无明显差异，实现1台机8条线整体运行，丝束质量全面达标，并完成喷丝帽国产化开发相关的国家局审计材料。

纺丝机提速实现历史性突破。8号纺丝机从640米/分钟逐步提速至700米/分钟，增产178.5吨，增加经济效益785万元。

推进废水氨氮减排研究。组建课题组开展废水脱氮研究，完成《废水氨氮减排技术方案》上报国家局，确定中和池实施化学法脱氮的工艺技术方案，通过管理和技术创新，废水氨氮排放总量22.69吨，比上年下降49.01%，总量低于国家局要求的24.3吨的控制目标。

推进新产品开发。完成3个规格丝束开发并在用户投入使用。3月，南纤公司牵头完成的“醋纤生产过程污染物深度治理与资源化利用关键技术研发与应用”项目获得江苏省科学技术奖一等奖。项目共获得国家专利授权52件，其中发明专利授权22件，发表学术论文7篇，整体技术处于国际先进水平，其中氧化镁深度脱硫技术达到国际领先水平，填补了国内空白。

7月2日，南纤公司研制的“超高单旦醋酸纤维丝束”通过由江苏省工业和信息化厅组织的新产品鉴定。该款新产品认定是南纤公司2020—2022年取得的首款省级产品认定。

【安全环保】 **有效统筹疫情防控和安全生产**。面对新冠疫情，4月3—14日，南纤公司启动疫情防控应急预案，组织近800名员工24小时驻厂封闭管理。其间，积极与供应商、丝束用户等沟通协调，保障物资供应和醋片、丝束发运通畅，妥善安排好驻厂员工的生活后勤保障。12月，主动适应“新十条”落地后的新形势，动态优化疫情防控措施和总体应急预案，将“保丝束供应”“保安全生产”“保员工健康”作为首要职责和重要任务。各部门结合实际优化人员排班模式，通过“二班三倒”“三班三倒”的硬三班连续作战等特殊应急形式，应对疫情感染高峰，全年生产未受疫情影响。

持续开展动态双重预防。组织生产和维修部门开展动态双重预防课题调研，基于生产试验、项目施工、停车检维修、开停车等特殊关键阶段，重点围绕全厂停车大修重点项目、高风险项目进行风险辨识，并开展课题80个。针对停车大修推进动态双重预防“三单”，并组织全员培训风险告知。开展本质安全诊断，邀请10名外部专家围绕生产装置系统开展现场诊断，排查存在问题158项，进一步强化本质安全基础。加强隐患排查治理，开展各类综合和专业检查审计53次，公司层面全年排查隐患815条，及时整改率100%。

系统强化应急管理体系。梳理修订公司应急预案体系，形成包括生产安全、环保管理、网络安全和生产经营等方面135个处置方案在内的系统安全应急预案体系。强化应急队伍建设，组织生产、维修、行政区域及技术中心等6支代表队36名员工参加消防技能比武竞赛活动，促进应急技能提升；公司专职消防队参加全市应急救援队伍技能竞赛，获得两项单项第一名。巩固提升网络安全防护，完成北京冬奥会、冬残奥会和全国两会期间网络安全重点保障。

持续推进环保深度治理。锅炉烟气、废水等排放总量较上年显著下降，其中锅炉烟气氮氧化物下降10.85%、二氧化硫下降4.75%、烟尘下降28.7%、废水排放总量下降6.05%、化学需氧量下降11.25%、氨氮下降49.01%、总磷下降12.79%。规范开展固废处置，完成一般工业固废处置11万余吨。落实“降低除磷废渣处置成本”等4项降本增效措施，全年节省固废处置成本约235万元。积极组织环保引导资金项目申报，“10号锅炉烟气提标改造”项目获得739万元省级环保引导资金补助。2022年，南纤公司实现零事故零伤害零污染安全目标。

【精益管理】 **提升产销量**。通过优化丝束产品结构，提高盈利能力更强的细支烟用丝束产销比重，实现增利2040万元。全年生产细支烟丝束1.56万吨，比上年增长9.09%，中支烟丝束0.62万吨，增长28.95%；销售细支烟丝束1.55万吨，增长5.44%，中支烟丝束0.6万吨，增长23%。丝束认购分配率持续居同行第一位，6条专线用户的丝束分配计划占总丝束分配计划的60.73%，“631”重点用户丝束分配计划占总丝束分配计划的79.71%。在做好珠纤、昆纤醋片销售的同时，多元化醋片销售取得突破，实现销量1674吨。

控制成本。围绕确保供应安全、控制采购成本研究制定对策，通过强化潜在风险识别保障供应稳定、深化市场研判实现错峰采购、抓好能力建设提升供应链管理水平等举措全力确保供应安全，节约采购成本3561万元。

降低费用。通过优化生产控制、降低生产单耗，增利2500万元；实施修旧利废、供方开发和进口备件国产化等举措，节约维修费用986万元；获得政府各类资金补助1268万元。

强化管理。持续推进包含10个六西格玛项目、51个QC项目、58个TPM项目（全员生产维护项目）和32个PI

课题（首席研究员课题）的“精益项目池”，合计财务收益5383万元。运用TPM改进设备管理，开展59项课题改善，全年醋片设备OEE（综合效率）94.28%，丝束设备OEE达到94.07%。围绕“双碳双控”目标，制定节能减碳工作方案，分步实施节能项目51个，全年实现节能率2.06%，节约标准煤9576吨。

【特事辑要】 2022年1月7日，南纤公司召开四届三次职工代表暨五届三次会员代表大会。

5月13日，南纤公司召开2021年度生产经营暨2022年“抗疫情保生产”先进表彰大会。

8月，南纤公司入围江苏省首批绿色发展领军企业。

9月1日，南纤公司六期工程通过竣工验收。

10月10日，南纤公司召开《三纤公司管理诊断工作方案》宣传贯彻动员会。

12月15日，南纤公司召开管理自我诊断汇报会。

◇ 撰稿：刘静静；编辑：褚　幸

昆明醋酸纤维有限公司

【生产经营】 2022年，昆明醋酸纤维有限公司（简称昆纤公司）生产丝束3.51万吨，销售丝束3.5万吨，实现利润3.2亿元。

【安全环保】 2022年，昆纤公司一般及以上安全事故为零，“三废”排放达标率100%，职业病发病率为零，网络安全事件为零，大修安全事故事件为零，公司整体安全、环保、疫情全面受控。

昆纤公司认真贯彻落实董事会工作要求，坚持底线思维，杜绝临时思想，制定实施70余项响应措施，确保董事会、董工组系列相关指示精神落实见效。系统谋划，全面实施以“一个健全完善、三个重点加强、三个切实抓好”为工作主线，29项具体行动举措为支撑的全年安全工作计划，健全完善系统安全治理体系，重点加强安全责任的落实和担当、重点加强“三基”安全管理、重点加强环保和职业健康管理，抓好风险管控和隐患排查治理、危化品规范管理、常态化疫情防控。全年投入安全费用1160万元，开展公司级以上的隐患排查13次，新辨识系统安全风险512条，发现隐患210条，落实整改率95%；开展人员培训1.26万人次，STOP（安全训练观察计划）行为观察参与率100%，STOP行为观察卡4069个，纠正不安全行为180起，进一步完善系统安全治理体系，提高公司安全、环保、疫情防控的保障能力。

【品牌协同】 昆纤公司持续深化“华维”品牌建设。聚焦客户需求，完成2个中支烟配套丝束规格的市场准入认证，完成中支烟丝束生产设备配置，全面做好批量供货准备。持续深化“云烟”“玉溪”专线建设，实施专线控制标准，健全专线维护机制，完善生产工艺，不断提高专线丝束的产品质量和服务水平，夯实昆纤公司产品在云南市场的主导地位。

【客户服务】 2022年，昆纤公司完善客户交流，提高数据分析和解决问题的能力，完善内部产品质量评价体系，有效管控产品品质，对客户反馈信息处理做到“快速、准确、有效”。以市场为中心，加强市场感知，适应市场变化，持续提升新规格产品开发、供应保障能力，满足行业高质量发展需求。

【搬迁技改】 2022年，昆明市政府成立昆明醋酸纤维有限公司整体搬迁推进工作领导小组。昆纤公司推进搬迁新址土地平整，编制搬迁技改立项报告初稿。组织三纤公司开展昆纤数字化工厂建设思路研讨，做好搬迁立项前期准备工作。公司将以董事会提出的战略规划为目标，做好各项工艺技术研究准备，以整体搬迁为契机，使用清洁能源，降低安全环境风险，建设柔性化生产工艺，提高设备效率，实现内涵式提升，努力将新昆纤建设成为环境友好、工艺先进、智能制造的创新型企业。

【特事辑要】 2022年7月1日，昆纤公司召开庆祝中国共产党成立101周年大会并对2021年度先进集体和个人进行表彰。

11月15日，云南省工商联合会召开“2022云南省非公企业100强发布活动”，昆纤公司被评为云南省非公企业100强及云南省非公企业创新能力10强。

◇ 撰稿：刘　玥；编辑：褚　幸

珠海醋酸纤维有限公司

【生产经营】 2022年，珠海醋酸纤维有限公司（简称珠纤公司）生产丝束7.6万吨，销售丝束7.4万吨，实现利润7.28亿元。

【安全环保】 统筹抓好疫情防控和生产经营。加强综合协调，努力化解新冠疫情潜在风险，灵活应对疫情变化。及时调整人员安排、后勤保障、外来人员管控措施。面对12月感染人数快速增加的紧急局面，统筹做好生产、后勤物资准备，有序安排丝束提货，保障行业丝束供应。

全面落实以安全标准化为主线的大安全管理体系。启动安全生产标准化项目，基于行业YC/T 384标准，补充完善符合醋纤生产特点的管理要求，形成“行业共性＋三纤通性＋企业个性”的珠纤安全生产标准化体系文件，为强化大安全体系管理奠定基础。

教考并举，提升安全意识。以安全生产月、消防宣传月、网络安全周等活动为契机，组织中高层管理人员讲授安全课25次，开展应急救援技能比武大赛、心理风险因素辨识讲座等活动，增强员工安全意识，提高应急处置能力。

齐抓共管，保障现场安全。常态化开展高管巡查及综合、专项安全检查22次，模块化检查19次，发现并闭环整改安全隐患549条。加强现场监管，加大问责追责力度，有效管控施工安全。

技管结合，加强网络安全。常态化开展钓鱼邮件测试等实战演练，开展线上线下网络安全培训，强化全员网络安全意识，引导员工履行网络安全责任、提升网络安全行为。圆满完成网络安全攻防演练和网络安全重点保障工作。

【协同创新】 深化三纤和部门协同。响应三纤协同项目推进，率先完成将巴西醋片的使用比例提升至75%、二氧化钛含量从0.28%降至0.26%等任务；落实质量协同交流任务清单，学习标杆，补齐质量短板，提升产品质量均质化水平；参加三纤联合采购，推动扩大联合采购范围，2022年联合采购数量比上年提高54%。优化业务流程，加强“端到端”流程建设，密切部门协同，提高全流程工作效率，提升丝束质量，共同打造珠纤公司“质量好、效率高”特色品牌。

推动数字化转型。全面推进PI系统应用出成果，2022年共开展PI项目15个，深挖生产过程管理提质增效潜能；通过能源管理系统进一步控制生产过程能耗，数字赋能生产的效应不断显现，2022年吨丝束耗标准煤比上年下降4.86%。上线新绩效管理系统，实现绩效考核全过程线上操作，让人员少跑腿、数据多跑路，提高绩效管理流程效率。推进安消一体化平台投入运行，探索实现集消防、安防管控于一体的智能技术分析和技术监测，提升效率、降低安全风险。启动固定资产标签化管理项目，为固定资产信息化、规范化、标准化管理打好基础。

加大创新激励。提高三等奖及以上创新项目的奖励金额和创新积分，激励员工多出快出高质量创新成果；加大专利奖励力度，公司专利申请质量、数量和授权比例显著提升。2022年，开展并完成创新活动70项，实现经济收益507.6万元，年度创新指数4.35，创新活动参与451人次。数字赋能探索者QC小组成果获得烟草行业第三十三届优秀质量管理小组成果三等奖，“绿色高效丙酮回收工艺技术研发与应用”项目获得中国烟草总公司科学技术进步奖三等奖。

【品牌建设】 持续提升丝束质量和生产能力。立足客户需求开展专项质量优化，通过细化卷曲机运行参数、优化丝带成型工艺控制标准等措施，丝束关键质量指标数据达到近年来的最佳水平；完成6号纺丝机“四改五”改造工作，机台生产效率提升25%，公司柔性化生产水平提升，全年产量突破7.6万吨大关。珠纤公司产品质量获得广东中烟广州卷烟厂、湖北中烟卷烟材料厂、湖南中烟长沙卷烟厂、福建中烟厦门卷烟厂、四川三联新材料有限公司等用户好评。

加强客我关系。与四川中烟签署战略合作协议，设立“宽窄烟用丝束生产（研发）基地”，开创华维品牌与川烟品牌合作新模式；客户数据共享平台投入运行，实现与广东中烟共享丝束及成型质量数据，在行业内首次打通丝束生产与滤棒生产间的信息“桥梁”，为更好地满足用户需求提供信息支持。

截至2022年底，珠纤公司产品覆盖“双喜”“黄鹤楼”“芙蓉王”“利群”等13个重点卷烟品牌，重点卷烟品牌覆盖率达到87%。

【企业管理】 狠抓“零缺陷”管理。在行政职能类9个部门深入开展“零缺陷”管理项目辅导，推进“零缺陷”

管理与管理诊断工作深度融合，增强行业意识、规范意识和底线意识。整合九大管理体系，组织多体系联合内审，内审效率提升75%，体系外审工作量减少50%，提高综合管理效能；适应新成品库投入使用，打包岗位再减员12.5%，打包运行模式与国际一流水平接轨。

持续深挖精益潜力。实施降本增效措施87项，涉及节能降耗、流程优化、国产化替代、减少支出等多个领域，珠纤公司可控费用比上年减少1104万元。工艺技术、生产、维修等部门联合开展生产工艺系统节能增效集成项目，项目收益507万元，降低标准煤耗1500余吨。2022年，珠纤公司实现降本增效收益1600余万元。

【特事辑要】 2022年1月21日，珠纤公司入选工业和信息化部2021年度绿色工厂名单。

11月30日，珠纤公司“沟通为基　融制提效”合资企业党建推动高质量发展的创新实践获得广东省企业管理现代化创新成果一等奖。

◇ 撰稿：王若愚；编辑：褚　幸

其他卷烟辅助材料生产企业名单

辅料生产企业名称	出资人（烟草企业）	总资产（万元）	总产值（万元）	总利润（万元）	主要经营项目
中烟摩迪（江门）纸业有限公司	中国烟草总公司参股	70378	46378	3350	主要经营卷烟纸、成型纸、其他用于烟草制造业的各种纸类制品的加工、生产和销售，并提供与此相关的服务等
上海烟草包装印刷有限公司	上海烟草集团有限责任公司控股	257311	128843	3525	主要经营出版物印刷、包装印刷、其他印刷，从事印刷科技专业领域内的技术咨询、技术服务等
上海白玉兰烟草材料有限公司	上海海烟投资管理有限公司全资	48380	59171	4390	主要经营滤棒产品的生产、销售、委托加工及其相关领域的设计、开发与技术咨询、技术服务等
上海烟草集团太仓海烟烟草薄片有限公司	上海烟草集团有限责任公司全资	78165	31666	4217	主要经营烟草薄片委托加工、烟叶购进、烟草薄片生产销售，与烟草薄片生产相关的技术咨询服务、烟草薄片仓储、香料销售等
上海牡丹香精香料有限公司	上海烟草集团有限责任公司控股	22492	22016	4051	主要负责烟用香精香料的研制、开发、生产、销售、运输及其相关领域内的咨询服务等
南通烟滤嘴有限责任公司	江苏中烟工业有限责任公司全资设立	257434	152430	32466	主要负责滤棒的加工、销售等
龙游塔恩纸业有限公司	浙江中烟投资管理有限公司参股	21276	15825	3420	主要经营生产销售水松原纸、水松纸及烟草行业的其他纸产品等
湖州新天外绿包印刷有限公司	浙江中烟投资管理有限公司参股	39029	26000	1503	主要经营卷烟包装印刷、其他印刷、包装装潢，从事货物与技术的进出口业务等
浙江伟博包装印刷品有限公司	浙江中烟投资管理有限公司参股	18831	18000	1642	主要经营卷烟包装印刷、包装装潢印刷及进出口业务（不含分销业务）等
浙江利群环保纸业有限公司	浙江中烟投资管理有限公司参股	21642	27057	6357	主要经营造纸法烟草薄片的技术研发、生产及自产产品的销售等
蚌埠黄山新材料科技有限责任公司[1]	安徽中烟工业有限责任公司全资设立	45754	50710	1197	主要经营烟草专卖品生产，包装装潢印刷品印刷，包装材料及制品销售，纸制品及特定产品制造销售，机械零件零部件加工销售，技术服务、咨询、开发、转让、推广，非居住地房地产租赁等
芜湖卷烟材料有限责任公司	安徽中烟工业有限责任公司全资设立	35372	17813	2020	主要负责烟草专卖品生产、包装装潢印刷品印刷、特定印刷品印刷、烟草制品零售、烟草专卖品进出口等

续表

辅料生产企业名称	出资人（烟草企业）	总资产（万元）	总产值（万元）	总利润（万元）	主要经营项目
合肥烟草材料有限责任公司	安徽中烟工业有限责任公司全资设立	20375	12510	105	主要负责烟箱、铝箔纸、卡纸、接装纸生产销售以及滤棒定向加工等
阜阳卷烟材料有限责任公司	安徽中烟工业有限责任公司全资设立	14125	9182	-324	主要经营纸箱、铝箔纸、接装纸、卡纸、滤棒等卷烟辅材等
滁州卷烟材料有限公司	安徽中烟工业有限责任公司全资设立	22583	16039	37	主要经营纸箱、滤棒、薄片丝、铝箔纸、卡纸、沿用接装纸生产制造，其他卷烟材料配套服务、精加工、修理等
中烟益升华（厦门）滤嘴棒有限责任公司	福建中烟工业有限责任公司参股	24717	19912	2607	主要经营烟用醋纤丝束购进，烟用丙纤丝束购进，研究、开发、生产、销售烟用滤棒，滤棒加工，提供烟用滤棒的售后、实验室测试和咨询等专业技术服务，烟草专用机械购进等
福建鑫叶投资管理集团有限公司	福建中烟工业有限责任公司控股	247551	87480	6483	主要经营自有资金投资的资产管理服务，包装装潢印刷品印刷、出版物印刷，以自有资金从事投资活动等
龙岩鑫达彩印有限公司	福建鑫叶投资管理集团有限公司控股	21780	20923	3997	主要经营商标、广告等印刷品，兼营装潢设计等
福建省石狮市富兴包装材料有限公司	福建鑫叶投资管理集团有限公司控股	14216	12618	1157	主要经营水松纸、铝箔纸、卡纸等卷烟辅料的经营与管理等
山东鲁烟莱州印务有限公司	将军烟草集团有限公司全资	35189	26696	821	主要经营包装装潢印刷品印刷、油墨生产销售、纸张销售等
济南泉永印务有限公司	将军烟草集团有限公司全资	21341	18935	2858	主要经营卷烟商标印制，包装箱盒及其他纸制包装物、本册制造，纸张等的批发，国内广告业务，企业品牌策划与推广等
山东将军开元纸业有限公司	将军烟草集团有限公司全资	9203	6000	-371	主要经营包装装潢印刷，铝箔纸、瓦楞纸、纸箱、卡纸及包装制品生产、销售，进出口业务，设备租赁、房屋租赁等
山东将军烟草新材料科技有限公司	将军烟草集团有限公司全资	43605	15828	5514	主要经营烟用滤棒的研发制造，烟草专卖品生产，烟草制品零售，食品生产销售，货物进出口，技术开发、咨询、服务，机械零件、零部件加工销售，劳务服务，房产租赁，互联网销售等
将军烟草集团有限公司济南包装材料分公司	将军烟草集团有限公司直属	12767	11836	77	主要经营包装装潢印刷品印刷、塑化烟箱租赁，批发零售纸张、瓦楞纸、纸制品、塑料制品等
将军烟草集团有限公司临清纸业分公司	将军烟草集团有限公司直属	9186	4503	627	主要经营包装装潢印刷品印刷，批发零售纸张、纸制品、烟用辅助材料等
颐中烟草（集团）有限公司卷烟材料分公司	颐中烟草（集团）有限公司直属	3188	10082	5793	主要经营卷烟滤棒加工等
颐中烟草（集团）有限公司烟台分公司	颐中烟草（集团）有限公司直属	5645	2913	16	主要生产、销售丝束成型助剂和相关资产租赁管理等
颐中（青岛）实业有限公司	颐中烟草（集团）有限公司全资	33912	17438	3349	主要经营烟草辅料加工、香精香料、微生态、装饰涂料（胶粘剂）、仓储、商业零售等

续表

辅料生产企业名称	出资人（烟草企业）	总资产（万元）	总产值（万元）	总利润（万元）	主要经营项目
颐中（潍坊）实业有限公司	颐中烟草（集团）有限公司全资	14154	8788	63	主要经营烟用滤棒、内衬纸、纸箱等卷烟配套的辅助材料（烟草专卖品除外）加工销售，房屋租赁等
颐中（滕州）实业有限公司	颐中烟草（集团）有限公司全资	1663	1796	57	主要经营加工烟用滤棒等
青州新华包装制品有限公司	颐中烟草（集团）有限公司全资	15862	15058	136	主要经营烟标印刷及接装纸加工等
烟台颐中包装有限公司	颐中烟草（集团）有限公司全资	2943	5698	1	主要经营纸箱的制造，纸箱、纸板、包装材料的批发，三乙酸甘油酯、增塑剂、农副产品的销售包装装潢印刷品印刷等
青岛嘉泽包装有限公司	颐中烟草（集团）有限公司参股	75319	88270	9501	主要生产、销售卷烟包装材料等
青岛黎马敦包装有限公司	颐中烟草（集团）有限公司参股	56263	78680	9000	主要经营烟标印刷等
河南金瑞香精香料有限公司	河南黄金叶投资管理有限公司全资控股	24074	21445	5196	主要生产、销售烟用香精香料等
河南金芒果印刷有限公司	河南黄金叶投资管理有限公司控股	16739	17456	456	主要生产、销售烟标装潢等
许昌永昌印务有限公司	河南黄金叶投资管理有限公司控股	21495	29108	3694	主要生产、销售烟标装潢等
焦作金叶醋酸纤维有限公司	河南中烟工业有限责任公司控股	21043	12279	11	主要生产、销售烟用醋酸纤维丝束等
驻马店发时达工贸有限公司	河南黄金叶投资管理有限公司控股	8832	11586	78	主要生产、销售接装纸、内衬纸等，加工烟用滤棒等
郑州黄金叶实业有限责任公司[2]	河南中烟工业有限责任公司全资控股	51184	42739	131	主要生产、销售烟标装潢、框架纸等，加工烟用滤棒等
新郑黄金叶实业有限责任公司	河南中烟工业有限责任公司全资控股	23213	24106	1226	主要生产、销售接装纸等，加工烟用滤棒等
安阳黄金叶实业有限责任公司	河南中烟工业有限责任公司全资控股	19593	20133	-5104	主要生产、销售滤棒、框架纸等
南阳黄金叶实业有限责任公司	河南中烟工业有限责任公司全资控股	24266	20070	1908	主要经营包装装潢印制，生产销售框架纸等，加工烟用滤棒等
漯河沙河实业有限公司	河南中烟工业有限责任公司全资控股	14440	11731	805	主要经营包装装潢印制，生产销售框架纸等，加工烟用滤棒等
许昌黄金叶实业有限责任公司	河南中烟工业有限责任公司全资控股	22281	30976	1498	主要生产、销售接装纸、内衬纸、框架纸、烟箱等，加工烟用滤棒等
洛阳黄金叶实业有限责任公司	河南中烟工业有限责任公司全资控股	19846	14617	69	主要经营包装装潢印制，生产销售框架纸等，加工烟用滤棒等
湖北中烟卷烟材料厂	湖北中烟工业有限责任公司全资	267045	129584	26135	主要经营醋纤滤棒生产销售，滤棒加工，烟用醋纤丝束购进等

续表

辅料生产企业名称	出资人（烟草企业）	总资产（万元）	总产值（万元）	总利润（万元）	主要经营项目
湖北新业烟草薄片开发有限公司	湖北中烟工业有限责任公司全资	106359	35724	15826	主要经营再造烟叶生产销售，造纸法再造烟叶加工，烟草薄片技术开发、转让及咨询服务，烟草提取物科技开发、生产、销售等
襄阳市鸿琰实业有限责任公司	湖北中烟工业有限责任公司全资	16917	20898	1127	主要经营各类烟用纸箱的加工、生产和销售，接装纸的加工、生产和销售，物流运输等
宜昌金叶工贸有限责任公司	湖北中烟工业有限责任公司全资	4024	6310	497	主要经营纸质包装及其他纸制品制造、销售，循环烟箱加工，卷烟及雪茄烟零售等
湖北宜昌金丝烟草有限公司	湖北中烟工业有限责任公司全资	18080	2559	－205	主要经营烟叶、烟丝制造、销售，烟丝包装、仓储服务，企业自营产品和技术进出口等
湖北龙乡印刷包装股份有限公司	湖北中烟工业有限责任公司控股	4726	4330	15	主要经营包装装潢印刷品设计、印刷、后期加工，其他印刷品印刷等
黄鹤楼科技园（集团）有限公司	湖北中烟工业有限责任公司参股	1166290	287537	28489	主要生产、经营卷烟外包装印刷品、商标印刷品和纸业制品、烟用香精香料、仓储、运输、物业管理等
常德金鹏印务有限公司	湖南中烟投资管理有限公司控股	95394	97564	13116	主要经营烟标印刷，包装装潢印刷品印刷，特定印刷品印刷等
宁夏弘德包装材料有限公司	湖南中烟工业有限责任公司控股、陕西中烟投资管理有限公司参股	47275	15961	－994	主要经营设计、生产、销售包装印刷产品等
湖南九子龙印务有限公司	湖南中烟投资管理有限公司控股	3471	1692	－1152	主要经营印制烟标、其他印刷品和生产纸箱制品及上述产品自销等
常德市芙蓉实业发展有限责任公司	湖南中烟投资管理有限公司全资	42979	35181	－1936	主要经营卷烟原辅材料及包装物品的生产加工等
常德芙蓉大亚化纤有限公司	湖南中烟投资管理有限公司控股	34530	22451	3551	主要经营滤棒委托加工，丙纤滤棒生产，丙纤滤棒销售，烟用滤棒成型机械购进，烟用丙纤丝束生产，烟用丙纤丝束销售等
四平芙蓉纸品有限责任公司	湖南中烟投资管理有限公司全资	5490	5252	57	主要经营纸制品制造、纸和纸板容器制造、包装装潢印刷品印刷、纸制品销售等
湖南兴泰包装材料有限公司	湖南中烟投资管理有限公司全资	10146	12227	28	主要经营包装材料制造、包装装潢印刷、其他印刷品的生产销售等
郴州永旺包装材料有限公司	湖南中烟投资管理有限公司全资	13021	9749	－1290	主要经营纸箱、铝箔纸、水松纸、透明纸、白卡纸生产与销售，印刷品印刷等
湖南和鑫包装材料有限公司	湖南中烟投资管理有限公司控股	10570	4013	78	主要经营加工、生产、销售各类薄膜、纸制品和其他包装材料及制品（不含食品包装）等
长沙市嘉沙实业有限公司	湖南中烟投资管理有限公司全资	13219	7182	1845	主要经营烟用香精和料液的生产、销售，包装材料的加工、销售等
广西真龙实业有限责任公司	广西中烟天成投资管理有限公司全资设立	29194	20931	－1383	主要经营烟用接装纸、内衬纸等研发、生产、销售及CNAS实验室认可的项目检测及服务等

续表

辅料生产企业名称	出资人（烟草企业）	总资产（万元）	总产值（万元）	总利润（万元）	主要经营项目
广西真龙彩印包装有限公司	广西中烟天成投资管理有限责任公司控股	81501	71608	13727	主要经营制版印刷等
广西真龙天瑞彩印包装有限公司	广西真龙彩印包装有限公司全资设立	23833	16874	1080	主要经营内部资料性出版物印刷、包装装潢印刷、其他印刷品印刷，场地租赁，仓储服务（不含危险化学品）等
渝烟材料公司	重庆市烟草投资管理有限公司全资设立	2450	2903	151	主要经营烟用水基胶（包括接嘴胶、搭口胶、包装胶）的生产、销售、研发等，PE热收缩膜的生产、销售、研发等
四川三联新材料有限公司	四川中烟工业有限责任公司控股、重庆中烟工业有限责任公司参股	235822	157591	49489	主要生产、经营滤棒及有关配套产品，研发烟斗丝等，生产、经营香精香料、烟斗等
四川宽窄印务有限责任公司	四川中烟投资有限责任公司	62164	40478	8988	主要经营设计、制造、销售包装装潢制品，承接彩色印刷业务等
四川宽窄纸品有限责任公司	四川中烟投资有限责任公司	19235	12939	2865	主要生产烟用内衬纸、烟用框架纸、复合生物膜纸、保温纸、空管基础棒等
四川宽窄实业有限责任公司	四川中烟投有限责任公司	7997	8272	64	属造纸和纸制品业，主要经营纸制品制造加工、包装装潢、仓储服务等
贵州西牛王印务有限公司	贵州福贵投资管理有限公司参股	36824	22341	1747	主要经营烟标印刷、商标设计与制作、开发新包装产品、纸包装印刷商标等
贵阳黄果树纸业有限公司	贵州福贵投资管理有限公司全资子公司	7013	10353	2278	主要经营包装纸箱、箱板原纸、瓦楞纸、水松纸、铝箔纸、纸制品生产销售，废造纸原料、废塑料、废丝束、废玻璃的回收与销售等
贵州贵定华灿实业有限公司	贵州福贵投资管理有限公司全资子公司	3025	1509	156	主要经营烟箱、接装纸铝箔复合纸、金属包装材料生产销售，包装物印刷以及销售化工产品（不含危险化学品）等
陕西好猫卷烟材料有限责任公司	陕西中烟投资管理有限公司全资	26237	20693	502	主要经营滤棒的研发加工和瓦楞纸箱、内衬纸、框架纸的生产和销售等
西安惠大化学工业有限公司	陕西中烟工业有限责任公司参股	42776	58991	11807	主要经营二醋酸纤维素丝束以及辅助原材料的生产，销售自产产品等
西安大安化学工业有限公司	陕西中烟投资管理有限公司参股	73096	85593	13582	主要经营二醋酸纤维素丝束以及辅助原材料的生产，销售自产产品等
宁波大安化学工业有限公司	陕西中烟投资管理有限公司参股	106057	68817	15432	主要经营乙酸酐的制造，二醋片的制造，自产产品销售等
宝鸡好猫实业（集团）有限公司	陕西中烟工业有限责任公司全资	51073	25423	80	主要经营出版物印刷、包装印刷、其他印刷，各类广告的设计、制作，纸制品的加工等

注：1. 根据《中国烟草总公司关于加快推进烟草企业厂办大集体改革工作的意见》《安徽中烟工业有限责任公司关于加快推进厂办大集体改革工作的意见》，蚌埠卷烟材料厂、芜湖卷烟材料厂、合肥烟草工贸总公司、阜阳卷烟材料厂、滁州卷烟材料厂等5家卷烟材料生产企业于2022年12月底重组改制成为安徽中烟独资多元化经营企业。

2. 2022年9月，总公司批复同意郑州黄金叶实业总公司、河南省新郑金芒果实业总公司、许昌帝豪实业公司、安阳市红旗渠集团、南阳双龙实业公司、洛阳烟草服务中心等6家厂办大集体企业重组改制，并以经过确权的净资产作为投资，将其改制为有限责任公司。

◇ 编辑：褚　幸

烟叶加工

打叶复烤

2021 烤季（2021 年 7 月 1 日至 2022 年 6 月 30 日），全国打叶复烤企业加工烟叶比上年增加 3.6%。从加工量分布情况看，23 家独立法人打叶复烤企业委托加工烟叶比上年增加 10.81 万吨（216.25 万担）；委托加工、自营、工业车间模式分别占原烟加工总量的 85.19%、6.18%、8.63%。

23 家独立法人打叶复烤企业委托加工烟叶中，加工省外烟叶占比 11.9%，加工省内烟叶占比 88.1%。加工所在地产区内烟叶、加工区外省内烟叶分别占加工省内烟叶总量 51.6%、48.4%，反映出省内烟叶流通达到较高且稳定水平。跨省流动烟叶仍保持在 12% 左右的水平。

2021 烤季，打叶复烤企业与工业企业间的全部加工对子共计 285 个，较上一烤季减少 6 个。

从加工形式看，打叶复烤企业实施多等级配打加工烟叶，配打比例 86.4%，增幅为 3.6%，近几年配打比例呈上升趋势；实施单等级加工烟叶，单打比例 13.6%，降幅为 18.1%，较 2019 烤季的 19% 减少 5.4 个百分点，降幅为 28.4%，单打比例持续降低。

黑龙江烟叶复烤有限公司

【概　况】　黑龙江烟叶复烤有限公司于 2021 年 7 月改制并迁址到黑龙江七台河勃利县，由直属黑龙江省烟草专卖局（公司）改为隶属于中国烟草总公司黑龙江省烟草公司牡丹江烟叶公司。公司拥有 1 条 12000 千克/小时打叶复烤生产线，主体加工设备主要是昆明船舶设备集团有限公司和北京长征高科技公司生产，预处理段主要为北京长高公司产品，打叶机组、复烤设备为昆船公司产品，打包设备为昆明风动新技术集团发展有限公司产品，复烤加工能力 3 万吨（60 万担）。截至 2022 年底，公司总资产 2.05 亿元，其中固定资产 3434.75 万元、流动资产 1.54 亿元，资产负债率 29.74%。公司内设 8 个部门，从业人员 130 人。

公司法定代表人：刘世宪

【生产经营】　2022 年，公司复烤加工烟叶 1.38 万吨（27.65 万担），结算成品烟叶 1 万吨。实现销售收入 6749.04 万元，实现税利 1021.74 万元，比上年增加 42.98 万元。

华环国际烟草有限公司

【概　况】　华环国际烟草有限公司成立于 1994 年 5 月 28 日，隶属于安徽省烟草专卖局（公司），位于安徽滁州凤阳县，是由中国烟草总公司安徽省公司、上海烟草集团有限责任公司和安徽中烟工业有限责任公司共同投资建设、共同经营的现代化打叶复烤企业。公司下辖华环生产加工中心、涡阳烟叶复烤厂和蚌埠储运分公司等 3 个基层单位。拥有 2 条 12000 千克/小时的打叶复烤生产线，年设计生产能力 6 万吨（120 万担）；拥有 17 万平方米、7.5 万吨（150 万担）规模的烟叶原料仓储养护中心。截至 2022 年底，公司总资产 15.35 亿元，其中固定资产 5.03 亿元、流动资产 9.95 亿元，资产负债率 7.01%。从业人员 2684 人。

公司董事长：王道支；党委书记、总经理：白云彦。

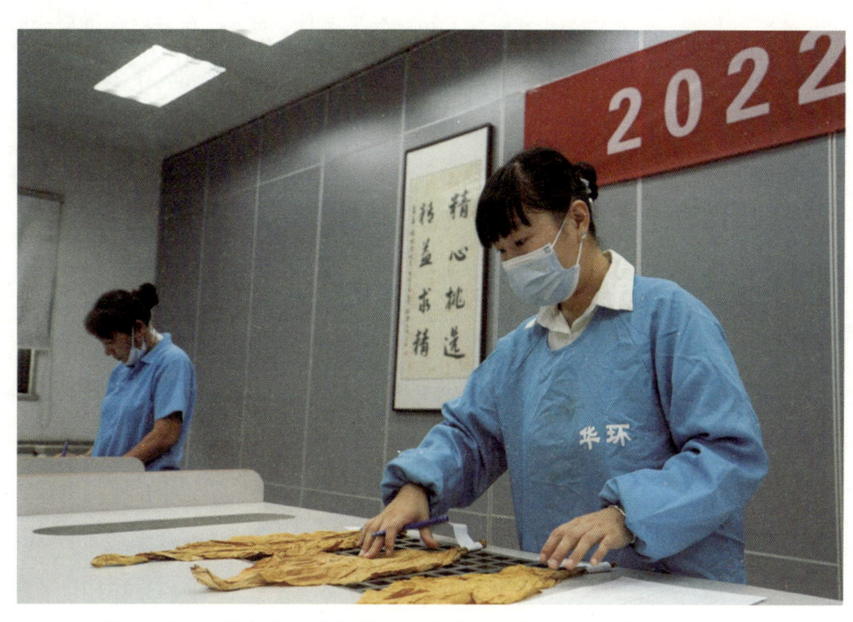

华环国际烟草有限公司特等烟挑选作业场景（2022 年）

安徽省局　供稿

【生产经营】 2022 年，华环国际烟草有限公司复烤加工烟叶 6.13 万吨（122.57 万担），月均代储成品烟叶 7.65 万吨（153 万担）。实现营业总收入 4.11 亿元，比上年增长 28.84%；实现仓储收入 4873 万元，增长 3.9%；实现税利 2876 万元。

【技术创新】 2022 年，华环国际烟草有限公司研究制定科技创新工作实施要点，设置科技进步奖、创新争先奖、创新成果星级评定等奖励；依托“1+4+N”工商研协同创新体系，开展烟叶分部位收购、片型调控技术研究、片烟原烟组合加工工艺研究等关键性、前瞻性技术研究应用，提升核心竞争力；通过省认定企业技术中心复评；获得厅局级以上表彰科技项目 4 个。创新成果应用成效显著，数智化工艺质量案例入选安徽省“质量月”活动典型案例。群众性创新活动蓬勃开展，孵化群众性创新课题 103 项，申报 QC 课题 27 项，验收小改小革成果 55 项，1 人入选烟草行业青年科技托举人才。取得授权专利 15 件，参与行业标准研究 14 项，获得行业标准贡献奖 1 项。

福建武夷烟叶有限公司

【概　况】 福建武夷烟叶有限公司位于福建邵武市，成立于 2000 年 12 月。有中国烟草总公司福建省公司、福建省烟草公司南平市公司、浙江中烟工业有限责任公司、上海烟草集团有限责任公司、江苏中烟工业有限责任公司、红塔烟草（集团）有限责任公司、安徽中烟工业有限责任公司、山东中烟工业有限责任公司、四川中烟工业有限责任公司、重庆中烟工业有限责任公司等 10 家股东，隶属于中国烟草总公司福建省烟草公司管理。公司占地面积 37.38 万平方米，年复烤加工能力 3 万吨（60 万担）。截至 2022 年底，公司总资产 12.69 亿元，其中固定资产 3.48 亿元、流动资产 8.76 亿元，资产负债率 3.91%。从业人员 209 人。

公司董事长：周志攀；总经理：章文水（2022 年 1 月—）；法定代表人：张清明（—2022 年 11 月）、章文水（2022 年 11 月—）。

【生产经营】 2022 年，公司复烤加工烟叶 4.35 万吨（87 万担），产出片烟 3.02 万吨（60.34 万担）。实现销售收入 2.10 亿元，其中加工收入 1.93 亿元。实现税利 2886 万元。

【体制改革】 2022 年 11 月 25 日，福建武夷烟叶有限公司全资子公司邵武市金叶劳动服务有限公司完成财务清算和企业注销。

【质量提升】 2022 年，公司加工关键指标达到行业对标先进指标，烟叶自然出片率 72.2%，成品片烟含水率 CV 值 1.40%，成品片烟烟碱 CV 值 2.01%。打后大中片率的合格率 99.84%，打后叶中含梗率的合格率 100%，碎片率的合格率 100%。

【技术创新】 持续深入推进重点品牌原料区域加工中心建设，主持或参与的“12000 千克/小时打叶复烤生产线工艺标准研究”“福建片烟醇化特性及醇化调控技术研究”项目分别获得福建省公司科学技术进步奖二等奖、三等奖；精益课题“片烟箱芯温度在线自动检测装置的研制”获得福建省公司 QC 成果二等奖。获得授权发明专利 4 件，实用新型专利 5 件。

福建省三明金叶复烤有限公司

【概　况】 福建省三明金叶复烤有限公司位于福建三明市，成立于 1998 年 10 月。有中国烟草总公司福建省公司、福建省烟草公司三明市公司、湖北中烟工业有限责任公司、上海烟草集团有限责任公司、江苏中烟工业有限责任公司、福建中烟工业有限责任公司、贵州中烟工业有限责任公司、红云红河烟草（集团）有限责任公司、湖南中烟工业有限责任公司、四川中烟工业有限责任公司、重庆中烟工业有限责任公司等 11 家股东，隶属于福建省烟草专卖局（公司），注册资本 9.13 亿元。公司占地面积 23.95 万平方米，拥有 1 条处理能力 12000 千克/小时的国产打叶复烤生产线，年复烤加工能力 3 万吨（60 万担）。截至 2022 年底，公司总资产 12.13 亿元，其中固定资产 3.66 亿元、流动资产 7.95 亿元，资产负债率 8.98%。从业人员 124 人。

公司董事长：周志攀；总经理：赖禄祥；法定代表人：白万明（—2022 年 8 月）、赖禄祥（2022 年 8 月—）。

【生产经营】 2022 年，公司复烤加工烟叶 3.6 万吨（71.91 万担），产出成品片烟 2.46 万吨（49.17 万担）。实现销售收入 1.67 亿元，其中加工收入 1.28 亿元。实现税利 3781 万元。

【质量提升】 2022年，公司加工关键指标达到行业对标先进指标，烟叶自然出片率68.94%，成品片烟含水率CV值1.59%，成品片烟烟碱CV值3.36%。打后大中片率的合格率99.68%，打后叶中含梗率的合格率99.71%，碎片率的合格率98.83%。

【技术创新】 公司主动参与融入工业原料、配方打叶技术研究，与江苏中烟合作的“细支卷烟‘专属性、定制化’打叶复烤特色工艺研究与应用”项目通过国家局鉴定并获得福建省公司科学技术进步奖一等奖；与安徽中烟合作项目获得福建省公司科学技术进步奖三等奖。推进年度科研项目实施，完成与江苏中烟合作国家局“揭榜挂帅”项目1项。获得发明专利1件，实用新型专利4件。

福建省龙岩金叶复烤有限责任公司

【概　况】 福建省龙岩金叶复烤有限责任公司位于福建龙岩永定区，2003年4月，由原龙岩卷烟厂打叶复烤分厂改制而来，隶属于福建中烟工业有限责任公司。公司有福建中烟工业有限责任公司、龙岩烟草工业有限责任公司、厦门烟草工业有限责任公司、福建省烟草公司龙岩市公司、上海烟草集团有限责任公司、湖北中烟工业有限责任公司、广东中烟工业有限责任公司等7家股东。截至2022年底，公司总资产12.05亿元，其中固定资产3.39亿元。从业人员367人。

公司党委书记、总经理：刘志刚。

【生产经营】 2022年，公司复烤加工烟叶3.97万吨（79.45万担），产出片烟2.68万吨（53.55万担）。实现销售收入2.32亿元，其中加工收入1.96亿元。实现税利3107万元。

【技术创新】 2022年，公司以生物酶制剂、光电除杂、高效均质化选叶、中细支烟片形调控技术、模块配方工艺等研究和应用为突破口，持续在工艺与设备领域发力，进入行业第三批重点品牌原料区域加工中心标准化对标建设名单。

江西赣南烟叶复烤有限责任公司

【概　况】 江西赣南烟叶复烤有限责任公司位于江西赣州市经济技术开发区，成立于2009年10月14日，由中国烟草总公司江西省公司发起，江西省烟草公司赣州、抚州、吉安市公司及江西中烟工业有限责任公司、红塔烟草（集团）有限责任公司、重庆中烟工业有限责任公司、山东中烟工业有限责任公司、湖南中烟工业有限责任公司、浙江中烟工业有限责任公司、广东中烟工业有限责任公司和上海烟草集团有限责任公司等12家企业共同投资组建的国有股份制企业，隶属于江西省烟草专卖局（公司），注册资本8.51亿元。公司占地面积26.6万平方米，拥有江西省唯一1条12000千克/小时的打叶复烤生产线，主要设备有原烟智能收储机、原烟智能配方库、真空回潮机、润叶机、打叶风分机、烤片机、预压打包机、光电除杂设备等。截至2022年底，公司总资产8.05亿元。从业人员110人。

公司党委书记、董事长、总经理：廖为发（2022年6月之前任党委书记、总经理）。

【生产经营】 2022年，公司复烤加工烟叶1.04万吨（20.85万担），产出片烟0.7万吨（14万担）。实现营业收入5420万元，其中加工收入4956万元；实现税金932万元。

山东烟叶复烤有限公司

【概　况】 山东烟叶复烤有限公司位于山东济南市，成立于2011年1月，由中国烟草总公司山东省公司、山东中烟工业有限责任公司和上海烟草集团有限责任公司共同投资组建，隶属于中国烟草总公司山东省公司，注册资本10亿元。公司下辖山东烟叶复烤有限公司诸城复烤厂、沂水复烤厂、潍坊复烤厂、临沂分公司和山东瑞博斯烟草有限公司1个全资子公司，拥有打叶复烤生产线2条、造纸法再造烟叶生产线1条，年设计复烤加工能力4.5万吨（90万担），年薄片生产能力6000吨。2022年，山东中烟工业有限责任公司投资3.79亿元参股复烤公司，山东烟叶复烤有限公司诸城复烤厂被行业确定为“泰山”“中南海”重点品牌标准化对标区域加工中心。截至2022年底，公司总资产

山东烟叶复烤有限公司山东区域物流集散中心作业现场（2022 年）
山东烟叶复烤有限公司临沂分公司 徐丙升 摄

9.85 亿元，其中固定资产 3.24 亿元、流动资产 5.47 亿元，资产负债率 29.06%。从业人员 1272 人。

公司分党组书记、总经理、法定代表人：徐良涛。

【生产经营】 2022 年，公司复烤加工烟叶 5.72 万吨（114 万担），产出片烟量 3.81 万吨；生产薄片 4066 吨，销售 3486 吨；月度平均代存烟叶约 14.5 万吨（290 万担），烟叶混配加工 0.35 万吨（7 万担），高端烟叶精选 225 吨，实现主营业务收入 3.72 亿元，比上年增长 7%；其他业务收入 1.27 亿元，增长 9%。实现税利 1750 万元。

【技术创新】 建立运行复烤公司技术中心和 3 个试验站，设立总经理创新奖和专项奖励基金，健全完善技术中心运行管理系列制度，与江苏中烟、郑州院联合开展 3000 担烟叶加酶生产试验工作；以替代优质进口烟叶、提升供应链自主可控能力为目标，完成“高香气、高浓度、高透发”项目试验任务；推进中高端再造烟叶集成开发，2 款产品分别在山东中烟“沂蒙山”“硬红八喜”和黑龙江烟草工业“如意”等品牌中应用，产品结构比上年提升 9.5%；建立并落地应用山东烟叶加工特性数据库，优化完善“打叶复烤”和“再造烟叶”技术、管理标准 408 项。年度立项山东省公司科技项目 1 项、复烤公司科技项目 4 项，获得山东省公司科技进步奖三等奖 1 项、标准创新贡献奖 1 项、专利奖 3 项，取得授权专利 9 件。

【体制改革】 落实烟草行业压缩复烤产能要求，完成沂水复烤厂 1.5 万吨（30 万担）生产线烟草专用设备报废和销毁工作，实际年产能由 7.5 万吨（150 万担）压缩至 4.5 万吨（90 万担）。推进去产能复烤企业转型发展，国家局批复 10 家工业公司，在复烤公司临沂分公司（原中鲁公司）设立山东区域物流集散中心，2022 年实现 8 家工业公司签约运营，业务量 10 万箱；在沂水复烤厂建设片烟混配专线，承担省局（公司）电子烟代分拣、代仓储、代配送工作，配合产区公司晾制雪茄烟叶 164 吨、发酵 58 吨。

天昌国际烟草有限公司

【概　况】 天昌国际烟草有限公司位于河南许昌市，2011 年 9 月重组整合为新的天昌国际烟草有限公司，隶属于河南省烟草专卖局（公司）。公司注册资本 22.48 亿元，有中国烟草总公司河南省公司、河南中烟工业有限责任公司、上海烟草集团有限责任公司、浙江中烟工业有限责任公司、湖北中烟工业有限责任公司、中国烟草河南进出口有限责任公司、江苏中烟工业有限责任公司、贵州中烟工业有限责任公司、红云红河烟草（集团）有限责任公司、安徽中烟工业有限责任公司、吉林烟草工业有限责任公司、红塔烟草（集团）有限责任公司、天利国际经贸有限公司、四川中烟工业有限责任公司、广东中烟工业有限责任公司、重庆中烟工业有限责任公司等 16 家股东。公司下辖天昌复烤厂、三门峡复烤厂、宝丰复烤厂、南阳复烤厂等 4 家打叶复烤生产厂，拥有 5 条打叶复烤生产线，年设计复烤加工能力 10.5 万吨（210 万担）。从业人员 716 人。

公司党委书记：王辉（—2022 年 7 月），赵遂生（2022 年 7 月—）；总经理：赵遂生。

【生产经营】 2022 年，公司复烤加工烟叶 7.59 万吨（151.75 万担），产出片烟 5 万吨（100 万担）。实现营业收入 6.21 亿元，实现税利 6800 万元。

【技术改造】 天昌复烤厂易地技改项目建设用地 545.11

天昌复烤厂易地技术改造项目（2022 年）
天昌国际烟草有限公司天昌复烤厂 黄 欣 摄

亩，年设计产能 3 万吨（60 万担），配置 12000 千克/小时打叶复烤生产线 1 条。2022 年底，天昌复烤厂易地技术改造项目实现单机试车。

【改革创新】 探索烟叶流通体制改革，推进“分选前移、低碳储运”“原收原调、站厂直调”新模式，研究烟叶原料“信息化调拨、一体化装卸、纯净化管控、定制化预混”新路径。

湖北烟草金叶复烤有限责任公司

【概　况】 湖北烟草金叶复烤有限责任公司位于湖北恩施市，2009 年 12 月经国家局批复成立，在原恩施、襄阳金叶烟草有限责任公司的基础上，由中国烟草总公司湖北省公司、湖北中烟工业有限责任公司、湖南中烟工业有限责任公司、浙江中烟工业有限责任公司、红云红河烟草（集团）有限责任公司、红塔烟草（集团）有限责任公司、山东中烟工业有限责任公司、四川中烟工业有限责任公司、广西中烟工业有限责任公司、安徽中烟工业有限责任公司等 10 家股东单位共同出资组建，2010 年 1 月正式挂牌成立，注册资本 11.74 亿元。公司下辖恩施复烤厂、襄阳复烤厂 2 家打叶复烤生产厂，拥有打叶复烤生产线 2 条，年设计加工能力 5.25 万吨（105 万担）。截至 2022 年底，公司总资产 13.80 亿元，资产负债率 10.41%。从业人员 378 人。

公司党组书记、总经理、法定代表人：程瑞武。

【生产经营】 2022 年，公司复烤加工烟叶 5.98 万吨（119.65 万担），产出片烟 3.85 万吨。实现营业收入 2.96 亿元，实现税利 4198.52 万元。

【技术创新】 2022 年，公司持续完善创新机制，搭建创新平台，重大专项“武陵秦巴生态区醇甜香型烟叶原料打叶复烤特性及模块化配方技术研究”项目获得湖北省局（公司）科技进步奖二等奖。重大专项“基于‘黄鹤楼’细支卷烟加工需求的模块化配方打叶复烤技术研究”经湖北省局（公司）鉴定，关键技术达到国内领先水平。QC 课题获得湖北省局（公司）一等奖 1 项、三等奖 1 项。制定《晾晒烟打叶复烤工艺规程》。

2022 年 3 月 21 日，四川中烟工业有限责任公司“宽窄”品牌润甜香原料拓展型区域加工中心在湖北烟草金叶复烤有限责任公司襄阳复烤厂授牌
湖北省局 供稿

【区域加工中心建设】 正式挂牌四川中烟“宽窄”品牌润甜香原料拓展型区域加工中心，建立“宽窄”品牌原料加工技术联合研究室、“宽窄·襄阳”党员服务点。公司与湖北中烟签订“黄鹤楼”品牌原料区域加工中心建设战略合作协议，确定分别在恩施复烤厂、襄阳复烤厂建立，同时建立党建与业务融合发展示范点、“黄鹤楼”打叶复烤联合试验站，湖北襄阳复烤厂“黄鹤楼”品牌原料区域加工中心被中国烟叶公司确定为重点品牌原料区域加工中心标准化对标建设名单。公司与浙江中烟签订“利群”原料区域加工中心建设协议，明确恩施复烤厂为“利群”品牌原料区域加工中心，同时建立党建与业务融合发展示范点。

2022 年 5 月 18 日，内蒙古昆明卷烟有限责任公司“冬虫夏草”原料打叶复烤区域加工中心在湖南烟叶复烤有限公司郴州复烤厂揭牌

湖南省局　供稿

湖南烟叶复烤有限公司

【概　况】 湖南烟叶复烤有限公司于 2011 年 9 月注册成立，10 月正式运作，位于湖南郴州北湖区南岭大道 316 号。公司实行“董事会授权下的总经理负责制”，现有股东 19 家，注册资本 22.88 亿元，其中中国烟草总公司湖南省公司持股比例 51.98%，其他湖南中烟工业有限责任公司、上海烟草集团有限责任公司、广东中烟工业有限责任公司、浙江中烟工业有限责任公司、红塔烟草（集团）有限责任公司、山东中烟工业有限责任公司、江苏中烟工业有限责任公司、安徽中烟工业有限责任公司、红云红河烟草（集团）有限责任公司、四川中烟工业有限责任公司、吉林烟草工业有限责任公司、广西中烟工业有限责任公司、甘肃烟草工业有限责任公司、贵州中烟工业有限责任公司、陕西中烟工业有限责任公司、江西中烟工业有限责任公司、河北中烟工业有限责任公司、重庆中烟工业有限责任公司等 18 家股东持股比例 48.02%。公司本级设 8 个部门，所属复烤厂设 7 个部室、3 个中心、2 个车间。公司实行“一个法人、两点生产加工”经营模式，下辖郴州复烤厂、永州复烤厂 2 家打叶复烤生产厂，两厂分别于 2015 年、2017 年完成易地技改，现有 12000 千克/小时打叶复烤生产线 3 条，年设计加工能力 9 万吨（180 万担）。有原烟仓库 8.4 万平方米，原烟仓储能力 4.1 万吨（84 万担）；片烟仓库 1.51 万平方米。从业人员 387 人。

公司党组书记、总经理、法定代表人：李志刚。

【生产经营】 2022 年，公司实现营业收入 5.35 亿元，实现税利 7718 万元。投料加工 11.44 万吨（228.83 万担），比上年增长 6.4%；产出成品 7.44 万吨（148.75 万担），增长 6.58%；挑选原烟 9.38 万吨（187.55 万担），增长 26.25%。均质化加工覆盖率 100%，全部加工批次质量抽检合格率 100%，17 项质量指标达标率 100%、先进率 82.35%。取得专利授权 11 件，其中发明专利 1 件。

湘西鹤盛原烟发展有限责任公司

【概　况】 湘西鹤盛原烟发展有限责任公司位于湘西自治州吉首市，成立于 1997 年，属于湖南中烟工业有限责任公司控股企业。2020 年，在吉首市马鞍工业园完成易地技改建设。公司占地面积 30.9 万平方米，主要从事烟叶委托加工业务，是湘西自治州农业产业化龙头企业。拥有 1 条 6000 千克/小时打叶复烤生产线，原烟年加工能力 3.5 万吨

(70 万担)。截至 2022 年底,公司总资产 9.7 亿元,从业人员 176 人。

公司党支部书记、总经理、法定代表人:张雄飞。

【生产经营】 2022 年,公司完成烟叶挑选 3.63 万吨(72.58 万担),复烤加工烟叶 3.7 万吨(74.03 万担),产出片烟 2.22 万吨(48.81 万担)。实现销售收入 1.84 亿元,上缴税金 1833.34 万元。

【技术改造】 2022 年,公司建设打叶复烤生产线集控中心,具有“设备控制自动化、质量检测智能化、过程管理集控化”能力。参与并引用国家局重大专项中的数字化平库技术与均质化加工全过程控制体系成果,形成模块原烟化学成分检测、数字化平库分类入库、小单元智能组配及精准出库、二级混配以及烤后片烟逐箱标定等 5 个环节的控制体系。截至 2022 年底,打叶复烤烟碱指标均匀性达到行业对标先进水平。

常德芙蓉烟叶复烤有限责任公司

【概　况】 常德芙蓉烟叶复烤有限责任公司于 2005 年 12 月 16 日成立,由湖南中烟工业有限责任公司、湖南省烟草公司常德市公司、张家界市公司共同出资组建,注册资本 3721 万元,隶属于湖南中烟工业有限责任公司。2014 年 7 月,公司易地技改搬迁至常德鼎城高新技术产业园区,占地面积 15.7 万平方米。拥有 12000 千克/小时的打叶复烤生产线 1 条,工艺技术上以突出满足“芙蓉王”品牌原料复烤加工为重点,为客户提供优质高效的加工与服务。截至 2022 年底,公司总资产 7.69 亿元。从业人员 184 人。

公司党总支书记、总经理、法定代表人:张晖。

【生产经营】 2022 年,公司复烤加工烟叶 3 万吨(60.01 万担),产出片烟 1.99 万吨(39.7 万担)。实现销售收入 1.38 亿元,实现税利 2625.36 万元。

浏阳天福打叶复烤有限责任公司

【概　况】 浏阳天福打叶复烤有限责任公司于 2004 年 12 月注册成立,为湖南中烟 3 家控股复烤企业之一,由湖南中烟工业有限责任公司、湖南省烟草公司长沙市公司、衡阳市公司共同出资组建,注册资本 1.6 亿元。公司位于浏阳市高新技术产业开发区,占地面积 12.61 万平方米,拥有 12000 千克/小时分类加工打叶复烤生产线 1 条,年复烤加工能力 3 万吨(60 万担)。2022 年 6 月,退出打叶复烤加工业务,该线产能压缩为零,全面转型为预处理生产企业,拥有 10000 千克/小时的片烟预处理线,年加工能力 2.04 万吨(40.8 万担)。截至 2022 年底,公司总资产 6.64 亿元。从业人员 148 人。

公司党支部书记、总经理、法定代表人:张其龙。

【生产经营】 2022 年,公司完成烟叶挑选 1.97 万吨(39.32 万担),复烤加工烟叶 1.4 万吨(28.04 万担),产出片烟 0.95 万吨(18.95 万担),全配方预处理业务量 1.63 万吨(32.63 万担)。实现销售收入 1.51 亿元,实现税利 3439.9 万元。

【技术改造】 2022 年,公司实现全面转型片烟预处理生产,先后建立生产信息管理系统及数字化智能平库系统。数字化智能平库系统库位与实际库位一一对应,与出入库方案进行实时关联,实现以托盘为单位的可视化库存管理,保障片烟出入库组配准确性;生产管理系统实现线上生产设备、检测设备等信息实时采集,实时监控设备运行情况。两套系统的投入使用,实现从源头上杜绝配方错误和生产过程实时质量控制,促进公司数字化转型。

广东韶关烟叶复烤有限公司

【概　况】 广东韶关烟叶复烤有限公司位于广东韶关市,前身为成立于 1992 年的韶关烟叶复烤厂,2003 年改制为有限公司,由中国烟草总公司广东省公司、广东中烟工业有限责任公司和深圳烟草工业有限责任公司共同出资组建,隶属于中国烟草总公司广东省公司。公司占地面积 9 万余平方米,拥有 1 条 6000 千克/小时打叶复烤生产线,年复烤加工能力 1.5 万吨(30 万担)。截至 2022 年底,公司总资产 5.32 亿元。从业人员 147 人。

公司党委书记、总经理、法定代表人:骆伟强(—2022 年 7 月),陈永华(2022 年 7 月—)。

【生产经营】 2022 年，公司复烤加工烟叶 3.04 万吨（60.84 万担），产出片烟 2.01 万吨（40.25 万担）。实现营业收入 1.71 亿元，实现税利 1994.52 万元。

【技术改造】 2022 年，公司“十二五”技改项目完成验收。聚焦“给料机”和“精选线”两个重点项目建设，成立技改投资领导小组。截至 2022 年底，给料机项目完成招标采购工作，精选线项目正在优化初步设计，同步进行概算审计。

【企业管理】 2022 年，公司完成广东省局劳模和工匠人才创新工作室创建，在广东省劳模和工匠人才创新工作室评比中获得第一名，并被评为广东省工人先锋号。强化资金预算管理和成本管控，注重生产节能降耗和精益管理，29 项复烤企业对标指标有 25 项达到先进水平，吨片烟成本、能耗持续保持先进，精益降本约 96 万元。

【技术创新】 2022 年，公司推进科技自立自强，纵深数字化工艺链、智能化工序链建设。在无人投料领域，完成 AGV 智慧物流系统建设并投入使用；在数字化均质化复烤加工领域，获批实用新型专利授权 4 件。入选广东省局（公司）企业标准项目 2 项，行业标准项目 1 项；全年科研项目立项 5 项，1 项成果获得行业第七届标准创新贡献奖三等奖，1 项获得中国烟草总公司科学技术进步奖三等奖；选送的 QC 课题获得南粤之星金钻奖。

广西伊灵烟叶复烤有限责任公司

【概　况】 广西伊灵烟叶复烤有限责任公司是广西唯一一家打叶复烤企业，原隶属于南宁卷烟厂，现隶属于广西壮族自治区烟草专卖局（公司）。公司于 2000 年筹建，2002 年 6 月正式投产。2003 年 6 月，中国烟草总公司广西区公司、南宁卷烟厂、柳州卷烟厂、广西区烟草公司百色市公司、贺州市公司等 5 家股东单位共同出资改制，成立广西伊灵烟叶复烤有限责任公司。截至 2022 年底，公司有中国烟草总公司广西区公司、广西中烟工业有限责任公司、广西区烟草公司百色市公司、贺州市公司、河池市公司等 5 家股东单位，拥有总资产 5.5 亿元，占地面积 30.51 万平方米。公司经营业务范围包括烟叶打叶复烤加工和纸箱加工，配置 1 条 6000 千克/小时打叶复烤生产线和 1 条纸箱生产线，年打叶复烤加工设计能力 1.5 万吨（30 万担），年纸箱加工能力 300 万个。从业人员 161 人。

公司董事长：李波；党委书记、总经理、法定代表人：卢洪元。

【生产经营】 2022 年，完成复烤烟叶 1.62 万吨（32.47 万担），产出片烟 1.08 万吨，打叶质量抽检合格率 99.67%。加工产品质量保持稳定，产品交付合格率均达到 100%；加工纸箱 199.68 万个，纸箱质量抽检合格率 99.77%。实现销售收入 8020.62 万元（其中打叶复烤收入 6232.61 万元，纸箱加工收入 1788.01 万元），实现税利 1337.43 万元。

【技术改造】 2022 年，公司推进烟叶仓库建设和打叶复烤设备替换升级，烟叶仓库建设项目于 2022 年 10 月 21 日开工建设，截至 2022 年底，完成生活配套用房地下部分施工及地上一层柱梁板钢筋安装，1 号、2 号原烟周转库及综合工房基础施工等工作，总体形象进度约 30%；无偿受让广东梅州复烤有限公司闲置的打叶复烤生产线设备，并完成设备资产移交工作。

【企业管理】 2022 年，公司全面推进对标工作，抓好指标分解和管控责任落实，行业 29 项对标指标中公司达标 25 项，达标率 86.21%，达先进指标 18 项，其中，设备故障率 0.97%，比行业先进指标（≤2%）低 1.03 个百分点。推进降本增效，紧盯重点领域控成本，片烟单位生产成本比上年降低 358.06 元/吨；注重创新成果转化，课题“降低烤后片烟返箱率”获得第十届广西区局（公司）优秀质量管理小组成果三等奖，烤后片烟返箱率降低 36.7%。

重庆烟叶复烤有限公司

【概　况】 重庆烟叶复烤有限公司位于重庆巴南区，成立于 2013 年 9 月。公司是按照现代企业制度组建的股份制打叶复烤企业，由中国烟草总公司重庆市公司、重庆中烟工业有限责任公司、湖南中烟工业有限责任公司、江苏中

2022 年 11 月 12 日，四川烟叶复烤有限责任公司宜宾复烤厂在线工艺人员检查烟叶叶片结构情况

四川省局 供稿

烟工业有限责任公司投资组建，中国烟草总公司重庆市公司控股，注册资本 9.8 亿元。公司下辖万州复烤厂（原重庆万兴烟叶有限责任公司）和彭水复烤厂（原重庆金益烟草有限责任公司）。截至 2022 年底，从业人员 284 人，中级以上专业技术职称 61 人，职业技能等级二级以上 48 人。

公司党组书记、总经理、法定代表人：黄玉平。

【生产经营】 2022 年，公司加工烟叶 2.99 万吨（59.76 万担），产出成品片烟 1.98 万吨（39.59 万担）。实现营业收入 1.59 亿元。实现税金 1612.77 万元。

【技术改造】 2022 年易地技改项目一标段 1～5 号原烟周转库、原烟接收及验级工房和选叶工房的基础工程进度完成 100%、主体工程进度完成 100%，总体形象进度完成 80%。二标段联合工房、生产管理用房、动力中心、监打倒班宿舍、季节工宿舍食堂基础工程完成 100%，主体工程完成 80%，总体形象进度完成 70%。在工艺设备方面，主要工艺设备、立库设备制作全部完成，中烟物流新基建项目完成合同签订工作；通用配套工程进入招标程序；智能制造项目完成总体规划设计方案的评审。

四川烟叶复烤有限责任公司

【概　况】 四川烟叶复烤有限责任公司成立于 2011 年 12 月，实行“一个法人、多点加工”的组织模式和现代企业股份制管理模式，本部设在成都，有云南中烟工业有限责任公司、浙江中烟工业有限责任公司、江苏中烟工业有限责任公司等 14 家股东，由中国烟草总公司四川省公司控股管理。2019 年，四川复烤率先完成去产能工作，将泸州复烤厂转型为仓储中心，开展片烟存储和社会化租赁业务。公司下辖复烤厂由 5 家调减至 4 家，分别位于会理、德昌、会东、宜宾，设计加工产能从 14.25 万吨（285 万担）调整为 9.75 万吨（195 万担），主要加工方式为模块配方打叶，工艺技术采用柔打细分、低温慢烤和均质化加工，每年 9 月至次年 6 月为生产烤季。截至 2022 年底，公司总资产 37.79 亿元。从业人员 463 人。

公司总经理、法定代表人：桂冬。

【生产经营】 2022 年，公司加工烟叶 12.81 万吨（256.15 万担），产出片烟 7.95 万吨。实现营业收入 5.55 亿元，实现税利 1.69 亿元。

【技术改造】 全面建成会东复烤厂新厂并通过联合竣工验收，采取整合分项、优化功能、完善评价等方式，节约预算资金 222.9 万元；对标专业化分选、均质化加工、同质化养护要求，完善德昌、会东两厂技改方案，实现功能优化、资产增加，投资效益更加科学，增加建设面积 7705 平方米，减少规划投资 884 万元。

贵州烟叶复烤有限责任公司

【概　况】 贵州烟叶复烤有限责任公司位于贵州贵阳市，于 2009 年 12 月 15 日经国家局批准成立，由中国烟草总公司贵州省公司控股并管理。由贵州省烟草专卖局（公司）、上海烟草集团有限责任公司、湖南中烟工业有限责任公司、红塔烟草（集团）有限责任公司、红云红河烟草（集团）有限责任公司等 19 家烟草工商企业共同出资组建，注册资本 46.76 亿元，其中，贵州省烟草专卖局（公司）占股

贵州烟叶复烤有限责任公司开展精选分级技能比武（2022 年）

贵州省局　供稿

53.05%。截至 2022 年底，公司总资产 56.73 亿元，净资产 52.56 亿元。公司有 12000 千克/小时打叶复烤生产线 8 条，其中毕节复烤厂 2 条，其余贵阳复烤厂、遵义复烤厂、黔西南复烤厂、铜仁复烤厂、黔南复烤厂、湄潭复烤厂等 6 家复烤厂各 1 条，年复烤加工能力 32 万吨（640 万担）。从业人员 956 人。

公司党委书记、总经理：何彬。

【生产经营】　2022 年，公司复烤加工烟叶 18.4 万吨（368 万担），产出片烟 11.7 万吨（234 万担）。实现营业收入 8.45 亿元，比上年增长 2%；实现税利 1.23 亿元，增长 28.76%。

【技术改造】　截至 2022 年底，毕节复烤厂技改项目拆除及土石方工程如期开工，形象进度完成 90%，联合工房、办公用房等标段的招标工作陆续启动。贵阳复烤厂技改项目完成建设用地规划许可证和林地手续办理。

【区域加工中心建设】　2022 年，完成“黄金叶”“贵烟”“苏烟”“黄山”“中华”等 5 个品牌区域加工中心揭牌，其中“黔西南—贵烟”“遵义—南京”被国家局明确为行业示范性区域加工中心。

【数字化转型】　探索企业数字化转型的实施路径，制定“两头无人化、中间智能化”智慧工厂建设思路，以湄潭厂为试点配置 AGV 移动小车、均质化加工设备、原烟智能收储设备等，基于物联网、AI 等新一代信息技术的生产管理系统和安全生产管控系统投入试运行，努力用新技术新手段对生产全过程实施智能化管控。

【均质化加工】　2022 年，均质化加工烟叶 15.25 万吨（305 万担），占比 95.61%，基本实现重点品牌原料均质化加工全覆盖；均质化加工三大关键指标，平均烟碱 CV 值 1.83%、平均水分 CV 值 1.62%、平均非烟物质均达到行业优秀指标值，工业客户满意度达到 97%。

云南省烟草烟叶公司

【概　况】　云南省烟草烟叶公司位于云南昆明市，成立于 1982 年，是中国烟草总公司云南省公司的全资子公司，集烟叶购进、加工、销售、仓储及技术研发于一体的综合性烟草企业。公司注册资本 1.92 亿元，总占地面积 69.21 万平方米，其中本部占地面积 39.27 万平方米、烟叶醇化仓储中心占地面积 29.94 万平方米。公司拥有 1 条 12000 千克/小时和 2 条 6000 千克/小时的打叶复烤生产线，年加工生产量 10 万吨（200 万担）以上。截至 2022 年底，公司总资产 105.46 亿元；内设职能科室 15 个。从业人员 458 人。

公司党委书记、经理、法定代表人：符泽博。

【生产经营】　2022 年，公司购进烟叶 11.58 万吨（231.65 万担），复烤加工烟叶 11.25 万吨（225.03 万担），产出片烟 7 万吨（140 万担），销售烟叶 12.92 万吨（258.4 万担）。实现销售收入 93.47 亿元，实现税利 12.14 亿元。

【配方打叶】　2022 年，公司深化配方打叶技术，持续扩大非核心产区烟叶配方运用和跨部位配方模块研发，清融香

云南省烟草烟叶公司生产加工现场（2022 年）
云南省烟草烟叶公司　郭　斌　摄

型烟叶配方用量 0.96 万吨（19.22 万担），跨部位配方模块 31 个、3.89 万吨（77.7 万担），完成 19 家工业企业的 115 个配方模块加工工作，配方加工 9.64 万吨（192.82 万担）。

【技术创新】　2022 年，公司申报各类改善创新课题 20 项，1 项 QC 成果获得云南省局（公司）第一名，2 项引进 QC 成果分别获得云南省局（公司）第一名、第二名。获得授权发明专利 3 件、实用新型专利 8 件、登记软件著作权 6 件，申请各类知识产权保护 33 项。加快推进数字化转型，推动“智能财务”“智慧人事”“智慧审计”“智慧消防”建设，自主开发醇化仓储管理平台系统、“智慧云叶”移动端协同办公平台、“质量信息管理模块”和“党建管理模块”。

【技术改造】　2022 年，公司原烟周转库（1 号、2 号）通过整体竣工验收，总建筑面积 1.54 万平方米；云南烟叶醇化仓储中心项目（二期）进入立项申报阶段；原烟收储用房及选叶工房建设项目获得立项批复；全面启动生产厂区大门及边坡改造项目；配电高低压设备技术改造项目及真空回潮机项目进入试运行阶段。

云南烟叶复烤有限责任公司

【概　况】　云南烟叶复烤有限责任公司位于云南昆明市，成立于 2009 年 12 月 16 日，由 8 家打叶复烤企业重组整合后组建，2010 年 1 月 1 日正式运行，是全国第一家重组整合的股份制打叶复烤企业。公司实行董事会领导下的总经理负责制，共 19 家股东单位，注册资本 52.75 亿元，中国烟草总公司云南省公司是最大股东，股权比例 50.74%。公司下辖文山、泸西、麒麟、楚雄、宣威、陆良、师宗、保山、石林、大理复烤厂等 10 家打叶复烤生产厂，共有打叶复烤生产线 10 条，年设计加工能力 28.5 万吨（570 万担），年均加工烟叶 45 万吨（900 万担），为 25 家工商企业和 13 家州（市）公司提供烟叶收储加工服务。从业人员 1204 人。

公司党委书记、总经理、法定代表人：廖世勇。

【生产经营】　2022 年，公司收储烟叶 58.12 万吨（1162.49 万担）（含厂际调拨）、分选烟叶 45.69 万吨（913.76 万担）、复烤加工烟叶 44.28 万吨（885.54 万担），综合出片率 65.13%、产品得率 94.29%。实现工业总产值比上年增长 1.92%。实现税利 11.39 亿元；实现个性化服务收入 4.18 亿元，比上年增长 4.04%。

【技术创新】　2022 年，打叶段可变框栏、可变刀框距技术研究、打叶段风分器节能技术持续取得突破，持续开展“直接干燥”复烤保香工艺深化应用研究并推广。获得专利授权 36 件，其中发明专利 7 件。发表论文 18 篇，获得行业统计论文评选一等奖 3 篇。科技成果获得云南省科学技术进步奖三等奖 1 项、中国烟草总公司科学技术进步奖三等奖 1 项，省公司科学技术进步奖二等奖 1 项。

【治理现代化】　2022 年，形成 4 家（楚雄、麒麟、保山、陆良）区域加工中心标杆引领，2 家（宣威、大理）样板示范，4 家（师宗、文山、泸西、石林）典型联动的区域加工中心分布格局。建成数据中心，实现与各厂信息实时共享。推进依法治企，被评为烟草行业依法治理创建活动先进单位。推进产业工人队伍建设改革工作，公司被列为云南省第二批国有企业、在滇央企“强化产业工人思想政治引领”示范试点单位。

红河烟叶复烤有限公司片烟精选车间（2022年）
红河烟叶复烤有限公司 刘彦君 摄

红河烟叶复烤有限公司

【概 况】 红河烟叶复烤有限公司位于红河州弥勒市，成立于2003年8月8日，由云南省烟草公司红河州公司和红河卷烟厂共同出资组建。公司注册资本2亿元，云南省烟草公司红河州公司持股51%、红河卷烟厂持股49%。2008年，红河卷烟厂持有股权划转红云红河烟草（集团）有限责任公司。2018年，公司股权调整为红云红河集团持股60%，云南省烟草公司红河州公司持股40%。公司占地面积约41.19万平方米，拥有12000千克/小时打叶复烤生产线2条，年复烤加工能力6万吨（120万担），主要为红云红河集团提供原烟收购、复烤加工和仓储（片烟醇化）服务。截至2022年底，公司总资产19.46亿元，其中固定资产2.79亿元、流动资产16.67亿元，资产负债率3.08%。从业人员125人。

公司董事长：倪乐峰；总经理：杨石钢。

【生产经营】 2022年，公司复烤加工烟叶7.54万吨（150.82万担）。其中：完成初烟复烤5.85万吨（116.91万担），出片率65.04%；片烟回烤1.7万吨（33.91万担），出片率99%。实现税利2.11亿元。

曲靖天福烟叶复烤有限责任公司

【概 况】 曲靖天福烟叶复烤有限责任公司位于曲靖市南海子工业园区，成立于2003年11月，由曲靖卷烟厂、曲靖市烟草专卖局（公司）共同出资组建。2008年，公司股权划转红云红河烟草（集团）有限责任公司和云南中烟工业有限责任公司。公司注册资本2.46亿元，红云红河集团持股95%、云南中烟持股5%。2013年，经国家局批复进行技改，技改后配备12000千克/小时打叶复烤主线、6000千克/小时打叶复烤特色工艺线各1条，年复烤加工能力4.5万吨（90万担），并构建高端烟叶手撕精片选1号工坊，为“大重九”等品牌提供优质原料保障。2022年，云南中烟所持股份划转红云红河烟草（集团）有限责任公司，红云红河烟草（集团）有限责任公司持股100%。截至2022年底，公司总资产3.76亿元，其中固定资产1737.64万元、流动资产3.49亿元，资产负债率13.14%。从业人员203人。

公司董事长：符强；总经理：徐剑峰。

【生产经营】 2022年，公司复烤加工烟叶7.37万吨（147.33万担）。实现税利8907.65万元。

咸阳烟叶复烤有限责任公司

【概 况】 咸阳烟叶复烤有限责任公司原名陕西烤烟复烤厂，始建于1976年，1986年上划陕西省烟草专卖局（公司），1995年并入陕西省宝鸡卷烟厂，2003年划归咸阳市烟草专卖局（公司）管理。2006年企业改制后，成立咸阳烟叶复烤有限责任公司，注册资本9000万元，2008年、2014年经过两次增资扩股，总资本达到2.74亿元。公司有中国烟草总公司陕西省公司、陕西省烟草公司咸阳市公司、湖南中烟工业有限责任公司、陕西中烟工业有限责任公司、四川中烟工业有限责任公司等5家股东。公司位于陕西西咸新区秦汉新城，占地面积14.58万平方米，拥有6000千克/小时打叶复烤生产线1条，原烟仓库1万平方米、精选车间0.7万平方米，成品仓库1.15万平方米。企业每年可提供

咸阳烟叶复烤有限责任公司打叶复烤车间预处理投料现场（2022 年）
陕西省局 供稿

周边区县近 800 个劳动力的短期就业岗位。截至 2022 年底，公司总资产 4.07 亿元，资产负债率 13.77%。从业人员 140 人。

公司党委书记、董事长：张云；党委副书记、总经理：王林生（—2022 年 3 月）。

【生产经营】 2022 年，公司复烤加工烟叶 2.38 万吨（47.69 万担），生产成品 1.56 万吨（31.22 万担）。实现主营业务收入 9753.63 万元，实现税利 1587.37 万元。

【市场建设】 以“立足陕西，面向西北，服务行业”为定位，业务涉及陕西、甘肃、云南、湖北等 10 家工业企业，货源分布陕西、甘肃等 11 个省 20 个产区。

再造烟叶生产

上海烟草集团太仓海烟烟草薄片有限公司

【概 况】 上海烟草集团太仓海烟烟草薄片有限公司位于江苏太仓港港口开发区，成立于 2004 年 1 月，2007 年 7 月开始试生产。公司由上海烟草集团有限责任公司等 3 家有限公司共同出资组建，注册资本 3.9 亿元。2015 年 12 月，广东省金叶公司退资，公司完成投资方变更和工商登记注册手续，成为上海烟草集团有限责任公司全资子公司。2021 年 11 月，上海烟草集团有限责任公司增资 3.3 亿元，增资后公司注册资本 6.93 亿元。公司占地面积 14.85 万平方米，拥有 1 条横幅为 2640 毫米、产能为 1500 千克/小时的再造烟叶生产线，是国内第一条成规模的年产万吨生产线。截至 2022 年底，公司总资产 7.82 亿元，其中固定资产 2.65 亿元、流动资产 5.17 亿元，资产负债率 2.14%。从业人员 210 人。

公司党总支书记、总经理、法定代表人：郭亮（—2022 年 7 月）、何慎之（2022 年 7 月—）。

【生产经营】 2022 年，公司生产薄片产品 7883.48 吨，其中，生产薄片 S 烤烟型 1588.68 吨、薄片 A 烤烟型 6161.04 吨、薄片 JYZ 烤烟型 133.76 吨。销售薄片 5187.77 吨。实现销售收入 2.31 亿元，实现税利 5148.95 万元。

【技术改造】 2022 年 1 月 28 日，再造烟叶生产线建设项目取得《建筑工程施工许可证》，2 月 22 日，再造烟叶生产线建设项目土建工程正式开工，4 月土建施工受疫情影响停工 70 天，通过后续施工组织优化，于年底前完成一层框架结构工程施工。8 月 18 日，国际招标项目进口纸机合同完成签订。

江苏鑫源烟草薄片有限公司

【概 况】 江苏鑫源烟草薄片有限公司位于江苏淮安清江浦区，成立于 2011 年 10 月，为江苏中烟工业有限责任公司的全资子公司。公司拥有 2000 千克/小时再造烟叶生产线、1500 千克/小时再造梗丝验证生产线。截至 2022 年底，公司总资产 12.08 亿元，其中固定资产 4.06 亿元、流动资产 7.28 亿元，资产负债率 6.49%。从业人员 252 人。

公司党委书记、总经理、法人代表：梁瑞海；董事长：王轩庭。

【生产经营】 2022 年，江苏鑫源烟草薄片有限公司高质量推进“行业技术领先高端再造原料优质供应商”建设。全年产销再造原料 5750.9 吨，比上年增长 9.86%；实现销售收入 3.17 亿元，增长 12.58%；实现税利 1.28 亿元，增长 22%。有序推进系列重点技改项目，香精香料集中调配设施建设项目土建进场施工，完成再造烟叶白水系统、再造梗丝除杂系统、风送系统、压梗机搬迁、污水处理系统等改造工作。

安徽中烟再造烟叶科技有限责任公司

【概　况】 安徽中烟再造烟叶科技有限责任公司位于安徽蚌埠市，于 2011 年 4 月 8 日注册成立，注册资本 1 亿元，是安徽中烟工业有限责任公司的全资子公司。公司占地面积 13.33 万平方米，拥有瑞典 Andritz 公司生产的 Yankee 1 台，瑞典 Alfa Laval 公司生产的 Decanter Centrifuge 2 台以及上海高新纸机等众多先进生产设备，年设计加工生产能力 1 万吨。一期投资 4.18 亿元，是全国规模较大、技术较为先进的造纸法烟草薄片生产基地之一。截至 2022 年底，公司总资产 4.61 亿元，其中固定资产 1.82 亿元、流动资产 2.78 亿元，资产负债率 2.79%。从业人员 143 人（含委派人员 8 人）。

公司董事长：刘云；党委书记、总经理：陈鹏。

【生产经营】 2022 年，公司生产薄片 3463.95 吨，销售 3242.85 吨。实现销售收入 1.01 亿元，实现税利 1857.73 万元。

福建金闽再造烟叶发展有限公司

【概　况】 福建金闽再造烟叶发展有限公司位于福建福州罗源县，成立于 2003 年 3 月，注册资金 1.76 亿元，由福建中烟工业有限责任公司、厦门烟草工业有限责任公司、龙岩烟草工业有限责任公司共同投资，隶属于福建中烟工业有限责任公司，是一家以造纸法再造烟叶为主，烟用胶囊、异形滤棒、卷式薄片为辅的经营多种产品的专业化企业。公司占地面积 17.12 万平方米，二期“七匹狼”专用再造烟叶生产线投资 3.2 亿元，设计产能 1 万吨。截至 2022 年底，公司总资产 6.3 亿元。从业人员 311 人。

公司董事长：李跃锋；党委书记、总经理、法定代表人：陈泉根。

【生产经营】 2022 年，公司生产再造烟叶 4803 吨，销售再造烟叶 5008 吨；产销卷式薄片 2.08 吨、滤棒 1.24 亿支。全年实现销售收入 2.55 亿元，实现税利 2962 万元。

【技术改造】 持续优化产品、工艺和设备。低定量再造烟叶产品实现无助剂添加成型，定量由 47.5 克/平方米下降至 45 克/平方米；HNB 卷烟芯材掌握高负载量纤维配方及工艺加工技术，实现一次涂布产品品质即可满足客户需求；生物酶技术实现在梗膏反应及成品喷雾中的应用，有效改善梗膏和成品品质，减少部分香精使用；应用 APC 技术实现涂布率自动控制，片基基重、水分和绝干定量稳定性较应用前分别提升 15%、15% 和 5%；再造烟叶产品得率提升近 10%，日产量提升 5%；天然气单耗降幅 4.6%；在感官质量和理化指标稳定提升的情况下，产品一氧化碳释放量下降 3 毫克/支以上。

【企业管理】 完成公司“十四五”规划调整，明确以成为福建中烟产业链价值增量的创新者为企业定位，以成为卷烟产品质量和风格的“稳定剂”为产品定位。系统构建公司多维创新体系，初步形成覆盖产品工艺、机械维护、智能化控制三大领域的对外技术合作生态，全年输出科技项目成果 6 项，管理项目成果 14 项，QC 成果 17 项，发明专利授权 2 件，发表论文 33 篇。

山东瑞博斯烟草有限公司

【概　况】 山东瑞博斯烟草有限公司成立于 2002 年 6 月，是国家局批准成立的再造烟叶生产企业，为山东烟叶复烤有限公司的全资子公司。公司注册资金 6378.5 万元，占地面积 18.11 万平方米，经营范围为烟草薄片委托加工、生产销售、生产技术服务、烟草专用机械购进、烟叶购进、仓储等。公司建有 1 条再造烟叶生产线，年生产加工能力 6000 吨，供热站、空压站、变电站、供水站、污水处理站等配套公用设施完善。产品涵盖烤烟型、混合型、雪茄型、功能型等4个种类，覆盖山东、甘肃、黑龙江等国内市场，主要应用于“泰山”“兰州”“如意”等多个卷烟品牌。截至2022年底，公司总资产1.2亿元，其中固定资产3067万元、流动资产8683万元，资产负债率28.41%。职能部门9个，从业人员174人。

公司党委书记、总经理、法定代表人：马腾（—2022年8月）、刘彦杰（2022年8月—）。

【生产经营】 2022年，公司生产薄片4065.8吨，实现销售调拨3425.38吨。实现营业收入8175万元，实现税利606万元。

【技术改造】 2022年，公司聚焦薄片品质提升关键指标，优化原料投料方式，完成提升烟末纯净度的工艺技术攻关，从源头保障产品品质；开展蒸梗工艺专题论证，实现蒸梗解纤工艺装备在生产线的应用，补齐薄片杂气、嗅香品质和片基品质等方面的短板；优化改造生产线流送系统、涂布工序，解决涂布合格率低、偏差大的问题，推动薄片制造向“全程均质”升级。

河南卷烟工业烟草薄片有限公司

【概　况】 河南卷烟工业烟草薄片有限公司位于河南许昌市，2006年7月成立，是河南中烟工业有限责任公司的全资子公司。公司有幅宽2640毫米烟草薄片长网纸机、卧式螺旋沉降式离心机、滚筒式薄片烘干机、高浓磨浆机、预压式打包机、流浆箱等主要设备，年生产能力1.5万吨。截至2022年底，公司总资产8.51亿元。从业人员289人。

公司党委书记、董事长、法定代表人：武超伟。

【生产经营】 2022年，公司生产再造烟叶8733吨，再造烟叶成丝6135吨；销售再造烟叶2724吨，再造烟叶成丝6146吨。实现销售收入3.65亿元，实现税利2.12亿元。

【技术创新】 2022年，公司开展制浆回流工艺验证和打浆浓度稳定控制优化，完成碳酸钙添加方式改造和初步优化验证，生产连续运行稳定性和再造烟叶理化指标稳定性显著提升。开展制浆自动控制技术、烟梗去皮技术、烟粉施加等关键技术研究，优化完善碟片离心机运行方式，持续优化再造烟叶加工工艺，推进工艺技术创新，再造烟叶理化性能及其稳定性不断提高，产品感官质量明显改善。

湖北新业烟草薄片开发有限公司

【概　况】 湖北新业烟草薄片开发有限公司位于湖北武汉市，成立于2001年11月，隶属于湖北中烟工业有限责任公司。公司有高浓碎浆机（烟梗）、高浓碎浆机（烟末）、解纤机、挤干机、低浓磨浆机、离心分离机、MVR蒸发浓缩、流浆箱、烘箱、切片机、烘丝机、薄片打包机等设备，年加工能力1万吨。截至2022年底，公司总资产10.63亿元。从业人员272人。

公司党委书记、经理、法定代表人：熊斌。

【生产经营】 2022年，公司生产再造烟叶3732吨，销售再造烟叶5017吨。实现销售收入4.80亿元，实现税利1.93亿元。

【技术改造】 2022年，公司积极推进各项技术改造，包含造纸法薄片就地技术、打包机、烘丝机、卧螺升级技术、双效浓缩系统升级、消防设施升级、货运电梯、空压机等。

湖南金叶烟草薄片有限责任公司

【概　况】 湖南金叶烟草薄片有限责任公司位于湖南衡阳祁东县洪桥街道办文化路11号，2004年4月20日注册成立，注册资本7250万元。2020年8月28日，公司完成股权收购及工商变更登记，成为湖南中烟下属具有独立法人资格的全资子公司。公司占地面积11.05万平方米，拥有年设计生产能力1万吨的再造烟叶生产线1条。公司设置13个部（室）、1个生产车间。截至2022年底，公司总资产4.82亿元，其中固定资产1.9亿元、流动资产2.92亿元，资产负债率64.43%。从业人员302人。

公司党委书记、总经理、法定代表人：王江涛。

【生产经营】 2022年，完成产量3200吨，销量2300吨，实现营业总收入1.13亿元，利税总额3776万元，资产保值增值率105.92%。

【易地技改】 2022年9月底，公司完成联合工房及公共配套建筑工程主体结构封顶；12月底，具备工艺设备安装条件。土建施工项目申报全国3A示范工程，顺利通过衡阳市和湖南省住建厅组织的两轮现场考评。

【产品研发】 烟草源香料中试成功并实现生产，制备技术在环保性、经济性、产品风格质量彰显性、推广应用性等方面均优于国内外现有技术，所获烟草源香料组合应用于产品配方，有效提高下部中等烟品质，达到增加香气、增大浓度、增强满足感，减少杂气、减低刺激、减弱涂层感“三增三减”的效果，提高下部烟在产品叶组配方中的使用比例、烟叶资源综合利用水平。

云南中烟再造烟叶有限责任公司

【概　况】 云南中烟再造烟叶有限责任公司成立于2001年11月，是由云南中烟控股（占50%股份），昆明船舶设备集团有限公司（占25%股份）和云南瑞升烟草技术（集团）有限公司（占25%股份）参股的国有控股企业，注册资本3.9亿元。公司拥有完全自主知识产权生产线3条，年生产能力3万吨，是国家局确定的3家造纸法再造烟叶研发基地之一。截至2022年底，公司总资产11.12亿元、净资产10.06亿元。从业人员384人。

公司董事长：许永明；总经理：徐广晋（—2022年5月）；法定代表人：徐广晋（—2022年5月）、许永明（2022年5月—）；党总支书记、副总经理：张嵘（2022年5月—，主持工作）。

【生产经营】 2022年，公司生产再造烟叶1.94万吨，销售1.65万吨。全年实现营业收入5.29亿元，实现税利1.77亿元，比上年增长24.65%。

【技术改造】 2022年，公司制定“设备调试50天、生产调试50天”攻坚计划，全力推进易地技术改造项目建设，12月20日实现首批产品转产下线，并通过云南中烟技术中心质量验收，年内完成所有土建单体主体结构预验收、部分生产及配套系统单项预验收。

【技术创新】 2022年，新申请专利5件，获得专利授权13件。研发应用膜处理、生物发酵、非极性提取、电渗析等前沿跨界技术，提升产品质量。基于易地技改项目建设，完成洗梗蒸梗、MVR、高性能片基等工艺技术研究转换验证；针对性开展产品配方技术和原料配方技术的研究及验证，支撑原料预处理、大料仓、提取、净化等新工艺应用。

中烟施伟策（云南）再造烟叶有限公司

【概　况】 中烟施伟策（云南）再造烟叶有限公司成立于2011年8月，由中国双维投资有限公司、云南中烟工业有限责任公司、红塔烟草（集团）有限责任公司、红云红河烟草（集团）有限责任公司和施伟策——摩迪国际（中国）有限公司共同投资组建，中外双方各占50%股份。公司占地面积28.4万平方米，主要经营加工、生产和销售用于烟草产品制造的再造烟叶，进口相关原材料和设备，以及提供与此相关的服务。截至2022年底，公司总资产9.23亿元，其中固定资产净值5.44亿元、流动资产2.72亿元，资产负债率37%。从业人员222人。

【生产经营】 2022年，公司生产再造烟叶1.26万吨，销售1.2万吨。全年实现销售收入3.96亿元，实现税利9416万元，比上年增长10%。

【技术改造】 结合“零缺陷”工作质量要求，在车间纸机段、包装段各处输送皮带增设分料器，将成品平均分布各输送带内，降低成品包芯温度，有效缓解产品结块等问题。完成隧道冷凝水系统技改，稳定隧道温度，提高精度控制水平，有效提升产品质量。建立原辅料仓库管理模块、设备及备件管理模块、HR信息系统、成品扫码精细化管控等多个系统。以企业微信为办公平台，接入其他信息化系统，搭建一体化的平台，增强企业移动办公能力，提升企业信息化管理水平。

【技术创新】 2022年，新申请专利24件，其中受理13件；发表科技论文4篇；实现香精香料模块化在再造烟叶产品配方中的应用；开发出适用于黑龙江中烟卷烟发展需求的造纸法再造烟叶新产品；应用国内广泛的白肋烟、晒红烟等原料资源，开发出具有“雪茄型”特征的再造烟叶产品；开发香原料热相变材料液体保香——固体固香技术；开发过滤材料原纸一体成型工艺技术、疏水疏油调控技术和主流烟气温度调控技术。

◇ 编辑：褚　幸

科研和教育培训

科研院所

2022 年全国烟草行业主要科研机构（排名不分先后）：

中国烟草总公司郑州烟草研究院

中国烟草总公司合肥设计院

上海新型烟草制品研究院有限公司

中国烟草科技信息中心

中国烟草标准化研究中心

国家烟草基因研究中心

云南省烟草农业科学研究院［中国烟草育种研究（南方）中心］

中国烟草总公司黑龙江省公司牡丹江烟草科学研究所（中国烟草东北农业试验站、中国烟草进出口烟叶检测站）

福建省烟草专卖局烟草科学研究所（中国烟草东南农业试验站）

湖北省烟草科学研究院（中国烟草白肋烟试验站）

贵州省烟草科学研究院（中国烟草西南农业试验站）

湖南省烟草科学研究所（中国烟草中南农业试验站）

中国烟草总公司青州烟草研究所［中国农业科学院烟草研究所、中国烟草遗传育种研究（北方）中心］

国家烟草栽培生理生化研究基地

广东省烟草科学研究所

江西省烟草科学研究所

河南省烟草科学研究所

山东烟草研究院有限公司

中国烟草总公司重庆市公司烟草科学研究所

陕西省烟草科学研究所

中国烟草总公司海南省公司海口雪茄研究所

四川省烟草科学研究所

中国烟草总公司郑州烟草研究院

【概　况】　中国烟草总公司郑州烟草研究院（简称郑州院）位于河南郑州市，始建于1958年，主要从事烟草栽培调制及贮保、烟草基因、卷烟加工工艺和卷烟配方、烟草化学、烟用香精香料、卷烟减害降焦、再造烟叶等方面的应用基础和共性技术研究，卷烟厂和烟叶复烤厂的工程设计、行业相关检测仪器的研制、开发等。学科范围覆盖从烟草基因到卷烟生产的全过程。郑州院是国际标准化组织烟草及烟草制品技术委员会（ISO/TC 126）国内技术归口单位，是国际烟草科学研究合作中心（CORESTA）的分会员单位。截至2022年底，有在职员工326人，其中各类专业技术人员278人，包括中国工程院院士1人，中国烟草总公司科技杰出贡献奖获得者1人，行业科技领军人才2人，享受国务院政府特殊津贴专家5人，行业学科带头人9人，高级以上职称人员214人，具有博士研究生学历和硕士研究生学历人员232人。

党组书记、副院长：宋民宝；党组成员、副院长：王德平；党组成员、副院长：张建勋（—2022年4月）；党组成员、副院长：罗登山；党组成员：胡清源；党组成员、纪检组组长：裴　丽；党组成员、副院长：窦　滨

【科研成果】　2022年，有17个项目通过郑州院学委会验收。申请专利252件，获得授权285件；获得软件著作权19件。出版著作20部，在CORESTA、TSRC等国际会议发表论文27篇。在各类期刊发表论文190篇，含SCI收录84篇，影响因子5.0以上37篇，其中影响因子10以上3篇，基因中心1篇论文在国际植物学权威期刊《分子植物》发表，影响因子达到21.95，行业第一单位论文影响因子实现又一跨越。

【重大战略任务】　**筹建全国重点实验室**。紧紧抓住重大历史性机遇，聚焦国家战略需求和烟草科技前沿，筹建全国重点实验室，努力抓住融入国家科技创新体系的重大机遇。

开拓电子烟审评和监管技术新领域。持续深化电子烟风险评估关键技术研究，拓展电子烟检测能力，做好行业电子烟监管技术支撑。设立电子烟技术审评和电子烟检验检测2个平台，把握监管的政策性和技术性，突出规范和效率，严防技术风险和隐患，完成过渡期技术保障任务，落实常态化运行阶段技术保障工作，做到依法依规、运行

高效、平稳有序。

行业重大基础性、方向性、引领性研究全面深化。牵头行业烟草与健康研究，成立郑州院烟草与健康研究中心，推进烟草制品重点问题研究，破解烟草与健康难题。牵头行业烟草多用途利用创新战略研究，提出推进烟草多用途利用的行业主攻方向，并在高值天然产物合成、酶制剂开发应用等方面取得积极进展。牵头行业烟草风味研究，挖掘风味成分形成机理、风味效应生物学机制，获得多项中国工程院项目和国家自然科学基金项目资助，推进解析烟草产品消费的深层次科学问题。

【前沿技术攻关】 **卷烟产品数字化设计领域。**烟草近红外大数据形成从初烤烟叶到卷烟产品的完整烟草化学成分数据链，成果已推广至大多数工业公司和过半复烤企业。初步建立卷烟产品数字化设计与维护软件平台，在广西中烟、河南中烟等工业企业取得较好应用效果。

智能制造领域。开展行业卷烟智能工厂建设标准体系研究，承担山东中烟等企业智能制造规划咨询项目，承担河南中烟智能制造重大科技专项，扩展提升郑州院在烟草工艺和工程设计领域的优势。

智慧农业领域。烟叶质量大数据持续扩展，烘烤过程关键信息智能获取技术和装备研究取得进展，智能烘烤关键技术辐射面不断扩大，服务能力不断增强。

【院企战略合作】 聚焦行业重大科技问题，注重院企合作内容与行业重大科技战略的对接，联合行业优势力量，深化基础性、前瞻性及关键核心技术研究，共同推进战略科技力量提升。

聚焦企业和品牌发展瓶颈，坚持“企业界出题、科技界答题”，开展定制化合作，着力满足企业高质量发展需要。

注重合作模式创新，突出顶层设计和合作实效，一体推进项目、平台、人才、服务、产品合作。

与河南、福建、云南、江苏、四川、江西、重庆、山东、黑龙江等省（直辖市）的11家烟草工商企业签订战略合作协议，与云南中烟、河南中烟、浙江中烟等工业企业新建院士创新中心、院企联合实验室等9个创新平台，创新链和产业链协同攻关的作战能力持续提高。

【创新平台建设】 **科研基础设施升级改造项目获得国家局批复。**总投资3.55亿元，为破解发展空间“瓶颈”奠定坚实基础，显著改善科研基础设施条件。

布局建设烟草工艺大平台。在院内规划建设烟草工艺基础研究平台，推进建设涵盖计算仿真等10个功能实验区的大型工艺联合实验室，布局开展中试线易地搬迁和升级改造，推进规划编制、项目设计等工作，为行业工艺理论创新、技术应用开发、中试放大转化提供平台支撑。

布局建设香精香料大平台。以建成由底层香原料实物库数据库、中层香原料超市和上层香精香料生产构成的立体化综合平台为目标，底层数据库和实物库实现数量和质量的大幅升级，上层香精香料生产销售持续增长，产品研发、服务与供给能力全面提升。

深化建设科学数据大平台。编制中国烟草科学数据中心中长期发展规划（2022—2035年），基本完成中心机房基础建设，具备搬迁运行条件。以构建烟草科研专用云平台为主要内容的中心平台建设项目即将批复。

布局建设计量测试大平台。持续扩展计量测试领域，加快计量创新技术研究。编制《国家烟草产业计量测试中心申报书》，制定重点领域计量科技创新能力建设三年规划。

发挥基础支撑类平台作用。质检中心完成监督抽查、专项监测和控烟履约任务，委托检验样品较上年增长31.5%。高效开展标准化中心国际标准化和标委会工作，有力支撑行业标准化服务。基因中心三个平台水平持续提升，牵头编制中国烟草种质资源与品种导航平台建设方案。信息中心《烟草科技》期刊持续保持较高水准，获得河南省优秀出版奖。

【特色产业发展】 启动香精香料产品公司化运营、产业化运作。逐步将香精香料产品生产、经营、销售等业务转入新桥公司，把香精香料作为新桥公司的主营业务，加大对行业调香技术自主掌控的支撑力度，提高向行业企业提供专有特色香精香料产品的供给能力。

启动仪器设备类产品资源整合、统一经营、产业化运作。由嘉德公司统一负责经营工作，逐步构建一条完整、高效的仪器设备类产品研发及产业化链条，形成专业化、系列化和品牌化的运作模式，加速科技成果转化，为行业企业提供高水平专精特新产品，有效满足行业需求。

工程设计产业进一步做优做强。发挥“双甲级”资质优势，强化“咨询—设计—建设”全流程服务和“交钥匙”能力，承担行业重大工程建设项目立项技术咨询审查工作，工程总承包项目和智能制造与数字化转型项目持续增长，烟草全流程全领域设计优势进一步强化。

【机制改革与队伍建设】 科技运行机制改革持续深化。修订院科技运行方案、课题组管理办法、纵向科研项目管理办法等重要制度，引导基础性、原创性、高质量科技成果产出，鼓励青年人才勇挑大梁。

科研项目体系更加完善。设立国家局、总公司首席科学家创新专项项目，分类推进实施战略综合类平台和科学研究类平台项目，落实稳定支持政策，形成层次分明、渠道多元的科研项目体系。

干部人才队伍持续优化。制定郑州院“‘十四五’干部人才队伍建设规划”，设立首席科学家工作室，开展两批次干部选拔任用，柔性引进6名客座专家，在读研究生规模持续扩大，院博士后工作站首次入选“中原英才计划”，为持续造就高素质队伍打下良好基础。

◇ 撰稿：赵英豪；编辑：刘海文

中国烟草总公司合肥设计院

【概　况】 中国烟草总公司合肥设计院（简称合肥设计院）成立于1990年6月，位于安徽省合肥市，是国家局、总公司直属管理的烟草行业专业设计院，具有国家住房和城乡建设部批准的“轻纺行业（食品发酵烟草工程）专业甲级”“建筑行业（建筑工程）甲级”设计资质。合肥设计院的主要职责是受国家局、总公司委托负责组织烟草行业固定资产重大投资工程项目的技术审查（咨询）以及行业直属单位审批权限内的重大工程项目的技术咨询；参与行业打叶复烤厂和烟用仓库投资项目的前期总体规划及设计工作；参与烟草行业工程建设项目施工图第三方审查和项目的相关咨询工作，以及行业工程建设项目设计规范、技术标准的编制、修订工作和实施、监督工作等。合肥设计院下设办公室、人事处、经营处、财务管理处（审计处）、技术审查处、设计处等6个职能部门。截至2022年底，有在职员工69人，其中，具有副高级及以上职称专业技术资格33人（含正高级工程师3人），中级职称27人，54人次取得国家一级注册建筑师、结构工程师、公用设备工程师、造价工程师、咨询工程师等各类注册执业资格。

党委书记、院长：徐晓新

【主要工作】 2022年，合肥设计院履行核心职能，提升工程科技服务能力和水平，全年开展国家局和行业直属单位委托技术咨询项目37项。加快提升设计管理水平，完善设计管理体系，修订设计校审工作管理规定。全年签订各类设计咨询合同金额创历史新高。加快培育发展新业态，取得工程咨询甲级资信。成立工程咨询管理部，大力拓展全过程工程咨询服务，统筹做好人员调度、项目管理和考核工作，中标山东中烟青岛卷烟厂制丝工艺提升改造等全过程工程咨询项目，呈现市场服务规模持续攀升、发展新旧动能转换蓄势突破的良好态势。稳步推进工程总承包业务，中标金神农烟草物流中心（二期）建设项目，实现EPC项目零的突破。持续打造工程科技服务品牌，红塔集团大理卷烟厂就地技术改造项目获得2021年度工程勘察、建筑设计行业和市政公用工程优秀勘察设计（工业）三等奖，重庆烟叶复烤和韶关片烟仓储库区BIM设计项目分别获得安徽省建筑信息模型（BIM）技术应用大赛一等奖和二等奖。

◇ 撰稿：张　睿；编辑：刘海文

上海新型烟草制品研究院有限公司

【概　况】 上海新型烟草制品研究院有限公司（简称上海院公司）于2022年7月经国家局、总公司批复同意，调整为中国烟草总公司的全资子公司，作为行业级研究机构，隶属中国烟草总公司。上海院公司的主要职责是在国家局、总公司领导下，依法依规开展新型烟草制品研究及检测等工作。承担新型烟草制品发展趋势研究，开展科研规划布局工作。承担新型烟草制品相关学科基础理论、前瞻性及共性技术研究。承担新型烟草制品全产业链的技术研究工作。承担新型烟草制品领域元器件、材料、工艺、装备技术的系统集成和工程配套研究。承担新型烟草制品知识产权研究。承担新型烟草制品技术标准体系研究。受国家局、总公司委托，承担新型烟草制品生产经营和监督管理的技术支撑工作。承担新型烟草制品技术开发和检测服务工作。截至2022年底，有在职员工92人，其中技术人员65人，具有博士研究生学历和硕士研究生学历45人。

院　长：陆　捷（兼）

◇ 撰稿：严　怡；编辑：刘海文

中国烟草科技信息中心

【概　况】　中国烟草科技信息中心（简称科技信息中心）是国家局1986年4月批准建立的行业科技情报信息事业机构，时称全国烟草科技情报站，1989年3月更名为全国烟草科技情报中心，1994年更名为中国烟草科技信息中心。主要业务由国家局科技司领导和指导，部分业务与行政管理工作由总公司郑州烟草研究院领导。主要职责是：承担国内外烟草科技、经济等信息的收集、研究、加工、报道、交流以及信息资源和烟草科学数据资源的建设工作；承担行业烟草科研大数据重大专项以及烟草科学大数据中心的研究、开发、建设、维护与服务等工作；承担软科学研究、情报调研、科技评估评价、科技政策研究、烟草知识产权研究、科技查新以及信息咨询服务和创新体系建设咨询服务等工作；承担《烟草科技》期刊的编辑出版工作；承担中国烟草科教网的建设、维护与对外服务工作，承担国家局科技业务管理系统开发与维护工作等。科技信息中心下设《烟草科技》编辑部、信息资源部、情报研究部、知识产权研究室、网络系统部和综合部等6个二级部门。截至2022年底，有在册职工25人，其中：高级职称17人（正高级职称3人）、中级职称8人；具有博士研究生学历5人、硕士研究生学历10人。

主　任：郑新章（—2022年12月）

【中国烟草科学数据中心建设】　***科学数据中心硬件设施和中心机房改扩建工程进展顺利。***在郑州院党组的领导和大力支持下，科学数据中心改建工程进展顺利，设计装修及设备安装工作平稳有序，基本完成中心机房基础建设。同时“中国烟草科学数据中心建设项目”经过多轮次讨论修改完善，完成终版项目申请书和二次上报工作。

科学数据工作稳步推进。协助国家局科技司完成2022年重大科技项目申报指南编制、年度重点工作计划编制、年度中国科学数据大会烟草分会的筹备以及重大专项5年工作总结与下一轮5年滚动实施规划的前期准备等工作。完成2022年度烟草科研大数据重大科技项目18个申报项目的初审工作和专家评审工作。研究编制《中国烟草科学数据中心中长期发展规划（2022—2035年）》，同时协助国家局科技司和郑州院完成烟草科研大数据重大科技项目的组织协调、技术指导、相关服务以及重大专项月报的编辑出版工作。

科学数据应用平台建设与服务取得新成效。集成“烟草科技知识图谱大数据平台”“烟叶质量大数据分析服务平台”等6个大数据平台的门户网站基本建成，其与烟草科技文献知识服务和烟用香原料中心数据库构成“6+2”应用服务平台，为行业全部工商企业和科研机构提供高质量的信息、数据和知识服务，取得较好效果，有力支撑全行业的科技创新工作。

【烟草科研大数据重大专项】　***取得多项科技成果。***牵头承担的“烟草科研大数据资源标准体系、总体架构和关键技术研究与应用”项目获得中国烟草总公司科学技术进步奖一等奖。“烟草科技知识图谱大数据构建及应用研究”项目通过国家局鉴定，鉴定委员会一致认为项目整体达到国际先进水平，项目成果申报2022年度中国烟草总公司科学技术奖励并以较好的排名通过网络评审。作为第三承担单位完成的“基于卷烟叶组、调香、辅材的产品数字化设计与维护关键技术研究”项目获得中国烟草总公司科学技术进步奖二等奖。

多项科研项目进展顺利。牵头承担的“烟草关联学科文献信息资源融合汇通平台研究与构建”项目完成数家数据资源接口服务的调研、技术开发和应用工作，完成基于100本权威著作的烟草百科平台的研发并投入使用。“烟草行业知识产权大数据综合服务研究与应用”项目完成烟草知识产权数据资源综合调研，制定综合服务体系顶层设计方

案，初步制定具有烟草行业特色的烟草知识产权分类体系，并初步完成烟草行业知识产权数据检索、互联网知识产权数据检索、知识产权数据采集页面等原型页面的编写工作。

【《烟草科技》期刊】 继续紧紧围绕国家局科技重大专项和重点科研领域组稿，来稿数量比上年增长26%，完成全年出版工作。编辑出版发行《烟草科技》12期，发刊约7万册；发表各类学术论文170篇，约300万字。围绕“近红外光谱技术研究与应用”专题，2022年5月出版增刊1期，刊出论文16篇，约20万字。

2022年，《烟草科技》继续保持是英国《科学文摘》、荷兰《文摘与引文数据库》以及中文核心期刊、中国科技核心期刊、中国科学引文数据库（CSCD）核心库来源期刊、中国核心学术期刊、中国学术期刊文摘数据库收录期刊。入选《世界期刊影响力指数（WJCI）报告（2021科技版）》，位于农艺学Q3区。

《烟草科技》继续保持是荷兰Scopus、美国CA、英国INSPEC、日本JST、中国科学院CSCD、中国学术期刊文摘数据库、中国知网、万方数据、重庆维普、百度学术、COAJ平台、超星域出版平台等国内外知名数据库的收录期刊，期刊在国际和国内学术界的影响力持续增强。

《烟草科技》获得2022年度河南优秀出版奖期刊奖。

【情报研究和知识产权研究】 **情报研究工作多维度展开。**结合行业科技创新工作发展新态势和国家局科技司相关工作要求，深度参与行业重点实验室体系优化重组方案研究制定、行业技术创新中心建设方案研究以及全国烟草科技创新大会精神贯彻落实等相关工作。依托中国烟草总公司重点研发项目、首席科学家项目等科研项目开展科技创新政策研究，在科技创新评价、技术预测和烟草多用途研究等方面取得扎实进展，为行业科技创新发展提供决策参考。调研工商企业需求，开展企业专题技术咨询服务。2022年，科技信息中心为行业10家工商企业提供科技信息咨询服务，并与江西中烟签订技术创新体系与创新能力建设咨询服务等协议。

知识产权研究工作展现新亮点。协助国家局科技司完成《关于加强烟草行业知识产权工作的意见》起草工作。谋划烟草知识产权研究中心建设，编制完成《中国烟草知识产权中心建设方案》。完成专利统计分析工作，撰写《2021年度我国烟草行业技术类专利统计分析报告》。为国家局科技司提供“烟草行业专利情况简报”12期，提供其他专利统计数据。完成中国烟草科教网上4期“烟草行业专利统计简报”的编撰工作。

【信息资源建设】 **烟草科技文献数据库群持续扩容。**全年采集、入库、标引、发布各类文献7.7万篇，比上年增长30%以上。截至2022年底，中国烟草科教网文献类数据库资源总量达到85.13万篇，比上年增长10%。

烟草专利信息资源建设持续推进。全年共采集、入库、标引烟草技术类中国专利3.03万件，比上年增长26.3%。更新法律状态数据4.5万条。检索、筛选国外专利2.16万件，采集、入库、标引国外专利8972件，比上年增长5.2%。

中国烟草科教网栏目的信息发布量持续增加。全年采集、发布、审核科教网栏目中文信息6080篇，共计370余万字；清洗机构库数据2万条。

新烟草文献数据知识检索服务平台运行良好。新烟草文献数据知识检索服务平台2022年访问量达到21万人次，比上年增长22.6%，达到烟草行业科技类平台访问量的最高值。根据平台用户使用情况和操作日志，采用中文分词、检索关键词聚类分析、新词发现等算法，撰写平台用户行为分析报告，向行业工商企业和科研院所进行发布。

【对外合作与科研产出】 **横向合作科技项目维持高水平。**完成广东中烟“专利价值评估体系研究”科技项目；承担的河南中烟“基于智能挖掘的烟草科技知识发现技术研究及应用”“卷烟质检大数据平台的研究与应用”“卷烟材料数字化设计平台构建”科技项目完成阶段性研究工作；承担“湖北雪茄烟重大专项工作平台”项目，完成前期需求调研、技术选型、原型设计、系统开发和实施部署。完成江苏中烟科技项目“江苏中烟香原料数字化特色库”的相关研发工作。协助郑州院烟草农业研究室完成“河南中烟烟叶质量数据库”系统的研发、资料整理和验收工作。参与郑州院烟草香料研究室“单体香料实物库与信息库升级改造”项目和烟草行业香原料中心库的研发工作。此外，为广东省局（公司）、湖北省局（公司）、河北省局（公司）、贵州省局（公司）、浙江省局（公司）、福建省局

(公司)、山东中烟，上海烟草集团、蒙昆公司及湖北中烟等10家行业工商企业提供企业专题咨询服务。

科研产出持续保持较好水平。全年发表科技论文6篇，其中中文核心论文5篇；出版专著1部；获得授权发明专利4件、实用新型专利2件、软件著作权14件；申请发明专利7件，外观设计专利2件。

中国烟草标准化研究中心

【概　况】　中国烟草标准化研究中心（简称标准化中心）位于河南郑州市，成立于1995年1月，是国家局批准建立的行业标准化、计量专业机构，隶属于郑州烟草研究院，业务上受国家局科技司和郑州院领导、国家市场监督管理总局、国家标准化管理委员会指导。主要职责是负责全国烟草标准化技术委员会秘书处的日常工作，专门从事烟草标准化的研究及推广，为行业提供标准体系框架，引导行业科学地制（修）订标准；作为ISO/TC 126烟草及烟草制品技术委员会及其分技术委员会的国内技术对口单位和SC 2烟叶分技术委员会的副主席和联合秘书处承担单位，负责配合国家局科技司组织行业参与国际标准化活动，承担国际标准投票，开展国际标准新工作项目提案，跟踪研究烟草相关国际标准化发展趋势和工作动态；作为烟草行业计量技术归口单位，承担烟草行业专用计量器具的技术审核、计量标准（基准）建立和量值溯源以及重要标准物质的研制。标准化中心下设标准化管理室、国际标准化室、标准化研究与推广室、计量室等4个部门。截至2022年底，有在职员工22人，其中研究员及正高级工程师6人、高级工程师9人、工程师5人。

主　任：范　黎

【推进计量测试研究创新】　**计量测试技术研究范围扩展、进度加快。**“卷烟关键物理性能检测设备远程计量技术研究与应用”获批成为首个行业质量基础设施（NQI）计量类总公司科研项目，“打叶复烤物理类关键检测设备技术保障方法研究”“雪茄烟外观质量机器视觉检测设备计量测试技术研究与应用”等12项横向合作项目于2022年立项。传统卷烟在线计量、远程计量、雪茄烟计量等方面的项目群逐步形成，实现从传统卷烟实验室计量向产业计量研究方向的转变。另外，依托9个行业最高计量标准，完成对7040余件行业专用器具的计量检定或校准工作。

行业（国家产业）计量测试中心建设目标任务更加清晰。编制完成《国家烟草产业计量测试中心申报书》（草案），接受二次国家市场监管总局计量司委派的国家产业计量专家的培训和指导。提出“高标准的行业计量测试中心”暨“国家烟草产业计量测试中心”的目标与定位，即加强新领域新技术攻关，建立行业新型计量技术体系。掌握一批计量测试领域创新性核心技术，实现一批计量测试关键技术的重点突破，解决一批计量测试关键共性技术难题，填补一批前瞻性及新领域计量测试技术研究空白，建立一批计量测试新技术、量值溯源新标准。创新计量工作体系、建立高水平技术团队。强化自身能力建设，重点加强与行业各工业企业、复烤企业合作，建立行业计量测试分支机构或联合计量实验室，形成行业新型计量网络及面向全行业的计量测试技术开放研究平台。截至2022年底，重点围绕传统卷烟、手工雪茄烟全产业链等，明确烟草产业80余类共470余项计量测试参数，制定重点领域计量科技创新能力建设三年计划；规划行业（国家产业）计量测试中心的组织框架。

【抢抓微生物领域科研新机遇】　**以纵向项目为突破凝练方向，以平台项目、横向项目为积累扩展范围。**纵向项目方面，2022年牵头申报的“手工雪茄烟加工过程中霉变生防控制技术研究与应用”项目，以及与重庆中烟共同申报的“基于制丝线平台的生物酶技术拓展烟叶品质研究及应用”获批中国烟草总公司科研项目，标准化中心生物酶创制和霉变防控两个微生物重点研究方向初步形成。平台项目方面，申报“雪茄烟叶工业发酵过程中霉变发生机制及关键因子研究”等3项院A类创新平台面上项目。横向项目方面，3项在研项目稳步推进，其中与湖北省局（公司）合作项目“雪茄烟叶降TSNAs特色菌种资源精准筛选和应用技术研究”筛选得到多株高效降解TSNAs菌株，共同申报6件发明专利，得到行业其他单位的高度认可。

着眼全局放眼未来，加强顶层设计、谋划规划烟草微生物研究。牵头完成烟草微生物方向主题调研报告，系统调研国内外微生物科技前沿、发展趋势以及烟草微生物研究情况，提出“以微生物组学为核心的研究方向框架，强化烟草微生物基础研究、聚焦烟草微生物共性技术开发和应用研究的布局思路，补齐行业微生物资源研究支撑平台”的规划建议，并具体提出3个方面的14个研究方向。围绕“差异化发展，构建特色优势”，结合中心研究基础和行业需求，制定并持续优化中心微生物研究方向规划和短、中、长期项目布局。

汇聚专业人才，加快实验室硬件平台建设。2022年，引进微生物研究方向博士1人，初步达成引进意向博士后1人，将形成“4名在编员工+3名科研助理+1名博士后”的微生物研究团队。针对生物酶重点需求方向和技术薄弱点，强化与蒙昆公司、四川中烟及华中农大等单位的深度合作和人才联合培养，提升烟草微生物领域基础理论、应用基础研究、前沿技术攻关方面的研究水平。2022年，“烟草微生物分析鉴定和筛选应用实验室建设”投资项目采购的第一批13种仪器到位，此外还完成2批新仪器招标；同时推进“烟草微生物分析鉴定实验室改造项目”招标工作。

【行业标准化支撑服务】 **高质量完成标委会日常工作。**组织申报的《卷烟　烟气气相中一氧化碳的测定　非散射红外法》等5项推荐性国标计划由国家标准委正式下达；完成2021年度行业标准项目的合同审查，组织完成2022年度220余项行业标准项目申报书的形式审查、分标委初审和专家评审；组织或配合行业组织召开全标委、安评委及卷烟、农业、卷烟标样、打叶复烤分标委会议，组织开展材料分标委标准函审工作，配合国家局评选第七届标准创新贡献奖，报批国家、行业或中国烟草总公司标准项目、标准预研项目分别为2项、32项、2项，共36项，组织完成12项行业标准宣传贯彻视频材料制作。坚持开展感官、烟气标样稳定性验证。配合行业组织遴选和申报2022年度中国标准创新贡献奖。

强化行业标准化服务。配合国家局科技司组织完成《电子烟》强制性国标审定、报批，派出5人参与电子烟审评工作；组织《雪茄烟》国标修订项目组和行业雪茄烟专项标准工作组，完成《雪茄烟》国家标准（征求意见稿）；在开展《白肋烟》（GB/T 8966—2005）等9项推荐性国家标准的复审中，主动将强制性标准所要求的标准实施信息统计分析用于推荐性产品标准复审中，提高标准复审的质量；研究建立《国家级烟叶标准化生产示范区年报表》，依托行业标准化信息工作平台完成《国家级烟叶标准化生产示范区年报》在线填报系统开发，为今后开展示范区烟叶标准化工作推进情况调研和评价及烟叶产区标准化生产提供帮助；举办行业120余人参加的商业企业及烟叶生产标准化工作实效培训班（线上）。

加强国际标准化工作。组织和完成郑州院牵头的ISO 9322《卷烟滤棒、卷烟和其他烟草制品包装纸材料　柠檬酸盐和乙酸盐的测定　离子色谱法》和ISO 4906《细切烟丝用于制备细切烟丝制品的填充值测定方法　恒重加压法》两项国际标准项目的国际共同实验和项目组讨论会议工作，获得ISO/TC126主席的肯定。完成国家标准化管理委员会首次组织的对ISO国内技术对口单位履行职责情况的考核评估；组织10位专家分别参加ISO三个WG工作组（WG19、WG22、WG23）的工作以及5次工作组国际研讨会；组织行业共10位专家分别参加三项国际标准项目（ISO 5501、ISO 6080、ISO/PWI 7604）的标准研制工作及4次项目组研讨会；组织国内相关方完成36项国际标准文件的投票及评议工作；编制完成4期《烟草国际标准化动态》（每季度1期），为行业企业提供相关咨询服务。派员参加ISO/TC 126组织的新型含烟碱制品特别任务组工作及各项参会任务，应对各种复杂局面，展现中国烟草在国际标准化工作中的良好形象。

【科研成果产出及人才队伍建设】 成果产出方面，牵头项目“烟用材料分析测试用系列标准物质研制”获得中国烟草总公司第七届标准创新贡献二等奖，“手工雪茄烟微生物污染状况分析研究”获得郑州院青年科技进步奖二等奖。出版论著5部，发表论文10篇［其中，SCI、德国烟草、CRESTA宣读各1篇，中文（科技）核心7篇］；获得授权发明专利5件、实用新型专利36件。结题标准项目5个。科技项目立项方面，2022年获批牵头中国烟草总公司科技项目2个、联合承担中国烟草总公司科技项目1个。

团队建设方面，通过项目凝练研究方向，形成以计量测试（含标准物质）、微生物（含多用途）研究为主，以烟用材料成分剖析、标准化体系建设研究为辅的研究方向和研究团队，并将上述4个方向的研究融入行业雪茄烟技术创新中心标准计量所的建设。

人才培养方面，获得2022年中国烟草总公司标准创新贡献奖二等奖、青年科技进步奖，二等奖均由40岁左右人员牵头，获批牵头承担的中国烟草总公司科技项目均由40岁以下人员牵头。标准化中心人才队伍建设加快步伐。

国家烟草基因研究中心

【概　况】　国家烟草基因研究中心（简称基因中心）成立于2010年12月，隶属郑州烟草研究院，业务上接受国家局科技主管部门的指导和管理。基因中心下设烟草生物信息学实验室、烟草分子生物学实验室、烟草代谢组学实验室和综合室四个部门。根据国家局的总体部署和烟草基因组计划重大专项的整体安排，基因中心主要负责开展烟草基因组研究工作。截至2022年底，有在职员工26人，其中，具有博士研究生学历19人、硕士研究生学历6人，20人具有高级职称。

主　任：罗登山（兼）（—2022年5月）；曹培健（2022年5月—）

【科研项目与平台建设】　2022年，基因中心承担各类科研项目48项，完成项目合同规定的年度研究任务，1项获得院青年科技进步奖三等奖，2项通过国家局鉴定，1项河南省科技攻关项目通过省科技厅验收，4项通过院学委会验收。烟草生物信息学平台主要分析工具访问量10万余次，持续加强烟草育种大数据平台在行业内的推广应用，支撑烟草生物育种效果不断提升。烟草基因芯片平台利用中密度烟草全基因组55K SNP芯片完成2304份材料的基因分型，利用高密度430K SNP芯片支撑烤烟多腺毛定向遗传改良新品系的选育。烟草代谢组学平台建立烟草挥发性信号分子的活体富集和检测方法，为行业内外单位累计检测样品4500余份。

【基因研究】　针对烟碱合成代谢调控，挖掘烟碱代谢调控候选新基因10个，利用基因编辑和过表达技术创制烟碱相关遗传材料30余份。创制莨菪亭合成相关转录因子基因NtWIN1、NtSHN3和NtWRKY70单突、双突、三突纯合突变体材料10余份，发现3个转录因子可通过直接结合莨菪亭合成关键基因的启动子序列调控其表达，进而影响烟叶中莨菪亭生物合成。围绕烟草糖代谢，筛选获得烟叶糖含量相关基因10余个，获得1份烟叶果糖与葡萄糖含量明显升高、1份总淀粉、直链淀粉与支链淀粉含量显著下降的遗传材料。发现转录因子NtERF13a和NtWRKY33a在烟草多酚类物质合成代谢过程中的调控功能，并初步解析相关的调控机制。鉴定烟草茎叶夹角调控候选基因5个，初步证明烟草TAC1、LAZY和DWARF等3个基因具有调控茎叶夹角的功能，创制烟草茎叶夹角调控遗传材料3份。新筛选一批可能参加烟草氯离子吸收转运的候选基因，发现NtNPF6.13基因敲除后烟草根部氯离子含量显著下降。栽培烟草K326敲除FVE基因后，可显著增强烟草的抗低温早花能力。

【服务与合作】　**技术服务合同额持续稳定在千万级水平。**全年签订技术服务合同12份，围绕烟碱含量定向调控、高钾雪茄型K326机理解析、烟叶初烤与醇化过程关键作用因子等产业关注的瓶颈性问题，与上海烟草集团、湖南中烟、云南中烟、江苏中烟、浙江中烟、河南中烟、河南省局（公司）、云南省烟草农业科学研究院等8家工商企业深化合作。合同总额共计1180.45万元，连续四年保持千万级水平。

与湖南中烟联合实验室稳定运行。合作开展的烟草基因编辑工厂化育种高通量代谢表型检测、烟草抗除草剂材料创制、烟草芸香苷和莨菪亭合成调控、高钾雪茄型K326优异性状机理解析等6项科研项目均完成年度研究任务，基因中心提供的基因技术咨询与培训服务得到湖南中烟方面的高度认可。

【烟草多用途利用】　围绕服务烟草主业和拓展非烟用途两个层面，统筹布局，科学谋划，稳步推进烟草多用途利用研究。

在烟草生物合成领域，开展烟草多用途利用创新战略研究，调研国内外烟草生物合成科学研究和产业化进展，凝练烟草生物合成的科学问题和行业面临的关键技术“瓶颈”，提出烟草植物工厂领域的行业主攻方向。构建“底盘优化—通路重构—鉴定分离”次生代谢产物合成生物学研究平台，开展多元化烟草底盘改造设计，改造适宜于萜类化合物生物合成的烟草底盘材料，创制人源糖基化烟草底盘材料；开展高附加值天然产物在烟草中异源合成研究，分别在烟草中重构紫杉醇前体紫杉烯醇和藏红花素生物合成通路。积极融入国家科技创新网络，加入“国家合成生物技术创新中心”全球创新网络。

在低次卷烟原料生物酶提质方面，开展“烟草本源”微生物提质基因资源挖掘和酶制剂开发应用研究，建立高效的醇化烟叶微生物宏基因组基因资源挖掘利用体系，挖掘、克隆具有提质效果的“烟草本源”微生物基因 74 个，构建具有自主知识产权的基因工程菌株 30 余株，形成一套“烟草本源”微生物基因资源利用的理论和酶制剂开发技术体系，贯通“基因挖掘—工程菌构建—酶制剂开发应用”的卷烟原料生物酶提质技术的全链条；与福建中烟合作研发具有完全自主知识产权的固态果胶酶制剂产品 FGP-1，截至 2022 年 11 月底，福建中烟打叶复烤线实现 4.3 万担原烟的处理应用。

【学术论文】 2022 年，共发表各类学术论文 27 篇，包括 SCI 论文 17 篇、核心期刊论文 7 篇、会议论文 3 篇。论文成果取得两个可喜成绩。一是单篇论文影响因子再创新高。聚焦与烟叶品质密切相关的氮素摄入和利用，基因中心揭示低氮胁迫下 RALF1-FER 通过激活 TOR 信号通路促进植物真叶生长的新机制，研究论文在国际植物学权威期刊《分子植物》（*Molecular Plant*）（中国科学院分区 1 区 Top 期刊，影响因子 21.95）在线发表。这是基因中心学术论文影响因子继 2020 年和 2021 年连续突破 10 分后的又一跨越，将郑州院和基因中心论文成果水平再次推向更高层次。二是论文整体质量稳定维持较高水平。发表的 17 篇 SCI 论文，总影响因子 112.37，平均影响因子 6.61，中国科学院 2 区以上论文 11 篇，论文数量实现翻倍且整体质量稳定维持较高水平。

【学术交流与人才培养】 2022 年，组织各类学术活动 20 余次，邀请生物技术研究领域专家、学者到郑州院为科研人员作学术报告。鼓励并指导青年科研人员参加国际烟草科研合作中心（CORESTA）会议和烟草科学研究会议（TSRC）并作口头报告；提交会议论文，参加第三届全国“农业、健康与生态”整合生物信息学大会、中国细胞生物学学会功能基因组信息学与系统生物学分会年会等业界知名学术会议交流。精心选拔科研骨干，组织参加国家局“第二期烟草生物技术高层次人才培养”项目相关培训，8 位青年骨干对应参加“多组学分析”“植物代谢与分子机制”“大数据时代育种”等主题的高端人才/专业技术人才培养课程，在认真听讲踊跃交流的基础上，均以较好成绩通过考试，完成年度培训任务。截至 2022 年底，1 人获得研究员职称，1 人获得高级工程师职称，1 名博士后以优异成绩出站。

云南省烟草农业科学研究院
［中国烟草育种研究（南方）中心］

【概　况】 云南省烟草农业科学研究院（简称云南省烟草农科院）位于云南昆明市，是云南省局（公司）的直属科研机构；中国烟草育种研究（南方）中心（简称南方中心）成立于 1995 年，与云南省烟草农业科学研究院合署办公。下设 4 个管理部门、2 个技术支撑部门、9 支科技创新团队。截至 2022 年底，有在职员工 104 人，其中，正高级职称 15 人、副高级职称 46 人，具有博士研究生学历 41 人、硕士研究生学历 43 人，烟草行业领军人才 1 人，行业学科带头人 2 人，享受国务院政府特殊津贴 1 人，云南省中青年学术和技术带头人 3 人，云南省技术创新人才 9 人，云南省高层次人才培养支持计划 4 人，云南省高层次人才引进计划 4 人，兴滇英才支持计划 2 人，云南省委联系专家 2 人，烟草行业青年托举人才 1 人，农业发酵技术首席专家 1 人。

党委书记、院长、主任：顾华国

【科研攻关】 **雪茄烟叶开发。**精准复制国际优质雪茄烟叶生产技术，优化形成“古巴方法、古巴品种、古巴工艺、云南技术”，全面打造雪茄烟“第一车间”。系统选育“云雪 1 号”和“云雪 2 号”优良品系进入全国首批雪茄烟叶品种登记，2022 年推广种植面积 7200 亩，引进国外优质雪茄烟叶品种 5 个，示范种植 1650 亩，初步实现雪茄烟叶优良品种自主可控和有效供给。围绕生态、品种、栽培、采收、晾制、发酵等重点环节，构建从“一粒种子到一片烟叶”的全链条雪茄烟叶生产技术体系。

砾砂烟叶生产。高标准创建品牌导向型砾砂烟规模化开发先行示范区。2022 年，安排硃砂烟种植 3.1 万亩，收购硃砂烟 2.3 万余担。云南中烟主打硃砂烟叶原料的“云烟（中支小重九）”上市。湖南中烟“和天下”“芙蓉王”品牌使用硃砂烟叶原料的高端卷烟新品完成产品设计。以硃砂烟为核心原料的 3 款河南中烟高端新产品完成市场测试，其中“黄金叶（软天叶）”新品实现批量生产。

【技术创新】 围绕“优质、高效、绿色、安全”烟叶生产主基调，着力突破制约烟叶生产的关键技术“瓶颈”，提升农业科技自主创新能力和竞争力。

新品种选育。推出芳香烟草、高烟碱、超低尼古丁、高香气烟草等一批特质烟叶新品种。“抗 PVY 云烟 87”全国推广种植 17 万余亩，“抗 PVY 云烟 121”全国推广种植 40 万余亩，“抗黑胫病红花大金元”在云南省示范推广种植 3 万余亩。2022 年全国十大主栽品种中，云系列占 7 个，种植面积占全国烤烟种植面积的 74.9%。

绿色烟叶生产技术。初步构建以“烟 + 玉米”“烟 + 大豆”为代表的烟粮（油）协同优化种植模式与技术体系。牵头制定《西南云贵高原山地作业区宜机化烟草农业标准体系》，为烟草农业机械化指明研发方向。发现并报道云南烟区 3 种新病害，建立病毒病高通量快速检测系统，研发青枯病生防菌群、烤烟霉烂病生防菌群产品。集中研发烤冻多用房、自然排湿式烤房、燃气类烤房和智慧烘烤平台。

烟叶安全性检测。参加 2022 年 CORESTA 组织的国际烟草农残测试能力评价，综合测试能力排名全球并列第二。

【技术服务】 始终按照“技术服务于生产、成果应用于生产”的基本要求，打造由“烟草农业科技”微信公众号、“一部手机种好烟”抖音号、“烟草病虫害智能识别、烟叶识熟”微信小程序三类融媒体组成的生产技术服务平台。

【科研成果】 2022 年，开展科研项目 90 项，其中国家基金委项目 9 项、国家局项目 10 项、省科技厅项目 11 项、省公司项目 40 项；“烤烟新品种云烟 116 的选育及推广应用”获得中国烟草总公司科学技术进步奖二等奖，获得国际发明专利授权 4 件、国内发明专利 47 件，以第一位单位发表 SCI 论文 18 篇、发表中文核心期刊论文 20 篇。

中国烟草总公司黑龙江省公司牡丹江烟草科学研究所（中国烟草东北农业试验站、中国烟草进出口烟叶检测站）

【概　况】 中国烟草总公司黑龙江省公司牡丹江烟草科学研究所位于黑龙江哈尔滨市，始建于 1985 年，隶属黑龙江省局（公司）。始建名称为黑龙江省烟草科学研究所，原位于黑龙江省牡丹江市。1995 年，经国家局批准在省烟草科学研究所的基础上成立中国烟草东北农业试验站；1998 年成立中国烟草进出口烟叶检测站。2008 年 1 月单位名称变更为中国烟草总公司黑龙江省公司牡丹江烟草科学研究所，2016 年 10 月搬迁到哈尔滨市。主要承担烤烟新品种选育、生物技术、栽培与烘烤、植物营养与肥料、病虫害防治、烟田机械等研究及全国进出口烟叶及其制品的转基因检测和监测工作。设 6 个科研科室和 3 个行政后勤服务科室。截至 2022 年底，有在职员工 27 人，其中高级职称 18 人（含正高 3 人）、中级职称 4 人。

党委书记、所长：孙东辉

【科技创新】 **夯实龙江烟叶配方应用理论基础。**立足“龙江烟叶是中式卷烟不可或缺的优质特色原料”定位，对龙江烟叶配方作用机理进行深度解读，为龙江上部烟叶在河南中烟一二类卷烟配方中应用提供重要支撑，推进龙江烟叶在工业环节的全等级利用，助推龙江烟叶进高端卷烟和新型产品配方。

推动生物育种技术创新。立项“主栽品种龙江 911 蚜虫和 PVY 抗性分子标记辅助定向改良”等项目；开展龙江烟区主栽品种抗病性定向改良示范试验，创制抗角斑病的烟草材料，制备“龙江 911”化学诱变突变体库等。围绕主栽品种繁育、改良，以产区、烟农需求为导向，全力彰显龙江烟叶品质特征。

推动烟叶生产方式转型升级。启动“龙江烟区全程机械化配套机具优化研制与推广应用”项目，研发出 7 种机型、9 种机具和 1 个装卸房设备，通过黑龙江农垦农业机械试验鉴定站对 6 种农机具进行田间鉴定。

推动前沿技术在生产上应用。与东北农业大学、哈尔滨工程大学合作在黑龙江省局设立“平原烟区全自动移栽关键技术与装备专项研制”“烤烟规模化种植全自动智能化采编一体机的研制”项目。以需求为导向，以实现现代烟草农业为目标，推动平原烟区农机农艺融合进程。

【技术服务】 完成两家烟叶公司 1698 个土壤样品的化验，检测烟叶样品共计 2982 个；有针对性地开展漂浮育苗、绿色防控、烟叶生产、品种栽培等方面的培训，培训烟农、烟技员 1500 余人次。发布病虫害简报 8 期，进行病虫害远程诊断、鉴定、电话咨询 60 余次，实现精准服务、精准施策。检测送检样品 193 份，圆满完成检测任务。

【科研成果】 “黑龙江植烟土壤碳库修复及品质提升关键技术与应用”项目获得中国烟草总公司科学技术进步奖三等奖；获得国家发明专利授权 5 件，获得实用新型专利授权 3 件；发表论文 3 篇，其中 SCI 收录 1 篇；新品系 LJ 1212通过全国品种审定委员会农业评审；主栽品种龙江 911 抗病改良获得突破，检测恢复率在 98% 以上，通过国家局组织的田间鉴定；创新型课题成果“4YY－2 型高地隙烟叶辅助采收机的研制”在全省 41 个 QC 成果评比中获得总成绩第一名，获得 2022 年全国 QC 小组成果发表交流活动（第一期）专业级成果。

福建省烟草专卖局烟草科学研究所（中国烟草东南农业试验站）

【概　况】 福建省烟草专卖局烟草科学研究所位于福建福州市。1997 年 5 月，在福建三明市成立福建省烟草专卖局烟草农业科学研究所，2002 年迁到福州市，与中国烟草东南农业试验站（简称东南站）实行“一套班子、两块牌子”管理模式，隶属福建省局（公司）。2004 年全面易地搬迁至福州市，2016 年 11 月更名为福建省烟草专卖局烟草科学研究所。在福州市晋安区宦溪镇设科研基地，在龙岩、南平、三明等 3 个主产烟区设分所（烟叶生产技术中心），形成以省烟科所为龙头，龙岩、三明、南平 3 个分所和 9 个产烟县烟叶生产技术试验推广站组成的“139”烟草农业科研体系。省烟科所下设 6 个研究室和福建省烟草病虫害预测预报及综合防治二级站。截至 2022 年底，有在职员工 13 人，其中研究员 2 人、高级农艺师 5 人、农艺师 4 人，具有博士研究生学历 1 人、硕士研究生学历 9 人。

所长：李春英

【科研工作】 **特色品种选育。**开展“翠碧一号遗传改良”重大专项研究，完成“翠碧一号”基因组测序，育成抗普通花叶病（TMV）定向改良“翠碧一号”新品系。完成“翠碧一号”提纯复壮。自主育成新品系“FJ 2005”和“FJ 2106”参加全国品种区试，10 个新品系参加福建省烤烟品种区试。

烟草绿色防控技术研究与推广。“武夷丘陵生态区烟草病虫害绿色防控技术体系研究与应用”成果在全省全面推广，经济效益显著。以“三虫三病”为靶标，采取“统一测报、统一诊断、统一防控”的防治方式，在建宁县建立烟稻全程绿色防控集成示范。2022 年，全省烟草绿色防控示范区及辐射区面积占比达种烟面积的 84%；烟蚜茧蜂防治蚜虫技术推广 84.78 万亩，服务大农业 87.58 万亩；猎蝽防治夜蛾害虫推广 1.3 万亩，其中蠋蝽 0.94 万亩、叉角厉蝽 0.36 万亩；无公害气化熏蒸推广育苗大棚 2.53 万座，推广烤房 9937 座次。

土壤保育技术研究。完成福建烟区土壤与烟叶养分状况普查并把研究结果应用于指导烤烟生产。开展基于烟秆炭产品烟稻轮作区化肥减施增效技术与示范研究。开展生物炭介导烟草青枯病抗性的微生物学机制研究。

特色优质烟叶栽培。“基于清甜蜜甜风格的‘翠碧一号’特色优质烟叶关键生产技术研究与应用”成果通过国家局鉴定。开展烤烟需水规律与烟田水肥调控技术研究、镁磷互作对烤烟生产的影响试验。

烟叶调制技术研究。“基于图像精准识别的烟叶智能烘烤关键技术研究与应用”项目研究取得新进展。完成“翠碧一号”不同成熟度鲜烟图片采集以及数据库的建立，为不同成熟度鲜烟自动匹配调控烘烤工艺提供基础数据。完成“翠碧一号”“云烟 87”“K326”等 3 个品种不同成熟度鲜烟图库的筛选整理和智能识别 App 的调试，App 在全省烟叶“种采烤分”一体化现场会上进行展示并在全省推广应用。开展基于水分和颜色监测的密集烘烤测控技术研究，进行密集烘烤烟叶变黄失水程度数字化实时监测技术、密集烘烤烟叶变黄失水指标对应烘烤工艺关键参数研究，完成密集烘烤质量实时监测新型自控仪和监测平台研发。

雪茄烟叶生产与示范研究。筛选出适宜福建生态气候条件、以“海研101”为主的茄衣和以“海研200”“海研201”为主的茄芯品种，制定福建雪茄烟生产技术方案。召开福建雪茄烟叶田间鉴评暨规模开发专家论证会。

【技术服务】 制定2022年福建省烤烟生产重点技术指导意见，全年技术指导培训20场次，累计受训1500余人次。做好病虫害预测预报工作，发布病虫信息7期。承担江苏中烟、福建中烟、湖南中烟、浙江中烟、上海烟草集团等5家工业企业在福建烟叶基地单元的技术服务工作。在厦门市举办全省烟草科研方法培训班。2022年以视频会议形式组织参加遗传育种、植物营养、绿色发展等学术报告会15场次。

【科研成果】 获得5件实用新型专利授权、2件软件著作权。发表学术论文21篇；6个项目通过省部级科技成果鉴定或验收。1人获得2021年中国烟草总公司创新争先奖，中国烟草总公司科学技术进步奖二等奖1项；2022年中国烟草总公司福建省公司科技进步奖一等奖2项、三等奖3项，1人获得2022年中国烟草总公司福建省公司创新争先奖。

湖北省烟草科学研究院（中国烟草白肋烟试验站）

【概　况】 湖北省烟草科学研究院（中国烟草白肋烟试验站）是全国唯一的白肋烟农业科研单位，其前身为成立于1986年的湖北省鄂西烟草科研所，1997年6月更名为湖北省烟草科研所；2013年7月更名为湖北省烟草科学研究院。承担全国及全省雪茄烟、烤烟、白肋烟和其他各类烟草的育种、栽培、调制、植保等科学研究和试验示范任务；为烟叶产区提供烟叶与土壤样品的化验检测、病虫害预测预报及综合防治、烟叶生产先进实用科学技术推广等科技服务；为烟叶产区提供烟草良种，负责湖北省全省烟草良种繁殖、包衣加工、计划调拨。白肋烟试验站下设4个研发中心、4个研发服务部门和2个综合管理部门。截至2022年底，有在职员工30人，其中行业学科带头人1人、行业雪茄烟重大专项总首席1人、技术首席2人、研究员3人、副研究员3人、高级农艺师17人、高级工程师1人，具有博士研究生学历8人、硕士研究生学历14人。

院长（站长）：杨春雷

【重大专项】 2022年，主持承担国家局雪茄烟重大专项项目8项，提出茄衣、茄芯分类生产理念，围绕品种、栽培、晾制、发酵等各环节系统推进全链条攻关，重点突破一批瓶颈技术，构建较完善的茄衣、茄芯分类生产技术体系。在创新成果持续驱动下，湖北省雪茄烟叶收购量1.47万担，并已建成十堰丹江口、恩施来凤和宜昌五峰等3个定制化基地，烟叶质量由“可用”向“好用”转变，实现跨越式发展。湖北雪茄烟叶进入10余款中高端手工雪茄核心原料配方，实现茄衣、茄套、茄芯全类型使用。

【科技服务】 为产区公司和烟农提供烟草育苗、烟叶移栽、大田管理以及烟叶调制等技术资料。在烟叶生产环节，深入20余个乡镇，开展烟叶生产全流程技术服务指导，田间地头服务，微信、电话咨询1200余次。通过“线上+线下”方式，理论培训和现场技术指导相结合，开展技术培训交流1500余人次，并对湖北省栽培技术能手开展为期40余天的植保、大田综合管理等技能培训。保质保量完成产区烟种供应工作，共计调拨包衣种8万余袋。

【创新人才】 2022年，院（站）2人入选行业科技领军人才和学科带头人评审委员会专家库，1人入选烟草行业青年托举人才，2人取得高级专业技术资格。

【科研成果】 2022年，获得中国烟草总公司科技进步奖二等奖2项；湖北省局（公司）科学技术进步奖一等奖1项，标准创新贡献三等奖1项；3个项目通过国家局、湖北省局（公司）成果鉴定；1个行业标准进入实施，8个企业标准通过湖北省局批准发布；获得授权专利36件，软件著作权8件；发表论文43篇，其中SCI论文15篇；出版专著6部；2个雪茄烟茄衣、茄芯专用肥产品获农业农村部登记，并入选2022年农业农村部“绿色农业投入品生产试点”；1个优质烟草新品系通过全国烟草农业评审。

贵州省烟草科学研究院（中国烟草西南农业试验站）

【概　况】 贵州省烟草科学研究院（中国烟草西南农业试验站）成立于1948年11月22日，2012年更名为贵州省烟草科学研究院，与中国烟草总公司中国烟草西南农业试验站（1999年成立）合署办公。总部在贵阳市，在福泉市、安顺市平坝区设有2个基地。主要开展烟草育种、优质栽培、绿色防控、精准调制、品质控制等领域的科研攻关与技术升级，同时为烟叶产区和工业企业提供技术指导服务与科技支撑保障。贵州省烟草科学研究院下设7个职能部门和5个专业部门，组建11支专业科研团队，建有5个省部级创新平台。截至2022年底，有在职员工128人，其中科技人员81人，高级职称48人、中级职称45人，具有博士研究生学历30人、硕士研究生学历56人。

党委书记、院长：王　丰

【技术创新】 建立“材料种植—图像采集—三维模型构建—数据解析”的方法技术体系，完成1189份代表性烟草种质株型的数字化；解析烟草抗病重要功能蛋白NtTCTP及PVY致病蛋白CI的晶体结构；获得调控氮素利用、腋芽发育、类胡萝卜素含量、赤星病抗性等功能基因4个；获得栽培烟草单倍体诱导系，可诱导不同类型烟草产生单倍体，加快育种进程。

“GZ37”“GZ21”“贵烟28”“GZM11”“GZM12”等5个新品系通过全国农业评审，兼抗PVY和TVBMV的“K326”定向改良新品系“GZM15”通过田间鉴评；“贵烟5号”“贵烟8号”“GZ36”“G358”“贵烟28”等新品种（系）开展生态适应性验证和工业评价验证，“GZ36”全省示范种植5.16万亩，“贵烟28”工业定制化生产660亩。

基于土壤微生物组调控技术，明确微生物调控烟叶品质的关键途径及核心微生物属；研究揭示赤星病危害期叶际时序微生物组学与功能特征，首次发现靶斑病菌强致病力融合群，明确赤星病与靶斑病危害期叶际核心病原菌种类。

开发低温促生育苗复合菌剂1个；研发全元一次性肥料配方2个，减少肥料使用量5%~10%，减少用工0.5个/亩。获得防治烟草病毒病的dsRNA制剂，防效达到64%。

明确贵州蜜甜香、清甜香两大香型烟叶成熟衰老期代谢差异，建立贵州烟叶香气指纹图谱技术体系。研发循环风机智能变频控制技术，推广烤房21座，烤后烟叶中性香气物质总量提高20%以上。完成《武陵秦巴山地作业区“1516”宜机化烟草农业标准技术规程（讨论稿）》制定。

【成果转化】 依托科技成果转化园，完成9项成果的示范验证工作，组织开展示范成果技术培训1次，现场观摩及评价2次；推荐6项新成果进入2023年成果孵化转化及主推示范技术计划，其中烤烟托盘育苗技术和烟草病毒病三价快速检测试纸条2项成果孵化转化，烤烟漂浮育苗抽水式晾盘装置、竹醋液制剂对赤星病防控技术、弹簧烟杆、密集烤房循环风机智能变频控制技术等4项成果作为贵州省示范技术推广应用；遴选9项成果进入2023年转化园验证；发布工作简报4期。

【科研成果】 2022年，在研科技项目104项。新立科技项目35项，其中国家自然科学基金项目3项、贵州省科技厅项目2项、中国烟草总公司项目7项，首次获得国际原子能机构资助项目1项。获得省部级科技成果奖6项，其中获贵州省人民政府科技进步奖2项、中国烟草总公司科学技术进步奖3项、中国发明协会1项；发表论文62篇，最高影响因子18.23，创历史新高；获得授权发明专利22件、实用新型专利23件，首次获得国际发明专利授权2件；发布地方标准1项，获得计算机软件著作权2件。

湖南省烟草科学研究所（中国烟草中南农业试验站）

【概　况】 2013年12月，国家局批复湖南省局（公司）设立湖南省烟草科学研究所，主要开展烟草农业科技创新活动。2015年8月，湖南省局（公司）成立湖南省烟草科学研究所，与中国烟草中南农业试验站合署办公。截至

2022 年底，有专职人员 9 人，其中高级职称 7 人、中级职称 2 人，具有博士研究生学历 8 人。试验田面积 216 亩，研发中心（实验室）占地面积 1600 平方米，配备有多台套 PCR 仪、各类型高速离心机、全自动生化培养箱、人工气候室等较为齐全的仪器设备。

所长（站长）：肖汉乾

【科技创新与服务】 **关键技术研究。**承担国家局项目 7 个，省局项目 16 个。2 个新品系通过全国农业评审。主持国家局项目 1 项，构建覆盖南岭烟区主要病虫害预测模型及体系，研制 1 个生防菌剂新产品。构建基于代谢组的烟叶风格特征数字化回归模型，明确湖南烟叶风格特色形成的分子机理。开发专用基肥新配方，初步形成以栽培技术和营养调控为主的直播生产配套技术。完成湖南雪茄烟叶种植的生态适宜性评价，筛选适宜湖南种植的雪茄烟品种，形成晾制模式，开发雪茄烟叶真空回潮技术，初步明确发酵工艺及发酵流程，制定 3 项技术规程。

成果应用推广。推广自育“湘烟”系列品种 35 万余亩，其中“湘烟 7 号”25 万亩，“湘烟 7 号”推广面积超过“K326”种植面积，成为湖南烟区第二大主栽品种，建立绿色防控示范区面积 37.3 万亩，建立烟稻全程绿色防控面积 4 万亩，烟蚜茧蜂在全省烟区 100% 覆盖，推广赤眼蜂和蠋蝽 21 万亩和 1.8 万亩，自主研发生物菌剂推广 6.74 万亩。

平台队伍建设。建设品种试验圃，形成“实验室 + 试验圃 + 试验基地”技术研发立体平台。1 人通过高级农艺师评审，2 人入选行业烟草青年托举人才，1 人获得总公司创新争先奖，2 人分别入选行业基因组和生物育种重大专项技术攻关专家库和行业绿色防控重大专项技术研究岗位专家库。

【科研成果】 2022 年，获得湖南省科技进步奖二等奖、三等奖各 1 项；获得中国烟草总公司科学技术进步奖三等奖 1 项，获得湖南省公司科技进步特等奖、二等奖、三等奖各 1 项。发表科研论文 18 篇，其中 SCI 论文 14 篇，1 篇论文入选 CORESTA 大会交流；申报发明专利 5 件，获得授权发明专利 3 件；制定省地方标准 2 项。

中国烟草总公司青州烟草研究所［中国农业科学院烟草研究所、中国烟草遗传育种研究（北方）中心］

【概　况】 中国农业科学院烟草研究所始建于 1958 年，1959 年 4 月增名山东省烟草研究所，1987 年经国家科委批准增挂中国烟草总公司青州烟草研究所牌子，受中国农业科学院、中国烟草总公司和山东省政府领导，主要开展烟草农业科学研究和成果转化工作。中国烟草遗传育种研究（北方）中心成立于 1999 年，为非独立法人科研事业机构，挂靠研究所。烟草所下设 4 个职能部门、8 个研究室（中心）、1 个青州科技服务中心、1 个《中国烟草科学》编辑部、1 个实体公司（青岛农特生物科技有限责任公司）。建有 23 个国内创新平台和 5 个国际合作平台；青岛中烟种子有限责任公司、上海烟草集团有限责任公司原料研究一室等科技成果转化平台也设在烟草所。截至 2022 年底，有在职员工 205 人，其中科研人员 161 人，具有博士学位 105 人，45 岁以下中青年科研人员占比超过 70%。有烟草行业学科带头人 2 人、中国农科院院级英才 5 人。

党委副书记、所长：张忠锋

【科研立项】 2022 年，新增各类纵向项目 56 项，其中国家自然科学基金项目 4 项，中国烟草总公司科技项目 21 项；首次获批山东省重点研发计划 1 项，获得中国农业科学院“青年创新专项”2 项，山东省中央引导地方科技发展资金项目 1 项，青岛市科技惠民示范专项项目 1 项。新增各类省级公司、工业企业合作项目 103 项。

【科技创新】 **持续加强烟草生物育种和良种推广。**截至 2022 年底，国家烟草种质资源中期库保存数量达到 6233 份，完成 5606 份资源重测序；深入解析烟草品质代谢、抗黑胫病、TMV 等关键功能基因与代谢调控网络 26 个；保存烟草突变体材料 27 万份，创新从突变体出发的烟草特色香气育种技术体系；基于全基因组分子模块、航天诱变突变体选育等不同技术选育的 8 个烤烟新品种通过田间鉴评。

构建烟草绿色生产三大创新体系。在病毒寄主互作机制、微生物功能机制、转录因子调控机制、昆虫病毒寄主转移机制等研究中取得一系列原创性理论新突破，构建绿色生产理论体系；突破生防菌调控微生物群落演替等关键技术，构建绿色生产技术产品体系；解析油菜秸秆腐解与养分释放规律，集成构建烟叶—油菜高效轮作轮耕种植模式和烟稻轮作绿色增收新模式，构建烟草绿色生产模式。

攻克烟草智慧生产与全程机械化关键环节。研发适合机械移栽的烟草毯状苗培育方法，突破育苗智能监控技术；小型烟叶采收机、高速烟叶移栽机、自走式智能喷药机器人农机研发取得重要进展；构建烟叶智能烘烤云平台，实现鲜烟素质智能快速判别；成功应用无人值守智慧育苗模式。

推动产业链条延伸。创制烟碱含量低于 0.05% 的系列超低烟碱烟草材料，培育的超低烟碱烤烟新品系通过田间鉴评并应用于上海烟草集团“中南海”品牌新产品开发；建立并优化高通量、高效率、模块化的植物表达载体构建方法；针对烟草构建“即插即用”的植物功能元件库，创制异源合成异戊二烯类天然活性物质的专用烟草底盘材料。

【平台建设】 国家农业科学即墨观测实验站、农业农村部合成生物学重点实验室依托青州所获批建设。烟草种质资源库、农业环境微生物种质资源库进入首批国家级种质资源库序列。烟草病虫害监测与综合治理重点实验室组建以康振生院士等 6 名国内外院士为主体的学术委员会。2022 年，立项科技项目 20 项，其中“揭榜挂帅”项目 6 项、青年基金项目 4 项、开放课题项目 10 项。青岛试验基地入选青岛市科普示范工程，宣城试验基地获批农业农村部宣城科研试验基地及“国家现代农业科技示范展示基地”，获得国家财政基本建设项目立项批复，总投资 2712 万元。

【成果转化】 与山东省局（公司）、山东中烟联合共建“工商研融合创新科技园”；与四川省凉山州政府和四川省局（公司）签订“中国凉山安宁河现代农业硅谷”烟草产业技术创新中心战略合作框架协议；与福建省局（公司）、山东中烟签订共建“福建雪茄烟联合创新中心”协议；与四川中烟筹建“润甜香品类原料开发联合实验室”；与蒙昆公司共建“冬虫夏草”品牌原料联合研究中心。选育的“中川 208”“中烟特香 301”等烤烟新品种在山东、四川、安徽等快速推广应用；“中雪 1 号”入选“长城”雪茄烟高端原料基地种植品种。组织绘制完成全国烟区品种、土壤和病虫害三张图表。牵头研发的病虫害绿色防控技术、中棵烟培育技术、高可用性上部叶开发关键技术等一批新技术在产区推广应用。自主研发的大豆海藻生物有机肥、烟草专用缓控释一体肥、植物病毒病免疫诱抗剂、农残快速检测仪等新型绿色投入品实现转化落地。构建形成“烟 + 稻”“烟 + 麦”“烟 + 油”“烟 + 薯”“烟 + 杂粮”和“烟 + 玉米”等多元化生产模式。

【科研成果】 以第一作者发表论文 145 篇，JCR 学科排名前 5% 的期刊论文 16 篇，影响因子高于 8 的论文 27 篇。专利数量和质量双提升，获得授权发明专利 63 件，获得授权国外专利 9 件，出版著作 4 部。主持获得中国烟草总公司科学技术进步奖二等奖、齐鲁农业科技进步奖二等奖、中国产学研合作创新奖各 1 项，共同获得中国烟草总公司科学技术进步奖 3 项，中国烟草总公司标准创新贡献奖 2 项。

国家烟草栽培生理生化研究基地

【概　况】 国家烟草栽培生理生化研究基地（简称烟草基地）1997 年 11 月依托河南农业大学烟草学院组建，为河南农业大学正处级单位，受国家局科技司和河南农业大学双重领导，是从事烟草生产理论和技术创新研究、开展技术推广和技术服务、培养高层次人才的科学研究机构。在烟草基地基础上，建设有烟草行业烟草栽培重点实验室。烟草基地立足于整合全校与烟草专业相关科研力量和平台资源，组建烟草栽培生理生态、烟草生物育种、烟草智慧农业与智能烘烤、烟草化学与调香工程、烟草加工工程与工艺等 5 个创新团队。截至 2022 年底，有从事烟草教学和科研工作的教师 89 人，引进具有博士研究生学历人才 8 人，其中拔尖人才 1 人、青年英才 2 人。享受国务院政府特殊津贴专家 1 人，行业学科带头人 2 人，河南省管优秀专家 1 人，河南省学术技术带头人 2 人，河南省高层次拔尖人才 2

人，博士生导师10人，硕士生导师44人。具有博士学位的教师61人。在国内外、行业内外聘请名誉教授、兼职教授、兼职硕士生导师20余人。

主任：赵铭钦

【科技创新】 2022年，烟草基地完成与河南襄城县人民政府、许昌市局（公司）三方共建河南农大襄城烟草产业研究院的前期筹备工作，即将挂牌运行；与中大恒源生物科技有限公司签署战略合作框架协议，共同探索产教融合、校企合作新机制。

【服务行业和战略合作】 召开“黄鹤楼”手卷雪茄烟感官评价与品牌定位交流会、四川雪茄烟产业振兴与质量风格评吸评价研讨会；创办“烟苑论坛”学术平台，先后邀请22名校内外专家来院开展学术交流与学术指导讲座。基地实践线上和线下相结合的新服务模式，助力烟叶生产高质量发展和烟农增收；持续做好与陕西中烟、湖北省局（公司）、海南省局（公司）、四川省局（公司）、湖北中烟三峡卷烟厂、四川中烟长城雪茄烟厂、海南省建恒哈瓦那雪茄烟有限公司等单位的战略合作；2022年为行业输送本科、硕士、博士、博士后专业技术人才200余人，开展相关技术培训20余场。在面对疫情、灾情双重考验下，学院组织专家教授60人次赴全国、全省烟区指导烟农自救。

【成果转化】 烟草基地研发的高碳基有机肥在全国各个烟区试验示范中产生良好效果，累计推广面积100余万亩。开发出利用秸秆、烟梗等废弃物采用气爆和微生物发酵技术生产有机肥，采用碳化方法生产生物炭，利用压块技术生产生物质燃料产品。选育出的高香气特色品种“豫烟11号”得到工业企业的高度重视，选育出的高抗根结线虫病的烤烟品种“豫烟12号”，在河南省一些病害严重的区域作为搭配品种种植。此外，研发的土壤调理剂与微生物菌肥初见成效，在湖南、陕西、河南等地反映良好。

针对烟叶生产中存在氮肥利用率低、土壤碳库流失严重、碳氮比失调、烘烤过程能源消耗大、碳排放多等问题，开展高效生物有机肥和新能源智能烤房研发，取得显著成效。

【学术交流与合作】 烟草基地和重点实验室先后与江西、河南、海南、四川、湖北等省级商业公司，以及河南、四川、陕西等省级中烟工业公司建立战略合作关系。

【科研成果】 2022年，获得省部级科技进步奖三等奖1项，地厅级科技进步奖一等奖1项、二等奖2项，新增国家自然科学基金项目3项，省科技攻关项目3项，烟草行业重大重点科研项目28项。以第一作者或通讯作者发表学术论文139篇，其中SCI论文48篇，影响因子10.0以上1篇、5.0以上9篇。获得授权专利36件，软件著作权3件。

广东省烟草科学研究所

【概　况】 广东省烟草科学研究所位于广东韶关市，由中国烟草总公司广东省公司委托广东烟草韶关市有限公司建设和管理，为独立事业法人，下设综合管理办公室、技术研发中心、技术推广中心、实验检测中心等4个内设机构，1个试验基地。研究所拥有广东省烟草育种与综合利用工程技术中心和广东省博士工作站2个省部级研发平台。其中实验检测中心占地1000余平方米，可满足分子育种、生理生化、环境生态、烟叶调制、质量评价及植物保护等方面的技术研发工作，建有烟草天地昆虫繁育中心、烟草调制培训中心和烟草分析培训中心。承担广东全省系统烟草农业技术创新重点科研项目攻关，重点开展烟草种质资源保护及新品种选育、特色优质烟叶现代生产技术、烟草病虫害绿色防控技术、清洁高效调制技术、烟草功能成分及多功能利用、烟田机械化等领域技术研发和应用工作；开展良种繁育、病虫害预测预报、烟叶生产水平评价、烟叶产品质量调查及安全性监测，开展全省新品种、新技术和新成果的引进、转化、示范和推广工作，提供技术咨询、服务与培训，开展相关科技情报信息采集、交流与利用等。截至2022年底，有在职员工24人，其中具有博士学位4人、硕士学位9人；高级职称人员5人、中级职称人员7人。

所长：罗福命

【技术创新】 2022年，承担国家局、广东省局（公司）、广东中烟、深圳烟草工业有限公司等单位各类科技项目33项。

【技术服务】 完成种子繁育、包衣加工及种子供应工作；完成全省烟草病虫害预测预报、烟叶质量评价及安全性监测工作；完成全省各阶段烟叶生产技术培训工作，累计培训1500余人次；在全省建设8个优质烟叶生产科技示范片，集成应用新品种、新成果和新技术，辐射带动当地烟叶生产技术水平全面提升。

【合作交流】 与青州烟草研究所、华南农业大学、暨南大学、广州大学、青岛农业大学、广东省农业科学院等行业内外科研院（所）校及广东中烟、四川中烟、重庆中烟等相关工业企业建立良好的科研协作关系，以科技项目为纽带，协同开展技术攻关与技术推广应用。

【科研成果】 2022年，获得市级以上科技进步奖1项，获得授权国际发明专利1件、国内发明专利5件、实用新型专利6件、计算机软件著作权43件；发表学术论文16篇，一项QC成果获得南粤之星金钻奖。

江西省烟草科学研究所

【概　况】 江西省烟草科学研究所成立于1994年，原名为江西省烟叶科学研究所，2017年8月变更为江西省烟草科学研究所，是江西省局（公司）直属科研机构，负责烟草技术研究、全省烟叶三级技术体系的组织协调指导、烟叶科技协作组织和烟叶生产技术指导等工作。拥有实验室面积1400平方米，实验室具备烟草育种、栽培营养、生理生化、烘烤调制、质量评价和植物保护等科研条件。截至2022年底，有在职员工16人，其中高级农艺师7人、农艺师4人、工程师2人。

法定代表人：何宽信

【科研工作】 开展品种、栽培、植保、烘烤和质量评价等5个专题研究，完成28项试验任务。开展江西峡江县和乐安县烟叶质量提升、烟草专用基追肥、间歇排湿自控装置和青枯病综防技术示范推广，推进栽培、植保、烘烤技术成果转化落地。通过理论培训和现场指导，加强全省烟叶技术服务。

【技术创新】 **新品种选育。**烤烟新品系“ZY157”示范740亩基本成功，筛选到“1835”等潜力新品系。

栽培营养。优化完善新品系“ZY157”配套生产技术，通过转录组和表型性状解析赣中烟区、赣南烟区适宜移栽期，明确肥料运筹和打顶处理对烤烟关键质量因子的影响。

绿色防控。筛选出青枯病防效较好的拮抗菌株组合，基本摸清拮抗菌株组合的适宜配比及其发酵技术，明确抗青枯病菌株R69固体发酵菌剂的适宜施用方式，防效达到50.85%。

采收烘烤。研究提出应对采烤季节多雨天气的关键烘烤技术，优化完善同步预热低湿变黄烘烤工艺。

质量评价。跟踪分析全省烟叶样品，明确江西省烟叶质量状况、年度间波动情况及存在的个性问题，针对性提出烟叶质量改进建议。优化完善总糖、还原糖等8个近红外分析模型，建立上部烟叶质量评价方法，预报准确率达到97.1%。

【技术服务】 加强江西中烟石城基地技术服务，形成“K326生产技术调研报告”，针对性提出7项生产技术建议，破解“烟碱偏高、烟气偏硬”等问题。加强基层技术培训和指导，相继向产区发布生产技术建议7份，累计开展培训20期、培训1000余人次，着力提升烟叶生产水平和效益。

【成果转化】 自主研发的烤烟专用基追肥示范1.96万亩，肥料施用减工降本，烟株早生快发和干物质积累效果明显，中下部烟叶颜色淡的问题明显改善。开发并示范间歇排湿自控装置，实现远程操控、自动完成间歇性排湿操作，中上部烟叶质量提升明显。集成青枯病综防技术开展示范，青枯病发病率比非示范区低5.08%，防效达到68.6%，有力推进江西烟叶绿色生产。

【科研成果】 2022 年，发表科技论文 3 篇，获得授权实用新型专利 7 件，完成科研项目结题 2 项，获得江西省局（公司）科技进步奖一等奖 1 项，国家局重大科技项目立项 1 项，省局科技项目立项 2 项。

河南省烟草科学研究所

【概　况】 河南省烟草科学研究所成立于 2014 年 12 月 10 日。主要负责全省系统科技创新、管理创新等重点科研项目攻关，重点开展烟草新品种选育、栽培与耕作、植物保护、烘烤调制、资源环境等烟草农业科学技术研究；负责全省烤烟良种试验示范；提供烟草农业新品种、新技术、新工艺技术示范推广及培训服务；承担本系统技术中心的业务指导工作等。设科研项目和成果转化两个团队，截至 2022 年底，有在职员工 11 人，其中具有博士研究生学历 3 人、硕士研究生学历 4 人，研究员 3 人，高级农艺师 1 人，中级职称 5 人。

所长：李　琦（—2022 年 12 月）、李欣蓓（2022 年 12 月—）

【成果转化】 育苗时期"基于拮抗菌剂的烟草根腐病/黑胫病绿色防控技术研究与应用""烤烟漂浮育苗根系隐性感染监测预警与防控技术研究评价报告"两项成果在河南省共示范推广 1 万余亩，"浓香型特色优质烟叶开发"成果全省示范推广 3000 余亩。

【技术创新】 针对烟叶生产环节复杂、病虫害频繁等状况，成立河南绿色低碳烟草栽培技术创新团队；围绕河南烤烟品种问题，成立河南烤烟品种引进培育创新团队；围绕智慧烟草方向，成立智慧烟草农业技术创新应用研究团队。

开展"烤烟品种区域（河南点）试验及新品种（系）选育研究与应用"项目工作，公开征集新品种（系），筛选出 6 份参加预备试验、3 份参加验证试验。全年完成"LY 1306"及后备品系亲本保持系主要特征特性鉴定，2 个新品种（系）的田间鉴评工作，形成一套"渠首 1 号"配套技术生产技术规程和指标体系，获得不育系"MSLY1306BF2"种子，并推荐 2 个新品种（系）参加全国烤烟品种区域试验。

筛选提高养分利用效率的肥料增效产品，研究其对烤烟生长、抗逆性、产量质量和土壤环境的影响，并明确其应用条件和效果。开展烟草施肥配方优化研究，初步形成新型优质烟草专用一体肥。

【科技服务】 **指导基层创新。**指导三门峡烟区开展"云烟 87 叶部病害抗性定向改良及新品系选育与应用""提高三门峡上部烟叶可用性关键技术研究与示范"等项目。

推广适用技术。提出"培育健壮烟苗从管理苗床抓起""分类采耐心晒　先拿水后变黄"等技术指导意见在《河南日报》（农村版）发表，指导河南广大烟农。

【科研成果】 2022 年，获得授权计算机软件著作权 2 件，发表论文 3 篇。

山东烟草研究院有限公司

【概　况】 山东烟草研究院有限公司始建于 2011 年 2 月 25 日，隶属山东省局（公司）。主要职能是围绕建设"小而精"的研究机构，开展行业政策的研究、解读以及山东省局（公司）政策的研究、解读、落实、调研工作，发挥科研主体、参谋助手作用。截至 2022 年底，有在职员工 14 人，其中具有博士研究生学历 3 人、硕士研究生学历 9 人。

分党组书记、院长：刘永亮（2022 年 3 月—，之前任副院长，主持工作）

【科研工作】 筹备山东省局（公司）高质量发展（第四片区）现场会。瞄准"研究、解读、落实、调研"职能定位，完成调研咨询报告 124 篇。优化平台载体建设，借力山东省局（公司）系统新型智库，聚焦行业和系统内热点、难点、痛点问题，按月组织撰写和辑要汇编专题资料供有关单位和部门参阅。

【技术创新】 2022 年，承担或协作科技项目研发 11 个。

其中："彰显'蜜甜焦香'风格的烤烟新品种区域化布局与工业利用"项目研究明确各烤烟新品种生态适应性、"蜜甜焦香"彰显情况及工业可用性，为逐步实现烤烟新品种"蜜甜焦香"风格特色定位及工业评价利用提供参考；"蜜甜焦香型烟叶生产大数据库构建及应用"项目借助大数据、GIS等手段，构建蜜甜焦香型烟叶生产大数据库，利用大数据分析、筛选、建模和判断，制定蜜甜焦香型烟叶综合评价指标体系，为山东烟叶的持续健康发展提供技术支撑；"基于可信体系的RFID技术在卷烟专卖管理中的应用研究"项目针对卷烟造假以及烟草仓储、物流追踪困难问题，利用RFID技术、物联网设备的可信技术，对卷烟进行方便快捷、安全可靠的防伪鉴别，并结合互联网、大数据技术，实现卷烟的全生命周期仓储管理和物流追踪。

【科研成果】 2022年，获得山东省烟草公司科学技术进步奖一等奖1项、二等奖3项、三等奖1项，省公司标准创新贡献奖1项。

中国烟草总公司重庆市公司
烟草科学研究所

【概　况】 中国烟草总公司重庆市公司烟草科学研究所（简称重庆烟科所）成立于2011年6月9日，位于重庆市北碚区，主要负责开展烟草科研、试验示范、烟叶生产技术培训与推广等工作，着力于提升全市烟叶科技水平和科研能力。2022年9月与重庆烟叶分公司合署办公。截至2022年底，有5个研发团队，研发人员16人。其中高级职称9人、中级职称7人。

所长：徐小洪

【科研工作】 2022年，科研重点以互联网和大数据互联为手段，开展品种选育、土壤保育、配套栽培技术优化、重庆烟叶数字化模型及绿色防控应用技术研究。精心组织烟叶生产关键环节实用技术培训，推动科技成果转化应用。

【技术创新】 **科研项目**。科技创新工作，坚持突出问题导向、过程导向和结果导向。在研项目22项，其中新立项5项。以国家局科研项目"重庆烟叶数字化转型探索与实践"为载体，构建生态、育苗监控、栽培植保预测预警、土壤保育等烟叶种植领域的九大类数据模型，对接"全市烟叶生产管理平台"，输出技术实时指导和在线服务，力争实现技术成果服务的流程化、可视化。全面梳理建所以来10年的科技成果。

品种选育。烤烟新品种"渝金香1号"推广示范种植3000余亩，引进"云烟116""中川208"等10个新品种开展示范栽培和配套技术研究，并组织专家在彭水、巫溪等产区开展烤烟新品种田间鉴评。

栽培技术。依托科研项目开发根茎康、苗强壮等产品，促进早生快发，改善根系发育和强根壮株应用研究和示范，成效明显。

土壤保育。开展土壤符合退化精准阻隔技术，开发1个新型中浓度复合肥配方产品，实现土壤保育和智能施肥移动检测，为产业应用和上云建库夯实基础。在渝东南和渝东北建立2个技术示范区，有机质提升至23.0克/千克。全市持续开展绿肥种植、微生物菌肥等酸化土壤改良等工作，推广施用有机肥提高烟田土壤碳氮比技术。

绿色防控。制定全市年度绿色防控实施方案，通过药效试验，明确最佳施用技术。实施烟蚜茧蜂烟田全覆盖，有效控制烟蚜的发生。烟田推广性诱技术12万亩，蠋蝽1万亩，防控斜纹夜蛾。推广捕食螨防治烟粉虱，防效达到70%以上。叶斑病害无人机防控5万亩，绿色防控工作取得初步成效。

烘烤技术。开展烘烤图像识别智能烘烤技术研究与应用，研发烟叶智能烘烤自控仪400套，涉及面积8000亩。初步构建物联网烟叶图像烘烤技术体系，开发烟叶智能烘烤App和远程智能烘烤平台，实现烤房烟叶状态的远程查看和自控仪远程控制。派出烘烤技术骨干，深入基层一线，蹲点帮扶，提供技术指导，提升烟农烘烤技术水平。

【技术服务】 提升技术服务水平，起草全市年度生产技术方案，凸显实用技术的延续性、实用性、先进性和针对性。注重产业融合，开展烟叶栽培、烘烤技能大赛，以赛代训230余人次，将先进理念和方式融入产业发展中。采取线上与线下相结合的方式，开展土壤保育、良法良种、早生快发、绿色防控和培育高可用性上部叶等重点技术培训，累计参训600余人次。

【科研成果】 2022年，在核心期刊发表论文4篇；获得授权专利10件，其中发明专利2件；发布科技视频7个。获得中国烟草总公司科学技术进步奖二等奖1项。

陕西省烟草科学研究所

【概　况】 陕西省烟草科学研究所（简称陕西烟科所）原名为陕西省烟草研究所，成立于1992年8月。2017年，正式更名为陕西省烟草科学研究所，隶属陕西省局（公司），主要从事烟草农业相关研究。截至2022年底，有在职员工7人，其中高级农艺师3人、高级经济师1人、农艺师1人、劳务派遣技术员2人。

所长：艾绥龙

【技术创新】 **陕西烟叶特色挖掘项目研究。**联合蒙昆公司，完成陕西省内主要产区各代表等级初烤烟叶的酶切试验，在咸阳烟叶复烤公司开展加酶试验线改造，设计出管道密集铺设及动力行进式的新加酶设备，获得初烤阶段加酶试验和复烤工艺参数，为生物酶制剂施加技术提供新思路。

陕西雪茄烟恢复性种植试点研究。在陕西汉中市试种雪茄烟叶50亩，先后赴四川、海南等地考察学习4次，召开品种布局评审会、晾制质量观摩评价会等会议5次，邀请雪茄烟领域相关专家40余人次到陕指导。项目初步筛选出茄衣、茄芯适宜品种5个，形成配套栽培、晾制和发酵技术规程。

烤烟品种选育和试验推广研究。陕西省烟草科学研究所南繁基地建成运行，是挂牌入驻我国南繁育种核心区的行业第一家科研单位。选育高抗、优质、适应性好的“QY9A05”“QY9B02”“QYCH01”“QY2329”进入全国烟草品种试验序列。“秦烟96”“秦烟99”等自育品种在全国推广种植20余万亩，新品系“QY9A05”成为陕南烟区搭配品种。

绿色防控推广应用。2022年，全省绿色防控示范区面积占全省种植烟面积的20.21%，辐射区面积占种植烟面积的62.55%。示范区、辐射区的烟叶病虫害损失率分别为2.79%和3.81%，低于6%、8%的年度控制目标。

“揭榜挂帅”项目。完成“基于微生物组的烟草叶部重要病害生防菌剂研发及产品创新”年度任务，分离鉴定出高效生防菌株5个、促生菌株5个、强力促生拮抗组合3个。经田间防效试验，3个组合均表现出极其高效的生防效果。完成“烟草赤星病生物防治及生态调控技术研发与应用”田间采样，开展宏基因组学测序研究，通过离体、盆栽及田间试验，筛选出防效优良的生防菌株。

其他在研项目取得新进展。水肥协同项目通过墒情站数据收集，扩展墒情数据库，完善水肥协同供给专家咨询系统。引入便携式和高精度土壤养分检测仪，通过氮、钾、磷量与水分交互试验，确定陕南烟区最佳水肥交互模式。根据“烟区产业综合体建设标准和管理模式研究”项目前期研究成果，制定《陕西省2022年烟区产业综合体建设工作方案》，新建设4个国家级综合体和6个省级综合体。完成“‘抗菌—促生—诱抗’协同的多功能复合生防菌剂的创制”课题立项。

【技术服务】 采取专家线下指导、线上培训等方式，全年深入产区指导80余人次，推动品种布局调整、平衡施肥、育苗方式革新等关键技术措施落地。宝鸡、汉中烟区亩均收入分别较2019年增长47%、42%，上等烟比例、均价、亩产量均大幅提升，烟农亩均增收1000元以上，户均增收3万元以上。在咸阳开展500亩技术示范，推广湿润育苗、增施HA生物有机肥、土壤保育等技术，上等烟比例高于产区平均水平21个百分点，亩均增收1788元、增幅69%。

【科研成果】 2022年，获得陕西省烟草公司科技进步奖一等奖、二等奖各1项，发表学术论文7篇，获得授权或受理专利4件。

中国烟草总公司海南省公司海口雪茄研究所

【概　况】　中国烟草总公司海南省公司海口雪茄研究所（原海南雪茄研究所，简称雪茄所）位于海南省海口市，2015年7月国家局批复成立，2017年12月更名为中国烟草总公司海南省公司海口雪茄研究所，现为海南省局（公司）非独立法人运行分支机构。内设综合管理部、科研管理部、技术研发部等3个部门。主要职责为承担雪茄烟叶的科学技术研究及成果转化推广，承担雪茄烟产品研发和市场研究，组织开展科研项目攻关，为持续改善雪茄烟叶和雪茄烟产品的品质安全提供技术保障，为雪茄烟产业发展提供科技支撑。截至2022年底，有在职员工13人，其中管理人员4人、科研人员9人，具有博士学位8人，正高级职称2人、副高级职称7人，海南省高层次人才9人。2022年，雪茄所1人获评烟草行业“最美科技工作者”，1人入选首批烟草行业青年托举人才。

支部书记、所长：李方友

【科研工作】　自主筛选“海研”系列优质茄衣、茄芯品种10余个，提供自主选育雪茄烟品种“海研301”“海研302”参加全国雪茄烟品种比较试验。“海研204”品种入选行业首批申请认定的雪茄烟品种；获批主持国家局雪茄烟重大专项“优质国产茄衣攻关”“揭榜挂帅”项目1项，参与重大专项1项；获批海南省公司科技项目2项。

【技术创新】　开展核心资源的杂种优势利用及定向改良，创制优质杂交组合新材料10个；优化水肥运筹模式，亩均减少化肥用量20%以上；构建茄衣、茄芯烟叶晾制过程的颜色变化规律模型，明确不同晾制阶段雪茄烟叶内外在质量变化方面的显著影响因素，提出并确定基于海南热带海洋性气候条件下的“阶梯式”晾制技术工艺。

【技术服务】　在海南省烟区开展集中技术培训12次，培训技术人员和烟农230余人次，发布全省病虫害防控信息6期，发布科研动态4期，综合推广技术落地1000余亩。

【科研成果与转化应用】　持续支持行业兄弟单位开展雪茄烟试种研究，向福建、陕西、广西等6个省（自治区）提供试种品种（系）4个，总体表现稳定、适应性好。通过连续技术集成与推广，在海南五指山产区基本形成“品种全覆盖、技术全程化”，遮荫茄衣产量和质量明显提高，茄衣烟叶产出率在20%以上，调制发酵后海南雪茄烟叶特色明显。

【开放合作】　与五指山市人民政府、山东中烟签订《战略合作协议》；联合海南红塔公司、中国热带农业科学院环境与植物保护研究所申报组建“海南省雪茄烟叶开发与应用工程技术研究中心”，通过海南省科技厅初审。

【科研成果】　2022年，制定发布9项海南雪茄烟叶生产技术企业标准。发表论文4篇，获得授权发明专利5件、实用新型专利2件；申请受理发明专利2件、实用新型专利1件。

四川省烟草科学研究所

【概　况】　四川省烟草科学研究所（简称四川烟科所）是四川省局（公司）内设的专业技术研发部门，位于四川省成都市，前身是2009年7月在四川省西昌市成立的四川省烟草技术中心，2015年4月，办公地点由西昌市迁至成都市，2016年10月更名为四川省烟草科学研究所。主要负责四川省烟草商业系统科技创新项目攻关，重点开展烟草农业科学技术研究；提供烟草农业新品种、新技术、新工艺、新方法技术示范、推广及培训服务；承担各产区烟叶技术指导任务。设技术研发部、综合管理部2个管理部门和烟草育种、栽培、营养与肥料、植保、调制与加工、化学与多功能开发、国产雪茄烟叶研究与应用重大专项等7个方向研究课题组。截至2022年底，有在职员工15人，其中研究员1人、高级农艺师9人、农艺师2人、工程师1

人；具有博士研究生学历2人、硕士研究生学历12人。

党支部书记、所长：郭仕平

【科研工作】 四川烟科所牵头主持或共同主持科技项目共35项，参与科技项目18项，其中2022年度新立项11项。

【技术创新】 **加强新品种自主选育。**鉴定烤烟和雪茄烟品种资源377份，转育优良雄性不育系45份，推荐参加全国区试新品系6个，通过全国农业评审1个。

深化土壤保育与施肥技术。开发四川烟区植烟土壤健康管理系统，优化深松施肥起垄一体机技术参数，研发示范适宜山地作业的背负式轻简圈施肥机。

推进绿色高效栽培技术。研发并优化的生物质苗盘效果良好，引进、评价5种规格全生物降解地膜取得初步结论。从区域定位、关键技术、成熟度、开片调控剂等影响发育方面研究提升上部叶可用性的栽培技术。

推进病虫害绿色防控技术研发。构建四川烟草病虫害智能监控预警平台，改进七星瓢虫肥料配方，制作瓢虫卵块包装盒样机，进一步完善媒介害虫、根结线虫、根茎病害防控技术体系。

优化研发烘烤设备和工艺。初步探明上部叶烘烤挂灰和僵硬质量缺陷发生的机制，研发可拆卸集装箱式烤房、石墨烯电加热烤房、智能精准烘烤设备，改造燃气烤房40座。

探索烟草废弃物多用途利用。实施大田不适用烟叶多用途利用研究项目，优化提取工艺技术，收集16吨大田不适用烟叶资源开展高纯绿原酸等功能成分提取研究。

提升雪茄烟生产水平。研制出茄芯、茄衣专用肥配方，初步明确茄芯糊米发酵关键参数，改进挂杆上烟自动晾制设备，设计推车式小型化智控发酵设备，创新低成本简易茄衣遮阴设施，雪茄烟技术体系、设施设备不断优化。

【成果转化】 开展“6+6”项重点科技成果转化。针对“中川208”制定“一案一册两表”配套生产技术和“六个一”烘烤技术要点，2022年全省“中川208”推广种植7.81万亩，总体长势良好；“降钾增氮调微”新育苗肥推广93.85万亩，实现降低肥料成本并提高壮苗率；少基质小孔育苗盘配套小苗移栽技术推广34.5万亩，降本增效1600余万元；研究制定的晾房建设技术标准，成为德阳新建500余座晾房的建造依据；示范新改良生物质苗盘，移栽大田后长势明显优于常规育苗盘；推广七星瓢虫36.93万亩，绿色高效植保108.6万亩。

【科技服务】 建立年度对口联系技术服务产区工作机制，在烟叶生产不同阶段深入产区提供技术培训、指导和服务。制定下发应对异常气候、病虫危害、霉变烟叶烘烤等多套技术方案或意见建议，为产区开展工作和应对各类突发情况提供技术保障。

【科研成果】 2022年，获得国家授权专利54件，其中发明专利15件；出版著作1部；发表科研论文26篇；获得中国烟草总公司科学技术进步奖二等奖1项。

表1 国家级企业技术中心

序 号	单位名称	认定时间
1	上海烟草集团有限责任公司技术中心	1995年
2	湖北中烟工业有限责任公司技术中心	2003年
3	湖南中烟工业有限责任公司技术中心	2004年
4	山东中烟工业有限责任公司技术中心	2007年
5	广东中烟工业有限责任公司技术中心	2008年
6	福建中烟工业有限责任公司技术中心	2011年

表2　行业级工业企业技术中心

序　号	单位名称	
1	卷烟工业企业	上海烟草集团有限责任公司技术中心
2		云南中烟工业有限责任公司技术中心
3		湖北中烟工业有限责任公司技术中心
4		湖南中烟工业有限责任公司技术中心
5		广东中烟工业有限责任公司技术中心
6		山东中烟工业有限责任公司技术中心
7		福建中烟工业有限责任公司技术中心
8		浙江中烟工业有限责任公司技术中心
9		安徽中烟工业有限责任公司技术中心
10		江西中烟工业有限责任公司技术中心
11		广西中烟工业有限责任公司技术中心
12		河南中烟工业有限责任公司技术中心
13		贵州中烟工业有限责任公司技术中心
14		江苏中烟工业有限责任公司技术中心
15	非卷烟工业企业	南通醋酸纤维有限公司技术中心
16		南通烟滤嘴有限责任公司技术中心
17		中国烟草机械集团有限责任公司技术中心
18		上海烟草包装印刷有限公司技术中心

表3　行业级烟叶生产技术中心

序　号	单位名称
1	湖北省烟草公司恩施州公司烟叶生产技术中心
2	云南省烟草公司玉溪市公司烟叶生产技术中心
3	贵州省烟草公司遵义市公司烟叶生产技术中心
4	云南省烟草公司曲靖市公司烟叶生产技术中心
5	山东潍坊烟草有限公司烟叶生产技术中心
6	贵州省烟草公司毕节市公司烟叶生产技术中心
7	山东临沂烟草有限公司烟叶生产技术中心
8	福建省烟草公司三明市公司烟叶生产技术中心
9	四川省烟草公司凉山州公司烟叶生产技术中心
10	云南省烟草公司昆明市公司烟叶生产技术中心
11	安徽皖南烟叶有限责任公司烟叶生产技术中心
12	湖南省烟草公司永州市公司烟叶生产技术中心
13	福建省烟草公司南平市公司烟叶生产技术中心
14	云南省烟草公司大理州公司烟叶生产技术中心

表 4　省级烟草农业科研机构

序　号	单位名称	隶属单位	备　注
1	云南省烟草农业科学研究院	云南省烟草专卖局（公司）	同时挂牌：中国烟草育种研究（南方）中心
2	贵州省烟草科学研究院	贵州省烟草专卖局（公司）	同时挂牌：中国烟草西南农业试验站
3	湖北省烟草科学研究院	湖北省烟草专卖局（公司）	同时挂牌：中国烟草白肋烟试验站
4	福建省烟草专卖局烟草科学研究所	福建省烟草专卖局（公司）	同时挂牌：中国烟草东南农业试验站
5	湖南省烟草科学研究所	湖南省烟草专卖局（公司）	同时挂牌：中国烟草中南农业试验站
6	中国烟草总公司黑龙江省公司牡丹江烟草科学研究所	黑龙江省烟草专卖局（公司）	同时挂牌：中国烟草东北农业试验站、中国烟草进出口烟叶检测站
7	山东烟草研究院有限公司	山东省烟草专卖局（公司）	
8	中国烟草总公司重庆市公司烟草科学研究所	重庆市烟草专卖局（公司）	
9	广东省烟草南雄科学研究所	广东省烟草专卖局（公司）	
10	陕西省烟草研究所	陕西省烟草专卖局（公司）	
11	江西省烟草科学研究所	江西省烟草专卖局（公司）	
12	河南省烟草科学研究所	河南省烟草专卖局（公司）	本省另有农科院下设的烟草科学研究所
13	安徽省农科院烟草科学研究所	安徽省农科院	同时挂牌：安徽省烟草公司烟草研究所
14	中国烟草总公司海南省公司海口雪茄研究所	海南省烟草专卖局（公司）	
15	四川省烟草科学研究所	四川省烟草专卖局（公司）	

表 5　行业重点实验室

序　号	名　称	依托单位
1	烟草行业烟草化学重点实验室	中国烟草总公司郑州烟草研究院
2	烟草行业烟草工艺重点实验室	
3	烟草行业烟草香料基础研究重点实验室	
4	烟草行业卷烟烟气重点实验室	上海烟草集团有限责任公司
5	烟草行业烟草栽培重点实验室	河南农业大学
6	烟草行业卷烟功能材料重点实验室	湖南中烟工业有限责任公司
7	烟草行业卷烟调香技术重点实验室	云南中烟工业有限责任公司
8	烟草行业卷烟工艺与装备研究重点实验室	云南中烟工业有限责任公司 中烟机械技术中心有限责任公司
9	烟草行业工业生物技术重点实验室	郑州轻工业大学
10	烟草行业烟草病虫害监测与综合治理重点实验室	中国烟草总公司青州烟草研究所
11	烟草行业烟草基因资源利用重点实验室	
12	烟草行业烟草生物技术育种重点实验室	云南省烟草农业科学研究院

续表

序　号	名　称	依托单位
13	烟草行业烟草分子遗传重点实验室	贵州省烟草科学研究院
14	烟草行业烟用植物应用研究重点实验室	湖北中烟工业有限责任公司
15	烟草行业燃烧热解研究重点实验室	安徽中烟工业有限责任公司
16	烟草行业纤维过滤材料重点实验室	南通醋酸纤维有限公司
17	烟草行业再造烟叶技术研究重点实验室	广东中烟工业有限责任公司 广东省金叶科技开发有限公司
18	烟草行业烟草加工形态研究重点实验室	河南中烟工业有限责任公司 中国烟草总公司郑州烟草研究院
19	烟草行业生态环境与烟叶质量重点实验室	中国烟草总公司郑州烟草研究院 中国农业科学院农业资源与农业区划研究所
20	烟草行业黄淮烟区烟草病虫害绿色防控重点实验室	河南省农业科学院烟草研究所 河南省农业科学院植物保护研究所
21	烟草行业山地烤烟品质与生态重点实验室	贵州省烟草科学研究院
22	烟草行业数字化调香研究重点实验室	湖南中烟工业有限责任公司
23	烟草行业雪茄发酵工艺重点实验室	四川中烟工业有限责任公司
24	烟草生物学效应重点实验室	国家烟草质量监督检验中心

表 6　行业工程研究中心

序　号	名　称	依托单位
1	国家烟草基因工程研究中心	云南省烟草农业科学研究院
2	烟草行业新型烟草制品装备工程研究中心	颐中烟草（集团）有限公司
3	烟草行业病虫害生物防治工程研究中心	云南省烟草公司玉溪市公司
4	烟草行业特种滤棒工程研究中心	四川三联新材料有限公司
5	烟草行业微生物有机肥工程研究中心	贵州省烟草公司遵义市公司
6	烟草行业生物炭基肥工程研究中心	贵州省烟草公司毕节市公司
7	烟草行业烟用爆珠工程研究中心	将军烟草集团有限公司
8	烟草行业生物酶应用工程研究中心	内蒙古昆明卷烟有限责任公司

表 7　博士后科研工作站

序　号	机构名称	建站时间
1	上海烟草集团有限责任公司博士后科研工作站	2002 年
2	广西中烟工业有限责任公司博士后科研工作站	2004 年
3	广东中烟工业有限责任公司博士后科研工作站	2006 年
4	湖南中烟工业有限责任公司博士后科研工作站	2007 年
5	河南中烟工业有限责任公司博士后科研工作站	2008 年

续表

序号	机构名称	建站时间
6	浙江中烟工业有限责任公司博士后科研工作站	2008 年
7	湖北中烟工业有限责任公司博士后科研工作站	2008 年
8	云南烟草科学研究院博士后科研工作站	2010 年
9	中烟机械技术中心有限责任公司博士后科研工作站	2010 年
10	安徽中烟工业有限责任公司博士后科研工作站	2013 年
11	云南省烟草农业科学研究院博士后科研工作站	2013 年
12	四川中烟工业有限责任公司博士后科研工作站	2013 年
13	江西中烟工业有限责任公司博士后科研工作站	2013 年
14	福建中烟工业有限责任公司博士后科研工作站	2013 年
15	贵州中烟工业有限责任公司博士后科研工作站	2013 年
16	云南中烟工业有限责任公司博士后科研工作站	2014 年
17	中国烟草总公司郑州烟草研究院博士后科研工作站	2015 年
18	重庆中烟工业有限责任公司博士后科研工作站	2016 年

表 8　院士工作站（院士科研团队工作基地）

序号	建设单位	院士姓名、所在单位	平台名称
1	云南烟草科学研究院	孙汉董（中国科学院植物研究所）	
2	四川中烟工业有限责任公司	陈坚（江南大学）	
3	安徽皖南烟叶有限责任公司	赵春江（北京市农林科学院）	创新基地
4	湖南中烟工业有限责任公司	孙宝国（北京工商大学）	
5	广东中烟工业有限责任公司	陈克复（华南理工大学）	
6	贵州省烟草科学研究院	安德烈（乌克兰院士）	贵州省微生物与健康院士工作站
7	河南中烟工业有限责任公司	谢剑平（中国烟草总公司郑州烟草研究院）	河南中烟工业有限责任公司、 中国工程院谢剑平院士创新中心

◇ 撰稿：许嘉东　蔡　文；编辑：刘海文

教育培训

中共国家烟草专卖局党校（国家烟草专卖局职工培训中心）

【概　况】　中共国家烟草专卖局党校（国家烟草专卖局职工培训中心）［简称党校（培训中心）］成立于 1991 年 12 月，是国家烟草专卖局内设机构性质的直属事业单位，承担烟草行业党员干部教育培训工作，列入中央党校中央和国家机关分校序列，是行业党员干部教育培训的主渠道、主阵地。2017 年 5 月，被确立为中央党校中央和国家机关分校第五学区牵头单位。2020 年和 2021 年，先后增设合肥、湘潭教学点，实行招生计划、教学计划、课程设置、教学管理、考核评估“五统一”教学管理模式，培训规模由 350 余人增加至 700 余人，覆盖局处科三级，形成“一校三地”教学格局。2020 年 7 月 1 日，党校（培训中心）主办的中国烟草网络党校正式上线，服务行业 18 万余名党员，理论教育延伸到行业“最后一公里”，“线上线下并举”教育培训体系基本形成。

办学治校 30 年来，在国家局党组的坚强领导下，党校（培训中心）始终坚持“党校姓党”，坚决贯彻落实局党组推动高质量发展、推进高效能治理、造就高素质队伍工作要求，培训行业党员干部近万人次，每年为国家局党组提供有决策参考价值的研究成果 30 余项。举办行业司局级领导干部进修班 30 期、处级领导干部进修班 58 期、青年干部培训班 4 期、科级干部培训班 3 期等。党校（培训中心）在办学规模、办学质量、信息化建设、标准化管理、后勤保障等方面均走在部委党校前列，多次被评为“中央党校中央国家机关分校教学先进集体”。党校（培训中心）下设办公室、教务处、总务处（安全管理处）等 3 个职能部门。2022 年，党校（培训中心）有教职员工 25 人。

党校校长：韩占武（兼）；党校副校长、培训中心主任：程春节

【教育培训】 **完成教育培训任务。**2022 年，党校（培训中心）围绕学习贯彻党的二十大精神这条主线，落实局党组办管建党校的工作要求，在校委会领导下，统筹新冠疫情防控和一校三地教学，克服疫情影响，较好完成秋季学期教学任务。全年共举办司局级进修班 1 期、处级进修班 1 期、科级培训班 1 期，培训司局级党员领导干部 22 人、处级党员领导干部 134 人、科级党员干部 109 人。

认真学习党的二十大精神。充分发挥党校主渠道、主阵地作用，在学习宣传贯彻党的二十大精神上走在前、作表率。

紧跟党中央部署。突出主课地位，把学习贯彻习近平新时代中国特色社会主义思想作为中心内容和首要任务，精心打造学习单元，系统学习党的十九届六中全会、习近平总书记“7·26”重要讲话精神等，开展专题讲座 58 讲，筑牢迎接党的二十大思想基础。

及时跟进学习。把学习党的二十大精神作为秋季学期必修课，紧跟党的二十大会议进程，收看实况直播、实时观看新闻、学习报告原文，开展交流研讨、撰写心得体会、加强思想引领，10 篇文章在《东方烟草报》专版发表，组织专题辅导 13 讲，推动党的二十大精神进教材、进课堂、进头脑。

线上同步推进。把网络党校（培训中心）平台作为学习宣传党的二十大精神的重要阵地，开设党的二十大精神学习专区，及时传达全面落实党中央决策部署，传达贯彻国家局党组的工作要求，传递党的二十大精神评述解读，及时传送学习动态、心得感悟，及时上线权威课程，推动党的二十大精神进机关、进企业、进车间、进班组。

提升教学培训质量。落实《党校工作条例》，遵循干部成长规律和党校教育规律，统筹推进一校三地教学实践向科学化、制度化、规范化迈进。

履职尽责领导办学。2022 年，新一届校委会首次召开全体委员会议，专题听取工作汇报，研究部署党校工作。安徽工商、湖南工商党校校委会相继成立，完成《关于高质量推进新时代党校工作的意见》起草工作。

克服影响高质办学。统筹做好教学工作和疫情防控，秋季学期 265 名学员如期报到，各个班次统一提前开学。严格执行中央党校、中央和国家机关分校教学计划，严格落实处级以上干部进修班 40 个学习日、科级干部培训班 60 个学习日，主体课程一门不减，面授率 90% 以上，4 项课题研讨成果向国家局主要领导汇报，秋季学期教学任务圆满完成。

规范管理从严办学。制定“疫情防控常态化下教学工作安排”“学员防护和应急指南”，把常态化疫情防控要求贯穿到教学全过程各环节，教学工作顺利有序开展。修订完善班主任工作规范、学员管理办法等 17 项教务管理制度，分校系统探索开展教学质量评估，完备教学管理体系。

工作目标任务完成情况。如期完成秋季学期教学任务。克服疫情影响，严格落实教学计划，秋季学期 2 个月的局处级干部进修班和 3 个月的科级干部培训班顺利完成，主体课程面授率 100%，4 项课题研究成果得到国家局领导肯定，

教学质量得到学员和中央党校分校认可。

如期完成网络党校教学计划。根据年初线上教学计划安排，配合国家局人事司，首次运用“空中直播课堂”，完成行业司局级领导干部学习贯彻党的十九届六中全会精神专题培训；网络党校全年上线优质课程127讲、微课程119门，全行业党员干部职工1200余万人次参加学习，线上学习人次比上年增长17%。

校外实践课堂多元拓展。依托一校三地红色资源，拓展完善井冈山、古田、皖南、金寨、韶山等党性锻炼课堂；加强校企合作、校院合作，智能智造、数字经济、乡村振兴、风险处置等6类实践课堂初步建立。

内部基础管理再上新台阶。一校三地校委会管理走上正轨，修订完成加强和改进新时代党校工作意见及教学质量评估体系，物业公司OKR目标和关键结果工作管理法初步落地运行，内部管理基础不断得到夯实。

全年安全生产零事故。落实全员安全生产责任，持续推进安全生产三年行动提升计划，整改隐患67起，常态化开展应急演练、值守巡查、培训考核，不断增强全员风险防范和应急处突能力。

◇撰稿：袁　艺；编辑：刘海文

中国烟草总公司职工进修学院

【概　况】 中国烟草总公司职工进修学院（简称职工进修学院）前身是河南省烟草工业学校，成立于1985年。1992年，更名为中国烟草总公司郑州中等专业学校，2001年改制更名为中国烟草总公司职工技术培训中心，2009年更名为中国烟草总公司职工进修学院。2011年，国家烟草专卖局职业技能鉴定指导中心职能和办公地点调整到职工进修学院，与职工进修学院合署办公。2014年，中国烟草学会教育培训专业委员会在职工进修学院设立办事机构。2015年，中国烟草网络学院在职工进修学院正式运行，中国烟草学会安全生产专业委员会在职工进修学院设立办事机构。2017年，中国烟草总公司黄淮烟叶样品中心在职工进修学院建成揭牌。2022年，职工进修学院有在职在编干部教师108人，其中具有硕士研究生以上学历67人（含博士研究生学历12人）、高级专业技术资格42人、高级企业培训师资格38人、行业学科带头人1人。

进修学院党组书记、院长：王　宏（—2022年8月）、卢俊良（2022年8月—）

【教育培训】 2022年，职工进修学院坚持把迎接党的二十大和学习宣传贯彻党的二十大精神作为全年工作主线，努力克服新冠疫情对培训鉴定业务的不利影响，坚持“防疫情、保安全、促发展”一体推进，各项工作取得新成效，实现党建工作水平、核心业务质量、创新驱动能力、内部治理效能、队伍综合素质明显提升。全年举办培训217期，培训3.2万余人次；网络培训总时长3300万小时，比上年增长3.5%；指导实施行业职业技能等级认定2.4万余人次，获证1.3万余人次；统筹开展省级一、二类竞赛33届次，发挥好行业教育培训主阵地作用。

【教研、认定成果】 **在线培训持续升级。**加强网络培训标准化建设，培训运维、运营、资源建设等主要业务固化为制度规范。坚持总院分院一体联动，举办直播培训1829场，比上年增长39%，为行业48家单位提供直播技术服务867次，增长51%；实施行业工作会议精神宣传贯彻、新进员工培训、安全大讲堂等各类学习活动60个；完成智能制造、战略与投资管理等15期“提升企业核心竞争力大讲堂”，行业学习浏览量超过61万人次；中国烟草网络学院自上线起累计访问量突破1亿人次，成为行业教育培训重要阵地。

高层次人才培训持续升级。制定“五个一”工作方案，通过学习、实践一体式教学，形成创新案例60份，完成企业课题研究36项，推动烟叶评级、制丝设备修理2个方向工匠人才成长。开展2期地市级局（公司）主要负责人能力提升培训，开展人力资源领域处级干部培训，打造高端人才培训品牌。持续开展青年人才研修和优秀技能人才进修，举办行业第三届烟草栽培技能比武，拓宽高技能人才成长通道。

资源保障能力持续升级。新出版、印刷培训教材 13 种 4.18 万册，审定培训教材 23 种，新上架网络课程 2400 余门。加强培训服务，为上海、安徽、云南等工商企业提供定制化培训 22 期，开展送教上门等服务近 40 次，通过倾斜服务措施继续加强对西藏、新疆、青海等 3 家单位“培训支边”。

职业技能等级认定持续升级。夯实等级认定基础，开展 10 项标准开发（修订），完成 8 项题（卷）库审定，组织 23 个批次认定命题，累计修订理论试题 2.25 万道、技能试卷 332 套，命制试卷 254 套。推行“放管服”试点改革，选定 10 家鉴定站自主开展烟草制品购销员、专卖管理师等二级认定，全年认定 8 个批次、607 人。强化评价机构建设，完成 11 家鉴定站整体评价，指导 4 家新建鉴定站提升工作水平。创新证书复核方式，以组织行业优秀证书复核案例评选为抓手，促进高技能人才知识技能更新。推进技能等级认定云平台建设，加快竞赛管理、在线统计等功能开发使用。强化队伍建设管理，培养竞赛管理员、高级考评员、裁判员等 1400 余人。

◇ 撰稿：杨明伟；编辑：刘海文

各省级公司所属部分教育培训机构情况

名称	成立时间	隶属单位	主要工作
河北平山温泉烟草培训中心	1998 年 11 月	河北省烟草专卖局（公司）	全年举办培训班 21 期，培训学员 3439 人次；实施烟草物流师岗位两个批次等级认定 162 人次；举办第四届专卖管理岗位技能竞赛和首届烟草物流岗位技能竞赛
山西烟草教育培训中心	2005 年 10 月	山西省烟草专卖局（公司）	全年组织全省系统培训班 41 期，培训学员 6843 人次。综合采用线上教学、直播教学、混合式教学的培训方式，开展线上培训 25 期，培训学员 6062 人次。利用网络教育培训平台配合专卖处、物流处开展第四届烟草专卖管理岗位技能竞赛山西省局（公司）选拔赛及全国烟草行业首届烟草物流岗位技能竞赛山西省局（公司）选拔赛的网上考试。调研并梳理政策解读的需求共计 27 项，内训师的培训需求 48 项，为下一步加强培训管理、突出培训实效指明方向
吉林省烟草专卖局（公司）教育培训中心	2019 年	吉林省烟草专卖局（公司）	全年完成吉林烟草商业系统党的理论知识、党性教育、干部专业化能力提升、专业技术和岗位技能人才培训等综合培训。举办各类培训班 36 期，培训 2954 人次
黑龙江烟草专卖局（公司）教育培训中心	2011 年	黑龙江省烟草专卖局（公司）	全年完成黑龙江省局（公司）党性教育轮训、干部能力建设、内训师资培养、北方四省一市专卖管理、营销方向技能等级（二级）认定前培训等综合培训。举办各类培训班 73 期，培训学员 1.36 万人次
上海烟草集团教育培训中心	2011 年	上海市烟草专卖局、上海烟草集团有限责任公司	全年组织实施各类培训项目 75 个，培训学员 8454 人次，实施技能鉴定 709 人次，高级及以上技能人员比例 66.56%
中国烟草总公司安徽省公司教育培训中心	2004 年	安徽省烟草专卖局（公司）	全年开展省局（公司）层面培训 84 期，培训学员 8302 人次。推进年度基地课程开发计划 42 项，开展开发课程进行专业评审 2 期。与省内 6 家企事业单位签订合作协议。完成国家局党校秋季主体班教学任务，47 家单位 82 名学员参加学习

续表

名　称	成立时间	隶属单位	主要工作
中国烟草总公司福建省公司厦门职工教育培训中心	2001 年	福建省烟草专卖局（公司）	全年完成福建省烟草商业系统党性教育轮训、干部专业化能力建设、内训师资培养、技术技能类培训、青年干部培养等综合培训任务。举办各类培训 37 场，培训学员 1476 人次
中国烟草井冈山传统教育基地	1996 年	江西省烟草专卖局（公司）	全年完成烟草行业党性党史教育培训、江西省党员教育轮训、干部能力建设等综合培训。举办各类培训班 37 期，培训学员 1960 人次
江西省烟草培训中心	1991 年	江西省烟草专卖局（公司）	全年完成江西省烟草系统党员轮训、内训师技能提升培训、各类考前认定培训班。举办各类培训班 121 期，培训学员 7087 人次
山东烟草职工培训中心	2001 年 10 月	山东省烟草专卖局（公司）	全年完成党性教育培训班、综合素质提升培训班、技能等级认定培训班、技能提升培训班、岗位技能竞赛赛前培训班等综合培训。举办各类培训班 205 个，培训学员 1.10 万人次。承办省局（公司）第四届烟草专卖、第四届烟草制品购销、首届烟草物流和山东中烟首届烟草物流等四个省级二类职业技能竞赛
中国烟草总公司青州中等专业学校	1983 年 12 月	山东省烟草专卖局（公司）	在所有非党建类培训班开设“党建第一课”，健全“146”框架第一课程体系。完成省局（公司）系统第四片区高质量发展现场会学校有关筹备工作。开展数字化校园建设课题攻关，上线“琢翊培训”微信公众号，注册“琢翊”商标
河南省烟草职工培训中心	2009 年	河南省烟草专卖局（公司）	启动实施《河南烟草商业系统业务类和生产操作类人员三年全面轮训实施方案（2022—2024 年）》，举办各级各类培训班 108 期，培训学员 1.08 万人次。举办党员领导干部基本理论进修班、党务工作者培训班、党性教育培训班、管理人员培训班 18 期，培训近 2 万人次。举办技术技能类培训班 90 期，培训学员 6838 人次，职业技能二级认定试点工作取得“0”到“1”的突破。探索线上培训新模式，推进网络直播课堂，开展线上指导、答疑、讨论，举办线上培训班 34 期，培训学员 6663 人次
湖北省烟草专卖局教育培训中心	2009 年	湖北省烟草专卖局（公司）	全年各类培训班共培训学员 7563 人次
广东省局（公司）教育培训中心粤烟管理学院	2016 年 11 月	广东省烟草专卖局（公司）	全年完成包括“优秀青年干部—中层管理人员—基层管理人员—管理基础类员工”四个层级共 900 人的轮训项目。共完成 188 人次的专题培训项目，完成 1188 人次的技能鉴定和复核鉴定任务。全年组织培训班 55 批次，直播课堂培训 55 场，其中线下培训 1.17 万人次、线上培训 7086 人次；全省系统共组织培训 2349 批次，培训 11.22 万人次；选派全省系统 4855 人次参加行业培训 138 批次
湖南省烟草职工培训中心	2002 年	湖南省烟草专卖局（公司）	全年完成各省（直辖市）干部能力建设、内训师资培养、新进员工入职等综合培训。举办各类培训班（含会议）110 期，培训学员 7521 人次，其中党校教育培训班 12 个，培训学员 998 人次
广西烟草商业系统教育培训中心	2010 年 8 月	广西壮族自治区烟草专卖局（公司）	全年举办各类培训班 89 期，培训学员 9920 人次

续表

名　称	成立时间	隶属单位	主要工作
四川省烟草专卖局教育培训中心	2008年	四川省烟草专卖局（公司）	全年举办党建干部类、综合素能类、专业技术类、业务技能类培训2482期，培训11.3万人次；开发内训教案12套、模拟题库4类6400题，探索构建涵盖主营职业（岗位）的自有培训资源体系；开展全省系统职业技能认定及证书复核共计1322人次，新增高技能人才16人；举办四川省局（公司）第六届烟叶调制竞赛，开展专卖国赛选拔赛，新增“四川烟草技术能手”9人、“烟草行业技术能手”3人
贵州烟草商业教育培训中心	2011年11月	贵州省烟草专卖局（公司）	全年承办培训25期，培训学员3120人次
西藏自治区烟草专卖局（公司）教育培训中心	2017年	西藏自治区烟草专卖局（公司）	全年完成新员工入职、全区QC网络、技能鉴定考前教育、内训师等综合培训。开展“送课到基层”活动，举办“扬帆领航、扬帆启航、扬帆远航”线上培训，举办各类培训班8期，培训学员400余人次
河北中烟教育培训中心	2012年5月	河北中烟工业有限责任公司	全年举办18个培训班，培训学员885人次。利用网络学院组织开展“深入学习贯彻党的十九届六中全会精神”“2022年两会精神解读”“2022年全国烟草工作电视电话会议精神”“扎实有效做好碳达峰、碳中和工作”“学习安全生产法，落实安全生产主体责任”“网络安全和信息化专题”等专题网络学习，培训学员1.88万人次
浙江烟草职工培训中心	2011年11月	浙江中烟工业有限责任公司	全年举办公司干部能力建设、内训师资培养、新进员工入职、职业技能培训等各类培训班916期，培训学员4.25万人次
河南中烟教育培训中心（技能鉴定站）	2015年	河南中烟工业有限责任公司	全年完成河南省局（公司）党性教育轮训、干部能力建设、内训师资培养、新进员工入职等综合培训。举办培训班624期，培训学员3.16万人次；参加行业培训班137期，培训学员3341人次；举办13期“黄金叶”讲坛。公司注册行业网络学习平台账户8102个，培训学员7895人次
湖北中烟工业有限责任公司教育培训中心［特有职业（工种）职业技能鉴定站］	2016年	湖北中烟工业有限责任公司	开展干部能力建设、党员教育、数字化转型、技能岗位提升、内训师培养、青年员工培养、新员工入职等各级各类培训。举办各类培训班870期，培训学员4.96万人次
中共湖南中烟工业有限责任公司党校	2021年6月	湖南中烟工业有限责任公司	全年完成国家局党校2022年秋季学期青年干部培训班、湖南中烟基层党支部书记轮训班、湖南中烟市场营销中心党员党性锻炼培训班等培训。举办各类培训班11期，培训人数1000余人次。挂牌建立湘潭市局党建实践基地、长沙卷烟厂现场教学基地、株洲中车科技创新教学基地等5个现场教学基地。举办首届智库建设座谈会
广东中烟工业有限责任公司员工教育培训中心	2014年	广东中烟工业有限责任公司	全年举办公司处级以上干部培训、青年干部培训、科级管理人员培训、普通管理人员培训等共2878期培训班，培训学员79952人次。参加行业外送培训班100期，培训学员570人次。通过网络学院组织开展“2022年广东中烟数字化转型专题学习”“2022年广东中烟网络安全专题学习”等专题网络学习，培训学员1.11万人次

续表

名　称	成立时间	隶属单位	主要工作
广西烟草工业教育培训中心	2011 年	广西中烟工业有限责任公司	完成干部能力建设、内训师资培养、新进员工入职等综合培训。举办各类培训班 394 期，培训学员 3.64 万人次
云南中烟工业有限责任公司培训中心	1983 年	云南中烟工业有限责任公司	全年组织完成各类培训班 121 期，培训学员 6412 人次。创新“赛前培训＋送培进工厂”和“技能鉴定＋送培进工厂”模式，完成“送培进工厂”15 期 1017 人次。开发一系列面向智能化制造培训课程和综合素质类培训项目。聚焦行业各专业竞赛的总体布局，研发升级烟草行业物流竞赛、营销竞赛培训等课程。做好行业教材《卷烟生产机器视觉应用》的开发、评审工作。修订完善《烟机设备倍福控制系统应用技术》，实现云南中烟内部使用教材升级为行业通用教材

◇ 编辑：刘海文

授权专利

【授权专利概况】　2022 年，烟草行业获得国家知识产权局授权的烟草技术类专利共计 1.02 万件，比上年增长 24.5%。其中：发明专利 1836 件，增长 42.0%；实用新型专利 7785 件，增长 21.8%；外观设计专利 625 件，增长 13.6%。三类专利分别占授权专利总量的 17.9%、76.0% 和 6.1%。

【专利权人分类统计】　按照专利权人分类统计，2022 年，卷烟工业企业、各级烟草专卖局（公司）、科研单位的授权专利数量居前三位，分别占授权专利总数的 62.7%、22.5%、4.8%。卷烟工业企业、科研单位、各级烟草专卖局（公司）的授权发明专利数量居前三位，分别占授权发明专利总数的 67.8%、12.9%、7.7%。

表 1　2022 年国内烟草行业不同类型专利权人授权专利统计

单位：件

序　号	专利权人类型	专利总数	发明专利	实用新型	外观设计
1	卷烟工业企业	6713	1321	5003	389
2	各级烟草专卖局（公司）	2411	151	2053	207
3	科研单位	512	251	254	7
4	卷烟材料厂或公司	497	137	344	16
5	其他	181	17	157	7
6	烟草机械公司	150	33	116	1
7	复烤加工厂或公司	120	24	94	2
8	烟草物流公司	44	9	35	0
9	烟叶公司	42	5	37	0
10	教育培训机构	34	1	29	4

【专利权人授权专利统计】 2022年，云南中烟工业有限责任公司、河南中烟工业有限责任公司、湖北中烟工业有限责任公司的授权专利数量居前三位，分别占授权专利总数的18.0%、10.2%、7.4%。云南中烟工业有限责任公司、河南中烟工业有限责任公司、湖北中烟工业有限责任公司的授权发明专利数量居前三位，分别占授权发明专利总数的15.2%、11.8%、10.0%。在国内烟草行业授权专利总数前十名中，授权专利所占比例较高的单位分别是：福建中烟工业有限责任公司，占比38.4%；贵州中烟工业有限责任公司，占比27.2%；湖北中烟工业有限责任公司，占比24.4%。在国内烟草行业授权发明专利总数前十名中，授权发明专利所占比例较高的单位分别是：中国烟草总公司郑州烟草研究院，占比47.1%；湖南中烟工业有限责任公司，占比39.6%；福建中烟工业有限责任公司，占比38.4%。

表2 2022年授权专利总数前十名的国内烟草行业专利权人

单位：件

序　号	专利权人	专利总数	发明专利	实用新型	外观设计
1	云南中烟工业有限责任公司	1883	289	1435	159
2	河南中烟工业有限责任公司	1064	224	810	30
3	湖北中烟工业有限责任公司	780	190	563	27
4	山东省烟草专卖局（公司）	608	17	504	87
5	贵州省烟草专卖局（公司）	446	50	389	7
6	云南省烟草专卖局（公司）	367	84	281	2
7	贵州中烟工业有限责任公司	316	86	226	4
8	四川中烟工业有限责任公司	300	37	231	32
9	安徽中烟工业有限责任公司	277	27	236	14
10	福建中烟工业有限责任公司	268	103	164	1

表3 2022年授权发明专利总数前十名的国内烟草行业专利权人

单位：件

序　号	专利权人	专利总数	发明专利	发明占比（%）
1	云南中烟工业有限责任公司	1883	289	15.3
2	河南中烟工业有限责任公司	1064	224	21.1
3	湖北中烟工业有限责任公司	780	190	24.4
4	中国烟草总公司郑州烟草研究院	242	114	47.1
5	福建中烟工业有限责任公司	268	103	38.4
6	贵州中烟工业有限责任公司	316	86	27.2
7	云南省烟草专卖局（公司）	367	84	22.9
8	湖南中烟工业有限责任公司	164	65	39.6
9	浙江中烟工业有限责任公司	223	63	28.3
10	上海烟草集团有限责任公司	209	57	27.3

◇ 供稿：国家局科技司；编辑：刘海文

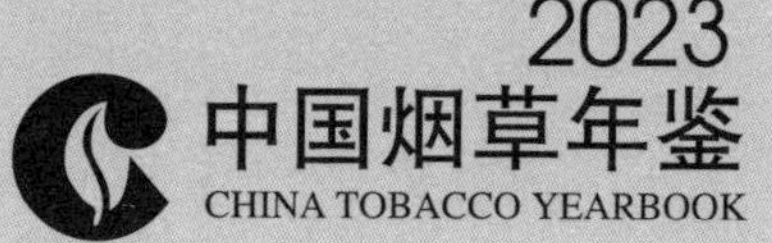

新闻舆论和文化建设

- □ 行业新闻舆论管理
- □ 主要报刊
- □ 网络媒体
- □ 新媒体建设
- □ 志鉴编纂
- □ 博物馆、展馆建设
- □ 报刊名录
- □ 烟草新书目
- □ 企业文化建设

行业新闻舆论管理

加强行业新闻宣传管理。2022年，国家局办公室指导行业媒体和行业各单位持续做好迎接党的二十大、学习宣传贯彻党的二十大精神宣传报道工作，坚持正确政治方向、舆论导向、价值取向，发挥行业主流媒体的思想舆论阵地作用。坚持行业“大宣传”意识和“一盘棋”规划，印发年度新闻宣传报道要点，发布季度工作通知，组织开展季度重点报道选题策划活动，定期开展新闻宣传话题库成果交流分享，保持行业不同层面的新闻宣传工作同频共振、同向发力。

做好行业重点选题报道。聚焦行业贯彻落实党中央、国务院决策部署思路举措，统筹宣传计划，调配优质资源，做好重点选题报道。2022年，在国务院新闻办“中国发布”App发表稿件20篇，在央媒平台发稿1.1万篇，围绕重点话题制作完成短视频、微电影、动画漫画等各种形式作品440余个。聚焦纪念中国烟草总公司成立40周年、烟草专卖法施行30周年重要选题，制作专题纪录片，举办标志性事件新闻发布会，开设专栏制作专刊，回顾发展历程，总结规律经验，为行业上下继往开来、接续奋进营造良好氛围。

推进媒体融合发展。指导行业媒体和行业单位主动适应传播业态新变化，加快媒体融合步伐，提升行业传播影响力。推进“金叶大屏”视听平台建设，对内加强新闻宣传，对外展示行业形象；优化央媒报道评价标准，提高央媒报道中的新媒体稿件占比和质量。协调行业媒体、直属单位加强融媒体建设，《中国烟草》杂志社推动刊网互动、刊微互动，编发行业单位新媒体报道；云南中烟建成线上融媒体运营中心，全系统20余家单位参与使用；安徽省局（公司）建成融媒体中心并构建覆盖全省烟草商业的“1+18+N”融媒体系；湖南中烟、福建省局（公司）等多家单位融媒体中心建成使用。

培养全媒体宣传队伍。持续开展央媒报道优秀作品点评、优秀网评作品评选和优秀网评作者评选，邀请中央权威媒体专家和高校知名专家授课，推进行业短视频联盟建设，开展集中采风采访，提高行业融媒体宣传实战能力和宣传队伍整体素质。

主要报刊

【《中国烟草》杂志】　概况。《中国烟草》杂志由国家烟草专卖局主管，《中国烟草》杂志社有限公司主办，前身为《中国烟草工作》，创刊于1985年。1997年1月起更名为《中国烟草》。1999年起由月刊改为半月刊，2001年分为综合版和经济版。2003年按照中央有关部门的决定，《中国烟草》杂志实行“管办分离”的管理体制。刊物以“坚持正确导向、服务烟草行业、探索改革思路、贴近职工生活”为办刊宗旨，坚持正确舆论导向，围绕中心、服务大局，坚持“三贴近”原则，全面、准确、及时、深入地宣传阐释国家局党组的工作部署和要求，发挥“喉舌、窗口、园地”作用。2022年度，《中国烟草》杂志征订量10.06万份。

注重政治引领。始终坚持把党的政治建设摆在首位，增强“四个意识”、坚定“四个自信”、做到“两个维护”，不断提高政治能力，为打造行业一流新型主流媒体筑牢坚实根基。深入贯彻全面从严治党方针，做到态度不变、决心不减、尺度不松，发挥全面从严治党引领保障作用。提高政治站位，增强机关刊物意识，履行职责使命，为推动行业高质量发展营造更加良好的舆论氛围。

注重主责主业。2022年，《中国烟草》杂志围绕迎接党的二十大胜利召开，对党领导下的烟草事业取得的发展成就进行系列集中宣传报道，围绕行业深入学习宣传贯彻党的二十大精神、十九届六中全会精神和中央经济工作会议精神，全国两会精神，2022年全国烟草工作电视电话会议及各专项工作会议精神，“八五”普法工作，党史学习教育常态化长效化，“我为群众办实事”实践活动，疫情防控，劳模精神、劳动精神、工匠精神，数字化转型，软实力建设，电子烟监管，保护未成年人免受烟侵害以及行业绿色发展，世界烟草发展等进行重点报道。《中国烟草》各期“要闻”围绕国家大事、行业中心工作，及时跟进报道；“学习”栏目围绕国家局党组中心工作，做到不遗漏、有亮点，第10期摘编的张建民局长署名文章《强化政治自觉思想自觉行动自觉责任落实　扎实推进“学查改”全力推动高质量发展》被《旗帜》杂志刊登。聚焦“非凡十年”，以专题形式围绕卷烟品牌发展、助力脱贫攻坚和乡村振兴等总结回顾党的十八大以来行业十年非凡成就，第19期杂志内容形式创新，以“一图读懂”形式从十个方面集中展示行业十年发展成绩、发展脉络和重要事件；第21期《中国烟草》第一时间专题报道行业学习宣传贯彻党的二十大精神的速度、力度和深度，助力行业学习宣传贯彻会议精神。2022年烟草行业半年工作电视电话会议的访谈文章得到国家局领导充分肯定。

注重服务大局。2022年是中国烟草总公司成立40周年，烟草专卖法施行30周年、国烟扶贫30周年，在做好历史性时间节点系列报道的基础上，高质量完成中国烟草总公司成立40周年画册制作、标志性事件评选和发布，以及布展相关工作。

持续加大行业外媒体发稿力度。协助国家局办公室做好向国务院新闻办公室新闻发布信息平台报送信息工作。2022年，《中国烟草》采写刊发的16篇文章被“中国发布”App转载，7篇文章被《旗帜》杂志、新华网客户端、中国网等中央主流媒体转载，“中国烟草资讯”微信公众号关注量44.5万人，在更大范围、更广领域、更高层次上发出行业声音，树立良好形象。

【《中国烟草学报》】 《中国烟草学报》（简称《学报》）创刊于1992年，由中国烟草学会主办，面向国内外公开发行，主要刊登烟草工业、农业、经济等方向的学术论文、研究报告，以及反映烟草科研进展、学术动态的综述类论文。2022年，《学报》依托专家力量和大数据平台，聚焦行业重点课题和重大专项，坚持“专家编委、副主编、主编”三审制度，严格规范审核流程，办刊质量稳步提高。全年收稿545篇，比上年增加75篇，刊出论文92篇，稿件录用率16.88%，图片报道12个版面。影响因子1.84，比上年提高13.7%，继续在轻工业（除纺织、食品外）类30家学术期刊中保持前列，影响力指数（CI）916.04，位居第三。

2022年，《学报》持续推进微信公众号平台运营建设，提升影响力。微信公众号用户数达到1.02万人，发文157条，阅读量3.61万人次。与国家局科技司合作，在公众号宣传行业科技重点工作及国外科技创新成果，阅读量3300人次。开展弘扬科学家精神专题宣传活动，增强科技工作者荣誉感、自豪感和使命感。完成5次微信答题赠阅活动，进一步扩大期刊影响力，加深与行业科技工作者的沟通联系。规范和坚持“收稿、查重、初审、分发责编、三审、终审前加工、初校、排版后三校”工作流程，确保编辑标准统一，过程可查可控，编校错误率保持在较低水平。

【《烟草科技》】 《烟草科技》是国家烟草专卖局主管、郑州烟草研究院主办、中国烟草科技信息中心编辑出版的综合性烟草科学研究和技术开发类学术刊物，主要刊登烟草工业、农业及科技管理等方面的学术论文、研究报告、研究简报，以及反映国内外烟草科研进展、学术动态的综述等，国内外公开发行，是国家局指定的国际学术交流刊物。

期刊出版工作稳步推进。2022年，《烟草科技》围绕国家局科技重大专项和重点科研领域组稿，来稿数量较上年同期增加26%。编辑出版发行12期，约7万册；发表各类学术论文170篇，约300万字。围绕“近红外光谱技术研究与应用”专题，2022年5月出版增刊1期，刊出论文16篇，约20万字。

期刊出版质量保持高水准。继续作为英国《科学文摘》、荷兰《文摘与引文数据库》以及中文核心期刊、中国科技核心期刊、中国科学引文数据库（CSCD）核心库来源期刊、中国核心学术期刊、中国学术期刊文摘数据库收录期刊。入选《世界期刊影响力指数（WJCI）报告（2021科技版）》，位于农艺学Q3区。获得2022年度河南优秀出版奖期刊奖。

期刊国内外影响力进一步提升。继续为荷兰Scopus、美国CA、英国INSPEC、日本JST、中国科学院CSCD、中国学术期刊文摘数据库、中国知网、万方数据、重庆维普、百度学术、COAJ平台、超星域出版平台等国内外知名数据库的收录期刊，期刊在国际和国内学术界的影响力持续增强。

【《新烟草》杂志】 《新烟草》杂志于1986年创刊，由中国烟草总公司主管，中国烟草总公司黑龙江省公司和《中国烟草》杂志社有限公司主办。2013年7月由半月刊变更为旬刊。

2022年，零售户版紧密围绕行业现代终端建设和零售户服务，以地市公司和区县营销部为报道主体，加强对新零售、新生代零售户、新趋势新手段的关注，用实用的内容和丰富的形式落实“我与客户共成长”主题活动。现代烟草农业版立足“三农”大课题，围绕行业烟叶生产工作，对助力乡村振兴、烟区生产实践、烟农生产生活、烟叶工作者风采、“我为烟农办实事”主题活动等开展一系列宣传报道。《新烟草》的实用性和指导性得到行业广泛认可。浙江、江苏、广西、新疆、四川、贵州等地很多地市公司和烟区，都把《新烟草》作为零售户诚信互助小组和烟农合作社的重要学习资料。

2022年，《新烟草》组织完成“第二季零售服务之星大家评”媒体活动和“第二届全国烟农增收创富大赛暨行业烟农优品推荐活动”，活动涉及全行业上、中、下游，网投页面访问量均超过580万人次，在工商零消、烟区烟农等行业内外产生广泛影响。

【《东方烟草报》】 **概况**。《东方烟草报》创刊于1992年，2009年《东方烟草报》社改制为《东方烟草报》社有限公司，是产权关系隶属于中国烟草总公司山东省公司、业务关系隶属于国家烟草专卖局办公室、面向全国公开发行的烟草主流媒体。该报为周七报，包括正报及《金周刊》《中国烟机》《中烟物流》《现代卷烟营销》《山东视窗》《山东中烟报》等专刊。2022年，《东方烟草报》以习近平新时代中国特色社会主义思想为指导，以迎接党的二十大、学习宣传贯彻党的二十大精神为主线，按照国家局和山东省局（公司）党组部署要求，统筹推进全媒体机构建设与全媒体宣传报道，“六大体系”基本建成，“三年大变样”目标初步实现，生产经营创历史最好水平。有理事会单位300家，发行范围覆盖行业各单位、150余万零售户。2022年，《东方烟草报》正报发行量25.6万份；《金周刊》发行总量158.4万份。

全媒体内容生产。探索建立一体化策划、多元化实施、差异化发布的报纸与新媒体内容生产机制，以年度和季度策划为牵引、策划月历和编前会为抓手，推进报、网、端、微、抖、屏协同发力，形成全媒体报道态势。深化与国家局相关司局和行业各单位的宣传合作，围绕迎接宣传贯彻党的二十大、纪念中国烟草总公司成立40周年、行业和各省系统现场会等重大事件，分主题、按阶段、有节奏开展系列宣传报道。全年各平台发稿9.1万篇（次），比上年增长112%；报社记者在中央和省级党媒刊发稿件147篇，增长113%；《人民日报》全国党媒信息公共平台与“今日头条”采用报社推送稿件1351篇，增长24%；完成网信办联推8181条，增长26%；汇总、上报、转发“央媒看烟草”稿件1.1万篇，增长54.56%，推荐优秀稿件120篇。依托移动采编系统，建立完善应急出版发布机制，形成单机组版操作规范，全年2次成功应对新冠疫情影响，《即便全员居家，报纸也要正常出版!》被人民网、腾讯网等16家媒体转载，中国报业协会给予表扬。完善客户端和融媒体工作组内容生产机制，稳步发展抖音MCN和短视频联盟，推进图文视频混排，加大音视频、动画、长图、海报创作力度，全年开展视频直播88场，视频发稿2200条，其中播放量达到100万以上的71条，最高单作品播放量达到3342.4万。微信矩阵发稿9021条，主号“新闻早知道”受到热捧，《为什么要实行“烟草专卖”》等4个作品阅读量达到10万+。4件案例获得中国报业协会首届行业媒体融合发展案例提名奖。探索内容质量持续提升机制，坚持分月、季、年开展“四好”评选和年度“三名”评选，开展“七标一率”对标，严格落实“三审三校”制度，采取“人防+技防”综合措施，守住不出重大差错底线。

全媒体传播。完成国家局交办“金叶大屏”建设任务，开播“金叶V视”，重构微信和短视频矩阵，改版《金周刊》及地方版，形成7个自有平台与33个第三方平台联动的平台布局。进一步明确各平台特色定位，完善先网后报全天候新闻发布机制，采取活动引流、内容留人、行政助推等多种举措用平台、增流量、扩影响。微信主号通过开展优秀融媒稿件评选和增加日推次数，“粉丝”数年底达到115万人，比上年底82万人增加33万人，微信矩阵“粉丝”总数210万人，比上年底160万人增加50万人；抖音“粉丝”数年底达到104万人，比上年底72万人增加32万人，播放量5.1亿次，比上年底3.3亿次增加1.8亿次，视频平台总“粉丝”数126.8万人，比上年底89.2万人增加37.6万人，总播放量6.1亿次，比上年底4.5亿次增加1.6亿次；新闻客户端下载量达到176万次，比上年底83万次增加93万次；报社新媒体“粉丝”和用户总数达到510万人以上，比上年底320万人增加190万人，加上抖音MCN“粉丝”数158.5万人，助力传播烟草正能量。开展“金点子”征集活动，对“中央厨房”系统功能进行优化升级并完成项目验收，大数据中心、音视频媒资管理系统项目进展顺利，客户端会员积分商城和“搜烟”移动版上线运行，多功能演播厅建成使用，融媒矩阵实现互联互通，向全媒体转型的信息化建设任务已接近完成。

【《烟草企业文化》】 2009 年 1 月，《烟草政工通讯》（电子版）改版为《烟草企业文化》（纸质版），作为中国烟草职工思想政治工作研究会会刊，属内部月刊，由中国烟草职工思想政治工作研究会秘书处和《中国烟草》杂志社有限公司共同负责编辑出版，杂志发行量6000 册。

《烟草企业文化》坚持以习近平新时代中国特色社会主义思想为指导，根植中华优秀传统文化，紧紧围绕烟草行业中心工作和“两个至上”行业共同价值观，内容包括重要言论、特别报道、课题研究、文化论坛、人物故事等，传播优秀传统文化，讲述烟草人身边的故事，宣传和服务烟草行业中心工作，助力提升烟草行业文化软实力，为推动烟草行业高质量发展贡献力量。

2022 年，《烟草企业文化》创新内容设置，围绕行业党建方面的重点工作开展报道，在“特别报道”栏目完成十九届六中全会、党史学习教育、全面从严治党、统筹推进疫情防控和生产经营工作、纪念中国烟草总公司成立 40 周年、乡村振兴、党的二十大等重大专题报道；围绕国家重要事件，在各相关栏目针对全国两会、五一国际劳动节、五四青年节、建党 101 周年、八一建军节开展报道。

为纪念中国烟草总公司成立 40 周年，增设“我和烟草 40 年”征文栏目，向全行业征集个人、集体与烟草行业发展同呼吸、共命运的感人故事。全年征集并发布稿件 19 篇，栏目已发布的稿件均在国家局内网发布，实现二次传播。配合国家局人事司“两个至上”行业共同价值观新时代内涵诠释交流研讨活动，《烟草企业文化》杂志从 2022 年第 5 期开始，设立“践行‘两个至上’”专栏，征集各单位在践行“两个至上”行业共同价值观方面的经验做法，全年征集并发布稿件 15 篇。

网络媒体

【国家局行业网站】 **概况**。2022 年，国家局政府网站在部委政府网站绩效评估中居第 11 位，较上一年提升 1 位，为提升行业软实力，持续推动行业高质量发展、推进高效能治理、造就高素质队伍和加快行业现代化建设营造了良好舆论氛围。

压紧压实行业网络意识形态工作责任。国家局进一步加强党对行业网络意识形态工作的全面领导，压紧压实行业各级党组（党委）领导班子、领导干部网络意识形态工作责任。2022 年 9 月底，对河南省局（公司）、广东省局（公司）、河南中烟、江西中烟等 4 家单位开展网络意识形态工作线上专题督查，排查网络意识形态领域相关问题，检查网络意识形态工作制度建设和落实情况，进一步摸清行业网络意识形态工作现状。被督查单位均不存在网络意识形态领域应当予以问责的情形。

做好党的二十大精神宣传报道工作。国家局网站履行宣传工作职责使命，把党的二十大精神宣传作为宣传工作的重中之重，迅速行动、精心组织、积极谋划。开设“学习宣传贯彻党的二十大精神专栏”，宣传解读党的二十大精神，全面传达国家局党组对学习宣传贯彻党的二十大精神的部署要求，充分反映行业各级党组织和党员干部学习领会党的二十大精神的热烈反响，传播行业单位学习贯彻的具体举措、典型经验、探索实践和工作亮点。行业各单位统一部署、妥善安排、积极行动，内外网站、客户端首页设置置顶飘红效果，利用各类传播平台载体，开设专题专栏，围绕党的二十大精神，全方位、多角度、深层次开展宣传报道，营造全行业深入学习宣传贯彻党的二十大精神、深入开展主题教育的浓厚舆论氛围。

贯彻国务院工作部署和文件要求。2022 年第二季度国家局政府网站完成适老化和无障碍改造，全方位满足特殊群体的浏览使用需求，帮助特殊群体更方便地获取政务信息、参与政民互动、享受政务服务，同时指导行业单位有序推进政府网站、政务新媒体适老化和无障碍改造工作。在党的二十大和全国两会期间，发挥全行业网站同步发声的协同联动机制作用，行业 55 家网站、215 家新媒体同步转载中国政府网关于党的二十大和两会的专题报道、相关新闻链接和解读文章，形成浓厚学习氛围。

围绕中心做好新闻宣传报道。2022 年全国烟草工作电视电话会议、全国烟草半年工作会议召开后，国家局网站第一时间开设专题专栏，重点报道各单位贯彻落实会议精神的有力举措和先进经验，营造“坚决扛起行业责任　奋力完成目标任务”的良好舆论氛围。围绕纪念中国烟草总公司成立40周年，开设专题专栏，回顾历史、观照现在、展望未来，重点讲好烟草行业的改革史、发展史、奋斗史。持续聚焦行业数字化转型创新实践，运用“一图读懂”的图文结合形式，宣传国家局、各直属单位“十四五”网信规划以及数字化转型创新实践工作中的先进经验和典型做法，不断巩固行业数字化转型良好舆论氛围。

服务大局推进网站政务公开。按照国务院政务公开要求，国家局深入推进决策、执行、管理、服务、结果“五公开”，国家局政府网站共发布各类公开性文件157份，各类招投标信息4.4万条，人事管理类信息416条，年度财务信息6条，卷烟产销统计信息5条，公众参与互动信息4922条，政策解读信息43条。行业开展电子烟规范化管理工作以来，国家局政府网站增设“电子烟管理”专栏，陆续发布电子烟监管相关政策规范、政策解读84条，发挥政府网站权威发布平台作用，助力加强行业电子烟监管和服务。

网站健康度持续提升。持续开展省级单位网站及新媒体运行情况监测，及时发现问题，及时督促整改。按照《关于开展2022年绩效评估工作的通知》，国家局继续从功能度、规范度、健康度、保障度、创新度以及底线度六个方面，对省级单位网站开展年度绩效评估。2022年第三季度，国家局组织行业各单位全面开展网站第三方链接排查整改，特别是加强对招采公告、招聘公告等的管理，全面消除违规黑链风险，进一步提升行业网站建设规范水平。

服务便捷性不断增强。按照国家“放管服”工作和“互联网+政务服务”要求，国家局政府网站实现与一体化政务服务平台对接，12项行政审批事项均可在线办理。按照《政府网站发展指引》要求，国家局进一步健全网民留言答复机制，建设网民留言答复系统并在全行业推广使用，明确责任、规范流程、严格审核，提高留言办理效率。2022年，国家局网站共收到网民留言2984条，全部在规定时限内完成答复。

行业新媒体蓬勃发展。为贯彻国务院办公厅《关于推进政务新媒体健康有序发展的意见》要求，落实《国家烟草专卖局办公室关于推进烟草行业新媒体健康有序发展的实施意见》，国家局官方政务微信公众号“烟草微报”正式上线运营。作为国家局权威的信息发布和解读回应、便捷的政民互动和办事服务平台，面向消费者、零售户、烟农等服务对象及社会公众，讲好烟草故事、推进政务公开、做好解读回应、强化互动交流、优化掌上服务。2022年，总关注人数3.15万人，共推送48次，发布文章73条，单篇最高阅读量2.25万人次，总阅读量12.57万人次。各单位响应国家局要求，截至2022年底，共有26家直属单位开设官方新媒体。

【中国烟草资讯网】 **网络专题报道，大事要事不缺位**。2022年，中国烟草资讯网完成8个网络专题，其中2022年全国烟草工作电视电话会议中“一图速览”文章设计出色，受到表扬。把学习宣传贯彻党的二十大精神作为首要政治任务，党的二十大召开前后，及时、深入策划制作学习宣传贯彻党的二十大精神网络专题。纪念中国烟草总公司成立40周年专题，充分展示杂志特刊内容及多期40年回顾文章，为《中国烟草》重点文章网络展示提供平台。“红塔银行·香金融杯”第二届全国烟农增收创富大赛暨行业“烟农优品”推荐活动，连续第二年获得行业内外认可。配合《新烟草》编辑部策划制作“香传百年”、悦·店铺形象展示大赛等网络专题，配合杂志在网络上同步更新。

网站改版展现新风貌。2022年12月30日，中国烟草资讯网新版网站上线运行。资讯网的改版，从立项到上线经历8个月时间，从初稿到定稿历经15版，代码超过8万行。借鉴新版人民网（2022版）的设计理念，在做到美观简洁大气的同时强化视觉效果，从字体间距到段落行距再到大栏目间的距离都进行重新规划，使视觉上更舒适。在注重设计和视觉效果的同时重新梳理网站结构，全新网站中六大栏目使网站逻辑更清晰，内容更凝练。

探索新媒体，扩大影响力。2022年，中国烟草资讯网共发布各类资讯信息1万余条，设计制作9个网络专题，向“中国发布”App推送稿件16篇。“中国烟草资讯”微信公众号关注量由31.3万人增加至44.5万人，比上年增长42.17%，日均增长360余人，影响力不断扩大。调整微信公众号编辑发布流程，根据《中国烟草》《新烟草》定位特色以及新媒体发布特点，对杂志重点文章进行不同形式的处理。对《中国烟草》重点文章的发布，力求准确，体现其严谨性和权威性；对《新烟草》文章，进行“语言转码”“形式换新”，力求更符合新媒体形式。加强与各地通讯员的沟通交流，将各基层单位更多更精更灵活的宣传作品在微信公众号进行放大展示，可读可视可感的新媒体作品在微信公众号发布的频率进一步提高，加大图片在微信公众号的显示，特别在行业工作动态中图片新闻效果显著。充分利用基层通讯员资源，转发、分享相关文章，加强传播效果。

新媒体建设

【河北中烟工业有限责任公司】 河北中烟顺应新冠疫情防控要求，创新求变，推动各类活动向线上转型。借力微信、短视频、微博等多种媒体渠道，打造多维度的线上宣传矩阵。截至2022年底，企业两个微信公众号注册会员达到585万人次。围绕社会热点话题，消费者制作抖音短视频，累计播放超过9400万次。聚焦疫情当下的困难和挑战，激发情感共鸣，全年开展各类宣讲活动1355次。

【内蒙古自治区烟草专卖局(公司)】 在全区烟草商业系统范围内跨条线组建新闻宣传人才库，建立常态化轮训交流锻炼机制，参加行业季度选题策划会，开展新闻宣传专项实践活动，释放人才活力，增强队伍内生动力，创作推陈出新的传播内容，推进媒体深度融合发展。全年在行业媒体矩阵发布新媒体作品12部，在第七届烟草行业微视频评选比赛中3部短视频作品获奖，实现奖项零的突破。

【吉林省烟草专卖局(公司)】 吉林省局(公司)所辖9个市（州）局（公司）共开设以市级局（公司）为主体的新媒体账号19个。主要分为两类，即针对零售户提供微信订货、订单查询等功能的微信公众号，面向消费者推送企业文化、党风廉政建设、消费指南、政策信息、法律法规等内容的微信公众号。

【江苏中烟工业有限责任公司】 江苏中烟落地落实“大宣传”理念，深入推进“报刊网微”媒体融合，公司总部及直属企业有“钟山烟语”等多个新媒体平台。在平台建设过程中强化规范管理，促进形成协同高效的传播矩阵，不断增强公司新媒体宣传、互动、引导、服务等功能。依托新媒体平台，开展企业文化宣传贯彻、先进典型宣传、条线业务知识学习测试等工作，不断提升新闻舆论传播力、引导力、影响力。

【安徽省烟草专卖局(公司)】 安徽省局(公司)融媒体中心自2021年建成以来，累计创作40余部短视频，制作20余幅漫画海报，制作各类宣传片10余部。始终坚持正确舆论导向，加强全省系统新闻宣传骨干队伍建设，建立特约通讯员队伍，举办首届“徽烟融媒”主播大赛，筛选能写会编善演的新媒体人才，充实新媒体工作队伍。始终坚持合作互惠、成长共赢的原则，开展与新媒体集团、《东方烟草报》社等单位的合作，接待行业内外多家单位参观交流，分享融媒建设和管理经验。始终坚持突出正面形象塑造，“安徽烟草”微信公众号全年推送新闻178篇、推出专题57篇，总阅读量超过11万人次，获得安徽省政务微信“创新力十佳”奖项，被评为“2022年度安徽省文明账号”。

【安徽中烟工业有限责任公司】 创新展现形式，提高运行质量，打造“一品黄山天高云淡”“徽映徽商情”等微信公众号新媒体矩阵平台，主服务号头条打开率始终维持在高于业内平均值五倍的水平。“甜润徽烟”系列创意短视频参与行业季度网评作品评选，两部作品分别获得2021年度行业优秀网评作品三等奖、2022年第一季度优秀网评作品三等奖。三季度起，组织各单位创作符合社会导向的融媒体作品，《香料园里故事多！安徽中烟助力兴洋村走上振兴路》等被“东方烟草报”微信公众号全网推送。

【福建省烟草专卖局(公司)】 “福建烟草网”微信公众号是福建省局（公司）官方微信公众平台和新媒体资讯传播重要阵地，为烟草员工、零售户、消费者、烟农等，推送烟草资讯、宣传行业政策、提供办事服务、展示闽烟风貌。发挥平台优势和融合价值，相继开通“监督举报”“咨询反馈”“烟农服务”“许可证办理”“在线订货”“卷烟搜索”等功能，开发“闽烟学会”移动端，形成“新闻资讯+办事服务+监督管理”三大核心模块，实现相关业务“一号通办”，让烟农、零售户、消费者等主要服务群体随手可用、随时管用。2022 年，“福建烟草网”微信公众号总阅读量 74.02 万人次，累计关注量 24.7 万人。6 月 8 日，“福建烟草网”微信公众号正式接入视频号，先后发布 26 个“喜迎二十大　一起向未来”参赛视频，开展 3 场职工羽毛球赛直播，进一步丰富宣传的手段和渠道，提升新媒体平台的传播力、影响力和创新力。

【江西省烟草专卖局(公司)】　“江西烟草”微信公众号是江西省局（公司）官方微信公众号、《东方烟草报》社微信矩阵号，由江西省局（公司）和《东方烟草报》社共同管理运营。2022 年，“江西烟草”微信公众号关注量 13.58 万人，开设专栏 15 个，增设“深情回眸 40 年”专题，发布稿件 230 余篇；“赣鄱星火”视频号关注总量 4.93 万人，发布作品 130 余篇，其中江西省局（公司）自制的公益宣传片《这三年》点击量达到 15.1 万次，二者共同串联打造宣传矩阵，实现宣传作品双向交互，扩大宣传覆盖面和影响力。

【江西中烟工业有限责任公司】　“江西中烟公司”微信公众号是江西中烟官方政务微信公众号，由江西中烟运营管理，主要发布江西烟草工业权威资讯，聚焦党的建设、一线职工、公司文化、工匠精神，积极践行社会责任，履行企业使命。2022 年，“江西中烟公司”关注量 2 万余人，全年共计发布文章 213 篇，总阅读量 25 万余人次，新开设“聚焦二十大”“纪念中国烟草总公司成立 40 周年”“廉洁教育”等专题进行系列策划报道。“江西中烟公司”视频号全年发布自制视频 24 部，着力实现图文视频报道联合互动，增加宣传报道吸引力和覆盖面，持续打造立体化新媒体矩阵。

【河南省烟草专卖局(公司)】　河南省局(公司)顺应媒体融合发展趋势，加强融媒平台建设与应用，建成以河南省局（公司）为主账号，各市局（公司）、各直属单位为分账号，整体协同、一体响应的“1+20”微信公众号矩阵体系，形成新媒体领域的正面舆论主阵地。河南省局（公司）官微“金叶之缘”关注量达到 30 万人，发稿 609 期、2119 篇。“1+20”矩阵体系被国家局评为“行业政务新媒体优秀案例”。搭建“1+N”视频号体系，河南省局视频号发布作品 132 部，点击量超过 100 万人次。构建“1+20+N”融媒体建设框架，开发、上线《中原烟草》数字报刊系统，搭建媒体稿件一体化采编平台，推进融媒体中心建设。

【湖南省烟草专卖局(公司)】　转型探索融媒体建设，做好顶层设计，按照“1134”思路开展融媒体中心建设，即坚持“省市一体、分级管理”原则，建立湖南省烟草商业系统融媒体中心“中央厨房”系统，打造“资源通融、内容兼融、宣传互融”三个融合的新型媒体，组建团队打造全省烟草商业系统“1+5+N”宣传矩阵。组织全省烟草商业系统“献礼二十大·一起向未来”新媒体作品征集评选，累计征集作品 93 部，评选优秀作品 17 部，对新媒体宣传力量进行岗位操练和比赛历练，为融媒体中心建设储备人才。长沙市局（公司）首次开展烟稻轮作直播及全媒体传播，累计近 50 万人次在线观看，收获点赞数超 10 万次，被人民网、学习强国、红网等专题报道。

【湖南中烟工业有限责任公司】　2022 年 9 月 9 日，湖南中烟融媒体中心挂牌成立，“湘融”App 上线之后，每天发布最新资讯 5 篇以上，集新闻性与时效性于一体，实现湖南中烟在册员工全覆盖。年内出版《湖南中烟报》专刊 3 期，其中“和天下”专刊采用电子书阅读、扫码观看微视频、感动人物宣传海报等方式，“纪念中国烟草总公司成立 40 周年”专刊深度全面采写、系统总结报道。首次召开新闻宣传半年工作会。持续完善和更新湖南中烟对外宣传“窗口”——信商公众号和公司外网；年内在行业网站发布信息 34 篇，其中在基层动态、数字化转型、视频等栏目取得突破性进展。持续加强与主流媒体合作交流，共同打造《聚焦社会担当　这家重点国企屡有建树》《诠释国企担当，奋力谱写高质量发展新篇章》《凝心聚力奔新程——湖南中烟以党建引领高质量发展侧记》等可读性强、流量大的精品力作，展示企业形象。

【海南省烟草专卖局(公司)】 海南省局（公司）及4个市级局（公司）现有新媒体账号共5个，充分发挥移动互联网平台在深化流通品牌建设、加强与消费者的互动、展示企业正面形象等方面的积极作用。2022年，海南省局（公司）“椰海金叶”消费者互动平台微信公众号关注量7.1万人，推送服务信息167篇；海口市局（公司）“椰韵通客户服务平台”微信公众号关注量4.08万人，推送服务信息204篇；三亚市局（公司）“椰梦天涯”微信公众号关注量达到2.39万人，推送服务信息168篇；儋州市局（公司）“儋阳春晓”微信公众号用户量2.32万人，推送服务信息180篇；琼海市局（公司）“琼海金叶客户服务在线”微信公众号关注量2.62万人，发布推文195篇。此外，海口市局（公司）于2022年成立融媒体工作室，明确融媒体建设“1+4+6”工作模式。

【重庆市烟草专卖局(公司)】 2022年，重庆市局（公司）上线“烟抖”短视频平台，用户可在前台拍摄、上传、发布、点击、点赞、评论、转发、下载视频，在后台编辑、管理、审核视频，实现短视频全流程管理，全年征集短视频763个。开展数字化转型，开展众创微视频竞赛，征集作品470个，获得行业微视频奖项4项、优秀网评作品2个，“守护成长”重点选题报道获得国家局表扬。

【四川省烟草专卖局(公司)】 2022年，在“策划有品质、队伍有思想、作品有温度、效果可感知”目标引领下，四川烟草商业系统自建新媒体矩阵全面开花。数量上，以四川省局（公司）微信公众号“世纪城936号”为主导，全省烟草商业系统各单位加速推进新媒体建设，微信平台从2020年的4个增至2022年的23个，实现21个市州局（公司）全覆盖、2家专业公司充分融入，四川烟草商业系统“1+23”新媒体宣传矩阵基本成形。乐山、德阳、眉山市局（公司）等3家融媒体中心（工作室）完善机制、加快探索，新媒体“机构赋形”走出关键一步。质量上，以融媒体机构为配套支撑，以新媒体矩阵为平台依托，以新媒体人才为创作骨干，全年创作重点新媒体产品40余个，其中17部作品获得国家局优秀作品奖励，4部短视频在烟草行业第七届微视频评选中获奖，获得行业奖项比上年增长133%。

【贵州省烟草专卖局(公司)】 2022年，贵州省局（公司）以深化“大宣传”格局为抓手，重点打造省局（公司）新媒体“两号”，以及“‘黔彩’融媒体中心+直属单位融媒体工作室”两级新媒体体系，推动传统宣传继续向全媒体宣传转型。突出迎接学习宣传贯彻党的二十大主题，策划推出“我学我谈二十大精神”“黔彩青年说”“二十大精神学习贯彻在基层”等系列新媒体作品，阅读点赞量达到3.99万人次。坚持大主题小切口，对20个宣传主题实施“一主题一策划”，全年在各类媒体发稿5413篇，比上年增加834篇，其中新华网、人民网等央媒187篇、增加62篇，5个作品获得行业网评优秀作品。推出“黔彩”融媒体作品133部，其中原创视频51部。

【云南省烟草专卖局(公司)】 2022年，云南省局（公司）围绕迎接宣传贯彻党的二十大主题主线，紧扣中心工作，将纪念中国烟草总公司及云南省公司成立40周年作为宣传重点，全面提升新媒体作品的创作数量和质量，央媒报道量及获得行业优秀网评作品数量持续保持全国“双第一”。创新报道形式，与《东方烟草报》连续3期联合打造“云上慢直播”，取得良好效果。注重提高报道公信力、影响力，以德宏州“7·13”特大制售假冒卷烟网络案件为题材的作品《大山深处的轰鸣》，在中央广播电视总台央视《今日说法》播出。

【云南中烟工业有限责任公司】 云南中烟新媒体平台致力于实现“一个门户看中烟、一个平台办业务、一部手机促融合”三个目标，经过一年多的运行实践，构建形成统一的网络舆论阵地，全面支持“图文影音H5”等多媒体，用户通过一个门户即可全面了解云南中烟工作动态。“融媒中央厨房”打通“策—采—编—发—存—馈”媒体生产全流程，实现站点设计和内容排版的可视化操作，全面提升内容生产效率。提供丰富的数据和功能接口，具备联结不同平台的能力，真正做到媒体内容的“一次采集、多元生成、多次发布”。平台投入使用以来，建立账号3万余个，日均访问人数超过2万人，日消息总数超过9万条；新闻门户累计发布内容3万余篇，视频类内容占比10%左右；已集成71个业务系统，工作台日平均进入人数超过2万人，日平均使用次数超过8万人次。2022年依托新媒体平台，开展新媒体作品全员共创活动，通过微视频随手拍、图片随手拍、H5、数字绘画、新闻特写等2455个作品，更加充分、立体、生动地展示形象和事迹，营造团结奋斗的良好氛围。

【陕西省烟草专卖局(公司)】 2022年7月，陕西省局（公司）融媒体中心项目立项，于11月开工建设，预计2023年3月正式投入使用。该中心建成后，将推动全省烟草商业系统新闻宣传工作从传统媒体迈向“融合发展、矩阵传播”的全新阶段，有助于加快构建“统一指挥、多级联动、资源共享、多媒传播”的“大宣传”格局。

【陕西中烟工业有限责任公司】 2022年，陕西中烟两个微信公众号立足新媒体宣传阵地，坚持正确舆论导向，展示陕西中烟企业文化、品牌文化。“陕西中烟工业有限责任公司”微信公众号聚焦“积极拓展新媒体建设，讲好陕西中烟故事，传递陕西中烟声音，主动融入行业现代化建设”目标，聚焦行业和公司宣传工作重点，持续提升运营管理水平，不断扩大公司社会影响力。全年累计发布公司重要新闻、重大活动等64期，公司微信公众号总关注量9265人，日均浏览量100余次。“陕西好猫”微信公众号第九年持续运行，公司不断调整内容策略、发布策略、福利策略，通过与积分商城平台联动，全年累计发帖45期192篇，总阅读量达到152.8万人次，比上年增长76.4%；举办微信互动活动15次，总参与量20.7万人次；开展微信互动留言活动22次，共收到消费者留言4.1万条；截至2022年底关注量92.51万人，较上年增长22.4万人。

【云南红塔银行股份有限公司】 云南红塔银行创新传播方式,构建起“一网两号”（官方网站+微信公众号+官方抖音号）的新媒体传播矩阵。2022年，云南红塔银行官方抖音号制作上传视频21条，视频总播放量超过17万次。

志鉴编纂

行业志鉴编纂

【《中国烟草年鉴》】 《中国烟草年鉴》是全面反映中国烟草行业改革和发展情况以及所属各企业发展概貌的专业性、权威性行业综合年鉴。《中国烟草年鉴》自1996年创刊以来，已先后编纂出版1991—1995年、1981—1990年、1996—1997年、1998—1999年、2000年、2001年、2002年、2003年、2004年、2005年、2006年、2007年、2008年、2009年、2010年、2011—2012年、2013年、2014年、2015年、2016年、2017年、2018年、2019年、2020年、2021年、2022年共26卷。从2004年卷起，由《中国烟草》杂志社有限公司《中国烟草年鉴》编辑部具体负责编辑工作。

《中国烟草年鉴（2022）》设有特载、大事记、行业概览、国家烟草专卖局 中国烟草总公司组织机构、党史学习教育、烟草专卖管理与经营、烟草工业、科研和教育培训、新闻舆论和文化建设、公益活动、社会责任报告选登、重要政策法规与文件选登、先进人物和先进集体、附录共计14个栏目。本卷年鉴“栏目”下设“分目”“条目”。其中，新增加的党史学习教育栏目，全面总结2021年行业及各直属单位开展党史学习教育的情况。

《中国烟草年鉴（2022）》主要收录2021年全国烟草行业发展的工作情况。各栏目内容充实，信息量大，反映行业改革发展的历程，具有很强的权威性、延续性。为更直接展示行业各单位的工作与成就，《中国烟草年鉴（2022）》在正文中配图，采用四色印刷，表现形式多样；并以彩图配合相关栏目，生动、直观、全面地反映行业各方面发展情况，彩图涉及面广，内容丰富。

《中国烟草年鉴（2022）》在总体结构上，积极适应烟草行业改革发展和行业类年鉴编纂新要求，突出综述性条目和特色条目，加强对行业总体情况的反映，力求全面呈现烟草产业各环节的发展情况。

省级公司志鉴编纂

【《北京烟草年鉴》】 《北京烟草年鉴》是由北京市局（公司）组织编纂，全面反映北京烟草改革与发展情况的年度文献资料。《北京烟草年鉴》参照《中国烟草年鉴》的结构设计，结合北京烟草实际，设置9个栏目，主要包括特载、专文、大事记、行业概览、所属单位、机构设置、公益事业、附录及索引。2005年开始编纂，截至2022年底，已出版18部年鉴。

【《河北中烟志》】 2022年，《河北中烟志》编纂工作稳步推进，全年分四个阶段对公司各单位、总部各部门范围内2003—2021年度基础资料进行收集；3月24—25日，组织第二次修志、年鉴和档案业务技能培训班，强化专业能力，提升修志水平，协调解决修志工作中遇到的问题；4月6日至5月11日，修志组与公司总部16个重点部门进行修志工作座谈，全面、系统了解各个工作领域的业务流程与内容，在此基础上，对篇目结构的节、目进行全方位的平衡、修订，使篇目结构的设定更加合理、完善，搭建起更加完整、系统的志书基本框架；8月至12月，修志组对档案室所有归档材料进行查阅、识别并整理成资料长编，完成2003年至2008年度基础资料收集和档案室归档资料的查阅，编写资料长编86万余字，为推进修志工作进入志书编纂阶段奠定基础。

【《河北中烟年鉴》】 2021年10月，河北中烟启动年鉴编制筹备工作；2022年5月，全面启动年鉴编写工作。截至2022年底，河北中烟完成年鉴的初稿审核工作。《河北中烟年鉴（2022）》设有特载、大事记、公司综述、党史学习教育、公司部门、卷烟工厂、先进人物名单、先进集体名单、先进人物事迹、附录共计10个栏目。该年鉴主要记述河北中烟2021年的工作情况。各栏目内容翔实，信息量大，反映河北中烟改革发展历程，具有重要的史料价值。

【《安徽省烟草专卖局（公司）年鉴》】 《安徽省烟草专卖局（公司）年鉴》是系统记述安徽烟草商业系统（简称全省系统）专卖管理、卷烟营销、烟叶生产与经营、企业管理与改革、精神文明建设等方面的文献资料。自2006年以来，已出版15卷，2022年，完成2020卷年鉴的出版和2021卷年鉴资料的编撰工作，在基本保持往年编纂框架的前提下，为凸显时代特色、适应发展需求，对栏目设置安排及组稿要求方面进行部分调整，进一步压缩资料汇编内容，增加原创性内容，设概览，专记，大事记，领导与机构，工作报告与领导讲话，党建工作、主营业务、管理与服务，全省系统各直属单位，改革创新与制度机制建设，重要会议与活动等14个栏目，各栏目下设“分目”和“条目”翔实记载全省烟草商业系统的发展情况和主要特点，对了解和研究安徽烟草商业系统具有较强的参考价值。

【《安徽中烟工业有限责任公司年鉴》】 《安徽中烟工业有限责任公司年鉴》由安徽中烟于2009年启动编纂工作，截至2022年底，已完成2008年至2020年12卷，除2009年启动编纂的第1卷为内部资料外，已出版的其余11卷均为公开出版发行。2022年，《安徽中烟工业有限责任公司年鉴（2019）》《安徽中烟工业有限责任公司年鉴（2020）》2卷已完成出版印刷成书。出版编号ISBN 978－7－5698－1093－6，由辽宁大学出版社公开出版发行。《安徽中烟工业有限责任公司年鉴》每卷约60万字，是系统记述安徽卷烟工业发展状况的资料性文献，对认识和研究安徽卷烟工业具有较强的针对性与实用性，为读者认识、了解和研究安徽卷烟工业提供了较为全面的资料。

【厦门市烟草商业志（清末—2016年）】 2022年8月，《厦门市烟草商业志（清末—2016年）》讨论稿编辑成册并印刷发放，进入审稿讨论阶段。全书共11章38节55万余字。为更系统、更完整地记录企业的发展演变，9月起，福建厦门市局（公司）启动2017—2022年志书内容编修工作。此后，志书编修工作“编＋审”两线并进。

【《山东省烟草专卖局　中国烟草总公司山东省公司年鉴》】 《山东省烟草专卖局　中国烟草总公司山东省公司

年鉴》为两年一鉴，由山东省局（公司）组织编纂，是全面反映山东省局（公司）系统改革和发展情况及所属各单位发展概貌的专业性年鉴。2022 年，对《山东省烟草专卖局　中国烟草总公司山东省公司年鉴》2019—2020 卷进行组稿、排版、校对等工作。年鉴主要收录 2019—2020 年山东省局（公司）系统的大事要闻，分设特载、行业概览、人事变化、直属单位、统计资料、大事记、疫情防控、公益事业、先进集体与先进个人、附录等 10 个栏目。年鉴彩色排版，以彩图配合相关栏目，生动、直观、全面地反映全省烟草商业系统发展情况。

【《山东中烟年鉴》】　《山东中烟年鉴》编纂工作于 2011 年启动。2022 年，编纂完成 2020 年、2021 年内容年鉴。年鉴采用分类编辑法，主体内容分为栏目、分目、条目等 3 个层次，条目为年鉴内容的基本单位。一般设领导重要讲话、大事记、公司综述、公司部门、公司中心、卷烟工厂、集团公司、先模人物、附录等栏目。年鉴为纸质版，未实现数字化、网络化。

所属企业中，青岛卷烟厂、青州卷烟厂、将军集团、颐中集团等 4 家单位开展年鉴编纂工作。

《青岛卷烟厂年鉴》于 2008 年启动，分年度编写。2022 年，编纂完成 2021 年内容年鉴。主体部分设文献特载、大事记、企业概况、生产与管理、专题介绍、产品录、光荣榜、附录等栏目，主要记录青岛卷烟厂在生产、管理、营销、技术改造以及党群工作等各方面的发展历程和成绩。

《青州卷烟厂年鉴》于 2012 年启动，分年度编写。2022 年，完成《青州卷烟厂年鉴（2021）》编纂工作。年鉴采用分类编辑法，分为文献特载、大事记、企业概况、生产经营、产品录、重要会议（活动）、重点工作课题、文件选登、光荣榜、附录等 10 个一级栏目，主要记录青州卷烟厂生产、管理、技术改造以及党群工作等各方面取得的成绩和发展历程。

《将军集团年鉴》于 2017 年启动，分年度编写。2022 年，编纂完成 2019 年、2020 年年鉴，形成 2021 年年鉴征求意见稿。年鉴一般设领导重要讲话、大事记、公司综述、公司部门、卷烟配套材料企业、地产企业、服务企业、三地分公司、先模人物、附录等栏目。

《颐中集团年鉴》于 1994 年启动，分年度编写。2022 年，完成 2021 年内容年鉴组稿工作。年鉴设图片、集团综述、文献特载、文件选登、大事记、管理机构、所属企业、光荣榜、产品简介、附录等 10 个栏目。

【《湖南烟草工业年鉴》】　《湖南烟草工业年鉴》由公司卷和企业卷组成，每套 7 卷。2022 年，公司卷完成 2018 年卷、2019 年卷出版发行各 500 册，由对外发行转为内部资料，并从 2018 年卷开始增加电子版，电子版进入专属独立的年鉴电子书库，书库后台放在湖南中烟内部平台上统一管理。企业卷中，长沙卷烟厂完成《长沙卷烟厂年鉴》2020 年卷印刷出版、2021 年卷初稿编纂工作；常德卷烟厂完成 2016—2020 年卷共 5 卷编纂出版工作；郴州卷烟厂完成《郴州卷烟厂年鉴》2019 年卷出版、2020 年卷编纂工作；零陵卷烟厂完成《零陵卷烟厂年鉴》2021 年卷编纂出版工作；四平卷烟厂完成《四平卷烟厂年鉴》2021 年卷编纂出版工作；吴忠卷烟厂完成《吴忠卷烟厂年鉴》2021 年卷编纂出版工作。截至 2022 年底，完成编辑出版《湖南烟草工业年鉴》2006—2021 年年鉴共 97 卷，其中公司卷 13 卷（2007 年卷为起始卷），长沙卷烟厂 14 卷（2007 年卷为起始卷），常德卷烟厂卷 15 卷（2006 年卷为起始卷），郴州卷烟厂 13 卷（2007 年卷为起始卷），零陵卷烟厂 14 卷（2008 年卷为起始卷），四平卷烟厂 14 卷（2008 年卷为起始卷），吴忠卷烟厂 14 卷（2008 年卷为起始卷）。截至 2022 年底，除公司卷之外，企业卷仅有纸质版本，未实现数字化和网络化。

【《广州卷烟厂年鉴》】　《广州卷烟厂年鉴》是由广东中烟工业有限责任公司广州卷烟厂组织编纂、记录企业重要事件与数据信息、反映企业发展概况的综合年鉴。2018 年，广州卷烟厂成立年鉴编撰委员会及编辑部，启动年鉴编纂工作。截至 2022 年底，先后编印 2013—2017 年、2018 年、2019 年、2020 年、2021 年卷，每卷内部印发 250 册，每卷约 10 万字。2022 年，编印《广州卷烟厂年鉴 2021》《广州卷烟厂年鉴 2022》，年鉴设有特载、领导讲话名录、大事记、企业概况、卷烟生产、综合管理、党群工作、企业文化、附录等 9 个栏目，全面、直观、真实反映 2020 年和 2021 年企业各项工作开展情况。

【《云南烟草年鉴》】 《云南烟草年鉴》是由云南省烟草专卖局、中国烟草总公司云南省公司主办，经国家出版行政管理部门批准公开发行的省级行业年鉴，全面记录云南省局（公司）系统改革发展情况。从2008年开始编纂，已编辑出版14卷。2022年，完成《云南烟草年鉴（2021）》编印工作。该卷年鉴主要以条目形式反映2021年云南省局（公司）系统各方面工作情况，内容包括特载、专文、大事记、总述、党史学习教育开展情况、云南省烟草专卖局（公司）机关、云南省烟草专卖局（公司）所属单位、附录等8个部类，总体规模为正文860千字，彩页31页。

【《云南中烟年鉴》】 《云南中烟年鉴》由云南中烟工业有限责任公司组织编纂，是全面反映云南中烟重要改革发展情况以及所属单位发展概貌的专业性、权威性年鉴。《云南中烟年鉴》以全面、客观、系统地记述云南中烟年度的基本情况和各项工作发展现状，反映云南中烟年度基本面貌和发展进程为任务，旨在为行业内部人士及社会各界全面了解、研究云南烟草工业提供基础材料和基本线索。云南中烟于2012年启动年鉴编纂工作，并成立年鉴编纂委员会和年鉴编辑部。年鉴一年一卷，自2020年开始每卷发行300册，每卷约75万字。截至2022年底，公开出版发行2011—2021年卷共11卷。

【《红塔集团年鉴》】 《红塔集团年鉴》于2009年创刊，截至2022年，已公开出版发行纸质和电子书16卷，其中2013年下半年和2014年上半年，补编2007卷、2008卷，至此《红塔集团年鉴》与《红塔集团志》（1956—2005）形成一套完整的宝贵历史资料丛书。年鉴编纂紧扣党的方针政策、烟草行业改革发展要求，内容按分类法编排，以条目为记载单元，全面系统反映红塔集团发展进程，年度工作重点和企业特点突出。2022卷设17个类目，收录二次文选10篇、大事记90件、条目623条、图片（图）159幅、统计表38个，全书版面字数516千字。

【《红云红河集团年鉴》】 《红云红河集团年鉴》由红云红河集团于2008年开始编纂，以内部资料委外印制方式至2022年形成13卷（2009—2021年一年一卷）。年鉴作为反映红云红河集团年度基本情况的资料工具书，设集团概况、品牌维护、企业管理、产品质量、生产管理、原料保障、物资管理、物流管理、基建技改、信息化建设、财务审计、安全保障、队伍建设、廉政建设、党建群团、公益事业、主要会议、组织机构、生产企业、荣誉榜、数据汇编、记事、附录共23个栏目。年鉴每年编印600册，以满足集团本部各部门及下属工厂（公司）日常使用。

【《昆明卷烟厂年鉴》】 《昆明卷烟厂年鉴》（1992—2021）是简明记载昆明卷烟厂1992—2021年基本情况的资料工具书。编辑队伍由红云红河集团昆明卷烟厂办公室档案室工作人员组成，2021卷设主要工作、重要会议、通知·规定、组织沿革、统计数字汇集、荣誉汇编、大事记等7个栏目，并制作当年卷烟产品（小包）照片作为附件收录。年鉴内部印发160册。

【《曲靖卷烟厂年鉴》】 《曲靖卷烟厂年鉴》（2010—2021年一年一卷）是继《曲靖卷烟厂志（1966—2009）》出版之后简明记载曲靖卷烟厂2010—2021年基本情况的资料工具书。年鉴由红云红河集团曲靖卷烟厂年鉴编纂委员会编纂，印数50册。《曲靖卷烟厂年鉴》2021卷设彩页、特载、专文、大事记、工厂综述、曲烟制造、基础管理、党建群团、队伍建设、劳模工匠先进、文化成果、荣誉录、社会责任、天福烟叶复烤公司等34个栏目。

博物馆、展馆建设

中国烟草博物馆

【概　况】 中国烟草博物馆是经中央机构编制委员会办公室批复，由全国烟草行业共同捐资捐物兴建的专业性博物馆，坐落在上海市杨浦区长阳路728号，于2004年7月15日正式开馆，总建筑面积9921平方米，是全国唯一一家反映中国烟草发展历史、传承中国烟草文化的行业博物馆，也是目前世界上最大的烟草博物馆。

中国烟草博物馆设有烟草历程、烟草农业、烟草工业、烟草经贸、烟草管理、烟草文化、吸烟与控烟等展馆。通过大量珍贵的文物、文献、模型、场景、真人蜡像以及照片、多媒体等载体，生动展现烟草行业各发展阶段概况和特征。

作为“全国工业旅游示范点”、“上海市科普教育基地”和“上海市爱国主义教育基地”，中国烟草博物馆不仅是一座中国烟草知识的宝库，也是一个集旅游、观光、休闲的“网红打卡点”。

初心之地·红色之城——上海·党的诞生地巡展（2022 年）
上海烟草集团　供稿

【服务行业】 中国烟草博物馆积极响应国家局征集《中国烟草总公司成立 40 年改革发展记忆》相关资料的要求，发挥“行业史料库”作用，提供图文数十张。成书收录烟博馆馆藏相关图文 26 幅，《神州万里行》磨漆壁画被选为目录衬托底纹。

《中国工业史·烟草编》编纂任务下达后，中国烟草博物馆第一时间派出 3 位同志参与国家局编纂组，开展大纲的讨论与编写工作，充分发挥团队协作精神，抓紧追赶进度，不断总结经验，收集和查阅大量馆藏历史资料，确保史料的真实性、准确性、权威性，高效率、高质量完成 1982—2003 年部分的初稿 4 万余字。

【特别展览】 中国烟草博物馆发挥展陈专业特长，与国家烟草专卖局办公室、《中国烟草》杂志社、上海烟草联合策划制作《纪念中国烟草总公司成立 40 周年展览》，收录《守正笃行　开拓奋进——中国烟草总公司成立 40 年改革发展记忆》40 个标志性事件，回望烟草行业 40 年波澜壮阔的奋斗历程，展现行业履行的职责担当和初心使命，凸显广大烟草职工的奉献精神与奋进力量。该展览先后在北京金叶园会议中心、国家烟草专卖局、北京卷烟厂、上海烟草机关总部展出。

为贯彻落实党史学习教育常态化长效化要求，中国烟草博物馆与中共一大、二大、四大纪念馆等单位联合承办《初心之地·红色之城——上海·党的诞生地巡展》，在上海烟草机关大堂进行首展。该展览围绕三次全国代表大会的召开，展现了中国共产党百年来“从石库门到天安门”“从兴业路到复兴路”的光辉历程，引领广大党员干部重温光荣历史，铭记伟大建党精神，为庆祝党的二十大胜利召开营造良好氛围。截至 12 月底，展览累计参观人数 467 人次。

中国烟草博物馆与上海市局专卖监督管理处联合策划《忠诚履职担使命——上海烟草专卖管理成果展》，以图文

忠诚履职担使命——上海烟草专卖管理成果展（2022 年）
上海烟草集团　供稿

并茂的形式记述党的十八大以来上海烟草在专卖管理领域所取得的各项重大成果，展现出专卖执法人员砥砺奋进的精神风貌，激励广大烟草员工进一步坚定信心、担当作为。为进一步扩大烟草专卖成果的宣传范围，中国烟草博物馆启动巡展长效机制，将展览送往全市各区局（公司）进行巡展。

“汇聚青年力量·传播烟草文化”志愿宣讲活动（2022 年）
上海烟草集团　供稿

【红色教育】 为丰富党史学习教育载体，学习宣传贯彻党的二十大精神，用好《初心之地·红色之城》巡展，中国烟草博物馆突破创新，首次与上海烟草团委联合组织团员青年开展“汇聚青年力量·传播烟草文化”志愿宣讲活动，并以机关团青为试点，用“青”言“青”语讲好红色故事。此次活动上海烟草机关共有 10 个部门 17 名团员青年报名，累计接待机关 17 个党支部 440 名党员。

中国烟草博物馆积极发挥“上海市爱国主义教育基地”作用，着力将烟草行业红色基因与党史学习教育相融合，主动挖掘烟草红色资源，将《不忘来时路——烟草红色工运连环画》发放至上海烟草直属和属地单位共 213 个党支部，覆盖集团 4422 名党员，覆盖率达到 100%。通过讲好烟草红色故事，引领党员干部铭记红色历史，激发实干热情，书写爱岗敬业的情怀。

《红色曙光　映耀初心——中国共产党领导的第一次工人运动》红色宣讲视频（2022 年）
上海烟草集团　供稿

【科普教育】 烟博馆擦亮“上海市科普教育基地”名片，探索行业馆企合作，与安徽皖南烟叶公司签订“向阳而生——烟叶科普园地”共建协议。复工复产后，紧急调配烟苗和灌溉设备，按期完成补种工作，制作精美说明牌对烟叶品种和灌溉、施肥等绿色农业技术进行宣传，成为烟博馆“网红打卡点”。

向阳而生——烟叶科普园地（2022 年）
上海烟草集团　供稿

【烟标征集】 根据中国烟草学会印发的行业卷烟新产品烟标征集工作的通知，烟博馆加强与各省对接，共征集到 19 家卷烟工业企业，37 个品牌规格的新品烟标，新品烟标征集完整率达到 100%。截至 2022 年底，烟博馆完

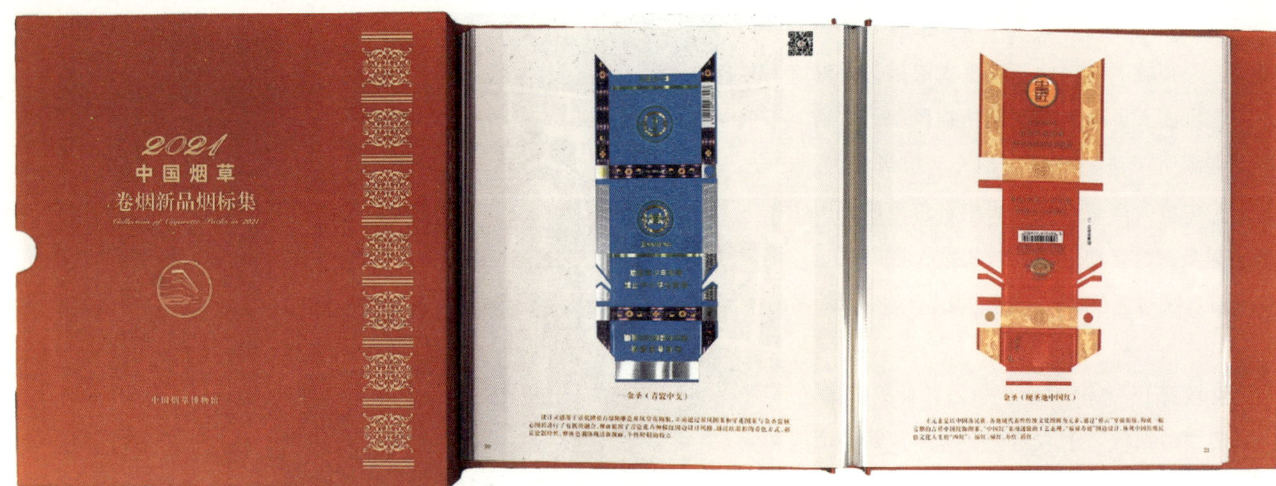

2022 年，设计制作完成《2021 中国烟草卷烟新品烟标集》

上海烟草集团 供稿

成《2021 中国烟草卷烟新品烟标集》设计制作，并向行业 60 余家单位寄送历年新品烟标集，为行业交流分享、深化烟标研究发挥作用。

【馆校共建】 烟博馆与同济大学人文学院展开项目合作，以课内讲解和课外辅导相结合的方式参与文化产业管理专业春季课程教学，协助学生进行调研考察，完成“5·18 国际博物馆日”活动策划方案。此次馆校合作不仅丰富了学校的课程培养体系，发挥了博物馆的社会教育功能，课程成果也为烟博馆下阶段的活动策划提供了全新的思路。

【网站建设】 为体现“防控不缺位，闭馆不闭展”的责任担当，烟博馆立足数字平台建设，利用线上网站探索“云参观”的新途径，在“上海一网通办”政务服务平台的“参观申请”页面和“红途”平台的“场馆简介”板块增添网站链接，进一步扩大信息的覆盖范围，通过多元化的渠道提高烟草文化的传播力和影响力。

【业务提升】 大力倡导“文物入心、文化入脑”职业理念，开展“全员大练兵”系列活动，通过“原稿汇审、打磨考证、各展风采”三个阶段，丰富完善 71 条讲解内容，深入挖掘背景故事，员工在“盲讲”汇演中各展风采，争当“行业文化传播人”。

2022 年，中国烟草博物馆举办首届“全员大练兵”活动

上海烟草集团 供稿

中国雪茄博物馆

中国雪茄博物馆位于四川德阳什邡市长城雪茄烟厂，是由国家烟草专卖局、中国烟草总公司发起建设的全国性、专业性的国家级博物馆，授权四川中烟全面管理的公益性工业旅游示范点、科普教育基地和爱国主义教育基地，是集展示、体验、教育、感悟以及销售功能为一体的综合性主题博物馆。博物馆历经数年的筹备、规划，于2017年11月8日建成并对外开放，建筑物主体分三层，建筑面积共4662平方米，分“寻根”“溯源”“探秘”三个展厅，围绕中国雪茄烟产地、历史和工艺进行主题展示，寻根中国雪茄烟之乡、溯源中国雪茄烟百年、探秘重现雪茄烟技艺。馆内，陈列有前驻古巴大使张拓捐赠的古巴领导人劳尔·卡斯特罗亲笔签名雪茄烟、国礼“长城雪茄”包装盒印刷模板以及世界最长雪茄烟等珍贵藏品共计380余件。

2022年，中国雪茄博物馆接待访客3000余人次。承办“行走宽窄之间　走进四川中烟”百场万人说宽窄活动，以及“第二届毛式雪茄文化周”、“雅集迎春　名士共赏”文化艺术交流会、“长城雪茄优质雪茄烟叶基地建设暨烟草产业项目战略合作协议签约仪式”、“舍得与雪茄”、“1108四川中烟推进高质量发展品牌行动”等一系列专题活动，进一步扩大中国雪茄博物馆及“长城”雪茄烟历史文化的受众面。同时，开展了“博览茄品·藏珠以观”藏品征集活动。

2022年，中国雪茄博物馆为四川德阳市政协文化文史和学习委员会编辑出版的文史专辑《德阳馆事》撰文《徜徉百年茄史　博览长城传奇——中国雪茄博物馆馆事纪略》。同年，出版《如数茄珍——中国雪茄博物馆藏品集萃》。

2022年12月28日，第二届毛式雪茄文化周在中国雪茄博物馆举办
四川中烟　邹远洋　摄

展馆展厅

【河北中烟工业有限责任公司】 2022年3月18日，河北中烟党史学习教育展厅揭牌。展厅总面积290平方米，既是河北中烟红色教育大讲堂，也是为弘扬光荣传统、凝聚精神力量、深化党性教育、永葆党员初心而打造的党员特色教育基地。整个展厅共分为中厅、南厅、北厅三个部分，细化为五个板块。这五个板块分别是：“红色足迹、光辉历程”“党的理论发展历程——马克思主义中国化成果”“党的理论最新成果——习近平新时代中国特色社会主义思想”“烟草行业党建历程”“河北中烟党建历程”。展厅以党的历届全国代表大会为开端，展示中国共产党发展的基本历史脉络；以烟草行业党建历程为承接，展示中国烟草在我国历史长河中写下的辉煌烟草篇章；以河北烟草党建为延续，展示公司传承红色基因、推动改革发展，奋力迈向高质量发展新征程。河北中烟党组下设机关党委4个，共有党（总）支部64个，党员2825名。党史展厅的北厅将作为党员活动的开放式场所，成为河北中烟红色教育实践基地。

2022年初，河北中烟党建工作部印发《河北中烟党史学习教育展厅管理办法》，展厅共接待公司和外部单位参观学习26次，约300人。

2022 年 3 月，河北中烟党史学习教育展厅启用

河北中烟　供稿

【浙江中烟工业有限责任公司】 2022 年 10 月 28 日，浙江中烟“阳光党建”馆开馆。展厅分为“强根铸魂”“文化赋能”“砥砺奋进”等 3 个篇章，运用图文、建筑模型、实物、信息化多媒体展示手段，全面展示浙江中烟坚持以党建和新发展理念为引领，聚焦建设精益高效智慧绿色和谐的优秀企业，推动企业高质量发展的生动实践，成为党建引领促发展、实干担当谱新篇的学习教育新园地。

【安徽中烟工业有限责任公司】 2022 年，安徽中烟落实企业展厅项目，牵头成立安徽中烟企业展厅筹建工作小组，先后赴国际人才城等多家优秀展厅学习交流，赴所属相关单位调研，赴安徽省档案馆、皖南地区收集历史素材，共收集整理图片资料 2000 余张、视频资料 100 余部、史料文件 100 余份、历史老物件 150 余件。规范企业展厅设计施工一体化项目和监理服务项目招投标工作，深度参与展厅设计与布展策划、流媒体展项拍摄与制作优化等全过程。项目自 2022 年 3 月启动，7 月正式施工建设，克服新冠疫情影响、史料难寻等困难，于 10 月 27 日落成启用，安徽省局（公司）及安徽中烟相关负责人共同为企业展厅落成开馆揭牌，展厅成为安徽中烟重要宣传窗口。

【福建省烟草专卖局(公司)】 福建省局(公司) 企业综合展馆于 2022 年 12 月建成，位于福建烟草大厦三楼西侧，面积约 190 平方米。

该展馆建设主要为纪念中国烟草总公司成立 40 周年，总结并全面展现近年来福建烟草商业系统高质量新发展工作所取得的变化和成效，激励广大干部职工锚定既定目标，更好担负起新时代坚持和发展国家烟草专卖制度的历史使命，推动行业走向更加美好的未来。展馆综合运用文字、图片、视频及声光电技术等形式加以呈现，以深入贯彻落实习近平总书记在福建考察时提出的“四个更大”重要要求、推动福建烟草商业系统高质量新发展为主线，分为“筚路蓝缕、砥

2022 年 10 月，安徽中烟企业展厅建成启用

安徽中烟　孙　群　摄

砺前行”“党建引领、凝心聚力”“勇担使命、发展超越”等3个部分，分别介绍福建烟草发展历史、新时代党的建设工作和高质量发展新的实践与成效，成为企业展示建设成就的重要窗口和党员干部开展学习交流的重要阵地。

【福州市烟草专卖局(公司)】 福州市局(公司)党员政治生活馆于2022年6月建成开馆，占地面积约200平方米。

该展馆集红色文化宣传、互动体验学习、党建工作展示等功能为一体，配备专门的讲解员、引导员及讲解机器人，可满足引导式参观学习和自助式学习体验。在设计上，坚持“在有限场地延伸无限空间”的理念，通过触控屏、滑轨屏、AR沙盘、高清屏、VR眼镜、元宇宙空间、电子图书角等多媒体设备、线上平台，对海量学习资源进行集中展示；在内容上，以党建引领企业高质量新发展为主线，展示习近平总书记在福建留下的宝贵精神财富、党的百年奋斗历程、烟草发展史、国家局、福建省局党建工作要求、福州烟草党建工作成果、各地虚拟红色资源、智慧党建探索、行业内外先锋模范事迹等丰富内容。该展馆被中共福州市直工委确定为福州市直机关党员政治生活分馆。

【厦门市烟草专卖局(公司)】 厦门市局(公司)企业文化展厅以“精实以恒　形象共筑”为主题，其中，党建板块展现厦门烟草以“星火”党建品牌为引领，积极开展党建品牌实践在基层活动、党建业务融合的生动实践；企业文化板块，分为4个篇章，分别展示企业发展历程和“实”文化、两个形象发展历程及内涵。2022年，该展厅被推荐为厦门市政工干部培训班实地教学实践点、厦门党员教育中心实训基地。

【山东省烟草专卖局(公司)】 山东省烟草专卖局(公司)“党建引领高质量发展展厅”于2021年7月1日开馆。展厅建筑面积700余平方米，共包括序厅、第一至第五篇章和尾厅等7个部分，2022年序厅的百年党史时间轴中增加党的二十大内容，第一至第五篇章以党发展史中重要事件为节点划分，详细记录了党领导下的山东烟草的光辉历程，尾厅展示山东省局（公司）发展理念、重要荣誉等内容。

展厅共展示历史文献100余本（份），视频资料20组（重要人物采访视频5组），人物雕塑3组、场景还原3处、沙盘再现1处、CAVE沉浸式体验1处，配备由山东省局（公司）10名青年员工组成的金牌讲解团，参与红色历史与企业文化的宣讲工作。2022年展厅累计接待行业内外参观170余人次，组织开展党建共建、支部活动、入职员工培训等20余次。展厅视频《铸魂》作为山东省局（公司）党建成果汇报，参加省直机关党的建设成果展，在山东博物馆面向社会进行公开展示。

【湖南中烟工业有限责任公司】 湖南中烟零陵卷烟厂党群服务中心“党建展览馆”于2021年投入使用。展览馆分为光辉历程、蓬勃发展、榜样力量、以文化人、廉洁自律等5个子展厅，是集党史党建、企业发展、精神文明、廉政家风为一体的复合型展览馆。展馆围绕“以党建促发展”的主线，结合湖南永州地方特色，通过文、图、影、物，并运用声、光、电、人工智能等多种表达方式，集中展现零陵卷烟厂40余年的奋斗历程与成就，以及工厂践行“双新一体”发展战略的生动实践。2022年，接待行业内外参观者800余人次。

【广东中烟工业有限责任公司】 2022年10月，广东中烟“百年双喜　风华正茂”文化长廊及其数字展厅开馆。该软实力提升项目由特色党建长廊、精益工程展厅、部门

2022年10月，广东中烟“百年双喜　风华正茂”文化长廊启用，线上数字展厅同步启用

广东中烟　供稿

特色文化长廊等3个主要部分组成，通过汇聚精选原料、精益研发、精益制造、精准营销等方面的优秀案例和智慧结晶，展现广东中烟在高质量党建文化的引领下，全面提升以产品为中心、以科技创新为核心的企业原料、研发、工艺、信息化等方面的核心竞争力，总结凝练出高质量党建引领下广东中烟多年积淀的综合实力、发展底蕴和经营理念，传递企业愿景和远景目标。创新实现多展项可实时更新，第一时间展现生产经营的最新动态、杰出成效、优秀成果等，有利于加快形成适用于广东中烟的企业文化建设长效机制，为实现企业文化的内外宣传贯彻、落地实施及各模块信息交互创造有利条件。接待参观者近百批，超过500人次。

【广西中烟工业有限责任公司】 2022年，广西中烟卷烟工业展示馆基础方面完成展示馆全面改造，内容方面进行12轮次、19个板块、110多处、图片80多张、文字20多处的调整，其中对多元化板块进行全新调整。全年共接待行业内外宾客214人次。

【四川省烟草专卖局(公司)】 2022年，为纪念中国烟草总公司成立40周年和四川烟草组建成立40年，四川省局（公司）升级改造四川烟草文化展示厅，举办“烟标·烟史·烟魂”主题烟标展。

10月8日，四川省局（公司）“烟标·烟史·烟魂”主题烟标展开展，旨在以烟标为媒，重拾红色记忆，重温创业艰辛，凝聚精神内核，重整行装再出发。此次烟标展包括“烟标见证历史”“烟标承载记忆”“烟标诉说故事”三大部分，展出烟标700余枚，让观展人员穿越时空领略烟标文化的博大与壮美，见证中国烟草从无到有、从小到大的艰辛与辉煌。该展览持续3个多月，四川省局（公司）机关各部门及部分市州局（公司）到场参观。

12月28日，四川烟草文化展示厅完成升级改造并启用。该厅立足“文化中心”定位，以“金丝绣蜀道　同心向未来”为主线，设计“发展历程、发展战略、专卖管理、现代流通、烟草农业、党建引领、廉洁文化、安全文化、法治文化、社会责任、高品质生活、展望未来”等主要篇章，容纳数百张图片和100余件实物展品，全面浓缩四川烟草商业40载奋斗历程。

【云南红塔银行股份有限公司】 云南红塔银行梦想文化展厅位于云南红塔银行运营总部，是以“梦想”为主题的文化展示空间。展厅涵盖党建引领、大事记、汇聚梦想、共筑未来、员工风采、经营数据、领导关怀等多个板块，通过图片、文字、视频、实物展示等形式，全面展示云南红塔银行的历史沿革、党建工作、文化理念、业务发展、社会责任等方面的内容，充分体现出云南红塔银行的企业文化和品牌形象。

2022年12月28日，四川烟草文化展厅完成升级改造并启用

四川省局　供稿

报刊名录

2022 年烟草行业部分报刊名录

报刊名	报刊号/准印证号	创刊时间	刊期	联系电话	主管、主办单位
《中国烟草》	ISSN1008－9063 CN11－3831/D	1985 年	半月刊	010－63605464	《中国烟草》杂志社有限公司
《新烟草》	ISSN1008－5181 CN23－1526/TS	1986 年	旬　刊	010－63605464	黑龙江省烟草公司、《中国烟草》杂志社有限公司
《中国烟草学报》	ISSN1004－5708 CN11－2985/TS	1992 年	双月刊	010－63605768	中国烟草学会
《烟草科技》	ISSN1002－0861 CN41－1137/TS	1957 年	月　刊	0371－67672637	郑州烟草研究院
《东方烟草报》	CN37－0082	1992 年	周七报	0531－88562706	山东省局（公司）
《烟机通讯》	豫内资〔许昌〕0005 号	1995 年	半月报	0374－3266661	中国烟草机械集团有限责任公司
《北京烟草》	京内资准字 1999－L0006	1993 年	双月刊	010－67009775	北京市局（公司）、北京烟草学会
《京烟》	京内资准字 99－L0501	1993 年	月　报	010－59028305	上海烟草集团北京卷烟厂有限公司
《天津烟草》	准印证号（刊型）2019003	2000 年 6 月	双月刊	022－23292109	天津市局（公司）、天津市烟草学会
《津烟》	20210019	1994 年	半月报	022－84786086	上海烟草集团天津卷烟厂
《河北烟草》	冀 L1100113	1988 年 6 月	双月刊	0311－88607991	河北省局（公司）、河北中烟主管，河北省烟草学会主办
《河北烟草》	冀 L1100205	2003 年 8 月	月　报	0311－66006794	河北中烟、河北省局（公司）
《山西烟草》	山西省内部资料 准印证号（晋）K224	1987 年 5 月	双月刊	0351－6563104	山西省局（公司）、山西省烟草学会
《大光》	山西省内部资料准印证〔2013〕 B124 号 4 开 4 版	1998 年	月　刊	0351－2022051	山西昆明烟草有限责任公司
《内蒙古烟草》	（蒙）连内资 01－22013/K	1988 年	双月刊	0471－4369776	内蒙古区局（公司）主管，内蒙古自治区烟草学会主办
《辽宁烟草》	辽宁省内部资料准印证号 028	1990 年	双月刊	024－31210786	辽宁省局（公司）、辽宁省烟草学会
《红辽烟草》	辽宁省内部资料 准印证辽 A036 号	2005 年 1 月	半月刊	024－22815777	红塔辽宁烟草有限责任公司
《吉林烟草》	（吉）LSZ2017006	1994 年	季　刊	0431－88406791	吉林省局（公司）
《烟草专卖导读》	LJL2017018	2003 年 4 月	月　刊	0432－64606502	吉林省吉林市局（公司）
《吉林烟草工业报》	吉林省连续性内部资料 出版物 JN 03－025	2008 年 5 月	半月报	0433－2850896	吉林烟草工业有限责任公司
《哈尔滨烟草》	黑新出印字 2301026 号	2002 年	月　刊	0451－88620696	黑龙江省哈尔滨市局（公司）
《黑龙江烟草工业》	黑新出印第字 2301039 号	1988 年	旬　刊	0451－82521456	黑龙江烟草工业有限责任公司

续表

报刊名	报刊号/准印证号	创刊时间	刊期	联系电话	主管、主办单位
《上海烟草》	沪（K）0205	1987 年 2 月	季　刊	021 - 61669608	上海市烟草学会
《江苏烟草》	S（2023）00000063	2008 年	半月报	025 - 87756015	江苏省局（公司）
《江苏烟草研究》	苏新出版准印 S（2023）00000122	2008 年	双月刊	025 - 87756015	江苏省局（公司）、江苏省烟草学会
《江苏中烟》	S（2022）00000061	2007 年 1 月	双月刊	025 - 69896136	江苏中烟
《江苏中烟报道》	S（2022）00000062	2007 年 1 月	半月报	025 - 69896136	江苏中烟
《浙江烟草》	浙内准字第 0046 号	1987 年 4 月	双月刊	0571 - 87089173	浙江省局（公司）、浙江中烟、浙江省烟草学会
《浙江中烟》	浙企准字 S042 号	2006 年	月　报	0571 - 87075860	浙江中烟
《宁烟》	浙内准字第 BQ098 号	2016 年	月　报	0574 - 88686748	浙江中烟宁波卷烟厂
《安徽烟草》	皖 L00 - 111	2001 年	月　刊	0551 - 65508522	安徽省局（公司）主管，安徽省烟草学会编印
《蚌烟实报》	皖内部资料性图书 BB - 2010 - 009 号	2010 年	月　报	0552 - 4089163	安徽省蚌埠市局（公司）
《安徽中烟》	安徽省内部资料准印证号第 L00 - 053	2006 年	半月报	0551 - 65392203	安徽中烟
《黄山世界》	安徽省内部资料准印证号：00 - 265	2009 年	季　刊	0551 - 65368037	安徽中烟
《福建烟草》	（闽）内资准字 K 第 097 号	1987 年 1 月	双月刊	0591 - 87069008	福建省局（公司）、福建中烟、福建省烟草学会
《海峡烟草》	（闽）内资准字 K 第 173 号	2003 年 6 月	旬　报	0591 - 87069456	福建省局（公司）
《海峡烟草》（烟叶版）	（闽）内资准字 K 第 173 号	2005 年 5 月	月　报	0591 - 87069456	福建省局（公司）
《三明烟草》	（闽）内刊出版许可证第 08003 号	1992 年 1 月	双月刊	0598 - 8566611	福建省三明市局（公司）、三明市烟草学会
《福建中烟》	（闽）内资准字 D 第 028 号	2011 年 5 月	半月刊	0592 - 5836962	福建中烟
《江西烟草》	（赣）0000122	1991 年 1 月	双月刊	0791 - 86535120	江西省局（公司）、江西中烟、江西省烟草学会
《金圣》	（赣）0000076	2004 年 6 月	月　报	0791 - 88358596	江西中烟
《典藏》	赣内资字第 326 号	2009 年 9 月	不定期	0791 - 88358596	江西中烟
《江西中烟》	（赣）0000432	2021 年 12 月	季　刊	0791 - 88358596	江西中烟、金圣实业发展有限公司
《山东烟草》	鲁连内资第 01095 号	2007 年	双月刊	0531 - 81218315	《东方烟草报》社有限公司
《东方烟草报 · 山东中烟报》	CN37 - 0082	2007 年 11 月	半月报	0531 - 58709712	山东中烟
《东方烟草报 · 金周刊 · 泰山周刊》	CN37 - 0082	2008 年 5 月	半月报	0531 - 58709712	山东中烟
《将军视窗》	（鲁）0100009	2015 年 2 月	月　报	0532 - 88777166	将军烟草集团有限公司
《中国烟草科学》	ISSN 1007 - 5119 / CN37 - 1277/S	1979 年	双月刊	0532 - 88703238	中国农业科学院烟草研究所、中国烟草总公司青州烟草研究所

续表

报刊名	报刊号/准印证号	创刊时间	刊期	联系电话	主管、主办单位
《河南烟草》	河南省连续性内部资料［审省直连］00102 号	1996 年	双月刊	0371 – 65583198	河南省局（公司）、河南中烟、河南省烟草学会
《中原烟草》	河南省连续性内部资料［审省直连］00142 号	2015 年 1 月	半月刊	0371 – 65583016	河南省局（公司）
《南阳烟草通讯》	河南省连续性内部资料［南阳］049 号	2009 年 9 月	月　刊	0377 – 60320302	河南省南阳市局（公司）
《郑烟工作》	河南省连续性内部资料［审郑州连］00056 号	2016 年 5 月	月　刊	0371 – 86168696	河南省郑州市局（公司）
《天之叶》	内资〔省直〕163 号	2006 年	月　刊	0371 – 69192986	河南中烟
《黄金叶制造》	河南省连续性内部资料郑州〔74 号〕	2008 年	月　报	0371 – 85518900	河南中烟黄金叶生产制造中心
《安烟》	内部资料〔安阳〕审连 00001 号	2010 年	月　报	0372 – 5089165	河南中烟安阳卷烟厂
《湖北烟草》	（鄂）4200 – 2023137/连	1986 年	月　刊	027 – 83609835	湖北省局（公司）、湖北中烟、湖北省烟草学会
《金叶》	（鄂）4210 – 2020002/连	2007 年	季　刊	0716 – 8506863	湖北省荆州市局（公司）
《黄石烟草》	（鄂）4202 – 2019016/连	2013 年	月　刊	0714 – 6579167	湖北省黄石市局（公司）
《黄鹤楼内刊》	鄂内资准印（鄂）4201 – 2022018/连	2007 年 8 月	半月刊	027 – 83292197	湖北中烟
《湖南烟草》	（湘 0）LK20210058	1986 年 9 月	双月刊	0731 – 85799484	湖南省局（公司）、湖南中烟主管，湖南省烟草学会主办
《潇湘烟语》	永新出准字（湘 M 报）2019002 号	2009 年 5 月	双月刊	0746 – 8421935	湖南省永州市局（公司）主管，永州市烟草学会主办
《先锋家园》	（湘 F）LK20210023	2011 年 3 月	季　刊	0730 – 8713331	湖南省岳阳市局（公司）主管，岳阳市烟草学会主办
《浓香》	（湘 L 刊）2020010	2015 年 2 月	半年刊	0735 – 2153569	湖南省郴州市局（公司）
《湖南中烟》	湖南省刊型内部资料准印证号（湘 O 刊）20220351	2014 年	月　刊	0731 – 85098341	湖南中烟
《白沙报》	湖南省报型内部资料准印证号（湘 A）LB20210001	1989 年	月　报	0731 – 85516888	湖南中烟长沙卷烟厂
《常德卷烟厂》	湖南省内部资料型准许印证号（湘 JLB20220020）	1984 年	月　刊	0736 – 7299323	湖南中烟常德卷烟厂
《郴烟通讯》	湖南省报型内部资料准印证号：（湘 L）LB20220009	1995 年	半月报	0735 – 2229909	湖南中烟郴州卷烟厂
《零烟通讯》	湖南省报型资料准印证第 M001	1986 年	半月报	0746 – 6668564	湖南中烟零陵卷烟厂
《广东烟草》	粤（O）L0150364	2004 年 8 月	月　刊	020 – 38809775	广东省局（公司）、广东省烟草学会

续表

报刊名	报刊号/准印证号	创刊时间	刊期	联系电话	主管、主办单位
《广西烟草》[1]	广西壮族自治区内部资料性出版物准印证第 2100134 号	1987 年	月　刊	0771 - 5851875	广西区局（公司）、广西中烟
《广西中烟》	桂 1005303	2016 年	半月刊	0771 - 3998563	广西中烟
《重庆烟草》	渝 2022 349 号	1989 年	双月刊	023 - 67982701	重庆市烟草公司主管，重庆市烟草学会主办
《四川烟草》	川 KX01 - 223	1985 年	月　刊	028 - 86162451	四川省局（公司）、四川中烟、四川省烟草学会
《贵州烟草科学》	（黔）字第 2020059 号	2010 年 1 月	季　刊	0851 - 84117138	贵州省局（公司）主管，贵州省烟草科学研究院主办
《贵阳烟草》	贵阳市 GYL2017 第 016 号	2005 年	季　刊	0851 - 85821020	贵州省贵阳市局（公司）
《遵义烟草》	（黔）字第 2020106 号	2002 年	季　刊	0851 - 28662813	贵州省遵义市局（公司）
《毕节烟草》	（黔）字第 2020149 号	1988 年 8 月	旬　刊	0857 - 8282770	贵州省毕节市局（公司）
《贵州烟草》	（黔）字第 2020148 号	2005 年	周　报	0851 - 6831628	贵州中烟、贵州省局（公司）
《贵烟之窗》	（黔）字第 2020369 号	2005 年	月　刊	0851 - 8981053	贵州中烟贵阳卷烟厂
《遵烟一览》	（黔）字第 2020359 号	2007 年	月　刊	0852 - 8620941	贵州中烟遵义卷烟厂
《复烤一线》	（黔）字第 20211198 号	2021 年 9 月	月　刊	0851 - 88661269	贵州烟叶复烤有限责任公司
《云南烟草》	（53）Y000207	1988 年 4 月	双月刊	0871 - 63536852	云南省局（公司）、云南中烟主管，云南省烟草学会主办
《七彩云》	（53）Y000287	2014 年 12 月	双月刊	0871 - 63537661	云南省局（公司）、云南中烟主管，云南省烟草学会主办
《云南中烟》	（53）Y000302	2011 年 1 月	双月刊	0871 - 65013597	云南中烟
《红塔时讯》	(53)Y000365 号(1～5 期) (53)Y000305 号(6～12 期)	1987 年 5 月	月　刊	0877 - 2968922	红塔集团
《今日红云红河》	（53）Y000321 号	2009 年 1 月	双月刊	0871 - 65869218	红云红河集团
《陕西烟草》	（陕）2020 - ST037	1991 年	双月刊	029 - 85466219	陕西省烟草公司、陕西省烟草学会
《泾渭情》	陕内资字 0324 号	2006 年	季　刊	029 - 33369992	陕西省咸阳市局（公司）
《同心安康》	安新出连内印字第 016 号	2007 年	季　刊	0915 - 3286490	陕西省安康市局（公司）
《陕西中烟》	（陕）2022 - GY015	2003 年	半月报	029 - 63368602	陕西中烟
《宝烟通讯》	（宝鸡）2022 - GY009	2005 年 7 月	月　刊	0917 - 3469332	陕西中烟宝鸡卷烟厂
《甘肃烟草》	甘新出连续性内部资料准印（刊型）LK - 000049	1992 年 12 月	双月刊	0931 - 7826909	甘肃省局（公司）、甘肃省烟草学会
《烟语》	甘出准 036 字总 341 号〔2009〕022 号	2009 年 10 月	季　刊	0939 - 8213649	甘肃省陇南市局（公司）
《河州烟语》	（甘）LK130002	2016 年 1 月	季　刊	0930 - 6666012	甘肃省临夏州局（公司）
《天水烟草》	（甘）LK050012	2020 年 1 月	季　刊	0931 - 6827730	甘肃省天水市局（公司）
《飞天烟讯》	（甘）LB000033	1994 年	月　刊	0931 - 2555055	甘肃烟草工业有限责任公司

续表

报刊名	报刊号/准印证号	创刊时间	刊期	联系电话	主管、主办单位
《青海烟草》	青（6300053）	1992 年 12 月	双月刊	0971－6102916	青海省局（公司）、青海省烟草学会
《宁夏烟草》	银金审服内准字 2022391－94 号	1998 年	季　刊	0951－5043218	宁夏区局（公司）
《新疆烟草》	新疆内部资料（报刊型） 准印证号（新 K）0100047	1988 年	季　刊	0991－4810977	新疆维吾尔自治区烟草学会
《深圳烟草》	（粤 B）第 L107010065	2008 年	双月刊	0755－82029719	深圳市局（公司）、深圳市烟草学会
《深烟风采》	粤内登字 B 第 13175 号	2002 年 9 月	季　刊	0755－81788331	深圳烟草工业有限责任公司

注：1.《广西烟草》实行一期一审，准印证号为 2022 年第 12 期。
2. 2022 年 1 月，《百色烟草》停刊。

◇ 编辑：王　静

烟草新书目

2022 年中国烟草新书目

1. 2019 年中国青少年烟草调查报告/中国疾病预防控制中心编著，高福，李新华主编．—北京：人民卫生出版社，2022.

2. 安徽省烟草专卖局（公司）年鉴（2020）/安徽省烟草专卖局（公司）编．—合肥：安徽科学技术出版社，2022.

3. 白肋烟杂种优势利用与品质改良/曹景林主编．—武汉：华中科技大学出版社，2022.

4. 包装用纸甜味成分质量控制/廖惠云，朱怀远，吴洋主编．—南京：河海大学出版社，2022.

5. 不确定度评定及其在卷烟工业中的应用/庞永强，朱风鹏主编．—北京：中国轻工业出版社，2022.

6. 常规分析用吸烟机通用监测卷烟的研究与制作/范黎，马宇平，马明主编．—武汉：华中科技大学出版社，2022.

7. 贵州烟标史册/徐铭，毛学军，张国筠主编．—贵阳：贵州人民出版社，2022.

8. 国外引进烤烟品种 K326 特性及关键配套生产技术集成与应用/鲁耀等主编．—北京：中国农业出版社，2022.

9. 湖北山地特色烟叶烘烤工艺/陈振国，孙光伟，孙敬国编著．—西安：陕西科学技术出版社，2022.

10. 湖北省植烟土壤中微量元素丰缺诊断及施用/孙敬国，陈振国，孙光伟主编．—武汉：华中科技大学出版社，2022.

11. 湖北烟草种质资源图鉴/曹景林，程君奇主编．—武汉：华中科技大学出版社，2022.

12. 黄鹤腾飞——湖北国有烟草企业改革创新实录/湖北省政协文化文史和学习委员会编．—武汉：武汉出版社，2022.

13. 卷烟包装标识履约政策与现状（下册）/李晓辉主编．—北京：中国轻工业出版社，2022.

14. 卷烟封装设备机械修理工（二级）专业知识/《卷烟封装设备机械修理工（二级）专业知识》编写组编．—郑州：河南科学技术出版社，2022.

15. 卷烟工厂数字化转型建设指南/陶智麟，廖柏华，曲振主编．—北京：经济管理出版社，2022.

16. 卷烟加工对产品质量及烟气成分的影响/邓国栋，李斌，王兵主编．—北京：中国轻工业出版社，2022.

17. 卷烟卷接设备机械修理工（二级）专业知识/《卷烟卷接设备机械修理工（二级）专业知识》编写组编．—郑州：河南科学技术出版社，2022.

18. 卷烟卷接/封装设备电气修理工（三至四级）专业知识/《卷烟卷接/封装设备电气修理工（三至四级）专业知识》编写组编．—郑州：河南科学技术出版社，2022.

19. 卷烟设备寿命周期管理/李明伟，许佩，毛爱龙主编．—武汉：华中科技大学出版社，2022.

20. 卷烟烟气、烟蒂成分手册/李立群，李瑞丽主编．—北京：化学工业出版社，2022.

21. 卷烟真伪鉴别红外光谱图集/聂磊，田进国，纪立顺，朱友著．—北京：化学工业出版社，2022.

22. 卷烟制造过程工艺质量管理实务——制丝篇/广西中烟工业有限责任公司，广西烟草学会编著．—南宁：广西科学技术出版社，2022.

23. 烤烟病虫害准确诊断与防治图鉴——以临沧市为例/何元胜，段焰，余磊主编．—哈尔滨：黑龙江科学技术出版社，2022.

24. 烤烟挂灰烟形成机理与消减策略研究/晋艳，邹聪明，胡彬彬主编．—北京：科学出版社，2022.

25. 烤烟精益化生产研究与应用/曾繁东，高卫锴等著．—广东：华南理工大学出版社，2022.

26. 宽窄论——人生启迪与智慧/李后强著．—成都：四川人民出版社，2022.

27. 连续流动分析方法在烟草化学检测中的应用/张威，何声宝，刘楠主编．—北京：化学工业出版社，2022.

28. 绿色萃取技术原理、进展和应用/杨飞，邓惠敏主编．—北京：中国轻工业出版社，2022.

29. N－亚硝胺的分析：从标准物质到分析方法/罗彦波主编．—武汉：华中科技大学出版社，2022.

30. 碳纳米材料的植物学效应及农业应用/梁太波，陈丽娟，张艳玲主编．—郑州：郑州大学出版社，2022.

31. 浓香型烤烟上部叶成熟度和可用性研究/史宏志主编．—北京：科学出版社，2022.

32. 群星耀东海/蚌埠卷烟厂党委、蚌埠卷烟厂工会编，张冰主编．—合肥：合肥工业大学出版社，2022.

33. 世界卫生组织烟草实验室网络标准操作规程/胡清源，侯宏卫等译．—北京：科学出版社，2022.

34. 四川烟草营养管理与有害生物防治实务/何余勇，赵磊峰，曾淑华主编．—成都：四川科学技术出版社，2022.

35. 无机元素分析检测技术/侯宏卫主编．—武汉：华中科技大学出版社，2022.

36. 新型烟用香料开发及加香技术/许春平，施丰成，李超等主编．—北京：中国轻工业出版社，2022.

37. 细支卷烟爆珠加香研究与风格剖析/廖惠云，徐如彦，曹毅主编．—哈尔滨：哈尔滨工业大学出版社，2022.

38. 细支卷烟质量控制技术/邓国栋，王兵，李斌主编．—北京：中国轻工业出版社，2022.

39. 雪茄/（美）巴那比·康拉德三世著，四川中烟工业有限责任公司译．—北京：华夏出版社，2022.

40. 雪茄技术与应用/王金棒，邱纪青主编．—郑州：郑州大学出版社，2022.

41. 雪茄烟烟气成分及其检测技术/侯宏卫，李东亮主编．—武汉：华中科技大学出版社，2022.

42. 雪茄指南/（英）安瓦尔·巴蒂编著，四川中烟工业有限责任公司译．—北京：华夏出版社，2022.

43. 烟草测量仪器气体流量计量技术及应用/曾波，杨荣超主编．—郑州：河南科学技术出版社，2022.

44. 烟草测量仪器气体压力计量技术及应用/杨荣超，曾波主编．—郑州：郑州大学出版社，2022.

45. 烟草干燥工艺学/朱文魁，李斌主编．—北京：中国轻工业出版社，2022.

46. 烟草经济管理/程传策，孙亚楠主编．—郑州：河南科学技术出版社，2022.

47. 烟草可持续发展体系应用及提升/陈顶主编．—贵阳：贵州科技出版社，2022.

48. 烟草科学研究方法/黄五星主编．—北京：中国农业出版社，2022.

49.《烟草企业安全生产标准化规范》（YC/T 384—2018）解读/《〈烟草企业安全生产标准化规范〉（YC/T 384—2018）》编写组编．—郑州：河南科学技术出版社，2022.

50. 烟草生物技术/崔红，张洪映主编．—北京：中国农业出版社，2022.

51. 烟草生物碱与调控/史宏志等著．—北京：中国农业出版社，2022.

52. 烟草物流技能竞赛指南/张胜利，郑朋举主编．—郑州：河南科学技术出版社，2022.

53. 烟草物流师（三至五级）基础知识/《烟草物流师

（三至五级）基础知识》编写组编．—郑州：河南科学技术出版社，2022.

54. 烟草香味学/史宏志主编．—北京：中国农业出版社，2022.

55. 烟草质量安全分析/陈小龙，张展，高玲玲著．—长春：吉林科学技术出版社，2022.

56. 烟草制品管制科学基础报告——WHO 研究组第七份报告/WHO 烟草制品管制研究小组主编，胡清源，侯红卫等译．—北京：科学出版社，2022.

57. 烟草制品购销员（一级）专业知识/《烟草制品购销员（一级）专业知识》编写组编．—郑州：河南科学技术出版社，2022.

58. 烟草制品上市前申请与记录保存要求指南——以美国为例/赵继俊，陈志浩，丁丽主编．—武汉：华中科技大学出版社，2022.

59. 烟草制品实质性等同报告的内容与格式及相关行动指南——以美国为例/陈志浩，赵继俊，丁丽主编．—武汉：华中科技大学出版社，2022.

60. 烟草制品专利复审案例分析研究/洪群业、郑路主编．—郑州：郑州大学出版社，2022.

61. 烟草专业实习指导/高焕晔，唐青编著．—贵阳：贵州大学出版社，2022.

62. 烟机设备电气修理工（一至四级）基础知识/《烟机设备电气修理工（一至四级）基础知识》编写组编．—郑州：河南科学技术出版社，2022.

63. 烟碱和烟草的神经生物学和遗传学/（英）戴维·鲍尔弗（David J. K. Balfour），（英）马库斯·穆纳福（Marcus R. Munafò）主编，陈欢，付亚宁，王红娟主译．—北京：科学出版社，2022.

64. 烟碱型乙酰胆碱受体信号通路在神经保护中的作用/胡清源主译．—北京：化学工业出版社，2022.

65. 烟农专业合作社建设及运行理论与实践/艾复清，柳强主编．—贵阳：贵州大学出版社，2022.

66. 烟叶生产技术与管理创新/张艳艳著．—北京：中国农业科学技术出版社，2022.

67. 烟叶制丝设备电气修理工（三至四级）专业知识/《烟叶制丝设备电气修理工（三至四级）专业知识》编写组编．—郑州：河南科学技术出版社，2022.

68. 烟叶制丝设备机械修理工（二级）专业知识/《烟叶制丝设备机械修理工（二级）专业知识》编写组编．—郑州：河南科学技术出版社，2022.

69. 烟用材料化学分析/李中皓，牛佳佳主编．—北京：中国轻工业出版社，2022.

70. 烟用胶囊：技术与应用/何沛，刘志华，孙绍彬编著．—成都：西南交通大学出版社，2022.

71. 烟用天然香料/刘鹏飞主编．—咸阳：西北农林科技大学出版社，2022.

72. 宜宾市生态特色烟叶生产技术/曾淑华，杨建，向金友主编．—北京：中国农业科学技术出版社，2022.

73. 有机废弃物处理技术及在烟草领域的应用/陶晓秋主编，四川省烟草质量监督检测站编写．—成都：四川大学出版社，2022.

74. 月季花红——基层党建创新实践案例集/高岩主编，南阳市烟草专卖局编．—郑州：郑州大学出版社，2022.

75. 云南高端特色烟叶开发体系构建/徐安传编著．—北京：中国农业出版社，2022.

76. 云南省植烟土壤保育重大专项工作成效/晋艳主编．—昆明：云南科技出版社，2022.

77. 云南省植烟土壤质量现状与评价/李军营主编．—昆明：云南科技出版社，2022.

78. 云南烟叶分级与检验/孙浩巍，张轲，李超主编．—成都：西南交通大学出版社，2022.

79. 制烟原料鉴别检验基础与应用/孙浩巍，张轲，李超主编．—昆明：云南科技出版社，2022.

80. 中国烟草发展历史重建——中国烟草传播与中式烟斗文化/白远良撰，四川中烟工业有限责任公司编．—北京：华夏出版社，2022.

81. 中国烟草年鉴（2021）/《中国烟草》杂志社有限公司编．—北京：中国经济出版社，2022.

82. 中国烟草专卖/程传策主编．—北京：中国轻工业出版社，2022.

◇ 编辑：王　静

企业文化建设

北京市烟草专卖局（公司）

2022年，北京市局（公司）坚持以迎接和服务党的二十大为主线，加强企业文化建设。坚持政治引领，强化理论武装。坚持把学习宣传贯彻党的二十大精神作为首要政治任务，组织系统广大党员收听、收看党的二十大开幕会直播；第一时间召开北京市局（公司）党组会、党组扩大会，组织党组理论学习中心组学习，举办专题讲座，集中交流研讨，召开北京烟草商业系统学习宣传贯彻党的二十大精神动员宣讲会，助力学习宣传贯彻党的二十大精神。

坚持守正创新，加强文化建设。围绕庆祝中国共产党成立101周年、共青团成立100周年，纪念中国烟草总公司成立40周年，倡导爱党爱国爱社会主义，讲好烟草行业、北京烟草的改革史、发展史、奋斗史。组织参观纪念中国烟草总公司成立40周年展览，汲取奋进新征程、建功新时代的智慧和力量。以社会主义核心价值观为引领，坚持和弘扬“两个至上”行业共同价值观，弘扬践行北京烟草“1+4”企业文化理念。规范使用视觉识别系统，组织参加行业第四届党员教育片微视频评比，征集基层单位软实力建设典型案例，不断提升文化软实力。参加2022年“强国复兴有我”首都国企职工宣讲比赛，北京烟草职工获得最佳创意奖，展现北京烟草职工的良好精神风貌。《“京烟首善　心手相连”　认真践行“两个至上”》文章在《烟草企业文化》上刊载。

天津市烟草专卖局（公司）

2022年，天津市局（公司）迎接党的二十大和学习宣传贯彻党的二十大精神。组织筹备天津烟草商业系统学习宣传贯彻党的二十大主题展览，开展学习实践、主题演讲、主题征文等活动，抓实会前预热。各级党组（党委）将党的二十大精神第一时间纳入“第一议题”进行学习贯彻，开展专题中心组学习、党组织集中学习、党员线上答题等活动，发挥基层讲师团理论宣讲优势，推动党的二十大精神进一线、进班组、进社区、进商户。围绕迎接党的二十大和学习宣传贯彻党的二十大精神，召开党组（党委）会开展“第一议题”学习100次，开展专题党组（党委）理论学习中心组学习52次，组织开展集中学习研讨178次，在国家局网站、“学习强国”平台、天津烟草内网播发有关报道120余篇次。

持续强化习近平新时代中国特色社会主义思想理论武装。持续发挥“四层浸润”学习机制功效，举办党的十九届六中全会精神轮训班、党员领导干部履职能力提升培训班以及基层党组织书记、委员和党务工作者培训班。推动党史学习教育常态化长效化，依托党组（党委）理论学习中心组学习、基层党组织学习、党员干部教育培训和团员青年学习等平台深入落实。开展政绩观教育，汇聚起爱岗敬业、担当奉献的精气神。对全市烟草商业系统宣传思想文化领域人才资源进行统计调查，梳理队伍情况。加强舆论阵地和融媒体建设，进一步规范天津市局（公司）内外部网站、期刊、企业微信等宣传媒体管理。印发全市烟草商业系统纪念中国烟草总公司成立40周年系列活动方案，组织开展天津烟草“不忘初心跟党走　牢记使命勇担当”主题演讲比赛、“光辉历程　我的坐标”主题征文等活动。

开展“四德”教育，开展“道德讲堂”系列活动，打造“学习型津烟”。结合行业特点开展社会主义核心价值观宣传贯彻活动，讲好“津烟故事”，打造“活力型津烟”。开展文明风尚行动、志愿服务关爱行动和新时代爱国卫生运动，全年天津烟草商业系统党员群众主动参加核酸筛查保障工作等志愿服务，累计2828人次，打造“责任型津烟”。

河北省烟草专卖局（公司）

2022年，河北省局（公司）全面提升企业软实力。3月，制定印发《河北省局2022年软实力建设工作要点》，要求各单位各部门结合实际，细化措施、抓好落实。加强理论武装，提升学习创新力。把学习宣传贯彻习近平新时代中国特色社会主义思想和党的二十大精神作为首要政治任务，开展教育培训，重点做好处级干部党性教育和青年干部培训，推动思维方式变革。深化文化建设，提升价值引领力。践行“两个至上”行业共同价值观，完善烟草文化体系，建立形象识别体系，改善文化宣传贯彻机制，加强文化价值传播。履行社会责任，提升社会影响力。改进宣传方式，推动形成视角多维、层次多重、形式多样的“大宣传”格局，增强新闻宣传实效，培树和宣传全省先进典型和事迹。

组织职工“云”上运动会、河北烟草工商第一届羽毛球比赛、红色观影、读书周等活动，多形式丰富职工业余文化生活。开展机关“迎新春　送祝福”、三八妇女节活动，组织“学雷锋日”主题实践活动，召开五四青年节座谈会，凝聚职工合力，提振队伍精气神。印发《河北烟草商业系统企业文化人才库管理办法》，通过健全长效机制，加快文化人才挖掘、使用和储备，盘活人才资源，发挥人才优势，为行业高质量发展提供人才保障。

9月，河北省局（公司）机关以“倡清廉家风、建幸福家庭”为主题开展廉洁文化进家庭系列活动，教育引导党员、干部注重家庭家教家风、建设文明家庭，共同筑牢拒腐防变的家庭防线。

山西省烟草专卖局（公司）

2022年，山西省局（公司）贯彻提升烟草行业软实力的指导意见及国家局2022年软实力建设工作要点的通知，按照山西省局（公司）加强软实力建设实施方案的通知要求，制定印发《山西省局（公司）2022年软实力建设工作要点》，狠抓工作落实，深化文化建设，加强战略管理，注重学习创新，履行社会责任，改进宣传方式，加强风险防控。落实国家局办公室《关于征集软实力建设典型案例的通知》要求，在全省烟草商业系统征集典型案例，长治市局（公司）“‘一体四翼’推动企业安全管理走深走实”软实力建设典型案例材料入选行业典型案例。

内蒙古自治区烟草专卖局（公司）

2022年，内蒙古区局（公司）落实行业软实力建设工作要点，深化文化建设、激发队伍活力、履行社会责任，用“责任文化”支撑软实力建设，以更强责任担当推进高质量发展。

立足发展，深入推进企业文化建设。对内以“3568910”责任文化提升广大干部职工凝聚力、向心力、执行力，先后开展践行责任文化工作标兵、最美蒙烟人评选表彰活动。对外以“1434456710”责任文化引领10万卷烟零售户与烟草行业同心、同向、同步、同发展，零售户毛利率由5%提升至14.7%。在责任文化的浸润下，经过2018年启动、2019年深化、2020年提升、2021年巩固、2022年加强五年行动，内蒙古烟草形成独特的“现场会推动”模式，达到树立一个标杆、带动一批争优的示范效应。

将“责任文化”与队伍建设深度融合，突出担当作为，组建“责任文化”先锋队、铸魂突击队，开展“百名干部下基层”活动，建立机关干部党建工作联系点，逐步形成横向到边、纵向到底的“责任引领型”管理模式，确保“责任文化”落在实处。深化人才发展体制机制改革，由单一的“管理晋升”模式向多元的“职业发展”模式转变，全面激发干部队伍活力。2022年，1人被评为第十四届全国见义勇为模范，1人被评为全国卷烟打假先进个人。

辽宁省烟草专卖局（公司）

2022年，辽宁省局（公司）落实行业软实力建设要求，一体打造党建、管理、创新、数字、人才、文化和监督“七大赋能工程”厚植软实力，以强化“软实力”构筑高质量发展“硬支撑”。

始终把坚持党的领导、加强党的建设作为国有企业的“根”和“魂”，确保软实力建设的政治方向不偏、价值取向不变、舆论导向不移。弘扬价值取向，践行“两个至上”行业共同价值观，创建“辽烟雷锋”党建品牌，推进“党业融合双创双促”基地建设，2022年，全省建成“辽叶雷锋驿站”2208个，成立“辽烟雷锋”志愿服务队121个，开展雷锋志愿服务活动1700余次，全面打造行业“学雷锋”新高地。聚焦增强正能量和凝聚力，开展“感恩·责任·行动”大学习大讨论，举办“文说、言说、致敬40年”系列活动，构筑“刊网微”立体式宣传平台，注重讲好“辽烟故事”，全省烟草商业系统“心齐、气顺、劲足”氛围更加浓厚。

坚持把创新文化融入企业管理，建设创新型企业。一体推进“创新生态、创新项目、创新人才”三个建设，做强辽宁烟草“3243”创新体系，健全“揭榜挂帅”“赛马”“青年托举”等制度机制，创新活力动力显著增强。突出使命担当，实施“就业富民工程”。发挥烟草产业链优势，抓住职业烟农和卷烟零售户两个群体，加强职业烟农队伍建设，推广“辽叶e家”自有流通品牌，全方位做好惠民增收工作，突出在“稳就业、促致富”中体现行业价值。融入乡村振兴大局，推进优质资源、先进模式、诚信小组、配套服务“四进乡村”举措，“十四五”以来共选派帮扶干部81人，实施帮扶项目58个，提供帮扶资金731万元，树立烟草行业良好形象。

吉林省烟草专卖局（公司）

2022年，吉林省局（公司）贯彻落实行业2022年软实力建设工作要点，围绕市场营销、烟叶生产、专卖管理、法治建设、高素质队伍建设等方面，持续加强企业软实力建设，履行社会责任，提升烟草文化的传播力、渗透力、影响力，树立烟草企业的良好形象。

服务乡村振兴，凝聚烟草产业发展和声。2022年，吉林烟草商业系统选派驻村工作队队长（第一村书记）25人，驻村工作队队员31人，结对帮扶人员474人；累计捐款95.81万元。制定基层烟站站务公开目录，推行站务公开4大项、18小项，保障烟农知情权、监督权、参与权、表达权，提升烟农对行业的信任度。发挥烟农专业合作社作用，开展专业化服务和多元化种植项目，助力烟农减工降本增收，让烟区和烟农更加理性认识烟草行业。

实施人才强企工程，助力行业转型发展。启动吉林烟草商业系统青年理论学习工程，共成立140个青年理论学习小组，累计开展集中学习、理论培训、课题研究、专班研讨等各类学习活动521次。

投身新冠疫情防控阻击战，为社会贡献烟草力量。2022年3月初开始，吉林省遭受疫情反复冲击，长春、吉林、通化、延边地区成为重灾区。吉林烟草商业系统履行国有企业责任，全力投入社区疫情防控。组建志愿服务队、疫情防控突击队、防疫志愿小队87个，开展“战疫情·我先行”行动配合街道、社区开展抗疫工作，统筹落实任务、人员、物资、宣传。党员干部职工自觉挺身而出，累计4.5万人次烟草职工志愿者助力属地党委政府抗击疫情，协助管控小区191个，协助核酸检测131万人次。疫情发生后，全省烟草商业系统党员干部累计向红十字会、慈善总会、东北电力大学等单位捐款897万元。

黑龙江省烟草专卖局（公司）

2022年，黑龙江省局（公司）坚持党建工作与企业发展紧密结合，探索文化软实力发挥作用的有效途径，坚持转变观念、创新思路，持续深化软实力建设，将组织优势转化为发展优势，在“红色引领”上持续发力。培育和践行社会主义核心价值观，推动理想信念教育常态化，倡导行业共同理念、完善烟草文化体系，不断丰富文化宣传贯彻途径，包括文化展板、内网专栏、微信公众号、微党课等，进一步加强教育引导、舆论宣传、文化熏陶；推进文化上墙，结合党史学习教育和学习宣传贯彻党的二十大精神，在机关办公楼走廊建设文化墙；通过单位的电子屏、内网平台、海报展板等载体及时发布宣传标语，发挥文化的凝聚力、感召力和影响力。开展纪念中国烟草总公司成立40周年及黑龙江省烟草公司成立40周年系列活动，举办“青年看未来”主题演讲、征文、书画摄影作品展，组织拍摄专题宣传片等纪念活动，进一步激发黑龙江烟草党员干部、职工参与热情，增强烟草人的荣誉感、自信心、凝聚力。利用红色教育资源，开展革命传统教育，以“重温拓荒历史　汲取奋进力量”为主题，组织机关党员干部赴北大荒博物馆参观学习，进一步传承龙江“四大精神”；组织青年党员开展“建功新时代　青春正当时”主题学习调研活动，赴哈尔滨博物馆参观学习，激励广大党员干部坚定信念、担当作为、奉献发展。

上海市烟草专卖局、上海烟草集团有限责任公司

2022 年，上海市局（集团公司）坚持以社会主义核心价值观引领企业文化建设，落实举旗帜、聚民心、育新人、兴文化、展形象的使命任务，践行“两个至上”行业共同价值观，传承和创新“和搏一流”企业精神，为高质量发展提供强大的价值引导力、文化凝聚力、精神推动力。

坚持先进文化引领，提升价值引导力。开展社会主义核心价值观宣传教育，深化爱国主义、集体主义、社会主义和中华优秀传统文化教育，引导职工自觉培育和践行社会主义核心价值观。围绕新冠疫情防控期间集团公司员工的典型事迹和文化故事，组织提炼“非常时期非常精神”新内涵 31 条，提振广大干部职工干事创业的精气神。

聚焦文化理念认同，提升文化凝聚力。不断完善“集团文化活动日”和“中华品牌纪念日”等企业文化宣传贯彻载体，结合实际开展线上主题展播活动、线上趣味运动会、《传奇传世——解密国烟“中华”》音频展播活动等 7 项系列活动。其中，以“踔厉奋发启航新征程 · 勇毅前行建功新时代”为主题的线上展播活动，聚焦上海烟草学习宣传贯彻党的二十大精神的具体实践、新“非常时期非常精神”典型事例、文化软实力建设成果案例等内容，全面展示广大干部职工学习宣传贯彻党的二十大精神的具体举措、传承弘扬“和搏一流”企业精神的文化故事，展现企业文化建设的典型事例和文化精神风貌。

加强新闻宣传，提升精神推动力。主动拓展、用好各类宣传阵地，围绕喜迎党的二十大胜利召开的工作主线，组织各单位通过 112 台多媒体宣传屏播放标语和海报 896 屏，通过网络、公众号推送 30 条，营造学习宣传贯彻的浓厚氛围。围绕国家局和集团公司新闻宣传工作重点，编发《上海烟业报》50 期，刊登信息 1627 篇。在央媒及上海主流媒体共计刊登稿件 47 篇次，单篇最高浏览量 56 万次；4 篇报道入选行业优秀央媒稿件推荐，2 篇报道获得行业优秀网评作品二等奖，1 篇获得三等奖，多维度展示企业形象和员工风貌。

江苏省烟草专卖局（公司）

2022 年，江苏省局（公司）推进文化自信自强，加快发展具有时代特征、丰富内涵、鲜明特色的江苏烟草文化，促进文化软实力不断提升。

践行社会主义核心价值观，坚持“两个至上”行业共同价值观，倡导共建共享、尽责担当的价值理念，创新创业、协同高效的经验理念，专业敬业、廉洁规范的行为理念，推进省市县三级文化载体建设，深入宣传贯彻“事业至上、规则同行、和衷共济、开放务实”企业理念，激发全体干部职工的职业自豪感、集体荣誉感和企业归属感。深化精神文明建设，引导干部职工恪守社会公德、职业道德、家庭美德、个人品德，完成 2022—2024 年度江苏省文明行业预申报工作。开展全省烟草商业系统学雷锋志愿服务先进典型展评活动，评出 10 名最美志愿者、6 个最佳志愿服务项目、7 个最佳志愿服务组织，通过榜样的力量推动向上向善、诚信互助的社会风尚更加浓厚。持续开展“金叶同心 · 阳光助学”行动，与江苏省妇女儿童福利基金会签订爱心基金协议书，动员干部职工参与爱心捐赠和帮扶活动，推动“金叶同心”志愿服务品牌化、制度化运行。江苏省局（公司）被评为 2021 年度江苏妇女儿童慈善突出贡献单位。选树身边典型，3 名“最美苏烟人”入选 2022 年2 月江苏省文明办“江苏好人榜”。以纪念中国烟草总公司成立 40 周年和江苏省烟草公司成立 40 周年为契机，举办“奋进四十年　开启新征程”专题展览，展示党领导

下的烟草事业 40 年来改革发展取得的显著成就和宝贵经验。举办“致敬四十年　建功新征程”全省烟草商业系统职工书画摄影大赛及优秀作品展，各级群团组织常态化开展职工运动会、登山健步走、“世界读书日”、“我们的节日”等群众性文体活动，营造“和谐烟草、快乐工作、健康生活”氛围。

浙江省烟草专卖局（公司）

2022 年，浙江省局（公司）坚持党的全面领导，系统推进软实力建设工作，推动治理体系和治理能力现代化，打造软硬实力双提升、创新创效同发力、企业员工共成长的企业发展格局。

以学习宣传贯彻党的二十大精神为主线，用习近平新时代中国特色社会主义思想凝心聚魂。会前开展主题宣传展板陈列，更新 OA 专栏，通过线上线下营造浓厚氛围。组织全省烟草商业系统广大党员和干部职工集中收听收看党的二十大开幕会盛况。会后省局（公司）党组及时召开党组（扩大）会和中心组学习会，第一时间传达学习党的二十大精神和习近平总书记系列重要讲话精神，领会精神实质，交流学习体会，召开学习宣传贯彻党的二十大精神动员会，研究贯彻落实举措。

以“先锋”争创活动、“三型”党组织建设为载体，打造适应数字浙烟生态体系建设的企业文化宣传贯彻矩阵，推进“精实”文化在全省烟草商业系统全面落地。开展全省烟草商业系统新一轮“先锋集体”和“先锋能手”评选，评选出 21 个先锋集体、31 个先锋能手。选树青年典型，表彰 14 名“浙烟数字新青年”，新增浙江省青年文明号 1 家、浙江省青年岗位能手 2 人。持续深化“三型”党组织建设，将学习、服务和创新内容列入支部年度工作计划。开展党建联建活动，推动机关支部跨部门、跨行业开展党建联建，增强党建活力。

安徽省烟草专卖局（公司）

2022 年，安徽省局（公司）在以“成长”为核心的企业文化引领下，锻造优良作风、打造文化品牌、推进文明创建、加强软实力建设，为推动安徽烟草商业高质量发展提供精神动力和文化支撑。

打造“成长文化日”品牌。举办第八届成长文化日活动，选树表彰 7 名成长人物，“成长文化日”品牌获得安徽省直机关精神文明建设“五个一成果”奖，入选安徽省文明创建十大品牌。以“成长”文化为内涵，集成打造 1 个党建文化教育中心、1 个标准化党员活动室、1 个党建网及楼层支部活动空间的党建阵地平台矩阵，党建文化教育中心先后接待国家局、地方省市及行业兄弟单位访客 2200 余人次，特色做法在《学习时报》、学习强国、省直机关党建网等平台宣传展示。

创建文明单位集群。2022 年，安徽省局（公司）机关再次蝉联“省直机关文明单位”，并连同滁州、蚌埠市局（公司）等 13 家直属单位及 10 家县级局（公司）进入省第十三届文明单位推荐公示名单。安徽烟草商业各层级文明单位已初具规模，18 家直属单位中，包括省局（公司）机关在内 6 家单位获评全国文明单位，12 家单位获评省级文明单位，17 家单位获评市级文明单位。安徽省局（公司）连续 4 年获得中央驻皖单位效能建设考核“优秀”等次，被评为荷叶地街道 2022 年度支持社会事业贡献十佳党组织。

推进软实力建设。安徽省局（公司）印发 2022 年度软实力建设工作要点，征集年度软实力建设优秀案例 46 篇，并择优 10 篇上报国家局。启动行业首个商业企业软实力评价指标体系科技项目，构建完成评价指标体系，初步建立评价模型，组织开展试点单位验证评价，完成课题年度各项既定目标，软实力评价工作得到国家局主管部门肯定。

福建省烟草专卖局（公司）

2022 年，福建省局（公司）围绕喜迎党的二十大、学习宣传贯彻党的二十大精神主线，实施“七大行动”（即大学习、大研讨、大宣讲、大宣传、大培训、大调研、大落实），召开“喜迎二十大，奋进新闽烟”全省党建工作推进会。坚持高质量党建引领，严格落实“第一议题”要求，推进模范机关创建，制定印发推动党史学习教育常态化、长效化的具体措施，抓好“忠诚在心、岗位奉献”对党忠诚教育，构建党建工作责任“十类清单”，形成党支部标准化规范化建设指导手册、制度汇编，开展党建引领发展课题攻关297个，推进“五联五建五促”联创共建活动，打造基层党建品牌254个，拓展“金叶助农”“金叶至诚”“金叶卫士”“金叶精益”“金叶情怀”党业融合载体，深化党员“四亮四比”、履诺践诺、“揭榜挂帅”等活动，在2022年度烟草行业党建工作考评中被评为“好”，获得99.33分，高出行业平均分3.16分。弘扬福建烟草人“三实五力”品格特质（即为人诚实可靠、工作扎实有效、作风朴实可爱；学习力、创新力、执行力、规范力、亲和力超强），鼓励追求“四我”（即以小我的心态对待他人、以忘我的状态对待工作、以超我的境界对待自己、以本我的仪态对待生活）精神修养，举办“幸福闽烟·文明家庭”表彰暨先进事迹宣讲。福建省局（公司）作为唯一的国有企业获评福建省直平安建设示范单位，在“全国文明单位”创建届中初评成绩位列全省第一。

江西省烟草专卖局（公司）

2022年，江西省局（公司）持续推动提升软实力工作，印发2022年提升行业软实力“星火”行动工作要点及评估方案，明确提升软实力“星火”行动第三阶段主要工作任务，进一步细化六大工程43条具体工作措施，并从推动实施、落地见效、机制建立完善、特色亮点和自主创新等方面开展系统化评估。

将“星火”文化理念纳入党建文化室常态化学习内容和党员干部职工培训内容，在宣传栏、文化长廊、展板立牌等平台激活“星火”标识，开展“星火”直播、文化快闪等新形式宣传贯彻活动，推动“星火”文化理念入脑入心入行。常态化征集“繁星人物”，发掘宣传先进典型，开展“星空课堂”“星系计划”活动，发挥典型引领带动作用。开展公司年度热词征集活动，评选出“人民至上、稳中有为、守护、奉献、成长、担当、启航、坚守、争先、勇毅前行”等十大热词，从集体认识与共鸣中不断丰富“星火”文化内涵。推动构建红色文化教育体系，就近就便用好红色资源，组织开展红色教育、忠诚教育和党性教育，增强干部职工责任感、使命感。探索“星火”党建品牌创建，突出“一支部一特色”，形成“星火·拳心”“星火·勇争先”“星火小澄”等特色品牌。全年新建、提升党建文化室15个，开展活动137次，参与活动2000余人次。组织志愿者开展义务巡查巡防、维护公共交通秩序、助力新冠疫情防控、普法反诈宣传等活动530场，参加志愿活动2668人次；在央媒发布新闻稿件2000余篇，“江西烟草”公众号发布140余篇，“赣鄱星火”135篇。吉安软实力案例“‘师徒带教’搭建青年员工成长‘快车道’”被国家局评选为典型优秀案例。

山东省烟草专卖局（公司）

2022年，山东省局（公司）围绕增强战略领导力、学习创新力、社会责任力、风险抵御力，探索提升软实力的有效路径，企业凝聚力、吸引力和综合治理能力明显加强。

将提升企业软实力作为全系统的战略性、全局性工作纳入“十四五”规划，制定印发2022年度软实力建设重点任务，2家直属单位软实力建设案例初步入选行业软实力建设典型案例。

巩固拓展党史学习教育成果，推动学习教育常态化长效化。山东省局（公司）机关打造“鲁烟先锋”党建品牌和8个子品牌，发挥品牌引领作用。参与开展“两个至上”行业共同价值观新时代内涵诠释交流研讨，组织开展“砥砺四十载、喜迎二十大”书画摄影展、青年理论学习小组演讲等活动，评选全系统首届“鲁烟先锋”党员教育优秀故事（微党课），2部推荐作品在行业党员教育电视片观摩交流活动获奖，4家单位企业文化成果在第二届山东省企业文化优秀成果评选中获奖。

组建全系统新型智库，开展岗位练兵、技能比武和竞赛活动。成立中共山东省委党校（山东行政学院）山东省局（公司）分校，全系统共举办各类培训班4125个，培训员工 22.02 万人次；网络学院在岗学员 1.68 万人，年度人均线上学习 87.05 学时。

始终心怀“国之大者”，坚决扛起国有企业政治责任、经济责任、社会责任，统筹推进新冠疫情防控和生产经营。2022 年，减免小微企业和个体工商户租金 1869 万元。全系统派出驻村第一书记 67 人，对 95 个村居开展帮扶工作，投入帮扶资金 1615.69 万元，持续支持和助力乡村全面振兴。发挥《东方烟草报》喉舌、窗口、阵地作用，记录行业改革发展，讲好烟草故事，逐步树立为党分忧、为国尽责、为民奉献的良好形象。

河南省烟草专卖局（公司）

2022 年，河南省局（公司）围绕“探索建设新时代河南烟草商业企业文化新体系，推动企业文化创新、提升文化软实力”课题，开展新时代企业文化建设专题调研，了解全省烟草商业系统企业文化建设现状，收集基层单位经验做法，征求干部职工意见建议，研究探索推进新时代河南烟草商业企业文化建设的措施与路径，准确掌握全省烟草商业系统企业文化建设运行现状、问题不足，为搭建文化结构体系提供依据。制定新时代河南烟草商业企业文化建设工作方案，明确指导思想、基本原则、目标任务、阶段安排、保障措施。成立新时代河南烟草商业企业文化建设工作领导小组及办公室，细分了核心理念提炼、实践理念提炼、行为规范提炼、VI 系统设计四个专业组。按照企业文化建设工作方案，遵循企业文化建设规律，提炼形成符合河南烟草商业发展定位、地域特点、管理基础、员工队伍状况的企业文化主题和文化理念。

湖北省烟草专卖局（公司）

2022 年，湖北省局（公司）学习宣传贯彻党的二十大精神，将企业文化建设与党员干部“下基层、察民情、解民忧、暖民心”实践活动相结合，把践行社会主义核心价值观和“两个至上”行业共同价值观抓在经常、融入日常。开展宣传贯彻党的二十大精神“十学三讲五进”活动，举办“喜迎二十大　携手向未来”辩论大赛、“忆峥嵘岁月　庆建团百年”征文比赛、“中国梦·劳动美——奋进新征程　建功新时代”演讲比赛、“奋进新征程　建功新时代”原创网络视频征集等活动，搭建“OA 内网学习专区”等多元学习平台。强化典型引领，开展“奋进新时代，榜样引征程”争先创优活动，修订并重新印发榜样之星争先创优活动指导意见，分战线评选“榜样之星”，加强“最美人物”“身边榜样”深度挖掘和系列宣传，广泛开展向抗疫先锋解俊毅、“荆楚楷模”张闯、“救火英雄”周国树、“最美志愿者”黄玉琴等榜样学习活动。发挥群团组织桥梁纽带作用，组织“烟小青”志愿者服务队参与扶贫济困、社区建设、环境保护、社会公益等活动，开展“学习二十大　巾帼献爱心”暨爱心妈妈结对帮扶送温暖活动，增强广大干部职工爱党爱民、爱国兴企的思想自觉和行动自觉。

湖南省烟草专卖局（公司）

2022 年，湖南省局（公司）学习宣传贯彻党的二十大精神，围绕“三高三进”发展思路和“严、稳、高、新”总体工作要求，推进文化建设。

在湖南省局（公司）机关开展“三表率一模范”机关建设，省局（公司）机关专卖处党支部被命名为湖南省直机关“示范党支部”。建立并推广应用“智慧党建”平台，建立“123456”党建工作体系，组织召开全省烟草商业系统党建业务深度融合成果交流会。

弘扬社会主义核心价值观，依托党建文化展厅、道德讲堂、廉政教育宣传栏、志愿者服务驿站等阵地开展宣传教育；持续擦亮“636 志愿服务”品牌，完善“10＋X＋5”志愿服务模式，建立文明实践志愿服务基地 4 个，持续开展志愿服务活动，与社区、乡村振兴点、零售终端等共建初心驿站、便民服务中心。主动融入文明城市、无烟机关、文明街道（社区）创建。践行“两个至上”行业共同价值观，坚持完善以精神文化、行为文化、物质文化为主要内容的湖南烟草商业文化体系。

结合纪念中国烟草总公司成立40周年暨烟草专卖法施行30周年，《湖南烟草》报道湖南烟草先进人物、先进事迹、先进经验，策划“四个融合展新貌”之最美零售户、“金叶飘香颂党恩”之最美烟农、乡村振兴等3个专题，形成多篇深度报道、工作综述、人物通讯，以小切口展示全省烟草商业系统履行政治、经济、社会责任的全方位贡献；转型探索融媒体建设，按照“1134”思路，打造全省烟草商业系统“1+5+N”宣传矩阵。牵头完成行业控烟履约、坚持党建引领、构建责任烟草话题库成果转化工作，制作的短视频、微电影、H5等新媒体作品获得好评。长沙市局（公司）首次开展烟稻轮作直播及全媒体传播，累计近50万人次在线观看，收获点赞数超10万次，被人民网、学习强国等专题报道。

广东省烟草专卖局（公司）

2022年，广东省局（公司）贯彻落实国家局党组关于提升烟草行业软实力的指导意见，统筹文化建设、战略管理、学习创新、担当尽责及风险防控各项工作，打造软实力展示重要窗口。

制定印发《全省系统2022年软实力建设工作要点》，明确年度26项重点工作举措，建设与广东烟草硬实力相匹配的软实力。把党建文化作为文化建设的重要内容，开展重温入党誓词、交流入党体会等党组织活动，拍摄《年轻正当时》《点亮乡村路》《传承》等19部电视教育片，加强对全省烟草商业系统党员干部的理想信念教育和价值观熏陶。把“文化强烟”作为战略支点纳入《广东烟草卓“粤”创一流高质量发展战略（2022版）》，明确培育“卓”文化、秉承“行”文化、发扬“和”文化的文化建设方向。弘扬社会主义核心价值观和“两个至上”行业共同价值观，在内网设置“喜迎二十大　卓‘粤’创一流”专栏，通过演讲比赛、宣讲、创作专题融媒体作品等形式开展文化宣传贯彻教育，讲好新时代“粤烟故事”，推动“卓行和”文化深入人心。将软实力建设纳入直属单位年度考核，引导和调动全省系统各单位加大战略宣传贯彻、社会责任、新闻宣传等方面的工作力度。

广西壮族自治区烟草专卖局（公司）

2022年，广西区局（公司）不断深化企业文化建设，把学习贯彻习近平新时代中国特色社会主义思想作为各级党组（党委）“第一议题”，将学习宣传贯彻党的二十大精神作为重大政治任务，及时组织处级干部收听收看开幕会，召开专题辅导报告会，推动各级党组织不断拓展学习宣传的广度和深度，迅速兴起学习宣传贯彻热潮。

各级党组（党委）把党史学习作为理论学习中心组学习的常态化内容，举办党史专题读书班27次，开展专题学习研讨16次，到红色教育基地开展现场教学23次。持续开展“我为群众办实事”主题实践活动，全区烟草商业系统282个党支部落实417项好事实事。

制定实施《广西烟草商业系统“清廉桂烟”建设实施方案》。扎实推进国家局巡视整改和“两项整改”工作，124项巡视整改措施已完成113项，67项“两项整改”回头看整改措施已完成64项。修订完善贯彻落实中央八项规定及其实施细则精神的实施办法，开展纪律和作风建设专项整治工作。全年立案查处违纪违法案件34件，运用监督执纪“四种形态”处理382人次。

海南省烟草专卖局（公司）

2022年，海南省局（公司）围绕“突出党建引领、突出学习创新、突出正面宣传、突出社会责任”四大目标，持续加强软实力建设，加快形成软实力与硬实力协调发展格局。

组织开展文明单位创建活动，推进党的建设和精神文明建设有机融合，海南省局（公司）被评为海南省直机关创建文明单位示范点。开展“一支部一品牌”创建、党支部评星定级等活动，深化“党员先锋岗”创建，推动基层党建工作创新创效。推进党史学习教育常态化、长效化，开展现场教学、红歌党课等活动，发挥群团服务功能，用心用力解决群众急难愁盼问题。通过举办主题演讲比赛、退休干部和青年干部代表座谈会等，多形式多载体开展纪念中国烟草总公司成立40周年系列活动。围绕学习宣传贯彻党的二十大精神、纪念中国烟草总公司成立40周年等主题，加强与行业内外主流媒体的沟通联系，全年在央媒发表文章49篇，在行业新闻媒体、网络平台刊发信息报道1500余篇，开展“爱我中华，金叶情怀”微视频制作评选活动，着力讲好海南烟草故事。

以“学习型”机关建设为抓手，构建分层分类的培训体系，全年累计举办培训班132期、参训9754人次，实现主营业务培训全覆盖，推动教育培训向“精准滴灌”转变。开展比武练兵活动和行业专卖管理技能竞赛参赛选手选拔，加大年轻技能人才培养力度，强化创新人才培养。

做好乡村振兴工作，持续推动产业帮扶项目，帮助发展村集体经济，提高农户收入。面对多轮新冠疫情冲击，全省烟草商业系统各单位组织党员突击队、志愿者服务队累计2000余人次迅速下沉“疫”线，共筑抗击疫情的“烟草防线”，开展志愿服务1.2万余小时，赢得属地政府、社区群众的一致好评，树立责任烟草的良好形象。

重庆市烟草专卖局（公司）

2022年，重庆市局（公司）落实“党建立烟、改革强烟、科技兴烟、依法治烟”战略，发挥党内政治文化引领作用，不断深化企业文化建设。打造“行动者·先锋”党建品牌，按照“一单位一品牌、一支部一特色”的思路，系统各级党组织陆续创建“行动者·金叶先锋”“行动者·和畅先锋”等45个党建子品牌。开展党建阵地建设，全市烟草商业系统建设党员活动室51个、支部园地58个、党建文化长廊和文化中心7445平方米，建设4个VR党建阵地。推动党建工作与业务工作深度融合，依托企业专有云平台，实现党员和党组织精准画像，构建以“一云区、三指标、两指数”为核心的党业融合生态体系，被评为2022年度重庆市直机关“智慧党建”十佳案例。坚持党建带团建带工建，举办演讲比赛等23项活动隆重纪念中国烟草总公司成立40周年，编印《喜迎党的二十大·纪念烟草四十年》优秀作品集。组织开展“百年正青春，喜迎二十大”青年主题教育实践活动，与团市委联合打造“渝烟三义”志愿服务品牌，选拔4名优秀青年员工赴彭水县三义乡中心校支教并建立志愿支教服务机制。牵头重庆市第十八产业指导组对口帮扶彭水县三义乡，为当地办实事30余件，落实各类捐赠资金7760万元，《半月谈》进行专题报道。助力打赢新冠疫情防控阻击战，系统1737名干部职工向居住地所在社区报到，累计5551人次参与社区志愿服务。

四川省烟草专卖局（公司）

2022年，四川省局（公司）以习近平新时代中国特色社会主义思想为指导，贯彻落实行业提升软实力建设相关要求，构建强党建“11236”工作体系，制作专题片广泛宣传，让红色文化成为凝心铸魂的精神动力。面向全省烟草商业系统371个党支部征集企业文化核心词，回收1.1万份有效问卷，提炼四川烟草商业“愿景核心词、使命核心词、核心价值观”三项企业文化理念。着力职工文化打造，举办“诚至诚杯”职工篮球、乒乓球比赛，开展首届职工文化建设案例评比活动，组织“蜀道先锋大讲堂”“甘露普法大讲堂”“康巴烟韵大讲堂”等职工讲堂活动300余场，凝聚起推动高质量发展的奋进力量。开通运行专题网页，推出融媒体组合策划，营造庆祝“四川烟草组建40周年”浓厚氛围。

贵州省烟草专卖局（公司）

2022年，贵州省局（公司）持续推进企业文化标识统一，深化“黔彩”企业文化理念宣传贯彻。建立516人的省、市、县三级企业文化内训师队伍，通过专题培训、研讨交流、文化论坛等形式，开展分层次、分步骤、全方位、全覆盖的企业文化宣传贯彻。指导各直属单位实施完成223项企业文化建设项目，推进企业文化标识统一，营造“黔彩，新生态”企业文化良好氛围。推进黔彩融媒体中心建设，制作新媒体企业文化作品78个，累计观看10万余人次，拍摄制作《四十·有你》《金凤》等优秀新媒体作品，其中，2部获得国家局表彰、3部获得行业短视频大赛奖项。召开全省烟草商业系统思想政治工作暨企业文化建设推进会，不断开创思想政治工作和企业文化建设新局面。结合纪念中国烟草总公司成立40周年，开展“强国复兴有我”“黔彩先锋在行动”等活动，激励党员干部以实际行动迎接党的二十大胜利召开。举办“感悟百年辉煌·奔赴伟大征程”典型事迹宣讲暨劳模上讲堂活动，面向干部职工、烟农、零售户等同步推送，活动期间直播间点击量9.86万次，营造迎接党的二十大浓厚氛围。创建“黔彩”先锋岗、示范岗、责任区、突击队5203个，激励党员立足岗位创先争优、攻坚克难。组织开展全省烟草商业系统“黔彩党课开讲啦”网络直播活动4期，增强党课教育的吸引力感染力和针对性有效性。

云南省烟草专卖局（公司）

2022年，云南省局（公司）把坚持和加强党的领导作为企业文化建设和软实力建设的出发点和落脚点，严格落实“第一议题”制度，聚精会神抓党建，推动党建与业务深度融合、互相促进，打造大理“苍洱金叶党旗红”、迪庆“雪域烟草”、香料烟公司“心心香融”等内涵丰富、特色鲜明的党建品牌，“丽烟答卷人”党建品牌入选《国企》杂志党建创新优秀案例。以纪念中国烟草总公司成立40周年及云南省公司成立40周年为契机，通过专题调研、座谈交流、宣传宣讲、文体活动等多种极富感染力的形式，进一步提炼云南烟草改革发展形成的文化内涵、文化基因和文化传承，总结云南烟草40年来的发展历程和宝贵经验，回望非凡成就与贡献，营造良好发展氛围，凝聚起团结奋斗的磅礴力量。构建有利于专业技术（技能）人员的成长机制，为高质量发展提供坚实人才支撑。坚持和弘扬“两个至上”行业共同价值观，建立云南省局（公司）定点帮扶项目资产清单，巩固脱贫攻坚成果，有效衔接乡村振兴工作。鼓励创新创造，成立技能类工作室16个，其中省级工作室2个、公司级工作室14个。弘扬劳动精神、劳模精神、工匠精神，多个集体和个人获得“2022年云南省五一劳动奖状”“2022年云南省五一劳动奖章”“云南省第六届云岭工匠”等。融入和服务中心工作，2个集体、2名个人获得行业离退工作表彰，法治烟草建设、政策研究、教育培训等工作取得新进步，群团、学会、后勤等服务保障工作扎实推进，各领域、各环节、各层面以硬核担当提升发展软实力。

西藏自治区烟草专卖局（公司）

2022年，西藏区局（公司）制定印发西藏烟草软实力建设工作要点，着眼提升形象和实力，推进“软实力提升”工程。在塑形上下功夫，规范使用“雪域阳光”Logo和《中国烟草视觉识别系统》各类标识，搭建行业援藏工作平台，支持行业企业在助力强基惠民、乡村振兴、支持边防建设、帮助困难学生就学方面积极作为，树立行业形象。持续与宣传、网信部门和主流媒体沟通协作，大力弘扬劳模精神、工匠精神、“老西藏精神”、“两路”精神以及西藏烟草“扎根雪域、吃苦耐劳，努力工作、无私奉献”的奋斗精神，全年在主流媒体刊发新闻稿152篇，优化西藏烟草网站文化宣传功能，规范西藏烟草公众号、视频号等自媒体的管理和应用，传播西藏烟草好声音，维护行业良好形象。在铸“魂”上下功夫，坚持以“石榴籽”、守护国土、软实力提升三项工程为载体，融入推进“四个创建”“四个走在前列”具体实践，牢记全心全意为人民服务的根本宗旨，砥砺“以国家之务为己任”的报国热忱，构建“家国情怀”企业文化体系，进一步扛稳国企责任担当，加强援藏项目建设、运行和管护监督，特别是边境村和美丽村庄示范项目建设，因地制宜完善配套设施，筑牢边境发展之基。持续深入抓好驻村强基工作，巩固拓展脱贫攻坚成果同乡村振兴有效衔接，加大人才、项目帮扶力度，狠抓维护稳定、民族团结、建强基层组织等重点任务落实，夯实民族团结进步基础，深化拓展民族团结进步教育，开展民族团结、爱国主义、新旧西藏对比和马克思主义“五观”

"两论"教育，持续开展"四史"及西藏地方和祖国关系史教育、"三个意识"教育，夯实思想根基。开展纪念中国烟草总公司成立40周年、烟草专卖法施行30周年纪念活动，提升干部职工行业自信心、自豪感。

陕西省烟草专卖局（公司）

2022年，陕西省局（公司）把迎接党的二十大和学习宣传贯彻党的二十大精神作为主线，举办党组（党委）中心组学习137次、开展交流研讨626人次，深学细悟习近平新时代中国特色社会主义思想。推进党史学习教育常态化、长效化，举办"喜迎二十大"暨纪念中国烟草总公司成立40周年系列活动。创新学习载体，完善"e支部"信息化平台功能，采取云端答题方式，推进组织生活智能化。依托"智慧云党宣"平台，及时传播党的政策方针，增强思想政治工作的时代感和吸引力。

印发年度新闻宣传工作要点，举办全省烟草商业系统首届视频创作培训班，评选表彰年度新闻宣传先进集体、先进个人。加强与央媒、行业媒体和省级媒体协作，统筹做好内宣外宣工作。全年在《人民日报》、新华网等央媒发布报道215篇，比上年提高54.6%；行业媒体发布报道1672篇，提高63%；在《陕西日报》、《三秦都市报》、陕西电视台等省级媒体发布报道80余篇。依托"秦韵"微信公众号，全年发布稿件427篇，推出专题系列报道187期，总阅读量超过34.6万次，粉丝量近1.77万人，创历史新高。参与第七届行业微视频评选活动、行业季度网评作品评选等，7部作品获得行业表彰通报。加强网站维护管理，连续4个季度被国家局评为"互动回应较好"单位。

巩固拓展"我为群众办实事"成果，新建陕西烟草"初心驿站"党群服务中心26个。印发《"初心驿站"党群服务中心建设规范》，健全党群服务中心运行管理机制。印发年度助力乡村振兴工作计划和具体措施，投入帮扶资金600余万元，落实帮扶项目87个。协调合作银行，为烟农、零售户提供低息贷款近20亿元，为服务业小微企业和个体工商户减免房租300余万元，助力巩固脱贫攻坚成果，促进乡村振兴。

甘肃省烟草专卖局（公司）

2022年，甘肃省局（公司）践行"两个至上"行业共同价值观，坚持企业文化建设和精神文明创建双推进，围绕贯彻国家局2022年软实力建设工作部署，以"陇之情"文化品牌为引领，加强企业文化建设工作指导，制定印发《关于做好2022年度企业文化软实力建设重点工作的通知》，明确夯实思想政治根基、加强党内政治文化引领、完善文化体系建设、规范视觉识别应用、丰富文化载体平台、推进文明单位创建等六项重点工作任务。注重把支部特色品牌建设作为党内政治文化的实践载体，推动文化品牌与特色品牌持续融合。发挥载体平台作用，开展弘扬社会主义核心价值观微视频展播宣传活动，以弘扬爱国主义、推进乡村振兴为主题开展优秀影片观影活动，组织全省烟草商业系统开展纪念中国烟草总公司成立40周年职工书画展评选报送和行业画册内容的遴选等工作，以迎接党的二十大为主题举办职工书画摄影展等活动。持续加强文化识别标识的运用，按照循序渐进、换旧更新的原则，对建筑环境、办公经营区域、零售终端、物流配送等场所环境进行完善更新，推动全省烟草商业系统上下理念共识化、行为规范化、视觉一体化。

深化精神文明创建工作，制定落实《关于深化新时代全省烟草商业系统文明单位创建工作的实施意见》，通过参与指导联系点单位创建全国文明单位的全过程，推动全省烟草商业系统在文明创建工作中不断增强综合软实力、提升工作标准。2022年有12家单位通过文明单位创建验收，其中5家被评为市级文明单位、7家被评为县（区）级文明单位。

青海省烟草专卖局（公司）

2022年，青海省局（公司）凝练拓展"昆仑先锋"党建品牌精神内涵和功能布局，开展线上巡回宣讲，430余人次观看。组建志愿服务队积极参与新冠疫情防控等志愿服务，收到感谢信5封、锦旗8面、荣誉证书（奖牌）54个。青海省局（公司）机关、海北州局（公司）分别被评为青海省、海北州民族团结进步示范单位；1个基层团组织和3名团员青年得到团省委通报表彰。推进精神文明建设工作，印发2022—2024年度省局（公司）文明单位创建工作计划；组织开展“关怀困境母亲”网络捐款活动，捐款共计4.06万元；积极助力各地创城工作，宣传社会主义核心价值观，树立烟草行业良好社会形象；组织开展以“书香青海烟草·阅读伴我成长”为主题的阅读活动，玉树州局（公司）职工书屋被命名为全国职工书屋示范点，提振文化自信，提升文化素养。

宁夏回族自治区烟草专卖局(公司)

2022年，宁夏区局（公司）坚持以习近平新时代中国特色社会主义思想为指导，全面贯彻党的二十大精神，贯彻落实国家局党组工作安排部署，统筹软实力与硬实力协调发展，开展文化强基、素能固本、形象提升等六大工程，软实力提升工作取得明显成效。

围绕行业软实力重点工作，制定宁夏区局（公司）党组《关于宁夏烟草系统提升软实力建设的实施意见》《宁夏区局（公司）2022年软实力建设工作要点》，明确6个方面38项重点工作，逐项压茬推进，统筹软实力与硬实力协调发展。坚持文化聚魂，推进宁夏烟草企业展室建设，开展“润夏”品牌商标到期续展工作，树立“润夏连锁”流通品牌。坚持内涵发展，探索形成“第一议题”贯彻落实闭环管理机制，围绕制约宁夏烟草高质量发展的瓶颈和难点问题开展课题研究，战略管理工程持续推进。坚持创新驱动，修订《宁夏烟草系统科技创新表彰奖励办法》，激发创新活力。坚持践诺履责，实施消费帮扶，开展“爱心乐购”活动，全区烟草商业系统累计落实帮扶资金152.54万元。坚持融入聚合，开展党的二十大系列宣传、纪念中国烟草总公司成立40周年宣传，媒体融合建设稳步推进。坚持源头治理，建立全区电子烟监管工作机制，完善内控制度，推进采购管理机制改革，风险防控工程取得明显成效。在急难险重任务面前彰显责任担当，新冠疫情期间协调组织向银川、吴忠捐赠V90负压救护车8辆，全区烟草商业系统党员干部2000余人次深入抗疫一线执勤值守，2家市局（公司）继续保持“全国文明单位”称号，企业社会形象进一步提升。

新疆维吾尔自治区烟草专卖局(公司)

2022年，新疆区局（公司）坚持传承发扬40年形成的行业行为准则、行业精神和共同价值观，干部职工谋发展、开新局的思想共识更加凝聚统一，行业改革发展的目标途径更加明确一致，干事创业、奋发向上的激情热情更加饱满高涨。

落实新疆工作总目标，结合自治区“访民情、惠民生、聚民心”驻村工作，以“民族团结教育月”为契机，常态化、制度化开展自治区“民族团结一家亲”和民族团结联谊活动，邀请44名南疆村民代表到乌鲁木齐市参观学习。全年全自治区烟草下派驻村工作队35个，95人全脱产开展“访惠聚”驻村工作，乡村振兴捐赠559.5万元，帮扶500余件。

全年开展各类文体活动370余次，举办“情暖你我　共庆佳节”元宵节活动、“巾帼心向党　奋进新征程”妇女节活动、“强国复兴有我”职工群众性主题宣传教育活动、“奋进新征程　阅读促成长”读书活动，召开区局（公司）机关青年干部“五四”座谈会，开展“喜迎二十大　建功新时代”职工故事大赛；印发新疆烟草2022年庆祝“七一”活动方案；居家期间举办“同心抗疫情　学习共成长”线上知识答题，邀请专家进行新冠疫情职工居家期间心理健康培训；在春节、“七一”等重要节日和重大节点，慰问离退休老同志和困难职工。

大连市烟草专卖局（公司）

2022年，大连市局（公司）控烟立法模式得到国家局领导肯定并在全行业介绍推广。倡导“工作 + 读书 + 运动”企业文化，召开庆祝中国共青团成立 100 周年大会，开展全地区团组织“两优一先”评选表彰。组建大连烟草春天艺术团，下设合唱团、戏剧社、舞蹈队、乐器组，为不同爱好员工搭建更广阔的舞台。举办首届“庆冬奥”主题陆地冰壶体验赛；组织干部职工龙舟比赛，弘扬中华优秀传统文化。各类文体活动协会增至 14 个，全年累计参加活动 1000 人次。持续推选志愿服务工作，参与所在地区抗疫服务、普法宣传、爱心助考、保护环境服务，关爱社会弱势群体，服务一线社会工作人员和零售户等活动。

深圳市烟草专卖局（公司）

2022 年，深圳市局（公司）对机关大楼 8A 层企业文化阵地进行改造升级，重新布局，统一规划，形成党建、高质量发展、党风廉政建设和软实力建设 4 条宣传长廊。调整优化 8A 层各活动室的功能并完成更名工作，分别为“党建活动室”“融媒创作室”“职工之家”“青年之家”“谈话室”“展览室”“排练室”“翰墨室”，研究起草 8A 层活动室管理制度。组织足球、篮球、羽毛球、瑜伽等兴趣活动，开展迎春书画摄影展和廉政书画摄影展、参加“中华”杯第九届烟草行业职工书画大赛、深圳市第十六届职工摄影大赛、市总工会组织的职工游泳比赛，应邀参观首届大国工匠创新交流会，探索创新工作室创建工作。

河北中烟工业有限责任公司

2022 年，河北中烟召开 2022 年度党的建设暨企业文化建设工作会议，明确新时代构建河北中烟文化建设发展新格局战略任务，根据《河北中烟企业文化专员积分管理办法》，在大会上对来自 10 个部门的 12 位优秀文化专员予以表彰。结合河北中烟文化工作会议精神，印发《河北中烟 2022 年度企业文化建设工作要点》《河北中烟司旗司徽司歌管理使用办法》，组织开展全公司范围内文化新格局建设调研，形成《坚持守正创新　加强体系建设　构建河北中烟文化建设发展新格局》调研报告。以“五到工程”为抓手，持续深化荷花文化宣传贯彻，倡导公司主要负责人撰写文化课讲稿，带头开展文化宣讲；推进视觉识别系统强化作用，设计安装 17 处荷花文化理念标识，更新荷花文化体验馆，并对《荷花之歌》MV 进行版本更新；举办“荷花杯”党史知识暨企业文化知识竞赛决赛，促进文化理念入脑入心；10 月 8 日在公司广场举行首次“升司旗、奏司歌”仪式，进一步激发全体员工归属感、荣誉感、自豪感。完善激励机制，制定 2022 年度河北中烟各单位、各部门企业文化建设考核实施细则，探索系统、科学、规范、有效的企业文化建设之路，使文化建设成为河北中烟高质量发展和软实力建设的重要支撑。

江苏中烟工业有限责任公司

2022 年，江苏中烟结合公司“十四五”规划，细化分解目标任务，明确深化文化建设、加强战略管理、强化学习创新、履行社会责任、强化宣传引导、防范化解风险等 6 个方面 39 项年度重点工作。各直属企业注重特色亮点挖掘，提炼年度建设成果，3 家卷烟厂形成 3 个典型案例，向国家局报送典型案例 2 个，其中徐州卷烟厂推行“揭榜挂帅”厚植发展企业软实力入选行业软实力建设案例集。

突出文化管理融合导向，推动江苏中烟时代企业文化管理模式深入实践。完善组织维度文化积分和个人维度积分体系，强化积分系统与各类载体活动建立有机联系；建立完善单位部门年度文化成果申报机制，分别设立单位部门文化、公益积分池，积分池积分消耗作为组织活动与组织文化改善激励同步，不断推动公司系统范围内良好文化建设氛围形成。优化调整年度企业文化建设维护考核方案，年度总体评价调整为 2 大维度，12 类事项，29 项指标，对文化建设重点工作完成和时代企业文化建设模式（OPM）实践情况进行正负分值量化评估。完善卓越文化在线平台功能，增设“组织文化蓝皮书”模块，使个人、组织两个维度的文化蓝皮书成为个人和单位文化建设过程及结果评价的重要平台载体；开设“卓越社区”论坛，融合“品牌在线”，整合产品、营销、管理、技术等各类话题研讨；搭建全员共读学习平台，对接出版社优质图书资源，更新“四史、辅助、学习、读库”等四大板块内容，共上线300本各类图书，为江苏中烟全员共读共悟提供学习交流平台；进一步完善员工公益活动平台，对接京东线上资源，建立“助学”“扶农”等分类公益包，通过整合“全员健康步行计划”等，完善公益运行机制，打造企业社会责任履行创新平台。组织开展江苏中烟企业文化内训师传统文化与管理专题培训班，提升文化骨干对传统文化创造性转化的认知和实践水平。

浙江中烟工业有限责任公司

2022年，浙江中烟开展迎接党的二十大系列主题活动。围绕“迎接二十大　奋进新征程”主题，分别组织演讲比赛、征文比赛，展示浙江中烟人坚守信仰、扛好旗帜、永远跟党走的不渝初心。举办“喜迎二十大、永远跟党走、奋进新征程”主题团日活动，以“青讲青匠”宣讲青年工匠的优秀事迹。杭州卷烟厂首次举办“光荣在党二十年”纪念贺卡发放活动，由近两年入党的新党员代表向老党员献礼。市场营销部结合品牌文化宣传贯彻举办“喜迎二十大、生活的利群”朗诵赛，激励员工以优异成绩迎接党的二十大胜利召开。

宣传贯彻企业文化2.0，做好文化入脑入心。为配合企业文化2.0落地，制作《浙江中烟企业文化体系》手册发放至每位员工；组织“企业格言系列评论”刊发在《浙江中烟》“利群论坛”，宣传贯彻企业文化；征集56篇展示企业精神、品格、使命和文化理念的小故事，在《浙江中烟》开设专版，图文并茂展示践行企业文化的人和事。

10月，“阳光党建”馆开馆，第二篇章“文化赋能”系统展示具有浙江中烟特色的企业文化、党工团文化、品牌文化以及各类文化活动，成为宣传贯彻企业文化的重要平台。11月，组织第二届企业文化日暨职工运动会，通过入场式、广播操比赛、拔河比赛、篮球赛等方式展现职工精神风貌，感受“敢想敢拼”的企业文化。

安徽中烟工业有限责任公司

2022年，安徽中烟印发思想政治和企业文化建设工作要点，把思想政治和企业文化建设工作进行统筹安排，推动工作开展。系统打造“攀登先锋”党建品牌，将党建品牌建设与企业文化内涵拓展相结合，多渠道、多形式、多角度推动“攀登者”企业文化落地。启动“攀登者+”企业文化软科学项目研究，围绕贯彻落实新时代企业文化建设新要求，推动企业文化传承升级。组织开展座谈走访、实地调查、专题调研等，广泛听取干部职工的意见建议，分析2009年以后企业文化建设取得的成绩、存在的问题，通过开展经验交流、集中研讨等方式，统一思想，明确方向，凝聚共识。完成安徽中烟“十四五”软实力专项规划编制，印发2022年软实力建设工作要点，征集软实力建设典型案例7篇并择优上报国家局。加强阵地建设，打造企业文化展示平台。因地制宜，将附属楼移动展架升级为企业文化展示墙，全新打造近80平方米集党建品牌形象、企业核心价值观、高端明星产品展示的企业文化墙。10月27日，“时代向前　攀登向上”企业展厅落成启用，共收集整理图片资料2000余张、视频资料100余部、史料文件100余份、历史老物件150余件。持续打造线上“攀登者大讲堂”，将企业文化通过创新、有形、互动的方式呈现。以赛促训强化企业文化内训师队伍建设，组织50名基层选拔的优秀企业文化内训师进行为期4天的强化培训，在实地宣讲阶段，组织36名内训师选手，深入基层开展近百场“砥砺奋进四十载、攀登向上再出发”主题企业文化宣传贯彻，受众近6000人次，持续营造企业文化建设浓厚氛围。

福建中烟工业有限责任公司

2022年，福建中烟制定印发年度软实力建设工作要点，调整优化“十四五”企业文化建设专项方案。开展“转变观念、强化执行、提升能力”主题实践活动，围绕破除资源依赖、小富即安思想，全省卷烟工业系统各级党组织集中学习研讨超过300场次，上专题党课200余场；全省卷烟工业系统165个党支部、2100余名党员开展“品牌重塑”大讨论；组织开展全省卷烟工业系统党务干部专题培训14场次，输出党业融合学习成果2000份；组织召开党建创新案例成果总结交流发布会，评选出22个优秀案例，创新案例“构建‘1133’党建工作体系、打造‘红土情·蓝海梦’党建品牌”获得福建省新时代党建工作品牌，入选行业核心竞争力典型案例。持续推进企业文化和品牌文化协同项目建设，召开企业文化和品牌文化融合建设推进会，拍摄制作“山海燃情向未来”专题片，推出《山海中国》MV等作品，一体传播新“七匹狼”品牌文化。启用“海纳百川、敢拼会赢”企业文化展厅，更新优化展厅品牌宣传内容，截至2022年底，累计参观人员2000余人次。坚持用好福建“山海”文化、“福”文化的特色优势，与厦门市文联联合开展“红土地、蓝海洋”作家笔会，邀请舒婷、陈毅达、刘岸等全国著名作家参会，累计参会作家超过100人；与《厦门日报》共同开展“红土情·蓝海梦”主题征文和“山海”文化传承活动，共收到征文100余篇。持续推进媒体融合发展，全年出版发行《福建中烟》34期，“e企看”推文900余篇、向行业内外媒体投稿发表200余篇，讲好企业故事、传播正能量。

江西中烟工业有限责任公司

2022年，江西中烟按照国家局党组部署要求，以“软实力提升工程”为引领，推进企业文化建设工作。坚持把加强党的政治建设摆在首位，学习贯彻习近平新时代中国特色社会主义思想和党的十九届六中全会精神，全力迎接党的二十大和学习宣传贯彻党的二十大精神。坚持将加强正面宣传引导作为重要抓手，开展纪念中国烟草总公司成立40周年系列活动；充分发挥“一报一刊一网一号”宣传载体作用，聚焦重点主题、重要工作开展多角度、全方位、多频次宣传报道，注重挖掘先进事迹和典型人物，弘扬劳模精神、工匠精神，加快推进企业文化展厅建设，打造企业形象展示的全新窗口名片。坚持以重点课题调研为重要契机，开展“推动构建新时代江西中烟文化体系　提升企业软实力”重点课题调研。坚持以优化风险防控机制为重要手段，健全完善分类管理、分级负责、协同落实的风险防控工作体系和运行机制，牢牢守住不发生重大风险的底线。

山东中烟工业有限责任公司

2022年，山东中烟落实提升烟草行业软实力的指导意见，印发进一步加强山东烟草工业系统软实力建设工作的通知，统筹软实力与硬实力协调发展。总结征集卷烟厂软实力建设典型案例，2个典型案例报送国家局。宣传“两个至上”行业共同价值观，利用企业内部“报网微视”和黑板报、宣传栏等载体，宣传贯彻行业共同理念。规范使用《中国烟草视觉识别系统》。修订完善山东中烟“泰山文化”理念体系，为企业高质量发展注入新的文化活力。收集整理行业、山东中烟、各基层单位文化理念体系，加强企业文化对外宣传。加强文化阵地建设，实施企业文化展厅、党建宣教中心升级改造，发挥宣传主阵地作用，做好员工思想教育。履行社会责任，落实“六稳”“六保”要求，全年累计减免330户服务业小微企业和个体工商户租金878.59万元；成立山东中烟乡村振兴工作领导小组，选派5名同志担任驻村第一书记，落实帮扶要求，支持乡村振兴；开展消费帮扶，采购帮扶地区农产品495.83万元；山东中烟机关党委与社区党委开展“双报到”结对共建活动，累计下沉社区14次，参加志愿服务60余人次；拓展党建帮扶，与临沂市沂水县崔家峪镇辉泉村开展“双联共建”活动；实施对外捐赠，累计捐赠乡村振兴专项资金485万元。印发自媒体宣传工作要点，开展自媒体积分考核季度通报，加大与行业主流媒体合作力度，加强媒体融合发展。发挥网评员队伍作用，聚焦纪念中国烟草总公司成立40周年等重要专题，策划讲好“泰山故事”，系统展现烟草行业全方位贡献。

河南中烟工业有限责任公司

2022年，河南中烟落实行业软实力建设要求，贯彻系统理念，加强顶层设计，完成河南中烟企业文化系统框架构建，企业文化建设迈出新步伐。河南中烟企业文化由理念、行为、视觉、推广、人格五大识别系统组成。理念识别系统主要由企业文化定位、行业共同价值观、企业核心价值理念、企业使命、企业愿景、企业精神等6个部分及12个专项理念构成，明确了河南中烟的立业使命、未来愿景和前进方向。理想人格系统，是集合公司员工优秀人格形成的人格定义、构建意义及不同层次的人格特征等方面内容，设计出供大家对标效仿的公司员工理想化的集体人格，为河南中烟育新人、打造以文化人的美好家园提供有力保障。行为识别系统，是在河南中烟企业文化核心价值观的基础上，形成的行为宣言、公约、准则、岗位规范、礼仪规范。视觉识别系统，是在《中国烟草视觉识别系统》的基础上，结合“黄金叶”品牌Logo的设计元素构建基础设计系统和应用设计系统。推广传播系统，是在充分结合公司实际的基础上，形成对内宣传贯彻、对外传播两个方案，进一步明确宣传贯彻推广的对象、内容、模式、目标和效果。

湖北中烟工业有限责任公司

2022年，湖北中烟旗帜鲜明坚持党管宣传、党管意识形态、党管媒体，不断强化企业文化的指导、组织、协调、管理和督查，推动建立企业文化大宣传格局和传播矩阵。把握学习宣传贯彻党的二十大精神这个首要政治任务，策划实施“湖北中烟这十年”主题宣传和“喜迎二十大 强国复兴有我”先进典型宣讲等群众性活动，组织开展“六学”“六讲”“六培训”实践活动，持续营造浓厚氛围，推动党的二十大精神在湖北中烟落地见效。发挥文化理念引领作用，以践行社会主义核心价值观和“两个至上”行业共同价值观为主线，不断完善“思行”文化体系。发挥制度建设的规范作用，制定企业文化发展战略，明确“十四五”时期指导思想、目标、计划等。持续宣传贯彻企业文化建设管理办法，将企业文化融入管理体制，推动“严、实、细、新、俭”管理理念全覆盖，助推企业“三新”“三高”出新绩。在央媒发稿49篇，在行业媒体发稿469篇（其中正报正刊发稿70篇），充分展示湖北中烟的责任与担当。

湖南中烟工业有限责任公司

2022年，湖南中烟明确“新时代的奋斗者”文化建设方向。紧扣以“新时代的奋斗者文化”为内核的文化理念，开展奋斗者之歌视频、音频展播活动，制作《奋斗者之歌》MV，组建公司文化宣讲团队，到湖南中烟本部、基层单位开展现场宣讲6次，在线收看人数2100余人。加强“双新一体”战略宣传解读，编辑印发“双新一体”专刊，在员工学习宣传平台与内网开设“践行双新一体”专栏。开展第四届行业党员教育电视片创作工作，制作“戈壁滩上的一抹红”“传承”等党员电教片。推进廉洁文化“上墙”工作，督促直属单位因地制宜开辟廉洁文化阵地，不断夯实“不敢腐”“不能腐”“不想腐”的堤坝。全年编辑出版《湖南中烟》报纸7期，发行3.5万册；编辑出版《湖南烟草》杂志6期，发行4.8万册；完成《和天下赋》《芙蓉王赋》《白沙赋》创作，3213名员工参加《和天下赋》微诵读活动。

广东中烟工业有限责任公司

2022年，广东中烟以党建文化为引领，把握“彰显特色文化、树立企业形象、加强队伍建设”工作着力点，以先进烟草文化推动企业高质量发展。聚焦“党建引领”和“文化铸魂”要求，以实体视听长廊搭载多媒体设备，运用“5G+VR”等先进技术，利用有限的办公区域，一体化打造“创意新颖、主题丰富、智能互动、与时俱进”的党建暨企业文化示范基地。10月14日，“党旗引领下的广东中烟”党建文化长廊正式上线运行，围绕“与时俱进、多维展示”党建资讯宣传媒介、“同频共振、融合创新”党建学习活动场所、“不忘初心、牢记使命”新党员入党宣誓基地、“足不出户、一键分享”线上学习基地等四大核心功能，实现线下实体展厅与线上数字展厅相辅相成、落地见效，助力企业网站在2022年行业网站绩效评估中获得第二名。

多维创新企业内部媒体建设及对外宣传报道，内增员工凝聚力、外树企业好形象。内宣方面，双喜电视台全年播出新闻47期，新闻条数超过500条，策划学习贯彻党的二十大精神、“我为群众办实事”、广州卷烟厂“打造一流卷烟工厂”、抗疫保产双胜利等多个系列专题报道，瞄准市场一线、原料保障、基层党建和乡村振兴等方面工作，确保宣传重点与公司党组要求保持高度一致；“囍闻乐见”新媒体平台发挥受众广和更新快的优势，及时传递企业发展的重要信息，同时注重转载媒体权威报道、刊登员工副刊文章，在企业内营造良好舆论氛围。外宣方面，全年在《行业政务信息》刊发稿件4篇、在《东方烟草报》全媒体平台刊发各类稿件218篇，与各央媒平台和基层单位密切沟通协作，组织稿件报送，全年在央媒平台发稿35篇，进一步加强企业对外正面形象。

广西中烟工业有限责任公司

2022年，广西中烟制定印发思想政治工作安排，开展以爱国主义为核心的民族精神和以改革创新为核心的时代精神教育、总体国家安全观教育以及党情国情行情企情教育，践行社会主义核心价值观和“两个至上”行业共同价值观，持续巩固“全国文明单位”创建成果，通过全国文明单位复评。推进“价值”文化宣传贯彻，把践行“价值”文化理念纳入各部门（单位）的绩效考核指标库和全体员工岗位说明书。组织开展“价值”文化专题培训1期。实施“价值”文化理念体系目视化管理，丰富展示馆文化教育和展示内容，打造展示馆的宣传贯彻阵地。制定“文化留人”巡视整改措施，组织召开南宁卷烟厂青年员工、技术中心青年科技工作者、劳模和先进工作者“敬业的味道”等座谈会。组织开展践行“价值”文化“一个部门、一项案例”主题行动，形成文化与业务深度融合案例15项。组建各部门企业文化管理员队伍共36人，举办企业文化管理员培训班1期。联合广西壮族自治区党委区直机关工委、自治区党委办公厅摄制的《蛟龙入海　八桂圆梦——解读平陆运河“世纪工程”圆梦密码》获得广西全区2022年“党课开讲啦”优秀党课一等奖、2022年广西区直机关“八桂先锋”优秀作品（课件）“党课开讲啦”一等奖；《从设备维修“活字典”到技术创新“满堂红”——记自治区优秀共产党员梁志远》获得区直机关工委2022年全区党员教育先进事迹片二等奖，专题视频《小滤棒　大创新》和乡村振兴纪实片《点灯人》获得第四届行业党员教育电视片观摩交流活动优秀奖，另外，《点灯人》还获得自治区党委宣传部等五部门推荐在全区展示。向行业推荐申报南宁卷烟厂“集智聚力促发展　创新求实谱新篇”、柳州卷烟厂“厚植党建引领软实力提升‘123’模式筑牢高质量发展硬支撑”两项软实力案例成果。组织举办政研论文征集和评比，印发《关于开展2022年度职工思想政治工作课题研究及评比的通知》，收到政研论文63篇，评出一等奖2篇、二等奖4篇、三等奖6篇、优秀奖8篇。

重庆中烟工业有限责任公司

2022年，重庆中烟强化党建引领，落实“第一议题”制度，把学习宣传贯彻党的二十大精神作为首要政治任务。在全行业工业企业中首家打造服务品牌“渝来渝好”，定位服务第一的核心追求，定义为市场、为客户奉献的核心理念，推动企业文化深入延伸，让责任企业更加立体饱满。大力宣传贯彻“责任、创新、共享、卓越”的价值理念，使“力争上游，渝来渝好”成为员工共同行动。加强党的宣传思想阵地建设，全年在国内主流媒体发布党建相关宣传报道100余篇。加强“四史”宣传教育和形势政策教育，弘扬民族精神和时代精神，加强爱国主义、集体主义、社会主义教育，常态化开展政绩观教育。打造5节主题鲜明突出、教育意义深刻的情景党课，党组领导班子成员撰写调研报告5篇，重庆中烟围绕重点调研课题形成论文成果66篇。贯彻乡村振兴帮扶要求，围绕石柱、涪陵、黔江“三地五点”，落实帮扶资金360余万元；采购湖北竹山、竹溪县，宁夏红寺堡区等行业定点帮扶区等农产品201.4万元，采购桥头镇、中益乡文旅产品74.1万元。按照行业援藏工作安排，落实援藏资金200万元。以“党员突击队”“志愿者服务队”为载体，开展形式多样的群众服务活动22次。

四川中烟工业有限责任公司

2022年，四川中烟把软实力建设作为一项战略性、全局性工作来抓，建立严密的责任体系和协调一致的工作机制，形成上下齐心、左右协同、步调一致的工作合力。一是发挥党建文化引领功能。将“雁行宽窄”党建品牌作为强化四川中烟企业文化的重要抓手，通过深化“1+8+N”的品牌特色载体体系建设，持续健全党建品牌工作方法，创新探索“主题党日+”“联建共创”新模式，擦亮干部“双月读书会”党建名片，不断提升党建品牌政治价值、经济价值、社会价值、文化价值，丰富四川中烟企业文化内涵。二是扩大“文化IP”社会影响力。持续开展“1108”企业日活动，集中展示企业形象、品牌形象和公司高质量发展成果，传播正面声音，促进社会贡献和品牌价值进一步得到行业和社会广泛认可；深化与外部智库合作，拓宽品牌文化宣传渠道。三是强化社会责任履行。将社会责任工作纳入“一把手”工程，推动社会责任组织体系建立，将履行社会责任纳入党建工作考核评价之中，提升社会责任管理水平。运用报刊、公司网站、微博、微信等载体，通过多种方式加强社会责任日常信息披露。四是持续关爱员工。四川中烟秉持“以人为本”的理念，严格遵守劳动法规定，维护员工各项基本权益，健全民主机制，建立健全职业病防治体系，为员工创造和谐的工作环境。五是搞好民生建设。加大对社会提供公共服务的物质工程设施投入，在城市下沉社区开展志愿服务，协助社区整治环境，参与社区防疫、物资保障等工作。在农村推进“五改三建”工作，帮助构建美丽宜居新农村。

贵州中烟工业有限责任公司

2022年，贵州中烟以推进公司全面进入行业“136、345”品牌阵营为主线，以建设形成服务高质量发展、引领品牌建设、激励团队精神的新时代“贵烟文化”为引领，以提升公司软实力为目标，用好“贵烟”企业文化体系，结合纪念中国烟草总公司成立40周年活动，开展主题鲜明的文化活动。以“共话烟草故事，汲取奋进力量”为主题，开展“百个支部、千名党员”同过主题党日活动，公司11个直属单位党委、88个党支部、6个党总支、2500余名党员，在同一时段、不同地域“重温入党誓词”、观看“党旗引领下的中国烟草”纪录片、分享“我与烟草共成长”故事，增强员工的行业归属感，凝聚企业文化软实力。该项活动消息报道在《贵州日报》《东方烟草报》《贵州烟草》报及国家局和贵州中烟网站进行广泛宣传。开展贵州中烟纪念中国烟草总公司成立40周年图片展活动，制作行业、贵州卷烟工业发展历史展板16块，通过对烟草历史的回顾和学习，激发干事创业热情。制定印发年度企业文化工作要点，对深入践行“两个至上”行业共同价值观、提升企业文化软实力、以新发展理念维护好品牌形象、增强团队文化建设、履行社会责任等进行统一部署安排。加强对各单位VI视觉识别系统使用统一性和规范性管理工作，追踪各单位标识标牌整改情况。完善培训课件，对198名新进员工进行企业文化现场培训。组织志愿者前往晴隆光明小学慰问，代表机关工会送去价值2万余元的米油、营养品；继续推进“爱心100”贫困儿童资助活动，83名山区儿童得到爱心志愿者每月资助，发表新闻报道《六载关爱不停歇，一枝一叶总关情——机关“六一”关爱侧记》。获得贵州省国资委系统“驻村帮扶工作先进集体”表彰。

云南中烟工业有限责任公司

2022年，云南中烟印发软实力建设工作要点，以提升文化感召力、学习创新力、品牌商誉力、社会责任力等7个专项工作为抓手，明确2022年软实力建设工作目标，细化各专项工作组年度工作任务。成立软实力建设领导小组并设置7个专项工作组，结合自身业务特点，从管理增值、品牌培育、文化引领、人才支撑、风险防控等方面细化工作要点57项，协同推进软实力建设。围绕“奋进新时代　同心向未来”年度宣传主题，在五一国际劳动节、五四青年节、七一建党节等重大节点，推出各具特色的主题宣传。在央媒体刊发稿件260余篇，多篇报道在新华网、学习强国、中华网、今日头条等数十个媒体平台推出，阅读量达到400余万人次，其中6部作品获得行业优秀外宣作品奖项。开展纪念中国烟草总公司成立40周年系列活动，梳理云南卷烟工业40年来的发展经验，通过300余幅图片、60余件老物件、100余个内嵌音视频、一本企业文化故事集全面梳理云南卷烟工业40年来所经历的奋起、变革、重组、跨越4个阶段。1600余人现场观展，近万名职工通过网上展厅及视频导览观展，为云南中烟各单位开展共建联建、新员工培训、对外交流提供新的平台。

陕西中烟工业有限责任公司

2022年陕西中烟进一步加强软实力建设，将宝鸡卷烟厂、延安卷烟厂确定为公司软实力建设试点单位，为公司深化软实力建设积累工作经验。

宝鸡卷烟厂突出“智行”和“智胜”文化体系。制定印发工厂软实力提升工作实施方案，在技改期间实施宝烟党建及文化氛围营造同期提升工程，建成习近平新时代中国特色社会主义思想等15处立体景观。做好企业文化宣传贯彻落地工作，聚焦公司“智行”企业文化体系和工厂“智胜”企业文化理念体系持续开展企业文化培训24期，聚焦工厂内训师能力素养提升开展优秀传统文化、企业文化与职业素养系列培训，借助中国烟草网络学院平台，常态化举办工厂企业文化网络课程培训班。借助劳模创新工作室等平台，挖掘、提炼、推广《用工匠精神激励自己勇毅前行》等先进模范工作案例，大力弘扬劳模精神、劳动精神、工匠精神。

延安卷烟厂大力挖掘“延安”品牌文化底蕴。成立工作专班，系统梳理、深入开展延安烟草工业史、品牌发展史和文化传承史等课题研究，明晰延安烟草工业的传承关系，再现延安烟草人“自力更生、艰苦奋斗”的创业画卷，总结构建延安烟草的企业精神谱系，为红色品牌文化传承融入精神内涵，不断拓展“延安”品牌价值，推动工厂软实力有力提升。深入应用研究成果助力品牌建设。将品牌文化研究成果与营销理念创新相融合，突出特色品牌文化，以品牌文化展示中心、发布中心、体验中心为载体，探索“终端+特产”“终端+文化”等现代营销模式，筑牢终端品牌拓展阵地。

中国烟草实业发展中心

红塔辽宁烟草有限责任公司

2022年，红塔辽宁烟草有限责任公司印发开展2022年公司企业文化理念体系宣传贯彻活动的通知，对企业文化宣传贯彻形式及内容做出要求。制定《员工行为规范学习践行活动实施方案》，组织全员进行“许下一个承诺——践行员工行为规范”承诺接力传递签字活动。开展“行为规范在身边”原创漫画（绘画）作品征集活动，选出100幅优秀作品在公司进行“践行规范在岗位　原创画作聚匠心”漫画展，并将所有作品扫描，在辽宁卷烟工业史馆微信公众号和公司《红辽烟草报》进行宣传展示。

以卷烟工业史馆为依托，传播烟草文化。接待行业内外有关单位开展主题党日活动63批次，近千人参观。利用史馆公众号持续登载《辽宁卷烟工业四十年》《四十年大事记》《新中国成立以来辽宁卷烟工业发展综述》，以及《中国烟草总公司成立40年改革发展记忆》系列报道。系统整理20世纪90年代沈阳卷烟厂、营口卷烟厂历史故事90余篇，并收入《辽宁烟草历史上的那些事》（三）汇集成册。挖掘整理辽宁卷烟工业历史烟标回顾启东烟草公司资料——《从烟标看百科》，通过史馆公众号进行连载，从烟标角度展示中国历史和风土人情，宣传企业历史。开展“强国复兴有我——盛京文化大讲堂”活动，分别以“盛京十大文化名片”“第一书记话振兴”“黄显生将军等抗战英烈在东北抗战救亡中的重要作用考证与研究成果转化”为主题，开展三期大讲堂活动。参与由沈阳市机械轻化工会与沈阳经济广播电台共同主办的《印记》栏目直播和红色故事大赛活动，讲述辽宁卷烟工业历史上的红色故事，展示公司的红色底蕴。

吉林烟草工业有限责任公司

2022年，吉林烟草工业有限责任公司坚持“互融共促”文化建设方针，把企业文化建设贯穿于生产经营、新冠疫情防控、企业管理等方面，贯彻国家局党组关于提升烟草行业软实力的指导意见及中烟实业党组提升软实力任务分工方案，不断加强企业文化建设。初步构建企业文化框架，以纪念中国烟草总公司成立40周年为契机，梳理公司历史资料，制作企业文化宣传长廊，集中展示公司创业史、发展史、奋斗史。组织制作《长白山，我心向往之》《创新向未来》两个企业宣传片，展示吉林烟草工业成立十六载历程中的发展故事和创新成果。加强正面宣传引导，印发公司《关于规范和加强企业宣传工作和员工信息发布管理的规定》，加强对工业报、网站等宣传阵地的建设和管理。发挥“报网微端”矩阵式宣传平台作用，围绕学习贯彻党的二十大精神、疫情防控、党史学习教育、乡村振兴等主题发布报道260余条。持续助力乡村振兴，与吉林省供销合作社包保对接延边州和龙市崇善镇大洞村，与延边州局（公司）包保对接龙井市智新镇新化村，巩固乡村振兴成果。扎实开展群团工作，开展“创新向未来·质量促发展”知识竞赛活动等各类文体活动30余次。注重青年队伍建设，组织开展首届公司“十佳青年员工”评选活动，确定10人为“十佳青年员工”，组织开展青年员工座谈会，引导激励广大青年员工为公司持续稳定健康发展贡献自己的青春力量。

甘肃烟草工业有限责任公司

2022年，甘肃烟草工业有限责任公司坚持企业文化、精神文明和企业发展“两融合、两促进”的方针，把精神文明建设贯穿于生产经营、企业管理的各个方面，以创建省级文明单位活动为载体，狠抓职工队伍的思想道德建设和素质教育。把企业文化及精神文明建设作为党的建设重要内容，多措并举推动党的二十大精神进企业、进机关、进车间、进班组，推动建立党史学习教育常态化、长效化机制，制定员工思想动态分析报告制度，实施“党建领航工程”，开展纪律和作风建设专项整治工作，编制印发《企业文化》手册，及时更新党建阵地和各类宣传栏，组织开展纪念《中华人民共和国宪法》施行40周年、中国烟草公司成立40周年、烟草专卖法施行30周年等各项活动。常态化开展“我为群众办实事”实践活动，12项重点项目全部落地见效；为10个帮扶村捐赠445万元帮扶资金，圆满完成年度乡村振兴任务。征集行业2021年度学术论文10个类别42篇，开展CORESTA大会论文征集，开展“科技创新年”活动，推进营销运行机制改革，深化用工分配制度改革，首次开展青年托举人才选拔工作，职业技能鉴定站质量管理体系文件通过国家局审核，创建劳模创新工作室及技能大师工作室，开展诗文朗诵警示教育及“纪检干部大讲堂”等创新活动，通过发放读书卡、开展各类劳动竞赛及技能比武深化“创建学习型组织，争做知识型职工”浓厚氛围，开展党员教育电视片观摩交流活动共征集作品21部，选派两部优秀作品参加中烟实业最终评审。

内蒙古昆明卷烟有限责任公司

2022年，内蒙古昆明卷烟有限责任公司升级企业文化理论体系，企业软实力建设从单点企业文化建设，向质量文化、品牌文化、安全文化、员工行为准则等全面文化工作齐头并进，形成合力，助力企业实现高质量发展的新局面。归纳凝练蒙昆公司“十二心”核心价值观，印发《内蒙古昆明卷烟有限责任公司企业文化升级实施方案》。

深圳烟草工业有限责任公司

2022年，深圳烟草工业有限责任公司坚持“两个至上”行业共同价值观，秉承“团结、创新、包容”的企业精神，持续推进企业软实力建设。按照行业视觉识别系统的相关技术标准要求，推动公司门牌、引导牌等标识的标准化替换工作。举办“笔墨深烟”书画笔会、“凝聚力量　勇毅前行　团结奋斗向前冲”员工趣味运动会，参加街道组织的“清湖杯”篮球友谊赛等，通过各式各样的文化体育活动，进一步丰富员工的业余文化生活。加强企业正面宣传与报道，全年在国家局网站发布宣传稿件1篇、中烟实业网站40篇、东方烟草网12篇。

山西昆明烟草有限责任公司

2022 年，山西昆明烟草有限责任公司围绕迎接学习宣传贯彻党的二十大精神、公司“四大工程”建设等重要工作，25 篇稿件陆续刊登在央媒、国家局网站及行业各大媒体。短片《为什么入党》获得“爱我中华”“金叶情怀”第七届烟草行业微视频评选二等奖。

海南红塔卷烟有限责任公司

2022 年，海南红塔卷烟有限责任公司加大软实力建设力度，坚持以习近平新时代中国特色社会主义思想为指导，以学习宣传贯彻党的二十大精神为主线，加强企业文化建设。开展新时代伟大成就展活动，开设党的二十大专题学习宣传专栏，建设 1 面宣传墙、3 条宣传长廊、20 余处宣传板报等，多方式、分层次、全覆盖组织学习宣传贯彻党的二十大精神；常态化开展党史学习教育，全年开展党史宣讲活动 60 余场，组织学习党的二十大代表、“七一勋章”获得者王书茂投身南海维权斗争的先进事迹，拍摄以公司党务工作者“感悟初心使命”为主题的党员教育电视片；弘扬劳模精神、工匠精神，举办五一劳模技师座谈会，开展职工劳动竞赛；开展“质量月”、先进标兵、先进集体、十佳员工、十佳技术能手等评优评先活动，制作先进集体与先进个人文化墙；完善“我为群众办实事”工作机制，开展“员工最不满意的三件事”调研改进，及时解决员工群众反映比较集中的问题；履行烟草社会责任，继续支持海南琼中青少年教育振兴事业；围绕中国烟草总公司成立 40 周年、海红公司成立 20 周年，组织开展主题演讲、论文征集、文体竞赛以及职工文艺晚会等庆祝活动。

中国烟草总公司郑州烟草研究院

2022 年，中国烟草总公司郑州烟草研究院始终保持高度政治站位和政治敏锐感，采取理论学习中心组学习、专题读书班、宣讲报告会、辅导讲座、网络培训班等形式，及时学习宣传贯彻党的二十大精神，认真开展专题学习研讨，迅速兴起迎接学习宣传贯彻党的二十大精神热潮。在郑州院内网开设“学习贯彻党的二十大精神”专栏，用好电子屏、展板、宣传栏等，做好二十大精神的宣传阐释和学习贯彻工作，营造贯彻落实二十大精神的浓厚氛围。在清明节、国家公祭日等特殊节点，组织干部职工参加网上公祭活动，缅怀革命先烈，弘扬爱国主义精神，激发职工的爱党爱国热情。举办文明礼仪专题讲座，持续开展“文明餐桌”“文明交通”活动，引导职工以自身的示范行动带动更多人践行勤俭节约新风尚。

中国烟草总公司职工进修学院

2022 年，中国烟草总公司职工进修学院深化文化建设，规范使用《中国烟草视觉识别系统》，实现理念共识化、行为规范化、视觉一体化。加强文化创新建设，提炼干部教师共同行为规范，丰富体现“进思敏行、修己达人”“笃学践行、创新务实”等理念的学院文化体系。结合纪念中国烟草总公司成立 40 周年，开展“两个至上”行业共同价值观宣传贯彻。依托青年论坛、文化活动等载体，宣传橱窗、学院网站等阵地，多形式宣传学院文化，引导干部教师认同、践行学院文化，激发转型发展内生动力，展示学院良好形象。坚持需求导向，落实学院《培训品牌培育实施意见》，深化“互联网 + 教育培训”融合创新，大力发展在线培训，助力学习型行业建设。用好中国烟草培训网、中国烟草网络学院和微信客户端、“技能烟草”公众号等平台，强化与行业媒体的沟通协作，深化线上线下一体、内宣外宣联动的宣传体系建设，更加全面深入宣传学院工作成效。结合工作实际，组织好国家、行业部署的重大主题宣传报道，助力上级重大决策部署在学院落地见效。深化学院通讯员队伍教育培养，组织参与宣传实践活动，提升宣传能力。

中国烟草总公司合肥设计院

2022 年，中国烟草总公司合肥设计院贯彻落实提升烟草行业软实力的指导意见相关要求，加强企业文化建设，不断营造利于推动合肥设计院高质量发展的环境氛围。强化顶层部署，谋划推进“2＋3”战略，把文化力建设提高到企业发展战略高度、作为年度重点工作任务来抓。成立企业文化建设专项工作小组，推动开展企业文化调研，梳理提炼企业文化理念内涵、完善建立企业视觉识别系统、促进企业文化落地深植等相关工作。开展新闻宣传报道，围绕行业新闻宣传重点要务，在行业主流媒体刊发新闻稿件18篇，选登政务信息1篇，不断提升合肥设计院品牌力和文化力。发挥群团组织功能，征集形成第三批“我为群众办实事”重点事项清单，通过开展趣味运动会、改造职工运动场所等措施，满足职工群众精神文化需求，营造团结和谐的企业氛围。

上海新型烟草制品研究院有限公司

2022年，上海新型烟草制品研究院有限公司坚持以社会主义核心价值观引领文化软实力建设，弘扬社会主义核心价值观，引领全员增强文化自觉、坚定文化自信。

聚焦“举旗帜、聚民心、育新人、兴文化、展形象”的使命任务，用社会主义先进文化、革命文化、中华优秀传统文化培根铸魂。开展社会主义核心价值观教育，以传统节日、重要纪念日、重大节庆日为契机，开展党性教育、爱国主义教育等系列主题活动，唱响主旋律、弘扬正能量。深化文化实践，用好用活用实文化活动和文化阵地，宣传先进事迹，讲好新烟故事，凝聚崇德向上的干事创业合力。坚持守正创新，持续弘扬和践行“两个至上”行业共同价值观，宣传贯彻烟草行业文化架构体系及理念内涵。对照行业文化理念新时代内涵诠释，做好上海院有限公司文化架构搭建。坚持“做精做强，创新转型”的战略思想，发挥文化导向和凝聚、激励、辐射功能，引导全体职工进一步增强“我与新烟共成长”的主人翁使命感，立足岗位主动作为、求实创新。聚焦推动上海院公司健康可持续发展，做好企业文化理念建设、宣传贯彻载体建设和专业队伍建设，进一步推进文化的传承融合，培育形成包含创新精神、创业精神、争创一流精神、团队精神、开放合作精神的新烟文化。继续开展“新烟讲坛”，通过专题讲座、论文研究、项目交流、课题研讨等探索前沿科技、自主改善破除制约“瓶颈”、合力开展攻关，教育引导全员把推动企业高质量发展与实现自我价值结合起来，推动科研成果转化，积聚起企业高质量发展新动能。

南通醋酸纤维有限公司

2022年，南通醋酸纤维有限公司修订完善“1＋4”文化体系。制定《南纤公司文化架构体系修订方案》，分阶段开展工作，通过意见征集、专题研讨、集中研讨，形成1.2万字的理念体系初稿。

开展4个主题文化活动，包括召开“喜迎二十大　奋进新征程”南纤公司成立三十五周年主题文化讲坛暨停车检修动员大会；组织策划“喜迎二十大　奋进新征程南纤公司成立三十五周年”主题图片展；举办喜迎二十大　奋进新征程——庆祝成立三十五周年职工书画摄影展；面向全体员工开展35周年主题征文活动，征集作品78篇，评选出优秀奖10篇，入围奖10篇。策划4个主题宣传活动，包括组织“风雨同舟同心战疫”系列报道，在新冠疫情期间，成立由各区域宣传骨干组成的矩阵式专题宣传组，发布新闻9期、图片4组、专题视频1部，行业媒体新闻2篇，推送公众号7期15篇；开展“讲党建话安全”主题宣传，各支部利用“三会一课”等形式，开展“党建＋安全”“党员身边无三违”主题微分享等活动；开展“奋战大检修奋进新时代”停车检修主题宣传，制定《2022年停车检修宣传工作计划》，编制《奋战大检修奋进新时代》主题画册总结典型做法；开展“学习二十大奋进新时代”主题宣传，在三纤公司协同门户开设“学习宣传贯彻党的二十大精神”专栏，搭建“学习动态”“学习体会”“学习资料”等3个栏目，组织党员围绕贯彻落实党的二十大精神撰写学习体会13篇，发布权威学习资料9篇。

昆明醋酸纤维有限公司

2022 年，昆明醋酸纤维有限公司高度重视思想政治工作和企业文化“主心骨”作用，持续做好新时代合资企业思想引导和舆论宣传工作。坚持以党建促进合资企业的发展，以行动践行服务烟草的初心，始终把企业文化建设融入发展全局，以责任担当诠释保障供应的使命，引导广大员工投身公司各项工作。坚持把“举旗帜、聚人心、兴文化、展形象”作为基本工作遵循，以提升华维品牌影响力为重点内容，营造“强信心、暖人心、聚民心”的工作氛围。坚持文化塑造，将企业文化建设与员工队伍建设有机结合，发挥文化的激励、引导、鼓舞、塑造作用，以文化人、以文育人。根据年度工作安排，开展员工知足教育活动。通过举办心理健康讲座、三八节活动、读书征文、文体赛事等进一步凝聚员工力量，增强干事创业的作风和“精气神”。以国家局网站、《华维简讯》、三纤协同平台、公司内外网、宣传栏等平台为载体传播昆纤人良好的精神风貌和优秀的企业形象，以各类文体活动增进团结，凝聚力量，塑造品格。坚持“学做结合”，推进学习型企业建设，通过烟草网络学院、专家学者、主要领导讲课等形式，强化员工学习，提升技能本领。班组“一月一学一考”成为常态，读书角、职工书屋、主题党日成为主要学习阵地，将学习力转化为创造力，推进“学习工作化、工作学习化”，为昆纤高质量发展凝聚新动能。

珠海醋酸纤维有限公司

2022 年，珠海醋酸纤维有限公司围绕国家局和董事会工作部署，坚持党建引领，聚焦协同创新，深入落实行业软实力建设工作要求，围绕中心工作开展丰富多彩的思想文化工作。学习宣传贯彻党的二十大精神，常态化、长效化开展党史学习教育，践行“合资企业 456 党建工作模式”。结合公司“十四五”规划，持续抓好党建与生产经营相融合，推动“六能力”建设向部门、员工和外部深入延伸。创新形式灵活开展党员身份教育，党建引领作用在推动高质量发展的实践中得到进一步彰显。做实新闻宣传，强化向心力。不断增强政治敏感性，把保障信息安全摆在重要位置。2022 年，《华维简讯》出版 12 期、增刊 2 期，华维协同工作平台发布文章 500 余篇，公司内网发布文章 1000 余篇。做好对内宣传的同时，加强对外宣传，聚焦防疫保产、安全绿色、科技创新、党的二十大等重点主题，向行业媒体踊跃投稿，扩大华维品牌在行业内的影响力。全年在行业期刊发表文章 3 篇，在国家局内网发表文章 40 余篇。开展“核心价值理念引领下的一致性行为”工作。重点宣传贯彻以行业意识、规范意识、协同意识和党员意识为主要内容的核心价值理念，通过广泛深入的调研，收集分析与核心价值理念存在的差距及其根因，狠抓落实整改，助推公司质量、效率和文化“三大变革”，进一步营造风气清正、创业干事的良好氛围。

云南红塔银行股份有限公司

云南红塔银行股份有限公司企业文化以“梦想开始的地方”为名，系统构建“梦想文化”体系。梦想文化体系共包括 4 个层次，16 个维度。整个文化体系以“梦想开始的地方”为原点，衍生出企业使命、企业精神、企业核心价值观、企业愿景，是云南红塔银行全体员工由衷认同并自觉奉为行动指南的理念与信仰。在此基础上打造形成第一个子文化——合规钻石文化，合规文化体系以“钻石”命名，寓意云南红塔银行将把合规文化打造得像钻石一样光彩照人，珍视于心，璀璨于行，真正让合规像呼吸一样自然。

2022 年是云南红塔银行改革发展的“加速之年”，企业文化建设紧密结合业务发展需求，开展丰富多彩的活动。完成企业形象宣传片的拍摄，举办“红银故事汇”活动，开展行歌歌曲制作，组织“昆马赛中赛”活动，制作传统文化系列海报，启动服务子文化建设，进一步丰富梦想文化的内涵与外延，为事业发展凝聚力量。

◇ 编辑：王　静

公益活动

2022年全国烟草行业公益活动概况

国家烟草专卖局　中国烟草总公司

2022年，国家局、总公司积极开展各项社会公益活动。

困难帮扶。向中国法律援助基金会捐款300万元，用于捐助“1+1”中国法律志愿者行动，为服务在青海、新疆及新疆生产建设兵团的“1+1”中国法律志愿者提供支持；向中国西部人才开发基金会捐款300万元，在湖北竹溪县、竹山县，江西兴国县、宁都县开展“相守计划”，关爱农村留守儿童。

资助教育事业。向中国乡村发展基金会捐款192万元，用于资助湖北竹溪县、竹山县400名困难大学生及300名困难高中生；向中国儿童少年基金会捐款1500万元，用于“春蕾计划”，为江西、湖北、宁夏、甘肃、内蒙古、云南、新疆、青海、陕西、广西、贵州、四川、西藏等13个省（自治区）的4800余名困难女学生提供助学帮扶。

资助公共卫生事业。向湖南汨罗市血吸虫病防治项目捐款150万元，用于汨罗市血吸虫病防治基础设施建设。

助力乡村振兴。投入帮扶资金15.66亿元，开展帮扶项目3784个；派出驻村工作队1286个，帮扶干部3802人，对1930个脱贫村开展驻村帮扶，帮扶受益人口达到289万人。

定点帮扶。国家局自2002年、2013年、2016年定点帮扶竹溪县、竹山县和宁夏吴忠红寺堡区以来，截至2022年底，共投入无偿帮扶资金8.61亿元，派驻挂职帮扶干部26名，累计购买和帮助销售农产品4.73亿元。2022年，直接投入无偿帮扶资金1.31亿元、有偿帮扶资金3535.73万元，引进无偿帮扶资金1343万元。定点帮扶地区受益总人数12.45万人、受益“三类户”人数3624人。

行业援藏。协调西藏区，拟定国家局、总公司对西藏区兴边富民工程定点捐赠资金协议和“十四五”期间国家局援藏资金投资项目规划工作方案，2022年行业捐款2亿元（其中总公司2000万元）用于援藏工作，惠及西藏区下属所有地市。西藏区印发《烟草行业援助西藏自治区乡村振兴项目和捐赠资金管理的暂行办法》，确保全国烟草行业援藏资金安排使用到位、项目建设完成到位、项目惠民成效到位，助力西藏谱写长治久安和高质量发展新篇章。

支持革命老区振兴发展。2022年，对口支援江西省兴国县捐赠4500万元用于产业发展和教育培训。

北京市烟草专卖局（公司）

困难帮扶。2022年，北京烟草商业系统向西藏区财政厅捐赠发展基金400万元，用于支援西藏区兴边富民工程建设。北京市局（公司）开展“共产党员献爱心”捐款活动，市局（公司）机关党委组织开展“共产党员献爱心”捐款活动，共募集善款3.85万元（含群众捐款）。采购国家局定点帮扶地区农特产品总额253.89万元。市局（公司）营销中心慰问东外北社区5户高龄党员与困难群众，慰问金共计2000元。西城烟草联合广外残联及广外三义东里社区党委工作人员，走访慰问辖区困难群众家庭，送去米、面等生活物资和慰问金2600元。朝阳烟草工会慰问困难群众，捐款2.95万元。海淀烟草慰问辖区内困难零售户9户，送去米、面、油等生活必需品和防疫物资。大兴烟草为城乡共建帮扶村村委会捐赠口罩、酒精湿巾、消毒液等防疫物资，走访慰问7户困难群众家庭，并向村内困难村民、孤寡老人、防疫值守人员捐赠过冬羽绒服。平谷烟草参与“百局扶百户”活动，向帮扶对象捐赠米、面、油等生活必需品，共计2400元。

志愿服务。北京烟草团委向北京市青少年发展基金会捐款19.5万元，用于志愿服务活动。东城烟草倡议并组织党员在新冠疫情防控的关键时刻挺身而出，参与社会性志愿服务50人次。大兴烟草党支部推动“双报到”机制常态化，组织党员下沉社区，参与新冠疫情防控、关卡值守、礼让斑马线、清扫街道、义务劳动等志愿服务活动120余人次，累计服务300余小时。昌平烟草参与志愿服务共计79人次，累计参与志愿服务262.5小时，累计服务群众3.8万人次。

天津市烟草专卖局（公司）

2022 年，天津市烟草商业系统捐款 665.31 万元（含个人捐款 9.55 万元），用于各项社会公益活动。

全市烟草商业系统捐款 442 万元，用于支持天津市乡村振兴工作。向天津宝坻区政府捐款 410 万元，主要用于宝坻区方家庄中街村、方家庄后街村振兴产业规划；疫情期间，拨付 2 万元用于采购口罩、防护服、洗手液、洗手凝胶等防护物资，支持两个振兴村新冠疫情防控工作。宁河区局（有限公司）自筹 30 万元捐赠天津市宁河区东棘坨镇人民政府、苗庄镇人民政府、板桥镇人民政府，用于制作安装智慧灯杆。

市局（公司）所属各单位购买天津蓟州区等帮扶农特产品 213.76 万元，其中各级工会为员工采购帮扶产品 37.84 万元，各单位食堂消费 175.92 万元。

市局（公司）在职党员 1211 人到社区报到，参与社会基层治理、投身疫情群防群控工作。全年所属各单位累计开展爱老敬老、慰问生活困难群众、清理环境卫生等志愿服务活动 81 次，累计 2591 人次参与；组织员工捐款 5.03 万元，为养老院、儿童福利机构等捐赠 200 余件生活日用品。

市局（公司）所属各单位员工个人参加社会公益活动 472 人次，捐款 4.52 万元。7 名干部职工参加无偿献血活动，献血 1700 毫升。

河北省烟草专卖局（公司）

2022 年，河北省烟草商业系统捐款 3414.79 万元（含个人捐款 22.84 万元），用于各项社会公益活动。

困难帮扶。捐款 2109.81 万元，其中，向承德市政府拨付帮扶资金 2000 万元用于精准帮扶，捐款 36.56 万元用于对口帮扶村产业帮扶，助力农民增收致富，巩固脱贫攻坚成果。派出 88 个驻村工作组 231 人，选派 134 名优秀干部到帮扶村任第一书记。

资助乡村建设。捐款 768.39 万元，用于村镇主路改造、基础设施建设、人居环境提升、村集体经济发展等，推进宜居宜业和美乡村建设，助力乡村振兴。其中：向承德丰宁县外沟门村捐款 160 万元、围场县东沟村捐款 10 万元；向唐山丰润区北黑山沟村捐款 18.28 万元、丰南区顶代庄村捐款 15 万元；向沧州吴桥县赵家茶棚村捐款 20 万元；向衡水故城县小庙村捐款 20 万元、武强县张沙洼村捐款 10 万元、武邑县清凉店村捐款 6 万元。

资助教育文化事业。捐款 7.59 万元，其中，向石家庄市友谊大街小学捐款 4.8 万元配置教学设备，向沧州盐山县千童镇捐赠价值 1.2 万元电脑 2 台。

社会帮扶。捐款 529 万元，其中，向西藏区捐赠援藏资金 400 万元，投入资金 90 万元从国家局定点帮扶的竹溪县、竹山县、红寺堡区购买农产品，向邯郸市红十字会拨付资金 12 万元，走访慰问捐款 4.13 万元，组织“职工互助一日捐”“博爱一日捐”等活动捐款 18.55 万元，向困难零售户捐款 2.53 万元。

开展其他各类社会公益活动。组织 3536 名党员干部进驻包联社区参加联防防控、排查执勤、环境消杀，协助开展新冠疫情防控工作。组织干部职工开展普法宣传、“创建文明城市”、“党员进社区双报到”、“学雷锋、我们在行动”、“文明出行、从我做起”、“到一线、亮身份、当先锋”党员志愿者服务等活动。开展走访慰问活动，为困难户捐赠衣服 206 件，为困难家庭学生捐赠学习用具 317 件、书籍 215 本。员工参加无偿献血活动 335 人次，献血 4.82 万毫升；参加义务植树活动 367 人次，植树 2253 棵；组织 545 名员工参加清扫马路等活动，共计开展 338 次。

山西省烟草专卖局（公司）

2022 年，山西省烟草商业系统捐款 1189.46 万元（含个人捐款 39.61 万元），用于各项社会公益活动。

困难帮扶，助力乡村振兴。成立 69 个驻村工作队，选派 60 名干部任第一书记（工作队队长），开展定点帮扶工作。省局（公司）及所属 11 个市局（公司）捐赠帮扶资金 1149.85 万元，其中 749.85 万元用于全省烟草商业系统定点帮扶地区乡村振兴，400 万元用于支持西藏建设。省局

（公司）及所属 11 个市局（公司）员工捐款 39.61 万元，用于新冠疫情防控、关爱下一代、资助教育、困难帮扶等，开展“以购代捐”“以买代帮”消费帮扶活动，以及“博爱一日捐”“慈善一日捐”等活动。

开展其他各类社会公益活动。太原市局（公司）开展“烟头不落地　龙城更美丽”创文明城市公益活动；联合各属地社区慰问敬老院、困难卷烟零售户、退休老党员等。大同市局（公司）组织志愿服务者连续第八年开展关爱环卫工人学雷锋志愿服务活动；开展党员对接社区“双签约”“双报到”工作，组建 17 支党员突击队下沉社区，参与属地疫情防控工作。阳泉市局（公司）深入交警支队、高速口等疫情防控一线对驻地交警和防控人员开展慰问活动。长治市局（公司）设立“学雷锋暖心驿站”，常态化开展“践行社会责任、温暖户外劳动者”活动。晋城市局（公司）组织党员领导干部参与晋城市主次干道责任分包和文明交通志愿服务活动。朔州市局（公司）开展“喜迎二十大、同心抗战疫”捐款活动。忻州市局（公司）成立忻州烟草抗疫党员突击队，参加地方“无疫社区”创建活动。吕梁市局（公司）开展贫困大学生助学募捐活动；组织开展“垃圾分类　文明先行”“学雷锋志愿服务月”主题活动。晋中市局（公司）推进机关各党支部与街道社区基层党组织“双报到、双服务、双报告”工作，推动党员干部志愿服务、下沉社区工作常态化；机关与所属物流中心党支部联合开展“植树添绿、党员先行”义务植树活动。临汾市局（公司）开展“承担绿色责任、传播绿色文明”义务植树活动；组织参与“守护临汾——助力新冠疫情防控”高铁站抗疫志愿服务，机关党员下沉社区参加社区志愿服务。运城市局（公司）开展“让党旗在一线高高飘扬”疫情防控各项志愿活动。

内蒙古自治区烟草专卖局（公司）

捐资助学。2022 年，内蒙古区烟草商业系统向乌兰浩特市政府捐款4000 万元，援建乌兰浩特市红云希望小学南校区二期、北校区一期项目，支持革命老区和区域中心城市教育事业，帮助乌兰浩特市政府解决教育发展困境。锡林郭勒盟局（公司）、通辽市局（公司）合计捐款 2.1 万元，用于开展关爱青少年视力健康“亮眼计划”公益活动。通辽市局（公司）为库伦旗养畜牧小学捐赠帮扶资金 3 万元，改善师生的教学环境。巴彦淖尔市局（公司）给巴彦淖尔市团委贫困学生捐款 2 万元。呼伦贝尔市局（公司）向扎兰屯市教育局捐款 1 万元，定向用于市局帮扶包联村古里金村金叶希望小学师生用餐饮水条件和办公条件的改善。

困难帮扶。捐款 931.84 万元开展乡村振兴结对帮扶活动，全面推进乡村振兴工作。捐款 400 万元用于支持西藏地区经济社会发展。通辽市局（公司）设立“暖阳爱心基金”，捐款 12.2 万元，帮助困难零售户。

灾害救助。组建党员先锋队、“责任文化”先锋队、铸魂突击队，组织干部职工到单位结对社区和本人居住地社区“双报到”，员工下沉社区开展志愿服务 3.09 万人次、计 8.54 万小时。

志愿服务。响应政府号召，参加植树造林活动，投入资金 0.99 万元开展养护工作确保树苗成活，参与人数 178 人次；开展包联主次干道沿线市容环境集中整治及包联社区志愿系列活动，捐款 1.1 万元，参与人数 168 人次；开展认领微心愿、改善社区环境活动，开展学雷锋志愿服务活动 708 次，1136 小时；开展“亮眼计划”，捐款 0.5 万元；开展爱心送考活动，为高考考生送水、毛巾等物资。

辽宁省烟草专卖局（公司）

2022 年，辽宁省烟草商业系统投入乡村振兴帮扶项目资金 315.9 万元，向西藏区捐款 400 万元，向辽宁省丹东市刘家河村捐款 18.85 万元。

沈阳市局（公司）以“学金叶先锋、做辽烟雷锋，沈阳烟草志愿者在行动”为主题，组建志愿者服务队 21 个，投身开展创城、助残、献爱心等各项志愿服务活动。鞍山市局（公司）结对地方文明共建工作，携手郭明义爱心团队孙宝江志愿服务队，共同开展“防疫消杀、你我同行”新冠疫情防控志愿服务活动。抚顺新宾县局（公司）党支部组织开展困难零售户帮扶活动，制定“一对一”帮扶计划和“一户一策”的经营指导方案。丹东市局（公司）捐款4万元用于抗美援朝纪念馆安装“老年人、残疾人专用电梯”。锦州市局（公司）捐款18.9万元用于锦州凌海市大业镇中心小学危墙改造。葫芦岛市局（公司）捐款10万元，用于建昌县定点帮扶村陈家店村修建路灯、打井和路基改造。阜新市局（公司）加强“一乡一业”“一村一品”产业体系建设，所属12座烟站采取“以租代捐”形式助力政府开展乡村振兴。

吉林省烟草专卖局（公司）

困难帮扶。2022年，吉林省烟草商业系统采购国家局定点帮扶农产品81.39万元，其中：吉林省局（公司）机关及各市、州局（公司）工会系统向湖北竹溪县、竹山县采购农产品35.51万元；通过各单位食堂购买湖北竹溪县农产品45.88万元。长春市局（公司）员工捐款73.71万余元，用于帮扶资助退役军人和军烈属；支持创建“幸福小区”、完成微心愿活动，帮助贫困户46户、烈士遗属600人、满足微心愿421户。吉林市局（公司）员工捐款0.63万元，用于走访慰问舒兰市新安乡联合村33户村民，其中监测户2户、脱贫户31户。四平市局（公司）开展“99公益日”捐赠活动，党员干部捐款2.75万元。通化市局（公司）员工捐款0.65万元帮扶农村建档立卡困难户。白城市局（公司）向白城市公安民警优抚基金会捐款32万元，用于因公牺牲民警家属补助金、因公负伤、致残民警医疗补助金、特困民警家庭优抚工作。辽源市局（公司）通过红十字会向特困群体捐款0.21万元，走访慰问包保脱贫户捐款1.41万元，组织慰问聋哑儿童捐款0.17万元。白山市局（公司）向抚松县慈善会捐款10万元，用于帮扶低保户、农村建档立卡户、五保户。延边州局（公司）员工开展“送暖慰问”结对帮扶，捐赠慰问物品价值0.27万元。

捐资助学。省局（公司）机关党员干部向长春市特殊教育学校捐赠校服220套，累计金额3.68万元。长春市局（公司）捐款48.3万元，为长春地区贫困残疾学生和贫困残疾人家庭子女提供扶残助学金，帮助解决161名在校高中残疾学生就读问题。四平市局（公司）捐款60万元，其中，通过四平市铁西区教育局向家庭经济困难中小学生捐款25万元，通过四平市铁东区教育局向家庭经济困难中小学生捐款20万元，通过梨树县教育局向梨树县家庭经济困难中小学生捐款5万元，通过伊通满族自治县教育局向伊通满族自治县家庭经济困难中小学生捐款5万元，通过双辽市教育局向双辽市家庭经济困难中小学生捐款5万元。辽源市局（公司）向东丰县教育管理中心爱心助学捐款0.16万元，资助安恕中心小学困难学生午餐0.2万元。松原市局（公司）资助家庭经济困难学生捐款1.8万元。白山市局（公司）向白山市慈善会捐款1.1万元用于购买爱心书包，守护困境儿童求学梦想。

无偿献血。四平市局（公司）无偿献血7人次，献血2200毫升。辽源市局（公司）无偿献血1人次，献血400毫升。白城市局（公司）无偿献血19人次，献血5800毫升。白山市局（公司）无偿献血14人次，献血5000毫升。松原市局（公司）无偿献血47人次，献血1.15万毫升。

黑龙江省烟草专卖局（公司）

2022年，黑龙江省烟草商业系统捐款1220.11万元（含个人捐款3.11万元），用于各项社会公益活动。其中：投入帮扶资金717万元，用于精准脱贫、产业帮扶，资助乡村建设；捐款400万元，用于支援西藏地方社会经济发展。个人捐款3.11万元，主要用于看望受灾及困难群众、贫困学生和关爱贫困户等。

开展其他各类社会公益活动。新冠疫情期间，哈尔滨市局（公司）下沉社区参加疫情防控605人次，协助社区参加全民核酸检测99轮次，录入居民信息41万余人次。牡丹江市局（公司）有约240人参与协助社区开展核酸检测、入户排查、卡点值守、劝导佩戴口罩、隔离宾馆服务等工作。双鸭山市局（公司）组织机关党员干部下沉社区、交通卡口协助开展疫情防控工作77天、共计千余人次。七台河市局（公司）组织疫情防控排查180余次。鸡西市局（公司）、牡丹江烟叶公司组织员工开展义务植树活动。哈尔滨市局（公司）、齐齐哈尔市局（公司）组织员工开展无偿献血活动，累计献血4.20万毫升。鹤岗市局（公司）设立高考志愿服务点，牡丹江烟叶公司开展爱心送考主题志愿服务活动。双鸭山市局（公司）、黑河市局（公司）组织开展爱心助学募捐活动。哈尔滨市局（公司）成立百人志愿服务队，下沉社区参与各类志愿服务活动 20 余次，服务 210 人次；开办“乡依”玉米面条厂、注册永兴村乡硒粮米加工厂商标，大力助推乡村品牌发展。哈尔滨烟叶公司建设促农增收典型项目 32 个，各类促农增收项目净收入突破 5000 万元。佳木斯、牡丹江、鸡西、绥芬河等市局（公司）向帮扶村镇、贫困家庭走访慰问，捐赠资金购买生活用品、开展养殖项目、修建基础设施，助力美丽乡村建设等。

上海市烟草专卖局、上海烟草集团有限责任公司

2022 年，上海烟草集团有限责任公司捐款 7321 万元，用于各项社会公益活动。

上海烟草集团主要向上海市慈善基金会、老年基金会、拥军优属基金会等各类公益机构和单位开展公益捐赠，用于支持慈善教育事业、老年公益事业、帮困救助、优抚慰问、未成年人救助等。在上海抗击新冠疫情专项行动中，捐赠 2 万件手术服；向宁夏、海南、云南地区医疗卫生机构捐赠 23 辆“爱心负压救护车”，改善当地医疗救护条件；向国家局定点帮扶地区开展帮扶捐赠，以及援疆、援藏捐赠。

上海烟草集团本部、上海卷烟厂、上海烟草储运公司 117 名员工参加无偿献血活动，献血 2.34 万毫升。组织开展学雷锋志愿服务活动，623 名青年志愿者用实际行动弘扬雷锋精神和志愿服务精神。新冠疫情防控期间，上海烟草集团各级团组织 923 名团员青年加入上海疫情防控“攻坚战”，为打赢“大上海保卫战”贡献青春力量。

江苏省烟草专卖局（公司）

2022 年，江苏省烟草商业系统捐款 2505 万元，用于各项社会公益活动。

困难帮扶，助力乡村振兴。向苏州昆山市张浦镇人民政府捐款 97.7 万元，支援尚明甸村开展“十里樱花”建设和文旅民宅建设项目；向省委驻徐州丰县帮扶工作队捐款 80 万元，捐款 40 万元用于一户一策微关爱计划项目；向宿迁市宿豫区仰化镇建新村捐款 30 万元；捐款 25 万元用于盐城市射阳县千秋镇鲍墩居民委员会富民强村帮扶项目；向常州溧阳市洙汤村捐款 20 万元；捐款 18.6 万元用于江阴市南闸街道曙光村结对帮扶；向无锡江阴县长泾镇蒲市村捐款 15 万元；向连云港东海县安峰镇捐款 15 万元；向淮安盱眙县乡村振兴帮促工作队捐款 15 万元；向徐州丰县宋寨村捐款 10 万元；捐款 10 万元用于徐州沛县魏庙镇房村结对帮扶；捐款 10 万元用于邳州市邢楼镇小堌村定点帮扶；向泰州市高港区胡庄镇丁庄村捐款 9.5 万元；向丹阳市石潭村捐款 8 万元；向镇江丹阳市肇巷村捐款 7.5 万元；向省级经济薄弱村刘岗村捐款 6.3 万元；向扬州市邗江区贾桥社区捐款 6 万元；捐款 4.5 万元用于丰县王沟镇刘电池村“城乡结对、文明共建”活动。

开展各种慈善捐赠活动。向西藏区捐赠援藏资金 400 万元，向南京市见义勇为基金会捐款 50 万元，向南京市警察协会捐款 50 万元，向常州市文明办美德基金捐款 23 万元。向江苏省妇女儿童基金会“金叶同心·阳光助学”项目捐款 25 万元、向连云港市赣榆高级中学品学兼优困难学生捐款 9 万元，向连云港市新海高级中学品学兼优困难学生捐款 9 万元。向江苏省慈善总会困难群众帮扶捐赠项目捐款 80 万元，向宿迁市慈善总会捐款 40 万元，向无锡市慈善总会“一日捐”捐款 35 万元，向南京市玄武区慈善总会玄武区慈善协会“慈善一日捐”活动及结对社区香铺营慈善项目捐款 20 万元，向苏州市慈善总会捐款 15 万元，向淮安市慈善总会捐款 9.5 万元，向南通市慈善总会捐款 9 万元，向常州市慈善总会捐款 8 万元，向盐城市慈善总会捐款 5 万元，向南通市红十字会捐款 9 万元，向盐城市红十字会捐款 5 万元。

浙江省烟草专卖局（公司）

2022 年，浙江省烟草商业系统捐款 7206 万元，用于各项社会公益活动。其中，捐赠助力乡村振兴共同富裕建设资金 2600 万元，精实公益基金捐款 500 万元，捐赠援藏资金 400 万元。

乡村振兴。投入建设资金1295万元，用于温州平阳县官岙邸村“休闲绿道”项目、金华磐安县天山村千亩红花油茶基地建设项目、衢州开化县潭头村澳洲淡水蓝龙虾养殖项目、丽水龙泉市安平村石斑鱼养殖项目、台州三门县芹溪村青创农场项目。采购助农产品702.9万元。

志愿服务。整合组建省市县三级108支“香溢”志愿服务队，全省烟草商业系统5267名干部职工参加。开展“共富路上志愿行”年度主题志愿服务活动，各地开展疫情防控、助农共富、普法宣传等志愿服务活动，全省烟草商业系统超1.9万人次参与，时长8.5万小时。探索直播带货助农模式，举办专题“创客”训练营，全省烟草商业系统累计开展助农产品直播115场，直接带动销售440万元。建成“香溢红色驿站”1727家，集结“香溢”志愿者、零售户等为户外劳动者提供服务。

资助教育事业。“精实公益基金”向山区26县倾斜，资助1000名困难大学生入学，志愿服务20个精实希望书库，更新20个精实希望书库，采购图书1.93万册，走进校园开展党的二十大精神宣讲、儿童应急救助知识科普、“守护成长”普法活动、“共读一本书”等志愿服务活动。

安徽省烟草专卖局（公司）

2022年，安徽省烟草商业系统捐款2452万元，用于各项社会公益活动。

困难帮扶，助力乡村振兴。全年帮扶困难乡村70个，选派帮扶干部56人。申报创建乡村振兴示范项目2个，获批创建乡村振兴示范项目1个，帮扶马鞍山当涂县护河镇兴禾村打造美丽乡村金色招牌，被马鞍山市评为“十佳”乡村振兴示范村。与安徽中烟和中国农行安徽省分行一起帮扶宣城市宣州区杨柳镇兴洋村、高桥村，投入帮扶资金500万元。全年申报乡村振兴项目138个，捐款1690.45万元，捐赠援藏资金400万元。确立30万元以上乡村振兴项目14个，涉及帮扶资金886.97万元。全年采购脱贫地区农产品146.17万元。

捐资助学。开展资助教育、“慈善一日捐”、“99公益日”等公益捐赠，助力文明城市创建、褒奖见义勇为、倡导爱心志愿服务等。

开展其他各类社会公益活动。组织干部职工常态化开展慈善捐赠、走访慰问送祝福、无偿献血等活动，解决群众急难愁盼问题。合肥市局（公司）派出100余人次下沉社区当防疫志愿者，在新冠疫情防控一线路口设卡驻点，发挥模范带头作用；淮北市局（公司）开展“小马甲”服务“大社区”志愿者进社区系列活动，清扫卫生死角；阜阳市局（公司）开展“冬日传情，腊八送暖”志愿活动，为环卫工人送上爱心春联和八宝粥；六安市局（公司）为留守困难学生捐赠“爱心书包”90个、学习用具130件、牛奶40箱、书籍40册。全省系统参与无偿献血活动400多人次，献血13余万毫升；参加植树活动200多人次，植树500多棵。

福建省烟草专卖局（公司）

2022年，福建省烟草商业系统捐款9604万元（不含个人捐款130万元），用于各项社会公益活动。

困难帮扶，助力乡村振兴。选派20名干部挂职或驻村助力乡村振兴工作，捐款405万元，用于解决帮扶村基础设施建设、卫生环境整治等问题。开展“我在乡间有亩田”志愿服务活动，认筹认种弃耕抛荒农田160.7亩，员工筹集资金34.16万元。资助教育文化事业，参与福建省帮扶助残大学圆梦行动，捐款100万元。参加“三下乡”活动，向宁德市古田县杉洋镇捐款20万元。向福建省见义勇为基金会捐款30万元；捐赠援藏资金400万元等。参与无偿献血活动849人次，献血29.34万毫升；参加义务植树活动1253人次，植树3693棵。

所属单位开展各类公益活动。厦门市局（公司）向厦门市红十字会、同安区红十字会等捐款90万元，用于新冠疫情防控及乡村振兴工作；莆田市局（公司）在“10·17”帮扶活动期间，组织所属单位协同零售户开展帮扶产品直播推介活动；漳州市局（公司）开展爱心捐书活动、科普宣传进学校、助力高考“金榜有你，成功启航”活动、与少年宫结对共建等爱心助学公益活动；龙岩市局（公司）与市红十字会开展公益共建活动，联合开展“99公益日”等活动；三明市局（公司）组建党建联盟，与政府部门、工业企业、乡村、非公企业等57个组织，联合开展捐资助学、绿色公益、帮扶助残、无偿献血等公益活动；南平市局（公司）参与蓝天救援队搜救、省运会志愿服务等活动；海晟投资公司通过教育基金会、特殊儿童保护计划、净水计划等项目，参与孤儿助养、贫困生资助、困难家庭救助、特殊儿童帮扶等公益事业；海晟连锁公司持续打造“海晟爱心驿站”志愿服务品牌。福州、宁德、泉州等市局（公司）和进出口公司、三明金叶公司、武夷烟叶公司参加社区文明实践、学雷锋、疫情防控、爱国卫生运动等志愿服务。

江西省烟草专卖局（公司）

助力乡村振兴。2022年，江西省烟草商业系统助力乡村振兴项目帮扶资金1105万元，帮扶项目94个。派出驻村第一书记35人，驻村工作队员61人。烟叶生产基础设施项目建设投入概算资金4992.86万元；援建赣南原中央苏区新农村建设项目10个，投入资金680.86万元，惠及4个市、9个县，受益人口1.7万人。

困难帮扶捐款130.97万元（含个人捐款0.81万元），主要用于走访慰问生活困难群众等。资助教育文化事业捐款12.75万元（含个人捐款5.82万元），捐赠图书794册。救助灾害捐款72.22万元，主要面向烟叶灾害、洪灾等受灾救灾捐款，以及抗击新冠疫情的捐款救助。其他捐款175.17万元，其中，用于综治帮扶28.72万元，用于社区共建89.94万元，用于平安创建24.45万元，用于文明创建32.05万元。

开展其他各类社会公益活动。组织干部职工开展创文创卫、社区服务、疫情防控、党员助力帮扶攻坚、敬老爱老、党员先锋岗、巾帼建功岗、义务劳动、文明劝导、零售户结对帮扶、“三进三为”等主题志愿服务活动3.63万人次。看望慰问老人、孤残儿童，开展日常帮扶1682人次。参与无偿献血活动249人次，献血7.1万毫升。义务植树活动433人次，植树1006棵。

山东省烟草专卖局（公司）

2022年，山东省烟草商业系统捐款2863.08万元（含个人捐款105.95万元），用于各项社会公益活动。

困难帮扶，助力乡村建设。选派驻村第一书记67人，帮助乡村建设特色产业发展项目、农田设施建设项目、村级“硬件”提升项目和综合服务配套建设项目，改善村容村貌等。拨付帮扶项目基金1615.69万元（含捐款276万元）；帮助帮扶地区解决农产品价值480.29万元；省局（公司）投入援藏资金400万元，支持藏区产业发展。

开展其他各类社会公益活动。向地方见义勇为基金、人口关爱基金等捐款56.2万元；开展助学、帮扶救济、助力全国文明城市创建等活动，捐款138.5万元；助力新冠疫情防控，捐款74.52万元；组织参加各级慈善总会“慈善一日捐”活动，组织开展“希望小屋募捐”“社会妈妈”爱心帮扶、“爱心传递　幸福家园”等募捐活动，捐款102.28万元（含个人捐款71.18万元）；捐赠图书169册；献血2.67万毫升；开展义务植树活动，植树390棵；组织开展交通文明劝导、“烟头不落地　城市更美丽”、社区环境整治、防疫物资发放和政策宣传等活动1400余次，参与人数1.2万余人次。

河南省烟草专卖局（公司）

2022年，河南省烟草商业系统捐款2676万元（含个人捐款43.5万元），用于各项社会公益活动。

助力乡村振兴。全省烟草商业系统捐款2131.2万元（含个人捐款32.3万元），加大乡村振兴帮扶和支持力度，其中，组织开展消费帮扶活动，购买帮扶地区农产品749万元。注重党建帮扶，持续开展支部共建，138个党支部2282名党员参与结对共建，捐款捐物共计32.3万元。投入帮扶资金1349.9万元，引进帮扶资金1121.6万元，开展帮扶项目158个。

困难帮扶。组织开展“99公益日”慈善捐款、消费助农、爱心助残、慰问困难群众等，捐款378万元（含个人捐款11.2万元）。捐资助学18.8万元。

开展其他各类社会公益活动。捐款148万元，组织全省系统干部职工开展新冠疫情防控、无偿献血、义务植树、公益服务和“党员进社区”“党员心连心”等活动，五一劳动节、六一儿童节、八一建军节慰问，结合当地文明城市创建、环境整理、“爱心送考”、“文明执法、普法宣传”、“文明交通”等活动，建立党员先锋岗1514个，设立党员责任区975个，开展志愿服务1.73万人次。郑州、安阳、鹤壁、新乡等市局（公司）组织党员干部到社区开展疫情防控志愿服务活动5206人次；洛阳、平顶山、安阳、新乡、济源等市局（公司）组织参与文明交通志愿活动993人次；洛阳、平顶山等市局（公司）参加无偿献血志愿活动46人次、献血1.84万毫升。安阳市局（公司）开展环境清洁志愿服务活动10次、参与105人，清理垃圾堆26处，清理“乱堆乱放”20处，清理残垣断壁1处、绿化树木12棵。漯河市局（公司）开展环境清洁活动460人次，悬挂治理横幅8条、制作宣传版面12块、修补窗户35扇、清理各类废品垃圾8车。焦作市局（公司）植树954棵。

湖北省烟草专卖局（公司）

助力乡村振兴。2022年，湖北省烟草商业系统选派118名驻村第一书记、314名驻村帮扶干部，组建136支驻村工作队开展驻村帮扶，229个党支部参与脱贫村结对共建，投入帮扶资金4624万元，落实帮扶项目454个，购买国家局定点帮扶和对口支援地区农产品303.92万元；公益捐赠资金1905万元，其中1000万元用于“湖北希望工程·知音同行公益助学行动”。

新冠疫情防控。疫情期间，242个工作队（组）、7736名干部职工投身疫情防控，参与高速交通卡口和社区卡口值守、核酸检测、信息排查等工作。

志愿服务。“烟小青”志愿者服务队开展困难帮扶、社区建设、环境保护、社会公益活动24次，参与志愿活动105人次，服务时长237小时。组织“谢谢你，城市守护者”青年捐款，筹款0.56万元。

“爱心妈妈”帮扶。发布致全省烟草商业系统广大女员工的倡议书，组织全省系统对“关爱困境母亲”公益项目捐款，筹款6.48万元，组织开展“关爱困境母亲　奉献烟草巾帼力量”暨“母亲邮包”发放活动，将中国妇女发展基金会的“母亲邮包”按比例发放至各单位乡村振兴对口支援点的困难妇女手中，以爱心帮扶困难妇女。

湖南省烟草专卖局（公司）

2022年，湖南省烟草商业系统捐款1.37亿元，用于各项社会公益活动。

助力乡村振兴。派出驻村工作队99个、驻村帮扶人员227人，结对帮扶村113个，捐赠乡村振兴专项资金5822.74万元（含援藏）。

灾害救助。捐款71.13万元，用于救助烟叶病虫害、洪涝灾害、雨雪冰冻灾害等。

开展其他各类社会公益活动。开展各类志愿服务活动1900余次，无偿献血活动89次，义务植树活动52次。长沙市局（公司）组织开展紫荆微公益活动；湘潭市局（公司）开展“爱在四点半　暖心助成长”社区共建活动；岳阳市局（公司）组织志愿者到社区开展清扫行动，成立“新时代文明实践志愿服务队”，构筑起抗疫“移动堡垒”；衡阳市局（公司）开展“争当同航先锋　助力乡村振兴”义务植树活动，“爱心助残”义卖活动；郴州市局（公司）开展“我为大家巡一夜　大家为我巡一年”活动，对网格区进行夜间巡逻，保护群众安全；常德市局（公司）开展特校“爱心圆梦——微心愿”、情系失独家庭“志愿红”在行动志愿服务活动；益阳市局（公司）组织“志愿服务轮值”活动；娄底市局（公司）开展“一个党员一个店、一个支部一条街”结对服务活动；邵阳市局（公司）开展“关爱空巢老人　心系老人健康”志愿活动；张家界市局（公司）开展“爱心一元捐”“助农直通车”等公益志愿活动；怀化市局（公司）开展“城市是我家，美化靠大家”环保公益活动；复烤公司开展“扫雪除冰保通行　志愿服务暖人心”山区破冰行动。

广东省烟草专卖局（公司）

困难帮扶。2022年，广东省烟草商业系统困难帮扶、社会帮扶捐款294.8万元。其中，珠海市局（公司）捐款1.22万元，汕头市局（公司）捐款3.38万元，韶关市局（公司）捐款108.38万元，饶平县局（公司）捐款1.92万元，潮安区局（公司）捐款0.95万元，佛山市局（公司）捐款4.84万元，茂名市局（公司）捐款5万元，潮州市局（公司）捐款15万元定向给潮州市湘桥区民政局，阳江市局（公司）捐款30.5万元，东莞市局（公司）捐款4.6万元。支持地方基层建设等工作，捐款50.81万元。汕尾市局（公司）开展困难帮扶活动捐款约4万元。云浮市局（公司）捐款5.64万元用于精准帮扶工作。阳江市局（公司）投入2.2万元用于资助贫困妇女儿童。肇庆市局（公司）公益慈善捐款35.38万元，困难帮扶捐款15万元。中山市局（公司）向中山市“慈善万人行”活动捐款6万元。

资助乡村建设捐款1692.56万元。其中：珠海市局（公司）帮助农网卷烟零售户销售农产品159万元；汕头市局（公司）向基层街道社区等捐赠帮扶资金169.8万元；韶关市局（公司）捐赠帮扶资金65.18万元；清远市局（公司）捐款230余万元，支持乡村振兴帮扶项目；江门市局（公司）捐款21万元，对口帮扶开平市赤坎镇两堡村、新建村；潮州市局（公司）捐款75万元用于乡村振兴；佛山市局（公司）捐款9.99万元；梅州市局（公司）捐赠乡村振兴专项帮扶资金191.3万元投入12个项目，捐款28.7万元，助力文明城市创建；茂名市局（公司）投入帮扶资金118万元，开展帮扶项目24个，投入80万元自建乡村振兴服务站5个；汕尾市局（公司）投入乡村振兴专项资金118万元；湛江市局（公司）投入192.43万元支持乡村振兴；阳江市局（公司）投入43.16万元支持乡村振兴，开展帮扶工作；揭阳市局（公司）结对帮扶5个村/镇实施乡村振兴，落实乡村振兴驻镇帮镇扶村定点帮扶工作；惠州市局（公司）投入119万元，用于乡村振兴；中山市局（公司）投入30万元专项资金，捐款2万元，用于乡村振兴。

其他各类社会公益活动。珠海市局（公司）志愿服务38人次，时长114小时。韶关市局（公司）员工无偿献血2.45万毫升，义务植树122棵。江门市局（公司）志愿服务时长5474小时，献血70人次。潮州市局（公司）参与无偿献血活动5人次，献血2000毫升。佛山市局（公司）参与无偿献血活动75人次。梅州市局（公司）参与无偿献血活动50人次，开展志愿服务活动222场，参与服务1284人次。广州市局（公司）实施“耆关爱，乐助童”冬日暖阳志愿服务行动，坚持每月开展结对探访独居孤寡老人和贫困家庭。茂名市局（公司）投入资金17.74万元，帮助包联点开展“双创”工作。汕尾市局（公司）参与无偿献血活动32人次，开展志愿活动122次。云浮市局（公司）捐款185.3万元，用于各项社会公益活动。湛江市局（公司）开展志愿服务活动118次，参与活动292人次。阳江市局（公司）投入资金81.99万元，用于社会公益活动。揭阳市局（公司）公益慈善捐款144.00万元。肇庆市局（公司）组建肇庆志愿服务队，参与服务5950余人次。中山市局（公司）开展志愿服务62次，参与志愿活动318人次。湛江市局（公司）组织无偿献血活动，献血9300毫升。

捐资助学。韶关市局（公司）捐款10.5万元。清远市局（公司）资助帮扶39户困难家庭、75名困难学生、200户困难零售户。潮州市局（公司）向潮安区育智学校捐款3万元。梅州市局（公司）筹集助学助教款8.72万元。云浮市局（公司）投入资金0.8万元开展捐资助学。东莞市局（公司）为展如小学捐赠衣物等共计价值5785.34元。肇庆市局（公司）捐赠图书价值6016元；捐款35.1万元。

广西壮族自治区烟草专卖局（公司）

困难帮扶、助力乡村振兴。2022年，广西区烟草商业系统组建工作队23个，帮扶干部71人，其中第一书记（工作队队长）21人、队员50人。帮扶脱贫村81个，结对帮扶人员808人，投入帮扶资金651.46万元。参与结对共建党支部31个、结对共建脱贫村40个，投入改善农村人居环境资金74.43万元。帮助转移就业595人，培训基层干部、致富带头人、技术人才等280人，帮扶工作受益人数4.77万人。购买湖北竹山县、竹溪县和宁夏区吴忠市红寺堡区、江西兴国县等定点帮扶和对口支援地区农产品433.34万元，单位食堂农产品采购785.19万元。

新冠疫情防控。桂林市局（公司）向桂林市及七星区疫情防控部门捐赠抗疫物资50万元，选派55批次267人参加疫情防控志愿者活动。北海市局（公司）通过红十字会向疫情防控部门捐款30万元，用于购买防疫物资，派出志愿者99人次，志愿服务时长4544小时。钦州市局（公司）组织21名党员到钦州市子材街道白水塘社区担任“值班网格员”，参与疫情防控日常工作。防城港市局（公司）参加疫情防控志愿服务 292 人次。百色市局（公司）向疫情防控部门捐款 30 万元，干部职工捐款 6.7 万元。

资助教育事业。南宁市局（公司）向南宁市希望工程办公室捐款 15 万元，资助困难学生 30 人。北海市局（公司）向合浦县山口镇水东小学捐款 5.45 万元，用于校园环境改造。贵港市局（公司）干部职工参与“助力乡村振兴——我为农村中小学生捐赠爱心包”活动，捐赠爱心包 23 个，价值 0.69 万元。玉林市局（公司）向兴业县北市镇长华村小学捐款 15 万元，用于校园建设。

开展其他各类社会公益活动。南宁市局（公司）组织开展进社区志愿服务 397 人次，开展文明交通劝导服务活动 14 次，组织党员向马山镇罗板村委罗板小学捐款 880 元，栽植桃树、李子树和桂花树等 18 棵。钦州市局（公司）开展“无偿献血传大爱，我为群众办实事”活动，23 名党员群众无偿献血 8800 毫升。来宾市局（公司）成立志愿者服务队，337 名员工全部参与志愿服务。参与“创建全国文明城市，共建和谐美丽来宾”活动 42 批次 586 人次，交通劝导志愿服务 45 人次。

海南省烟草专卖局（公司）

2022 年，海南省烟草商业系统捐款 729.27 万元（含个人捐款 12.31 万元），用于各项社会公益活动。

困难帮扶。个人捐款 12.31 万元，其中：海口市局（公司）开展为困难零售户送温暖等各种慰问活动捐款 10.18 万元；儋州市局（公司）开展参与希望工程助力乡村振兴圆梦行动捐款 1.16 万元；琼海市局（公司）开展守护童心筑梦未来、消费帮扶献爱心、走访慰问老党员等系列活动捐款 0.97 万元。

资助社会公共设施建设和乡村振兴。捐款 716.96 万元用于援藏和乡村振兴工作，其中：省局（公司）机关捐款 400 万元用于援藏工作；海口市局（公司）捐款 125 万元，用于推进对口帮扶村乡村振兴工作；儋州市局（公司）捐款 90 万元用于开展农村基础设施建设，改善乡村环境。琼海市局（公司）捐款 48.63 万元用于路灯亮化建设等乡村振兴工作。全省系统派出 182 名干部参加乡村振兴工作，其中 12 人任驻村第一书记。

开展其他各类社会公益活动。组织员工参加志愿服务、创文巩卫巡查、责任社区卫生大扫除、禁烧秸秆保护环境、守护童心筑梦未来、消费帮扶献爱心、走访慰问老党员、普法宣传进校园、防疫免费发药送温暖等各类公益活动；开展新时代文明实践志愿植树活动，向乡村振兴联系点捐赠树苗 220 棵；开展“一张纸献爱心行动”，将售卖废旧纸张所得款捐赠海南省慈善总会。组织无偿献血活动，献血 8350 毫升。开展消费帮扶系列活动，线上线下消费帮扶产品 12.1 万元，采购国家局定点帮扶地区产品 7.04 万元。疫情期间，组织党员突击队、志愿者服务队 2000 余人次，开展志愿服务 1.2 万余小时。

重庆市烟草专卖局（公司）

2022 年，重庆市烟草商业系统捐款 7761 万元，其中，水源工程捐款 3869 万元，地区乡村振兴重大项目捐款 2605.5 万元，慈善公益事业捐款 494 万元，援藏专项捐款 400 万元，定点帮扶地区彭水县三义乡 7 个帮扶专项捐款 392.5 万元。

全年购买定点帮扶地区农产品 149.07 万元，其中国家局定点帮扶地区农产品 111.19 万元、市局（公司）定点帮扶地区 37.89 万元。打造“巫溪小店”消费帮扶区域公共品牌，帮助销售农产品 157.78 万元；在彭水县三义乡捐建乡电商运营中心，实现特色农产品销售收入 38 万元；协助帮扶乡村向政府、其他行业机构争取帮扶资金 355 万元，引进项目投资 20 万元；为帮扶乡村办民生实事 160 余件，党员干部自发捐款 12.57 万元。

四川省烟草专卖局（公司）

2022 年，四川烟草商业系统捐款 3905.35 万元（不含干部职工捐赠），用于各项社会公益活动。

助力乡村振兴。投入资金 1421 万元帮扶 69 个村、83 个项目，其中，省局（公司）投入 211.5 万元，开展定点帮扶普格县乡村振兴项目，主要落实普格县大槽乡大槽村太阳能热水器安装一期工程，螺髻山镇甲甲沟村亮化工程、沟渠治理工程、太阳能热水器安装、垃圾治理等帮扶项目。对口联系村社基础设施建设类捐款626.62万元，其中，在凉山实施烟区公路维护项目270万元，捐款110万元用于德阳道桩村等联系村集体经济基础设施改善，为巴中石龙寺等村投入45万元，为甘孜道孚等县贫困乡村捐款60万元。

灾害救助。捐款199.6万元，为凉山、攀枝花受灾烟农提供救助；捐款20万元，为绵阳、达州两市涝灾群众提供生活救助；捐款10万元，支持广安市新冠疫情防控。省局（公司）机关、雅安市局（公司）、甘孜州局（公司）捐款300万元，用于甘孜泸定地震灾后恢复重建。

困难帮扶。省局（公司）机关捐款240万元，用于省公安厅英烈基金；捐款60万元，用于甘孜白玉等5县困难群众购置生活设施；捐款35万元，用于乐山杨村乡碑坪村路灯亮化项目；捐款30万元，用于阿坝小金县社会福利中心老年活动室改造；捐款18万元，用于乐山敬老院院区平整路面等；捐款218.72万元，为其他市州残疾人、留守儿童、困难群众等开展节日慰问等。

教育助学。捐款245.88万元，其中，省局（公司）机关捐款100万元实施“诚至诚——爱在阳光下”希望工程公益助学项目，捐款25万元实施阿坝“金叶青春火炬”工程助学项目，捐款20万元实施复烤厂助学项目，捐款15万元实施乐山市特殊困难学子资助项目等。

贵州省烟草专卖局（公司）

2022年，贵州省烟草商业系统投入帮扶资金超过4288万元，实施帮扶项目187个。采购脱贫地区农产品517.35万元，其中，采购国家局定点帮扶地区农产品70.52万元，采购其他脱贫地区农产品446.83万元。鼓励和引导党员干部围绕新冠疫情防控、抢险救灾、社会救助、帮扶帮困等需求参与志愿服务，开展志愿服务活动1653次。

云南省烟草专卖局（公司）

2022年，云南省烟草商业系统捐款1.14亿元（含个人捐款141.66万元，不含水源工程、乡村振兴等重大专项捐赠），用于各项社会公益活动。

困难帮扶。捐款3142.1万元（含个人捐款65.03万元），用于各州（市）开展对重点乡村帮扶及推进地方乡村振兴工作、定点帮扶村产业发展、困难群众救助等。社会公共设施建设方面，捐款5669.90万元（含个人捐款17.72万元），用于宜居村庄打造、基础设施建设、人居环境改善、群众文化活动场地改造、爱国主义教育基地修缮。教育文化事业方面，捐款867.60万元（含个人捐款57.50万元），用于改善贫困地区教学环境、文体物资购买、应急救护宣传培训等。灾害救助方面，捐款47万元（含个人捐款1.21万元），用于自然灾害受灾农户生产生活恢复等。新冠疫情防控方面，捐款1645万元（含个人捐款0.2万元），用于协助地方党委政府筑牢疫情防控防线。

在文明城市建设、无偿献血、义务植树、消费帮扶及志愿服务活动等方面积极践行社会责任，云南省局（公司）干部职工个人投入助学资金11.84万元；开展文明城市创建等志愿服务活动4.61万人次，投身疫情防控志愿服务活动1.66万人次；干部职工无偿献血12.93万毫升，植树1.24万棵。

西藏自治区烟草专卖局（公司）

2022年，西藏区烟草商业系统捐款5348.78万元，用于各项社会公益活动。

共筑生态屏障。定向捐款4795.05万元，实施拉萨南北山绿化工程哲蚌片区3660.5亩国土绿化项目，主动放弃林地面积25%的经营开发、投资总额40%的先造后补返还资金等系列优惠政策，克服突发疫情、灌溉用水等难题，种植乔木9.58万棵、灌木14.83万棵，播种草籽164.5亩。稳步推进区局（公司）机关4个驻村点“烟草生态园林”建设，联合四川中烟共同出资100万元，建成林芝市巴宜区更章门巴民族乡门仲村烟草生态园林，持续改善生态和人居环境，助力自治区创建国家生态文明高地。

助老助学济困。区局（公司）捐款20万元升级改造拉萨市达孜区特困人员供养中心，改善基层群众生活。联合湖南中烟开展大型公益助学活动，帮扶西藏50名困难大学生，发放助学金25万元；联合四川中烟助学活动，帮扶林芝市30名困难学生，发放帮扶金额15万元，助力学子圆梦。落实减免小微企业和个体工商户房屋租金政策，累计减免房租603.1万元，携手战略合作银行为卷烟零售户提供金融贷款支持，为中小企业和个体工商户纾困解难。

助力乡村振兴。选派24名干部组成13支驻村工作队，深入日喀则、山南、林芝、昌都、阿里等地市开展驻村强基工作，争取落实各类社会资金212.56万元，整合项目资金1126万余元，为村集体经济创收24.63万元，为173名群众提供就业岗位。自筹资金先后实施日喀则市昂仁县多白乡楚龙村1500余亩耕地和山南市扎囊县阿扎乡江津村500余亩耕地的农田网围栏建设，保护基本农田和群众权益。区局（公司）捐款200万元，支持北京建藏援藏工作者协会山南扎囊县数字化养蜂产业项目建设。

开展其他社会公益活动。向22家一线抗疫单位以及困难卷烟零售户捐赠酒精、防护面罩、医用口罩、食品等防疫物资，开展学雷锋卫生清扫志愿服务活动。日喀则市局（公司）为驻村点群众捐赠慰问物资及慰问金3.03万元。林芝市局（公司）捐款5万元助力疫情防控，并组织开展义务植树、无偿献血等活动。山南市局（公司）捐款53.12万元用于节日慰问、帮扶产品采购和固边兴边项目，并组织参与全市义务植树活动。昌都市局（公司）定向昌都市第一儿童福利院捐款10万元购买饮水机，发动干部职工参与创文创卫活动。阿里地区局（公司）开展新年慰问活动，捐款100余万元解决驻村点困难群众取暖难题，并开展为残疾人“送温暖”活动。

陕西省烟草专卖局（公司）

2022年，陕西省烟草商业系统捐款1730.79万元，用于各项社会公益活动。

支持教育、科学、文化、卫生医疗、环境保护、社会公共设施建设等公益性活动捐款1697.38万元。其中，援藏资金400万元，新冠疫情防控捐款409.03万元，咸阳市三原东周儿童村维修改造捐款70万元，省十七届运动会捐款30万元，向榆林靖边宋渠村小学捐款30万元，助力当地乡村振兴捐款758.35万元。资助新农村建设、灾害救助捐款17.99万元。向其他社会公共福利事业捐款15.42万元。

组织上千名志愿者参与留守儿童帮扶、义务植树、助农采收、环境保护等公益活动400余次，受益群众10万余人。

甘肃省烟草专卖局（公司）

2022年，甘肃省烟草商业系统捐款247.6万元（含个人捐款5.08万元），用于各项社会公益活动。

困难帮扶，助力乡村振兴。捐款247.6万元（含个人捐款5.08万元），用于巩固拓展脱贫攻坚成果同乡村振兴有效衔接工作，主要实施农业生产经营、富民产业培育、村容村貌改善、基础设施建设等项目。

开展其他各类社会公益活动。所属各单位开展“安全伴我行”“点对点解惑、面对面宣讲”“科普进终端”“宪法宣传周”“金融防诈骗”等科普及法治宣传活动；开展“爱心捐赠情暖社区，共驻共建共抗疫情”、“家有儿女，慰问空巢老人”、“爱心助力高考”、“真情关爱帮扶，助力乡村振兴”、“创城有我、志愿同行”、山水林田湖草沙系统治理、环境卫生清洁等志愿服务活动；开展“冬季送温暖”“夏送清凉、关爱一线”等走访慰问活动；开展“植树添新绿，献礼二十大”义务植树、无偿献血、交通文明劝导、捐资助学、学雷锋等活动。

青海省烟草专卖局（公司）

助力乡村振兴。投入资金23万元，定向开展帮扶村委会办公楼维修改造，向海东市平安区平安街道西村捐赠70万元开展高原美丽乡村建设。

困难帮扶。向大通县青山乡、青林乡灾区捐款50万元，用于帮助灾区抗洪救灾、恢复生产、重建家园，帮助受灾群众渡过难关。西宁市局（公司）捐赠毛巾、方便食品等生活急需物资，并发动干部职工捐款近3万元送达灾区。开展“关怀困境母亲”网络捐款活动，参与奉献爱心902人次，捐款4.06万元。

宁夏回族自治区烟草专卖局（公司）

2022年，宁夏区烟草商业系统捐款652.58万元，用于各项社会公益活动。

困难帮扶。选派17名干部驻村工作，捐款547.84万元，用于产业帮扶、基础设施、美丽乡村建设等。其中：区局（公司）向西藏区捐赠资金400万元，用于援藏工作；向吴忠市红寺堡区人民政府捐款55万元，用于大学生助学、乡村振兴村级治理积分超市建设；向红寺堡区杨柳村捐款38万元，用于改造标准化村党员活动室、建设乡村振兴综合体；组织机关部分支部党员干部捐款0.65万元，用于红寺堡区杨柳村捐资助学、采购农产品。石嘴山市局（公司）捐款9.35万元，用于对口帮扶村产业帮扶、基础设施和美丽乡村建设。吴忠市局（公司）捐款21.5万元，用于完善帮扶村基础设施建设和特色农产品集约化种植。固原市局（公司）向隆德县桃园村捐款14.34万元，用于修建标准化篮球场、人居环境整治及帮扶车间基础设施完善。中卫市局（公司）向3个定点帮扶村捐款9万元，用于基础设施建设。全区烟草商业系统采购国家局定点帮扶地区农产品143万元。

捐资助学。捐款21.63万元，用于资助教育事业和贫困学生。其中，区局（公司）向红寺堡区杨柳村两所小学捐款12万元，用于购买校服、图书、食堂保温餐台饭盒等。银川市局（公司）向红寺堡区杨柳村捐款2.88万元，用于购置学生“爱心包”，开展公益助学。石嘴山市局（公司）捐款4.05万元，用于教育帮扶。中卫市局（公司）向中卫市希望公益服务中心捐款2.7万元，用于贫困学生健康成长等公益项目。

灾害救助。捐款81.91万元，用于支持地方新冠疫情防控等。其中，银川市局（公司）向银川市紧急救援中心捐款72万元，用于购买负压救护车2辆。固原市局（公司）捐款9.5万元，用于助力疫情防控。中卫市局（公司）组织员工捐款0.41万元，用于为疫情防控包保责任区内80岁以上老人、残疾人、孕妇以及慢性病患者购买爱心救助包。同时，区局（公司）协调组织上海烟草集团、上海汽车集团向吴忠市捐赠负压救护车6辆。全区烟草商业系统落实助企纾困扶持要求，做好服务业、小微企业和个体工商户房屋租金减免工作，减免租金156万元；党员干部深入抗疫一线执勤值守2000余人次，彰显责任担当。

其他社会公益活动。捐款1.2万元，用于开展其他社会公益活动。银川市局（公司）开展“爱心助农”直播带货活动5场，帮助零售户增收4万余元。石嘴山市局（公司）开展文明交通引导、城市建设、社区服务、普法宣传等志愿服务活动，志愿服务时长2369小时；开展“同心圆梦·暖冬行动”慈善捐赠活动，捐款1.2万元，用于为留守儿童购买保暖物资。吴忠市局（公司）开展直播助农、捐资助学、无偿献血等活动，4名干部职工加入中国造血干细胞捐献者资料库。固原市局（公司）常态化开展“绿水青山”“绿色出行”等志愿服务行动，宣传普及垃圾分类知识，切实维护交通秩序。中卫市局（公司）组织参与文明实践、志愿服务等活动，全体在岗员工注册志愿服务者，以“周五有约”活动为载体，常态化开展志愿服务活动，参与文明城市创建。

新疆维吾尔自治区烟草专卖局（公司）

2022年，新疆区烟草商业系统捐款1594.44万元（含个人捐款7.19万元），用于各项社会公益活动。

困难帮扶。捐款1578.3万元（含个人捐款1.6万元），其中向西藏区捐款400万元；向“访民情、惠民生、聚民心”驻村及乡村振兴捐款1135.66万元，其他困难帮扶捐款42.64万元，用于“访惠聚”工作队所在村（社区）及其他贫困地区基础设施、环境整治、乡村建设、办公场所改造等工作，落实帮扶项目167个，惠及29个乡村，帮扶1.38万余人。

资助教育事业。捐款9.49万元（含个人捐款5.59万元），其中：开展“爱心一元捐”活动干部职工个人捐款1.04万元；阿克苏地区局（公司）、吐鲁番市局（公司）、石河子市局捐资助学捐款3.9万元；和田区局（公司）全体党员捐款4.55万元开展金秋助学活动。

开展其他各类公益活动。捐款 7.65 万元，其中：用于冬季破冰、积雪清扫，购买防洪物资，春季、秋季义务植树活动，捐款 2.88 万元，植树 1775 棵；开展环境保护活动，向伊宁市、伊宁县、巩留县、尼勒克县、特克斯县、昭苏县、新源县捐款 4.77 万元；开展“美丽中国、我是行动者”志愿服务活动，组织全体干部职工走上街头清理环境卫生；参与无偿献血 52 人次，献血 1.71 万毫升；开展“我为群众办实事”志愿服务活动，为村队脱贫户、孤寡老人打扫庭院、采买日常生活用品。

大连市烟草专卖局（公司）

2022 年，大连市烟草商业系统捐款 625 万元，用于各项社会公益活动。

慈善捐款 225 万元，其中：向大连市红十字会捐款 100 万元；向西岗区慈善总会捐款 50 万元；通过大连慈善基金会向对口帮扶村庄河市长岭镇洪昌村、塔岭镇东瓜川村分别捐款 13 万元和 12 万元。向大连市青少年基金会青年志愿者、希望工程捐款 8 万元；旅顺口区局（分公司）向旅顺口区慈善总会捐款 2 万元；金州区局（分公司）向金普新区慈善总会捐款 10 万元；普兰店区局（分公司）向普兰店区慈善总会捐款 11 万元；瓦房店市局（分公司）向瓦房店市慈善总会捐款 9 万元；庄河市局（分公司）通过庄河市慈善总会向对口帮扶村捐款 10 万元。

捐赠援藏资金 400 万元。向行业定点帮扶地区采购农产品 26.7 万余元。

开展其他各类公益活动。通过大连慈善基金会向金普新区北房身村捐款，新建和维护太阳能路灯、慰问低保户、老党员。中山区局（分公司）全体干部职工开展徒步公益活动，助力环境保护。西岗区局（分公司）、沙河口区局（分公司）走进大连市星星之火孤独症支持中心，为孤独症儿童送去关爱与陪伴。甘井子区局（分公司）筹集捐款，慰问辖区困难零售户和贫困老党员。金州区局（分公司）、普兰店区局（分公司）向防疫一线人员捐赠慰问物资。瓦房店市局（分公司）开展“爱心助考、圆梦春天”公益服务活动。

深圳市烟草专卖局（公司）

2022 年，深圳市烟草商业系统采购国家局定点帮扶地区（湖北竹山县、竹溪县，宁夏吴忠市红寺堡区）农产品 54.42 万元。资助教育事业，向深圳大学“好日子”奖学金捐款 100 万元；向“好技师、好讲师”系列活动捐款 70 万元；捐赠援藏资金 400 万元。

开展其他各类公益活动。福田区局（公司）与共建单位沙头街道天安社区积极对接，先后组织 3 批党团志愿者奔赴防疫一线，支援社区核酸检测采样工作，党团志愿者累计服务达到 1 万余人次。福田区局（公司）党支部结对沙头街道金地社区党委开展“庆祝党的生日，喜迎二十大”党建共建活动，党员志愿者带领社区老年合唱团成员唱红歌。罗湖区局（公司）支援东门街道防疫工作，参与志愿服务 92 人次，27 名志愿者分批次轮班协助街道社区开展卡口服务、综合协调、数据整理等工作。南山区局（公司）下沉社区开展志愿服务 225 人次，服务时长 939 小时，服务群众 10.15 万人次。宝安区局（公司）前往党群服务中心 E 站、孤独症儿童康复中心——“心星园”等机构开展志愿服务，疫情期间积极参加所在社区志愿服务，参与服务超 200 人次、时长 550 小时，其中 2 名员工在志愿服务中表现突出、获得所在街道表扬。龙岗区局（公司）以“向日葵”义工队为纽带，支援社区核酸检测 164 批次，参与服务 860 人次，服务时长 4216 小时，服务人数近 40 万人次；龙岗区局（公司）向龙岗区实验学校捐赠口罩 2400 个，协助校园做好疫情防控工作。龙华区局（公司）厨师李赣受邀担任专家教师，赴广西区百色市指导 2022 年深百协作“粤菜师傅培训项目”送教上门服务活动，支持乡村振兴“风味之路”；参与防疫志愿服务 22 人次，服务时长 344 小时，服务 1.10 万余人次。坪山区局（公司）组织义工队参加防疫抗疫、深圳地铁 14 号线通车志愿服务，参与服务 54 人次，服务时长超 160 小时；阳光志愿服务队收集初中学龄段文化书籍，邮寄至梅州市大埔县石云中学，助力乡村振兴。光明区局（公司）16 名员工参与疫情防控志愿服务，服务 25 次，时长 88.5 小时。大鹏新区局（公司）组织党团青年利用周末时间到河源上村村为学生授课，开展活动22期，授课40余节，160多人次参与其中。通过红色微公益活动，将“志智双扶”课堂上收集到的手工成品公开义卖所得资金回流给上村村学子购买文具；干部职工捐款万余元助力“大鹏二小特教班购置户外康复设施”项目落地；11人支援社区开展核酸检测，累计服务市民9000余人次；为大鹏新区坚守在防疫一线的工作人员送上清凉物资175套。中深烟贸中心，对疫情期间位于市内中高风险地区及实施封闭封控管理区域范围内的适用租户，减免6个月租金；对位于市内其他区域范围内的适用租户，减免3个月租金。共计为14户承租方减租，减租金额逾730万元。

◇编辑：刘海文

河北中烟工业有限责任公司

2022年，河北中烟工业系统助力乡村振兴，向定点帮扶的5个脱贫村投入帮扶资金400万元，重点用于强化产业帮扶质量、提升人居环境水平、推进乡风文明建设等。公司党组、各厂党委召开党组（委）会议9次，专题研究部署乡村振兴相关工作。公司领导到帮扶村调研指导乡村振兴工作，累计前往25人次。公司总部帮扶的2个村依托红薯种植和光伏发电等产业帮扶项目，脱贫人口人均年纯收入达到1.69万元，比上年增长10.98%，同时，成立党组织领办的合作社，启动高油酸花生试验田项目。张家口卷烟厂帮扶村111户农户（83户脱贫户）种植1163亩“张杂13”谷子，亩产量达到800斤左右，共实现销售收入192万元。石家庄卷烟厂帮扶村养牛场售出肉牛50余头，实现净利润10余万元，为困难群众分红5.2万元；保定卷烟厂帮扶村肉牛养殖分红200元/户，“宝坻养猪”分红600元/户，“玖兴养鸡”分红450元/户，光伏发电每月按照规定分红，脱贫户人均纯收入1万元，比上年增长20%。各驻村工作队对易返贫致贫人口开展常态化监测和精准帮扶，消除防返贫监测对象（易返贫致贫户）8户22人，新纳入重点防贫对象3户8人，守牢不发生规模性返贫底线。

2022年，河北中烟加强帮扶村基础设施建设，帮扶程家庄村加装太阳能路灯，完善村内道路照明系统；协调石家庄灵寿县农业农村局投资260万元为村内修建水渠，方便农田的灌溉及雨季泄洪；协调灵寿县自然资源局投资50余万元，对260余亩耕地进行综合整治，加强农田基础设施建设，盘活存量耕地资源。帮扶乔家庄村升级村内照明系统，安装太阳能路灯110个；累计粉刷墙体2000平方米，美化村容村貌；成立生态宜居治理小组，管理村容村貌工作。张家口蔚县曹疃村驻村工作队开展村内道路硬化工程、“放心饮水”工程。帮扶下邵村升级改造村民广场、村内主街道太阳能照明系统。帮扶保定涞源县宋家庄村村委会办公场所、部分村内道路及河道维护修缮治理。

江苏中烟工业有限责任公司

2022年，江苏中烟工业系统捐款925万元，用于各项社会公益活动。困难帮扶、扶助残疾人等捐款885万元，其中，向江苏省儿童少年福利基金会捐款80万元、残疾人基金会捐款100万元、江苏省慈善总会捐款200万元、受灾烟叶产区捐款90万元，援藏捐款200万元，对口帮扶江苏宿迁泗阳县捐款100万元、徐州挂钩定点经济薄弱村捐款40万元，向徐州市总工会捐款35万元，乡村振兴帮扶江苏淮安盱眙县捐款40万元。资助教育文化事业，向徐州市徐州一中教育发展基金会捐资助学40万元。

浙江中烟工业有限责任公司

2022年，浙江中烟工业系统捐款4766万元，用于各项社会公益活动。

困难帮扶，捐款1062.5万元。其中：向浙江杭州市慈善总会（杭州市慈善联合会）捐款382.5万元；向浙江杭州市西湖区慈善总会、宁波奉化区慈善总会和西藏区财政专户共捐款400万元；向浙江杭州市上城区慈善总会、杭州桐庐县慈善总会、宁波市红十字会、衢州江山市民政局、丽水松阳县慈善总会，以及湖北十堰竹溪县、竹山县和宁夏吴忠红寺堡区共捐款280万元，用于社会发展和公共福利事业。

资助教育事业，捐款633.5万元，用于奖教助学。其中：向江苏省慈善总会、广东省慈善总会、湖南省慈善总会、河南省慈善总会、河北省慈善总会、四川省慈善联合总会、安徽省慈善总会、甘肃省慈善总会、重庆市慈善总会、杭州市慈善总会（杭州市慈善联合会）、济南慈善总会各捐款 53 万元，共计 583 万元；向云南省慈善总会捐款 50.5 万元。

资助乡村建设，捐款 480 万元。其中：向四川凉山彝族自治州盐源县农业农村局、会东县共捐款 240 万元；向浙江温州文成县农业农村局、云南红河哈尼族彝族自治州建水县民政局、湖北恩施土家族苗族自治州革命老区建设促进会共捐款 240 万元，用于乡村振兴。

灾害救助，捐款 2590 万元。其中：向云南楚雄彝族自治州姚安县财政局、大理白族自治州祥云县红十字会、红河哈尼族彝族自治州建水县民政局、红河哈尼族彝族自治州泸西县民政局，云南景东县红十字会、景谷傣族彝族自治县慈善会、普洱宁洱哈尼族彝族自治县慈善会、曲靖陆良县红十字会、曲靖马龙区红十字会、文山市慈善会、玉溪新平县红十字会共捐款 1220 万元；向重庆市慈善总会、湖北十堰竹山县慈善会、湖北恩施土家族苗族自治州革命老区建设促进会、福建南平浦城县慈善总会、广西隆林各族自治县民政局、贵州铜仁市红十字会共捐款 560 万元；向河南洛阳市慈善总会、南阳市慈善总会、三门峡市慈善总会共捐款 330 万元；向湖南常德石门县慈善总会、常宁市民政局、郴州市慈善总会、湘西土家族苗族自治州慈善总会、永州市慈善总会、长沙宁乡市慈善会共捐款 210 万元；向四川凉山彝族自治州会东县民政局、会理市民政局、宁南县民政局和四川泸州古蔺县民政局共捐款 190 万元；向山东潍坊市慈善总会、临沂蒙阴县慈善总会、平邑县慈善总会共捐款 80 万元。

安徽中烟工业有限责任公司

2022 年，安徽中烟工业系统积极践行共创共享的发展理念，充分发挥大型国有企业在社会公益事业中的重要作用，全年实施乡村振兴、爱心助学、防控新冠疫情及抗击自然灾害等项目，共计捐款 1835 万元。

公司本部向安徽省见义勇为基金会捐款 100 万元，支持烟叶基地灾害扶持专项资金 100 万元，向援藏工作专项资金捐款 200 万元，向灵璧县乡村振兴局捐款 200 万元用于杨桥村专项乡村振兴项目。

所属卷烟厂积极开展其他各项公益活动。蚌埠卷烟厂捐款 8 万元，用于爱心圆梦大学等公益活动；芜湖卷烟厂向安徽大学、安徽师范大学教育基金会等公益机构捐款 25 万元，用于爱心助学项目；合肥卷烟厂向合肥市青少年发展基金会、安徽大学教育基金会等单位捐款 40 万元，用于教育慈善事业；阜阳卷烟厂向安徽省青少年发展基金会捐款 15 万元，用于爱心圆梦大学公益项目；滁州卷烟厂向滁州市第一人民医院、第二人民医院捐款 40 万元，用于新冠疫情防控工作。

福建中烟工业有限责任公司

2022 年，福建中烟工业系统捐款 2360 万元，用于各项社会公益活动。

灾害救助，捐款 158 万元。其中，向福建龙岩永定区慈善总会捐款 25 万元、龙岩长汀县慈善总会捐款 20 万元、三明尤溪县慈善总会捐款 25 万元、南平市政和县捐款 20 万元，向云南曲靖沾益区慈善总会捐款 20 万元，曲靖马龙区红十字会捐款 20 万元，大理祥云县红十字会捐款 28 万元。

支持乡村振兴及援藏事业，捐款 610 万元。其中，向福建南平浦城县捐款 300 万元、漳州云霄县捐款 100 万元，向厦门市慈善总会捐款 10 万元，向西藏区捐款 200 万元。

支持医疗事业，向厦门市红十字基金会捐款 400 万元。

支持教育事业，向厦门市教育基金会捐款 390 万元。

所属单位积极开展其他各项公益活动，共捐款 802 万元。其中：厦门烟草工业有限责任公司资助困难家庭患者医疗资金，向厦门中山医院基金会捐款 50 万元；支持地方教育事业，向厦门市教育基金会捐款 20 万元、海沧区教育基金会捐款 50 万元；支持社会公共福利事业，向厦门市老年基金会捐款 22 万元、厦门市爱国拥军促进会捐款 20 万元；龙岩烟草工业有限责任公司向龙岩市慈善总会捐款 640 万元。

江西中烟工业有限责任公司

2022 年，江西中烟工业系统捐款 430 万元，用于各项社会公益活动。其中，向萍乡市湘东区居家养老服务中心捐款 60 万元；支援西藏区发展捐款 200 万元；向“童心港湾”项目捐款 40 万元；向云南泸西县救灾项目捐款 50 万元；向湖南郴州市受灾烟区捐款 50 万元。

山东中烟工业有限责任公司

2022 年，山东中烟工业系统捐款 520 余万元，用于各项社会公益活动。

支持乡村振兴、送温暖工程及援藏事业。向临沂平邑县平邑街道孙家村、小井村共捐款 100 万元，向济南南部山区潘家场村、大峪村分别捐款 50 万元，向潍坊青州宋阁村驻村帮扶项目捐款 40 万元，向枣庄滕州姜屯镇谭庄村捐款 30 万元，向甘肃定西临洮窑店镇捐款 15 万元，向山东省送温暖工程基金会捐款 10 万元，采购湖北十堰竹溪县、竹山县和宁夏吴忠红寺堡区、江西赣州兴国县等定点帮扶和对口支援地区农产品价值 495.83 万元。捐赠援藏资金 200 万元。

所属单位积极开展其他各项公益活动。济南卷烟厂参加“希望小屋”爱心捐助活动，捐款 3.3 万元；组织员工无偿献血约 1.52 万毫升。青岛卷烟厂参加“希望小屋”爱心捐助活动，捐款 1.24 万元。青州卷烟厂参加“慈心一日捐”捐款 9.37 万元；常态化结对帮扶 103 名困难学生；组织员工无偿献血 2.18 万毫升。滕州卷烟厂参加“慈心一日捐”活动，员工捐款 9.73 万元。将军集团开展抗击新冠疫情募捐活动，捐款 1.39 万元；组织员工无偿献血 1.61 万毫升。颐中集团组织员工无偿献血 3.4 万毫升。

河南中烟工业有限责任公司

2022 年，河南中烟工业系统捐款 2498.33 万元（含个人捐款 23.33 万元），用于各项社会公益活动。

支持新冠疫情防控，捐款 1200 万元。其中，向河南省财政厅、安阳市慈善总会、许昌市慈善总会分别捐款 1000 万元、100 万元、100 万元，用于河南省新冠疫情防控工作。

支持乡村振兴，捐款 1092 万元。其中：向信阳新县周河乡毛铺村、许昌襄城湛北乡杨庄村、安阳龙安龙泉镇周家庄村、南阳社旗下洼镇高庄村、南阳淅川厚坡镇王河村、驻马店正阳袁寨乡孙楼村、洛阳嵩县纸房镇邓岭村分别捐款 600 万元、70 万元、75 万元、40 万元、40 万元、32 万元、35 万元，用于打造党建阵地、建设基础设施、助力乡村振兴；落实国家局“十四五”时期援藏计划 200 万元。

灾害救助，捐款 150 万元。其中，向三门峡市慈善总会捐款 100 万元，向洛阳市慈善总会捐款 50 万元。

困难帮扶与助学，捐款 33 万元。向河南省直工会金秋助学项目捐款 30 万元；援助安阳市困难企业员工 3 万元。

河南中烟干部职工个人捐款 23.33 万元。其中，参与困难帮扶 1358 人次、捐款 11.74 万元，参与捐资助学 64 人次、捐款 2.74 万元，参与见义勇为 807 人次、捐款 1.56 万元，参加“99 公益活动”1380 人次、捐款 6.47 万元，参与支持新冠疫情防控工作 16 人次、捐款 0.82 万元。

积极开展其他各项公益活动。采购国家局定点帮扶和对口支援地区、河南省脱贫摘帽地区、公司定点帮扶地区农产品 335.136 万元。组织慈善活动 170 次，参加无偿献血活动 76 人次，参加爱心助考、植树、义务劳动、看望孤寡老人、文明行为劝导、道路清洁等志愿服务 1805 人次，协助社区开展新冠疫情防控等志愿活动 2976 人次。

湖北中烟工业有限责任公司

湖北中烟工业系统自 2017 年起，联合湖北省卫健委、省妇联、省烟草专卖局等单位和省妇女儿童基金会、省教育基金会全面启动“三见”（“我看见·荆楚送光明”“我梦见·荆楚送希望”“我听见·荆楚送健康”）公益活动。2022 年，在前期“我听见·我看见·我梦见”等系列公益项目的基础上，根据社会需求，公司优化调整“三见”公益项目方案，让“三见”公益项目惠及更多需要帮助的人。

2022 年，“我听见 · 荆楚送健康”特殊教育学校职业训练项目先后在江夏区特殊教育学校、蕲春市特殊教育学校、沙洋县特殊教育学校等 5 所特殊学校开展，为特教学校残疾儿童提供职业训练的条件，搭建仿真教室，锻炼学生独立生活能力并掌握一技之长，为今后更好融入社会提供帮助。

2022 年，“我看见 · 荆楚送光明”消除白内障公益项目在利川市、广水市、南漳县等 3 地对困境家庭的白内障患者开展免费救助活动，免费筛查近 5000 人，帮助 300 余人重见光明。“我看见 · 荆楚送光明”降低青少年近视率公益项目于 11 月在武汉大学人民医院启动，该项目在红安县、麻城市、广水市等 5 个县（市、区）开展，为 1600 名农村留守及困境儿童青少年发放配镜补贴，点亮孩子们的“睛”彩人生。

2022 年，“我梦见 · 荆楚送希望”大学生助勤帮困项目先后在 20 所高校开展，帮扶家庭经济困难学生。该项目鼓励和支持家庭困难学生通过自己的劳动获得报酬，培养学生自立自强、创新创业精神。联合湖北省妇联、省妇女儿童发展基金会、红安县妇联启动“我梦见 · 荆楚送希望”革命老区妇女儿童关爱类公益项目，为 800 余名革命老区留守儿童及青少年提供心理辅导、心理教育等服务，并以“结对子”的方式，帮助红安县困境儿童 50 人。

湖南中烟工业有限责任公司

2022 年，湖南中烟工业系统捐款 1.8 亿元，用于各项社会公益活动。其中：灾害救助、困难帮扶、扶助残疾人等捐款 8995 万元；资助教育、科学、文化、卫生事业等捐款 8905 万元；资助环境保护、社会公共设施建设等捐款 100 万元。同时，湖南中烟修订《对外捐赠管理办法》，该办法将投资公司及其归口管理的企业、物流公司及其归口管理的企业、金叶薄片公司、各烟叶复烤公司的捐赠事项均纳入湖南中烟统一管理。

广东中烟工业有限责任公司

2022 年，广东中烟工业系统捐款 2350 万元，用于各项社会公益活动。

支持乡村振兴助镇帮镇扶村组团结对帮扶点，推进宜居宜业和美乡村建设。向广东韶关南雄市乌迳镇定向捐款 700 万元（“广东扶贫济困日”活动捐款定向划拨），用于主要路段路灯安装、对鱼塘村 5.5 公里路基进行拓宽、重建鱼塘村党群服务中心、升级鱼塘村小学设施、开展鱼塘村烤烟房建设前期项目工作等；向韶关仁化县城口镇捐款 150 万元；向梅州梅县区梅西镇捐款 190 万元；向湛江遂溪县岭北镇捐款 200 万元。落实国家局“十四五”时期援藏计划 200 万元。响应广东省委、省政府号召，参与 2022 年“广东扶贫济困日”活动，捐款 1140 万元。

灾害救助。捐款 400 万元，用于湖南临澧县、桃源县、湘西州，云南景东县、红河州，四川会理县，黑龙江哈尔滨市，福建武平县等地的烟叶生产灾情救助。

积极开展其他各项公益活动。响应国家局和广东省委省政府号召，开展消费帮扶 535 万元。参加员工爱心捐款 3842 人次；向广州市幸福工程救助困难母亲爱心活动捐款 2.65 万元；向韶关“慈善一日捐”活动捐款 4.05 万元；向梅州市乐善扶贫公益基金会捐款 7.31 万元；向“爱心父母牵手困境儿童大联盟”行动捐款 5.65 万元。深入韶关社区街道开展党员志愿服务、梅州关爱妇女儿童新时代文明实践活动、梅州送疫苗进小区及免费清洗家电特色志愿服务活动等超过 1036 人次。参与无偿献血活动 214 人次。

广西中烟工业有限责任公司

2022 年，广西中烟工业系统捐款 1478.86 万元，用于各项社会公益活动。

精准帮扶，捐款 702.26 万元。其中：向云南罗平县、昌宁县、丘北县，重庆奉节县、湖南新宁县和广西富川瑶族自治县、百色市烟区灾区捐款 440 万元；向广西区精准帮扶重点县市捐款 262.26 万元，主要用于田林县、东兰县、大新县、三江县、融水县等精准帮扶项目及全区欠发达地区的产业扶持、基础设施建设，并开展资助身患尿毒症的“最美乡村医生”、爱心助残、慰问困难户等活动。

资助教育事业，捐资380万元。其中：向广西青少年发展基金会捐款100万元，用于援建“希望厨房”；向广西协力扶助基金会捐款150万元，用于广西区精准帮扶教育活动；向广西区总工会捐款50万元，用于“金秋助学”活动；向周边幼儿园、小学捐款67.67万元，用于学校教育设施建设；向广西青少年发展基金会捐款12.33万元，支持广西“12355”青少年健康服务台建设。

资助对口帮扶村乡村建设，捐款161.6万元。其中：向广西协力扶助基金会捐款147.6万元，用于公司本部3个对口帮扶村基础设施建设；向广西协力扶助基金会捐款14万元，用于柳州卷烟厂定点帮扶村柳州融安县浮石镇木瓜村乡村建设。

支援西藏区、新疆区建设，捐款235万元。积极履行国有企业社会责任，参与西藏区兴边富民工程，向西藏区财政厅捐款200万元；向新疆阿克苏地区拜城县布隆乡托万克布隆村捐款35万元，用于该村村民房屋防渗漏工程建设。

重庆中烟工业有限责任公司

2022年，重庆中烟工业系统捐款1982.7万元，用于各项社会公益活动。

困难帮扶，捐款857.7万元。其中：向拜城县民政局捐款70万元，用于新疆区烟草驻村“访惠聚”工作队乡村振兴帮扶；向西藏区捐款200万元，用于“十四五”时期烟草行业援藏资金；支持黔江区金溪镇长春村乡村振兴项目、新华乡石钟村乡村振兴项目，分别向重庆黔江区捐款30万元、20万元；支持石柱县沙子镇星光村、桥头镇乡村振兴帮扶项目，向石柱土家族自治县分别捐款37.7万元、500万元。

捐资助学，捐款850万元。其中：支持重庆市教育发展基金捐款30万元、南岸区教育发展基金捐款170万元、涪陵区教育发展基金捐款50万元、黔江区教育发展基金捐款50万元；向黔江区捐款500万元，用于黔江区城南中心小学校迁建项目；向石柱土家族自治县教育基金会捐款50万元，用于该县特殊教育事业。

灾害救助，捐款30万元。向重庆市慈善总会捐款10万元，用于南岸文明办助力新冠疫情防控；向重庆市慈善总会捐款20万元，用于支持重庆山火消防救援。

四川中烟工业有限责任公司

2022年，四川中烟工业系统持续做好定点帮扶工作，实施帮扶项目8项，捐赠帮扶资金1450万元。积极开展消费帮扶，通过食堂、工会等购买国家局、公司定点帮扶和对口支援地区农特产品价值371万余元。甘孜州泸定县“9·5”地震后，捐赠专项资金支持灾区恢复党群活动基础设施；组织广大干部职工开展爱心购活动，购买灾区农产品超过27万元；四川中烟食堂购买滞销蔬菜，支持灾区恢复农业再生产。组织开展2019—2021年困难帮扶项目实施情况跟踪检查，确保帮扶项目推进有序、运营规范。开展精神文明创建活动，组建抗击新冠疫情志愿服务队，积极参与社区防疫工作。

贵州中烟工业有限责任公司

2022年，贵州中烟工业系统持续开展结对帮扶工作，投入帮扶资金2488万元，采购脱贫地区农产品242.44万元。其中：投入结对帮扶黔西南晴隆县实施乡村振兴1703万元，围绕晴隆县产业发展规划，新建5500平方米花椒产业园区，提升当地花椒精深加工及仓储水平，采取“公司+合作社+农户”的合作模式，农户通过土地流转、收益分红、参与就业等方式实现稳定收入，该项目可辐射当地10个乡镇35个村约5万亩花椒种植，带动约12.5万人次务工；开展“圆梦·助学”扶智（扶志）行动，资助500余名困难大学新生；建立农民扶助金制度，搭建农民扶助平台，覆盖全县脱贫户、检测户共计2.83万户12.79万人；向晴隆县、务川县等投入农村中小学基础设施建设资金300万元，用于校区环境改造、素质教育提升等；向新疆阿克苏拜城县2个脱贫村捐款35万元，助力建强村级组织阵地；捐赠援藏资金200万元。各卷烟厂投入帮扶资金250万元，用于贵州省内纳雍县、贵定县、遵义市播州区、松桃县、普安县等结对帮扶村产业路修建、环境卫生整治等项目。

云南中烟工业有限责任公司

云南中烟工业有限责任公司总部。公益捐赠。2022 年，云南中烟制定印发《云南中烟工业有限责任公司 2022 年乡村振兴暨定点帮扶工作计划》，抓实抓牢全面推进乡村振兴的各项工作。云南中烟总部捐赠社会公益资金 4.43 亿元，其中 4 亿元为云南省乡村振兴专项资金，云南中烟总部乡村振兴、教育和抗疫捐赠项目 24 个，涉及云南省内昆明市、玉溪市、曲靖市、红河州、大理州、昭通市、保山市、德宏州、西双版纳州等 9 个州市困难地区，以及省外新疆区、西藏区等地，并开展定点帮扶、“兴边富民”工程、云南省妇女儿童发展基金会中小学生关爱计划、云南省老龄事业发展基金会助老工程、云南省慈善总会励志成长项目、云南省教育基金会扶孤助学捐赠项目等专项捐赠。针对德宏州、红河州等州市和新疆乌鲁木齐抗疫压力较大的实际，云南中烟主动协调捐赠资金 643 万元，支持边疆民族地区新冠疫情防控工作。

定点帮扶工作。2022 年，云南中烟工业系统向帮扶地区投入帮扶资金 2410.44 万元。云南中烟总部投入 800 万元，其中，定点帮扶保山市施甸县投入帮扶资金 300 万元，精准帮扶曲靖市宣威市和会泽县各 150 万元，“兴边富民”帮扶西双版纳州景洪市投入帮扶资金 200 万元。红塔集团投入帮扶资金 627.87 万元；红云红河集团投入帮扶资金 609.21 万元；合和集团投入帮扶资金 373.36 万元。云南中烟工业系统选派新一轮驻村第一书记和工作队员 53 人，其中省级派出 21 人（云南中烟定点帮扶施甸县派出 5 人、红塔集团定点帮扶澜沧县派出 3 人、红云红河集团定点帮扶会泽县派出 10 人、合和集团下属企业红塔证券定点帮扶漾濞县派出 3 人）。

积极开展其他各项公益活动。参加保山施甸县木老元乡民族学校“金秋助学”爱心捐赠活动，向木老元乡民族学校捐赠学习用品和书籍，并向 2022 年考取大专及以上院校的 36 名学生发放生活用品等爱心物资。结合当地实际，组织 3 名烟草种植方面专家到定点帮扶乡镇为乡村干部和烟农现场培训讲授烟苗移栽和大田管理等环节的重点注意事项。加大消费帮扶力度，采取直接联系购买、签订预售协议、食堂对口供应等多种措施，拓宽农产品销售渠道，助力消费帮扶。

红塔烟草（集团）有限责任公司。2022 年，红塔集团捐款 2100 余万元，用于各类社会公益活动。

巩固拓展脱贫攻坚成果，接续助力乡村振兴。红塔集团本部向普洱澜沧拉祜族自治县乡村振兴局捐款 250 万元，用于挂钩帮扶点南岭乡谦哲村污水管网、基础设施建设等项目；向玉溪江川区政府捐款 34 万元，用于宁海街道海浒社区沿湖乡村振兴示范点建设项目。玉溪卷烟厂向玉溪江川区政府捐款 95 万元，用于董炳村特色农业经济发展项目；楚雄卷烟厂向楚雄市政府捐款 119.87 万元，用于挂钩帮扶点东华镇路上村改善人居环境、发展中草药种植产业等项目。大理卷烟厂向云龙县、漾濞县、弥渡县、巍山县等县政府共捐款 325 万元，用于旱阳村、阿古寨、曲江村、青和村等村寨基础设施、用水工程、文体活动场所建设等项目。昭通卷烟厂向盐津县民政局捐款 185 万元，用于滩头乡新田村、代家村乡村道路硬化建设项目。

资助教育事业。红塔集团本部向玉溪市捐款 538 万元。玉溪卷烟厂向玉溪市红塔区捐款 185 万元。楚雄卷烟厂向楚雄州捐款 205 万元。昭通卷烟厂向昭通市昭阳区、镇雄县捐款 140 万元，用于工厂所在地大中小学、幼儿园完善基础设施、改善办学条件、资助困难学生。

积极开展其他各项公益活动。红塔集团本部向云南省见义勇为基金会捐款 100 万元。玉溪卷烟厂向玉溪市义工联合会捐款 20 万元，用于“布衣工程”项目。

红云红河烟草（集团）有限责任公司。2022 年，红云红河集团捐款 2287 万元，用于各项社会公益活动。

支持乡村振兴，捐款 672.59 万元。其中：对口帮扶会泽县田坝乡板坡村 96 万元；对口帮扶昆明市寻甸县金源乡小村 40 万元；对口帮扶弥勒市西二镇西龙村 40 万元；对口帮扶会泽县金钟街道石鼓社区、钟屏街道鱼洞社区、以则村 85 万元；对口帮扶会泽县马路乡水口村、旁官地村，火红乡龙树村，鲁纳乡狮子村165万元；支持会泽县田坝乡围栏建设及鲁纳乡人居环境整治28万元、古城街道建设27.59万元；支持石林县乡村建设及“绿美乡村”建设71万元；支持内蒙古乌兰浩特市乡村振兴120万元。

支持奖教助学，捐款1342.6万元。其中：向云南师范大学捐款200万元、云南大学捐款180万元、昆明理工大学捐款100万元、云南财经大学捐款50万元、云南农业大学捐款50万元；向云南省教育基金会捐款30万元；支持昆明市、红河州、曲靖市、会泽市等地教育事业捐款482.6万元；支持新疆奎屯教育事业捐款250万元。

支持困难帮扶，捐款27.81万元。其中：向会泽县民政局捐款12.81万元、向乌兰浩特市红十字会捐款15万元。

支持社会公益事业，捐款244万元。其中：支持昆明市五华区消防救援项目捐款40万元；向云南省见义勇为基金会捐款100万元；向五华区红云街道办事处、奎屯市各捐赠新冠疫情防控经费14万元、90万元。

陕西中烟工业有限责任公司

2022年，陕西中烟工业系统捐款1095万元，用于各项社会公益活动。

困难帮扶。陕西中烟派出驻村干部9人，其中2人担任驻村第一书记。助力乡村振兴，向咸阳永寿县常宁镇灰家村捐款60万元，用于建设日光温室大棚和困难帮扶等；向榆林绥德县定仙墕镇王坪山中心村捐款50万元，用于种植养殖产业发展、村容村貌改造提升；向宝鸡千阳县张家塬镇柳家塬村、观明村捐款20万元，用于新建农机大棚、排水渠改造项目；向宝鸡高新区天王镇小塬村捐款15万元，用于食用菌基地扩建；向旬阳白柳镇峰溪社区生态果蔬基地“菜篮子工程”捐款20万元；向佛坪县长角坝镇龙草坪村捐款40万元，用于支持大樱桃产业发展；向澄城县安里镇张卓村捐款30万元，用于该村村级集体产业园建设等；向延川县延水关李家迁村捐款20万元，用于乡村产业振兴。向宝鸡市残疾人福利基金会捐款20万元，向延安市慈善协会捐款10万元，用于产业助残项目。

资助科教文卫事业。向延安无锡枣园中学和宝塔区兰家坪小学支教活动各捐款10万元。开展“关爱妇女儿童”志愿服务活动，向旬阳吕河镇“妇女之家”、旬阳阳光学校、汉中南郑区裕华幼儿园捐赠学习文具及生活物资。

资助环境保护、社会公共设施建设。向宝鸡金台区金河镇紫原村捐款15万元，用于建设便民小游园一处，增加道路行道树栽植绿化等。向旬阳仙河镇竹园河村优质水稻产业基础设施建设项目捐款50万元、片区社区创建项目捐款10万元、城关镇草坪社区道路维护改造项目捐款100万元。向澄城县安里镇义井庄村捐款50万元，主要用于该村路灯更换维修、党总支阵地提升改造、集体产业园后续建设等。向延安宝塔区青化砭镇梁村资助美丽乡村建设资金20万元；向澄城县交道镇交道村建设捐款20万元，用于该村村民饮水供水系统改造项目。向澄城县住房和城乡建设局捐款70万元，主要用于晖福公园增加健身器材及相关配套设施。资助汉中市南郑区两河镇、圣水镇瓮池村和略阳县徐家坪镇乡村等基础建设共计45万元。

积极开展其他各项公益活动。捐助援藏专项资金200万元。向澄城县帮扶工业基础设施建设捐款30万元。采购湖北竹山县、宁夏红寺堡区、江西兴国县等定点帮扶和对口支援地区农产品及其他企业合作社、帮扶村镇农特产品450余万元，陕西中烟工会被陕西省总工会评为“陕西工会百万职工消费帮扶行动”优秀组织单位。所属各卷烟厂积极组织开展“十元关爱行动”慈善募捐，共筹募捐款4万余元；开展“助力乡村振兴一日捐”活动，干部职工捐款1.59万元。

在陕西省新冠疫情严重期间，陕西中烟机关向宝鸡市红十字会捐赠抗疫资金100万元；宝鸡卷烟厂向宝鸡市委组织部主动交纳抗疫特殊党费50万元，筹集御寒棉衣400件支援绥德县一线防疫人员，全力支持绥德县新冠疫情防控工作。

中国烟草实业发展中心

2022年，中国烟草实业发展中心系统捐款3272.5万元，用于各项社会公益活动。

支持乡村振兴。甘肃工业公司投入乡村振兴帮扶资金445万元、消费帮扶资金158.4万元。蒙昆公司向呼和浩特清水河县城关镇捐款50万元；购买国家局定点帮扶和对口支援地区农产品176.31万元。海红公司采购国家局定点帮扶和对口支援地区农特产品20万元。

灾害救助、救济困难、扶助残疾人。红辽公司向辽宁省困难卷烟零售户捐款27.96万元；向朝阳县慈善协会捐款13.82万元；红辽公司营口卷烟厂向大石桥市汤池镇望口村帮扶户捐款1.1万元。深圳烟草工业向云南曲靖罗平县烟区救灾项目捐款25万元。黑龙江烟草工业牡丹江卷烟厂捐款5万元，用于牡丹江海林市二道河子镇东沙村破损农田路修复改造项目。

资助教育事业。吉林烟草工业向吉林大学教育基金会捐款300万元，向长春市汽开区教育事业发展项目捐款200万元，向延边大学教育基金会捐款50万元，向延边二中教育发展基金会捐款50万元，向长春市经济技术开发区教育事业发展项目捐款100万元。蒙昆公司向内蒙古呼和浩特市赛罕区、玉泉区捐款385万元，募集“博爱一日捐”活动捐款13.71万元。甘肃烟草工业向兰州市慈善总会捐款205万元、向天水市慈善总会捐款150万元，用于支持兰州市和天水市教育事业发展。山昆公司向山西中医药大学、曲沃县教育局、太原市教育局等捐款208万元。海红公司支持海南琼中青少年教育振兴事业捐款90万元。红辽公司沈阳卷烟厂向沈阳市苏家屯区慈善会捐款10万元，营口卷烟厂向营口盖州杨运小学、盖州矿洞沟薛屯小学捐款10万元。深圳烟草工业向广西罗城县华张村华张小学捐赠学习用品及体育器材价值6.91万元，向2022年深圳“好技师、好讲师”系列公益活动项目捐款50万元。

助力新冠疫情防控。吉林烟草工业向吉林省红十字会捐款500万元，其中，向长春市新冠疫情防控项目捐款200万元、延吉市新冠疫情防控项目捐款200万元、吉林市新冠疫情防控项目捐款100万元。蒙昆公司向内蒙古呼和浩特市赛罕区乌尼尔社区捐赠物资价值2.51万元，向玉泉区应急管理局捐赠物资价值4.74万元，公司志愿服务队在新冠疫情防控期间安排党员“双报道”，配合社区发放物资、核酸检测、日常消杀等工作。海红公司向海口市琼山区云龙镇卫生院、海口市政协驻美兰国际机场新冠疫情专班捐赠防疫保障物资。红辽公司沈阳卷烟厂向沈阳苏家屯区政府、防疫部门、社区等部门捐赠防疫物资10万元，营口卷烟厂捐赠防疫物资价值7.72万元。

积极开展其他各项公益活动。蒙昆公司日常志愿服务开展中采取“一月一主题”，包含铸牢中华民族共同体意识主题宣传、无偿献血、安全宣传等志愿服务活动，参加300余人次、服务时长超过1000小时，公司105名员工无偿献血3.53万毫升。甘肃烟草工业组织员工无偿献血2.56万毫升。

中国烟草总公司郑州烟草研究院

中国烟草总公司郑州烟草研究院持续支持乡村振兴工作，2022年购买国家局定点帮扶和对口支援地区、郑州院对口帮扶村及河南省其他脱贫地区农产品近80万元。对口帮扶村河南许昌襄城县凹郭村成功创建“五星”支部，持续党建引领基层治理促乡村振兴工作提质增效；开展“四送一助力”活动，2022年春节期间，驻村第一书记为定点帮扶村老党员、困难党员等送去春节慰问品；向凹郭村捐赠图书500余本。支持新冠疫情防控，向一线防疫人员捐赠防疫物资和生活物资价值约3.34万元。积极响应河南省直妇工委关爱困难儿童号召，组织员工在工作之余编织毛衣、围巾、帽子，筹集新衣、棉被等，为困境儿童送去冬天的温暖。

中国烟草总公司合肥设计院

2022年，中国烟草总公司合肥设计院认真履行社会责任，彰显国企担当。严格落实消费帮扶政策，积极推进对脱贫地区的消费帮扶工作，采购国家局定点帮扶地区宁夏吴忠红寺堡区、原结对帮扶村安徽六安金寨县黄畈村农产品1.32万元，巩固拓展脱贫攻坚成果、助力乡村振兴。

中国烟草总公司职工进修学院

2022年，中国烟草总公司职工进修学院助力乡村振兴，持续开展消费帮扶活动，购买国家局定点帮扶和对口支援地区农产品3.5万元。组织开展郑州慈善日捐款活动，捐款7300元。面对新冠疫情防控严峻形势，开展多轮“就地志愿战疫情”活动，先后组织20余名党员、干部教师下沉社区，做好封闭管理、卡口值守、核酸检测、消毒消杀、文明引导、人员登记等志愿服务。开展送文化下乡活动，帮助帮扶村学习贯彻习近平新时代中国特色社会主义思想等内容。开展夏季送清凉活动，赠送花露水等清凉解暑用品，做好社区辖区居民及一线劳动者防暑工作。参与无偿献血活动和文明交通服务活动，用实际行动助力郑州文明城市创建工作。

南通醋酸纤维有限公司

2022年，南通醋酸纤维有限公司积极响应南通市文明办号召，组织10余名“维+”志愿者前往周边社区支援全员核酸检测，开展秩序维持、疏导指引、体温测量和防疫宣传等志愿服务，助力地方抗击新冠疫情，组织开展常态化帮扶慰问活动26轮次。组织志愿者走进德民社区为10户困难家庭送去爱心物资。响应南通市慈善总会“一日捐”活动，筹集善款11.9万元。与南通市红十字会、南通中学教育基金会、启秀中学、通师一附集团签订《南纤博爱助学金捐赠协议》。全年共向南通中学、启秀中学、通师一附集团捐款45万元，惠及150余名学生。

响应“关爱革命功臣，结对帮扶退役军人及优抚对象”活动号召，组织慰问江苏如皋市6名军属优抚对象。

昆明醋酸纤维有限公司

2022年，昆明醋酸纤维有限公司向昆明盘龙区慈善协会捐款30万元，用于滇源街道及阿子营街道8个幸福食堂项目以及松华街道“绿美乡村”文化项目和人居环境整治，进一步巩固脱贫攻坚成效，助力乡村振兴。

珠海醋酸纤维有限公司

2022年，珠海醋酸纤维有限公司通过“珠海醋纤慈善公益基金”对外捐款197.75万元。

助力乡村振兴。捐款10万元用于贵州遵义市对口帮扶医院购置医疗设备，改善基础医疗条件；捐款90万元帮助贵州遵义习水县双龙乡保丰小学实施学校改扩建项目；公司工会采购遵义帮扶地区农产品20余万元。

资助教育事业。捐款5万元用于珠海斗门区南门小学爱心书屋购置图书；捐款40万元帮助广东实验中学金湾中学附属初中建设教师阅览室和藏书室。

积极开展其他各项公益活动。向广东省天行健基金会质量公益基金捐款50万元，支持地方质量工作发展。组织开展环保、公共服务、敬老等志愿服务活动4次，参与150余人次，服务时长400余小时。

云南红塔银行股份有限公司

2022年，云南红塔银行股份有限公司认真履行企业社会责任，推动定点帮扶和乡村振兴工作。投入教育行业帮扶资金40余万元；投入资金22.7万元，用于改善玉溪元江县因远镇北泽小学“润泽楼”教学楼、改造浴室、改造老旧电线线路，为160余名师生创造一个更加安全、和谐的生活学习环境；支持乡村振兴投入帮扶资金9万余元，为昭通市镇雄县五德镇的新寨村新寨小学、茅稗地小学、大火地小学的409名学生、40名教职工购置教学办公用品；通过云南省教育基金会捐款10万元，用于资助云南边缘易致贫学生，支持云南教育振兴乡村教育公益项目。

◎编辑：褚　幸

社会责任报告选登

- □ 广西壮族自治区烟草专卖局（公司）2022年社会责任报告（摘要）
- □ 湖南省株洲市烟草专卖局（公司）2022年社会责任报告（摘要）
- □ 湖北中烟工业有限责任公司2022年社会责任报告（摘要）
- □ 湖南中烟工业有限责任公司2022年社会责任报告（摘要）
- □ 云南红塔银行股份有限公司2022年社会责任报告（摘要）

广西壮族自治区烟草专卖局（公司）2022年社会责任报告（摘要）

2022年，广西壮族自治区烟草专卖局（公司）社会责任报告主体包括概览、政治责任、经济责任、社会责任、文化责任、安全责任等部分。

概　览

责任理念。广西区局（公司）始终坚持以习近平新时代中国特色社会主义思想为指导，学习贯彻党的二十大精神，贯彻落实习近平总书记对广西“五个更大”重要要求，贯彻落实“在推动边疆民族地区高质量发展上展现更大作为”重要要求，服务富民兴桂大局；贯彻落实“在服务和融入新发展格局上取得更大突破”重要要求，增强高质量发展动力活力；贯彻落实“在推动绿色发展上实现更大进展”重要要求，推动绿色低碳发展；贯彻落实“在维护国家安全上作出更大贡献”重要要求，始终保持烟草打假打私高压态势，坚决守好祖国“南大门”，提升风险防控能力；贯彻落实“在推进全面从严治党上取得更大成效”重要要求，涵养良好政治生态。

坚持党对国有企业的全面领导，践行“国家利益至上、消费者利益至上”的行业共同价值观，不断加强管理和改革创新，依法行政，依法生产经营，依法监督管理，促进经济效益和社会效益逐年提升。融入和服务中国式现代化大局，履行保证国家财政收入、维护消费者利益、稳定就业保障民生、助力乡村振兴、打击烟草非法贸易等社会责任，为国家财政增收、地方经济社会发展稳定作出积极贡献。

责任亮点。党建引领，党建学习常态化长效化。2022年，广西区局（公司）所辖各单位组织开展党的二十大精神专题学习230次，基层党支部开展党的二十大精神学习交流研讨5869人次；在“我为群众办实事”实践活动中，全区系统282个党支部落实417项好事实事；各级党组（党委）开展党史专题读书班27次，专题学习研讨16次。

经济发展。2022年，广西烟草实现税利362.91亿元，其中广西区局（公司）实现税利136.19亿元，广西中烟实现税利226.72亿元。

社会责任。2022年，全区共有卷烟零售户近23万户、烟农4000余户，直接解决100万余人的民生问题。全年广西区局（公司）社会捐款8023万元。

管理创新。2022年，广西区局（公司）取得职务发明专利授权60件，软件著作权28件；评选科学技术进步奖14个、职务发明成果奖17个、标准创新贡献奖8个、优秀科技创新人员奖1人。在烟草行业第三十三届优秀质量管理小组评选中，广西区局（公司）QC成果获得一等奖1个、二等奖3个、引进应用奖1个，QC获奖数量居行业商业企业第一位。

2022年改革发展主要成就。2022年，广西烟草实现商业增加值160.24亿元，工业增加值250.39亿元；实现税利总额362.91亿元。

乡村振兴。广西区局（公司）坚持以人民为中心的发展理念，在助力乡村振兴中积极履行烟草的责任担当。2022年，共派出驻村工作队员71人，其中第一书记21人。直接投入帮扶资金1051.46万元，完成帮扶项目108个。烟叶生产等产业扶贫投入1.32亿元，营销农网建设投入1035万元，购买脱贫地区农产品1138.69万元。

聚焦产业发展赋能乡村振兴。烟草驻村帮扶干部以派出单位为后盾，把“互联网+”“物联网+”以及特色养殖引进帮扶地区，助力帮扶地区农业产业发展，聚力提升其“造血”功能。桂林市局（公司）加大产业发展资金投入，协同广西区林业局共建恭城县平安镇大江村智慧农业项目，300亩的智慧茶园以5G通信技术为基础，以物联网技术为支撑，实现从种植、采摘、加工、仓储到物流、销售全流程数据化智能管理。梧州市局（公司）脱贫攻坚（乡村振兴）工作队分队长汪松青通过“电商+产业+扶贫”模式，拓宽帮扶地区销售渠道，通过电商平台帮助农户销售当地生产的八角、柠檬和蜂蜜等，促进农户增收近30万元。贺州市局（公司）加大定点帮扶的钟山县公安镇大桥村产业扶贫力度，根据当地资源禀赋，帮助当地培养养殖能手，带动60余户留守村民发展优质肉牛养殖，养殖肉牛近300头，利用稻草、秸秆、红薯藤等养殖肉牛，走出一条生态畜牧、种养结合、循环发展的新时代养牛路。不断改善烟区人居生活环境条件。广西区局（公司）围绕美丽中国建设，把烟叶生产基础设施建设与社会主义新农村建设相结合，加大道路硬化、村庄绿化、农村人畜饮水、文体设施等建设力度，持续推进乡村人居环境和乡风文明建设，助力烟区及帮扶村逐步成为“生态宜居村庄美、兴业富民生活美、文明和谐乡风美”的和美乡村。

稳定就业。2022年，全区近23万户卷烟零售户（超过一半在农村），户均年盈利约3.53万元，比上年增长8.69%；平均毛利率稳定在12.94%，全行业排名第三位，基本实现“一本烟草证养活一家人”，直接解决约100万人的民生问题，为经济下行压力下稳就业保民生作出积极贡献。全区收购烟叶近30万担，帮助百色、贺州、河池等3个市11个县4200余户烟农约1.3万人解决就业和致富问题，烟农实现种烟加多元增收总收入5.43亿元，户均收入12.74万元，高出全国户均收入1.87万元。带动植保、机耕、分级等农村就业人员3.45万人次（用工数量），务工收入超过428万元；伊灵烟叶复烤公司在烟叶复烤季节解决217个季节工、165个劳务外包人员的就业问题。在烟叶生产环节解决约4万人的就地就业问题。烟草产业已经成为社会就业的重要渠道、老少边山穷地区发展的重要依托和承担社会责任的重要力量。

依法履行烟草专卖监管职责。强化政府主导，充分发挥“1+N”协同治理体系作用，深化桂粤深及12省（区、市）横向联动协作机制，始终保持烟草打假打私高压态势，坚决守好祖国“南大门”，为维护国家经济安全作出积极贡献。2022年，全区查处涉烟违法案件8133起，其中案值百万元以上案件83起、重大案件48起。查获各类非法卷烟3.5万件，涉案卷烟实物总金额3.54亿元。公安、司法机关依法刑拘730人，判刑268人。

企业荣誉。广西百色市红十字会授予中国烟草总公司广西壮族自治区公司“红十字会博爱奖章”及奖牌，以表彰其在助力百色市新冠疫情防控、乡村振兴、扶危济困等方面作出的积极贡献。

政治责任

坚持党的领导，强化组织建设。广西区局（公司）始终坚持党的全面领导，突出党建引领，坚决贯彻落实党中央各项决策部署。始终牢记烟草企业是国有企业，烟草事业是党和人民的事业，胸怀“两个大局”，心系“国之大者”，自觉把党的领导和国家烟草专卖局的部署要求体现到谋划重大战略、制定重大政策、部署重大任务、推进重大工作的各项实践中，努力以高质量发展为推进中国式现代化建设作出贡献。

持续推进基层党组织建设。全区系统共设立各级党组15个［广西区局（公司）和14个地市级局（公司）］，党委1个（伊灵烟叶复烤公司），切实发挥党组（党委）“把方向、管大局、保落实”的作用。设置各级机关党委15个、机关纪委15个，所有县级局（营销部）的党组织由所在市局（公司）机关党委管理，在管理机制上确保管党治党主体责任有效落实；共设党支部282个、党总支2个，在职党员3407人，确保每一个基层管理所（服务站）、烟站都有党员，实现党的组织和工作全覆盖。

2022年，全区系统组织各级党组（党委）理论学习中心组集体学习148次，党组（党委）班子成员带头讲党课

119 次，基层党支部开展党的二十大精神交流研讨 5869 人次。各级党组织把迎接党的二十大和学习宣传贯彻党的二十大精神作为全年工作主线，通过集中收看、学习研讨、专题辅导、个人自学等多种方式聚力抓好党的二十大精神学习宣传贯彻，推动党的二十大精神在全区系统落地生根，自觉把思想和行动统一到党的二十大精神和党中央各项决策部署上来。

发挥党支部战斗堡垒和党员先锋模范作用。充分发挥党支部战斗堡垒和党员先锋模范带头作用，持续深入开展好“我为群众办实事”实践活动，落实完成 417 项好事实事，切实解决基层和群众的急难愁盼问题，涌现出一批爱岗敬业、艰苦奋斗、甘于奉献的先进典型。

贵港市局（公司）专卖监督管理科（专卖稽查支队）获评全国卷烟打假先进集体；桂林市局（公司）党群工作科获评烟草行业离退休干部工作先进集体；来宾、崇左市局（公司）分别获评所在市第十批文明单位；防城港东兴市局（营销部）被评为防城港市“三个重大”暨疫情防控工作先进集体，丁海军被评为先进个人；钦州市局（公司）罗楚婷、河池市局（公司）黄应娇被评为全区财贸轻纺烟草系统第八届“最美服务员”；贵港市局（公司）钟燕蓉被评为全国烟草行业先进离退休干部工作者；伊灵烟叶复烤公司韦家宁被评为全国烟草行业离退休干部工作先进个人。

全面从严治党。坚持和加强党的全面领导，履行管党治党政治责任，以实际行动捍卫“两个确立”，践行“两个维护”。落实国家局党组巡视反馈意见整改，坚持以问题为导向，补短板、强弱项、促提升。始终保持惩治腐败高压态势，修订完善监督执纪制度体系，编印“微腐败”案例集，一体推进“三不腐”。在全区系统全面部署“清廉桂烟”建设，组织各单位（部门）主要负责人到河池罗城县于成龙廉政文化展示馆开展现场教学，不断加固拒腐防变的思想堤坝。持之以恒贯彻落实中央八项规定精神，扎实开展纪律和作风建设专项整治，严肃查处、通报典型案件，释放“越往后执纪越严”的强烈信号。强化对“一把手”和领导班子的监督，细化责任清单和具体措施，健全廉政谈话机制，广西区局（公司）党组书记与各直属单位主要负责人开展“一对一、面对面”廉政谈话，督促其严于律己、严负其责、严管所辖。深化纪检监察体制改革，加强“内·地”协作配合，完善内部监督贯通协同体系，监督治理效能明显提升。

深化改革创新，服务发展大局。广西区局（公司）作为全国少数民族人口最多的省级行政区的一家大型国有企业，始终将落实习近平总书记关于国有企业的重要论述作为重要政治任务和政治担当，牢记烟草事业是党和人民的事业，把维护国家利益、促进祖国边疆民族地区地方经济发展稳定作为最重要的责任。坚持以习近平新时代中国特色社会主义思想为指导，学习贯彻党的二十大精神，贯彻落实习近平总书记对广西“五个更大”重要要求，深刻领悟“两个确立”的决定性意义，胸怀“两个大局”，心系“国之大者”，坚持党的领导，全面加强党的建设，始终保持正确发展方向。着力强化经营管理，保障国有资产保值增值，保证国家财政收入、维护消费者利益，助力地方经济发展，积极履行社会责任，促进和谐发展稳定。

大力实施创新驱动发展战略，印发《全面加强新时代广西烟草商业科技创新工作实施意见》，发布优秀科技创新成果，启动“揭榜挂帅”选题机制。取得职务发明专利授权 60 件，软件著作权 28 件，评选科技奖励 40 项。持续推进行业省级营销子系统、生产经营管理一体化平台等重点项目建设，为数字化转型提供有力支撑。搭建精益课题、QC 小组活动、A3 报告和问题改善卡多维创新体系，全力推动企业创新。QC 成果获得行业发布会一等奖 1 个、二等奖 3 个、引进应用奖 1 个，获奖数量居行业商业第一，创历史最好成绩。截至 2022 年底，建成创客空间 22 个、劳模和工匠创新工作室 15 个。

推动管理转型升级。探索推进基层烟草专卖管理所（客户服务站）管理模式改革，通过全面推进基层组织重构、管理模式变革、业务流程再造、技术手段升级、制度机制创新等方式，不断推动基层所（站）在工作标准化、队伍专业化、管服精细化和数字化赋能上转型升级。

运行“243”经济运行监测体系，聚焦计划完成率和同比增减率“两率”，紧盯社会库存、市场价格、客户结构、真烟外流“四走势”，深耕基层所（站）、诚信互助小组、零售终端“三平台”，加强经济监测预测预警；研发“1244”智能调控体系，以市场状态优先为主线，以实现供需双方动态平衡为目标，从市场容量、存量、价格、X因子4个方面综合分析、精准调控，从区域、市场类型、档位、标签4个维度测算调整。

深化智能财务共享中心建设，融合业务系统对接，实现报账随时化、操作便捷化、流程标准化、审批移动化、核算自动化目标。

持续助力“六稳”“六保”体现国企担当。2022年，全区系统招聘应届大学毕业生42人，社会人才招聘45人，接收安置军转干部1人，接收安置退役士兵4人；所辖企业广西双维投资管理有限责任公司安排就业岗位人员532人（含劳务外包人员）。响应国家号召，2022年共减免507户承租户租金975万元。

提升政务服务，优化营商环境。聚焦“放管服”改革，持续优化营商环境，积极打造“阳光+高效”政务。聚力抓好广西区12313烟草市场监管服务热线管理。12313烟草热线广西分中心坚持以人民为中心，提供24小时不间断服务，畅通诉求纾困渠道，确保群众诉求“一件不落、事事解决”，用“一条热线”连通为民服务“直通车”。2022年，全区12313热线人工服务量3.67万次，人工服务接通率96.45%；热线总体满意率98.9%，优于全国97.63%的平均水平，全行业排名第一位。在国家局三次热线工作评查中，12313广西分中心是全行业三次评查均获“优秀”的4家单位之一。持续深化“互联网+政务服务”，优化线上线下证件办理服务效能。烟草政务窗口接待来访群众实行首问负责制、一次性告知制，并实行网上在线咨询、在线办理服务模式，提供精准优质服务，着力做到“一口讲清、一窗办理、一站办结”，努力实现“一件事一次办”。全面落实政务服务“好差评”评价制度，从服务态度、质量、效能等方面自觉接受监督评价，持续提升政务服务效能。2022年，全区新办发放卷烟零售许可证8072份；通过网上申请的新办、变更、延续等许可事项8.83万份，网办率67.61%。2022年，广西区卷烟零售户满意度评分94.37分，全行业排名第四位。

经济责任

助力经济发展。始终牢记国有企业是中国特色社会主义的重要物质基础和政治基础，是党执政兴国的重要支柱和依靠力量，全面履行好国有企业的政治责任、经济责任和社会责任，站在保证国家财政收入、助力广西地方经济发展大局中谋划发展，推动全区烟草商业系统经济运行稳中有进，税利贡献稳定增长。2022年，广西烟草［含广西区局（公司）、广西中烟］上缴税金318.06亿元，占广西财政收入的18.85%。在经济发展面临需求收缩、供给冲击、预期转弱的三重压力叠加、局部疫情时有发生、经济下行压力凸显的大背景下，为有效应对超预期因素冲击贡献烟草力量。

推动高质量发展。围绕大局统筹推动高质量发展。在服务和融入中国式现代化大局中找准工作定位，立足广西区局（公司）实际，聚力完善现代化烟草经济体系、提升行业现代化治理能力、强化行业现代化建设人才支撑，持之以恒推动高质量发展、推进高效能治理、造就高素质队伍。聚焦质量效益持续提升、科技产业深度融合、软硬实力一体提升、行业内外共同发展、发展安全有效统筹，加快推动全区系统现代化建设。

稳定行业贡献，贯彻国家局“总量控制、稍紧平衡，增速合理、贵在持续”十六字方针，确保经济运行在合理区间，努力使广西区局（公司）在经济发展中的地位稳定、在财政收入中的贡献稳定、在社会消费中的份额稳定、在居民就业中的作用稳定；持续深化改革，加快推动有利于提高资源配置效率、发展效益和调动各方面积极性的改革，加快推进以科技创新为核心的全方位多维度改革，加快实施数字化转型战略。不断完善经济运行调控体系、供需动态平衡体系、现代物流体系、现代市场监管体系等运行机制，着力培育壮大发展新动能；坚持品牌引领，实施“大品牌、大市场、大企业”战略，持续完善以品牌为核心的资源配置方式；注重固本强基，坚持烟草专卖治理体系不动摇。通过实施强链补链行动，打牢产业基础，突出抓基层强基础，加固基层基础；注重协调联动，坚持系统观念、全局意识，树立全国、全区烟草“一盘棋”思想，推动各环节之间高效协同，凝聚各方共识合力，全力推动高质量发展。

推进数字化转型。聚焦业务融合，释放数字效能，加快推进企业数字化转型。大力推进“1244”智能调控体系研究应用，实现从目标制定、目标调整，到目标分解并精准投放到市场的有机统一，有效提升客户整体盈利水平。以零售户经营专用POS机推广应用为抓手，通过工具使用转变客户经营理念、提升经营能力；积极构建数字专卖管理工作模式，推进行业专卖管理系统升级，通过涉烟情报分析、组组对标分析、热力图分析等有效解决专卖管理中打假打私、市场监管、数据可视化等难点问题，提升烟草专卖对卷烟市场专卖监管的掌控力；强化“云大物移智”技术在物流领域探索应用，在全区系统搭建覆盖区、市两级的智能配送系统，实现智能线路优化、智能配送调度、电子签收，不断提升物流配送质效，推动全区系统物流跨入数字化、智慧化时代。

确保国有资产保值增值。2022年，全区系统国有资产保值增值率121.74%，总资产贡献率71.34%。

社会责任

开展法治烟草建设。全面贯彻实施“八五”普法规划。组织开展宪法、民法典、烟草专卖法、未成年人保护法等各项法治宣传教育主题活动，组织开展年度学法用法考试。全面开展领导干部述法考核评议，将推进法治建设和依法履职情况纳入所属市局（公司）领导干部考核评价的重要内容。落实“谁执法谁普法”普法责任制要求，举办纪念《中华人民共和国烟草专卖法》施行三十周年普法微课竞赛活动，通过报刊、网络、专家讲座、集中宣传贯彻等多种方式，深入开展烟草专卖法再学习活动；组织学习宣传贯彻电子烟管理规范，发放《中华人民共和国烟草专卖法》《电子烟管理办法》等法律法规汇编2600余册。

加强全区系统法律监督，不断提升依法行政、依法管理、依法生产经营水平。2022年，组织实施规范性文件、采购文件、民商事合同等合法性审查，共审查行政规范性文件和制度330件、采购文件895份、民商事合同3446份。指导有关单位依法办理行政复议、诉讼案件。全年组织开展专卖执法案卷评查66次，评查案卷2.42万件，其中行政处罚案卷2265份、行政许可案卷2.19万份。行政诉讼案件败诉率为0，在确保涉烟法律得到正确实施的同时，依法维护行政相对人的合法权益，保障公平正义。

依法打击烟草非法贸易。坚持政府领导，构建政府组织、各执法部门密切配合的“1+N”协同治理体系。广西地处祖国南疆，是中国唯一与东盟国家海陆相连的省级行政区、中国通往东盟最便捷的国际大通道，也是中国唯一具有沿海、沿江、沿边优势的少数民族自治区，具有“背靠大西南、毗邻粤港澳、通衢东南亚”的独特区位。广西边境贸易进出口总额连续7年排名全国第一。

特殊的地理位置也给烟草专卖监管带来较大压力，面对涉烟违法犯罪活动复杂严峻的形势，广西区局在国家局的正确领导下，始终把国家利益放在首要位置，按照“守国门、堵通道、讲大局、作贡献”的方针，坚持政府主导、多方协作的“1+N”协同治理体系，并搭建起全国首个集“空、天、地、潮”四位一体的边境烟草打私情报指挥中心。充分发挥桂粤深协作机制作用，协同配合海关、海警、公安、边管等职能部门加强对北仑河沿线的巡查监管，强化卷烟海上走私和珠三角区域假私烟中转分销活动打击合力，协同做好“海上查、岸上封、路上堵”一体化管控，边境打私压倒性胜利态势得到巩固，重大案件获评数及拘捕判刑数均为广西涉烟案件近年之最。

坚持综合治理，打造“综合施策、统筹整治”市场监管体系。加强广西烟草涉烟情报中心信息平台建设，强化情报导侦深挖线索，不断提升涉烟情报线索分析研判和精准打击能力。坚持打早打小、露头就打，通过采取市场清理专项整治行动、加强日常市场巡查等措施，整治全区非法卷烟贸易，严厉打击各类假私非烟行为，营造良好的市场环境。强化电子烟监管，根据国家局要求扎实做好辖区电子烟经营主体监测和管理工作，将全区电子烟产业逐步纳入法治化、规范化轨道。坚持打击与疏导相结合，协助地方政府做好群众脱贫致富工作。在防城港东兴市等区域，烟草部门通过协助配合当地政府加快口岸经济发展、推动产业转型，积极参与当地“无走私村庄（社区）建设”，加强入村入户反走私宣传等方式，让群众逐渐摆脱对走私的依赖。

履行控烟履约责任。严格执行《中华人民共和国烟草专卖法》《中华人民共和国广告法》《中华人民共和国未成年人保护法》等法律规定，加强多部门协作，协同做好未成年人保护工作。

贯彻落实国家局《关于加强电子烟监管有关事项的通知》要求，联合自治区市场监管局印发涉及电子烟违法行为专项清理方案，联合公安、市场监管、教育等部门在全区开展向未成年人销售电子烟专项治理，对中小学校、幼儿园等校园周边售卖电子烟集中整治和普法宣传。全区累计出动执法人员 1.32 万人次，检查电子烟销售网点 5981 户次，清理中小学校、幼儿园周边电子烟零售网点 93 个、自动售卖机 3 台，查处向未成年人销售电子烟案件 14 起。

推广绿色低碳发展。坚持生态优先、绿色发展，全面推广绿色防控工作。2022 年，广西烟区建立绿色防控综合示范区 3.2 万亩，病虫害损失率 3.5%。病害防治以生物菌剂为主，全面使用理化诱控防治害虫危害，实现防治害虫的农药“零使用”。实施无人机飞防作业 8 万亩，推广蠋蝽防治斜纹夜蛾技术示范 1.1 万亩，食蚜瘿蚊防治蚜虫技术示范 8000 亩。广西烟区病虫害发生危害明显降低，发病率仅为 7.85%。

清洁绿色低碳生产。落实党中央“三农”工作部署，自觉服务农业农村优先发展，实施烟稻轮作，形成“以烟稳粮、烟粮互促”产业共生关系。2022 年，完成 10.61 万亩的烟稻轮作种植规模；种植油料作物大豆 0.11 万亩、油菜 0.22 万亩、花生 0.14 万亩；种植杂粮作物红薯 0.45 万亩、芋头 0.63 万亩、南瓜 0.1 万亩；种植蔬菜 1.46 万亩。全区推广生物智能型烤房 1174 座，每年减少化石能源使用 5870 吨，节约成本 100.28 万元。回收地膜 1837 吨，加工利用 1837 吨。

深化物流绿色循环发展。坚持绿色低碳理念，有序开展卷烟包装箱循环利用。2022 年，向工业企业返回卷烟包装箱 81.29 万个，完成国家局下达任务的 114.33%，有效减少生产新包装箱带来的碳排放。

扩大配送汽车电动化试点工作，推进绿色物流运输。与广西中烟开展南宁同城托盘联运，在玉林、百色、河池等地开展纸滑托盘联运。2022 年累计完成托盘联运 12.65 万箱，其中纸滑托盘联运 1.12 万箱，完成年度任务的 105.42%。

贯彻落实烟草行业“精益高效、协调共享、绿色循环”的工作要求，全面推广卷烟包装塑膜回收，着力解决白色污染问题，促进物流绿色转型。2022 年，在桂林、北海、钦州、崇左等地开展卷烟塑膜包装回收工作，超过 3.8 万户烟草零售户参与到塑膜回收工作中，累计回收塑膜 63.8 吨，回收塑膜产生的资金全部用于公益活动。

推行低碳化办公。全区系统深入贯彻落实习近平总书记关于制止餐饮浪费行为的重要指示精神，切实增强制止餐饮浪费的思想自觉和行动自觉，坚持勤俭节约、艰苦奋斗的理念。在职工食堂开展“制止餐饮浪费，培养节约习惯”活动，自觉从自身做起，珍惜每一餐饭，节约每一粒粮。

建设节约型机关。办公室、洗手间、电源开关上张贴倡导节约、反对浪费的提示牌，做到人走电关、人走水关，杜绝浪费，提倡低碳生活、绿色出行。

积极参与公益事业。2022 年，广西区局（公司）向社会帮扶、乡村振兴、救灾、抗疫等开展公益性、救济性捐款 8023 万元。近 5 年捐款合计约 3.47 亿元。

文化责任

践行社会主义核心价值观。习近平总书记在党的二十大报告中指出，“中国式现代化是物质文明和精神文明相协调的现代化”。全区系统深入学习贯彻习近平总书记关于文化强国、精神文明建设等重要论述，将培育和弘扬社会主义核心价值观融入企业文化和干部职工工作生活各方面，不断厚植爱党爱国情怀，提升道德品质修养，夯实马克思主义在意识形态领域的指导地位，巩固干部职工团结奋斗的共同思想基础，激发广大干部职工干事创业的热情和敬业精业的奉献精神。

传承发扬红色文化。广西是中国共产党开展革命活动和建立地方组织较早的地区之一，在中国革命史上具有重要地位，拥有丰富的红色文化资源。邓小平、张云逸等老一辈无产阶级革命家，领导发动了著名的百色起义；发生在桂北地区的湘江战役，是红军长征途中最惨烈的一次战役。全区系统各级党组织充分利用广西红色资源丰富的优势，结合专题活动或专题党课开展好红色教育现场教学。2022 年组织党员到红色教育基地开展现场教学 230 批次，共计 4890 人次，进一步坚定理想信念，保持初心使命，传承红色基因，为新时代党员干部激发奋进力量提供了强大精神动力。

弘扬宣传企业文化。在“国家利益至上、消费者利益至上”行业共同价值观总体框架下，积极完善体现时代要求、行业特征、本地特色的企业文化理念。广西区局（公司）以“规范・共赢・和谐”作为企业文化定位，把“专致服务、缔造价值”作为企业使命。柳州烟草发扬“见红旗就扛”的精神，倡导“创先争优、勇争第一”理念；桂林烟草以“美文化”为主题，将“让服务与桂林山水同美”作为服务理念；玉林烟草突出“让我们共同成长”主题，倡导“责任、欣赏、协作”企业理念；崇左烟草坚持“奋斗赢未来”企业精神，着力打造优秀企业。全区系统各单位在完善符合行业特点和本地实际的企业文化基础上，通过建设企业文化长廊、加强企业文化宣传贯彻、举行升国旗仪式、举办演讲及征文比赛、知识竞赛等多种方式，积极传播正能量，讲好烟草故事。

坚持办事公开民主管理，切实维护职工合法权益。2022 年，全区系统召开职工代表大会 36 次，组织征求意见活动 50 次，收集意见建议 355 条；组织职工代表参与 1042 个采购项目的全程监督，涉及项目金额 8.43 亿元，有效落实职工的知情权、参与权、表达权、监督权。打造特色活动，展现职工精神风貌。广西区局（公司）机关利用下班时间，组织人员参加区直机关第九届职工运动会比赛，赛出风采水平；各直属单位及县级局利用业余时间，积极开展气排球、乒乓球、羽毛球、健步走等活动，丰富职工业余生活，增强健康体魄，不断提升职工的凝聚力、获得感和幸福感。

开展职业教育培训。培训工作围绕中心、服务大局，重点抓好习近平新时代中国特色社会主义思想和党的二十大精神的学习贯彻培训，统筹抓好处级干部、青年干部素质能力提升培训、高技能人才培训、新进大学生入职培训、内训师专项培训。全年落实培训项目 62 个，年度培训参训率 100%，培训人员 9920 人次，营造崇尚知识、崇尚学习良好氛围，为助推高质量发展夯实人才基础。

倡导诚信规范理念。全区系统各单位坚持诚信经营、守信践诺的理念。严格贯彻落实党中央、国务院关于清理拖欠民营企业、中小企业账款工作的要求，持续做好专项检查，确保落实“零清欠”。宣传和引导卷烟零售户诚信经营、坚持明码实价，不哄抬物价，营造守法经营、诚信经营的良好市场环境。全区零售户自发建立诚信互助小组 1.47 万个，零售户入组率 99.94%，诚信经营已成为广大卷烟零售户的共识。

坚持严格规范，筑牢持续健康发展的“生命线”。严格生产经营管理合规体系运行，全力推进合规体系落地落细，全区系统各单位业务部门自查 6422 项，内管部门检查 6615 项，做实做细全过程闭环监管。严格采购监督管理，强化廉洁风险防范。进一步落实采购规范监督、管理主体责任，全覆盖监督检查项目 1160 个，发现问题风险 310 个，全面整改问责，促进规范治理水平持续提升。严格审计监督，以经济责任、财务收支等专项审计为重点，全年完成审计事项 3278 个，发现问题 888 个，提出审计建议并采纳 1158 条，使审计监督的“经济体检”功能进一步发挥释放。

传播行业好声音。广西区局（公司）始终以党和国家发展大局为中心，努力为国家及地方经济社会发展作出积极贡献，在助力乡村振兴、稳定就业、保障民生、政务服务、社会公益、打击烟草非法贸易等方面取得良好成效，得到中央媒体和地方主流媒体的关注和宣传报道。

安全责任

树牢总体国家安全观。坚决贯彻落实习近平总书记在党的二十大报告中提出的“必须坚定不移贯彻总体国家安全观，把维护国家安全贯穿党和国家工作各方面全过程”的重要要求，把防控安全风险放在党和国家发展大局和行业体制稳定的高度统筹推进，对可能影响国家总体安全、影响人民根本利益等风险挑战进行坚决斗争。围绕网络等重点领域旗帜鲜明抓好意识形态工作，在全区系统坚决守好意识形态阵地。树牢忧患意识和底线思维，统筹发展与安全，防范市场供需失衡、经济运行大起大落和因宏观政策调整变化应对不力三大风险的同时，扎实做好生产经营、财务金融、专卖执法、失密泄密等各方面风险隐患防范，努力实现高质量发展与高水平安全的良性互动平衡。

强化风险排查和危机应对演练。坚持“安全第一、预防为主”，着力从源头上排查防范重大风险。落实安全生产主体责任，面向各单位主要领导、分管领导及安全部门负责人等不同层级开展有针对性的安全培训，通过网络学院“安全生产大讲堂”等多渠道开展好全员安全培训教育。强化风险防范，加强风险辨识、评估、管控、监测等全过程管理，突出重点环节、重点时段、重点部位的隐患排查，及时发布风险预警提醒，有效防范和消除事故隐患。定期组织开展安全应急演练，不断提升全员安全防范意识和应急救助能力。

湖南省株洲市烟草专卖局（公司）2022年社会责任报告（摘要）

2022年湖南省株洲市烟草专卖局（公司）社会责任报告主体责任体系包含政治责任、经济责任、管理责任、员工责任、社会责任等部分。

政治责任

2022年，株洲市局（公司）以党的政治建设为统领，围绕“抓基层、打基础”，深入推进“火车头”党建工作品牌落地实施，以扎实有效的党建和思想政治工作，增强高质量发展引领力。

压紧压实管党治党责任。印发《党建工作责任清单》，明确党组、书记、支委、党员等各级工作职责。党组研究部署党建工作4次，召开党建工作领导小组会议4次。持续完善实现联动党建工作考核机制，修订《市局（公司）党建工作考核规范》《县局（分公司）党建工作考核评价办法》，优化调整年度考核内容和分值，持续压实党建工作责任。

聚焦聚力政治理论学习。印发《全市系统学习宣贯党的二十大精神实施方案》，实现领导带头学、支部跟进学、党员自主学、青年主动学。组织收看党的二十大开幕会直播、云课堂宣讲、“喜迎党的二十大”征文、推送应知应会百题、融媒体专题报道等30余场次，学习覆盖1500余人次，持续推动党的二十大精神宣传贯彻进机关、进基层、进站所、进市场、进乡村。

抓紧抓牢党建工作品牌建设。坚持以落地“火车头”党建品牌“165”工作体系为主线，推动党务业务深度融合。印发《全市系统“火车头”党建品牌落地实施分解方案》，细化分解35项目标任务。召开全市系统党建业务深度融合经验交流推进会、成果汇报会，完成《“火车头”党建品牌建设——提高党建业务深度融合的质效》精益课题。

从严从紧推进“清廉株烟”建设。扎实推进“清廉株烟”建设，印发实施方案、强化组织领导，推进清廉单位、清廉干部、清廉窗口“三个单元”项目试点建设。强化纪检监察“内・地”协作、贯通协同，与市纪委监委签订《“内・地”协作配合会商纪要》，确定5个方面17项协作配合工作内容。制作微视频《廉洁教育在身边》及动漫版《廉洁从业手册》，编制“清风润株烟　喜迎二十大”清廉画册。

经济责任

经济运行稳中有增。统筹新冠疫情防控和生产经营，各项经济指标稳中有进，实现“两烟”销售收入和税利双增长，税利贡献稳居全市第一，在特殊时期交出了合格答卷。

卷烟物流稳中提质。在省局、省市场监管局共同指导下，以“一方案一指南四机制”试点创建全省卷烟放心消费环境，累计建成42条示范街（镇），对零售终端信用扣分844户次，守信加分1.25万户次。实施“美丽乡村靓终端”工程。印发《农网建设全面融入乡村振兴实施意见》，在湘村636打造具有“3+X”功能的“容诚驿站”。打造湘村便民服务柜61个，便民服务区10个，设立“党建+乡村振兴展销柜”31个。探索流量经济新模式。打造9个“容诚服务直播间”，探索“产地直采+门店分销+直播带货”模式，让乡村振兴产品进城、优质非烟商品进村。开展直播带货30余场，社群营销130余次，实现零售户增收35万余元，零售户满意度排名全省第三。

烟叶产业稳定发展。协调地方政府将烟叶发展纳入乡村振兴产业规划，建成2个万担乡、6个千亩村在内的烟叶产业核心区。烟叶种植规模稳步恢复，烟叶质量稳中有进。烟农亩均收入、户均收入双提升。上等烟收购比例70.55%，中部上等烟比例50.2%。促进烟农增收。组建党员烘烤“110”、植保“120”、收购应急三支服务队，先后出动20余次帮助烟农解决技术难题。培养职业烤师47人，提供专业化烘烤服务7584烤次，烟农亩均、户均收入实现“五连增”。改善基础设施。新建茶陵烟叶仓库并投入使用，全年更换、改造烤房设施设备等1094个，投入补贴资金477.12万元建设烟基项目1727个，烟叶生产基础设施大幅改善。

市场治理效能显著增强。深化打假打私区域联动，完善跨区域烟草打假打私长效机制。联合开展假私烟集中销毁专项行动，共计销毁719.31件，烟叶烟丝2.34吨。全年共查办案件939起，查获非法卷烟5092.23件。破获国标网络案件、省标网络案件、真烟刑事案件7起，其中部督案件1起、省督案件1起。公安、司法机关依法刑拘23人，逮捕15人，判刑13人。提升烟草市场监管效能。借助信用管理系统的丰富数据积累，优化“C+520”工作法模型，通过研判模型筛查并派单处理1000余件。完善信用监管体系，不断丰富零售户信用管理应用场景，维护卷烟市场经营秩序。优化烟草政务服务水平。联合市民中心开展“一把手走流程、解难题、优服务”活动，专卖行政许可全年“零差评”。依法加强电子烟监管。依法办理电子烟零售许可证25户。常态化开展电子烟市场监管，出动执法人员1600人次，检查电子烟销售网点198次。成功阻止电子烟违规生产项目4起，查处向未成年人销售电子烟案件4起。

管理责任

构建全员全域全面创新格局。坚持全员创新。完善“361”大众创新品牌体系，依托创意工场、能人工作室等创新平台，营造全员创新氛围。实行重点课题领导联系机制、中层干部领题机制、课题成员招募机制，进一步激发全员创新积极性。

坚持全域创新。建立创新成果库，加大近三年营销、专卖、烟叶、管理方面创新投入和成果转化、应用，促进科技成果及时转化为自有知识产权。打破市县界限，鼓励市县联动开展课题研究，促进转化成果在基层落地。

坚持全面创新。深度参与长株潭“新能源+智能化+甩箱式”项目技术研发及《双智融合智助烟仓技术规范》等三个省级技术标准制定。在行政许可数字化管理、最小市场单元网格化管理、员工能力素养积分评价、写作人才培养等管理创新方面深入探索。

蹄疾步稳推进数字株烟建设。将“数字”融入发展战略。成立数字化转型工作领导小组，突出转型的核心地位。加强网信统筹，严格技术把关、安全把控，将数字化转型纳入“十四五”规划和“五型株烟”建设方案。

将“数字”融入创新课题。以烟草制品零售店合理化布局为核心，开展行政区可数字化管理体系研究；推广应用卷烟库存智能识别系统，创新数字信息采集方式；构建集对模型，运用BI智能分析软件，精准判断同价类品牌各维度优劣状态，开展数字化品牌管理研究。

将“数字”融入人才发展。制定“123”数字化转型人才队伍建设规划，确立人才引进、选拔、储备、激励机制，全年共组织开展数字化转型主题研讨会1次，举办数字化专题讲座1次，组织开展数字化课题小组讨论20余次。

踏石留印推进法治株烟建设。加强普法宣传。开展“线上＋线下”法律法规宣传，以“3·15”“4·15”“6·29”等宣传日为契机，组织普法志愿者开展“送法入户”，发放宣传册6400余份，受理咨询3200余人次。借助企业微信、“容诚”公众号等新媒体，每月向公众解读普法热点。

强化法治监督。完善执法资格动态管理机制，定期公示执法人员名单，建设文明执法队伍。严格落实行政执法“三项制度”，全年共审核行政处罚案件225起，出具阅卷笔录225份，审核行政许可新办324份，延续1688份。

参与地方立法。参与《株洲市文明行为促进条例》的调研、起草工作，联合司法部门组织行业专场调研。

抓铁有痕推进平安株烟建设。关口前移，分类管控安全风险。组织全员识别安全风险603条；结合智慧用电管理系统，排查基层一线办公场所电气线路化、短路、过载等风险48处；督促相关方加强教育培训和火灾现场实操演练20余次，提升现场人员的应急处突能力。

攻坚克难，大力整治安全隐患。主要负责人带队检查24次，各单位（部门）开展安全自查177次，多部门联合检查3次，组织综合大检查4次，迎接全省系统交叉检查2次，开展基层站所、出租房产、电气线路、房屋建筑、烟叶收购专项检查共5次，累计排查出问题隐患108条，下达整改通知书7份，安全隐患整改到位率100%。

固本强基，全面夯实安全基础。加大安全宣教力度，全市系统共开展线下培训7场，发送安全信息69次，推送安全资讯40条；组织全员通过网络课堂学习《生命重于泰山》等警示教育片，组织全市系统开展各类应急预案演练16次，进一步提高全员安全意识和专业素养。

一严到底推进规范管理。建章立制抓规范。牵头制定《株洲烟草工作质量责任追究实施办法（试行）》，建立全市系统工作人员“5＋6＋N”追责问责制度体系，督促提升工作质量。

紧扣财务严要求。全年针对报销管理、预算管理、资产管理等3个模块进行专题培训，辅导职工完成2021年个人所得税汇算清缴300余人次；分部门发送工作协同通知单8次，提醒事项44件，围绕8个方面64个风险点开展资金风险专项检查，资金预算执行偏差率仅为0.2%。

织密审计防护网。全年紧盯重点任务，完成13个重点审计项目，全年完成全市系统46个基建项目审核工作，全年完成物资采购立项审核87个。

员工责任

员工发展。优化人力资源配置。贯彻省局新一轮定编定岗规定，结合前期关于人员编制、岗位设置的调研成果，科学制定市局本级机构、岗位设置及人员编制方案，完成市局本级一般员工双向择岗和空缺岗位公开选调工作，确保人岗相适、人岗相宜。

突出人才科学培养。加大技术技能人才队伍建设力度，完成能人工作室、技术技能人员、兼职培训师年度考核，有序开展技术技能人员积分补报和学科带头人及培养对象选拔工作。新增一级技师1人、二级技师5人，全市系统一级技师实现零的突破。

推进人才素质提升。推进“员工能力素养积分画像模式研究与运用”创新项目，初步建立涵盖4个一级指标、22个二级指标、80个三级指标的“员工能力素养积分三级指标库”，探索“4＋N”人才精准画像，促进人岗匹配、人事相宜，推动全员素质提升。

员工权益。组织召开职工代表大会4次，召开工会小组代表会议、工会委员会和经审委员会会议6次，广泛听取职工意见建议，接受职工监督。

持续关心关爱老同志。对退休人员开展常态化社会移交。全年办理退休手续10人，进行住院、亲属去世、退休慰问23人次。

邀请省直中医院和省中医药大学专家开展健康讲座和义诊活动，与湖南省直中医医院联合成立“职工健康小屋”，不定期举办健康知识讲座。

员工关怀。聚焦职工需求搭建服务群众“连心桥”。保障职工法定节假日正常福利，送去工会关怀慰问29人次。坚持落实思想动态收集反馈常态机制，定期摸底职工反映的困难、需求，深入了解职工关心关注的焦点问题。组织全市系统15名单身青年参加“金叶情缘　湘遇七夕”省直单位及烟草系统青年联谊活动。

丰富活动载体，筑牢群团工作“主阵地”。举办第九届全市系统“容·诚”杯运动会；获得全省系统“喜迎二十大　奋进新征程”第七届“636杯”男子篮球比赛“体育道德风尚奖”。开展全市系统青年员工主题文化训练营活动，展示“追忆红色青春、聆听青春讲堂、分享青春感悟、绽放青春活力、拼搏青春挑战”五个主题，谱写“青春五部曲”。组织青年党员与社区党支部联合举办“传播新思想，引领新风尚”读书会。

社会责任

众志同心抗疫情。新冠疫情期间，组织4支党员先锋队60余人下沉社区支援抗疫工作，先后累计派出志愿者173人次，志愿服务时间累计超过1200小时，筹集捐赠爱心资金6.44万元，圆满完成疫情防控任务。

创文创卫勇担当。与社区开展“联点共创文明城”行动，联系乡村振兴示范点开展联学联建，推进党的理论创新进基层、进社区。落实文明城市创建要求，组织志愿者到责任路段和联点社区开展文明劝导，连续值守4个多月，派出志愿者2000余人次，累计获取时间银行时数认证663小时。

乡村振兴谱新篇。2022年，累计投入乡村振兴资金152万元，助力完成农村基础设施建设、道路拓宽、维修、乡村绿化等多项建设项目，携手本地政府打造“幸福屋场新时代文明实践站”。

脱贫成果不断巩固。按照保持主要帮扶政策总体稳定要求，对照“两不愁三保障”指标，全年排查就业风险户30余户、大病风险户6户，通过详细核实纳入特困供养2户。协助特殊人群进行医保缴费，实现缴费率100%。吸纳监测对象到公益性岗位5人，实现有就业需求的防返贫监测对象就业率100%。

产业发展得到有力促进。在炎陵县同睦村，主持召开共谋乡村振兴座谈会，帮助村集体进行整体产业规划。花卉基地增建1个大棚，改造1个大棚，扩大投资150万元。湖丫背茶叶基地增加政府项目资金投入100万元，创造村集体经济年收入8万元。新增蔬菜种植基地70亩。明确《富硒食用菌示范基地建设合作项目》为帮扶后盾单位重点帮扶项目，该项目为村集体经济创收40万元。

美丽村庄建设持续推进。在醴陵将军村增设公益性保洁员岗位3个，组织开展清洁美丽村庄大行动3次，完善道路保洁制度，推进农村人居环境整治，搞好垃圾分类处理、农户改厕、道路清扫、清洁河道、环境绿化等工作，建设多个垃圾收集站点。

紧贴公益献爱心。2022年，株洲烟草共向社会捐赠款项265万元及各类物资，用于支持教育事业、乡村振兴、疫情防控等工作开展。为202名山村儿童捐赠文具书籍。组织党支部开展爱心捐赠、无偿献血等社会公益活动10余次。紧贴社会公益，组建品牌终端志愿服务队，开展“雷锋家乡学雷锋”等活动10次，与江西中烟携手向辖区困难零售户赠送背柜300组，为8名卷烟零售户和烟农子女申请助学资金共计4万元。

稳定社会就业。2022年，通过烟叶合作社规范用工，烟叶烘烤期间提供岗位47个，劳务创收7.73万元。烟叶收购期间提供岗位71个，劳务创收129.74万元。专业化分级提供岗位150余个，劳务创收291万元。

2022年，株洲烟草积极响应中央号召，为中小企业租户减免租金共50万余元，为中小企业纾困解难、抗击疫情提供切实帮助。

消费者权益保护。全年共处理12345市长热线133起，其中消费投诉55起，全部按期办结。株洲市烟草服务中心受理客户各类电话共1141起，其中咨询类850起、投诉类8起、求助类86起、建议类21起、举报类152起、无效事项类24起。

践行绿色发展。推进绿色防控。全面推广深栽技术，实现100%覆盖；绿色防控不断推进，烟蚜茧蜂防治蚜虫2万亩，推广生物菌剂鱼肽蛋白6000亩，病虫害发生率进一步降低；狠抓烟田中耕培土工作，小培土实现100%全覆盖，大培土5000亩。

推进节能减排。鼓励践行“3510”出行方式，即3公里内步行、5公里内骑车、10公里内选择公共出行，倡导绿色低碳出行。严格执行“夏季空调温度设置不低于26摄氏度、冬季空调温度设置不高于20摄氏度”标准，合理控制室内空调温度。

湖北中烟工业有限责任公司2022年社会责任报告（摘要）

2022年湖北中烟工业有限责任公司社会责任报告主体包含走进湖北中烟、政治责任、经济责任、员工责任、客户责任、环境责任、伙伴责任、公共责任、责任管理等部分。

走进湖北中烟

学习宣传贯彻党的二十大精神

抓好大学习，实现学习宣传全覆盖。围绕迎接党的二十大胜利召开，湖北中烟积极组织并推动各级党组织及时跟进学习习近平总书记系列重要讲话精神，学好用好《习近平谈治国理政》一到四卷等原著原文，深入学习贯彻党的十九届六中、七中全会精神，学习习近平总书记在省部级领导干部专题研讨班、考察武汉等重要讲话精神，进一步把思想和行动统一到以习近平同志为核心的党中央决策部署上来。多措并举掀起学习热潮。组织“喜迎二十大 强国复兴有我”先进典型宣讲活动，讲好身边先进典型的故事，引起热烈反响；开展“湖北中烟这十年”系列主题宣传，全方位、多角度、立体式展现企业十年改革发展历程与重大成绩；开辟“学习贯彻党的二十大精神”专栏，累计发布各类文章254篇，浏览量达到5万以上；发布“喜迎二十大 建功新时代”微视频40部，营造浓厚氛围，努力保持“三个环境”。

抓好大宣传，确保学习宣传入人心。围绕全面学习、全面把握、全面落实党的二十大精神，组织开展“六学”“六讲”“六培训”实践活动。湖北中烟党组成员发挥领学促学作用，分专题开展交流研讨69次，各单位党委利用多种形式开展学习，在深学细悟中将高质量发展使命落实到基层一线；党组书记带头面向公司全体党员干部、一线员工、青年员工等宣讲党的二十大精神，向湖北省局、山西烟草干部职工作线上宣讲，受众4000余人；其他党组成员争相到所在支部和联系点支部宣讲，各单位和本部各部室主要负责人联系实际深入讲，劳模先进代表在基层一线巡回讲，实现宣讲对象全覆盖；在组织好内部宣讲的同时，积极将党的二十大精神传送到销区、烟田、乡村、社区等，累计宣讲205场，受众7687人次。各基层党支部利用“三会一课”、主题党日、部务会等形式组织集中学习研讨，广大党员采取线上线下学习、创新学习、体验学习等多种方式学思践悟，找到理论学习的重难点、业务探讨的结合点、助推发展的突破点。为推动学习宣传贯彻党的二十大精神向职工群众延伸，编制《党的二十大报告应知应会读本》，印发《辅导读本》《学习辅导百问》等书籍，开展党的二十大精神知识竞答、“向党说说心里话”心得接龙、主题演讲比赛、线上沙龙等特色活动，确保形式丰富、效果出彩。

抓好大贯彻，推动学习宣传见实效。湖北中烟党组结合实际深入学习贯彻党的二十大精神，围绕国家烟草专卖局党组书记、局长，中国烟草总公司总经理张建民在行业动员会上提出的“坚持和加强党的全面领导、积极服务和融入新发展格局、继续为强国富民作出积极贡献”等7个方面意见，扎实开展“三订”工作，即党员制订个人岗位改善计划、条线和单位制订工作优化方案、公司修订完善高质量发展规划，确保党的二十大精神学习成效体现在工作中，落实在行动上。

弘扬伟大抗疫精神践行使命担当

打赢疫情防控湖北武汉保卫战。2020年初，一场突如其来的新冠疫情让武汉这座城市仿佛按下了“暂停键”。此时此刻身处疫情旋涡中心的湖北中烟人没有丝毫畏惧，公司党组迅速行动，认真落实习近平总书记重要讲话和指示批示精神，按照湖北省委省政府、国家局党组要求，第一时间启动公共卫生安全应急预案，坚决把疫情防控作为最重大的政治任务，全面发挥党的政治优势、组织优势和密切联系群众优势，强化一盘棋，上下一条心，党员干部冲锋在前，全体职工共同战斗，用行动践行初心使命，以勇气扛起责任担当，科学防疫与复工复产两手抓，确保企业顺利驶入全面复产稳态运行的快车道，交出科学防疫精彩答卷。

打赢阻击德尔塔遭遇战。与德尔塔毒株的斗争，是一场意志的较量，更是一场事关生死的比拼。疫情防控期间，湖北中烟尽最大努力保护职工生命安全和身体健康，以坚定果敢的勇气和坚韧不拔的决心，严格科学精准防控，充分彰显国有企业关键时刻的责任担当。

夺取疫情防控和生产经营双胜利。生命重于泰山，疫情就是命令，防控就是责任。2022 年，湖北中烟深入学习贯彻落实习近平总书记关于“疫情要防住、经济要稳住、发展要安全”重要指示精神，坚持人民至上、生命至上，全面贯彻落实国务院联防联控机制和省、市部署要求，坚持疫情防控不松懈，生产经营不松劲，持续推动疫情防控和安全稳定各项任务落地落实。

实现疫情防控平稳转段。2022 年底，国务院联防联控机制先后发布《二十条措施》《新十条》等一系列通知要求，湖北中烟党组坚持以习近平新时代中国特色社会主义思想为指导，坚持人民至上、生命至上，高效统筹疫情防控和生产经营。为做好疫情防控平稳转段，湖北中烟及时调整防控措施，及时调整生产模式，及时调整作息方式，最大限度避免干部职工大规模集中感染、重复感染，最大限度减少疫情对生产经营工作的影响。

政治责任

深入推进新时代党的建设新的伟大工程，全面加强党的领导。始终坚持以政治建设为统领，加强党的全面领导。湖北中烟党组带头深刻领悟“两个确立”的决定性意义，发挥好“把方向、管大局、保落实”作用，不断提高“政治三力”，制定《党组坚决维护党中央权威和集中统一领导实施办法》，形成具体举措 18 项，全年召开党组会 47 次，议事 397 项。不断强化习近平总书记重要指示批示和党中央决策部署及时学习、督办督查机制，动态跟踪、督办各类事项 176 项，完成率 100%。始终坚持以思想建设为基础，用习近平新时代中国特色社会主义思想凝心铸魂。湖北中烟党组持续完善用党的创新理论武装头脑、教育全员的工作体系，开展党组理论学习中心组日常学习 44 次，集中（扩大）学习 22 次，专题集中（扩大）学习 5 次；借助地方党校资源组织举办公司处级干部培训 2 期、科级干部培训 23 期、党支部书记和党务工作者轮训班 26 期、党员轮训班 27 期。始终坚持以重点工作为抓手，全面加强党的建设。牢固树立大抓基层的鲜明导向，聚焦增强基层党组织的政治功能和组织功能，深入应用党员量化积分和支部星级评价管理工具，开展“一支部一特色”创建案例征选活动并编制案例集；完善湖北中烟党建制度规范体系，制修订制度标准 10 项，对 39 项党建制度的转化与执行情况进行全面审视，促进基层党组织全面进步、全面过硬；持续加强企业软实力建设，制订年度工作要点 44 项，细化为 109 项具体措施，均已全面完成。

坚定不移推进全面从严治党向纵深发展。2022 年以来，湖北中烟坚持以习近平新时代中国特色社会主义思想为指导，深入贯彻党的十九届六中全会、十九届中央纪委六次全会精神，认真学习领会党的二十大精神，准确把握党中央全面从严治党战略部署，不断完善内部监督体系，坚持不懈纠治“四风”，一体推进不敢腐、不能腐、不想腐，坚定不移推进全面从严治党，持续涵养风清气正的良好政治生态，全力保障和促进企业高质量发展。

经济责任

服务战略，目标明确。以行业建设突出重点、集中度高的“136、345”品牌发展目标为指引，聚焦将“黄鹤楼”品牌打造成为“结构可持续增长的高价值品牌”战略目标，加强战略承接和目标分解，持续推动“黄鹤楼”品牌做强做优做大，实现以战略牵引目标、以目标保障战略实现的良性循环。

产业升级，供应通畅。围绕公司战略，坚持企业全产业链统筹布局、融合发展，锻造产业链供应链长板，补齐产业链供应链短板；持续优化调整省内生产点布局，基本建立形成产业链完备、保障充足、绿色低碳的生产力格局。不断优化烟叶供给布局，推动核心烟区保护发展，推动基地单元定向生产、原收原调、全收全调，加强材料全过程信息管控，加强供应商原材料优化和烟用材料替代研究，持续推进供应商质量管理前移，增强供应链韧性，提升材料安全供应水平加快烟草物流布局，持续加强“1+2”卷烟成品仓储物流布局和“1+3”原料醇化仓储库布局建设，加强产业链数字化转型，以打造新型能力为主线，加强全国统一烟草工业生产经营管理平台的有效精准对接，为企业产业链升级发展持续赋能高效统筹推进疫情防控和生产经营，在国内疫情多发、散发的情况下，坚持靠前安排、适时加力的政策安排，及时启动应急响应机制，确保产业链供应链保通保畅，最大限度地将疫情影响降至最低。

科技创新，智能制造。2022 年，湖北中烟以业务中台、数据中台、AI 中台为基础支撑，聚焦全要素管控、一体化协同和智能制造，锚定敏捷高效、优质低耗的转型目标，围绕战略规划、人才培养、装备升级、精益管理和生态圈五个方面，全面落实生产指挥解构上云、产研产销产供整体协同、云 MES 系统建设、智能化创新应用和智能单机、智能产线五大任务。武汉卷烟厂被评为“2021 年度武汉市两化融合管理体系贯标示范企业”“2022 年度湖北省智能制造试点示范企业”，“基于需求拉动的精准能源管控系统”案例获得 2022 年度中国数字化转型与创新评选年度数字化创新典范案例奖。

数字转型，融智赋能。2022 年是湖北中烟数字能力提升年，围绕“双一流”和“走在前列”目标愿景，公司坚定不移实施推进企业数字化转型，以数字化、网络化、智能化赋能高质量发展向更深层次迈进。

完善治理，对标共建。将流程梳理优化作为推进战略落地的“作战图”，作为数字化转型的“基础工程”，作为加强管理协同的“黏合剂”，围绕客户满意、创造价值、提高效率、提升效益，持续推进流程梳理与优化。

夯实内控，防范风险。启动“三位一体”风险防控体系建设。围绕公司战略目标，以制度流程为抓手，以风险管理为导向、合规管理监督为重点，启动建立覆盖湖北中烟各部室（中心）、各卷烟厂、直属单位各种业务和事项，涵盖内部环境、风险评估、控制活动、信息与沟通、内部监督等各项控制要素，贯穿决策、执行和监督全过程的“三位一体”风险控制体系。围绕合法性审查落实日常法律风险防范。建立并严格落实合法性审查制度，加强事前法务审核，保障生产经营决策依法合规；深入推进合同管理，制定并持续完善合同范本库，防范合同法律风险。

提质增效，促“双一流”。坚持以习近平新时代中国特色社会主义思想为指导，贯彻党中央、国务院关于国民经济提质增效稳增长的决策部署，围绕湖北中烟“双一流”企业建设目标，树立“效益效率优先”的管理理念，培养先进成本文化，健全管理与技术双轮驱动模式，注重长期成本控制，综合运用预算、对标、贯标、创优等管理工具，深入推进降本提质增效工作，推动企业效率效益变革、成本管理变革、供应链成本管控变革，提升企业核心竞争力，逐步建成行业内具有相对优势的成本领先型企业。

环境责任

推进绿色工厂建设。2022 年，湖北中烟组织开展绿色工厂标准宣传贯彻 7 次，绿色发展意识显著增强，为建设“绿色工厂”奠定基础。描绘绿色发展路线图。各单位高度重视，成立贯彻绿色发展理念的工作专班，明确任务，指导实施。按照“组织架构、建设目标、指标体系、绿色工厂建设项目、绿色工厂运管”等方面，编制完成《绿色工厂三年行动方案》。

加强碳排量控制。湖北中烟坚定不移走生态优先、绿色低碳发展道路，聚力实现“双碳”目标，着力推进资源节约型、环境友好型企业建设，积极履行节能降碳企业社会责任。实施节能降碳项目。开展碳排放核算，围绕化石燃料燃烧、工业生产过程、废水厌氧处理、净购入电力（热力）等四方面开展核算。此外，统计各单位可用于光伏发电的屋面面积，开展光伏技术研讨交流，按照“先试点，后推广”的总体部署，以“合作为主，自建为辅”的方式稳步推进公司光伏技术应用。利用绿色新能源。湖北中烟持续推广应用新能源，助力绿色低碳发展。持续建设新能源充电桩，鼓励员工使用新能源汽车，并将生产所用的燃油叉车替换为电动叉车，减少燃油的消耗及排放；将厂区路灯、探照灯逐步更换为太阳能双电源，合理利用太阳能；积极协调外部供电公司绿电的供应，不断提升非化石能源的比重。协同处置废弃物。严格执行《中华人民共和国固体废物污染环境防治法》等法律法规要求，对危险废弃物进行全流程管理；不断开展环境因素识别，辨识产废部门和产废类别，制定相应的管控要求和措施，定期对危险废弃物的产生、储存等环节开展检查，并委托具有资质的第三方定期对危险废弃物进行处置；积极构建废弃物循环利用体系，推进废旧纸箱、工厂料、烟灰棒等废旧资源循环再利用，2022 年废旧纸箱的循环使用总量达到 26.8 万个，节约资金 480 万元；加大技术改造，建立毁形处理系统，对烟梗烟末进行压制成棒，处置给专业公司作为制造农田肥料的原材料，2022 年共处置烟灰棒转肥料 3318 吨，实现了资源的循环再利用。

构建绿色供应链。从烟叶原料源头管理和烟用材料全面管控上助力生态优先、绿色发展源头管理。推进绿色生态烟叶基地建设公司贯彻绿色发展理念，践行“双碳”行动，集成优化绿色生产技术措施，推进 29 个烟叶基地绿色生态发展，改善基地生态环境，提高优质生态烟叶供给水平。推进烟用材料绿色采购强化供应链绿色监管，探索建立统一的绿色产品标准、认证、标识体系，协同供应链上供应商对产品的绿色属性进行有效管理，减少产品制造、运输、储存及使用等过程的资源消耗、环境污染和对人体的健康危害，促进资源的回收和循环利用，实现企业绿色采购和可持续发展。

打造绿色大物流。大力发展绿色物流是湖北中烟坚决贯彻新发展理念，严格落实新发展要求，认真践行绿色低碳循环发展方式，实现物流高质量发展的战略选择。2022 年，湖北中烟紧紧围绕“15732”方针目标，将“绿色物流”发展理念贯穿于物流工作始终，全面推进绿色仓储设施建设，不断加强包装物循环利用、大力推进新能源设备投用、着力实施烟叶绿色养护，切实为公司绿色园区建设、国家“双碳”目标完成作出积极贡献。

推行低碳化办公。探索降碳，研究制定湖北中烟碳排放权管理办法，组织开展碳排放相关培训及核算工作，采用各类智能化控制方式，降低能耗水平，2022 年新建成自助付费充电桩近百个。着力减污，不断完善大气污染、噪声、固体废物污染防治管理办法及污水处理系统管理办法、细则。同时不断加大技术创新应用，下属企业针对本单位产污实际，邀请华中科技大学环境学院研究团队开展共建，创新建成污水实验室，并在污水处理站旁搭建生态循环景观，实现了“污水”养金鱼。

湖南中烟工业有限责任公司 2022 年社会责任报告（摘要）

湖南中烟企业社会责任蓝皮书（2021—2022）以“团结奋斗勇担当”为主题，系统全面梳理两年间湖南中烟担当政治责任、经济责任、相关方责任、社会公益责任方面的做法和成绩。

团结奋斗勇担当

正如中国这艘航船，在过去的一年驶过极不平凡的航程，却在攻坚克难中始终坚持稳中求进，行稳致远；湖南中烟改革发展中的每一步，也都是与党和国家的前途命运紧紧相连的。

回望来路，湖南烟草工业发展史，是一部从小到大、由弱到强的团结奋斗史，是一部改革创新、不断突破的蓬勃奋进史。同时，他们将自身奋斗融入时代发展，怀抱“国之大者”之初心，勇于承担社会责任、躬身履行社会责任，湖南中烟的改革发展史也是一部胸怀大局、心系人民的社会责任史。

从对口援助到驻村帮扶，从资金投入到智援乡村，从改善民生到产业富村；从“一帮一”捐资助学到推进“芙蓉学子——与希望同行”公益助学活动，从关注一瞬到关切一生，从关注一个人到关注一群人；从节约一度电、一吨水到推进锅炉煤改油、油改气，从推进“降本增效”、建设“会呼吸的绿色工厂”到建设资源节约型、环境友好型企业……湖南中烟始终将全面履行政治责任、经济责任和社会责任作为最高追求，并为之不懈奋斗。

提高政治站位，强化政治担当，压实政治责任。湖南中烟以高质量党建引领保障高质量发展，坚持以党的政治建设为统领，全面加强党的建设。推动党史学习教育常态化长效化，推进“我为群众办实事”，党史学习教育成果持续巩固。创新党建业务融合的“12446”工作模式，开展系列实践活动、支部互联共建活动，强化党建考评结果运用，党建工作活力进一步释放。扎实推进清廉湖南中烟建设，修复净化政治生态取得阶段性成效；品牌、管理、团队向一体化融合发展稳步推进，干部职工的方向感、归属感和安全感明显增强。

打造民族品牌，扛稳振兴民族品牌之责。打造民族品牌任重而道远。湖南中烟坚持“做大芙蓉王，做强白沙”品牌战略，努力做大做强民族卷烟品牌。按照“强基础、见成效、上水平”总体要求，扎实推进以“围绕品牌抓管理，深化精益上水平”为主题的企业管理提升年活动，湖南中烟产品质量在烟草行业抽检中名列前茅。

努力保持经济运行在合理区间，坚决扛起稳住经济大盘的企业责任，压舱石作用进一步彰显。2022 年，实现工业产值比上年增长 5%；实现税利增长 7.2%，主要经济指标创历史最好水平。

坚持绿色发展，履行生态文明建设之责。湖南中烟将“努力践行绿色生态发展理念，以绿色发展、循环发展、低碳发展为路径，通过清洁生产和智能制造的有机结合，形成资源节约和绿色环保的新型生产方式和空间格局，推动工厂向绿色制造转变”写入《湖南中烟“十四五”发展规划》，让绿色深植于企业发展的各环节、各阶段，加速推动资源节约、环境友好型企业建设。常德卷烟厂按照烟草行业绿色工房“三星级”标准建设，被称为“会呼吸的卷烟工厂”。目前，湖南中烟所属企业和控股企业均已全部淘汰燃煤锅炉，主要污染物减排目标全部完成，达到或超过行业、地区排放标准。

积极投身公益，坚守奉献之责。传精准扶贫薪火，启乡村振兴新程。2021 年以来，湖南中烟结对帮扶 9 个村，派出 18 人驻村帮扶乡村振兴，从资金投入到智援乡村，从改善民生到产业富村，以咬定青山、坚韧不拔的定力和魄力，展现新担当新作为。25 年不改助学育人真本色，“芙蓉学子”如今正以“新生助学、榜样力量、乡村振兴、青年人才、志愿服务”托举公益蝶变；“芙蓉王·白沙志愿者服务队”、血吸虫病防治、共享图书馆等项目发挥模范效应，让友爱互助的路越走越宽越实。

走过非凡历程，又至新的起点。

党的二十大报告对着力推动高质量发展、实现科技自立自强、推动绿色发展、国有企业党建工作等方面提出新的要求、作出新的部署。只有完整、准确、全面贯彻新发展理念，才能实现质量变革、效率变革、动力变革。

这为湖南中烟推动高质量发展提供了根本遵循、指明了前进方向。

新征程是充满光荣和梦想的远征。只有胸怀大局、心系人民，团结奋斗、担当作为，把党中央提出的战略部署转化为“走在前列”的主动和“干在实处”的能动，才能汇聚心往一处想、劲往一处使，“一家人一条心，一个目标向前奔”的强大合力，在锚定并实现湖南中烟“站到行业第一方阵前列”目标的过程中，迸发有情怀、有责任、有担当的“湘烟力量”。

“挥毫当得江山助，不到潇湘岂有诗。”湖南中烟人正以守正创新、融合奋进的企业精神，以踏实扎实、清廉担当的行为信条，积极践行行业“推动高质量发展，推进高效能治理，造就高素质队伍”要求，主动服务湖南“三高四新”战略定位和使命任务，推动公司“双新一体”发展战略落地见效，在担当国民经济压舱石、民生保障顶梁柱、乡村振兴生力军、美丽中国建设者、社会公益排头兵的履职道路上阔步前行！

云南红塔银行股份有限公司2022年社会责任报告（摘要）

2022年，云南红塔银行股份有限公司作为烟草行业直属单位，坚持“产业银行＋科技银行”双轮驱动，认真履行社会责任，其2022年社会责任报告主体包括提升党建水平、促进金融业务创新、促进产业转型升级、履行企业社会责任等部分。

2022年，云南红塔银行围绕云南省重大项目建设、骨干企业、中小微企业开展业务，“产业银行＋科技银行”双轮驱动，形成具有自身特色的金融服务体系。将金融服务乡村振兴作为业务的重要发力点，专列信贷计划确保“三农”资金供给，科技赋能精准服务烟草产业，量身定制金融产品做实乡村普惠金融，“一链一策”支持云南高原特色农业产业发展，为金融助力产业兴旺、农民增收、乡村富裕探索出一个小而专、小而精，可复制推广的服务乡村振兴“红银样本”。

以政治建设为统领，持续提升党建水平

云南红塔银行落实新时代党的建设总要求，以政治建设为统领，深刻学习领悟“两个确立”的决定性意义，推进党史学习教育常态化长效化，全面开展党的十九届六中全会精神、党的二十大精神学习，持续用党的创新理论凝心铸魂，以党委理论学习中心组为引领，以“三会一课”为基本形式，严格落实“第一议题”制度，推动学习抓在日常、形成长效。全年召开党委（扩大）会议集中学习19次、党委中心组学习研讨5次、中心组专题学习3次；年内党委书记讲授专题党课3次，其余党委委员讲授专题党课13次，党委委员到挂钩联系党组织进行党的二十大精神宣讲9次；各级党组织累计开展“三会一课”700余次，主题党日活动270余次，同政府机关、烟草行业单位及其他客户单位党支部开展联学共建28次；梳理各级党组织“我为群众办实事”服务措施104条，全年为群众办实事52件；先后在扎西干部学院、杨善洲干部学院组织“万名党员进党校”培训班4期，共计136名党员参加培训；全年培训入党积极分子45人、发展对象33人，发展预备党员19人。

完善金融服务需求，促进金融业务创新

云南红塔银行围绕产业客户服务，本着“专属客群、专属服务”的理念，全方位满足不同产业客户的需求，将客户分层与精细运营的意识和能力融入产品设计中，立足于产业零售客户，结合自身特点，走出一条特色化的发展道路。一是通过在线视频柜员“有温度　有速度　有态度”的服务，让客户足不出户也能办理金融业务。特别是烟叶兑付期间，为更好服务烟农客户，借助远程视频方式，将传统柜台业务线上化，视频通话替代传统线下面对面交流，开拓线上金融服务新领域。二是以手机为媒介实现党费、法院执行费、学费、物业费、餐费、社保、工会费、出租车管理费、商场租金等各类缴费的线上收款，支持手机App、微信公众号等多种形式，打破时间、空间限制，着力解决企事业单位缴费管理的痛点和难点问题。三是开立首笔国内信用证和自营福费廷，帮助企业实现低成本融资，同时，与多家同业机构建立交易机制，完善贸易融资板块，丰富企业融资需求。四是在新冠疫情期间满足优质项目经营主体灵活安排资金、降低融资成本等需求，助力企业健康发展，维护金融秩序稳健运行。五是上线出口发票融资业务产品，首笔业务成功落地，实现国际贸易融资业务“零的突破”，在抗击新冠疫情的特殊时期为企业注入金融活水，缓解中小外贸企业融资难的问题。

支持区域经济发展，促进产业转型升级

为积极响应“十四五”国家战略发展规划，贯彻落实云南省委、省政府关于“五网”建设的部署，充分发挥产

业银行作用，主动调整信贷策略，在政策支持、设施联通建设、资金融通、支持企业“走出去”等方面不断加大金融支持力度，倾力服务云南省内“大通道”“互联互通”等基础设施建设，助推云南现代综合交通运输体系建设，为推动云南省经济社会高质量发展提供更加有力的“红银力量”。

截至2022年底，云南红塔银行支持云南省内“大通道”“互联互通”等交通运输、仓储和邮政业建设贷款余额共计102.34亿元；支持重大项目贷款余额58.45亿元；支持重点产业贷款余额33.34亿元；地处云南区位优势，立足跨境、地方、沿边金融发展，为客户提供跨境结算业务累计657.29万美元，推动企业跨境业务发展；以新经济引领云南省产业跨越式发展，信贷投放科技创新与战略性新兴产业21.93亿元；通过建立健全服务业贷款利率差别化定价机制，引导行内资金流向服务业领域，主要现代服务业和新兴服务业态贷款余额170.58亿元。

支持绿色产业发展，促进绿色信贷投放

云南红塔银行按照“十四五”发展规划，贯彻落实党的二十大和中央经济工作会议精神，保持金融支持绿色发展的力度，加强对节能环保、清洁生产、清洁能源及基础设施绿色升级等产业的信贷投放，充分履行社会责任。绿色信贷发展计划比照信贷业务发展比例合理分配到各经营机构，并按季度将全年任务计划进行分解，实现目标明确、任务导向、群策群力、过程管控，促进绿色信贷业务快速发展。2022年，实现绿色信贷余额60.65亿元。

金融产品普惠乡村，助力城镇发展建设

云南红塔银行坚定普惠业务的政治性与人民性，以普惠业务作为主要战略目标，明确“一个定位，两个平台，五大产品体系”普惠金融业务发展方向，全面落实中央惠企纾困政策，完成普惠小微贷款“两增”任务。截至2022年底，云南红塔银行实现普惠型小微贷款余额46.16亿元；落实乡村振兴要求，加大农村数字金融创新，提升“三农”服务水平，通过搭建“香叶助农”服务平台，助力农业向现代化、集约化发展，推进机构网点布局、扩大服务“三农”覆盖面，涉农贷款余额105.26亿元、普惠涉农贷款余额30.81亿元。

云南红塔银行找准履行“产业银行”服务担当，围绕不同产业的“三农”开展工作，以金融科技为支撑，创新推出“甘蔗贷”“鲜花贷”“橡胶贷”等产品，通过全线上全自助方式为客户提供互联网贷款；围绕云南省烟草数字化转型，以助农增收、提升烟农服务质量为目标，打造体系化的智能系统平台——“香叶智农平台”，实现烤烟生产全流程线上的智能管理，同时嵌入“场景化”金融服务，最终实现“一部手机种好烟”；在烟站布置“香叶e通”智能机具，将金融服务送到家门口，为“三农”客户提供零距离金融服务。与政府相关部门合作开办创业担保贷款和农民工工资保证金业务，并推出“医保电子凭证”激活服务，为进城农民工在城镇就业、创业和生活提供金融服务。

推动乡村振兴工作，履行企业社会责任

为深入贯彻落实乡村振兴工作总体要求，进一步做好巩固拓展脱贫攻坚成果同乡村振兴有效衔接，全面推进乡村振兴工作，云南红塔银行围绕机构属地党委政府有关乡村振兴定点帮扶工作安排，加强领导，统筹协调，切实履行企业社会责任，努力推动定点帮扶点全面振兴。先后向定点帮扶村选派驻村第一书记3人、驻村工作队员2人，拨付驻村工作经费4.5万元；深入联系点调研，制定年度乡村工作计划，抓实帮扶乡村振兴项目。2022年，共计支持乡村振兴帮扶项目14个，帮扶资金395.3万元。

普及金融知识教育，切实保障客户权益

云南红塔银行贯彻落实“我为群众办实事”实践活动要求，组织“满天星”金融服务和适老金融服务，开展线上、线下金融知识宣教活动，树立理性消费观，共享数字金融。2022年开展“‘3·15’国际消费者权益日”“普及金融知识　新春送暖送福”“反欺诈　促合规”等8个主题的金融知识宣传教育活动，举办线下主题宣传349场，参与机构39家；发布原创H5及微信长图55条，原创漫画宣传3条，抖音公众号视频15个，组织线上有奖问答活动2场，受众

消费者约55.63万人。

作为产业银行，云南红塔银行深入开展烟农专项营销服务活动，通过微信、短信、短视频等方式进村入户宣传。在服务过程中许多员工以实际行动践行“创造点滴感动”的服务使命，涌现出一批业务能手。他们深入一线、勇于担当、乐于奉献，以实际行动助力乡村振兴，特别是针对少数民族地区，推行“双语服务”，用心守护少数民族地区“银发”烟农。

滇中福地玉溪不仅有好烟叶，还有多民族融合的独特民族文化，居住着以哈尼族为代表的20余个少数民族，少数民族人数占地区总人口的34.4%，特别是4个山区县，很多农户以种植烤烟为主要经济来源，烟农也成为云南红塔银行重要服务客户群。

在哈尼族人口占总人口92%的玉溪市元江县那诺乡，前来烟站交烟的农户大多还身着传统哈尼族服饰，特别是年龄较大的少数民族烟农群体，虽然云南红塔银行在每个烟站都配备了智能机具，也可通过手机银行、微信银行等渠道办理金融业务，但是他们很难听懂自助服务机具上标准的普通话，也很少会使用现代化的电子设备及机具来办理金融业务。针对这样的情况，云南红塔银行选派懂哈尼族、彝族、白族语言的员工、乡村振兴金融服务推广员分别到元江、新平、峨山、易门等县域各烟站，为少数民族地区烟农推出双语服务，充分发挥民族语言及本行员工熟悉产品的优势，通过用少数民族语言进行金融服务、普及金融知识、宣讲金融产品、热心教烟农使用操作电子设备及机具，为烟农提供特色化便民服务的同时更好地履行社会责任。

特色双语金融服务，不仅解决了广大少数民族高龄烟农的沟通障碍，还通过他们能够接受和理解的方式普及金融知识，学习使用智能机具，帮助他们融入“数字生活”，真正用实际行动践行“产业银行+科技银行”的中长期目标。

关心关爱员工成长，保障员工合法权益

2022年，云南红塔银行不断完善、细化人力资源管理制度，建立科学合理并适用于人员管理现状的人事制度体系。对于涉及职工切身利益的相关制度政策、福利政策均向全行职工代表征询意见并通过民主决策后方才执行实施。各级工会组织辖内职工开展工会活动90余次，参与职工超过2700余人次；在元旦、春节期间对一线职工、困难职工开展慰问；扎实推进年度“关心关爱职工”十件实事，解决职工的急难愁盼问题。

云南红塔银行2022年出台多个专业子序列实施细则，明确不同专业层级的评定标准，打造人才发展的不同平台；注重把基层一线作为培养锻炼和选拔优秀干部的主阵地，逐步形成干部到基层培养、人才从一线选拔的良性循环；适时抽调业务骨干到分行负责人岗位、机构所在地政府部门、股权企业进行挂职锻炼，通过交任务、压担子、练胆识，营造年轻干部成长的良好环境；组织开展各岗位各层级员工专业知识技能培训，提高岗位胜任力，为企业的基业长青持续提供人才保障，全年组织各类线下培训55期，线上直播培训86场次，参训6018人次，员工人均学习70学时，推动队伍专业素养不断提升。

充盈企业文化内核，凝聚事业发展力量

2022年，云南红塔银行开展形式多样、丰富多彩的企业文化建设活动，为全行干事创业凝聚人心，为对外展示形象提供载体，为拉近与客户距离创造平台。启动企业形象宣传片拍摄，宣传片以“实现梦想”为主线，涵盖发展历程、取得成绩、未来发展战略等方面，诠释“一流产业银行、特色首选银行、优势数字银行和梦想文化银行”发展目标和举措；举办“红银故事汇暨烟农集中服务颁奖”活动，通过舞蹈、情景剧、朗诵、脱口秀等多种表演形式，展示云南红塔银行员工深入一线、服务烟农、助力乡村振兴的阶段成果；赞助“2022年昆明高原半程马拉松”赛事，展示良好企业形象；启动行歌《梦想开始的地方》制作工作，进一步加深员工归属感和荣誉感；开展服务子文化和昭通分行子文化建设工作，为构建全行大服务格局奠定基础；重要节庆活动宣传，制作发布重要节日宣传海报，在微信公众号、微信银行、手机银行、香云启动页及户外宣传大屏发布，提升社会知名度。

◇ 编辑：王　静

重要政策法规与文件选登

2022 年烟草行业重要政策法规与文件选登

国家烟草专卖局公告

（2022 年第 1 号）

为进一步加强电子烟等新型烟草制品监管，规范市场秩序，保障人民健康安全，促进产业治理法治化、规范化，根据《中华人民共和国烟草专卖法》《中华人民共和国未成年人保护法》《中华人民共和国烟草专卖法实施条例》，国家烟草专卖局制定了《电子烟管理办法》，现予公告，自 2022 年 5 月 1 日起施行。

国家烟草专卖局

2022 年 3 月 11 日

电子烟管理办法

第一章　总　则

第一条　为加强电子烟管理，规范电子烟市场秩序，根据《中华人民共和国烟草专卖法》《中华人民共和国未成年人保护法》《中华人民共和国烟草专卖法实施条例》等法律法规，制定本办法。

第二条　在中华人民共和国境内从事电子烟生产经营和进行监督管理活动，适用本办法。

第三条　本办法所称电子烟包括烟弹、烟具以及烟弹与烟具组合销售的产品等。

第四条　国务院烟草专卖行政主管部门主管全国电子烟监督管理工作，负责制定并组织实施电子烟产业政策等。省、自治区、直辖市烟草专卖行政主管部门负责落实相关产业政策，主管本行政区内的电子烟监督管理工作。设有烟草专卖行政主管部门的市、县，由市、县烟草专卖行政主管部门主管本行政区内的电子烟监督管理工作。

第五条　电子烟产品应当符合电子烟强制性国家标准。

电子烟生产经营主体应当诚实守信，依法开展生产经营活动。

第六条　国家和社会加强吸电子烟危害健康的宣传教育，劝阻青少年吸电子烟，禁止中小学生吸电子烟。

第二章　生产与质量管理

第七条　国务院烟草专卖行政主管部门应当组织专业机构根据检验检测报告等申请材料对电子烟产品进行技术审评。

国务院烟草专卖行政主管部门认证的电子烟检验检测机构，承担监督管理所需的检验、检测、监测与评价等工作。

烟草专卖行政主管部门建立电子烟抽检抽测制度，定期或者不定期地对取得许可证的企业、个人及其产品进行检查或检验。

第八条　设立电子烟生产企业（含产品生产、代加工、品牌持有企业等，下同）、雾化物生产企业和电子烟用烟碱生产企业等，应当报经国务院烟草专卖行政主管部门审查同意后，方可按照国家有关规定批准立项。上述企业设立必须经国务院烟草专卖行政主管部门批准，取得烟草专卖生产企业许可证，并经市场监督管理部门核准登记；其分立、合并、撤销，必须经国务院烟草专卖行政主管部门批准，并向市场监督管理部门办理相关登记手续。未取得烟草专卖生产企业许可证的，市场监督管理部门不予核准登记。

前款规定的企业首次公开发行股票并上市应当报经国务院烟草专卖行政主管部门审查同意。

第九条 从事电子烟产品、雾化物、电子烟用烟碱等生产经营活动，取得烟草专卖生产企业许可证，应当具备下列条件：

（一）有与生产相适应的资金；

（二）有生产所需技术和设备条件；

（三）符合国家电子烟产业政策要求；

（四）国务院烟草专卖行政主管部门规定的其他条件。

上述生产企业需要经其他有关部门许可的，还应当取得相应许可。

电子烟品牌持有企业申请办理烟草专卖生产企业许可证的，除应当具备第一款第一项、第三项、第四项规定的条件外，还应当提交有关电子烟委托经营协议等申请材料。

申请人应当对其申请材料内容的合法性、真实性、完整性负责。

第十条 持有烟草专卖生产企业许可证的电子烟经营主体改变许可范围或者具有国务院烟草专卖行政主管部门规定的其他情形的，应当重新申领烟草专卖许可证；其他登记事项发生改变的，应当及时变更烟草专卖许可证。

第十一条 电子烟生产企业、雾化物生产企业和电子烟用烟碱生产企业等为扩大生产能力进行基本建设或者技术改造，必须经国务院烟草专卖行政主管部门批准。

第十二条 电子烟产品生产企业、电子烟品牌持有企业、雾化物生产企业和电子烟用烟碱生产企业等所用的烟叶（包括再造烟叶和烟梗，下同）、复烤烟叶、烟丝等烟草专卖品应当从有烟叶、复烤烟叶、烟丝等经营权的烟草企业购进，不得非法购进烟叶、复烤烟叶、烟丝等烟草专卖品以及烟草废弃物。国务院烟草专卖行政主管部门下达烟叶、复烤烟叶、烟丝等烟草专卖品的购销计划。

第十三条 电子烟产品应当使用注册商标，使用和管理适用烟草制品商标使用管理规定。

第十四条 电子烟产品应当符合电子烟产品包装标识和警语的相关规定。

第十五条 从事电子烟生产经营活动的，应当建立产品质量保证体系，对其产品质量负责。

委托生产电子烟产品的，电子烟品牌持有企业应当对所委托生产的电子烟产品质量负责，并加强对受托代加工企业生产行为的管理，保证其按照法定要求进行生产。

第十六条 国务院烟草专卖行政主管部门应当建立统一的电子烟产品追溯制度，以加强对电子烟的全流程管理。

第三章　销售管理

第十七条 取得烟草专卖批发企业许可证的企业，应当经烟草专卖行政主管部门批准，变更许可范围后方可从事电子烟产品批发业务。

第十八条 从事电子烟零售业务，应当依法向烟草专卖行政主管部门申请领取烟草专卖零售许可证或者变更许可范围。

取得烟草专卖零售许可证从事电子烟零售业务，应当具备下列条件：

（一）有与经营电子烟零售业务相适应的资金；

（二）有与住所相独立的固定经营场所；

（三）符合当地电子烟零售点合理布局的要求；

（四）国务院烟草专卖行政主管部门规定的其他条件。

普通中小学、特殊教育学校、中等职业学校、专门学校、幼儿园周边不得设置电子烟产品销售网点。

第十九条 国务院烟草专卖行政主管部门建立全国统一的电子烟交易管理平台。

依法取得烟草专卖许可证的电子烟生产企业、雾化物生产企业、电子烟用烟碱生产企业、电子烟批发企业、电子烟零售经营主体等应当通过电子烟交易管理平台进行交易。

未通过技术审评的电子烟产品，不得上市销售。上市销售的电子烟产品与通过技术审评的产品信息应当保持一致。

第二十条 依法取得烟草专卖许可证的电子烟产品生产企业、电子烟品牌持有企业等应当通过电子烟交易管理平台将电子烟产品销售给电子烟批发企业。

电子烟批发企业不得向不具备从事电子烟零售业务资格的单位或者个人提供电子烟产品。

取得烟草专卖零售许可证具备从事电子烟零售业务资格的企业或者个人应当在当地电子烟批发企业购进电子烟产品，并不得排他性经营上市销售的电子烟产品。

第二十一条 电子烟广告的监督管理适用有关法律法规、规章中关于烟草广告的规定。

禁止举办各种形式推介电子烟产品的展会、论坛、博览会等。

第二十二条 禁止向未成年人出售电子烟产品。电子烟经营者应当在显著位置设置不向未成年人销售电子烟的标志；对难以判明是否是未成年人的，应当要求其出示身份证件。

第二十三条 禁止利用自动售货机等自助售卖方式销售或者变相销售电子烟产品。

任何个人、法人或者其他组织不得通过本办法规定的电子烟交易管理平台以外的信息网络销售电子烟产品、雾化物和电子烟用烟碱等。

第二十四条 电子烟产品、雾化物、电子烟用烟碱等的运输，应当接受烟草专卖行政主管部门的监管。

寄递、异地携带电子烟产品、雾化物、电子烟用烟碱等实行限量管理，不得超过国务院有关主管部门规定的限量。

第二十五条 个人进入中国境内携带电子烟产品实行限量管理，不得超过国务院有关主管部门规定的限量。

第二十六条 禁止销售除烟草口味外的调味电子烟和可自行添加雾化物的电子烟。

第四章 进出口贸易和对外经济技术合作

第二十七条 国务院烟草专卖行政主管部门对电子烟的进出口贸易和对外经济技术合作依法进行监督管理。

第二十八条 持有烟草专卖批发企业许可证的企业，经国务院烟草专卖行政主管部门批准，变更许可范围后，方可从事进口产品的批发业务。

第二十九条 进口电子烟产品、雾化物和电子烟用烟碱等，应当向国务院烟草专卖行政主管部门提报需求，并符合国家有关规定。

进口的电子烟产品、雾化物和电子烟用烟碱等应当通过本办法规定的电子烟交易管理平台销售给电子烟批发企业、电子烟产品生产企业和电子烟品牌持有企业。

在中国境内销售的进口电子烟产品，应当通过技术审评，并使用在中国核准注册的商标。

第三十条 进口电子烟产品应按国家有关规定实施商品检验。

第三十一条 进口的电子烟产品应当在包装上标注国务院烟草专卖行政主管部门规定的字样。

第三十二条 专供出口的电子烟产品的包装应当符合国务院烟草专卖行政主管部门规定的要求。

第三十三条 不在中国境内销售、仅用于出口的电子烟产品，应当符合目的地国家或地区的法律法规和标准要求；目的地国家或地区没有相关法律法规和标准要求的，应当符合我国的法律法规和标准相关要求。

第五章 监督检查

第三十四条 烟草专卖行政主管部门依法对执行本办法的情况进行监督、检查，查处违反本办法的案件，并会同有关部门查处生产、销售伪劣电子烟产品、雾化物和电子烟用烟碱等及侵犯知识产权、非法经营、走私等行为。

烟草专卖行政主管部门或者烟草专卖行政主管部门会同有关部门，可以依法对非法运输电子烟产品、雾化物和电子烟用烟碱等的活动进行检查、处理。

第三十五条 烟草专卖行政主管部门查处违反本办法的案件时，可以行使下列职权：

（一）询问违法案件的当事人、嫌疑人和证人；

（二）检查违法案件当事人的经营场所，依法对违法生产或者经营的电子烟产品、雾化物和电子烟用烟碱等进行处理；

（三）查阅、复制与违法活动有关的合同、发票、账册、单据、记录、文件、业务函电和其他资料。

第三十六条 对违反本办法的个人、法人和其他组织，烟草专卖行政主管部门可采取监管谈话，中止平台交易资格，责令暂停生产经营业务、进行整顿，直至依法取消其从事电子烟产品、雾化物和电子烟用烟碱等生产经营业务资格等措施。

第三十七条 烟草专卖行政主管部门建立信用管理制度，将失信市场主体列为重点监督检查对象，加强监管，同时将失信信息纳入全国信用信息共享平台和国家企业信用信息公示系统，依法予以公示。

第三十八条 电子烟的产品质量监督检验和假冒注册商标电子烟产品、伪劣电子烟产品等的鉴别检测工作，由国务院烟草专卖行政主管部门认证的电子烟检验检测机构或由符合法律规定的电子烟检验检测机构进行。

第三十九条 对检举非法生产、销售电子烟产品、雾化物和电子烟用烟碱等案件有功的单位和个人，给予奖励。

第六章 附 则

第四十条 本办法所称的烟弹是指含有雾化物等的电子烟组件；烟具包括电子烟烟具、加热卷烟烟具和用于其他新型烟草制品的烟具，电子烟烟具是指将烟液等通过雾化等方式供人抽吸、吸吮、咀嚼或者鼻吸等的装置；烟弹与烟具组合销售的产品包括一次性电子烟、按照国家有关标准在一个包装单元内销售的电子烟产品等；雾化物是指可被电子装置等全部或部分雾化为气溶胶的混合物及辅助物质。

第四十一条 本办法中经营主体取得或变更相关许可事项，应依法向市场监督管理部门办理有关登记手续。

第四十二条 违反本办法的，由烟草专卖行政主管部门等部门按照职责分工依据《中华人民共和国烟草专卖法》《中华人民共和国未成年人保护法》《中华人民共和国烟草专卖法实施条例》等法律法规中有关法律责任的规定处罚。

第四十三条 加热卷烟纳入卷烟管理。

其他新型烟草制品按照本办法有关规定执行。

第四十四条 本办法由国务院烟草专卖行政主管部门负责解释。

第四十五条 本办法自2022年5月1日起施行。

国家烟草专卖局关于印发电子烟警语标识规定的通知

（2022年5月11日 国烟办〔2022〕64号）

各省级烟草专卖局：

现将《电子烟警语标识规定》印发给你们，请遵照执行。

国家烟草专卖局

2022年5月11日

电子烟警语标识规定

为规范电子烟警语标识，根据《中华人民共和国烟草专卖法》《中华人民共和国产品质量法》《中华人民共和国烟草专卖法实施条例》及《电子烟管理办法》（国家烟草专卖局公告2022年第1号）、《电子烟》强制性国家标准（GB 41700—2022）等法律法规、规章和规范性文件，制定本规定。

第一条 本规定适用于中华人民共和国境内销售的电子烟及其销售包装。

第二条 电子烟及其销售包装上应标注警语，使用中华人民共和国的规范汉字。

第三条 警语内容分三组。

第一组：吸电子烟有害健康　请勿在禁烟场所吸电子烟

第二组：尽早戒电子烟有益健康　戒电子烟可减少对健康的危害

第三组：劝阻青少年吸电子烟　禁止中小学生吸电子烟

第四条　第一组警语应在正面（主要可见面）固定使用，第二组、第三组警语在背面轮换使用。对于仅有一个主要可见面的，第一组警语应固定使用，第二组、第三组警语在同一面内轮换使用。

在市场流通环节中的同一品牌、同一规格、同一包装、同一条码的电子烟及其销售包装，每年应轮换使用不同警语，使用时不要求电子烟与其销售包装一一对应。

第五条　警语区应位于其所在面下部，面积不应小于其所在面的35.0%。应以分割线（框）将警语区清晰划出。分割线应为不间断的直实线且应闭合或与边框（沿）闭合，分割线（框）的线条宽度应≥1.0mm。警语区面积不包括分割线（框）。警语区不应被遮蔽、抹去、切断，除警语外，其他文字、图案和标识不得进入警语区。

第六条　警语区内应标注“本公司提示”字样，位于第一组警语上部。

第七条　警语区及警语区内文字应明确、清晰和醒目，易于识别，字体采用黑体字，文字方向应与商标文字或图案的正向可视方向或与其垂直方向一致。标注方式应为直接印刷（制）、不可粘贴，并应具有一定的耐久性，确保正常使用条件下保持清晰可辨。

警语区所在面面积≥48.0cm^{2}的，警语区内文字字体高度应≥4.5mm，且文字占警语区面积比例≥13.3%；面积<48.0cm^{2}的，警语区内文字字体高度应≥2.0mm，且文字占警语区面积比例≥28.9%。

第八条　警语区内文字与背景色差值△Eab≥40，底色可采用原单底色。

第九条　电子烟及其销售包装、内包装、标志和产品说明书中，禁止使用误导性和诱导性语言，如“保健、疗效、安全、环保、低危害、减害、戒烟、替代、高品质、性能提升、过瘾、不伤身”等有关功效用语，“淡味、超淡味、柔和、低焦油、无焦油、低烟碱”等有关品质用语，容易诱导未成年人吸食的调味用语等。

第十条　烟碱成分及其他内容的标注应符合国家有关规定的相关要求。

第十一条　本规定由国家烟草专卖局负责解释。

第十二条　本规定自发布之日起施行。

国家烟草专卖局办公室
国家市场监督管理总局办公厅
关于规范电子烟检验检测有关工作的通知

（2022年5月25日　国烟办综〔2022〕69号）

各省、自治区、直辖市烟草专卖局、市场监督管理局（厅、委），大连、深圳市烟草专卖局，新疆生产建设兵团市场监督管理局：

为进一步加强电子烟监管，保障电子烟产品质量安全，规范电子烟检验检测有关工作，根据《中华人民共和国烟草专卖法》及其实施条例、《中华人民共和国产品质量法》等相关规定，现就规范电子烟检验检测有关工作通知如下：

一、加强资质认定管理

承担电子烟检验检测工作的机构，需依法取得检验检测机构资质认定。受国家烟草专卖局委托，承担电子烟监督所需检验检测等工作的检验检测机构的资质认定，由国家市场监督管理总局组织实施，相关技术评审工作委托国家资质认定烟草评审组开展。其他电子烟检验检测机构资质认定工作，由所在省（区、市）市场监管部门承担。

二、规范检验检测活动

市场监管部门联合烟草专卖行政主管部门规范电子烟检验检测活动。烟草专卖行政主管部门依据《电子烟管理办法》等对获得资质认定的电子烟检验检测机构开展相关业务活动进行监督管理。市场监管部门依据《检验检测机构资质认定管理办法》《检验检测机构监督管理办法》对获得资质认定的电子烟检验检测机构实施监督管理。获得资质认定的电子烟检验检测机构要按照相关要求，严格规范开展检验检测活动，建立“谁出数谁负责、谁签字谁负责”的责任追溯制度。

三、强化能力建设

国家烟草专卖局会同国家市场监督管理总局共同完善检验检测体系，支持电子烟检验检测机构跨领域技术融合，鼓励开展检验检测新技术、新方法和全过程质量控制技术研究，组织开展能力验证。获得资质认定的电子烟检验检测机构要按照相关要求，强化能力建设，确保技术能力持续符合资质认定等要求。

四、加强监督检查

市场监管部门和烟草专卖行政主管部门根据各自职责，建立健全对电子烟检验检测机构的“双随机，一公开”监督检查机制。综合运用监督检查、比对核查、投诉处理等多种监管手段，重点对管理体系不健全、检验检测活动不规范的电子烟检验检测机构进行监管。

五、严肃处理违法违规行为

烟草专卖行政主管部门和市场监管部门要加强信息沟通协调，推动失信联合惩戒。电子烟检验检测机构和人员应对出具数据和结果的真实性、准确性负责，烟草专卖行政主管部门和市场监管部门将根据相关法律法规对存在的违法违规行为进行严肃处理。

国家烟草专卖局办公室　国家市场监督管理总局办公厅

2022 年 5 月 25 日

国家烟草专卖局关于印发电子烟相关生产企业设立、分立、合并、撤销管理细则的通知

（2022 年 7 月 30 日　国烟办〔2022〕104 号）

各省级烟草专卖局：

现将《电子烟相关生产企业设立、分立、合并、撤销管理细则》印发给你们，请认真执行。

国家烟草专卖局

2022 年 7 月 30 日

电子烟相关生产企业设立、分立、合并、撤销管理细则

第一条　为规范电子烟相关生产企业设立、分立、合并、撤销行为，根据《中华人民共和国行政许可法》《中华人民共和国烟草专卖法》《中华人民共和国烟草专卖法实施条例》及《烟草专卖许可证管理办法》（工业和信息化部令

第37号)、《电子烟管理办法》(国家烟草专卖局公告2022年第1号)等法律法规、规章和规范性文件，制定本细则。

第二条 电子烟相关生产企业设立、分立、合并、撤销的申请、受理、审查及作出许可决定适用本细则。

第三条 本细则所称的电子烟相关生产企业，包括在中华人民共和国境内(港澳台地区除外)从事电子烟烟弹、烟具(包括电子烟烟具、加热卷烟烟具和用于其他新型烟草制品的烟具)以及烟弹烟具组合销售产品(包括一次性电子烟、按照国家有关标准在一个包装单元内销售的电子烟产品等)生产企业(含生产、代加工、品牌持有企业等)、雾化物生产企业和电子烟用烟碱生产企业等。

第四条 经批准设立的电子烟相关生产企业应当在国务院烟草专卖行政主管部门许可的经营范围内依法从事电子烟产品、雾化物、电子烟用烟碱等生产经营活动。

第五条 申请设立电子烟相关生产企业，应当报经国务院行政主管部门审查同意，获得相关立项批准。

第六条 电子烟相关生产企业的设立，应当向拟设立电子烟相关生产企业所在地的省级烟草专卖行政主管部门提出申请，由省级烟草专卖行政主管部门审查并签署意见，报国务院烟草专卖行政主管部门审批。

电子烟相关生产企业的分立、合并、撤销，应当向国务院烟草专卖行政主管部门提出申请并由国务院烟草专卖行政主管部门审批。

第七条 设立电子烟相关生产企业应当具备以下条件：

(一)有与电子烟生产相适应的资金和固定的生产经营场所。

(二)有电子烟生产所需要的技术和设备条件。

(三)符合国家电子烟产业政策要求。

(四)符合国务院烟草专卖行政主管部门规定的其他条件。

设立生产企业需要经其他有关部门许可的，还应当取得相应许可。

申请设立电子烟品牌持有企业，除应当具备第一款第一项、第三项、第四项规定的条件外，应当具备电子烟委托经营的相关条件。

第八条 设立电子烟相关生产企业，应当提交下列申请材料：

(一)企业设立申请书，申请书应当载明下列事项：

1. 投资主体的姓名或名称、住所；投资主体为企业的，应提供营业执照复印件；投资主体为自然人的，应提供身份证明复印件。

2. 拟设立企业符合国家关于企业名称、地址、注册资本、出资方式、出资额、出资比例、股权结构及股东情况等的相关要求。

3. 拟投资项目的基本情况。包括项目地点、新形成的生产能力、总投资规模等。

4. 拟投资项目的技术情况。包括拟投资项目使用建筑物情况、生产车间总平面布局图、工艺设备布置图、工艺流程图、工艺技术方案、主要生产设备仪器清单及产品清单(按生产线进行报告)等。

(二)国务院烟草专卖行政主管部门按照电子烟固定资产投资管理等有关规定对新设立企业并实施固定资产投资后从事相关生产活动的批准文件。

(三)电子烟品牌持有企业除应提交(一)中第1和2之情况外，还应提交电子烟委托经营相关材料。

(四)设立电子烟相关生产企业的可行性研究报告。

(五)投资主体为法人或其他组织的，应当提交关于设立电子烟相关生产企业的该投资主体的股东(会)或董事会决议，或该投资主体的决策机构出具的其他证明文件。

(六)两个或两个以上投资主体共同投资设立电子烟相关生产企业的，应当提交合资协议。

(七)拟设立电子烟相关生产企业章程。

第九条 分立、合并电子烟相关生产企业，应当具备下列条件：

(一)分立、合并的电子烟相关生产企业应有与其相适应的资金和固定的生产经营场所。

(二)分立、合并的电子烟相关生产企业应有电子烟生产所需要的技术和设备条件。

(三)符合国家电子烟产业政策要求。

(四)符合国务院烟草专卖行政主管部门规定的其他条件。

分立、合并生产企业需要经其他有关部门许可的，还应当取得相应许可。

分立、合并为电子烟品牌持有企业的，应当具备电子烟委托经营的相关条件。

第十条 分立、合并电子烟相关生产企业，应当提交下列申请材料：

（一）分立、合并电子烟相关生产企业申请书。申请书应当载明下列事项：

1. 投资主体的姓名或名称、住所；投资主体为企业的，应提供营业执照复印件；投资主体为自然人的，应提供身份证明复印件。

2. 分立、合并后符合国家关于企业名称、住所、注册资本、出资方式、出资额、出资比例、股权结构及股东情况等相关规定。

3. 拟分立、合并项目的基本情况。包括地点、新形成的生产能力、总投资规模等。

4. 拟分立、合并项目的技术情况。包括拟投资项目使用建筑物情况、生产车间总平面布局图、工艺设备布置图、工艺流程图、工艺技术方案、主要生产设备仪器清单及产品清单（按生产线进行报告）等。

（二）烟草专卖生产企业许可证复印件。

（三）所在地省级烟草专卖行政主管部门出具的有关企业遵守烟草专卖管理法律法规方面的意见。

（四）分立、合并为电子烟品牌持有企业的，除应提交（一）中第 1 和 2 之情况外，应提交电子烟委托经营相关材料。

（五）分立、合并需要经其他有关部门许可的，应提交相应许可证或许可文书。

（六）电子烟相关生产企业的分立、合并申请，应当提交该企业股东（会）相关决议。

（七）企业分立的，应当提交该企业职工代表大会、职工大会或者其他民主形式产生的相关决议；企业合并的，应当提交合并各方职工代表大会、职工大会或者其他民主形式产生的相关决议。

第十一条 具备下列情形之一，应当申请撤销电子烟相关生产企业：

（一）电子烟相关生产企业章程规定的营业期限届满或者章程规定的其他解散事由出现。

（二）电子烟相关生产企业股东（会）决议解散。

（三）电子烟相关生产企业因分立或者合并需要解散。

（四）电子烟相关生产企业依法被吊销营业执照、责令关闭。

（五）由国务院烟草专卖行政主管部门批准设立的电子烟相关生产企业依法被取消经营资格。

第十二条 申请撤销电子烟相关生产企业，应当提交下列申请材料：

（一）申请撤销电子烟相关生产企业申请书。申请书应当载明下列事项：

1. 电子烟相关生产企业名称、住所。

2. 电子烟相关生产企业的注册资本、出资方式、出资额、出资比例、股权结构及股东情况等。

（二）营业执照复印件。

（三）烟草专卖生产企业许可证复印件。

（四）电子烟相关生产企业股东（会）关于解散该企业的相关决议。

（五）电子烟相关生产企业职工代表大会、职工大会或者其他民主形式产生的相关决议。

（六）电子烟相关生产企业依法被吊销营业执照、责令关闭的相关文件。

（七）电子烟相关生产企业依法被取消经营资格的相关文件。

第十三条 设立电子烟相关生产企业，由该企业投资主体向拟设立电子烟相关生产企业所在地的省级烟草专卖行政主管部门提出申请。两个或两个以上投资主体共同出资设立电子烟相关生产企业，由投资比例较大的一方向拟设立电子烟相关生产企业所在地的省级烟草专卖行政主管部门提出申请。各投资主体层级及投资比例均相同的，可由各投资主体书面协商一致确定其中一方为申请人。

电子烟相关生产企业的分立、合并、撤销由该企业或其投资主体向国务院烟草专卖行政主管部门提出申请。

第十四条 申请电子烟相关生产企业设立、分立、合并、撤销时，申请人应当按申请事项提交相应的申请材料并对材料的合法性、真实性、完整性负责。

第十五条 申请人可以通过省级烟草专卖行政主管部门许可办理窗口线下提出申请，也可以通过国务院烟草专卖行政主管部门的政务服务行政许可网上办理平台线上提出申请。

第十六条 国务院烟草专卖行政主管部门收到申请人提交的申请材料后，应当根据下列情况分别作出处理：

（一）申请事项依法不需要取得行政许可的，应当即时告知申请人不受理。

（二）申请事项不属于本烟草专卖行政主管部门法定职

权范围的，应当即时作出不予受理的决定并告知申请人向有关行政机关申请。

（三）申请材料存在可以当场更正的错误的，应当允许申请人当场更正。

（四）申请材料不齐全或不符合法定形式，申请人不能当场更正的，应当当场或者在5日内一次性告知申请人需要补正的全部内容。逾期不告知的，自收到申请材料之日起即为受理。

（五）申请事项属于本烟草专卖行政主管部门法定职权范围，申请材料齐全、符合法定形式，或者申请人已按照要求提交全部补正申请材料的，应当受理申请并出具受理通知书送达申请人。

第十七条 申请设立电子烟相关生产企业的，如有必要，国务院烟草专卖行政主管部门依法开展现场核查。

第十八条 国务院烟草专卖行政主管部门应当在受理之日起20日内作出行政许可决定。审批过程中需要开展现场核查的，所需时间不计算在规定期限内。如在规定期限内不能作出决定的，经审批机关负责人批准，可以延长10日。审批机关应当将所需时间书面告知申请人。

对外承诺缩减期限的，以承诺期限为准。

第十九条 国务院烟草专卖行政主管部门出具的行政许可决定文书应当加盖本行政机关印章并送达申请人。

第二十条 国务院烟草专卖行政主管部门作出准予行政许可的决定，应当通过公告栏或电子政务系统等方式，将有关许可事项予以公告，公众有权查阅。

第二十一条 国务院烟草专卖行政主管部门作出不予同意行政许可的，应当说明理由并告知申请人享有依法申请行政复议或提起行政诉讼的权利。

第二十二条 国务院烟草专卖行政主管部门办理电子烟相关生产企业设立、分立、合并、撤销申请，不得收取任何费用。

电子烟相关生产企业分立、合并后，应重新申领烟草专卖生产企业许可证。

第二十三条 本细则中的办理期限以工作日计算，不含法定节假日。

第二十四条 外国及香港、澳门、台湾地区的自然人、法人或其他组织在中华人民共和国境内（港澳台地区除外）投资设立电子烟相关生产企业适用电子烟进出口贸易和对外经济技术合作管理相关规定。

第二十五条 本细则由国务院烟草专卖行政主管部门负责解释。

第二十六条 本细则自2022年10月1日起施行。

国家烟草专卖局关于加强电子烟监管有关事项的通知

（2022年9月28日　国烟办〔2022〕118号）

各省级烟草专卖局：

为深入贯彻党中央、国务院加强电子烟监管的重大决定，严格落实《国务院关于修改〈中华人民共和国烟草专卖法实施条例〉的决定》精神，指导服务电子烟市场主体逐步适应《电子烟管理办法》（国家烟草专卖局公告2022年第1号）、《电子烟》强制性国家标准（GB 41700—2022）及相关配套政策措施要求，给予符合条件电子烟市场主体充足时间做好行政许可相关事宜准备、进行产品合规性设计、完成产品改造等各项工作，国家烟草专卖局合理设置了电子烟监管过渡期。过渡期内，各项监管工作平稳有序、协调顺畅，为推动电子烟市场逐步实现依法监管，电子烟产业纳入法治化规范化轨道打下了良好基础。

为持续推动电子烟法治化规范化治理，切实保障人民健康安全，规范电子烟产业运行，有效处理过渡期内相关遗留问题，现就有关事项通知如下。

一、电子烟市场主体应当依法开展生产经营活动

（一）2022年10月1日起，从事电子烟生产经营的电子烟市场主体应当取得烟草专卖许可证，严格按照《中华人民共和国烟草专卖法》《中华人民共和国烟草专卖法实施条例》及《电子烟管理办法》、《电子烟》强制性国家标准、国家烟草专卖局各项配套政策规定等开展生产经营活动。依法取得烟草专卖许可证的电子烟生产企业、雾化物生产企业、电子烟用烟碱生产企业、电子烟批发企业、电子烟零售主体等应当通过电子烟交易管理平台进行交易。电子烟产品、雾化物、电子烟用烟碱等的运输，应当接受烟草专卖局监管，并根据相关规定制作、随附物流单证。

（二）境内销售的电子烟产品应当符合《电子烟》强制性国家标准和《电子烟警语标识规定》（国烟办〔2022〕64号）。不在中国境内销售、仅用于出口的电子烟产品，应当符合目的地国家或地区的法律法规和标准要求；目的地国家或地区没有相关法律法规和标准要求的，应当符合我国的法律法规和标准相关要求，确保出口产品的质量和安全。取得烟草专卖生产企业许可证的电子烟相关生产企业，从事出口业务的，应当在电子烟交易管理平台进行出口备案。

（三）各级烟草专卖局应当切实履行监管职责，依法加强市场监管，不断改进政务服务，持续推动电子烟治理法治化规范化。依法接受电子烟相关生产企业、批发企业、零售主体许可证的申请，并按照2022年10月1日生效的有关规定和办事须知进行办理。

二、重申有关禁止性规定

（一）未取得烟草专卖许可证的个人、法人或者其他组织一律不得开展电子烟相关生产经营业务，获证主体不得超许可范围开展生产经营业务。

（二）任何个人、法人或者其他组织不得通过《电子烟管理办法》规定的电子烟交易管理平台以外的信息网络销售电子烟产品、雾化物和电子烟用烟碱等。

（三）不符合《电子烟》强制性国家标准即没有通过技术审评的产品不得在境内市场销售。上市销售的电子烟产品与通过技术审评的产品信息必须保持一致。

（四）禁止在大众传播媒介或者公共场所、公共交通工具、户外发布电子烟广告。禁止向未成年人发送任何形式的电子烟广告。禁止利用其他商品或者服务的广告、公益广告，宣传电子烟名称、商标、包装、装潢以及类似内容。电子烟生产者或者销售者发布的迁址、更名、招聘等启事中，不得含有电子烟名称、商标、包装、装潢以及类似内容。禁止举办各种形式推介电子烟产品的展会、论坛、博览会等。

（五）普通中小学、特殊教育学校、中等职业学校、专门学校、幼儿园周边不得设置电子烟销售网点。电子烟零售主体必须从当地电子烟批发企业购进电子烟产品，不得排他性经营上市销售的电子烟产品，不得向未成年人销售电子烟产品；应当在经营场所设置警示标志，不得利用自助售卖方式销售或变相销售电子烟产品。

（六）寄递、异地携带电子烟产品、雾化物、电子烟用烟碱及入境携带电子烟产品实行限量管理，不得超过国务院有关主管部门规定的限量。

三、妥善处理过渡期有关遗留问题

过渡期内，所有符合条件的既存电子烟市场主体的许可证已全部办理完毕。为保障企业合法权利，国家烟草专卖局及省级烟草专卖局将在过渡期后接受既存电子烟相关生产企业提出异议。

（一）提出异议主体。2021年11月10日之前成立并取得营业执照的既存电子烟相关生产企业，在过渡期内表达过申请意愿且自身认为是既存企业，但未获证的电子烟相关生产企业。

（二）接受异议时间。2022年10月8日至10月31日。

（三）接受异议机关。申请人住所（主要经营场所、经营场所）所在地省级烟草专卖局。

（四）提出异议方式。提出异议主体应当以书面方式提出，主要包括以下材料：

1. 提出异议的企业名称、法定住所、法定代表人（负责人）姓名、联系人姓名及电话邮箱等联系方式；

2. 具体明确的异议事项；

3. 提出异议的事实依据及有关证明材料；

4. 提出异议的日期。

以上书面材料需由企业法定代表人（负责人）签字并逐页加盖公章。

国家烟草专卖局及省级烟草专卖局对企业提出异议事项进行核查处理。

国家烟草专卖局

2022年9月28日

国家烟草专卖局
通　告

（2022 年第 2 号）

关于电子烟产品、雾化物、电子烟用烟碱等异地限量携带的通告

根据《中华人民共和国烟草专卖法》及其实施条例、《电子烟管理办法》（国家烟草专卖局公告 2022 年第 1 号）的规定，每人每次异地携带电子烟产品、雾化物、电子烟用烟碱等实行限量管理，具体通告如下：

烟具不得超过 6 个；电子烟烟弹（液态雾化物）不得超过 90 个，烟弹与烟具组合销售的产品（包括一次性电子烟等）不得超过 90 个，烟液等雾化物及电子烟用烟碱不得超过 180ml。

特此通告。

国家烟草专卖局

2022 年 11 月 22 日

国家烟草专卖局　国家邮政局
关于电子烟产品、雾化物、电子烟用烟碱等限量寄递的通告

（国家烟草专卖局　国家邮政局通告 2022 年第 1 号）

根据《中华人民共和国邮政法》、《中华人民共和国烟草专卖法》及其实施条例、《电子烟管理办法》（国家烟草专卖局公告 2022 年第 1 号）的规定，寄递电子烟产品、雾化物、电子烟用烟碱等实行限量管理，具体通告如下：

一、寄递电子烟产品每件限量为：烟具 2 个；电子烟烟弹（液态雾化物）或烟弹与烟具组合销售的产品（包括一次性电子烟等）6 个，合计烟液容量不超过 12ml。

二、寄递烟液等雾化物及电子烟用烟碱每件限量为 12ml。

三、寄递烟具、电子烟烟弹（液态雾化物）、烟弹与烟具组合销售的产品（包括一次性电子烟等）、烟液等雾化物、电子烟用烟碱，每人每天限寄一件，不准多件寄递。

四、对因技术审评、质量监督检验和鉴别检测等特殊情形需超量寄递烟具、电子烟烟弹（液态雾化物）、烟弹与烟具组合销售的产品（包括一次性电子烟等）、烟液等雾化物、电子烟用烟碱，按照属地烟草专卖行政主管部门的有关要求办理。依法取得烟草专卖许可证的电子烟交易主体之间寄递烟具、电子烟烟弹（液态雾化物）、烟弹与烟具组合销售的产品（包括一次性电子烟等）、烟液等雾化物、电子烟用烟碱，按照烟草专卖行政主管部门的有关规定办理。

五、跨境限量寄递参照本通告规定执行。

特此通告。

国家烟草专卖局　国家邮政局

2022 年 11 月 22 日

◇ 编辑：刘海文

先进人物和先进集体

先进人物名单

【烟草行业全国五一劳动奖章获得者名单】（中华全国总工会关于表彰2022年全国五一劳动奖和全国工人先锋号的决定）（总工发〔2022〕6号）（2022年4月28日发布）

丁昌礼　吉林烟草工业有限责任公司延吉卷烟厂卷包车间副主任，副高级工程师

王　波　黑龙江烟草工业有限责任公司绥化卷烟厂工人

冯守爱　广西中烟工业有限责任公司技术中心应用基础研究所特色材料研究室主任，研究员

刘昌宏（土家族）　重庆中烟工业有限责任公司黔江卷烟厂信息系统管理员，工程师、技师

吴树清（苗族）　贵州中烟工业有限责任公司铜仁卷烟厂卷接技术员

【烟草行业全国技术能手名单】（人力资源社会保障部关于表彰第十六届中华技能大奖和全国技术能手的决定）（人社部发〔2022〕87号）（2022年12月26日发布）

侯树彬　河南中烟工业有限责任公司安阳卷烟厂卷烟封装设备操作工、技师

【烟草行业全国优秀共青团员名单】［共青团中央关于表彰全国五四红旗团委（团支部）、全国优秀共青团员、全国优秀共青团干部的决定］（中青发〔2022〕8号）（2022年4月13日发布）

田传新　红塔辽宁烟草有限责任公司营口卷烟厂工人

【烟草行业国家技能人才培育工作突出贡献个人名单】（人力资源社会保障部关于表扬国家技能人才培育工作突出贡献单位和个人的通知）（人社部函〔2022〕148号）（2022年12月26日发布）

杨　森　红塔烟草（集团）有限责任公司玉溪卷烟厂

【2022年度烟草行业技术能手名单】（国家烟草专卖局关于授予2022年度烟草行业职业技能竞赛优秀选手烟草行业技术能手的决定）（国烟人〔2023〕37号）（2023年2月28日发布）

一、行业省级一类职业技能竞赛

1. 第一届豫粤冀中烟工业公司烟叶评级职业技能竞赛

谢　晋　广东中烟工业有限责任公司

高仁吉　广东中烟工业有限责任公司

黄　磊　广东中烟工业有限责任公司

杨　欣　广东中烟工业有限责任公司

姚　倩　河南中烟工业有限责任公司

马一琼　河南中烟工业有限责任公司

王亚飞　河南中烟工业有限责任公司

李谨成　广东中烟工业有限责任公司

马波波　河南中烟工业有限责任公司

张家升　广东中烟工业有限责任公司

二、行业省级二类职业（岗位）技能竞赛

2. 第五届云南中烟工业有限责任公司烟叶评级职业技能竞赛

张丽梅　红云红河烟草（集团）有限责任公司昆明卷烟厂

杨彦明　红塔烟草（集团）有限责任公司玉溪卷烟厂

3. 第二届河南省烟草专卖局（公司）烟叶调制职业技能竞赛

李浩冉　南阳市烟草专卖局（公司）

王好月　南阳市烟草专卖局（公司）

杜　冉　南阳市烟草专卖局（公司）

4. 第六届四川省烟草专卖局（公司）烟叶调制职业技能竞赛

胡万波　宜宾市烟草专卖局（公司）

严　素　宜宾市烟草专卖局（公司）

刘茂江　宜宾市烟草专卖局（公司）

5. 第二届贵州省烟草专卖局（公司）烟叶调制职业技能竞赛

沈　勰　黔西南州烟草专卖局（公司）

甘定举　黔西南州烟草专卖局（公司）

莫来雄　黔西南州烟草专卖局（公司）

6. 第三届黑龙江省烟草专卖局烟草专卖管理岗位技能竞赛

张　宇　黑河市烟草专卖局

郭　松　哈尔滨市烟草专卖局

马晓宇　哈尔滨市烟草专卖局

7. 首届大连市烟草专卖局烟草专卖管理岗位技能竞赛

张　戈　大连市中山区烟草专卖局

方　男　大连市烟草专卖局

8. 第四届江苏省烟草专卖局烟草专卖管理岗位技能竞赛

苗　木　盐城市烟草专卖局

王雅芳　常州市烟草专卖局

陈启星　苏州市烟草专卖局

9. 第四届福建省烟草专卖局烟草专卖管理岗位技能竞赛

黄国锋　厦门市烟草专卖局

吴莉莎　漳州市烟草专卖局

俞晨曦　三明市烟草专卖局

10. 第四届江西省烟草专卖局烟草专卖管理岗位技能竞赛

朱浔宁　九江市烟草专卖局

赵枫枫　九江市烟草专卖局

刘文波　宜春市烟草专卖局

11. 第四届山东省烟草专卖局烟草专卖管理岗位技能竞赛

李浩然　东营市烟草专卖局

李亚男　济南市烟草专卖局

宋　薇　济南市烟草专卖局

12. 第四届河南省烟草专卖局烟草专卖管理岗位技能竞赛

郑娴娴　焦作市烟草专卖局

张　鑫　南阳市烟草专卖局

李福婷　信阳市烟草专卖局

13. 第五届湖南省烟草专卖局烟草专卖管理岗位技能竞赛

黄　商　邵阳市烟草专卖局

易亦芳　长沙市烟草专卖局

苏　游　长沙市烟草专卖局

14. 第五届云南省烟草专卖局烟草专卖管理岗位技能竞赛

何　燕　昆明市烟草专卖局

李　昕　文山州烟草专卖局

王　媛　文山州烟草专卖局

15. 第四届陕西省烟草专卖局烟草专卖管理岗位技能竞赛

王　鑫　西安市烟草专卖局

周　靓　西安市烟草专卖局

惠　荣　西安市烟草专卖局

16. 首届新疆维吾尔自治区烟草专卖局烟草专卖管理岗位技能竞赛

叶晓婵媛　昌吉州烟草专卖局

鹿思远　伊犁州烟草专卖局

方春凯　乌鲁木齐市烟草专卖局

17. 首届黑龙江省烟草专卖局（公司）烟草物流岗位技能竞赛

孙魁儒　哈尔滨市烟草专卖局（公司）

18. 第一届江西省烟草专卖局（公司）烟草物流岗位技能竞赛

王添凤　萍乡市烟草专卖局（公司）

孔美林　赣州市烟草专卖局（公司）

郭颖慧　赣州市烟草专卖局（公司）

19. 第一届山东省烟草专卖局（公司）烟草物流岗位技能竞赛

王怀全　临沂市烟草专卖局（公司）

赵　衍　临沂市烟草专卖局（公司）

刘　姗　烟台市烟草专卖局（公司）

20. 首届湖北省烟草专卖局（公司）烟草物流岗位技能竞赛

周梦华　宜昌市烟草专卖局（公司）

金　鑫　襄阳市烟草专卖局（公司）

朱　欣　荆州市烟草专卖局（公司）

21. 首届湖南省烟草专卖局（公司）烟草物流岗位技能竞赛

赵　杰　常德市烟草专卖局（公司）

李思瑶　常德市烟草专卖局（公司）

田胜奇　益阳市烟草专卖局（公司）

22. 首届广东省烟草专卖局（公司）烟草物流岗位技能竞赛

魏春平　江门市烟草专卖局（公司）

谌　亮　中山市烟草专卖局（公司）

苏浩业　东莞市烟草专卖局（公司）

23. 首届广西壮族自治区烟草专卖局（公司）烟草物流岗位技能竞赛

唐永明　桂林市烟草专卖局（公司）

刘誉翕　桂林市烟草专卖局（公司）

龚书成　柳州市烟草专卖局（公司）

24. 首届贵州省烟草专卖局（公司）烟草物流岗位技能竞赛

岳洪吉　贵阳市烟草专卖局（公司）

何　姗　黔东南州烟草专卖局（公司）

杨亚静　黔南州烟草专卖局（公司）

25. 首届云南省烟草专卖局（公司）烟草物流岗位技能竞赛

冯光友　文山州烟草专卖局（公司）

赵　璇　大理州烟草专卖局（公司）

26. 第一届浙江中烟工业有限责任公司烟草物流岗位技能竞赛

朱凌飞　浙江中烟工业有限责任公司

叶　斌　浙江中烟工业有限责任公司

杜佳宇　浙江中烟工业有限责任公司

27. "山海杯"首届福建中烟工业有限责任公司烟草物流岗位技能竞赛

沈禄恒　龙岩烟草工业有限责任公司

王炜彦　厦门烟草工业有限责任公司

28. "泰山杯"首届山东中烟工业有限责任公司烟草物流岗位技能竞赛

司维鹏　山东中烟工业有限责任公司

窦金迪　山东中烟工业有限责任公司

29. "双喜杯"首届广东中烟工业有限责任公司烟草物流岗位技能竞赛

庄锦丹　广东中烟工业有限责任公司韶关卷烟厂

黄　维　广东中烟工业有限责任公司广州卷烟厂

欧明树　广东中烟工业有限责任公司湛江卷烟厂

30. "宽窄杯"首届四川中烟工业有限责任公司烟草物流岗位技能竞赛

康正宗　四川中烟工业有限责任公司成都卷烟厂

杨　兰　四川中烟工业有限责任公司成都卷烟厂

31. "泰山杯"第五届山东中烟工业有限责任公司烟机设备修理职业技能竞赛

秦晓川　山东中烟工业有限责任公司青州卷烟厂

刘志崇　山东中烟工业有限责任公司青岛卷烟厂

张　杰　山东中烟工业有限责任公司济南卷烟厂

32. "贵烟杯"首届贵州中烟工业有限责任公司烟机设备操作职业技能竞赛

王兴会　贵州中烟工业有限责任公司遵义卷烟厂

穆　顺　贵州中烟工业有限责任公司遵义卷烟厂

33. 首届云南中烟工业有限责任公司打叶复烤设备修理职业技能竞赛

高俊东　红塔烟草（集团）有限责任公司玉溪卷烟厂

环学宝　红塔烟草（集团）有限责任公司大理卷烟厂

【烟草行业离退休干部工作先进工作者名单】（中国烟草总公司关于表彰烟草行业离退休干部工作先进集体和先进工作者的决定）（中烟办〔2022〕33号）（2022年4月13日发布）

李连海　中国烟草总公司北京市公司离退休人员管理办公室主任科员

周俊江　中国烟草总公司天津市公司人事处主任科员

王国富　中国烟草总公司河北省公司离退休人员管理办公室主任科员

赵　琳　河北白沙烟草有限责任公司服务中心双退办三级助理

马一琼　中国烟草总公司山西省公司离退休人员管理办公室主任科员

李凤培　中国烟草总公司内蒙古自治区公司离退休人员管理办公室调研员

秦　一　中国烟草总公司辽宁省公司离退休人员管理办公室主任科员

范丽丽　吉林省烟草公司白城市公司人事科副科长

宋琳琳　中国烟草总公司黑龙江省公司离退休人员管理办公室主任科员

蔡　杰　上海烟草集团有限责任公司群团工作处离退休人员管理工作办公室主任

黄　欢　上海烟草集团有限责任公司群团工作处离退休人员管理工作办公室业务主办

管孝永　江苏省烟草公司淮安市公司人事处处长

成浠瑗　江苏省烟草公司连云港市公司群团工作处主任科员

成　昉　江苏中烟工业有限责任公司群团工作部（工会、离退休办公室）二级助理

张　宁　江苏中烟工业有限责任公司徐州卷烟厂群团工作处副处长

黄　丽　浙江省烟草公司温州市公司人事处管理员

王　懿　浙江省烟草公司绍兴市公司人事处主管

王　盛　浙江中烟工业有限责任公司宁波卷烟厂人事劳资教育科人事管理员

张　涛　中国烟草总公司安徽省公司离退休人员管理办公室主任科员

杨忠金　安徽省烟草公司合肥市公司人力资源科科长

毕雁飞　安徽中烟工业有限责任公司阜阳卷烟厂离退休人员管理办公室管理员

曾雪英　福建省烟草公司龙岩市公司人事科科员

杨锦蓉　福建省烟草公司南平市公司人事科副主任科员

阙衍盛　福建中烟工业有限责任公司离退休人员管理办公室一级助理

黄爱炜　龙岩烟草工业有限责任公司人力资源部主任管理员

邱　晨　中国烟草总公司江西省公司离退休人员管理办公室副主任科员

徐洪斌　江西中烟工业有限责任公司广丰卷烟厂离退休人员管理办公室副主任

张新红　山东泰安烟草有限公司离退休人员管理科科员

刘春红　潍坊泰山壹伍叁贰实业有限公司综合办公室政工干事

李清波　山东中烟工业有限责任公司青岛卷烟厂离退休人员服务处处长

王　钧　山东中烟工业有限责任公司滕州卷烟厂党委委员、副厂长

常　婧　中国烟草总公司河南省公司离退休人员管理办公室主任科员

张友卿　河南省烟草公司洛阳市公司人事科科员

罗春霞　河南中烟工业有限责任公司黄金叶生产制造中心郑州离退休人员管理办公室主任

韩　锋　河南中烟工业有限责任公司许昌卷烟厂离退休人员管理办公室主任

罗　玮　湖北省烟草公司武汉市公司群团处处长（工会办公室主任）

覃海娥　湖北省烟草公司随州市公司党建工作科科长

杨志伟　湖北中烟工业有限责任公司武汉卷烟厂离退休人员管理办公室员工服务专员

廖春霞　中国烟草总公司湖南省公司人事处副调研员

谢延清　湖南省烟草公司衡阳市公司人事科离退休管理员

胡玲玲　湖南中烟工业有限责任公司常德卷烟厂离退休管理办公室人文专员

张冬梅　湖南中烟工业有限责任公司四平卷烟厂工会办公室离退休管理专员

刁志斌　广东烟草广州市有限公司人事处劳资管理员

毛蓉涛　广东中烟工业有限责任公司广州卷烟厂工会办公室主任

陈　利　广东中烟工业有限责任公司湛江卷烟厂工会办公室综合管理员

钟燕蓉　广西壮族自治区烟草公司贵港市公司人力资源管理科副科长

韦家宁　广西伊灵烟叶复烤有限责任公司党群工作部主任

吴华滨　广西中烟工业有限责任公司南宁卷烟厂工会副主席、群团工作科科长

高　波　中国烟草总公司海南省公司人事处主任科员

彭　娟　中国烟草总公司重庆市公司万州分公司人事科科员

张义海　重庆中烟工业有限责任公司重庆卷烟厂一级业务经理

张　奎　中国烟草总公司四川省公司离退休人员管理办公室主任科员

钟　远　四川省烟草公司成都市公司人事处副处长

刘　敏　四川中烟工业有限责任公司群团工作部（离退办、工会办）部长（主任）

胡肖兰　四川中烟工业有限责任公司西昌卷烟厂离退休管理办公室主任

章家祥　中国烟草总公司贵州省公司离退休人员管理办公室主任科员

陈　芸　贵州省烟草公司黔南州公司人事科副科长

刘春荣　贵州中烟工业有限责任公司贵定卷烟厂党委委员、纪委书记、工会主席

何　宁　中国烟草总公司云南省公司离退休人员管理办公室副调研员

缪洪元　云南省烟草公司曲靖市公司群团工作办公室科员

任芃锦　云南中烟工业有限责任公司人力资源部一级助理

伍纬华　红云红河烟草（集团）有限责任公司昆明卷烟厂离退休管理科管理员

旦巴加措　西藏自治区烟草公司日喀则市公司人事科主任科员

王　刚　中国烟草总公司陕西省公司离退休人员管理办公室主任科员

李保林　陕西中烟工业有限责任公司汉中卷烟厂内退办主任

李奕儒　甘肃省烟草公司兰州市公司人事科科员

杨存秀　青海省烟草公司西宁市公司人事科科长

马飞龙　中国烟草总公司宁夏回族自治区公司人事处副处长

马宁锋　中国烟草总公司新疆维吾尔自治区公司人事处主任科员

吉惠民　中国烟草总公司大连市公司离退休人员管理办公室副调研员

李天才　中国烟草总公司深圳市公司离退休人员管理办公室副调研员

许书平　中国烟草总公司郑州烟草研究院党建工作处处长

夏雪梅　中国烟草总公司合肥设计院人事处副处长

张清丽　中国烟草总公司职工进修学院离退休人员管理办公室主任科员

季禾子　南通醋酸纤维有限公司人力资源部员工关系管理师

谭凤仪　昆明醋酸纤维有限公司人力资源部人力资源管理师

刘尹曦妮　珠海醋酸纤维有限公司办公室公关外事管理师

苏贵田　中国烟草机械集团有限责任公司党建和人力资源部副调研员

蔡　君　许昌烟草机械有限责任公司工会办公室管理员

王建虎　山西昆明烟草有限责任公司党建工作部离退休管理员

张玉琴　吉林烟草工业有限责任公司延吉卷烟厂离退休办公室管理员

先进人物简介

【烟草行业全国五一劳动奖章获得者】

丁昌礼　吉林烟草工业有限责任公司延吉卷烟厂卷包车间副主任，副高级工程师

丁昌礼，男，汉族，1972 年 3 月生，中共党员，吉林烟草工业有限责任公司延吉卷烟厂卷包车间副主任，副高级工程师。2022 年，被中华全国总工会授予“全国五一劳

动奖章”。

1992 年，丁昌礼进入延吉卷烟厂工作。2011 年，他主持完成提拔式硬盒烟包改造，填补了国内卷烟包装形式的空白，为企业节约技术改造费用 2000 万元，设备投产后每年创造产值 8000 万元。2014 年底，为弥补产能不足、主机厂家调试人员短缺等不利因素，他探索自主调试，将设备调试周期控制在 30 天以内，打破烟草行业设备调试周期最短的纪录。2017 年 11 月，“丁昌礼劳模创新工作室”挂牌成立，这支队伍在他的带领下攻克“降低卷烟单只克重标准偏差”“提高 ZB45B 细支烟包装设备生产能力”等重大课题，实现年度降本增效 100 万元以上；依托劳模创新工作室，培养出高级技师 2 人、技师 22 人、烟草行业技术能手 2 人、中烟实业技术能手 2 人。2021 年，丁昌礼带领团队成员实现“长白山（细支人参烟）”的“19 + 1”烟支装填装置研发和透明纸包装改造项目，为企业节约技术改造费用 400 万元，整体效率提升 300% 以上。

丁昌礼先后获得 2003 年度吉林省烟草行业技术能手、2007 年度吉林省延边州五一劳动奖章、2012 年度吉林省五一劳动奖章、2016 年度延吉市技术创新道德模范等荣誉，并在 2017 年 11 月被评为烟草行业高级工程师；在他的带领下，2019 年卷包车间技术维修班组获评“全国工人先锋号”。

王　波　黑龙江烟草工业有限责任公司绥化卷烟厂卷包车间维修工

王　波（中）

王波，男，汉族，1971 年 10 月生，中共党员，黑龙江烟草工业有限责任公司绥化卷烟厂卷包车间维修工。2022 年，被中华全国总工会授予“全国五一劳动奖章”。

自 1986 年 7 月参加工作以来，王波立足本职岗位，争创一流业绩。在业务工作中，他以极大的热情和钻劲儿，学习专业技术知识，不断提升岗位工作能力，为企业解决实际工作中遇到的困难和问题。在企业小改小革、QC、精益课题项目中，他主持或参与的“降低 YB25 软盒包装机五轮剔除废品烟包产生数量”等多个项目，分别获得省工业公司一、二、三等奖。在独当一面开展工作的同时，他积极做好基层的“传、帮、带”工作，将自身技术毫无保留地传授给他人。

发挥模范作用，彰显榜样力量。王波时时处处以党员先锋模范的标准严格要求自己。带领企业技术人员聚焦“初心”、聚焦“规范”、聚焦“创新”，出色地完成上级交给的各项任务，所带领的班组曾多次被评为五型和谐班组（即学习型、安全型、清洁型、节约型、和谐型）、标杆班组；个人连续多年被评为行业省级十佳杰出人物、十佳岗位明星，2011 年被绥化市总工会评为优秀班组长，2013 年被黑龙江省总工会评为黑龙江省铁人式职工，2013 年获得黑龙江省五一劳动奖章。

冯守爱　广西中烟工业有限责任公司技术中心应用基础研究所特色材料研究室主任，研究员

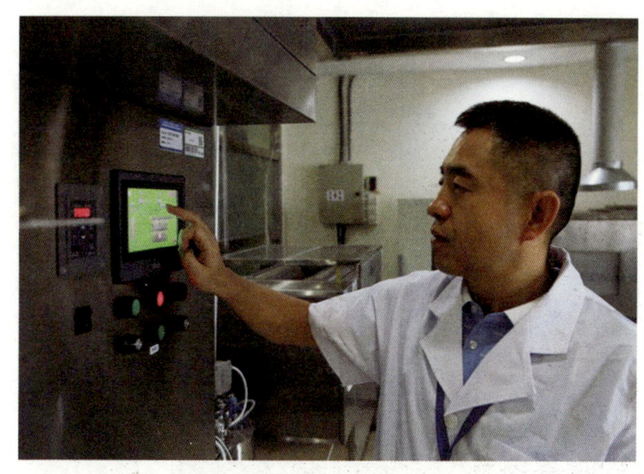

冯守爱，男，汉族，1974 年 7 月生，中共党员，广西中烟技术中心应用基础研究所特色材料研究室主任。2022 年，被中华全国总工会授予“全国五一劳动奖章”。

冯守爱主要从事卷烟滤棒功能材料及卷烟品类构建的

技术研究。他主持完成多项省部级科技创新项目，授权专利40余件，其中以第一发明人获得授权的发明专利11件、实用新型专利5件；发表论文50余篇，其中以第一作者或通讯作者发表的SCI论文11篇、核心期刊论文20篇；参编论著3部，参与制定行业标准3项。主要科研成果包括：形成具有国内领先水平的植物颗粒减害增香原创性技术，彰显“真龙”产品特色；创建国内外首条多孔淀粉颗粒生产线，打造“真龙”滤棒功能材料专线，形成科研成果产业化平台；实施“真龙”卷烟“烘焙甜香”品类构建，推动“真龙”品牌快速发展。

冯守爱先后获得2016年中国烟草总公司科学技术进步奖二等奖、2016年全国商业科技进步奖三等奖、2017年广西科技进步奖三等奖、2017年广西工业创新大赛三等奖、2018年全国商业科技进步奖二等奖、2021年全国商业科技进步奖三等奖；被授予“全国五一劳动奖章”、广西五一劳动奖章，被评为全国烟草行业第七届劳动模范、首届广西杰出工程师、全国烟草行业“十二五”科技创新工作先进个人等。2020年，广西中烟成立“冯守爱劳模创新工作室”，帮助年轻的技术人员和基层员工更好地成长，助力企业高质量发展。

刘昌宏（土家族）　重庆中烟工业有限责任公司黔江卷烟厂信息系统管理员，工程师、技师

刘昌宏，男，土家族，1976年7月生，重庆中烟工业有限责任公司黔江卷烟厂信息系统管理员，电子工程师、技师、网络安全工程师。2022年，被中华全国总工会授予“全国五一劳动奖章”。

2000年7月，刘昌宏进入黔江卷烟厂工作，并于2021年获得重庆五一劳动奖章。自参加工作以来，他立足岗位扎实开展技术创新，先后组织实施科研项目5项，完成技术革新20余项，获得新型实用专利5件、软件著作权3件，发表学术论文5篇，其中1篇被EI期刊计算机集成制造系统录用。他主持设计的工厂网络架构和工控网络架构，坚持自主研发内控程序，2001—2022年累计为工厂节约信息系统运维费用400余万元。2010年，他主持的“打标喷码可调底座”科研项目获得国家专利授权，有效解决了打印头易断针的故障问题，产品条码打印质量大幅度提高，累计为工厂节约设备维修成本近100万元。2020年，他主持改造工厂动力空调系统，从网络架构规划入手，坚持选用国产网络设备逐步替换进口设备，创造性地提出“黔江卷烟厂工业自动控制系统‘登云’”设计方案，获得10余名知名IT专家的一致好评，并建议在全国推广。刘昌宏不断在信息化道路上挑战自我、攻克难关，练就一身过硬的技能本领，逐渐成长为黔江卷烟厂网络信息技术方面的“领头羊”。

吴树清（苗族）　贵州中烟工业有限责任公司铜仁卷烟厂卷接技术员

吴树清，男，苗族，1976年5月生，中共党员，贵州中烟铜仁卷烟厂卷接技术员，高级技师二级。2022年，被中华全国总工会授予“全国五一劳动奖章”。

吴树清于1995年8月进入贵州中烟铜仁卷烟厂工作，主要负责卷接、成型设备的技术管理工作。他刻苦钻研设备技术，攻克生产中众多技术难题，承担的设备大修、项修任务，主持的科技项目、精造工造、QC课题等，为企业节约资金数百万元；主持各类课题和创新成果24项，取得国家专利授权12件。2013年，吴树清被铜仁市评为优秀共产党员，2015年获得铜仁市五一劳动奖章，2019年被评为铜仁市劳动模范，2020年被评为贵州省劳动模范。他精益求精、钻研业务，以师带徒传承技艺，将28年的经验积累和多项技术创新，整理编写为“ZJ19卷接机组搓接系统结构原理”“ZJ19卷接机组烟支空头的原因及排除方法”等15门标准化培训课程，成为青年职工成长成才的“法宝”。2014年“吴树清工作室”在铜仁卷烟厂成立，开启了技术传承的“升级”模式，为企业发展培养高技术人才。2016年“吴树清工作室”被铜仁市总工会评为劳模达标工作室，2018年被贵州省石化轻纺工会评为职工技能创新工作室，2022年被贵州省总工会评为劳模与工匠人才创新工作室；培养出高级维修工2人、维修技师1人、操作技师2人。

【烟草行业全国技术能手】

侯树彬　河南中烟工业有限责任公司安阳卷烟厂卷烟封装设备操作工、技师

侯树彬，男，汉族，1987年生，中共预备党员，河南中烟安阳卷烟厂卷烟封装设备操作工技师、维修工技师、助理工程师。2022年，被人力资源社会保障部授予“全国技术能手”称号。

2020年，侯树彬获得全国烟草行业职业技能竞赛暨“玉溪杯”首届烟机设备操作职业技能竞赛ZB25机型第一名；2021年，被评为“全国烟草行业职业技术能手”、河南中烟首届“杰出青年”“托举人才”等。

侯树彬立足本职岗位工作，十年如一日坚守在生产一线。自2011年参加工作以来，他一直从事设备操作维修工作，勤学好问、勤动手操作，在短时间内成为一名卷接挡车工；2014年11月，转岗包装机，通过自身刻苦学习担任包装机操作骨干，成为车间复合型人才的典型代表。他迎难而上、锐意进取，探索出“开冷车”操作法、“产品质量”检验法、“辅料”节约法等一系列工作法，助力提升设备效率、产品质量。其中，运用“开冷车”操作法后，设备开冷车时间由原来的15分钟缩减为9分钟，车间每日可多生产卷烟40万支。多年来，侯树彬先后获得国家发明专利授权1件、实用新型专利授权7件，14个创新项目获得厂级技术革新奖励，1个项目获得河南中烟设备技术革新三等奖，累计为企业节约费用500余万元。

【烟草行业国家技能人才培育工作突出贡献个人】

杨　森　红塔烟草（集团）有限责任公司玉溪卷烟厂设备技术科专业维修师

杨森，男，汉族，1972年2月生，红塔集团玉溪卷烟厂设备技术科专业维修师，高级技师、工程师。2022年，被人力资源社会保障部授予“国家技能人才培育工作突出贡献个人”称号。

杨森于1993年7月大学毕业后进入玉溪卷烟厂工作。他敢为人先，刻苦钻研设备维修技术，成为一名技艺精湛的复合型高技能人才，并成长为企业人才培养和技术创新的“领头羊”。他独立或参与完成的多项技术攻关、科技创新课题项目，先后获得云南中烟科学技术奖3项、红塔集团科技进步奖9项，取得专利授权数十件。他甘为人梯、乐于分享，将多年来积累的知识与经验倾囊相授，积极承接行业、云南中烟的标准、教材、题库、课程编审任务，将先进的技能、知识在行业内推广、传承，培养了一大批技术骨干和创新人才。他培养的选手多次在竞赛中拔得头筹，其中2人被评为全国技术能手，多人被评为烟草行业技术能手、云南中烟技术能手。培训培养行业特有工种高级技师16人、维修技师13人、操作技师48人，帮助300余名员工提升职业技能等级。杨森先后被评为云南省工业发展杰出贡献奖——工业技能人才、云南省技术能手、全国烟草工业系统技术能手、云南省劳动模范、云南省享受政府特殊津贴人员、首批云南省云岭首席技师等；牵头组建以“杨森”命名的云南省首批“云岭首席技师技能大师工作室”。

【烟草行业全国优秀共青团员】

田传新　红塔辽宁烟草有限责任公司营口卷烟厂工人

田传新，男，汉族，1996年8月生，中共预备党员，红塔辽宁烟草有限责任公司营口卷烟厂卷包车间卷烟机主司机、卷包车间第二团支部书记。2022年，被共青团中央授予“全国优秀共青团员”称号。

2018年8月，田传新进入营口卷烟厂卷包车间工作，先后被评为2019年度营口市优秀共青团员、2020年度辽宁省优秀共青团员等；2021年，他在工厂组织的青年员工卷烟机技能竞赛中获得一等奖，同年获得辽宁省质量协会科技成果一等奖，中烟实业优秀质量管理小组成果一等奖等。

参加工作后，田传新早到晚退刻苦钻研，在完成本职工作后细心观察师傅们的工作动作及流程，虚心请教，并用自己的实际行动带动其他青年员工共同进步。凭借钻研劲儿、闯劲儿和干劲儿，田传新逐渐从对大型烟机的“无从下手”成长到熟练烟机操作流程，独立承担卷烟机主司机工作。师傅们的倾囊相授与他的努力得到了工厂与车间的一致认可，被营口卷烟厂评为2020年度优秀师徒。此外，田传新不忘发扬青年先锋作用，与同事一起尝试项目研发，为工厂降低成本、增加效益。

先进集体名单

【烟草行业获得全国五一劳动奖状和全国工人先锋号名单】 （中华全国总工会关于表彰2022年全国五一劳动奖和全国工人先锋号的决定）（总工发〔2022〕6号）（2022年4月28日发布）

全国五一劳动奖状

山东中烟工业有限责任公司青州卷烟厂

河南中烟工业有限责任公司驻马店卷烟厂

陕西中烟工业有限责任公司宝鸡卷烟厂

全国工人先锋号

福建省烟草公司漳州市公司卷烟营销中心订单部

河南中烟工业有限责任公司许昌卷烟厂动力部维修班组

河南中烟工业有限责任公司黄金叶生产制造中心卷包部

四川中烟工业有限责任公司西昌卷烟厂卷包车间丙班

贵州中烟工业有限责任公司技术中心爆珠工程研发组

红云红河烟草（集团）有限责任公司红河卷烟厂卷包车间

西藏自治区烟草专卖局（公司）专卖监督管理处

【烟草行业国家技能人才培育工作突出贡献单位名单】（人力资源社会保障部关于表扬国家技能人才培育工作突出贡献单位和个人的通知）（人社部函〔2022〕148号）（2022年12月26日发布）

浙江中烟工业有限责任公司宁波卷烟厂

【烟草行业全国五四红旗团委名单】［共青团中央关于表彰全国五四红旗团委（团支部）、全国优秀共青团员、全国优秀共青团干部的决定］（中青发〔2022〕8号）（2022年4月13日发布）

福建中烟工业有限责任公司厦门烟草工业有限责任公司团委

湖南中烟工业有限责任公司零陵卷烟厂团委

【烟草行业全国卷烟打假工作先进集体名单】（国家烟草专卖局 公安部关于表彰全国卷烟打假工作先进集体和个人的通报）（国烟专〔2022〕72号）（2022年5月12日发布）

辽宁省丹东市烟草专卖局

上海市奉贤区烟草专卖局

江苏省苏州市烟草专卖局

浙江省宁波市烟草专卖局

安徽省铜陵市烟草专卖局

福建省烟草专卖局专卖监督管理处

江西省烟草专卖局稽查总队

山东省威海市烟草专卖局

河南省漯河市烟草专卖局

湖北省武汉市烟草专卖局

湖南省长沙市烟草专卖局

广东省湛江市烟草专卖局

广西壮族自治区贵港市烟草专卖局专卖监督管理科

四川省攀枝花市烟草专卖局

贵州省遵义市烟草专卖局

云南省西双版纳傣族自治州烟草专卖局

陕西省西安市烟草专卖局稽查支队

甘肃省兰州市烟草专卖局

新疆维吾尔自治区伊犁哈萨克自治州烟草专卖局

深圳市烟草专卖局公路分局

【烟草行业离退休干部工作先进集体名单】（中国烟草总公司关于表彰烟草行业离退休干部工作先进集体和先进工作者的决定）（中烟办〔2022〕33号）（2022年4月13日发布）

中国烟草总公司北京市公司营销中心人事部

中国烟草总公司天津市公司人事处

中国烟草总公司河北省公司离退休人员管理办公室

河北白沙烟草有限责任公司保定卷烟厂群团工作部

中国烟草总公司山西省公司离退休人员管理办公室

内蒙古自治区烟草公司通辽市公司离退休人员管理办公室

中国烟草总公司吉林省公司离退休人员管理办公室

中国烟草总公司黑龙江省公司离退休人员管理办公室

上海烟草集团有限责任公司离退休人员管理办公室

江苏省烟草公司无锡市公司人事处

江苏中烟工业有限责任公司群团工作部（工会、离退休办公室）

浙江省烟草公司杭州市公司富阳分公司办公室

浙江中烟工业有限责任公司离退休人员管理办公室

中国烟草总公司安徽省公司离退休人员管理办公室

安徽中烟工业有限责任公司芜湖卷烟厂离退休人员管理办公室

中国烟草总公司福建省公司离退休人员管理办公室

福建中烟工业有限责任公司离退休人员管理办公室

江西省烟草公司南昌市公司党建科

江西中烟工业有限责任公司赣州卷烟厂离退休人员管理办公室

中国烟草总公司山东省公司离退休人员管理办公室

山东枣庄烟草有限公司离退休人员管理科

山东中烟工业有限责任公司离退休人员管理办公室

山东中烟工业有限责任公司青州卷烟厂离退休人员服

务处

中国烟草总公司河南省公司离退休人员管理办公室

河南省烟草公司洛阳市公司人事科

河南中烟工业有限责任公司黄金叶生产制造中心新郑离退休人员管理办公室

河南中烟工业有限责任公司洛阳卷烟厂离退休人员管理办公室

湖北省烟草公司十堰市公司党建工作科（机关党委、工会）

湖北省烟草公司黄冈市公司党建工作科

湖北中烟工业有限责任公司襄阳卷烟厂群团工作科

湖南省烟草公司永州市公司新田县分公司综合室

湖南省烟草公司常德市公司石门县分公司综合室

湖南中烟工业有限责任公司长沙卷烟厂离退休管理办公室

湖南中烟工业有限责任公司郴州卷烟厂离退休管理办公室

中国烟草总公司广东省公司离退休人员管理办公室

广东中烟工业有限责任公司群团工作部

广西壮族自治区烟草公司桂林市公司党群工作科

广西中烟工业有限责任公司群团工作部（工会办公室、离退休人员管理办公室）

中国烟草总公司重庆市公司离退休人员管理办公室

重庆中烟工业有限责任公司涪陵卷烟厂离退休管理办公室

中国烟草总公司四川省公司离退休人员管理办公室

四川省烟草公司凉山州公司工会办公室

四川中烟工业有限责任公司什邡卷烟厂离退休管理办公室

贵州省烟草公司毕节市公司人事科

贵州省烟草公司遵义市公司绥阳分公司党群人事股

贵州中烟工业有限责任公司贵阳卷烟厂工会办公室

贵州中烟工业有限责任公司遵义卷烟厂工会办公室

中国烟草总公司云南省公司离退休人员管理办公室

云南省烟草公司玉溪市公司群团工作办公室（工会办公室）

红塔烟草（集团）有限责任公司楚雄卷烟厂离退休管理科

红云红河烟草（集团）有限责任公司曲靖卷烟厂离退休管理科

陕西省烟草公司咸阳市公司人事科

陕西中烟工业有限责任公司宝鸡卷烟厂内退办

中国烟草总公司甘肃省公司离退休人员管理办公室

中国烟草总公司职工进修学院离退休人员管理办公室

许昌烟草机械有限责任公司工会办公室

常德烟草机械有限责任公司工会办公室

内蒙古昆明卷烟有限责任公司群团工作部

吉林烟草工业有限责任公司延吉卷烟厂离退休办公室

【烟草行业第七届标准创新贡献奖获奖项目名单】（中国烟草总公司关于公布第七届标准创新贡献奖获奖项目的决定）（中烟办〔2022〕21 号）（2022 年 3 月 11 日发布）

序号	项目名称	项目类别	获奖等级	主要完成单位	主要完成人	推荐单位
1	烟草总植物碱（烟碱计）测定连续流动 KSCN/DCIC 法	国际标准	一等	国家烟草质量监督检验中心 上海烟草集团北京卷烟厂有限公司 中国烟草标准化研究中心 贵州中烟工业有限责任公司 江苏中烟工业有限责任公司 深圳烟草工业有限责任公司 河南中烟工业有限责任公司 云南省烟草质量监督检测站 云南中烟工业有限责任公司 中国烟草总公司郑州烟草研究院	张　威　胡清源　周　骏 马雁军　刘　楠　何声宝 丁　丽　马　莉　邢　军 彭黔荣　侯宏卫　徐如彦 冯晓民　赵继俊　杜国荣 罗安娜　王英元　张　杰 杨　进　成　涛	中国烟草总公司郑州烟草研究院

续表

序号	项目名称	项目类别	获奖等级	主要完成单位	主要完成人	推荐单位
2	国家标准《烟草种子生产加工技术规程》和《烟草种子》	国家标准	一等	云南省烟草农业科学研究院 玉溪中烟种子有限责任公司 中国农业科学院烟草研究所 中国烟叶公司 中国烟草总公司云南省公司	马文广 刘建利 郑昀晔 周义和 王元英 余砚碧 牛永志 李永平 沈俊儒 宋碧清 刘艳华 罗成刚 潘 威 杨晓东 陈云松 李秀梅 卢秀萍 晋 艳 索文龙	中国烟草总公司云南省公司
3	烟草农药残留快速检测技术开发与应用	预研	二等	中国烟草总公司郑州烟草研究院 国家烟草质量监督检验中心 云南省烟草农业科学研究院 云南省烟草公司曲靖市公司 湖北省烟草公司恩施州公司 河南中烟工业有限责任公司 广西中烟工业有限责任公司	刘惠民 陈 黎 范子彦 晋 艳 李祖红 左 梅 唐纲岭 潘立宁 王维刚 郝 辉 王志国 楼小华 秦西云 颜权平 李义强	中国烟草总公司郑州烟草研究院
4	烟用材料中物质迁移试验方法及其迁移规律研究	总公司企标	二等	国家烟草质量监督检验中心 中国烟草总公司郑州烟草研究院 广西中烟工业有限责任公司 云南中烟工业有限责任公司 中国烟草标准化研究中心 福建中烟工业有限责任公司 河南中烟工业有限责任公司	李中皓 周 晓 王洪波 李响丽 刘惠民 刘珊珊 周 芸 杨 飞 叶长文 陈志燕 范 忠 张建平 赵 冰 樊美娟 牛佳佳	中国烟草总公司郑州烟草研究院
5	烟用材料分析测试用系列标准物质研制	标准物质	二等	中国烟草标准化研究中心 河南中烟工业有限责任公司 广西中烟工业有限责任公司 广东中烟工业有限责任公司 国家烟草质量监督检验中心 中国烟草总公司郑州烟草研究院 云南中烟工业有限责任公司	蒋锦锋 马宇平 贺 琛 郝 辉 李小兰 孔浩辉 范 黎 李 栋 陈芝飞 苏东赢 马 明 陈连芳 边照阳 赵晓东 王庆华	中国烟草总公司郑州烟草研究院
6	烟草行业打叶复烤标准体系构成与要求	行业标准	三等	中国烟叶公司 华环国际烟草有限公司 中国烟草总公司郑州烟草研究院 中国烟草标准化研究中心 广东韶关烟叶复烤有限公司	刘建利 崔 焰 王新胜 王宏生 李青常 吴晓梅 徐大勇 杨梦婕 陈 清 杨国涛	中国烟叶公司
7	卷烟爆珠安全卫生要求	总公司企标	三等	湖北中烟工业有限责任公司 云南中烟工业有限责任公司 上海烟草集团有限责任公司 贵州中烟工业有限责任公司 江西中烟工业有限责任公司	宋旭艳 潘 曦 王建新 叶明樵 李雪梅 王 兵 彭黔荣 艾亦旻 李玉辉 卢斌斌	湖北中烟工业有限责任公司
8	再造烟叶工艺规范	行业标准	三等	湖南中烟工业有限责任公司 中国烟草总公司郑州烟草研究院 广东省金叶科技开发有限公司 云南中烟再造烟叶有限公司 河南卷烟工业烟草薄片有限公司	尹大锋 钟科军 谭新良 肖 飞 王 勇 王 兵 金 勇 吴宇航 刘金云 朱红琴	湖南中烟工业有限责任公司
9	烟叶片烟大小及其分布的测定叶面积法	行业标准	三等	中国烟草总公司郑州烟草研究院 福建中烟工业有限责任公司 云南中烟工业有限责任公司 安徽中烟工业有限责任公司	徐大勇 堵劲松 邓国栋 李跃锋 姜林忠 何邦华 武 凯 丁乃红 王 兵 张 勍	中国烟草总公司郑州烟草研究院

续表

序号	项目名称	项目类别	获奖等级	主要完成单位	主要完成人	推荐单位
10	烟用香精和料液中部分禁限用成分检测标准的制定和应用	行业标准	三等	云南中烟工业有限责任公司 国家烟草质量监督检验中心 中国烟草总公司郑州烟草研究院 湖南中烟工业有限责任公司 云南省烟草质量监督检测站	张承明 李雪梅 陈建华 杨光宇 高 茜 王素娟 朱 丽 王 晋 米其利 孔维松	云南中烟工业有限责任公司
11	烟草机械烟草专用机械鉴别检验规程	行业标准	三等	国家烟草质量监督检验中心 云南昆船设计研究院有限公司 许昌烟草机械有限责任公司 福建省烟草质量监督检测站 秦皇岛烟草机械有限责任公司	闪红光 禹 舰 杨 进 朱成生 戴硕荣 翟鲁文 辛宝珺 张俊荣 余福宝 陈定玺	中国烟草总公司郑州烟草研究院

【中国烟草总公司2022年度科学技术奖励名单】 （中国烟草总公司关于2022年度科学技术奖励的决定）（中烟办〔2023〕41号）（2023年4月4日发布）

一、技术发明奖

序号	项目中文名称	获奖等级	主要完成人	推荐单位
1	蚜茧蜂产品工厂化开发关键技术及产业化应用	一等奖	詹莜国 谢永辉 王志江 计思贵 杨海林 周文兵 黄 坤 刘春明 孙加利 黄智华	云南省烟草专卖局（公司）
2	基于卷烟机卷制的加热卷烟再造烟叶研究及应用	二等奖	陈一桢 高 颂 王子维 罗诚浩 童宇星 刘志昌 胡德武 晏群山	湖北中烟工业有限责任公司
3	发烟材料及其制备方法	三等奖	黄玉川 邓 永 梁 坤 刘 锴 包 毅 陶 栩	四川中烟工业有限责任公司
4	基于酒基介质及反应物的自主香精香料关键技术研究和规模化应用	三等奖	蔡继宝 苏加坤 徐 达 郭 磊 李瑞丽 田耀伟	江西中烟工业有限责任公司
5	烟草青枯病快速检测试纸条关键技术开发及应用	三等奖	胡利伟 范子彦 张艳玲 唐纲岭 牟文君 陈星峰	中国烟草总公司郑州烟草研究院
6	面向全生命周期管理的卷烟托盘智能检测与破损分级技术及应用	三等奖	梁启荣 王毅君 陆海良 高扬华 尚 伟 李钰靓	浙江中烟工业有限责任公司

二、科学技术进步奖

序号	项目中文名称	项目类别	获奖等级	主要完成人	主要完成单位	推荐单位
1	烟草全基因组基因芯片自主设计、系统创制及产业应用	应用基础研究	一等奖	杨 军 夏庆友 王 中 谢小东 童治军 曹培健 张剑锋 程立锐 罗朝鹏 武明珠 李 锋 任学良 许亚龙 周会娜 张 赛 余世洲 高军平 刘 勇 孙玉合 徐 馨	中国烟草总公司郑州烟草研究院 云南省烟草农业科学研究院 中国农业科学院烟草研究所 贵州省烟草科学研究院 西南大学 湖南省烟草公司郴州市公司	中国烟草总公司郑州烟草研究院

续表

序号	项目中文名称	项目类别	获奖等级	主要完成人	主要完成单位	推荐单位
2	新一代高速智能卷接包机组的研制	应用技术研究	一等奖	洪　杰　张吉军　刘伟忠 曲　伟　李小平　沈继权 文德明　陈立寅　刘　云 梅光传　顾昌铃　阮三星 杨少彬　桑伟诚　李英华 韩　芸　杨国祥　郑先波 施忠兵　吴名辉	常德烟草机械有限责任公司 上海烟草机械有限责任公司 中烟机械技术中心有限责任公司	中国烟草机械集团有限责任公司
3	烟草重要病毒病成灾机理与绿色防控关键技术研究	应用基础研究	二等奖	杨金广　王凤龙　刘海兵 刘天波　王　勇　张超群 焦裕冰　申莉莉　李　莹 王　杰　王秀国　周志成 蔺忠龙　阳显斌　刘东阳	中国农业科学院烟草研究所 中国烟草总公司四川省公司 中国烟草总公司湖南省公司 中国烟草总公司江西省公司 四川省烟草公司凉山州公司 湖南省烟草公司长沙市公司 山东潍坊烟草有限公司	中国烟草总公司青州烟草研究所
4	烟叶质量大数据构建及应用研究	应用技术研究	二等奖	刘建利　张艳玲　孟　珍 黄晓东　王建伟　张云贵 王新伟　郭　亮　刘相甫 王爱国　邵小东　张冀武 段卫东　过伟民　冯伟华	中国烟叶公司 中国烟草总公司郑州烟草研究院 中国科学院计算机网络信息中心 中国农业科学院烟草研究所 中国农业科学院农业资源与农业区划研究所 中国烟草总公司贵州省公司 中国烟草总公司云南省公司	中国烟叶公司
5	多产地烟叶区域集中加工的“跨产区、集约化”打叶复烤特色工艺研究与应用	应用技术研究	二等奖	杨　凯　朱　燚　徐玮杰 王新胜　张　鑫　王　戈 丁　冉　刘　威　孙　吉 卫盼盼　沈　钢　戴泽元 万明宇　王　超　王苏红	上海烟草集团有限责任公司 华环国际烟草有限公司	上海烟草集团有限责任公司
6	四川省雪茄烟叶生产关键技术研究及应用	应用技术研究	二等奖	肖　瑞　秦艳青　王　俊 阳苇丽　肖　勇　胡　希 刘国祥　宋朝鹏　张瑞娜 杨兴有　陈　勇　郭仕平 李　斌　杨爱国　董建国	中国烟草总公司四川省公司 四川省烟草公司德阳市公司 四川省烟草公司达州市公司 中国农业科学院烟草研究所 河南农业大学 四川中烟工业有限责任公司	四川省烟草专卖局（公司）
7	基于清甜蜜甜风格的翠碧一号特色优质烟叶关键生产技术研究与应用	应用技术研究	二等奖	陈顺辉　李文卿　毛文龙 舒俊生　白万明　黄一兰 吴有祥　徐　磊　王建林 李春英　林智慧　许志强 汪季涛　许洪庆　王雪仁	中国烟草总公司福建省公司 福建省烟草公司三明市公司 江苏中烟工业有限责任公司 安徽中烟工业有限责任公司 贵州中烟工业有限责任公司 重庆中烟工业有限责任公司 陕西中烟工业有限责任公司	福建省烟草专卖局（公司）
8	吸烟人群口腔宏基因组研究	应用基础研究	二等奖	高　茜　米其利　李雪梅 杨乾栩　蒋佳芮　孔维松 张　伟　赵山岑　蔡炳彪 管　莹　刘　欣　许　力 袁大林　朱保昆　许　永	云南中烟工业有限责任公司 深圳华大基因股份有限公司	云南中烟工业有限责任公司

续表

序号	项目中文名称	项目类别	获奖等级	主要完成人	主要完成单位	推荐单位
9	烟草单倍型图谱绘制及基因与性状大数据关联分析	应用基础研究	二等奖	任学良 林世锋 郭玉双 余世洲 金静静 王仁刚 张吉顺 张洁 杨志晓 任民 谢升东 罗正友 李泽锋 王自力 杨爱国	贵州省烟草科学研究院 中国烟草总公司郑州烟草研究院 中国农业科学院烟草研究所	贵州省烟草专卖局（公司）
10	烟草科技知识图谱大数据构建及应用研究	应用技术研究	三等奖	郑新章 杜一 冯伟华 周园春 王永胜 李娜 刘亚丽 王锐 沈志宏 贾楠	中国科学院计算机网络信息中心 中国烟草总公司郑州烟草研究院	中国烟草总公司郑州烟草研究院
11	烟草病毒病追本溯源及基于纳米载体的免疫诱导技术	应用基础研究	三等奖	孙现超 徐宸 汪代斌 冉茂 陈海涛 薛杨 李晗 杨超 陈鑫 吴杰	中国烟草总公司重庆市公司 西南大学	重庆市烟草专卖局（公司）
12	基于颗粒状烟草物料的电加热不燃烧卷烟产品开发及工艺研究	应用技术研究	三等奖	周顺 张劲 王孝峰 张晓宇 王成虎 曹芸 沈轶 管明婧 李延岩 陆闻杰	安徽中烟工业有限责任公司 上海新型烟草制品研究院有限公司	安徽中烟工业有限责任公司
13	基于降温腔体固件的加热不燃烧卷烟产品开发及工艺研究	应用技术研究	三等奖	陈海兵 陈晶波 周成喜 李朝建 唐伟 徐如彦 秦昌峰 王明辉 高鑫 石怀彬	江苏中烟工业有限责任公司 南通烟滤嘴有限责任公司	江苏中烟工业有限责任公司
14	烟气香与味的感官交互作用研究及在卷烟调香中的应用	应用技术研究	三等奖	钟科军 王明锋 王猛 张翼鹏 孙世豪 廖头根 朱保昆 孔波 梁德民	云南中烟工业有限责任公司 中国烟草总公司郑州烟草研究院 湖南中烟工业有限责任公司 上海烟草集团有限责任公司 广州华芳烟用香精有限公司	云南中烟工业有限责任公司
15	卷烟产品鉴别大数据构建及应用研究	应用技术研究	三等奖	胡清源 邢军 禹舰 李晓辉 周明珠 董浩 周德成 杨进 王锦平 陈灿	国家烟草质量监督检验中心 中国科学院计算机网络信息中心 上海市烟草质量监督检测站 安徽省烟草质量监督检测站 北京市烟草质量监督检测站	中国烟草总公司郑州烟草研究院
16	烟草叶斑类病害成灾规律及绿色防控技术研究与应用	应用技术研究	三等奖	陈风雷 孙光军 王晓强 彭宇 王凤龙 李斌 曹毅 李光雷 潘文杰 阳显斌	中国烟草总公司贵州省公司 中国农业科学院烟草研究所 中国烟草总公司四川省公司 贵州省烟草科学研究院 四川省烟草公司凉山州公司	贵州省烟草专卖局（公司）
17	抗黑胫病和青枯病优质烤烟品种选育与推广	应用技术研究	三等奖	胡日生 杨小年 罗经仁 杨全柳 肖钦之 李洋洋 李云霞 龙大彬 陈前锋 张新要	中国烟草中南农业试验站 湖南中烟工业有限责任公司 湖南省烟草公司永州市公司 郴州市农业科学研究所 湖南省烟草公司郴州市公司	湖南省烟草专卖局（公司）
18	加热卷烟气溶胶降温关键技术研究及应用	应用技术研究	三等奖	黄龙 陈义坤 刘磊 刘冰 刘义波 黄玉川 吴峤 柯炜昌 洪俊杰 张璟	湖北中烟工业有限责任公司 广东中烟工业有限责任公司 四川中烟工业有限责任公司	湖北中烟工业有限责任公司

续表

序号	项目中文名称	项目类别	获奖等级	主要完成人	主要完成单位	推荐单位
19	基于典型生态的海南优质雪茄烟叶生产关键技术研究与应用	应用技术研究	三等奖	吕洪坤 刘好宝 蔡 斌 高华军 向小华 夏长剑 林北森 李方友 耿召良 陈德鑫	中国烟草总公司海南省公司 中国农业科学院烟草研究所 河南农业大学 中国烟草总公司黑龙江省公司 牡丹江烟草科学研究所 郑州轻工业大学	海南省烟草专卖局（公司）
20	荷花卷烟关键技术研究与荷香品类构建	应用技术研究	三等奖	霍晓晖 马 戎 乔学义 胡立朝 冯文宁 刘玉斌 郑松锦 刘 伟 鲍峰伟 潘文亮	河北中烟工业有限责任公司 中国烟草总公司郑州烟草研究院	河北中烟工业有限责任公司
21	卷烟燃烧锥结构对烟气CO动态释放特征影响研究	应用技术研究	三等奖	银董红 李 斌 王 亮 邓 楠 谢国勇 赵 瑜 刘金云 郭紫明 王 乐 傅见山	湖南中烟工业有限责任公司 中国烟草总公司郑州烟草研究院	湖南中烟工业有限责任公司
22	烟草主要害虫优势天敌的开发及其协同控害技术与应用	应用技术研究	三等奖	张立猛 张礼生 谷星慧 夏鹏亮 杨海林 黄智华 江连强 张长华 包自超 李玉艳	云南省烟草公司玉溪市公司 中国农业科学院植物保护研究所 湖北省烟草公司恩施州公司 四川省烟草公司凉山州公司 贵州省烟草公司遵义市公司	云南省烟草专卖局（公司）
23	基于烟气特征香气成分组群的卷烟增香技术研究	应用基础研究	三等奖	宗永立 张启东 柴国璧 范 武 史清照 徐如彦 崔 凯 杨伟平 张建勋 刘俊辉	中国烟草总公司郑州烟草研究院	中国烟草总公司郑州烟草研究院
24	卷烟通风分配对烟气成分及感官质量风格影响规律研究	应用基础研究	三等奖	蔡君兰 刘惠民 张晓兵 杨 松 余振华 金 勇 范 忠 石志发 刘绍锋 余晶晶	中国烟草总公司郑州烟草研究院 云南中烟工业有限责任公司 河南中烟工业有限责任公司 湖南中烟工业有限责任公司 广西中烟工业有限责任公司	中国烟草总公司郑州烟草研究院
25	丘陵山区烟草机械化生产关键设备研发与应用	应用技术研究	三等奖	郭仕平 杨 洋 封 俊 王 飞 张启莉 凌爱芬 邓 佳 杨懿德 熊维亮 何佶弦	中国烟草总公司四川省公司 四川省烟草公司宜宾市公司 四川省烟草公司攀枝花市公司 四川省烟草公司泸州市公司 四川省烟草公司广元市公司	四川省烟草专卖局（公司）

三、创新争先奖

序号	姓名	奖励类别	工作单位	推荐单位
1	王孝峰	科学研究与技术开发类	安徽中烟工业有限责任公司	安徽中烟工业有限责任公司
2	王金棒	科学研究与技术开发类	中国烟草总公司郑州烟草研究院	中国烟草总公司郑州烟草研究院
3	王维维	科技成果转化类	贵州中烟工业有限责任公司	贵州中烟工业有限责任公司
4	邓建强	科学研究与技术开发类	湖北省烟草公司恩施州公司	中国烟草总公司湖北省公司
5	卢幼祥	科学研究与技术开发类	安徽中烟工业有限责任公司	安徽中烟工业有限责任公司
6	刘伟忠	科学研究与技术开发类	上海烟草机械有限责任公司	中国烟草机械集团有限责任公司
7	江厚龙	科学研究与技术开发类	重庆市烟草公司烟草科学研究所	中国烟草总公司重庆市公司

续表

序号	姓名	奖励类别	工作单位	推荐单位
8	张　华	科学研究与技术开发类	江苏中烟工业有限责任公司	江苏中烟工业有限责任公司
9	张　宝	科技成果转化类	四川中烟工业有限责任公司绵阳卷烟厂	四川中烟工业有限责任公司
10	张小涛	科学研究与技术开发类	贵州中烟工业有限责任公司	贵州中烟工业有限责任公司
11	张孝廉	科学研究与技术开发类	贵州省烟草科学研究院 （中国烟草西南农业试验站）	中国烟草总公司贵州省公司
12	陈森林	科学研究与技术开发类	广东中烟工业有限责任公司	广东中烟工业有限责任公司
13	宗　浩	科技成果转化类	山东临沂烟草有限公司	中国烟草总公司山东省公司
14	高峄涵	科学研究与技术开发类	上海新型烟草制品研究院有限公司	上海新型烟草制品研究院有限公司
15	葛少林	创新支撑服务类	安徽中烟工业有限责任公司	安徽中烟工业有限责任公司
16	董　浩	科技成果转化类	国家烟草质量监督检验中心	中国烟草总公司郑州烟草研究院
17	喻赛波	科学研究与技术开发类	湖南中烟工业有限责任公司	湖南中烟工业有限责任公司
18	曾　健	科技成果转化类	广东中烟工业有限责任公司	广东中烟工业有限责任公司
19	谢永辉	科技成果转化类	云南省烟草公司昆明市公司	中国烟草总公司云南省公司

注：按姓氏笔画排序，排名不分先后。

【烟草行业第三十三届优秀质量管理小组成果获奖名单】 （烟草行业第三十三届优秀质量管理小组成果表彰情况通报）（2022 年 12 月 14 日发布）

工业企业

一等奖

序号	单位名称	课题名称	小组名称
1	安徽中烟工业有限责任公司芜湖卷烟厂	EVO 切丝机定长切丝模块快速调定装置的研制	妙思 QC 小组
2	龙岩烟草工业有限责任公司	YB613 异型条盒包装机推烟装置的研制	森林 QC 小组
3	广东中烟工业有限责任公司	基建工程综合管线暗敷云平台的研制	善建 QC 小组
4	红塔烟草（集团）有限责任公司 昭通卷烟厂	研制 FOCKE－FXS－725 包装机包装 转塔 I 折叠成型组件调整工装	新起点 QC 小组
5	江西中烟工业有限责任公司南昌卷烟厂	YJ27 接装机水松纸拼接装置的研制	卷包车间 QC 小组
6	山东中烟工业有限责任公司滕州卷烟厂	研制 YP18 型装封箱机新型条烟堆垛装置	睿智 QC 小组
7	江苏中烟工业有限责任公司淮阴卷烟厂	条烟竖向翻转装置的研制	奋进 QC 小组
8	广西中烟工业有限责任公司南宁卷烟厂	柔性风选机自适应风量控制系统的研制	金扳手 QC 小组
9	张家口卷烟厂有限责任公司	基于数据驱动卷烟重量工艺模型系统的研发	我当家 QC 小组
10	陕西中烟工业有限责任公司汉中卷烟厂	多功能一体化管路清洗装置的研制	制丝超越 QC 小组
11	河南中烟工业有限责任公司 黄金叶生产制造中心	研制铅酸蓄电池自动加液装置	智慧阳 QC 小组
12	贵州中烟工业有限责任公司贵阳卷烟厂	研制烟用丝束快速取样装置	活力 QC 小组

二等奖

序号	单位名称	课题名称	小组名称
1	河北白沙烟草有限责任公司保定卷烟厂	综合测试台烟支定位追踪装置的研制	突破 QC 小组
2	厦门烟草工业有限责任公司	新型加香系统的研制	至臻 QC 小组
3	广西中烟工业有限责任公司柳州卷烟厂	皮带输送机自动纠偏装置的研制	新丝路 QC 小组
4	广东中烟工业有限责任公司韶关卷烟厂	YB55 盒外透明纸包装机静电消除装置的研制	智多星 QC 小组
5	江西中烟工业有限责任公司井冈山卷烟厂	带式输送机托辊自动清垢装置的研制	攻坚 QC 小组
6	安徽中烟工业有限责任公司滁州卷烟厂	ZB45 包装机小盒六面成像检测通道的研制	常青树 QC 小组
7	红塔烟草（集团）有限责任公司玉溪卷烟厂	锅炉落料控制系统的研发	锅炉 QC 小组
8	广东中烟工业有限责任公司广州卷烟厂	提高 96 线除杂工序杂物剔除率	飞跃 QC 小组
9	红云红河烟草（集团）有限责任公司红河卷烟厂	新型滤棒在线发射接收测速器的研制	匠心 QC 小组
10	贵州中烟工业有限责任公司毕节卷烟厂	研制贮柜布料车快速顶升工装	飞跃 QC 小组
11	湖北中烟工业有限责任公司恩施卷烟厂	FOCKE408 集中喷胶组件的研制	LET 雷霆 QC 小组
12	湖北中烟工业有限责任公司襄阳卷烟厂	滤棒风送管道堵塞清理装置的研制	鲁班 QC 小组
13	四川中烟工业有限责任公司成都卷烟厂	降低细支包装机烟包输出故障停机时间	宽窄逍遥 QC 小组
14	安徽中烟工业有限责任公司阜阳卷烟厂	YB55 包装机新型拉线锁紧机构的研制	精工 QC 小组
15	山东中烟工业有限责任公司济南卷烟厂	卷烟总成维修调试综合工作台的研制	创新 QC 小组
16	广西中烟工业有限责任公司柳州卷烟厂	降低气流烘丝线烟丝损耗率	求知 QC 小组
17	河南中烟工业有限责任公司南阳卷烟厂	ZB45 包装机智能精准检测系统的研制	群英 QC 小组
18	江苏中烟工业有限责任公司南京卷烟厂	基于视觉识别的在线式翻箱机周转箱清吹装置的研发	求实 QC 小组
19	山东中烟工业有限责任公司青岛卷烟厂	研制细支 ZJ112A 新型盘纸拼接头检测装置	攀登号 QC 小组
20	江西中烟工业有限责任公司赣州卷烟厂	降低 ZB45 包装机条盒粘贴不良缺陷率	奋进 QC 小组
21	红云红河烟草（集团）有限责任公司昆明卷烟厂	降低加热卷烟制品小包税票粘贴缺陷数	WIN QC 小组

三等奖

序号	单位名称	课题名称	小组名称
1	红塔辽宁烟草有限责任公司营口卷烟厂	新型跑条烟处理设备的研发	翱翔 QC 小组
2	湖南中烟工业有限责任公司常德卷烟厂	降低 protos70 中支烟卷接设备废烟支剔除率	芙蓉王 QC 小组
3	龙岩烟草工业有限责任公司	提高制丝一区在线红外水分仪比对合格率	川流 QC 小组
4	重庆中烟工业有限责任公司重庆卷烟厂	新型小盒外观质量在线检测系统的研制	冲锋 QC 小组
5	重庆中烟工业有限责任公司涪陵卷烟厂	WPLA 型提升机耙钉清理专用工具的研制	制丝智造 QC 小组
6	四川中烟工业有限责任公司绵阳卷烟厂	降低膨胀线浸渍系统故障停机次数	智丝 QC 小组
7	重庆中烟工业有限责任公司涪陵卷烟厂	降低 ZJ118 烟支表面破裂“A 类”质量缺陷率	卷包传奇 QC 小组
8	四川中烟工业有限责任公司西昌卷烟厂	降低 ZJ27 接装机搓接系统故障频次	创思 QC 小组
9	浙江中烟工业有限责任公司宁波卷烟厂	条烟输送二合一装置的设计应用	条烟输送创新管理小组
10	陕西中烟工业有限责任公司澄城卷烟厂	提高机器人开包系统运行稳定性	智行 QC 小组
11	贵州中烟工业有限责任公司遵义卷烟厂	降低 ZB45 细支包装机框架纸缺陷率	飞翔 QC 小组
12	河南中烟工业有限责任公司安阳卷烟厂	研制切丝机防泥条产生装置	先锋 QC 小组
13	上海烟草集团有限责任公司市场营销中心	提高苏州市场沪产烟库存周转次数	华彩江苏 QC 小组
14	陕西中烟工业有限责任公司延安卷烟厂	ZJ17 卷接机组安全联锁故障显示系统的研制	破浪 QC 小组

续表

序号	单位名称	课题名称	小组名称
15	陕西中烟工业有限责任公司旬阳卷烟厂	YP13B 封箱机新型缺条检测装置的研制	智行 QC 小组
16	江苏中烟工业有限责任公司徐州卷烟厂	降低高速机组滤嘴接收机堵塞次数	求索·笃行 QC 小组
17	江西中烟工业有限责任公司广丰卷烟厂	降低 ZB25 机组封签偏斜故障次数	精工 QC 小组
18	山东中烟工业有限责任公司青州卷烟厂	降低预混段故障停机率	探创 QC 小组
19	常德烟草机械有限责任公司	一种小型拔料装置的研制	大刀阔斧 QC 小组
20	珠海醋酸纤维有限公司	降低热动介质单位耗电	数字赋能探索者 QC 小组

商业企业

一等奖

序号	单位名称	课题名称	小组名称
1	广西壮族自治区烟草公司贺州市公司	轮盘式烟垄开穴机的研制	钻地龙 QC 小组
2	江西省烟草公司九江市公司	提升卷烟库存周转次数	精诚 QC 小组
3	浙江省烟草公司杭州市公司临安分公司	提高卷烟异常流动零售户的线索排查准确率	蓝莲花 QC 小组
4	广东烟草韶关市有限公司	烟草育苗期黄瓜花叶病毒病快速检测工具的研制	使命必达 QC 小组
5	山东临沂烟草有限公司	降低生物质烤房烘烤成本	金叶芳华 QC 小组
6	山西省烟草公司运城市公司	异型烟烟包智能纠错系统的研制	执行者 QC 小组
7	湖南省烟草公司永州市公司江永县分公司	山地小型无动力采烟车的研制	九一·永明金叶 QC 小组
8	江苏省烟草公司南京市公司	创建 QC 小组活动数字化管理模式	勇往直前 QC 小组
9	辽宁省烟草公司沈阳市公司	创建一类新品卷烟四维培育模式	奉之天 QC 小组
10	河南省烟草公司郑州市公司	缩短后勤维保平均时长	精诚 QC 小组
11	安徽省烟草公司淮南市公司	分拣线立式柜烟仓盘点装置研发	星火 QC 小组
12	福建省烟草公司龙岩市公司	雪茄烟叶快速编晾卸一体杆的研制	协作 QC 小组
13	云南省烟草公司临沧市公司	晾制后雪茄烟叶等级自动识别设备的研发	耿马烟叶生产小分队 QC 小组
14	湖北省烟草公司荆州市公司	创建卷烟品牌融媒体培育新模式	融创 QC 小组

二等奖

序号	单位名称	课题名称	小组名称
1	湖南省烟草公司益阳市公司	市场检查路径“数字化”规划方法的创建	锤子 QC 小组
2	山东泰安烟草有限公司	招标采购实时监控系统的研发	泰优招 QC 小组
3	浙江省烟草公司金华市公司义乌分公司	高价烟潜力品规数字化培育模式的创建	拨浪鼓 QC 小组
4	广西壮族自治区烟草公司玉林市公司	创建基于“客户画像”的高端卷烟精准投放模式	追梦 QC 小组
5	河北省烟草公司邢台市公司	数字化精准拜访模式的构建	客服 QC 小组
6	山东滨州烟草有限公司	车厢内多品规件烟自动卸货装置的研制	阳光 QC 小组
7	四川省烟草公司泸州市公司	烤烟育苗新环保基质的研制	金叶飘香 QC 小组
8	广东烟草惠州市有限责任公司	创建烟草专卖零售许可证实地核查新模式	星空 QC 小组
9	甘肃省烟草公司定西市公司	工控网络故障诊断工具的研制	陇原之星 QC 小组
10	中国烟草总公司广东省公司 广东烟草广州市有限公司	提高资产首次核对信息准确率	智慧财团 QC 小组

续表

序号	单位名称	课题名称	小组名称
11	江苏省烟草公司淮安市公司	财务多功能智能服务小助手的研制	金算盘 QC 小组
12	重庆市烟草公司物流分公司	物流整托盘快速入库声光引导系统的研发	顺畅 QC 小组
13	广西壮族自治区烟草公司柳州市公司	异型烟模块化分拣系统的研制	护航 QC 小组
14	贵州省烟草公司贵阳市公司	研制漂浮育苗新型抽水式晾盘装置	燊焱 QC 小组
15	内蒙古自治区烟草公司呼和浩特市公司	自动卸货设备的研发	春笋 QC 小组
16	广西壮族自治区烟草公司钦州市公司	提高烟草基层所（站）管服协同事项达标率	扬帆起航 QC 小组
17	中国烟草总公司北京市公司	降低配送作业现场噪音分贝	蓝海 QC 小组
18	湖南省烟草公司株洲市公司	构建基于信用评价的零售客户服务模式	兵贵神速 QC 小组
19	山西省烟草公司晋中市公司	异型卷烟叠垛定位装置的研制	匠心 QC 小组
20	浙江省烟草公司绍兴市公司	异型烟全自动扫码装置的研发	机械师 QC 小组
21	山东淄博烟草有限公司	卷烟零售终端现场评价工具的研发	齐家乐 QC 小组

三等奖

序号	单位名称	课题名称	小组名称
1	浙江省烟草公司衢州市公司	自动化人事资格联审工具的研制	DELTA（△）QC 小组
2	湖南省烟草公司长沙市公司	提高重点区域电子烟零售网点监管效率	小能手 QC 小组
3	河北省烟草公司张家口市公司	卷烟社会库存智能辅助盘点工具的研制	锐意进取 QC 小组
4	吉林省烟草公司辽源市公司	工会账务管理系统的研发	算盘二进制 QC 小组
5	山西省烟草公司太原市公司	智能精准暂存系统的研制	精细严 QC 小组
6	江苏省烟草公司盐城市公司	创建盐城烟草烟邮卷烟运送协同管理模式	起航 QC 小组
7	广东烟草佛山市有限责任公司	卷烟卸货车厢内作业降温装置的研发	行者 QC 小组
8	河南省烟草公司南阳市公司	投资项目风险防控工具的研发	执行者 QC 小组
9	四川省烟草公司乐山市公司	研发基于 FAQ 的 ICRS 客服平台	智联 QC 小组
10	内蒙古自治区烟草公司赤峰市公司	提升专卖内管重点零售户异常信息监管质效	执行者 QC 小组
11	四川省烟草公司德阳市公司	创新卷烟商零网配模型	营销热点 QC 小组
12	湖北省烟草公司恩施州公司	降低烟田地膜残留量	透光 QC 小组
13	福建省烟草公司厦门市公司	烟草专卖智能布控系统的研制	尖刀 QC 小组
14	陕西省烟草公司汉中市公司	零售客户信用评价系统的研发	梦飞翔 QC 小组
15	青海省烟草公司海东市公司	提高质量管理体系内审文件执行率	VICQC 小组
16	中国烟草总公司天津市公司	现代零售终端卷烟品鉴机的研发	计划处 QC 小组
17	西藏自治区烟草公司拉萨市公司 山东泰安烟草有限公司	雪域终端智能管理模式的研发	珠泰联盟 QC 小组
18	河北省烟草公司邯郸市公司	提高重点危险源有效管控率	智控安全 QC 小组
19	海南省烟草公司儋州市公司	海南雪茄烟主要害虫监测装置研发	烟田先锋卫士 QC 小组
20	宁夏回族自治区烟草公司银川市公司	员工需求识别模型的研发	发现号 QC 小组

【烟草行业优秀质量管理小组成果引进应用奖名单】（烟草行业第三十三届优秀质量管理小组成果表彰情况通报）

（2022年12月14日发布）

序号	单位名称	小组名称	引进成果名称	全年成效
1	河北白沙烟草有限责任公司	荷花智造QC小组	研制喂料机提升链条维保专用工具	维修效率提高400%，年节约生产成本约39.4万元
2	安徽中烟工业有限责任公司阜阳卷烟厂	精工QC小组	研制GDX2内框纸压痕刀更换调试工具	更换调试从平均151分钟降低到52分钟，效率提升191%
3	江西中烟工业有限责任公司南昌卷烟厂	制丝车间五星QC小组	研制储柜底带内部在线自动清洁装置	维护保养效率提升770%，每年节约成本约6.36万元
4	山东中烟工业有限责任公司青岛卷烟厂	非凡乐章QC小组	研制细支包装机一号轮保护装置	每年节约设备维修成本共计82万余元
5	河南中烟工业有限责任公司驻马店卷烟厂	维修班QC小组	接触式YB95型包装机条盒拉线检测装置的研制	年节约生产成本91万元
6	陕西中烟工业有限责任公司汉中卷烟厂	制丝车间拼搏QC小组	制丝线网络诊断系统的研发	故障维修效率提升600%
7	北京市怀柔烟草公司	内管QC小组	卷烟非法外流数据分析系统的研发	数据汇总分析效率提升4043.97%
8	河北省烟草公司保定市公司	超能靓QC小组	降低机械手分拣停机率	处理效率提升341.22%；节约设备及卷烟损耗费用10.59万元
9	山西省烟草公司大同市公司灵丘县营销部	捷报QC小组	缩短市场动态信息反馈处理时间	内管市场信息核查效率提升150%
10	江苏省烟草公司淮安市公司	天天向上QC小组	提高高淳区零售客户卷烟经营毛利率	零售户年盈利增加1264.25万元
11	浙江省温州市烟草公司平阳分公司	瓯越先锋QC小组	提高辖区非法卷烟查获量	查获卷烟2896.9条，总案值49.22万元，同比上升22.29%
12	福建省烟草公司泉州市公司	麒麟QC小组	创建GDC+正激励竞分制绩效考评管理模式	利润同比提升7.14%，网上办证效率提升216%
13	山东潍坊烟草有限公司	小管家QC小组	卷烟塑封包装机节能装置的研发	分拣准备效率提升394.84%，节约用电成本约14.16万元
14	河南省烟草公司郑州市公司	赓续传承QC小组	卷烟市场状态综合评价模型的建立与应用	取得经济效益137万元，效率提升500%
15	湖南省烟草公司邵阳市公司洞口县分公司	金叶卫士QC小组	提高案件查获命中率	实现经济效益98.5万元，提升案件查获命中率10.5%
16	广东烟草梅州市有限公司	梅县烟叶QC小组	便携式烟叶初分扎捆装置的研制	烟叶初分捆扎效率提升23.03%；年节约人工成本292.96万元
17	广西壮族自治区烟草公司来宾市公司	强学QC小组	研发GDC正激励绩效考评管理系统	技能鉴定考试和职称考试通过率分别同比提高155%、200%
18	四川省烟草公司内江市公司	新汉安QC小组	提高烟草专卖零售许可证线上办证率	线上办证率同比提升1036%
19	云南省烟草公司保山市公司	戍边QC小组	缩短烟草专卖行政处罚案件文书制作用时	案件文书制作效率提升1074.65%，审核一次性通过率提升39.29%
20	青海省烟草公司海西州公司	勇毅QC小组	卷烟关联商品营销新方法的创建	零售户全店铺商品平均毛利率提升2.2%，年毛利同比增长67.5万元

◇编辑：褚　幸

附　录

☐ 国际烟草

☐ 品牌名录

国际烟草

2022 年世界烟草发展报告①

一、发展环境

（一）世界经济

经济增速大幅放缓。2022 年，世界三大经济体美国、中国、欧盟分别实现 GDP 25.5 万亿美元、121 万亿元（18.1 万亿美元）、15.8 万亿欧元（16.6 万亿美元），分别比上年增长 2.1%、3%、3.5%，而 2021 年同期，三大经济体 GDP 增速分别为 5.9%、8.1%、5.3%。此外，由于 2022 年非美货币兑美元汇率大幅贬值，出现许多国家和地区以本币计价 GDP 同比上涨而以美元计价 GDP 同比大幅下降的情况。

通胀水平屡创新高。美国通货膨胀率自 2021 年 3 月开始持续上升，并在 2022 年 6 月达到 9.1% 的峰值，创下近 40 年来新高。欧盟月度通胀率从 1 月的 5.6% 一路飙升至 10 月的 11.5%，创下历史之最。土耳其、阿根廷、俄罗斯等部分新兴经济体通货膨胀形势急剧恶化。高通胀损害普通民众的消费购买能力，进一步削弱了经济增长动能。

快速加息带来风险。通胀高企迫使世界主要经济体在经济走势低迷的背景下持续大幅加息。美联储为达成通胀率 2% 的货币政策目标，自 2022 年 3 月起年内连续 7 次加息，包括连续 4 次加息 75 个基点，联邦基金利率水平从接近零快速升到 4.25%~4.50%，这是自 20 世纪 80 年代初遏制高通胀以来美联储最激进的加息行动。欧洲央行自 2022 年 7 月起连续加息 4 次，年内累计加息 250 个基点。发达经济体集中实施的紧缩政策，威胁银行业和更广泛金融领域稳定，不仅对自身经济发展产生不利影响，其外溢效应也导致新兴市场和发展中经济体基本面变得更加脆弱，面临本币大幅贬值、资本连续外流和金融市场震荡等严重冲击。

（二）乌克兰危机

生产生活成本飙升。俄罗斯和乌克兰是化肥、石油、天然气和农产品的重要出口来源地，乌克兰危机爆发后，世界能源、原材料、农产品等大宗商品价格剧烈波动，纽约和英国布伦特原油期货主力合约价格曾在 2022 年 3 月 8 日分别收于每桶 123.7 美元和 127.98 美元，达到 2008 年以来的新高。能源和原材料等价格大幅上涨、企业员工要求加薪应对通胀，直接导致企业生产经营成本上升，挤压企业盈利空间，同时，消费者实际可支配收入降低和未来预期变差也对包括烟草在内的各行业企业造成负面影响。

企业持续经营被打乱。乌克兰危机引发的战火对当地的生产经营活动和人员安全构成直接威胁，金融制裁和经济制裁迫使企业遵守制裁而调整业务，打乱了世界产业布局，并使前期受新冠疫情重创的全球供应链再受打击。据统计，有近千家跨国企业陆续宣布退出俄罗斯市场，给企业的收入、资产减值、品牌及商誉等方面造成损害，并且随着之后多轮贸易制裁，面临更大财务损失。

涉烟制裁影响广泛。包括美国在内的部分税收管辖区提出适用于对在俄罗斯开展业务的公司的惩罚性税收立法；奢侈品制裁清单中包括禁止向俄罗斯供应烟草和烟草制品；欧盟和瑞士的额外贸易限制措施，禁止向俄罗斯出口用于生产卷烟和加热卷烟的某些非烟草材料，以及相关的技术援助和其他相关服务；英国禁止向俄罗斯出口电子烟和类似的个人电子雾化装置，以及相关的技术援助、金融和经纪服务。俄罗斯也出台一些反制措施，包括限制俄罗斯出口烟草相关生产设备。主要跨国烟草公司在危机爆发后迅速作出反应，宣布暂时中止在该地区的业务，持续审视评估在该地区的经营风险和损失，包括关注俄罗斯可能采取的报复行动，对外国企业或资产进行国有化和对员工采取法律行动的可能性等，寻求剥离在俄罗斯的资产和业务。乌克兰危机也导致该地区非法烟草制品急剧上升，有调查显示，约 1/4 的俄罗斯烟草消费者已经转向非法卷烟。

（三）烟草控制

世界卫生组织。2022 年，《烟草控制框架公约》缔约方数量没有变化，仍为 182 个，覆盖世界 90% 以上人口；《消除烟草制品非法贸易议定书》获得摩尔多瓦、巴拉圭批准，缔约方数量达到 66 个。由上次缔约方会议决定设置的“投资基金”正式运营，世界银行作为基金受托人对其进行管理，所赚取的利息将用于支持缔约方烟草控制活动。将烟草消费与环境保护挂钩，将第 35 个世界无烟日的主题定为“烟草威胁环境”，宣称烟草种植、生产、分销、消费和消费后的浪费，为地球稀缺的资源和脆弱的生态系统增加不必要的压力，并敦促各国政府警惕烟草公司高调宣传可持续发展和获得 ESG 排名认证。拒绝将 Medicago 公司基于烟草植物的新冠肺炎疫苗列入紧急批准使用清单，原因是菲莫国际持有该公司股份的 1/3，这违反了世界卫生组织的政策，但世界卫生组织也表示，在烟草行业尝试进入其他产品类别后，该组织可能要重新评估其政策，讨论如何应对烟草业投资于健康产业的总体趋势。

世界海关组织。新型烟草制品海关代码自 2022 年 1 月 1 日起生效。2020 年，世界海关组织修订协调系统命名法，为新型烟草和尼古丁制品（包括加热卷烟、电子烟和其他

---

① 除特别说明外，本文中的表述和数据均不包含中国。

含尼古丁制品）引入专用海关代码，预计这些修订不会对当前的关税税率产生重大影响。截至2022年底，在世界海关组织《协调制度公约》的160个缔约方中，包括欧盟、美国在内的94个缔约方已通知世界海关组织，其已实施2022年版的协调制度，为新型烟草和尼古丁制品创建新的专用海关代码。

美国。2022年，美国的烟草监管在各种争议和诉讼中进行。图片警示被宣布违宪。2020年3月18日，美国食品药品监督管理局（FDA）继2011年图片警示立法失败后再发新规，要求在卷烟包装上加入图片健康警示，随后几家卷烟制造商和零售商集体提起诉讼，寻求永久禁止执行该规则，法院在多次下令推迟该规则的实施后，于2022年12月宣布该规则违宪，法官称没有证据表明这样的图片警示减少了吸烟。而FDA可能会向联邦上诉法院上诉。FDA获得监管合成尼古丁权力。2022年3月，1.5万亿美元的联邦政府2022财年综合拨款法案获得国会批准和总统签署，该法案将烟草制品的定义扩大到含有任何来源于尼古丁的产品，包括合成尼古丁。自法案生效之日起，合成尼古丁电子烟和尼古丁袋的制造商将有60天的时间提交上市前烟草制品申请（PMTA）资料，没有获得上市许可的合成尼古丁产品在2022年7月13日之后不能继续在美国市场上销售。FDA正在处理200余家制造商提交的约100万个合成尼古丁产品的上市申请。加强口味禁令。FDA发布关于卷烟中的薄荷醇和雪茄中的口味特征的拟议产品标准，拟禁止在美国销售薄荷醇卷烟和调味雪茄烟。薄荷醇卷烟约占美国卷烟市场的三分之一，截至2022年底，该标准的争议仍在持续，不过美国已有6个州和哥伦比亚特区通过禁止一种或多种口味烟草制品的立法，加利福尼亚州在2022年12月正式禁止销售除烟草香味特征的烟草制品，包括薄荷醇。拟制定尼古丁上限标准。2022年6月，美国政府公布了未来潜在的监管行动计划，其中包括FDA计划制定一个拟议的产品标准，为卷烟等可燃烟草制品确定最大尼古丁含量，将尼古丁含量降低至“最小或无瘾”水平。

欧盟。推进监管法令修订。2022年，欧盟委员会进行《烟草消费税指令》（TED）修订，其中可能包括对新型烟草和含尼古丁制品（包括加热卷烟、电子烟和尼古丁袋）的定义和税收处理，该提案在几经拖延后，预计将于2023年上半年获欧盟委员会通过，并在2024年由欧盟理事会通过。对TED的任何最终修订需要得到所有欧盟成员国的一致同意，然后将TED转换纳入国家立法，在转换期之后，TED修改的内容最早可能在2025年生效。修订《烟草制品指令》（TPD）的准备工作也在进行，预计将于2025年通过。现有TPD可能会被一项直接适用的法规所取代，而不是一项指令，此后将不再需要在成员国进行转换，预计这一新法规可能包括可燃烟草制品实行素包装、对烟草和尼古丁产品成分进行更严格监管等。禁止加热卷烟使用特殊口味。此前欧盟禁止卷烟和手卷烟带有特殊口味，加热卷烟等其他烟草制品则不受限制。2022年11月23日，欧盟委员会发布一项授权指令，将结束这一豁免，要求从2023年10月23日起，所有欧盟成员国都必须适用该授权指令，禁止在欧盟加热烟草卷烟中使用特殊口味，这将影响目前在欧盟销售的很大一部分新型烟草制品。

其他。新西兰无烟法案。2022年，新西兰通过了针对有烟气烟草制品（即可燃烟草制品）的无烟环境立法修正案，法案禁止2009年1月1日以后出生的人购买烟草制品，规定从2024年7月1日起，新西兰境内经批准的零售商数量不得超过600家；从2025年4月1日起，每克有烟气烟草制品中的尼古丁含量不得超过0.8毫克（比目前含量低95%）。日本提税计划。2022年12月，日本执政党确定新税制改革大纲，其中焦点是增加防卫费的财源，大纲写入了将对企业所得税、个人所得税、烟草税等3项实施增税的方针，计划企业所得税和个人所得税分别按税额加征4%～4.5%和1%，烟草税为每支卷烟上调3日元，但由于执政党内反对和时间不足，并未明示何时增税。墨西哥加强烟草控制。禁止加热卷烟和电子烟进出口贸易；颁布烟草控制法实施条例，其中包括禁止在销售点展示烟草制品、限制烟草制品的消费场所、禁止传播由烟草业资助的企业社会责任计划。

二、各类烟草制品

2022年，随着新冠疫情管控趋向放松，社会经济生活渐回正轨，烟草消费总体保持稳定状态。欧睿国际（Euromonitor International）预测数据显示，全球卷烟销量小幅下滑，加热卷烟销量增速下降，电子烟销售额增速回升。

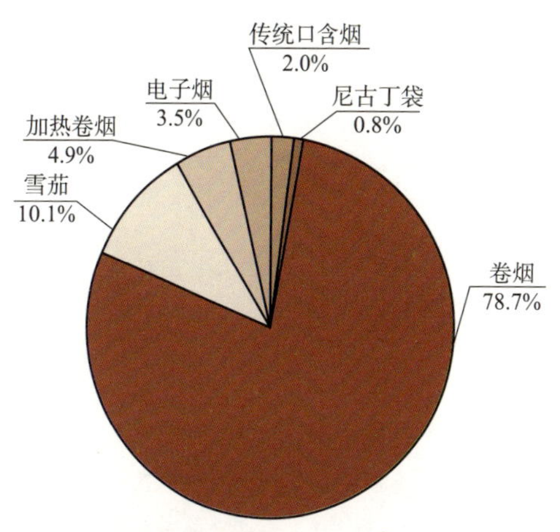

注：数据来自欧睿国际。

图1　2022年世界各类烟草制品销售额占比

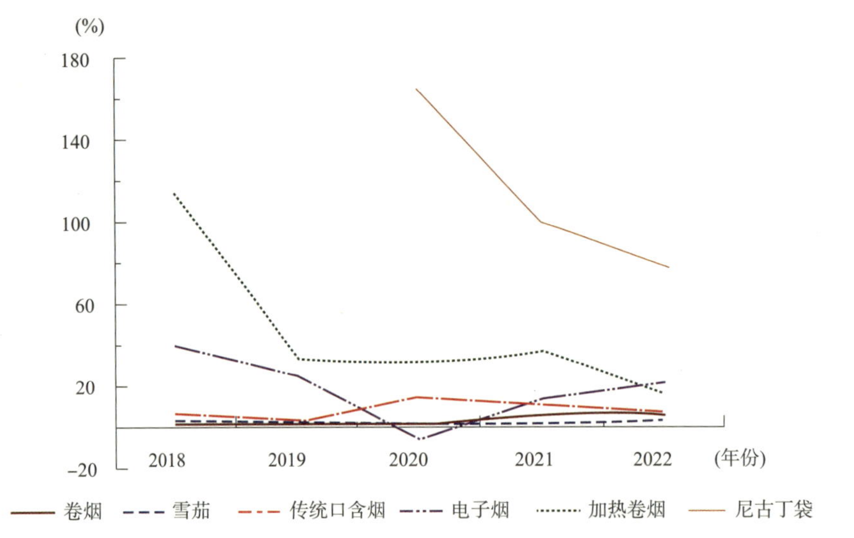

图2 2018—2022 年世界各类烟草制品的销售额增速

(一) 卷烟

2022 年，世界合法卷烟销售没能延续上年回稳走势，再入下滑轨道，非法卷烟贸易重新抬头。

世界合法卷烟销量 5516.7 万箱，比上年下降 1.1%；销售额 5366.7 亿美元，增长 3.7%。从国家和地区看，合法卷烟销量超过百万箱的国家有 16 个，合计占世界卷烟销量的 60.2%，印度尼西亚、美国、俄罗斯居前三位；销售额超过百亿美元的国家有 15 个，合计占世界卷烟销售额的 66.5%，美国、印度尼西亚、德国居前三位。

表 1 2022 年销量超百万箱、销售额超百亿美元的国家

增速（%）	销量（万箱）	国家	排名	国家	销售额（亿美元）	增速（%）
4.3	595.0	印度尼西亚	1	美国	989.9	0.4
-7.3	395.2	美国	2	印度尼西亚	348.6	12.2
-7.2	359.8	俄罗斯	3	德国	299.1	3.6
0.6	251.7	土耳其	4	日本	245.7	7.9
3.8	224.8	埃及	5	意大利	207.0	4.3
-1.8	185.1	日本	6	英国	202.5	2.7
2.9	168.4	越南	7	法国	195.3	-2.9
6.8	163.4	印度	8	土耳其	158.6	40.1
10.0	162.1	孟加拉国	9	俄罗斯	154.1	-18.2
-3.7	138.3	德国	10	韩国	141.8	3.0
-1.0	128.5	韩国	11	澳大利亚	138.5	2.0
-2.8	117.1	意大利	12	印度	131.9	8.1
3.4	113.3	巴西	13	西班牙	124.8	6.2
-7.6	111.5	巴基斯坦	14	加拿大	124.8	-2.7
13.1	103.1	波兰	15	波兰	104.8	15.4
3.1	102.8	伊拉克	16	—	—	—

注：数据来自欧睿国际。

世界非法卷烟贸易量 788.3 万箱，比上年增长 8.7%。非法卷烟贸易量超过 50 万箱的国家有巴西（110.6 万箱）、巴基斯坦（71 万箱）、俄罗斯（58 万箱）、印度尼西亚（55.5 万箱）、印度（52.7 万箱）。世界卷烟消费中有约 12.5% 是非法卷烟，非法卷烟在当地卷烟消费中占比超过 50% 的国家有厄瓜多尔（65.8%）、马来西亚（59.9%）、乌干达（59.2%）、秘鲁（51.3%）、波黑（50.8%）。

(二) 雪茄

2022 年，不同类型雪茄①表现出现分化。

常规雪茄继续保持增长。世界常规雪茄销量达到 122.4 亿支，比上年增长 2.9%；销售额 194.6 亿美元，增长 8%。美国是常规雪茄消费第一大国，销量和销售额分别占世界的 86.2% 和 68.6%。世界销量占比排名前三位的企业为帝国品牌（23.4%）、Swisher International Group（21.3%）、奥驰亚集团（15.9%）。

① 欧睿国际的雪茄分类是按照环值规格（1 环 = 1/64 英寸）和重量来划分的，将环值低于 29，即雪茄横截面周长低于 29/64 英寸，并且重量小于 3 克的雪茄称为微型雪茄（Cigarillos），将其他雪茄统称为雪茄（Cigars），本文将前者称为微型雪茄，后者称为常规雪茄。

微型雪茄出现大幅下滑。世界微型雪茄销量 219.3 亿支，比上年下降 17.9%；销售额 70.3 亿美元，下降 5.4%。世界微型雪茄消费第一大国日本在 2022 年将微型雪茄税负提高至与卷烟持平，导致销量大幅下滑，销量和销售额分别下降 42.3% 和 29.3%，其销量和销售额分别占世界的 29.5% 和 22%。世界销量占比排名前三位的企业为日本烟草（22.6%）、英美烟草（13.1%）、斯堪的纳维亚烟草集团（8.3%）。

（三）电子烟

2022 年，电子烟销售增长提速。世界电子烟销售额 236.5 亿美元，比上年增长 20%。从具体的细分类别看，开放式电子烟及可加注烟液销售额合计 87.2 亿美元，比上年增长 8.1%；封闭式电子烟销售额 149.3 亿美元，增长 28.2%，其中换烟弹式电子烟和一次性电子烟的占比分别为 82.9% 和 17.1%，一次性电子烟销售额 25.5 亿美元，比上年增长近一倍。从市场来看，美国、英国、加拿大居电子烟销量前三位，分别为 90 亿美元、50.3 亿美元、19.8 亿美元。从企业看，英美烟草、JUUL Labs、雾芯科技居世界前三位，占世界电子烟销售额的比重分别为 17.4%、14.4%、8.9%。

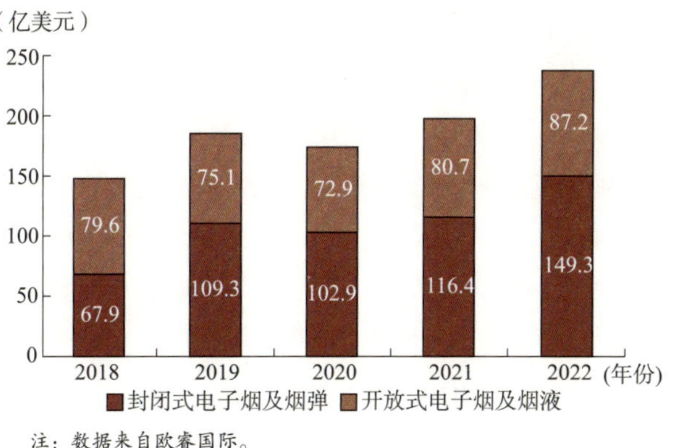

注：数据来自欧睿国际。

图 3　2018—2022 年电子烟销售额

（四）加热卷烟

2022 年，加热卷烟销售额 333.8 亿美元，比上年增长 15.8%，其中加热烟具销量 0.3 亿个，销售额 20.9 亿美元；加热烟支销量 275.6 万箱，销售额 312.8 亿美元。从市场看，日本、意大利、俄罗斯居世界前三位，销售额分别为 127.7 亿美元、41.1 亿美元、25.4 亿美元。日本加热卷烟增速不断放缓，占世界加热卷烟销售额比重逐年下降，已经从 2017 年之前的超过 80% 降至 2022 年的 38.3%。从企业看，菲莫国际保持一家独大地位，英美烟草和日本烟草紧随其后，3 家公司占世界加热卷烟市场的份额分别为 71.4%、15.5%、4.3%。

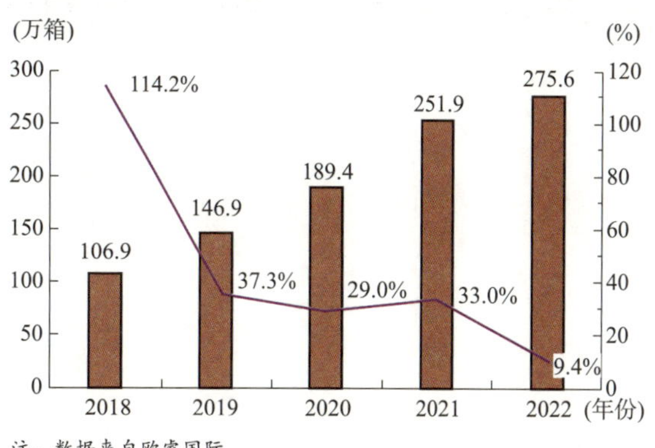

注：数据来自欧睿国际。

图 4　2018—2022 年加热烟支销量及其增长率

（五）其他烟草制品

尼古丁袋①（或称现代口含烟）是近年来增长最快的新型烟草制品，2022 年继续保持高增长，销售 106.5 亿袋，比上年增长 56.1%；销售额 53.3 亿美元，增长 77.7%，不过在世界烟草制品销售额中所占比重依然很小，不足 1%，市场主要集中在美国和瑞典、挪威及丹麦等北欧地区。传统口含烟基本保持稳定，销量 12.1 万吨，销售额 139.5 亿美元。手卷烟和斗烟维持低速增长，销量分别为 10.4 万吨（约等于 295.8 万箱卷烟②）、14.6 万吨，比上年增长 1.9%、2.5%，销售额分别为 343.9 亿美元、79.3 亿美元，增长 6.6%、8.7%。

三、烟叶

根据环球公司 2023 年 2 月的统计和估算，2022 年，世界（中国大陆除外）烟叶产量 232.1 万吨（4642 万担），其中烤烟产量 174.2 万吨（3484 万担）、白肋烟产量 34.9 万吨。

表 2　2018—2022 年全球烟叶产量

单位：万吨

产区	2018 年	2019 年	2020 年	2021 年	2022 年
烤烟					
中北美洲及加勒比地区	16	15.4	11.7	15.6	14.4
南美	65.8	68.8	64	65.8	59.6
欧洲及独联体	12.5	11.9	10.9	11.3	19.5

① 尼古丁袋不含烟叶，由微晶纤维素制成，颜色为白色，含有注入的尼古丁和其他香料。与传统口含烟使用方法一样，可以放在口腔中靠近牙龈，通常在嘴唇后面长达一个小时。尼古丁通过牙龈的口腔黏膜进入血液。

② 换算标准为 0.7 克烟丝约等于 1 支卷烟。

续表

产区	2018年	2019年	2020年	2021年	2022年
烤烟					
非洲及中东	41.5	42.9	31.1	35.6	36.1
亚洲和大洋洲	53.2	52.9	48.8	44.7	44.6
烤烟总计	189	191.9	166.4	173	174.2
白肋烟					
中北美洲及加勒比地区	6.9	6.4	5.1	4.6	4.8
南美	11.7	11.5	9.7	8	7.5
欧洲及独联体	2.6	2.3	1.8	1.7	1.4
非洲及中东	27.9	23.7	17.4	16.6	12.6
亚洲及大洋洲	9.6	9.7	9.8	8.3	8.6
白肋烟总计	58.7	53.6	43.8	39.2	34.9
香料烟					
总计	15.7	16.6	15.4	11.9	11.7
深色晾晒烟					
总计	12.5	11.6	11.1	10.8	11.3
各类烟叶总计	275.9	273.7	236.7	234.9	232.1

注：数据来自环球烟叶公司；数据不含中国大陆；2022年数据为估计值。

（一）巴西烟叶

2021/22烟叶种植季，烟叶种植面积和产量继续下降，价格大幅攀升。根据巴西地理统计局和巴西烟草种植者协会（Afubra）统计，巴西共有13个州种植烟叶，烟叶种植户14.2万户、种烟面积27万公顷（405.2万亩）、产量59万吨（1180.5万担）。南部3个州是巴西烟叶核心产区，2021/22种植季共有烟叶种植户12.8万户，比上一种植季下降6.7%；烟叶种植面积24.7万公顷（369.9万亩），下降9.8%；烟叶产量56万吨（1120.4万担），下降10.9%，其中烤烟51.3万吨（1025.2万担）、白肋烟4.2万吨、其他烟叶0.6万吨；烟叶平均售价17.02雷亚尔（3.28美元）/千克，提高61.5%，其中烤烟价格区间在14.12～18.43雷亚尔/千克、白肋烟价格区间在15.04～16.38雷亚尔/千克。价格上涨和本币雷亚尔升值带动烟叶种植户收入大幅增加，总收入达到95.4亿雷亚尔（18.4亿美元），比上一种植季增长44%。种烟收益大幅增加刺激烟农在新的种植季扩大种植，2022/23种植季烟叶种植面积增长6.1%，产量预计增长8%。

（二）美国烟叶

根据美国农业部的统计，美国烟叶种植面积在1930年最高曾经达到212.4万英亩（1289.4万亩），到21世纪初已经减少至43.2万英亩（262.5万亩），过去20年又缩减一半。美国目前有北卡罗来纳、肯塔基、田纳西、弗吉尼亚、佐治亚、南卡罗来纳、宾夕法尼亚等7个州种植烟叶。2022年，烟叶种植面积20.2万英亩（122.5万亩），比上年减少5.7%；烟叶产量4.5亿磅（20.3万吨或405.8万担），下降2.3%，其中烤烟产量3.0亿磅（13.7万吨或274.6万担）、白肋烟0.6亿磅（2.7万吨）。

（三）津巴布韦烟叶

烟草农业是津巴布韦的支柱产业，近百万人的生计依赖烟叶，国家外汇收入近三成来自烟叶出口。政府为提高烟叶产量和附加值，制定计划通过提高单产、增加面积和减少损失来提高烟叶产量和生产力，力争到2025年将烟叶产量提升至30万吨，打造产值50亿美元的烟草产业，同时推进药用大麻等多样化作物种植，使农民收入中25%来源于替代作物。根据津巴布韦烟草产业和营销委员会（TIMB）的统计数据显示，在2021/22烟叶种植季，烟叶收购量20.8万吨（41.6万担），比上一种植季下降1.5%，其中为烟农提供种植支持的合同采购商收购大部分烟叶，收购量19.5万吨，烟叶拍卖市场成交约1.3万吨烟叶；烟叶平均价格约3.06美元/千克，提高9.7%，其中最高等级烟叶售价5.5美元/千克，最低等级售价0.25美元/千克；烟农在本种植季共获得收入6.4亿美元。

（四）环球公司（Universal Corporation）

环球公司是一家控股公司，主要子公司有从事烟草业务的环球烟叶公司（Universal Leaf Tobacco Company）和从事植物性配料业务的环球全球风投公司（Universal Global Ventures）。公司拥有员工2.5万人，分布在五大洲30余个国家和地区，其中大约55%是季节性的、45%是全职的。

2021/22财年（截至2022年3月31日），烟叶销售均价提高抵消了销量下降影响，同时植物性配料业务表现强劲，公司经营业绩小幅增长，销售收入、利润、净利润分别为21亿美元、1.6亿美元、1亿美元，比上年分别增长6.1%、8.4%、7.6%。

烟叶业务。主要从事种植、采购、加工、包装、储运和销售烟叶，此外，还介入其他规模较小的烟叶发展机会，比如其中全资子公司AmeriNic, Inc.严格按照美国药典标准为下一代烟草制品生产液体尼古丁；另一家全资子公司Global Laboratory Services, Inc.提供作物保护剂以及种子、烟叶和成品（包括电子烟烟液和气溶胶）中化学成分测试，并有能力测试非烟草制品。在美国还开展回收烟叶生产废料的业务。2021/22财年，烟叶部门销售收入18.4亿美元、利润1.58亿美元，比上年分别下滑0.3%、6.5%。帝国品牌、菲莫国际、英美烟草分别为环球公司贡献销售收入3.8亿美元、3.2亿美元、2.6亿美元。

植物性配料业务。公司基于自身在农业价值链方面的专长，着眼未来发展，投资和加强植物性配料平台，不过该领域美国有数百家公司提供类似或竞争性产品。2021 年 10 月，完成对 Shank's Extracts LLC 的收购，这是一家拥有瓶装和包装能力、专攻植物成分萃取和调味的美国公司。此次收购扩大了植物性配料平台，丰富了产品供应种类，提高了增值服务能力。2021/22 财年，由于产品售价提高和所收购公司纳入财报，植物性配料业务销售收入 2.7 亿美元，比上年增长 89.3%；利润 1660 万美元，增长 4050%。

（五）皮克萨斯国际（Pyxus International）

2021/22 财年（截至 2022 年 3 月 31 日），历经破产重整后的皮克萨斯国际逐渐回归正轨，实现营业收入 16.4 亿美元，比上年增长 23.1%；利润 0.4 亿美元，实现扭亏为盈。

公司业务收入由三部分组成：一是烟叶销售收入 15.3 亿美元，比上年增长 25.4%，这是量价齐升的结果。公司烟叶销量 38.1 万吨，较上年增加 5.5 万吨，增长 16.8%，这主要得益于公司在非洲经营规模扩大。烟叶销售价格 4.02 美元/千克，较上年增加 0.18 美元，增长 7.5%，这主要是薄片所占比重和客户所需等级提高所驱动的。烟叶成本 3.48 美元/千克，比上年增长 8.4%。烟叶销售毛利率 13.4%。二是烟叶加工收入 1 亿美元，比上年增长 17.6%。烟叶加工毛利率 30.9%。三是其他经营收入 0.1 亿美元，比上年下降 57%，同时亏损大幅缩减。公司在 2022 年 1 月完成清退现金流收入为负的加拿大大麻公司 Figr Norfolk Inc.，这也标志着公司彻底退出工业大麻或大麻二酚（CBD）相关业务，烟叶之外业务重点转向电子烟。

四、主要烟草企业

2022 年，面对复杂严峻的国际环境，主要烟草公司优化组织结构，加强供应链建设，提高运行效率，持续推进发展战略，努力谋求更好的经营业绩。

表 3　2018—2022 年四大跨国烟草公司主要业绩

项目		2018 年	2019 年	2020 年	2021 年	2022 年
销量（万箱）	菲莫国际	1563.4	1532.7	1409.3	1439.8	1462.2
	英美烟草	1460	1396	1338	1348.2	1290
	日本烟草	1019.2	1049.2	1016.6	1057.6	1054.6
	帝国品牌	511	488	478.2	463.8	441.8
销售收入（亿美元）	菲莫国际	798	779.2	760.5	822.2	806.7
	英美烟草	841.5	839.1	833.9	884.5	881
	日本烟草	656.5	672.1	686.1	742.7	—
	帝国品牌	308.1	299.1	305.7	321.1	259

续表

项目		2018 年	2019 年	2020 年	2021 年	2022 年
消费税（亿美元）	菲莫国际	502	481	473.5	508.2	489.1
	英美烟草	515	508.6	503	531.1	476.2
	日本烟草	481.4	495.8	511.7	552.1	—
	帝国品牌	203.6	196.6	203.6	218.4	172.7
利润（亿美元）	菲莫国际	114	105.3	116.7	129.8	122.5
	英美烟草	124.1	115.2	127.9	140.8	130.1
	日本烟草	48.2	40.8	42	47.3	51.6
	帝国品牌	30.7	26.4	34.8	40.2	42.3

注：数据来自跨国公司快报或年报；销量包括可燃烟草制品和加热卷烟；销售收入为含税的综合收入；日本烟草、帝国品牌只计算烟草业务；由于英镑和日元大幅贬值，导致本币计价金额可能是增长的，但转换成美元金额却可能是下降的。

表 4　2022 年国际市场销量前十位卷烟品牌

排名	品牌	所属公司	销量（万箱）	增速（%）
1	Marlboro（万宝路）	菲莫国际 + 奥驰亚集团	640.1	0.9
2	Winston（云斯顿）	日本烟草	370.8	1.5
3	Pall Mall（波迈）	英美烟草	206.1	-9.5
4	Camel（骆驼）	日本烟草 + 英美烟草	199	6.7
5	Rothmans（乐富门）	英美烟草	198.1	-6.1
6	L&M（蓝星）	菲莫国际	165.2	-2.0
7	Kent（健牌）	英美烟草	139	-6.1
8	Chesterfield（切斯特菲尔德）	菲莫国际	134.1	14.0
9	Lucky Strike（好彩）	英美烟草	103.6	14.5
10	LD（乐迪）	日本烟草	93.2	7.0

注：数据来自跨国公司快报或年报。

（一）菲莫国际（Philip Morris International）

菲莫国际致力于实现"无烟气未来"，目前产品组合主要包括卷烟和无烟气产品，也有健康和医疗保健业务。公司拥有员工近 8 万人，制造工厂 53 家（包括收购瑞典火柴增加的 14 个自有制造工厂），其中 8 家工厂生产加热卷烟。

1. 主要财务业绩

2022 年，菲莫国际顶住乌克兰危机、供应链中断和全球通胀压力等不利影响，在加热烟支、加热器具销量增长和卷烟销售价格上升的驱动下，取得较好经营业绩。

收入。销售收入 806.7 亿美元，比上年下降 1.9%。不含税销售收入①（简称收入）317.6 亿美元，比上年增长 1.1%（剔除俄罗斯和乌克兰，增长 7.7%），其中俄罗斯和乌克兰占收入的 8%。分产品种类看，可燃烟草制品②收入 215.7 亿美元，占公司收入的 67.9%（2021 年占 70.3%）；无烟气烟草制品收入 101.9 亿美元，占公司收入的 32.1%（2021 年占 29.7%），距离 2025 年占比超过 50% 的目标还有较大差距。日本是为公司创造收入最高的市场，收入 39 亿美元。

税与费。消费税 489.1 亿美元。销售、管理和研发费用 81.1 亿美元，比上年下降 3.4%。

利润。利润 122.46 亿美元，比上年下降 5.6%。调整后利润率 40.6%。净利润 95.3 亿美元。

2. 产品和品牌发展

2022 年，菲莫国际加热卷烟增量继续超过卷烟减少的销量，合计销售卷烟和加热卷烟 1462.2 万箱，比上年增长 1.6%（剔除俄罗斯和乌克兰市场后增长 3.2%），连续两年实现增长，占全球销量比重止跌回升，比上年提高 0.4 个百分点，达到 27.6%③（2019 年、2020 年、2021 年增幅分别为 28.4%、27.7%、27.2%）。销量居前五位的市场是印度尼西亚、俄罗斯、土耳其、日本、意大利，销量分别为 173.6 万箱、129.4 万箱、112.2 万箱、111 万箱、81.6 万箱，分别增长 4.8%、-6.0%、0.7%、0.5%、5.7%；市场占有率分别为 28%、31.1%、47.9%、37.6%、54.1%。五大市场销量合计占公司总销量的 41.6%。

可燃烟草。菲莫国际目前拥有 130 余个可燃烟草品牌，主要是卷烟品牌，其中高档品牌有“Marlboro”“Parliament”“Virginia S.”，中档领先品牌有“L&M”“Lark”“Merit”“Muratti”“Philip Morris”，其他国际领先品牌还有“Bond Street”“Chesterfield”“Next”“Red&White”，此外，还有很多地方品牌，其中包括印度尼西亚的“Dji SamSoe”“Sampoerna A”“Sampoerna U”，菲律宾的“Fortune”“Jackpot”，加拿大的“Belmont”“Canadian Classics”，墨西哥的“Delicados”。

2022 年，菲莫国际销售卷烟 1243.8 万箱，较上年减少 5.9 万箱，下降 0.5%，公司重回世界卷烟销量第一位置；占国际卷烟市场份额提高 0.3 个百分点至 24.9%。“Marlboro（万宝路）”销量 489.3 万箱，比上年增长 2%，市场超过 170 个，公司在 2022 年庆祝“Marlboro”成为全球领先品牌 50 周年；“L&M（蓝星）”165.2 万箱，下降 2.1%，市场超过 90 个；“Chesterfield（切斯特菲尔德）”134.1 万箱，增长 14.0%，市场超过 70 个；“Parliament（百乐门）”88 万箱，增长 5.7%，市场超过 40 个；“Philip Morris（菲莫）”79.2 万箱，下降 6.5%，市场超过 40 个。

无烟气产品。菲莫国际无烟气产品主要是加热卷烟。“IQOS”加热器不断升级换代，先后推出“IQOS”、“IQOS 2.4”、“IQOS 2.4 +”、“IQOS 3”、“IQOS 3Duo”、“IQOS 3Multi”④、使用专用烟支的“IQOS ILUMA”⑤、入门级或低端的“IQOS BONDS”等。加热烟支种类也不断丰富，形成“BLENDS”、“HEETS”（包括“HEETS”“HEETS Creations”“HEETS Dimensions”“HEETS Marlboro”“HEETS FROM MARLBORO”等系列）、“Marlboro Dimensions”、“Marlboro HeatSticks”、“Parliament HeatSticks”、“SENTIA”、“TEREA”（“IQOS ILUMA”的专属烟支）等品牌。

2022 年，菲莫国际销售加热卷烟 218.3 万箱，增加 28.4 万箱，比上年增长 14.9%。增量主要来自欧盟市场，公司在欧盟销售加热卷烟 79 万箱，比上年增长 40.1%，欧盟成为公司加热卷烟销量最大的市场。公司在日本市场的增速继续显著回落，销售 68.8 万箱，比上年增长 3.9%。“IQOS”市场拓展至 73 个国家和地区，既有欧盟、日本等主力市场，也包括 30 个中低收入国家和地区；“IQOS”使用者⑥又增加 320 万人，总数达到 2490 万人，其中改用“IQOS”并戒烟的成年吸烟者人数 1780 万人，转化率 71%。

---

① 此不含税销售收入即跨国烟草公司财务报表中的 revenue 或 net revenue。由于美国等将消费税列为价外税，不同于中国的价内税，根据《国际会计准则第 18 号——收入》（IAS18 Revenue），收入仅包括在企业自己的账户中所收到的和应收到的经济利益流入的总额。代第三方收取的销售税、产品和服务税以及增值税之类的金额不是所引起的经济利益，虽流入企业但不增加企业的权益，因此不包括在收入之内。类似地，在代理经销中，代理商的经济利益的流入总额包括代供应商收取的金额，但并不引起该代理企业权益的增加。该项代供应商收取的金额不属于收入，而佣金的金额则属于收入。

② 可燃烟草制品包括卷烟和手卷烟、斗烟、雪茄等。

③ 菲莫国际的世界市场份额 = 菲莫国际卷烟和加热卷烟销量/不含美国和中国市场的世界卷烟和加热卷烟销量，市场份额是依据许多内部和外部来源的最新可用数据对完税产品的估计，在特定情况下可能还不包括免税业务。菲莫国际估计行业卷烟和加热烟草单位销量（不包括中国和美国）为 5200 万箱（2.6 万亿支），增长 0.2%，主要受欧盟、南亚和东南亚以及美洲地区的推动。

④ 最初的几代“IQOS”使用刀片（blade）加热技术，共有两个版本：第一个版本具有三个主要部件：加热烟支、支架（俗称烟杆）和充电器；第二个版本是一个集成产品，它将烟杆和充电器结合在一起，可以在不给电池充电的情况下多次使用。这两种产品都含有一个电子系统，还有一个既是加热器又是温度传感器的加热刀片，加热烟支插在加热片上。

⑤ 该产品采用独特的“智能核心感应系统”（SMARTCORE INDUCTION SYSTEM™）技术，加热烟杆没有加热片，而是内置了环绕式磁能线圈，与专属烟弹 TEREA 内置的加热丝共同作用实现电磁感应加热。该款产品解决了以前“IQOS”产品的三大缺点：加热片易损坏故障、烟杆需要清洁与维护、烟草异味。

⑥ “IQOS”使用者的认定标准是：达到使用烟草法定年龄（至少 18 岁），过去 7 日内的烟草消费中，个人日均消费至少有 5% 是菲莫国际的加热卷烟。传统卷烟消费者戒烟转为“IQOS”使用者的认定标准是：在除菲莫国际的加热卷烟之外没有其他加热卷烟产品的市场，过去 7 日内，个人每日消费菲莫国际加热卷烟的量即代表其每日烟草消费量；在除菲莫国际加热卷烟之外还有其他加热卷烟产品的市场，过去 7 日内，个人每日消费加热卷烟的量即代表其每日烟草消费量，而菲莫国际的产品至少占 70% 的消费量。

3. **推进“无烟气未来”战略**

对卷烟的态度。菲莫国际愿景是用科学证实的更好的产品替代卷烟，将其提供给不戒烟的成年吸烟者。公司表示，只要有相当数量的成年吸烟者继续吸烟，在卷烟领域作为负责任的领导者就至关重要，公司目标是通过选择性投资来维持自身在卷烟市场中的竞争地位，同时为降低风险产品发展提供财力支持。

持续加强无烟气产品研发。菲莫国际在无烟气产品开发、科学验证、制造、商业化和持续创新方面已累计投入105亿美元，无烟产品组合的研发费用占公司研发总费用的99%。菲莫国际具备一整套涵盖非临床、临床、市场研究的研发生态，研发主要分为平台开发研究、毒理学研究、临床学研究、行为感知研究及长期研究等5个模块。其研发的核心逻辑是由非临床研究（平台开发及毒理学研究）预测，传导到临床研究进行实证，通过市场研究（行为与感知及长期研究）进行监控追踪。

不断优化无烟气产品结构。菲莫国际将所有不可燃烟草制品都归为无烟气产品，包括加热卷烟、电子烟和口含烟，此外还包括医疗保健产品，以及打火机和火柴等附带周边产品。公司拥有一系列处于不同开发、科学评估和商业化阶段的无烟气产品，具体来说主要有五个平台：

平台1（Platform 1）主攻电加热不燃烧，“IQOS”系列在此平台诞生。2022年，随着现有“IQOS”使用者的升级和新使用者的获取等方面都超预期，“IQOS ILUMA”实现强劲增长，但受制于加热烟支供应紧张，市场仅拓展至16个，包括意大利和韩国。第四季度，公司在菲律宾、哥伦比亚首发推出“IQOS BONDS”，这是一款通过利用公司新专利——环形加热系统（ROUND HEAT TOBACCO SYSTEM™）的加热器，使用电阻式外部加热，无须加热刀片，公司为其配套5种口味、品牌为“BLENDS”的加热烟支，这款加热器和配套烟支是为中低收入市场量身打造的，解决了加热卷烟消费门槛过高的问题，并且保留了正宗的烟草口味。

平台2（Platform 2）主攻使用一种压碳热源加热烟草产生尼古丁气雾。根据消费者的测试反馈，2022年平台2的技术设计已停止。

平台3（Platform 3）主攻一种使用尼古丁盐的产品，产品由含有高可溶性封装尼古丁盐的消耗品及不用电就可以激活该消耗品的机械设备两部分组成。2022年，继2020年进行消费者测试，获得上述产品使用和适应性研究结果之后，公司持续改进平台3产品。公司认为，与该产品相关的药代动力学研究结果表明，就产品满意度而言，该产品具有作为持续吸烟者可接受替代品的潜力。

平台4（Platform 4）主攻电子烟，产品包括使用当前一代技术①的一次性电子烟“VEEBA”和使用新的MESH™②技术的电子烟“IQOS VEEV”。“VEEBA”已经在加拿大、英国等4个市场上市。“IQOS VEEV”开始在加拿大、法国等10个市场推出，烟液仓在欧洲的工厂制造。在电子烟方面，菲莫国际还与Kaival Brands International（KBI）签订国际许可协议，将KBI高端电子烟“Bidi Vapor”（美国也称为“BIDI Stick”）以及潜在新开发电子烟的相关知识产权授予菲莫国际，允许菲莫国际在美国以外的某些市场制造、推广、销售此类电子烟和新开发电子烟。

平台5（Platform 5）主攻口含烟，包括传统口含烟和尼古丁袋。2021年，公司收购生产销售尼古丁袋的两家公司，即AG Snus和Fertin Pharma，2022年将AG Snus的“Shiro”品牌尼古丁袋重新配方后在瑞典等10个市场推出。2022年，通过收购瑞典火柴公司，大幅扩大平台5产品组合。

结束与奥驰亚集团在“IQOS”上的合作。菲莫国际与奥驰亚集团曾于2013年达成协议，由奥驰亚集团独家享有在美国“IQOS”知识产权，授权奥驰亚集团自2019年“IQOS”被授予“风险改良烟草制品”（MRTP）③起，在美国销售“IQOS”产品到2024年4月，并且享有下个五年

---

① 经典的电子烟使用“线圈和雾化芯（棉芯或陶瓷芯）”系统来加热含有尼古丁的溶液。雾化芯将含有尼古丁的液体吸引到线圈加热元件上，以加热液体并产生蒸发的气溶胶。在这些系统中，加热器的温度可以显著变化，这取决于设备和抽吸力度。多项研究表明，在液位较低的情况下吸电子烟会导致“干烟”，从而极大地改变气溶胶的化学成分，释放有害化学物质的种类和含量比电子烟烟液充足时要高得多。

② 烟嘴和加热元件内置在每个可更换的烟液舱中，加热元件是一个带有小孔的金属编织网。产品特点有三：网状加热雾化技术（雾化芯被去掉，线圈被金属网代替，当液体被引入网状加热器时，金属网所增加的表面积有助于以比电流产生线圈和雾化芯系统更一致的方式加热液体）、抽吸激活加热（加热器的温度保持在200℃~220℃，而不是根据抽吸强度而变化）、低液体检测系统（一旦液位降至一定程度，低液位检测系统将切断向网状加热器供电）。

③ 美国FDA建立了评估“风险改良烟草制品”（MRTP）和“新烟草制品”监管框架。菲莫国际的申请过程包括：（1）提交申请：公司在2016年12月向FDA提交申请将平台1研发的产品也就是加热卷烟产品认证为改良风险烟草制品，随后2017年3月又将该产品作为“新烟草制品”提交上市前申请PMTA。（2）获批上市：2019年4月，FDA认定“IQOS 2.4”和3款加热烟支适用于保护公众健康，并授权在美销售，2020年12月，FDA又对“IQOS 3”作出同样认定和授权，也就是两个版本的“IQOS”都通过了上市前申请PMTA。（3）2020年7月，FDA确认，完全从传统卷烟转向“IQOS”系统可以显著减少身体暴露于有害或潜在有害化学物质，并授权“IQOS 2.4”和3种相关加热烟支可以作为“改良风险烟草制品”进行营销，有效期4年。2022年3月，FDA对“IQOS 3”作出同样确认和授权。需要注意的是，对于“风险改良烟草制品”（MRTP），FDA可以签发两种类型的授权令：一个是“风险改良”（risk modification）授权令，另一个是“暴露改良”（exposure modification）授权令。菲莫国际为“IQOS 2.4”及3款配套加热烟支同时申请两种类型授权令，但FDA审查后决定只签发“暴露改良”授权令，并称当前证据不支持签发“风险改良”授权令，“IQOS 3”获得的也是“暴露改良”授权令。

的优先续约权。2022年10月，公司与奥驰亚集团达成协议，自2024年4月30日起终止两家公司关于"IQOS"在美国商业化的关系，此后，菲莫国际将拥有"IQOS"在美国商业化的全部权利，菲莫国际为此向奥驰亚集团支付27亿美元解约金。菲莫国际积极准备在美国国内制造、向FDA提交包括2023年下半年ILUMA的上市申请（PMTA）在内的重要监管文件、在2024年4月30日前发展在美国销售和支持消费者等方面的能力。公司乐观预计，到2030年"IQOS"占美国卷烟和加热卷烟总份额的10%。

完成收购瑞典火柴。2022年，菲莫国际由全资子公司Philip Morris Holland Holdings B. V. 完成对瑞典火柴（Swedish Match AB）的收购，这被公司视为向无烟气转型的一个关键里程碑。此次强强合并无论对菲莫国际本身还是对世界烟草产业格局都产生深远影响，菲莫国际就此可以：一是打造世界无烟气产品领域的巨无霸企业。瑞典火柴是传统口含烟和尼古丁袋市场的领导者，经营业绩持续增长，其产品对菲莫国际现有产品组合形成有益补充，尤其是"ZYN"品牌在美国市场居于领先地位，合并后瑞典火柴将继续以独立公司存在，领导菲莫国际的传统口含烟和尼古丁袋业务，通过菲莫国际的国际商业基础设施和金融资源，加快该项业务在全球扩张。二是通过收购直接进入最大的无烟气市场——美国。菲莫国际一方面进一步支持和开发瑞典火柴在美国的口含烟和尼古丁袋产品组合，另一方面利用瑞典在美国的强大运营平台，在未来几年内为其他无烟品类创造商机，包括2024年4月30日以后"IQOS"在美国的发展。

创设健康和医疗保健公司。2022年3月，菲莫国际创设新的子公司Vectura Fertin Pharma，构建健康和医疗保健业务发展新引擎。该子公司整合2021年收购的美国呼吸药物开发公司Oti Topic、主要生产已获批准的用于治疗哮喘等呼吸系统疾病的吸入药物和相关设备的公司Vectura、基于口服和口服内给药系统的药物和保健产品研发和制造商Fertin Pharma，以及菲莫国际已有的优势能力，旨在提供一流的创新型可吸入和口服产品。该公司经营结果在菲莫国际的健康和医疗保健业务部门报告，业务运营与地理部门分开管理和评估。2022年，健康和医疗保健业务为公司贡献收入2.7亿美元，比上年增长1.7倍，但亏损2.6亿美元，同比扩大4倍，主要是因为摊销和无形资产减值以及研发投入增加。

优化公司组织结构。2022年11月，菲莫国际公布新的区域组织架构，根据现有和新兴商业机会重新调整区域结构和运营，按照消费者需求的相似性、增长的机会和地理上的接近等原则，将全球市场从六个区域管理总部调整为四个①，另有一个瑞典火柴部门和一个健康和医疗保健部门，以进一步支持其无烟气业务的增长，加强以消费者为中心，加快创新和推广的速度，以便适应到2025年实现无烟业务净收入占比过半的目标。

前美国FDA官员获任高管。2022年，3名前美国FDA官员加盟菲莫国际并担任关键职位，Keagan Lenihan任菲莫国际的政府事务和公共政策副总裁兼其华盛顿办公室主任，他此前在政府、企业和公共政策部门工作了20年，其中包括在美国FDA担任外部事务和战略举措助理专员；Badrul Chowdhury被任命为菲莫国际的首席生命科学官，他曾于1997—2018年担任FDA药物评估和研究中心的肺、过敏和风湿病产品部门主任，之后在多个治疗呼吸疾病的医药公司任职，包括在阿斯利康任高级副总裁兼首席医官和科学家；Matthew Holman被任命为美国科学参与和监管战略副总裁，曾在FDA工作20多年，曾任FDA烟草制品中心（CTP）科学办公室主任、首席科学家，在指导政策决策、规则制定以及烟草监管科学研究方面发挥了重要作用。公司称，前美国FDA官员担任公司关键职位，目的是帮助公司加快以科学为基础的转型。

捐助无烟气世界基金会。2017年9月，菲莫国际宣布支持无烟气世界基金会（Foundation for a Smoke – Free World）。该基金会是一个独立机构，由其独立的董事会管理，根据章程规定，基金会的角色作用包括资助减少烟草危害领域的研究，鼓励采取措施减少吸烟造成的危害，以及评估减少卷烟消费对行业价值链的影响。2020年9月，公司与基金会修订承诺协议，规定公司在2020年捐款4500万美元、2021年捐款4000万美元、2022年捐款1750万美元，并预计在2023—2029年每年捐款3500万美元。截至2022年底，公司已向基金会累计捐款2.67亿美元。

（二）英美烟草（British America Tobacco）

1. 财务业绩

收入。2022年，英美烟草实现不含税销售收入276.6亿英镑（341.8亿美元），比上年增长7.7%。其中可燃烟草制品收入230.3亿英镑（284.7亿美元）、传统口含烟收入12.1亿英镑（14.9亿美元）、电子烟收入14.4亿英镑（17.7亿美元）、加热卷烟收入10.6亿英镑（13.1亿美

---

① 欧洲区，总部位于瑞士的洛桑，覆盖所有欧盟国家、瑞士、英国，以及乌克兰、摩尔多瓦和其他东南欧地区；南亚和东南亚、独联体、中东和非洲地区，总部设在阿联酋的迪拜，覆盖南亚和东南亚、非洲大陆、中东、土耳其，以及以色列、中亚地区、高加索地区和俄罗斯；东亚、澳大利亚和菲莫国际的免税业务，总部设在中国香港；美洲地区，总部位于美国康涅狄格州斯坦福德，覆盖美国、加拿大和拉丁美洲。

元）、现代口含烟（尼古丁袋）收入 4 亿英镑（4.9 亿美元），分别比上年增长 8.2%、4.5%、54.9%、24.3%、45.3%，分别占公司收入比重为 83.3%、4.4%、5.2%、3.8%、1.4%。

税。消费税和其他烟草税费 385.3 亿英镑（476.2 亿美元）。

利润。利润 105.2 亿英镑（130 亿美元），比上年增长 2.8%。调整后利润率 44.9%。净利润 68.5 亿英镑（84.6 亿美元），比上年下降 1.8%。

2. 产品和品牌

英美烟草是产品种类最为丰富的公司，公司通过对消费者的深刻理解和细分，努力在所有产品类别中专注于更少、更强和更国际化的品牌，并致力于构建面向未来的品牌。

可燃烟草制品。英美烟草始终认为只有持续推动可燃烟草业务创造价值，新品类投资发展才能获得资金保障。2022 年，公司销售可燃烟草制品 1242 万箱（其中卷烟 1210 万箱），比上年下降 5.2%，而上年同期只下降 0.3%，销量加速下滑，公司让出了连续两年占据的世界卷烟销量第一的位置。公司的第一大市场美国，由于上年度最后一个季度受价格上涨和潜在消费税增加影响而大幅囤货，导致本年度公司出货量大幅下滑，卷烟销量降至 118 万箱，比上年下降 15.4%，降幅同比扩大超过 10 个百分点。不过公司在美国的收入依然增长 4.5%，达到 104.7 亿英镑，占公司可燃烟草制品收入比重 45.5%。

五个全球战略性品牌卷烟销量占比进一步提高至 59.8%，销量分别为："Dunhill（登喜路）" 76.6 万箱、"Kent（健牌）" 139 万箱、"Lucky Strike（好彩）" 103.6 万箱、"Pall Mall（波迈）" 206.1 万箱、"Rothmans（乐富门）" 198.1 万箱，分别比上年增长 7.3%、-6.1%、14.5%、-9.5%、-6.1%。专供美国市场卷烟品牌 "Newport（新港）" "Natural American Spirit（美洲精神）" "Camel（骆驼）"，销量分别比上年下降 17%、9%、15.7%。卷烟之外的其他可燃产品销量 33 万箱，比上年下降 10.3%。

新型烟草制品。新型烟草制品已覆盖 60 余个国家和地区。

电子烟：在 33 个市场有售，主要是美国和欧洲，消费者数量 1000 万人，增加 160 万人。2022 年，公司销售电子烟 6.12 亿个（以每 10 毫升烟液为 1 个单位），比上年增长 14.3%。公司的全球品牌 "Vuse"（包括 Alto、Solo、Ciro 和 Vibe）扩大其领先优势，在美国（40.9%）、英国（14.8%）、法国（38.8%）、德国（21.4%）和加拿大（89.5%）等前五大市场价值份额占比提升至 35.9%。在美国，"Vuse" 价值份额和销量份额均居第一位，"Vuse" 配套烟弹销量增至 3.2 亿件、销售额增至 9.13 亿英镑，分别增长 10%、62.9%。继上年 "Vuse Solo" 获得美国 PMTA 上市准入申请后，"Vuse Vibe" 和 "Vuse Ciro" 的申请也获通过。

加热卷烟：在 28 个市场有售，主要是亚太和欧洲，消费者数量 880 万人，增加 200 万人。2022 年，公司 "glo" 品牌加热卷烟销量、销售收入和市场份额持续增长，销量 48 万箱，比上年增长 25.6%。欧洲是公司主要市场，公司在当地加热卷烟市场占有率 20.2%，销量 26 万箱，占公司加热卷烟总销量的 54.2%；收入 5.37 亿英镑，占公司加热卷烟总收入的 50.6%。在日本，"glo" 占当地加热卷烟市场份额的 20.1%，由于增速低于竞争对手，导致市场份额比上年下降 1.2 个百分点。2022 年 10 月，融合感应加热先进技术的加热器 "glo Hyper X2" 在日本首发，截至年底已扩展至全球 21 个市场。

现代口含烟：在 28 个市场有售，主要是欧洲和美国，消费者数量 270 万人，比上年增加 60 万人。2022 年，销量 40 亿袋，比上年增长 21.7%。在美国，由于取消折扣和促销，销量下降 50.1% 至 3.01 亿袋，公司已就 "Velo" 新品向 FDA 提交了 PMTA。在欧洲销量 31.69 亿袋，比上年增长 29.9%，在瑞典、挪威、丹麦、英国等现代口含烟市场占有率分别为 58.1%、64.1%、92.2%、93.2%。公司已经注意到现代口含烟重点市场的日均消费量强劲增长，同时也在肯尼亚、巴基斯坦、南非、日本等市场看到了发展机会。

传统口含烟。在 3 个市场有售。传统口含烟也就是鼻烟①，英美烟草产品包括瑞典式鼻烟和美国式湿润鼻烟。公司在瑞典和挪威销售 "Granit" 和 "Mocca" 两个品牌的瑞典式鼻烟；在美国，销售 "Camel" 品牌的瑞典式鼻烟，销售旗舰品牌 "Grizzly" 和高端品牌 "Kodiak" 的美国式湿润鼻烟。2022 年，销量 14.8 万箱，比上年下降 8.2%。在最大市场美国的销量为 13.2 万箱，比上年下降 8.1%，收入约占公司传统口服收入的 97.1%。公司撤回 "Camel" 鼻烟在美国的 "风险改良烟草制品"（MRTP）申请。

---

① 鼻烟起源于瑞典，是湿润形式的口含烟草制品，它将烟草与水、盐和风味添加剂混合，有散装也有袋装的，使用方式基本上都是放入牙龈与嘴唇间含化，与传统 "鼻烟" 的使用方式相去甚远。鼻烟分为 American moist snuff 和 Swedish-style snus 两种，snuff 和 snus 直译都可以译为 "鼻烟"，不过两者之间也有所不同：在美国，配方中含有深色明火烤烟、含水量较少的无烟气烟草叫作 snuff，反之称为 snus；在瑞典，snuff 和 snus 的称呼与美国恰好相反，瑞典人管配方中不含深色明火烤烟、含水量较大的无烟气烟草叫作 snuff，反之称为 snus。

3. 着力推进战略优先事项

建设"更美好的明天"。英美烟草宣称其宗旨是推进建设"更美好的明天"，通过鼓励那些原本会继续吸烟的成年人完全转向经科学证实的风险降低的替代品，减少公司业务对健康的影响，这也是公司对社会所能作出的最大贡献。2013 年，公司在英国推出首个电子烟产品，2016 年在日本推出首个加热卷烟产品，2017 年推出现代尼古丁袋产品，2019 年将公司新型产品整合为三个全球品牌：电子烟"Vuse"、加热卷烟"glo"、现代口含烟"Velo"，2020 年发布建设"更美好的明天"宗旨战略。公司为此设定目标，到 2030 年，非可燃烟草制品的消费者数量将达到 5000 万人，到 2025 年新型烟草制品收入达到 50 亿英镑、实现盈利。截至 2022 年底，公司在新型烟草制品领域取得长足进步，拥有 2250 万非可燃产品消费者，盈利预计能在 2024 年提前 1 年实现，但实际收入离目标差距还较大。公司认为，其已经不是以所销产品而是以满足消费者需求来定义的公司。

持续推动组织转型。英美烟草按照上年提出的 QUEST 计划，加速向"未来企业"转型，建设以可持续发展为核心、以消费者为中心的多品类国际化公司。为进一步提升洞察消费者能力，公司在中国深圳新设立全球设备研发中心，招募 150 多位工程师、科学家和研发人员，新型烟草制品的研发支出较上年增加 2 倍。以降本增效为核心的 Quantum 专项计划取得积极成效，自 2020 年以来已节约 19 亿英镑，远远超出原定三年节约 10 亿英镑的目标。调整区域组织划分，公司业务原来划分为四个区域：美国、美洲和撒哈拉以南非洲、欧洲、亚太与中东，公司决定自 2023 年起，将业务分区归并调整为三个区域：美国，亚太、中东和非洲，美洲和欧洲。

继续拓展"超越尼古丁"领域。英美烟草通过从事风险投资的子公司 Btomorrow Ventures（BTV）以及精选第三方开展合作，基于对消费者需求理解、供应链和市场布局优势，积极拓展加强在超越尼古丁领域的市场地位。截至 2022 年底，BTV 自成立以来已完成 22 项投资，这些投资实现了公司的战略目标，同时也取得了积极的财务回报。2022 年，公司开展 5 项新投资，退出 2 项投资。以 3200 万英镑参与德国领先的大麻公司之一 Sanity Group 的 B 轮融资，获得 16% 的股份，该公司拥有完善的 CBD 消费品牌和医用大麻品牌产品组合；以 4800 万英镑的可转换债投资美国领先的大麻提取物健康产品生产商 Charlotte's Web，该债券可转换为 19.9% 的股权。在 2023 年初，创建一家新的生物技术公司 KBio，利用现有的植物技术能力的发展，加快研究、开发和生产针对罕见病和传染性疾病的新疗法。公司将继续投资与战略重点相一致的创新消费、新型科学和技术业务。

（三）日本烟草（Japan Tobacco）

1. 财务业绩

2022 年，日本烟草克服全球挑战，烟草制品的价格和市场份额稳健增长，从收入到利润几乎所有指标均创历史新高。

收入。日本烟草主要由烟草、医药和食品三项业务组成，三项业务合计实现不含税收入 2.66 万亿日元（202 亿美元），比上年增长 14.3%。其中烟草业务实现不含税收入 2.42 万亿日元（183.7 亿美元），增长 15.4%，烟草业务占公司全部收入比重 91%。

费用。销售和管理费用 9415.4 亿日元（71.6 亿美元）。

利润。公司实现利润 6535.8 亿日元（49.7 亿美元），比上年增长 31%。其中烟草业务利润 6793.8 亿日元（51.6 亿美元），增长 30%。利润率 28.1%。实现净利润 4441.7 亿日元（约 33.8 亿美元），比上年增长 30.6%。

2. 产品和主要市场发展

2022 年，日本烟草销售卷烟和加热卷烟合计 1054.6 万箱，比上年微降 0.5%。公司产品在主要市场的占有率得到提升。

公司可燃烟草制品销量 1038.8 万箱，比上年下降 0.7%。4 个全球旗舰品牌（GFB）销量 724.8 万箱，增长 1.9%，占可燃烟草制品总销量比重增至七成，达到 69.8%，市场占有率达到历史新高。"Winston（云斯顿）""Camel（骆驼）""LD（乐迪）""Mevius"的销量分别为 370.8 万箱、171.4 万箱、93.2 万箱、89.4 万箱，分别比上年增长 1.5%、11.5%、-7.0%、-3.1%，"Winston（云斯顿）"和"Camel（骆驼）"在 30 余个市场的销量实现两位数增长，"LD（乐迪）"和"Mevius"在 10 余个市场实现增长。

公司加热卷烟销量 15.8 万箱，比上年增长 10.3%。由中国企业思摩尔代工生产的创新产品"Ploom X"，2022 年在日本市场销量实现翻一番，并且已经在伦敦推出。随着"Ploom X"在更多市场的加速上市，公司努力将主要加热卷烟市场的占有率提高至 15% 左右，以便到 2028 年在该类产品上实现盈亏平衡。

日本国内市场。2022 年，日本的烟草产业规模萎缩速度放缓，烟草制品（可燃烟草制品与加热卷烟）总销量为 296.4 万箱，比上年下降 1.5%；销售额 4.05 万亿日元（308.9 亿美元），增长 3%。分类别看，日本国内可燃烟草制品销量195.6万箱，比上年下降7.3%，占烟草制品总销量的66%，其中卷烟185.4万箱，下降1.7%，微型雪茄销量10.2万箱，下降54.5%；加热卷烟销量100.8万箱，增长12%，占烟草制品总销量34%。

日本烟草在日本的烟草制品销量为125.6万箱，比上年下降5.9%，市场占有率42.4%，下滑2个百分点，其中可燃烟草制品在价格连续上涨之后继续承压，销量113.6万箱，下降8.6%，在国内可燃烟草市场占有率58.2%，下滑0.9个百分点；全球旗舰品牌在日本可燃烟草市场的占有率为39.9%，“Camel（骆驼）”和“Mevius”分别保持销售额第一和销量第一的位置。公司的加热卷烟在“Ploom X”的推动下持续增长，销量12万箱，比上年增长30.2%，在国内加热卷烟市场占有率11.9%，提高1.7个百分点。

英国市场。日本烟草在2007年收购加莱赫集团之后，继承了加莱赫的品牌并跃居英国可燃烟草制品销量第一位。2022年，公司可燃烟草销量37.4万箱，比上年下降17.8%；市场占有率45.1%，下降0.6个百分点。公司的“Benson & Hedges（金边臣）”品牌是英国排名第一位的卷烟品牌，占当地可燃烟草销量比重10.8%、占卷烟销量比重20.1%；“Amber Leaf”和“Sterling”两个手卷烟品牌占当地可燃烟草销量的24.6%、占手卷烟销量的42.2%；全球旗舰品牌只占当地可燃烟草销量的0.1%。

俄罗斯市场。2022年，在乌克兰危机和国际制裁导致的复杂经营环境中，日本烟草在俄罗斯市场的可燃烟草制品和加热卷烟总销量153.4万箱，比上年下降2.6%，在俄罗斯市场占有率36.6%，与上年持平；其中全球旗舰品牌销量114.0万箱，下降0.2%，在俄罗斯市场占有率27.2%，提高0.9个百分点。

其他主要市场。在土耳其，日本烟草可燃烟草制品销量64.2万箱，市场占有率27.8%；在菲律宾，公司可燃烟草制品销量50.4万箱，市场占有率37.1%；在意大利，公司可燃烟草制品销量37万箱，市场占有率27.4%；在西班牙，公司可燃烟草制品销量30.4万箱，市场占有率28.5%；在罗马尼亚，公司可燃烟草制品销量14.4万箱，市场占有率29.5%；在中国台湾地区，公司可燃烟草制品销量29万箱，市场占有率48.9%。

3. 重要经营举措

成立合资公司开拓美国市场。2022年10月，日本烟草的子公司日烟国际（JTI）与奥驰亚集团的子公司菲莫美国（PM USA）宣布成立合资公司Horizon Innovations LLC（Horizon），日本烟草在其中持股比例为25%。该合资公司的成立标志着日本烟草和奥驰亚集团携手开拓美国加热卷烟市场，该公司将负责推进“Ploom”品牌加热设备和“Marlboro”品牌加热烟支的销售和商业化。合资双方将保持各自知识产权的单独所有权，包括在合资企业成立后取得的支持未来加热卷烟产品的知识产权。合资双方将结合自身科学和监管专业知识，共同准备就最新版本的“Ploom”设备和加热烟支向美国FDA提交上市前申请（PMTA），预计将于2025年上半年提交。此外，日本烟草和奥驰亚集团还签署了一份长期的、不具约束力的全球谅解备忘录，以探索降低风险产品各种潜在的商业机会。

保持在俄罗斯业务稳定。乌克兰危机爆发后，日本烟草暂停了在俄罗斯的投资和营销活动，包括暂停在俄罗斯推出最新加热产品“Ploom X”计划。日本烟草在俄罗斯有4家工厂和4000名员工，是俄罗斯烟草市场的领导者，在其他跨国烟草公司退出当地的生产经营，以及包括日本政府在内的多个政府和组织对俄罗斯实施严厉制裁后，日本烟草依然维持在俄罗斯的生产活动，尽管招致了批评，但日本烟草辩称公司在继续经营的同时遵守适用的法规和国际制裁，并持续评估包括出售在俄罗斯的烟草业务在内的各种选择。2022年，日本烟草向在俄罗斯和其他国家从事分销和批发业务的Megapolis集团①销售产品，从中获得的收入反而比上年大增50%至3875.42亿日元，占公司收入14.6%，提高3.5个百分点，这反映出日本烟草在其他烟草公司停止运营和酝酿退出后成为受益者。

（四）帝国品牌（Imperial Brands）

1. 财务业绩

收入。帝国品牌的主营业务包括烟草和物流两项。2022财年（截至2022年9月30日），各项业务综合销售收入325.5亿英镑（359.4亿美元），比上年下降0.7%，其中烟草业务②234.6亿英镑（259亿美元）、物流业务97.6亿英镑（107.7亿美元），分别比上年下降1.7%、增长1.7%。烟草业务不含税销售收入77.9亿英镑（102.4亿美元），比上年增长2.4%，其中传统烟草占烟草业务不含税销售收入比重97.3%，新型烟草制品（公司称之为下一代烟草制品“NGP”）占比2.7%，提高0.2个百分点。

税和费。烟草消费税156.4亿英镑（172.7亿美元）。

---

① Megapolis集团（Megapolis Group of Companies）成立于1998年，目前是俄罗斯烟草制品和其他快速消费品分销市场的领导者，从事烟草制品、啤酒和软饮料、杂货、打火机、电池等的物流和分销业务。2001年，Megapolis与烟草制造商Reemtsma（自2002年起成为帝国品牌的一部分）签订经销合同，2013年，菲莫国际和日本烟草各出资7.5亿美元联合收购Megapolis 40%的股份，2022年，Megapolis控制着俄罗斯烟草市场70%的销售份额，与菲莫国际、日本烟草、帝国品牌签有分销合同。

② 烟草业务收入包括对外销售收入228.0亿英镑、对所属物流公司Logista的销售收入6.6亿英镑。

公司销售和管理费用20.2亿英镑。

利润。烟草业务利润24.7亿英镑（27.3亿美元），比上年下降17.4%。调整后的烟草利润率44.2%。公司净利润16.7亿英镑（39.1亿美元），比上年下降42.7%。2022财年没有发生类似上财年处理高端雪茄的收益，加上退出俄罗斯市场，导致利润降幅较大。

2. 产品和市场

2022财年，卷烟、手卷烟、雪茄和传统口含烟等传统烟草制品销量441.8万箱，比上年下降4.7%，降幅较上年扩大1.7个百分点。帝国品牌在本财年通过加大高端市场参与度、振兴地方品牌、优化价值细分市场、最大限度地发挥手卷烟潜力、在渗透不足的渠道中推动业绩、利用大客户最大限度创造价值等举措，使得公司聚焦的五大市场（美国、德国、英国、西班牙、澳大利亚）的市场占有率提高0.35个百分点，在每个市场都保持前三名的位置。五大市场贡献公司利润的70%，美国和德国贡献公司不含税收入的一半，而且两个市场价格还有上涨空间。

公司新型烟草制品不仅减少了亏损，而且不含税收入还增长11%。加热卷烟在捷克和希腊2021年成功试销基础上，又新增包括欧洲最大的加热卷烟市场意大利，以及葡萄牙、匈牙利等3个欧洲市场，公司将在2023年进一步扩展欧洲市场。电子烟首次按照重新聚焦消费者导向和基于伙伴的创新路径，推出第一款产品——新版电子烟具“blu2.0”，在法国4个城市成功试水后在英国全面铺开，同时丰富产品系列增加一次性电子烟，但“blu”在美国因为上市申请被FDA驳回而导致销量下滑。现代口含烟品牌“ZoneX”在挪威成功首发，在欧洲其他关键市场提供了更多口味。

3. 公司战略发展

推进战略转型。2022财年是帝国品牌实施五年战略转型的第二年，公司过去两年在提升消费者洞察力方面开展一系列结构性调整，加强以消费者为中心的能力建设。公司重组销售和营销部门，使之精简、支持更快决策、集中资源用于最大机会；重组区域部门，使之更好地专注于美国这个最大的市场和新兴市场中心；简化全球流程和系统，以确保资源更好地分配给面向客户和消费者的业务领域。在市场优先方面，对于通常利用公司全球制造、分销和品牌建设能力的，公司投入运营资源比较有限的，但有诱人利润和潜在增长潜力的小规模市场，比如非洲、中东欧，公司发现趋势并投入资源挖掘其市场机会。这些动作已初见成效，创新步伐更快，比如成功推出加热卷烟新品“blu2.0”；品牌建设更优化，比如通过美国“Winston”形象更新，实现了市场份额扩大。

改革新型烟草发展模式。帝国品牌的新型烟草团队已被整合到新的全球消费者办公室下，明确当前公司定位不是创造新品类，而是专注于某个新型烟草品类已经确立的市场，利用现有可燃烟草推广路线进入市场。公司的新型烟草发展基于以下三个原则：消费者引领、聚焦市场和产品（不是在所有市场提供所有产品）、各方协作，放弃该放弃的，加强该加强的，建立可持续的、不断增长的经营模式，并且严格控制成本。比如在日本，公司从2013年就进入新型烟草制品领域，尽管当地团队不断进行投资并作出巨大努力，但该业务规模相对较小且无利可图，经过仔细审查认为，公司在日本继续交易是不可持续的，因此在2022财年退出了日本市场。

加强物流业务。帝国品牌占Logista公司50.01%的股份，物流业务利润率24.3%。公司为拓展非烟物流业务，本财年官宣一系列并购，包括1家西班牙国际运输公司、1家西班牙食品冷链物流公司、1家荷兰快递公司，投资总额1.75亿欧元。

（五）奥驰亚集团（Altria Group）

1. 财务业绩

收入。2022年，奥驰亚集团实现销售收入251.0亿美元，比上年下降3.5%。不含税销售收入206.9亿美元，比上年下降2.0%。

税与费。消费税44.1亿美元。销售和管理费用23.3亿美元。

利润。营业利润119.2亿美元，比上年增长2.4%。调整后利润率59.0%。净利润57.6亿美元，比上年增长132.9%。

2. 产品与品牌

卷烟。2022年美国整个市场的卷烟销量较上年预计下降约8%，过去5年年均下降4.5%。在美国卷烟消费持续走低的大背景下，奥驰亚集团卷烟销量继续大幅下滑，销售卷烟169.4万箱，比上年下降9.7%。“Marlboro（万宝路）”45年来一直是美国销量最大的卷烟品牌，该品牌卷烟销量150.8万箱，比上年下降9.1%，占美国卷烟市场比重42.5%，下降0.4个百分点，占美国高端卷烟市场比重58.2%，提高0.5个百分点；“Marlboro”品牌卷烟单盒零售均价8.46美元，价格最高的规格与价格最低的规格之间价差在41%。

雪茄。奥驰亚集团的“Black & Mild”品牌雪茄是美国最畅销的机制雪茄，2022年销量17.3亿支，比上年下降3.8%。

口含烟。销量8亿罐，比上年减少2.4%。其中两个高端传统口含烟品牌“Copenhagen”和“Skoal”销量6.5亿罐，比上年下降7.3%；尼古丁袋品牌“on!”销量0.5亿罐，增长70.5%，该品牌在美国的尼古丁袋市场占有率23%。

3. 摆脱JUUL困局

2018年，奥驰亚集团斥资128亿美元收购JUUL 35%的股份。成立于2007年的JUUL曾经有过辉煌的过去，在美国电子烟市场占有率曾达到压倒性的72%，年销售额达到20亿美元，估值一度超过马斯克的Space X公司，被视为颠覆烟草行业的公司。然而，电子烟在美国青少年中流行引发美国强力电子烟监管，为全力应对监管，JUUL相继退出欧洲、亚洲等海外市场，专注于美国，下架宣传广告，主动停售调味产品，但依然无法获得FDA的认可，被发营销拒绝令（MDO），面临在美国禁售。JUUL深陷诉讼的泥潭，截至2022年12月31日，与JUUL电子蒸汽产品有关的57起集体诉讼、3830起个人诉讼和1396起“第三方”诉讼，其中包括学区、州和地方政府、部落和医疗保健组织的诉讼。到2022年底，奥驰亚集团在JUUL的投资公允价值①仅剩2.5亿美元。

根据2018年投资协议，奥驰亚集团不能收购超过35%的JUUL股份，且在2024年12月20日之前不能出售或转让在JUUL的股份，同时约定奥驰亚集团竞业义务，即只通过JUUL参与电子烟市场，排除奥驰亚集团独立发展电子烟的可能，因此也引发美国贸易委员会对其发起反垄断调查。2020年1月，双方修订某些交易协议，规定如果在JUUL投资价值不超过其初始账面价值128亿美元的10%，可以选择解除奥驰亚集团的竞业义务。2022年6月30日，奥驰亚集团在JUUL的投资价值只剩4.5亿美元，奥驰亚据此在9月行使选择权，解除了对JUUL的竞业义务。

2023年3月，奥驰亚集团已将其持有的JUUL 35%的股份交换为JUUL部分加热烟草知识产权的非排他性、不可撤销的全球许可。不过JUUL至今尚未推出过加热不燃烧产品。JUUL恢复自由身，奥驰亚集团也可以寻求其他战略机会和合作伙伴关系。

与JUUL分道扬镳，与菲莫国际在“IQOS”上合作的结束，增强了奥驰亚集团拓展新型烟草领域的紧迫感和决心，迅速与日本烟草成立合资公司，在加热卷烟上合作开拓美国市场，加紧在新型烟草领域布局。

（六）韩国烟草（KT&G）

1. 财务业绩

收入。韩国烟草主营业务包括烟草、健康、房地产及其他业务。2022年，公司不含税销售收入5.85万亿韩元（46.4亿美元），比上年增长11.9%。其中烟草业务收入3.57万亿韩元，比上年增长14.1%，占公司收入的61%。

利润。韩国烟草营业利润1.27万亿韩元（10亿美元），比上年下降0.5%。其中烟草利润1.04万亿韩元（8.2亿美元），比上年增长28.8%。公司净利润1.01万亿韩元（8亿美元），比上年增长3.5%。

2. 产品和市场发展

韩国烟草目标是成为世界第四大烟草公司，公司拥有居世界销量第一位的细支烟品牌“ESSE（爱喜）”，有超低焦油品牌“Raison”“The One”“Boheme”“Time”“This”“Pine”等，加热卷烟品牌“Lil”“Miix”“Fiit”等。2022年，无论是在韩国国内还是在海外市场，无论是公司的可燃卷烟还是加热卷烟，销量都快速增长。全年共销售卷烟和加热卷烟202.4万箱，比上年增长16.9%。其中：可燃卷烟181万箱，增长14%；加热卷烟21.4万箱，增长48.6%。

韩国国内市场。韩国的卷烟市场规模从1987年开放市场到1998年一直呈增长趋势，但1999年到2001年呈停滞甚至小幅下降趋势，2002年以后因政府的禁烟政策及社会认识的变化，总需求一直在减少，但韩国烟草继续通过开发和推出基于消费者需求的差异化烟草制品来提升业务绩效和增长。2022年，国内可燃卷烟业务在“超细”等产品持续增长的推动下，顶住国内市场萎缩压力，销售卷烟82.2万箱，销量与上年持平；占国内卷烟市场份额为65.4%，比上年提升0.8个百分点，尤其是提高了在低焦油（3mg/支以下）市场和4500韩元/包以上中高端产品市场的份额。

韩国的加热卷烟占整个烟草市场份额的17%以上。公司2017年首次进入加热卷烟市场后，凭借出色的产品力不断扩大市场份额。2022年，在专有平台驱动和烟支竞争力增强推动下，特别是通过大幅改善消费者便利性的“Lil Solid 2代”和独立平台“Lil Hybrid 2代”的持续增长，构建以消费者需求为基础的加热烟支产品组合，公司引领国内新型烟草制品市场，全年销售加热卷烟10万箱，比上年增长42.9%；占国内加热设备份额的84%，占国内加热烟支份额的48%。公司预计今后将继续保持这种增长趋势，扩大压倒性竞争领先优势。

① 在JUUL的投资公允价值使用收益法来估计，收益法反映美国和国际市场未来现金流的折现，其回报率包含使用这些资金的无风险利率、预期通货膨胀率和实现未来现金流的相关风险。

国际市场。2022年，韩国烟草在加强中东、独联体地区等主要市场销售的基础上，持续向亚太、非洲和拉丁美洲拓展，出口市场拓展至135个国家和地区，比上年增加15个；同时印度尼西亚等海外子公司的自营业务继续增长。2022年，公司首次实现海外可燃卷烟销量超越国内，全年海外销售可燃卷烟98.8万箱，比上年增长29%，其中2/3来自出口，1/3来自海外子公司自营，后者销量增长68.7%。

韩国烟草加热卷烟在国际市场销售11.4万箱，比上年增长54.1%。截至2022年底，已进入波兰、意大利、哈萨克斯坦、捷克、希腊等31个国家和地区。2023年1月，基于过去3年的成功合作，公司与菲莫国际签订了到2038年1月29日的15年长期合作协议，每3年审查考核一次业绩，首个3年的目标是销售32万箱加热卷烟，以适应不断变化的市场条件。该协议使菲莫国际能够继续独家获得韩国烟草的无烟气品牌和产品创新路线，重点供应中低收入市场，增强其无烟气产品组合。同时，它使韩国烟草能够继续使用菲莫国际的全球商业基础设施，在无烟气产品商业化方面取得经验，以支持在韩国以外地区的业务进一步扩张。

（七）印度烟草公司（ITC）

1. 财务业绩

收入。印度烟草公司业务由四部分组成：卷烟等快速消费品、酒店、农业、纸业与包装。2022财年（截至2022年3月31日），公司销售收入9010.4亿印度卢比（118.7亿美元），比上年增长20.2%。不含税收入5910.1亿印度卢比（77.8亿美元），比上年增长22.7%，其中卷烟等烟草制品不含税销售收入2345.1亿印度卢比（30.9亿美元），比上年增长15.3%，占公司不含税收入比重39.7%。

利润。印度烟草公司利润1813亿印度卢比（24.2亿美元），比上年增长22.8%，其中烟草制品创造利润1486.9亿印度卢比（19.6亿美元），增长16.9%，占公司利润的比重为81.1%。净利润1505.8亿印度卢比（19.8亿美元），比上年增长15.5%。

2. 市场地位与应对非法贸易

印度烟草公司是印度烟草市场的领导者，烟草业务有烟草制品制造销售和烟叶种植收购两部分，在班加罗尔、加尔各答等地设有5家卷烟制造厂，在印度合法卷烟市场销量中占比超过80%。公司不断强调卷烟高税负导致印度非税或非法烟草制品泛滥。为维护公司和公众利益，公司积极与政府合作，寻求建立公平、非歧视、务实、基于证据的法规和税收政策框架，以抑制卷烟非法贸易。

目前，印度卷烟税比邻近国家高得多，比发达国家也高出数倍，相当于美国的17倍、日本的10倍、德国的7倍，歧视性和惩罚性地对卷烟征税导致吸烟群体从缴税的合法卷烟转向其他轻税或逃税的烟草制品。合法卷烟行业的数量在过去10年中持续下降，但非法卷烟贸易量在同一时期迅速增长，约占国内行业消费量的1/4，政府从增税中获得的收益也很有限。2012/13年至2016/17年，印度卷烟消费税以15.7%的复合年增长率大幅增长，然而政府获得卷烟税收的复合年增长率仅为4.7%。2017/18年，由于消费税增加和向商品及服务税制度过渡，合法烟草行业进一步受到税负上升20%的影响。此后，在2020年1月之前税负基本保持稳定，帮助合法烟草行业弥补一部分前几年因非法贸易而损失的市场，税收在此期间反而增长10.2%。在2020年2月税收大幅增加后又恢复稳定，合法烟草又赢得了喘息机会，力图夺回早些年因非法贸易而损失的部分销量。

（八）印度尼西亚盐仓公司（Gudang Garam）

1. 财务业绩

收入。2022年，印度尼西亚盐仓公司销售收入124.7万亿印度尼西亚盾（79.3亿美元），与上年持平，不含税收入33.6万亿印度尼西亚盾（21.3亿美元），增长23.1%。

税与费。消费税、增值税及烟草税等税费总额97.6亿印度尼西亚盾（62亿美元）。销售和管理费用7.2万亿印度尼西亚盾（4.6亿美元）。

利润。汇兑损失导致利润大降，营业利润3.9万亿印度尼西亚盾（2.5亿美元），比上年下降46.9%。净利润2.8亿印度尼西亚盾（1.8亿美元），比上年下降50.4%。

2. 国内市场和企业发展

印度尼西亚有2.7亿人口，15~64岁人口占比68%，54%的成年男性吸烟。公司引用尼尔森市场研究数据显示，印度尼西亚2022年的卷烟市场规模在498.6万箱，市场仍然处于新冠疫情放开后的恢复性上涨中。2022年，印度尼西亚政府继续提高消费税，每12支包装机制丁香烟（“SKM”）和手卷丁香烟（“SKT”）消费税分别为1.53万印度尼西亚盾、5903印度尼西亚盾，分别较上年提高15%、8%。政府于2022年12月宣布，“SKT”和“SKM”分别在未来两年内进一步增长约6%和11%。受应对提税滞后影响，公司经营成果表现不佳，在印度尼西亚卷烟市场所占份额降至25.5%，比上年下降1.6个百分点，这是7年来首次下滑。全年销售卷烟165.1万箱，比上年下降9.4%，其中机制丁香烟147.8万箱、手卷丁香烟17.3万箱，分别下降10%、3.8%；其中公司在印度尼西亚国内销售161.9万箱，出口3.2万箱。

（九）埃及东方公司（Eastern Company）

1. 财务业绩

收入。2022 财年（截至 2022 年 6 月 30 日），埃及东方公司销售收入 679 亿埃及镑（35.8 亿美元），比上年增长 6.4%；不含税收入 171.4 亿埃及镑（9 亿美元），增长 7%。

消费税。消费税 507.6 亿埃及镑（26.8 亿美元）。

利润。营业利润 68.8 亿埃及镑（3.6 亿美元），比上年增长 18.7%；净利润 40.3 亿埃及镑（2.1 亿美元），下降 5.8%。

2. 企业发展

2022 财年，埃及东方公司在埃及国内销售卷烟 137.7 万箱，比上年增长 3%；销售收入 142.2 亿埃及镑，增长 11%。其中，来料加工的合同生产和合资企业销售的卷烟 44 万箱，比上年下降 8%；销售收入 21.6 亿埃及镑，下降 10%。此外，其他品类都出现较大幅度下降，水烟、烟丝的销量分别下降 40% 和 60%，收入也接近腰斩。

联合烟草公司（UTC）打破埃及东方公司的垄断地位。数十年来，埃及东方烟草公司垄断埃及的卷烟制造，这种状况被菲莫国际子公司——联合烟草公司（UTC）打破，2022 年初，该公司获得建立卷烟厂的政府许可，成为第二家在埃及生产卷烟的公司。UTC 由菲莫国际和埃及东方公司共同所有，埃及东方公司收购该公司 24% 的股份，并在董事会中占据两席。此次收购是两家公司之前签署的在当地生产卷烟协议的一部分，该交易要求批准与联合烟草公司的盒皮印刷合同，并批准规范联合烟草公司与埃及东方公司之间关系的主要协议。埃及东方公司将继续生产菲莫国际的卷烟产品，直到可用生产的库存材料耗尽，之后 UTC 开始接手进行生产。自 20 世纪 80 年代以来，埃及东方公司在埃及拥有生产菲莫国际“Marlboro（万宝路）”品牌卷烟的特许权。在 UTC 获得在埃及生产传统卷烟和加热卷烟许可证后，菲莫国际宣布将其产品组合上印制的制造商名称修改为“UTC 在埃及制造”。

2022 财年，埃及东方公司还将与日本烟草的合作延长 3 年，协定调高合同制造收费，以适应通货膨胀和生产成本增加。目前日本烟草合同制造数量占埃及东方公司产量的 1%~2%，并且收益非常好。

此外，埃及东方公司对在埃及生产降低吸烟风险的产品进行了必要的研究，研究主要考察分析当地市场的潜在需求。

（十）越南国家烟草公司（Vietnam National Tobacco Corporation）

1. 财务业绩

2022 年，越南国家烟草公司实现了自成立以来的最佳成绩，主要的生产和经营指标都完成并超过计划。总收入超过 26.8 万亿越南盾（11.4 亿美元），比上年增长 6%，超过计划 6%；利润 1550 亿越南盾（656.6 万美元），增长 3%，超过计划 24%；财政贡献 13.8 万亿越南盾（5.8 亿美元），增长 3%，比计划高出近 11%。

2. 公司概况

烟草出现在越南是在后黎朝的黎神宗一代，大约 1660 年。1957 年 1 月，第一包“ThăngLong”牌卷烟出厂，这被认为是越南烟草工业的诞生日。越南国家烟草公司成立于 1985 年，在南北两个烟草生产企业联合会的基础上组建，是目前越南唯一一家从原材料生产到卷烟制造、进出口、流通和烟草服务等全面发展的烟草公司，也少量涉足食品饮料等业务。烟草销售主要靠街边自动售货机和零售店，政府规定禁止电商平台售烟。2010 年，越南国家烟草公司转制为国有独资有限责任公司，2018 年，公司股东由财政工业部转为越南国有资本管理委员会。公司经过 30 余年的建设和发展，已成为越南最大的企业，为国家预算和国际经济合作作出了积极贡献。

自 2006 年 1 月 1 日起，越南国家烟草公司开始按照母子公司模式开展业务，下辖 11 家卷烟生产集团、3 家原料集团、2 家辅料集团、1 家科研集团和 2 家合资生产企业。主要卷烟品牌有“Vinataba”系列、“Saigon”系列、“ERA”、“DuLịch”、“ThăngLong”等。公司的产品结构比较低，越南国内中高端烟草市场由跨国烟草公司主导。2014 年，公司被政府指定为越南唯一的雪茄进口商，公司自 2017 年起推出了“HANOS”“LOTUS”“VINABOSS'S”等越南本土品牌雪茄。

越南国家烟草公司始终保持越南烟草行业的领先地位。在国内消费量下降的背景下，该公司的产销量保持稳定增长，平均每年增长 2~3 个百分点，其占国内市场份额的 65% 以上，占出口份额的 75%，烟草制品遍布亚洲、非洲和美洲的许多国家。此外，公司还分别与菲莫国际、英美烟草、日本烟草建立合作生产关系，为 3 家跨国烟草公司生产各自品牌的卷烟。政府规定，外国烟草企业在越南生产和销售烟草制品必须通过越南国家烟草公司来进行。

◇ 执笔：衡丙权；编辑：王 静

品牌名录

2022年在产卷烟品牌（规格）名录

河北中烟工业有限责任公司

品牌	规格	焦油量	备注	规格	焦油量	备注
钻石△	钻石（荷花绿水青山）	8mg/支	一类烟	钻石（细支心世界）	8mg/支	二类烟、细支烟
	钻石（一品荷花）	10mg/支	一类烟	钻石（闪光）	10mg/支	二类烟
	钻石（双中支荷花）	10mg/支	一类烟、中支烟	钻石（软绿）	10mg/支	二类烟
	钻石（细支荷花）	6mg/支	一类烟、细支烟	钻石（细支尚风）	8mg/支	二类烟、细支烟
	钻石（软荷花）	10mg/支	一类烟	钻石（玫瑰二代）	10mg/支	三类烟
	钻石（荷花经典中支）	9mg/支	一类烟、中支烟	钻石（绿石2代）	11mg/支	三类烟
	钻石（荷花）	10mg/支	一类烟	钻石（硬玫瑰紫）	11mg/支	三类烟
	钻石（细支避暑山庄）	8mg/支	一类烟、细支烟	钻石（经典纯和）	11mg/支	三类烟
	钻石（一九零二中支）	9mg/支	一类烟、中支烟	钻石（硬红）	11mg/支	三类烟
	钻石（硬珍品）	11mg/支	一类烟	钻石（硬迎宾）	11mg/支	三类烟
	钻石（莲韵）	10mg/支	一类烟	钻石（银玉兰）	11mg/支	三类烟
	钻石（扁蓝时尚）	8mg/支	一类烟	钻石（红石2代）	11mg/支	三类烟
	钻石（84mm冬韵）	10mg/支	一类烟	钻石（平安）	11mg/支	三类烟
	钻石（冰雪大好河山）	10mg/支	一类烟	钻石（软红）	11mg/支	三类烟
	钻石（君子中支）	10mg/支	一类烟、中支烟	钻石（硬蓝）	11mg/支	三类烟
	钻石（冬韵中支）	9mg/支	一类烟、中支烟	钻石（鸿运）	10mg/支	三类烟
	钻石（金石）	11mg/支	二类烟	钻石（硬特醇）	11mg/支	四类烟
	钻石（金玉兰）	10mg/支	二类烟			

上海烟草集团有限责任公司

品牌	规格	焦油量	备注	规格	焦油量	备注
熊猫	熊猫（硬经典）	10mg/支	一类烟			
中华△☆★	中华（软）	11mg/支	一类烟	中华（金中支）	10mg/支	一类烟、中支烟
	中华（硬）	11mg/支	一类烟	中华（双中支）	10mg/支	一类烟、中支烟
	中华（全开式）	11mg/支	一类烟	中华（金细支）	8mg/支	一类烟、细支烟
	中华（硬12支）	11mg/支	一类烟	中华（细支）	8mg/支	一类烟、细支烟
	中华（硬5支）	11mg/支	一类烟	中华（金短支）	10mg/支	一类烟、短支烟

续表

品 牌	规 格	焦油量	备 注	规 格	焦油量	备 注
牡丹△	牡丹（飞马）	10mg/支	二类烟	牡丹（凤凰细支）	8mg/支	一类烟、细支烟
	牡丹（软）	10mg/支	二类烟	牡丹（青柠细支）	6mg/支	一类烟、细支烟
	牡丹（蓝中支）	9mg/支	一类烟、中支烟	牡丹（金细支）	6mg/支	一类烟、细支烟
	牡丹（红中支）	9mg/支	一类烟、中支烟			
恒大	恒大（记忆 1949）	10mg/支	一类烟	恒大（记忆 1949 中支）	8mg/支	一类烟、中支烟
	恒大（全开式烟魁）	10mg/支	一类烟	恒大（硬中支）	8mg/支	一类烟、中支烟
	恒大（烟魁 1949 中支）	8mg/支	一类烟、中支烟			
红双喜△☆★	红双喜（硬晶派）	11mg/支	一类烟	红双喜（硬 8mg）	8mg/支	三类烟
	红双喜（硬江山珍品）	11mg/支	二类烟	红双喜（硬百顺）	11mg/支	三类烟
	红双喜（硬江山精品）	10mg/支	三类烟	红双喜（硬上海）	11mg/支	三类烟
	红双喜（硬）	11mg/支	三类烟			
大前门	大前门（短支）	10mg/支	一类烟、短支烟	大前门（软）	10mg/支	三类烟
中南海△	中南海（软北京）	10mg/支	一类烟	中南海（特高）	11mg/支	二类烟
	中南海（软精品）	10mg/支	一类烟	中南海（清正烤烟）	10mg/支	二类烟
	中南海（硬北京）	10mg/支	一类烟	中南海（典 5）	5mg/支	二类烟、混合型
	中南海（硬酷爽风尚）	8mg/支	一类烟、混合型	中南海（5mg 细支）	5mg/支	二类烟、中支烟、混合型
	中南海（3mg）	3mg/支	一类烟、混合型	中南海（典 8）	8mg/支	三类烟、混合型
	中南海（清净香中支烤烟）	10mg/支	一类烟、中支烟	中南海（金 8mg）	8mg/支	三类烟、混合型
	中南海（双中支北京）	10mg/支	一类烟、中支烟	中南海（5mg）	5mg/支	三类烟、混合型
	中南海（冰耀中支）	5mg/支	一类烟、中支烟、混合型	中南海（8mg）	8mg/支	三类烟、混合型

江苏中烟工业有限责任公司

品 牌	规 格	焦油量	备 注	规 格	焦油量	备 注
苏烟△☆	苏烟（彩中）	8mg/支	一类烟、中支烟	苏烟（软金砂）	11mg/支	一类烟
	苏烟（沉香）	6mg/支	一类烟、细支烟	苏烟（东渡顺）	11mg/支	一类烟
	苏烟（金砂 2）	11mg/支	一类烟	苏烟（七星）	11mg/支	一类烟
	苏烟（五星红杉树）	11mg/支	一类烟	苏烟（多彩中支）	8mg/支	一类烟、中支烟，2022 年新产品
	苏烟（五星红中）	10mg/支	一类烟、中支烟	苏烟（晶彩中支）	8mg/支	一类烟、中支烟

续表

品牌	规格	焦油量	备注	规格	焦油量	备注
南京△☆★	南京（九五）	11mg/支	一类烟	南京（软九五）	11mg/支	一类烟
	南京（细支九五）	5mg/支	一类烟、细支烟	南京（梦都）	6mg/支	一类烟、细支烟
	南京（紫树）	10mg/支	三类烟	南京（硬金星）	11mg/支	二类烟
	南京（雨花石）	5mg/支	一类烟、细支烟	南京（红楼卷）	5mg/支	一类烟、细支烟
	南京（雨花石 3mg）	3mg/支	一类烟、细支烟，2022 年新产品	南京（臻品）	10mg/支	一类烟
	南京（十二钗烤烟）	6mg/支	一类烟、细支烟	南京（十二钗薄荷）	6mg/支	一类烟、细支烟
	南京（精品）	11mg/支	一类烟	南京（炫赫门炫彩）	8mg/支	一类烟、细支烟
	南京（大观园爆冰）	6mg/支	一类烟、细支烟	南京（炫赫门）	8mg/支	二类烟、细支烟
	南京（金砂）	10mg/支	二类烟	南京（佳品）	11mg/支	二类烟
	南京（硬林）	11mg/支	二类烟	南京（红）	11mg/支	三类烟

浙江中烟工业有限责任公司

品牌	规格	焦油量	备注	规格	焦油量	备注
利群△☆★	利群（休闲细支）	7mg/支	一类烟、细支烟	利群（长嘴）	10mg/支	一类烟
	利群（红利）	10mg/支	一类烟	利群（软红长嘴）	11mg/支	一类烟
	利群（休闲）	11mg/支	一类烟	利群（西湖恋）（老版）	8mg/支	一类烟、细支烟，2022 年停产
	利群（天外天）	9mg/支	一类烟、新中支烟	利群（西湖恋）（新版）	7mg/支	一类烟、细支烟，2022 年新改造产品
	利群（软金色阳光）	8mg/支	一类烟	利群（楼外楼）	10mg/支	一类烟、新中支烟
	利群（阳光橙中支）	9mg/支	一类烟、中支烟	利群（薄荷）	9mg/支	一类烟
	利群（阳光）	8mg/支	一类烟	利群（软蓝）	10mg/支	一类烟
	利群（阳光尊中支）	9mg/支	一类烟、中支烟	利群（夜西湖）	10mg/支	一类烟
	利群（软长嘴）	11mg/支	一类烟	利群（新二代）	10mg/支	二类烟
	利群（西子阳光）	5mg/支	一类烟、细支烟	利群（老版）	11mg/支	二类烟
	利群（山外山）	9mg/支	一类烟、新中支烟	利群（蓝天）	10mg/支	二类烟
	利群（硬）	10mg/支	一类烟	利群（新版）	11mg/支	二类烟
	利群（江南韵）	8mg/支	一类烟、细支烟			
大红鹰	大红鹰（软蓝）	8mg/支	三类烟			
雄狮	雄狮（红老版）	8mg/支	三类烟	雄狮（薄荷）	8mg/支	五类烟
	雄狮（硬）	8mg/支	四类烟			

安徽中烟工业有限责任公司

品 牌	规 格	焦油量	备 注	规 格	焦油量	备 注
黄山△☆★	黄山（天都中支）	9mg/支	一类烟、中支烟，2022年新产品	黄山（小红方印）	10mg/支	一类烟
黄山△☆★	黄山（天都）	8mg/支	一类烟	黄山（红方印细支）	9mg/支	一类烟、细支烟
黄山△☆★	黄山（徽商新视界细支）	8mg/支	一类烟、细支烟	黄山（黑马细支）	6mg/支	一类烟、细支烟
黄山△☆★	黄山（硬天都）	10mg/支	一类烟	黄山（红皖烟）	11mg/支	二类烟
黄山△☆★	黄山（高山流水中支）	8mg/支	一类烟、中支烟	黄山（新红皖）	11mg/支	二类烟
黄山△☆★	黄山（徽商新概念）	10mg/支	一类烟	黄山（大黄山）	10mg/支	二类烟
黄山△☆★	黄山（徽商新概念细支）	8mg/支	一类烟、细支烟	黄山（中国画细支）	8mg/支	二类烟、细支烟
黄山△☆★	黄山（七星皖烟）	10mg/支	一类烟	黄山（记忆）	10mg/支	二类烟
黄山△☆★	黄山（大红方印）	10mg/支	一类烟	黄山（新制皖烟）	11mg/支	二类烟
黄山△☆★	黄山（金皖烟）	11mg/支	一类烟	黄山（贵宾迎客松）	8mg/支	三类烟
黄山△☆★	黄山（金皖细支）	8mg/支	一类烟、细支烟	黄山（硬）	11mg/支	三类烟
黄山△☆★	黄山（红方印前店后坊中支）	8mg/支	一类烟、中支烟，2022年停产	黄山（软大壹品）	10mg/支	三类烟
黄山△☆★	黄山（风韵）	10mg/支	一类烟	黄山（印象一品）	10mg/支	三类烟
黄山△☆★	黄山（徽商新概念双中支）	10mg/支	一类烟、中支烟	黄山（嘉宾迎客松）	8mg/支	三类烟
黄山△☆★	黄山（红方印新中支）	10mg/支	一类烟、中支烟	黄山（硬记忆）	8mg/支	三类烟
黄山△☆★	黄山（红方印金中支）	9mg/支	一类烟、中支烟，2022年新产品	黄山（硬一品）	10mg/支	四类烟，2022年停产
黄山△☆★	黄山（硬东海）	10mg/支	一类烟，2022年停产	黄山（新一品）	10mg/支	四类烟
黄山△☆★	黄山（国宾迎客松）	11mg/支	一类烟			
都宝▲	都宝（冰爽世界）	8mg/支	一类烟、混合型，2022年停产	都宝（天空蓝中支）	7mg/支	一类烟、中支烟、混合型，2022年新产品
都宝▲	都宝（悠酷中支）	10mg/支	一类烟、中支烟、混合型	都宝（新）	8mg/支	五类烟、混合型
红三环	红三环（幸福篇）	10mg/支	四类烟，2022年停产	红三环（渡江）	9mg/支	五类烟

福建中烟工业有限责任公司

品牌	规格	焦油量	备注	规格	焦油量	备注
七匹狼△☆★	七匹狼（金砖中支）	8mg/支	一类烟、中支烟	七匹狼（通运）	10mg/支	一类烟
	七匹狼（大通仙）	10mg/支	一类烟	七匹狼（纯尚）	8mg/支	一类烟、中支烟
	七匹狼（古田成功中支）	10mg/支	一类烟、中支烟，2022 年新产品	七匹狼（软灰）	11mg/支	一类烟
	七匹狼（金砖细支）	6mg/支	一类烟、细支烟	七匹狼（1575）	10mg/支	一类烟
	七匹狼（金砖时代）	7mg/支	一类烟、细支烟	七匹狼（锋芒）	6mg/支	一类烟、细支烟
	七匹狼（古田金中支）	8mg/支	一类烟、中支烟	七匹狼（软红）	10mg/支	二类烟
	七匹狼（星辰大海双中支）	10mg/支	一类烟、中支烟	七匹狼（纯雅）	6mg/支	二类烟
	七匹狼（1575 金中支）	8mg/支	一类烟、中支烟	七匹狼（纯境）	8mg/支	二类烟、中支烟
	七匹狼（尚品）	11mg/支	一类烟	七匹狼（红）	11mg/支	二类烟
	七匹狼（1575 冰抹茶）	7mg/支	一类烟、细支烟	七匹狼（蓝钻）	8mg/支	二类烟
	七匹狼（古田红军灰）	8mg/支	一类烟、中支烟	七匹狼（英伦奶香）	8mg/支	三类烟、中支烟
	七匹狼（古田金细支）	8mg/支	一类烟、细支烟	七匹狼（豪迈）	8mg/支	三类烟
	七匹狼（观海中支）	9mg/支	一类烟、中支烟	七匹狼（金砂）	10mg/支	三类烟，2022 年停产
	七匹狼（翠碧嘉缘）	10mg/支	一类烟，2022 年停产	七匹狼（豪运）	11mg/支	三类烟
	七匹狼（厦门）	11mg/支	一类烟	七匹狼（白）	10mg/支	三类烟
	七匹狼（银细支）	8mg/支	一类烟、细支烟，2022 年新产品	七匹狼（蓝）	8mg/支	三类烟
	七匹狼（乘风启航）	7mg/支	一类烟、细支烟	七匹狼（豪情）	10mg/支	三类烟
	七匹狼（银中支）	9mg/支	一类烟、中支烟	七匹狼（古田）	10mg/支	三类烟，2022 年停产
	七匹狼（鼓浪扬帆）	8mg/支	一类烟、中支烟			
金桥▲	金桥（双爆）	8mg/支	一类烟、混合型，2022 年停产	金桥（冰爆）	8mg/支	一类烟、混合型
	金桥（蓝牌）	6mg/支	一类烟、混合型	金桥（软混）	10mg/支	三类烟、混合型
古田	古田（光芒）	10mg/支	一类烟			
石狮	石狮（软富健）	10mg/支	四类烟			

江西中烟工业有限责任公司

品 牌	规 格	焦油量	备 注	规 格	焦油量	备 注
金圣△	金圣（智圣出山金中支）	8mg/支	一类烟、中支烟，2022年新产品	金圣（吉品）	10mg/支	一类烟
	金圣（智圣出山·国瓷）	8mg/支	一类烟、细支烟	金圣（滕王阁细支）	8mg/支	一类烟、细支烟
	金圣（智圣出山）	10mg/支	一类烟	金圣（青瓷中支）	8mg/支	一类烟、中支烟
	金圣（圣地中国红）	10mg/支	一类烟、短支烟	金圣（青瓷）	10mg/支	一类烟
	金圣（智圣出山双中支）	8mg/支	一类烟、中支烟，2022年新产品	金圣（滕王阁·紫光）	8mg/支	二类烟、细支烟
	金圣（圣地中国红中支）	10mg/支	一类烟、中支烟	金圣（滕王阁·更上一层楼）	10mg/支	二类烟
	金圣（智圣出山·国味）	8mg/支	一类烟、细支烟	金圣（赣）	11mg/支	二类烟
	金圣（硬圣地中国红）	10mg/支	一类烟	金圣（硬）	10mg/支	三类烟
	金圣（硬典藏）	10mg/支	一类烟	金圣（硬滕王阁）	10mg/支	三类烟
	金圣（典藏花开富贵）	10mg/支	一类烟	金圣（软红）	10mg/支	三类烟
	金圣（硬红瑞香）	10mg/支	一类烟	金圣（软）	10mg/支	三类烟
	金圣（本草瑞香）	8mg/支	一类烟、细支烟	金圣（庐山·有滋有味）	10mg/支	三类烟
	金圣（原生工坊）	10mg/支	一类烟	金圣（硬红·十二生肖）	10mg/支	三类烟
	金圣（滕王阁·长天）	10mg/支	一类烟、中支烟	金圣（庐山）	10mg/支	三类烟
	金圣（金吉）	10mg/支	一类烟			
庐山	庐山（精品）	10mg/支	三类烟	庐山（大红运）	10mg/支	四类烟
	庐山（黄精品）	10mg/支	三类烟	庐山（新）	11mg/支	四类烟

山东中烟工业有限责任公司

品 牌	规 格	焦油量	备 注	规 格	焦油量	备 注
泰山△☆★	泰山（拂光）	11mg/支	一类烟	泰山（颜悦）	8mg/支	一类烟、细支烟
	泰山（儒风）	10mg/支	一类烟	泰山（好好学习）	6mg/支	一类烟
	泰山（茉莉香韵）	11mg/支	一类烟、细支烟	泰山（心悦）	10mg/支	二类烟、细支烟
	泰山（瀞五）	10mg/支	一类烟、中支烟	泰山（白将细支）	8mg/支	二类烟、细支烟
	泰山（拂光细支）	8mg/支	一类烟、细支烟	泰山（常胜将军）	10mg/支	二类烟
	泰山（儒风双中支）	10mg/支	一类烟、中支烟，2022年新产品	泰山（青秀）	11mg/支	二类烟

续表

品牌	规格	焦油量	备注	规格	焦油量	备注
泰山 △☆★	泰山（儒风细支）	11mg/支	一类烟、细支烟	泰山（琥珀）	6mg/支	二类烟
	泰山（皇家礼炮 21 响）	8mg/支	一类烟	泰山（东方）	11mg/支	二类烟
	泰山（合悦）	7mg/支	一类烟、细支烟	泰山（沂蒙）	11mg/支	二类烟
	泰山（金将中支）	5mg/支	一类烟、中支烟	泰山（白将军）	11mg/支	三类烟
	泰山（哈德门壹号）	10mg/支	一类烟、短支烟	泰山（宏图）	11mg/支	三类烟
	泰山（新品）	11mg/支	一类烟	泰山（平安）	6mg/支	三类烟
	泰山（八喜）	11mg/支	一类烟	泰山（华贵）	11mg/支	三类烟
	泰山（好客细支）	6mg/支	一类烟、细支烟	泰山（红将军）	8mg/支	三类烟
	泰山（望岳）	7mg/支	一类烟	泰山（硬红八喜）	10mg/支	三类烟
哈德门	哈德门（纯香）	10mg/支	四类烟	哈德门（软）	10mg/支	四类烟

河南中烟工业有限责任公司

品牌	规格	焦油量	备注	规格	焦油量	备注
黄金叶 △☆★	黄金叶（天叶中支）	10mg/支	一类烟、中支烟	黄金叶（软盛世金典）	11mg/支	一类烟
	黄金叶（软天叶）	10mg/支	一类烟，2022 年新产品	黄金叶（乐途硬）	10mg/支	一类烟
	黄金叶（天叶）	11mg/支	一类烟	黄金叶（商鼎）	10mg/支	一类烟、中支烟，2022 年 9 月条盒包装调整
	黄金叶（天叶细支）	8mg/支	一类烟、细支烟	黄金叶（炫尚）	7mg/支	一类烟、细支烟
	黄金叶（天尊）	10mg/支	一类烟、短支烟	黄金叶（红火）	10mg/支	一类烟
	黄金叶（天香细支）	6mg/支	一类烟、细支烟	黄金叶（金丝路）	10mg/支	一类烟
	黄金叶（天香中支）	10mg/支	一类烟、中支烟	黄金叶（爱尚）	7mg/支	二类烟、细支烟
	黄金叶（国色细支）	7mg/支	一类烟、细支烟	黄金叶（红南阳）	10mg/支	二类烟
	黄金叶（天香）	10mg/支	一类烟	黄金叶（黄金眼）	10mg/支	二类烟
	黄金叶（国色双中支）	10mg/支	一类烟、中支烟，2022 年新产品	黄金叶（乐途）	10mg/支	二类烟、短支烟
	黄金叶（百年浓香）	9mg/支	一类烟、短支烟	黄金叶（小目标）	10mg/支	二类烟
	黄金叶（浓香细支）	6mg/支	一类烟、细支烟	黄金叶（硬红旗渠）	10mg/支	三类烟
	黄金叶（浓香中支）	10mg/支	一类烟、中支烟	黄金叶（硬帝豪）	10mg/支	三类烟
	黄金叶（黄金细支）	8mg/支	一类烟、细支烟	黄金叶（金满堂）	10mg/支	三类烟
	黄金叶（大 M）	10mg/支	一类烟	黄金叶（喜满堂）	10mg/支	三类烟
	黄金叶（小黄金）	10mg/支	一类烟	黄金叶（摩卡）	7mg/支	一类烟、细支烟，2022 年 3 月停产

续表

品 牌	规 格	焦油量	备 注	规 格	焦油量	备 注
黄金叶 △☆★	黄金叶（乐途中支）	10mg/支	一类烟、中支烟	黄金叶（金硬）	10mg/支	二类烟， 2022年9月停产
	黄金叶（软大金圆）	11mg/支	一类烟			
红旗渠	红旗渠（芒果）	10mg/支	三类烟	红旗渠（雪茄）	10mg/支	四类烟
	红旗渠（天行健）	10mg/支	三类烟	红旗渠（硬银）	10mg/支	四类烟
	红旗渠（新版银河）	10mg/支	四类烟	红旗渠（软红）	10mg/支	四类烟
散花	散花（软蓝）	10mg/支	四类烟			

湖北中烟工业有限责任公司

品 牌	规 格	焦油量	备 注	规 格	焦油量	备 注
黄鹤楼 △☆★	黄鹤楼（软珍品）	8mg/支	一类烟	黄鹤楼（硬漫天游）	10mg/支	一类烟
	黄鹤楼（视窗）	8mg/支	一类烟、细支烟	黄鹤楼 （硬天骄圣地）	10mg/支	一类烟
	黄鹤楼（硬知音）	11mg/支	一类烟， 2022年11月停产	黄鹤楼（硬平安）	8mg/支	一类烟、细支烟
	黄鹤楼（硬峡谷情）	10mg/支	一类烟	黄鹤楼（硬15细支）	8mg/支	一类烟、细支烟
	黄鹤楼（硬珍品）	8mg/支	一类烟	黄鹤楼（硬天下胜景）	8mg/支	一类烟、细支烟
	黄鹤楼（硬峡谷柔情）	10mg/支	一类烟	黄鹤楼（硬嘉禧缘）	9mg/支	一类烟、细支烟
	黄鹤楼（硬大彩）	6mg/支	一类烟	黄鹤楼（硬圣火）	6mg/支	一类烟、细支烟， 2022年8月停产
	黄鹤楼（硬奇景）	10mg/支	一类烟、中支烟	黄鹤楼 （硬峡谷情细支）	8mg/支	一类烟、细支烟
	黄鹤楼（软红）	8mg/支	一类烟	黄鹤楼 （硬天骄圣地细支）	8mg/支	一类烟、细支烟
	黄鹤楼（硬雅韵）	8mg/支	一类烟， 2022年11月停产	黄鹤楼（珍品细支）	6mg/支	一类烟、细支烟
	黄鹤楼（软雅韵）	8mg/支	一类烟	黄鹤楼（感恩中支）	8mg/支	一类烟、中支烟
	黄鹤楼（硬红）	8mg/支	一类烟	黄鹤楼（峡谷情中支）	9mg/支	一类烟、中支烟
	黄鹤楼（硬雅香）	11mg/支	一类烟， 2022年9月停产	黄鹤楼（软竹蕴）	8mg/支	一类烟、短支烟
	黄鹤楼（硬蓝）	9mg/支	一类烟、中支烟	黄鹤楼（硬金砂龙烟）	11mg/支	二类烟
	黄鹤楼（硬祝福）	11mg/支	一类烟、中支烟	黄鹤楼（硬1916如意）	10mg/支	一类烟
	黄鹤楼（软蓝）	11mg/支	一类烟	黄鹤楼（硬金砂）	8mg/支	二类烟

续表

品 牌	规 格	焦油量	备 注	规 格	焦油量	备 注
黄鹤楼△☆★	黄鹤楼（硬8度）	10mg/支	一类烟、外香型	黄鹤楼（硬银紫）	10mg/支	二类烟
	黄鹤楼（硬1916）	10mg/支	一类烟	黄鹤楼（天下名楼）	8mg/支	二类烟、细支烟
	黄鹤楼（软1916）	10mg/支	一类烟	黄鹤楼（硬天下名楼90）	8mg/支	二类烟、细支烟，2022年2月停产
	黄鹤楼（硬15）	10mg/支	一类烟	黄鹤楼（硬雪之景）	11mg/支	二类烟、雪茄型
	黄鹤楼（1916中支）	9mg/支	一类烟、中支烟	黄鹤楼（软雪之景）	11mg/支	二类烟、雪茄型
	黄鹤楼（硬感恩）	8mg/支	一类烟	黄鹤楼（金典中支）	8mg/支	一类烟、中支烟
	黄鹤楼（硬1916红爆）	10mg/支	一类烟			
红金龙△	红金龙（软精品）	11mg/支	三类烟	红金龙（硬蓝爱你）	8mg/支	三类烟、细支烟
	红金龙（软精品二代）	10mg/支	三类烟	红金龙（硬新版）	10mg/支	四类烟
	红金龙（硬福满多）	11mg/支	三类烟	红金龙（软蓝九州腾龙）	10mg/支	四类烟
	红金龙（硬爱你）	10mg/支	三类烟，2022年10月停产	红金龙（硬红龙）	11mg/支	三类烟、雪茄型
	红金龙（硬神州腾龙）	10mg/支	三类烟	红金龙（软虹之彩）	9mg/支	五类烟
	红金龙（硬爱你爆珠）	8mg/支	二类烟			

湖南中烟工业有限责任公司

品 牌	规 格	焦油量	备 注	规 格	焦油量	备 注
芙蓉王△☆★	芙蓉王（钻石）	10mg/支	一类烟，2022年4月停产	芙蓉王（硬匠心手作）	10mg/支	一类烟
	芙蓉王（软蓝）	10mg/支	一类烟	芙蓉王（蓝）	10mg/支	一类烟
	芙蓉王（硬领航）	9mg/支	一类烟	芙蓉王（硬闪带75mm）	8mg/支	一类烟
	芙蓉王（硬75mm）	9mg/支	一类烟	芙蓉王（硬细支）	8mg/支	一类烟、细支烟
	芙蓉王（硬蓝新版）	10mg/支	一类烟	芙蓉王（硬王之荣耀）	10mg/支	一类烟
	芙蓉王（硬红带细支）	8mg/支	一类烟、细支烟	芙蓉王（硬中支）	10mg/支	一类烟、中支烟
	芙蓉王（硬红宝石）	10mg/支	一类烟	芙蓉王（硬）	11mg/支	一类烟
	芙蓉王（荣耀细支）	10mg/支	一类烟、细支烟，2022年新产品	芙蓉王（荣耀中支）	10mg/支	一类烟、中支烟，2022年新产品
	芙蓉王（硬闪带细支）	8mg/支	一类烟、细支烟			
白沙△★	白沙（和天下尊品中支）	10mg/支	一类烟、中支烟，2022年新产品	白沙（和天下尊品细支）	7mg/支	一类烟、细支烟，2022年新产品
	白沙（和天下）	11mg/支	一类烟	白沙（硬细支和天下）	7mg/支	一类烟、细支烟

续表

品 牌	规 格	焦油量	备 注	规 格	焦油量	备 注
白沙△★	白沙（软和天下）	10mg/支	一类烟	白沙（硬和天下尊享 84）	10mg/支	一类烟，2022 年 5 月停产
	白沙（硬和天下双中支）	10mg/支	一类烟、中支烟	白沙（硬和天下尊享）	10mg/支	一类烟
	白沙（硬和气生财）	11mg/支	一类烟	白沙（硬新细支和气生财）	8mg/支	一类烟、细支烟
	白沙（软珍品）	10mg/支	一类烟	白沙（硬白细支）	6mg/支	一类烟、细支烟，2022 年 10 月停产
	白沙（硬精品三代）	10mg/支	二类烟	白沙（硬红运当头）	10mg/支	二类烟
	白沙（硬天天向上细支）	8mg/支	二类烟、细支烟	白沙（硬蓝尚品）	10mg/支	二类烟
	白沙（硬新精品二代）	10mg/支	三类烟	白沙（精品二代）	10mg/支	三类烟
	白沙（精品）	8mg/支	三类烟	白沙（绿和）	10mg/支	三类烟
	白沙（硬）	10mg/支	三类烟	白沙（软）	10mg/支	三类烟
芙蓉	芙蓉（软红）	11mg/支	五类烟			
相思鸟	相思鸟（软）	11mg/支	五类烟			
黄金叶△☆★	黄金叶（小黄金）	10mg/支	一类烟	黄金叶（金丝路）	10mg/支	二类烟

广东中烟工业有限责任公司

品 牌	规 格	焦油量	备 注	规 格	焦油量	备 注
双喜△☆★	双喜（勿忘我）	9mg/支	一类烟、中支烟	双喜（春天魅影）	9mg/支	一类烟、中支烟
	双喜（硬紫红玫王）	10mg/支	一类烟	双喜（和喜）	10mg/支	二类烟
	双喜（五叶神金尊）	10mg/支	一类烟	双喜（软经典 1906）	10mg/支	二类烟
	双喜（百年经典）	10mg/支	一类烟	双喜（硬经典 1906）	10mg/支	二类烟
	双喜（春天细支）	8mg/支	一类烟、细支烟	双喜（硬蓝红玫王）	8mg/支	二类烟
	双喜（春天中支）	10mg/支	一类烟、中支烟	双喜（花悦）	8mg/支	二类烟、细支烟
	双喜（硬逸品）	8mg/支	一类烟	双喜（金 01）	10mg/支	二类烟、短支烟
	双喜（软红五叶神）	11mg/支	一类烟	双喜（莲香）	10mg/支	二类烟
	双喜（硬世纪经典）	10mg/支	一类烟	双喜（硬金五叶神）	11mg/支	二类烟
	双喜（经典工坊）	10mg/支	一类烟	双喜（软蓝红玫王）	8mg/支	二类烟
	双喜（硬红五叶神）	11mg/支	一类烟	双喜（软经典）	11mg/支	三类烟
	双喜（盛世）	6mg/支	一类烟	双喜（硬 01）	11mg/支	二类烟
	双喜（金国喜）	10mg/支	一类烟、细支烟	双喜（硬）	11mg/支	三类烟
	双喜（国喜细支）	10mg/支	一类烟、细支烟	双喜（硬红玫王）	8mg/支	三类烟

续表

品牌	规格	焦油量	备注	规格	焦油量	备注
双喜△☆★	双喜（红邮喜）	10mg/支	一类烟、中支烟	双喜（软01）	11mg/支	三类烟
	双喜（珍藏）	8mg/支	一类烟、短支烟	双喜（软）	11mg/支	三类烟
	双喜（硬经典）	11mg/支	二类烟，年初为三类烟，2022年12月调价为二类烟			
红玫	红玫（硬金）	11mg/支	三类烟			
椰树	椰树（硬）	11mg/支	四类烟			

广西中烟工业有限责任公司

品牌	规格	焦油量	备注	规格	焦油量	备注
真龙△☆	真龙（甲天下中支）	8mg/支	一类烟、中支烟	真龙（起源）	11mg/支	一类烟
	真龙（巴马天成）	6mg/支	一类烟	真龙（鸿韵）	11mg/支	一类烟
	真龙（软海韵）	10mg/支	一类烟	真龙（美人香草）	6mg/支	一类烟、细支烟
	真龙（海韵细支）	8mg/支	一类烟、细支烟	真龙（硬凌云）	10mg/支	二类烟
	真龙（神韵）	10mg/支	一类烟	真龙（状元）	10mg/支	二类烟
	真龙（海韵）	11mg/支	一类烟	真龙（轩云）	11mg/支	二类烟
	真龙（海韵中支）	8mg/支	一类烟、中支烟	真龙（致青春）	8mg/支	二类烟
	真龙（三月三）	10mg/支	一类烟，2022年新产品	真龙（凌云）	8mg/支	二类烟、细支烟
	真龙（龙天下）	10mg/支	一类烟	真龙（祥云）	11mg/支	二类烟
	真龙（晶钻刘三姐）	6mg/支	一类烟、细支烟	真龙（锦绣）	10mg/支	三类烟
	真龙（刘三姐）	8mg/支	一类烟、细支烟	真龙（珍品）	11mg/支	三类烟
	真龙（中支凌云）	9mg/支	一类烟、中支烟	真龙（软娇子）	10mg/支	三类烟
	真龙（佳韵）	11mg/支	一类烟	真龙（娇子）	10mg/支	三类烟

重庆中烟工业有限责任公司

品牌	规格	焦油量	备注	规格	焦油量	备注
天子△	天子（重庆20年）	11mg/支	一类烟	天子（小天子）	11mg/支	一类烟
	天子（观天下长嘴中支）	9mg/支	一类烟、中支烟	天子（五粮香30年）	11mg/支	一类烟，2022年1月停产
	天子（壹号）	11mg/支	一类烟	天子（千里江山细支）	8mg/支	一类烟、细支烟
	天子（细支传奇）	6mg/支	一类烟、细支烟	天子（金如意细支）	8mg/支	一类烟、细支烟
	天子（软黄）	11mg/支	一类烟	天子（中支）	10mg/支	一类烟、中支烟
	天子（中国心中支）	9mg/支	一类烟、中支烟	天子（重庆红）	11mg/支	一类烟
	天子（黄中支）	8mg/支	一类烟、中支烟	天子（硬珍品龙凤呈祥）	11mg/支	一类烟
	天子（千里江山）	11mg/支	一类烟	天子（金）	11mg/支	一类烟
	天子（重庆印象）	9mg/支	一类烟、中支烟	天子（C位）	8mg/支	一类烟、中支烟

续表

品 牌	规 格	焦油量	备 注	规 格	焦油量	备 注
龙凤呈祥△	龙凤呈祥（好运来）	10mg/支	二类烟	龙凤呈祥（硬遇见）	10mg/支	三类烟，2022 年 5 月停产
	龙凤呈祥（遇见）	8mg/支	二类烟、细支烟	龙凤呈祥（硬世纪朝天门）	10mg/支	三类烟
	龙凤呈祥（硬）	11mg/支	二类烟	龙凤呈祥（佳品）	10mg/支	三类烟
	龙凤呈祥（软魅力朝天门）	11mg/支	三类烟	龙凤呈祥（畅行天下）	10mg/支	四类烟
	龙凤呈祥（花开富贵）	11mg/支	三类烟	龙凤呈祥（鸿运朝天门）	11mg/支	四类烟

四川中烟工业有限责任公司

品 牌	规 格	焦油量	备 注	规 格	焦油量	备 注
娇子△★	娇子（宽窄）	10mg/支	一类烟	娇子（宽窄好运细支）	8mg/支	一类烟、细支烟
	娇子（宽窄逍遥细支）	8mg/支	一类烟、细支烟	娇子（五粮醇香中支）	10mg/支	一类烟、中支烟
	娇子（宽窄国宝）	10mg/支	一类烟	娇子（五粮醇香）	10mg/支	一类烟
	娇子（宽窄逍遥中支）	10mg/支	一类烟、中支烟，2022 年 11 月改造	娇子（X 生肖）	6mg/支	一类烟、细支烟
	娇子（宽窄 1024）	10mg/支	一类烟，2022 年新产品	娇子（祥云）	10mg/支	一类烟
	娇子（清甜香）	11mg/支	一类烟	娇子（格调）	9mg/支	一类烟、中支烟
	娇子（宽窄逍遥）	10mg/支	一类烟	娇子（红）	11mg/支	二类烟
	娇子（红韵新）	10mg/支	一类烟	娇子（格调细支）	8mg/支	二类烟、细支烟
	娇子（宽窄吉祥双中支）	10mg/支	一类烟、中支烟	娇子（金格调）	8mg/支	二类烟
	娇子（青海湖侧旋）	11mg/支	一类烟，2022 年 7 月停产	娇子（蓝）	11mg/支	二类烟
	娇子（五粮浓香中支）	10mg/支	一类烟、中支烟	娇子（软阳光）	11mg/支	三类烟
	娇子（宽窄如意）	10mg/支	一类烟	娇子（X）	6mg/支	三类烟
	娇子（宽窄如意细支）	7mg/支	一类烟、细支烟	娇子（新概念）	8mg/支	三类烟
	娇子（宽窄平安中支）	10mg/支	一类烟、中支烟	娇子（绿时代阳光）	9mg/支	三类烟
	娇子（五粮浓香细支）	10mg/支	一类烟、细支烟	娇子（时代阳光）	11mg/支	三类烟
	娇子（宽窄好运）	10mg/支	一类烟	娇子（蓝时代）	8mg/支	三类烟
	娇子（软宽窄平安）	10mg/支	一类烟	娇子（红格调）	10mg/支	三类烟
天下秀	天下秀（红名品）	9mg/支	三类烟	天下秀（金）	11mg/支	四类烟
狮牌	狮牌（锦绣成都）	10mg/支	三类烟、雪茄型	狮牌（原香）	11mg/支	三类烟、雪茄型，2022 年 7 月停产

贵州中烟工业有限责任公司

品牌	规格	焦油量	备注	规格	焦油量	备注
贵烟 △☆★	贵烟（福）	10mg/支	一类烟	贵烟（跨越）	7mg/支	一类烟、细支烟
	贵烟（硬小国酒香）	10mg/支	一类烟	贵烟（萃）	8mg/支	一类烟、细支烟
	贵烟（软高遵）	10mg/支	一类烟	贵烟（行者）	10mg/支	一类烟、短支烟
	贵烟（蓝色的爱）	11mg/支	一类烟	贵烟（细支行者）	7mg/支	一类烟、细支烟
	贵烟（硬高遵）	11mg/支	一类烟	贵烟（小国酒香）	10mg/支	一类烟
	贵烟（玉液1号）	10mg/支	一类烟	贵烟（100）	8mg/支	一类烟、中支烟，2022年新产品
	贵烟（红中支）	8mg/支	一类烟、中支烟	贵烟（喜）	11mg/支	二类烟
	贵烟（盛世）	10mg/支	一类烟	贵烟（硬黄精品）	11mg/支	二类烟
	贵烟（细支国酒香30）	6mg/支	一类烟、细支烟	贵烟（新贵）	10mg/支	三类烟
	贵烟（国酒香30）	10mg/支	一类烟	贵烟（金百合）	10mg/支	三类烟
	贵烟（魔力）	8mg/支	一类烟、细支烟	贵烟（喜贵）	10mg/支	二类烟
	贵烟（贵中支）	8mg/支	一类烟、中支烟	贵烟（生肖）	10mg/支	一类烟
	贵烟（福中支）	8mg/支	一类烟、中支烟			
黄果树	黄果树（佳遵）	11mg/支	三类烟	黄果树（长征）	10mg/支	三类烟
	黄果树（长征红星照耀）	10mg/支	三类烟	黄果树（佳品）	10mg/支	三类烟
	黄果树（蓝佳品）	10mg/支	三类烟			
遵义	遵义（软）	10mg/支	四类烟			

云南中烟工业有限责任公司

品牌	规格	焦油量	备注	规格	焦油量	备注
玉溪 △☆★	玉溪（硬和谐）	10mg/支	一类烟	玉溪（100mm细支钓鱼台）	7mg/支	一类烟、细支烟，2022年新产品
	玉溪（硬）	10mg/支	一类烟	玉溪（84mm细支钓鱼台）	7mg/支	一类烟、细支烟，2022年新产品
	玉溪（华叶）	10mg/支	一类烟	玉溪（创客）	8mg/支	一类烟、细支烟
	玉溪（初心）	10mg/支	一类烟	玉溪（细支庄园）	8mg/支	一类烟、细支烟
	玉溪（软）	11mg/支	一类烟	玉溪（细支阿诗玛）	7mg/支	一类烟、细支烟
	玉溪（软尚善）	10mg/支	一类烟	玉溪（细支清香世家）	8mg/支	一类烟、细支烟
	玉溪（软小庄园）	8mg/支	一类烟	玉溪（细支108）	8mg/支	一类烟、细支烟
	玉溪（软阿诗玛）	10mg/支	一类烟	玉溪（细支初心）	8mg/支	一类烟、细支烟
	玉溪（软初心）	10mg/支	一类烟	玉溪（鑫中支）	9mg/支	一类烟、中支烟
	玉溪（景泰蓝钓鱼台）	6mg/支	一类烟，2022年新产品	玉溪（中支钓鱼台）	8mg/支	一类烟、中支烟，2022年新产品
	玉溪（软境界）	10mg/支	一类烟	玉溪（中支阿诗玛）	8mg/支	一类烟、中支烟
	玉溪（双中支翡翠）	8mg/支	一类烟、中支烟	玉溪（中支和谐）	8mg/支	一类烟、中支烟
	玉溪（中支华叶）	8mg/支	一类烟、中支烟	玉溪（108）	8mg/支	一类烟、短支烟
	玉溪（中支境界）	10mg/支	一类烟、中支烟	玉溪（高配版）	10mg/支	一类烟
	玉溪（细支翡翠）	8mg/支	一类烟、细支烟，2022年新产品			

续表

品 牌	规 格	焦油量	备 注	规 格	焦油量	备 注
云烟△☆★	云烟（印象）	10mg/支	一类烟	云烟（细支祥瑞）	6mg/支	一类烟、细支烟，2022年新产品
	云烟（印象烟庄）	8mg/支	一类烟	云烟（84mm 细支祥瑞）	7mg/支	一类烟、细支烟，2022年停产
	云烟（软印象烟庄）	8mg/支	一类烟	云烟（84mm 细支雪域）	7mg/支	一类烟、细支烟
	云烟（雪域）	10mg/支	一类烟	云烟（细支珍品）	8mg/支	一类烟、细支烟
	云烟（云端）	10mg/支	一类烟	云烟（中支天眼）	9mg/支	一类烟、中支烟，2022年停产
	云烟（小云端）	10mg/支	一类烟	云烟（中支福）	8mg/支	一类烟、中支烟，2022年新产品
	云烟（软珍红钻）	10mg/支	一类烟，2022年停产	云烟（中支金腰带）	9mg/支	一类烟、中支烟
	云烟（百味人生）	10mg/支	一类烟，2022年停产	云烟（中支塞上好江南）	9mg/支	一类烟、中支烟
	云烟（软珍品）	11mg/支	一类烟	云烟（中支乌镇之恋）	10mg/支	一类烟、中支烟
	云烟（软珍品红韵）	10mg/支	一类烟	云烟（黑金刚印象）	10mg/支	一类烟、中支烟
	云烟（绿呼伦贝尔）	11mg/支	一类烟	云烟（小熊猫家园）	10mg/支	一类烟、中支烟
	云烟（呼伦贝尔碧草云天）	10mg/支	一类烟	云烟（盛世小熊猫）	10mg/支	一类烟、中支烟
	云烟（软大重九）	8mg/支	一类烟	云烟（74mm 大团结）	10mg/支	一类烟、短支烟，2022年停产
	云烟（软礼印象）	10mg/支	一类烟	云烟（硬云龙）	10mg/支	二类烟
	云烟（9+1大重九）	8mg/支	一类烟	云烟（细支云龙）	8mg/支	二类烟、细支烟
	云烟（细支大重九）	8mg/支	一类烟、细支烟	云烟（福）	10mg/支	三类烟
	云烟（中支云端）	9mg/支	一类烟、中支烟	云烟（紫）	10mg/支	三类烟
	云烟（中支大重九）	8mg/支	一类烟、中支烟	云烟（红）	10mg/支	三类烟
	云烟（中支小重九）	8mg/支	一类烟、中支烟，2022年新产品	云烟（软紫）	8mg/支	三类烟
	云烟（神秘花园）	8mg/支	一类烟、细支烟	云烟（软如意）	8mg/支	三类烟
红塔山△	红塔山（双享）	4mg/支	一类烟	红塔山（硬欣经典）	10mg/支	三类烟
	红塔山（硬传奇）	10mg/支	二类烟	红塔山（软经典）	10mg/支	三类烟
	红塔山（硬恭贺新禧）	10mg/支	二类烟	红塔山（硬经典100）	10mg/支	三类烟
	红塔山（细支传奇）	8mg/支	二类烟、细支烟	红塔山（硬经典）	10mg/支	三类烟
	红塔山（硬新势力）	10mg/支	三类烟	红塔山（大经典1956）	10mg/支	三类烟
	红塔山（新时代）	10mg/支	三类烟			

续表

品　牌	规　格	焦油量	备　注	规　格	焦油量	备　注
红河△	红河（道）	10mg/支	一类烟	红河（软99）	8mg/支	二类烟
	红河（硬V8）	10mg/支	一类烟	红河（小熊猫世纪风）	10mg/支	三类烟
	红河（去野）	10mg/支	一类烟	红河（软甲）	10mg/支	三类烟
	红河（快乐）	10mg/支	二类烟	红河（软88）	10mg/支	三类烟
	红河（A7）	10mg/支	二类烟	红河（硬88）	10mg/支	三类烟
	红河（硬99）	8mg/支	二类烟	红河（硬）	11mg/支	三类烟
红梅	红梅（软黄）	10mg/支	四类烟			
雪莲	雪莲（岁月）	8mg/支	一类烟	雪莲（软蓝）	10mg/支	一类烟
	雪莲（74mm天韵）	10mg/支	一类烟、短支烟	雪莲（尚禧）	10mg/支	二类烟
	雪莲（细支1960）	8mg/支	一类烟、细支烟	雪莲（蓝精品）	10mg/支	三类烟
	雪莲（3000）	8mg/支	一类烟、细支烟			
钓鱼台	钓鱼台（硬景泰蓝94mm）	6mg/支	一类烟，2022年停产	钓鱼台（84mm细支）	7mg/支	一类烟、细支烟，2022年停产
	钓鱼台（100mm细支）	7mg/支	一类烟、细支烟，2022年停产	钓鱼台（中支）	9mg/支	一类烟、中支烟，2022年停产
茶花	茶花（94mm）	8mg/支	三类烟			
红山茶	红山茶（软）	10mg/支	三类烟			
威斯	威斯（小熊猫）	10mg/支	三类烟			
呼伦贝尔	呼伦贝尔（金戈铁马）	8mg/支	一类烟	呼伦贝尔（天堂草原）	8mg/支	一类烟、细支烟
	呼伦贝尔（至臻）	9mg/支	一类烟、中支烟	呼伦贝尔（草原情）	10mg/支	二类烟
	呼伦贝尔（天之韵）	9mg/支	一类烟、中支烟			

陕西中烟工业有限责任公司

品　牌	规　格	焦油量	备　注	规　格	焦油量	备　注
好猫△	好猫（细支天赋）	7mg/支	一类烟、细支烟	好猫（长乐）	10mg/支	二类烟
	好猫（吉祥）	11mg/支	一类烟	好猫（金丝猴）	10mg/支	二类烟、中支烟
	好猫（细支招财猫）	8mg/支	一类烟、细支烟	好猫（细支长乐）	7mg/支	二类烟、细支烟
	好猫（招财猫1600）	10mg/支	一类烟	好猫（金猴王）	10mg/支	三类烟
	好猫（中支金丝猴）	10mg/支	一类烟、中支烟	好猫（招财进宝）	10mg/支	三类烟
	好猫（长乐九美）	10mg/支	一类烟、中支烟	好猫（猴王磨砂）	11mg/支	三类烟
	好猫（炫蓝）	11mg/支	一类烟			
延安△	延安（1935）	10mg/支	一类烟	延安（细支圣地河谷）	8mg/支	一类烟、细支烟
	延安（红韵）	10mg/支	一类烟	延安（中支1935）	10mg/支	一类烟、中支烟
	延安（千年帝都）	10mg/支	一类烟、中支烟	延安（金）	10mg/支	二类烟
	延安（青春岁月）	10mg/支	一类烟	延安（公主）	10mg/支	二类烟
	延安（细支1935）	8mg/支	一类烟、细支烟	延安（硬）	10mg/支	三类烟
	延安（细支千年帝都）	8mg/支	一类烟、细支烟	延安（软）	10mg/支	三类烟

中国烟草实业发展中心

黑龙江烟草工业有限责任公司

品 牌	规 格	焦油量	备 注	规 格	焦油量	备 注
哈尔滨	哈尔滨（龙烟万福）	10mg/支	一类烟、中支烟	哈尔滨（HAPPY）	10mg/支	二类烟、中支烟，2022年停产
	哈尔滨（龙烟金安）	10mg/支	一类烟、中支烟	哈尔滨（老巴夺）	10mg/支	三类烟、中支烟
	哈尔滨（老巴夺红中支）	9mg/支	一类烟、中支烟	哈尔滨（风尚）	10mg/支	三类烟
龙烟	龙烟（红松香）	10mg/支	一类烟、中支烟	龙烟（呈祥）	8mg/支	二类烟、细支烟
	龙烟（北国风光）	8mg/支	一类烟、细支烟	龙烟（冰雪）	8mg/支	一类烟、细支烟
林海灵芝	林海灵芝（8mg）	8mg/支	三类烟、混合型	林海灵芝（软如意）	10mg/支	四类烟，2022年停产
	林海灵芝（如意）	10mg/支	三类烟	林海灵芝（蓝色经典）	9mg/支	四类烟、混合型

红塔辽宁烟草有限责任公司

品 牌	规 格	焦油量	备 注	规 格	焦油量	备 注
玉溪△☆★	玉溪（人民大会堂软红）	11mg/支	一类烟	玉溪（阿诗玛细支）	7mg/支	一类烟、细支烟
	玉溪（硬）	10mg/支	一类烟			
人民大会堂	人民大会堂（红细支）	6mg/支	一类烟、细支烟	人民大会堂（辉煌）	10mg/支	一类烟
	人民大会堂（16）	10mg/支	一类烟、细支烟	人民大会堂（中支）	9mg/支	一类烟、中支烟
	人民大会堂（盛京中支）	9mg/支	一类烟、中支烟	人民大会堂（古瓷细支）	6mg/支	一类烟、细支烟
	人民大会堂（盛京细支）	6mg/支	一类烟、细支烟	人民大会堂（硬红）	10mg/支	二类烟
	人民大会堂（蘭香细支）	6mg/支	一类烟、细支烟	人民大会堂（硬红细支）	6mg/支	二类烟、细支烟
哈尔滨	哈尔滨（老巴夺红中支）	9mg/支	一类烟、中支烟			
云烟△☆★	云烟（紫）	10mg/支	三类烟			
红塔山△	红塔山（软经典）	10mg/支	三类烟	红塔山（新时代）	10mg/支	三类烟
	红塔山（硬经典100）	10mg/支	三类烟	红塔山（大经典1956）	10mg/支	三类烟
红梅	红梅（软黄）	10mg/支	四类烟			

吉林烟草工业有限责任公司

品 牌	规 格	焦油量	备 注	规 格	焦油量	备 注
长白山△	长白山（细支人参烟）	8mg/支	一类烟、细支烟	长白山（蓝尚）	8mg/支	一类烟、细支烟
	长白山（人参参品）	8mg/支	一类烟、中支烟	长白山（心归）	10mg/支	二类烟，2022年4月停产
	长白山（人参盛世）	10mg/支	一类烟、短支烟	长白山（777）	7mg/支	二类烟、细支烟
	长白山（人参参缘）	8mg/支	一类烟、中支烟	长白山（人参）	6mg/支	二类烟，2022年7月停产
	长白山（韵藏天下）	8mg/支	一类烟、细支烟	长白山（红人参）	10mg/支	三类烟

续表

品 牌	规 格	焦油量	备 注	规 格	焦油量	备 注
长白山△	长白山（神韵细支）	5mg/支	一类烟、细支烟	长白山（软红）	8mg/支	三类烟
	长白山（国风）	9mg/支	一类烟、中支烟	长白山（迎春中支）	9mg/支	三类烟、中支烟
	长白山（神韵）	5mg/支	一类烟	长白山（银）	8mg/支	三类烟
	长白山（揽胜）	8mg/支	一类烟，2022年6月停产	长白山（红）	9mg/支	三类烟
	长白山（心驰）	9mg/支	一类烟、中支烟	长白山（海蓝）	11mg/支	三类烟
	长白山（圣境）	9mg/支	一类烟、中支烟	长白山（桂花）	10mg/支	四类烟

甘肃烟草工业有限责任公司

品 牌	规 格	焦油量	备 注	规 格	焦油量	备 注
兰州△	兰州（飞天梦）	8mg/支	一类烟	兰州（桥）	6mg/支	一类烟、细支烟
	兰州（中支飞天明珠）	8mg/支	一类烟、中支烟，2022年新产品	兰州（16支吉祥）	8mg/支	一类烟
	兰州（硬飞天）	8mg/支	一类烟	兰州（细支珍品）	8mg/支	一类烟、细支烟
	兰州（中支飞天梦）	8mg/支	一类烟、中支烟	兰州（硬珍品）	8mg/支	二类烟
	兰州（中支飞天花径）	8mg/支	一类烟、中支烟	兰州（硬新尚）	8mg/支	三类烟，2022年新产品
	兰州（细支飞天梦）	8mg/支	一类烟、细支烟	兰州（硬如意）	8mg/支	三类烟
	兰州（粹经典）	8mg/支	一类烟	兰州（硬精品）	6mg/支	三类烟
	兰州（黑中支）	8mg/支	一类烟、中支烟	兰州（硬蓝）	8mg/支	三类烟
	兰州（硬吉祥）	8mg/支	一类烟	兰州（硬黄）	8mg/支	四类烟
	兰州（小青支）	8mg/支	一类烟、中支烟	兰州（硬红）	8mg/支	四类烟

内蒙古昆明卷烟有限责任公司

品 牌	规 格	焦油量	备 注	规 格	焦油量	备 注
冬虫夏草△	冬虫夏草（和润）	6mg/支	一类烟、细支烟	冬虫夏草（金）	10mg/支	一类烟
	冬虫夏草（红中支）	8mg/支	一类烟、中支烟	冬虫夏草（金细）	6mg/支	一类烟、细支烟
	冬虫夏草（黄金盛世）	6mg/支	一类烟，2022年新产品	冬虫夏草（双中支）	8mg/支	一类烟、中支烟
	冬虫夏草（黄金盛世中支）	6mg/支	一类烟、中支烟，2022年新产品	冬虫夏草（银）	8mg/支	一类烟，2022年新产品
	冬虫夏草（和润中支）	8mg/支	一类烟、中支烟，2022年12月停产			
云烟苁蓉	云烟（苁蓉和悦）	6mg/支	一类烟、细支烟，2022年5月停产	云烟（软苁蓉）	9mg/支	二类烟，2022年3月停产
	云烟（硬苁蓉）	10mg/支	二类烟			
大青山	大青山（昭君和亲）	8mg/支	二类烟	大青山（长丰）	10mg/支	三类烟

深圳烟草工业有限责任公司

品 牌	规 格	焦油量	备 注	规 格	焦油量	备 注
双喜△☆★	双喜（细支盛世好日子）	8mg/支	一类烟、细支烟	双喜（硬晶彩好日子）	10mg/支	一类烟
	双喜（硬盛世好日子）	10mg/支	一类烟	双喜（万象好日子）	10mg/支	一类烟
	双喜（细支金樽好日子）	8mg/支	一类烟、细支烟	双喜（好日子城市之光）	10mg/支	一类烟
	双喜（硬金樽好日子）	10mg/支	一类烟	双喜（软珍品好日子）	10mg/支	二类烟
	双喜（细支晶彩好日子）	8mg/支	一类烟、细支烟	双喜（硬祥和好日子）	8mg/支	二类烟
	双喜（好日子欢乐颂）	10mg/支	一类烟	双喜（硬精品好日子）	10mg/支	三类烟
	双喜（软锦绣好日子）	8mg/支	一类烟	双喜（硬吉祥好日子）	10mg/支	三类烟
	双喜（硬祥云好日子）	8mg/支	一类烟			

山西昆明烟草有限责任公司

品 牌	规 格	焦油量	备 注	规 格	焦油量	备 注
云烟△☆★	云烟（软珍品）	12mg/支	一类烟	云烟（福）	10mg/支	三类烟
	云烟（小熊猫家园）	10mg/支	一类烟	云烟（紫）	12mg/支	三类烟
	云烟（细支云龙）	8mg/支	二类烟			
红河△	红河（硬）	12mg/支	三类烟	红河（软甲）	11mg/支	三类烟
红塔山△	红塔山（硬经典）	11mg/支	三类烟			
紫气东来	紫气东来（在天）	9mg/支	一类烟	紫气东来（祥瑞）	8mg/支	一类烟
	紫气东来（汾清香）	6mg/支	一类烟	紫气东来（吉祥天下）	10mg/支	一类烟

海南红塔卷烟有限责任公司

品 牌	规 格	焦油量	备 注	规 格	焦油量	备 注
云烟△☆★	云烟（紫）	10mg/支	三类烟	云烟（福）	10mg/支	三类烟
玉溪△☆★	玉溪（软境界）	10mg/支	一类烟	玉溪（鑫中支）	9mg/支	一类烟
红塔山△	红塔山（软经典）	10mg/支	三类烟	红塔山（硬经典100）	10mg/支	三类烟
	红塔山（硬经典）	10mg/支	三类烟	红塔山（硬恭贺新禧）	10mg/支	二类烟
	红塔山（硬传奇）	10mg/支	二类烟	红塔山（新时代）	10mg/支	三类烟
红梅	红梅（软黄）	10mg/支	四类烟			
冬虫夏草△	冬虫夏草（和润）	6mg/支	一类烟			
三沙	三沙（中支）	8mg/支	一类烟、中支烟	三沙（细支）	8mg/支	一类烟、细支烟
	三沙（椰王绿）	10mg/支	二类烟	三沙（蓝）	10mg/支	一类烟，2022年3月由“宝岛（三沙）”整合更名
宝岛	宝岛	10mg/支	一类烟	宝岛（三沙）	10mg/支	一类烟，2022年3月整合为三沙系列，更名“三沙（蓝）”
	宝岛（一品沉香）	8mg/支	一类烟、细支烟	宝岛（中支）	8mg/支	一类烟、中支烟

注：1. 2022年在产卷烟品牌（规格）名录中，标☆的为2022年二类以上卷烟销量排名前15位品牌，标★的为卷烟销售额排名前15位品牌，标△的为卷烟重点品牌，标▲的为卷烟视同重点品牌。“双喜·红双喜”在本名录中分别按“双喜”“红双喜”单列。

2. 备注中未说明的卷烟品牌（规格）类型均为烤烟型。

2022 年在产雪茄烟品牌（规格）名录

安徽中烟工业有限责任公司

品 牌	品 名	风格特征	尺寸规格	包装规格	类 别
王冠△	王冠（20 支）	中度浓味	88mm×9.2mm	20 支装硬盒	机制雪茄烟
	王冠（塑 10 支）	中度浓味	130mm×15.3mm	10 支装塑盒	机制雪茄烟
	王冠（原味 1 号）	中度浓味	130mm×14.8mm	10 支装硬盒	机制雪茄烟
	王冠（原味塑十支）	中度浓味	130mm×14.8mm	10 支装塑盒	机制雪茄烟
	王冠（原味 9 号）	中度浓味	88mm×9.2mm	10 支装硬盒	机制雪茄烟
	王冠（原味 9 号塑嘴）	中度浓味	110mm×9.2mm	5 支装硬盒	机制雪茄烟
	王冠（原味 9 号塑嘴十支）	中度浓味	110mm×9.2mm	10 支装硬盒	机制雪茄烟
	王冠（原味 3 号）	中度浓味	110mm×9.2mm	5 支装硬盒	机制雪茄烟
	王冠（原味 9 号迷你塑嘴）	中度浓味	90mm×9.2mm	10 支装硬盒	机制雪茄烟
	王冠（原味 3 号铁盒）	中度浓味	110mm×9.2mm	10 支装铁盒	机制雪茄烟
	王冠（奶香 10 支）	香味	80mm×7.8mm	10 支装铁盒	机制雪茄烟
	王冠（赛悦）	中度浓味	88mm×9.2mm	10 支装铁盒	机制雪茄烟
	王冠（城市印象）	中度浓味	88mm×9.2mm	10 支装铁盒	机制雪茄烟
	王冠（原味 2 号）	中度浓味	130mm×15.3mm	10 支装塑盒	机制雪茄烟
	王冠（经典 8 号）	中度浓味	136mm×14mm	10 支装硬盒	机制雪茄烟
	王冠（香草 MIX）	中度浓味	80mm×8mm	10 支装铁盒	机制雪茄烟
	王冠（塑 2 支全叶卷）	中度浓味	120mm×13mm	2 支装硬盒	机制雪茄烟
	王冠（10 支全叶卷）	中度浓味	150mm×17.8mm	10 支装木盒	手工雪茄烟
	王冠（国粹）	中度浓味	140mm×20mm	10 支装木盒	手工雪茄烟
	王冠（经典铝 2 支全叶卷）	中度浓味	150mm×17.8mm	2 支装硬盒	手工雪茄烟
	王冠（智者 010 十支）	中度浓味	150mm×20.0mm	10 支装木盒	手工雪茄烟
	王冠（智者 010 五支）	中度浓味	158mm×20.0mm	5 支装木盒	手工雪茄烟
	王冠（梅兰竹菊）	中度浓味	150mm×22.0mm	8 支装硬盒	手工雪茄烟
	王冠（古建三绝）	中度浓味	136mm×14.5mm	10 支装硬盒	手工雪茄烟
	王冠（小国粹）	中度浓味	90mm×16.2mm	5 支装铁盒	手工雪茄烟
	王冠（茶香之茶马古道）	中度浓味	90mm×16.2mm	10 支装硬盒	手工雪茄烟
	王冠（20 支）	中度浓味	136mm×14.5mm	25 支装硬盒	手工雪茄烟
	王冠（塑 10 支）	中度浓味	150mm×17.8mm	5 支装硬盒	手工雪茄烟
	王冠（蓝色假日）	中度浓味	110mm×16.4mm	5 支装硬盒	手工雪茄烟

续表

品 牌	品 名	风格特征	尺寸规格	包装规格	类 别
王冠△	王冠（国粹风度）	中度浓味	124mm×20mm	10 支装木盒	手工雪茄烟
	王冠（假日·黄金海岸）	中度浓味	110mm×22mm	5 支装铁盒	手工雪茄烟
	王冠（国粹满堂彩）	中度浓味	156mm×20mm	5 支装硬盒	手工雪茄烟
	王冠（假日阳光）	中度浓味	156mm×20mm	4 支装硬盒	手工雪茄烟
	王冠（蓝色假日 5 支）	中度浓味	110mm×16.4mm	5 支装硬盒	手工雪茄烟
	王冠（万象）	中度浓味	84mm×7.8mm	20 支装硬盒	卷烟型雪茄烟
	王冠（万象细支）	中度浓味	94mm×6.2mm	18 支装硬盒	卷烟型雪茄烟
	王冠（国粹名角）	中度浓味	84mm×7.8mm	10 支装硬盒	卷烟型雪茄烟
	王冠（古型）	中度浓味	84mm×7.8mm	16 支装硬盒	卷烟型雪茄烟
	王冠（国粹荣耀）	中度浓味	84mm×7.8mm	20 支装硬盒	卷烟型雪茄烟
	王冠（加勒比）	中度浓味	84mm×7.8mm	20 支装硬包	卷烟型雪茄烟
黄山松	黄山松（回味迎客松）	中度浓味	84mm×7.8mm	20 支装硬盒	卷烟型雪茄烟
	黄山松（迎客松赢客）	中度浓味	84mm×7.8mm	20 支装硬盒	卷烟型雪茄烟
	黄山松（醉翁亭）	中度浓味	84mm×7.8mm	20 支装硬盒	卷烟型雪茄烟
都宝	都宝（原味 9 号）	中度浓味	88mm×9.2mm	20 支装硬盒	机制雪茄烟

山东中烟工业有限责任公司

品 牌	品 名	风格特征	尺寸规格	包装规格	类 别
泰山	泰山（巅峰 2 号）	中上浓味	152mm×62mm	10 支装礼品木盒	手工雪茄烟
	泰山（巅峰 5 号）	中上浓味	146mm×65mm	10 支装礼品木盒	手工雪茄烟
	泰山（巅峰 6 号）	中上浓味	127mm×62mm	5 支装礼品纸盒	手工雪茄烟
	泰山（战神 5 号）	中度浓味	152mm×47mm	8 支装礼品纸盒	手工雪茄烟
	泰山（超级战神）	中上浓味	120mm×65mm	10 支装礼品纸盒	手工雪茄烟
	泰山（都市丛林）	中上浓味	127mm×62mm	10 支装精品盒	手工雪茄烟
	泰山（阔佬 2 号）	中度浓味	123mm×44mm	5 支装纸盒	机制雪茄烟，2022 年停产
	泰山（3G 原味）	中度浓味	100mm×28mm	10 支装铁盒	机制雪茄烟
	泰山（3G 沉香）	中度浓味	86mm×25mm	8 支装铁盒	机制雪茄烟
	泰山（3G 咖啡）	中度浓味	98mm×28mm	10 支装纸盒	机制雪茄烟，2022 年停产
	泰山（巴哈马甜味）	中度浓味	88mm×25mm	10 支装铁盒	机制雪茄烟
	泰山（巴哈马）	中度浓味	88mm×25mm	10 支装纸盒	机制雪茄烟
	泰山（3G 水蜜桃）	中度浓味	70mm×25mm	16 支装纸盒	机制雪茄烟，2022 年停产

续表

品　牌	品　名	风格特征	尺寸规格	包装规格	类　别
泰山	泰山（中海御叶）	中下淡味	84mm×17mm	20 支装纸盒	卷烟型雪茄烟、细支
	泰山（中海御叶双中支）	中下淡味	89mm×20mm	20 支装纸盒	卷烟型雪茄烟
	泰山（雪豹双十支）	中下淡味	94mm×24.4mm	20 支装纸盒	卷烟型雪茄烟
	泰山（雪豹细支）	中下淡味	97mm×17mm	20 支装纸盒	卷烟型雪茄烟、细支
	泰山（黑豹）	中下淡味	94mm×24.4mm	20 支装纸盒	卷烟型雪茄烟
	泰山（黑豹细支）	中下淡味	84mm×17mm	20 支装纸盒	卷烟型雪茄烟、细支
	泰山（3G 香草）	中度浓味	98mm×27mm	10 支装铁盒	机制雪茄烟，2022 年新产品
	泰山（3 咖啡二代）	中度浓味	98mm×27mm	10 支装铁盒	机制雪茄烟，2022 年新产品
	泰山（3G 水蜜桃二代）	中度浓味	70mm×25mm	10 支装铁盒	机制雪茄烟，2022 年新产品
将军△	将军（大力神）	中度浓味	150mm×56mm	5 支装礼品纸盒	手工雪茄烟
	将军（战神 1 号）	中度浓味	140mm×56mm	10 支装礼品木盒	手工雪茄烟
	将军（战神 3 号）	中度浓味	130mm×56mm	10 支装礼品木盒	手工雪茄烟
	将军（战神 4 号）	中度浓味	100mm×56mm	4 支装铁盒	手工雪茄烟
	将军（战神）	中度浓味	120mm×56mm	5 支装礼品纸盒	手工雪茄烟
	将军（战神荣耀）	中下浓味	100mm×38mm	10 支装纸盒	机制雪茄烟
	将军（战神 07）	中下浓味	123mm×42mm	5 支装铁盒	机制雪茄烟
	将军（3G）	中下浓味	98mm×27mm	10 支装铁盒	机制雪茄烟，2022 年停产

湖北中烟工业有限责任公司

品　牌	品　名	风格特征	尺寸规格	包装规格	类　别
黄鹤楼△	黄鹤楼（公爵）	中等浓郁	150mm×66mm	10 支航空铝木盒礼品装	手工雪茄烟
	黄鹤楼（1916 雪之梦 2 号）	中等浓郁	230mm×78.5mm	1 支装木盒	手工雪茄烟
	黄鹤楼（1916 雪之梦 3 号）	中等浓郁	176mm×59.7mm	10 支装木盒	手工雪茄烟
	黄鹤楼（雪之梦 6 号）	中等浓郁	155mm×62.8mm	10 支纸板硬盒装	手工雪茄烟
	黄鹤楼（雪之梦 7 号）	中等浓郁	140mm×56.5mm	5 支纸板硬盒装	手工雪茄烟
	黄鹤楼（雪之梦 8 号）	中等浓郁	140mm×62.8mm	5 支纸板硬盒装	手工雪茄烟
	黄鹤楼（雪之梦 9 号）	中等浓郁	110mm×56.5mm	5 支纸盒装	手工雪茄烟
	黄鹤楼（雪之梦 5 号）	中等浓郁	124mm×62.3mm	10 支装木盒	手工雪茄烟
	黄鹤楼（雪之梦 10 号）	中等浓郁	110mm×62.3mm	4 支纸板硬盒装	手工雪茄烟

续表

品 牌	品 名	风格特征	尺寸规格	包装规格	类 别
黄鹤楼△	黄鹤楼（雪之韵2号）	温和型	132mm×50.9mm	5支纸盒装	半机制雪茄烟
	黄鹤楼（雪之韵6号）	温和型	100mm×31.4mm	10支纸盒装	半机制雪茄烟
	黄鹤楼（雪之韵5号）	温和型	90mm×47.1mm	5支纸盒装	半机制雪茄烟
	黄鹤楼（迷你醇味）	醇和型	84mm×24.5mm	10支铁盒装	机制雪茄烟
	黄鹤楼（迷你冰爽）	醇和型	84mm×24.5mm	10支纸盒装	机制雪茄烟，2022年新产品
	黄鹤楼（逍遥5号）	中等浓郁	158mm×62.8mm	10支装木盒	手工雪茄烟
	黄鹤楼（逍遥6号）	中等浓郁	124mm×62.3mm	10支装木盒	手工雪茄烟，2022年新产品
	黄鹤楼（雪之景2号）	醇和型	84mm×16.5mm	10支纸盒装	卷烟型雪茄烟
	黄鹤楼（雪之景9号）	醇和型	90mm×20.4mm	20支纸盒装	卷烟型雪茄烟
	黄鹤楼（雪之景7号）	醇和型	84mm×24.0mm	20支纸盒装	卷烟型雪茄烟

四川中烟工业有限责任公司

品 牌	品 名	风格特征	尺寸规格	包装规格	类 别
长城△	长城（GL1号）	中度浓味	194mm×60mm	5支装木盒	手工雪茄烟
	长城（胜利）	中度浓味	152mm×66mm	10支装木盒	手工雪茄烟
	长城（GL3号）	中度浓味	156mm×67.3mm	10支装木盒	手工雪茄烟，2022年新产品
	长城（GJ6号）	中度浓味	184mm×71mm	10支装木盒	手工雪茄烟
	长城（生肖版）	中度浓味	135mm×66mm	10支装木盒	手工雪茄烟
	长城（唯佳金字塔）	中度浓味	152mm×64.8mm	10支装木盒	手工雪茄烟
	长城（揽胜1号）	中度浓味	150mm×64.7mm	10支装纸盒	手工雪茄烟
	长城（揽胜3号经典）	中度浓味	124mm×62.3mm	10支装纸盒	手工雪茄烟
	长城（10支132秘制）	中度浓味	110mm×47mm	10支装木盒	手工雪茄烟
	长城（传奇3号）	中度浓味	178mm×58.7mm	5支装木盒	手工雪茄烟
	长城（132益川老坊3）	中度浓味	118mm×69.8mm	25支装木盒	手工雪茄烟
	长城（5支传奇1号）	中度浓味	105mm×72mm	5支装木盒	手工雪茄烟
	长城（132奇迹）	中度浓味	130mm×68.5mm	10支装纸盒	手工雪茄烟
	长城（导师2号）	中度浓味	130mm×53.4mm	25支装木盒	手工雪茄烟
	长城（132记忆）	中度浓味	124mm×62.3mm	25支装纸盒	手工雪茄烟
	长城（红色132）	中度浓味	90mm×53.4mm	5支装铁盒	手工雪茄烟
	长城（盛世奇迹）	中度浓味	135mm×62.3mm	5支装纸盒	手工雪茄烟

续表

品牌	品名	风格特征	尺寸规格	包装规格	类别
长城△	长城（2号）	轻度浓味	130mm×53.4mm	5支装纸盒	手工雪茄烟
	长城（经典2号）	轻度浓味	130mm×53.4mm	5支装纸盒	手工雪茄烟
	长城（3号）	轻度浓味	150mm×50mm	5支装纸盒	手工雪茄烟
	长城（大号铝管5支）	轻度浓味	160mm×55mm	5支装纸盒	手工雪茄烟
	长城（盛世3号）	轻度浓味	140mm×58mm	10支装纸盒	手工雪茄烟
	长城（经典3号）	轻度浓味	150mm×50mm	5支装纸盒	手工雪茄烟
	长城（盛世5号）	轻度浓味	150mm×56mm	10支装纸盒	手工雪茄烟
	长城（盛世6号）	轻度浓味	110mm×44mm	50支装纸盒	手工雪茄烟
	长城（国之韵2号）	轻度浓味	95mm×44mm	4支装纸盒	机制雪茄烟
	长城（骑士1号）	轻度浓味	120mm×53mm	4支装纸盒	机制雪茄烟
	长城（骑士3号）	轻度浓味	100mm×34mm	10支装纸盒	机制雪茄烟
	长城（金南极）	轻度浓味	120mm×34mm	5支装纸盒	机制雪茄烟
	长城（风雅）	轻度浓味	84mm×24.5mm	10支装纸盒	机制雪茄烟
	长城（行者）	轻度浓味	100mm×27.7mm	10支装铁盒	机制雪茄烟
	长城（迷你原味）	轻度浓味	98mm×26mm	10支装铁盒	机制雪茄烟
	长城（迷你咖啡）	轻度浓味	75mm×26mm	10支装铁盒	机制雪茄烟
	长城（迷你香草）	轻度浓味	75mm×26mm	10支装铁盒	机制雪茄烟
	长城（132迷你2号）	轻度浓味	105mm×50mm	5支装纸盒	机制雪茄烟
	长城（132迷你3号）	轻度浓味	120mm×31.4mm	5支装纸盒	机制雪茄烟
	长城（毛氏雪茄2号）	轻度浓味	84mm×24.6mm	20支装纸盒	卷烟型雪茄烟
	长城（天龙）	轻度浓味	97mm×17mm	20支装纸盒	卷烟型雪茄烟
	长城（壹叁贰13号）	轻度浓味	84mm×24.6mm	20支装纸盒	卷烟型雪茄烟
	长城（132原味）	轻度浓味	84mm×24.4mm	20支装纸盒	卷烟型雪茄烟
	长城（132醇味）	轻度浓味	74mm×24.2mm	20支装纸盒	卷烟型雪茄烟
	长城（132咖啡）	轻度浓味	84mm×24.4mm	20支装纸盒	卷烟型雪茄烟
	长城（软传奇）	轻度浓味	84mm×24.4mm	20支装纸盒	卷烟型雪茄烟
	长城（醇雅COCO）	轻度浓味	94mm×19.5mm	18支装纸盒	卷烟型雪茄烟
	长城（醇雅薄荷）	轻度浓味	94mm×19.5mm	18支装纸盒	卷烟型雪茄烟
	长城（醇雅奶香）	轻度浓味	94mm×19.5mm	18支装纸盒	卷烟型雪茄烟
狮牌	狮牌（加勒比阳光）	轻度浓味	150mm×44mm	20支装纸盒	手工雪茄烟
	狮牌（大S）	轻度浓味	84mm×24.2mm	20支装纸盒	卷烟型雪茄烟
	狮牌（锦绣成都）	轻度浓味	84mm×24.4mm	20支装纸盒	雪茄烟型卷烟
工字	工字（1号）	轻度浓味	84mm×34mm	10支装纸盒	机制雪茄烟
	工字（红）	轻度浓味	84mm×34mm	10支装纸盒	机制雪茄烟

注：1. 2022年在产雪茄烟品牌（规格）名录中，标△的为雪茄烟重点品牌。安徽中烟雪茄烟尺寸规格为“长度×直径”；湖北中烟、山东中烟、四川中烟雪茄烟尺寸为“长度×周长”。

2. 卷烟型雪茄烟，在计划和销售环节都纳入卷烟管理，占卷烟的计划，算卷烟销量。

◇ 编辑：刘海文

索　　引

索引使用说明

一、本索引采用关键词索引法编制。年鉴中有实质检索意义的内容均予以标引，以供检索使用。

二、本索引具体排列规律如下：以数字开头的标目，排在最前面；以英文字母打头的标目，列于其次；汉字标目则按首字的音序、音调依次排列；首字相同时，则以第二个字排序，并依次类推。

三、索引标目后的数字，表示检索内容所在的年鉴正文页码，如果一个关键词在同一页中出现多次，页码只标一次。

E

F

G

H

J

K

L

M

N

P

Q

S

T

W

X

Y

Z

图书在版编目（CIP）数据

中国烟草年鉴. 2023 /《中国烟草》杂志社有限公司编. —北京：中国经济出版社，2024. 10

ISBN 978 -7 -5136 -7701 -1

Ⅰ. ①中… Ⅱ. ①中… Ⅲ. ①烟草工业—中国—2023—年鉴 Ⅳ. ①F426. 89 -54

中国国家版本馆 CIP 数据核字（2024）第 062850 号

责任编辑 郑 潇
责任印制 马小宾
封面设计 陈兴杰
彩插设计 许双慧 卢 旋 王雨婷
彩插编辑 褚 幸 刘海文

出版发行 中国经济出版社
印 刷 者 北京富泰印刷有限责任公司
经 销 者 各地新华书店
开 本 889mm×1194mm 1/16
印 张 35. 5
插页印张 4. 5
字 数 2100 千字
版 次 2024 年 10 月第 1 版
印 次 2024 年 10 月第 1 次
定 价 350. 00 元
广告经营许可证 京西工商广字第 8179 号

中国经济出版社 网址 http://epc. sinopec. com/epc/ 社址 北京市东城区安定门外大街 58 号 邮编 100011

本版图书如存在印装质量问题，请与本社发行中心联系调换（联系电话：010 -57512564）